आर. गुप्ता® कृत

पॉपुलर मास्टर गाइड

KVS–PGT

Kendriya Vidyalaya Sangathan – Post Graduate Teachers

COMMON SUBJECT

◆ General English ◆ सामान्य हिन्दी ◆ सामान्य सचेतता एवं समसामयिक विषय ◆ तार्किक योग्यता ◆ कम्प्यूटर साक्षरता ◆ शिक्षा एवं नेतृत्व के परिप्रेक्ष्य

भर्ती परीक्षा

Thoroughly Revised Edition

2026
EDITION

रमेश पब्लिशिंग हाउस, नई दिल्ली

प्रकाशक

ओ॰पी॰ गुप्ता, **रमेश पब्लिशिंग हाउस**

प्रशासनिक कार्यालय

12-H, न्यू दरियागंज रोड, ऑफिसर्स मेस के सामने,
नई दिल्ली-110002 ✆ 23275224, 23245124

E-mail: info@rameshpublishinghouse.com
For Online Shopping: www.rameshpublishinghouse.com

विक्रय केन्द्र

- बालाजी मार्किट, नई सड़क, दिल्ली-6 ✆ 23253720, 23282525
- 4457, नई सड़क, दिल्ली-6, ✆ 23918938

Book Code: R-1140

ISBN: 978-81-7812-854-2

मूल्यः ₹ 440

मुद्रकः जे.पी. इन्टरप्राइजेज

अनुक्रमणिका

❑❑❑

Scheme of Written Examination

Test Duration	180 Minutes	
Total Questions	180 Objective Type Multiple Choice Questions	
Total Marks	180 Marks	
Section Name	**Marks per Question**	**No. of Questions**
Part-I : Proficiency in Languages (20 marks)		
1. General English	01 mark per question	10
2. General Hindi		10
Part-II : General Awareness, Reasoning & Proficiency in Computers (20 marks)		
1. General Awareness & Current Affairs	01 mark per question	10
2. Reasoning Ability		5
3. Computer Literacy		5
Part-III : Perspectives on Education and Leadership (40 questions & 40 marks)		
Part-IV : Subject-Specific (100 questions & 100 marks)		
PROFESSIONAL COMPETENCY TEST: 60 MARKS (Demo Teaching-30 marks and Interview-30 marks)		

पिछले प्रश्न-पत्र (हल सहित)

Kendriya Vidyalaya Sangathan (KVS)

शिक्षक (PGT)

भर्ती परीक्षा-2023*

PART-I : General English & सामान्य हिन्दी

1. ENOUGH

Choose the word similar in meaning to the one given above :

A. Sufficient B. Quantity
C. Whole D. Quite

2. HOARD

Choose the word opposite in meaning to the one given above :

A. Arrange B. Boost
C. Dump D. Decline

3. Identify the Part of Speech of the underlined word in the following sentence.

His health is <u>no</u> worse than before.

A. Verb B. Adjective
C. Adverb D. Conjunction

4. He needs to do it.

Choose the option in which the above sentence has been changed into Passive Voice.

A. He needs it to be done.
B. He needed it to be done.
C. It nccds it to be done.
D. It is needed to be done by him.

5. The teacher said to the students, "Why are you making a noise?"

Choose the option in which the above sentence has been changed into Indirect Speech.

A. The teacher asked why they were making a noise?
B. The teacher asked the students why they were making a noise.
C. The teacher asked why were they making a noise.
D. The teacher asked the students why are they making a noise.

6. Arrange the following words/phrases into a meaningful and grammatically correct sentence.

(*a*) burst open
(*b*) in they
(*c*) the door
(*d*) and
(*e*) came

A. (*b*), (*d*), (*a*), (*e*), (*c*)
B. (*c*), (*a*), (*d*), (*b*), (*e*)
C. (*d*), (*b*), (*c*), (*e*), (*a*)
D. (*a*), (*b*), (*c*), (*d*), (*e*)

7. Identify the part in the following sentence that has an ERROR in it:

<u>I see</u> / <u>things</u> / <u>different</u> / <u>now</u>.
(*a*) (*b*) (*c*) (*d*)

A. (*a*) B. (*b*)
C. (*c*) D. (*d*)

1. A **2.** C **3.** C **4.** D **5.** B **6.** B **7.** C

* *Held on 17 February, 2023.*

8. Identify the tense in which the following sentence is written.

He has been speaking in a loud voice:

A. Simple Present
B. Present Perfect
C. Present Perfect Continuous
D. Present Continuous

9. Fill in the blank in the sentence given below by choosing out of the options that follow.

He bids fair to set his enemy ______.

A. out B. down
C. off D. away

10. Fill in the blank in the sentence given below by choosing out of the options that follow.

The clever trader worked ____ his customers:

A. into B. up
C. upon D. out

निर्देश (प्र.सं. 11-15): *नीचे दिए गए गद्यांश को पढ़कर सर्वाधिक उचित विकल्प का चयन कीजिए:*

यदि हम अनैतिक जीवन बिताएँ तो हम मन को नियंत्रण में नहीं ला सकेंगे। यदि हमें जान बूझकर दूसरों को हानि पहुँचाने की आदत हो, तो हम अपने मन को वश में नहीं कर सकेंगे। यदि हम निरर्थक विवाद में पड़ने के आदी हैं, दूसरों के संबंध में जानने के लिए अनावश्यक रूप से उत्सुक हैं अथवा दूसरों के दोष खोजने में अत्यन्त तत्पर हैं तो हम अपने मन को वश में नहीं कर सकेंगे।

11. कैसा व्यक्ति मन को वश में कर सकता है?

A. जो दूसरों के बारे में जानने को उत्सुक रहता है।
B. जो दूसरों को हानि पहुँचाने में आनंदित होता है।
C. जो निरर्थक विवादों से बचकर चलता है।
D. जो अनैतिक जीवन से बचने का प्रयास नहीं करता।

12. गद्यांश के अनुसार दूसरों को जान-बूझकर कष्ट पहुँचाना:

A. क्षम्य है, अतः अनुचित नहीं है
B. मन को वश में करता है
C. सहज, स्वाभाविक क्रिया है
D. अनुचित है, अतः अक्षम्य है

13. '............ मन को <u>वश</u> में नहीं कर सकेंगे।' वाक्य के रेखांकित शब्द का समानार्थी शब्द, जो गद्यांश में प्रयुक्त हुआ है:

A. अनावश्यक B. नियंत्रण
C. निरर्थक D. विवाद

14. मन को नियंत्रण में करने के लिए:

A. दूसरों से संपर्क समाप्त करना होगा
B. दूसरों के दोषों को खोजना होगा
C. अनुचित आचरण छोड़ना होगा
D. दूसरों से संबंध तोड़ने होंगे।

15. यदि वर्षा होती तो फसल होती वाक्य है:

A. संकेतवाचक वाक्य B. विस्मयादिबोधक वाक्य
C. आज्ञार्थक वाक्य D. विधानवाचक वाक्य

16. 'वन' के पर्यायवाची शब्द हैं:

A. कानन, अरण्य B. पाषाण, अख्य
C. अरण्य, कंज D. कान्तार, शैल

17. तत्सम शब्द का उदाहरण नहीं है:

A. घृत B. विद्युत
C. सूर्य D. आग

18. समूह से भिन्न संधि है:

A. निष्कलंक B. नीरोग
C. उच्चारण D. निष्फल

19. अव्ययीभाव समास का उदाहरण नहीं है:

A. यथासमय B. रसोईघर
C. भरपेट D. प्रतिदिन

20. '<u>काजल ने</u> सारा दूध फैला दिया।' वाक्य के रेखांकित अंश में कारक है:

A. कर्म B. कर्ता
C. करण D. संप्रदान

8. C **9.** B **10.** C **11.** C **12.** D **13.** B **14.** C **15.** A **16.** A **17.** D **18.** C **19.** B **20.** B

PART-II : सामान्य सचेतता, तर्कशक्ति एवं कम्प्यूटर साक्षरता

21. जब भारत में आपातकाल की उद्घोषणा लागू होती है तो राष्ट्रपति एक आदेश के द्वारा निम्नलिखित अधिकारों में से किसके प्रवर्तन के लिए न्यायालय जाने के अधिकार को निलंबित कर सकते हैं?

A. एक ही अपराध के लिए एक से अधिक बार दंडित किए जाने से संरक्षण का अधिकार

B. किसी आरोपी को स्वयं के प्रति एक गवाह बनने हेतु बाध्य किए जाने से संरक्षण का अधिकार

C. मानव दुर्व्यापार के संबंध में शोषण के विरूद्ध अधिकार

D. विधि द्वारा स्थापित प्रक्रिया के सिवाय व्यैक्तिक स्वतंत्रता से वंचित किए जाने का अधिकार

22. भारत के स्वास्थ्य और परिवार कल्याण मंत्रालय द्वारा मरीजों को डॉक्टर से टेली-परामर्श उपलबध कराने हेतु शुरू की गई पहल का क्या नाम है?

A. जीवन रक्षक

B. ई-संजीवनी

C. आयुष्मान भारत टेली केन्द्र

D. आरोग्य वार्तालाप

23. निम्नलिखित में से किसने ब्रिटिश संसद में महाभियोग विचारण का सामना किया था?

A. बाल गंगाधर तिलक

B. वॉरेन हेस्टिंग्स

C. लॉर्ड माउंटबेटन

D. एम.के. गांधी

24. एल्युमीनियम सिलिकेट से भरपूर चट्टानों के अपघटन से कौन से खनिज भंडार का निर्माण होता है?

A. मैंग्नीज भंडार B. बॉक्साइट भंडार

C. तांबा भंडार D. चूनापत्थर भंडार

25. मैस्ट्रिच संधि के परिणामस्वरूप किसकी स्थापना हुई थी?

A. विश्व बैंक (WB)

B. यूरोपीय संघ (EU)

C. विश्व व्यापार संगठन (WTO)

D. आसियान (ASEAN)

26. किस सूक्ष्मजीव से मलेरिया होता है?

A. जीवाणु

B. विषाणु

C. प्रोटोजोआ

D. जीनस मोरबिली वायरस

27. मानव में ध्वनि कहाँ उत्पन्न होती है?

A. श्वासनली B. स्वर-तंत्री

C. कंठ D. उदर

28. फीफा वर्ल्ड कप 2022 में 'गोल्डन ग्लोब' का पुरस्कार किस खिलाड़ी ने जीता?

A. एमीलियानो मार्टीनेज

B. यासिन बाउनाऊ

C. डॉमिनिक लिवाकोविक

D. जॉर्डन पिकफोर्ड

29. उर्दू भाषा में 'साहित्य अकादमी युवा पुरस्कार, 2022' किस लेखक को मिला?

A. इमरान अकीफ खान

B. मकसूद आफाक

C. सालिहा सिद्दिकी

D. ग. नबी कुमार

30. निम्नलिखित में से किसकी मेमोरी क्षमता सबसे कम है?

A. डिस्क मेमोरी B. सी.डी. रोम

C. मेन मेमोरी D. कैशे मेमोरी

21. C **22.** B **23.** B **24.** B **25.** B **26.** C **27.** C **28.** A **29.** B **30.** D

31. ऐसे सही विकल्प का चयन करें जो निम्नलिखित संख्या शृंखला में इसी पैटर्न को जारी रखे और प्रश्न चिह्न (?) का स्थान ले।

99, 33, 36, 12, 15, 5, ?

A. 2 B. 4
C. 6 D. 8

32. A, B, C, D, E, F और G पूर्व की ओर मुँह करके एक पंक्ति में खड़े हैं। 'E' एक अंतिम छोर पर है और 'G' उसका पड़ोसी है। 'B', 'D' के बाईं ओर है तथा 'F', 'D' के दायीं ओर है। 'D' दक्षिण छोर से चौथे स्थान पर है। 'D' तथा 'A' के बीच केवल एक व्यक्ति है। 'C', 'A' के दायीं ओर है। 'G' के दायीं ओर कौन खड़ा है?

A. B B. C
C. D D. E

33. अमन का मुँह दक्षिण-पूर्व की ओर है और वह 5 मी. आगे बढ़ता है, दायीं ओर घूमकर 5 मी. आगे बढ़ता है तथा फिर दायीं ओर घूमकर 5 मी. आगे बढ़ता है। अब वह अपनी आरंभिक स्थिति से किस दिशा में है?

A. उत्तर
B. उत्तर-पूर्व
C. दक्षिण-पश्चिम
D. दक्षिण

34. नीचे एक प्रश्न दिया गया है जिसके बाद कथन (I) और (II) दिए गए हैं जिनमें प्रत्येक भं कुछ जानकारी दी गई है। यह निर्णय कीजिए कि कौन-सा/से कथन प्रश्न का उत्तर देने के लिए पर्याप्त है/हैं।

प्रश्नः मोनिका, शरद, नितिन और रत्ना में से सबसे लंबा कौन है?

(I) रत्ना, मोनिका से लंबी है किंतु नितिन से छोटी है।
(II) शदर, मोनिका से छोटा है।

A. अकेले कथन (I) ही प्रश्न का उत्तर देने के लिए पर्याप्त है जबकि अकेले कथन (II) प्रश्न का उत्तर देने के लिए पर्याप्त नहीं है।
B. अकेले कथन (II) ही प्रश्न का उत्तर देने के लिए पर्याप्त है जबकि अकेले कथन (I) प्रश्न का उत्तर देने के लिए पर्याप्त नहीं है।
C. कथन (I) और कथन (II), दोनों साथ मिलकर प्रश्न का उत्तर देने के लिए आवश्यक हैं।
D. कथन (I) और कथन (II), दोनों साथ मिलकर भी प्रश्न का उत्तर देने के लिए पर्याप्त नहीं हैं।

35. निम्नलिखित चित्र में तीन प्रतिच्छेदी वृत्त दिए गए हैं जिनमें प्रत्येक ईमानदार, बुद्धिमान और पेशेवर व्यक्तियों के समूह को दर्शाता है।

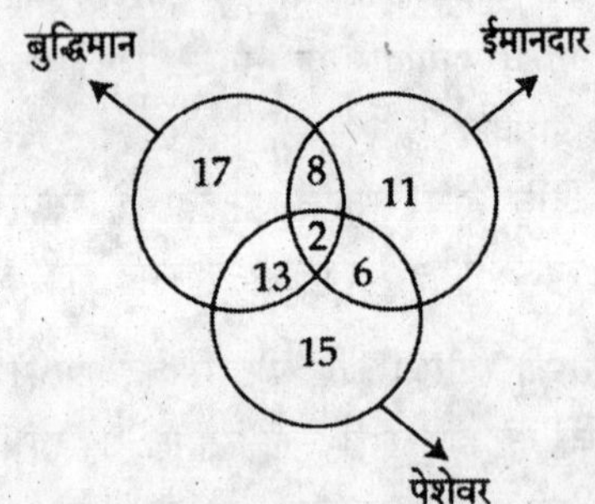

कौन-सी संख्या उन व्यक्तियों को दर्शाती है जो बुद्धिमान और पेशेवर तो हैं किंतु ईमानदार नहीं है?

A. 6 B. 8
C. 11 D. 13

36. निम्नलिखित में से कौन-सा वेब आधारित सर्च इंजन का एक लोकप्रिय उदाहरण नहीं है?

A. बिंग
B. एज
C. याहू
D. गूगल

37. रिच टेक्स्ट फार्मेट का अर्थ हैः

A. अनफार्मेटिड टेक्स्ट
B. फार्मेटिड टेक्स्ट
C. हाइपर टेक्स्ट
D. हाइपरमीडिया वाला टेक्स्ट

31. D **32.** A **33.** C **34.** C **35.** D **36.** B **37.** B

38. नीचे दी गई फीचर-सूची का अध्ययन कीजिए।

(*i*) पेज ले-आउट

(*ii*) जूम ऑप्शन

(*iii*) बेसिक फार्मूलाज एंड केल्कुलेशंस

(*iv*) एडिंग इमेजिज

उपर्युक्त में से कौन-से फीचर एम एस-वर्ड और एम एस ऐक्सेल दोनों में होते हैं?

A. (*i*), (*ii*), (*iii*) और (*iv*)

B. केवल (*i*) और (*ii*)

C. केवल (*i*), (*ii*) और (*iv*)

D. केवल (*ii*) और (*iv*)

39. निम्नलिखित में से ऑपरेटिंग सिस्टम की सर्वश्रेष्ठ और सही परिभाषा कौन-सी है?

A. एक प्रोग्राम जो कम्प्यूटर में अन्य सभी एप्लीकेशन प्रोग्रामों को मैनेज करता है।

B. एक सॉफ्टवेयर जो किसी कम्प्यूटर को समनुरूप बनाने, आप्टिमाइज करने और विश्लेषण करने में सहायता करता है।

C. एक प्रोग्राम जो कम्प्यूटर के ऑपरेशन के अलावा अन्य विशिष्ट काम करने के लिए डिजाइन किया गया है।

D. एक विशिष्ट कार्य करने हेतु प्रयुक्त इंस्ट्रक्शंस, डाटा अथवा प्रोग्राम का समुच्चय।

40. निम्नलिखित में से कौन-सी डिवाइस मानव समानयोग्य डाटा और प्रोग्राम को उस रूप में लाती है जिसे कम्प्यूटर प्रोसेस कर सके?

A. आउटपुट डिवाइस

B. इनपुट डिवाइस

C. स्टोरेज डिवाइस

D. मेमोरी डिवाइस

PART-III : शिक्षा एवं नेतृत्व के परिप्रेक्ष्य

41. 'संज्ञानात्मक परिपक्वता' क्या है?

A. अनुभव करने की योग्यता

B. सोचने की योग्यता

C. कार्य करने की योग्यता

D. मुस्कुराने की योग्यता

42. 'गृह-समुदाय संबंध' निम्नांकित में से किसके द्वारा स्थापित किया जा सकता है?

A. अध्यापक B. माता-पिता

C. प्रबंधन D. विद्यार्थी

43. बालक के नैतिक व्यवहार में विचलन (विपथन) निम्नांकित में से किससे संबंधित है?

A. भावनात्मक क्षेत्र B. संज्ञानात्मक क्षेत्र

C. मनोगतिक क्षेत्र D. सांवेगिक क्षेत्र

44. बालक में निम्नांकित में से किस माध्यम से 'आत्मीयता का भाव' विकसित किया जा सकता है?

A. सामुदायिक सेवा B. अध्ययन दौरा

D. प्रातःकालीन सभा D. पुस्तकालय

45. बालकों में 'आत्म-नियंत्रण' विकसित करने का लक्ष्य निम्नांकित में से किसके माध्यम से प्राप्त किया जा सकता है?

A. सामाजिकरण का प्रक्रम

B. सामाजिक-सांवेगिक अधिगम प्रक्रम

C. प्रतिभागी अधिगम

D. समकक्षीय अधिगम

46. अधिगमकर्ता के नैदानिक मूल्यांकन से निम्नांकित में से किसका निस्तारण होता है?

A. प्रबल पक्ष

B. प्रबल और दुर्बल पक्ष

C. केवल दुर्बल पक्ष

D. समग्र व्यक्तित्व

38. C **39.** A **40.** B **41.** B **42.** B **43.** A **44.** A **45.** B **46.** B

47. शिक्षा का मुख्य उद्देश्य है:

A. धनार्जन B. अधिगम

C. जीवन निर्वाह D. रूपांतरण

48. विद्यालय है:

A. अधिगम का केन्द्र

B. सामाजीकरण का केन्द्र

C. ज्ञान प्राप्ति का स्थान

D. अनुशासन की संस्था

49. जब अध्यापन और अधिगम के लिए कोई लक्षित स्थान नहीं हो तो वह निम्नांकित में से किस श्रेणी में आएगा?

A. सहज (इनफार्मल)

B. प्रौढ़ शिक्षा

C. अनौपचारिक शिक्षा

D. औपचारिक शिक्षा

50. बालक की संवृद्धि में 'विकास' क्या है?

A. गुणात्मक परिवर्तन

B. मात्रात्मक परिवर्तन

C. वास्तविक (ठोस) परिवर्तन

D. सामाजिक परिवर्तन

51. बालक को प्रभावित करने के लिए निम्नांकित में से क्या शक्तिशाली सामाजिक माध्यम है?

A. विद्यालय B. मीडिया

C. अध्यापक D. माता-पिता

52. किशोर अपराध का निस्तारण किया जा सकता है:

A. रसायन चिकित्सा (केमोथैरेपी) के माध्यम से

B. हार्दिकता और भावनात्मक सहयोग के माध्यम से

C. परामर्श के माध्यम से

D. समकक्षीय अधिगम

53. आप 'अधिगमकर्ता' को कैसे समझ सकते हैं?

A. उसकी आदतों से

B. उसके द्वारा प्राप्त अंक/ग्रेड से

C. उनकी जानकारी के बिना ही उनके प्रेक्षित व्यवहार से

D. सामाजिक गतिविधि से

54. विद्यालय के पर्यवेक्षण का क्या प्रयोजन है?

A. छिद्रान्वेषण

B. यह प्रशासनिक अनिवार्यता है

C. मूल्यांकन

D. मार्गदर्शन और सहयोग

55. शिक्षा के क्षेत्र में जे.बी. वाटसन के किस क्षेत्र में अपना योगदान दिया है?

A. रचनावाद

B. व्यवहारवाद

C. संज्ञानात्मकतावाद

D. संसक्तवाद

56. निम्नांकित में से किस पर्यावरणीय कारक से अधिगम का संवर्द्धन करता है?

A. कक्षा का आकार

B. आरामदेह फर्निचर

C. उत्तम वातायन

D. सुसज्जित कक्षा

57. बालक में 'अनुशासन' से आपका क्या अभिप्राय है?

A. बाह्य व्यवहार

B. शरीर की भाव-भंगिमा

C. अभ्यांतरिक व्यवहार

D. अभ्यांतरिक व्यवहार के माध्यम से कार्य

58. बच्चे का व्यक्तिगत गुण 'ईमानदारी' किसके अन्तर्गत आता है?

A. पाठ्यक्रम

B. पाठ्यचर्या

C. गुप्त पाठ्यचर्या

D. पाठ्यपुस्तक सामग्री

47. D **48.** B **49.** A **50.** A **51.** B **52.** B **53.** C **54.** D **55.** B **56.** C **57.** D **58.** C

59. अधिगमकर्ता का मूल्यांकन निम्नांकित में से ज्ञात करने के लिए किया जाता है।

A. विषय ज्ञान जिसमें प्रवीणता प्राप्त हुई हो

B. दुर्बल पक्ष जिसमें सहयोग अपेक्षित है

C. अभिरुचि

D. तनाव से निपटने की योग्यता

60. एक सफल शिक्षक में क्या गुण होना चाहिए?

A. उत्तम संप्रेषण

B. सकारात्मक अभिवृत्ति

C. गतिशीलता

D. आकर्षक व्यक्तित्व

61. बालकों में 'सहभागितात्मक समूह कार्य' निम्नांकित में से किसके अंतर्गत आता है?

A. व्यवहारवाद

B. रचनावाद

C. संसक्तवाद

D. संज्ञानात्मकता वाद

62. 'कार्य करण के माध्यम से अधिगम' है:

A. समस्या समाधान

B. पार्श्विक चिंतन

C. अपसारी चिंतन

D. प्रायोगिक अधिगम

63. निम्नांकित में से क्या किशोर/किशोरियों के संदर्भ में संज्ञानात्मक चुनौती है?

A. बहिर्मुखी होना B. अंतर्मुखी होना

C. अहं केन्द्रित D. आक्रामक होना

64. कक्षा में अध्यापक की मुख्य भूमिका क्या है?

A. अध्यापन

B. मूल्यांकन

C. नियंत्रण

D. प्रेरणा स्रोत के रूप में भूमिका निर्वाह

65. अधिगम के लिए निम्नांकित में से क्या अपरिहार्य है?

A. प्रयास B. रुचि

C. ध्यान D. एकाग्रता

66. 'गैर-मान्यता प्राप्त विद्यालयों का प्रतिषेध' का उल्लेख निम्नांकित में से किसमें किया गया है?

A. राष्ट्रीय शिक्षा नीति, 2020 (NEP)

B. प्रोग्राम ऑफ ऐक्शन, 1992 (POA)

C. शिक्षा का अधिकार अधिनियम, 2009

D. राष्ट्रीय शिक्षा नीति, 1986 (NPE)

67. राष्ट्रीय शिक्षा नीति, 2020 के अनुसार हाल ही में प्रस्तावित पाठ्यचर्या का अभिकल्प है:

A. 5 + 3 + 3 + 4

B. 5 + 3 + 4 + 4

C. 10 + 2 + 3 + 4

D. 6 + 2 + 3 + 2

68. पर्यवेक्षक द्वारा कक्षा प्रेक्षण के फलस्वरूप:

A. अध्यापन का विश्लेषण होगा।

B. अधिगम का संवर्द्धन होगा।

C. प्रशासनिक अपेक्षा पूरी होगी।

D. अधिगम छिद्रों को पूरा किया जाता है और शैक्षणिक उत्कृष्टता के लिए समाधान उपलब्ध कराया जा सकता है।

69. प्राचार्य की शैक्षणिक भूमिका क्या है?

A. बजट तैयार करना

B. क्रिकेट टुर्नमिंट का आयोजन

C. अध्यापकों को पाठ का प्रदर्शन (डेमो) देना

D. समय-सारणी बनाना

70. परंपरागत पाठ्यचर्या से क्या हानि है?

A. यह बालकों के लिए उबाऊ है।

B. यह अरुचिकर है।

C. इससे देर से चेतने वाले बालक संतुष्ट नहीं होंगे।

D. इससे विशिष्ट प्रतिभाशाली बालक संतुष्ट नहीं होंगे।

59. B **60.** D **61.** B **62.** D **63.** C **64.** D **65.** C **66.** C **67.** A **68.** D **69.** C **70.** D

71. 'समानता' निम्नांकित में से किससे संबद्ध है?

A. समावेशी शिक्षा B. विवर्जी शिक्षा

C. विशेष शिक्षा D. समग्र शिक्षा

72. 'डिस्कैल्कुलिया' का तात्पर्य किससे है?

A. संख्याओं को समझने की अयोग्यता (गणन वैकल्य)

B. कलम पकड़ने की अयोग्यता

C. पठन वैकल्य

D. बोलने मे अक्षमता (वाक् वैकल्य)

73. दिव्यांग जन अधिनियम, 2016 में उपबंध किया गया है:

A. किसी भी आयु के दिव्यांग को निःशुल्क शिक्षा का अधिकार

B. 6 से 18 वर्ष तक के वय-वर्ग के दिव्यांग को निःशुल्क शिक्षा का अधिकार

C. 14 वर्ष तक की आयु के दिव्यांग के लिए निःशुल्क शिक्षा

D. दिव्यांग के लिए निधियन

74. शिक्षा मंत्रालय द्वारा हाल ही में शुरू किया गया 'मनोदर्पण' निम्नांकित में से किससे संबंधित है?

A. शैक्षणिक कार्यनिष्पादन को और उत्तम बनाने के लिए विद्यार्थियों को परामर्श दिया जाना

B. कोविड-19 महामारी से ग्रस्त विद्यार्थियों को परामर्श दिया जाना

C. मानसिक स्वास्थ्य संबंधी रोगों/विकारों से मुक्त बालकों को परामर्श दिया जाना

D. प्रतियोगी परीक्षाओं के लिए बालकों को परामर्श दिया जाना

75. सरकार से प्रसुविधा प्राप्त करने का दावा करने के लिए दिव्यांगजन के संदर्भ में विहित न्यूनतम निःशक्तता कितना प्रतिशत है?

A. 30% B. 50%

C. 20% D. 40%

76. उत्तम स्कूल लीडर का गुण है:

A. उत्तम वाक् क्षमता

B. उत्तम श्रवण क्षमता

C. अभिप्रेरित करने की क्षमता

D. अनुकूलन क्षमता

77. स्कूल विकास योजना का क्या प्रयोजन है?

A. शैक्षणिक उत्कृष्टता

B. सर्वांगीण विकास

C. पर्याप्त निधियक

D. अध्यापकों की भर्ती

78. विद्यालय की समय सारणी किस उद्देश्य से बनाई जाती है?

A. समय अवधि में हुए पाठ्यक्रम को पूरा करने के लिए

B. अधिगम के लिए स्लॉट (निर्धारित समय-दंड) नियत करना

C. समग्र विकास के लिए विद्यालय का सुचारू और व्यवस्थित कार्यकरण सुनिश्चित करना

D. समय पर परीक्षाएँ पूरी करना

79. राष्ट्रीय पाठ्यचर्या रूपरेखा-2005 (एनसीएफ-2005) में मुख्यतः किस पर बल दिया गया है?

A. कक्षा में अध्यापन B. कार्यकलाप पद्धति

C. परीक्षा परिणाम D. श्रव्य-दृश्य उपकरण

80. सी.सी.ई. (सतत एवं समग्र मूल्यांकन) योजना से क्या लाभ है?

A. आनंद प्रद अधिगम

B. इससे ग्रेड प्रणाली स्थापित किए जाने के बाद अनावश्यक तुलनात्मक भाव समाप्त होता है

C. इससे अधिगम की गुणवत्ता में सुधार होता है

D. इसमें सह-अध्ययन क्षेत्रों का भी मूल्यांकन होता है

---

71. A **72.** A **73.** B **74.** C **75.** D **76.** C **77.** B **78.** C **79.** C **80.** B

पिछले प्रश्न-पत्र (हल सहित)

KVS–शिक्षक (PGT) भर्ती परीक्षा-2018*

(General English, सामान्य हिन्दी, समसामयिक विषय, तार्किक योग्यता, कम्प्यूटर साक्षरता एवं शिक्षा शास्त्र)

General English & सामान्य हिन्दी

1. Choose the description that best captures the meaning of the word INCORRIGIBLE:
A. having bad habits that cannot be changed or improved
B. showing extreme resistance to certain types of food
C. having resilience and tenacity not usually found in others
D. displaying signs of fatigue and infection

2. Choose the word/phrase that gives the best meaning of the word underline in this sentence:

Your findings are original but you haven't familiarized yourself with the nomenclature of the specimens.
A. system of naming things
B. system of classifying things
C. uses of
D. value of

3. Improve the underlined phrase in the following sentence with the help of given options:

Applications for this position should be filed by next Saturday lates.
A. next Saturday latest
B. latest next Saturday
C. latest by Saturday next
D. next Saturday at the latest

4. Choose the one meaning which best expresses the idiom, Hobson's choice.
A. a choice which is a win-win situation for parties involved in unlike business
B. a situation in which you have no choice because if you don't accept what is given, you get nothing at all
C. a situatin in which you have all choice but if you accept the choice you forfeit the right to choice again
D. a choice where your fortunes have already been decided before you exercise the choice

5. Improve the underlined phrase in the following sentence with the help of given options:

Raju seemed to be living at some remove from reality.
A. at certain remove
B. from some remove
C. in a remove
D. at one remove

6. Identify the part of the following sentence that has/may have an error.
A. Roses grow
B. with abundance against this
C. old wall
D. in this season

7. Choose the word most nearly OPPOSITE in meaning to the given word : DILATE
A. shrink
B. abduct
C. contract
D. expand

* *Held on 23 December, 2018.*

8. Complete the following sentence by using the correct form of the verb. Use the options given below:

She was too nervous to speak before such a large audience and ________ .

A. had to be prompted
B. was prompted
C. will be prompted
D. has to be prompted

9. Complete the following sentence by using the correct form of the verb. Use the options given below:

I didn't bring my wallet. Since you invited me to lunch I guessed you ________.

A. might given some money
B. had given some money
C. will have some money on you
D. might have had some money on you

10. Choose the right description that best captures the meaning of the word, MARGINALIA:

A. marked with pencil and drawn on the roofs of public buildings
B. members of a group who do not actually fight but observe combat from outside
C. notes written in the margins of a book or documents you have read
D. people who have had an experience of border countries and territories

11. 'कबीर' का संबंध किस काव्यधारा से है?

A. कृण भक्तिधारा
B. ज्ञानमार्गी निर्गुण भक्तिधारा
C. राम भक्तिधारा
D. प्रेममार्गी सूफी काव्यधारा

12. अनेकार्थक शब्द के रूप में 'गुरु' का कौन-सा अर्थ अनुपयुक्त है?

A. भारी
B. शिक्षक
C. एक नक्षत्र
D. पचाने में कठिन

13. ''टॉस युवा भारतीय टीम ने जीता और बल्लेबाजी प्रारंभ की''

उपर्युक्त वाक्य के 'उद्देश्य' को किस विकल्प में सही प्रदर्शित किया गया है?

A. भारतीय टीम ने
B. युवा भारतीय टीम ने
C. बल्लेबाजी
D. टॉस

14. "________ के कारण मैं रस्सी को साँप समझ बैठा।''

रिक्त स्थान के लिए उपयुक्त शब्द होगा:

A. जिज्ञासा B. भय
C. भ्रम D. संदेह

15. जब अर्थ का ग्रहण अभिधा से न हो किंतु उससे संबद्ध हो तो अर्थग्रहण कराने वाली शब्द-शक्ति को कहेंगे:

A. लक्षणा B. ध्वनि
C. अभिधा मूला D. व्यंजना

16. अर्थ व्यक्त करने वाली सबसे छोटी इकाई है:

A. वर्ण B. शब्द
C. वाक्य D. ध्वनि

17. "________ हो क्या? किसी बात पर तो दृढ़ रहो।''

रिक्त स्थान के लिए उपयुक्त मुहावरा होगा:

A. पत्थर की लकीर
B. सोने पे सुहागा
C. बेपेंदी का लोटा
D. मोटी अक्ल का

18. 'स्नेह' का शाब्दिक अर्थ नहीं है:

A. तेल B. चिकनाई
C. गोद D. प्रेम

19. रामधारी सिंह 'दिनकर' की प्रसिद्ध रचना का नाम है:

A. कामायनी B. उर्वशी
C. यशोधरा D. चिदंबरा

20. दूर से फेंककर चलाया जाने वाला हथियार कहलाता है:

A. शस्त्र B. आयुध
C. तलवार D. अस्त्र

सामान्य ज्ञान व समसामयिक घटनायें, तार्किक योग्यता, कम्प्यूटर साक्षरता, शिक्षाशास्त्र

21. हड़प्पीय लिपि के विषय में निम्नलिखित में से एक सही है:

A. यह चित्रलेख लिपि है।

B. यह रोमन लिपि से तुलनीय है।

C. देवनागरी की भाँति यह बायें से दाहिनी ओर लिखी गई है।

D. यह वर्णमालात्मक लिपि है।

22. संविधान सभा के उद्देश्यों का उल्लेख करने वाले उद्देश्य प्रस्तावना (ऑब्जेक्टिव्स रिजॉल्यूशन) किसने पेश किया?

A. जवाहरलाल नेहरू

B. बी.आर. अंबेडकर

C. राजेंद्र प्रसाद

D. बी.एन. राव

23. पेरेस्त्रोइका की आर्थिक तथा राजनीतिक सुधार नीतियों का आरंभ निम्नलिखित में से किस राजनीतिक नेता के साथ जुड़ा है?

A. व्लादीमिर पूतिन

B. निकिता ख़ुश्चेव

C. मिखाइल गोर्बाचेव

D. बोरिस येल्त्सिन

24. किन आबादियों की अन्योन्यक्रियाओं में दोनों ही प्रजातियों को लाभ होता है?

A. कॉमेन्सलिज्म

B. अमेन्सलिज्म

C. म्यूचुअलिज्म

D. कॉम्पिटीशन

25. 'ब्राउन एजेंडा' के बारे में निम्नलिखित में से कौन-सा कथन सत्य नहीं है?

A. 'ब्राउन एजेंडा' का सम्बन्ध प्रदूषण, कचरा-निष्पादन, शुद्ध पेयजल प्रबन्धन और आवास उपलब्धता जैसी समस्याओं से है।

B. 'ब्राउन एजेंडा' अन्तः पीढ़ियों की समानता को महत्व देता है।

C. 'ब्राउन एजेंडा' शहरी गरीबों की स्थानीय समस्याओं और वंचितों से जुड़ा है।

D. 'ब्राउन एजेंडा' का सम्बन्ध शहरी और औद्योगिक क्षेत्रों की पर्यावरण समस्या से है।

26. 2018 के एशियाई खेलों में बैडमिंटन का रजत पदक निम्नलिखित में से किसने जीता?

A. ताइपीस ताइ ज़ूयिंग

B. साइना नेहवाल

C. सैयद मोदी

D. पी.वी. सिंधू

27. निम्नलिखित में से किस स्थान पर हाल ही में विश्व के सबसे बड़े सोलर पार्क का उद्घाटन किया गया है?

A. मुंबई

B. कर्नाटक

C. चेन्नई

D. दिल्ली

28. निम्नलिखित में से किसने हाल में प्रतिष्ठित सम्मान 'मैन बुकर प्राइज' की 50वीं जयंती के उपलक्ष्य में 'विशिष्ट गोल्डन मैन बुकर प्राइज' जीता?

A. सलमान रुश्दी

B. मीशेल ओन्डजी

C. किरन देसाई

D. वी.एस. नायपॉल

29. धारणीय (सस्टेनेबल) विकास लक्ष्य कबसे प्रभाव में आए?

A. जुलाई 2015

B. जनवरी 2016

C. जुलाई 2016

D. जनवरी 2015

30. निम्नलिखित में से कौन-सा बस्ती पैटर्न समतल उपजाऊ कृषि-क्षेत्र के रूप में विकसित हो सकता है?

A. ताराकृति B. रेखाकार
C. वृत्ताकार D. आयताकार

31. एक व्यक्ति पश्चिम की ओर मुँह करके खड़ा है। वह घड़ी की दिशा में 135° मुड़ता है तदनन्तर घड़ी की विपरीत दिशा में 180° मुड़ता है। फिर वह घड़ी की दिशा में 45° मुड़ता है। उसकी अंतिम दिशा क्या है?

A. पश्चिम
B. दक्षिण-पश्चिम
C. दक्षिण
D. उत्तर-पश्चिम

32. नीचे दिये गये विकल्प से सही चित्र को चुनते हुए निम्न चित्र आव्यूह को पूरा कीजियेः

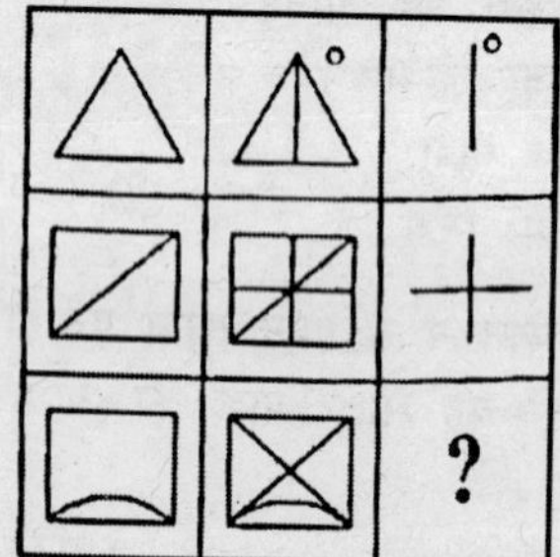

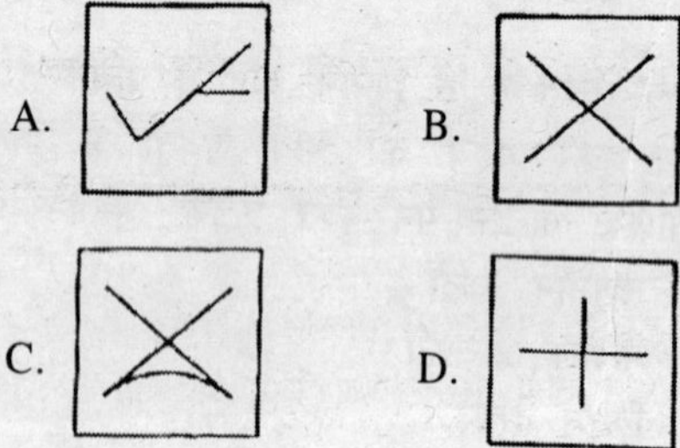

33. दिये गये चित्र में निहित किसी भी आकार वाले आयतों की संख्या बताइये तथा दिये गये विकल्प से सही उत्तर को चुनिये।

A. 27 B. 36
C. 48 D. 21

34. विषम को चुनियेः

तिपहिया, त्रिशूल, छोटी-सी बात, तिरंगा

A. त्रिशूल B. तिपहिया
C. तिरंगा D. छोटी-सी बात

35. निम्नलिखित में से सही विकल्प को चुनिये जो संख्या श्रेणी को पूरा करता होः

7, 14, 42, 168, ___?___

A. 1008 B. 840
C. 504 D. 672

36. किसी परिवार में छह सदस्य हैं जिनमें से तीन पुरुष X, Y तथा Z तथा तीन स्त्रियाँ A, B तथा C हैं। इस परिवार में एक वास्तुकार, एक वकील, एक प्रोफेसर, एक चार्टर्ड एकाउंटेन्ट, एक डॉक्टर तथा एक इंजीनियर हैं। परिवार का वर्णन इस प्रकार हैः

- इसमें दो विवाहित दंपति और दो अविवाहित व्यक्ति हैं।
- डॉक्टर का विवाह वकील से हुआ है।
- X का विवाह चार्टर्ड एकाउंटेन्ट से हुआ है।
- A का पिता प्रोफेसर है।
- वकील, C की पुत्रवधू है।
- Z, A का पति नहीं है।
- Y, X का पुत्र नहीं है। वह वास्तुकार तथा प्रोफेसर भी नहीं है।

वास्तुकार कौन है?

A. B B. X
C. Z D. A

37. बच्चों की किसी पंक्ति में भावना बायें से नौवें स्थान पर तथा आशु दायें से तेरहवें स्थान पर है। वे अपना स्थान बदल लेते हैं, तब भावना का बायें से सत्रहवां स्थान हो जाता है। अब इस पंक्ति के दाहिनी छोर से आशु का नया स्थान क्या है?

A. 21वां B. 22वां
C. 23वां D. 20वां

38. यदि SUPREME को DLDSRTO के रूप में कूटबद्ध किया जाए, तो BROUGHT को किस रूप में कूटबद्ध किया जा सकता है?

A. SGFVQAN　　B. SGFVAQN
C. SGFNVAQ　　D. SGFNQNA

39. उस सही विकल्प का चयन कीजिये जो तीसरे पद से उसी प्रकार संबंधित है जिस प्रकार दूसरा पद पहले पद से संबंधित है।

NQSW : MPRV : : CFHL : ?
A. EBGM　　B. BFJN
C. BEGK　　D. DEGJ

40. किसी तख्त पर पाँच मित्र A, B, C, D और E इस प्रकार बैठे हैं कि:
(*a*) C, A के निकटतम बायें बैठा है।
(*b*) B, A और D के दायें बैठा है।
(*c*) E, C तथा A के बायें बैठा है।

बीच में कौन बैठा है?
A. B　　B. C
C. D　　D. A

41. पीडीएफ फाइल में ________ तथा _______ 'की' दबाने से शब्द खोजने के लिए डायलॉग बॉक्स खुलेगा।
A. Alt, S　　B. Ctrl, F
C. Ctrl, S　　D. Alt, F

42. निम्नलिखित में कौन-सा प्रिंटर का प्रकार **नहीं** है?
A. इंकजेट　　B. 3-डी
C. लैंडस्केप　　D. लेजरजेट

43. इंटरनेट कनेक्शन की गति __________ में मापी जाती है।
A. GHz　　B. dpi
C. ppm　　D. Gbps

44. सर्वोत्तम विकल्प चुनिए:

किसी एंटीवायरस प्रोग्राम का डिजाइन क्या करने के लिए किया जाता है?
A. डिवाइस की पहचान करने तथा कंप्यूटर वायरस को हटाने
B. डिवाइस को स्कैन करने तथा कंप्यूटर वायरस की पहचान करने
C. डिवाइस को स्कैन करने तथा कंप्यूटर वायरस की पहचान व उसे हटाने
D. डिवाइस को स्कैन करने तथा कंप्यूटर वायरस को हटाने

45. मानक कीबोर्ड पर कीज की सबसे ऊपर वाली पंक्ति में ________ कीज होती है तथा कीबोर्ड पर सबसे लंबी 'की' _______ है।
A. एल्फाबेटिक, स्पेस बार
B. नंबर, एंटर 'की'
C. फंक्शन, एंटर 'की'
D. फंक्शन, स्पेस बार

46. एफ.ए.क्यू. का अर्थ है:
A. फ्रीक्वेंटली आस्क्ड क्वेश्चंस
B. फेवरिट आस्क्ड क्वेश्चंस
C. फेवरिट एंड आनसर्ड क्वेश्चंस
D. फ्रीक्वेंटली आनसर्ड क्वेश्चंस

47. ________ फील्ड में ई-मेल एड्रेस सभी प्राप्तकर्ताओं को प्रदर्शित होते हैं। ______ फील्ड में ई-मेल एड्रेस केवल प्राप्तकर्त्ता को प्रदर्शित होते हैं।
A. Cc तथा Bcc, To
B. To तथा Bcc, Cc
C. To तथा Cc, Bcc
D. Bcc, To

48. निम्नलिखित में से कौन-सी क्रिया से विंडोज डेस्कटॉप की फाइल डिलीट नहीं होगी?
A. सिलेक्ट फाइल → राइट क्लिक → डिलीट
B. सिलेक्ट फाइल → Del 'की' दबाएं
C. फाइल पर डबल क्लिक करे, डिलीट 'की' दबाएं
D. ड्रैग तथा रीसाइकिल बिन में ड्रॉप

49. _______ एक्सटेंशन वाली फाइलों में ______ स्टोर होता है तथा ______ एक्सटेंशन वाली फाइलों में _____ स्टोर होता है।
A. bmp, ध्वनि, mp3, चित्र
B. bmp, चित्र, mp3, ध्वनि
C. jpeg, चित्र, ध्वनि, mp3
D. bmp, ध्वनि, mp3, गाना

50. सूचना प्रदान करने वाले कम्प्यूटर _________ कहलाते हैं तथा सूचना माँगने वाले कंप्यूटर __________ कहलाते हैं।

A. सर्वर, क्लाइंट
B. क्लाइंट, सर्वर
C. एप्लीकेशन, कॉम्प्लेक्स सॉफ्टवेयर
D. सिस्टम सॉफ्टवेयर, एप्लीकेशन सॉफ्टवेयर

51. मंद बुद्धि बालकों के संबंध में इनमें से कौन-सा कथन सही **नहीं** है?
A. उनमें सामान्यीकरण की योग्यता का अभाव होता है
B. उनमें अमूर्तीकरण में कठिनाई आती है
C. उनकी संप्रेषण योग्यता खराब होती है
D. वे कारण-प्रभाव संबंध को समझ सकते हैं

52. विशेष आवश्यकता वाले बालकों के लिए 'प्लस' पाठ्यक्रम का क्या अर्थ है?
A. विशेष आवश्यकता वाले बच्चों के लिए अतिरिक्त पाठ्यक्रम।
B. ऐसे कौशल क्षेत्रों पर आधारित पाठ्यक्रम जो विशेष आवश्यकता वाले बालकों की विशेष कठिनाइयों के प्रति विशिष्ट हों।
C. विशेष आवश्यकता वाले बालकों के लिए एक रूपान्तरित पाठ्यक्रम।
D. विशेष आवश्यकता वाले बालकों के लिए पाठ अथवा शैक्षिक विषय-वस्तु।

53. निम्नलिखित में से कौन-सी योजना सबसे कम शिक्षार्थी केन्द्रित है?
A. अनुदेशात्मक योजना
B. इकाई योजना
C. पाठ योजना
D. क्रिया योजना

54. दूरसंचार और मीडिया उद्योग में सेवाओं, विषय-वस्तु, पेशकश और संचार के माध्यमों को एक मुख्य प्रौद्योगिकी के अंतर्गत लाने की प्रक्रिया को क्या कहते हैं?
A. मल्टी-मीडिया
B. ऑन-लाइन कम्यूनिकेशन
C. अभिसारिता
D. इंटीग्रेटिड मीडिया

55. निःशक्तता के सामाजिक मॉडल के अनुरूप कथन को पहचानिए:
(*a*) क्षति को चिकित्सा या अन्य उपचारों से ठीक किया जाना चाहिए।
(*b*) निःशक्तता समाज के व्यवस्थित होने के तरीके से उत्पन्न होती है।
(*c*) क्षति ध्यान केन्द्रित होती है।
(*d*) बच्चे अपने आप में ही महत्वपूर्ण होते हैं।
A. (*b*) और (*d*)　　B. (*a*) और (*c*)
C. (*a*) और (*d*)　　D. (*b*), (*c*) और (*d*)

56. पाठ्यक्रम के विकास की संकल्पना में क्या शामिल **नहीं** है?
A. अन्तर्राष्ट्रीय विचार
B. परिवार की आकांक्षाएँ
C. सामाजिक लक्ष्य
D. राष्ट्रीय लक्ष्य

57. निम्नलिखित में से क्या उपलब्धि परीक्षा का उद्देश्य **नहीं** है?
A. यह जानना कि छात्रों ने क्या सीखा है
B. यह जानना कि छात्र किन क्षेत्रों में कमजोर है
C. छात्रों को तेज़, कमजोर और औसत वर्ग में बांटना
D. शैक्षिक लक्ष्यों की प्राप्ति का पता लगाना

58. एक बहुस्थलीय अध्यापक वह होता है जो:
A. विभिन्न समावेशी/एकीकृत विद्यालयों में विशेष सेवाएं देने के लिए योग्यता प्राप्त हो।
B. अनेक पाठ्यक्रम संबंधी क्षेत्रों में निपुण हो।
C. एक विशेष समावेशी विद्यालय के लिए नियुक्त एक विशेष अध्यापक।
D. अस्थायी या तदर्थ आधार पर नियुक्त एक विशेष अध्यापक।

59. 'ग्रेपवाइन संप्रेषण' पद का अर्थ है:
A. औपचारिक संप्रेषण
B. अनौपचारिक संप्रेषण
C. विज्ञापन और प्रचार
D. चयनित अवबोध

60. अच्छी परीक्षा में क्या नहीं होना चाहिए?
A. व्यक्तिपरकता
B. वस्तुनिष्ठता

C. विश्वसनीयता

D. विधिमान्यता

61. पाठयोजना का क्लासिक प्रारूप है:

A. हरबर्ट सोपान

B. हिला टाबा सोपान

C. हिलगार्डियन सोपान

D. हाबर का सोपान

62. एक विज्ञान के शिक्षक ने शैक्षणिक सत्र के आरंभ में एक ग्रामीण विद्यालय में कार्यभार संभाला। उन्हें निम्नलिखित में से कौन से परीक्षण का प्रयोग करना चाहिए?

A. परिस्थितिगत परीक्षण

B. नैदानिक परीक्षण

C. उपलब्धि परीक्षण

D. इन बॉस्केट परीक्षण

63. यह सुझाव दिया जाता है कि एक अध्यापक निम्नलिखित ______ C और _______ S द्वारा अपने संप्रेषण में सुधार कर सकता है। निम्नलिखित विकल्पों में से कौन-सा विकल्प सही है?

A. छह C और तीन S

B. आठ C और चार S

C. सात C और चार S

D. सात C और तीन S

64. अनुपूरक शिक्षण सामग्री का उद्देश्य है:

A. कम महत्वपूर्ण क्षेत्रों में सामग्री उपलब्ध कराना

B. शिक्षार्थी की पुस्तक पढ़ने की रुचि को बढ़ाना

C. शिक्षार्थी की अनेक विषयों में रुचि को और बढ़ाना

D. अध्यापक द्वारा कवर न किए गए क्षेत्रों में सामग्री उपलब्ध करना

65. भौतिकी का प्रयोग करने के लिए एक विज्ञान प्रयोगशाला में अनिवार्य रूप से क्या होना चाहिए?

A. गैस कनेक्शन

B. जल-निकासी प्रणाली

C. प्राकृतिक रोशनी और संवातन की उपलब्धता

D. प्रदर्शन मेज

66. एक बालक जो "dog" को "god" या "bat" को "tab" पढ़ता है, निम्नलिखित में से किस प्रकार की निःशक्तता से पीड़ित है?

A. गति-समन्वय वैकल्य (डिसप्रैक्सिया)

B. वाचन-वैकल्य (डिसलेक्सिया)

C. लेखन-वैकल्य (डिसग्राफिया)

D. भाषा-वैकल्य (डिसफेशिया)

67. निम्नलिखित में से कौन-सी संप्रेषण की चारित्रिक विशेषताएं हैं?

(*a*) इसमें विचारों, तथ्यों तथा राय का आदान-प्रदान शामिल है।

(*b*) यह एक सतत प्रक्रिया है।

(*c*) यह शाब्दिक और गैर-शाब्दिक, दोनों प्रकार का होता है।

(*d*) यह प्रकृति में समकालिक होता है।

A. (*a*), (*b*) और (*d*)

B. (*b*), (*c*) और (*d*)

C. (*a*), (*c*) और (*d*)

D. (*a*), (*b*) और (*c*)

68. एक अच्छी शिक्षण सहायक सामग्री की अनिवार्य विशेषता क्या है?

A. कम लागत

B. लोकप्रिय

C. अधिकतम ज्ञानेन्द्रियों की भागीदारी

D. संभालने में आसान

69. पाठ्यक्रम बनाने में, कक्षा स्तर के अनुसार विषय-वस्तु को विभाजित करने का काम किसके अंतर्गत आता है?

A. विषय-वस्तु का चुनाव

B. विषय-वस्तु का श्रेणीकरण

C. विषय-वस्तु का व्यवस्थापन

D. विषय-वस्तु का वर्गीकरण

70. श्रवण बाधित (बधिर) बालक प्रदर्शित करता है:

A. भाषा के द्वारा संप्रेषण में बाधा

B. घूमने-फिरने में बाधा

C. व्यक्ति की स्वयं की देखभाल करने संबंधी कौशलों में बाधा

D. स्पर्शनीय कौशलों में बाधा

उत्तरमाला

1	2	3	4	5	6	7	8	9	10
A	A	D	B	D	B	C	A	D	C
11	**12**	**13**	**14**	**15**	**16**	**17**	**18**	**19**	**20**
B	C	B	C	A	B	C	C	B	D
21	**22**	**23**	**24**	**25**	**26**	**27**	**28**	**29**	**30**
A	A	C	C	B	D	B	B	B	D
31	**32**	**33**	**34**	**35**	**36**	**37**	**38**	**39**	**40**
A	B	B	D	B	D	A	B	C	D
41	**42**	**43**	**44**	**45**	**46**	**47**	**48**	**49**	**50**
B	C	D	C	D	A	C	C	B	A
51	**52**	**53**	**54**	**55**	**56**	**57**	**58**	**59**	**60**
D	B	A	C	A	B	B	A	B	A
61	**62**	**63**	**64**	**65**	**66**	**67**	**68**	**69**	**70**
A	B	C	C	D	B	D	C	B	A

पिछले प्रश्न-पत्र (हल सहित)

KVS–शिक्षक (PGT) भर्ती परीक्षा-2017*

(General English, सामान्य हिन्दी, समसामयिक विषय, तर्कसंगता व संख्यात्मक योग्यता एवं शैक्षिक शिक्षण)

General English & सामान्य हिन्दी

Directions (Q. No. 1-3): *Choose the option which best expresses the meaning of the underlined idiom/phrase in each sentence.*

1. He knows <u>which side his bread is buttered</u>:
A. knows how to chatter
B. knows the art of cooking
C. knows where his advantage lies
D. knows how to butter a slice

2. You must <u>keep your head</u> whatever happens:
A. be self respecting B. be honest
C. remain calm D. concentrate

3. He had <u>second thoughts</u>:
A. decided to take somebody with him
B. changed his mind
C. planned very carefully
D. decided to go elsewhere

Directions (Q. No. 4-6): *Choose the word which best expresses the meaning of the underlined word in each sentence.*

4. The knowledge of nuclear power might lead to <u>annihilation.</u>
A. total destruction
B. tremendous progress
C. immortality
D. full healthfulness

5. The Minister <u>condescended</u> to accept our invitation.
A. agreed B. declined
C. felt happy D. deigned

6. I was stunned at the <u>unabashed</u> display of wealth in the wedding.
A. shameless
B. impressive
C. candid
D. accurate

Directions (Q. No. 7-9): *In the following items a word is followed by four explanatory expressions. Choose the expression that explains the given word correctly.*

7. Philistine:
A. one who does not like or understand art, literature or music
B. one who is a novice as far as art and literature are concerned
C. one who is a fine judge of literature or art
D. one who is devoted to music

8. Iconoclast:
A. one who criticizes popular beliefs and established customs
B. one who is specially sent by God to preach a particular religion
C. one who encourages idol worship
D. one who is against all forms of governmen

9. Wardrobe:
A. a place where horses are kept
B. a place where official records are kept
C. a place where planes are kept
D. a place where clothes are kept

* *Held on 7 January, 2017.*

Directions (Q. No. 10-12): *A word has been written in four different ways out of which only one is correctly spelt. Choose the correctly spelt word.*

10. A. Indigenus B. Indigenous
C. Indigenius D. Indeginus

11. A. Hypocrisy B. Hipocrisy
C. Hypocresy D. Hipocracy

12. A. Parallel B. Paralel
C. Parralel D. Parralell

Directions (Q. No. 13-16): *In the following sentences one part of the sentence is italicised. Four alternatives to the italicised part which may improve the sentence are given. Choose the appropriate alternative.*

13. Rohit has got many friends because he has got *much money.*
A. enough money
B. bags of money
C. a lot of money
D. tons of money

14. The main business of the Parliament is to deal with matters *pertained to* the legislation.
A. pertaining with B. pertaining to
C. pertained with D. pertain to

15. The secret information was held *away* from me:
A. off B. out
C. back D. up

16. He spent much time and energy over it, and lost a lot of money *in the bargain.*
A. off the bargain
B. into the bargain
C. for the bargain
D. with the bargain

Directions (Q. No. 17-20): *Each of the sentence given below has been divided into four parts viz (A), (B), (C), (D). One of the parts contains an error. Choose the part which has the error.*

17. No sooner we entered (A)/ than he got up (B)/ and left (C)/ the room. (D)

18. This pond is flooded (A)/ with water because (B)/ it is raining continuously for the (C)/ last three days. (D)

19. When I went (A)/ to his house, (B)/ I found that (C)/ he had been died. (D)

20. Walking (A)/ across the street (B)/ a truck (C)/ knocked him down. (D)

21. जब क्रिया का प्रधान विषय कर्त्ता होता है, तो कौन-सा वाच्य होता है? नीचे दिए गए विकल्पों में से सही विकल्प को चुनिए :
A. कर्मवाच्य
B. भाववाच्य
C. कर्तृवाच्य
D. कोई नहीं

22. बिना अवरोध के उच्चारित होने वाले वर्ण क्या कहलाते हैं? निम्नलिखित विकल्पों में से उपयुक्त विकल्प की पहचान कीजिए:
A. स्पर्श B. घोष
C. स्वर D. व्यंजन

23. नीचे दिए गए वर्ण विच्छेद के लिए सही शब्द निम्नलिखित विकल्पों में से चुनिए:
आ + र् + थ् + इ + क् + अ
A. आर्थीक
B. आर्थिक
C. आरथिक
D. आर्थिक्

24. निम्नलिखित शब्दों में से संकर शब्द कौन-सा है?
A. लिफाफा B. सरासर
C. क़ालीन D. रेलगाड़ी

25. 'उसने टेढ़ी चाल चली'—वाक्य में कौन-सा कारक है? नीचे दिए गए विकल्पों में से सही विकल्प की पहचान क़ीजिए :
A. कर्म कारक
B. सम्बन्ध कारक
C. कर्ता कारक
D. अधिकरण कारक

26. 'यश' का सही विलोम शब्द निम्नलिखित विकल्पों में से चुनिए :

A. अपयश
B. सुयश
C. कुयश
D. यशहीन

27. 'आगमन' शब्द में कौन-सा उपसर्ग है? नीचे दिए गए विकल्पों में से चयन कीजिए :

A. अ
B. अव
C. आ
D. आग

28. 'वह पढ़ता तो पास होता'–इस वाक्य में कौन-सा काल है? निम्नलिखित विकल्पों में से सही विकल्प का चयन कीजिए।

A. अपूर्णभूत
B. सामान्य भूत
C. हेतुहेतुमद् भूत
D. पूर्णभूत

29. 'शब्द + अर्थ' संधि से कौन-सा शब्द बना :

A. शब्दर्थ
B. शब्दअर्थ
C. शब्दार्थ
D. शब्दाअर्थ

30. निम्नलिखित विकल्पों में से शब्द की शुद्ध वर्तनी वाले शब्द का चुनाव कीजिए :

A. दरपण
B. द्रपण
C. दपर्ण
D. दर्पण

31. 'भेड़ चर रही है।' इस वाक्य का सही बहुवचन रूप है :

A. भेड़ें चर रही है।
B. भेड़ें चर रही हैं।
C. भेड़ों चर रही है।
D. भेढ़एँ चर रही हैं।

32. निम्नलिखित वाक्यांश के लिए दिए गए विकल्पों में से सटीक शब्द का चयन कीजिए :

'सब कुछ जाननेवाला' :

A. बुद्धिमान
B. सर्वज्ञ
C. ज्ञानवान
D. सर्वत्र

33. 'एक अनार सौ बीमार'–इस लोकोक्ति का सही अर्थ नीचे दिए गए विकल्पों में से चुनिए :

A. एक वस्तु के कम चाहने वाले
B. माँग कम पूर्ति अधिक
C. वस्तु थोड़ी और चाहने वाले अधिक
D. अनार को चाहने वाले अनेक लोग

34. वर्तमान हिन्दी का 'खड़ी बोली' नाम किस कारण पड़ा है?

A. इसे खड़े-खड़े सीखा जा सकता है।
B. इसमें खड़ी मात्रा का प्रयोग अधिक होता है।
C. इसमें खरी-खोटी कहने की क्षमता है।
D. इसका ध्वनि-विन्यास कर्कश है।

35. निम्नलिखित विकल्पों में से शुद्ध वाक्य चुनिए :

A. दादी का प्राणी निकल गया।
B. मैंने तीन कुर्सियाँ खरीदीं।
C. चार आदमी के लिए खाना बना दो।
D. मेरे भाई के शादी के लिए अनेको प्रस्ताव आये।

36. 'यह' कौन-सा सर्वनाम है? नीचे दिए गए विकल्पों में से सही विकल्प का चयन कीजिए :

A. निश्चयवाचक
B. निजवाचक
C. सम्बन्धवाचक
D. पुरुषवाचक

37. निम्नलिखित विकल्पों में से 'कवि' शब्द का स्त्रीलिंग छाँटिए :

A. कविता
B. कवयित्री
C. गायिका
D. काव्य

38. निम्नलिखित में से कौन-सा शब्द द्वन्द्व समास का उदाहरण नहीं है? सही विकल्प का चयन कीजिए :

A. धन-धान्य
B. हरिशंकर
C. घर-बाहर
D. दिन-दिन

39. निम्नलिखित विकल्पों में से एक विकल्प शेष का पर्यायवाची शब्द नहीं है, उसे छाँटिए :

A. अहि
B. भुजंग
C. मकर
D. विषधर

40. 'आहट' प्रत्यय से बने सही शब्द को नीचे दिए गए विभिन्न विकल्पों में से चुनिए :

A. कड़वाहट
B. रहट
C. गिरावट
D. थकावट

शिक्षण अभिरुचि, संख्यात्मक योग्यता, तर्कशक्ति एवं समसामयिकी घटनाचक्र

41. हाल ही में की गई घोषणा के अनुसार, देश भर के केंद्रीय विद्यालय अब 'संवेदनशील नागरिक कार्यक्रम' के अंतर्गत अपने बच्चों को निम्न में से किसके प्रति दयालु होने की शिक्षा प्रदान करेंगे।

A. पक्षी B. मनुष्य
C. जानवर D. सरीसृप

42. निम्नलिखित में से किसे विजडेंस इन्डियाज आल टाइम टेस्ट XI का कप्तान बनाया गया है?

A. विराट कोहली B. इशांत शर्मा
C. एम.एस. धोनी D. कपिल देव

43. वर्ष 2016 के रियो ओलम्पिक में टेबल टेनिस में स्वर्ण पदक प्राप्त करने वाले मा लोंग किस देश के हैं?

A. दक्षिण कोरिया B. चीन
C. जापान D. वियतनाम

44. निम्नलिखित में से किसे एकलव्य पुरस्कार 2016 के लिए चुना गया है?

A. दुली चन्द B. श्रावणी नन्दा
C. पी.वी. सिन्धु D. सुनील कांत

45. उच्चतम न्यायालय ने निम्नलिखित में से किसके कार्यों की जाँच के लिए न्यायमूर्ति लोढ़ा पैनल का गठन किया था?

A. ए.आई.सी.सी. B. आई.सी.सी.
C. बी.सी.सी.आई D. ए.सी.सी.

46. हाल ही में हेग स्थित परमानेंट कोर्ट ऑफ आर्बिट्रेशन ने फैसला दिया किः

A. दक्षिण चीन सागर पर चीन के नियंत्रण का दावा सही है।
B. चीन और फिलीपीन्स ने अन्य देशों के सार्वभौम अधिकारों का हनन किया है।
C. दक्षिण चीन सागर के जल संसाधनों पर चीन का कोई ऐतिहासिक अधिकार नहीं है।
D. चीन के संप्रभुता सम्पन्न भू-भाग को कभी परिभाषित नहीं किया गया है।

47. एवरेस्ट पर्वत की चोटी पर पहली अंगोच्छेदित महिला के तौर पर पहुँचने के लिए वर्ष 2015 में निम्नलिखित में से किसे पद्मश्री पुरस्कार प्रदान किया गया?

A. अरुणिमा सिन्हा
B. बछेन्द्री पाल
C. अश्विनी वास्कर
D. लक्ष्मी अग्रवाल

48. हाल ही में आयोजित (2016) भारत-न्यूजीलैंड एक दिवसीय श्रृंखला में ______ को श्रृंखला का श्रेष्ठ खिलाड़ी घोषित किया गया।

A. आर. अश्विन B. विराट कोहली
C. रवीन्द्र जडेजा D. अमित मिश्रा

49. डूरंड कप फुटबॉल टूर्नामेंट (2016) किसने जीता?

A. मोहन बागान कोलकाता
B. आर्मी ग्रीन
C. आइजॉल फुटबॉल क्लब
D. नेरोका फुटबॉल क्लब

50. कार्यक्रम 'निधि' का उद्देश्य देश में युवाओं के विचारों तथा नवप्रवर्तन के भाव को पोषित करना था। इस कार्यक्रम को किसने शुरू किया था?

A. मानव संसाधन मंत्रालय
B. विज्ञान और प्रौद्योगिकी विभाग
C. विश्वविद्यालय अनुदान आयोग
D. वाणिज्य और उद्योग मंत्रालय

51. भारतीय उपग्रह जी-सैट-18 (GSAT-18) किसके संबंध में है?

A. मौसम की निगरानी
B. तारों को निहारना
C. दूर संचार
D. प्रदूषण की निगरानी

52. राज्य _______ के माध्यमिक तथा उच्चतर माध्यमिक शिक्षा बोर्ड ने पाठ्य पुस्तक से मारिया शारापोवा संबंधी एक अध्याय को हटा दिया है।

A. राजस्थान
B. गोवा
C. गुजरात
D. तमिलनाडु

53. वर्ष 2016 के ग्रीष्मकालीन ओलम्पिक खेलों के कुछ माह पूर्व मेजबान देश ब्राजील को ______ के प्रकोप संबंधी सुरक्षा चिंताओं का सामना करना पड़ा था।

A. जीका वायरस
B. डेंगू
C. चिकनगुनिया
D. हर्पीस सिम्पलेक्स

54. पैराओलम्पिक (2016) खेलों में दीपा मलिक पदक जीतने वाली पहली भारतीय महिला रही हैं। उसने किस खेल में भाग लिया था?

A. जेवलिन थ्रो
B. निशानेबाजी
C. शॉट पुट
D. तैराकी

55. मालदीव के राष्ट्रमंडल (कॉमनवेल्थ) से निकल जाने (2016) के बाद अब कितने देश इसके सदस्य रह गए हैं?

A. 50
B. 52
C. 51
D. 53

56. अठारह वर्ष से कम आयु वर्ग के लिए एशिया कप हॉकी 2016 का विजेता कौन है?

A. श्रीलंका
B. बांग्लादेश
C. पाकिस्तान
D. भारत

57. 'फॉर्च्यून' द्वारा जारी सूची के अनुसार, भारत की _______ व्यवसाय की दुनिया में शीर्ष दस सर्वाधिक शक्तिशाली महिलाओं में से हैं।

A. अरुंधती भट्टाचार्य
B. शिखा शर्मा
C. चन्दा कोचर
D. इन्दिरा नूई

58. डोनाल्ड ट्रंप द्वारा शपथ लिए जाने के बाद निम्नलिखित में से कौन यू.एस.ए. की प्रथम महिला होगी?

A. मेलानिया ट्रंप
B. मारिया ट्रंप
C. मेलानी ट्रंप
D. मेलानिजा ट्रंप

59. निम्नलिखित में से किस एयरलाइन्स ने एक दशक के बाद ₹ 105 करोड़ का मुनाफा दिखाया है?

A. इंडियन एयरलाइन्स
B. इन्डिगो
C. एयर इंडिया
D. वायुदूत

60. रियो ओलम्पिक (2016) में महिला फुटबॉल का फाइनल मैच किसने जीता?

A. फ्रांस
B. जर्मनी
C. इंग्लैंड
D. यू.एस.ए.

61. बसों की एक लाइन में बस नंबर 108, आगे से 8वें स्थान पर और बस नंबर 201 पीछे से 14वें स्थान पर हैं। उन दोनों बसों के बीच 9 बसें हैं। लाइन में कुल कितनी बसें हैं?

A. 23
B. 29
C. 26
D. 31

62. 'P', 'R' की इकलौती बेटी है। 'Q' की नानी 'R' है। 'Q' की बहन का नाम 'S' है। बताइए 'S', 'P' से किस तरह से संबंधित है?

A. बेटी
B. माँ
C. बहन
D. मौसी

63. किसी सॉफ्टवेयर कम्पनी में 30%, B.Tech तथा 25% MBA डिग्री धारक कर्मचारी हैं। 20% ऐसे हैं जिनके पास ये दोनों डिग्रियाँ हैं। अगर 325 कर्मचारी बिना किसी व्यवसायिक डिग्री के हों तो, कम्पनी में कुल कितने कर्मचारी हैं?

A. 390
B. 500
C. 425
D. 625

64. अक्षरों का कौन-सा समूह खाली स्थानों पर क्रमवार रखने से दी गई अक्षर श्रृंखला को पूरा करेगा?

v l _ k l v _ l k k l _ v _ k k l v _

A. k l v k k
B. l k v k l
C. k v v l v
D. v l l k v

65. निम्न में से कौन-सा संख्या-समूह अन्य तीन से भिन्न है?

A. {11, 31, 13, 43}
B. {5, 13, 17, 29}
C. {7, 31, 21, 37}
D. {3, 7, 11, 23}

66. एक सांकेतिक भाषा में शब्द RESPONSE को लिखा जाता है ESNOPSER, तो शब्द SYMBOLIC को लिखा जाएगा :

A. LYMBOCIS B. BOSLYCIS
C. CILYMBOS D. CILOBMYS

67. एक व्यक्ति 3 कि.मी. उत्तर दिशा में चलकर पश्चिम की ओर मुड़ जाता है और फिर 2 कि.मी. चलता है। तत्पश्चात् वह उत्तर की ओर मुड़कर 1 कि.मी. चलता है और फिर पूर्व की तरफ 5 कि.मी. चलता है। अब वह अपने आरम्भिक स्थान से कितनी दूर है?

A. 11 कि.मी. B. 8 कि.मी.
C. 10 कि.मी. D. 5 कि.मी.

68. निम्न श्रेणी का अगला पद होगा :

15, 10, 45, 20, 135, 30 _____ .

A. 40 B. 305
C. 205 D. 405

69. दिए गए विकल्पों में से उस शब्द को चुनिए जिसे दिए गए शब्द के अक्षरों के प्रयोग द्वारा बनाया जा सकता है।

INTELLIGENCE

A. CANCEL B. ENTRANCE
C. ENGINE D. TEENAGE

70. दिए गए विकल्पों में से सम्बन्धित अक्षर समूह चुनिए।

A D G J : ? : : M P S V : N K H E

A. Z X T S B. Z W Q T
C. Z W T Q D. S U V Y

71. निम्न श्रेणी का अगला पद लिखिए।

15, 29, 56, 108, 205, 400 ______ .

A. 756 B. 768
C. 758 D. 770

72. वातानुकूलन, रेडियो और पावर विंडो के चुनाव के लिए 50 कारों का सर्वेक्षण किया गया। निम्न सूचनाएँ प्राप्त हुईं।

(*a*) 30 कारें वातानुकूलित

(*b*) 4 कारें वातानुकूलित तथा पॉवर विंडो किन्तु रेडियो नहीं

(*c*) 21 कारें रेडियो के साथ

(*d*) 12 कारें रेडियो तथा वातानुकूलन के साथ किन्तु पावर विंडो नहीं

(*e*) 20 कारें पावर विंडो के साथ

(*f*) एक कार रेडियो तथा पावर विंडो के साथ

(*g*) 6 कारें सारी सुविधाओं के साथ

प्रश्न :

कितनी कारों में कोई सुविधा नहीं थी?

A. 4 B. 8
C. 6 D. 10

73. यदि '+' का अर्थ '×', '–' का अर्थ '÷', '×' का अर्थ '–' तथा '÷' का अर्थ '+', हो, तो $16 \times 4 + 12 - 4 \div 18$ का मान होगा :

A. 18 B. 22
C. 20 D. 24

74. एक मनुष्य अपनी पत्नी से 4 वर्ष बड़ा है। पत्नी की आयु अपनी बेटी की आयु का तीन गुना है। बेटी की वर्तमान आयु 10 वर्ष है। अपनी बेटी के जन्म के समय पर मनुष्य की क्या आयु थी?

A. 21 वर्ष B. 24 वर्ष
C. 27 वर्ष D. 26 वर्ष

75. निम्न में से तीन का किसी गुण के आधार पर एक समूह बनता है। वह एक कौन-सा है जो समूह का सदस्य नहीं?

A. ब्रास B. चाँदी
C. ताँबा D. एल्यूमीनियम

76. यदि 1 से 61 तक सारे ऐसे अंक जो 4 से विभाजित हो जाते हैं, बढ़ते हुए क्रम में क्रमबद्ध किये जायें तो प्रारम्भ से 8वें स्थान पर कौन-सा अंक होगा?

A. 28 B. 36
C. 32 D. 40

77. एक रुपये का एक सिक्का कागज पर रखा हुआ है। उसके साथ उसी आकार के कितने और सिक्के इस प्रकार रखे जा सकते हैं कि प्रत्येक सिक्का मध्य में रखे सिक्के को और साथ के दो अन्य सिक्कों को छूता रहे?

A. 4 B. 6
C. 5 D. 7

78. एक व्यक्ति साइकिल से उत्तर की ओर चला, उसके बाद बायें मुड़कर 3 कि.मी. चला, फिर बायें मुड़ा और 2 कि.मी. चला। अब उसने अपने आप को अपने प्रारम्भिक स्थान से ठीक 3 कि.मी. पश्चिम में पाया। वह प्रारम्भ में उत्तर की ओर कितना चला था?

A. 1 कि.मी. B. 3 कि.मी.
C. 2 कि.मी. D. 5 कि.मी.

79. यदि '+' का अर्थ '×', '÷' का अर्थ '+', '–' का अर्थ '÷' तथा '×' का अर्थ '–' हो तो $56 - 8 \times 5 \div 4 + 7$ का मान होगा :

A. 25 B. 30
C. 27 D. 32

80. नीचे दिए गए चित्र पर आधारित कुछ निष्कर्ष दिए गए हैं। सही निष्कर्ष पहचानिए।

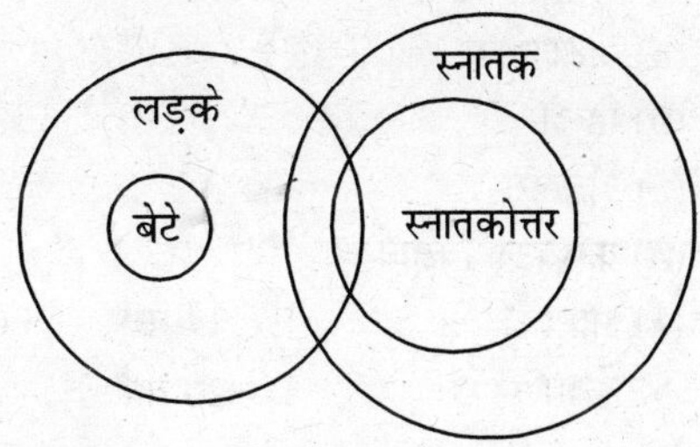

निष्कर्ष :

I. सभी लड़के बेटे हैं।
II. कुछ स्नातक स्नातकोत्तर हैं।
III. कुछ लड़के स्नातक हैं।
IV. कुछ स्नातकोत्तर लड़के हैं।

A. I, II व III सत्य हैं
B. III व IV सत्य हैं
C. II, III व IV सत्य हैं
D. I व III सत्य हैं

81. निम्नांकित में से कौन-सा सिद्धांत दृश्य-श्रव्य सामग्री के प्रयोग पर लागू नहीं होता?

A. उपादेयता का सिद्धान्त
B. चयन का सिद्धान्त
C. उद्देश्यों की प्रतिपूर्ति का सिद्धान्त
D. प्रभावशीलता का सिद्धान्त

82. निम्न में से कौन माध्यमिक स्कूली शिक्षकों के प्रशिक्षण से संबंधित राष्ट्रीय एजेंसी है?

A. एन.यू.ई.पी.ए. B. एन.सी.ई.आर.टी.
C. एन.सी.टी.ई. D. आई.एन.एस.ए.

83. निम्नांकित में से किस पक्ष में अध्यापक निर्मित और प्रमापीकृत परीक्षणों में अन्तर होता है?

A. परीक्षणों को पूरा करने का समय
B. परीक्षणों में समाहित विषयवस्तु
C. परीक्षणों की विश्वसनीयता और वैधता
D. परीक्षणों के अंकन की विधि

84. पाठ्यचर्या और पाठ्यक्रम में क्या अंतर है?

A. पाठ्यचर्या पाठ्यविवरण का भाग है
B. पाठ्यचर्या में पाठ्यपुस्तकें तथा पाठ्यविवरण शामिल हैं
C. पाठ्यविवरण पाठ्यचर्या का भाग है
D. पाठ्यचर्या और पाठ्यविवरण एक समान हैं

85. राष्ट्रीय अध्यापक शिक्षा परिषद् के द्वारा निर्मित शिक्षकों के व्यावसायिक नैतिकता नियमावली में निम्नांकित में से कौन-सा, शिक्षार्थियों के प्रति दायित्व में सम्मिलित नहीं है?

A. सभी शिक्षार्थियों को प्रेम और स्नेह से व्यवहार करता है
B. शिक्षार्थियों से संबंधित गोपनीय बातें उनके हित में माता-पिता को सूचित करता है
C. अपनी शिक्षण विधि को शिक्षार्थियों की आवश्यकताओं के अनुरूप ढाल लेता है
D. विद्यालयी जीवन के सभी पक्षों में बच्चों की मानवीय प्रतिष्ठा का सम्मान करता है

86. डेनियल गोलमैन के सांवेगिक बुद्धि के सिद्धान्त के अनुसार शिक्षकों को सांवेगिक मस्तिष्क पर ध्यान देना चाहिए जो व्यक्तिगत बुद्धि को नियंत्रित करता है। उसके द्वारा दिए गए सांवेगिक बुद्धि के क्षेत्रों के क्रम को पहचानिए :

A. आत्म जागरूकता, अभिप्रेरणा, आत्म नियमन, परानुभूति और सामाजिक कौशल
B. आत्म संप्रत्यय, आत्म सम्मान, आत्म नियमन, अभिप्रेरणा और परानुभूति

C. आत्म नियमन, अभिप्रेरणा, सहानुभूति, आत्म सम्मान और सामाजिक कौशल

D. सामाजिक कौशल, आत्म जागरूकता, आत्म सम्मान, परानुभूति और अभिप्रेरणा

87. परीक्षण के प्रश्नों के निर्माण के समय कौन-सी प्रकार के प्रश्न निर्माण में कठिन और अंकन में सरल माने जाते हैं?

A. निबन्धात्मक प्रश्न

B. लघुत्तरीय प्रश्न

C. वैकल्पिक उत्तर वाले प्रश्न

D. बहु विकल्पीय प्रश्न

88. जिस पाठ्यचर्या में एक पाठ के ज्ञान को अगले पाठ के ज्ञान से पूरे अध्ययन कार्यक्रम में संबद्ध किया जाता है, उसे कहते हैं _______ ।

A. क्षैतिज पाठ्यचर्या

B. प्राकरणिक पाठ्यचर्या

C. ऊर्ध्वाधर पाठ्यचर्या

D. कुण्डलित पाठ्यचर्या

89. कक्षा के फर्नीचर को व्यवस्थित करने का सबसे अधिक सराहनीय तरीका है?

A. एक बार तय होने के बाद उसे छेड़ना नहीं चाहिए।

B. शिक्षण और अधिगम से कक्षा फर्नीचर का कोई लेना देना नहीं है। इसलिए एक शिक्षक को इसकी परवाह नहीं करनी चाहिए।

C. इसकी व्यवस्था हर दिन या साप्ताहिक आधार पर बदलनी चाहिए।

D. इसकी व्यवस्था समय-समय पर आवश्यकतानुसार बदलनी चाहिए।

90. आग्रह (A) : सामाजिक संरचनावादी उपागम, अधिगम होते समय विचार प्रक्रिया पर लक्ष्य करके अधिगम सिद्धान्त में योगदान करता है।

तर्क (R) : ऐसा माना जाता है कि शिक्षार्थी स्वयं, अधिगम की संरचना करते हैं और अधिगम को संरचना की सक्रिय प्रक्रिया और ज्ञानार्जन के रूप में देखा जाता है।

उपरोक्त कथनों के संदर्भ में एक सही उपक्रम चुनिए :

A. दोनों (A) और (R) सही हैं किन्तु (R), (A) की व्याख्या नहीं है।

B. दोनों (A) और (R) सही हैं और (R), (A) की व्याख्या है।

C. (A) सही है किन्तु (R) गलत है।

D. (A) सत्य है किन्तु (R) का सत्य होना आवश्यक नहीं है।

91. निम्नांकित में से कौन-सा श्रेष्ठ शिक्षण का महत्वपूर्ण संकेतक है?

A. शिक्षार्थियों द्वारा पूछे गए सार्थक प्रश्न

B. कक्षा में पूर्ण शान्ति

C. परीक्षा उत्तीर्ण करने वाले शिक्षार्थियों की संख्या

D. कक्षा में शिक्षार्थियों की उपस्थिति

92. जीव विज्ञान के शिक्षण का सह संबंध किससे है?

(*a*) अर्थशास्त्र

(*b*) हिन्दी

(*c*) इतिहास

(*d*) कम्प्यूटर विज्ञान

(*e*) भौतिकी

A. केवल (*e*)

B. (*a*), (*b*), (*c*) और (*d*)

C. (*a*), (*b*), (*c*), (*d*) और (*e*)

D. (*a*), (*b*), (*c*) और (*e*)

93. भावात्मक क्षेत्र के उद्देश्यों का सही क्रम सबसे कम से सर्वाधिक जटिलता के अनुसार हैं :

A. ग्रहण करना, प्रतिक्रिया करना, संगठित करना, मूल्यांकित करना तथा चरित्रण

B. ग्रहण करना, प्रतिक्रिया करना, मूल्यांकित करना, संगठित करना और चरित्रण

C. प्रतिक्रिया करना, ग्रहण करना, मूल्यांकित करना, संगठित करना और चरित्रण

D. प्रतिक्रिया करना, मूल्यांकित करना, संगठित करना, ग्रहण करना और चरित्रण

94. स्कूली स्तर पर एक अध्यापक की वेशभूषा कैसी होनी चाहिए?

A. जितना संभव हो उतना सादा

B. जिस समाज से छात्र आते हैं, उस समाज की सामान्य वेशभूषा

C. आधुनिक और अद्यतन

D. सभी शिक्षकों हेतु एक-सी होनी चाहिए

95. कक्षा में एक अप्रिय घटना हो गई। अध्यापक को इसका हल निकालना चाहिए :

A. मसले को अपने परिवार में चर्चा द्वारा

B. प्रधानाचार्य से मसले पर चर्चा द्वारा

C. केवल कक्षा में ही मसले पर चर्चा द्वारा

D. अपने सहकर्मियों से मसले पर चर्चा द्वारा

96. निम्नांकित में से कौन-सी ई-अधिगम की सामान्य विशिष्टता है?

A. अधिगम आत्म गति अनुरूप है

B. अति उच्च कीमत और समय वांछित है

C. सदैव कक्षा में व्यक्तिगत उपस्थिति चाहिए

D. दस्तावेजों को बाद में पढ़ने के लिए नहीं उतारा जा सकता है

97. वर्तमान परिस्थितियों में अध्यापक की कौन-सी भूमिका अत्यन्त वांछनीय है?

A. कक्षा में एक श्रेष्ठ अध्यापक के रूप में

B. एक श्रेष्ठ अध्यापक और शिक्षण अधिगम प्रक्रिया के प्रबंधक के रूप में शिक्षक

C. अधिगम को सुलभ बनाने वाला अध्यापक

D. एक शानदार अभिप्रेरक के रूप में अध्यापक

98. चने के पौधे के बारे में पढ़ाने हेतु किस शिक्षण-व्यूह रचना को वरीयता दी जानी चाहिए?

A. प्रदर्शन विधि

B. एक चने के पौधे के जीवन पर फिल्म

C. अक्टूबर के महीने में क्षेत्र-भ्रमण

D. चार्ट और मॉडलों का उपयोग

99. एक समय एक राज्य में, एक बी.ए. के छात्र को तीन वर्षों के अन्त में परीक्षा में बैठना पड़ता था। इससे पूर्व कोई भी परीक्षा या परीक्षण नहीं होता था। यह उदाहरण है :

A. विकासात्मक मूल्यांकन का

B. निकष आधारित मूल्यांकन का

C. योगात्मक मूल्यांकन का

D. वार्षिक मूल्यांकन का

100. "________ एक शिक्षण विधि है जो नए विचारों की खोज करके त्वरित उत्तरों की प्राप्ति में सहायक होती है। विचारों पर निर्णय न करते हुए अधिकाधिक विचारों के विकास पर जोर दिया जाता है; सभी विचारों को समान महत्व दिया जाता है।" इनमें से **सही** को चुनिए।

A. गुंजन-सत्र

B. परिचर्चा विधि

C. भूमिका-अभिनय

D. विचारावेश

उत्तरमाला

1	2	3	4	5	6	7	8	9	10
C	C	B	A	D	A	A	A	D	B
11	**12**	**13**	**14**	**15**	**16**	**17**	**18**	**19**	**20**
A	A	C	B	C	B	A	C	D	A
21	**22**	**23**	**24**	**25**	**26**	**27**	**28**	**29**	**30**
C	C	B	D	C	A	C	C	C	D
31	**32**	**33**	**34**	**35**	**36**	**37**	**38**	**39**	**40**
B	B	C	B	B	A	B	B	C	A
41	**42**	**43**	**44**	**45**	**46**	**47**	**48**	**49**	**50**
C	C	B	B	C	C	A	D	B	B

51	52	53	54	55	56	57	58	59	60
C	B	A	C	B	D	D	A	C	B
61	**62**	**63**	**64**	**65**	**66**	**67**	**68**	**69**	**70**
D	A	B	C	C	D	D	D	C	C
71	**72**	**73**	**74**	**75**	**76**	**77**	**78**	**79**	**80**
B	B	B	B	A	C	B	C	B	C
81	**82**	**83**	**84**	**85**	**86**	**87**	**88**	**89**	**90**
A	B	C	C	B	A	D	C	D	B
91	**92**	**93**	**94**	**95**	**96**	**97**	**98**	**99**	**100**
A	C	B	B	C	A	C	B	C	D

व्याख्यात्मक उत्तर

61. → 8 +9 14 ←

लाइन में कुल बसों की संख्या

$= 8 + 9 + 14$

$= 31.$

62.

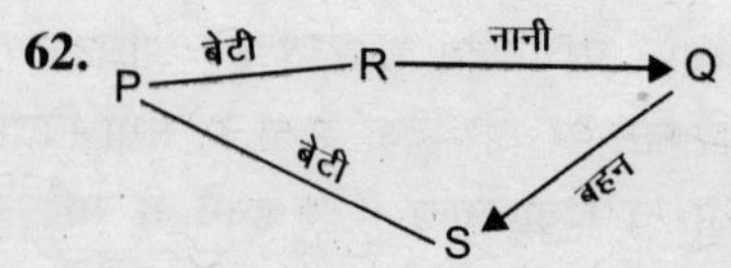

63. माना कि कम्पनी में कुल कर्मचारियों की संख्या x है। बिना किसी व्यावसायिक डिग्री वाले कर्मचारियों का प्रतिशत

$= [100 - (30 + 25 - 20)]\%$

$= 65\%$

प्रश्नानुसार,

x का $65\% = 325$

$\Rightarrow \quad x \times \frac{65}{100} = 325$

$\Rightarrow \quad x = \frac{325 \times 100}{65}$

$= 500$

अतः कम्पनी में कुल कर्मचारियों की संख्या = 500.

64. v l k̲ k l v̲ v l k k l v̲ v l̲ k k l v v̲

अतः सही विकल्प (C) है।

65. {11, 31, 13, 43}, {5, 13, 17, 29}

{3, 7, 11, 23} अभाज्य संख्याएँ हैं।

{7, 31, 21, 37} अभाज्य संख्या नहीं है।

अतः विकल्प (C) संख्या-समूह से भिन्न है।

66. R E S P O N S E को सांकेतिक भाषा में

↓ ↓ ↓ ↓ ↓ ↓ ↓ ↓

E S N O P S E R लिखा गया है।

इसी प्रकार,

S Y M B O L I C को सांकेतिक भाषा में

↓ ↓ ↓ ↓ ↓ ↓ ↓ ↓

C I L O B M Y S लिखा जाएगा।

अतः विकल्प (D) सही है।

67.

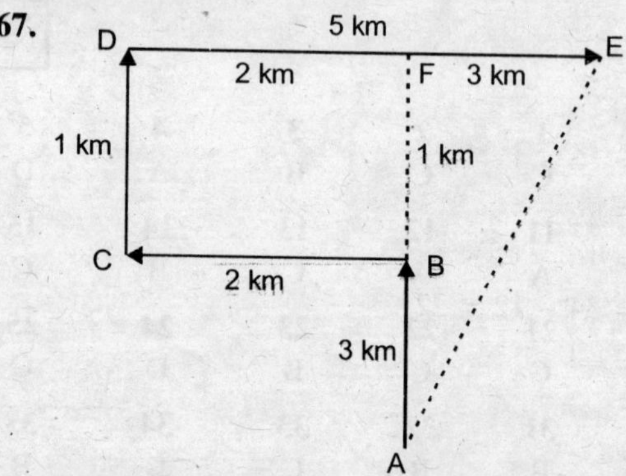

त्रिभुज AFE से,

$(AE)^2 = (AF)^2 + (EF)^2$

$= (4)^2 + (3)^2$

$= 16 + 9 = 25$

$\therefore$ AE = 5 किमी.

अतः व्यक्ति अपने आरम्भिक स्थान से 5 किमी. दूर है।

68. 15 10 45 20 135 30 [405]

×3 ×3 ×3

अतः श्रेणी का अगला पद 405 होगा।

69. INTELLIGENCE

A. CANCEL दिए गए शब्द से नहीं लिखा जा सकता क्योंकि दिए गए शब्द में अक्षर A नहीं है।

B. ENTRANCE दिए गए शब्द से नहीं लिखा जा सकता क्योंकि दिए गए शब्द में अक्षर A तथा R नहीं हैं।

C. ENGINE दिए गए शब्द से लिखा जा सकता है।

D. TEENAGE दिए गए शब्द से नहीं लिखा जा सकता क्योंकि दिए गए शब्द में A नहीं है।

70. A D G J : Z W T Q :: M P S V : N K H E

+3 +3 +3 +3 +3 +3 +3 +3 +3 +3 +3 +3

अतः ZWTQ प्रश्नचिह्न के स्थान पर आएगा।

72. 8 कारों में कोई सुविधा नहीं थी।

73. '+' का अर्थ '×'

'–' का अर्थ '÷'

'×' का अर्थ '–'

'÷' का अर्थ '+'

$= 16 - 4 \times 12 \div 4 + 18$

$= 16 - 4 \times 3 + 18$

$= 16 - 12 + 18$

$= 34 - 12 = 22.$

74. बेटी की वर्तमान आयु = 10 वर्ष

माँ की वर्तमान आयु = 10 × 3 = 30 वर्ष

पिता की वर्तमान आयु = 30 + 4 = 34 वर्ष

बेटी के जन्म के समय पिता की आयु

= 30 – 10

= 24 वर्ष थी

75. चाँदी, ताँबा, एल्युमीनियम तीनों धातु हैं। अतः ब्रास समूह का सदस्य नहीं है।

76. 4, 8, 12, 16, 20, 24, 28, 32, 36, 40, 44, 48, 52, 56, 60

अतः प्रारम्भ से आठवें स्थान पर 32 होगा।

77. अभीष्ट सिक्कों की संख्या = 6.

78.

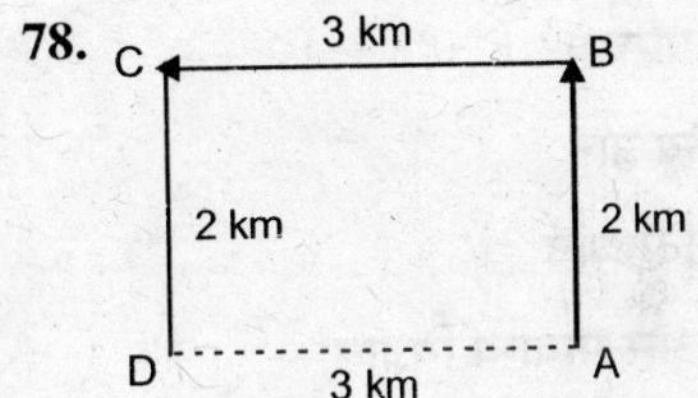

अतः व्यक्ति प्रारम्भ में उत्तर की ओर 2 किमी. चला था क्योंकि आयत की विपरीत भुजाएँ समान होती हैं।

79. '+' का अर्थ '×'

'÷' का अर्थ '+'

'–' का अर्थ '÷'

'×' का अर्थ '–'

$\therefore \quad 56 \div 8 - 5 + 4 \times 7 = 7 - 5 + 28$

$= 35 - 5$

$= 30.$

80. II, III तथा IV सत्य है।

अतः विकल्प (C) सत्य है।

ENGLISH LANGUAGE

1. COMPREHENSION PASSAGES

In the English language paper, questions on comprehension test are very important for the examinees appearing in the competitive examinations.

Comprehension means the act of comprehending or the capacity of the mind to understand. In the examination papers, questions on comprehension test are included to judge the ability of the examinees to understand the given passage.

Therefore, they should understand how to solve these questions. Practice of solving these questions will greatly help them in the examination.

Directions: *Read the following passages carefully and answer the questions given after each passage. Out of the four alternatives, choose the correct answer according to the context of the passage.*

PASSAGE-1

This is the age of the Machine, Machines are everywhere, in the fields, in the factory, at home, in the street, in the city, in the country, every where. To fly, it is not necessary to have wings; there are machines. The swim under the sea, it is not necessary to have gills; there are machines. To kill our fellowmen in over-whelming numbers, there are machines. Petrol machines alone provide ten times more power than all human beings in the world. In the busiest countries, each individual has six hundred human slaves in his machines.

What are the consequences of this abnormal power? Before the War, it looked as though it might be possible, for the first time in history to provide food and clothing and shelter for the teeming population of the world—every man, woman and child. This would have been the greatest triumphs of science. And yet, if you remember, we saw the world crammed, full of food and people hungry. Today, the larders are bare and millions, starving. That's the war, you would say. When the machines of peace once more begin to ....

1. According to the passage, which of the following is not necessary to fly?
   A. Wings B. Arms
   C. Feet D. Machines
2. Petrol machinery is used to provide:
   A. ten times more power than human beings in the world
   B. less power than human beings in the world
   C. as much power as human beings in the world
   D. none of the above is correct
3. What could be one of the greatest triumphs of science?
   A. to provide food, clothing and shelter to everyone
   B. none would get food, clothing and shelter
   C. only rich people would get food, clothing and shelter
   D. people would get only clothing
4. This is the age of the:
   A. machine B. animal husbandry
   C. agriculture D. wars
5. The machine age produces:
   A. goods
   B. food
   C. goods but avoids the consequences
   D. none of the above

Answers

1	2	3	4	5
A	A	A	A	C

PASSAGE-2

What are the good parts of our civilization? First and foremost there are order and safety. If today I have a quarrel with another man, I do not get beaten merely because I am physically weaker and he can knock me down. I go to law and the law will decide as fairly as it can between the two of us. Thus in disputes between man and man. Right has taken the place of might. Moreover, the law protects me from robbery and violence. Nobody may come and break into my house, steal my books or run off with my children. Of course, there are burglars, but they are very rare and the law punishes them whenever, it catches them.

It is difficult for us to realize how much this safety means. Without safety those higher activities of mankind which make up civilization could not go on. The inventor could not invent, the scientist find out or the artist make beautiful things. Hence, order and safety, although they are not themselves civilization, are things without which civilization could be impossible. They are as necessary to our civilization as the air we breathe is to us; and we have-grown so used to them that we do not notice them any more than we notice the air.

1. The first and foremost good parts of civilization are:
   A. order and insecurity
   B. only insecurity
   C. order and safety
   D. insecurity and lawlessness.

2. In disputes between man and man:
   A. right has taken the place of might
   B. might has taken the place of right
   C. might is right
   D. none of the above

3. According to the passage, the burglars are:
   A. many B. rare
   C. found nowhere D. not punished

4. An artist can create beautiful things only if:
   A. there is disorder
   B. there is no safety
   C. there is safety
   D. there is neither safety nor order

5. According to the writer, man does not notice order and safety as:
   A. he does not notice the air he breathes
   B. he does not notice the food he eats
   C. he does not notice the shelter he needs
   D. none of the above is correct

Answers

1	2	3	4	5
C	A	B	C	A

PASSAGE-3

The purpose of education is to make the student an expert in his subject. This must be clearly understood, and mere muddling through lessons and lectures and books and passing examination are relegated to secondary importance as means to the end—which is excellence in the field choosen.

But there are so many fields, and no man can become an expert in all the fields. It is necessary to decide which fields are the important ones that a man should know well.

It is clear that one's own work is the most important. This has been realised and modern civilization has accordingly provided vocational education. It is now possible to acquire high professional skill in the various fields, medicine, engineering production, commerce and so on—but with good and bad mixed together, and no standard for guidance.

1. The purpose of education is to make the student:
   A. an expert in all fields
   B. an expert in his subject
   C. only capable of earning
   D. confident only

2. What, according to the writer, is the end?
   A. excellence in the field choosen
   B. passing the examination
   C. earning more and more money
   D. cramming lectures and books

3. According to the passage, can a man become an expert in all fields?
   A. Yes B. Partially yes
   C. Sometimes D. No

4. According to the writer, which of the following is the most important work?
   A. someone else's work
   B. one's own work
   C. nobody's work
   D. everyone's work

5. The modern civilization has provided
   A. vocational education
   B. art of conversation
   C. adult education
   D. higher education

Answers

1	2	3	4	5
B	A	D	B	A

PASSAGE-4

English education, which was introduced in India in the earlier part of the nineteenth century, established her cultural contact with the West. Prior to this, India had for centuries remained in a state of isolation, although in very early times she had sent out cultural missions to the other Asiatic countries. India really began to borrow from the West and assimilate new ideas on an extensive scale only after the British had taken up the direction of her educational policy.

It is true that Western education at first exerted an unsettling: influence on young men and led to errors in life and conduct. They hated everything Indian, aped western manners and modes of life, and forgot their glorious past. There were scholars who ignored modern Indian languages, avoided classical Indian literature, and made a fetish of speaking and writing English.

1. When was English education introduced in India?
   A. in the twentieth century
   B. in the later part of the nineteenth century
   C. in the earlier part of the nineteenth century
   D. in the eighteenth century
2. When did India begin to borrow from the West?
   A. after the British had taken up the direction of her educational policy
   B. before the British had taken up the direction of her educational policy
   C. in the twentieth century
   D. none of the above is correct
3. What did India send out to other Asiatic countries?
   A. economic mission B. military forces
   C. cultural missions D. none of these
4. Western education exerted an unsettling influence on:
   A. old men B. young men
   C. old women D. children
5. Young men forgot their:
   A. glorious past B. present
   C. future D. originality

Answers

1	2	3	4	5
C	A	C	B	A

PASSAGE-5

Each nation has its own peculiar character which distinguishes it from others. But the peoples of the world have more points in which they are all like each other than points in which they are different. One type of person that is common in every country is the one who always tries to do as little as he possibly can and to get as much in return as he can. His opposite, the man who is in the habit of doing more than is strictly necessary and is ready to accept what is offered in return, is rare everywhere.

Both these types are usually unconscious of their character. The man who avoids effort is always talking about his 'rights'; he appears to think that society owes him a pleasant easy life. The man who is always doing more than his sheer talks of 'duties' feels that the individual is in debt to society, and not society to the individual. As a result of their view, neither of these men thinks that he behaves at all strangely.

1. What type of person is common in every nation?
   A. A person who wants to do little and get more
   B. A person who wants to do more and get little
   C. Each person is different
   D. There is no such type of person that is common in every country
2. A person doing more and getting little:
   A. is rare everywhere
   B. is found in our country
   C. is common in all countries
   D. is found nowhere

3. The man who talks about his 'rights':
   A. avoids meeting other people
   B. avoids hard work
   C. knows his duties well
   D. believes in hard work
4. The man who talks of 'duties':
   A. is always hard working
   B. avoids hard work
   C. does not know his duties well
   D. always thinks of his 'right' first
5. Which one of the following thinks that the individual is in debt to the society?
   A. a person who talks of his 'rights only'
   B. a person who is always doing more than his sheer talks of 'duties'
   C. every citizen of the country
   D. a person who talks of his 'duties' only

Answers

1	2	3	4	5
A	A	B	A	C

PASSAGE-6

The history of civilization shows how man always has to choose between making the right and wrong use of the discoveries of science. This has never been more true than in our own age. In a brief period amazing discoveries have been made and applied to practical purpose.

It would be ungrateful not to recognize how immense are the boons, which science has given to mankind. It has brought within the reach of multitudes benefits and advantages which only a short time ago were the privilege of the few. It has shown how malnutrition, hunger and disease can be overcome. It has not only lengthened life but it has deepened its quality. Fields of knowledge, experience and recration open in the past only a few, have been thrown open to millions. Through the work of science the ordinary man today has been given the opportunity of a longer and fuller life then was over possible to his grandparents.

1. Amazing discoveries of science have been made:
   A. in a brief period
   B. in a long period
   C. in our orefather's age
   D. in centuries
2. The boons of science are:
   A. few B. found nowhere
   C. immense D. very few
3. Which of the following can be overcome with the help of science?
   A. Malnutrition B. Disease
   C. Hunger D. All of these
4. Science provides a chance of:
   A. shorter and fuller life
   B. longer and fuller life
   C. longer and dull life
   D. none of these
5. What on the whole, has science done to mankind?
   A. It has reduced the quality of our life
   B. It has shortened our life
   C. It has deepened the quality of life
   D. It has done a great harm to mankind

Answers

1	2	3	4	5
A	C	D	B	C

PASSAGE-7

It is said that wars are fought for the sake of peace. Many a politician justifies wars as being the means of bringing about stability in the international relations. So far as the aim of those who are always busy in society is concerned, their motive is not always to achieve freedom from work. Their ultimate purpose is not to be idle. To be busy is a mode of life or habit. Those who are busy in society, say, businessmen, or people in authority, politicians or statesmen, officials or employees, are all part of the continuous machine which keeps the society going.

People are busy so that different activities of a society are carried out and the wherewithals which mankind badly needs are provided. No society, however, prosperous and endowed with bounties of nature, can afford to have the objective of being idle in the long run. No doubt, advanced countries ensured minimum facilities of living and amenities of work for their workmen; they even fix their working hours so that after their busy day's life they can have some leisure at their disposal for self development or peace of mind. Yet, with the passage of time a busy society has the tendency to become busier. Even with the best computers and automations at the disposal of the modern technocrats manpower continues to remain busy, as one phase of achievement leads automatically to the second phase of work. War may have the intention of peace but business is undending so long as a society has the objective of progress and does not become stationary or stagnant or decadent.

1. According to the passage, busy people:
A. want freedom work
B. want to be idle
C. do not like rest
D. are part of a machine which runs society

2. Why are people busy?
A. to carry out different activities of society
B. to provide needs of mankind
C. both A and B
D. none of the above

3. Author says that:
A. no society can be idle
B. developed countries can be idle
C. underdeveloped countries can be idle
D. all of the above

4. Computers and automations:
A. have made man idle
B. could not relieve man from busy life
C. both of the above
D. none of the above

5. With the passage of time man is becoming busier because
A. he likes to be busy
B. he is born to be busy
C. to be busy is mode of life or habit
D. all of the above

Answers

1	2	3	4	5
D	C	A	B	C

PASSAGE-8

Every genius that comes to the world, achieves greatness through the capacity of taking trouble. All great men of the world who have achieved impossible things in their life time have undergone hardships, sacrifices, trials and tribulations. There is no easy victory over failure. No hard achievement is smooth and easy. History of great men reminds us that with strong determination man can achieve any thing he may set his mind upon, however impossible it may seem apparently.

A man with determination and iron will can defeat all hurdles in the way of his mission. Even the most intelligent people suffer in life if they cannot cope with their circumstances and labour hard to achieve the goal of their life. A genius who is fired with real zeal and determination to achieve his ideal comes to possess the necessary capacity to bear the hardships, cross the hurdles and achieve the final victory. Genius and hard work go together to bring the desired results. The stage of greatness comes after many stages of frustration and disappointment. The weaker man gives way to those frustrations but the genius perseveres and holds on to their mission until they achieve the object of their life.

1. The writer feels that victory over failure:
A. is not possible B. is not good
C. is absolute D. is not easy

2. According to the passage genius implies:
A. failing again and again
B. capacity of taking trouble and hardship
C. stages of frustration and disappointment
D. escape from hardship

3. Which of the following is correct?
A. Only dull people should work hard
B. Intelligent people need not labour hard
C. Even intelligent people have to cope with circumstances
D. None of the above

4. It can be inferred that:
A. genius and hard work go together
B. genius and hard work are opposed to each other
C. genius and hard work end in frustration
D. all of the above

5. A man can defeat all hurdles by:
A. coping with all situations
B. strong determination and iron will
C. becoming strong
D. becoming tall

Answers

1	2	3	4	5
D	B	C	A	B

PASSAGE-9

Life is a struggle. "We live in deeds and not in years." If we rest, we rust. If we work we shine like jewels. Adventures are the essence of life but action also entails contemplation. Proper action needs the proper initiative. Napoleon took the wrong initiative and brought the downfall of France. Proper action is always taken by the wise persons. The wise persons always foreshadow the hardships for executing a policy. They become passive when they forecast that their efforts are at stake. All great leaders and diplomats take the steps keeping in view their reputation.

We should strike when the iron is hot. Some persons take the steps haphazardly with the result that they lose the opportunity and thus they are treated as fools. Angels are wise people and very particular about their action. It has been the aim of all philosophers to understand the world. After understanding, they move very gradually and not like fools who plunge into the situation without contemplation. Mr. Ayub Khan under Bhutto's influence plunged into war with India inflicting destruction to humanity. Our ex-prime Minister Lal Bahadur Shastri gauged the situation. He responded to the challenge of Pakistan and won the battle. Fools always meddle with the situation without bringing about any change but wise persons penetrate into the matter and take the appropriate action.

1. According to the writer:
A. Napoleon acted wisely
B. we may rust like iron
C. we may shine like metals
D. leaders and diplomats act keeping in view their reputation

2. Some people are treated as fools because
A. they act haphazardly
B. they strike when the iron is hot
C. they act like philosophers
D. all of the above

3. Mr. Ayub Khan was
A. wise to decalre was against India
B. foolish to disobey Bhutto
C. not wise in declaring war against India
D. none of the above

4. What is the aim of the philosopher?
A. To act like angels
B. To act like Ayub Khan
C. To act like Bhutto
D. To understand the world

5. The passage implies that
A. one should act quickly
B. understanding should precede action
C. fools penetrate into the matter
D. none of the above

Answers

1	2	3	4	5
D	A	C	D	B

PASSAGE-10

With human beings the world ever ensnared by the performance of mechanical tasks and the pursuit of equally mechanical distractions, the time is not distant when nothing but the most abominable entertainments will succeed in steering them. If it happens so, the present civilisation will emerge as a mere imitation of the Roman in which the Romans desired more gladiators, tightrope walking elephants and fantastically rare animals to be slaughtered. This is one danger which is likely to cut at the roots of the modern civilisation because it threatens the existence of mental activities.

I would prefer to be bored by an eight hour job in an office or writing streams of words of journalism rather than be amused by the monotony of modern pleasures. It is the lack of participation which is the most damaging aspect of modern pleasures. This organised distraction combines within itself the performance of movies, gramophones, radios and the press which go a long way in killing the residue of initiative or sense of participation. Even in the case of newspapers, no mental effort is required on the part of the readers as the contents are presented in such a cut and dried manner that one need not undergo the fatigue of a single thought.

Consequently for years together men continue scanning newspapers and magazines by merely moving their eyes.

If idealists failed to stem the rot, in future, pleasures will take on incredibly monostrous shape.

1. The writer feels that human activities and distractions are:

A. logical B. interesting
C. intellectual D. mechanical

2. According to the passage entertainments

A. relieve a man
B. are badly needed
C. threaten the existence of mental activities
D. are useless

3. The writer prefers

A. modern pleasures to office work
B. modern pleasures to journalism
C. neither journalism nor office work
D. journalism and office work to modern pleasures

4. Modern pleasures, according to the writer

A. are indispensable
B. are useless because they don't amuse men
C. cripple the sense of participation
D. do not make men take the initiative

5. Which of the following is correct?

A. The author says that reading newspapers is bad
B. Mental effort is not required in reading newspapers
C. We should imitate Romans
D. We should slaughter animals

Answers

1	2	3	4	5
D	C	D	C	B

PASSAGE-11

Courage is not only the basis of all virtue; it is its expression. Faith, hope, charity and all the rest don't become virtues until it takes courage to exercise them. There are roughly two types of courage. The first, an emotional state which urges a man to risk injury or death, is physical courage. The second, a more reasoning attitude which enables him to take coolly his career, happiness, his whole future, or his judgement of what he thinks either right or worthwhile, is moral courage.

I have known many men, who had marked physical courage, but lacked moral courage. Some of them were in high places, but they failed to be great in themselves because they lacked moral courage. On the other hand, I have seen men who undoubtedly possessed moral courage but were very cautious about taking physical risks. But I have never met a man with moral courage who couldn't, when it was really necessary, face a situation boldly.

1. All virtues become meaningful because of

A. faith B. charity
C. courage D. hope

2. Physical courage is an expression of

A. emotions B. deliberation
C. uncertainty D. defiance

3. People with physical courage often lack

A. mental balance
B. capacity for reasoning
C. emotional stability
D. will to fight

4. A man with moral courage can

A. defy his enemies
B. overcome all difficulties
C. face a situation boldly
D. be very pragmatic

5. A man of courage is

A. cunning B. intelligent
C. curious D. careful

Answers

1	2	3	4	5
C	A	B	C	D

2. Cloze Test

A cloze test is a procedure in which an examinee is asked to supply words that have been removed from a passage as a test of his ability to comprehend text. Practise it regularly to score well.

TEST 1

Today most Indian businessmen are very worried. To begin with, they are not used to competition. In the past, they sold whatever ..... (1) ..... produced at whatever prices thay chose. But ..... (2) ..... increasing competition, customers began to ..... (3) ..... and choose. Imports suddenly became ..... (4) ..... available and that too at cheaper ..... (5) .....

1. A. it B. he C. they D. we
2. A. with B. by C. after D. from
3. A. buy B. take C. pick D. want
4. A. hardly B. easily C. frequently D. conveniently
5. A. costs B. returns C. dividend D. prices

TEST 2

As a rule of thumb, a manned mission costs from fifty to a hundred times more than a comparable unamanned mission. Thus, for scientific exploration alone, ... (1) ..... missions, employing machine intelligence, are ..... (2) ..... However, there may well be ..... (3) ..... other than scientific for exploring ..... (4) ..... social, economic, political, cultural or ..... (5) .....

1. A. manned B. unmanned C. space D. lunar
2. A. liked B. wanted C. used D. preferred
3. A. reasons B. causes C. clues D. objects
4. A. moon B. sun C. space D. mission
5. A. casual B. historic C. historical D. histrionic

TEST 3

The principal advantage in having a clear-cut objective of business is that it does not derail; the enterprise does not stray ..... (1) ..... the direct route that it has set for ..... (2) ..... Enterprises with well-defined objectives can conveniently undertake ..... (3) ..... and follow long-range development policies. Recognition of objectives ..... (4) ..... the temptation to compromise long-range ..... (5) ..... for short-term gains and improves coordination in work and consistency in policy.

1. A. from B. on C. along D. towards
2. A. others B. industry C. itself D. government
3. A. production B. research C. audit D. appraisal
4. A. invites B. defers C. shifts D. removes
5. A. objectives B. losses C. interests D. profits

TEST 4

Let children learn to judge their own work. A child ..... (1) ..... to talk does not learn ..... (2) ..... being corrected all the time ..... (3) ..... corrected too much, he will ..... (4) ..... talking. He notices a thousand times a day the difference between the ..... (5) ..... he uses and the language those around him use.

1. A. endeavouring B. learning
C. experimenting D. experiencing
2. A. in B. on
C. by D. to
3. A. unless B. being
C. until D. if
4. A. stop B. halt
C. avoid D. shun
5. A. speech B. language
C. talk D. skill

TEST 5

His talk used to be full of wit and humours. He liked reading. He was a ..... **(1)** ..... reader and would pore over books ..... **(2)** ..... a wide range of interest as ..... **(3)** ..... he got them. He had ..... **(4)** ..... a standing order to two bookshops ..... **(5)** ..... city.

1. A. voracious B. fervent
C. anxious D. enthusiastic
2. A. covering B. barring
C. including D. containing
3. A. firmly B. quickly
C. soon D. urgently
4. A. offered B. proclaimed
C. intimated D. given
5. A. at B. in
C. within D. inside

TEST 6

An old scholar ..... **(1)** ..... that Truth was in the country. He ..... **(2)** ..... to find her, as he had devoted his life to studying her in all her ..... **(3)** ..... . He came upon the cottage in the ..... **(4)** ..... where Truth lived. He ..... **(5)** ..... on the door. Truth ..... **(6)** ..... what he wanted. The scholar ..... **(7)** ..... who she was. He added that he had ..... **(8)** ..... a thousand times ..... **(9)** ..... she really was ..... **(10)** .....

1. A. hard B. herd
C. heard D. hired
2. A. decide B. decides
C. decided D. decision
3. A. firms B. forms
C. farms D. ferns
4. A. maintain B. fountain
C. mountain D. plantain
5. A. locked B. shocked
C. knocked D. pocked
6. A. told B. said
C. asked D. advised
7. A. explored B. exhorted
C. explained D. exported
8. A. wandered B. wondered
C. wondrous D. wounded
9. A. which B. what
C. whom D. whose
10. A. like B. lake
C. lick D. lack

TEST 7

Each species has its special place or habitat. An ..... **(1)** ..... bird-watcher can look at ..... **(2)** ..... forest, meadow, lake, swamp or field and ..... **(3)** ..... almost exactly what birds he ..... **(4)** ..... find there ..... **(5)** ..... birds are found all over the world; others ..... **(6)** ..... themselves to certain areas. Still ..... **(7)** ..... migrate from one country to another in ..... **(8)** ..... in search of warmth and ..... **(9)** ..... and then return in spring, ... **(10)** ..... the season is more favourable.

1. A. expert B. experienced
C. advanced D. active
2. A. the B. some
C. a D. certain
3. A. predict B. suggest
C. prophesy D. calculate
4. A. should B. must
C. might D. will
5. A. more B. some
C. most D. all
6. A. keep B. entrust
C. confine D. involve
7. A. some B. others
C. few D. all
8. A. winter B. summer
C. spring D. autumn
9. A. seeds B. crops
C. fruit D. food
10. A. while B. until
C. after D. when

TEST 8

In the large shops ..... **(1)** ..... for Diwali are begun ..... **(2)** ..... or six weeks before ..... **(3)** ..... actual day. Shop owners ..... **(4)** ..... Diwali because lots of ..... **(5)**

..... are given, which means ..... **(6)** ..... goods are bought than ..... **(7)** ..... any other time of ..... **(8)** ..... year. The main shops ..... **(9)** ..... decorated many weeks before ..... **(10)** ..... to tempt people to buy things.

1. A. preparations B. shopping C. purchases D. preparing
2. A. two B. five C. few D. couple
3. A. a B. an C. the D. which
4. A. hate B. anticipate C. recommend D. like
5. A. purchases B. prizes C. presents D. presentation
6. A. many B. more C. few D. less
7. A. at B. in C. on D. for
8. A. any B. a C. the D. this
9. A. were B. are C. have been D. will be
10. A. occasion B. festival C. festivities D. Diwali

TEST 9

Many parents greet their children's teenage years with needless dread. While teens ..... **(1)** ..... assault us with heavy-metal music ..... **(2)** ..... outlandish clothes and spend all ..... **(3)** ..... time with friends, such behaviour ..... **(4)** ..... adds up to full-scale revolt. Teenage ..... **(5)** ..... according to psychologist Laurence Steinberg, has been ..... **(6)** ..... exaggerated. Sociologist Sanford Dornbusch agrees. "The ..... **(7)** ..... that teenagers inevitably rebel is a ..... **(8)** ..... that has the potential for great family ..... **(9)**," say Dornbusch. He believes the notion can ..... **(10)** ..... communication during this critical time for parents to influence youngsters.

1. A. should B. may C. must D. can
2. A. put B. show C. dress D. flaunt
3. A. our B. their C. his D. her
4. A. infrequently B. sporadically C. scarcely D. always
5. A. revolution B. mania C. subversion D. rebellion
6. A. greatly B. hardly C. never D. always
7. A. surmise B. idea C. complaint D. accusation
8. A. story B. reality C. fact D. myth
9. A. ruin B. harm C. defeat D. downfall
10. A. damage B. destroy C. injure D. suffocate

TEST 10

Well, it was done and the debt was paid. But I began to feel ..... **(1)** ..... sorry for myself that I could not ..... **(2)** ..... it. I made up my mind never to steal ..... **(3)** ..... I also made up my mind to tell ..... **(4)** ..... to my father. But I did not have the ..... **(5)** ..... to speak to him. It was not that ..... **(6)** ..... was afraid that my father would beat me. I ..... **(7)** ..... not remember any time when he beat ..... **(8)** ..... of us. I was afraid that my confession ..... **(9)** ..... cause him great pain. But I ..... **(10)** ..... felt that I had to take this risk. I would never be happy again unless I told everything to my father.

1. A. so B. as C. very D. too
2. A. accept B. like C. bear D. understand
3. A. also B. again C. still D. ever
4. A. anything B. something C. nothing D. everything
5. A. bravery B. courage C. fortitude D. gallantry
6. A. I B. he C. she D. me
7. A. would B. should C. do D. did
8. A. all B. some C. any D. none
9. A. shall B. can C. will D. would
10. A. soon B. again C. once D. since

TEST 11

It is difficult to find a person who would put in a good word for the kind of bureaucracy we have in India. Incidentally, things may now be seen as coming to a head. ..... **(1)** ..... the attainment of Independence, India ..... **(2)** from time to time several ..... **(3)** ..... power Committees or Commissions to ..... **(4)** ..... administration. In spite of all this, the impression ..... **(5)** ..... that the Indian variety of bureaucracy has been slow and slothful. Fact is that the ..... **(6)** ..... of bureaucracy happens to be ..... **(7)** ..... the same all over the world. Even in the U.S.A. Presidents have ..... **(8)** ..... a great deal of concern ..... **(9)** ..... the manner in which bureaucracy has been functioning at various levels. In spite of all this, not much change can be ..... **(10)** ..... in the near future. One may feel like hanging one's head the despair unless one believes in some super-human power that looks after our universe.

1. A. From B. With C. Till D. Since
2. A. arranged B. appointed C. framed D. selected
3. A. great B. super C. high D. multiple
4. A. perform B. reform C. revive D. transform
5. A. insists B. subsists C. consists D. persists
6. A. structure B. function C. growth D. behaviour
7. A. practically B. structurally C. precisely D. strictly
8. A. asserted B. declared C. voiced D. waged
9. A. on B. at C. with D. from
10. A. accepted B. expected C. affected D. admitted

ANSWERS

Test 1

1	2	3	4	5
C	A	C	B	D

Test 2

1	2	3	4	5
B	D	A	C	C

Test 3

1	2	3	4	5
A	C	A	D	A

Test 4

1	2	3	4	5
B	C	D	C	B

Test 5

1	2	3	4	5
A	A	C	D	B

Test 6

1	2	3	4	5
C	C	B	C	C
6	7	8	9	10
C	B	B	B	A

Test 7

1	2	3	4	5
A	C	D	B	B
6	7	8	9	10
C	A	A	D	D

Test 8

1	2	3	4	5
A	B	C	D	C
6	7	8	9	10
B	A	C	B	D

Test 9

1	2	3	4	5
B	D	B	D	D
6	7	8	9	10
B	B	B	A	D

Test 10

1	2	3	4	5
A	C	B	D	B
6	7	8	9	10
A	D	C	D	A

Test 11

1	2	3	4	5
D	B	C	B	D
6	7	8	9	10
B	A	C	B	B

3. Spot the Error

The most common errors in English are of spellings, grammar and usage of words. By regular practice, the errors can be easily spotted and minimised.

COMMON ERRORS WITH NOUNS AND NOUN-PHRASES

	Incorrect	**Correct**
1.	I have bought new *furnitures.*	I have bought new *furniture.*
2.	The wages of sin *are* death.	The wages of sin *is* death.
3.	She told these *news* to her mother.	She told her mother this *news.*
4.	He took *troubles* to do his work.	He took *trouble* (or pains) over his work.
5.	The *cattles* were grazing.	The *cattle* were grazing.
6.	He showered *many abuses* on me.	He showered *much abuse* on me.
7.	I spent the holidays with my *family members.*	I spent the holidays with my *family.*
8.	There is no *place* in this compartment.	There is no *room* in this compartment.
9.	Write this new *poetry* in your *copy.*	Write this new *poem* in your *note-book.*
10.	He took *insult* at this.	He took *offence* at this.
11.	Put your *sign* here.	Put your *signatures* here.
12.	She is my *cousin sister.*	She is my *cousin.*
13.	*Sunil's* my *neighbour's* house was burgled.	*Sunil* my *neighbour's* house was burgled.
14.	I lost a *ten-rupees* note.	I lost *a ten-rupee* note.
15.	Road closed for *repair.*	Road closed for *repairs.*
16.	His house is out of *repairs.*	His house is out of *repair.*
17.	What is the *reason* of an earthquake?	What is the *cause* of an earthquake?
18.	This building is made of *stones.*	This building is made of *stone.*
19.	I disapprove of *these kinds* of games.	I disapprove of *this kind* of games.
20.	Veena's and Sheela's father is ill.	Veena and Sheela's father is ill.
21.	His *son-in-laws* are doctors.	His *sons-in-law* are doctors.
22.	*Alms* is given to the *poor.*	*Alms* are given to the poor.
23.	He always keeps his words.	He always keeps his *word.*
24.	I carried the *luggages.*	I carried the *luggage.*
25.	*Two-third* of the work is left.	*Two-thirds* of the work is left.

COMMON ERRORS WITH PRONOUNS

	Incorrect	Correct
1.	Both did not go.	Neither went.
2.	We all did not go.	None of us went.
3.	Each of these boys play.	Each of these boys plays.
4.	Whoever does best he will get a prize.	Whoever does best will get a prize.
5.	One should not waste his time.	A man should not waste his time.
6.	I and she are sisters.	She and I are sisters.
7.	He is wiser than me.	He is wiser than I.
8.	Between you and I, Anil is not to be trusted.	Between you and me, Anil is not to be trusted.
9.	Nobody was there but I.	Nobody was there but me.
10.	Who is there ? It is me.	Who is there ? It is I.
11.	Only he and me can use this card.	Only he and I can use this card.
12.	Let you and I go now.	Let you and me go now.
13.	Everyone got one's pay.	Everyone got his pay.
14.	Everyone is frightened when they see a tiger.	Everyone is frightened when he sees a tiger.
15.	These two friends are fond of one another.	These two friends are fond of each other.
16.	I did not like him coming at that hour.	I did not like his coming at that hour.
17.	Who do you think I met?	Whom do you think I met?
18.	You should avail this opportunity.	You should avail yourself this opportunity.
19.	When you have read these books, please return the same to me.	When you have read the books, please return them to me.
20.	They that are humble need fear no fall.	Those that are humble need fear no fall.

COMMON ERRORS WITH ADJECTIVES

	Incorrect	Correct
1.	These all oranges are good.	All these oranges are good.
2.	He held the book in the both hands.	He held the book in both hands.
3.	Both men have not come.	Neither man has come.
4.	That man should do some or other work.	That man should do some work or other
5.	He is elder than I.	He is older than I.
6.	Shakespeare is greater than any other poets.	Shakespeare is greater than any other poet.
7.	He is a coward man.	He is a cowardly man.
8.	Many villagers cannot write his own name.	Many villagers cannot write their own name.
9.	Each of us loves our home.	Each of us loves his home.
10.	Much efforts bring their reward.	Much effort brings its reward.
11.	He found hundred rupees.	He found a hundred rupees.
12.	He had leave of four days.	He had four days leave.

Incorrect	Correct
13. This is a worth seeing sight.	This is a sight worth seeing.
14. He will spend his future life here.	He will spend the rest of his life here.
15. There is a best teacher in that class.	There is a very good teacher in that class.
16. Of the two plans this is the best.	Of the two plans this is the better.
17. He is becoming strong every day.	He is becoming stronger every day.
18. He is worst than I.	He is worse than I.
19. Jaipur is hot than Delhi.	Jaipur is hotter than Delhi.
20 In our library the number of books is less.	In our library the number of books is small.
21. From the three he is more clever.	He is the cleverest of the three.
22. India is the first peace-loving country in the world.	India is the foremost peace-loving country in the world.
23. Verbal instruction will not do.	Oral instruction will not do.
24. Her command over French is most excellent.	Her command over French is excellent.
25. He has not some money with him.	He has not any money with him.
26. I have visited Bombay many a times.	I have visited Bombay many a time.
27. Death is more preferable to dishonour.	Death is preferable to dishonour.
28. I gave him a few books I had.	I gave him the few books I had.
29. If he wants farther help send him to me.	If he wants further help, send him to me.
30. She is so cunning as a fox.	She is as cunning as a fox.

COMMON ERRORS WITH VERBS

Incorrect	Correct
1. He asked had we taken our luggage.	He asked if we had taken our luggage.
2. She asked what are you doing.	She asked what we were doing.
3. Rama asked to Anil why he is angry.	Rama asked Anil why he was angry.
4. He does not care for his money.	He does not take care of his money.
5. He does not care for his work.	He takes no care over his work.
6. No one cared for him after his mother died.	No one took care of him after his mother died.
7. He got angry before I said a word.	He got angry before I had said a word.
8. I met a man who was my tutor 20 years ago.	I met a man who had been my tutor twenty years ago.
9. I had been for walking yesterday.	I went for a walk yesterday.
10 If I shall do this I shall be wrong.	If I do this I shall be wrong.
11. I have left trekking.	I have given up trekking.
12. I came to know as to how he did this.	I learnt how he did this.
13. I came to know why he was sad.	I found out why he was sad.
14. He knows to swim.	He knows how to swim.
15. The criminal's head was cut.	The criminal's head was cut off.

	Incorrect	Correct
16.	I said to him to go.	I told him to go.
17.	I told the teacher to excuse me.	I asked the teacher to excuse me.
18.	He is troubling me.	He is giving me trouble.
19.	I have got a hurt on my leg.	I have hurt my leg.
20.	She gave a speech.	She made a speech.
21.	He has given his examination.	He has sat for his examination.
22.	He took out his shoes.	He took off his shoes.
23.	I have ordered for a new car.	I have ordered a new car.
24.	He would not hear me.	He would not listen to me.
25.	I struck a blow on his face.	I struck him in the face.
26.	He denied to come.	He refused to come.
27.	He lived there for a day.	He stayed there for a day.
28.	The book is not found.	The book is lost.
29.	Shut the light.	Turn off the light.
30.	I must revenge my brother.	I must avenge my brother.

COMMON ERRORS IN SUBJECT-VERB AGREEMENT

	Incorrect	Correct
1.	The owners of this factory *is* very rich.	The owners of this factory *are* very rich.
2.	The pleasures of nature that one can experience at Shimla *is* beyond description.	The pleasures of nature that one can experience at Shimla *are* beyond description.
3.	There *is* no street lights in our colony.	There *are* no street lights in our colony.
4.	He and I *am* entrusted with the job.	He and I *are* entrusted with the job.
5.	Rice and curry *are* his favourite dish.	Rice and curry *is* his favourite dish.
6.	The honour and glory of our country *are* at stake.	The honour and glory of our country *is* at stake.
7.	Time and tide *waits* for none.	Time and tide *wait* for none.
8.	All the passengers with the driver *was* killed.	All the passengers, with the driver, *were* killed.
9.	The teacher, with her students, *were* going out.	The teacher, with her students, *was* going out.
10.	I as well as they *am* tired.	I as well as they *are* tired.
11.	Not only the soldiers but their captain also *were* captured.	Not only the soldiers but their captain also *was* captured.
12.	Neither you nor I *were* selected.	Neither you nor I *was* selected.
13.	Either of these two applicants *are* fit for the job but neither want to accept it.	Either of these two applicants *is* fit for the job but neither wants to accept it.
14.	One of these students are sure to stand first.	One of these students *is* sure to stand first.
15.	Everyone of these workers want a raise.	Everyone of these workers wants a raise.
16.	None of these letters has been answered so far.	None of these letters *have* been answered so far.

	Incorrect	Correct
17.	None of the girls were present at the party.	None of the girls *was* present at the party.
18.	Many a battle were fought on Indian soil.	Many a battle *was* fought on Indian soil.
19.	A lot of work remain to be done.	A lot of work *remains* to be done.
20	The majority of these girls likes music.	The majority of these girls *like* music.
21.	The number of admissions are encouraging.	The number of admissions *is* encouraging.
22.	A large number of boys was present.	A large number of boys *were* present.
23.	A variety of books was on display.	A variety of books *were* on display.
24.	Variety are the spice of life.	Variety *is* the spice of life.
25.	If my estimates are correct. I will need another hundred rupees.	If my estimate is correct, I will need another hundred rupees.
26.	Mathematics *are* my favourite subject.	Mathematics *is* my favourite subject.
27.	'Gulliver's Travels' *are* written by Swift.	'Gulliver's Travels' *is* written by Swift.
28.	Ten miles *are* a long distance to cover on foot.	Ten miles *is* a long distance to cover on foot.
29.	A new pair of shoes *are* to be purchased.	A new pair of shoes *is* to be purchased.
30.	The Committee *have* issued its report.	The Committee *has* issued its report.
31.	I, who am your friend, *has* always been on your side,	I, who am your friend, *have* always been on your side.
32.	I am the person who *have* always stood by you.	I am the person who *has* always stood by you.
33.	This is one of the best novels that *has* been published this year.	This is one of the best novels that *have* been published this year.
34.	Less than half the amount *have* been wasted.	Less than half the amount *has* been wasted.
35.	A lot of people *has* turned up for the show.	A lot of people *have* turned up for the show.
36.	Much of their honour *are* un-deserved.	Much of their honour *is* un-deserved.
37.	More than a decade *have* passed since this house was built.	More than a decade *has* passed since this house was built.
38.	Either she or he *are* mistaken.	Either she or he *is* mistaken.
39.	Plenty of information *are* available on the subject.	Plenty of information *is* available on the subject.
40.	Plenty of pamphlets *is* available on the subject.	Plenty of pamphlets *are* available on the subject.

COMMON ERRORS IN USE OF WILL, SHALL, WOULD, SHOULD, MAY, MIGHT, MUST

	Incorrect	Correct
1.	When I shall see him I shall tell him this.	When I *see* him, I shall tell him this.
2.	If I should do wrong, he would punish me.	If I *did* wrong, he would punish me.
3.	Until he will have confessed his fault, he will be kept in prison,	Until he *has* confessed his fault, he will be kept in prison.
4.	She will obey me.	She *shall* obey me.
5.	You would work hard.	You *should* work hard.
6.	You shall find him in the garden.	You *will* find him in the garden.

	Incorrect	Correct
7.	He must have died of exposure, but we cannot be certain.	He *might* have died of exposure, but we cannot be certain.
8.	You might not show disrespect to your elders.	You *must* not show disrespect to your elders.
9.	You may take exercise in order to maintain good health,	You *must* take exercise in order to maintain good health.
10.	He must be a crook for all we know.	He *may* be a crook for all we know.

COMMON ERRORS IN THE USE OF ADVERBS

(Very, Much, Too, Enough, Quite, Hardly, Scarcely, Before, Ago, Since, Yet, Still, etc.)

	Incorrect	Correct
1.	He is very much angry.	He is *very* angry.
2.	She was very good enough to help me.	She was *good enough* to help me.
3.	She runs much fast.	She runs *very* fast.
4.	She runs very faster than Seema.	She runs *much* faster than Seema.
5.	It is bitter cold today.	It is *bitterly* cold today.
6.	He is a much learned man.	He is a very learned man.
7	She is thinking very hardly.	She is thinking very hard.
8.	To tell in brief the film was boring.	*In short* the film was boring.
9.	He told the story in details.	He told the story *in detail.*
10.	I did it anyhow.	I *managed to do* it somehow.
11.	Aeroplanes reach Europe soon.	Aeroplanes reach Europe quickly.
12.	Before long there were dinosaurs on the earth.	*Long ago,* there were dinosaurs on the earth.
13.	This book is too interesting.	This book is *very* interesting.
14.	He lives miserly.	He lives in *a miserly* way.
15.	Just I had gone when she came.	I had just gone when she came.
16.	He sings good.	He sings *well.*
17.	He sings good than I.	He sings *better* than I.
18.	Really speaking it is cold.	*As a matter of fact* it is cold.
19.	He is enough tall to reach the ceiling.	He is *tall enough* to reach the ceiling.
20.	He went directly to his college.	He went *direct* to his college.
21.	He is presently at Delhi	He is at Delhi *at present.*
22.	Last night she returned lately.	Last night she *returned late.*
23.	He was even blamed by his friends.	He was *blamed even* by his friends.
24.	I only employed him for a week.	I employed him for a week only.
25.	I met him four months before.	I met him four *months ago.*

	Incorrect	Correct
26.	Anil seldom ever goes to school.	Anil *seldom goes* to school.
27.	I will wait here until you do not go.	I will wait here until *you go.*
28.	I never remember having met her before.	I *do not remember* having met her before.
29.	She has not been here too long to have many friends,	She has not *been here long* enough to have many friends.
30.	Hardly I have had any rest since one week.	Hardly have *I had* any rest for a week.
31.	Scarcely the water crossed the danger level, the warning signals were sounded.	Scarcely *had the* water *crossed the* danger level, when the warning signals were sounded.
32.	She is neat but fairly slow.	She is *neat* but rather slow.
33.	It is a rather good film.	It is a *fairly good* film.
34.	We yet have time to catch the bus.	We *still have* time to catch the bus.
35.	She has not still spent all her money.	She has *not yet* spent all her money.

COMMON ERRORS IN THE USE OF CONJUNCTIONS

	Incorrect	Correct
1.	As he is fat so he runs slowly.	As he is fat *he* runs slowly.
2.	If he is fat then he will run slowly.	If he is fat, he will run slowly.
3.	Though he is fat still he runs fast.	Though he is fat, *he runs* fast.
4.	*As* I pulled the trigger at the sametime he shook my arm.	As I pulled the trigger, he shook my arm.
5.	No sooner I had spoken than he left.	No sooner *had* I spoken than he left.
6.	Not only he will go, but also he will stay there.	Not only *will he* go, but he *will also* stay there.
7.	Neither he comes nor he writes.	Neither *does he* come nor *does he* write.
8.	Scarcely he entered the room than the telephone rang.	Scarcely *had* he entered the room *when the* telephone rang.
9.	Hardly she had left the house than it began to rain.	Hardly *had she* left the house *when* it began to rain.
10.	He is the fastest runner and he comes last.	He is the fastest runner *but* he comes last.
11.	She is as innocent as if she looks.	She is as innocent as she looks.
12.	Until he does not try he must be punished.	He must be punished unless he tries
13.	I want to know as to why you are late.	I want to know why you are late.
14.	I am fond of Chinese food as for example sweet and sour prawns.	I am fond of Chinese food, for example, sweet and sour prawns.
15.	He was angry therefore I ran away.	He was angry so I ran away.
16.	I was trying to work, at that time he was disturbing me.	While I was trying to work, he was disturbing me.
17.	Supposing if he is late, what will happen?	Supposing he is late (or if he is late) what will happen?
18.	He asked me that why I was late.	He asked me why I was late.

Incorrect	Correct
19. Let us catch a taxi lest we should not get late.	Let us catch a taxi lest we should get late.
20. She dresses herself like the teacher does.	She dresses herself as the téacher does.
21 Wait while I come.	Wait *until* (or *till*) I come.
22. Until, there is corruption in India, there can be little progress.	*As long* as there is corruption in India there can be little progress.
23. I have never told a lie nor cheated anybody.	I have never told a lie *nor have I* cheated anybody.
24. Both Mohan as well as Arun are responsible for this action.	Both Mohan *and* Arun are responsible for this action.
25. Hindus and Muslims both are to blame for the riots.	*Both Hindus* and Muslims are to blame for the riots.
26. I have bought paintings, books, records, and etc.	I have bought paintings, books *and records etc.*
27. He as well as you is a fool.	He as well as you *are* a fool.
28. He is so poor and he cannot save anything.	He is so *poor that* he cannot save anything.
29. Such a' book that you want is not available.	Such a book *as* you want is not available.
30. Such was her condition as everyone was moved to pity.	Such was her condition that everyone was moved to pity.

COMMON ERRORS IN THE USE OF PREPOSITIONS

Incorrect	Correct
1. I will not listen him.	I will not listen *to* him.
2. Copy this word by word.	Copy this word *for* word.
3. He enquired from her where she lived.	He enquired *of* her where she lived.
4. Sign here with ink.	Sign here *in* ink.
5. Has she come in train or by foot?	Has she come *by* train or *on* foot?
6. She said this at his face.	She said this *to* his face.
7. Open the book on page one	Open the book *at* page one.
8. I was invited for lunch.	I was *invited to* lunch.
9. I am ill since three months.	I have been *ill for* three months.
10. This paper is inferior than that.	This paper is inferior *to* that.
11. This resembles to that.	This *resembles* that.
12. My brother is superior than you in strength.	My brother is superior *to* you in strength.
13. He wrote me	He wrote *to* me.
14. I shall explain them this.	I shall explain this *to* them.
15. Send this letter on my address.	Send this letter *to* my address.
16. He suggested me this.	He suggested this *to* me.
17. He goes *on his* work.	He goes *to his* work.
18. He *reached to* Nagpur.	He *reached* Nagpur.
19. He told *to me* to go.	He told *me* to go.

	Incorrect	Correct
20	The term begins *from* July 1st.	The term begins *on* July 1st.
21.	There are many advantages *from* this.	The advantages *of* this are many.
22.	We waste much time *in* trifles.	We waste much time *on* (or *over)* trifles.
23.	He sat *on* a tree.	He sat *in* a tree.
24.	This is a comfortable house to *live.*	This is a comfortable house to *live in.*
25.	This is the road to *go.*	This is the road to *go by.*
26.	He married *with* an Indian lady.	He *married an Indian* lady.
27.	He accompanied *with* his friend.	He *accompanied his* friend.
28.	He went *for doing some* business.	He went away *on* business.
29.	He went for *riding.*	He went *for a ride.*
30.	I *pitied on* him.	I *pitied* him.
31.	When this was searched it was found.	When this was searched *for* it was found.
32.	I shall inform them *this.*	I shall inform them *of* this.
33.	*Due to illness* I cannot go to school.	*Owing* to illness I cannot go to school.
34.	He went *to the back side* of the house.	He went *behind* (or to the back of) the house.
35.	I must go; there is no *help.*	I must go; there is no help *for it.*
36.	I *met with your* friend there.	I *met your* friend there.
37.	The First World War was fought *during* 1914-1918.	The First World War was fought *between* 1914-1918.
38.	England grew prosperous *between* Queen Victoria's reign.	England grew prosperous *during* Queen Victoria's reign.
39.	He asked a holiday.	He asked *for* a holiday.
40.	I am obliged of you for this good turn.	I am obliged *to* you for this good turn.
41.	There is no harm to try.	There is no harm *in trying.*

MISCELLANEOUS ERRORS

(Including Ambiguities and Indianisms)

	Incorrect	Correct
1.	Many *homes* are lying vacant.	Many *houses* are lying vacant.
2.	It is cool in the *shadow* of the tree.	It is cool in the *shade* of the tree.
3.	She *keeps* good health.	She *enjoys* good health.
4.	My leg is *paining.*	*I am feeling pain* in my leg.
5.	*See* this word in the dictionary.	*Look up* this word in the dictionary.
6.	The train will arrive *just now*	The train will arrive *shortly.*
7.	They are *pulling* on well.	They are *getting* on well.
8.	The river has *over flown* its bank.	The river has *over flown* its banks.
9.	He was appointed *on* the post.	He was appointed *to* the post.
10.	Last but not *the least,* we have to discuss the problem of over population.	Last but not *least,* we have to discuss the problem of over population.

Incorrect	Correct
11. *Cities* after *cities* fell.	*City* after *city* fell.
12. What is the use Munir going there?	What is the use of Munir going there?
13. He *did many mischief.*	He *made much mischief.*
14. It is exact five *in* my watch.	It is exact five *by* my watch.
15. I will dine with them on *next Sunday.*	I will dine with them *Sunday next.*
16. Misfortunes when faced bravely and *manly* become less troublesome.	Misfortunes when faced bravely and *manfully* become less troublesome.
17. I am *laid down* with fever.	I am *laid up* with fever.
18. He is habituated to smoking.	He is *addicted* to smoking.
19. *According to my opinion* he is right.	*In my opinion* (or according *to me)* he is right.
20. Could you please *open* this knot?	Could you please *untie* this knot?

MULTIPLE CHOICE QUESTIONS

Directions: *In the following questions some of the sentences have errors and some are correct. Find out which part of a sentence has an error, the number of that part is your answer. If a sentence is free from errors, then your answer is D i.e., No error.*

1. (A) Either Ram or/(B) you is responsible/(C) for this action./(D) No error.

2. (A) The student flatly denied/(B) that he had copied/(C) in the examination hall./(D) No error.

3. (A) By the time you arrive tomorrow/(B) I have finished/(C) my work./(D) No error.

4. (A) The captain with the members of his team/(B) are returning/(C) after a fortnight./(D) No error.

5. (A) After returning from/(B) an all-India tour/(C) I had to describe about it./(D) No error.

6. (A) The teacher asked his students/(B) if they had gone through/(C) either of the three chapters included in the prescribed text./(D) No error.

7. (A) Do you know/(B) how old were you/(C) when you came here?/(D) No error.

8. (A) Beware of/(B) a fair-weather friend/(C) who is neither a friend in need nor a friend indeed./(D) No error.

9. (A) Copernicus proved/(B) that Earth/(C) moves round the Sun./(D) No error.

10. (A) The property/(B) was divided/(C) among the two brothers./(D) No error.

11. (A) I am quite certain/(B) that the lady is not only greedy/(C) but miserly./(D) No error.

12. (A) The brilliant success in the examination/(B) as well as his record in sports/(C) deserves high praise./(D) No error.

13. (A) I cannot find/(B) where has he gone/(C) though I have tried may best./(D) No error.

14. (A) If I was/(B) the Prime Minister of India/(C) I would work wonders/(D) No error.

15. (A) If it weren't/(B) for you,/(C) I wouldn't be alive today./(D) No error.

16. (A) He looked like a lion/(B) baulked from/(C) its prey./(D) No error.

17. (A) Widespread flooding/(B) is affecting/(C) large areas of the villages./(D) No error.

18. (A) If we really set to/(B) we can get the whole house/(C) cleaned in an afternoon./(D) No error.

19. (A) It's arrogant for you/(B) to assume you'll/(C)win every time./(D) No error.

20. (A) The two books are the same/(B) except for the fact that this/(C) has an answer in the back./(D) No error.

21. (A) Your husband doesn't/(B) believe that you are older/(C) than I./(D) No error.

22. (A) I could not/(B) answer to/(C) the question./ (D) No error.

23. (A) Two years passed/(B) since/(C) my cousin died./(D) No error.

24. (A) I am learning English/(B) for ten years/(C) without much effect./(D) No error.

25. (A) Ramesh has agreed/(B) to marry with the girl/(C) of his parent's choice./ (D) No error.

26. (A) When he was arriving./(B) the party was/ (C) in full swing./(D) No error.

27. (A) The most studious boy/(B) in the class/ (C) was made as the captain./(D) No error.

28. (A) I am participating/(B) in the two-miles race/(C) tomorrow morning./(D) No error.

29. (A) When the boy committed a mistake/(B) the teacher made him to do/(C) the sum again./(D) No error.

30. (A) Whenever a person lost anything/(B) the poor folk around/(C) are suspected./(D) No error.

31. (A) It is time/(B) we did something/(C) to stop road accidents./(D) No error.

32. (A) I was there/(B) many a time/(C) in the past./(D) No error.

33. (A) Were you/(B) given a choice/(C) or you had to do it?/(D) No error.

34. (A) At the end of the year/(B) every student who had done adequate work/(C) was automatically promoted./(D) No error.

35. (A) She reluctantly said that/(B) if nobody else was doing it/(C) she will do it./(D) No error.

36. (A) He will end up his work/(B) in the city/(C) by the end of the year./(D) No error.

37. (A) Supposing if/(B) there is no bus,/(C) how will you get there?(D) No error.

38. (A) At the moment the house/(B) was burgled the family/(C) attended a night party in the neighbourhood./(D) No error.

39. (A) On a holiday/(B) Sudha prefers reading/(C) than going out visiting friends./(D) No error.

40. (A) Neither he/(B) nor his father is interested/ (C) in joining the party./(D) No error.

41. (A) A group of friends/(B) want to visit/(C) the new plant as early as possible./(D) No error.

42. (A) May I/(B) know who you want/(C) to see please?/(D) No error.

43. (A) Myself and Gopal/(B) will take care of/(C) the function on Sunday./(D) No error.

44. (A) He is not coming tomorrow/(B) as he is having a pain in the chest/(C) and has to see a doctor./(D) No error.

45. (A) They have been/(B) very close friends/(C) until they quarrelled./(D) No error.

46. (A) The reason why/(B) he was rejected/(C) was because he was too young./(D) No error.

47. (A) Scarcely had/(B) I arrived than/(C) the train left./(D) No error.

48. (A) The students/(B) returned back/(C) home well in time./(D) No error.

49. (A) English should/(B) be make/(C) the national language./(D) No error.

50. (A) Ravi is a/(B) intelligent student/(C) of my school./(D) No error.

ANSWERS

1	2	3	4	5	6	7	8	9	10
B	D	B	B	C	C	D	D	B	C
11	**12**	**13**	**14**	**15**	**16**	**17**	**18**	**19**	**20**
C	D	B	A	C	C	C	A	A	C
21	**22**	**23**	**24**	**25**	**26**	**27**	**28**	**29**	**30**
C	B	A	A	B	A	C	B	B	A
31	**32**	**33**	**34**	**35**	**36**	**37**	**38**	**39**	**40**
D	A	A	D	C	A	A	A	C	D
41	**42**	**43**	**44**	**45**	**46**	**47**	**48**	**49**	**50**
B	B	A	C	A	C	B	B	B	A

4. SENTENCE IMPROVEMENT

One may use the same words in many ways but the best way is only one that makes the perfect usage of the words and conveys the proper meaning of the expression. Try it yourself in this exercise.

MULTIPLE CHOICE QUESTIONS

Directions: *In these questions, a part of the sentence is* **bold**. *Below are given alternatives to the* **bold** *part at A, B and C which may improve the sentence. Choose the correct alternative to edit and improve the sentence. In case no improvement is needed, your answer is D.*

1. For most people who exercise **at the** morning, there is no getting around the question: Eat and run? Or run and eat later?
A. in the B. in
C. at the time of D. No Improvement

2. Are ad agencies even attempting to peer into the keyhole of this indulgence sanctum to garner consumer insights **ahead of** the curve?
A. above B. over
C. within D. No Improvement

3. Too many people rush into the world of credit and don't stop to think about how **their actions could affect their** credit score and ability to qualify for credit in the future.
A. their actions may affect their
B. their actions might affect their
C. their actions will affect their
D. No Improvement

4. According to the report, **number of deal with** vaccines were energized by concerns around avian flu, SARS, and biodefense products, while looming patent expirations led to more deals in generics.
A. number of deals in
B. number of deal in
C. number of deals with
D. No Improvement

5. This is how the Bombay High Court responded to the state government's purported **moral stand which** dance bars were causing grave harm to society.
A. moral stand in B. moral stand at
C. moral stand that D. No Improvement

6. If you have a high credit limit, use **at least a** third of it.
A. atleast a B. at last a
C. utmost a D. No Improvement

7. Fitness experts will say that **first eating provides** fuel for a proper workout.
A. eating in the beginning provides
B. first eat provides
C. eating first provides
D. No Improvement

8. One study that examined the claim directly in 2012 found that a group of people did **burned much calories from fat on days** when they exercised on an empty stomach than on days when they had a small breakfast first.
A. burn more calories from fat on days
B. burn more calorie from fat on days
C. burnt more calories from fat on days
D. No Improvement

9. Carefree children spent their afternoons **to run about barefoot**, their clothes dusty, and telltale twigs of the neighbour's mango tree in their hair.
A. running barefoot in the sun
B. run about barefoot in the sun
C. running about barefoot in the sun
D. No Improvement

10. A year ago, a 13-year-old girl attempted suicide because her mother **refuses to pay his** mobile bills.

A. refuses to pay her B. refused to pay her
C. refused to pay his D. No Improvement

11. Discreet salience **is extremely important** to create that 'irresistible-yet-unattainable' image for brands that want to take India seriously

A. was extremely important
B. is mainly important
C. was important extremely
D. No Improvement

12. This, over a designer outfit that he wanted for a friend's party and **that his sensitive** parents refused him.

A. which his sensitive
B. which his insensitive
C. that his insensitive
D. No Improvement

13. Goa was full of non-Goa property hunters **rushing about buying up the place** like tomorrow was an expired lease.

A. rushing in buying up the place
B. rushed about buying up the place
C. rushing about to buy up the place
D. No Improvement

14. Property hunting is a **tired and hungry** making business.

A. is a tiresome and hungry
B. is a tiring and hungry
C. is a tiring and waste
D. No Improvement

15. Cultural differences aside, **till luxury need speaks** in a manner that befits.

A. luxury still needs to speak
B. luxury still need to speak
C. luxury till need to speak
D. No Improvement

16. Indian food – the culinary avatar of the subcontinent's social history presented on a platter – **is without doubt the best food** in the world.

A. is undoubtly the greatest food
B. is without doubt greatest food
C. is best food without doubt
D. No Improvement

17. It must retain the language of poetry. **It needed to create** stories, and not statements.

A. It needed creating B. It needs creating
C. It needs to create D. No Improvement

18. In 2012, Asia-Pacific has become the first region **to reach aggregate profiting** in biotech.

A. to reach aggregated profi-tability
B. to reach aggregate profi-tability
C. to reach aggregate of profit
D. No Improvement

19. India is deviating to embrace the West. If Western luxury brands deviate a little, **albeit selectively**, they will find rich Indian arms open far and wide.

A. though selectively
B. however selectively
C. albeit selectedly
D. No Improvement

20. China and India continued to attract attention and deals, motivated by the desire to increase access to these **largest and growing** drug markets and by the need to lower the costs of drug development.

A. larger and growing B. large and growing
C. larger and grown D. No Improvement

21. Luxury brands are **still above of the** clover curve here, with their elite (small) audiences.

A. still ahead of the B. still in the
C. still far of the D. No Improvement

22. Agencies **hence needed to be** sure of returns before investing, say ad men.

A. hence needs to be B. so needs to be
C. hence need to be D. No Improvement

23. India is still a nascent market and that's the spirit everyone's **looking at it**.

A. looking for it B. looking in it
C. looking with it D. No Improvement

24. Questioning the state's move to allow women to serve liquor but not dance in bars **of the ground that** dancing aroused physical lust

A. on the grounds that
B. of the grounds that
C. over the grounds that
D. No Improvement

25. For England the positives from their crushing series lose come in the shape of James Anderson and Kevin Pietersen, **both of which** have made significant strides up the rankings

A. both of which B. both of whom
C. both of who D. No Improvement

26. International campaigns can work well for luxury here, **but context cannot be** ignored.

A. so context cannot be
B. but context cannot
C. but context couldn't
D. No Improvement

27. For one, the Indian luxury context, **while evolved rapidly**, still has its own meaning, and its own implications.

A. while evolved rapid
B. which evolving rapidly
C. while evolving rapidly
D. No Improvement

28. But too much of availability can compromise a luxury brand or **made it lose** its lustre.

A. make her lose B. make him lose
C. make it lose D. No Improvement

29. Still, it's under-the-upper **layers themselves who** are aspiring for slivers of luxury

A. layers themselves which
B. layer itself who
C. layers themself which
D. No Improvement

30. It is like saying Hindi movies, with skimpily dressed dancers, would **effect public** order

A. effect your B. affect public
C. affected public D. No Improvement

31. The court held that a few women being involved in prostitution was no **justice to deny other** bar girls the right to livelihood

A. justification to declare other
B. justification to deny other
C. justice to let other
D. No Improvement

32. All-rounder Irfan Pathan has also made some progress **over the** player rankings.

A. above the B. at the
C. up the D. No Improvement

33. Former PM on Sunday **joined hands** with suspended Lok Sabha members to float a new political outfit.

A. folded hands
B. walked hand in hand
C. shaked hands
D. No Improvement

34. Pakistan's former PMs will meet in London on Monday **to ask** a strategy to return home from exile.

A. to chalk out B. to negotiate
C. to create D. No Improvement

35. It's a family potboiler, medical thriller and political drama **all in one** – except that it's all too real and all too grim.

A. all 3 in one
B. all coupled into one
C. all rolled into one
D. No Improvement

ANSWERS

1	2	3	4	5	6	7	8	9	10
A	D	C	A	C	D	C	A	C	C
11	12	13	14	15	16	17	18	19	20
D	C	D	B	A	D	C	C	D	B
21	22	23	24	25	26	27	28	29	30
C	C	D	A	C	D	C	C	C	C
31	32	33	34	35					
B	C	C	A	C					

5. REORDERING WORDS

The words form a sentence and convey their meaning only when they are arranged in a proper order. One must study and practise it regularly.

MULTIPLE CHOICE QUESTIONS

Directions: *In the following questions, some parts of the sentence have been jumbled up. You are required to rearrange these parts which are labelled P, Q, R and S to produce the correct sentence. Choose the option with proper sequence.*

1. We are doing
P : to the people
Q : to give relief
R : all we can
S : but more funds are needed
The correct sequence should be
A. P Q R S   B. R Q P S
C. Q P R S   D. S P Q R

2. The man
P : when he was
Q : in the office last evening
R : could not finish
S : all his work
The correct sequence should be
A. P Q R S   B. Q R S P
C. R Q P S   D. R S P Q

3. The people decided
P : they were going
Q : how much
R : to spend
S : on the construction of the school building
The correct sequence should be
A. Q P R S   B. P Q R S
C. P R Q S   D. S Q P R

4. The man said that
P : those workers
Q : would be given a raise
R : who did not go on
S : strike last month
The correct sequence should be
A. P Q R S   B. P R S Q
C. Q P R S   D. R S P Q

5. I think
P : the members
Q : are basically in agreement
R : of the group
S : on the following points.
The correct sequence should be
A. R Q P S   B. S Q R P
C. P R Q S   D. P Q S R

6. While it was true that
P : I had
Q : to invest in industry
R : some lands and houses
S : I did not have ready cash
The correct sequence should be
A. P Q R S   B. P R S Q
C. S Q P R   D. Q P R S

7. P : But your help
Q : to finish this work
R : it would not have been possible
S : in time
The correct sequence should be
A. P R Q S   B. S P Q R
C. R P Q S   D. P Q R S

8. The boy
P : in the competition
Q : who was wearing spectacles
R : won many prizes
S : held in our college

The correct sequence should be
A. P Q R S B. R P S Q
C. Q R P S D. Q P S R

9. About 200 years ago,
P : in the south of India
Q : an old king
R : ruled over a kingdom
S : called Rajavarman.
The correct sequence should be
A. Q S R P B. P Q R S
C. Q P S R D. Q S P R

10. P : his land
Q : a wooden plough
R : the Indian peasant still uses
S : to cultivate.
The correct sequence should be
A. R Q P S B. Q P S R
C. S R Q P D. R Q S P

11. He was a man,
P : even if he had to starve
Q : who would not beg
R : borrow or steal
S : from anyone.
The correct sequence should be
A. P Q R S B. P R Q S
C. Q R S P D. Q P R S

12. P : in the progress of
Q : universities play a crucial role
R : our civilization
S : in the present age.
The correct sequence should be
A. S Q P R B. Q R S P
C. Q R P S D. S Q R P

13. P : far out into the sea
Q : for the next two weeks there were further explosions
R : which hurled
S : ashes and debris.
The correct sequence should be
A. Q R P S B. R S P Q
C. Q R S P D. S R P Q

14. William Shakespeare,
P : in his lifetime
Q : the great English dramatist
R : wrote thirty-five plays
S : and several poems.

The correct sequence should be
A. P Q R S B. R S P Q
C. Q S R P D. Q R S P

15. Whenever I am,
P : with an old friend of mine
Q : in New Delhi
R : to have dinner
S : I always try.
The correct sequence should be
A. S Q P R B. Q S R P
C. R P S Q D. P R Q S

16. P : I don't know
Q : must have thought
R : what people sitting next to me
S : but I came away.
The correct sequence should be
A. R S Q P B. R Q S P
C. P Q R S D. P R Q S

17. P : in estimating the size of the earth
Q : but they were hampered by the lack of instruments of precision
R : ancient astronomers
S : used methods which were theoretically valid
The correct sequence should be
A. R P Q S B. P R Q S
C. R S Q P D. R P S Q

18. P : It is a pity that
Q : by offering a handsome dowry
R : a number of parents think that
S : they will be able to ensure the happiness of their daughters
The correct sequence should be
A. S Q R P B. P R S Q
C. P S R Q D. P R Q S

19. The common man
P : in nurturing
Q : a more active role
R : communal harmony
S : should play
The correct sequence should be
A. P R S Q B. S Q P R
C. S Q R P D. P R Q S

20. The doctor
P : able to find out
Q : what has caused

R : the food poisoning
S : has not been
The correct sequence should be
A. S P R Q B. P R Q S
C. P R S Q D. S P Q R

21. P : was suspended
Q : the officer being corrupt
R : before his dismissal
S : from service
The correct sequence should be
A. Q P S R B. Q P R S
C. R S Q P D. R S P Q

22. With an unsteady hand
P : on my desk
Q : from his pocket
R : he took an envelope
S : and threw it
The correct sequence should be
A. Q R P S B. Q R S P
C. R Q P S D. R Q S P

23. P : she gave her old coat
Q : to a beggar
R : the one with the brown fur on it
S : shivering with cold
The correct sequence should be
A. S Q R P B. S P R Q
C. P R Q S D. P S Q R

24. It is a privilege
P : to pay tax
Q : of every citizen
R : as well as the duty
S : as well as the duty who is well-placed
The correct sequence should be
A. R P S Q B. S P R Q
C. R Q S P D. S Q R P

25. It is not good
P : of the wicked persons
Q : to overthrow
R : to accept the help
S : the righteous persons
The correct sequence should be
A. R S Q P B. Q S R P
C. R P Q S D. Q P R S

26. Life is judged
P : and not by
Q : of work done
R : the longevity of years
S : by the quality
The correct sequence should be
A. Q S P R B. S Q R P
C. Q S R P D. S Q P R

27. P : When he learns that
Q : you have passed the examination
R : in the first division
S : your father will be delighted
The correct sequence should be
A. Q P S R B. S P Q R
C. Q R S P D. S R Q P

28. P : The journalist
Q : saw
R : countless number of the dead
S : driving across the field of battle
The correct sequence should be
A. P Q S R B. P Q R S
C. P S Q R D. S R Q P

29. P : Jane planned
Q : some stamps
R : to buy
S : this afternoon
The correct sequence should be
A. P R Q S B. P S Q R
C. Q R P S D. Q S P R

30. Her mother
P : when she was
Q : hardly four years old
R : began to teach Neha
S : English
The correct sequence should be
A. R S Q P B. S R P Q
C. R S P Q D. S R Q P

31. It was
P : in keeping with my mood
Q : a soft summer evening
R : as I walked sedately
S : in the direction of the new house
The proper sequence should be:
A. S R P Q B. Q R P S
C. Q P R S D. S Q P R

32. With her body
P : dragging her unwilling feet
Q : weak and infirm

R : doubled with age
S : she persisted in her mission
The proper sequence should be:
A. P Q R S B. Q P R S
C. R Q P S D. S R P Q

33. The invasion of India
P : is more interesting than any other episode of early Indian history to most European readers
Q : by Alexander the Great of the Macedonia
S : which occurred during the rule of the Nandas
The proper sequence should be:
A. P Q R S B. Q P R S
C. S R P Q D. R S P Q

34. When he
P : did not know
Q : he was nervous and
R : heard the hue and cry at midnight
S : what to do
The proper sequence should be:
A. R Q P S B. Q S P R
C. S Q P R D. P Q R S

35. A French woman
P : committed suicide
Q : where she had put up
R : who had come to Calcutta
S : by jumping from the first floor balcony of the hotel
The proper sequence should be:
A. P R Q S B. Q S R P
C. R P S Q D. S R Q P

36. He has
P : while having a reverie
Q : found the book
R : at the bus-stop
S : he lost
The proper sequence should be:
A. Q R S P B. P R Q S
C. Q S R P D. P Q S R

37. Then the women
P : lamenting their evil desire
Q : that had brought
R : wept loudly
S : this sorrow upon them
The proper sequence should be:
A. R P Q S B. R Q P S
C. P Q S R D. P R Q S

38. It is easy to excuse
P : but it is hard
Q : in a boy of fourteen
R : the mischief of early childhood
S : to tolerate even unavoidable faults
The proper sequence should be:
A. R P Q S B. Q R S P
C. Q R P S D. R P S Q

39. I don't remember
P : I saw a man dying in front of a hospital
Q : but when left Lucknow in 1984
R : hit apparently by a fast moving car
S : the exact date
The proper sequence should be:
A. S Q R P B. S Q P R
C. Q R P S D. S P R Q

40. Since the beginning of history
P : have managed to catch
Q : the Eskimos and Red Indians
R : by a very difficult method
S : a few specimens of this acquatic mammal
The proper sequence should be:
A. Q P R S B. S Q P R
C. S Q R P D. Q P S R

ANSWERS

1	2	3	4	5	6	7	8	9	10
B	D	A	B	C	C	A	C	A	D
11	**12**	**13**	**14**	**15**	**16**	**17**	**18**	**19**	**20**
C	A	C	D	B	D	C	B	B	D
21	**22**	**23**	**24**	**25**	**26**	**27**	**28**	**29**	**30**
B	D	C	C	B	D	B	C	A	B
31	**32**	**33**	**34**	**35**	**36**	**37**	**38**	**39**	**40**
C	C	D	A	C	C	A	D	B	D

6. Ordering of Sentences

A Paragraph is formed from sentences, it will convey its true meaning and purpose only when the sentences are arranged in a proper manner. Try and practise it in this exercise.

MULTIPLE CHOICE QUESTIONS

Directions: *A number of sentences are given below which when properly sequenced form a coherent paragraph. Each sentence is labelled as abcdef...... Choose the most logical order of sentences from among the given choices to construct a coherent paragraph:*

1. (a) The leopard was discovered in the servant quarters of a farmhouse.
(b) The injuries appeared to have been caused by the paws of the leopard, and were not teeth wounds.
(c) It took the wild life officials, Delhi Police and Delhi zoo vets eight hours to capture the leopard that had wandered into a factory in south Delhi.
(d) The leopard then jumped into the factory where the workers managed to lock it in a small generator room before calling in the police.
(e) Before its capture, the leopard attacked two women and a man in the farmhouse.

A. aebdc B. bdaec
C. eadbc D. adbec

2. (a) The project has already started on an experimental basis in the west district.
(b) A website is soon going to be launched where application forms can be downloaded and submitted.
(c) Standing in a queue at a government office to submit application form will be a thing of the past.
(d) A unique code will be alloted while submitting the form which will help in finding the status of the application.

A. abcd B. dabc
C. cbda D. badc

3. (a) Police suspect a carpenter working at John's house as he has not reported for work since the day the boy went missing.
(b) John did not return home in the afternoon.
(c) John's mother had herself put the boy on the vehicle in the morning.
(d) John smiled at him and was last seen walking up to him.
(e) His parents called the school and were told John had not been to school at all and had been marked absent.
(f) He was about to enter the school when someone called out his name.

A. cfdbea B. debfca
C. bfdaec D. abcdef

4. (a) A state champion from the past four years, Tushar began swimming at the age of six.
(b) But he has no plans of making swimming a career.
(c) Tushar's passion for swimming is unshakable.
(d) Something that began as a hobby rewarded him with all the fame he has achieved.
(e) His day begins at 4.30 am for a dip at Talkatora Stadium.
(f) He is determined to make a mark in the world of swimming.

A. dbaecf B. bcadef
C. edfbac D. cefadb

5. (a) However, the mayhem over the last few months is deeply shocking.

(b) Yet I do not agree with the prophets of doom who see nothing but disaster ahead.
(c) When I came back to my motherland India after a stay in Switzerland, I felt I was trading a hotbed of intense religious and political violence for peace and quiet.
(d) I think our nation is searching for an identity.
(e) And a new vision of the future will emerge from this.

A. abcde B. cabde
C. cebad D. bedca

6. (a) The universities in a democracy can no longer be content with the limited goal of scholarship.
(b) They are to respond to changed conditions and to new demands.
(c) Universities in the modern world are called upon to play a crucial role in the progress of our civilization.
(d) They have to devise new programmes and take into account the needs of society.
(e) They must not merely display their traditional resourcefulness but also must have the capacity for effective growth.

A. cbdae B. cbead
C. cadbe D. dbaec

7. (a) He decided to enter a new line by investing in some new equipments.
(b) Some of the old machines were to be sold to raise the money.
(c) Ram's business was not prospering.
(d) For this more money had to be found.
(e) He was still short of money and had to borrow some.

A. cadbe B. adebc
C. ebdac D. cbdae

8. (a) Parts of northern region were pounded by heavy rains today,
(b) Vehicular traffic came to a near halt.
(c) As mid and high altitude areas of Himachal Pradesh were in grip of severe cold wave with snow lashing the tribal areas and mid ranges receiving showers.
(d) As the sky remained heavily overcast with dark clouds reducing the visibility considerably.
(e) A large number of tourists were forced to buy heavy woollens and stay indoors due to inclement weather.

A. ecabd B. adecb
C. edabc D. acbde

9. (a) Clearly, age is not a deterrent in one's choice of learning.
(b) Perhaps, it was because of her childhood desire.
(c) When Rachna came to Delhi eight years back, she had not anticipated a career in the field of art.
(d) She has been successful in the various exhibitions that she has been part of in terms of business.
(e) She had got into expressing her thoughts with the help of a brush and colours only because her daughter refused to get initiated into it.
(f) She feels that her use of colour appeals to people.

A. aedcbf B. cdefba
C. cebadf D. acdebf

10. (a) The idea is that students should be able to find employment for themselves after the course.
(b) The Central Board of Secondary Education is planning a revamp of its vocational courses.
(c) For this it is necessary to tie up with the industry as well as mobilise schools for their support.
(d) While others will be made less academic and more in tune with the needs of the industry.
(e) A number of courses have been identified as 'deadwood' and will be done away with.

A. bedac B. abcde
C. acebd D. baced

11. (a) An integrated and combined approach was required to reveal the mystery of the brain – its structure, composition and function.
(b) Since the early 80's, scientists were clear that the brain would be the final frontier to conquer.
(c) The initiative was flagged off and came to be known as the Human Brain Project.

(d) But that wasn't easy because understanding the brain involved completely integrating information from the level of the gene to the level of behaviour.

(e) To fulfill this requirement a group of American scientists from various diciplines decided to work together.

A. acbed B. bdaec

C. abdec D. badec

12. (a) The rehabilitation record has been dismal.

(b) It has been two years years since the earthquake rudely rattled the people of Gujrat.

(c) And since then, life has been a constant struggle.

(d) The quake set Gujrat's clock back by 10 years.

(e) Things changed forever.

A. bedca B. bcade

C. dbace D. edcba

13. (a) In fact, success in exams depended on rote learning from old notes.

(b) when he was studying civil engineering in a college in Gujrat.

(c) He was detained for lack of attendance.

(d) Lectures were soporific, classes rarely worth attending and 80 per cent attendance compulsory.

(e) The college became a trap he hated.

(f) His is a plight many engineers across India would identify with.

(g) He found the going tough.

A. abcdgef B. bgdacef

C. fabcdge D. abcdefg

14. (a) In a country that has close to 600 recognised engineering colleges, there are only seven IITs.

(b) Barring a few exeptions, the academic atmosphere in these is moribund.

(c) The very best students usually get there.

(d) many waste themselves in frustration.

(e) Most of those who get into engineering are good students.

(f) but about 1.25 lakh others and up in the remaining colleges.

A. aecfbd B. abecdf

C. abcdef D. acfbed

15. (a) Whatever the job market, common wisdom says that IIT graduates will find jobs where others have failed.

(b) The IIT brand name is a ticket to success.

(c) When recruiters go headhunting, the IITs are still top of their list.

(d) Its possessor is understood to have an excellent academic record and the will to succeed.

(e) In the job market, that counts.

A. bdeac B. abcde

C. abdce D. dbace

16. (a) It will pave the way ....

(b) signalling a new beginning in strategic ties......

(c) for a tangible Indian economic presence in Iran and Central Asia.

(d) Iran has offered India valuable road linkages to central Asia ......

(e) aimed at promoting peace and economic cooperation in the region.

A. dbeac B. debca

C. acebd D. abced

17. (a) A good college is essential for a successful career and admissions are based on marks.

(b) The marks-based system followed by all the boards in the country recognises only a small percentage of students as successful.

(c) The marks one scores in the crucial board exams dictate the path his life takes.

(d) Anyone scoring below a certain percentage is automatically branded a 'failure'.

(d) So if you cannot make it into the best college, your career is over even before it has started.

A. abcde B. bcdea

C. bdcae D. abdec

18. (a) the pride of their batch.

(b) they're not too far off from taking charge of India's future.

(c) They were the toppers of their class

(d) they may have won accolades, made their schools and families proud, but

(e) Yesterday's toppers have their hands full.

(f) these confident go-getters have had their share of failure too.

A. eacfbd B. eadbfc
C. eadbcf D. cabedf

19. (a) Mistakes or errors should be treated as teacher.
(b) When you make mistake, you should neither feel ashamed nor desperate.
(c) Everybody makes mistakes.
(d) You should be bold enough to accept your mistakes before anybody.
(e) But the only sensible course is to study and analyse why you made that mistake.
(f) Only then you can learn not to make mistakes in future.
A. abfced B. acefbd
C. adbcfe D. cdfbea

20. (a) Our lessons in love and respect make us a tolerant people.
(b) I love Indian culture.
(c) I feel I have to repay my country whatever way I can.
(d) In no other country have I seen so much love and respect.
(e) I was born and brought up in this country and feel I owe everything to it.
A. bcade B. dcbea
C. acdeb D. ecbda

21. (a) To curb bio-terroriom is a difficult task.
(b) To check these attacks and lessen their impact, we need an impartial team of sincere, strong and dedicated men.
(c) The media can play a strong role in stopping this unnecessary spread of panic.
(d) Since Bio-terrorism is not visible or easily detectable, it can be used often.
(e) Men who honour the lives of their fellow countrymen before their own.
A. abcde B. dabce
C. adbec D. acbed

22. (a) He was dying.
(b) No one was ready to touch him as even shifting him from one place to another would lead to profuse bleeding.
(c) He was a five-day old infant, premature and bleeding profusely.
(d) Even if injected one small needle, blood would ooze out and continue to flow for an hour at a stretch.
(e) This small being had haematoma, a thick blood clot in his brain.
A. edbca B. cabde
C. eacdb D. cedba

23. (a) The day I don't treat a patient, I feel ....
(b) I have enough to eat, I crave for blessings now.
(c) But if a financially weak patient gives me only ₹ 50, I don't mind.
(d) Each month I do three to four operations free of cost.
(e) I have lost something in life.
(f) My consultation fee is ₹ 300.
A. fcdeab B. dfcbae
C. fcabde D. bdfcea

24. (a) When he was rushed to the nearby Primary Health Centre after his fall, the doctor referred him to a hospital.
(b) This worsened his injury.
(c) Had a little precaution been exercised after the accident, Tarun would have continued with his gymnastic classes.
(d) He was paralysed from waist downwards when he fell from the vaulting horse while doing gymnastics.
(e) However, the doctor forgot to tell Tarun's parents to take him on a stretcher as he had suffered spinal injuries.
(f) Tarun is wheelchair bound for two years.
A. fdeabc B. abcdef
C. fdcaeb D. fdbcae

25. (a) As the temperature rises, staying hydrated can become a greater challenge for people exercising both indoors and out.
(b) Several things can influence this process, including age, gender, physical conditioning. humidity and a lack of sufficient fluids.
(c) In hot weather, individuals can lose as much as two quarts of sweat per hour.
(d) As we age, we have a lower perceived level of thirst in response to fluid loss and early stages of dehydration.
(e) If not replenished, this can lead to dehydration, heat exhaustion and even heatstroke.
A. abcde B. dbcae
C. cbdea D. acebd

26. (a) Students become passive listeners in the class-room.
(b) Mostly lecturing method is preferred to cover the syllabus.
(c) I feel that there is a lacunae in the teaching techniques adopted by the lecturers in engineering colleges.
(d) Unless the teachers are exposed to different teaching techniques, they will not succeed in imparting knowledge.
(e) Lack of training in teaching can be ascribed to this sorry state of affairs.
A. dbeca B. cadbe
C. chaed D. dceab

27. (a) A product is something that is made in a factory, a brand is something that is bought by a consumer.
(b) The trick therefore, lies in the brand positioning.
(c) For a counsumer, the satisfaction of becoming associated with a name that is the 'best' and the 'leader' is far more important and at times makes him ignore the price factor.
(d) Brands come and go.
(e) Still there are those who manage to stay and develop an affinity with consumers.
A. aebcd B. debac
C. decab D. aecdb

28. (a) Many people fail simply because they make too many wrong decisions.
(b) Over a period of time you make a series of decisions, each seemingly of little consequence.
(c) So do people's lives.
(d) It has been said that history turns on small hinges.
(e) Yet the total of these decisions finally determines the outcome of your life.
(f) A successful life depends upon developing a higher percentage of wisdom than error.
A. acbedf B. adcbef
C. fedcba D. abcdef

29. (a) The younger you are when you discover this mighty power, the more likely you are to live successfully and happily.
(b) Everything you do has some effect upon others, as do their actions upon you.
(c) You are influenced by other people's acts and wishes, by law and custom, by your duties and your responsibilities.
(d) You live in a world filled with outside influences which impinge upon you.
(e) And yet you must find out how to live your own life.
A. abcde B. adebc
C. dcbea D. baedc

30. (a) She had wanted to go to Mars.
(b) Lots of young people talk about how they dream of this or that.
(c) Kalpana Chawla had wanted to make at least one more trip to space.
(d) She is one person who got to live out her dreams.
(e) She had also said that when it was time for her to die, she would like to die in space.
A. bcade B. bdeac
C. caebd D. cbead

ANSWERS

1	2	3	4	5	6	7	8	9	10
A	C	A	D	B	B	A	D	C	A
11	**12**	**13**	**14**	**15**	**16**	**17**	**18**	**19**	**20**
B	A	B	D	A	A	C	D	B	D
21	**22**	**23**	**24**	**25**	**26**	**27**	**28**	**29**	**30**
C	D	B	C	D	C	B	B	C	C

7. Sentence Completion

A sentence conveys its meaning effectively only when it is completed in a proper way. Try and practise it in this exercise.

Directions: *In each question, an incomplete statement (Stem) followed by four fillers is given. Pick out the best one which can complete the incomplete stem correctly and meaningfully.*

1. He is so lazy that he .....
A. cannot depend on others for getting his work done.
B. cannot delay the schedule of completing the work.
C. can seldom complete his work on time.
D. dislike to postpone the work that he undertakes to do.

2. He always stammers in public meetings, but his today's speech .....
A. was fairly audible to everyone present in the hall.
B. was not received satisfactorily.
C. could not be understood properly.
D. was free from that defect.

3. In order to raise the company's profit, the employees .....
A. demanded two additional increments.
B. decided to go on paid holidays.
C. requested the management to implement new welfare schemes.
D. offered to work overtime without any compensation.

4. Although, he is reputed for making very candid statements, ...
A. his today's speech was not fairly audible.
B. his promises had always been realistic.
C. his speech was very interesting.
D. his today's statements were very ambiguous.

5. I felt somewhat more relaxed .....
A. but tense as compared to earlier.
B. and tense as compared to earlier.
C. as there was already no tension at all.
D. and tension-free as compared to earlier.

6. With great efforts his son succeeded in convincing him not to donate his entire wealth to an orphanage .....
A. and lead the life of a wealthy merchant.
B. but to a home for the forsaken children.
C. and make an orphan of himself.
D. as the orphange needed a lot of donations.

7. Even though it is a very large house, ...
A. there is a lot of space available in it for children.
B. there is hardly any space available for children.
C. there is no dearth of space for children.
D. the servants take a long time to clean it.

8. Practically, very little work could be completed in the last week as it was .....
A. full of working days.
B. a very hectic week.
C. full of holidays.
D. a very busy week.

9. He tames animals because he .....
A. is fond of them.
B. hates them.
C. is afraid of them
D. wants to set them free

10. He has no money now .....
A. although he was very poor once.
B. as he has given up all his wealth.
C. because he was very rich once.
D. because he has received huge donation.

11. The employer appeared to be in such an affable mood that Rohit .....
A. decided to ask for a raise in his salary.
B. was scared to talk to him about his leave.
C. felt very guilty for his inadvertent slip.
D. promised him that he would not commit mistake again.

12. Since people cannot learn through legitimate channels all that they are anxious to learn .....
A. they resort to ways and means without any ethical or moral considerations.
B. they join academics in order to quench their thirst for learning.
C. they adopt formal ways and means to achieve what they want to.
D. these social service organisations provide them the required input of knowledge.

13. It was an extremely pleasant surprise for the hutment-dweller when the Government officials told him that .....
A. he had to vacate hutment which he had been unauthorisedly occupying
B. he had been gifted with a furnished apartment in a multi-storeyed building.
C. he would be arrested for wrongfully encroaching on the pavement outside his dwelling.
D. they would not accede to his request.

14. Despite his best efforts to conceal his anger .....
A. we could detect that he was very happy.
B. he failed to give us an impression of his agony.
C. he succeeded in camouflaging his emotions.
D. people came to know that he was annoyed.

15. His appearance is unsmiling but .....
A. his heart is full of compassion for others.
B. he looks very serious on most occasions.
C. people are afraid of him.
D. he is uncompromising on matters of task performance.

16. The weather outside was extremely pleasant and hence we decided to .....
A. utilise our time in watching the television.
B. refrain from going out for a morning walk.
C. enjoy a morning ride in the open.
D. employ this rare opportunity for writing letters.

17. The officer who had neglected to file his income tax returns had to .....
A. return the files.
B. pay a fine.
C. be rewarded.
D. play mischief.

18. In order to help the company attain its goal of enhancing profit, all the employees .....
A. urged the management to grant paid leave.
B. appealed the management to implement new welfare schemes.
C. voluntarily offered to work overtime with lucrative compensation.
D. voluntarily offered to render additional services in lieu of nothing.

19. His behaviour is so unpredictable that he .....
A. never depends upon others for getting his work done.
B. is seldom trusted by others.
C. always finds it difficult to keep his word.
D. always insists on getting the work completed on time.

20. Since it is already midnight, we .....
A. had better leaving.
B. ought to have leave.
C. should take our leave.
D. might as well as leave.

21. It is not easy to remain tranquil when those around you .....
A. behave in a socially acceptable manner.
B. exhibit pleasant mannerism.
C. are losing their heads.
D. agree to whatever you say.

22. Although initial investigations pointed towards him, ...
A. the preceding events corroborated his involvement in the crime.
B. the additional information confirmed his guilt.
C. the subsequent events established that he was guilty.
D. the subsequent events proved that he was innocent.

23. Because he believes in democratic principles, he always .....

A. decides all the matters himself.

B. listens to others' views and enforces his own.

C. shown respect to others' opinions if they match his own.

D. reconciles with the majority's views and gives us his own.

24. Owing to the acute power shortage, the people of our locality have decided to .....

A. dispense with other non-conventional energy sources.

B. resort to abundant use of electricity for illumination.

C. off-switch the electrical appliance while not in use.

D. resort to use of electricity only when it is inevitable.

25. She never visits any zoo because she is a strong opponent of the idea of .....

A. setting the animals free into the forest.

B. feeding the animals while others are watching.

C. watching the animals in their natural abode.

D. holding the animals in captivity for our joy.

26. Unless you work harder you will fail, means .....

A. if you fail you will work harder.

B. you must at least plan well than you will not fail.

C. hardly you will fail if you do not desire so.

D. if you do not put more efforts, then you will fail.

27. Even if it rains I shall come, means .....

A. if I come it will not rain.

B. if it rains I shall not come.

C. I will certainly come whether it rains or not.

D. whenever there is rain I shall come.

28. Dinesh is as stupid as he is lazy means .....

A. Dinesh is stupid because he is lazy.

B. Dinesh is lazy because he is stupid.

C. Dinesh is either stupid or lazy.

D. Dinesh is equally stupid and lazy.

29. Mahesh needn't have purchased the bag, means .....

A. it was not necessary for Mahesh to purchase the bag but he has purchased it.

B. it was necessary for Mahesh to purchase the bag and he has not purchased it.

C. it was not necessary for Mahesh to purchase the bag and he has not purchased it.

D. it was necessary for Mahesh to purchase the bag but he has not purchased it.

30. The Manager would like you to help Dhiraj, means .....

A. the Manager would like you if you help Dhiraj.

B. the Manager desires you to help Dhiraj.

C. the Manager likes you because you help Dhiraj.

D. Dhiraj expects the Manager to tell you to help him.

ANSWERS

1	2	3	4	5	6	7	8	9	10
C	D	D	D	D	C	B	C	A	B
11	**12**	**13**	**14**	**15**	**16**	**17**	**18**	**19**	**20**
C	A	B	D	A	C	B	D	B	D
21	**22**	**23**	**24**	**25**	**26**	**27**	**28**	**29**	**30**
C	D	D	D	D	D	C	D	A	B

8. NOUNS, NUMBERS & PRONOUNS

NOUN

A word which denotes a place, a thing, an animal or a person is said to be a noun.

1. Note the plurals of the following nouns:

Singular	*Plural*	*Singular*	*Plural*
copy	copies	cry	cries
baby	babies	duty	duties
body	bodies	country	countries
family	families	diary	diaries
fly	flies	fairy	fairies
city	cities	spy	spies
army	armies	storey	storeys
bay	bays	monkey	monkeys

2. The following nouns do not undergo any change in plural form, in general.

Singular	*Plural*	*Singular*	*Plural*
deer	deer	sheep	sheep
thousand	thousand	pair	pair
hundred	hundred	score	score
dozen	dozen	gross	gross

Note: We can write—

(*a*) thousands of men; (*b*) two pairs of shoes; (*c*) dozens of mangoes; (*d*) scores of people. etc. But—

(*a*) two thousand rupees; (*b*) three hundred men; (*c*) five dozen eggs, etc.

3. The following nouns are usually used in plural forms. They take a plural verb after them—

eatables	fetters	surroundings
riches	alms	spectacles
trousers	pants	scissors
premises	thanks	annals
congratulations	goods	shorts
tongs	pains	arms
breeches	(for troubles)	

4. The following are the nouns which are plural in appearance but are usually used in singular number. They are followed by a singular verb—

news	politics	physics
mathematics	economics	ethics
politics	classics	gallows
statistics	athletics	innings
mechanics	swnmons	mumps

5. Collective nouns often used as plurals—

public	police	cattle
audience	clergy	folk
people	poultry	nation
elite	gentry	glitterati

6. The nouns that are usually used in singular forms—

advice	hair	rice
fuel	alphabet	machinery
offspring	issue	furniture
mischief	stationery	luggage
bedding	information	abuse

7. Material nouns are always used in singular number—

gold	copper	milk
water	silk	wool

Note: They may be used in plural with a different meaning.

copper coins (coppers), chains or fetters (irons), cans made of tin (tins).

Formation of Feminine Gender from Masculine Gender

(*a*) By adding 'ess'/ 'trix'/ 'a' / 'sne' etc.
e.g., lion into lioness

(*b*) Placement of a word before or after noun
e.g., Servant into Maid-Servant; Milkman into Milkmaid

(*c*) A masculine noun containing vowel *e.g.*, Actor Avoid vowel and add 'ess' *i.e.*, Actress

(*d*) No specific note will be applied in some nouns (while changing into feminine gender) *e.g.*, Monk into Nun, Drone into Bee, Drake into Duck, Dog into Bitch.

THE PRONOUN

A pronoun is a word which is used in place of noun.

Kinds of Pronouns

(*i*) **Personal Pronoun:** I, we, my, mine, our, ours, you, he, she, they, him, her etc.

(*ii*) **Reflexive Pronoun:** Herself, himself, myself, yourself, themselves etc.

(*iii*) **Emphatic Pronoun:** I myself, we ourselves.

(*iv*) **Demonstrative Pronoun:** This, that, there, those etc.

(*v*) **Indefinite Pronoun:** Somebody, nobody, many, none, someone, few etc.

(*vi*) **Interrogative Pronoun:** What, who, whose, which, whom etc.

(*vii*) **Distributive Pronoun:** Neither, each, either, every, none, both etc.

(*viii*) **Relative Pronoun:** Who, which, whom etc.

MULTIPLE CHOICE QUESTIONS

Directions: *In the following questions choose the correct options to fill the blanks.*

1. The place was so dirty that ..... wished to run away from there.
A. everbody B. anybody
C. few D. some

2. ..... was there to help me.
A. Something B. Anything
C. Anybody D. Nobody

3. Is there .... to eat?
A. some B. something
C. any D. few

4. ..... of the students were making a great noise.
A. Anyone B. Somebody
C. Many D. Nobody

5. ..... of the students can solve this sum.
A. Someone B. Anybody
C. Somebody D. None

6. ...... of us should try our best to make India a heaven.
A. Any B. Somebody
C. Anybody D. All

7. ...... of us do not know the real meaning of our lives.
A. Any B. Something
C. Several D. Many

8. She presented me a .... of flowers.
A. troup B. galaxy
C. bouquet D. cluster

9. There was a .... of eggs floating on the dirty water of the ditch.
A. clump B. shoal
C. clutch D. pile

10. A .... of dancers was dancing on the stage.
A. troupe B. galaxy
C. herd D. clump

11. To save the drowning man, a ...... of sailors came out on the boats.
A. troop B. crew
C. band D. gang

12. A .... (of stars) consists of millions of stars.
A. group B. herd
C. stack D. galaxy

13. Mr. Peter Cash was arranging a .... of bricks near his house.
A. group B. band
C. herd D. stack

14. A .... of geese was swimming in the water.
A. group B. gaggle
C. troupe D. bunch

15. There was a .... of mosquitoes hovering over the slum area.
A. swarm B. group
C. gang D. herd

16. Last night a .... of burglars broke into my house.
A. group B. cluster
C. clump D. gang

17. Devika lost her .... of keys.
A. bunch B. branch
C. band D. gang

18. I have some .... for you to do.
A. working B. worker
C. work D. works

19. They highly admire the .... of Kashmir.
A. scenery B. sceneries
C. scene D. scenes

20. I can easily read and write the English ....
A. alphabets B. alphabetic
C. alphabet D. alphabetical

21. I have met her many a ....
A. times B. timing
C. time D. timings

22. She has written many ....
A. poetry B. poetries
C. poem D. poems

23. One is supposed to do ....
A. our duty B. their duty
C. one's duty D. his duty

24. He is .... faithful partner.
A. Yours B. You
C. Your D. Your's

25. Ajay is more smart than ....
A. her B. hers
C. herself D. she

26. The ......of the Minister's statement cannot be verified by people who have no access to official records.
A. veracity B. verbosity
C. ambiguity D. validity

27. Life is to death as pleasure is to ......
A. poverty B. suffering
C. anguish D. pain

28. 'Please' and 'Thank you' are the little courtesies by which we keep the ..... of life oiled and running smoothly.
A. path B. machine
C. garden D. river

29. Catching the earlier train will give us the ..... to do some shopping.
A. chance B. luck
C. possibility D. occasion

30. Leave a two-inch ..... on each page for the teacher's remarks.
A. border B. margin
C. blank D. gap

31. What is the ..... for an airletter?
A. fare B. value
C. postage D. stamp

32. The manner in which bombs exploded in five trains within a short span of time suggests that it is a part of a .....
A. game B. conspiracy
C. villainy D. sabotage

33. Some regions of our country still remain ..... to the average man.
A. inaccessible B. impossible
C. impermeable D. impenetrable

34. The old 'Nature Versus .....' debate regarding crime continues even today.
A. Man B. Universe
C. Culture D. Nurture

ANSWERS

1	2	3	4	5	6	7	8	9	10
A	D	B	C	D	D	D	C	C	A
11	12	13	14	15	16	17	18	19	20
B	D	D	B	A	D	A	C	A	C
21	22	23	24	25	26	27	28	29	30
C	D	C	C	D	A	D	B	A	B
31	32	33	34						
C	B	A	A						

9. PREPOSITIONS

A Preposition is a word which comes before a Pronoun or a Noun and expresses the relationship between Noun or Pronoun and some part of the remaining sentence.

(*a*) He is busy **with** his work.
(*b*) The boy jumped **into** the river.
(*c*) The birds are chirping *in* the trees.

In these sentences the words **with**, **into** and **in** show the relationship between the verbs **busy**, **jumped** and **chirping** with the nouns **work**, **river** and **trees** respectively.

Position of the Preposition

1. A Preposition usually precedes its object.
   (*i*) He laughs **at** the poor.
   (*ii*) He is angry **with** you.
   (*iii*) She agrees **with** me.
2. In the case of Relative Pronouns it comes after the subject.
   (*i*) This is the boy whom I was looking **for**.
   (*ii*) That is the pen whose mention I was making **of**.
3. In the following cases, the Preposition comes after its object.
   (*i*) Where is the boy you were complaining **against**?
   (*ii*) What things are there you are looking **for**?
   (*iii*) Who is there, you are waiting **for**?

Omission of the Preposition

In many cases when the sentences contain Nouns of Time or Place, the Prepositions **from**, **in** and **for** are often omitted.

(*i*) He walked many kilometres.
(*ii*) He came to see me last year.
(*iii*) As I could not find my puppy anywhere. I looked here and there.

Prepositions are small words that show the relationship between one word and another. Prepositions in the following sentences show the position of the paper in relation to the desk, the book, his hand and the door.

The paper is **on** the desk.
The paper is **under** the book.
The paper is **in** his hand.
The paper is **by** the door.

Common Prepositions

about	at	by
in	onto	toward
above	before	concerning
inside	out	under
across	behind	despite
into	over	until
after	below	down
like	since	up
against	beneath	during
near	through	upon
along	beside	except
of	throughout	with
amid	between	for
off	till	within
among	beyond	from
on	to	without

MULTIPLE CHOICE QUESTIONS

Directions: *Tick the correct Preposition for the blank in each of the following sentences.*

1. He applied ...... the manager.
A. for B. to
C. with D. by

2. Trust ...... God and do the right.
A. in B. for
C. to D. with

3. She is worthy ...... a prize.
A. with B. for
C. to D. of

4. Mr. Gomes has no taste ...... music.
A. of B. for
C. with D. to

5. You are hard ...... hearing.
A. at B. of
C. with D. for

6. He is sure ...... his success
A. for B. with
C. on D. of

7. Preeti was warned ...... the danger ahead.
A. for B. at
C. of D. about

8. I am thankful ...... you for a good advice.
A. for B. with
C. to D. from

9. Deepak would not surrender ...... the police.
A. with B. to
C. for D. on

10. The small plant in your lawn is very sensitive ...... touch.
A. on B. with
C. to D. for

11. Divya was sure to succeed ..... the examination.
A. for B. in
C. to D. with

12. Geeta was jealous ...... Ravina's beauty.
A. to B. with
C. for D. of

13. He was ignorant ..... what was happening there.
A. for B. of
C. to D. with

14. Your pen is inferior ...... mine.
A. than B. with
C. from D. to

15. Reenu is no match ...... Meenu.
A. to B. for
C. with D. upon

16. It is necessary ...... you to apply for this job.
A. on B. with
C. for D. to

17. Be loyal ...... your country.
A. for B. to
C. on D. with

18. Mukesh is junior ...... me.
A. than B. to
C. from D. of

19. Deepika was innocent ...... the crime.
A. of B. with
C. from D. to

20. I am desirous.... joining the Indian cricket team.
A. for B. of
C. to D. on

21. Pradeep is not eligible ...... the post.
A. to B. on
C. upon D. for

22. Does she believe ...... God?
A. to B. for
C. in D. over

23. Mr. Posh was charged..... the murder of his aunt.
A. for B. with
C. on D. to

24. Tagore is famous (or popular) ...... Indians.
A. for B. with
C. to D. towards

25. Kalidasa is famous ...... his drama the *Shakuntalam*.
A. for B. with
C. on D. about

26. He applied ...... the post of a teacher.
A. to B. on
C. for D. at

27. I differ ...... you in this matter.
A. from B. with
C. for D. above

28. My pen differs ...... yours.
A. with B. from
C. for D. upon

29. The air escaped out ...... the balloon.
A. from B. of
C. to D. under

30. I am confident ...... success.
A. of B. to
C. from D. about

31. He was deprived ...... his share and property.
A. of B. with
C. from D. about

32. He complains ...... headache.
A. about B. to
C. of D. in

33. My father deals ...... sugar.
A. with B. to
C. in D. about

34. His services were dispensed ......
A. for B. to
C. with D. of

35. Mohinder was born ...... a noble famly.
A. with B. about
C. towards D. in

36. He was born ...... poor parents.
A. of B. to
C. in D. on

37. A son was born ...... him.
A. to B. for
C. in D. upon

38. I was aware ...... the matter.
A. to B. of
C. in D. upon

39. He was absorbed ...... study.
A. in B. into
C. of D. under

40. The boy jumped ...... the river.
A. in B. under
C. below D. into

41. I agree ...... you.
A. upon B. to
C. with D. None of these

42. Wolves abound ...... this forest.
A. for B. in
C. with D. to

43. She did not agree ...... your proposal.
A. with B. in
C. to D. None of these

44. I was angry ...... his misconduct.
A. with B. to
C. at D. on

45. He is bent ...... mischief.
A. on B. of
C. to D. for

ANSWERS

1	2	3	4	5	6	7	8	9	10
B	A	D	B	B	D	C	C	B	D
11	**12**	**13**	**14**	**15**	**16**	**17**	**18**	**19**	**20**
B	D	B	D	B	D	B	B	A	B
21	**22**	**23**	**24**	**25**	**26**	**27**	**28**	**29**	**30**
D	C	B	B	A	C	B	B	A	A
31	**32**	**33**	**34**	**35**	**36**	**37**	**38**	**39**	**40**
A	C	C	C	D	A	A	B	A	D
41	**42**	**43**	**44**	**45**					
D	B	C	D	A					

10. ADJECTIVES, ADVERBS & DEGREE OF COMPARISON

Some words tell more about another word they are called *modifiers*. There are two main kinds of modifiers: *adjectives* and *adverbs*.

Adjectives

An *adjective* modifies—tells more about—a noun or pronoun. It tells *what kind, how many,* or *which one.*

Example: *beautiful* music, *blue* sky, *large* room.

Adjectives are usually found right before a noun, right after a noun, or after a linking verb.

Note: Some adjectives, such as articles, numbers, and possessive adjectives, usually come before the noun.

Adverb

An *adverb* modifies—tells more about—a verb, adjective, or another adverb. It tells *how, when, where,* or *to what extent.*

Comparison and Adjectives

Adjectives and adverbs have three forms that show a greater or lesser degree of the characteristic of the basic word: the positive, the comparative, and the superlatives.

Use the comparative to compare two things:

1. Mary is the more lazy of the two.
2. I've tasted creamier cheese than this.
3. James is the shorter of the two boys.

Use the superlative to compare more than two things:

1. Mary is the laziest girl I know.
2. This is the creamiest cheese I've ever tasted.
3. James is the shortest boy in the class.

There are some words to which comparison does not apply, since they already indicate the highest degree of a quality.

Here are some examples:

Immediately	Superlative	First
Last	very	unique
Uniquely	universally	perfect
Perfectly	exact	complete
Correct	dead	deadly
Preferable	round	perpendicularly
Square	third	supreme
Totally	infinitely	immortal

Errors to Avoid in Comparison

Do not combine two superlatives:

Incorrect: That was the most bravest thing he ever did.

Correct: That was the bravest thing he ever did.

Incorrect: He grew up to be the most handsomest boy in the town.

Correct: He grew up to be the most handsome boy in the town.

Do not combine two comparatives:

Incorrect: Mary was more friendlier than Susan.

Correct: Mary was friendlier than Susan.

Incorrect: The puppy was more timider last week.

Correct: The puppy was more timid last week.

MULTIPLE CHOICE QUESTIONS

Directions: *In the following questions choose the correct option to fill the blank.*

1. The girl whom you met is the .... sister of Ravi.
A. eldest B. elder
C. older D. oldest

2. The historical place is ....
A. seeing worth B. worthy of seeing
C. worth seeing D. worthy seeing

3. These flowers smell ....
A. sweet B. sweetly
C. more sweetly D. most sweetly

4. .... aspirant can not pass the UPSC examination.
A. Each B. Every
C. All D. No

5. Harivansh Rai .... second Shakespeare.
A. is a B. is
C. is the D. is another

6. .... student in the class got prizes.
A. Each and every B. Every and each
C. Every D. Never

7. It is .... picture than the one we saw last Monday.
A. interesting B. much interesting
C. more interesting D. most interesting

8. She is clever ....
A. that her mother B. as her mother
C. so her mother D. than her mother

9. They will get ....
A. Red, green and black paper
B. Red, green black paper
C. Red and green and black paper
D. Either B or C

10. Health is .... wealth.
A. preferable to
B. more preferable than
C. more preferable to
D. most preferable then

11. .... water that was in the jug evaporated.
A. Little B. The little
C. Small D. A small

12. He has not sung .... songs.
A. much B. most
C. more D. many

13. Srishti has searched .... office.
A. whole the B. the whole
C. a whole D. some whole

14. K.R. Dhiraj was .... best and .... famous writer.
A. a, the most B. the, a most
C. the, more D. the, the most

15. Willam Shakespeare is famous as ....
A. a poet and a dramatist
B. a poet and dramatist
C. the poet and the dramatist
D. the poet and a dramatist

16. What does .... leader suggest?
A. other B. another
C. others D. anothers

17. He .... money
A. has few B. have few
C. has little D. have little

18. The .... boys are rewarded.
A. first two B. two first
C. firsts two D. two's first

19. He is .... brave.
A. strong B. stronger
C. more strong D. strong and

20. No sooner said ....
A. so done B. and done
C. then done D. but done

ANSWERS

1	2	3	4	5	6	7	8	9	10
A	C	A	B	A	C	C	D	A	A
11	**12**	**13**	**14**	**15**	**16**	**17**	**18**	**19**	**20**
B	D	B	D	B	A	C	A	D	C

11. Determiners & Articles

Determiners are actually Adjectives. They are always followed by nouns.

Determiners are of the following kinds:

(A) Demonstrative Determiners
this, that, these, those etc.

(B) Possessive Determiners
my, our, your, his, her, its, their etc.

(C) Quantitative Determiners
some, any, much, enough, sufficient, whole, a little, the little, little, all, both etc.

(D) Numerical Determiners
a few, some, few, the few, any, several, many, no, etc.
One, two, three .... (Cardinals)
First, second, third .... (Ordinals)

(E) Distributive Determiners
either, neither etc.

(F) Articles
Indefinite: a, an
Definite: the

MULTIPLE CHOICE QUESTIONS

Directions: *In the following questions choose the correct options to fill the blanks.*

1. Give me .... rice.
A. some B. few
C. a few D. any

2. .... sheep grazing on the slope of the hill had gone away.
A. Any B. The few
C. This D. Much

3. Have you got .... magazines to read?
A. all B. much
C. some D. little

4. I have .... money that I want to spend on shares.
A. any B. much
C. less D. some

5. There is .... owl on the branch of the tree.
A. a B. the
C. an D. some

6. My brother is .... MBA.
A. a B. an
C. the D. any

7. Have you got .... cheese?
A. some B. many
C. a few D. few

8. No, I haven't got .... cheese.
A. many B. few
C. any D. some

9. There is only .... milk left in the bottle.
A. enough B. few
C. much D. a little

10. There is .... hope of his recovery.
A. any B. little
C. many D. few

11. .... dogs were barking at the strangers.
A. some B. any
C. much D. less

12. The girl bought her father .... juice.
A. few B. some
C. any D. many

13. You should take .... honey everyday.
A. any B. many
C. a little D. a few

14. .... boy was punished by the teacher.
A. Either B. All
C. Any D. Many

15. .... girl was asked to join the army.
A. None B. Neither
C. All D. Any

16. .... water in the jug has been drunk by Mohan.
A. The little B. The few
C. A few D. Few

17. I shall play .... piano at the party.
A. some B. any
C. the D. few

18. .... labourers were found dead in the mine.
A. Any B. Fewer
C. Many D. Less

19. Could I borrow .... umbrella?
A. our B. your
C. yours D. my

20. My brother is standing in the .... row.
A. any B. many
C. some D. first

21. Do you want .... tea?
A. any B. more
C. much D. few

22. He can fly .... aeroplane.
A. a B. an
C. some D. many

23. .... students were asked to bring their birth certificates.
A. Many B. Any
C. Much D. Less

24. .... gun needs oiling.
A. It B. This
C. These D. Those

25. .... shirts are mine.
A. These B. This
C. It D. That

26. .... child was allowed to enter the kitchen.
A. The B. All
C. Many D. A few

27. I have been waiting for you for .... hour.
A. a B. an
C. the D. a few

28. You must pay .... visit to your brothers.
A. the B. an
C. a few D. a

29. Why are you making .... noise?
A. your B. enough
C. a D. whole

30. He is .... honourable man.
A. a B. the
C. an D. much

31. .... shirts are mine.
A These B. That
C. This D. It

32. .... glasses belong to Mr. Jack.
A. This B. That
C. Those D. It

33. .... birds have colourful wings.
A. That B. These
C. This D. It

34. I want a car. I'll get ....one.
A. these B. this
C. those D. it

35. I need a camera. I'll get .... now.
A. it B. these
C. this D. those

ANSWERS

1	2	3	4	5	6	7	8	9	10
A	B	C	D	C	B	A	C	D	B
11	12	13	14	15	16	17	18	19	20
A	B	C	A	B	A	C	C	B	D
21	22	23	24	25	26	27	28	29	30
B	B	A	B	A	A	B	D	C	C
31	32	33	34	35					
A	C	B	B	A					

12. Conjunctions

A word which joins either two or more than two words/sentences is known as conjunction. e.g.,

Neither .... nor (in negative sense)

Either .... or (in affirmative sense)

Both .... and

Hardly .... when/before

No sooner .... than

Scarcely .... when/before

Though .... yet

Some illustrations based on above guidelines

Illustration:

(i) Yashwant is neither good nor bad.

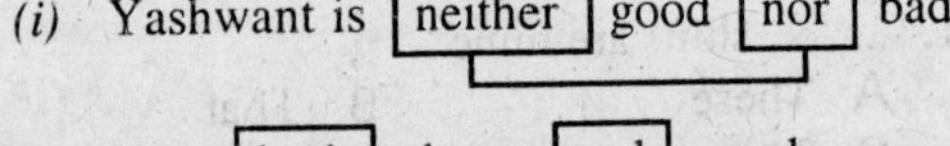

(ii) It is both cheap and good.

(iii) No sooner did Ashok see the police than he ran away.

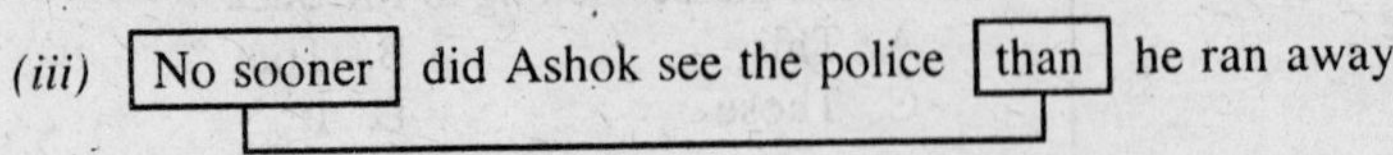

MULTIPLE CHOICE QUESTIONS

Directions: *In the following questions choose the correct options to fill the blanks.*

1. Neither he .... his friend is good.
   A. or B. and
   C. but D. nor
2. The officer asked the peon .... why he was late.
   A. that B. if
   C. but D. No word
3. Both Ajay .... Vijay are intelligent.
   A. or B. nor
   C. and D. No word
4. No sooner did the thief see the public .... he ran away.
   A. then B. and
   C. but D. than
5. Abhinav .... his brothers was going to Mumbai.
   A. but B. yet
   C. no word D. together
6. He behaves .... he were the captain of the team.
   A. as if B. as
   C. no word D. that
7. Either Rupali .... Sonali is going to attend the meeting.
   A. and B. but
   C. nor D. or
8. Neither Nirmal .... Ashwinee is going to listen the speech of the minister.
   A. and B. but
   C. nor D. or

9. Ravi .... Prakash are going to Kolkata.
A. or B. nor
C. but D. and

10. Rice .... curry is my usual breakfast.
A. and B. but
C. then D. than

11. Hardly had he left .... his brother came.
A. then B. than
C. when D. that

12. I would rather have a copy .... a book.
A. then B. than
C. when D. that

13. He is no other .... my friend.
A. then B. than
C. when D. but

14. He saw a snake ....he awoke.
A. then B. when
C. than D. No word

15. Ten years have passed .... my grandmother died.
A. since B. when
C. then D. than

16. She is .... good .... bad.
A. either, not B. neither, or
C. neither, nor D. neither, than

17. The cellphone is both cheap .... best.
A. than B. and
C. then D. or

18. No sooner did the thief see the police .... he ran away.
A. then B. than
C. so D. because

19. Srishti will go .... Sanju goes.
A. if B. than
C. then D. although

20. She is wise .... timid.
A. and B. yet
C. but D. however

21. Make hay .... the sun shines.
A. though B. while
C. after D. before

22. He is so weak.......... he cannot walk.
A. but B. that
C. then D. so

23. Although he is rich, ... he is unhappy.
A. but B. yet
C. so D. still

24. Wait here .... I come back.
A. till B. until
C. before D. after

25. He is my friend .... I shall help him.
A. so B. hence
C. that is why D. therefore

26. He must go away .... he will be beaten.
A. otherwise B. and
C. or D. else

27. God loves good men .... good men love God.
A. and B. or
C. that D. those

28. He was late .... he was not punished.
A. but B. yet
C. still D. therefore

29. Walk slowly ...., you may fall.
A. and B. or
C. so D. otherwise

30. Work hard, ... you will fail.
A. and B. or
C. otherwise D. else

ANSWERS

1	2	3	4	5	6	7	8	9	10
D	D	C	D	D	A	D	C	D	A
11	**12**	**13**	**14**	**15**	**16**	**17**	**18**	**19**	**20**
C	B	B	B	A	C	B	B	A	C
21	**22**	**23**	**24**	**25**	**26**	**27**	**28**	**29**	**30**
B	B	B	A	B	C	A	C	D	D

13. TENSES & VERBS

1. Tense indicates a point in time or period of time in the past, present, or future tense.
2. The verb may consist of a single word, or a main verb and one or more auxiliary words. The key point is that tense is related to the form of verb. There are normally three forms of the verb, say, V_1, V_2, V_3 and for convenience a fourth form V_4 as verb+ing may be assumed.

A Comparative Chart Regarding Tenses and Verbs

Simple Present	**Simple Past**	**Simple Future**
V_1	V_2	shall/will + V_1
Present Continuous	**Past Continuous**	**Future Continuous**
is/am/are + V_4	was/were + V_4	shall/will + be + V_4
Present Perfect	**Past Perfect**	**Future Perfect**
has/have + V_3	had + V_3	shall/will + have + V_3
Present Perfect Cont.	**Past Perfect Cont.**	**Future Perfect Cont.**
has/have + been + V_4	had + been + V_4	shall/will + have been + V_4

SIMPLE PRESENT:

A. A present state of affairs.
B. A general fact.
C. Habitual actions.
D. Future time-tables.

A. My sister lives in Nagpur.
B. The sun rises in the east.
C. I listen to the radio in the mornings.
D. My flight leaves at 10:00.

PRESENT CONTINUOUS:

A. A specific action that is occurring.
B. A general activity that takes.
C. Future arrangements.

A. Arvind is watching TV (right now).
B. These days, I'm taking it easy.
C. I'm inviting Hari to the party on Friday.

SIMPLE PAST:

A. An action that began and ended at a particular time in the past.
B. An action that occurred over a period of time but was completed in the past.
C. An activity that took place regularly in the past.

A. The mail came early this Morning.
B. Dad worked in advertising in the past.
C. We jogged every morning before class.

PAST CONTINUOUS:

A. Interrupted Actions.

A. I was sewing when the telephone rang.

B. A continuous state over a period of time but was completed in the past.
C. Events planned in the past.
D. Expressing a future intent.
E. Predicting an event.

B. She was looking very ill. I was meeting lots of people at that time.
C. Neetu was leaving for Kolkata but had to make a last minute change
D. Jyoti is going to bring her sister tonight.
E. You are going to pass the test. Don't worry.

SIMPLE FUTURE:

A. Making a future decision.
B. Predicting a future event.
C. Indicating willingness to do something.

A. I will call you after lunch.
B. You will pass the test. Don't worry.
C. If I don't feel better soon, I will go to to the doctor.

FUTURE CONTINUOUS:

A. An action that will be going at a particular time in the future.
B. Future actions which have already been decided.

A. At noon tomorrow, I will be taking the children to their piano lessons.
B. I will be wearing my black dress to the dinner.

PRESENT PERFECT:

A. An action that happened at an unspecified time.
B. An action that has recently occurred.
C. An action that began in the past and continues up to the present (often used with "for" or "since").
D. An action that happened repeatedly before now.

A. She has never climbed a mountain. I'm sorry. I have forgotten your Name.
B. He's just gone to sleep.
C. Jack has lived in Chennai all his life. I have been here since Monday. He has known her for two weeks.
D. We have flown across the Pacific four times. I've failed my driver's test twice.

PRESENT PERFECT CONTINUOUS:

A. An action that began in the past and has just recently ended.
B. An action that began in the past and continues in the present.
C. An action repeated over a period of time in the past and continuing in present.

A. Have you been ringing the Bell?
B. Lokesh has been studying for two hours.
C. Suresh has been smoking since he was fifteen.

PAST PERFECT:

A. An action that occurred before another past action.
B. An action that was expected to occur in the past.

A. Tarun had left hours before we got there.
B. I had hoped to know about the job before now.

PAST PERFECT CONTINUOUS:

A. An action that occurred before another past action.
B. An action that was expected to occur in the past.

A. His eyes hurt because he had been Reading for eight hours.
B. I had been expecting a change in his attitude.

FUTURE PERFECT:

A. An action that will be completed before a particular time in the future.

A. By next July, my parents will have been married for fifty years.

FUTURE PERFECT CONTINUOUS:

A. Emphasizing the length of time that has occurred before a specific time in the future.

A. By May, my father will have been working at the same job for thirty years.

AGREEMENT OF THE VERB WITH THE SUBJECT

It is very important that the verb in a sentence should obey the subject, otherwise the sentence will be considered wrong.

I. When the Subject is a Singular Noun

A singular noun takes a singular verb.

(i) Mohit **makes** a noise in the class.

(ii) The child is **crying** for a cake.

II. When two singular nouns are joined with 'and'

When two singular nouns are joined with 'and' and they refer to two different persons, the plural verb should be used, *e.g.*,

(i) The novelist and the poet **were** honoured by the government.

(ii) The black and the white dogs **bark** at the strangers.

Note: Article 'the' is used with both the subjects. If article is used only once, the singular verb should be used.

(i) The painter and singer is going abroad.

(ii) The white and black dog has a bushy tail.

III. When the subjects together give a single idea, singular verb is used:

(i) Slow and steady wins the race.

(ii) Rice and curry is my favourite dish.

IV. A collective noun takes a singular verb when it acts as a whole, but it takes a plural verb when the individual, of which it is composed are considered separately.

(i) The committee was unanimous on imposing the new law.

(ii) The committee have given their separate opinions in the matter.

V. When the subjects are joined by neither . . . nor, either . . . or, and 'or', the verb should obey the last subject.

(i) Rakesh or his friends have been selected for the match.

(ii) His friends or Rakesh has been selected for the match.

(iii) Neither Rohit nor his brothers are going abroad.

(iv) Neither his brothers nor Rohit is going abroad.

(v) Either Sohan or his sisters were dancing at the function.

(vi) Either his sisters or Sohan was dancing at the function.

VI. Either, neither, either of, neither of, takes singular verb.

(i) Either boy was honest.

(ii) Neither girl was allowed to leave the premises.

(iii) Either of the boys was ready to help the old man.

(iv) Neither of the girls was asked to join the extra classes.

VII. Some nouns are always used as plurals so, they take plural verbs.

(i) Where are your glasses?

(ii) His pants are attractive.

(iii) Cattle are grazing in the field.

(iv) Whose scissors are these?

VIII. Some nouns are always used as singulars, so, they take singular verbs.

(i) What is the latest news?

(ii) The furniture in the house is of a poor quality.

(iii) Mumps is not a fatal disease.

(vi) Physics is a tough subject.

IX. Nouns formed by alongwith, as well as, together with, accompanied by, etc., take verb according to the first subject.

(i) I as well as you am to blame.
(ii) You as well as I are going to see a movie.
(iii) John accompanied by his parents is going to visit the Taj.
(iv) His parents accompanied by John are going to visit the Taj.
(v) His brothers together with Vivek are ready to whitewash the fence.

X. To indicate something hypothetical or not factually true, plural verb 'were' with *as if* is used.

(i) He talks as if he were a king.
(ii) She dresses herself as if she were a princess.

MULTIPLE CHOICE QUESTIONS

Directions: *Find the correct word(s) that correctly completes the sentence.*

1. A woman came in with a baby who, she said, ... a safety pin.
A. was just swallowing
B. swallowed
C. had just swallowed
D. just swallowed

2. The telephone ..... several times before I answered it.
A. was ringing B. has rung
C. had rung D. would ring

3. An employment advertisement should ..... the number of vacancies.
A. provide B. specify
C. contain D. declare

4. A crescendo of metallic thuds arose from the market, where the iron-smiths were ..... the pieces of metals.
A. flattening B. striking
C. hammering D. thrashing

5. Ambition is one of those ..... which are never satisfied.
A. ideas B. fancies
C. passions D. needs

6. The new education policy provides a useful ..... for the planners to remove illiteracy.
A. breakup B. breakthrough
C. breakaway D. break-in

7. The family gave father a gold watch on the ..... of his fiftieth birthday.
A. time B. event
C. occasion D. celebration

8. The passengers were afraid but the captain ..... them that there was no danger.
A. promised B. assured
C. advised D. counselled

9. It's very kind of you to ..... to speak at the meeting.
A. accept B. agree
C. comply D. concur

10. The miser gazed ..... at the pile of gold coins in front of him.
A. avidly B. admiringly
C. thoughtfully D. earnestly

11. The pilot had been warned about the storm before he .....
A. took away B. took up
C. took over D. took off

12. On account of the dearth of grass on the arid plains the cattle became .....
A. flippant B. jubilant
C. agitated D. emaciated

13. I saw a ..... of cows in the field.
A. group B. herd
C. swarm D. flock

14. He was sent to the prison for his .....
A. sin B. vice
C. crime D. guilt

15. ..... of old paintings is a job for the experts.
A. Resurrection B. Retrieval
C. Restoration D. Resumption

16. Once he has signed the agreement, he won't be able to .....
A. back up B. back in
C. back at D. back out

17. She ..... a brief appearance at the end of the party.
A. put on B. put in
C. put across D. put up

18. The battalion operating from the mountain was able to ..... three enemy divisions.
A. tie up B. tie down
C. tie on D. tie with

19. Do you know ..... ?
A. where she comes from
B. where does she come from
C. where from she comes
D. from where does she come

20. ..... works of reference are so valuable as the Encyclopaedia Britannica.
A. A few B. Few
C. The few D. Fewer

21. The paths of glory lead ..... to the grave.
A. straight B. but
C. in D. directly

22. Walking at three o'clock, I heard the ..... of thunder.
A. crackle B. rumble
C. ripple D. clank

23. The thief ..... all the money.
A. made up B. made off with
C. made do with D. made good

24. Either Surendra or his friends ..... asked to pay a visit to the university.
A. has been B. have been
C. has D. have

25. Where ..... your spectacles?
A. is B. are
C. were D. have

26. Measles ..... not a fatal disease.
A. is B. are
C. has D. have

27. He walks as if he ..... a prince.
A. was B. were
C. have been D. has been

28. The captain alongwith his team mates ..... reached the ground.
A. have B. has
C. is D. are

29. The jury ..... given its opinion.
A. has B. have
C. is D. are

30. Slow and steady ..... the race.
A. win B. wins
C. has wins D. have win

31. The poet and the novelist ..... invited by the PM.
A. is B. are
C. has D. have

32. Mathematics ..... a tough subject.
A. is B. are
C. has D. have

33. Either girl ..... in a sad mood.
A. was B. were
C. has D. have

34. You should not avoid ...... him.
A. for meeting B. in meeting
C. to meet D. meeting

35. Are you ...... you iessons?
A. busy for preparing
B. busy preparing
C. busy to prepare
D. busy of preparing

ANSWERS

1	2	3	4	5	6	7	8	9	10
C	C	B	C	C	B	C	B	B	A
11	12	13	14	15	16	17	18	19	20
D	D	B	C	C	D	B	B	A	B
21	22	23	24	25	26	27	28	29	30
B	B	B	B	B	A	B	B	A	B
31	32	33	34	35					
B	A	A	D	B					

14. Narration

The words spoken by a speaker are in Direct Speech.

The words spoken by somebody and expressed by someone else with some modification are known as Indirect Speech. *e.g.*,

(*a*) Rohit says to me, "You do not understand me." (Direct speech)

(*b*) Rohit tells me that I do not understand him. (Indirect speech)

MULTIPLE CHOICE QUESTIONS

Directions: *Each sentence in this assignment is followed by four options, only one is correct. Spot the correct answer.*

1. She said to me, "Keep quite and listen to my words".

A. She requested me to keep quite and listen to her words.

B. She ordered me to keep quite and listen to her words.

C. She entreated me to keep quite and listen to her words.

D. She told me to keep quite and listen to her words.

2. My brother said to me, "What are you doing here?"

A. My brother asked me that what I was doing there.

B. My brother asked me what I was doing there.

C. My brother asked me that what was I doing there.

D. My brother asked me what I was doing here.

3. Ravi said, "My father lived in this city two years ago."

A. Ravi said that his father had lived in that city two years before.

B. Ravi said that his father had lived in that city two years ago.

C. Ravi told that his father had lived in that city ago two years.

D. Ravi asked that his father had lived in that city before two years.

4. My brother said to me, "When I was young, I used to play cricket".

A. My brother told me that when I was young, I used to play cricket.

B. My brother told me that when I was young, I used to play cricket.

C. My brother told me that when he was young, I used to play cricket.

D. My brother told me that when he was young, he used to play cricket.

5. The student said, "Sir, I am not guilty".

A. The student said with respect that he was not guilty.

B. The student pleaded that he was not guilty.

C. The student pleaded with respect that he was not guilty.

D. The student said respectfully that he was not guilty.

6. She said, "I am an early-riser".

A. She regretted that she was an early-riser.

B. She said that she is an early-riser.

C. She said that she was an early-riser.

D. She regretted that she is an early-riser.

7. The police officer said to the criminal, "Speak as I tell you".

A. The police officer directed the criminal to speak as he told him.

B. The police officer told the criminal to speak as he told him.

C. The police officer advised the criminal to speak as he told him.

D. The police officer requested the criminal to speak as he told him.

8. The preacher said to me, "May God help you!"
A. The preacher prayed that God might help me.
B. The preacher prayed that God might help him.
C. The preacher requested that God might help me.
D. The preacher requested the God might help them.

9. She said to me, "Happy Diwali!"
A. She blessed me a happy Diwali.
B. She wished me a happy Diwali.
C. She prayed a happy Diwali.
D. She said to me a very happy Diwali.

10. He said, "Shall I open the gate?"
A. He asked that he should open the gate.
B. He asked if he should open the gate.
C. He ordered that he should open the gate.
D. He requested that he should open the gate.

11. I told Ravi, "Do have a cup of tea".
A. I ordered Ravi to have a cup of tea.
B. I advised Ravi to had a cup of tea.
C. I requested Ravi to have a cup of tea.
D. I said Ravi to have a cup of cold tea.

12. He told me, "Shall I go to the picture?"
A. He asked that he should go to the picture.
B. He asked me if he shall go to the picture.
C. He asked me if he should go to the picture.
D. He requested me to go to the picture.

13. The teacher says, "Two and two makes four".
A. The teacher says that two and two made four.
B. The teacher wishes that two and two makes four.
C. The teacher advises that two and two makes four.
D. The teacher says that two and two makes four.

14. Baby said, "I will go".
A. Baby said that she will go.
B. Baby said that she could go.
C. Baby say that she will go.
D. Baby said that she would go.

15. I said to my sister, "Please, give me more money".
A. I requested my sister to give me more money.
B. I ordered my sister to give me more money.
C. I advised my sister to gave me more money.
D. I requested my sister to give her more money.

16. He said, "Bring a chair at once".
A. He ordered to bring a chair at once.
B. He requested to bring a chair at once.
C. He told to bring a chair at once.
D. He says to bring a chair at once.

17. The teacher said, "Don't make a noise".
A. The teacher says to us not to make a noise.
B. The teacher asked us not to make a noise.
C. The teacher requested us not to make a noise.
D. The teacher asked us not to made a noise.

18. My father said, "The earth is round".
A. My father said that the earth was round.
B. My father says that the earth is round.
C. My father said that the earth is round
D. My father ordered that the earth is round.

19. We said, "What a place it is!"
A. We said that it was a very fine place.
B. We said that is a very fine place.
C. We said that the place is fine.
D. We exclaimed with joy that the place was very fine.

20. She said, "Shall I thread the needle?"
A. She asked if she should thread the needle
B. She asked if she shall thread the needle.
C. She requested if she should thread the needle.
D. She says that if she would thread the needle.

ANSWERS

1	2	3	4	5	6	7	8	9	10
B	B	A	D	C	C	A	A	B	B
11	**12**	**13**	**14**	**15**	**16**	**17**	**18**	**19**	**20**
C	C	D	D	A	A	B	C	D	A

15. ACTIVE & PASSIVE VOICE

An active sentence focuses on the person or thing doing the action. A passive sentence focuses on the person or thing affected by the action.

e.g., The tower was built. (Active voice)

Someone built the tower. (Passive voice)

Transformation of Voice

i.e., Active voice to Passive voice & vice versa.

- Voice and Tense are closely associated with each other.
- Tense plays an important role while transforming the voice.

MULTIPLE CHOICE QUESTIONS

Directions: *In these questions, the sentences have been given in Active/Passive voice. From the given options, choose the one which best expresses the given sentence in Passive/Active voice.*

1. Help the poor.
A. The poor should be helped.
B. The poor would be helped.
C. The poor must be helped.
D. The poor will be helped.

2. Bring a glass of water.
A. A glass of water will be brought.
B. A glass of water should be brought.
C. Let a glass of water be brought.
D. Let a glass of water will be brought.

3. He gave me a beautiful flower pot.
A. A beautiful flower pot was given to me by him.
B. A beautiful flower pot had given to me by him.
C. A beautiful flower pot had been giving by him.
D. I was giving him a beautiful flower pot.

4. Is he answering the question?
A. The question is answered by him.
B. The question is being answered by him.
C. Is the question being answered by him?
D. Is the question being answering by him?

5. Who gave you this letter?
A. This letter was given to you by whom?
B. This letter had given to you by whom?
C. Was this letter given to you?
D. By whom was this letter given to you?

6. The professor teaches students.
A. Students are being taught by the professor.
B. Students are taught by the professor.
C. The professor is being taught by students.
D. Students being taught by the professor.

7. M.S. Dhoni has created a world record.
A. A world record has been created by M.S. Dhoni.
B. A world record has created by M.S. Dhoni.
C. A world record is created by M.S. Dhoni.
D. A world record is being created by M.S. Dhoni.

8. Srishti sings a lovely song.
A. A lovely song had sung by Srishti.
B. A lovely song was sung by Srishti.
C. A lovely song is sung by Srishti.
D. A lovely song is sang by Srishti.

9. He was drawing a picture.
A. A picture was drawn by him.
B. A picture was being drawn by him.
C. A picture was drawing by him.
D. A picture was drew by him.

10. We made him leader.
A. He was made leader by us.

B. He was maded leader.
C. He made leader by us.
D. He was made leader.

11. There is no time to waste.
A. There is no time to be wasted.
B. No time to be wasted there.
C. No time to be wasted by there.
D. No time is to be wasted.

12. Take medicine in time.
A. In time medicine to be taken.
B. Medicine should be taken in time.
C. Medicine in time will be taken.
D. Medicine has to be in time taken.

13. He reads a novel.
A. A novel was read by him.
B. A novel has read by him.
C. A novel is being read by him.
D. A novel is read by him.

14. They had cleared the dues.
A. The dues had been cleared by them.
B. The dues had cleared by them.
C. The dues are being cleared.
D. The dues is cleared.

15. I invite you on the dinner.
A. On the dinner you have been invited.
B. On the dinner you are inviting.
C. You are inviting by me on the dinner.
D. You are invited by me on the dinner.

16. We chose him our leader.
A. He was chosen our leader.
B. He has been chosen our leader.
C. He had chosen our leader.
D. He have been chosen our leader.

17. Who made a maiden century?
A. By whose was a maiden century made?
B. By whom was a maiden century make?
C. By whom was a maiden century made?
D. By whom had a maiden century made?

18. I may help her in her project.
A. She might be helped by me in her project.
B. She may be helped by me in her project.
C. She might be helped in her project by me.
D. In her project, she may be help by me.

19. Take medicine in time.
A. Medicine should be taken in time.
B. Medicine will be taken in time.
C. Medicine will be took in time.
D. Medicine shall take in time.

20. I am solving the questions.
A. The questions are being solved by me.
B. The questions have been solved by me.
C. The questions are to be solved by me.
D. The question are solved by me.

21. May I take this pen?
A. May this pen will be taken by me?
B. May this pen shall be taken by me?
C. May this pen should be taken by me?
D. May this pen be taken by me?

22. Can we send it by air?
A. Can this be sent by air?
B. Can it be sent by air?
C. Can it go by air?
D. Can it be send by air?

23. Who wrote this book?
A. By whom was this book written?
B. By whom is this book written?
C. By whom was this book being written?
D. By whom is this book being written?

24. What did you buy?
A. What is bought by you?
B. What is being bought by you?
C. What was bought by you?
D. What was being bought by you?

25. Whom do you want?
A. Who is wanted by you?
B. Who is being wanted by you?
C. You are wanted by whom?
D. You are being wanted by whom?

ANSWERS

1	2	3	4	5	6	7	8	9	10
A	C	A	C	D	B	A	C	B	A
11	**12**	**13**	**14**	**15**	**16**	**17**	**18**	**19**	**20**
A	B	D	A	D	A	C	B	A	A
21	**22**	**23**	**24**	**25**					
D	B	A	C	A					

16. Synonyms, Antonyms & Homonyms

Synonym: A word or phrase that means the same as another word or phrase.
Antonym: A word or phrase that means the opposite of another word or phrase.
Homonyms: Two or more words having the same spelling or pronunciation but different meanings.

MULTIPLE CHOICE QUESTIONS

Directions: *In the following questions choose the word which best expresses the meaning of the given word.*

1. INDICT
   A. Condemn B. Reprimand
   C. Accuse D. Allege
2. SCINTILLATING
   A. Smouldering B. Gilittering
   C. Touching D. Warming
3. REFECTORY
   A. Restaurant B. Parlour
   C. Living Room D. Dining Room
4. DISTINCTION
   A. Diffusion B. Disagreement
   C. Different D. Degree
5. IMPROVEMENT
   A. Advancement B. Betterment
   C. Promotion D. Preference
6. ADVERSITY
   A. Failure B. Helplessness
   C. Misfortune D. Crisis
7. TURN UP
   A. Land up B. Show up
   C. Crop up D. Come up
8. DEIFY
   A. Flatter B. Challenge
   C. Worship D. Face
9. ERROR
   A. Misadventure B. Misgiving
   C. Ambiguity D. Blunder
10. SHALLOW
    A. Artificial B. Superficial
    C. Foolish D. Worthless
11. MASSACRE
    A. Murder B. Stab
    C. Assassinate D. Slaughter
12. COMBAT
    A. Conflict B. Quarrel
    C. Feud D. Fight
13. VORACIOUS
    A. Wild B. Hungry
    C. Angry D. Quick
14. IMPROMPTU
    A. Offhand B. Unimportant
    C. Unreal D. Effective
15. RABBLE
    A. Mob B. Noise
    C. Roar D. Rubbish
16. TEPID
    A. Hot B. Warm
    C. Cold D. Boiling
17. MAYHEM
    A. Jubilation B. Havoc
    C. Excitement D. Defeat
18. TIMID
    A. Fast B. Slow
    C. Medium D. Shy
19. CANTANKEROUS
    A. Quarrelsome B. Rash
    C. Disrepectful D. Noisy

20. PRECARIOUS
A. Cautious B.. Critical
C. Perilous D. Brittle

Directions: *In the following questions choose the word which best expresses the opposite of the given word.*

21. DEAR
A. Priceless B. Free
C. Worthless D. Cheap

22. FLAGITIOUS
A. Innocent B. Vapid
C. Ignorant D. Frivolous

23. LIABILITY
A. Property B. Assets
C. Debt D. Treasure

24. VIRTUOUS
A. Wicked B. Corrupt
C. Vicious D. Scandalous

25. ENCOURAGE
A. Dampen B. Disapprove
C. Discourage D. Warn

26. MORTAL
A. Divine B. Immortal
C. Spiritual D. Eternal

27. LEND
A. Borrow B. Cheat
C. Pawn D. Hire

28. COMIC
A. Emotional B. Tragic
C. Fearful D. Painful

29. ADDITION
A. Division B. Enumeration
C. Subtraction D. Multiplication

30. MINOR
A. Big B. Major
C. Tall D. Heavy

31. REPEL
A. Attend B. Concentrate
C. Continue D. Attract

32. ARTIFICIAL
A. Red B. Natural
C. Truthful D. Solid

33. CAPACIOUS
A. Limited B. Caring
C. Foolish D. Changeable

34. PROVOCATION
A. Vocation B. Pacification
C. Peace D. Destruction

35. METICULOUS
A. Mutual B. Shaggy
C. Meretricious D. Slovenly

36. Choose the correct homonym for the word 'been'.
A. done B. being
C. bean D. covered

37. Choose the correct homonym for the word 'dose'?
A. doze B. does
C. douse D. dyes

38. Choose the correct homonym for the word 'would':
A. could B. weed
C. wood D. hold

39. Choose the correct homonym for the word 'load':
A. loud B. laud
C. lead D. lode

40. Choose the correct homonym for the word 'loan':
A. lawn B. lean
C. lone D. long

ANSWERS

1	2	3	4	5	6	7	8	9	10
C	B	D	C	B	C	B	C	D	B
11	12	13	14	15	16	17	18	19	20
D	D	B	A	A	B	B	D	A	B
21	22	23	24	25	26	27	28	29	30
D	A	B	C	C	B	A	B	C	B
31	32	33	34	35	36	37	38	39	40
D	B	A	B	D	C	A	C	D	C

17. ONE WORD SUBSTITUTION

There are many words in English language which can be perfectly used for a number of words. These words help in expressing ideas in a short and correct manner for the right occasion. Such words not only increase the vocabulary but also enable you to economise in the use of words to a great extent.

MULTIPLE CHOICE QUESTIONS

Directions: *In questions given below out of the four alternatives choose the one which can be substituted for the given words/sentence.*

1. Something that relates to everyone in the world
A. General B. Common
C. Usual D. Universal

2. An expression of mild disapproval
A. Warning B. Denigration
C. Impertinence D. Reproof

3. One who is not easily pleased by anything
A. Maiden B. Medieval
C. Precarious D. Fastidious

4. Murder of a king
A. Infanticide B. Matricide
C. Genocide D. Regicide

5. A remedy for all diseases
A. Stoic B. Marvel
C. Panacea D. Recompense

6. A dramatic performance
A. Mask B. Mosque
C. Masque D. Mascot

7. Study of birds
A. Orology B. Optology
C. Ophthalmology D. Ornithology

8. Ready to believe
A. Credulous B. Credible
C. Creditable D. Incredible

9. Incapable of being seen through
A. Ductile B. Opaque
C. Obsolete D. Potable

10. One who eats everything
A. Omnivorous B. Omniscient
C. Irresistible D. Insolvent

11. A place where bees are kept is called
A. An apiary B. A mole
C. A hive D. A sanctuary

12. One who cannot be corrected
A. Incurable B. Incorrigible
C. Hardened D. Invulnerable

13. One who is in charge of a museum
A. Curator B. Supervisor
C. Caretaker D. Warden

14. Continuing fight between parties, families, clans, etc.
A. Enmity B. Feud
C. Quarrel D. Skirmish

15. A voice loud enough to be heard
A. Audible B. Applaudable
C. Laudable D. Oral

16. A paper written by hand
A. Handicraft B. Manuscript
C. Handiwork D. Thesis

17. Habitually silent or talking little
A. Serville B. Unequivocal
C. Taciturn D. Synoptic

18. To slap with a flat object
A. Chop B. Hew
C. Gnaw D. Swat

19. A person who speaks many languages
A. Linguist B. Monolingual
C. Polyglot D. Bilingual

20. A light sailing-boat built specially for racing
A. Canoe B. Yacht
C. Frigate D. Dinghy

21. A fixed orbit in space in relation to earth
A. Geological B. Geo-synchronous
C. Geo-centric D. Geo-stationary

22. A style in which a writer makes a display of his knowledge
A. Pedantic B. Verbose
C. Pompous D. Ornate

23. A religious discourse
A. Preach B. Stanza
C. Sanctorum D. Sermon

24. A place that provides refuge
A. Asylum B. Sanatorium
C. Shelter D. Orphanage

25. Detailed plan of a journey
A. Travelogue B. Travelkit
C. Schedule D. Itinerary

26. A person who insists on something
A. Disciplinarian B. Stickler
C. Instantaneous D. Boaster

27. A drawing on transparent paper
A. Red print B. Blue print
C. Negative D. Transparency

28. One who believes that all things and events in life are predetermined is a
A. Fatalist B. Puritan
C. Egoist D. Tyrant

29. A school boy who cuts classes frequently is a
A. Defeatist B. Sycophant
C. Truant D. Martinet

30. The act of violating the sanctity of the church is
A. Blasphemy B. Heresy
C. Sacrilege D. Desecration

31. A place where monks live as a secluded community
A. Cathedral B. Diocese
C. Convent D. Monastery

32. One who is fond of fighting
A. Bellicose B. Aggressive
C. Belligerent D. Militant

33. Tending to move away from the centre or axis
A. Centrifugal B. Centripetal
C. Axiomatic D. Awry

34. A person of good understanding, knowledge and reasoning power
A. Expert B. Intellectual
C. Snob D. Literate

35. One absorbed in his own thoughts and feelings rather than in things outside
A. Scholar B. Recluse
C. Introvert D. Intellectual

36. One who does not marry, especially as a religious obligation
A. Bachelor B. Celibate
C. Virgin D. Recluse

37. A person who tries to deceive people by claiming to be able to do wonderful things.
A. Trickster B. Impostor
C. Magician D. Mountebank

38. To take secretly in small quantities
A. Robbery B. Pilferage
C. Theft D. Defalcation

39. Policemen riding on motorcycles as guards to a VIP.
A. Outriders B. Servants
C. Commandos D. Attendants

40. The part of a government which is concerned with making of rules.
A. Court B. Tribunal
C. Bar D. Legislature

ANSWERS

1	2	3	4	5	6	7	8	9	10
D	D	D	D	C	C	D	A	B	A
11	**12**	**13**	**14**	**15**	**16**	**17**	**18**	**19**	**20**
A	B	A	B	A	B	C	D	A	B
21	**22**	**23**	**24**	**25**	**26**	**27**	**28**	**29**	**30**
D	A	D	A	D	B	D	A	C	C
31	**32**	**33**	**34**	**35**	**36**	**37**	**38**	**39**	**40**
D	A	A	B	C	B	A	B	A	D

18. IDIOMS, PHRASES & PROVERBS

An idiom is a group of words established by usage as having a meaning different from the individual words.
A phrase is a small group of words standing together as an idiomatic expression.
A proverb is a short pithy saying in general use, stating a general truth or piece of advice.

MULTIPLE CHOICE QUESTIONS

Directions: *Some idioms/phrases are given below with their meanings. Choose their correct meanings.*

1. To beg the question
A. To refer to
B. To take for granted
C. To raise objections
D. To be discussed

2. To drive home
A. To find one's roots
B. To return to place of rest
C. Back to original position
D. To emphasise

3. To hit the right nail on the head
A. To do the right thing
B. To destroy one's reputation
C. To announce one's fixed views
D. To teach someone a lesson

4. To pick holes
A. To find some reason to quarrel
B. To destory something
C. To criticise someone
D. To cut some part of an item

5. To smell a rat
A. To see signs of plague epidemic
B. To get bad smell of a dead rat
C. To suspect foul dealings
D. To be in a bad mood

6. A black sheep
A. An unlucky person
B. A negro
C. An ugly person
D. A disgraced member

7. To catch a tarter
A. To trap wanted criminal with great difficulty
B. To catch a dangerous person
C. To meet with disaster
D. To deal with a person who is more than one's watch

8. To be above board
A. To have a good height
B. To be honest in any business deal
C. To have no debts
D. To try to be beautiful

9. To keep one's temper
A. To become angry
B. To be in good mood
C. To preserve one's energy
D. To be aloof from

10. To have an axe to grind
A. A private end to serve
B. To fail to arouse interest
C. To have no result
D. To work for both sides

11. To cry wolf
A. To listen eagerly
B. To give false alarm
C. To turn pale
D. To keep off starvation

12. A man of straw
A. A man of no substance
B. A very active person
C. A worthy fellow
D. An unreasonable person

13. To make clean breast of
A. To gain prominence
B. To praise oneself
C. To confess without reserve
D. To destroy before it blooms

14. To end in smoke
A. To make completely understand
B. To ruin oneself
C. To excite great applause
D. To produce no result

15. To leave someone in the lurch
A. To come to compromise with someone
B. Constant source of annoyance to someone
C. To put someone at ease
D. To desert someone in his difficulties

16. To play second fiddle
A. To be happy, cheerful and healthy
B. To reduce importance of one's senior
C. To support the role and view of another person
D. To do back seat driving

17. To set one's face against
A. To oppose with determination
B. To judge by appearance
C. To get out of difficulty
D. To look at one steadily

18. To put one's hand to the plough
A. To take up agricultural farming
B. To take a difficult task
C. To get entangled into unnecessary things
D. Take interest in technical work

19. To join issue with
A. To cooperate with others for a cause
B. To join any voluntary organisation for good purpose
C. To resolve dispute and restore peace
D. To enter into argument over any issue

20. To do oneself justice
A. To dispense justice on our own
B. To treat others with due respect
C. To defend one's point of view
D. To perform and be able

21. Once in a blue moon
A. Once in a while
B. Often
C. At a short interval
D. At a particular time

22. Necessity is the mother of invention
A. The mother of a girl named 'Necessity' made an invention.
B. She who can make some invention should be called 'mother'.
C. Your mother will feel happy if you make some invention.
D. A difficult problem compels people to think about its solution.

23. No pain, no gain
A. It is useless to suffer so much pain just for a little gain.
B. If you want to achieve something, you have to suffer to some extent.
C. Unless you have pain in your body, no doctor will care for you.
D. If you get injured in a competition, you will be allowed to get the prize.

24. Beauty is only skin deep
A. The real beauty of a person lies in his character and not in his outer appearance.
B. Only the quality of skin makes a person really beautiful.
C. If you want to be beautiful, give attention to your skin.
D. Rub cosmetics below the skin to get really beautiful.

25. Beggars cannot be choosers
A. Beggars are not allowed at all places.
B. Begging is prohibited by law.
C. It is not easy even to become a beggar.
D. Beggars have to accept (without choice) whatever is given to them.

ANSWERS

1	2	3	4	5	6	7	8	9	10
B	D	A	C	C	D	B	B	B	A
11	12	13	14	15	16	17	18	19	20
B	A	C	D	D	C	A	B	B	D
21	22	23	24	25					
A	D	B	A	D					

19. Modals & Auxiliaries

AUXILIARY VERBS

Modals are actually helping verbs. They help the finite verbs in framing sentences:

She **was** cooking food.

I **shall** guide you.

Kinds of Auxiliary Verbs

Auxiliary verbs are of two kinds:

A. Primary Auxiliaries (Modals)

B. Modal Auxiliaries (Auxiliary Modals)

A. Primary Modals

Primary modals work both as Helping Verbs and Finite Verbs.

Be = is, am, are, was, were, being, been

Have = has, have, had, having

Do = do, does, did, done, doing

(*a*) **Usage of be/have/do as Helping verbs:**

She **is** making a cane basket.

I **have** finished my homework.

She **does** know French.

(*b*) **Usage of be/have/do as Finite verbs:**

She **was** happy.

I **have** an expensive pen.

She **is doing** her homework.

B. Modal Auxiliaries

Shall, should, will, would, can, could, may, might, must, ought to, used to, have to, had to, dare, daren't, need needn't, mustn't are modal Auxiliaries.

Shall

'Shall' is used in the following ways:

(*a*) **With first Person Pronouns (I/we)**

I shall lend you my book.

We shall go to school together.

(*b*) **to express a suggestion**

Shall we go out for a walk?

Shall we meet the officer tomorrow?

Sometimes 'Shall' is used with Second and Third Person Pronouns as under:

(*a*) **to express a command**

You shall not tell a lie.

You shall not disturb us.

(*b*) **to express prohibition**

You shall not smoke here.

You shall not drink here.

(*c*) **to express a legal obligation**

You shall submit your sales tax return before the end of this month.

Should

'Should' is used in the following ways:

(*a*) **As Past Tense of 'shall'**

She said that she **should** settle in America.

(*b*) **to express duty and obligation**

You should do your duty honestly.

(*c*) **to express advice**

You should reach the station before time.

(*d*) **to express guess**

It should be 9 o'clock now.

(*e*) 'Should' is used with lest to express purpose.

Walk fast lest you should miss the train.

Will

'Will' is used in the following ways:

(*a*) **With Second and Third person Pronouns:**

You will dance at the party.

He will sing a song.

(*b*) **to express (Invitation/offer)**

Will you dine with me tonight?

(*c*) **to express an order**

Will you shut your big mouth?

(*d*) **to express probability**

He will come to see me tomorrow.

Sometimes 'Will' is used with 'I'

(*a*) **Determination**

I will win the first position.

(*b*) **A threat**

I will punish you.

(*c*) **A promise**

I will lend you Rs. 500/- tomorrow.

Would

'Would' is used in the following ways:

(*a*) **As Past Tense of 'will'**

He said that they would be attending the meeting the next day.

(*b*) **to express a desire or wish**

Would that I were a king!

(*c*) **to express a polite invitation**

Would you like some biscuits?

(*d*) **The usage of would in conditional sentences**

You would get good marks if you worked hard.

You would have won the race if you had run fast.

(*e*) **to express a piece of advice**

I would not meet him if I were you.

Can

'Can' is used in the following ways:

(*a*) **to express ability**

He can speak English fluently.

(*b*) **to grant permission**

You can go now.

(*c*) **to express impossibility**

Who can defeat his fate?

(*d*) **to make a request**

Can I use your motorbike?

Could

'Could' is used in the following ways:

(*a*) **As Past Tense of 'can'**

She said that she could see the sun rising.

(*b*) **to express past ability**

I could sing and dance when I was young.

(*c*) **to express a request**

Could I use your phone?

May

'May' is used in the following ways:

(*a*) **to express a request**

May I use your bicycle?

(*b*) **to seek and allow permission**

May I come in, sir?

Yes, you may.

(*c*) **to express possibility**

It may rain tonight.

(*d*) **In optative sentences**

May you live long!

Might

'Might' is used in the following ways:

(*a*) **As past tense of 'may'**

She said that her brother might come back home.

(*b*) **to express less possibility**

It might rain tonight.

(*c*) **to give and seek permission**

Might I come in, sir?

You might go home now.

Must

'Must' is used in the following ways:

(*a*) **to express duty**

You must serve your motherland.

(*b*) **to express obligation**

We must obey our elders.

(*c*) **to express advice**

You must take an umbrella before going to office.

(*d*) **to express probability**

'Must' expresses a stronger probability than may.

It must rain tonight.

Ought to

'Ought to' is used in the following ways:

(*a*) **to express obligation**

We ought to respect our teachers.

(*b*) **to express advice**

You ought to help the poor.

Used to

'Used to' is used in the following ways:

(*a*) **to express past habits**
He used to smoke.

(*b*) **to express past existence of something**
There used to be a five star hotel in this city.

Have to

'Have to' expresses compulsion in the present tense.

You have to sign the documents.

Had to

'Had to' expresses compulsion in the past time.

She had to join the office again.

Dare

'Dare' is used as a Modal only in Interrogative sentences.

How dare you touch my bag?

Dare not (Daren't)

'Dare not (Daren't)' is used in negative sentences.

She daren't complain against me.

Need

'Need' expresses an obligation/compulsion. It is used in Interrogative Sentences.

Need I say more?

Need not (Needn't)

'Need not (Needn't)' is used in negative sentences.

You needn't come here again.

Must not (Mustn't)

'Must not (Mustn't)' is the negative form of must.

You mustn't follow us.

MULTIPLE CHOICE QUESTIONS

Directions: *In the following questions choose the correct options to fill in the blanks:*

1. Work hard lest you .... fail.
A. should B. may
C. can D. must

2. .... I come in, madam?
A. Can B. May
C. Will D. Must

3. It ...... rain tonight.
A. shall B. will
C. may D. can

4. You ...... love your countrymen.
A. need to B. have to
C. had to D. ought to

5. .... you like some pastries?
A. Should B. Would
C. Could D. Will

6. ...... that I were an actor!
A. Would B. Should
C. Could D. Will

7. Had you made one more effort you ...... have won the race.
A. will B. may
C. would D. shall

8. I ...... solve any sum.
A. may B. am
C. must D. can

9. ...... I smoke here?
A. Can B. Will
C. Could D. Must

10. The passengers .... keep watch on their luggage.
A. has B. have
C. should D. had

11. You .... submit your file to the authorities within a week.
A. have B. had
C. should D. would

12. ...... I use your phone?
A. Have B. Could
C. Would D. Had

13. ..... you give me your pen?
A. May B. Can
C. Must D. Dare

14. There ...... be an hospital at this place.
A. have to B. may
C. used to D. might

15. He ...... read and write when he was young.
A. would B. could
C. should D. can

16. He said that he ..... sing a song at the party.
A. should B. would
C. can D. will

17. She asked if he ...... help her.
A. should B. can
C. must D. would

18. We .... respect our elders.
A. need to B. have to
C. ought to D. had to

19. Nothing .... be done under such circumstances.
A. can B. used to
C. must D. have to

20. She ..... not ask about it.
A. has B. have
C. had D. dare

21. You .... not bring the child here.
A. have B. had
C. need D. would

22. ..... you live long!
A. Will B. May
C. Shall D. Can

23. ..... God help you!
A. Can B. Will
C. May D. Shall

24. ..... that I were a leader!
A. Would B. Should
C. Could D. Will

25. It ...... be ten o'clock now.
A. could B. would
C. should D. will

26. He ..... have reached the station by now.
A. shall B. will
C. would D. should

27. Being a receptionist, she will .... type a letter.
A. has to B. have to
C. need to D. must

28. The birds ...... fly high in the sky.
A. may B. should
C. can D. would

29. ...... I open the main gate?
A. Should B. Would
C. Could D. Must

30. If you played well, we ...... win the match.
A. would B. should
C. must D. need

31. If I were you I ... not attend the meeting.
A. can B. would
C. could D. should

32. She ...... smoke in those days.
A. used to B. could
C. would D. had to

33. You ...... take the child to an intelligent doctor.
A. shall B. will
C. ought to D. would

34. ..... I sit here for some time?
A. Can B. Shall
C. Will D. Must

35. I think you .... not mind my reciting the poem loudly.
A. should B. could
C. may D. would

ANSWERS

1	2	3	4	5	6	7	8	9	10
A	B	C	D	B	A	C	D	A	C
11	12	13	14	15	16	17	18	19	20
A	B	B	C	B	B	D	C	A	D
21	22	23	24	25	26	27	28	29	30
C	B	C	A	C	B	B	C	A	A
31	32	33	34	35					
B	A	C	A	D					

20. Non Finites

Read the following sentences:

1. She has decided <u>to resign.</u>
2. I see a thief <u>running.</u>
3. She insists on my <u>sitting</u> beside her.

In the above sentences, the underlined words are non-finites because they are not changed with the change of the subject, *e.g.*,

They have decided <u>to resign</u>.

She sees a thief <u>running</u>.

You insist on my <u>sitting</u> beside you.

Non-finites are of three kinds:

1. The Infinitives (to + v_1)
2. The Participles (v_1 + ing)
3. The Gerund (v_1 + ing)

1. THE INFINITIVE

To plus first form of the verb is called an Infinitive. It is often used as a Noun.

Uses of the Infinitive

(*a*) Subject of a sentence.
To laugh loudly is good for health.
To steal is bad.

(*b*) After a transitive verb.
He loves **to eat** sweets.
She likes **to play** tennis.

(*c*) After a preposition.
They are about **to leave.**

(*d*) As a complement after the verb 'be'.
Her ambition is **to be** a teacher.
His immediate aim is **to help** her.

(*e*) As an object.
He made me **weep.**
I saw him **go.**

(*f*) After an adjective.
Honey is sweet **to taste.**
He was ashamed **to talk** to his criminal friend.

(*g*) After a noun. (often in passive)
Here is a book **to be** read carefully.

Bare Infinitive

Some Infinitives are used without 'to' and are called Bare Infinitives.

You had better **go** home.
I saw him **go.**
I heard him **sing.**
He would rather **rest** than **play.**
I can **solve** this sum.
I watched him **steal** your purse.
I watched him **open** the safe.
Let him **come** in.
You had sooner **read** your book than **play.**

Note: Bare Infinitives are usually used after 'causal' (or 'causative') verbs and 'modals'.

2. THE PARTICIPLE

Participles serve the purpose of Adjectives.

I heard him **singing.**
I saw him **going.**

Kinds of Participles

Participles are of the following kinds:

I. Present Participle

I watched the boy **stealing** your purse.
I saw him **climbing** the hill.
She smelt something **burning.**
Don't let me catch you **smoking.**

II. Past Participle

I got the house **painted** last week.
I had my hair **cut.**
The rose has **faded.**

He had **written** five letters.

I want the office **built** in a month.

III. Perfect Participle

Having finished cooking, she started reading a novel.

Having dusted the room, the maid began to wash the dishes.

Having written a letter to her mother, she walked out of the room.

Joining of Sentences by using Participles

(I) By using Present Participles

1. Look at the boy. He is climbing the tree.
   Look at the boy climbing the tree.
2. He was dusting the room. He found a coin.
   While dusting the room, he found a coin.
3. The child opened the box. He found a toy.
   Opening the box, the child found a toy.

3. THE GERUND

A. (verb + ing) is usually used as a Gerund. Like a Noun, it is used as under.

(*a*) As a subject of the verb.
Killing birds is not good.
Smoking is injurious to health.

(*b*) As an object of the verb.
I like **singing.**
She loves **dancing.**

(*c*) As a complement of the verb 'be'.
What I hate the most is **drinking.**
What I love the most is **playing.**

(*d*) As an object of a preposition.
I am fond of **eating.**
She was punished for **telling** a lie.

B. In some cases, instead of Gerunds Infinitives can be used.

Subject + Verb	**Gerund or Infinitive**
I love	singing or to sing.
He hates	smoking or to smoke.
I like	dancing or to dance.
He prefers	reading novels/to read novels.
Your bike needs	oiling or to be oiled.

C. It + be + Adjective + Gerund (Phrase).

Subject + be	**Adjective/ Noun**	**Gerund (Phrase)**
It is	wrong	making so much noise.
It is	good	drinking juice in the evening.
It is	nice	walking in the moon light.

D. Subject + be + Adjective or Past Participle + Preposition + Gerund.

Subject + be	**Adjective/ Past Participle**	**Preposition**	**Gerund (Phrase)**
He is	fond	of	swimming.
She was	annoyed	at	his talking so loudly.
He is	capable	of	solving all the sums.

MULTIPLE CHOICE QUESTIONS

Directions: *In the following questions choose the correct options to replace the words given in brackets.*

1. He came (run) to his aunt.
A. run B. running
C. to run D. in run

2. She dislikes (eat) meat.
A. eat to B. to eat
C. eating D. to eating

3. He likes (sing).
A. sing to B. singing
C. to sing D. to singing

4. We are ready (play) the match.
A. play to B. to playing
C. playing D. to play

5. (Smoke) is injurious to health.
A. Smoking B. To smoke
C. To smoking D. Smoke to

6. He loves (eat) raw vegetables.
A. eaten B. eating
C. to eating D. eat to

7. He seemed (have) finished his homework.
A. have to B. to have
C. having D. to having

8. It is not easy (achieve) this target.
A. achieve to B. achieving to
C. to achieve D. to achieving

9. It is always difficult (climb) a mountain.
A. climb to B. to climb
C. climbing to D. to climbing

10. She avoided (argue) with him.
A. argue to B. arguing
C. to arguing D. argues

11. I saw him (go).
A. to go B. to going
C. going D. gone

12. I heard him (sing).
A. to sing B. singing
C. to singing D. sung

13. She smelt something (burn).
A. burning B. to burn
C. to burning D. burn to

14. He claimed (be) the best player of hockey.
A. being to B. to be
C. been D. has been

15. We eat (live).
A. living B. to living
C. to live D. lively

16. He wanted (go) across the world.
A. go to B. to going
C. to go D. going to

17. I cannot bear (kill) birds.
A. killing B. to killing
C. to kill D. kill to

18. He wished (be) there inside the hotel.
A. being to B. to be
C. been D. been to

19. It is time (drink) some juice.
A. drinking B. to drinking
C. drink to D. to drink

20. He is too busy (take) care of his kids.
A. taking to B. to take
C. to taking D. take to

21. I forbore myself (slap) him on the face.
A. to slap B. slap to
C. slapping D. slapping to

22. She tried (open) the safe.
A. open to B. opening
C. to open D. to opening

23. It is no use (cry) over spilt milk.
A. cry to B. in crying
C. crying D. crying to

24. They enjoyed (fly) kites.
A. to fly B. fly to
C. flying D. flying to

25. It is your responsibility (keep) the accounts of every happening here.
A. keep to B. keeping to
C. to keep D. keeping

26. Please give me a pair of scissors (cut) cloth.
A. cut to B. cutting to
C. cutting D. to cut

27. She prefers (play) chess to sitting idly.
A. to playing B. playing
C. play to D. playing to

28. I prefer (talk) to the officer alone.
A. talk to B. talking to
C. to talk D. to talking

29. Would you mind your (bring) some cake for me?
A. to bring B. bring to
C. bringing to D. bringing

30. (Err) is human.
A. Err to B. Erring to
C. To erring D. To err

31. (Steal) is not good.
A. Stealing B. To steel
C. To stealing D. Stealing to

32. She heard the lion (roar).
A. to roar B. roaring
C. roar to D. to roaring

33. He is reported (be) dead.
A. be to B. to be
C. to being D. to been

34. You are ordered (bring) the file number 100.
A. bringing B. to bringing
C. bring to D. to bring

35. You are advised (take) part in sports.
A. taking to B. to taking
C. to take D. take to

36. He appeared (have) cast his vote in favour of us.
A. having B. to having
C. to have D. have to

37. His ambition is (become) a doctor.
A. becoming B. to becoming
C. to become D. become to

38. We are asked (be) there in the main hall.
A. being B. been
C. to be D. be to

39. Our immediate aim is (provide) financial help to the needy.
A. provide to B. providing to
C. to providing D. to provide

40. We read and write (become) civilized.
A. becoming B. becoming to
C. to become D. become to

41. You need (improve) your health.
A. improving B. improvinto to
C. to improve D. improve to

42. You are allowed (paint) this door.
A. painting B. painting to
C. to paint D. paint to

43. Remind me (post) this letter.
A. posting B. posting to
C. to post D. post to

44. The teacher forgot (bring) the roll call register.
A. bringing B. to bringing
C. bring to D. to bring

45. He was appointed (keep) a check on the accounts.
A. keep to B. keeping to
C. to keep D. keeping

46. Your activities are (be) noticed.
A. being B. been
C. to be D. be to

47. Stop (talk), please.
A. talk to B. talking
C. to talk D. to talking

48. He does not bother (listen to) anybody.
A. listen to B. to listen to
C. listening D. listening to

49. He is not accustomed to (have) soup before meal.
A. have to B. to have
C. having D. to having

50. She is glad (be) in the company of children.
A. being B. been
C. to be D. be to

ANSWERS

1	2	3	4	5	6	7	8	9	10
B	C	B	D	A	B	B	C	B	B
11	**12**	**13**	**14**	**15**	**16**	**17**	**18**	**19**	**20**
C	B	A	B	C	C	A	B	D	B
21	**22**	**23**	**24**	**25**	**26**	**27**	**28**	**29**	**30**
C	C	C	C	C	D	B	C	D	D
31	**32**	**33**	**34**	**35**	**36**	**37**	**38**	**39**	**40**
A	B	B	D	C	C	C	C	D	C
41	**42**	**43**	**44**	**45**	**46**	**47**	**48**	**49**	**50**
C	C	C	D	C	A	B	B	D	C

21. Commonly Confusing Words

There are many words in English which may look or sound similar but there is lot of difference in their meanings and usage. Learn more about such words in this exercise.

MULTIPLE CHOICE QUESTIONS

Directions: *In the following questions choose the correct word to fill the blank. Two words at A and B are provided for choice. If either of the words can be filled, mark C and if none of the word can be filled then mark D as your choice.*

1. She comes of a .... family.
A. respectable B. respectful
C. Any one of these D. None of these

2. It began to .... as I reached my office.
A. reign B. rain
C. Any one of these D. None of these

3. The teacher told the students to be ....
A. quiet B. quite
C. Any one of these D. None of these

4. The .... has gone to attend the meeting.
A. principle B. principal
C. Any one of these D. None of these

5. .... makes a man perfect.
A. Practice B. Practise
C. Any one of these D. None of these

6. Uttar Pradesh is the most .... state of India.
A. popular B. populous
C. Any one of these D. None of these

7. The bird had a .... of bread with beak.
A. piece B. peace
C. Any one of these D. None of these

8. As she read the letter, her face turned ....
A. pail B. pale
C. Any one of these D. None of these

9. Man is the maker of his own ....
A. destination B. destiny
C. Any one of these D. None of these

10. Try this medicine, it will prove ....
A. effectual B. effective
C. Any one of these D. None of these

11. Maninder has employed an .... boy for his office works.
A. errand B. errant
C. Any one of these D. None of these

12. The soldiers wanted to .... over their victory in the battle.
A. exalt B. exult
C. Any one of these D. None of these

13. When I asked him to accompany us, he .... illness.
A. fained B. feigned
C. Any one of these D. None of these

14. The books are lying on the .... piece.
A. mantal B. mantle
C. Any one of these D. None of these

15. Sohan lives a .... life.
A. luxurious B. luxuriant
C. Any one of these D. None of these

16. She is a lady of .... birth.
A. lowly B. low
C. Any one of these D. None of these

17. We should not be ....of other's wealth.
A. jealous B. zealous
C. Any one of these D. None of these

18. It is two days .... from Delhi to Kerala by train.
A. journey B. voyage
C. Any one of these D. None of these

19. My father makes a .... selection of books before buying.
A. judicial B. judicious
C. Any one of these D. None of these

20. Marconi had an .... mind.
A. ingenious B. ingenuous
C. Any one of these D. None of these

21. It is .... to spend more than what you earn.
A. impudent B. unprudent
C. Any one of these D. None of these

22. Orders for his arrest were issued by the .... court.
A. imperial B. imperious
C. Any one of these D. None of these

23. During the voyage she suffered from sea ....
A. sickness B. illness
C. Any one of these D. None of these

24. Akbar was a .... ruler.
A. human B. humane
C. Any one of these D. None of these

25. Gandhiji was a .... leader.
A. notorious B. famous
C. Any one of these D. None of these

26. The boys broke the window .... of the class room.
A. pain B. pane
C. Any one of these D. None of these

27. My new trousers are very ....
A. lose B. loose
C. Any one of these D. None of these

28. She has learnt her ....
A. lesson B. lessen
C. Any one of these D. None of these

29. Brutus is an .... man.
A. honorary B. honourable
C. Any one of these D. None of these

30. I have to replace the .... of my shoe.
A. heal B. heel
C. Any one of these D. None of these

31. Dara Singh .... from Punjab.
A. hales B. hails
C. Any one of these D. None of these

32. Constant worry .... his health.
A. affected B. effected
C. Any one of these D. None of these

33. John refused to .... his decision.
A. altar B. alter
C. Any one of these D. None of these

34. Vivek is a .... young man.
A. handsome B. beautiful
C. Any one of these D. None of these

35. He competed in the race .... footed.
A. bear B. bare
C. Any one of these D. None of these

36. She has given .... to a son.
A. birth B. berth
C. Any one of these D. None of these

37. Stalin was .... of poor parents.
A. borne B. born
C. Any one of these D. None of these

38. Please check your ....
A. brakes B. breaks
C. Any one of these D. None of these

39. The princess ordered for a new .... dress.
A. bridle B. bridal
C. Any one of these D. None of these

40. The .... of Plassey was fought in 1757.
A. War B. Battle
C. Any one of these D. None of these

ANSWERS

1	2	3	4	5	6	7	8	9	10
A	B	A	B	A	B	A	B	B	B
11	**12**	**13**	**14**	**15**	**16**	**17**	**18**	**19**	**20**
B	B	B	B	A	B	A	A	B	A
21	**22**	**23**	**24**	**25**	**26**	**27**	**28**	**29**	**30**
B	A	A	B	B	B	B	A	B	B
31	**32**	**33**	**34**	**35**	**36**	**37**	**38**	**39**	**40**
B	A	B	A	B	A	B	A	B	B

22. SPELLING ERRORS

There are thousands of words in English language. It is difficult to remember the spellings and meanings of all at once. Try to learn as many as you can. Use a dictionary regularly.

MULTIPLE CHOICE QUESTIONS

Directions: *Find the correctly spelt words.*

1. A. Damage B. Dammage C. Damaige D. Dammege
2. A. Efficiant B. Effecient C. Efficient D. Eficient
3. A. Schedule B. Schdule C. Schedale D. Schedeule
4. A. Occurad B. Occurred C. Ocurred D. Occured
5. A. Grieff B. Grief C. Grieef D. Grrief
6. A. Guarantee B. Garuntee C. Guaruntee D. Gaurantee
7. A. Meddicine B. Medicine C. Medicene D. Medicinne
8. A. Benefeted B. Benefitted C. Benifited D. Benefited
9. A. Acommodation B. Acomodation C. Accomodation D. Accommodation
10. A. Querrelsome B. Quarrelsame C. Quarrclsome D. Querralsome
11. A. Sympathetic B. Smypathetic C. Sympothetic D. Sympethetic
12. A. Prograssive B. Progressive C. Progresive D. Prograsive
13. A. Uncivilized B. Uncevilized C. Uncivillized D. Uncevelized
14. A. Extravagant B. Extreragent C. Extreregant D. Extravegent
15. A. Missunderstood B. Miesunderstood C. Misunderstood D. Misunderstod
16. A. Belligerent B. Beligirent C. Belligarant D. Belligerrent
17. A. Astonished B. Astronished C. Astoneshed D. Asstonished
18. A. Sincerely B. Sencerely C. Sincerelly D. Sincerrely
19. A. Rigourous B. Rigerous C. Rigorous D. Regerous
20. A. Satellite B. Sattellite C. Satelite D. Sattelite
21. A. Pesanger B. Passenger C. Pessenger D. Pasanger
22. A. Humurous B. Humorous C. Humoreus D. Humorrous
23. A. Exeggerate B. Exaggerate C. Exadgerate D. Exagerate
24. A. Fariegn B. Forein C. Foriegn D. Foreign
25. A. Excesive B. Excessive C. Exccessive D. Exccesive
26. A. Forcaust B. Forcast C. Forecast D. Forecaste
27. A. Paralleted B. Paralelled C. Parralleled D. Parallelled

28. A. Ocasion B. Occassion
C. Occasion D. Ocassion

29. A. Boquet B. Bouquet
C. Bouquete D. Bouquette

30. A. Chettering B. Chaterring
C. Chattering D. Chatering

31. A. Discourage B. Disscourage
C. Discourege D. Discaurage

32. A. Curageous B. Courageous
C. Courrageous D. Couregeous

33. A. Abandon B. Abanddon
C. Abendon D. Abbandon

34. A. Embarassment B. Emberrassement
C. Embarrassment D. Embbaresment

35. A. Eccintric B. Eccentrie
C. Eccentric D. Eceintrie

36. A. Occasional B. Occassional
C. Occesional D. Occessional

37. A. Querrel B. Querral
C. Quarrel D. Quarel

38. A. Contrebution B. Contribution
C. Contributtion D. Conterbution

39. A. Desgrace B. Disgrece
C. Disgrice D. Disgrace

40. A. Harassment B. Herassment
C. Harasment D. Harassmient

41. A. Imaginative B. Imeginative
C. Imagenative D. Imaginetive

42. A. Suficient B. Suficiant
C. Sufficient D. Sufficiant

43. A. Adequate B. Edequate
C. Adaquete D. Edaquete

44. A. Exparienced B. Experianced
C. Experienced D. Experrienced

45. A. Flatering B. Fletering
C. Flattering D. Fletaring

46. A. Cuttiveted B. Culltrivated
C. Cultivated D. Caltivated

47. A. Praiceworthy B. Peiseworthy
C. Praiseworthy D. Praisaworthy

48. A. Profesional B. Professionel
C. Professional D. Profissional

49. A. Ameteur B. Amateur
C. Amataur D. Amateor

50. A. Unfevourable B. Unfevaurable
C. Unfavourable D. Unfivourable

ANSWERS

1	2	3	4	5	6	7	8	9	10
A	C	A	B	B	A	B	B	D	C
11	**12**	**13**	**14**	**15**	**16**	**17**	**18**	**19**	**20**
A	B	A	A	C	A	A	A	C	A
21	**22**	**23**	**24**	**25**	**26**	**27**	**28**	**29**	**30**
B	B	B	D	B	C	A	C	B	C
31	**32**	**33**	**34**	**35**	**36**	**37**	**38**	**39**	**40**
A	B	A	C	C	A	C	B	D	A
41	**42**	**43**	**44**	**45**	**46**	**47**	**48**	**49**	**50**
A	C	A	C	A	C	C	C	B	C

23. PUNCTUATION

Punctuation marks help us to make grammatically correct sentences.

The following pairs of sentences will bring home to you the importance of punctuation marks:

(*a*) Jack, my neighbour, is going abroad.

(*b*) Jack, my neighbour is going abroad.

The sentence (*a*) means 'Jack' is my neighbour and he is going abroad. The sentence (*b*) means that I'm telling Jack that my neighbour is going abroad.

Learn and practise the correct usage of punctuation marks.

The following are some most commonly used punctuation marks:

(*i*)	Full Stop	(.)
(*ii*)	Note of Interrogation	(?)
(*iii*)	Note of Exclamation	(!)
(*iv*)	Comma	(,)
(*v*)	Inverted commas	(" ")
(*vi*)	Apostrophe	(')
(*vii*)	Capital Letters	(A)
(*viii*)	Colon	(:)
(*ix*)	Semicolon	(;)
(*x*)	Dash	(–)
(*xi*)	Oblique	(/)
(*xii*)	Parentheses	( )
(*xiii*)	Hyphen	(-)

MULTIPLE CHOICE QUESTIONS

Directions: *In the questions given below, which one alternative out of four has been applied with correct punctuation marks?*

1. When mankind passed through the grunt-and-groan stage and language had been invented everyone was happy

A. When mankind passed through the grunt-and-groan stage, and language had been invented, everyone was happy.

B. When, mankind passed through the grunt-and-groan stage, and language had been invented everyone was happy.

C. When mankind passed, through the grunt-and-groan stage and language had been invented everyone was happy.

D. When mankind, passed through the grunt-and-groan stage and language had been invented everyone was happy.

2. Communication has been established they said and now we can understand each other

A. Communication has been established, they said and now, we can understand each other.

B. ''Communication has been established,'' they said, ''and now we can understand each other.''

C. Communication has been established, they said, "and now we can understand, each other."

D. "Communication has been established" they said and now we can understand each other.

3. Then writing was developed so that words could be given some durability

A. Then, writing was developed so that words could be given some durability.

B. Then writing was developed, so that words could be given some durability.

C. Then writing was developed so that words could be given some durability.
D. Then writing was developed, so that words could be given, some durability.

4. How wonderful everyone exclaimed now we can read and write
A. How wonderful! everyone exclaimed, now we can read and write.
B. How wonderful everyone exclaimed! now we can read and write.
C. "How wonderful everyone exclaimed!" now we can read and write.
D. ''How wonderful!'' everyone exclaimed, ''Now we can read and write.''

5. But then they began to have difficulty understanding what was written down because everything seemed to run together
A. But then they began to have difficulty understanding what was written down, because everything seemed to run together.
B. But, then they began to have difficulty understanding, what was written down? because everything seemed to run together.
C. But then, they began to have difficulty understanding–what was written down? because everything seemed to run together.
D. But then they began to have difficulty, understanding what was written down because, everything seemed to run together.

6. How confusing they complained
A. "How confusing, they complained!"
B. "How confusing!" they complained.
C. "How confusing" they complained.
D. "How confusing?" they complained.

7. So they invented sentences phrases clauses and punctuation
A. So, they invented sentences phrases clauses and punctuation.
B. So they, invented sentences phrases clauses and punctuation.
C. So they invented sentences, phrases, clauses and punctuation.
D. So they invented, sentences, phrases, clauses and punctuation.

8. Now they stated gleefully we can set our thoughts down read them and understand just what is meant
A. Now, they stated gleefully, "we can set our thoughts down, read them and understand just what is meant.
B. Now, they stated, "gleefully we can set our thoughts down read them and understand just what is meant."
C. Now they stated gleefully, "we can set our thoughts down read them and understand," just what is meant.
D. ''Now,'' they stated gleefully, ''we can set our thoughts down, read them and understand just what is meant.''

9. Will you lend me ten rupees said sarla yes i will promila replied
A. "Will you lend me ten rupees?" said Sarla. "Yes, i will," promila replied.
B. "Will you lend me ten rupees," said Sarla. 'Yes, I will' Promila replied.
C. 'Will you lend me ten rupees?' said Sarla 'Yes, I will,' Promila replied.
D. "Will you lend me ten rupees?" said Sarla. "Yes, I will," Promila replied.

10. You are a thief policeman said the thief you asked for a bribe
A. "You are a thief!" policeman said, the thief, "You asked for a bribe."
B. "You are a thief policeman!" said the thief. You asked for a bribe.
C. "You are a thief policeman!" said, the thief. 'you asked for a bribe.'
D. "You are a thief, policeman!" said the thief, "You asked for a bribe."

ANSWERS

1	2	3	4	5	6	7	8	9	10
A	B	C	D	A	B	C	D	D	D

हिन्दी

अवतरण तथा उद्धरण

नीचे कुछ विशिष्ट विद्वानों, लेखकों एवं विचारकों की लिखी सुप्रसिद्ध पुस्तकों अथवा परिज्ञान गद्यांश अथवा उनके निबंधों के अवतरण इस उद्देश्य से दिए गए हैं ताकि विद्यार्थी/प्रतियोगी स्वयं श्रेष्ठ लेखकों की रचनाओं को पढ़ने की प्रेरणा प्राप्त कर सकें और जब कभी उनसे ऐसे लेखकों की कृतियों अथवा उनकी विद्या के बारे में पूछा जाए तो वे सरलता से उनका उत्तर दे सकें। प्रायः अवतरण पर कई प्रकार के प्रश्न पूछे जाते हैं; जैसे—

(i) अवतरण का आशय अपने शब्दों में लिखिए, *(ii)* अवतरण का अर्थ स्पष्ट कीजिए, *(iii)* अवतरण का उपयुक्त शीर्षक बताइए तथा *(iv)* अवतरण में विशिष्ट शब्दों के अर्थ लिखिए। यदा-कदा अवतरण के लेखक अथवा उस पुस्तक के बारे में भी पूछा जाता है जिससे अवतरण लिया गया होता है।

अवतरण प्रायः गद्य में होते हैं। यदि प्रतियोगी को किसी अवतरण के बारे में सम्यक् ज्ञान नहीं है तो उसे अवतरण के बारे में अनुमान मात्र से लिखने की चेष्टा नहीं करनी चाहिए। बुझौवल अथवा अटकलों से सफलता मिलने की संभावना बहुत कम होती है।

यहाँ जो अवतरण दिए गए हैं वे प्रतियोगी के लिए अपेक्षित बौद्धिक स्तर को ध्यान में रखकर संग्रहीत किए गए हैं। ये अवतरण न बहुत क्लिष्ट हैं और न ऐसी अज्ञात पुस्तकों से लिए गए हैं जिनका प्रकाशन अर्द्धशती पूर्व हुआ था। अवतरणों के चयन में चेष्टा यह रही है कि ये ऐसी पुस्तकों से लिए जाएँ जिनको किसी-न-किसी विश्वविद्यालय में पाठ्यक्रम में स्वीकृत किया गया है अथवा जो विषय सहज बोधगम्यता के कारण लोकप्रिय हो चुके हैं।

इस संकलन में साहित्य शिक्षा, मनोविज्ञान विज्ञान इंजीनियरी, राजनीतिशास्त्र, अर्थशास्त्र जैसे अनेक विषयों से संबंधित अवतरणों को संग्रहित करने का प्रयास किया गया है ताकि प्रतियोगी की बहुआयामी प्रतिभा का सरलता से मूल्यांकन किया जा सके। आशा है कि इन अवतरणों तथा इनसे सम्बन्धित प्रश्नों से विद्यार्थी और प्रतियोगी दोनों लाभान्वित होंगे। परीक्षा में सफलता के साथ-साथ इनका सम्यक् अध्ययन पाठकों का ज्ञानवर्धन भी कर सकेगा, ऐसा दृढ़ विश्वास है।

महत्वपूर्ण अवतरण

निर्देश : *नीचे दिए गए गद्यांशों के आधार पर इनके अन्त में दिए गए प्रश्नों के उत्तर दीजिए।*

अनुच्छेद – 1

राष्ट्रीय भावना के अभ्युदय एवं विकास के लिए भाषा भी एक प्रमुख तत्व है। मानव समुदाय अपनी संवेदनाओं, भावनाओं एवं विचारों की अभिव्यक्ति हेतु भाषा का साधन अपरिहार्यतः अपनाता है। इसके अतिरिक्त उसके पास कोई अन्य विकल्प नहीं है। दिव्य-ईश्वरीय आनन्दानुभूति के सम्बन्ध में भले ही कबीर ने 'गूंगे केरी शर्करा' उक्ति का प्रयोग किया था, पर इससे उनका लक्ष्य शब्द-रूपा भाषा के महत्व को नकारना नहीं था। प्रत्युत उन्होंने भाषा को 'बहता नीर' कहकर भाषा की गरिमा प्रतिपादित की थी। विद्वानों की मान्यता है कि भाषा तत्व राष्ट्रहित के लिए अत्यावश्यक है। जिस प्रकार किसी एक राष्ट्र के भूभाग की भौगोलिक विविधताएं तथा उसके पर्वत, सागर, सरिताओं आदि की बाधाएं उस राष्ट्र के निवासियों के परस्पर मिलने-जुलने में अवरोधक सिद्ध हो सकती हैं, उसी प्रकार भाषागत विभिन्नता से भी उनके

पारस्परिक सम्बन्धों में निर्बाधता नहीं रह पाती। आधुनिक विज्ञान युग में यातायात एवं संचार के साधनों की प्रगति से भौगोलिक बाधाएं अब पहले की तरह बाधित नहीं करती। इसी प्रकार यदि राष्ट्र की एक सम्पर्क भाषा का विकास हो जाए तो पारस्परिक सम्बन्धों के गतिरोध बहुत सीमा तक समाप्त हो सकते हैं।

मानव-समुदाय को एक जीवित- जाग्रत एवं जीवन्त शरीर की संज्ञा दी जा सकती है और उसका अपना ऐक निश्चित व्यक्तित्व होता है। भाषा अभिव्यक्ति के माध्यम से इस अभिव्यक्ति को साकार करती है, उसके अमूर्त मानसिक वैचारिक स्वरूप को मूर्त एवं बिम्बात्मक रूप प्रदान करती है। मनुष्यों के विविध समुदाय हैं, उनकी विविध भावनाएँ हैं, विचारधाराएँ हैं, संकल्प एवं आदर्श हैं, उन्हें भाषा ही अभिव्यक्त करने में सक्षम होती है। साहित्य शास्त्र, गीत-संगीत आदि में मानव-समुदाय अपने आदर्शों, संकल्पनाओं, अवधारणाओं एवं विशिष्टताओं को वाणी देता है, पर क्या भाषा के अभाव में काव्य, साहित्य, संगीत आदि का अस्तित्व सम्भव है? वस्तुतः ज्ञानराशि एवं भावराशि का अपार संचित कोश जिसे साहित्य का अभिधान दिया जाता है, शब्द-रूप ही तो है। अतः इस संबंध में वैमत्य की किंचित गुंजाइश नहीं है कि भाषा ही एक ऐसा साधन है जिससे मनुष्य एक-दूसरे के निकट आ सकते हैं, उनमें परस्पर घनिष्ठता स्थापित हो सकती है। यही कारण है कि एक भाषा बोलने एवं समझने वाले लोग परस्पर एकानुभूति रखते हैं, उनके विचारों में ऐक्य रहता है। अतः राष्ट्रीय भावना के विकास के लिए भाषा तत्व परम आवश्यक है।

1. राष्ट्रीय भावना के विकास के लिए भाषा-तत्व आवश्यक है क्योंकि

A. वह मानव-समुदाय की विचाराभिव्यक्ति का साधन है

B. वह शब्द रूपा है और उसमें साहित्य सर्जना सम्भव है

C. वह ज्ञानराशि का अपार भण्डार है

D. वह मानव-समुदाय में एकानुभूति और विचार-ऐक्य का साधन है

2. 'गूंगे केरी शर्करा' से कबीर का अभिप्रेत है कि ब्रह्मानन्द की अनुभूति

A. अत्यन्त मधुर होती है

B. अभिव्यक्ति के लिए कसमसाती है

C. अनिर्वचनीय होती है

D. मौनव्रत से प्राप्त होती है

3. साहित्य की परिभाषा के लिए उपयुक्त पदबन्ध है

A. आनन्दानुभूति की अभिव्यक्ति

B. ज्ञानराशि एवं भावराशि का संचित कोश

C. मानवीय संवेदनाओं का पूंजीगत रूप

D. मानवीय मानसिकता का बिम्बात्मक रूप

4. भाषागत वैविध्य के बावजूद राष्ट्रीय भावना का विकास संभव है यदि

A. संचार-साधनों का पर्याप्त विकास किया जाए

B. यातायात के साधनों का पर्याप्त विकास किया जाए

C. मातृभाषाओं को विकसित किया जाए

D. एक सम्पर्क भाषा विकसित की जाए

5. भाव एवं विचार-विनिमय का सक्षम साधन है

A. ललित कलाएं B. प्रतीक एवं संकेत

C. शब्दरूपा भाषा D. काव्य एवं साहित्य

अनुच्छेद – 2

बारात आगरा पहुँच चुकी थी। बाराती यह सोचकर प्रसन्न थे कि विवाह का आनन्द उठाएंगे। उनके लिए आगरा जाने का एक विशिष्ट आकर्षण था आगरा का ताजमहल, लालकिला तथा अन्य दर्शनीय स्थल देखना, बारात धर्मशाला में ठहराई गई। वहाँ पहुँचते ही उन्हें पता चला कि महंगाई भत्ते में वृद्धि के लिए प्रदर्शन करते हड़ताली श्रमिकों और पुलिस के बीच झड़प हो गई है, और अब शहर में धारा 144 लागू कर दी गई है। अतः अब बारात का जुलूस नहीं निकल सकता था। बाराती मन मारकर रह गए, केवल दूल्हा, उसके पिता और भाई समधी के घर गए। बारातियों के भोजन का प्रबन्ध धर्मशाला में हो गया। चाहते हुए भी बाराती न तो विवाह समारोह में जा सके और न ही धर्मशाला से बाहर निकल सके।

6. बारातियों के सम्मुख विशिष्ट आकर्षण क्या था।

A. आगरा जाना

B. बाराती बनकर जाना

C. स्वागत सत्कार करवाना

D. पर्यटन स्थल देखना

7. श्रमिक हड़ताल क्यों कर रहे थे?
A. पुलिस उन्हें प्रदर्शन से रोक रही थी
B. महँगाई भत्ते की वृद्धि के लिए
C. पुलिस के अत्याचार के विरोध में
D. वेतन वृद्धि के लिए

8. बारात का जुलूस इसलिए नहीं निकला, क्योंकि
A. बाराती एकत्र नहीं हुए
B. धारा 144 लागू हो गई थी
C. समधियों से झगड़ा हो गया
D. श्रमिकों और पुलिस में झगड़ा हो गया

9. समधियों के घर विवाह के लिए कौन-कौन गए?
A. दूल्हा, उसके पिता और भाई
B. बारात के सभी लोग
C. दूल्हा और उसके परिजन
D. दूल्हा और उसके मित्र

10. समधियों ने बारातियों के लिए खाने की व्यवस्था कहाँ की?
A. होटल में B. अपने घर में
C. धर्मशाला में D. बाजार में

अनुच्छेद – 3

केवल जीविका कमाने से अपना दिनभर का काम आसानी से पूरा कर लेने से, कहीं अधिक उच्च वस्तु आपके भीतर आपको संतुष्ट करने के लिए विद्यमान है। यह है, आपके सही काम करने की भावना, आपके पूरी शक्ति से काम करने की आकांक्षा, अपना उच्चतम विकास करने की तथा अपने व्यक्तित्व को पाने की कामना। इस आकांक्षा का स्वर इतना प्रखर होना चाहिए कि केवल जीविका कमाने की समस्या, केवल रुपया कमाने का प्रश्न गौण होना चाहिए। कितने ही व्यक्ति निरुद्देश्य अपने ध्येय में अधूरी निष्ठा करते हुए केवल तब तक अपने धन्धे में व्यस्त रहने की इच्छा करते हैं। मनुष्य को अपने जीवन कार्य के प्रति, चाहे वह कितना ही तुच्छ हो उन उच्च आदर्शों से बढ़ना चाहिए जो किसी महान् कलाकार के आदर्श होते हैं जिनके आधार पर वह अपनी कृति की रचना करता है। इस जीवन के संगमरमर को गढ़ने के लिए प्रगतिशील होना एक पावन उद्देश्य है। हमारे कार्यों की प्रत्येक प्रतिभा हमारी आत्मा की अभिव्यक्ति होनी चाहिए।

11. ऊपर लिखे गद्यांश का शीर्षक है
A. जीवन में महत्वाकांक्षा का अर्थ
B. जीवन और शक्ति
C. जीवन में जीविका का महत्व
D. जीवन और आदर्श

12. जीविका कमाने से
A. आत्म-संतुष्टि हो जाती है
B. आत्म-संतुष्टि नहीं होती है
C. दिनभर का काम चल जाता है
D. यह जीवन का सर्वस्व है

13. हमारी आकांक्षा का स्वर इतना प्रबल हो कि
A. जीविका कमाने की इच्छा पूरी हो जाए
B. जीविका कमाने में पूरी शक्ति लग जाए
C. जीविका कमाने की इच्छा गौण हो जाए
D. जीविका कमाने की इच्छा सर्वस्व बन जाए

14. प्रायः लोग अधूरी निष्ठा से काम करते रहते हैं जब तक
A. आकस्मिक बाधा न आ जाए
B. जब तक आकस्मिक लाभ न हो जाए
C. पूरी शक्ति काम दे
D. अन्य उद्देश्य सामने न आ जाएं

15. हमारे कार्यों की प्रत्येक प्रतिमा
A. कलाकार के आदर्शों के अनुरूप होनी चाहिए
B. जीवन का उद्देश्य पूरा करने वाली होनी चाहिए
C. कार्य के प्रति प्रेरणा देने वाली होनी चाहिए
D. आत्मा की अभिव्यक्ति होनी चाहिए

अनुच्छेद – 4

लोकप्रियता को भेड़िया धसान कहा जाता है। इसके पीछे व्यक्ति पागल हो जाता है। वह भूल जाता है कि जनता व्यक्ति को भुला देने में दो दिन का समय भी नहीं लेती है। इतना होने पर भी यदि आपसे कोई कहे कि केवल एक वरदान माँग लो तो आप तत्काल कहेंगे कि मैं लोकप्रिय होकर यश का भागी बनना चाहता हूँ। लोकप्रिय होने का अर्थ होता है–अधिक-से-अधिक व्यक्तियों की प्रशंसा का पात्र होना, परन्तु लोकप्रियता के अपने दोष भी हैं। लोकप्रिय व्यक्ति जनता और समाज का व्यक्ति बन जाता है। वह अपना काम बहुत कम कर पाता है।

16. अवतरण का शीर्षक छाँटिए
A. जीवन की सबसे बड़ी आकांक्षा
B. मानवता की सफलता
C. लोकप्रियता
D. यशोलिप्सा

17. लेखक के मतानुसार व्यक्ति की सबसे प्रबल इच्छा होती है
A. धनवान होना B. लोकप्रिय होना
C. प्रतिभा सम्पन्न होना D. प्रशंसा का पात्र होना

18. लोकप्रियता
A. व्यक्ति को प्रशंसा का पात्र बना देती है
B. व्यक्ति को जनप्रिय बना देती है
C. समाज की सेवा द्वारा प्राप्त की जाती है
D. व्यक्ति को यशस्वी बना देती है

19. लोकप्रियता का सबसे बड़ा दोष यह है
A. यह व्यक्ति को समाज और जनता की वस्तु बना देती है
B. वह व्यक्ति को किसी काम का नहीं रहने देती है
C. वह व्यक्ति को अपना काम नहीं करने देती है
D. वह भेड़चाल की भाँति एकदम अस्थायी होती है

अनुच्छेद – 5

लंदन शहर टेम्स नदी के किनारे पर बसा है जिसका पाट चौड़ा है और पानी गहरा। समुद्र तट के निकट होने और टेम्स नदी में काफी पानी रहने के कारण, लंदन एक विशाल बंदरगाह भी हैं। वहां रोज सैकड़ों जहाज आते-जाते हैं और दूर से देखने पर टेम्स नदी के ऊपर मस्तूलों का जंगल मालूम होता है। यहाँ से पृथ्वी की सभी दिशाओं को माल जाता है और वहाँ से आता है। लंदन तथा इंगलिस्तान की भोजन सामग्री का बहुत बड़ा भाग इसी बंदरगाह पर पहुँचता है। यदि एक सप्ताह के लिए जहाजों का आना-जाना बंद हो जाए, तो इस देश में त्राहि-त्राहि मच जाए। इसलिए ब्रिटिश साम्राज्य ने अपनी नाविक शक्ति इतनी प्रबल कर ली है कि उससे दुनिया में कोई भी राजशक्ति समुद्री युद्ध में टक्कर नहीं ले सकती।

उपर्युक्त गद्यांश को ध्यानपूर्वक पढ़िए और गद्यांश के आधार पर प्रश्न 25 से 29 तक के उत्तर दीजिए।

20. ब्रिटिश साम्राज्य ने अपनी नाविक शक्ति क्यों इतनी प्रबल बना ली?
A. कोई शत्रु इसे हरा न सके
B. कोई लंदन पर आक्रमण न कर सके
C. कोई इसके जहाजों का आना-जाना न रोक सके
D. लंदन शहर को कोई क्षति न पहुँचा सके

21. 'मस्तूलों का जंगल' कहने से लेखक का क्या अभिप्राय है?
A. मस्तूलों की पत्तियाँ
B. असंख्य मस्तूल
C. मस्तूलों का आकर्षण दृश्य
D. मस्तूलों की बहार

22. 'त्राहि-त्राहि मच जाने' का क्या अर्थ है?
A. हल्ला मच जाना B. हल्ला-गुल्ला आरम्भ होना
C. शोर-शराबा होना D. हाहाकार मच जाना

23. 'टक्कर लेने' का अर्थ है
A. तुलना करना B. मुकाबला करना
C. टकराना D. लोहा मानना

24. लंदन बंदरगाह कहाँ पर स्थित है?
A. समुद्र तट पर B. काफी गहरे पानी पर
C. जहाजों के जंगल में D. नदी के तट पर

अनुच्छेद – 6

कबीर ने समाज में रहकर समाज का बड़े समीप से निरीक्षण किया। समाज में फैले बाह्याडम्बर, भेदभाव, साम्प्रदायिकता आदि का उन्होंने पुष्ट प्रमाण लेकर ऐसा दृढ़ विरोध किया कि किसी की हिम्मत नहीं हुई जो उनके अकाट्य तर्कों को काट सके। कबीर का व्यक्तित्व इतना ऊँचा था कि उनके सामने टिक सकने की हिम्मत किसी में नहीं थी। इस प्रकार उन्होंने समाज तथा धर्म की बुराइयों को निकाल-निकाल कर सबके सामने रखा। ऊँचा नाम रखकर संसार को ठगने वालों के नकली चेहरों को सबको दिखाया और दीन-दलितों को ऊपर उठने का उपदेश देकर अपने व्यक्तित्व को सुधारकर सबके सामने एक महान आदर्श प्रस्तुत कर सिद्धान्तों का निरूपण किया। कर्म, सेवा, अहिंसा तथा निर्गुण, मार्ग का प्रसार किया। कर्मकाण्ड तथा मूर्तिपूजा का विरोध किया। अपनी साखियों, रमैनियों तथा शब्दों को बोलचाल की भाषा में रचकर सबके सामने एक विशाल ज्ञानमार्ग खोला। इस

प्रकार कबीर ने समन्वयवादी दृष्टिकोण अपनाया और कथनी-करनी की एकता पर बल दिया। वे महान् युगद्रष्टा, समाज-सुधारक तथा महान कवि थे। उन्होंने हिन्दू-मुस्लिम के बीच समन्वय की धारा प्रवाहित कर दोनों को ही शीतलता प्रदान की।

25. कबीर के सामने कोई नहीं टिक पाता था, क्योंकि कबीर

A. उच्च शिक्षा प्राप्त विद्वान् और बहुश्रुत थे

B. शास्त्रार्थ में अत्यन्त प्रवीण थे

C. का व्यक्तित्व बहुत ऊँचा था

D. का सामाजिक निरीक्षण तथ्यात्मक था

26. कबीर ने विरोध किया

A. आचरणहीन ढोंगियों का

B. शोषकों और दलितों का

C. साम्प्रदायिक सामंजस्य का

D. शोषितों और पीड़ितों का

27. सन्त कबीर ने प्रशस्त किया

A. ज्ञानमार्ग

B. भक्तिमार्ग

C. वेद-मार्ग

D. सत्य और अहिंसा का मार्ग

28. कबीर की रचनाओं की भाषा बोलचाल की भाषा थी, क्योंकि उनके उपदेश थे

A. असाधारण और असामान्य लोगों के लिए

B. सम्पन्न एवं समृद्ध लोगों के लिए

C. कवियों एवं लेखकों के लिए

D. सर्वसाधारण के लिए

29. कबीर के साम्प्रदायिकता विरोधी तर्क अकाट्य थे, क्योंकि

A. कबीर ने समाज का निरीक्षण बड़े समीप से किया था

B. उनके तर्क पुष्ट प्रमाणों पर आधारित थे

C. वे इनसे व्यक्तिगत लाभ उठाना चाहते थे

D. वे इनसे यशोपार्जन करना चाहते थे

अनुच्छेद – 7

महासागर का पानी मानव जीवन में अति आवश्यक भूमिका निभाता है। बड़े महासागर के संग्रहण क्षेत्र में लगभग 30 करोड़ घन मील पानी होता है। इस बड़ी मात्रा के पानी में से लगभग 80,000 घन मील पानी प्रति वर्ष वातावरण में वाष्पित होकर सोख लिया जाता है और वर्षा के रूप में नालों द्वारा सागर में वापस मिल जाता है। प्रति वर्ष 24,000 घन मील से अधिक वर्षा का पानी महाद्वीप पर गिरता है। पानी का यह बड़ा हिस्सा झील और झरनों, जल-स्रोत के पानी का स्तर भरने में लग जाता है जिन पर वनस्पति और प्राणी-जगत का जीवन टिका है। अतः जल संग्रह पर जैव-जीवन निर्भर करता है।

जलमण्डल के विशेष लक्षण होते हैं, क्योंकि अन्य द्रव्यों की तुलना में पानी में विशेष गुण पाए जाते हैं। पानी का एक अद्‌भुत गुण यह है कि जमने पर उसकी सतह में 9% की बढ़त होती है, जबकि अन्य द्रव्य ठण्डे होने पर सिकुड़ जाते हैं। इसी कारण बर्फ डूबने के बजाय पानी की सतह पर तैरती है। यदि बर्फ पानी में डूब जाए, तो जलमण्डल जल्दी ही ठोस बन जाएगा। गर्मी की ऋतु में केवल एक पतली परत पिघल कर पानी हो जाएगा, इस तरह पूर्ण जल जीवन नष्ट हो जाएगा तथा गर्म और ठण्डे पानी के प्रवाहों का आपस में बदलकर वातावरण को सामान्य बनाए रखना सम्भव न होगा।

जल का एक और विशेष गुण यह है कि पानी की ऊष्मा क्षमता, जो सभी द्रव्यों और ठोस पदार्थ (केवल अमोनिया को छोड़कर) से अधिक होती है। जल के इस गुण के कारण महासागर, ऊष्मा की ज्यादा मात्रा को शोषित कर पाता है और वातावरण के तीव्र परिवर्तन को रोकता है। इसके अतिरिक्त पानी दूसरे द्रव्यों की तुलना में अधिक पदार्थों को अपने में घोल लेता है। इसी कारण महासागर बहुत से लवणों का संग्रह घर है, जो महाद्वीपों से बहकर महासागर में मिल जाते हैं। विश्व के बहुत से हिस्सों में इन लवणों का व्यापारिक दृष्टि से शोषण होता है । सौर अवशोषण द्वारा समुद्री जल से नमक का उत्पादन बहुत अधिक मात्रा में होता है। मृत समुद्र से पोटाश निकाला जाता है और अमरीकन गल्फ के किनारों पर समुद्री पानी से मैग्नीशियम का उत्पादन किया जाता है।

30. निम्नलिखित में से कौन-से कथन से ऊपरी अवतरण के तुरन्त आगे आने वाले परिच्छेद का आरम्भ अधिक उचित हो सकता है?

A. मैग्नीशियम का उपयोग बड़े पैमाने पर धातुकर्मीय के निर्माण में होता है

B. अब बड़े भू-खण्ड पर विचार किया जाए
C. पानी में भूमि को क्षय करने की क्षमता होती है
D. अकाल तथा बाढ़ दो प्रकार के विनाश जल से सम्बन्धित हैं।

31. अवतरण में लेखक ने पानी के निम्नलिखित में से कौन-से लक्षण बताए हैं?
I. पानी जमने पर फैलता है
II. पानी एक उत्तम विलायक है
III. पानी ऊष्मा शोषित करता है
A. केवल I B. केवल I और II
C. केवल II और III D. I, II और III

32. लेखक का इस अवतरण में मुख्य उद्देश्य है
A. पानी के गुण और उपयोग बताना
B. पानी की बचत के महत्व को दर्शाना
C. पानी के व्यापारिक और औद्योगिक उपयोग को स्पष्ट करना
D. भूमि पर महासागर का फैलाव दर्शाना

33. अवतरण के अनुसार जलमण्डल (हाइड्रोस्फीयर) .... नहीं है
A. सभी प्रकार के जीवन के लिए जिम्मेदार
B. वातावरण में सुधार कर सकता
C. प्राकृतिक साधनों का स्रोत
D. जम जाने के खतरे में

34. अवतरण के अनुसार मछली महासागर में जीवित रहती है, क्योंकि
A. उन्हें ऑक्सीजन की जरूरत नहीं होती
B. बर्फ पानी पर तैरती है
C. वाष्पीकरण और जमने द्वारा जल-चक्र का निर्माण होता है
D. महासागर में पानी के प्रवाह होते हैं

अनुच्छेद – 8

व्यक्ति समाज की इकाई है और शिक्षा व्यक्ति को सत्, चित् और आनन्द की अनुभूति करने योग्य बनाती है, शिक्षा का अर्थ है जीना सीखने की कला। हम जीते हैं समाज में। अतः शिक्षा का मूल स्रोत है समाज। इस प्रकार शिक्षा और समाज का परस्पर घनिष्ठ सम्बन्ध है। शिक्षा व शिक्षण संस्थाओं का समाज में विशेष महत्वपूर्ण स्थान है, क्योंकि यहीं से भावी नागरिक ढल कर निकलते हैं। आज समाज के मूलरूप को परिष्कृत करने हेतु नैतिक शिक्षा के प्रश्न पर विशेष बल दिया जाने लगा है। यह आवश्यकता अनुभव की गई है कि हमारी मान्यताओं का स्खलन हो रहा है, सामाजिक जीवन में जो अनैतिकता दिनों-दिन बढ़ती जा रही है उसका मूल कारण नैतिक शिक्षा का अभाव है। आज हमने भौतिक उन्नति को एकमात्र उद्देश्य बना लिया है। हम भौतिकवादी से अतिभौतिकवादी होते जा रहे हैं और यही कारण है कि विफलताएँ हमारे मार्ग को अवरुद्ध करती जा रही हैं। आज शिक्षा का महत्त्व केवल पुस्तकीय ज्ञान मात्र है जो पुस्तकों में ढलता जा रहा है। यह शैक्षिक-प्रक्रिया केवल मशीनीकरण का पर्याय न बने और व्यावहारिक सद्शिक्षा का स्वरूप विकसित हो इसके लिए अपेक्षित है कि नैतिक मूल्यों की शिक्षा दी जाए अन्यथा समाज में अपराध प्रवृत्ति निरन्तर बढ़ती रहेगी। यदि हम जीवन में सामंजस्य स्थापित करना चाहते हैं तो भौतिक प्रगति के साथ-साथ आध्यात्मिक प्रगति को भी जागरुक बनाए रखना आवश्यक है। आज विद्यार्थियों में व्याप्त अनुशासनहीनता, निराशा एवं हतोत्साह का प्रमुख कारण मानसिक एवं आध्यात्मिक अनुशासन का अभाव है। अतएव विद्यार्थियों में प्रारम्भ से ही चरित्र-निर्माण और देशभक्ति की भावना जाग्रत करने के लिए, उनमें दृढ़ संस्कारों का निर्माण करने के लिए नैतिक शिक्षा देना अतिआवश्यक है। नैतिक शिक्षा के बिना स्वस्थ समाज की कल्पना असम्भव है।

35. समाज में शिक्षण-संस्थाएँ इसलिए महत्व रखती हैं, क्योंकि शिक्षण
A. संस्थाओं से ही शिक्षा की गुणात्मकता का बोध होता है
B. संस्थाएँ शिक्षार्थियों को उपाधि-पत्र प्रदान करती हैं
C. संस्थाओं में ही शिक्षार्थी पढ़-लिख कर होनहार बनते हैं
D. संस्थाओं से ही भावी नागरिक ढलकर निकलते हैं

36. हमारी सामाजिक मान्यताओं के विघटन का प्रमुख कारण है
A. नैतिक शिक्षा का अभाव B. वैज्ञानिक शिक्षा का अभाव
C. आध्यात्मिक शिक्षा का अभाव
D. सांस्कृतिक कार्यक्रमों का अभाव

37. नैतिक शिक्षा से समाज को लाभ होगा
A. छात्रों के चरित्र-संस्कार के अभाव का
B. छात्रों के समन्वित चरित्र के निर्माण का
C. छात्रों में धार्मिक जानकारी का
D. संघर्ष की प्रवृत्ति के विकास का

38. उपर्युक्त अवतरण का उपयुक्त शीर्षक है
A. जीने की कला
B. शिक्षा का अर्थ
C. शिक्षा और शिक्षण-संस्थाएँ
D. नैतिक शिक्षा की उपयोगिता

39. शिक्षा का अभिप्राय है
A. जिन्दगी में कुछ बनने की कला
B. धनार्जन की कला
C. जीना सीखने की कला
D. सभ्य समाज की कला

अनुच्छेद – 9

विचार-विनिमय के लिए केवल मनुष्य को ही वाणी का वरदान प्राप्त है। पशु-पक्षी अपने भाव और विचार शारीरिक मुद्राओं और संकेतों द्वारा प्रकट करते हैं। वाणी के अनेक रूप हैं जो भाषा या बोली कहलाते हैं। प्रायः सभी स्वतंत्र देशों की अपनी-अपनी भाषाएँ हैं। उनके साथ स्थानीय बोलियाँ भी हैं जो भाषा का ही प्रादेशिक रूप हैं। सबसे अधिक सुगम, सरल और स्वाभाविक भाषा मातृभाषा कहलाती है। यह बालक को जन्मजात संस्कार से मिलती है। अन्य भाषाएँ अर्जित भाषाएँ होती हैं जो अभ्यास द्वारा सीखी जाती हैं। अपने घर-परिवार, वर्ग, जाति और देश के मध्य विचार-विनिमय के लिए सबसे सरल भाषा मातृभाषा ही है। अपनी मातृभाषा द्वारा जितनी सहजता से भाव व्यक्त किया जा सकता है वैसा सहज-सामर्थ्य किसी अन्य अर्जित भाषा में नहीं होता। राष्ट्र की एकता और पारस्परिक विचार-विनिमय की सुविधा के लिए राष्ट्रभाषा की आवश्यकता में किसी को भी संदेह नहीं हो सकता। सभी राष्ट्र अपनी राष्ट्रभाषा को सम्मान देते और व्यवहार में लाते हैं। स्वतंत्र भारत में भी हमें अपने राष्ट्र की भाषाओं को अपनाना चाहिए। राष्ट्रीय गौरव और स्वाभिमान के लिए यह आवश्यक है।

40. राष्ट्रभाषा का महत्व इस तथ्य में निहित है कि वह
A. राष्ट्र को खंडित करने में सहायक होती है
B. राष्ट्रीय एकता की द्योतक है
C. राष्ट्रीय शक्तियों को दृढ़ करती है
D. जातीय विकास में सहायक है

41. राष्ट्र का गौरव सुरक्षित रह सकता है
A. भाषायी विवादों को प्रश्रय देने से
B. विदेशी भाषाओं को अपनाने से
C. स्व-भाषाओं को ग्रहण करने से
D. राष्ट्रभाषा का विरोध करने से

42. भाषा द्वारा भावाभिव्यक्ति करने में समर्थ होते हैं
A. चहचहाते पक्षी
B. वाणी का वरदान प्राप्त मनुष्य
C. कलकल बहता पानी
D. विभिन्न प्रकार के पशु

43. मातृभाषा वह भाषा रूप है जो
A. सर्वाधिक ग्राह्य, लचीला और स्वाभाविक है
B. कठोर, निरर्थक और दुरूह है
C. मस्तिष्क का विकास अवरुद्ध करता है
D. ज्ञान-क्षेत्र को सीमित करता है

44. मातृभाषा की हमें आवश्यकता होती है क्योंकि वह
A. धनोपार्जन में सहायक होती है
B. भावाभिव्यक्ति का सहज साधन है
C. शारीरिक मुद्राओं और संकेतों का दर्पण है
D. ज्ञान-क्षेत्र का संकुचन करती है

अनुच्छेद – 10

स्वामी विवेकानन्द ने भारत के पुनर्निर्माण में कार्यरत् मनुष्य के लिए जिन मुख्य बातों पर बल दिया था, वे हैं- चरित्र, आध्यात्मिकता, आत्मविश्वास और अन्ततः सबके प्रति प्रेम, विशेषतः दरिद्र, अशिक्षित तथा पद-दलितों के लिए। यह कार्य वास्तव में महान है, किन्तु दृढ़ इच्छा के सामने कुछ नहीं टिक सकता।

भारतीयों में भारत माता के प्रति देशभक्ति की भावना जाग्रत करने के लिए स्वामी विवेकानन्द ने कहा था, "तुम मत भूलना कि तुम्हारी स्त्रियों का आदर्श सीता, सावित्री, दमयन्ती है ... मत भूलना कि तुम्हारा जीवन अपने व्यक्तिगत सुख के लिए नहीं है—मत भूलना कि नीच, अज्ञानी, दरिद्र तुम्हारा रक्त और तुम्हारे भाई हैं।"

पं. जवाहरलाल नेहरू का कथन स्मरणीय है, जो उन्होंने एक बार स्वामी विवेकानन्द को श्रद्धांजलि देते हुए कहा था—"अतीत में संलग्न तथा भारतीय धरोहर के प्रति गर्व से परिपूर्ण होते हुए भी विवेकानन्द जीवन की समस्याओं के प्रति आधुनिक धारणा रखते थे तथा भारत के अतीत एवं वर्तमान के मध्य सेतु की भाँति थे।" "प्रत्यक्ष अथवा परोक्ष रूप से उन्होंने आज के भारत को अत्यन्त प्रभावित किया है। हमारी युवा पीढ़ी स्वामीजी से लाभान्वित होगी, जिनकी वाणी प्रज्ञा एवं शक्ति से ओतप्रोत है।"

स्वामीजी ने एक अधैर्यवान शिष्य को समझाया कि "श्रद्धावान बन, वीर्यवान बन, आत्मज्ञान प्राप्त कर। यही मेरी इच्छा एवं आशीर्वाद है।" श्रद्धा का अभिप्राय कई बातों से है। पहली है आत्मश्रद्धा (आत्मविश्वास)। दूसरी है हमारी सांस्कृतिक धरोहर के प्रति श्रद्धा। "हमारी मातृभूमि का केन्द्र, प्राण-पखेरू धर्म में तथा केवल धर्म में ही है। मातृ देवो भव, पितृ देवो भव, आचार्य देवो भव—इन पर श्रद्धा, वीर्यवान भव"—"तुम्हारे अन्दर पूर्ण शक्ति निहित है। तुम सब कुछ करने में समर्थ हो। इस शक्ति को पहचानो। उठो और अपना अन्तस्थ ब्रह्मभाव अभिव्यक्त करो .... वीर बनो। वीर बनो मानव केवल एक बार ही मरता है। सारी शक्ति तुम्हारे अन्दर है। बल ही जीवन है, दुर्बलता मृत्यु .... शैशव से ही तुम्हारे मस्तिष्क में सकारात्मक, सशक्त एवं परोपकारी विचार प्रविष्ट होने चाहिए।"

45. जीवन अपने 'व्यक्तिगत सुख के लिए न होने' से स्वामीजी का क्या अभिप्राय है?
A. दूसरों का सुखी जीवन बनाना
B. अपने सुख की अपेक्षा निर्बल एवं दरिद्र देशवासियों को सुखी रखने का प्रयास करना
C. देशभक्त का जीवन दुःखदायी होना
D. देशभक्त का सुखी न होना

46. विवेकानन्द अतीत एवं वर्तमान के मध्य सेतु की भाँति थे, क्योंकि वे
A. भारतीय संस्कृति पर गर्व करते हुए भी आधुनिक विचारधारा का यथावश्यक लाभ उठाने में तत्पर रहते थे
B. पुरातन एवं आधुनिक विचार-धारा का सहअस्तित्व चाहते थे
C. बीते हुए समय की तथा वर्तमान समस्याओं को एक नजर से देखते थे
D. चाहते थे कि हम आज की समस्याओं तथा पिछली बातों में समन्वय करें

47. 'अन्तस्थ ब्रह्मभाव की अभिव्यक्ति है' से अभिप्रेत है
A. मन में ब्रह्म के विषय में विचार लाना
B. परमात्मा को बाहर खोजने की अपेक्षा अपने ही अन्दर उस सर्वशक्तिमान का अनुभव करना
C. भगवान को अपना सहयोगी समझना
D. भगवान को पूरे मन से पुकारना

48. स्वामीजी ने पुनर्निर्माण कार्य हेतु कार्यकर्ताओं के गुणों पर ध्यान दिया, क्योंकि वे
A. ऐसे कार्यकर्ताओं से परिचित थे
B. पुनर्निर्माण के कार्य में सफलता हेतु कार्यरत व्यक्ति में इन गुणों का होना परम आवश्यक समझते थे
C. स्वयं ऐसे गुणवान थे
D. अपने सहयोगियों पर विशेष ध्यान रखते थे

49. स्वामीजी पुनर्निर्माण में कार्यरत् व्यक्ति में किस गुण का होना परम आवश्यक मानते थे?
A. चरित्र-निर्माण B. शिक्षा-प्रसार में रुचि
C. सबके प्रति प्रेम D. दृढ़ इच्छा

अनुच्छेद – 11

इसमें आश्चर्य नहीं कि ताज शाश्वत प्रेम के प्रतीक के रूप में देखा जाता है। इसमें भारत और इस्लाम की वास्तुकला का सम्मिश्रण है। ऐसा विश्वास है कि इस स्मारक को पूरा होने में लगभग बाईस वर्ष लगे और नौ करोड़ रुपए के लगभग धन राशि खर्च हुई। लगभग 20,000 लोगों को इसमें रोजगार मिला।

ताजमहल के निर्माण का कार्य 1632 ई. में आरम्भ होकर 1653 ई. में पूर्ण हुआ। यह 'आदर्श स्मारक' मुगल काल की सबसे सुन्दर इमारत मानी जाती है। पूर्णता के शीर्ष बिन्दु की प्रतिच्छवि के रूप में इसे माना जाता है। जिसे मुगल शिल्पियों ने वास्तुकला और प्रस्तरकला में प्राप्त किया। ताज का सूक्ष्म निरीक्षण करने पर ज्ञात होता है, इसमें मकबरे के प्रत्येक पक्ष को पूरी जागरूकता के साथ प्रकल्पित और निर्मित किया गया है। प्रत्येक छोटे-से-छोटे भाग का शेष भागों के साथ पूर्ण सामंजस्य है।

इसका प्रवेश द्वार ऊँची तीन आर्च का बना हुआ है। मकबरे पर पहली दृष्टि ही चकित कर देती है। सुसज्जित लम्बे बगीचे के अन्त में मोती जैसा सफेद संगमरमर का मकबरा बना हुआ है। मकबरे के दोनों ओर एक जैसी समान संरचनाएं बनी हुई हैं। जबकि पूर्वी ओर इसी मस्जिद की आभासी आकृति स्थित है। इस इमारत को 'जवाब' भी कहा जाता है। इसका कोई धार्मिक महत्व नहीं है। इसे मात्र परिसर में एकरूपता स्थापित करने के लिए बनाया गया है।

ताजमहल भारत का गौरव है। आज 350 वर्ष बाद भी विश्व भर के सभी कोनों से लोग आकर ताज के सौंदर्य को निहारते हैं और उससे प्रभावित हुए बिना नहीं रह पाते।

50. ताजमहल किस पूर्णता का द्योतक है?
A. भारत और इस्लाम की वास्तुकला का सम्मिश्रण
B. मुगल शिल्पियों की वास्तुकला और प्रस्तरकला में दक्षता
C. प्रत्येक छोटे से छोटे भाग का शेष भागों के साथ सामंजस्य
D. इमारत का अपना सौंदर्य और वैभव

51. 'जवाब' किस इमारत के लिए प्रयुक्त हुआ है?
A. मकबरा
B. ताजमहल
C. प्रवेश द्वार
D. मकबरे की आभासी आकृति

52. ताजमहल के निर्माण में पूर्ण जागरुकता किस पक्ष से दृष्टिगत होती है?
A. ताजमहल के निर्माण में लगे कारीगरों की बड़ी संख्या तथा लम्बा समय
B. ताजमहल के निर्माण में व्यय धनराशि
C. इमारत के छोटे से छोटे भाग का शेष भागों के साथ पूर्ण सामंजस्य
D. परिसर में एकरूपता स्थापित करने के लिए किए गए आवश्यक निर्माण

53. मस्जिद के परिसर में एकरूपता स्थापित करने के लिए कौन-से निर्माण किए गए हैं?
A. मकबरे से पूर्व सुसज्जित लम्बा बगीचा
B. मकबरे के दोनों ओर की समान संरचनाएं
C. मकबरे के पूर्वी ओर मस्जिद की आभासी आकृति
D. उपर्युक्त सभी

54. ताजमहल किसका प्रतीक है?
A. स्थायी प्रेम का
B. मुगल वास्तुकला की श्रेष्ठता का
C. भारत और इस्लाम की वास्तुकला के सम्मिश्रण का
D. मुगल कारीगरों के जागरुक निर्माण का

अनुच्छेद – 12

बहुआयामी भारतीय समाज की स्वतन्त्र चिंतनधाराओं के अनुरूप जिस सामाजिक, धार्मिक या आर्थिक चक्र का उद्‌भव हुआ वह मूल रूप से न केवल दार्शनिक वरन् वैज्ञानिक कसौटी पर खरा था। सामाजिक क्रान्ति का यह इतिहास चिरकाल से महिलाओं से सम्बद्ध रहा है। रूढ़ियों के उन्मूलन या किसी नवीन संस्कृति के उदभूव और विकास में महिला-वर्ग ने जो योगदान प्रस्तुत किया, वह न केवल इन आंदोलनों को व्यापक बनाने में समर्थ हुआ वरन् इसके द्वारा समाज में क्रांतिकारी विचारधारा को स्थायित्व प्राप्त हुआ। धीरे-धीरे समय के साथ उनमें विसंगतियाँ पनपीं और दया, प्यार, परोपकार की साक्षात् मूर्ति मैत्रेयी, गार्गी, सीता, सावित्री जैसी नारियों का देश रूढ़ियों, जाति-पाँति, छुआछूत जैसी सामाजिक कुरीतियों का पोषक बन गया। स्वतन्त्रता प्राप्ति के पश्चात् विभिन्न संगठनों एवं संस्थाओं के माध्यम से शिक्षा के प्रचार-प्रसार के साथ ही उनकी सक्रिय भागीदारी का प्रत्येक क्षेत्र में प्रयास किया गया।

55. "धीरे-धीरे समय के साथ उनमें विसंगतियाँ पनपीं" वाक्य में 'विसंगतियाँ' किससे सम्बद्ध है?
A. राजनैतिक क्रान्ति से
B. आर्थिक असमानता से
C. धार्मिक अंधविश्वासों से
D. सामाजिक कुरीतियों से

56. मैत्रेयी, गार्गी, सीता और सावित्री अपने किस गुण के कारण सर्वाधिक प्रसिद्ध हैं?
A. क्रान्तिकारी विचारधारा
B. प्रेम और परमार्थ भावना
C. शिक्षा का प्रचार-प्रसार
D. स्वतन्त्र चिन्तनधारा

57. भारतीय महिलाओं का सर्वश्रेष्ठ योगदान क्या है?
A. स्वतन्त्र चिन्तनधारा का विकास
B. रूढ़ियों का उन्मूलन और सांस्कृतिक विकास

C. शिक्षा के प्रचार-प्रसार में सक्रिय भागीदारी

D. सामाजिक, धार्मिक तथा आर्थिक विकास

58. स्वतन्त्रता-प्राप्ति के पश्चात् महिलाओं के सर्वाधिक सहयोग की अपेक्षा किस क्षेत्र में की गई?

A. राजनीति में B. धर्म में

C. प्रत्येक क्षेत्र में D. संस्कृति में

59. इस गद्यांश का सर्वाधिक उपयुक्त शीर्षक क्या है?

A. प्राचीन भारत की नारी

B. आधुनिक नारी

C. भारतीय नारी

D. शिक्षित नारी

अनुच्छेद – 13

आधुनिक युग में समाज और राष्ट्र के जीवन में समाचार-पत्रों का बहुत ही विशिष्ट और ऊँचा स्थान है। समाचार-पत्र मानों अपने देश की सभ्यता, संस्कृति और शक्ति के मानदण्ड बन गए हैं। जिस देश में जितने अच्छे और जितने अधिक समाचार-पत्र होते हैं वह देश उतना ही उन्नत और प्रभावशाली समझा जाता है। बहुत से क्षेत्रों में जो काम समाचार-पत्र कर जाते हैं, उन्हें बड़ी-बड़ी सेनाएँ और बड़े-बड़े राजनीतिज्ञ भी नहीं कर पाते। समाचार-पत्र एक ओर तो जनता का मत सरकार और संसद पर प्रकट करते हैं, दूसरी ओर देश में सुदृढ़ और सम्पुष्ट लोकमत तैयार करते हैं। देश को सब प्रकार से जाग्रत और सजीव रखने में जितनी अधिक सहायता समाचार-पत्रों से मिलती है उतनी शायद किसी और चीज से नहीं। इसलिए आजकल समाचार-पत्रों का बहुत महत्व है।

60. समाचार-पत्रों का मुख्य उद्देश्य है

A. नागरिकों का मनोरंजन करना

B. मानव-हित की भावना का प्रचार करना

C. लोगों को समाज और राष्ट्र की गतिविधियों की जानकारी देना

D. क्रान्तिसम्मत उपदेश देना

61. किसी देश की महानता और शक्ति का आधार है

A. समाचार-पत्रों की संख्या में वृद्धि

B. समाचार-पत्रों का बृहदाकार

C. समाचार-पत्रों की स्वतंत्रता

D. प्रकाशित समाचारों की सरल भाषा

62. प्रस्तुत अवतरण का सर्वाधिक उपयुक्त शीर्षक है

A. समाचार-पत्र और भारतीय राजनीति

B. आधुनिक युग में समाचार-पत्रों का महत्व

C. समाचार-पत्र और लोकमत

D. समसामयिक समाचार-पत्र

63. समाचार-पत्र बड़ी-बड़ी सेनाओं और बड़े-बड़े राजनीतिज्ञों को भी मात दे देते हैं। क्योंकि

A. वे विभिन्न शस्त्रों से सज्जित होते हैं

B. उनकी मारक शक्ति अचूक होती है

C. वे जन-जागरण में अद्वितीय भूमिका निभाते हैं

D. वे चटपटी खबरें देते हैं

64. समाचार-पत्रों का महत्व मुख्यतः

A. चिरकालिक है B. अल्पकालिक है

C. सामयिक है D. शाश्वत है

अनुच्छेद – 14

घूमने-फिरने का शौक मुझे बचपन से है। मेरे पिताजी की भी यही आदत थी। पर मुझमें और उनमें थोड़ा-सा अन्तर है। वे जब भी घूमने-फिरने जाते घर के प्रत्येक सदस्य के लिए कोई-न-कोई उपहार की वस्तु आ जाती जो हमें उनकी याद दिलाती रहे। पर, मैं अक्सर ऐसी चीजें लाता हूँ जो स्थूल नहीं होतीं। भला स्मृतियों से बड़ा कोई खजाना हो सकता है क्या?

हाँ, तो बात घूमने-फिरने की हो रही थी, मैं अब तक भारत के एक बड़े हिस्से को अपने पैरों तले नाप चुका हूँ, कुछ तो दुर्गम पहाड़ी स्थल हैं, जहाँ शायद ही कोई जाने की हिम्मत करे। आगरा, बनारस, जयपुर, हैदराबाद, अहमदाबाद और कश्मीर तो बहुतों ने देखा होगा। वे गए होंगे और ताजमहल, विश्वनाथ मन्दिर, हवामहल, चारमीनार, साबरमती आश्रम और डलझील देखकर उलट पड़े होंगे। मैं ऐसा नहीं करता हूँ मेरी रुचि गाँवों में है और उनसे परिचित भी हूँ। भोर होते ही उठकर खेतों की जुताई करने जाते किसानों को मैंने देखा है। उनके गीत सुने हैं, मैंने पूस की थरथराती सर्दी में अलाव जलाकर खेतों की रखवाली करते किसानों के साथ रातें भी काटी हैं। मैं जब अपनी यात्राओं से फिरता हूँ तो अनुभवों की एक शृंखला मेरे साथ होती है।

यूँ ही एक घटना याद आ गई। हम लोग इलाहाबाद के पास जिगना गाँव गए थे। हम लोग यानी मैं, मेरा मित्र

श्रीधरन और मेरे अधिकारी श्री मनोहर दास इलाहाबाद से जिगना तक साथ गए, मुझे वहीं रहना था, जबकि शेष दोनों को अलग-अलग दिशाओं में बिखर जाना था। तय हुआ कि काम होने पर हम लोग वापस दो दिन बाद इलाहाबाद में ही 'प्रयाग' होटल में मिलेंगे, यही हमारा हमेशा का निवास स्थल था। व्यवसाय से कृषि उत्पादनों के विक्रय प्रतिनिधि हम तीनों इस बार अपनी बिक्री यात्रा पर आए थे। मैं जैसा सोचकर गया था दो दिनों में काम सिमटाकर लौट आया। आकर पाया कि श्रीधरन पिछली रात ही आ गया था। मनोहर दासजी को अभी आना था। अब वक्त हमारे हाथ में था और साथ था श्रीधरन पहले दर्जे का बातूनी और हँसमुख। हमने तय किया कि फलों का रस पिया जाए और निकल पड़े चौक की तरफ।

'मेरे लिए एक गिलास अनानास का रस और ...' 'मेरे लिए भी यही'—'श्रीधरन ने मेरे मुँह से बात छीन ली।' पर सुनो, मैं ठंडा, नहीं लूँगा बिना बर्फ का लाना। श्रीधरन बोला।

'जी अच्छा'—कहकर वह लड़का चला गया।

'यह रस तो बहुत गर्म है भाई, ऐसा करो थोड़ी बर्फ लाकर इसमें डालो। श्रीधरन बोला। लड़का बर्फ ले आया और गिलास में मिला दी। हाँ! मजा तो आया—श्रीधरन कश खींचता हुआ बोला। 'पर अब यह रस का गिलास दो रुपए का हो गया है न! नहीं बाबूजी बिना बर्फ का रस का गिलास तीन रुपए का होता है और बर्फ वाला दो रुपए का।

ठीक है, लेकिन इसमें बर्फ डाली है न अभी तुमने ही लाकर डाली है। फिर यह तो दो रुपए का हो गया है न! 'यह कह हम दोनों जोर से हँस पड़े'। लड़का दूसरे ग्राहकों में लग गया। वह काम में लगा तो था पर उसका मन भटक रहा था। जब तक उसे दोनों गिलासों के पैसे नहीं मिल गए उसकी जान अटकी रही। कहीं ऐसा न हो कि ये ग्राहक दोनों गिलासों के दो रुपए के हिसाब से ही पैसा दें। धन्यवाद ईश्वर का कि श्रीधरन को और मजाक न सूझा वरना वह शायद ऐसा ही करता।

65. गद्यांश के अनुसार श्रीधरन
A. इलाहाबाद का ही रहने वाला था
B. लेखक से फलों की दूकान पर मिल गया था
C. अन्य दो मित्रों से पहले प्रयाग होटल वापस आ गया था
D. लेखक से कुछ कृषि-उत्पादन खरीदने आया था

66. गद्यांश के आधार पर इस लेख के बारे में कौन-सा कथन सत्य है?
A. वह आगरा और बनारस शहरों से अच्छी तरह परिचित है
B. अपनी नौकरी के कारण उसे ज्यादातर किसानों के सम्पर्क में रहना पड़ता है
C. लेखक का बचपन पहाड़ी स्थलों में बीता है
D. मनोहर दास से उसका परिचय इलाहाबाद में हुआ था

67. गद्यांश के अनुसार लेखक की जिगना यात्रा का क्या उद्देश्य था?
A. वह अपनी कम्पनी के उत्पादनों की बिक्री करने गया था
B. वह अपने मित्र श्रीधरन से मिलने गया था
C. उसके अधिकारी ने उसे वहाँ बुलाया था
D. वह स्वभाव के अनुसार घूमने-फिरने गया था

68. 'पैरों तले नाप चुका हूँ'—गद्यांश के सन्दर्भ में इस वाक्यांश का अर्थ क्या है?
A. चलते-चलते मैं अक्सर चीजों को पैरों से ठोकर मार देता हूँ
B. मुझे पैदल यात्रा में बड़ा आनंद मिलता है
C. मैं जहाँ भी गया हूँ पैदल ही गया हूँ
D. मैं भारत के कई हिस्सों में गया हूँ

69. 'वह शायद ऐसा ही करता'—गद्यांश के सन्दर्भ में इस कथन का क्या अभिप्राय है?
A. वह अक्सर दुकानदार को पैसा देना भूल जाता है
B. श्रीधरन दुकानदारों से मजाक करता है
C. वह यदि चाहता तो अपने रस के गिलास के दो ही रुपए देता
D. यदि श्रीधरन चाहता तो जिगना में ही कई दिन बना रहता

अनुच्छेद – 15

कुछ लाख वर्षों की ही बात है जब मनुष्य जंगली था। वनमानुष जैसा, उसे नाखून की जरूरत थी। उसकी जीवन-रक्षा के लिए नाखून बहुत जरूरी थे। असल में वही उसके अस्त्र थे। दाँत भी थे, पर नाखून के बाद ही उनका स्थान

था। उन दिनों उसे जूझना पड़ता था, प्रतिद्वन्द्वियों को पछाड़ना पड़ता था। नाखून उसके लिए आवश्यक अंग था। फिर धीरे-धीरे वह अपने अंग से बाहर की वस्तुओं का सहारा लेने लगा। पत्थर के ढेले और पेड़ की डालें काम में लाने लगे (रामचन्द्र जी की वानरी सेना के पास ऐसे ही अस्त्र थे)। उसने हड्डी के भी हथियार बनाए। हड्डी के इन हथियारों में सबसे मजबूत और सबसे ऐतिहासिक था देवताओं के राजा का वज्र जो दधीचि मुनि की हड्डियों से बना था। मनुष्य और आगे बढ़ा उसने धातु के हथियार बनाए। जिसके पास लोहे के शस्त्र और अस्त्र थे, वे विजयी हुए। देवताओं के राजा तक को मनुष्यों के राजा से इसलिए सहायता लेनी पड़ती थी कि मनुष्यों के राजा के पास लोहे के अस्त्र थे, असुरों के पास अनेक विद्याएं थीं, पर लोहे के अस्त्र नहीं थे, शायद घोड़े भी नहीं थे, आर्यों के पास ये दोनों चीजें थीं। आर्य विजयी हुए। फिर इतिहास अपनी गति से बढ़ता गया। नाग हारे, सुवर्ण हारे, यक्ष हारे, गंधर्व हारे, असुर हारे, राक्षस हारे, लोहे के अस्त्रों ने बाजी मार ली। इतिहास आगे बढ़ा पलीते वाली बंदूकों ने, कारतूसों ने, तोपों ने, बमों ने, बमवर्षक वायुयानों ने इतिहास को किस कीचड़ भरे घाट पर घसीटा है यह सबको मालूम है। नख-धर मनुष्य अब एटम बम पर भरोसा करके आगे की ओर चल पड़ा है।

70. लाखों वर्ष मनुष्य को नाखूनों की आवश्यकता इसलिए थी, क्योंकि वह इनसे
- A. अपने शरीर को खुजला सकता था
- B. फलों को छील या काट सकता था
- C. जमीन को खोद सकता था
- D. अपने विरोधियों को पछाड़ सकता था

71. आरम्भ में मनुष्य के अस्त्र थे, उसके
- A. नाखून
- B. दाँत
- C. पर
- D. भुजाएँ

72. रामचन्द्र जी की वानरी सेना के अस्त्र थे
- A. लोहे के बने बाण, भाले आदि
- B. पत्थरों के ढेले और वृक्षों की डालें
- C. हड्डियों से बने वज्र आदि
- D. बारूद के बने गोले, बम आदि

73. असुरों से देवता इसलिए जीते, क्योंकि उनके पास
- A. अनेक विद्याएं थी
- B. अश्व थे
- C. वज्र थे
- D. अश्व और लोहे के अस्त्र दोनों थे

74. नख-धर मनुष्य को आज सबसे अधिक विश्वास है
- A. पलीते वाले कारतूसों और बमों पर
- B. लोहे से बने अस्त्रों पर
- C. अपनी विद्याओं पर
- D. अपने अश्वों पर

अनुच्छेद – 16

अनुशासन जीवन-निर्माण का मूल-मंत्र है। अभ्युदय एवं निःश्रेयस की प्राप्ति बिना अनुशासन के सम्भव ही नहीं। रणभूमि में युद्ध लड़ने वाले सैनिकों के लिए अनुशासन आवश्यक ही नहीं प्रत्युत जीवन के प्रत्येक क्षेत्र में इसकी आवश्यकता है। चाहे व्यक्ति का जीवन हो, समाज या राष्ट्र का जीवन हो। फिर जीवन भी तो कुरुक्षेत्र है, जिसमें निरन्तर युद्ध एवं संघर्ष चलता ही रहता है। जीवन के कुरुक्षेत्र में अनुशासनविहीन होकर जीना किसी भी प्रकार से श्रेयस्कर नहीं हो सकता। मानव जीवन जिस प्रकृति का अंग है, जिसके अंचल में वह पोषण और विकास पाता है जिसके चक्रवात से घिरा वह तिमिर आलोक प्राप्त करता है वह प्रकृति भी एक अनुशासन में चलती है और एक शिक्षिका की भाँति मानव को भी अनुशासन की शिक्षा देती है। ऋतु चक्र एक निश्चित अनुशासन का अनुवर्तन करता है। 'हुकुम बिना न झूले पाता' उक्त पंक्ति इसी अनुशासनबद्धता की ओर संकेत करती है। अनुशासन शब्द का अर्थ है किसी एक शासन, आज्ञा, नियम अथवा नियंत्रण का अनिवार्य रूप से पालन। यदि व्यक्ति अपने जीवन में कतिपय निश्चित नियमों का अनुसरण नहीं करता जीवन में किसी उच्च लक्ष्य या ध्येय की प्राप्ति नहीं कर सकता, तो वह जीवन निर्माण में सफल नहीं हो सकता। अनुशासन के लिए यह जरूरी नहीं कि कोई दूसरा व्यक्ति शासन करने वाला हो और हम उसके द्वारा निर्धारित नियमों का पालन करें। ऐसा अनुशासन तो आरोपित अनुशासन होता है जो किसी व्यक्ति या देश की गुलामी का संकेत करता है। स्वाधीन देश में सच्चा अनुशासन वह है जो नागरिकों के हित के लिए होता है और नागरिक भी स्वेच्छा से उसका पालन करते हैं।

75. मानव लक्ष्य की प्राप्ति में असफलता का प्रमुख कारण है, उसका

A. लक्ष्य निर्धारण में असमंजस
B. व्यवहार कुशल न होना
C. निश्चित नियमों का अनुसरण न करना
D. निश्चित नियमों का निर्धारण न करना

76. अनुशासनबद्धता की सर्वप्रथम शर्त है
A. नियमों का अनिवार्यतः पालन
B. दूसरों द्वारा निर्धारित नियमों का पालन
C. जीवन निर्माण के लक्ष्य की ओर उन्मुखता
D. राष्ट्र एवं समाज के हित का अनुचिन्तन

77. जीवन को कुरुक्षेत्र कहने से लेखक का आशय है, जीवन
A. युद्ध प्रधान है B. हिंसा प्रधान है
C. संघर्ष प्रधान है D. कर्म प्रधान है

78. मनुष्य के लिए प्रकृति को शिक्षिका इसलिए कहा गया है, क्योंकि
A. स्वयं अनुशासन का अनुवर्तन करती है
B. मानव की हितैषिणी और पोषक है
C. मानव को अनुशासन सिखाती है
D. ऋतुचक्र को अनुशासन में रखती है

79. आरोपित अनुशासन मनुष्य के लिए अस्वीकार्य है, क्योंकि
A. वह दूसरों द्वारा निर्धारित होता है
B. वह मनुष्य की पराधीनता का प्रतीक है
C. वह सुविचारित नहीं होता
D. उसमें मनुष्य के हित का ध्यान नहीं होता

अनुच्छेद – 17

मानव-जीवन के आदिकाल में अनुशासन की कोई संकल्पना नहीं थी और न आज की भाँति बड़े-बड़े नगर या राज्य ही थे। मानव जंगल में रहता था। 'जिसकी लाठी उसकी भैंस' वाली कहावत उसके जीवन पर पूर्णतः चरितार्थ होती थी। व्यक्ति पर किसी भी नियम का बन्धन या किसी प्रकार के कर्तव्यों का दायित्व नहीं था, किन्तु इतना स्वतंत्र और **निरंकुश** होते हुए भी मानव प्रसन्न नहीं था। आपसी टकराव होते थे, अधिकारों-कर्तव्यों में संघर्ष होता था और नियमों की कमी उसे खलती थी। धीरे-धीरे उसकी अपनी ही आवश्यताओं की पूर्ति के लिए समाज और राज्य का उद्भव और विकास हुआ। अपने उद्देश्य की सिद्धि एवं आवश्यकताओं की पूर्ति के लिए मानव ने अन्ततः कुछ नियमों का निर्माण किया, उनमें से कुछ नियमों के पालन करवाने का अधिकार राज्य को और कुछ का अधिकार समाज को दे दिया गया। व्यक्ति के बहुमुखी विकास में सहायक होने वाले इन नियमों का पालन ही अनुशासन कहलाता है। अनुभव सबसे बड़ा शिक्षक होता है। समाज ने प्रारम्भ में अपने अनुभवों से ही अनुशासन के इन नियमों को सीखा, विकसित किया और सुव्यवस्थित किया होगा।

80. गद्यांश में गहरे काले शब्द से आशय ऐसे व्यक्ति से है
A. जो किसी व्यवस्था को न माने
B. जिसका व्यवहार कुश जैसा न हो
C. जो अहं भावना से ग्रस्त हो
D. जो निरपराध एवं निरभिमान हो

81. 'अनुशासन' से अभिप्रेत है
A. शासन द्वारा निर्धारित नियमों की पहचान और परख
B. व्यक्ति द्वारा अपने बहुमुखी विकास के लिए बनाए गए सामाजिक नियमों का पालन
C. प्रज्ञा पर शासक का पूर्णरूप से नियंत्रण जिससे राजव्यवस्था सुचारू बन सके
D. शासित द्वारा शासक के आदेशों का सम्यक् रूप से पालन

82. इस गद्यांश का सर्वाधिक उपयुक्त शीर्षक हो सकता है
A. जीवन का उद्देश्य
B. अनुशासन की संकल्पना
C. जिसकी लाठी उसकी भैंस
D. आवश्यकता आविष्कार की जननी है

83. आदिकाल में मानव प्रसन्न नहीं था, क्योंकि
A. उस काल में सामाजिक नियमों का निर्धारण नहीं हुआ था
B. वह नगरों में न रहकर जंगलों में रहता था
C. उसकी जीवन-आवश्यकताओं की पूर्ति नहीं हो पाती थी
D. उसका जीवन और रहन-सहन सरल न था

84. इस गद्यांश का प्रतिपाद्य है कि मनुष्य को
A. आवश्यकताओं की पूर्ति के लिए पशु बल. का प्रयोग करना चाहिए

B. अधिकारों के लिए संघर्ष करना चाहिए

C. सामाजिक नियमों का पालन करना चाहिए

D. स्वतंत्र और निरंकुश होना चाहिए

अनुच्छेद – 18

वास्तव में हृदय वही है जो कोमल भावों और स्वदेश प्रेम से ओतप्रोत हो। प्रत्येक देशवासी को अपने वतन से प्रेम होता है। चाहे उसका देश सूखा, गर्म या दलदलों से युक्त हो। देश-प्रेम के लिए किसी आकर्षण की आवश्यकता नहीं होती। बल्कि वह तो अपनी भूमि के प्रति मनुष्य मात्र की स्वाभाविक ममता है। मानव ही नहीं पशु-पक्षियों तक को अपना देश प्यारा होता है। संध्या-समय पक्षी अपने नीड़ की ओर उड़े चले जाते हैं। देश-प्रेम का अंकुर सभी में विद्यमान है। कुछ लोग समझते हैं कि मातृभूमि के नारे लगाने से ही देश-प्रेम व्यक्त होता है। दिन-भर वे त्याग, बलिदान और वीरता की कथा सुनाते नहीं थकते, लेकिन परीक्षा की घड़ी आने पर भाग खड़े होते हैं। ऐसे लोग स्वार्थ त्यागकर, जान जोखिम में डालकर देश की सेवा क्या करेंगे? आज ऐसे लोगों की आवश्यकता नहीं है।

85. देश-प्रेम का अंकुर विद्यमान है

A. सभी मानवों में B. सभी प्राणियों में

C. सभी पक्षियों में D. सभी पशुओं में

86. सच्चा देश-प्रेमी

A. वीर सपूतों की कहानियाँ सुनाता है,

B. मातृभूमि का जयघोष करता है

C. परीक्षा की कसौटी पर खरा उतरता है

D. अपनी भूमि देश के लिए दान कर देता है

87. देश-प्रेम का अभिप्राय है

A. देश के प्रति कोमल भावों का उदय

B. अनथक प्रयत्न करके देश का उदय

C. देशहित के लिए शत्रु से संघर्ष करना

D. देश के प्रति व्यक्ति का स्वाभाविक ममत्व

88. संध्या समय पक्षी अपने घोंसलों में वापस चले जाते हैं, क्योंकि

A. दिनभर घूमकर वे थक जाते हैं

B. उन्हें रात को आराम करना है

C. जानवर भी अपने निवास- स्थान को चले जाते हैं

D. उन्हें अपना नीड़ प्यारा होता है

89. वही देश महान् है जहाँ के लोग

A. शिक्षित और प्रशिक्षित हैं

B. बेरोजगार तथा निरुद्यमी नहीं हैं

C. कृषि और व्यापार से धनार्जन करते हैं

D. त्याग और उत्सर्ग में सदा आगे रहते हैं

अनुच्छेद – 19

समस्त संसार के भिन्न-भिन्न राष्ट्रों और जातियों के इतिहास को देखने से मालूम हो जाता है कि राष्ट्रीयता का भाषा और साहित्य के साथ बहुत ही घनिष्ठ और गहरा सम्बन्ध है, ऐसा होना स्वाभाविक ही है, क्योंकि राष्ट्रीयता और जातीयता के अंगों में सबसे अधिक आवश्यक अंग एकता है और वह एकता किसी विषय विशेष में हो वह एकता जितनी व्यापक होगी, उतनी राष्ट्रीयता में स्थिरता होगी और वह शक्तिशाली होगी। भावों की एकता अन्य सब प्रकार की एकताओं का मूल है और यह भावों की एकता तभी हो सकती है जब वे विभिन्न व्यक्ति, जिनके द्वारा राष्ट्रीयता का निर्माण होता है, अपने भावों को एक-दूसरे पर व्यक्त न कर सकें। इस महान कार्य के लिए एक भाषा की अत्यन्त आवश्यकता है। साहित्य क्या है? साहित्य मानव जाति के उच्च-से-उच्च और सुन्दर-से-सुन्दर विचारों तथा भावों का वह गुच्छा है जिसकी बाहरी सुन्दरता और भीतरी सुगन्ध दोनों ही मन को मोह लेते हैं। कोई जाति तब तक बड़ी नहीं हो सकती, जब तक कि उसके भाव और विचार उन्नत न होंगे, तब उनका विकास उस जाति के साहित्य के रूप में हो सकता है। इसलिए जाति या राष्ट्र के साहित्य के उत्थान के साथ-साथ उस जाति या राष्ट्र की भी उन्नति और उत्थान का होना स्वाभाविक है। इस प्रकार साहित्य की अवनति उस जाति के पतन का अटल और अटूट प्रमाण है।

भारत के इतिहास को लीजिए, महाभारत, रामायण और उपनिषद् अवश्य ऐसे समय में लिखे गए थे, जब यह देश बहुत उन्नत था। यह कल्पना असम्भव नहीं, तो दुष्कर अवश्य है कि ऐसे ग्रन्थरत्न किसी असभ्य बर्बर जाति के आचार्यो द्वारा लिखे गए हों। जब बौद्धों का राज्य भारत में एक छोर से दूसरे छोर तक फैल गया और उनका प्रभुत्व तथा गौरव भारतवर्ष के बाहर भी पहुँच गया, तो पाली साहित्य की उन्नति भी उस साहित्य के साथ-ही-साथ बढ़ती गई।

90. राष्ट्रीयता और भाषा एवं साहित्य का गहरा सम्बन्ध है, क्योंकि

A. राष्ट्रों और जातियों के इतिहास यही बताते हैं

B. राष्ट्रीयता और जातीयता के अंगों में सबसे अधिक आवश्यक अंग एकता है

C. राष्ट्रीयता साहित्य और भाषा का निर्माण करती है

D. भाषा और साहित्य राष्ट्रीयता के दर्पण होते हैं

91. राष्ट्रीयता का शक्तिशाली होना निर्भर है

A. एकता की व्यापकता पर

B. भाषा और साहित्य की शक्ति पर

C. राष्ट्रवासियों के देशप्रेम पर

D. राष्ट्र के इतिहास पर

92. सब प्रकार की एकताओं का मूल है

A. राष्ट्रीय भावना

B. साहित्य और भाषा की शक्ति

C. भावों की एकता

D. साहित्य और राष्ट्रीयता का सम्बन्ध

93. किसी जाति के उन्नत होने के लिए अनिवार्य है

A. राष्ट्रीय भावना

B. साहित्य श्रेष्ठता

C. साहित्य में राष्ट्रीयता की अभिव्यक्ति

D. भाव और विचारों का उन्नत होना

94. साहित्य की अवनति प्रमाण है

A. राष्ट्रीयता के पतन का

B. जातीय एकता के अभाव का

C. जाति के पतन का

D. राष्ट्र के प्रति निष्ठा का

उत्तरमाला

1	**2**	**3**	**4**	**5**	**6**	**7**	**8**	**9**	**10**
D	B	B	D	C	D	B	B	A	C
11	**12**	**13**	**14**	**15**	**16**	**17**	**18**	**19**	**20**
D	C	C	D	D	C	B	A	A	C
21	**22**	**23**	**24**	**25**	**26**	**27**	**28**	**29**	**30**
B	D	B	D	C	A	A	D	B	A
31	**32**	**33**	**34**	**35**	**36**	**37**	**38**	**39**	**40**
D	A	D	B	D	A	B	C	C	B
41	**42**	**43**	**44**	**45**	**46**	**47**	**48**	**49**	**50**
C	B	A	B	B	A	B	B	C	B
51	**52**	**53**	**54**	**55**	**56**	**57**	**58**	**59**	**60**
D	C	D	A	D	B	B	C	C	C
61	**62**	**63**	**64**	**65**	**66**	**67**	**68**	**69**	**70**
C	B	C	C	C	B	A	C	C	D
71	**72**	**73**	**74**	**75**	**76**	**77**	**78**	**79**	**80**
A	B	D	A	C	A	C	C	B	A
81	**82**	**83**	**84**	**85**	**86**	**87**	**88**	**89**	**90**
B	D	A	C	B	C	D	D	D	B
91	**92**	**93**	**94**						
B	C	D	C						

हिन्दी भाषा एवं साहित्य

आदिकाल

- ❊ हेमचन्द्र अपभ्रंश व्याकरण के रचयिता थे।
- ❊ आदिकाल को 'आदिकाल' का नाम हजारी प्रसाद द्विवेदी ने दिया था।
- ❊ खड़ी बोली/कौरवी बोली का सम्बन्ध पश्चिमी हिन्दी से है।
- ❊ बघेली बोली का सम्बन्ध पूर्वी हिन्दी से है।
- ❊ खड़ी बोली का उद्भव अपभ्रंश के शौरसेनी के उत्तरी रूप से हुआ है।
- ❊ श्रावकाचार को हिन्दी की प्रथम रचना माना जाता है।
- ❊ धीरेंद्र वर्मा ने आदिकाल को 'अपभ्रंश काल' कहा है।
- ❊ 'गाथा सप्तशती' की रचना प्राकृत भाषा में हुई है।
- ❊ ब्रजभाषा का उद्भव शौरसेनी के मध्यवर्ती रूप से हुआ है।
- ❊ चंदबरदायी कृत 'पृथ्वीराज रासो' में शृंगार और वीर रस का समावेश है।
- ❊ आदिकाल में धर्म से सम्बन्धित पुस्तकों का सृजन मुख्यतः अपभ्रंश भाषा में मिलता है।
- ❊ आदिकाल में खड़ी बोली को काव्य का आधार सर्वप्रथम 'अमीर खुसरो' ने बनाया था।
- ❊ अमर खुसरो की रचनाओं को देशी भाषा काव्य के अन्तर्गत माना जाता है।
- ❊ आदिकालीन हिन्दी साहित्य को मुख्यतः अपभ्रंश-हिन्दी के वर्ग में रखा जाता है।
- ❊ 'मैथिल कोकिल' के नाम से प्रसिद्ध विद्यापति का समय सम्वत् 1460 माना जाता है।
- ❊ आदिकाल में 'अवधूत संप्रदाय' का सम्बन्ध नाथों से है।
- ❊ आदिकाल में जैनों द्वारा रचित साहित्य को सर्वाधिक प्रमाणिक माना जाता है।
- ❊ रामायण में संस्कृत भाषा का प्रयोग किया गया है।
- ❊ अमीर खुसरो ने फारसी तथा खड़ी बोली दोनों में रचना की है।
- ❊ मैथिल कोकिल 'विद्यापति' संस्कृत, अपभ्रंश तथा मैथिली तीनों में रचना की है।
- ❊ वर्णरत्नाकर मैथिली की पहली गद्य रचना है। इसके लेखक ज्योतिरीश्वर ठाकुर हैं।
- ❊ 'ढ़ोला मारू रा दूहा' के रचयिता कल्लोल कवि हैं।
- ❊ 'कीर्तिलता' की भाषा मिश्रित अपभ्रंश है।
- ❊ 'पृथ्वीराज विजय' की रचना जयानक ने की थी।

आदिकाल के प्रमुख रचनाकार तथा उनकी रचनायें

क्र.सं	रचनाकार	रचनायें
1.	सहरपा	दोहाकोष
2.	ज्योतिरीश्वर ठाकुर	वर्णरत्नाकर
3.	शबरपा	चर्यापद
4.	श्रीधर	रणमल्ल छंद
5.	जगनिक	परमाल रासो
6.	हाल कवि	गाथा सप्तशती
7.	नल्ल सिंह	विजयपाल रासो
8.	विद्यापति	पदावली, कीर्तिपताका, कीर्तिलता, भूपरिक्रमा
9.	अमीर खुसरो	खालिकबारी, पहेलियां, दो सुखने, गजल
10.	राजशेखर	कर्पूर मंजरी
11.	चन्दवरदायी	पृथ्वीराज रासो
12.	नरपति नाल्ह	बीसलदेव रासो
13.	कल्लोल	ढ़ोला मारू रा दूहा

भक्तिकाल

- 'हरडेवानी' दादू की रचनाओं का संग्रह है।
- 'चित्रावली' की रचना उस्मान ने की थी।
- भक्तिकालीन 'प्रेमाश्रयी शाखा' पर सूफी मत का प्रभाव सर्वाधिक है।
- 'मधुमालती' के रचयिता मंझन है।
- तुलसीदास जी के गुरु का नाम 'नरहरि दास' था।
- गोस्वामी तुलसीदास ने 'रामचरित मानस' की रचना दोहा-चौपाई पद्धति पर की है।
- तुलसीदास की रचना 'विनय पत्रिका' गीत पद्धति पर आधारित है।
- 'बीजक' ग्रंथ का प्रणयन सधुक्कड़ी भाषा में किया गया है।
- 'विनय-पत्रिका' की भाषा ब्रजभाषा है।
- चंदायन की रचना मुल्ला दाऊद ने की थी।
- चंदायन की रचना से हिन्दी में सूफी काव्य परम्परा का सूत्रपात होता है।
- पद्मावत की भाषा अवधी है।
- रामचरित मानस की भाषा अवधी है।
- ब्रज भक्तिकालीन हिन्दी काव्य की सर्वाधिक प्रमुख भाषा है।
- तुलसीदास की 'गीतावली' ब्रजभाषा में लिखी गयी है।
- मीराबाई पर सूफियों का प्रभाव था।
- 'गीत-गोविंद' के रचयिता जयदेव हैं।

भक्तिकाव्य के प्रमुख रचनाकार तथा उनकी रचनायें

क्र.सं	रचनाकार	रचनायें
1.	कबीर	बीजक
2.	नाभादास	भक्तमाल
3.	दादू	हरडेवानी
4.	मूल्ला दाउद	चंदायन
5.	मंझन	मधुमालती
6.	उसमान	चित्रावली
7.	जायसी	पद्मावत, चित्रलेखा, अखरावट, कहरनामा
8.	नरपति व्यास	नल दमयन्ती
9.	तुलसीदास	दोहावली, जानकी मंगल, रामचरितमानस
10.	जयदेव	गीत-गोविन्द
11.	सूरदास	सूरसागर, साहित्य लहरी
12.	रसखान	प्रेमवाटिका, सुजान खान

रीतिकाल

- आचार्य रामचंद्र शुक्ल के अनुसार रीतिकाल की समय सीमा 1643 ई. से 1843 ई. के बीच है।
- मतिराम की रचना 'छंदसार' पिंगल ग्रंथ का उदाहरण है।
- रीतिकाल के प्रसिद्ध कवि भूषण की रचना 'शिवराज भूषण' अलंकार ग्रंथ का प्रमुख उदाहरण है।
- केशवदास को अलंकारवादी आचार्य कहा जाता है।
- **'करणा भरण श्रुतिभरण'** नामक काव्य का सम्बन्ध अलंकार विद्या से है।
- रीतिकाल के अधिकांश कवियों की भाषा थी—ब्रजभाषा।
- रीतिकाल के कवि घनानंद को 'साक्षात् रस मूर्ति' माना जाता है।
- 'विज्ञान गीता' उपदेशात्मक है।
- रीतिकाल के कवि पद्माकर ने भक्ति, शृंगार और वीर तीनों में समान अधिकार से रचना की है।
- सिखों के दसवें गुरु 'गुरु गोविंद सिंह' को रीतिकाल के रीतिमुक्त काव्य धारा का माना गया है।

रीतिकाल के प्रमुख रचनाकार तथा उनकी रचनायें

क्र.सं	रचनाकार	रचनायें
1.	चिंतामणि	पिंगल, कविकुल-कल्पतरु, रसमंजरी, काव्य-प्रकाश
2.	केशवदास	कवि प्रिया, रसिक प्रिया
3.	कृपाराम	हिततरंगिणि, रस तरंगिणि
4.	करनेस	कर्णाभरण, श्रुतिभूषण, भूपभूषण
5.	रहीम	रहीम सतसई, मदनाष्टक, शृंगार सोरठा, नगरशोभा

6.	मतिराम	छन्दसार, रसराज, साहित्यसार, अलंकार पंचाशिका
7.	भूषण	शिवराज भूषण, शिवा बावनी, छत्रसाल दशक, भूषण उल्लास
8.	बिहारी	बिहारी सतसई
9.	कुलपति मिश्र	रस रहस्य
10.	सुखदेव मिश्र	वृत्त विचार, छन्द विचार, रसार्णव, शृंगार लता
11.	पद्माकर	जगत विनोद, पद्माभरण, गंगा लहरी, प्रबोध पचासा
12.	घनानंद	इश्कलता, विरहलीला, सुजानसागर, कृपाकांड
13.	जोधराण	हम्मीर रासो
14.	गुरु गोविंद सिंह	चण्डी चरित्र, सुनीति प्रकाश, बुद्धिसागर
15.	रसखान	प्रेपवाटिका, सुजान रसखान

रीतिकाल का नामकरण करने वाले विभिन्न विद्वान

क्र.सं	विद्वान	नामकरण
1.	आचार्य शुक्ल	रीतिकाल
2.	मिश्रबंधु	अलंकृत मध्यकाल
3.	ग्रियर्सन	रीतिकाव्य
4.	विश्वनाथ प्रसाद मिश्र	शृंगार काल

आधुनिक काल

- आधुनिक काल में सम्मिलित हैं—भारतेन्दु युग, द्विवेदी युग, छायावादी युग, प्रगतिवादी युग तथा प्रयोगवादी युग।
- भारतेन्दु युग के प्रमुख रचनाकार हैं—भारतेन्दु हरिश्चन्द्र, बालकृष्ण भट्ट, प्रताप नारायण मिश्र, बद्रीनारायण चौधरी
- द्विवेदी युग के प्रमुख रचनाकार हैं—आचार्य महावीर प्रसाद द्विवेदी, श्रीधर पाठक, रामनरेश त्रिपाठी, अयोध्या सिंह उपाध्याय 'हरिऔध', मैथिलीशरण गुप्त, श्यामसुन्दर दास।
- छायावादी युग के प्रमुख रचनाकार हैं—जयशंकर प्रसाद, सूर्यकान्त त्रिपाठी 'निराला', सुमित्रानन्दन पंत तथा महादेवी वर्मा।

हिन्दी साहित्य के गद्य एवं पद्य से सम्बन्धित कुछ महत्त्वपूर्ण रचनाकार

सूरदास

महाप्रभु वल्लभाचार्य के शिष्य सूरदास अष्टछाप के कवियों में सर्वाधिक प्रसिद्ध हैं। उनके तीन ग्रंथो सूरसागर, साहित्य लहरी और सूर सारावली में सूरसागर सर्वाधिक लोकप्रिय ग्रंथ है। सूर 'वात्सल्य' और 'शृंगार' के श्रेष्ठ कवि माने जाते हैं। उनकी कविता में ब्रजभाषा का निखरा हुआ रूप है।

तुलसीदास

तुलसीदास का जन्म उत्तर प्रदेश के बाँदा जिले के राजापुर गाँव में सन् 1532 में हुआ था। रामचरितमानस, कवितावली, गीतावली, दोहावली, कृष्णगीतावली तथा विनयपत्रिका उनकी प्रमुख रचनाएं हैं। तुलसीदास ने रामचरितमानस की रचना अवधी में और विनय पत्रिका तथा कवितावली की रचना ब्रजभाषा में की। विनय पत्रिका की रचना गेय पदों में हुई है।

देव

देव का जन्म इटावा में सन् 1673 में हुआ था। रसविलास, भावविलास, काव्यरसायन, भवानीविलास आदि देव के प्रमुख ग्रंथ माने जाते हैं। देव रीतिकाल के प्रमुख कवि हैं। रीतिकालीन कविता का सम्बन्ध दरबारों, आश्रयदाताओं से था। इस कारण उसमें दरबारी संस्कृति का चित्रण अधिक हुआ है। आलंकारिकता और शृंगारिकता उनके काव्य की प्रमुख विशेषताएं हैं।

जयशंकर प्रसाद

जयशंकर प्रसाद का जन्म सन् 1889 में वाराणसी में हुआ। छायावादी काव्य प्रवृत्ति के प्रमुख कवियों में एक जयशंकर प्रसाद का सन् 1937 में निधन हो गया। उनकी प्रमुख काव्य-कृतियाँ हैं—चित्राधार, कानन-कुसुम, झरना, आँसू, लहर और कामायनी। अजातशत्रु, चन्द्रगुप्त, स्कंदगुप्त और ध्रुवस्वामिनी उनके नाटक हैं तथा कंकाल, तितली और इरावती उनके उपन्यास हैं।

सूर्यकांत त्रिपाठी 'निराला'

सूर्यकांत त्रिपाठी 'निराला' का जन्म बंगाल के महिषादल में सन् 1899 में हुआ। उनकी प्रमुख काव्य रचनाएं हैं—अनामिका, परिमल, गीतिका, कुकुरमुत्ता और नए पत्ते। छायावादी रचनाकारों में उन्होंने सबसे पहले मुक्त छंद का प्रयोग किया।

नागार्जुन

नागार्जुन का जनम बिहार में दरभंगा जिले के सतलखा गाँव में सन् 1911 में हुआ। उनका मूल नाम बैद्यनाथ मिश्र था। नागार्जुन की प्रमुख काव्य-कृतियां हैं—युगधारा, सतरंगे पंखोंवाली, हजार-हजार बाँहों वाली, तुमने कहा था, पुरानी जुतियों का कोरस, मैं मिलटरी का बूढ़ा घोड़ा। उनको आधुनिक कबीर भी कहा जाता है। छायावादोत्तर दौर के वे ऐसे अकेले कवि हैं, जिनकी कविता गाँव की चौपालों और साहित्यिक दुनिया में समान रूप से लोकप्रिय रही। उन्होंने छंदों में काव्य-रचना की और मुक्त छंद में भी।

रामवृक्ष बेनीपुरी

रामवृक्ष बेनीपुरी का जन्म बिहार के मुजफ्फरपुर जिले के बेनीपुर गाँव मे सन् 1899 में हुआ। उन्होंने अनेक दैनिक, साप्ताहिक एवं मासिक पत्र-पत्रिकाओं का संपादन किया। उनकी रचना-यात्रा के महत्त्वपूर्ण पड़ाव हैं—पतितो के देश में (उपन्यास); चिंता के फूल (कहानी), आम्रपाली (नाटक); माटी की मूरतें (रेखाचित्र); पैरों में पंख बांध कर (यात्रा-वृत्तांत); जंजीरें और दीवारें (संस्मरण) आदि। विशिष्ट शैलीकार होने के कारण उन्हें 'कलम का जादूगर' कहा जाता है।

महावीर प्रसाद द्विवेदी

महावीर प्रसाद द्विवेदी का जन्म सन् 1864 में ग्राम दौलतपुर, जिला राय बरेली (उ.प्र.) में हुआ। वे हिन्दी के पहले व्यवस्थित संपादक, भाषावैज्ञानिक, इतिहासकार, पुरातत्ववेत्ता अर्थशास्त्री, समाजशास्त्री एवं लेखक थे। उनकी प्रमुख कृतियां हैं—रसज्ञ रंजन, साहित्य-सीकर, साहित्य-संदर्भ, अद्भुत आलाप (निबंध संग्रह)। संपत्तिशास्त्र उनकी अर्थशास्त्र से सम्बन्धित पुस्तक है। उन्होंने कविता की भाषा के रूप में ब्रजभाषा के बदले खड़ी बोली को प्रतिष्ठित किया। हिन्दी में पहली बार समालोचना को स्थापित करने का श्रेय भी उनको जाता है।

कबीर

कबीर का जन्म काशी में हुआ था। कबीर गुरु रामानंद के शिष्य थे। उन्होंने जनचेतना और जनभावनाओं को अपने सबद और साखियों के माध्यम से जन-जन तक पहुँचाया। कबीर की भाषा को सधुक्कड़ी कहा जाता है।

मीरा

मीराबाई का जन्म जोधपुर के चोकड़ी गाँव में 1503 में हुआ माना जाता है। 13 वर्ष की उम्र में मेवाड़ के महाराणा सांगा के कुंवर भोजराज से उनका विवाह हुआ। विवाह के कुछ ही साल बाद पहले पति, फिर पिता और एक युद्ध के दौरान स्वसुर का भी देहांत हो गया। मध्यकालीन भक्ति आंदोलन की आध्यात्मिक प्रेरणा ने जिन कवियों को जन्म दिया उनमें मीराबाई का विशिष्ट स्थान है। मीरा हिन्दी और गुजराती दोनों की कवयित्री मानी जाती हैं। मीरा संत रैदास की शिष्या थीं। मीरा की भक्ति दैन्य और माधुर्यभाव की है।

बिहारी

बिहारी का जन्म 1595 में ग्वालियर में हुआ था। बिहारी ने आचार्य केशवदास से काव्य शिक्षा पायी थी। बिहारी सतसई बिहारी की रचना है। रीति का उन्हें भरपूर ज्ञान था। इनकी कविता श्रृंगार रस की है। बिहारी की भाषा बहुत कुछ शुद्ध ब्रज है पर है वह साहित्यिक। ओरक्षा में बिहारी रहीम के संपर्क में आए।

मैथिलीशरणगुप्त

1886 में झाँसी के चिरगाँव में जन्मे मैथिलीशरण गुप्त अपने जीवनकाल में ही राष्ट्रकवि के रूप में विख्यात हुए। गुप्त जी रामभक्त कवि थे। गुप्त जी की कविता की भाषा विशुद्ध खड़ी बोली है। गुप्त जी की प्रमुख कृतियां हैं—साकेत, यशोधरा, जयद्रथ वध।

सुमित्रानंदन पंत

सुमित्रानंदन पंत का जन्म 1900 ई. में वर्तमान उत्तराखंड के कौसानी-अलमोड़ा में हुआ था। वे छायावाद के प्रमुख स्तंभ माने जाते हैं। इनकी प्रमुख कृतियां हैं—वीणा, पल्लव, युगवाणी, ग्राम्या, स्वर्ण किरण, कला और बूढ़ा चांद और लोकायतन।

महादेवी वर्मा

महादेवी वर्मा का जन्म 1907 ई. में उत्तर प्रदेश के फर्रुखाबाद में हुआ था। महादेवी ने छायावाद के चार प्रमुख रचनाकारों में औरों से भिन्न अपना एक विशिष्ट स्थान बनाया। महादेवी का समस्त काव्य वेदनामय है। महादेवी की प्रमुख काव्य कृतियां हैं—नीहार, रश्मि, नीरजा, सांध्य गीत, दीपशिखा, प्रथम आयाम और अग्निरेखा तथा गद्य रचनाएं हैं—अतीत के चलचित्र, शृंखला की कड़ियाँ, स्मृति की रेखाएं, पथ के साथी, मेरा परिवार और चिंतन के क्षण।

प्रेमचंद

31 जुलाई 1880 को बनारस के करीब लमही गाँव में जन्मे धनपत राय ने उर्दू में गुलाब राय और हिन्दी में प्रेमचंद नाम से लेखन कार्य किया। उनके प्रमुख उपन्यास हैं—गोदान, गबन, प्रेमाश्रम, सेवासदन, निर्मला, कर्मभूमि, रंगभूमि, कायाकल्प, प्रतिज्ञा और मंगल सूत्र।

प्रसिद्ध रचनाएँ एवं रचनाकार

रचनाएँ	रचनाकार।
राग गोविन्द	मीरा बाई
दीपशिखा	महादेवी
आखिरी कलाम	जायसी
इन्द्र धनुष रौंदे हुए	अज्ञेय
साहित्य लहरी	सूरदास
द्वापर	मैथिली शरण गुप्त
रामचरित मानस	तुलसीदास
कर्ण	केदारनाथ मिश्र 'प्रभात'
बिहारी सतसई	बिहारी लाल
प्रेम पत्रिका	घनानन्द
पद्मावत	जायसी
रंगभूमि	प्रेमचन्द
विनय पत्रिका	तुलसीदास
सन् बयालिस के संस्मरण	श्रीराम शर्मा
यामा	महादेवी वर्मा
शृंखला की कड़ियाँ	महादेवी
उर्वशी	दिनकर
बाबरा अहेरी	अज्ञेय

रचनाएँ	रचनाकार
बलचनमा	नागार्जुन
साधना के पथ पर	हरिभाऊ उपाध्याय
भारत भारती	मैथिलीशरण गुप्त
पैरों में पंख बाँधकर	बेनीपुरी
पृथ्वी राज रासो	चन्दवरदाई
लाल चीन	भगवत शरण उपाध्याय
प्रेम वाटिका	रसखान
नवरस	बाबू गुलाबराय
प्रेम माधुरी	भारतेन्दु हरिश्चन्द्र
माटी हो गई सोना	कन्हैया लाल मिश्र प्रभाकर
साकेत	मैथिलीशरण गुप्त
गीता-प्रवचन	विनोबा भावे
चन्द्रकान्ता	देवकीनन्दन खत्री
अंधा युग	धर्मवीर भारती
कुकुरमुत्ता	निराला
शेष स्मृतियाँ	डॉ. रघुवीर सिंह
अतीत के चलचित्र	महादेवी
तितली	प्रसाद
जानकी मंगल	तुलसीदास
रास पंचाध्यायी	नन्ददास
लोकायतन	पंत
हिततरंगिणी	कृपाराम
वरवै नायिका भेद	रहीम
रसिकप्रिया	केशव दास
शृंगार शिला	वृन्द
कर्णाभरण	करनेस बन्दीजन
प्रिय प्रवास	हरिऔध
रामचन्द्रिका	केशवदास
कला और बूढ़ा चाँद	पंत
चिंतामणि	आचार्य शुक्ल
शृंगार सतसई	रहीम
ललित ललाम	मतिराम
वैदेही वनवास	हरिऔध
छत्रसाल दशक	भूषण
कंकाल	प्रसाद
भाव विलास	देव

रचनाएँ	रचनाकार	रचनाएँ	रचनाकार
अणिमा	निराला	मादा कैक्टस	लक्ष्मी नारायण लाल
काव्य निर्णय	भिखारीदास	कुसुम कुमारी	किशोरी लाल गोस्वामी
रमैनी	कबीरदास	ठेठ हिन्दी का ठाठ	हरिऔध
गंगा लहरी	पद्माकर	आदर्श हिन्दू	लज्जाराम मेहता
भरतेश्वर बाहुवली रास	शालिभद्र सूरि	चित्रलेखा	भगवती चरण वर्मा
रसकेलिवल्ली	घनानन्द	दादा कामरेड	यशपाल
पउम चरिउ	स्वयं भू	जहाज का पंछी	इलाचन्द्र जोशी
मदनाष्टक	रहीम	गिरती दीवारें	उपेन्द्रनाथ अश्क
प्राकृत व्याकरण	जैनाचार्य हेमचन्द्र	मानस का हंस	अमृत लाल नागर
जगद्विनोद	पद्माकर	ब्रह्मपुत्र	देवेन्द्र सत्यार्थी
वीसलदेव रास	नरपति नाल्ह	वैशाली की नगर वधू	आचार्य चतुरसेन शास्त्री
प्रेम फुलवारी	भारतेन्दु हरिश्चन्द्र	नदी यशस्वी है	नरेश मेहता
संदेश रासक	अद्द हयाण	गढ़कुण्डार	वृन्दावन लाल वर्मा
रस कलश	हरिऔध	राग दरबारी	श्रीलाल शुक्ल
सुकवि कीर्तन	महावीर प्रसाद द्विवेदी	शेखर : एक जीवनी	अज्ञेय
उद्धव शतक	रत्नाकर	एक पति के नोट्स	महेन्द्र भल्ला
कश्मीर सुषमा	श्रीधर पाठक	झूठा सच	यशपाल
कबीर का रहस्यवाद	डॉ. राम कुमार वर्मा	दिल्ली का दलाल	पाण्डेय बेचन शर्मा 'उग्र'
पथिक	रामनरेश त्रिपाठी	नदी के द्वीप	अज्ञेय
मधुशाला	बच्चन	सेवासदन	प्रेमचन्द
कामायनी	प्रसाद	चुटकी भर चाँदनी	केशनी प्रसाद चौरसिया
टेढ़े-मेढ़े रास्ते	भगवती चरण वर्मा	उत्तराधिकारी	यशपाल
तुलसीदास	निराला	जहाँ लक्ष्मी कैद है	राजेन्द्र यादव
प्रभात फेरी	नरेन्द्र शर्मा	माँस का दरिया	कमलेश्वर
सांध्यगीत	महादेवी	शिव शम्भु का चिट्ठा	बाल मुकुन्द गुप्त
हिम किरीटिनी	माखन लाल चतुर्वेदी	अशोक के फूल	आचार्य हजारी प्रसाद द्विवेदी
युगाधार	सोहन लाल द्विवेदी	लिफाफा देखकर	शैलेन्द्र नाथ श्रीवास्तव
हम विषपायी जनम के	बालकृष्ण शर्मा नवीन	नई पौध	नागार्जुन
मौर्य विजय	सियाराम शरण गुप्त	नई कविता के प्रतिमान	लक्ष्मीकान्त वर्मा
हुँकार	दिनकर	डूबते मस्तूल	प्रियंवदा
इत्यलम्	अज्ञेय	साये में धूप	दुष्यन्त कुमार
भस्मांकुर	नागार्जुन	कलम का सिपाही	अमृत राय
मैला आँचल	फणीश्वर नाथ रेणु	बाबा बटेसर नाथ	नागार्जुन
सिन्दूर की होली	लक्ष्मी नारायण मिश्र	रश्मिरथी	दिनकर
छठा बेटा	उपेन्द्रनाथ अश्क	आवारा भीड़ के खतरे	हरिशंकर परसाई
नूतन ब्रह्मचारी	बाल कृष्ण भट्ट	डाक बंगला	कमलेश्वर

रचनाएँ	रचनाकार
एक चिथड़ा सुख	निर्मल वर्मा
नेताजी कहिन	मनोहर श्याम जोशी
युगवाणी	पंत
नहुष	मैथिली शरण गुप्त
ठण्डा लोहा	धर्मवीर भारती
संस्कृति के चार अध्याय	दिनकर
लहरों का राजहंस	मोहन राकेश
सुखदा	जैनेन्द्र कुमार
परशुराम की प्रतीक्षा	दिनकर
शिवा बावनी	भूषण
भारत की खोज	पं. जवाहर लाल नेहरू

रचनाएँ	रचनाकार
मृगनयनी	वृन्दावन लाल वर्मा
जहाँगीर जस चन्द्रिका	केशवदास
तमस	भीष्म साहनी
त्याग पत्र	जैनेन्द्र कुमार
रेणुका	दिनकर
बोल्गा से गंगा	राहुल सांकृत्यायन
ग्राम्या	पंत
आधे-अधूरे	मोहन राकेश
दलित साहित्य का सौंदर्य शास्त्र	ओम प्रकाश वाल्मीकि
कर्मभूमि	प्रेमचन्द

महत्वपूर्ण प्रश्न

1. खालिकबारी किसकी रचना है?
A. निजामुद्दीन औलिया B. गुरु नानक
C. अमीर खुसरो D. कुतबन

2. अमीर खुसरो की मसनबियां किस भाषा में हैं?
A. उर्दू B. फारसी
C. हिन्दी D. अरबी

3. 'अभिनव जयदेव' की उपाधि किसे मिली थी?
A. चैतन्य महाप्रभु को
B. विद्यापति को
C. भट्ट केदार को
D. उपरोक्त में से किसी को भी नहीं

4. पृथ्वीराज रासो का रचयिता कौन था?
A. नरपति नाल्ह B. चन्दबरदाई
C. शार्ङ्गधर D. परमाल

5. आल्हा खण्ड में किसकी वीरता का वर्णन है?
A. आल्हा और ऊदल की
B. राजा हमीर की
C. पृथ्वीराज की
D. बीसलदेव की

6. किस ग्रंथ में राधा कृष्ण के प्रेम का अनूठा वर्णन है?
A. मद्मावत B. पदावली
C. मृगावती D. मधुमालती

7. 'बीजक' में किसकी कविताएं संग्रहीत हैं?
A. जायसी की B. कबीर की
C. रहीम की D. नानक की

8. किसी कवि को 'कठिन काव्य का प्रेत' कहा जाता है?
A. घनानंद B. सूरदास
C. केशवदास D. तुलसीदास

9. मीरा के पदों में :
A. राजस्थानी भाषा का प्रयोग हुआ है
B. अवधी का प्रयोग हुआ है
C. खड़ी बोली का प्रयोग हुआ है
D. उपरोक्त सभी

10. 'अवतार' संतों ने किस भाषा में लिखा?
A. तेलुगु B. उड़िया
C. गुजराती D. तमिल

11. रतनसेन और पद्मावती की प्रेम-गाथा का वर्णन किस ग्रंथ में है?
A. रतन सेन में B. पद्मावत में
C. ज्ञान बोध में D. मधुमालती में

12. तुलसी कृत 'रामचरितमानस' :
A. अवधी में है
B. ब्रज और अवधी दोनों में है
C. मागधी में है
D. उपरोक्त में से किसी में भी नहीं

13. यह किसकी उक्ति है?
'तबहीं लौं जीवो भलो, दीवो होय न धीम'
A. कबीर B. रहीम
C. तुलसी D. बिहारी

14. 'पाहन पूजे हरि मिलै, तो मैं पूजूं पहार'
यह उक्ति किसकी है?
A. रसखान B. रहीम
C. कबीर D. मकूलदास

15. हिन्दी कविता में राष्ट्रीयता की तान सबसे पहले किसने छेड़ी?
A. मैथिलीशरण गुप्त
B. माखनलाल चतुर्वेदी
C. रामधारी सिंह 'दिनकर'
D. भारतेंदु हरिश्चन्द्र

16. प्रिय प्रवास का वर्ण्य-विषया क्या है?
A. कृष्ण का मथुरा-प्रवास
B. सीता का करुणापूर्ण चित्र
C. राम वनवास
D. बुद्ध का गृहत्याग

17. कौन सा कवि 'एक भारतीय आत्मा' के नाम से कविता लिखता था?
A. मैथिलीशरण गुप्त B. बालकृष्ण शर्मा 'नवीन'
C. माखनलाल चतुर्वेदी D. सोहन लाल द्विवेदी

18. 'निराला' जी का पूरा नाम क्या था?
A. रमाकान्त त्रिपाठी B. उपाकान्त त्रिपाठी
C. सूर्यकान्त त्रिपाठी D. चन्द्रकान्त त्रिपाठी

19. 'आँसू' में किस रस की प्रधानता है?
A. शृंगार रस की B. शान्त रस की
C. करुण रस की D. अद्‌भुत रस की

20. 'निराला' की कविताओं में :
A. छायावाद है B. रहस्यवाद है
C. प्रगतिवाद है D. तीनों का समन्वय है

21. पंतजी की 'गुंजन' में :
A. मानव जीवन का दुःख-सुख है
B. निराशा और वेदना है
C. सहानुभूति है
D. उपरोक्त तीनों

22. महादेवीजी का पहला काव्य संग्रह कौन-सा है?
A. नीहार B. सप्तपर्णा
C. नीरजा D. यामा

23. आधुनिक काल का प्रथम महाकाव्य है
A. कमायनी B. उर्वशी
C. प्रिय प्रवास D. उपरोक्त में से कोई नहीं

24. जैन 'पद्‌म पुराण' का अनुवाद किसने किया था?
A. लक्ष्मण सिंह B. दौलत राम
C. श्रद्धाराम फिल्लौरी D. रामप्रसाद निरंजनी

25. द्विवेदी युग में ही हिन्दी के महान् उपन्यासकार की रचनाएं प्रकाश में आईं। वह उपन्यासकार थे
A. जैनेन्द्र कुमार B. यशपाल
C. प्रेमचन्द D. इलाचन्द जोशी

26. ऐतिहासिक उपन्यासों के लिए कौन-सा नाम विख्यात है?
A. यशपाल B. अज्ञेय
C. उपेन्द्रनाथ अश्क D. वृन्दावनलाल वर्मा

27. यशपाल ने अपनी कहानी 'खच्चर और आदमी' में क्या बताया है?
A. खच्चर आदमी से श्रेष्ठ है
B. आदमी खच्चर से श्रेष्ठ है
C. जो अपने को परिस्थितियों में ढाले वही बच पाता है
D. मनुष्य परिस्थितियों का दास है

28. मनोवैज्ञानिक महानीकारों में किसकी गणना नहीं की जाती?
A. राजेन्द्र यादव B. अज्ञेय
C. इलाचन्द्र जोशी D. पाण्डेय बेचन शर्मा 'उग्र'

29. भारतेन्दुजी के 'चन्द्रावली' नाटक में
A. भारत की दयनीय दशा का चित्रण है
B. शासन व्यवस्था पर व्यंग्य है
C. आदर्श प्रेम का चित्रण है
D. ऐतिहासिक खोज है

30. हिन्दी का प्रथम एकांकी नाटककार कौन था?
A. प्रसाद जी B. रामकुमार वर्मा
C. भगवतीचरण वर्मा D. उपेन्द्र नाथ अश्क

31. 'रसोईघर में प्रजातंत्र' विष्णु प्रभाकर का एकांकी है, जिसमें
A. व्यंग्य है B. क्षोभ है
C. उद्‌बोधन है D. निराशा है

32. 'ध्रुवस्वामिनी' प्रसादजी का
A. सामाजिक नाटक है
B. ऐतिहासिक नाटक है
C. पारिवारिक नाटक है
D. पौराणिक नाटक है

33. 'चिन्तामणि' में किसके निबंध संग्रहीत हैं?
A. बाबू गुलाबराय B. मिश्रबन्धु
C. महावीर प्रसाद द्विवेदी
D. रामचन्द्र शुक्ल

34. निम्नलिखित में से कौन-सा निबन्ध संग्रह महादेवी वर्मा का है?
A. अशोक के फूल B. मेरी असफलताएं
C. स्मृति की रेखायें D. कला का विवेचन

35. हिन्दी व्याकरण के क्षेत्र में किसका महत्त्वपूर्ण योगदान है
A. अयोध्या सिंह उपाध्याय
B. कामता प्रसाद गुरु
C. रामचन्द्र शुक्ल
D. बाबू गुलाबराय

उत्तरमाला

1	2	3	4	5	6	7	8	9	10
C	B	B	B	A	B	B	C	D	D
11	**12**	**13**	**14**	**15**	**16**	**17**	**18**	**19**	**20**
B	A	B	C	A	A	C	C	C	A
21	**22**	**23**	**24**	**25**	**26**	**27**	**28**	**29**	**30**
D	A	A	B	C	D	C	A	C	A
31	**32**	**33**	**34**	**35**					
A	B	D	C	B					

हिन्दी व्याकरण

वर्ण विचार

हिन्दी भाषा के व्याकरण के तीन विभागों—वर्ण, शब्द और वाक्य का संक्षिप्त वर्णन निम्नलिखित है—

ध्वनि, वर्ण या अक्षर

कानों से सुनी जाने वाली आवाज ध्वनि कहलाती है। मूल ध्वनि को जिस प्रतीक अथवा चिन्ह से प्रकट किया जाता है उसे वर्ण या अक्षर कहते हैं, जैसे, अ, क् च् ट् आदि। देवनागरी लिपि की वर्णमाला में 44 अक्षर हैं। वर्णों के स्वर और व्यंजन दो भेद होते हैं।

स्वर : अ, आ, इ, ई, उ, ऊ, ऋ, ए, ऐ, ओ, औ।

ये 11 अक्षर स्वर कहे जाते हैं।

व्यंजन : क ख ग घ ङ। च छ ज झ ञ
ट ठ ड ढ ण। त थ द ध न
प फ ब भ म। य र ल व श
ष स ह

इन 33 अक्षरों को व्यंजन कहा जाता है।

इनके सिवा वर्णमाला में तीन अक्षर—क्ष, त्र, ज्ञ और हैं। ये संयुक्त व्यंजन कहलाते हैं और इनकी रचना क् + ष = क्ष, त् + र = त्र, ज् + ञ = ज्ञ द्वारा हुई है।

संस्कृत के स्वरों ऋ, लृ का प्रयोग हिन्दी में नहीं किया जाता। केवल ह्रस्व ऋ का प्रयोग ऋषि, ऋण, आदि लिखने में किया जाता है।

अनुस्वार और विसर्ग

अनुस्वार का चिन्ह स्वर के ऊपर एक बिन्दी (अं) तथा विसर्ग का चिन्ह स्वर के आगे दो बिन्दियाँ (अः) हैं। व्यंजनों के समान ही इनके उच्चारण में भी स्वर की आवश्यकता पड़ती है किन्तु अंतर यह है कि अनुस्वार और विसर्ग में स्वर पहले उच्चरित होता है, जबकि व्यंजनों के उच्चारण में स्वर बाद में आता है जैसे—अ + (ं) = अं, अ + (:) = अः, क् + अ = क, च् + अ = च।

चन्द्रबिन्दु

नासिका से उच्चरित होने वाले स्वरों के ऊपर अनुनासिक चिन्ह (ँ) चन्द्रबिन्दु लगाया जाता है जो वर्ण के साथ ही उच्चरित होता है, जैसे-कहाँ, साँड़ आदि।

शब्द-विचार

शब्द

सुनाई पड़ने वाली ध्वनि शब्द कहलाती है। शब्द की परिभाषा इस प्रकार है—एक या अधिक अक्षरों से बनी हुई स्वतंत्र सार्थक ध्वनि 'शब्द' कही जाती है। शब्द व्यक्त और अव्यक्त दो प्रकार के होते हैं—

(*i*) व्यक्त या वर्णात्मक शब्द—जिसमें वर्ण स्पष्ट सुनाई देते हैं, जैसे—राम, गऊ, हाथी।

(*ii*) अव्यक्त या ध्वन्यात्मक शब्द—इनमें वर्णों की स्पष्टता नहीं होती। ये शब्द यथासंभव प्रायः ध्वनियों के अनुकरण पर निर्धारित होते हैं, जैसे—ढोल का बजना, ढमाढम; घोड़े का हिनहिनाना, बन्दर का खों-खों करना आदि।

व्यक्त या वर्णात्मक शब्दों के सार्थक और निरर्थक दो भेद होते हैं। व्याकरण के अन्तर्गत सार्थक शब्दों पर विचार किया जाता है।

हिन्दी के शब्द

हमारी भाषा (हिन्दी) में चार प्रकार के शब्द मिलते हैं जिनका वर्गीकरण निम्नलिखित है—

तत्सम : संस्कृत के वे शब्द जो हिन्दी में अपने मूल रूप में व्यवहृत होते हैं, जैसे—पिता, प्रभु, स्त्री, ग्रीष्म, वर्षा, गोशाला, उच्च आदि।

तद्‌भव : इन शब्दों का मूल संस्कृत ही है, किन्तु हिन्दी में इनका व्यवहार विकृत रूप में किया जाता है, जैसे—खेत (क्षेत्र), दूध (दुग्ध), सूरज (सूर्य), आग (अग्नि) आदि।

देशी या देशज : इन शब्दों को भाषा के विकास के साथ-साथ आवश्यकतानुसार गढ़ लिया गया है। इनमें बहुत-से शब्द ऐसे हैं जो क्षेत्रीय बोलियों अथवा अन्य भारतीय भाषाओं में से ले लिए गए हैं, जैसे—पाँव, नाक, खिड़की, जूता, पेट, पगड़ी आदि।

विदेशी : भारतीय शब्दों के अलावा अरबी, फारसी, फ्रेंच, पुर्तगीज तथा अंग्रेजी भाषा के ऐसे शब्द जो हिन्दी में यथावत् अथवा किंचित् परिवर्तन के साथ अपना लिए गए हैं, जैसे—स्कूल, पेन्सिल, पेन्शन, शरीफ, पादरी, गरीब, गवाह, मुसन्ना, दस्ती आदि।

शब्दों की व्युत्पत्ति

व्युत्पत्ति के अनुसार शब्दों के तीन भेद माने जाते हैं—रूढ़, यौगिक और योगरूढ़।

रूढ़ या रूढ़ि: ऐसे शब्द जिनमें केवल एक ही अर्थ का बोध होता है और उनके खण्ड करने पर कोई ठीक अर्थ नहीं निकलता, रूढ़ शब्द कहलाते हैं, जैसे—गऊ, घोड़ा, पानी, गौरैया आदि।

यौगिक : दो सार्थक शब्दों के संयोग अथवा प्रकृति और प्रत्यय की सहायता से बने शब्द यौगिक कहलाते हैं, जैसे—पाठशाला, घुड़सवार, रसोईघर, अतिथिगृह आदि।

योगरूढ़ या योगरूढ़ि : ऐसे यौगिक शब्द जो किसी विशेष अर्थ के द्योतक होते हैं, योगरूढ़ कहलाते हैं, जैसे—रामकहानी (आत्मकथा), वारिज (कमल), राजपूत (क्षत्रिय), गजानन (गणेश) आदि।

शब्दों का रूपान्तरण

संज्ञा, सर्वनाम, विशेषण और क्रिया—ये चार प्रकार के ऐसे शब्द होते हैं जिनका स्वरूप लिंग, वचन, कारक के अनुसार बदल जाता है। इस प्रकार के शब्दों को **विकारी** कहा जाता है, जैसे—बालक, मैं, तुम, लिखना, जाना आदि। कुछ ऐसे शब्द होते हैं जैसे—क्रिया विशेषण, संबंध बोधक, योजक, विस्मयादि बोधक जिनका रूप परिवर्तन नहीं होता, उन्हें **अविकारी** कहा जाता है, जैसे—अब, ओह, अहा, वाह-आदि।

शब्दों का व्याकरणिक विवेचन

वाक्य में प्रयोग के अनुसार व्याकरणिक दृष्टि से शब्दों के आठ भेद माने गए हैं—(1) संज्ञा, (2) सर्वनाम, (3) विशेषण, (4) क्रिया, (5) क्रियाविशेषण, (6) सम्बन्ध-सूचक, (7) समुच्चय-बोधक, (8) विस्मयादि-बोधक।

1. संज्ञा (Noun) : किसी पदार्थ, नाम, भाव अथवा स्थान का बोध कराने वाले शब्द संज्ञा कहे जाते हैं। संज्ञा के प्रमुख तीन भेद नीचे दिए गए हैं—

(अ) जिस शब्द से किसी एक पदार्थ, व्यक्ति अथवा स्थान का बोध होता है उसे व्यक्तिवाचक संज्ञा कहा जाता है, जैसे—कंगन, राजेन्द्र प्रसाद, वाराणसी, यमुना आदि।

(आ) किसी जाति अथवा सम्पूर्ण पदार्थ का बोध कराने वाले शब्द जातिवाचक संज्ञा के अन्तर्गत माने जाते हैं, जैसे—मानव, स्वर्ण, सरिता, भवन आदि।

(इ) गुण, स्वभाव, व्यापार, मनोभाव आदि प्रदर्शित करने वाले शब्दों की गणना भाववाचक संज्ञा के अन्तर्गत की जाती है, जैसे—मिठास, नमकीन, सुन्दरता, शीतलता, उष्णता आदि।

2. सर्वनाम (Pronoun) : संज्ञा के स्थान पर प्रयुक्त होने वाले शब्द सर्वनाम कहलाते हैं। ये शब्द संज्ञा की पुनरुक्ति का निराकरण करते हैं। इसके प्रमुख छः भेद हैं—

(i) पुरुषवाचक :

(क) उत्तम पुरुष—मैं, हम, हम सब।

(ख) मध्यम पुरुष—तू, तुम, आप। बहुवचन में इनका प्रयोग तुम सब, आप लोग करके होता है, केवल 'आप' का प्रयोग भी बहुवचन में किया जाता है।

(ग) अन्य पुरुष—वक्ता, श्रोता से जिस व्यक्ति के विषय में चर्चा करता है वह अन्य पुरुष कहलाता है। जैसे—वह, वे आदि।

(ii) निजवाचक : इस सर्वनाम का चिह्न 'आप' है किन्तु, इसका पुरुषवाचक सर्वनाम से भिन्न प्रयोग किया जाता है। निजवाचक 'आप' सर्वनाम अपने स्वयं (खुद) के लिए प्रयुक्त होता है। जैसे—मैं/आप वहाँ नहीं गया था, इस वाक्य का तात्पर्य अपने स्वयं के किसी स्थान पर न जाने से है। 'आप भूले, उस्ताद को लगाम' कहावत में 'आप' निजवाचक है। इसका तात्पर्य अपनी स्वयं की गलती किसी और के सिर मढ़ देने से है।

(iii) निश्चयवाचक : कहने वाला जिस शब्द के द्वारा किसी वस्तु की निश्चयात्मक समीपता अथवा दूरी व्यक्त करता है उसे निश्चयवाचक सर्वनाम कहा जाता है, जैसे—यह, ये, वह, वे, सो आदि।

(iv) अनिश्चयवाचक : जिस शब्द के द्वारा किसी वस्तु का निश्चयात्मक बोध नहीं होता उसे अनिश्चयवाचक सर्वनाम कहा

जाता है जैसे—कोई आ रहा है, कुछ लोग परस्पर बातचीत कर रहे हैं। इन दोनों वाक्यों में कोई, कुछ शब्द अनिश्चयवाचक हैं।

(v) सम्बन्धवाचक : जिस शब्द से किन्हीं दो भिन्नार्थी बातों का सम्बन्ध दिखाया जाता है उसे सम्बन्धवाचक सर्वनाम कहते हैं, जैसे—जो, सो, इत, उस, जैसी-वैसी। 1. जो सोवत है सो खोवत है। 2. इत रावण उत राम दुहाई। 3. जैसी करनी वैसी भरनी।

(vi) प्रश्नवाचक सर्वनाम : जिस सर्वनाम से किसी प्रश्न का बोध होता है, उसे प्रश्नवाचक सर्वनाम कहते हैं। जैसे—कौन, क्या।

1. क्या खाया जा रहा है ? 2. कौन आ रहा है ?
3. किसने तुम्हें बताया ? 4. किसकी हिम्मत है जो मुझे बुलाए ?

लिंग भेद से सर्वनाम शब्दों में कोई परिवर्तन नहीं होता। स्त्रीलिंग व पुल्लिंग ये शब्द समान रहते हैं। मैं, तू, वह, यह इन चार सर्वनामों में वाचक के आधार पर सामान्य परिवर्तन होता है।

3. विशेषण (Adjective) : वाक्य में जो शब्द संज्ञा या सर्वनाम की विशेषता प्रकट करता है उसे विशेषण कहा जाता है। हिन्दी में विशेषण चार प्रकार के होते हैं—

1. गुणवाचक (Adjective of quality)
2. संख्यावाचक (Adjective of number)
3. परिमाणवाचक (Adjective of quantity)
4. संकेतवाचक (Demonstrative adjective)

1. संज्ञा या सर्वनाम का गुण (रंग, आकार, प्रकृति आदि) बताने वाला विशेषण गुणवाचक कहलाता है। जैसे—नीला कोट, ऊँचा पर्वत, हँसमुख लड़का। इस विशेषण के अन्तर्गत दिशा, दशा तथा किसी देश के निवासी अथवा उससे सम्बन्धित किसी वस्तु का बोध कराने वाले शब्द भी सम्मिलित हैं।

2. संख्यावाचक विशेषण संख्या की सूचना देते हैं, जैसे—पाँच किलो लड्डू, सौ ग्राम घी।

3. परिमाणवाचक विशेषण के अन्तर्गत परिमाण (माप) बताने वाले शब्द आते हैं, जैसे—थोड़ा, बहुत, गजों, किलो आदि।

4. संकेतवाचक विशेषण वे शब्द होते हैं जिनमें कोई संकेत या निर्देश प्रकट होता है, जैसे—यह पुस्तक, वह व्यक्ति, ऐसा रास्ता, वैसा राज्य। संकेतवाचक विशेषण को सर्वनामी विशेषण भी कहा जाता है।

तुलना : किन्हीं दो या दो से अधिक वस्तुओं के मध्य गुण-दोष बताने की प्रक्रिया को तुलना कहते हैं। तुलना के आधार पर विशेषणों की तीन अवस्थाएँ होती हैं—मूलावस्था (Positive degree), उत्तरावस्था (Comparative degree), उत्तमावस्था (Superlative degree) ।

1. मूलावस्था के विशेषण में गुण-दोषों की तुलना नहीं की जाती। जैसे—राम निपुण है।

2. उत्तरावस्था के विशेषण में दो की तुलना करके एक को श्रेष्ठ बताया जाता है जैसे चन्द्रमौलि, नीरद से अधिक योग्य है। इस अवस्था में कभी-कभी विशेषण के साथ 'तर' प्रत्यय भी लगाया जाता है।

3. उत्तमावस्था के विशेषण में पहले 'सबसे' या 'सबमें' शब्द लगाया जाता है, जैसे—गऊ सबसे उपयोगी पशु है। वह पुस्तक सबमें श्रेष्ठ है। विशेषण की इस अवस्था में 'तम' प्रत्यय भी जोड़ा जाता है। जैसे सरलतम, प्रियतम, उत्तम आदि।

4. क्रिया (Verb) : जिस शब्द से किसी कार्य या व्यापार के होने का बोध होता है उसे क्रिया कहते हैं, जैसे—उठना, बैठना, लिखना, पढ़ना, आना, जाना आदि। इन शब्दों से किसी कार्य के होने का पता चलता है। क्रिया के दो भेद माने गए हैं—सकर्मक और अकर्मक। इन दो भेदों के अतिरिक्त इसके पाँच और भेद होते हैं—1. संयुक्त क्रिया, 2. अपूर्ण क्रिया, 3. प्रेरणार्थक क्रिया, 4. सहायक क्रिया, 5. पूर्वकालिक क्रिया। उपर्युक्त सभी प्रकार की क्रियाओं के उदाहरण नीचे दिए जाते हैं—

1. 'श्यामा पुस्तक लिखती है।' इस वाक्य में कर्त्ता के व्यापार का फल स्वयं कर्त्ता पर नहीं वरन् कर्म (पुस्तक) पर पड़ता है, अतएव इसकी क्रिया सकर्मक है।

2. 'नीरद दौड़ता है।' इस वाक्य में दौड़ने का कार्य नीरद करता है और उसका फल भी उसी पर पड़ता है, अतएव इस वाक्य की क्रिया अकर्मक है।

3. 'राधा न पानी पी लिया।' इस वाक्य में 'पी लिया' क्रिया पानी तथा लेना दो अलग-अलग क्रियाओं से बनी है, अतएव यह संयुक्त क्रिया है।

4. 'श्याम उसको योग्य समझता है।' इस वाक्य में 'उसको' कर्म के होते हुए भी वाक्य की पूर्णता संदिग्ध है। भाव की पूर्णता के लिए 'योग्य' शब्द रखने की आवश्यकता पड़ी है। इस प्रकार के वाक्य में व्यवहृत क्रिया अपूर्ण कहलाती है।

5. 'राम ने (मोहन से) पत्र पढ़वाया।' इस वाक्य में पढ़वाया प्रेरणार्थक क्रिया है। इसका वास्तविक कर्त्ता कोष्ठक में दिखाया गया है जो वाक्य में प्रयुक्त कर्त्ता की प्रेरणा से कार्य कर रहा है।

6. 'राम अपने चाचा के साथ रहता है।' इस वाक्य में 'है' मुख्य क्रिया के साथ गौण रूप से प्रयुक्त हुआ, अतएव यह सहायक क्रिया है जो समय की स्थिति बताता है। सामान्य रूप से सहायक क्रियाएँ काल का बोध कराने के लिए व्यवहृत होती हैं जो है, हैं, था, थे, थी, गा, गे, गी लगाकर बनाई जाती हैं।

5. क्रियाविशेषण (Adverb) : जिस शब्द (अविकारी) से क्रिया की विशेषता प्रकट होती है उसे क्रियाविशेषण कहते हैं, जैसे—'धीरे चलो।' इस वाक्य में 'धीरे' शब्द 'चलना' क्रिया की विशेषता बताता है।

क्रिया विशेषण चार प्रकार के होते हैं—

1. स्थानवाचक, 2. कालवाचक, 3. परिमाणवाचक, 4. रीतिवाचक।

स्थानवाचक : यहाँ, वहाँ, बाहर, भीतर, ऊपर, नीचे आदि।

कालवाचक : कल, परसों, आज, अभी, तब, जब, बार-बार, प्रातः, सायं आदि।

परिमाणवाचक : बहुत, कम, बिलकुल, सर्वथा, मनों, सेरों आदि।

रीतिवाचक : यथा, तथा, सचमुच, एकाएक, स्वयं आदि।

6. सम्बन्ध-बोधक (Preposition) : जो शब्द किसी संज्ञा या सर्वनाम के आगे-पीछे प्रयुक्त होकर उसका सम्बन्ध वाक्य के किसी अन्य शब्द से कराएँ उन्हें सम्बन्ध-बोधक कहा जाता है, जैसे—मोहन बाजार तक गया। इस वाक्य में 'तक' शब्द, 'बाजार' का सम्बन्ध 'गया' से कराता है, इसलिए सम्बन्ध-बोधक है।

प्रयोग के अनुसार सम्बन्ध-बोधक शब्द दो प्रकार के होते हैं—

1. संबद्ध, 2. अनुबद्ध।

सम्बद्ध सम्बन्ध-बोधक प्रायः कारकों के पीछे आते हैं। जैसे—लक्ष्मण राम के साथ वन गए। मोहन छत के नीचे सोया है।

अनुबद्ध सम्बन्ध-बोधक संज्ञा के विकृत रूप के साथ प्रयुक्त होते हैं। जैसे—मित्रों सहित, किनारे तक आदि।

7. समुच्चय-बोधक या योजक (Conjunction) : अव्यय या अविकारी शब्द, जो दो शब्दों, दो वाक्यों अथवा दो वाक्य खण्डों को परस्पर मिलाते हैं अथवा उनका पारस्परिक सम्बन्ध स्थापित करते हैं, उन्हें समुच्चय-बोधक या योजक कहते हैं। जैसे—

मैं **और** तुम कुछ खा-पीकर पढ़ें। तुम अकेले नहीं **वरन्** तुम्हारा साथी भी पास हो गया। तुम नहीं पढ़े तो न सही **किन्तु** तुम्हारा भाई क्यों नहीं पढ़ता। उक्त वाक्यों में और, वरन्, किन्तु, शब्द समुच्चय-बोधक या योजक हैं।

8. विस्मयादि-बोधक (Interjection) : जो शब्द हर्ष, शोक, आश्चर्य, घृणा, ग्लानि, भय आदि भावों को सहसा व्यक्त करते हैं, उन्हें विस्मयादि-बोधक (Exclamatory) कहा जाता है। जैसे—अहा, ओह, छि: छि:, उफ आदि।

ये शब्द, वाक्य में स्वतंत्र रूप से प्रयुक्त किए जाते हैं। वाक्य के अन्य शब्दों के साथ इनका सम्बन्ध नहीं होता। ऐसे शब्द विविध मनोविकारों को सूचित करते हैं और इनका प्रयोग प्रायः निम्नलिखित दशाओं में किया जाता है—

1. हर्षबोधक—अहा! मौसम कितना सुहावना है।
2. शोकसूचक—हाय! यह क्या हो गया।
3. आश्चर्य अथवा विस्मय बोधक—ओह! इतना बड़ा सर्प।

4. अनुमोदनार्थ	1. अच्छा! आप आज ही श्रीलंका जा रहे हैं।
	2. ठीक! आपका विचार सुन्दर है।
5. तिरस्कार हेतु	1. छि:! आप ऐसा घृणित कार्य करते हैं।
	2. हट! गंदी बात मत कर।
6. स्वीकार बोधक	1. हाँ! आप जा सकते हैं।
	2. जी हाँ! मैं पाठशाला गया था।
7. सम्बोधित करने में	1. हे भगवन्! मैं आपकी शरण में हूँ।
	2. अजी! आप भी क्या कहते हैं।
	3. अरे! तू इतनी जल्दी आ गया।

उक्त आठ प्रकार के शब्दों को दो प्रमुख भागों (1) विकारी (Declinable), तथा (2) अविकारी (Indeclinable) में भी बाँटा जाता है।

1. विकारी : यह ऐसे शब्द होते हैं जिनमें विकार अथवा कुछ परिवर्तन होता है—संज्ञा, सर्वनाम, विशेषण, क्रिया—ये चार विकारी कहे जाते हैं क्योंकि लिंग, वचन, कारक आदि के अनुसार इनके रूप में विकार अथवा परिवर्तन होता रहता है, जैसे—

संज्ञा	—	लड़का, लड़के ने, लड़कों के लिए।
सर्वनाम	—	वह, वे, उस, उन, उन्होंने।
विशेषण	—	काला, काले, काली।
क्रिया	—	जाता है, जाते हैं, जाती है, गए, गया, जाएगा।

2. अविकारी : वे शब्द हैं, जो सदा एक जैसे रहते हैं, अर्थात् जिनमें कभी कोई परिवर्तन नहीं होता। क्रियाविशेषण (Adverb), सम्बन्ध-बोधक (Preposition), समुच्चय-बोधक अथवा योजक (Conjunction) तथा विस्मयादि-बोधक (Interjection) ऐसे ही शब्द हैं जिन्हें अविकारी कहा जाता है। इनके उदाहरण इस प्रकार हैं—

क्रियाविशेषण	—	काला, काले, काली।
सम्बन्ध-बोधक	—	ऊपर, आगे, पीछे।
समुच्चय-बोधक अथवा योजक	—	और, किन्तु, यदि।
विस्मयादि-बोधक	—	अहा, हा, छि:, अरे, वाह-वाह।

अर्थ के विचार से शब्दों के भेद
(Kinds of Words according to their Meaning)

अर्थ के विचार से शब्दों के तीन भेद हैं—

1. वाच्यार्थक (Narrative), 2. लक्ष्यार्थक (Indicative), 3. व्यंजनार्थक (Suggestive)।

1. वाच्यार्थक : रूढ़िगत तथा प्रचलित एवं लोक-प्रसिद्ध अर्थ को बताने वाले शब्द वाच्यार्थक कहे जाते हैं। जैसे—वह मेरी बैलगाड़ी है, यह राम की गाय है।

इन वाक्यों में बैलगाड़ी तथा गाय का प्रयोग उनके प्रचलित अर्थों में किया गया है। इसलिए इन्हें वाच्यार्थक शब्द कहा जाता है।

2. लक्ष्यार्थक : लोक-प्रसिद्ध अथवा प्रचलित अर्थ न लेकर जब किसी शब्द का कोई अन्य अर्थ निकाला जाता है तो वे शब्द लक्ष्यार्थक कहे जाते हैं। जैसे—वह निरा बैल है। आभा सीधी गाय है।

यहाँ बैल का अर्थ उजड्ड, गँवार तथा गाय का अर्थ सीधे और भोलेपन एवं उसकी उपयोगिता से लिया गया है। यहाँ बैल अथवा गाय शब्द अपने प्रचलित अर्थ का बोध नहीं कराते।

3. व्यंजनार्थक : जिन शब्दों के अर्थ न तो वाच्य हों और न लक्ष्य वरन् अन्य किसी गंभीर अर्थ का संकेत देते हों तो वे व्यंजनार्थ कहे जाते हैं। इनमें एक प्रकार के व्यंग्य की व्यंजना होती है। जैसे—आप तो विद्यासागर हैं, यहाँ विद्यासागर कहना यह दर्शाता है कि व्यक्ति महामूर्ख है। इसी प्रकार किसी को महापंडित कहना भी मूर्खता-सूचक माना जाता है। व्यंजनार्थी शब्दों का प्रयोग अन्य प्रकार से भी किया जाता है। जैसे—अरे! प्रात:काल हो गया है।

यहाँ प्रात:काल होने का अर्थ शैय्या का परित्याग करना, नित्य कर्म से निवृत्त होकर स्नानादि करने के पश्चात् काम पर चलने से होता है। इसके साथ ही प्रात:काल होने का अर्थ सचेत होने से भी लिया जाता है। इस संदर्भ में गांधी जी का एक प्रसिद्ध और प्रिय भजन भी यही प्रेरणा देता है, जिसमें प्रात:काल के लिए 'भोर भयो' शब्द का प्रयोग किया गया है—

उठ जाग मुसाफिर भोर भयो
अब रैन कहाँ जो सोवत है,
जो सोवत है सो खोवत है,
जो जागत है सो पावत है।

इस प्रकार उपर्युक्त विवेचन से वाचिक, लाक्षणिक एवं व्यंग्यार्थक शब्दों का आशय स्पष्ट हो जाता है।

स्वर के भेद

स्वर तीन प्रकार के होते हैं—

1. ह्रस्व स्वर (Short Vowels)
2. दीर्घ स्वर (Long Vowels)
3. प्लुत स्वर (Protracted-sound Vowels)।

1. ह्रस्व स्वर : जिन स्वरों के उच्चारण में कम समय लगता है उन्हें **ह्रस्व स्वर** कहा जाता है। जैसे—अ, इ, उ, ऋ। इन स्वरों का दूसरा नाम मूल स्वर भी है, क्योंकि इनमें किसी और ध्वनि का मिश्रण नहीं है।

2. दीर्घ स्वर : जिन स्वरों के उच्चारण में मूल स्वर से दुगुना समय लगता है उन्हें **दीर्घ स्वर** कहा जाता है। जैसे—आ, ई, ऊ, ए, ऐ, ओ, औ। इनमें दो-दो स्वर मिले होते हैं—(अ+अ=आ), (इ+इ=ई), (उ+उ=ऊ), (अ+इ=ए), (अ+ए=ऐ), (अ+उ=ओ), (अ+ओ=औ)। इसीलिए इन्हें दीर्घ स्वरों के अलावा संयुक्त या संधि स्वर भी कहा जाता है।

3. प्लुत स्वर : जिन स्वरों के उच्चारण में ह्रस्व से तिगुना समय लगे, वे प्लुत स्वर कहलाते हैं। किसी को दूर से पुकारने में इन स्वरों का प्रयोग किया जाता है। इनको प्रकट करने के लिए ह्रस्व या दीर्घ स्वर के आगे तीन (३) का अंक लगाया जाता है। जैसे—ओ३म्, हे प्रभो३, हे राम३ आदि।

मात्रा काल : किसी स्वर का उच्चारण करने में जितना समय लगता है उसे मात्रा काल कहा जाता है। ह्रस्व स्वर में एक मात्रा काल, दीर्घ स्वर में दो मात्रा काल तथा प्लुत स्वर में तीन मात्रा काल का समय लगता है।

मात्राएँ (Vowel Marks)

अ आ इ ई उ ऊ ऋ ॠ ए ऐ ओ औ
ा ि ी ु ू ृ ॄ े ै ो ौ

'अ' की पृथक् मात्रा नहीं होती। व्यंजन का हल् न होना ही इसका बोधक है अर्थात् प्रत्येक व्यंजन में 'अ' का संयोग ज़रूर होता है। जैसे—क, च, ट, त आदि।

मात्रायुक्त व्यंजनों का स्वरूप इस प्रकार होगा—

क का कि की कु कू कृ कॄ के कै को कौ। वैदिक ध्वनियों को छोड़ कर आमतौर से 'कृ' 'लृ' ध्वनि का प्रयोग नहीं किया जाता। अनुस्वार तथा विसर्ग ध्वनियों का प्रयोग नीचे लिखे अनुसार किया जाता है—

शं, सः

व्यंजनों के भेद

स्वरों की तरह व्यंजनों के भी तीन भेद होते हैं जिन्हें क्रमशः 1. स्पर्श (Mutes), 2. अन्तस्थ (Semi Vowel), 3. ऊष्म (Sibilants) कहा जाता है।

1. स्पर्श : हिन्दी वर्णमाला के 25 वर्ण 'क' से लेकर 'म' पर्यन्त स्पर्श कहे जाते हैं। पाँच-पाँच वर्णों के समूह को वर्ग कहा जाता है। जैसे—कवर्ग, चवर्ग, टवर्ग, तवर्ग एवं पवर्ग।

2. अन्तस्थ : य, र, ल, व, इन वर्णों को अन्तस्थ कहा जाता है।

3. ऊष्म : शं, स, ष, ह इन चार वर्णों को ऊष्म कहा जाता है।

'क' से लेकर 'म' तक उच्चरित वर्णों में जिह्वा का मुख के अलग-अलग हिस्सों में स्पर्श होता है, इसलिए इन्हें स्पर्श कहा जाता है।

य, र, ल, व अन्तस्थ इसलिए कहे जाते हैं क्योंकि ये स्वर तथा व्यंजन दोनों के मध्य में स्थित हैं। इनके उच्चारण में जीभ का पूरा स्पर्श मुख के किसी विशेष भाग से नहीं होता। इन्हें आधा स्वर भी कहा जाता है। अन्तस्थ का आशय है—अन्तः=बीच में, स्थ=स्थित है।

श, ष, स, ह को ऊष्म स्वर इसलिए कहा जाता है क्योंकि इनका उच्चारण करने में श्वास की प्रबलता रहती है तथा बोलते समय सीटी की-सी ध्वनि निकलती है। वायु की रगड़ खाने से इनमें ऊष्मा (गर्मी) उत्पन्न होती है अतएव इन्हें ऊष्म स्वर कहा जाता है।

अल्पप्राण और महाप्राण वर्ण : जिन व्यंजनों के उच्चारण में वायु कम मात्रा में बाहर निकलती है, उन्हें **अल्पप्राण** कहा जाता है। वर्गों के पहले, तीसरे और पाँचवें वर्ण को अल्पप्राण कहा जाता है। जैसे—क, ग, ङ आदि।

जिन व्यंजनों के उच्चारण में वायु अधिक मात्रा में बाहर निकलती है वे **महाप्राण** कहे जाते हैं। वर्गों के दूसरे तथा चौथे वर्ण महाप्राण होते हैं। जैसे—छ, झ, आदि।

सघोष और अघोष वर्ण : फेफड़ों से निकलकर मुख तथा नासिका-विवर में आने वाली वायु के द्वारा ध्वनियाँ उच्चरित होती हैं। फेफड़ों से आती वायु के निकलते समय यदि मुँह न तो सर्वथा बन्द हो और न इतना सँकरा हो कि वायु रगड़ खाकर बाहर आए (जैसे—श-स के उच्चारण में) तथा न मुख विवर की मध्य रेखा पर जिह्वा द्वारा ऐसी बाधा पड़े कि वायु को बगल से निकलना पड़े (जैसे—ल् के उच्चारण में) तो स्वरों का उच्चारण होता है (संक्षेप में स्वरों के उच्चारण में वायु बिना बाधा के निकलती है) सामान्य रूप से सभी स्वर **सघोस** होते हैं।

जब वर्ण का उच्चारण करते समय मुँह को बन्द करके फिर खोला जाता है अथवा इतना सँकरा कर लिया जाता है कि वायु रगड़ खाकर बाहर आए या मुख विवर के मध्य रेखा पर वायु को जिह्वा द्वारा इस तरह रोका जाए कि वायु को बगल से निकलना पड़े तो व्यंजनों का उच्चारण होता है। वर्गों के तीसरे, चौथे और पाँचवें वर्ण तथा य र ल व **सघोष** होते हैं तथा वर्गों के पहले, दूसरे वर्ण तथा श ष स ह **अघोष** होते हैं।

परम्परागत प्रयत्न तालिका

अभ्यान्तर प्रयत्न	वर्ण	बाह्य प्रयत्न	
स्पष्ट प्रयत्न	क च ट त प	अल्पप्राण	अघोष
	ख छ ठ थ फ	महाप्राण	
	ग ज ड द ब	अल्पप्राण	
	घ झ ढ ध भ	महाप्राण	अघोष
	ङ ञ ण न म	अल्पप्राण	
ईषत्स्पृष्ट (अन्तस्थ)	य र ल व	अल्पप्राण	घोष
विवृत (स्वर)	अ आ इ ई उ ऊ ऋ		
	ॠ लृ ए ऐ ओ औ	(अल्पप्राण)	घोष
ईषद् विवृत (ऊष्म)	श ष स ह	(महाप्राण)	अघोष

प्रयत्न : प्रत्येक ध्वनि का उच्चारण करने में किसी उच्चारण अवयव को कुछ विशेष ढंग की चेष्टा करनी पड़ती है। इस चेष्टा को ही **प्रयत्न** कहा जाता है। प्रयत्न के अनुसार व्यंजन आठ प्रकार के होते हैं। जैसे—(1) स्पर्श, (2) संघर्षी, (3) स्पर्श संघर्षी, (4)

अनुनासिक, (5) पार्श्विक, (6) प्रकंपी, (7) उत्क्षिप्त, (8) अर्द्धस्वर। इन आठ प्रकार के प्रयत्नों के उदाहरण इस प्रकार हैं—

स्पर्श	—	क ख ग घ
संघर्षी	—	ग ल ह
स्पर्ष संघर्षी	—	च छ ज झ
अनुनासिक	—	ङ ञ ण न म
पार्श्विक	—	ल्
प्रकंपी	—	र
उत्क्षिप्त	—	ड़ ढ़
अर्द्ध स्वर	—	य तथा व

लिंग

हिन्दी में केवल दो लिंग होते हैं, जिन्हें पुल्लिग तथा स्त्रीलिंग कहा जाता है। संस्कृत की भांति इसमें नपुंसक अथवा क्लीव लिंग नहीं होता। कोई भी संज्ञा पुल्लिग है अथवा स्त्रीलिंग, इसका ज्ञान वाचक शब्दों अथवा उनकी रचना से होता है। नरवाची शब्द पुल्लिग तथा नारीवाची शब्द स्त्रीलिंग होते हैं। जैसे—

पुल्लिग	स्त्रीलिंग
पिता	माता
भाई	बहन
पति	पत्नी
बैल	गाय
शेर	शेरनी
राम	सीता

कुछ समूहवाची संज्ञाएँ प्रयोगानुसार पुल्लिग तथा स्त्रीलिंग दोनों होती हैं—

पुल्लिग	स्त्रीलिंग
परिवार	सेना
मण्डल	सभा
समूह	सरकार
दल	पार्टी
समाज	प्रजा

रचना के अनुसार संज्ञाओं का लिंग निर्धारण कठिन कार्य है। सामान्य रूप में जो शब्द विशालता, शक्ति, कठोरता अथवा उत्तमता के द्योतक होते हैं, वे पुल्लिग होते हैं और जो निर्बलता, लघुता अथवा क्षीणता प्रकट करते हैं, वे स्त्रीलिंग होते हैं। जैसे—

पुल्लिग	स्त्रीलिंग
जहाज	नौका
पर्वत	उपत्यका
शिखर	लता
सागर	सरिता

पुल्लिग : हिन्दी के ऐसे शब्द जिनके अन्त में आ, ना, आव, पन, पा अथवा आन प्रत्यय होते हैं वे प्रायः पुल्लिग होते हैं—

(आ) : बुढ़ापा, कपड़ा, आटा, नया, पुराना, खरा, खोटा, ऊँचा, नीचा आदि।

(ना) : आना, जाना, खाना, पीना, उठना, बैठना, रोना, धोना आदि।

(आव) : उतराव, चढ़ाव, पड़ाव, प्रभाव, बढ़ाव आदि।

(पन) : बचपन, बड़प्पन, छुटपन आदि।

(पा) : मोटापा, रंडापा (Widow-hood) आदि।

(आन) : पहचान, उठान, ढलान, मिलान, लगान आदि।

ऐसी संज्ञाएँ जिनके अन्त में त्व, त्य, व्य, र्य, त्र होता है वे पुल्लिग होती हैं। जैसे—महत्व, लघुत्व, अमात्य, नृत्य, कर्त्तव्य, नव्य, माधुर्य, चातुर्य, चरित्र, विचित्र आदि।

अकारान्त संज्ञाएँ पुल्लिग होती हैं, किन्तु इसके अपवाद भी हैं, जैसे—नाक, कलम, जीभ, देह, दीवार आदि संज्ञाएँ अकारान्त होने पर भी स्त्रीलिंग के अन्तर्गत आती हैं। सप्ताह के दिन तथा भारतीय संवत्सर के 12 महीने पुल्लिग हैं।

वृक्षों में आम, कटहल, शीशम, बरगद, सागौन, शाल आदि पुल्लिग हैं जबकि, इमली, नीम आदि स्त्रीलिंग माने जाते हैं।

अनाजों में चना, चावल, जौ, गेहूँ, बाजरा, तिल, उड़द आदि पुल्लिग के अन्तर्गत आते हैं, किन्तु दालों में अरहर, मूंग, मटर तथा अनाजों में ज्वार आदि स्त्रीलिंग माने जाते हैं।

स्त्रीलिंग : इकारान्त तथा ईकारान्त संज्ञाएँ प्रायः स्त्रीलिंग होती हैं—

इकारान्त—मति, धृति, गति, रति, इति आदि।

ईकारान्त—विनती, बाती, चिट्ठी, टोपी, घड़ी, धोती, खिड़की आदि; किन्तु पानी, मोती, दही आदि संज्ञाएँ अपवाद हैं।

संस्कृत के तत्सम आकारान्त शब्द स्त्रीलिंग होते हैं—दया, कृपा, प्रार्थना, माला, आत्मा आदि।

जिन संज्ञाओं के अन्त में ट, त, हट, वट, ता आदि प्रत्यय आते हैं, वे स्त्रीलिंग होती हैं—

(ट) : हाट, बाट, खाट आदि।

(त) : लात, घात, मात आदि।

(हट) : चिकनाहट, घबराहट, सकपकाहट आदि।

(वट) : बनावट, सजावट, लिखावट आदि।

(ता) : शीतलता, भव्यता, गुरुता आदि।

अरबी, फारसी के तकारान्त शब्द प्रायः स्त्रीलिंग होते हैं—छत, बगावत, दवात, तबीअत आदि।

कुछ पक्षी बिना नर-मादा के भेद के पुल्लिग व स्त्रीलिंग में माने जाते हैं। जैसे—कौआ, कबूतर, तोता (पुल्लिग); चील, गौरैया, मैना, सारस (स्त्रीलिंग)।

पुल्लिग शब्दों से स्त्रीलिंग बनाने के नियम

1. 'अ' अथवा 'अकारान्त' शब्दों की जगह 'ई' जोड़ देने से—

पुल्लिग	**स्त्रीलिंग**
बेटा	बेटी
चाचा	चाची
घोड़ा	घोड़ी
बकरा	बकरी

2. 'अ' की जगह 'इया' जोड़ देने से—

पुल्लिग	**स्त्रीलिंग**
बूढ़ा	बुढ़िया
चूहा	चुहिया
डिब्बा	डिबिया
फोड़ा	फुड़िया

3. 'अ' की जगह 'इन' जोड़ देने से—

पुल्लिग	**स्त्रीलिंग**
लुहार	लुहारिन
मालिक	मालकिन
बाघ	बाघिन

4. 'अ' की जगह 'नी' अथवा 'आनी' जोड़ देने से—

पुल्लिग	**स्त्रीलिंग**
हंस	हंसिनी
ऊँट	ऊँटिनी
मोर	मोरनी
नौकर	नौकरानी
देवर	देवरानी

5. कुछ पुल्लिग शब्दों के आगे 'न' जोड़ देने से—

पुल्लिग	**स्त्रीलिंग**
दूल्हा	दुल्हिन
धोबी	धोबिन
नाई	नाइन
नाती	नातिन

विशेष : उक्त नियम में पुल्लिग से स्त्रीलिंग बनाते समय 'आ' का 'अ' तथा 'ई' का 'इ' में परिवर्तन ध्यान देने योग्य है।

6. पुल्लिग संज्ञाओं के साथ 'आइन' जोड़ देने से—

पुल्लिग	**स्त्रीलिंग**
पंडित	पंडिताइन
ठाकुर	ठकुराइन
सुकुल	सुकुलाइन
लाला	ललाइन

7. बहुत-सी ऐसी संज्ञाएँ भी हैं जिनके स्त्रीलिंग उपर्युक्त नियमानुसार नहीं बनते वरन् उनके पुल्लिग व स्त्रीलिंग पृथक्-पृथक् होते हैं। जैसे—

पुल्लिग	**स्त्रीलिंग**
राजा	रानी
पिता	माता
बैल	गाय
वर	वधू
भाई	बहन
विद्वान्	विदुषी
कवि	कवयित्री

प्रारम्भ में हिन्दी भाषा का लिंग ज्ञान अन्य भाषा-भावियों को कठिन प्रतीत होता है, किन्तु अभ्यास से यह कठिनाई शीघ्र हल हो जाती है।

कारक

कारक वे चिह्न हैं जिनके जुड़ने से संज्ञा अथवा सर्वनाम का क्रिया के साथ सम्बन्ध दिखाया जाता है। संक्षेप में, यदि कहा जाये तो कारक का अर्थ क्रिया से सम्बन्ध दर्शाने वाला होता है। कारक के संकेत सूचक चिह्नों को विभक्ति कहते हैं। हिन्दी में कारकों की संख्या आठ मानी जाती है। संस्कृत में भी इनकी यही संख्या है। हिन्दी के कारकों तथा उनके सूचक चिह्नों (विभक्ति या परसर्ग) को नीचे दिया गया है—

कारक	विभक्ति या परसर्ग
कर्त्ता	ने
कर्म	को
करण	से, के, द्वारा
सम्प्रदान	के लिए, को
अपादान	से
सम्बन्ध	का, के, की
अधिकरण	में, पर
सम्बोधन	हे, अरे, हो

काल

क्रिया व्यापार के बोधक समय को काल कहते हैं। काल, कार्य होने के समय का द्योतक है। इसके मुख्यतः तीन भेद होते हैं—1. वर्तमान काल, 2. भूतकाल, 3. भविष्यकाल। कार्य की पूर्णता और अपूर्णता को दृष्टिगत रख कर वर्तमान तथा भूतकाल के दो-दो भेद और माने गए हैं जिन्हें अपूर्ण वर्तमान व पूर्ण वर्तमान तथा अपूर्ण भूत व पूर्ण भूत कहा जाता है।

संस्कृत भाषा में भूतकाल व भविष्य काल का और भी सूक्ष्मता से विचार किया गया है। उसमें भूतकाल के छः प्रमुख भेद स्थिर किए गए हैं जो इस प्रकार हैं—

1. सामान्य भूत, 2. आसन्न भूत, 3. पूर्ण भूत, 4. अपूर्ण भूत, 5. संदिग्ध भूत, 6. हेतुहेतुमद् भूत।

भविष्यत् काल के दो भेद सामान्य भविष्यत् व सम्भाव्य भविष्यत् हैं। उपर्युक्त तीनों कालों के उदाहरण निम्नलिखित हैं—

वर्तमान काल

वर्तमान का (अपूर्ण) :

1. गीता खा रही है। 2. नीरद सो रहा है।
3. उमा हँस रही है।

उपर्युक्त वाक्यों से प्रकट है कि कर्त्ता गीता, नीरद तथा उमा की क्रियाएँ अभी पूरी नहीं हुईं वरन् चल रही हैं, इसलिए इन वाक्यों को अपूर्ण वर्तमान काल के अन्तर्गत माना जाता है।

वर्तमान काल (पूर्ण) :

1. अमर दिल्ली आया है। 2. वनमाली के दो पुत्र हैं।

इन उपर्युक्त वाक्यों से क्रिया की वर्तमान कालिक पूर्णता प्रकट होती है, अतएव वे वाक्य पूर्ण वर्तमान काल के अन्तर्गत आते हैं।

भूतकाल

भूतकाल (अपूर्ण) :

1. अर्जुन पढ़ता था। 2. रमा गाती थी।

उक्त वाक्यों से प्रकट है कि कार्य भूतकाल में हुआ है अवश्य, किन्तु उसकी पूर्णता संदिग्ध बनी रही। इस प्रकार के वाक्य अपूर्ण भूतकाल के द्योतक हैं।

भूतकाल (पूर्ण) :

1. राम फल लाया था। 2. गायत्री गाँव चली गई थी।

उक्त वाक्यों में बीते हुए दूरवर्ती समय में क्रिया का होना पाया जाता है, अतएव ये पूर्ण भूत हैं।

भूतकाल के शेष भेदों का संक्षिप्त वर्णन इस प्रकार है—

(क) सामान्य भूत : 1. कमला हँसी।
2. विमला रोई।

(ख) आसन्न भूत : 1. वह गया है।
2. लाला आए हैं।

(ग) संदिग्ध भूत : 1. राजू शायद गया हो।
2. मोहन शायद आया हो।

(घ) हेतुहेतुमद् भूत : 1. यदि मैंने लिखा होता तो वह आता।
2. बादल आते तो वर्षा होती।

भविष्य काल

(क) सामान्य भविष्यत् : क्रिया के जिस रूप से आगे आने वाले समय में कार्य के होने का पता चलता है, उसे सामान्य भविष्यत् कहते हैं। जैसे—

1. हरी जागेगा। 2. श्याम पढ़ेगा।

(ख) सम्भाव्य भविष्यत् : क्रिया के जिस रूप से आगे आने वाले समय में कार्य के होने की सम्भावना अथवा इच्छा पाई जाती है, उसे सम्भाव्य भविष्यत् कहते हैं। जैसे—

1. बादल घिरे हैं। 2. वर्षा हो सकती है।

अर्थ अथवा क्रियार्थ

अर्थ अथवा क्रियार्थ वह पद्धति है जिसके द्वारा क्रिया के कार्य करने की प्रकृति का बोध होता है। क्रिया केवल पूर्णता या अपूर्णता अथवा काल का ही द्योतन नहीं करती वरन् उससे निश्चय, संदेह, संभावना, आज्ञा, आशा एवं संकेत का पता चलता है। हिन्दी में क्रियार्थ के मुख्य पाँच भेद हैं। यथा—

1. निश्चयार्थ, 2. संभावनार्थ, 3. संदेहार्थ, 4. आज्ञार्थ, 5. संकेतार्थ।

इन पाँचों के क्रमश: उदाहरण नीचे दिए जा रहे हैं—

1. पानी बरस रहा है। (निश्चयार्थ)
2. शायद आभा आती होगी। (संभावनार्थ)
3. क्या वह सोता होगा ? (संदेहार्थ)
4. अपना पाठ याद करो। (आज्ञार्थ)
5. यदि तुम कल आते तो काम बन जाता। (संकेतार्थ)

वाक्य विन्यास

किसी भी भाषा को बोलने तथा लिखने के लिए उसकी प्रकृति, व्याकरण तथा शब्द वर्त्तनी से परिचित होना नितान्त आवश्यक होता है। वाक्य विन्यास के लिए व्याकरण का ज्ञान जब ठीक प्रकार से नहीं होगा वाक्य अनगढ़ व अटपटे लिखे और बोले जायेंगे। प्राय: कुछ अहिन्दी भाषी लोगों को सुना जा सकता है जिन्हें हिन्दी भाषा का पर्याप्त ज्ञान न होने के कारण अटपटी भाषा बोलनी पड़ती है। उनके बोलने से अर्थ-बोध तो हो जाता है, किन्तु भाषा की अनभिज्ञता उसे विरूप बना देती है। वैसे इस प्रकार की अटपटी भाषा बोलते देखकर हँसना नहीं चाहिए, क्योंकि वे इस बहाने भाषा सीखने का ही प्रयास कर रहे हैं। वाक्य विन्यास में आने वाली व्याकरणिक अशुद्धियों को निम्नलिखित वर्गों में बाँटा जा सकता है—

सर्वनाम संबंधी अशुद्धियाँ

सामान्य बोलचाल में सर्वनामों का प्रयोग प्राय: गलत ढंग से किया जाता है—मैं, हम, तुम, आप, तुझे, वे आदि ऐसे शब्द हैं जिनके गलत व सही प्रयोगों के कुछ उदाहरण नीचे दिए जा रहे हैं—

अशुद्ध	शुद्ध
• मैंने भोजन करना है।	मुझे भोजन करना है।
• हम गाँव नहीं गया।	मैं गाँव नहीं गया।
• गुरु जी, तुम घर नहीं थे।	गुरु जी, आप घर में नहीं थे।
• हम, तुम और वह साथ चलेंगे।	हम सब साथ चलेंगे।
• तुम कहाँ जाता है ?	तू कहाँ जाता है ? या तुम कहाँ जाते हो ?
• आप क्यों नहीं गया ?	आप क्यों नहीं गए ?
• वे सब कहाँ रहते हैं ?	वे कहाँ रहते हैं ?
• तुझने शहर जाना है ?	तुझे शहर जाना है ?

कारक सम्बन्धी अशुद्धियाँ

अशुद्ध	शुद्ध
• श्रीधर प्रतिवर्ष हिमालय पर्वत में सैर के लिए जाते हैं।	श्रीधर प्रतिवर्ष हिमालय पर्वत पर सैर के लिए जाते हैं।
• मैंने भोजन करने जाना है।	मुझे भोजन करने जाना है।
• वह छत में गिर पड़ा।	वह छत पर गिर पड़ा।
• इतना श्रम करने पर वह पास न हो सका।	इतना श्रम करने पर भी वह पास न हो सका।
• वह भोजन को खाने बैठा।	वह भोजन करने बैठा।
• हरि ने पैर में मरहम लगाया।	हरि ने पैर पर मरहम लगाया।
• उसने बड़े-बड़े कष्टों को सहा है।	उसने बड़े-बड़े कष्ट सहे/झेले हैं।
• आजकल में उसको मुम्बई जाना है।	आजकल में उसे मुम्बई जाना है।
• राम ने अपने पिता के पास पत्र भेजा है।	राम ने अपने पिता को पत्र भेजा।

• आप कहाँ पर रहते हैं ?	आप कहाँ रहते हैं ?
• गुलाब की सौन्दर्यता मनोरम है।	गुलाब का सौन्दर्य मनोरम है।
• आजकल भाई–भाई की टक्कर है।	आजकल भाई–भाई में टक्कर है।
• पारस्परिक ऐक्यता राष्ट्र को समृद्ध बनाती है।	पारस्परिक एकता राष्ट्र को समृद्ध बनाती है।
• कांचनदे की सौन्दर्यता ही उसकी विपत्ति का कारण बनी।	कांचनदे की सुन्दरता ही इसकी विपत्ति का कारण बनी।
• भरत के सदृश्य भाई होना असंभव है।	भरत के सदृश भाई होना असंभव है।

लिंग सम्बन्धी अशुद्धियाँ

अशुद्ध	शुद्ध
• बस आता है।	बस आती है।
• आमदनी के साथ–साथ उसकी लालच बढ़ती जाती है।	आमदनी के साथ–साथ उसका लालच बढ़ता जाता है।
• स्त्रियों का समूह आ रही है।	स्त्रियों का समूह आ रहा है।
• अमीरों की सन्तान प्रायः बिगड़ जाता है।	अमीरों की सन्तानें प्रायः बिगड़ जाती हैं।
• माया शरीर से दुबला है।	माया शरीर से दुबली/दुर्बल है।
• जावित्री, इलायची और लौंग रखा है।	जावित्री, इलायची और लौंग रखी है।
• दही खट्टी है।	दही खट्टा है।
• गाँव में बाजार हफ्ते में दो बार लगती है।	गाँव में बाजार हफ्ते में दो बार लगता है।
• मोती में आब होता है।	मोती में आब होती है।
• गेहूँ अच्छी अन्न है।	गेहूँ अच्छा अन्न है।
• चील, कोयल, मैना और गिलहरी पेड़ों पर रहते हैं।	चील, कोयल, मैना और गिलहरी पेड़ों पर रहती हैं।
• मुम्बई अच्छी शहर है।	मुम्बई अच्छा शहर है।
• आपने पूड़ी–कचौड़ी खाया है।	आपने पूड़ी, कचौड़ी खाई है।
• हीरा, माणिक्य और मोती कीमती अच्छी रत्न हैं।	हीरा, माणिक्य और मोती कीमती अच्छे रत्न हैं।
• सुभद्रा कुमारी चौहान अच्छी कवि थीं।	सुभद्रा कुमारी चौहान अच्छी कवयित्री थीं।
• कमरे में तीन पुस्तकें, एक कुर्सी व एक मेज रखा है।	कमरे में तीन पुस्तकें, एक कुर्सी व एक मेज रखी है।
• राम और शीला स्कूल जाती है।	राम और शीला स्कूल जाते हैं।
• कान्ति विद्वान् महिला है।	कान्ति विदुषी महिला है।

वचन सम्बन्धी अशुद्धियाँ

अशुद्ध	शुद्ध
• श्याम के घर में दो गाएँ, चार भैंसें और एक बकरी हैं।	श्याम के घर में दो गाएँ, चार भैंसें और एक बकरी है।
• राधा के पास एक गुड़िया, दो बत्तखें तथा पाँच किताब हैं।	राधा के पास एक गुड़िया, दो बत्तखें तथा पाँच किताबें हैं।
• आपका हस्ताक्षर सुन्दर है।	आपके हस्ताक्षर सुन्दर हैं।
• युद्ध के समय सैनक का प्राण संकट में होता है।	युद्ध के समय सैनिक के प्राण संकट में होते हैं।
• मोहन को रोता देख मुझे भी आँसू आ गया।	मोहन को रोता देख मुझे भी आँसू आ गए।
• आपका पिताजी कहाँ रहता है ?	आपके पिताजी कहाँ रहते हैं ?
• हम कल शहर जाऊँगा।	मैं कल शहर जाऊँगा।
• जाओ! मैं तुमसे नहीं बोलते।	जाओ! मैं तुमसे नहीं बोलता।
• सोहन और मोहन इकट्ठा रहता है।	सोहन और मोहन इकट्ठे रहते हैं।
• सिया, नीरद का बहन है।	सिया, नीरद की बहन है।

संधि सम्बन्धी अशुद्धियाँ

अशुद्ध	शुद्ध
● अधिकार का दुरोपयोग करना उचित नहीं होता।	अधिकार का दुरुपयोग करना उचित नहीं होता।
● धर्माचार्यों के सदोपदेश श्रवण करना चाहिए।	धर्माचार्यों के सदुपदेश श्रवण करना चाहिए।
● उपरोक्त उद्धरण 'मानस' का है।	उपर्युक्त उद्धरण मानस का है।
● आप किस चीज का व्यावसाय करते हैं ?	आप किस चीज का व्यवसाय करते हैं ?
● आद्य शंकराचार्य को जगत् गुरु कहा जाता है।	आद्य शंकराचार्य को जगद्गुरु कहा जाता है।
● वह पहले अपने स्कूल का काम करता है तदोपरांत सो जाता है।	वह पहले अपने स्कूल का काम करता है तदुपरांत सो जाता है।
● शासन की दुरावस्था में सुधार करना ही होगा।	शासन की दुरवस्था में सुधार करना ही होगा।
● मात्र कृतज्ञता ज्ञापन ही नहीं मैं आपका प्रत्योपकार भी करना चाहता हूँ।	मात्र कृतज्ञता ज्ञापन ही नहीं मैं आपका प्रत्युपकार भी करना चाहता हूँ।
● महत्मा दुर्लभ होते हैं।	महात्मा दुर्लभ होते हैं।
● कक्षा में श्यामपट के सन्मुख बैठना चाहिए।	कक्षा में श्यामपट के सम्मुख बैठना चाहिए।
● मूसलधार वर्षा हो रही है।	मूसलाधार वर्षा हो रही है।
● भगवान् का स्मरण विपत् जाल से छुड़ा देता है।	भगवान् का स्मरण विपज्जाल से छुड़ा देता है।
● मोहन को मन:योग से पढ़ना चाहिए।	मोहन को मनोयोग से पढ़ना चाहिए।
● सीता प्रातकाल उठती है।	सीता प्रात:काल उठती है।
● अकबर के अन्तपुर में अनेक बेगमें थीं।	अकबर के अन्त:पुर में अनेक बेगमें थीं।

समास सम्बन्धी अशुद्धियाँ

अशुद्ध	शुद्ध
● आज कुछ प्रगतशील नेता आ रहे हैं।	आज कुछ प्रगतिशील नेता आ रहे हैं।
● रामाऔतार कोलकाता गए हैं।	रामावतार कोलकाता गए हैं।
● भगवान् की पूजा यथाविध करनी चाहिए।	भगवान् की पूजा यथाविधि करनी चाहिए।
● वह शत्रु को आधामरा छोड़कर चला गया।	वह शत्रु को अधमरा छोड़कर चला गया।
● मुगल काल में दिल्ली के चारों ओर चहरदिवारी थी।	मुगल काल में दिल्ली के चारों ओर चाहरदीवारी थी।
● उसके बैल-गाय महाजन ने नीलाम करा दिए।	उसके गाय-बैल महाजन ने नीलाम करा दिये।
● भात दूध खाओ।	दूध भात खाओ।
● भारत की अधिकांश जनता मिर्च-नोन से रोटी खाती है।	भारत की अधिकांश जनता नोन-मिर्च से रोटी खाती है।
● कपड़े साफ सुथरे हों, किन्तु ज्यादा दमक-चमक जरूरी नहीं।	कपड़े साफ सुथरे हों, किन्तु ज्यादा चमक-दमक जरूरी नहीं।

पुनरुक्ति सम्बन्धी अशुद्धियाँ

अशुद्ध	शुद्ध
● युवावस्था के समय आदमी मदांध हो जाता है।	युवावस्था में आदमी मदांध हो जाता है।
● प्रात:काल का समय सुहावना होता है।	प्रात:काल सुहावना होता है।
● कृपया मुझे दो सौ रुपए उधार देने की कृपा करें।	कृपया मुझे दो सौ रुपए उधार दें।
● ये लोग परस्पर एक-दूसरे से विचार-विमर्श कर रहे थे।	ये लोग परस्पर विचार-विमर्श कर रहे थे।

रस, छंद और अलंकार

रस

काव्य को पढ़ने या सुनने में उसमें वर्णित वस्तु या विषय का शब्द-चित्र मन में बनता है। इससे मन को अलौकिक आनन्द प्राप्त होता है। इस आनन्द और इसकी अनुभूति को शब्दों में व्यक्त नहीं किया जा सकता, केवल अनुभव किया जा सकता है। यही काव्य में रस कहलाता है। किसी विनोदपूर्ण कविता को सुनकर हँसी से वातावरण गूँज उठता है। किसी करुण-कथा या कविता को सुनकर हृदय में दया का स्रोत उमड़ पड़ता है। यह रस की अनुभूति है।

स्थायी भाव : भाव आनन्द है। काव्य में नौ भाव प्रधान माने गए हैं—प्रेम (रति), हास, शोक, क्रोध, उत्साह, भय, घृणा (जुगुप्सा), विस्मय (आश्चर्य) और निर्वेद या वैराग्य। ये मनुष्य के मन में सदैव सुप्तावस्था में विद्यमान रहते हैं। लेकिन अनुकूल अवसर पाकर (कोई काव्य सुनने या पढ़ने पर या कोई नाटक देखने पर) जाग उठते हैं। ये मन में आस्वाद का मूल-भाव होते हैं। चूँकि ये मन में स्थायी रूप से विद्यमान रहते हैं, इसीलिए इन्हें स्थायी भाव कहा जाता है। इन्हीं के फलस्वरूप क्रमशः शृंगार, हास्य, करुण, रौद्र, वीर, भयानक, वीभत्स, अद्भुत और शान्त रस की उत्पत्ति होती है।

काव्य के दो अंग होते हैं—भाव और विभाव।

भाव : भाव मन की वह स्थिति है, जो किसी विशेष वस्तु या व्यक्ति के प्रति किसी विशेष दशा में होती है।

विभाव : जिस वस्तु या व्यक्ति के प्रति वह भाव प्रकट होता है, उसे विभाव कहते हैं।

आश्रय : जिसके मन में भाव संचरित होता है, उसे आश्रय कहते हैं। जैसे सीता-स्वयंवर के अवसर पर लक्ष्मण की बातों से परशुराम क्रुद्ध हो जाते हैं। क्रोध का संचार परशुराम के मन में हुआ, अतः परशुराम आश्रय हुए।

आलम्बन : जिसके प्रति भाव उत्पन्न होता है, उसे आलम्बन कहते हैं। उपर्युक्त उदाहरण में परशुराम आश्रय हैं और लक्ष्मण आलम्बन।

उद्दीपन : भावों को उद्दीप्त करने वाले कार्यों या वस्तुओं को उद्दीपन कहते हैं। जैसे उपर्युक्त उदाहरण में लक्ष्मण के कठोर वचन सुनकर परशुराम का क्रोध बढ़ जाता है। अतः लक्ष्मण के कठोर वचन उद्दीपन हैं।

संचारी या व्यभिचारी भाव : जो भाव स्थायी भावों को पुष्ट करते हैं या उनके सहकारी का काम करते हैं और अपना काम करने के बाद स्थायीभाव में ही लुप्त हो जाते हैं, उन्हें संचारी या व्यभिचारी भाव कहते हैं। संचारी या व्यभिचारी भाव 33 माने गए हैं; जैसे—निर्वेद, ग्लानि, शंका, असूया, मद, श्रम, आलस्य, दैन्य, चिन्ता, मोह, स्मृति आदि।

रस के भेद

(1) शृंगार रस : कामदेव का अंकुरित होना या प्रादुर्भाव। इसकी उत्पत्ति का कारण, अधिकांश उत्तम प्रकृति से युक्त रस 'शृंगार' कहलाता है।

स्थायी भाव—रति अथवा प्रेम।

(2) हास्य रस : अनोखे अलंकरण आदि असंगतिपूर्ण वस्तुओं या क्रियाओं को देखकर हृदय में जो विनोद का भाव उत्पन्न होता है, वही हास्य रस कहलाता है।

स्थायी भाव—किसी अनोखे वेश, मूर्खतापूर्ण वचन, ऊटपटाँग चेष्टा आदि अथवा असाधारण कुरूप व्यक्ति को देखने से उत्पन्न रस हास्य रस कहलाता है।

(3) करुण रस : प्रिय व्यक्ति के पीड़ित या इष्ट वस्तु के अभाव और अनिष्ट वस्तु के प्राप्त होने से हृदय को जो क्षोभ होता है, वह करुण रस कहलाता है।

स्थायी भाव—शोक।

(4) रौद्र रस : शत्रु पक्ष या किसी अविनीत की चेष्टाओं, कृतियों अथवा गुरुजनों की निन्दा आदि के कारण उत्पन्न मनोविकार को क्रोध कहते हैं। उससे रौद्र रस का संचार होता है।

स्थायी भाव—क्रोध।

(5) वीर रस : शत्रु का उत्कर्ष, उसकी ललकार आदि से जो मन में 'उत्साह' उत्पन्न और क्रियाशील होता है वह वीर रस कहलाता है।

स्थायी भाव—उत्साह।

(6) भयानक रस : किसी डरावने जीव, प्राणी या पशु आदि को देखने से या घोर अपराध के लिए दण्ड पाने की कल्पना आदि से मन की व्याकुलता को भय कहते हैं।

स्थायी भाव—भय।

(7) वीभत्स रस : गंदी, भद्दी, घृणा उत्पन्न करने वाली अशुद्ध वस्तुओं, व्यक्तियों, स्थलों, कार्यों आदि के वर्णन से हृदय में जो ग्लानि होती है, उसी से वीभत्स रस का जन्म होता है।

स्थायी भाव—जुगुप्सा व घृणा।

(8) अद्भुत रस : 'आश्चर्य' का भाव होने से किसी वर्णन में 'अद्भुत रस' का संचार होता है।

स्थायी भाव—विस्मय या आश्चर्य।

(9) शांत रस : संसार की असारता, सभी वस्तुओं की नश्वरता आदि का बोध होने से मन को विश्राम मिलता है, जो हृदय में 'शांत रस' का उद्भाव करता है।

स्थायी भाव—निर्वेद।

(10) वात्सल्य रस : शिशुओं के सौंदर्य, उनके क्रिया-कलाप आदि को देखकर मन बरबस उनकी ओर खिंचता है। फलतः मन में जो स्नेह उत्पन्न होता है, वह वात्सल्य रस कहलाता है।

स्थायी भाव—स्नेह।

छंद

पद्य और कविता का सम्बन्ध अविच्छिन्न है। पद्यबद्ध होने से वह प्रवाहमयी तथा गेय हो जाती है। मात्रा व वर्ण, दोनों के निश्चित क्रम व माप के साथ ही विराम, गति व लय तथा तुक आदि के नियमों से सम्पन्न रचना को पद्य कहते हैं।

पद्य और छंद समानार्थक शब्द हैं। प्रत्येक चतुष्पदी छंद में चार 'चरण', 'पद' व 'पाद' होते हैं। चरण में वर्णों व मात्राओं की संख्या नियमित होती है। कुछ छंदों के चार 'चरण' दो ही पंक्तियों में लिखे जाते हैं; जैसे—दोहा, सोरठा और बरवै। ऐसे छंदों की प्रत्येक पंक्ति को दल कहते हैं।

किसी स्वर के उच्चारण में जो समय लगता है उसकी अवधि को 'मात्रा' कहते हैं। लघु वर्ण के उच्चारण-काल की एक मात्रा और गुरु के उच्चारण में लगे समय की दो मात्राएँ मानी जाती हैं। कारण, गुरु वर्ण के उच्चारण में लघु वर्ण के उच्चारण की अपेक्षा दुगुना समय लगता है।

लघु का संकेत चिह्न (।) माना जाता है और गुरु का (ऽ)।

ह्रस्व स्वर तथा उनके मेल से बने हुए व्यंजन वर्ण की एक मात्रा होती है। दीर्घ स्वर तथा उसके योग से बने व्यंजन वर्ण की दो मात्राएँ होती हैं। चरण का सबसे पहला संयुक्त वर्ण ह्रस्व हो तो उसकी एक मात्रा होती है और दीर्घ हो तो उसकी दो मात्राएँ मानी जाती हैं।

संयुक्त वर्ण के ठीक पहले का ह्रस्व (लघु) वर्ण प्रायः गुरु माना जाता है। अनुस्वार और विसर्ग से युक्त लघु वर्ण गुरु माना जाता है। कभी-कभी चरण के अन्त का लघु वर्ण भी उच्चारण में अधिक समय लगने के कारण गुरु माना जाता है। उस लघु वर्ण की भी दो मात्राएँ मानी जाती हैं।

गण का पहला वर्ण	गण का नाम	गण का लक्षण	संकेत चिह्न	उदाहरण
म	मगण	तीन वर्ण गुरु	ऽ ऽ ऽ	सौतेला
न	नगण	तीन वर्ण लघु	।।।	सरल
भ	भगण	पहला वर्ण गुरु	ऽ ।।	सावन
य	यगण	पहला वर्ण लघु	। ऽ ऽ	सुजाता
ज	जगण	बीच का वर्ण गुरु	। ऽ ।	सुभाष
र	रगण	बीच का वर्ण लघु	ऽ । ऽ	साधना
स	सगण	अन्त का वर्ण गुरु	।। ऽ	सरिता
त	तगण	अन्त का वर्ण लघु	ऽ ऽ ।	साकार

इस प्रकार त्रि-वर्ण के समूह कुल आठ हैं।

जैसे— सुगन्ध, मान्धाता
। ऽ । ऽ ऽ ऽ

छंद में मात्राओं या वर्णों की नियम संख्या और उनके क्रम का निर्वाह होने से काम नहीं चलता। उसमें एक प्रकार का प्रवाह भी होना चाहिए, जिससे पढ़ने में कहीं रुकावट न जान पड़े। इस प्रवाह को **गति** कहते हैं।

छंदों में बहुधा चरण के किसी स्थल पर रुकावट, विराम की आवश्यकता होती है। इस रुकने की क्रिया को **यति** कहते हैं।

वर्ण-वृत्त के संबंध में जब गण शब्द का प्रयोग होता है, तब उसका तात्पर्य होता है—तीन अक्षरों का समूह। किस गण में लघु और गुरु किस क्रम से आते हैं, यह पिछले पृष्ठ पर दी गई तालिका से स्पष्ट है।

छंदों के भेद

1. मात्रिक छन्द

1. चौपाई : चौपाई के एक चरण में 16 मात्राएँ होती हैं। इसमें केवल द्विकल और त्रिकल का प्रयोग होता है। अन्य छन्दों की भाँति चौपाई में चार चरण होते हैं। इन चारों का तुकान्त समान होना चाहिए। किन्तु व्यवहार में अधिकतर प्रायः दो चरणों का तुकान्त ही मिला करता है। सम्भवतः इसी कारण बहुधा दो चरणों के छन्द को चौपाई कहा जाता है।

2. रोला : रोला के प्रत्येक चरण में 11 और 13 के विराम से 24 मात्राएँ होती हैं। कुछ लोग इसके अन्त में दो गुरु वर्णों का होना आवश्यक मानते हैं, परन्तु ऐसा होना अनिवार्य नहीं है। उदाहरण—

ऽ ऽ ऽ ऽ ।ऽ। ऽ ऽऽ ।। ऽऽ
जीती जाती हुई। जिन्होंने भारत बाजी
निज बल से दल मेट। विरोधी सबल कुराजी
जिनके आगे ठहर। सके जंगी न जहाजी
हैं ये वही प्रसिद्ध। छत्रपति भूप शिवाजी

3. हरिगीतिका : हरिगीतिका के प्रत्येक चरण में 16-12 के विराम से 28 मात्राएँ होती हैं। अन्त में लघु गुरु होते हैं।

4. बरवै : बरवै के विषम (पहले-तीसरे) चरणों में 12 मात्राएँ होती हैं और सम (दूसरे-चौथे) में 4। इस प्रकार प्रत्येक दल में 16 मात्राएँ होती हैं।

5. दोहा : दोहा के विषम (पहले और तीसरे चरण) में 13 मात्राएँ तथा सम चरणों में 11 मात्राएँ होती हैं। इस प्रकार प्रत्येक दल में 24 होती हैं। विषम के आरम्भ में सगण (। ऽ ।), रगण (ऽ । ऽ) अथवा नगण (।।।) हों; और सम चरणों के अन्त में जगण (। ऽ ।) अथवा तगण (ऽ ऽ) है। सम चरणों के अन्त में लघु-गुरु।

उदाहरण— ।। ऽ ।ऽ। ऽऽ। ।। ऽ ।ऽ ।ऽ।

मन के मतै न चालिए, मन के मतै अनेक।
जो मन पर असवार है, जो साधु कोई एक॥

6. सोरठा : सोरठा के विषम चरणों में 11 और सम चरणों में 13 मात्राएँ होती हैं, अर्थात् प्रत्येक दल में 24 मात्राएँ होती हैं। इसमें पहले-तीसरे चरण में तुक मिलती है।

7. कुंडलिया : कुंडलिया में कुछ छह पद होते हैं। उनके पहले दो चरण दोहे के दो दल होते हैं। और शेष चार रोला के। इस प्रकार प्रत्येक चरण में 24 मात्राएँ होने से इसमें कुल 144 मात्राएँ होती हैं। कुंडलिया में पहले चरण का पहला शब्द और अन्तिम चरण का अन्तिम शब्द एक ही होता है।

8. राधिका : राधिका के प्रत्येक चरण में 22 मात्राएँ होती हैं। तेरहवीं मात्रा पर यति होती है।

9. रूपमाला : रूपमाला में 14–10 के विराम से प्रत्येक चरण में 24 मात्राएँ होती हैं। अन्त में क्रमशः गुरु और लघु (ऽ ।) होना चाहिए। इसके आरम्भ में ग, ल, प, (ऽ । ऽ) का होना आवश्यक होता है।

10. समान सवैया : समान सवैया के प्रत्येक चरण में 32 मात्राएँ होती हैं। 16, 16 मात्राओं पर यति होती है। अन्त में भगण (ऽ ।।) होता है। कोई-कोई इसे रूप सवैया भी कहते हैं।

11. विजया : विजया के प्रत्येक चरण में 40 मात्राएँ होती हैं। प्रत्येक दसवीं मात्रा पर विराम और चरण के अन्त में रगण या सगण (ऽ । ऽ या ।। ऽ) होता है।

प्रत्येक चरण में 10 मात्राओं का भी विजया छंद होता है जिसके चरणान्त में रगण (ऽ । ऽ) अच्छा माना जाता है।

विजया नाम का वर्ण छंद भी होता है, जिसके एक चरण में आठ वर्ण होते हैं। अन्त में लघु-गुरु अथवा नगण (।।।) होता है।

12. उल्लाला : उल्लाला के विषम (पहले-तीसरे) चरणों में 15 और सम (दूसरे-चौथे) चरणों में 13 मात्राएँ अर्थात् प्रत्येक दल में 28 मात्राएँ होती हैं।

कुछ लोग विषम और सम दोनों में 13-13 मात्राएँ मानते हैं और कुल 26 मात्राएँ मानते हैं।

13. छप्पय : छप्पय में कुल छः चरण होते हैं। पहले चार रोला के 24-24 मात्राओं के (11-13 पर यति) होते हैं और अन्तिम दो उल्लाला के 28-28 पर (15-13 पर यति) होते हैं।

यह रोला और उल्लाला के संयोग से बनता है।

2. वर्ण छंद या वर्णिक छंद

1. भुजंग प्रयात : भुजंग प्रयात में चार यगण (।ऽ। ।ऽऽ ।ऽऽ ।ऽऽ) अर्थात् प्रत्येक चरण में 12 वर्ण होते हैं।

2. द्रुतविलम्बित : इसमें न भ भ र अर्थात् नगण (।।।), दो भगण (ऽ।। ऽ।।) और रगण (ऽ । ऽ) होता है। इस प्रकार प्रत्येक चरण में 12 वर्ण होते हैं।

3. शार्दूल विक्रीडित : शार्दूल विक्रीडित में म स ज स त त ग अर्थात् मगण (ऽ ऽ ऽ) सगण (।। ऽ) जगण (।ऽ।) दो तगण (ऽ ऽ। ऽ ऽ।) और गुरु (ऽ) होते हैं; इस प्रकार प्रत्येक चरण में 19 वर्ण होते हैं। इसमें बारहवें वर्ण पर यति होती है।

4. गीतिका : गीतिका के प्रत्येक चरण में सगण (।।ऽ) दो जगण (।ऽ। ।ऽ।) भगण (ऽ।।) रगण (ऽ।ऽ) और लघु-गुरु (।ऽ) के क्रम में 20 वर्ण होते हैं। बारहवें वर्ण पर यति होती है।

5. सवैया : 22 से लेकर 26 वर्णों के वृत्त सवैया कहलाते हैं।

6. रूप घनाक्षरी : घनाक्षरी में सोलहवें वर्ण पर यति देकर प्रति चरण में 32 वर्ण होते हैं। अन्त में गुरु-लघु (ऽ।) आते हैं।

घनाक्षर के तीन रूप होते हैं—(1) रूप घनाक्षरी, (2) कृपान घनाक्षरी और (3) देव घनाक्षरी। इनमें रूप घनाक्षरी ही सर्वाधिक लोकप्रिय है।

7. वंशस्थ : 'ज त र' अर्थात् जगण, तगण, रगण—इस प्रकार प्रत्येक चरण में 12 वर्णों का वंशस्थ होता है।

8. बसंततिलका : त भ ज ज ग ग अर्थात् तगण, भगण, दो जगण, और दो गुरु—इस प्रकार प्रत्येक चरण में 14 मात्राओं का बसंततिलका होता है। आठवें वर्ण पर यति होती है।

9. मालिनी : न न म य य अर्थात् दो नगण, मगण, दो यगण—इस प्रकार प्रत्येक चरण में 15 वर्णों का मालिनी वृत्त होता है। इसमें आठवें वर्ण पर यति होती है।

10. मन्दाक्रान्ता : म भ न त ग ग अर्थात् मगण, भगण, नगण, तगण और दो गुरु वर्ण—इस तरह प्रत्येक चरण में 17 वर्णों का मन्दाक्रान्ता होता है। इसमें 4, 6 और 7 पर यति होती है।

11. मनहरण कवित्त : इसके प्रत्येक चरण में 31 वर्ण होते हैं। इसमें सोलहवें वर्ण पर यति होती है। अन्तिम वर्ण गुरु होता है।

12. मत्तगयन्द : यह सात यगण और दो गुरु के क्रम से 23 वर्णों का मत्तगयन्द सवैया होता है। इसे मालती और इन्दव भी कहते हैं।

अलंकार

अलंकार विभूषित करते हैं। अलंकार से उक्ति की शोभा बढ़ जाती है। सुन्दर उक्ति सबको मनभाती है। अलंकार काव्य का वह गुण, धर्म है, जिससे काव्य की शोभा बढ़ती है। आचार्य मम्मट ने अलंकारों के सम्बन्ध में कहा है कि जैसे हार आदि आभूषण से कंठ की शोभा बढ़ जाती है, वैसे ही उपमा और अनुप्रास आदि अलंकारों से काव्य के सौन्दर्य में वृद्धि हो जाती है। काव्य की आत्मा रस है, किन्तु उसका भूषण अलंकार है। इसीलिए अलंकार को काव्य का अस्थिर धर्म-गुण माना जाता है। अत: अलंकार साध्य नहीं, साधन है।

अलंकारों के दो भेद हैं–(1) शब्दालंकार और (2) अर्थालंकार। शब्दालंकार काव्य में शब्दों में चमत्कार पैदा करते हैं, जबकि अर्थालंकार काव्य में अर्थ सम्बन्धी विशेषता उत्पन्न करते हैं। कुछ अलंकार शब्द और अर्थ दोनों में विशेषता उत्पन्न करते हैं। ऐसे अलंकारों को उभयालंकार कहा जाता है।

अलंकार असंख्य हैं। यहाँ केवल थोड़े-से विशिष्ट अलंकारों का वर्णन किया जायेगा।

शब्दालंकार

जहाँ शब्दों के कारण काव्य में सौन्दर्य उत्पन्न हो, वहाँ शब्दालंकार होता है। मुख्य-मुख्य शब्दालंकारों का वर्णन नीचे दिया गया है।

अनुप्रास : जब किसी पद में एक व्यंजन या कई व्यंजन एक ही क्रम में एक से अधिक बार आएँ अर्थात् उसकी आवृत्ति हो, तो वह अनुप्रास कहा जाता है। यदि व्यंजन के अतिरिक्त शब्द या वाक्यांश की आवृत्ति हो, तो वहाँ भी अनुप्रास होता है।

जैसे केलिन के कूलन कछारन में, कुंजन में
यहाँ 'क' और 'न' की पाँच और तीन आवृत्तियाँ हैं।
एक अन्य उदाहरण—

'काली लहर कल्पना काली
मेरी काल कोठरी काली'

इसमें 'क' की 6 बार आवृत्ति हुई है।

कभी-कभी पूरे वाक्य की पुनरावृत्ति होती है, जैसे—

पूत सपूत तो क्या धन संचय।
पूत कपूत तो क्या धन संचय॥

अनुप्रास के कई भेद हैं—छेकानुप्रास, वृत्यानुप्रास, लाटानुप्रास, श्रुत्यानुप्रास और अन्त्यानुप्रास।

इसमें लाटानुप्रास में शब्दों अथवा वाक्यों की पुनरावृत्ति होती है,जैसाकि ऊपर के ''पूत सपूत तो क्या धन संचय। पूत कपूत तो क्या धन संचय'' उदाहरण में है।

यमक : ऊपर हमने देखा कि लाटानुप्रास में शब्दों अथवा वाक्यों की पुनरावृत्ति होती है, किन्तु दोनों स्थानों पर उस शब्द का अर्थ वही रहता है; अर्थात् शब्दों के अर्थ में भेद या अन्तर नहीं होता।

किन्तु यमक में जो शब्द या वाक्यांश दोबारा आते हैं, उनके अर्थ बदल जाते हैं। जैसे—

कनक कनक ते सौ गुनी मादकता अधिकाय।
वा खाये बौराय जग या पाये बौराय॥

यहाँ कनक शब्द दो बार आया है। दोनों स्थानों पर कनक शब्द का अर्थ अलग-अलग है। एक स्थान पर इसका अर्थ है 'स्वर्ण' और दूसरे स्थान पर इसका अर्थ है 'धतूरा'। इसी प्रकार 'बौराय' शब्द भी दो बार आया है और दोनों स्थानों पर इस शब्द का अर्थ अलग-अलग है। एक स्थान पर इसका अर्थ है—'पागल होना' और दूसरे स्थान पर इसका अर्थ है 'सम्पन्न होना'।

श्लेष : यमक अलंकार में एक ही शब्द एक से अधिक बार प्रयुक्त होता है, परन्तु अलग-अलग स्थान पर उसका अर्थ भी अलग-अलग होता है, जैसाकि आप पढ़ चुके हैं।

इसके विपरीत श्लेष में एक शब्द एक ही बार प्रयुक्त होता है, लेकिन उसके दो या अधिक अर्थ निकलते हैं ''एक शब्द में होत जहँ बहु अर्थन को ज्ञान''; जैसे—

''चिर जीवै जोड़ी युगल, क्यों न सनेह गंभीर।
को घटि ये वृषभानुजा, वे हलधर के बीर॥''

इस कविता में 'वृषभानुजा' और 'हलधर' में श्लेष है। 'वृषभानुजा' का अर्थ है 'राधा' और यदि 'वृषभानुजा' शब्द को तोड़कर उसका अर्थ निकाला जाये तो अर्थ होगा 'वृषभ + अनुजा' अर्थात् 'बैल की बहन'। इसी प्रकार हलधर का अर्थ 'बैल' और 'बलराम' है। इस प्रकार एक अर्थ के अनुसार राधा वृषभानु की पुत्री है और दूसरे अर्थ के अनुसार बैल की बहन। दूसरी ओर कृष्ण एक ओर बलराम के भाई हैं, तो दूसरी ओर बैल के भाई।

अर्थालंकार

जब भाषा के प्रयोग से अर्थ में चमत्कार पैदा हो, तो वहाँ अर्थालंकार होता है। नीचे प्रमुख अर्थालंकारों का वर्णन किया जाता है—

उपमा : जहाँ दो वस्तुओं के बीच साम्य अथवा समानता का भाव व्यक्त किया जाए, वहाँ उपमा अलंकार होता है; जैसे, ''सीता का मुख चन्द्रमा के समान सुन्दर है।''

यहाँ सीता के मुख की सुन्दरता की तुलना चन्द्रमा की सुन्दरता से की गई है।

सामान्यतया उपमा के चार अंग होते हैं–(1) उपमेय, (2) उपमान, (3) धर्म, और (4) वाचक। अब इन चारों को समझिए। जिसकी तुलना की जाये, उसे **उपमेय** कहते हैं। यहाँ सीता का मुख उपमेय है। जिससे तुलना की जाए, उसे **उपमान** कहते है। यहाँ चन्द्रमा उपमान (अप्रस्तुत) है। जिस बात में तुलना की जाये, उसे धर्म कहते हैं। यहाँ 'सुन्दर' धर्म है। जिस शब्द से तुलना की जाए, उसे **वाचक** कहते हैं। यहाँ 'के समान' वाचक है।

जहाँ काव्य में उपमा के इन चारों अंगों की उपस्थिति हो, उसे पूर्णोपमा कहते हैं।

जहाँ उपमा के इन चारों अंगों में से कोई अंग लुप्त होता है, उसे लुप्तोपमा कहते हैं। जो अंग लुप्त होता है, उसी के आधार पर उसका नामकरण हो जाता है, जैसे **उपमेय लुप्तोपमा**—इसमें उपमेय लुप्त होता है, **उपमान लुप्तोपमा**—इसमें उपमान लुप्त होता है, **धर्म लुप्तोपमा**—इसमें धर्म लुप्त होता है, और **वाचक लुप्तोपमा**—इसमें वाचक लुप्त होता है। **मालोपमा** वहाँ होती है, जहाँ कई-कई उपमान हों; जैसे—

क्या कहें कि कैसी है उसकी कमनीय कान्ति।
कुन्दन-सी, कुंद-सी, या कंज सी निकाई है॥

रूपक : इस अलंकार में लक्षण से चमत्कार प्रकट होता है। इसमें उपमेय पर उपमान का आरोप होता है। इसमें उपमेय और उपमान दोनों को एक रूप में प्रदर्शित किया जाता है। इसका एक उदाहरण देखिए—

अम्बर पनघट में डुबो रही, तारा घट ऊषा नागरी।

यहाँ अम्बर में पनघट का आरोप है; तारा में घट का आरोप है और ऊषा में नागरी का आरोप है।

अनन्वय : जब उपमेय की तुलना के लिए कोई उपमान होता ही नहीं और उपमेय के समान उपमेय ही कहा जाता है, तो अनन्वय अलंकार होता है; जैसे—

'राम से राम, सिया सी सिया सिर मौर विरंचि विचारि सँवारे'

यहाँ राम की उपमा देने के लिए कोई शब्द नहीं था, अत: राम की तुलना राम से की गई है। इसी प्रकार सीता की तुलना सीता से की गई है।

प्रतीप : इस अलंकार में प्रसिद्ध उपमानों को उपमेय का स्थान दे दिया जाता है; जैसे—

'दोनों का तन-तेज एक-से-एक प्रखर था।
उनके आगे पड़ा हुआ दिनकर फीका था॥'

सूर्य का तेज प्रसिद्ध उपमान है। लेकिन उपरोक्त पंक्तियों में 'तन-तेज' के सामने 'सूर्य का तेज' फीका पड़ गया है।

व्यतिरेक : जहाँ उपमेय को उपमान से बढ़ाकर अथवा उपमान को उपमेय से घटाकर वर्णन किया जाये, वहाँ व्यतिरेक अलंकार होता है; जैसे—

स्वर्ग की तुलना उचित ही है यहाँ
किन्तु सुरसरिता कहाँ सरयू कहाँ?
यह मरों को मात्र पार उतारती,
यह यहीं से जीवितों को तारती।

इन पंक्तियों में अयोध्या की तुलना स्वर्ग से की गई है। स्वर्ग में सुरसरिता (देव गंगा) केवल मृतकों को पार उतारती है, जबकि अयोध्या में सरयू जीवितों का ही उद्धार (मुक्ति प्रदान) कर देती है। यहाँ सरयू (उपमेय) को सुरसरिता से बढ़ाकर दिखाया गया है; या यूँ कहें कि सुरसरिता को हलका करके दिखाया गया है।

भ्रान्तिमान : जब किसी वस्तु को देखकर वैसी ही किसी अन्य वस्तु का भ्रम हो, तो वहाँ भ्रांतिमान अलंकार होता है; जैसे—

नाक का मोती अधर की कान्ति से
बीज दाड़िम का समझकर भ्रान्ति से
देखकर सहसा हुआ शुक मौन है
सोचता है अन्य शुक यह कौन है?

यहाँ नाक के मोती पर ओठों की लालिमा पड़ने से मोती अनार के दाने जैसा दिखाई पड़ता है। इसे देखकर एक तोता नाक को (लाल चोंच देखकर) भ्रमवश तोता मान बैठता है। इसलिए उक्त पंक्तियों में भ्रान्तिमान अलंकार है।

उत्प्रेक्षा : इस अलंकार में उपमेय में उपमान की सम्भावना की कल्पना की जाती है। इसमें प्राय: जनु, मनु, मानो, जानो जैसे शब्दों का प्रयोग किया जाता है; जैसे—

''सोहत ओढ़े पीत पट श्याम सलोने गात
मनो नील मनि शैल पर आतप पर्‌यो प्रभात।''

श्रीकृष्ण पीताम्बर पहने हुए हैं। उनके शरीर को देखकर ऐसा लगता है (मानो) नील पर्वत पर प्रभात के सूर्य का प्रकाश (पीले रंग का) पड़ रहा हो। यहाँ उपमेय (श्रीकृष्ण) में उपमान (नील पर्वत पर सूर्य का प्रकाश) की सम्भावना है।

उत्प्रेक्षा तीन प्रकार की होती है—(1) वस्तु उत्प्रेक्षा, (2) हेतु उत्प्रेक्षा और (3) फल उत्प्रेक्षा।

अतिशयोक्ति : वर्ण्य विषय का अतिरंजित चित्रण अतिशयोक्ति कहलाता है। इसमें वर्णन बहुत बढ़ा-चढ़ाकर किया जाता है; जैसे—

'हनुमान की पूँछ में, लगन न पाई आग।
लंका सारी जल गई, गए निशाचर भाग॥'

अतिशयोक्ति के कई भेद हैं—(1) रूपकातिशयोक्ति, (2) भेदकाशयोक्ति (3) सम्बन्धाशयोक्ति, (4) असम्बन्धाशयोक्ति, (5) अक्रमातिशयोक्ति, (6) चपलातिशयोक्ति, (7) अत्यन्तातिशयोक्ति।

यहाँ एक उदाहरण देकर कुछ अलंकारों के बीच का सूक्ष्म अन्तर समझाया गया है :

जैसे—

(1) सीता का मुख चन्द्रमा के समान सुन्दर है (उपमा अलंकार)

(2) चन्द्रमा सीता के मुख के समान सुन्दर है (प्रतीप)

(3) सीता के मुख के सामने चाँद फीका है (व्यतिरेक)

(4) सीता का मुख चन्द्रमा है (रूपक)

(5) सीता का मुख मानो चन्द्रमा है (उत्प्रेक्षा)

(6) सीता के मुख को चकोर ने चन्द्रमा समझा और एकटक देखता रहा (भ्रान्तिमान)

ब्याज स्तुति : जहाँ देखने में प्रशंसा लगे पर वास्तव में निंदा हो या देखने में निंदा लगे पर वास्तव में प्रशंसा हो, वहाँ ब्याज स्तुति अलंकार होता है; जैसे—

''काशी पुरी की कुरीति बुरी, जहँ देह दिये पुनि देह न पाइये''

काशी नगर की सबसे बुरी बात यह है कि यहाँ शरीर त्याग करने वाला पुनः शरीर धारण नहीं करता (जन्म-मरण के बन्धन से मुक्त हो जाता है)।

लगता है कि यह काशी नगरी की निन्दा है, किन्तु वास्तव में यह इस पवित्र नगरी की महान् प्रशंसा (स्तुति) है।

विरोधाभास : जब दो परस्पर विरोधी क्रियाओं से उल्टी क्रिया या परिणाम हो, तो विरोधाभास अलंकार होता है; जैसे—

''या अनुरागी चित्त की, गति समुझै नहिं कोई।
ज्यों-ज्यों बूड़ै श्याम रंग, त्यों-त्यों उज्ज्वल होई॥''

यहाँ कहा गया है कि श्याम रंग (काले रंग) में मन जितना अधिक डूबता है, उतना ही अधिक उज्ज्वल होता जाता है।

संधियाँ, समास, उपसर्ग और प्रत्यय

संधि

हिन्दी और संस्कृत भाषा में 'संधि' शब्द का प्रयोग अनेक अर्थों में किया जाता है। व्याकरण सम्मत अर्थ की विवेचना से पूर्व संधि शब्द के दूसरे अर्थों का परिचय भी यहाँ दिया जा रहा है। आपस के मेल, एक राजा अथवा राज्य का दूसरे राजा या राज्य के साथ विशिष्ट शर्तों पर की गई सुलह या मैत्री, शरीर की हड्डियों के जोड़, संयोग, संघटन आदि को भी संधि कहा जाता है। नाटकों में कथावस्तु के संयोजन और विभाजन के स्थल को भी संधि कहा जाता है जो क्रमशः मुख, प्रतिमुख, गर्भ, विमर्श और निर्वहण कहे जाते हैं।

अंग्रेजी में संधि के पर्यायवाची शब्द—a treaty, conjunction, union (in grammar) आदि हैं। व्याकरण के अन्तर्गत संधि शब्द का अर्थ जोड़ अथवा मिलन है। जब दो शब्दों 'पुस्तक' और 'आलय' को नियमानुसार मिलाया जाता है और उनके मिलाने से जो नया शब्द 'पुस्तकालय' बनता है वह संधि का ही प्रतिफल है। इसी प्रकार स्व + आधीन = स्वाधीन, परम + अणु = परमाणु, विद्या + अर्थी = विद्यार्थी आदि शब्द एक-दूसरे से मिलते हैं और उनके मिलने से ध्वनि अथवा ध्वनियों में परिवर्तन होता है अतएव संधि का दूसरा गुण ध्वनि में परिवर्तन लाना है।

राजभाषा हिन्दी में दो प्रकार की संधियों का व्यवहार होता है, यथा—

1. संस्कृत की संधियाँ।
2. हिन्दी की संधियाँ।

संस्कृत की संधियाँ

संस्कृत भाषा में संधियों के तीन रूप निर्धारित किए गए हैं जो इस प्रकार हैं—

(i) स्वर संधि : यह संधि दो स्वरों के मेल से बनती है; जैसे—पुस्तकालय = पुस्तक + आलय, गिरीश = गिरि + ईश आदि।

(ii) व्यंजन संधि : इसके अन्तर्गत पहली ध्वनि व्यंजन होती है तथा दूसरी ध्वनि स्वर अथवा व्यंजन दोनों हो सकती है; जैसे— शरच्चन्द्र = शरत् + चन्द्र, जगदीश = जगत् + ईश आदि।

(iii) विसर्ग सन्धि : इस प्रकार की संधि में पहली ध्वनि विसर्ग होती है तथा दूसरी ध्वनि स्वर अथवा व्यंजन में से कोई भी हो सकती है; जैसे मनोहर = मनः + हर, निराश = निः + आश आदि।

स्वर संधि

वैयाकरणों ने स्वर संधि के पाँच भेद बताए हैं, जो इस प्रकार हैं—

(क) दीर्घ अथवा सवर्ण संधि
(ख) गुण संधि
(ग) वृद्धि संधि
(घ) यण् संधि
(च) अयादि संधि

(क) दीर्घ अथवा सवर्ण संधि : इसको संस्कृत भाषा के एक सूत्र—**अकः सवर्णे दीर्घः** द्वारा भली प्रकार स्पष्ट किया जा सकता है। इसका अर्थ यह है कि कोई भी स्वर अपने समान दूसरे लघु स्वर अथवा अपने वर्ग के दीर्घ स्वर का सान्निध्य पाकर दीर्घ स्वर बन जाता है। जैसे अ अथवा आ के बाद अ अथवा आ आ जाने से 'आ' हो जाता हैऽ यही स्थिति इ, ई तथा उ, ऊ के लिए भी होती है। इस संधि का परिणाम दीर्घ स्वर होता है, अतएव इसे दीर्घ संधि कहा जाता है। दीर्घ स्वर सवर्ण स्वरों में से होते हैं अतएव इस संधि को सवर्ण संधि की भी संज्ञा दी गई है। इन संधि के कुछ उदाहरण निम्नलिखित हैं—

अ + **अ** = **आ**
वेद + अन्त = वेदान्त
भाव + अर्थ = भावार्थ
दैत्य + अरि = दैत्यारि
धर्म + अर्थ = धर्मार्थ

अ + **आ** = **आ**
तव + आकार = तवाकार
देव + आलय = देवालय

आ + **अ** = **आ**
विद्या + अभ्यास = विद्याभ्यास
परीक्षा + अर्थी = परीक्षार्थी

आ + **आ** = **आ**
महा + आशय = महाशय
दया + आनन्द = दयानन्द

इ + **इ** = **ई**
रवि + इन्द्र = रवीन्द्र
कपि + इन्द्र = कपीन्द्र
गिरि + ईश = गिरीश

इ + **ई** = **ई**
मुनि + ईश = मुनीश
कपि + ईश = कपीश

ई + **इ** = **ई**
मही + इन्द्र = महीन्द्र

ई + **ई** = **ई**
नदी + ईश = नदीश
रजनी + ईश = रजनीश

उ + **उ** = **ऊ**
भानु + उदय = भानूदय
गुरु + उपदेश = गुरूपदेश

उ + **ऊ** = **ऊ**
लघु + ऊर्मि = लघूर्मि

ऊ + **ऊ** = **ऊ**
चमू + ऊर्जः = चमूर्जः
परम + अणु = परमाणु
मुनि + इन्द्र = मुनीन्द्र
सर्व + अधिक = सर्वाधिक
गिरि + ईश = गिरीश
स्व + अधीन = स्वाधीन
हरि + ईश = हरीश
दीप + अवली = दीपावली
वारि + ईश = वारीश
हिग + आलय = हिमालय
रजनी + इन्दु = रजनीन्दु
छात्र + आवास = छात्रावास
मही + ईश = महीश
विद्या + अर्थी = विद्यार्थी
जानकी + ईश = जानकीश
तारा + अन्त = तारान्त
विधु + उदय = विधूदय

विद्या	+	आलय	=	विद्यालय
सिंधु	+	उर्मि	=	सिंधूर्मि
आत्मा	+	आनन्द	=	आत्मानन्द
साधु	+	ऊचुः	=	साधूचुः
अभि	+	इष्ट	=	अभीष्ट
भू	+	ऊर्ध्वः	=	भूर्ध्वः
अति	+	इव	=	अतीव

(ख) गुण संधि : अ, आ के पश्चात् इ, ई होने से 'ए' ध्वनि बन जाती है तथा उ, ऊ होने से 'ओ' ध्वनि बन जाती है। अ, आ के बाद 'ऋ' हो तो उनकी ध्वनि 'अर्' हो जाती है। संस्कृत भाषा में अ, ए, ओ को गुण कहते हैं। इसीलिए संधि की इस प्रक्रिया को गुण संधि के नाम से जाना जाता है।

अ अथवा आ + इ अथवा ई = ए

नर	+	इन्द्र	=	नरेन्द्र
देव	+	इन्द्र	=	देवेन्द्र
गण	+	ईश	=	गणेश
दिन	+	ईश	=	दिनेश
सुर	+	ईश	=	सुरेश
लंका	+	ईश	=	लंकेश
महा	+	ईश	=	महेश
भारत	+	इन्दु	=	भारतेन्दु

अ अथवा आ + उ अथवा ऊ = ओ

चन्द्र	+	उदय	=	चन्द्रोदय
ज्ञान	+	उपदेश	=	ज्ञानोपदेश
मद	+	उन्मत्त	=	मदोन्मत्त
उत्तर	+	उत्तर	=	उत्तरोत्तर

अ अथवा आ + ऋ = अर्

सप्त	+	ऋषि	=	सप्तर्षि
देव	+	ऋषि	=	देवर्षि
राज	+	ऋषि	=	राजर्षि
महा	+	ऋषि	=	महर्षि

अ अथवा आ + ए अथवा ऐ = ऐ

मत	+	ऐक्य	=	मतैक्य
लोक	+	एषणा	=	लोकैषणा
महा	+	ऐश्वर्य	=	महैश्वर्य
तथा	+	एव	=	तथैव

अ अथवा आ + ओ अथवा औ = औ

परम	+	औषध	=	परमौषध
जल	+	ओघ	=	जलौघ
वन	+	औषध	=	वनौषध
दन्त	+	ओष्ठ	=	दन्तौष्ठ

(ग) वृद्धि संधि : अ अथवा आ के पश्चात् यदि ए अथवा ऐ अक्षर आ जाता है तो दोनों के मिलने से 'ऐ' हो जाता है। इसी प्रकार अ अथवा आ के बाद ओ अथवा औ शब्द आ जाने पर दोनों के मेल से 'औ' हो जाता है।

संस्कृत साहित्य में ऐ तथा औ को वृद्धि कहते हैं। इसी कारण स्वरों में आपसी मेल के कारण हुए परिवर्तन को वृद्धि संधि के नाम से जाना जाता है। वृद्धि संधि के इस स्वरूप में ऐ तथा औ का प्राधान्य होता है।

वृद्धि संधि के कुछ उदाहरण इस प्रकार हैं—

अ, आ + ए, ऐ = ऐ

मत	+	ऐक्य	=	मतैक्य
पुत्र	+	एषणा	=	पुत्रैषणा
एक	+	एक	=	एकैक
तथा	+	एव	=	तथैव
सदा	+	एव	=	सदैव
यथा	+	एव	=	यथैव
महा	+	ऐश्वर्य	=	महैश्वर्य

अ, आ + ओ, औ = औ

अधर	+	ओष्ठ	=	अधरौष्ठ
महा	+	औषधि	=	महौषधि
दन्त	+	औष्ठ्य	=	दन्तौष्ठ्य
वन	+	औषधि	=	वनौषधि
परम	+	ओषध	=	परमौषध
परम	+	औदार्य	=	परमौदार्य

(घ) यण् संधि : इ अथवा ई के बाद इ अथवा ई को छोड़कर यदि कोई अन्य (असवर्ण) हो तो इ अथवा ई के स्थान पर य्, उ अथवा ऊ के बाद उ, ऊ को छोड़कर कोई अन्य स्वर हो तो उ अथवा ऊ के स्थान पर 'व' तथा 'ऋ' के बाद 'ऋ' को छोड़कर कोई अन्य स्वर हो तो 'ऋ' का 'र्' हो जाता है। जैसे—

'इ' के स्थान पर 'य'

इति	+	आदि	=	इत्यादि
प्रति	+	एक	=	प्रत्येक
प्रति	+	उत्तर	=	प्रत्युत्तर
स्त्री॰	+	उपयोगी	=	स्त्रियुपयोगी/ स्त्रियोपयोगी

'उ' के स्थान पर 'व'

सु	+	आगत	=	स्वागत
अनु	+	एषण	=	अन्वेषण

वधू + आगमन = वध्वागमन

सु + अल्प = स्वल्प

ऋ के स्थान पर 'र'

पितृ + आज्ञा = पित्राज्ञा

पितृ + अनुमति = पित्रनुमति

(च) अयादि संधि : संधि के इस नियम के अनुसार ए, ऐ, ओ, औ के बाद यदि कोई भी स्वर हो तो 'ए' का 'अय', ऐ का 'आय', 'ओ' का 'अव', और 'औ' का 'आव' हो जाता हैं। प्रथम परिवर्तन 'अय' के आधार पर ही इसे अयादि कहा जाता है। इस संधि के उदाहरण इस प्रकार हैं—

ए + अ = अय

यथा, ने + अन = नयन

ऐ + अ = आय

यथा, गै + अक = गायक

ओ + अ = अव्

यथा, पो + अन = पवन

औ + आ = आव्

यथा, पौ + अक = पावक

व्यंजन संधि

हिन्दी भाषा में यह एक बहुचर्चित संधि प्रक्रिया है। इसके कुछ उदाहरण यहाँ दिए जा रहे हैं :

(क) त् के पश्चात् च छ हो तो त् के स्थान पर च् हो जाता है; यथा—

सत् + चरित्र = सच्चरित्र

शरत् + चन्द्र = शरच्चन्द्र

उत् + चारण = उच्चारण

(ख) त् के बाद ज या झ हो तो त् के स्थान पर ज् हो जाता है; जैसे—

जगत् + जननी = जगज्जननी

जगत् + जाल = जगज्जाल

तत् + जन्य = तज्जन्य

उत् + ज्वल = उज्ज्वल

(ग) त् के बाद यदि ड या ढ हो तो त् के स्थान पर ड्, ट, ठ हो तो ट्, ल हो तो ल् हो जाता है; जैसे—

उत् + डयन = उड्डयन/उड्डयन

तत् + लीन = तल्लीन

उत् + लास = उल्लास.

उत् + लेख = उल्लेख

(घ) त् के बाद श होने पर त की जगह च् और श् की जगह 'छ' हो जाता है। त् के बाद 'ह' हो तो 'त्' का 'द्' और 'ह्' का ध् बन जाता है; यथा—

सत् + शास्त्र = सच्छास्त्र

उत् + हार = उद्धार

उत् + श्वास = उच्छ्वास

तत् + हित = तद्धित

(ङ) क् च् ट् त् प् के बाद यदि घोष ध्वनि (कोई स्वर, वर्ग का तीसरा, चौथा व्यंजन अथवा य र ल व ह में से कोई भी वर्ण) हो तो 'क' का 'ग', 'च' का 'ज्', 'ट्' का 'ड्', 'त्' का 'द्', और 'प' का 'ब' हो जाता है, अर्थात् अघोष व्यंजन (क्, च् ट् त् प्), घोष (ग, ज, ड, द, ब) व्यंजनों में बदल जाते हैं। इसे घोषीकरण या घोष संधि के नाम से भी जाना जाता है; यथा—

दिक् + अम्बर = दिगम्बर

दिक् + गज = दिग्गज

वाक् + ईश = वागीश

षट् + दर्शन = षड्दर्शन

उत् + घाटन = उद्घाटन

भगवत् + गीता = भगवद्गीता

शरत् + इन्दु = शरदेन्दु

अप + ज = अब्ज

षट् + आनन = षडानन

(च) क् च् ट् त् प् के बाद यदि 'म' या 'न' हो तो क् का 'ङ', च का 'ञ्', ट का 'ण्', त् का 'न्', और 'प्' का 'म्' हो जाता है; जैसे—

वाक् + मय = वाङ्मय

उत् + नायक = उन्नायक

षट् + मास = षण्मास

चित् + मय = चिन्मय

सत् + मार्ग = सन्मार्ग

(छ) 'म्' के बाद कोई स्पर्श व्यंजन हो तो म् के स्थान पर उसी वर्ग का अन्तिम वर्ण (विकल्पानुसार) हो जाता है; यथा—

सम् + कल्प = संकल्प/सङ्कल्प

हृदयम् + गम = हृदयंगम/हृदयङ्गम

सम् + चय = संचय/सञ्चय

सम् + तोष = सन्तोष

(ज) 'म्' के बाद यदि य, र, ल, व, श, स, ह, तो 'म्' का अनुस्वार हो जाता है। यथा—

सम् + योग = योग

सम् + रक्षक = संरक्षक

सम्	+	वाद	=	संवात्
सम्	+	शय	=	संशय

अपवाद–यदि सम् के बाद राट् शब्द आता है तो 'म्' का म् ही बना रहता है।

(झ) 'छ्' के पूर्व स्वर हो तो ऐसी दशा में छ से पहले 'च्' आ जाता है; जैसे—

परि	+	छेद	=	परिच्छेद
आ	+	छादन	=	आच्छादन
वि	+	छेद	=	विच्छेद
अनु	+	छेद	=	अनुच्छेद

(ञ) इ, उ ह्रस्व स्वरों के पश्चात् यदि र् हो और फिर 'र्' हो तो ह्रस्व स्वर का दीर्घ स्वर बन जाता है और र् का लोप हो जाता है; यथा–

निर्	+	रस	=	नीरस
निर्	+	रव	=	नीरव
निर्	+	रोग	=	निरोग

विसर्ग संधि

प्रमुख विसर्ग संधियों का वर्णन नीचे किया गया है—

(क) विसर्ग के पहले 'अ' हो और बाद में घोष व्यंजन (वर्ग का तीसरा चौथा पाँचवाँ वर्ण एवं य र ल व ह) हो तो विसर्ग का 'ओ' हो जाता है, जैसे—

मन:	+	बल	=	मनोबल
यश:	+	दा	=	यशोदा
तम:	+	गुण	=	तमोगुण
मन:	+	विकार	=	मनोविकार
अध:	+	गति	=	अधोगति

(ख) विसर्ग के पश्चात् यदि च, छ, हो तो विसर्ग का 'श्' ट् ठ् हो तो 'ष्' और त्, थ् हो तो स् हो जाता है; जैसे—

नि:	+	चिन्त	=	निश्चिन्त
दु:	+	तर	=	दुस्तर
हरि	+	चन्द्र	=	हरिश्चन्द्र
नम:	+	ते	=	नमस्ते
राम	+	टंकार	=	रामष्टंकार

(ग) विसर्ग के पहले कोई स्वर हो तथा बाद में कोई घोष ध्वनि (स्वर वर्ग का तीसरा, चौथा और पाँचवाँ वर्ण एवं य र ल व ह) हो तो विसर्ग का 'र्' बन जाता है; जैसे—

दुः	+	गुण	=	दुर्गुण
नि:	+	गुण	=	निर्गुण
नि:	+	आश	=	निराश
दुः	+	उपयोग	=	दुरुपयोग
नि:	+	बल	=	निर्बल
नि:	+	मल	=	निर्मल
नि:	+	धन	=	निर्धन
पुनः	+	जन्म	=	पुनर्जन्म

(घ) विसर्ग के पश्चात् यदि श, ष, स हो तो विकल्प से श्, ष्, स् हो जाता है; जैसे—

दुः	+	शासन	=	दुश्शासन
नि:	+	कलंक	=	निष्कलंक
नि:	+	कपट	=	निष्कपट
दुः	+	कर	=	दुष्कर

हिन्दी की संधियाँ और नियम

हिन्दी भाषा की कुछ ऐसी संधियाँ हैं जो लिखने में तो प्रयोग में नहीं आतीं किन्तु मुख, सुख अथवा भाषा की गतिशीलता बनाए रखने के लिए इनका प्रयोग बोलने में किया जाता है; जैसे—

'क' का ग् (डाक घर—डाग्घर)

च् का च्च (ऊँचाहार—उच्चाहार)

च् का ज् (पहुँच जाऊँगा—पहुँज्जाऊँगा)

ग् का क् (नागपुर—नाक्पुर)

द का त् (बद्माश—बत्माश)

त् का ई (पंडित् जी—पंडीजी)

ट् का सा (मास्टर—मास्साहब)

लिखने में प्रयुक्त होने वाली कुछ संधियाँ—

(क) प्रत्यय के जोड़ने तथा समस्त पद बनाने में निम्नलिखित परिवर्तन होते हैं :

औ का अ = माड़ौ—मड़इया

आ का अ = खाट—खटिया

नाक	+	कट	=	नकटा
काठ	+	पुतली	=	कठपुतली
आधा	+	खिला	=	अधखिला
बात	+	काटनेवाला	=	बतकटा

ई का इ —

विद्यार्थी	+	यों	=	विद्यार्थियों
कापी	+	यों	=	कापियों
भीख	+	आरी	=	भिखारी

लूट	+	एरा	=	लुटेरा

ऊ का उ —

भालू	+	ओं	=	भालुओं
साधू	+	ओं	=	साधुओं

ए का इ —

खेल	+	वाड़	=	खिलवाड़

ओ का उ —

सोना	+	आर	=	सुनार
दो	+	गुना	=	दुगुना

1. इस प्रकार स्पष्ट होता है कि हिन्दी की अपनी संधियों में प्राय: ह्रस्वीकरण की प्रवृत्ति पाई जाती है। अर्थात्—'आ' का 'अ'; ई ए का इ; ऊ, ओ का 'उ' हो जाता है। दीर्घ ईकारान्त तथा ऊकारान्त शब्दों में ह्रस्व 'इ' तथा 'य' का आगम होता है, जैसे—लकड़ी का लकड़ियाँ, अथवा लकड़ियों का रूप दिखाई पड़ता है। इसी प्रकार डाकू, भालू, दयालू, जैसे शब्दों में परिवर्तन भी ह्रस्वीकरण के अनुसार होता है। यथा—डाकुओं, भालुओं, दयालुओं आदि।

2. अल्प प्राण के बाद जब 'ह' आता है हो तो दोनों मिलकर महाप्राण बन जाते है; यथा—

अब	+	ही	=	अभी
सब	+	ही	=	सभी
कब	+	ही	=	कभी
तब	+	ही	=	तभी

3. आ के बाद ह आने पर दोनों का लोप हो जाता है; जैसे—

यहाँ	+	ही	=	यही
कहाँ	+	ही	=	कहीं

4. 'स' के बाद जब 'ह' आता है तो 'ह' का लोप हो जाता है; जैसे—

इस	+	ही	=	इसी
किस	+	ही	=	किसी
उस	+	ही	=	उसी
जिस	+	ही	=	जिसी

समास, उपसर्ग और प्रत्यय

शब्द रचना

रचना के आधार पर शब्दों का वर्गीकरण : रचना की दृष्टि से शब्दों के दो प्रकार होते हैं—रूढ़ि और यौगिक। जिन शब्दों के सार्थक खण्ड न हों उन्हें रूढ़ि या रूढ़ कहते हैं। जैसे—घर, मेज, कलम, छाता, छड़ी आदि। इन शब्दों के सार्थक खण्ड नहीं किये जा सकते। इन शब्दों की रचना दो या अधिक शब्दों को मिलाकर नहीं की गई। ये अपने आप में परिपूर्ण शब्द हैं। इसलिए इन्हें रूढ़ि कहा जाता है। हिन्दी में इस प्रकार के अनेक शब्द हैं; जैसे—कबूतर, गौरैया, सिर, घास, चारा, खाना, दवात, जूता, मेख, कील, काँटा आदि।

यौगिक शब्दों की रचना दो या अधिक शब्दों के मेल से की जाती है। इनके सार्थक खण्ड करना संभव होता है। अपनी इस गुणवत्ता के कारण ही इन्हें यौगिक कहा जाता है। इस प्रकर के शब्द हैं—पाठशाला, विद्यालय, शस्त्रागार, सद्‌भावना, मनुस्मृति, ग्रंथागार, चपलता, सज्जन आदि। यौगिक शब्दों के दो भेद हैं—सामान्य यौगिक तथा योगरूढ़ि या योगरूढ़। सामान्य यौगिक शब्दों में—पाठशाला, नाचघर, दुर्व्यवहार, कविताई आदि शब्द आते हैं तथा योगरूढ़ शब्दों में पंकज, रघुनंदन, कौशलेष, दशानन, आदि शब्द आते हैं जो अपने आप में किसी विशेष अर्थ का बोध कराते हैं।

इतिहास के आधार पर शब्द रचना के पाँच भेद कहे गए हैं जो क्रमश:—तत्सम, तद्‌भव, देशी, विदेशी तथा संकर कहे जाते हैं। तत्सम शब्द सीधे यथावत् संस्कृत से लिए गए शब्द हैं; यथा—सत्य, अहिंसा, ज्ञान, विज्ञान, स्वप्न, फल, कक्षा आदि। जबकि तद्‌भव शब्दों का उद्‌गम तो संस्कृत भाषा ही है किन्तु वे विक्रसित होकर जनसामान्य तक पहुँचते हैं और अपनाए गए हैं; जैसे, माता (माँ), पत्र (पत्ता), हरित (हरा), स्वप्न (सपना), हस्ति (हाथी), अग्नि (आग) आदि।

विदेशी शब्द वे शब्द कहे जाते हैं जिनको विदेशी भाषाओं से सम्पर्क बढ़ने के कारण हिन्दी में यथावत् अथवा किंचित् परिवर्तन के साथ अपना लिया गया है; जैसे—तोप, चाकू, बन्दूक, कमीज, औरत, आदमी, वकील, कानून, काग़ज, फ़ौज, ख़र्च, गवाह, कमरा, गमला, तौलिया, रेडियो, स्कूल, टाई, पैन्ट आदि।

देशज शब्द उपर्युक्त किसी भी कोटि में नहीं आते; ये स्वत: जन्मे और लोकप्रिय हुए हैं। इनमें से कुछ आवाज़-बोधक, कुछ क्रिया-बोधक तथा कुछ आकार-बोधक हैं। खटखटाना, बुदबुदाना, चमकना, धमाका आदि आवाज़-बोधक हैं। चूँ-चूँ करने वाला चूहा, चिड़िया, पी-पी करने वाला पपीहा, झीं-झीं करने वाला झींगुर है। चीं-चीं तेंदुआ, भेड़िया, भेड़ आदि आकार-बोधक शब्दों की कोटि में माने जा सकते हैं। संकर शब्द वे शब्द कहे जाते हैं जो

दो प्रकार के शब्दों के मेल से बने हैं; जैसे—कलमदान, फूलदान, जिलाधीश, डाकघर, रेलगाड़ी।

शब्दों की रचना अर्थ के आधार पर भी होती है। हिन्दी में एकार्थी, अनेकार्थी, पर्यायवाची विपरीतार्थक जैसे शब्दों के साथ-साथ ऐसे भी शब्द हैं जो पूरे वाक्यांश का बोध कराते हैं।

समास

शब्दों की संरचना में समासों का विशिष्ट स्थान है। समास शब्द दो शब्दों के मेल से बना है—सम(समीप) आस (रखना) अर्थात् दो शब्दों को समीप रखना समास का कार्य है। समास ऐसी प्रक्रिया है जिसके द्वारा दो शब्दों को इस प्रकार मिलाया जाता है जिसमें सम्बंधसूचक शब्द नहीं रहते। जैसे—मेलमिलाप, उठापटक, कूदफाँद, पति-पत्नी, माता-पिता, राजकुमार, पंचवटी आदि शब्द।

समास के दो पदों को क्रमशः पूर्वपद तथा उत्तरपद कहा जाता है। उपर्युक्त उदाहरणों में **मेल** पूर्व पद तथा **मिलाप** उत्तर पद है। दोनों पदों को मिलाकर समस्त या सामासिक पद कहा जाता है। दोनों पदों को योजक (-) लगाकर लिखना चाहिए अथवा उन्हें मिलाकर लिखना चाहिए; जैसे—मेल-मिलाप अथवा मेलमिलाप। इन्हें मेल मिलाप अलग-अलग लिखना सामासिक अशुद्धि मानी जाती है।

. पूर्वपद तथा उत्तरपद की प्रधानता के अनुसार यहाँ पर समासों का वर्गीकरण किया गया है।

1. पूर्वपद प्रधान—अव्ययीभाव समास
2. उत्तरपद प्रधान—तत्पुरुष (कर्मधारय तथा द्विगु समास इसी के अन्तर्गत आते हैं)
3. दोनों पद प्रधान—द्वन्द्व समास
4. दोनों पद अप्रधान—बहुब्रीहि (इसमें कोई तीसरा प्रधान होता है)

इस प्रकार मूलतः चार समास होते हैं किन्तु द्विगु तथा कर्मधारय को मिलाकर इनकी संख्या छह हो जाती है।

इस पर विस्तार से चर्चा आगे की जाएगी। समासों के विवेचन से पूर्व इसी शृंखला की दूसरी शब्द रचना प्रक्रियाओं का साथ-साथ संक्षिप्त विवेचन करना भी यहाँ समीचीन प्रतीत होता है। इन प्रक्रियाओं द्वारा उपसर्ग तथा प्रत्यय लगाकर नए शब्दों की रचना की जाती है।

समासों को मिलाकर ये तीन प्रक्रियाएँ बन जाती हैं। अर्थात् हिन्दी शब्द तीन प्रकार से बनाए गए हैं; यथा—

(i) उपसर्ग से निर्मित शब्द;
(ii) प्रत्यय से निर्मित शब्द;
(iii) समास से निर्मित शब्द।

उपसर्ग

एक ऐसी भासिक इकाई है जिसका भाषा में स्वतंत्र प्रयोग प्रायः नहीं होता किन्तु इन्हें शब्दों के आरंभ में जोड़कर नया **शब्द** बनाया जाता है; जैसे—अ + धर्म = अधर्म, सु + कर्म = सुकर्म, अध + पका = अधपका आदि। हिन्दी में तीन प्रकार के उपसर्गों का प्रयोग किया जाता है जो इस प्रकार हैं—

तत्सम उपसर्ग : ऐसे उपसर्ग जो संस्कृत से यथावत् ले लिए गए हैं उन्हें तत्सम उपसर्ग कहा जाता है; जैसे—अति, उत्, अधि, अप, आ, उप, दुः, निः, परा, परि, प्र, प्रति, बहु, वि, सम्, स, सु आदि।

तद्भव उपसर्ग : वे उपसर्ग कहे जाते हैं जो संस्कृत के उपसर्गों तथा ध्वनियों से कुछ परिवर्तित होकर आए हैं तथा जिनका हिन्दी में स्वतंत्र प्रयोग नहीं होता किन्तु शब्द रचना के लिए उनका प्रयोग किया जाता है। उदाहरण के लिए अ, औ, क, दु, नि, पर, स आदि।

विदेशी उपसर्ग : जो उपसर्ग विदेशी भाषाओं से लिए गए हैं तथा हिन्दी ने उन्हें स्वीकार कर लिया है उन्हें विदेशी उपसर्ग कहा जाता है। हिन्दी में प्रयुक्त होने वाले उपसर्ग ज्यादातर अरबी तथा फारसी से लिए गए हैं; जैसे—अल, दर, ब, बा, बे, ला इत्यादि।

प्रत्यय

उपसर्ग किसी शब्द के पूर्व जुड़कर उसका अर्थ बदल देता है किन्तु **प्रत्यय** शब्दों के अन्त में जोड़ा जाता है जिसके कारण किसी शब्द के अर्थ में परिवर्तन हो जाता है। प्रत्यय तीन प्रकार के होते हैं—क्रिया प्रत्यय, कृदंत (कृत) प्रत्यय, तद्धित प्रत्यय।

क्रिया प्रत्यय : इस प्रत्यय के अन्तर्गत क्रिया का अपना स्वरूप ही परिवर्तित होकर अर्थ में परिवर्तन का द्योतक बनता है। जैसे उठना क्रिया—उठ रहा है, उठा, उठेगा, आदि प्रत्ययों के लगने से क्रमशः वर्तमान, भूत, भविष्यत् काल का संकेत देती है।

कृंदत (कृत्) प्रत्यय : यदि प्रत्यय किसी क्रिया के अन्त में जुड़ता है तो उसे कृत् प्रत्यय कहते हैं। कृत् प्रत्यय के पाँच भेद हैं—कर्तृवाचक, कर्मवाचक, करणवाचक, भाववाचक, क्रियाद्योतक। इन पाँचों की संक्षिप्त विशेषताएँ क्रमशः नीचे दी जाती हैं—

कर्तृवाचक : ऐसे प्रत्यय होते हैं जो क्रिया के साथ जुड़कर 'वाला' का अर्थ प्रकट करते हैं; जैसे—

1.	पढ़ना	से	पढ़ने वाला	(वाला)
2.	मिलना	से	मिलनसार	(सार)
3.	पीना	से	पियक्कड़	(अक्कड़)
4.	लूटना	से	लुटेरा	(एरा)
5.	भागना	से	भगोड़ा	(ओड़ा)
6.	पालना	से	पालक	(अक)
7.	मरना	से	मरियल	(यल)

कर्मवाचक : ऐसे प्रत्यय जिनके जुड़ने से कर्म का बोध होता है, कर्मवाचक कहलाते हैं। इन प्रत्ययों के अन्तर्गत ना, नी, औना, औनी, आवनी सहायक शब्द आते हैं। जैसे ओढ़ना, ओढ़नी, बिछौना, पहरौनी, ठहरावनी आदि।

करणवाचक : ऐसे प्रत्यय जिनके जुड़ने से क्रिया के साधन का बोध होता है, करणवाचक कहलाते हैं; जैसे—

झूलना	से	झूला
मथना	से	मथानी
झाड़ना	से	झाड़न
रेतना	से	रेती

भाववाचक : जिस प्रत्यय के लगने से क्रिया के भाव अथवा अर्थ का बोध होता है उसे भाववाचक प्रत्यय कहते हैं; जैसे—

चिकना	से	चिकनाई
लड़ना	से	लड़ाई
मेल	से	मेला
समझाना	से	समझौता

क्रियाद्योतक : ऐसे प्रत्यय क्रियाद्योतक कहलाते हैं जिनके जुड़ने से भूत या वर्तमान काल की क्रियाओं की तरह के विशेषण या अव्यय बनते हैं; जैसे—आ, या, ता आदि से लगा, गया, सोता। इनके साथ कभी-कभी 'हुआ' का भी प्रयोग किया जाता है; जैसे—"गुजरा हुआ जमाना याद आ रहा है आज"। सोया हुआ बच्चा, दौड़ता हुआ हिरण आदि।

क्रियाद्योतक कृदन्तों के अन्तिम 'आ' को 'ए' कर देने से अव्यय बन जाते हैं; जैसे—वह बैठे-बैठे ऊँघता है, वह चलते-चलते खाता है, उसे सोते-जागते अपने पुत्र का ध्यान है।

यह ध्यान रखने की बात है कि कर्तृवाचक प्रत्ययों से संज्ञाएँ और विशेषण बनते हैं। कर्मवाचक, करणवाचक प्रत्ययों से केवल संज्ञाएँ बनती हैं और क्रियावाचक प्रत्ययों से विशेषण और अव्यय बनते हैं।

तद्धित प्रत्यय : क्रिया (धातु) को छोड़कर संज्ञा, सर्वनाम, विशेषण तथा अव्यय के साथ जिन प्रत्ययों को जोड़ा जाता है उन्हें तद्धित प्रत्यय कहते हैं। अतएव तद्धित प्रत्ययों को हम चार वर्गों में रख सकते हैं—

संज्ञाओं के साथ जुड़ने वाले तद्धिक प्रत्यय—

लड़का	+	पन	=	लड़कपन
लोहा	+	र	=	लोहार
गुलाब	+	ई	=	गुलाबी
नाटक	+	ईय	=	नाटकीय

सर्वनामों के साथ जुड़ने वाले प्रत्यय—

वह	+	सा	=	वैसा
यह	+	ही	=	यही
उसी	+	ए	=	उसे

विशेषणों के साथ जुड़ने वाले प्रत्यय—

बुरा	+	ई	=	बुराई
ऊँचा	+	आई	=	ऊँचाई
मीठा	+	आस	=	मिठास
अच्छा	+	ई	=	अच्छाई

अव्ययों के साथ जुड़ने वाले प्रत्यय—

पीछे	+	ला	=	पिछला
आगे	+	ला	=	अगला
बहुत	+	एरा	=	बहुतेरा
कब	+	ही	=	कभी

मुख्य तद्धित प्रत्यय

कर्तृवाचक : आर, इयल, एर, गर, वाला; जैसे–लोहार, अड़ियल, सपेरा, लुटेरा, जादूगर, ताँगे वाला।

व्यापारवाचक : ई, उआ, एरा, हरा, वाला आदि; जैसे–तेली, पंडिताई, मछुआ, कसेरा, लकड़हारा, दूधवाला आदि।

सम्बन्धवाचक : एरा, जा, ओई; जैसे–ममेरा, फुफेरा, भतीजा, बहनोई आदि।

भाववाचक : आ, आई, आका, आटा, आन, आपा, आयत, आस, आहट, ई, औती, त, ता, पन, आदि; जैसे–प्यासा, भलाई, धमाका, फर्राटा, ढलान, बुढ़ापा, बहुतायत, खटास, सकपकाहट, बपौती, रंगत, धूर्तता, लड़कपन आदि।

ऊनतावाचक : आ, इया, ई, डी, री आदि; जैसे—मनुआ, कुतिया, टोकरी, पगड़ी, कोठरी।

क्रमवाचक अथवा पूर्णतावाचक : ला, रा, था, ठा, वाँ; जैसे—पहला, दूसरा, छठा, आठवाँ।

सादृश्यवाचक : सा, हरा, हला; जैसे—आपसा, मुझसा, सुनहरा, रुपहला।

तद्धितान्त अव्यय : ए, ओं, व; जैसे—वैसे, यों, अब आदि।

प्रमुख अशुद्धियाँ और उनके शुद्ध रूप

सन्धि सम्बन्धी अशुद्धियाँ

स्वर सन्धि

अशुद्ध	शुद्ध	अशुद्ध	शुद्ध
धरमार्थ	धर्मार्थ	पारमानन्द	परमानन्द
रविन्द्र	रवीन्द्र	किपीश	कपीश
वधुत्सव	वधूत्सव	महिन्द्र	महेन्द्र
माहोत्सव	महोत्सव	बालुपदेश	बालोपदेश
सुपेरा	सपेरा	उपरोक्त	उपर्युक्त
प्रतेक	प्रत्येक	सुवागत	स्वागत

व्यंजन सन्धि

अशुद्ध	शुद्ध	अशुद्ध	शुद्ध
सन्सार	संसार	स्वछन्द	स्वच्छन्द
सम्हार	संहार	भरन	भरण
निरोग	नीरोग	निरस	नीरस
सत्गुण	सद्गुण	बिषम	विषम
परीणाम	परिणाम	जगननाथ	जगन्नाथ

विसर्ग सन्धि

अशुद्ध	शुद्ध	अशुद्ध	शुद्ध
नि:ठुर	निष्ठुर	निस्चिन्त	निश्चिन्त
दूर्दशा	दुर्दशा	अध:गति	अधोगति
यशगान	यशोगान	निस्पक्ष	निष्पक्ष
निरगुण	निर्गुण	नि:फल	निष्फल

समास सम्बन्धी अशुद्धियाँ

अशुद्ध	शुद्ध	अशुद्ध	शुद्ध
प्रतीदिन	प्रतिदिन	यथाशक्ती	यथाशक्ति
शान्तमय	शान्तिमय	राजनैतिक	राजनीतिक
अन्तरकरण	अन्त:करण	स्वातन्त्रप्रिय	स्वतन्त्रताप्रिय
सौभाग्यशील	सौभाग्यशाली	प्रिय:थल	प्रियस्थल
मानोरथ	मनोरथ	सतोगुण	सत्वगुण

स्वर और मात्रा सम्बन्धी अशुद्धियाँ

अ, आ सम्बन्धी गलतियाँ

अशुद्ध	शुद्ध	अशुद्ध	शुद्ध
रसायनिक	रासायनिक	चहिए	चाहिए
अकांक्षा	आकांक्षा	आधीन	अधीन
अशीर्वाद	आशीर्वाद	अनाधिक	अनधिक
रमायण	रामायण	अन्त्यक्षरी	अन्ताक्षरी
अपूर्ति	आपूर्ति	अनाधिकार	अनधिकार
अगामी	आगामी	बारात	बरात

इ, ई सम्बन्धी गलतियाँ

अशुद्ध	शुद्ध	अशुद्ध	शुद्ध
रात्री	रात्रि	स्वाभीमान	स्वाभिमान
अनीती	अनीति	तिलांजली	तिलांजलि
परीवर्तन	परिवर्तन	परीचय	परिचय
पारीजात	पारिजात	क्योंकी	क्योंकि
दिया	दीया	दिवार	दीवार
दिवाली	दीवाली	जिवात्मा	जीवात्मा
जिवाश्म	जीवाश्म	बिमारी	बीमारी

उ, ऊ सम्बन्धी गलतियाँ

अशुद्ध	शुद्ध	अशुद्ध	शुद्ध
हिन्दु	हिन्दू	मालुम	मालूम
रुप	रूप	सुई	सूई
आँसु	आँसू	भुचाल	भूचाल
भुगोल	भूगोल	तुफान	तूफान

त्र सम्बन्धी गलतियाँ

अशुद्ध	शुद्ध	अशुद्ध	शुद्ध
पवितृ	पवित्र	पतृ	पत्र
पतृका	पत्रिका	विचितृ	विचित्र
बृटिश	ब्रिटिश	श्रंगार	शृंगार

ण सम्बन्धी गलतियाँ

अशुद्ध	शुद्ध	अशुद्ध	शुद्ध
हरन	हरण	शरन	शरण
आचरन	आचरण	ग्रामीन	ग्रामीण
अर्पन	अर्पण	गृहण	ग्रहण

र सम्बन्धी गलतियाँ

अशुद्ध	शुद्ध	अशुद्ध	शुद्ध
करम	कर्म	धरम	धर्म
परव	पर्व	विकर्म	विक्रम
दरशन	दर्शन	पर्भाव	प्रभाव
अरक	अर्क	परवत	पर्वत

श, ष, स सम्बन्धी गलतियाँ

अशुद्ध	शुद्ध	अशुद्ध	शुद्ध
शेश	शेष	दोश	दोष
समरपण	समर्पण	हर्श	हर्ष
श्नेह	स्नेह	शश्त्र	शस्त्र
श्नान	स्नान	कुषल	कुशल

अनेक शब्दों के लिए एक शब्द

अनेक शब्दों के लिए एक शब्द के ज्ञान से रचना सारगर्भित बनती है तथा उसमें प्रौढ़ता आती है। अनेक शब्दों के लिए एक शब्द का निर्माण समास बनाकर और उपसर्ग का प्रत्यय जोड़कर करते हैं। परन्तु कतिपय शब्द एक प्रकार के पारिभाषिक शब्द होते हैं जो एक पूर्ण वाक्य या वाक्यांश का अर्थ देते हैं। ऐसे कुछ महत्वपूर्ण शब्दों की तालिका यहाँ प्रस्तुत की जा रही है :

1. जो थोड़ा जानता है — अल्पज्ञ
2. जिसकी गणना सबसे आगे हो — अग्रगण्य
3. जिसका कुछ अर्थ न हो — निरर्थक
4. जो सब जगह व्याप्त हो — सर्वव्यापी
5. समान भाव की अनुभूति — समानुभूति
6. सबको समान दृष्टि से देखने वाला — समदर्शी
7. जिसके हृदय में ममता न हो — निर्मम
8. जो कर्त्तव्य से गिर गया हो — कर्त्तव्यच्युत
9. जो धर्म से गिर गया हो — धर्मच्युत
10. जो स्त्री सूर्य न देख सकी हो — असूर्यम्पश्या
11. जिसका वर्णन न किया जा सके — वर्णनातीत
12. जो आशा से परे हो — आशातीत
13. जो कल्पना से परे हो — कल्पनातीत

14.	जो देखने में प्रिय लगता हो	प्रियदर्शी
15.	जो नष्ट होने वाला हो	नश्वर
16.	युग का निर्माण करने वाला	युग निर्माता
17.	शत्रु की हत्या करने वाला	शत्रुघ्न
18.	पिता की हत्या करने वाला	पितृहन्ता
19.	माता की हत्या करने वाला	मातृहन्ता
20.	जिस पद के लिए वेतन न दिया जाए	अवैतनिक
21.	सब कुछ खो देने वाला	सर्वहारा
22.	अपने पैरों पर खड़ा होने वाला	स्वावलम्बी
23.	जब तक जीवन रहे	यावज्जीवन
24.	जीवन भर	आजीवन
25.	मरण (मरने) तक	आमरण
26.	जिसे गोद लिया गया हो	दत्तक
27.	जिस स्त्री की तीन जटाएँ हो	त्रिजटा
28.	जिसकी धारणा शक्ति तेज हो	मेधावी
29.	इन्द्रियों द्वारा प्राप्त ज्ञान	गोचर
30.	जो मृत्यु के समीप हो	मरणासन्न
31.	मरने की इच्छा	मुमूर्षा
32.	जानने की इच्छा	जिज्ञासा
33.	जो कठिनाई से किया जाय	दुष्कर
34.	जो कठिनाई से प्राप्त हो	दुर्लभ
35.	जहाँ कठिनाई से जाया जाए	दुर्गम
36.	जो आराम से हो सके	सुकर
37.	प्राचीन घटना का विस्तृत वर्णन	इतिवृत्त
38.	अन्तःकरण की बात जानने वाला	अन्तर्यामी
39.	जिसके शिखर पर चन्द्रमा हो	चन्द्रशेखर
40.	जिसके आने की तिथि ज्ञात न हो	अतिथि
41.	जो मरे हुए के समान हो	मृतप्राय
42.	जो युगों से होता चला आ रहा है	सनातन
43.	जो कानून के विरुद्ध हो	अवैध
44.	जो उर (कलेजे) के बल चलता हो	उरग (साँप)
45.	किसी के पास रखी हुई दूसरे की वस्तु	धरोहर
46.	जिसका दमन कठिन हो	दुर्दम्य
47.	जिसका ज्ञान इन्द्रियों से परे हो	अतीन्द्रिय
48.	जो दूसरे के काम पर अस्थायी रूप से काम करता हो	स्थानापन्न
49.	जिसका प्रयोजन सिद्ध हो चुका है	कृतकार्य
50.	जिसने किसी विषय में चित्त लगाया हो	दत्तचित्त

51. जिसकी प्रभा बिजली के समान हो — विद्युत्प्रभा
52. कुश की नोंक के समान तीक्ष्ण बुद्धि वाला — कुशाग्र बुद्धि
53. जो पहले कभी नहीं सुना गया — अश्रुतपूर्व
54. जो पहले कभी नहीं देखा गया — अदृष्टपूर्व
55. जो पहले कभी नहीं हुआ हो। — अभूतपूर्व
56. जो धरती फोड़कर उत्पन्न होता है — उद्भिज
57. जो विलम्ब से काम करे — दीर्घसूत्री
58. शिष्टजनों का आचार — शिष्टाचार
59. सब लोगों से सम्बन्ध रखने वाला — सार्वजनिक
60. पिता से सम्बन्धित — पैतृक
61. जहाँ प्रजा का शासन हो — प्रजातंत्र
62. जहाँ राजा का शासन हो — राजतंत्र
63. पीछे-पीछे चलने वाला — अनुगामी
64. तीव्रगति से चलने वाला — द्रुतगामी
65. नख से लेकर सिर तक — नखशिख
66. पैर से लेकर सिर तक — आपाद मस्तक
67. जो भय उत्पन्न करने वाला हो — भीम
68. धर्म के प्रति निष्ठा रखने वाला — धर्मनिष्ठ
69. कर्त्तव्य के प्रति निष्ठा रखने वाला — कर्त्तव्यनिष्ठ
70. जो किसी बात को तुरन्त सोच ले — प्रत्युत्पन्नमति
71. किसी स्थान पर निश्चित रूप से न रहने वाला — यायावर
72. गुण और दोष की विवेचना करने वाला — समालोचक
73. जहाँ तक हो सके — यथासम्भव
74. हंस के समान गति से चलने वाली — हंसगामिनी
75. हाथी के समान गति से चलने वाली — गजगामिनी
76. एक ही नेत्र से देखने वाला — एकाक्ष
77. सौ वर्ष का समय — शताब्दी
78. जिस ग्रन्थ में बहुत सी बातों का संग्रह किया गया हो — संकलन
79. रक्त से सना हुआ — रक्तरंजित
80. सौ का संग्रह — शतक
81. जिसकी भुजाएँ घुटनों तक हो — आजानबाहु
82. जो चूसा जाय — चोष्य
83. जो स्त्री के वशीभूत हो — स्त्रैण
84. करने की इच्छा — चिकीर्षा
85. खाने की इच्छा — बुभुक्षा
86. तैरने की इच्छा — तितीर्षा
87. पीने की इच्छा — पिपासा

88.	जो बाएँ हाथ से तीर चलाता हो	सब्यसाची
89.	सुन्दर हृदय वाला	सुहृद
90.	युग में परिवर्तन उपस्थित करने वाला	युगान्तकारी
91.	अभी-अभी जन्मा हुआ	सद्यःप्रसूत/नवजात
92.	जिस स्त्री ने अभी-अभी स्नान किया है	सद्यःस्नाता
93.	आदि से अन्त तक	आद्योपांत
94.	रात और संध्या के बीच की वेला	गोधूलि
95.	जो भेदा नहीं जा सके	अभेद्य
96.	एक स्थान से दूसरे स्थान को हटाया हुआ	स्थानान्तरित
97.	जो इस लोक में सम्भव न हो	अलौकिक
98.	जो विकास की ओर अग्रसर हो	विकासशील
99.	जो जीवों के जीवन से सम्बन्धित हो	जैविक
100.	नयनों को सुन्दर लगने वाला	नयनाभिराम
101.	मानव द्वारा निर्मित	कृत्रिम
102.	वह जो पैर से पीता है	पापद
103.	पलक झपकने का समय	अक्षिनिमेष
104.	एकटक देखते रहना	निर्निमेष
105.	शरीर की सुन्दरता	अंग सौष्ठव
106.	सूर्य का एक राशि से निकलकर दूसरी राशि में जाना	संक्रमण
107.	छूत से फैलने वाला	संक्रामक
108.	जो दो शब्दों या वाक्यांशों को जोड़ता है	संयोजक
109.	फल की कामना न कर कार्य करना	निष्काम
110.	सर्वदा कल्याण करने वाला	सदाशिव
111.	उद्दीप्त करने की क्रिया	सन्दीपन
112.	जो सिद्ध या पूरा हुआ हो	सफलीभूत
113.	समाचार पत्र का सम्पादन करने वाला	सम्पादक
114.	अपने आप से उत्पन्न	स्वजन्मा
115.	पसीने से उत्पन्न होने वाला	स्वेदज
116.	इष्ट मित्रों को देने के लिए परदेश से लाई गई धातु	सौगात
117.	तुल्य या बराबर करने की क्रिया	समीकरण
118.	घर के प्रधान द्वार के पास की कोठरी	प्रकोष्ठ
119.	जो प्रमाण का विषय हो सके	प्रमेय
120.	किसी स्थान पर पैर रखने या जाने की क्रिया	पदार्पण
121.	ऊँचे से नीचे का क्रम	अनुलोम
122.	ऊपर की खींची हुई श्वाँस	उच्छ्वास
123.	उत्पत्ति का स्थान	उद्गम
124.	कुल परम्परा से आया हुआ	वंशागत

125. भ्रम में पड़ा हुआ — विभ्रान्त
126. जो डींग बहुत हाँके परन्तु कुछ भी न कर सके — डपोरशंख
127. बढ़ाचढ़ा कर बोलने वाला — बड़बोला
128. धूल से भरा हुआ — धूल धूसरित
129. वसुदेव का पुत्र — वासुदेव
130. कुन्ती का पुत्र — कौन्तेय
131. पाण्डु के पुत्र — पाण्डव
132. गंगा के पुत्र — गांगेय
133. छः छः महीने में होने वाला — षष्टमासिक/छमाही
134. नया आया हुआ — नवागत
135. विदेश में रहने वाला — प्रवासी
136. जो सदैव बना रहे — शाश्वत
137. जो चक्र धारण करता हो — चक्रपाणि
138. जो देखने में सुन्दर हो — सुदर्शन
139. सिन्धु प्रदेश का — सैन्धव
140. दोनों किनारों पर — उभयतट
141. जिसकी उपमा दी जाय — उपमेय
142. जिसके साथ उपमा दी जाय — उपमान
143. विद्यार्थियों के रहने का स्थान — छात्रावास
144. ऊपर कहा हुआ — उपर्युक्त
145. बिना बुलाए आया हुआ — अनाहूत
146. तर्क करने वाला — तार्किक
147. निष्फल न होने वाला — अमोघ
148. दोपहर के पहले का समय — पूर्वाह्न
149. दोपहर के बाद का समय — अपराह्न
150. जो कभी बूढ़ा न हो — अजर
151. रात में विचरण करने वाला — निशाचर
152. मन में/से जन्म लेने वाला — मनोज
153. वह स्थान जहाँ से सूर्य निकलता है — उदयाचल
154. वह स्थान जहाँ सूर्य अस्त होता है — अस्ताचल
155. वह स्थान जहाँ से गंगा निकलती है — गंगोत्री
156. वह स्थान जहाँ से यमुना निकलती है — यमुनोत्री
157. पशुओं के चरने का स्थान — चारागाह
158. पूर्व और उत्तर के बीच की दिशा — ईशान
159. जिसके पास कुछ न हो — अकिंचन
160. पूर्व और दक्षिण का कोण — अग्निकोण
161. जो दया का पात्र हो — दयनीय

162. जिसका होना जरूरी हो — अनिवार्य
163. शक्ति की उपासना करने वाला — शाक्त
164. शिव की उपासना करने वाला — शैव
165. विष्णु की उपासना करने वाला — वैष्णव
166. अनुचित बात के लिए आग्रह — दुराग्रह
167. समान अवस्था (उम्र) वाला — समवयस्क
168. जिस समय कठिनाई से भिक्षा मिलती है — दुर्भिक्ष
169. जिसे कठिनाई से समझा जा सके — दुर्बोध
170. क्षण भर में नष्ट होने वाला — क्षणभंगुर
171. जो मूल से सम्बद्ध हो — मौलिक
172. पर्वत के पास की भूमि — उपत्यका
173. जो न्याय का विद्वान् हो — नैयायिक
174. जो व्याकरण का विद्वान् हो — वैयाकरण
175. जिसका शत्रु पैदा न हुआ हो — अजातशत्रु
176. जो वाणी द्वारा कहा न जा सके — अनिर्वचनीय
177. जो अनुकरण करने योग्य हो — अनुकरणीय
178. जिसने अपना ऋण चुका दिया हो — उऋण
179. जिससे अपमान की अनुभूति होती है — अपमानजनक
180. दीक्षा के अन्त में होने वाला — दीक्षान्त
181. एक ही समय में वर्तमान — समकालीन
182. उसी समय का — तत्कालीन
183. जो इतिहास जानता हो — इतिहासज्ञ
184. जो दर्शनशास्त्र जानता हो — दार्शनिक
185. पेट की आग — जठराग्नि/जठरानल
186. जंगल की आग — दावाग्नि/दावानल
187. समुद्र की आग — बड़वाग्नि/बड़वानल
188. वह जो संसद का सदस्य हो — सांसद
189. वह जो विधान सभा का सदस्य हो — विधायक
190. छः कोणों वाली आकृति — षट्कोण
191. रोंगटे खड़ा होने वाला दृश्य — रोमहर्षक
192. जो स्त्री सन्तानोत्पत्ति के योग्य न हो — बाँझ
193. युद्ध में स्थिर रहने वाला — युधिष्ठिर
194. महल के अन्दर का निवास — अन्तःपुर
195. मुफ्त मे बँटने वाला भोजन — सदाव्रत
196. युवावस्था और बचपन के बीच का समय — वयःसंन्धि
197. जो स्मरण करने योग्य हो — स्मरणीय
198. जो आगे की बात सोचता हो — अग्रसोची

199.	जो दूर तक सोचता हो	दूरदर्शी
200.	कम बोलने वाला	मितभाषी
201.	जो कम खर्च करता हो	मितव्ययी
202.	नीति को जानने वाला	नीतिज्ञ
203.	इन्द्रियों को जीतने वाला	जितेन्द्रिय
204.	जिसके समान दूसरा न हो	अद्वितीय
205.	जिसका आदि न हो	अनादि
206.	जिसकी इच्छाएँ बहुत ऊँची हों	महत्त्वाकांक्षी
207.	जिसकी ग्रीवा (गर्दन) सुन्दर हो	सुग्रीव
208.	जो सर्वशक्ति सम्पन्न हो	सर्वशक्तिमान
209.	जिसे ईश्वर में विश्वास हो	आस्तिक
210.	जिसे ईश्वर में विश्वास न हो	नास्तिक
211.	जिसका पति जीवित हो	सधवा
212.	दो बार जन्म लेने वाला	द्विज
213.	जो कहा न जा सके	अकथनीय
214.	जिसका निवारण न किया जा सके	अनिवार्य
215.	जो सब कुछ जानता हो	सर्वज्ञ

विपरीतार्थक शब्द

विपरीतार्थक शब्द वे हैं जो दिए गए किसी शब्द का विलोम या उल्टा अर्थ बताते हैं।

शब्द	विपरीतार्थक शब्द	शब्द	विपरीतार्थक शब्द
उत्तम	अधम	आभ्यंतर	बाध्य
अन्तर्मुखी	बहिर्मुखी	आस्तिक	नास्तिक
सुगम	अगम	आर्द्र	शुष्क
सुलभ	दुर्लभ	आत्मा	परमात्मा
सुबोध	दुर्बोध	आयात	निर्यात
सरस	नीरस	आसक्त	अनासक्त
अन्तर्द्वन्द्व	बहिर्द्वन्द्व	अन्धकार	प्रकाश
अल्पायु	दीर्घायु	अथ	इति
अग्रज	अनुज	अवनि	अम्बर
आगमन	प्रस्थान	अधिक	न्यून
आदि	अन्त	अज्ञ	विज्ञ
अनुलोम	प्रतिलोम	अतिवृष्टि	अनावृष्टि
अति	अल्प	अँधेरा	उजाला
अमर	मर्त्य	अनुकूल	प्रतिकूल
अमावस्या	पूर्णिमा	अनिवार्य	वैकल्पिक

शब्द	विपरीतार्थक शब्द
अनुरक्ति	विरक्ति
आकाश	पाताल
आगामी	गत/विगत
आदर	निरादर
आय	व्यय
आशा	निराशा
आविर्भाव	तिरोभाव
अन्तर्धान	तिरोधान
आकर्षण	विकर्षण
उत्कर्ष	अपकर्ष
उत्थान	पतन
उन्नत	अवनत
उन्नति	अवनति
जय	पराजय
इच्छा	अनिच्छा
इष्ट	अनिष्ट
उपकार	अपकार
उत्साह	निरुत्साह
उर्वर	उरुसर
उऋण	ऋणी
उग्र	शान्त
शान्त	अशान्त
उतार	चढ़ाव
उच्च	निम्न
उदय	अस्त
ऊँच	नीच
उद्याचल	अस्ताचल
उदार	कृपण
उत्कृष्ट	निकृष्ट
उत्तीर्ण	अनुत्तीर्ण
उपयुक्त	अनुपयुक्त
उपसर्ग	प्रत्यय
उपयोग	अनुपयोग
सदुपयोग	दुरूपयोग
उधार	नकद
इर्ष	विषाद
एक	अनेक

शब्द	विपरीतार्थक शब्द
अल्पमत	बहुमत
अनुगामी	अग्रगामी
अपव्ययी	मितव्ययी
अपमान	सम्मान
अपना	पराया
अनुराग	विराग
अपेक्षा	उपेक्षा
अल्पसंख्यक	बहुसंख्यक
अमृत	विष
अरुचि	सुरुचि
अभिशाप	वरदान
आवृत्त	अनावृत्त
इहलोक	परलोक
कटु	मधु
कठोर	कोमल
कपट	निष्कपट
कनिष्ठ	ज्येष्ठ
कर्मण्य	अकर्मण्य
कीर्ति	अपकीर्ति
वक्र	सरल
सुन्दर	कुरूप
क्रय	विक्रय
खरीद	फरोख्त
कृत्रिम	प्राकृतिक
कृतज्ञ	कृतघ्न
कृष्ण	शुक्ल
खण्डन	मण्डन
गणतन्त्र	राजतन्त्र
गरल	सुधा
स्वर्ग	नरक
गुण	दोष
गुप्त	प्रकट
गुरु	लघु
विपन्न	सम्पन्न
राजा	रंक
अमीर	गरीब
धनी	निर्धन

शब्द	विपरीतार्थक शब्द	शब्द	विपरीतार्थक शब्द
एड़ी	चोटी	दुर्बल	सबल
एकत्र	विकीर्ण	घर	बाहर
ग्राह्य	त्याज्य	चर	अचर
गृहस्थ	संन्यासी	चिरन्तन	नश्वर
आद्य	अन्त्य	चोर/असाधु	साधु
आम	खास	छूत	अछूत
ऐश्वर्य	अनैश्वर्य	जागरण	निद्रा
ऐतिहासिक	अनैतिहासिक्	जंगम	स्थावर
करुण	निष्ठुर	जीवित	मृत
झूठ	सच	जंगली	पालतू
मिथ्या	सत्य	प्राचीन	नवीन/अर्वाचीन
ताप	शीत	प्रत्यक्ष	परोक्ष
तीव्र	मन्द	प्रवृत्ति	निवृत्ति
तुच्छ	महान्	प्रशंसा	निन्दा
तुकान्त	अतुकान्त	प्रसिद्ध	अप्रसिद्ध
दक्षिण	उत्तर	प्रेम	घृणा
पूरब	पश्चिम	पूर्णता	अपूर्णता
प्रलय	सृष्टि	पूर्ण	अपूर्ण
दुर्जन	सज्जन	बन्धन	मोक्ष/मुक्ति
स्वच्छ	अस्वच्छ	पूर्ववर्ती	परवर्ती
संश्लिष्ट	विश्लेषित	सफल	असफल/निष्फल
स्वामी	सेवक	पुरातन	नूतन
देशज	विदेशज	पुराना	नया
देव	दानव	बर्बर/असभ्य	सभ्य
देवता	राक्षस	अन्तरंग	बहिरंग
धर्म	अधर्म	बलवान	बलहीन
धैर्य	अधैर्य	भद्र	अभद्र
नश्वर	शाश्वत	भेद	अभेद
नगर	ग्राम	लघुता	गुरुता
नागरिक	ग्रामीण	लिप्त	निर्लिप्त
नाम	अनाम	लोभी	निर्लोभी
नाथ	अनाथ	लौकिक	अलौकिक
निरर्थक	सार्थक	विमुख	सम्मुख
निरामिष	सामिष	विधवा	सधवा
निर्लज्ज	सलज्ज	विशिष्ट	साधारण

शब्द	विपरीतार्थक शब्द	शब्द	विपरीतार्थक शब्द
नैसर्गिक	कृत्रिम	विस् तृत	संक्षिप्त
परमार्थ	स्वार्थ	विधि	निषेध
पक्ष	विपक्ष	विवेक	अविवेक
पराजय	जय/विजय	वीर	कायर
पण्डित	मूर्ख	वृद्धि	ह्रास
परतन्त्र	स्वतन्त्र	व्यावहारिक	अव्यावहारिक
आजाद	गुलाम	आसक्ति	अनासक्ति
पाप	पुण्य	वैतनिक	अवैतनिक
पुरस्कार	तिरस्कार	सदाचारी	दुराचारी
प्रधान	गौण	समास	व्यास
सम	विषम	सदय	निर्दय
सक्रिय	निष्क्रिय	समष्टि	व्यष्टि
सगुण	निर्गुण	सम्मुख	विमुख
सहयोगी	प्रतियोगी	समूल	निर्मूल
सखा/मित्र	शत्रु	सार्थक	निरर्थक
सशंक	निस्संक	सात्विक	तामसिक
सापेक्ष	निरपेक्ष	साकार	निराकार
साक्षर	निरक्षर	सुपात्र	कुपात्र
सुगन्ध	दुर्गन्ध	सुपथ	कुपथ
सुशील	दुःशील	सुमति	कुमति
सुकर्म	कुकर्म	स्तुत्य	निंद्य
स्थूल	सूक्ष्म	क्षम्य	अक्षम्य
मूर्त	अमूर्त	श्री गणेश	इति श्री
सुर	असुर	श्लील	अश्लील
सुकाल	अकाल	शोषक	पोषक
सुदूर	सन्निकट	शासक	शासित
सुसंगति	कुसंगति	स्तुति	निन्दा
सौभाग्य	दुर्भाग्य	शिक्षित	अशिक्षित
सम्पन्न	विपन्न	श्वेत	श्याम
संकल्प	विकल्प	श्रव्य	दृश्य
सन्धि	विच्छेद	हास	रुदन
सन्तोष	असन्तोष	हित	अहित
संघटन	विघटन	हिंसा	अहिंसा
क्षर	अक्षर		

पर्यायवाची शब्द

किसी शब्द के समान अर्थ के लिए जिन शब्दों को प्रयोग में लाया जाता है उन्हें पर्यायवाची शब्द कहा जाता है। आशय यह है कि पर्याय का अभिप्राय 'बदले में आने वाला' से लिया गया है। पर्यायवाची शब्द को 'प्रतिशब्द' भी कहते हैं। हिन्दी के कुछ पर्यायवाची शब्द निम्नांकित हैं–

अग्नि – पावक, आग, दहन, हुताशन, ज्वलन, कृशानु।

अमृत – सुधा, अमिय, पीयूष, मधु, जीवनोदक।

अधम – नीच, दुष्ट, पामर, खल, दुर्जन।

अन्न – अनाज, राशि, धान्य, दाना।

नदी – सरिता, नद, पयश्विनी, आपगा, तरंगिणी

नरक – यमपुर, यमलोक, यमालय, कृतान्तगेह।

पवित्र – निर्मल, विमल, पावन, शुद्ध, विशुद्ध।

पर्वत – नग, पहाड़, भूधर, गिरि, तुंग, अंद्रि।

पण्डित – सुधी, विद्वान, मनीषी, प्रबुद्ध, कोविद, विचक्षण।

पेड़ – पादप, वृक्ष, तरू, विटप, द्रुय, गाछ।

पुत्र – सुत, बेटा, तनय, आत्मज, लड़का, तनुज।

पुत्री – सुता, बेटी, तनया, आत्मजा, लड़की, तनुजा।

पृथ्वी – भू, धरा, वसुधा, वसुन्धरा, अवनि, मही।

भूपति – नृप, नरेश, राजा, नरपति, भूपाल।

हवा – वायु, समीर, पवन, अनिल, समीरण।

सरस्वती – वीणापाणि, शारदा, माहश्वेता, पद्मासना, वाणी, भारती।

साँप – सर्प, अहि, नाग, विषधर, भुजंग, व्याल, पन्नग।

समुद्र – सागर, उदधि, पयोधि, नदीस, सिन्धु, रत्नाकर, जलधि।

दुःख – पीड़ा, कष्ट, व्यथा, वेदना, यातना, खेद, सन्ताप।

विष्णु – वज्रपाणि, विश्वम्भर, माधव, दामोदर, लक्ष्मीपति, गोविन्द, नारायण।

तालाब – सरोवर, सर, जलाशय, पोखर, पुष्कर, पद्माकर, ताल, तड़ाग।

बाण – तीर, शर, नाराच, विशिख, शिलीमुख।

वाटिका – बाग, उपवन, बगीचा, उद्यान, आराम।

समूह – समुदाय, वृन्द, दज, झुण्ड, मण्डली, टोली, जत्था।

फूल – पुष्प, पुहुप, प्रसून, सुमन, कुसुम, सारंग।

ब्रह्मा – विधि, स्वयंभू, चतुरानन, प्रजापति, विधाता, पितामह।

भौंरा – मधुप, भ्रमर, भृंग, मधुकर, षट्पद, भँवरा।

शिव – महेश्वर, शंकर, चन्द्रशेखर, नीलकण्ठ, त्रिलोचन, शंभु, पशुपति, महादेव, त्रिनेत्र।

मुनि – संन्यासी, अवधूत, साधु, सन्त, योगी, वैरागी।

यमुना – कालिन्दी, तरणि-तनुजा, सूर्य-सुता, जमुना, रवि-तनया।

बादल – मेघ, घन, घटा, अम्बुद, नीरद, पयोधर, जलधर, वारिद, जलद।

बिजली – विद्युत, क्षणदा, चपला, चंचला, दामिनी, क्षणप्रभा, तड़ित, सौदामिनी।

इच्छा – वांछा, अभिलाषा, कामना, स्पृहा, मनोरथ

आम – रसाल, आम्र, अमृतफल, सहकार।

गाय – गौ, धेनु, सुरभि, गौरी, दोग्धी, सौरमेयी।

चन्द्रमा – चाँद, शशि, रजनीश, राकेश, राकापति, सुधाकर, मयंक, चन्द्र।

दूध – गोरस, दुग्ध, पय, क्षीर।

देवता – सुर, अमर, देव, निर्जर, विबुध,।

धन – अर्थ, द्रव्य, वित्त, सम्पदा, सम्पत्ति, दौलत, विभूति।

पक्षी – खग, विहग, विहंग, परिन्दा, पखेरू, चिड़िया, द्विज, अण्डज।

गणेश – गणपति, गजानन, विनायक, एकदंत, लम्बोदर, मोदकप्रिय।

गदहा – खर, गर्दभ, रासभ, वैशाखनन्दन, धूसर, वेशर।

गंगा – भागीरथी, जाहन्वी, त्रिपथगा, मंदाकिनी, देवापमा, देवनदी, सुरसरि।

कुवेर – यक्षराज, धनपति, किन्नरेश, धनराज, धनद, यक्षपति।

किरण – रश्मि, अंशु, कर, मरीचि, मयूख, गो, प्रभा, अर्चि।

किनारा – कूल, तट, कगार, तीर, छोर।

इन्द्र – सुरपति, देवेन्द्र, देवराज, मधवा, पुरन्दर, वासव, शचीपति, बिड़ौजा।

ईश्वर – परमात्मा, प्रभु, ईश, ब्रह्मा, भगवान्, जगदीश, परमपिता।

आँख – लोचन, दृग, नेत्र, नयन, चक्षु, दृष्टि, अक्षि।

घोड़ा — अश्व, घोटक, वाजि, हेय तुरंग, सैन्धव, हसी, तुरग।

आकाश — गगन, अम्बर, व्योम, नभ, आसमान, ख, अनन्त।

राक्षस — दैत्य, दनुज, दानव, यातुधान, निशाचर, रजनीचर।

कपड़ा — वस्त्र, पट, अम्बर, वसन, चीर, परिधान।

कामदेव — मदन, मन्मथ, अनंग, पुष्पधन्वा, पंचशर।

चतुर — निपुण, दक्ष, कुशल, चालाक, होशियार, विज्ञ, नागर।

अनुपम — अनूठा, अद्वितीय, अद्भुत, अपूर्व, अनूप, विलक्षण

अहंकार — घमण्ड, दर्प, अभिमान, दंभ।

मछली — मीन, मत्स्य, झख, शफरी, नस-जीवन।

माता — माँ, जननी, अम्बा, अम्मा।

पत्थर — पाहन, पाथर, पाषाण, अश्म, उपस, प्रस्तर।

नाव — नौका, पतंग, बेड़ा, जलयान, डोंगी, तरी, तरणी।

रात — निशा, रजनी, विभावरी, रात्रि, यामिनी, रैन, शर्वरी, राका।

पत्नी — वधू, भार्या, दारा, कलय, प्राणप्रिय, अर्द्धांगिनी।

सोना — कंचन, कनक, हेम, सुवर्ण, कसधौत, हाटक, हिरण्य।

हाथी — गज, इस्ती, द्विप, करी, कुंजर, द्विरद, नाग।

हाथ — कर, हस्त, पाणि।

स्त्री — महिला, नारी, कान्ता, कामिनी, वनिता, रमणी।

सूर्य — दिनकर, दिवाकर, भास्कर, मार्तण्ड, दिनेश, दिनमान, अंशुमाली, भानु, रवि।

सिंह — शेर, मृगराज, शार्दूल, मृगेन्द्र, केशरी, व्याघ्र, वनराज, पंचानन, पंचमुख

सुन्दर — सलिल, रुचिर, चारु, मनोहर, रमणीय, कमनीय, अभिराम।

सेवक — भृत्य, नौकर, अनुचर, चाकर, किंकर, दास, परिचारक।

अनेकार्थक शब्द

कुछ शब्दों के अर्थ एक से अधिक होते हैं ऐसे शब्द ही अनेकार्थी कहलाते हैं। इन शब्दों का अर्थ प्रसंग के अनुसार लिया जाता है। कुछ अनेकार्थी शब्दों की सूची दी जा रही है—

अर्क — सूर्य, आक, पेड़, रस।

अर्थ — अभिप्राय, कारण, धन, लिए।

अंक — संख्या, भाग्य, प्रकरण, चिह्न, अध्याय, गिनती के अंक।

अमृत — स्वर्ण, जल, दूध, पारा, अन्य, एक रस जिसे पीकर देवता अमर हुए।

अरुण — सास, सूर्य, सूर्य का सारथी।

अक्षर — वर्ण, ईश्वर, न नष्ट होने वाला, धर्म, मोक्ष, सत्य, जल।

अज — दशरथ के पिता, बकरा, ब्रह्मा, जीवात्मा, जन्म न लेने वाला।

अक्ष — आँख, ज्ञान, मण्डल, धुरी, पहिया, आत्मा, कील।

अपेक्षा — जरूरत, आकांक्षा, आवश्यकता, आशा, इच्छा, बनिस्बत।

अम्बर — कपड़ा, आकाश, एक सुगन्धित द्रव्य।

अतिथि — मेहमान, साधु, अपरिचित व्यक्ति, यज्ञ में सोमलता लाने वाला।

आम — सर्वसाधारण, एक फल, सामान्य, मामूली।

उत्तर — जवाब, एक दिशा, इस, बाद का।

कल — चैन, मशीन, बीता हुआ दिन, आगामी दिन।

कला — हुनर, कौशल, अंश।

कर — हाथ, सूँड़, किरण, टैक्स

काम — कार्य, इच्छा, कामदेव

कोटि — करोड़, प्रकार, श्रेणी, धनुष का सिरा

खर — एक राक्षस, दुष्ट, गदहा, तिनका, अधिक भुन जाना।

खग — पक्षी, तारा, गंधर्व, बाण।

गज — तीन फीट की नाप, नींव, हाथी।

गति — मोक्ष, चाल, हालत

गण — समुदाय, नर, प्रेतादि, छन्द के गण, भगवान् शिव के गण।

गुण — शील, रस्सी, कौशल, स्वभाव

गुरु — शिक्षक, एक ग्रह, एक दिन, श्रेष्ठ, भार,

गो — इन्द्रियाँ, स्वर्ग, सूर्य, पृथ्वी, गाय, सरस्वती

चर — चलने वाला, जासूस, कौड़ी, नदी के किनारे की गीली भूमि, खंजन पक्षी।

जलज — कमल, मोती, शंख, चन्द्रमा, सेवार।

जाल — षड्यंत्र, बुनावट, मछली आदि पकड़ने का जाल

जीवन — जल, जीविका, वायु, जिन्दगी, परम प्रिय।

टेक — हठ, सहारा, गीत का प्रथम पद।
तारा — बालि की पत्नी, नक्षत्र, आँख की पुतली, वृहस्पति की पत्नी।
दल — झुण्ड, समूह, पक्ष, पत्ता, समिति, पार्टी।
द्रव्य — वस्तु, धन।
द्विज — ब्राह्मण, पक्षी, दाँत।
धर्म — स्वभाव, कर्त्तव्य, सम्प्रदाय, प्रकृति, श्रेष्ठ आचरण।
धन — जोड़, सम्पदा, योग।
हस्ती — हाथी, अस्तित्त्व, सामर्थ्य।
हंस — प्राण, आत्मा, एक पक्षी।
हर — प्रत्येक, महादेव, अंकगणित में हर, हरा रंग।
हरकत — चेष्टा, चंचलता, नटखटपन, गति।
हरि — विष्णु, मेंढ़क, सूर्य, इन्द्र, सर्प, घोड़ा, तालाब, हवा, वानर, पहाड़, हाथी, कामदेव।
राग — क्रोध, प्रेम, गाने की ध्वनि, लाल रंग, द्वेष।
लक्ष्य — निशाना, उद्देश्य।
लाल — पुत्र, सम्बोधन, एक रंग, एक छोटी चिड़िया, माणिक्य।
वर — श्रेष्ठ, पति, दूल्हा, उत्तम, वरदान।
वर्ण — जाति, रंग, अक्षर।
पद — पैर, शब्द, ओहदा, भजन, तरुणी।
पक्ष — पखवारा, पंख, तरफ, सहाय, दस।
पतंग — सूर्य, पक्षी, नाव, गुड्डी फतिंगा, टिड्डी, गेंद।
पत्र — पंख, पत्ता, चिट्ठी।
पय — दूध, पानी।
पृष्ठ — पीछे का हिस्सा, पन्ना, पीठ।
पानी — जल, प्रतिष्ठा, सम्मान, इज्जत, चमक, हिम्मत, आबोहवा।
फल — परिणाम, पेड़ का फल, हल की नोंक।
बल — शक्ति, सेना।
भेद — अन्तर, रहस्य, समाचार, प्रकार, भेजने की क्रिया।
मधु — शहद, शराब, मकरन्द, बसन्त ऋतु।
मंगल — एक दिन, कल्याण, शुभ, एक ग्रह।
महावीर — हनुमान, अति बलवान, जैन तीर्थंकर।
रस — स्वाद, प्रेम, पानी, काव्य के रस, सुखानुभूति।
रंग — वर्ण, प्रभाव, शोभा, चाल, नाच-गान, रंगने की वस्तु।
मान — प्रतिष्ठा, अभिमान, रूठ़ना, नाप-तौल।
पात्र — पत्ता, बरतन, सम्यक, अधिकारी, नाटक के पात्र।

मुहावरे और लोकोक्तियाँ

मुहावरे

मुहावरा ऐसा शब्द-समूह होता है, जो अपने शब्दों के निहित अर्थ न देकर उससे भिन्न, किन्तु एक रूढ़ अर्थ देता है। मुहावरा अभिधेय अर्थ का अनुसरण नहीं करता : वह अपना विलक्षण अर्थ प्रकट करता है। चूँकि मुहावरा लोक-मानस की स्वाभाविक अभिव्यक्ति होता है, अत: इसमें दुरूहता नहीं होती। मुहावरा अपने लोक-परम्परागत रूप में ही शोभायमान और सार्थक होता है। इसका रूप और अर्थ दोनों ही प्राय: रूढ़ होते हैं।

मुहावरे का सम्बन्ध साहित्य से कम और भाषा से अधिक होता है। यह भाषा के सामर्थ्य का प्रतीक होता है। इसका सटीक अर्थ और निर्दिष्ट अर्थ होता है। मुहावरों के माध्यम से भाषा ऊर्जस्वी बनती है और अर्थ का सटीक सम्प्रेषण होता है। मुहावरेदार भाषा असरदार होती है।

मुहावरे एक दृष्टि से 'गागर में सागर' होते हैं। गुल खिलना, रंग में भंग होना, नौ-दो ग्यारह होना, गप हाँकना, चिकना घड़ा होना, नानी मरना आदि मुहावरे व्यापक अर्थ में परिपूर्ण हैं। इनका प्रयोग सुनते ही मन में इनका अर्थ अपने आप उभरने लगता है।

लोकोक्तियाँ

जैसाकि शब्द से ही स्पष्ट है लोकोक्ति का अर्थ है लो + उक्ति; अर्थात् लोक में प्रचलित उक्ति। जो उक्ति समाज में चिरकाल से प्रचलित होती है, उसे लोक प्रचलित उक्ति अर्थात् लोकोक्ति कहते हैं। लोकोक्तियाँ भूतकाल के अनुभव और प्रेक्षण का संचय होती हैं। लोकोक्तियों में लोक-बोध, लोक-मान्यता और लोक-स्वीकृति होती है। कुछ लोकोक्तियाँ किसी अन्तर्कथा को अभिव्यक्त करती हैं। लोकोक्तियों के उद्भव को किसी स्थान या काल से नहीं जोड़ा जा सकता।

लोकोक्तियाँ अपने आप में पूर्ण वाक्य होती हैं। इनका उद्देश्य उक्ति चमत्कार पैदा करना नहीं होता। इनका अभिधात्मक अर्थ ही लिया जाता है। अत: इनके शाब्दिक अर्थ और सांकेतिक अर्थ में समानता होती है। इनका प्रयोग प्राय: दृष्टांत के लिए अथवा किसी बात का समर्थन करने के लिए किया जाता है। ये अभिव्यक्ति का सशक्त साधन हैं।

मुहावरों और लोकोक्तियों में अन्तर

मुहावरों और लोकोक्तियों में रूप सम्बन्धी और अर्थ सम्बन्धी भी अन्तर होता है।

रूप सम्बन्धी पहला अन्तर यह है कि मुहावरों के अन्त में अधिकांशत: **ना** होता है, जैसे सिर धुन**ना**, आँख लग**ना**, टेढ़ी खीर हो**ना**, मक्खी मार**ना**, आसमान सिर पर उठा**ना** आदि जबकि लोकोक्तियों के अन्त में **ना** नहीं होता; जैसे—आ बैल मुझे मार, का वर्षा जब कृषि सुखानी, दीवार के भी कान होते हैं, और धोबी का कुत्ता, घर का न घाट का, आदि।

रूप सम्बन्धी दूसरा अन्तर यह होता है कि मुहावरे मात्र शब्द-समूह होते हैं, जैसे 'गुल खिलाना'; इसे स्वतन्त्र रूप से प्रयोग में नहीं लाया जा सकता, किसी वाक्य में इसे उपयुक्त ढंग से प्रयुक्त किया जाता है; जैसे—'उस बूढ़ी औरत ने क्या गुल खिलाया'; इसके विपरीत लोकोक्ति का प्रयोग स्वतंत्र वाक्य के रूप में किया जा सकता है; जैसे—'न रहेगा बाँस, न बजेगी बाँसुरी'।

अर्थ की दृष्टि से मुहावरों और लोकोक्तियों का अन्तर बताया जा चुका है। मुहावरों में शब्दार्थ न लेकर लाक्षणिक अर्थ लिया जाता है; जैसे—नौ-दो ग्यारह होने का अर्थ है—भाग जाना। किन्तु लोकोक्तियों में शब्दों का वही अर्थ होता है; जैसे—'आम के आम, गुठलियों के दाम' का अर्थ है—दोहरा लाभ।

प्रसिद्ध मुहावरे

अंग-अंग ढीला होना—*बहुत थक जाना*—अपनी बहिन की शादी में काम करते-करते मेरा ***अंग-अंग ढीला*** हो गया।

अंगारे उगलना—*क्रोध में अति कठोर शब्द कहना*—जब औरंगजेब के दरबार में शिवाजी ने अपना अपमान होते देखा तो वे ***अंगारे उगलने*** लगे।

अँगूठा दिखाना—*इनकार करना*—स्वार्थी मित्र संकट के समय सहायता माँगे जाने पर ***अँगूठा दिखाकर*** चले जाते हैं।

अंधे की लकड़ी होना—*एकमात्र सहारा*—अब तो बेटा तुम ही हमारे लिए ***अन्धे की लकड़ी*** के समान हो।

अँधेरे घर का उजाला होना—*इकलौता बेटा*—रामू मेरे छोटे भाई की एकमात्र संतान है। वही उसके ***अँधेरे घर का उजाला*** है।

अक्ल के पीछे लाठी लिए फिरना—*हमेशा उल्टा काम करना*—हमारा एक साथी तो हर समय ***अक्ल के पीछे लाठी लिए फिरता*** है।

अक्ल पर पत्थर पड़ना—*बुद्धि नष्ट हो जाना*—तुम्हारी तो ***अक्ल पर पत्थर पड़*** गए हैं जो तुम मेरी बात समझते ही नहीं।

अपना उल्लू सीधा करना—*स्वार्थ सिद्ध करना*—वह ***अपना उल्लू सीधा करके*** चलता बना।

अपना-सा मुँह लेकर रह जाना—*लज्जित होना*—हम वहाँ बड़ी उम्मीद लेकर गए थे, किन्तु उसने ऐसी निराशापूर्ण बात कही जिससे हमें ***अपना-सा मुँह लेकर रह जाना*** पड़ा।

अपनी खिचड़ी आप पकाना—*सबसे अलग रहना*—कुछ लोग ऐसे स्वभाव के होते हैं कि वे किसी से मिलना ही नहीं चाहते; ***अपनी खिचड़ी आप ही पकाते*** हैं।

अपने मुँह मियाँ मिट्ठू बनना—*अपनी प्रशंसा स्वयं करना*—***अपने मुँह मियाँ मिट्ठू*** बनने से क्या होता है, दूसरे लोग तुम्हारी प्रशंसा करें तब बात है।

अपने पैरों पर खड़े होना—*आत्मनिर्भर होना*—जब तक तुम इस योग्य न हो जाओ कि ***अपने पैरों पर खड़े हो*** सको तब तक तुम्हें विवाह के बारे में सोचना भी नहीं चाहिए।

आँख की किरकिरी होना—*अप्रिय होना*—राम व्यर्थ में ही मुझे अपनी ***आँख की किरकिरी*** समझता है।

आँख चुराना—*सामने आने से घबराना*—जब से उसने मेरा पेन लिया है, तब से वह ***आँखें चुराता*** फिरता है।

आँखें नीली-पीली करना—*क्रोध में आना*—मैंने ऐसा कोई गलत काम नहीं किया है; आप व्यर्थ में ***आँखें नीली-पीली न करें***।

आँखें फेर लेना—*उपेक्षा करना*—स्वार्थी मित्र संकट के समय में ***आँखें फेर लेते*** हैं।

आँखों का तारा होना—*अत्यन्त प्रिय*—कृष्ण अपने माँ-बाप की ***आँखों का तारा*** है।

आँखों का पानी ढल जाना—*बेशर्म हो जाना*—उसके माँ-बाप उसे बहुतेरा समझाते-बुझाते हैं, किन्तु उसकी ***आँखों का तो पानी ढल*** गया है। उस पर किसी बात का असर होता ही नहीं।

आँखों में धूल झोंकना— *धोखा देना*—जो लोग दूसरों की ***आँखों में धूल झोंकने*** की कोशिश करते हैं, वे वस्तुत: अपने को ही धोखा देते हैं।

आकाश-पाताल एक करना— *बहुत अधिक परिश्रम करना*—राम ने नौकरी प्राप्त करने के लिए ***आकाश-पाताल एक कर*** दिया।

आग पर घी डालना— *क्रोध को बढ़ाना*—तुम्हारा टोकना तो ***आग पर घी डालने*** जैसा था।

आटे-दाल का भाव मालूम होना— *जीवन में कष्टों का अनुभव करना*—अब तक तो तुम अकेले थे, कुछ पता ही नहीं चला; अब तुम्हें ***आटे-दाल का भाव मालूम होगा***।

आम के आम और गुठलियों के दाम— *दोहरा लाभ*—मूँगफली के व्यापार में ***आम के आम और गुठलियों के दाम*** मिलते हैं; क्योंकि उसकी गिरी से तेल निकाल कर खली बिक जाती है और मूँगफली का छिलका भी बिक जाता है।

आस्तीन का साँप— *विश्वासघाती*—उस पर कभी विश्वास मत करो, वह ***आस्तीन का साँप*** है।

ईंट से ईंट बजाना— *नष्ट-भ्रष्ट कर देना*—शिवाजी ने मुगल साम्राज्य की ***ईंट से ईंट बजा*** दी।

ईद का चाँद होना— *बहुत कम दिखाई पड़ना*—तुम तो ***ईद के चाँद हो गए*** हो; कभी इधर आते ही नहीं।

उड़ती चिड़िया पहचानना— *मन की बात ताड़ लेना*—मुझसे क्यों छिपाते हो, ***मैं उड़ती चिड़िया पहचान*** लेता हूँ।

उल्लू सीधा करना— *काम निकालना*—अधिकांश लोग ***उल्लू सीधा*** होते ही बात नहीं करते।

ऊँट के मुँह में जीरा— *आवश्यकता से बहुत कम देना*—एक रोटी से उसका क्या बनेगा, यह तो उसके लिए ***ऊँट के मुँह में जीरा*** की तरह है।

एक अनार सौ बीमार— *किसी चीज की माँग आपूर्ति से अधिक होना*—यह वस्तु मैं किस-किस को दूँ, इसके माँगने वाले इतने अधिक हैं कि यह ***एक अनार सौ बीमार*** वाली बात हो रही है।

एक तीर से दो शिकार करना— *एक साथ दो मतलब पूरे करना*—तुम्हारे ऐसा कहने से ***एक तीर से दो शिकार*** होंगे, सबके सामने उसकी पोल खुल जाएगी और तुम्हारा काम भी बन जाएगा।

एक थैली के चट्टे-बट्टे होना— *एक ही स्वभाव के*—तुम सब ***एक ही थैली के चट्टे-बट्टे हो***, कोई किसी से कम नहीं।

एक हाथ से ताली न बजना— *किसी काम के लिए एक ही व्यक्ति उत्तरदायी नहीं होता*—***एक हाथ से ताली नहीं बजती***, तुमने भी अवश्य कुछ-न-कुछ ऐसी बात जरूर की होगी, जिसका यह परिणाम निकला।

ओखली में सिर देना— *जानते हुए किसी कष्ट में पड़ना*—अब तो ***ओखली में सिर दे ही दिया*** है, इस काम को पूरा करना ही है।

कच्ची गोलियाँ खेलना— *अनुभव की कमी होना*—मैंने कोई ***कच्ची गोलियाँ नहीं खेली*** हैं, जो मैं तुम्हारी बातों में आ जाऊँ।

कटे पर नमक छिड़कना— *दुःखी को और दुःखी करना*—तुम यह बात कह कर ***कटे पर नमक छिड़कना*** चाहते हो।

कठपुतली की तरह नाचना— *किसी के कहने के अनुसार कार्य करते रहना*—पता नहीं उसने महेश पर कैसा जादू किया है कि वह उसके सामने ***कठपुतली की तरह नाचता*** रहता है।

कब्र के मुर्दे उखाड़ना— *पुरानी बातों की याद दिलाना*—जो बात हो गई सो हो गई; ***कब्र के मुर्दे उखाड़ने*** से क्या लाभ।

कलई खुलना— *सच्ची बात प्रकट हो जाना*—तुम कब तक अपने फेल होने की बात को छिपाओगे, एक न एक दिन तो ***कलई खुलेगी*** ही।

कलेजा दो टूक होना— *बहुत दुःखी होना*—तुमने आज जैसी बातें कही हैं, उनसे मेरा ***कलेजा दो टूक हो*** गया है।

कलेजे पर साँप लोटना— *डाह से जलना*—मेरी तरक्की देखकर उसके ***कलेजे पर साँप लोट*** गया।

काँटे बिछाना— *रुकावटें पैदा करना*—जो दूसरे के मार्ग में ***काँटे बिछाता*** है, वह स्वयं ही उसमें उलझता है।

काटो तो खून नहीं— *डर से पीला पड़ जाना*—चोरी करते पकड़े जाने पर उसकी दशा ऐसी हो गई कि ***काटो तो खून नहीं***।

काठ का उल्लू— *मूर्ख*—वह पढ़ा-लिखा तो बहुत है, किन्तु सांसारिक मामलों में ***काठ का उल्लू*** है।

कान का कच्चा— *बिना जाँच किये प्रत्येक बात पर विश्वास कर लेना*—जो व्यक्ति ***कान के कच्चे*** होते हैं वे मित्र बनाने योग्य नहीं होते।

कान पर जूँ न रेंगना— *तनिक भी ध्यान न देना*—मैंने उसे बार-बार समझाया कि पढ़ाई-लिखाई की ओर ध्यान दो, परन्तु उसके ***कान पर जूँ तक न रेंगी***।

कान में तेल डालना— *किसी की बात न सुनना*—कृष्णा के नौकरी कर लेने पर सबने उसकी टीका-टिप्पणी की, किन्तु वह ***कान में तेल डाले*** रही।

किताब का कीड़ा होना— *दिन-रात पढ़ते रहना*—रवीन्द्र किसी बात से मतलब नहीं रखता, वह तो ***किताब का कीड़ा*** है।

किस खेत की मूली— *अत्यन्त तुच्छ*—तुम हो ***किस खेत की मूली,*** मैं तुम जैसों की बिल्कुल परवाह नहीं करता।

कोल्हू का बैल बनना— *दिन-रात काम में लगे रहना*—तुम तो हर समय ***कोल्हू के बैल ही बने*** रहते हो, तभी तो तुम्हारा स्वास्थ्य ठीक नहीं रहता।

कौड़ी-कौड़ी को मोहताज होना— *पास में एक पैसा न होना*— जब से उसकी नौकरी छूटी है, तबसे वह ***कौड़ी-कौड़ी को मोहताज*** हो गया है।

खटाई में पड़ना— *उलझ जाना*—तुम्हारी तरक्की का मामला ***खटाई में पड़*** गया है।

खाने दौड़ना— *झल्ला उठना*—मैंने कुछ कहा भी है कि आप ***खाने दौड़*** रहे हैं।

खून-पसीना एक करना— *अत्यधिक परिश्रम करना*—तुम्हारे इस मामले में तो कृष्ण ने ***खून-पसीना एक कर*** दिया।

गंगाजली उठाना— *हाथ में गंगाजल लेकर सौगन्ध खाना*—मैं ***गंगाजली उठाकर*** कहता हूँ कि मैं बिल्कुल निर्दोष हूँ।

गज-भर की छाती होना— *उत्साह से भर जाना*— अपनी पुत्री के परीक्षा में प्रथम आने से उसकी ***गज-भर की छाती हो*** गई।

गहरा हाथ मारना— *बहुत माल प्राप्त करना*—जगदीश ने अपने पुत्र के विवाह में ***गहरा हाथ मारा*** है।

गाँठ का पूरा— *धनी व्यक्ति*—वह ऊपर से कैसा ही प्रतीत हो, किन्तु है ***गाँठ का पूरा।***

गागर में सागर भरना— *थोड़े शब्दों में बहुत-कुछ कह देना*— वह बहुत कम बोलता है किन्तु जब भी बोलता है तो उसकी बातों में ***गागर में सागर भरा*** होता है।

गाजर-मूली समझना— *बहुत तुच्छ समझना*—शिवाजी मुगल सैनिकों को ***गाजर-मूली की तरह समझते*** थे।

गाढ़े पसीने की कमाई— *मेहनत से कमाया हुआ धन*—यह मेरे ***गाढ़े पसीने की कमाई*** है, मैं नहीं चाहता कि इसे व्यर्थ में पानी की तरह बहाया जाए।

गिरगिट की तरह रंग बदलना— *कभी कुछ कहना और कभी कुछ*—आजकल विधान सभाओं के अनेक सदस्य ***गिरगिट की तरह रंग बदलते*** दिखाई देते रहते हैं।

गुड़ गोबर करना— *बना काम बिगाड़ देना*—तुमने ये शब्द कहकर सारा ***गुड़ गोबर कर*** दिया।

गुल खिलना— *नयी-नयी बातें सामने आना*—देखते जाओ कि उसकी इस विभेद की नीति से क्या-क्या ***गुल खिलते*** हैं।

गोबर गणेश— *मूर्ख*—तुम बिल्कुल ***गोबर गणेश*** हो, अपने हित की बात ही नहीं समझते।

घड़ों पानी पड़ना— *अति लज्जित होना*—चुगली करने की बात खुल जाने पर उस पर ***घड़ों पानी पड़*** गया।

घर का दिया बुझ जाना— *इकलौते पुत्र की मृत्यु होना*—दीपक उसका इकलौता पुत्र था, उसके मर जाने से उसके ***घर का दिया ही बुझ*** गया।

घाट-घाट का पानी पीना— *जगह-जगह से अनुभव प्राप्त करना*—मुसीबत के दिनों में उसे ***घाट-घाट का पानी पीना*** पड़ा है।

घाव पर नमक छिड़कना— *दुःखी को (कठोर शब्दों से) और दुःखी करना*—तुम्हारे ये शब्द ***घाव पर नमक छिड़कने*** का काम कर रहे हैं।

घास काटना— *किसी काम को लापरवाही से करना*— ***घास मत काटो,*** जरा धीरे-धीरे अच्छी तरह पढ़ो।

घी के दीये जलाना— *खूब खुशियाँ मनाना*—जिस दिन मेरे भाई की नौकरी लग जायेगी उस दिन मैं ***घी के दीये जलाऊँगा।***

घुटने टेक देना— *हार मान लेना*—सैल्युकस ने चन्द्रगुप्त मौर्य के आगे ***घुटने टेक दिये।***

घोड़े बेचकर सोना— *निश्चिन्त होकर सोना*—बहिन का विवाह करने के पश्चात् वह ऐसे सो गया मानो ***घोड़े बेचकर सोया*** हो।

चलता पुर्जा— *चालाक व्यक्ति*—चन्द्र बड़ा ही ***चलता पुर्जा*** है, उससे बचकर रहना।

चाँदी का जूता मारना— *रुपये के बल पर दबाना*—वह तो ***चाँदी का जूता मारती*** है और सबसे अपना काम करा लेती है।

चाँदी होना— *अत्यधिक लाभ होना*—आजकल महँगाई के जमाने में व्यापारियों की ***चाँदी*** है।

चादर देखकर पाँव फैलाना— *अपनी शक्ति के अनुसार कार्य करना*—बुद्धिमानी इसी में है कि ***चादर देखकर पाँव फैलाये*** जायें अन्यथा जीवन में बड़ी कठिनाई का सामना करना पड़ता है।

चार चाँद लगना— *शोभा बढ़ना*—वह सुन्दर तो है ही, पर इस साड़ी को पहनने पर उसकी सुन्दरता में ***चार चाँद लग*** जाते हैं।

चार दिन की चाँदनी— *थोड़े दिनों का सुख*—तुम इतना घमण्ड क्यों करते हो, यह सुख तो ***चार दिन की चाँदनी*** है, कभी दुःख के दिन भी आ सकते हैं।

चिकना घड़ा होना— *किसी बात का असर न पड़ना*—वह तो बिल्कुल ***चिकना घड़ा हो*** गया है, उस पर कहे-सुने का असर पड़ता ही नहीं।

चिकनी-चुपड़ी बातें बनाना— *बनावटी बातें करना*—कुछ लोग ***चिकनी-चुपड़ी बातें बनाकर*** अपना, काम बनाने में बड़े पटु होते हैं।

चिराग लेकर ढूँढना— *बहुत छानबीन करना*—तुम यदि ***चिराग लेकर भी ढूँढो,*** तब भी तुम्हें ऐसा सज्जन नहीं मिलेगा।

चुल्लू भर पानी में डूब मरना— *मुँह दिखाने योग्य न रहना*—तीसरी बार भी परीक्षा में फेल होने पर उसे ***चुल्लू भर पानी में डूब मरना*** चाहिए।

चूना लगाना— *धोखा देना*—कितनी ही सावधानी से काम लो, किन्तु कभी-कभी दुकानदार ***चूना लगा*** ही देते हैं।

चोली-दामन का साथ होना— *अटूट सम्बन्ध होना*—भारत और नेपाल का ***चोली दामन का साथ*** है।

छक्के छूटना— *हिम्मत हार जाना*—भारतीयों की वीरता देखकर पाकिस्तानी सैनिकों के ***छक्के छूट*** गए।

छठी का दूध याद आना— *घोर कष्ट में पड़ना*—मैं तुम्हें ऐसी मार लगाऊँगा कि ***छठी का दूध याद आ*** जायेगा।

छप्पर फाड़कर देना— *बिना परिश्रम किए धन मिलना*—भगवान् जब देता है तो ***छप्पर फाड़कर देता*** है।

छाती पर मूँग दलना— *हमेशा दु:ख देना*—तू इस तरह, ***छाती पर मूँग ही दलता*** रहेगा या कहीं जाकर कुछ काम खोजने की कोशिश भी करेगा?

जरा-सा मुँह निकल आना— *दुर्बल हो जाना*—उस पर इन दिनों इतना काम पड़ा है कि उसका ***जरा-सा मुँह निकल आया*** है।

जली-कटी कहना— *कठोर बातें कहना*—वह हमेशा ***जली-कटी कहता*** रहता है, पता नहीं वह क्या चाहता है।

जहर का घूँट पीकर रह जाना— *अपमान को चुपचाप सहन कर लेना*—यद्यपि उसने सबके सामने मेरा अपमान किया किन्तु फिर भी मैं आपका ख्याल करके ***जहर का घूँट पीकर रह*** गया।

जहर की पुड़िया— *उपद्रवी व्यक्ति*—वह सीधी नहीं है, ***जहर की पुड़िया*** है।

झंडा गाड़ना— *अधिकार करना*—शिवाजी ने तोरण के किले को जीतकर उस पर अपना ***झंडा गाड़*** दिया।

टट्टी की आड़ में शिकार खेलना— *छिपे ढंग से चाल चलना*—***टट्टी की आड़ में शिकार खेलने*** में क्या बहादुरी है, हिम्मत है तो सामने आकर मुकाबला करो।

टोपी उछालना— *अपमानित करना*—महेश ने सबके सामने मेरी ***टोपी उछाली,*** यह उसने ठीक नहीं किया।

ठोकना-बजाना— *अच्छी तरह परखना*—जिस तरह तुम हरेक वस्तु परख कर खरीदते हो उसी तरह मित्र भी ***ठोक-बजाकर*** बनाना चाहिए।

डंके की चोट पर— *खुल्लमखुल्ला स्पष्ट शब्दों में कहना*—मैं ***डंके की चोट पर*** कहता हूँ कि किसी भी हालत में उसका साथ नहीं छोड़ूँगा।

डूबते को तिनके का सहारा— *असहाय को थोड़ी सहायता भी काफी काम कर जाती है*—तुम्हारी थोड़ी सहायता ही ***डूबते को तिनके का सहारा*** के समान सिद्ध हुई।

डेढ़ चावल की खिचड़ी पकाना— *सबसे अलग रहकर कार्य करना*—कुछ लोग ऐसे होते हैं जो ***डेढ़ चावल की खिचड़ी पकाना*** चाहते हैं, परन्तु समाज ऐसे लोगों का सम्मान नहीं करता।

ढेर हो जाना— *मर जाना*—उसने डाकू पर लाठी का एक ही प्रहार किया कि वह ***ढेर हो*** गया।

तलवार के घाट उतारना— *तलवार से मारना*—हल्दीघाटी के मैदान में राजपूतों ने असंख्य मुगल सैनिकों को ***तलवार के घाट उतार*** दिया।

तारे गिनना— *रात-भर जागना*—मैं उसकी स्मृति में रात-भर ***तारे गिनता*** रहा, एक पल को भी नींद नहीं आई।

तिल का ताड़ बनाना— *छोटी-सी बात को बहुत बढ़ाना*—बहुत लोगों को ***तिल का ताड़ बनाने*** में बड़ा आनन्द आता है।

तिलों में तेल न होना— *कोई आशा न होना*—तुम किससे पार्टी (दावत) माँग रहे हो; इन ***तिलों में तेल नहीं*** है।

तेली का बैल होना— *रात-दिन काम में लगा रहना*—तुम तो हमेशा ***तेली के बैल*** के समान काम में लगे रहते हो।

थाली का बैंगन होना— *स्वार्थवश कभी किसी का साथ देना और कभी किसी का*—तुम तो बिल्कुल ***थाली के बैंगन हो,*** तुम्हारा कोई भरोसा नहीं।

दाँत काटी रोटी— *गहरी मित्रता*—जोशी और कैलाश में ***दाँत काटी रोटी*** थी किन्तु पता नहीं क्यों आजकल वे एक-दूसरे से दूर-दूर रहते हैं।

दाँत खट्टे करना— *हरा देना*—शिवाजी ने औरंगजेब की सेना के ***दाँत खट्टे कर*** दिए।

दाल में काला होना— *किसी बात की शंका होना*—वह बार-बार इधर आता है, अवश्य कुछ ***दाल में काला*** है।

दिन दूनी रात चौगुनी— *बहुत तेज गति से*—स्वतन्त्रता मिलने के उपरान्त भारत ने ***दिन दूनी रात चौगुनी*** उन्नति की है।

दूध का दूध पानी का पानी— *सच्चा न्याय*—राजा विक्रमादित्य अत्यन्त पेचीदे मामलों में भी ***दूध का दूध पानी का पानी*** कर देते थे।

दो नावों में पैर रखना— *दोनों पक्षों का समर्थन करना*—जो लोग ***दो नावों पर पैर रखते*** हैं, वे किसी के भले नहीं बन पाते।

धूप में बाल सफेद न करना— *बहुत अनुभवी होना*—मेरे ***बाल धूप में सफेद नहीं*** हुए हैं, मैं सब कुछ जानता हूँ।

नाक पर मक्खी न बैठने देना— *किसी को कुछ कहने का अवसर न देना*—वह बहुत ही सिद्धान्तवादी है, ***नाक पर मक्खी भी नहीं बैठने*** देता।

पाँचों उँगलियाँ घी में होना— *बहुत लाभ होना*—आजकल व्यापारियों की ***पाँचों उँगलियाँ घी*** में हैं।

पाँव उखड़ जाना— *हारकर भागना*—राणा सांगा की विशाल सेना को देखकर बाबर की सेना के ***पाँव उखड़*** गए।

पापड़ बेलना— *मुसीबत झेलना (परिश्रम करना)*—मैंने अपनी जिन्दगी में बड़े ***पापड़ बेले*** हैं, तब कहीं जाकर यह दिन देखने को मिला है।

पेट का हल्का होना— *किसी बात को छिपा न सकना*—जो मनुष्य ***पेट के हल्के होते*** हैं, वे सबके बुरे बन जाते हैं।

पौ बारह होना— *लाभ ही लाभ होना*—आजकल व्यापारियों की ***पौ बारह*** है।

बाल की खाल निकालना— *सूक्ष्म विवेचन करना*—तर्क करने वाले प्रत्येक बात में ***बाल की खाल निकालते*** हैं।

बाल बाँका न होना— *तनिक भी हानि न होना*—आग में प्रहलाद का तो ***बाल भी बाँका न हुआ*** किन्तु उसकी बुआ होलिका जल कर भस्म हो गई।

मुँह में पानी भर आना— *लालच आना*—लोमड़ी ने जब अंगूर लटकते हुए देखे तो उसके ***मुँह में पानी भर आया***।

मुट्ठी गरम करना— *रिश्वत देना*—तुम्हें इस काम के लिए अधिकारियों की ***मुट्ठी गरम करनी*** पड़ेगी।

रंग में भंग पड़ना— *मजा किरकिरा होना*—उत्सव के समय यकायक पानी बरसने से ***रंग में भंग पड़*** गया।

लकीर का फकीर होना— *पुरानी रीति पर चलना*—तुम तो बिल्कुल ***लकीर के फकीर हो,*** किसी बात को तर्क की कसौटी पर कसना ही नहीं चाहते।

लोहा मान लेना— *किसी की श्रेष्ठता स्वीकार कर लेना*—सिकन्दर ने पोरस के विरुद्ध युद्ध में भारतीय वीरों का ***लोहा मान लिया*** था।

शेर बकरी का एक घाट पानी पीना— *अन्याय का न होना*—अशोक के राज्य में ***शेर बकरी एक घाट पर पानी पीते थे***।

सफेद झूठ बोलना— *सरासर झूठ बोलना*—तुम ***सफेद झूठ बोलते*** हो; ऐसा कभी नहीं हो सकता।

सिर पर कफन बाँधना— *मरने के लिए तैयार होना*—भारत को स्वतन्त्र कराने के लिए अनेक वीरों ने ***सिर पर कफन बाँध*** लिया था।

सिर पर भूत सवार होना— *किसी धुन पर अड़े होना*—जब शान्ति के ***सिर पर भूत सवार होता*** है, तो फिर उसे कोई नहीं समझा सकता।

सूर्य को दीपक दिखाना— *महान् व्यक्ति का परिचय देने की कोशिश करना*—स्वामी विवेकानन्द के सम्बन्ध में कुछ कहना ***सूर्य को दीपक दिखाना*** ही है।

सूर्य पर थूकना— *किसी महान् व्यक्ति को कलंकित करने के प्रयास में स्वयं बुरा बन जाना*—अपने ऋषि-मुनियों पर किसी प्रकार का आक्षेप लगाना ***सूर्य पर थूकना*** है।

हाथ धोकर पीछे पड़ना— *बुरी तरह सताना*—वह तो ***हाथ धोकर मेरे पीछे पड़*** गया है, मैं कितना ही अच्छा काम करूँ, वह कोई-न-कोई गलती निकाल ही देता है।

हाथ-पाँव फूल जाना— *बहुत घबरा जाना*—दंगाइयों के अचानक घर में घुस जानें पर मेरे ***हाथ-पाँव फूल*** गए।

हाथों के तोते उड़ जाना— *सुध-बुध खोना*—दुकान खोलते ही जब सेठ जी ने देखा कि तिजोरी खुली पड़ी है, तो उनके ***हाथ के तोते उड़*** गए।

प्रसिद्ध लोकोक्तियाँ

अकेला चना भाड़ नहीं फोड़ता—एक अकेला व्यक्ति बहुत से मनुष्यों के करने योग्य कार्य को नहीं कर सकता।

अन्धों में काना राजा—मूर्ख समुदाय में थोड़ी समझ वाला भी पूज्य होता है।

अकल बड़ी या भैंस—शारीरिक बल और बुद्धि के बीच बुद्धि ही श्रेष्ठ होती है।

अन्धा बाँटे रेवड़ी फिर-फिर अपनों को दे—संकीर्ण हृदय वाले मनुष्य न्याय को छोड़कर अपनों का ही भला करते हैं।

अन्धे के हाथ बटेर लगना—अनायास किसी अयोग्य मनुष्य को कोई उत्तम वस्तु मिल जाना।

अपना दाम खोटा तो परखने वाले का क्या दोष—अपने स्वजन के दोषों की सत्य आलोचना पर दूसरों से झगड़ा ठीक नहीं।

अपनी-अपनी ढपली, अपना-अपना राग—व्यवस्था और नियम का अभाव होना।

आँख बची माल दोस्तों का—अपनी ही सावधानी से अपनी वस्तु की रक्षा होती है। असावधान व्यक्ति को परिचित ही हानि पहुँचाते हैं।

आँख फूटी पीर गई—सदा कष्ट देने वाली वस्तु के एक बार त्याग देने पर बार-बार का कष्ट मिट जाता है।

आम खाने या पेड़ गिनने—मतलब की बात करनी चाहिए, बेमतलब नहीं।

उल्टा चोर कोतवाल को डाँटे—अपराधी का उल्टे निरपराधी को दबाना।

ऊँची दुकान फीका पकवान—बाहरी ठाट-बाट अधिक, परन्तु असल वस्तु का निकम्मी होना।

ऊँट किस करवट बैठता है—न जाने क्या निर्णय होता है।

तेते पाँव पसारिये जेती लांबी सौर—अपनी सामर्थ्य को देख कर कार्य करना चाहिए।

ऐसे गये जैसे गधे के सिर से सींग—चुपचाप लुप्त हो जाना।

काठ की हाँडी एक बार चढ़ती है—कपट से एक ही बार काम बन सकता है।

कौवा चला हंस की चाल, भूल गया अपनी भी चाल—नकल करके अपने योग्य सत्कार को भी खो देना।

कोयले की दलाली में हाथ काले—बुरे की संगत में बुराई ही मिलती है।

कंगाली में आटा गीला—कष्ट पर कष्ट पड़ते हैं।

कुत्ता भी दुम हिलाकर बैठता है—स्वच्छता सबको प्रिय है।

करेला कड़वा तिस पर नीम चढ़ा—दोषी को और दोष मिल जाना।

का वर्षा जब कृषि सुखानी—समय निकल जाने पर सहायता व्यर्थ है।

कहीं की ईंट कहीं का रोड़ा, भानुमती ने कुनबा जोड़ा—असम्बद्ध मेल उत्पन्न करना।

करत-करत अभ्यास के जड़मति होत सुजान—बार-बार उद्योग करने से कठिन कार्य भी सरल हो जाते हैं।

कोउ नृप होउ हमें का हानि—किसी को लाभ हो पर हमें तो कुछ मिलना नहीं।

खरबूजे को देखकर खरबूजा रंग बदलता है—संगति का असर अवश्य पड़ता है।

खोदा पहाड़ निकली चुहिया—बहुत परिश्रम करने पर भी साधारण लाभ होना।

गाय को अपने सींग भारी नहीं होते—अपने परिवार के मनुष्य किसी को बोझ नहीं लगते।

गुड़ खाये गुलगुलों से परहेज—पाखण्डपूर्ण अरुचि प्रकट करना।

गुड़ से मरे तो जहर क्यों दे—समझाने से मान जाए तो दण्ड का क्या प्रयोजन ?

घर का जोगी जोगना आन गाँव का सिद्ध—परिचितों के बीच किसी गुणी की समुचित प्रतिष्ठा नहीं होती।

घर खीर तो बाहर भी खीर—घर पर सम्पन्नता हो, तो हर जगह आदर-सत्कार होता है।

घोड़ा घास से यारी करके क्या खाये—भोजन पर दया करोगे, तो खाओगे क्या।

चलती का नाम गाड़ी—काम चलता रहे, वही अच्छा है।

चुपड़ी और दो-दो—कीमती वस्तु का अभाव ही हुआ करता है।

चोट्टी कुतिया जलेबी की रखवाली—बुरे मनुष्य को प्रबंधक बनाना।

चोर की दाड़ी में तिनका—पापी सशंकित रहता है।

चोर के पैर नहीं होते—दोषी अपने को निर्दोष साबित करने के लिए बयान बदलता रहता है।

चोर से कहे चोरी कर, शाह से कहे जागता रह—दोनों पक्षों को उकसाना। दोनों पक्षों का भले बने रहना।

चौबे चले छब्बे होने, रह गये दुब्बे ही—लाभ के बदले हानि उठाना।

जंगल में मोर नाचा किसने देखा—एकान्त में गुण प्रदर्शन से क्या लाभ ?

जल में रहकर मगर से बैर—जिसके अधीन रहना उसी से झगड़ना।

जहाँ जावे भूखा, वहीं पड़े सूखा—दुःखी और भाग्यहीन जहाँ जाता है दुःख पाता है।

जाके पाँव न फटी बिवाई, सो क्या जाने पीर पराई—तब तक मनुष्य स्वयं दुःख नहीं सहता, तब तक उसे दुःखी के दुःखों का अनुभव नहीं होता।

जिसकी लाठी उसकी भैंस—बलवान् के सदा पौ बारह रहते हैं।

टके की हाँडी फूटी, पर कुत्ते की जात पहचानी गई—थोड़ी हानि उठाकर नीच व्यक्ति के स्वभाव से परिचित हो जाना।

थोथा चना बाजे घना—कार्य न करने वाला मनुष्य अधिक बकवादी होता है।

दबी बिल्ली चूहों से कान कटवाती है—मजबूरी में अपने अधीन मनुष्य से भी दबना पड़ता है।

देशी कुतिया विलायती बोली—मूर्ख द्वारा विदेशी भाषा का प्रयोग।

आधी तज सारी को धावे, आधी मिले न सारी पावे—लालच बुरी होती है।

धोबी का कुत्ता घर का न घाट का—निकम्मा मनुष्य।

न नौ मन तेल होगा, न राधा नाचेगी—असम्भव शर्त।

न रहेगा बाँस न बजेगी बाँसुरी—हानिकर वस्तु का अस्तित्व मिटा देना ही उचित है।

नाई-नाई बाल कितने, जजमान आगे ही आ जावेंगे—तुरन्त घटित होने वाली घटना।

नाच न जाने आँगन टेढ़ा—काम करने में अयोग्य होने पर बहाने बनाना।

नाचने निकले तो घूँघट कैसा—अपना पेशा कमाने में लज्जा क्या।

नौ नकद न तेरह उधार—अधिक लाभ के चक्कर में उधार बेचने से बेहतर है कि कम लाभ लेकर नकद बेचा जाए।

नौ सौ चूहे खाय बिल्ली हज को चली—पापी मनुष्य द्वारा परोपकार का ढोंग।

पाँचों उँगलियाँ बराबर नहीं होतीं—सब मनुष्य एक से नहीं होते।

पानी मथने से घी नहीं निकलता—कंजूस से कुछ प्राप्त नहीं और मूर्ख पर उपदेश का प्रभाव नहीं।

पूत के पाँव पालने में ही पहचान लिए जाते हैं—होनहार के चिह्न पहले ही दीख जाते हैं।

बकरे की माँ कब तक खैर मनायेगी—जिसके भाग्य में जो है, सो तो होगा ही। दुआ या प्रार्थना के बल पर उसे अधिक समय तक बचाया नहीं जा सकता।

बद अच्छा बदनाम बुरा—बुरा आदमी तो बुरा होता ही है; पर यदि अच्छे आदमी की बदनामी हो जाये तो यह बहुत बुरी बात होती है।

यदि किसी व्यक्ति के बुरे कामों की जग-चर्चा न हो तो उसकी बदनामी नहीं होती। पर जो आदमी बदनाम हो (भले ही वह बुरा न हो) उसे अच्छा नहीं समझा जाता।

बासी बचे न कुत्ते खायें—जब कोई वस्तु आवश्यकता से अधिक होती है, तभी उसकी बरबादी होती है। आवश्यकता से अधिक नहीं होगी, तो उसकी बरबादी का प्रश्न ही नहीं उठेगा।

बिल्ली के भाग्य से छींका टूटा—संयोग से ऐसे कोई घटना हो जाना जो अभीष्ट हो अन्यथा वह घटना (काम या बात) होने की कोई अपेक्षा नहीं थी।

भागते भूत की लंगोटी ही सही—भूत यानी दुष्ट। जिस दुष्ट व्यक्ति से कुछ भी मिलने की आशा न हो, उससे चलते-चलाते यदि थोड़ा भी मिल जाये, तो वही बड़ी बात है।

भुस में आग लगाय, जमालो दूर खड़ी—औरों को आपस में लड़ाकर स्वयं को (लड़ाने वाला शैतान व्यक्ति) झगड़े से अलग रखना, जैसे उसका झगड़े से कुछ लेना-देना नहीं।

भेड़ जहाँ जायेगी, वहीं मूँड़ी जायेगी—अत्यन्त सीधे-सादे व्यक्ति के पास यदि कोई मूल्यवान् वस्तु होती है तो वह सुरक्षित नहीं रह पाती। हर व्यक्ति उस व्यक्ति से वह वस्तु लेने का प्रयत्न करता ही है।

मन चंगा, तो कठौती में गंगा—मन में शुद्धता हो (मन साफ हो) तो तीर्थ-स्थान और अन्य स्थानों में कोई अन्तर नहीं होता। पवित्र मन वाले के लिए तीर्थ-यात्रा पर जाना जरूरी नहीं होता।

महाजनो येन गतः, स पंथा—जिस मार्ग पर महापुरुष चलें, वही सपंथ (सुमार्ग) है।

मियाँ की जूती, मियाँ के सिर—अपने विरोधी (या किसी शरारती) को उसकी ही युक्ति (शराफत) से परास्त करना।

मुँह में राम बगल में छुरी—ऊपर से मित्रता या अपनापन दिखाना पर मन में शत्रुता (हानि पहुँचाने की इच्छा) रखना।

मेंढकी को भी जुकाम होना—जब अति सामान्य, सीधा-सादा और छोटा व्यक्ति भी बड़ों की तरह इतराने या नखरे करने लग जाये, तो कहा जायेगा कि मेंढकी को भी जुकाम हो गया है।

मेरी बिल्ली मुझी से म्याऊँ—जिसका खाये, उसी पर गुर्राये या जिसकी कृपा पर पल रहा हो, उसी को आँख दिखाये, तब कहा जायेगा, मेरी बिल्ली मुझी से म्याऊँ।

मुर्गा नहीं बोलेगा, तो क्या सवेरा नहीं होगा—यदि कोई व्यक्ति घमंड में यह मान बैठे कि वह अपने साथी, सम्बन्धी या मित्र की सहायता-मदद नहीं करेगा, तो उसका काम तो हो ही नहीं पायेगा; ऐसी अवस्था में उस घमंडी व्यक्ति के घमंड को तोड़ने के लिए यह कहा जाता है कि मुर्गा नहीं बोलेगा तो क्या सवेरा ही नहीं होगा।

राम मिलाई जोड़ी, एक अन्धा एक कोढ़ी—जब संयोग से एक दुष्ट स्वभाव वाले व्यक्ति का साथ किसी दुष्ट स्वभाव वाले व्यक्ति के साथ हो जाये, तब यह कहावत कही जाती है।

लातों के भूत बातों से नहीं मानते—दुष्ट लोग तभी सही रास्ते पर रहते हैं जब उन्हें दण्ड या ताड़ना मिलती रहे।

समरथ को नहिं दोष गुसाईं—समर्थ व्यक्ति (धनी, अधिकार-सम्पन्न या बलवान्) यदि अनर्थ या अन्याय भी करे, तो उसे कोई दोषी ठहराने की हिम्मत नहीं करता।

सहज पके सो मीठा होय—उतावलेपन या जल्दी-जल्दी में किया गया काम खराब हो जाता है। धीरज से काम करते रहने से अच्छा फल मिलता है।

साँप मरे न लाठी टूटे—काम भी हो जाये और कोई हानि न उठानी पड़े।

साँप निकल गया, लकीर पीटने से क्या?—वक्त पर चूक जाने के बाद किसी कार्य की कोई सार्थकता नहीं रह जाती।

सात-पाँच की लाकड़ी, एक जने का बोझ—थोड़ा-बहुत सहयोग देने से किसी भी बड़े काम को पूरा किया जा सकता है। थोड़ा-थोड़ा मिलने से निर्धन का गुजारा हो जाता है।

सखाये चूहे दरबार नहीं चढ़ते—झूठे गवाहों से जीत नहीं होती।

सिर मुंड़ाते ही ओले पड़े—किसी कार्य को शुरू करते ही बाधाओं के आ जाने पर ही इस कहावत का प्रयोग किया जाता है।

सीधी उँगली से घी नहीं निकलता—सज्जन बने रहने से काम नहीं बनता।

सौ सुनार की एक लुहार की—अपने से बहुत अधिक शक्तिशाली व्यक्ति के साथ बार-बार छोटी-छोटी छेड़खानी मत करो; क्योंकि यदि वह गुस्से में आकर एक बार भी आक्रमण करेगा, तो तुम्हारा कचूमर निकल जायेगा।

हाथ कंगन को आरसी क्या?—प्रत्यक्ष को प्रमाण की आवश्यकता नहीं।

हाथी के दाँत खाने के और दिखाने के और—कपटी मनुष्य के बाहरी व्यवहार और उसके मन के कपट में कोई समानता नहीं दीखती। वह बाह्य व्यवहार से कुछ और दीखता है पर उसके मन में कुछ और (कुटिलता) होता है।

हींग लगे न फिटकरी रंग चोखा—बिना पूरा परिश्रम (अपेक्षित मेहनत) किये काम बढ़िया ढंग से पूरा होना।

वस्तुनिष्ठ प्रश्न

निर्देश : *निम्नलिखित में शुद्ध वाक्य का चयन कीजिए।*

1. A. हेम नरेश की पुस्तक दी
B. हेम ने नरेश को पुस्तक दी
C. हेम नरेश का पुस्तक देगा
D. हेम ने नरेश का पुस्तक दिया

2. A. मन्त्री ड्राइवर से कार चलवाता है
B. मन्त्री ड्राइवर की कार चलवाता है
C. मन्त्री ड्राइवर के लिए कार चलवाता है
D. मन्त्री ड्राइवर पर कार चलवाता है

3. A. जीवन और साहित्य का धोर सम्बन्ध है
B. जीवन और साहित्य का निकट सम्बन्ध है
C. जीवन और साहित्य का घनिष्ठ सम्बन्ध है
D. जीवन और साहित्य का गहरा सम्बन्ध है

4. A. सूर्य पश्चिम को अस्त होता है
B. मुझे विद्यालय जाना है
C. मैं तो आप के ऊपर निर्भर हूँ
D. लड़ाई में लोगों ने खूब कमाया

5. A. यह अध्यापक बहुत श्रेष्ठ पढ़ाता है
B. आज गोपाल उसके अपने काम से शहर गया
C. यह गाय बहुत प्यासी है
D. मानव ईश्वर की सबसे उत्कृष्टतम कृति है

6. A. रमेश के अन्दर बहुत विद्वता है
B. रमा विदुषी महिला है
C. सभी श्रेणियों के लोग वहाँ उपस्थित थे
D. धन्यवाद देता हूँ मैं उन्हें

7. A. आवश्यकता आविष्कार की जननी है
B. आविष्कार की जननी आवश्यकता है
C. आविष्कार आवश्यकता की जननी है
D. जननी है आविष्कार की आवश्यकता

8. A. मैं आपसे कुछ नहीं कह सकता हूँ
B. कुछ हीं कह सकता हूँ मैं आपसे
C. आपसे मैं कुछ नहीं कह सकता हूँ
D. आपको मैं कुछ नहीं कह सकता हूँ

9. A. गंगा का उद्‌गम स्थल गंगोत्री में है
B. गंगा का उद्‌गम स्थल गंगोत्री पर है
C. गंगा का उद्‌गम स्थल गंगोत्री से है
D. गंगा का उद्‌गम स्थल गंगोत्री है

10. A. मुझे आज की बैठक का समाचार नहीं था
B. मैंने अभी लखनऊ जाना है
C. पाप को डरो, पानी से नहीं
D. एक कप चाय मुझे भी देना

11. A. विष्णु के अनेकों नाम हैं
B. कन्या पराया धन होती है
C. वह पढ़ता-पढ़ता सो गया
D. मैं रोज गाने की कसरत करता हूँ

12. A. आज हमारी सौभाग्यवती कन्या का विवाह है
B. उसने गीत की दो-चार लड़ियाँ ही सुनाई
C. देखो, कहीं उसकी नींद न खुल जाए
D. यह कार्य आप पर निर्भर करता है

13. A. मैं बता तुझको दूँगा
B. मैं तुम्हें बता दूँगा
C. मैं तुझको बता दूँगा
D. सभी वाक्य सही हैं

14. A. पेड़ पर कोयलें बोल रही थीं
B. पेड़ पर कोयल बोल रही थी
C. पेड़ों पर कोयल थी
D. सभी वाक्य सही हैं

15. A. मुझे बहुत दुःख हुआ
B. मुझे दुःखी हुआ
C. मुझे ज्यादा दुःख हुआ
D. सभी वाक्य सही हैं

निर्देशः *निम्नलिखित वाक्यों में रिक्त स्थान की पूर्ति के लिए दिए हुए शब्दों में से सबसे उपयुक्त शब्द चुनिए और अपनी उत्तर पुस्तिका में सही उत्तर अंकित कीजिए।*

16. अदालतों में न्याय पाना बड़ा ...... हो गया है।
A. खर्चीला B. सरल
C. कठिन D. असम्भव

17. समाचार पत्रों में भी अब ...... समाचार कम छपते हैं।
A. धार्मिक B. जनहित के
C. अपराधियों के D. अमीरों के

18. अब नेताओं की सभा में उनके...... की ही भीड़ अधिक होती है।
A. बन्धुओं B. साथियों
C. चमचों D. बुजुर्गों

19. मंदिरों में पुजारी केवल..... ही देखते हैं।
A. चढ़ावा B. फूलमाला
C. भक्ति D. कपड़े

20. शिक्षा संस्थाओं में अध्यापकों का ध्यान प्रायः अपने ...... पर ही रहता है।
A. छात्रों B. विषय
C. वेतन D. सौन्दर्य

21. न जाने आज गाय का ...... दूध क्यों फट गया।
A. कुछ B. बहुत
C. सारा D. थोड़ा

22. कितने मन के ...... ढहे तब खड़ी हुई यह मधुशाला।
A. शहर B. गाँव
C. भूखंड D. महल

23. सखि पतंगा तो ...... ही है दीपक भी जलता है।
A. मरता B. जीता
C. जलता D. उड़ता

24. कश्मीर की समस्या अब शीघ्र ...... योग्य हो गई है।
A. विचारने B. समाधान
C. सुधारने D. हटाने

25. संस्कृत एक ...... भाषा के रूप में मानी जाती है।
A. देव B. मृत
C. प्राचीन D. श्रेष्ठ

26. राष्ट्रपति ने लोक सभा ...... कर दी।
A. भँग B. खत्म
C. समाप्त D. स्थगित

27. देश की ...... बनाए रखना हमारा प्रथम दायित्व है।
A. व्यवस्था B. एकता
C. सरकार D. आजादी

28. धैर्यवान व्यक्ति विपत्ति में भी ...... नहीं होता।
A. दुःखी B. चलायमान
C. अधीर D. विचलित

29. दीन-दुःखी की सहायता करना ही मानव का ...... होना चाहिए।
A. कर्म B. धर्म
C. फर्ज D. आभूषण

30. लोकतंत्र की सफलता के लिए जनता को ...... होना चाहिए।

A. शिक्षित B. अनुशासित
C. जागृत D. सभ्य

निर्देश : *निम्नलिखित शब्दों के आगे चार-चार शब्द दिए गए हैं। इनमें से उचित समानार्थक पर्याय चुनकर चिह्नित करें।*

31. वक्त्र
A. कपोल B. सिर
C. मुख D. नेत्र

32. ब्रह्मा
A. देवता B. प्राचीन
C. विधाता D. अनादि

33. सरस्वती
A. वाणी B. विद्या
C. बुद्धि D. सरोवर

34. समीर
A. अग्नि B. पानी
C. हवा D. ठंडा

35. दिन
A. घाम B. दिवस
C. प्रकाश D. सफेद

36. मोक्ष
A. निर्वाण B. मूँछ
C. प्रस्थान D. स्वर्ग

37. गंगा
A. नदी B. धारा
C. मंदाकिनी D. सूर्यपुत्री

38. सूर्य
A. मार्त्तण्ड B. देवता
C. किरण D. प्रकाश

39. लक्ष्मी
A. पद्मा B. सुन्दरी
C. बड़ी D. माता

40. वृक्ष
A. आम B. पादप
C. बाग D. घास

41. वलय
A. वृक्ष की छाल B. मृग छाल
C. घेरा D. आवरण

42. सम्पुट
A. मिश्रण B. बंधी हुई अंजलि
C. पिटारी D. मन्जूषा

43. प्रभंजन
A. अंजन B. तोड़-फोड़
C. खण्ड-खण्ड D. तेज वायु

44. पुष्कल
A. जायफल B. पुण्यफल
C. बहुत-सा D. हरा-भरा

45. प्रत्यागमन
A. परिक्रमा करना B. प्रतिरोध करना
C. बार-बार आना D. वापस आना

निर्देश : *नीचे दिए गए प्रत्येक वाक्यांश के लिए एक शब्द दीजिए इसके लिए चार-चार विकल्प दिए गए हैं। उचित विकल्प का चुनाव कीजिए।*

46. जो लौकिक न हो
A. पारलौकिक B. इहलौकिक
C. अलौकिक D. ऐहिक

47. वह स्थान जहाँ पृथ्वी और आकाश मिलते हुए से दिखाई पड़ते हैं
A. क्षितिज B. सरसिज
C. अन्तरिक्ष D. नीहारिका

48. जो पुरुषों के अनुरूप हो
A. पुरुषोचित B. पौरुषेय
C. पौरुष D. पुरुष

49. जो ऊपर से मिलाया गया हो
A. प्रक्षिप्त B. विक्षिप्त
C. संक्षिप्त D. विलुप्त

50. किसी कथा के अन्तर्गत आने वाली कोई अन्य कथा
A. दृष्टांत B. अन्तर्कथा
C. अंतःकथा D. अंतर्दृष्टांत

51. गुरु के समीप रहने वाला विद्यार्थी
A. अंतेवासी B. बटुक
C. ब्रह्मचारी D. शिष्य

52. हाथी की पीठ पर रखी जाने वाली चौकी
A. मचान B. हौदा
C. तख्त D. गद्दी

53. फाल्गुन की पूर्णिमा को होने वाला हिंदुओं का प्रसिद्ध त्यौहार

A. गुरु पूर्णिमा B. वसंतोत्सव
C. दीपावली D. होली

54. यज्ञ में आहुति देने वाला

A. पुरोहित B. हवि
C. होता D. समिधा

55. फेंककर चलाया जाने वाला हथियार

A. वाण B. शस्त्र
C. अस्त्र D. वर्म

56. काम से जी चुराने वाला

A. कामचोर B. बेकार
C. आलसी D. निकम्मा

57. किसी बात को करने का निश्चय

A. विकल्प B. संकल्प
C. कल्प D. अत्यल्प

58. जिस बीमारी का ठीक होना सम्भव न हो

A. असाध्य B. विकट
C. भयानक D. घातक

59. जिस पर विजय प्राप्त कर ली गई हो

A. आक्रान्त B. अजेय
C. विजित D. पराजित

60. सूर्य के उदय होने का स्थान

A. उदयाचल B. सूर्यादय
C. प्रभात स्थान D. गंधमादन

निर्देश : *इन प्रश्नों में प्रत्येक में चार शब्द दिए गए हैं जिनमें से तीन अनेकार्थी शब्द की श्रेणी में आते हैं। जो शब्द इस श्रेणी में नहीं आता है, वही आपका उत्तर है।*

61. अंक

A. गोद B. नाटक का विभाजन
C. संख्या D. गणित

62. अर्थ

A. पाप B. धन
C. आशय D. प्रयोजन

63. आश्रय

A. आधार B. मैदान
C. सहायता D. तरकश

64. खग

A. मन B. तीर
C. पक्षी D. आकाश

65. चपला

A. लक्ष्मी B. चंचल
C. पुष्प D. तड़ित

66. नाग

A. साँप B. पर्वत
C. जवाहर D. बादल

67. पुर

A. गाँव B. घर
C. किला D. नगर

68. बक

A. बगुला B. ढोंगी
C. आँधी D. ठग

69. मृग

A. कस्तूरी B. मुर्गा
C. हरिण D. चन्द्रमा का कलंक

70. मूल

A. वंश B. जड़
C. औषध D. पूँजी

71. अक्षर

A. आत्मा B. वर्ण
C. अक्षत D. स्थिर

72. अक्रूर

A. मित्र B. शत्रु
C. कृष्ण के चाचा D. विनम्र

73. अचल

A. पहाड़ B. स्थिर
C. अटल D. चंचल

74. अपेक्षा

A. आशा B. निराशा
C. आवश्यकता D. इच्छा

75. अमूल्य

A. अनमोल B. जन
C. दूध D. अमर

निर्देश : *नीचे दिए गए चार विकल्पों में से सही पर्यायवाची शब्द ज्ञात कीजिए।*

76. अनन्त
A. विष्णु B. अतिशय
C. असंख्य D. आकाश

77. आडम्बर
A. ढोंग B. तम्बू
C. दर्प D. आवाज

78. कपाल
A. अदृष्ट B. खप्पर
C. भाग्य D. माथा

79. छंद
A. आवरण B. पद
C. बंधन D. आचरण

80. ऐश्वर्य
A. बड़ाई B. विलास
C. सुख D. सम्पदा

81. खर
A. रावण B. कुंठित
C. गधा D. मूर्ख

82. पक्षी
A. नीरज B. नभ
C. विहग D. सरसिज

83. कमल
A. कुसुम B. पुष्प
C. प्रसून D. पुंडरीक

84. चतुरानन
A. ब्रह्मा B. इन्द्र
C. विष्णु D. देवता

85. जल
A. घटा B. नीर
C. दिनकर D. सुधाकर

86. अमृत
A. सुधा B. कौमुदी
C. मन्मथ D. सुधाकर

87. इच्छा
A. अमिय B. हर्ष
C. आकांक्षा D. रश्मि

88. उद्यान
A. धाम B. कुसुमाकर
C. आलय D. वाटिका

89. अन्त्य
A. समाप्त B. अन्तिम
C. नीच D. कुलीन

90. घर
A. सदन B. उपवन
C. पंचशर D. हुताशन

निर्देश : *नीचे दिए गए शब्दों के विलोम के लिए चार-चार विकल्प दिए गए हैं। उनमें से उचित विकल्प का चयन कीजिए।*

91. कृपण
A. अधम B. दानी
C. कृतघ्न D. कनिष्ठ

92. क्षणिक
A. शाश्वत B. संक्षेप
C. विरह D. क्षुद्र

93. स्वदेश
A. गाँव B. नगर
C. परदेश D. स्वर्ग

94. स्तुति
A. सेवक B. निवेदन
C. प्रार्थना D. निन्दा

95. सर्दी
A. गर्मी B. धूप
C. उष्ण D. शीतल

96. शान्त
A. लघु B. चंचल
C. डरपोक D. बहादुर

97. भीगा
A. सूखा B. नरम
C. उष्ण D. गरम

98. कुसुम
A. वज्र B. नारी
C. खिन्न D. ठंडा

99. तम
A. सम B. कृश
C. नम D. प्रकाश

100. नख
A. शिख B. अनित्य
C. श्याम D. निन्दा

101. भौतिक
A. पाश्चात्य B. दैविक
C. दैहिक D. आध्यात्मिक

102. अवनि
A. आकाश B. अम्बर
C. गगन D. आसमान

103. कर्कशा
A. कोमल B. निर्मल
C. विह्वल D. व्याकुल

104. अवनत
A. बढ़ना B. उत्कर्ष
C. ऊँचा D. उन्नत

105. अति
A. न्यून B. कम
C. अल्प D. नगण्य

निर्देश : *नीचे एक शब्द दिया गया है। दिए गए विकल्प से आपको शब्द में प्रयुक्त उपसर्ग ज्ञात करना है।*

106. विज्ञान
A. विज्ञ B. चिर
C. वि D. अन

107. चिरायु
A. चि B. चिर
C. यु D. आयु

108. अवनत
A. नत B. अ
C. अव D. अवन

109. अत्याचार
A. अ B. अत्या
C. अति D. चार

110. अध्यात्म
A. अध्य B. अधि
C. आत्म D. अ

निर्देश : *निम्नलिखित शब्दों में प्रत्यय लगाने से बनने वाले सही विकल्प को चुनिए।*

111. शरीर + इक
A. शारीरक B. शारिरीक
C. शारीरिक D. शरीरिक

112. वर + इष्ठ
A. वरीष्ठ B. वरेष्ठ
C. वरिष्ट D. वरिष्ठ

113. बहन + ओई
A. बहनोई B. बहनोई
C. बहनुई D. बहनौयी

114. आध्यात्मक + इक
A. आध्यात्मिक B. अध्यात्मिक
C. अधिआत्मिक D. अध्यात्मक

115. लड़का + पन
A. लड़कापन B. लड़पन
C. लड़कपन D. लड़कापन

निर्देश : *नीचे एक शब्द दिया गया है। दिए गए विकल्प से आपको शब्द में प्रयुक्त प्रत्यय ज्ञात करना है।*

116. पागलपन
A. पागल B. पा
C. पन D. इनमें से कोई नहीं

117. सावधानी
A. ई B. इ
C. धानी D. साव

118. धुंधला
A. धुं B. धुंध
C. ला D. इनमें से कोई नहीं

119. प्रत्यय रहित शब्द है
A. पराभव B. कवित्व
C. कुख्यात D. लघुत्व

निर्देश : *तत्सम शब्द का चुनाव कीजिए।*

120. A. अँगरखा B. अंगरक्षक C. अंगरच्छक D. अंरक्षक

121. A. अँधेरा B. अंधाधुंध C. अंधकार D. अंधड़

122. A. आँवला B. आँवलक C. आमलक D. अँवला

123. A. आश्चर्य B. आम C. इज्जत D. अचरज

124. A. आलस्य B. उबटन C. अमोल D. ऊँट

125. A. पुस्तक B. अंगूठी C. आमोल D. अचरज

निर्देश : *नीचे मुहावरे दिए गए है। प्रत्येक मुहावरे का अर्थ बताने के लिए चार विकल्प दिए गए हैं। इनमें एक अर्थ सही है। आपको इसी का चयन करना है।*

126. अंगारे उगलना
A. आग लगाना
B. क्रोध में कठोर वचन बोलना
C. आग बुझाना
D. जले हुए कोयले को इकट्ठा करना

127. इधर की दुनिया उधर करना
A. जिद पर अड़े रहना
B. असम्भव को सम्भव करना
C. दहेज कम करना
D. धनी व्यक्ति का निर्धन होना

128. ऊँचा-नीचा सुनाना
A. प्रेरक प्रसंग सुनाना
B. उपदेश देना
C. भला बुरा कहना
D. प्रवचन करना

129. काला नाग
A. विषधर सर्प
B. खोटा या घातक व्यक्ति
C. तीव्र बुद्धि वाला व्यक्ति
D. काला धन रखने वाला व्यक्ति

130. ठन-ठन गोपाल
A. बना ठना नवयुवक B. खोखला
C. धनवान D. शक्तिशाली

131. अंग-अंग ढीला होना
A. परेशान होना B. शिथिल गात होना
C. पिटाई होना D. बीमार होना

132. अंधे के हाथ बटेर लगना
A. किसी वस्तु का अनायास मिलना
B. अपात्र को बहुत बड़ी सफलता मिलना
C. अप्राप्य को प्राप्त करना
D. मुसीबत पर मुसीबत आना

133. घी का लड्डू टेढ़ा भी भला
A. गुणी व्यक्ति की आलोचना
B. उपयोगी वस्तु का रूप-रंग नहीं देखा जाता
C. घी का लड्डू स्वादिष्ट होता है
D. घी का लड्डू महंगा होता है

134. कोढ़ में खाज
A. परवाह नहीं करना
B. बराबर समझना
C. एक दुःख पर दूसरा दुःख होना
D. निपट मूर्ख

135. गुल खिलाना
A. मौज करना B. बहुत गुस्सा आना
C. व्यवधान पड़ना D. कोई बखेड़ा खड़ा करना

136. नाक का बाल होना
A. बहुत कष्ट झेलना
B. किसी का प्रिय व्यक्ति होना
C. अपमान होना
D. अनुभवी होना

137. सिक्का जमाना
A. झूठे आश्वासन देना
B. बहुत सम्मान देना
C. सही व्यवहार करना
D. प्रभाव स्थापित करना

138. पर निकलना
A. अभिमान करना B. व्यर्थ इतराना
C. बड़ा हो जाना D. शीघ्रता से काम करना

139. दूध का धुला होना
A. निर्दोष होना B. स्वस्थ होना
C. शाकाहारी होना D. स्वच्छ होना

140. दाँत खट्टे करना
A. हराना B. दाँत दुखना
C. चखना D. दाँत कमजोर होना

उत्तरमाला

1	**2**	**3**	**4**	**5**	**6**	**7**	**8**	**9**	**10**
B	A	C	B	C	B	A	A	D	D
11	**12**	**13**	**14**	**15**	**16**	**17**	**18**	**19**	**20**
B	C	C	B	A	C	B	C	A	C
21	**22**	**23**	**24**	**25**	**26**	**27**	**28**	**29**	**30**
C	D	C	B	C	A	B	D	B	A
31	**32**	**33**	**34**	**35**	**36**	**37**	**38**	**39**	**40**
C	C	A	C	B	A	C	A	A	B
41	**42**	**43**	**44**	**45**	**46**	**47**	**48**	**49**	**50**
C	B	D	C	D	C	A	A	A	B
51	**52**	**53**	**54**	**55**	**56**	**57**	**58**	**59**	**60**
A	B	D	C	C	A	B	A	C	A
61	**62**	**63**	**64**	**65**	**66**	**67**	**68**	**69**	**70**
D	A	D	A	C	D	A	C	B	C
71	**72**	**73**	**74**	**75**	**76**	**77**	**78**	**79**	**80**
D	B	D	B	A	C	A	D	B	D
81	**82**	**83**	**84**	**85**	**86**	**87**	**88**	**89**	**90**
C	C	D	A	B	A	C	D	C	A
91	**92**	**93**	**94**	**95**	**96**	**97**	**98**	**99**	**100**
B	A	C	D	A	B	A	A	D	A
101	**102**	**103**	**104**	**105**	**106**	**107**	**108**	**109**	**110**
D	B	A	D	C	C	B	C	C	B
111	**112**	**113**	**114**	**115**	**116**	**117**	**118**	**119**	**120**
C	D	B	A	C	C	A	C	C	B
121	**122**	**123**	**124**	**125**	**126**	**127**	**128**	**129**	**130**
C	C	A	A	A	B	B	C	B	B
131	**132**	**133**	**134**	**135**	**136**	**137**	**138**	**139**	**140**
B	A	B	C	D	B	D	B	A	A

शिक्षा एवं नेतृत्व के परिप्रेक्ष्य
(Perspectives on Education and Leadership)

(1972) PEL (H)—1

UNIT a

शिक्षार्थी अवबोध (Understanding the Learner)

किसी भी राष्ट्र के विकास में शिक्षा का अत्यंत महत्वपूर्ण योगदान होता है। राष्ट्रीय एवं सामाजिक विकास हेतु शिक्षा प्रदान करने का कार्य मुख्य रूप से शैक्षिक संस्थाओं द्वारा किया जाता है। इस संदर्भ में कोठारी कमीशन का यह कथन पूर्णरूपेण सत्य है कि भारत के भविष्य का निर्माण उसकी कक्षाओं में हो रहा है। संस्थागत एवं शैक्षिक उद्देश्यों की प्रभावी प्राप्ति कुशल एवं प्रभावी नेतृत्व पर निर्भर करती है। शिक्षा के क्षेत्र में कुशल नेतृत्व के अभाव में शैक्षिक संस्थाएं अपनी पहचान खोती जा रही हैं। शिक्षण संस्थाओं में शिक्षक, पर्यवेक्षक, निरीक्षक, प्रधानाचार्य, विभागाध्यक्ष, निदेशक, समन्वयक, कुलपति आदि नेतृत्व का कार्य संभालते हैं। शैक्षिक नेता के रूप में वे संस्थागत लक्ष्यों को प्राप्त करने हेतु उत्तरदायी होते हैं। शिक्षा के क्षेत्र में नेतृत्व का कार्य युग को पहचानना, समस्या को जानना और उसका समाधान करना होता है।

हमारे देश में प्रतिकूल परिस्थितियों एवं कुशल नेतृत्व के अभाव के कारण हम शिक्षा की सुदृढ़ बुनियाद निर्मित कर पाने में सफल नहीं हो सके। जिसका परिणाम आज संपूर्ण राष्ट्र किसी न किसी रूप में भुगत रहा है। आजादी के पूर्व देश को शिक्षा के क्षेत्र में सृदृढ़ शैक्षिक नेतृत्व मिला। परिणाम अच्छा रहा, एक नए भारत का उदय हुआ। स्वतंत्रता के पश्चात् देश में शैक्षिक नेतृत्व तदर्थवाद की भेंट चढ़ गया।

नेतृत्व का संप्रत्यय

नेतृत्व का संप्रत्यय निम्नलिखित कारकों पर निर्भर करता है :

- प्रभावित करना
- स्वतः प्रयास
- लक्ष्य/उद्देश्यों की प्राप्ति

नेतृत्व को उत्प्रेरक भी कहा जाता है, जो क्षमता को वास्तविकता में परिवर्तित करता है। संस्थागत लक्ष्यों को प्राप्त करने वाले कार्य नेतृत्व के अन्तरवैयक्तिक संबंधों के संप्रत्यय से अपने आप पूर्णरूपेण प्रभावित होता है।

शैक्षिक नेतृत्व का अर्थ एवं परिभाषा

नेतृत्व समूह अथवा संगठन के लक्ष्यों की प्राप्ति हेतु सदस्यों को प्रभावित करने की योग्यता है। नेतृत्व, मुख्य रूप से व्यवहार को प्रभावित करने वाली सतत प्रक्रिया है। एक नेता समूह में ही सांस लेता है और समूह के लक्ष्यों की प्राप्ति हेतु प्रेरणा प्रदान करता है। यह गुण कुछ करने को दर्शाता है न कि पहले से मौजूद गुण को। ओसवाल्ड स्पैगलर ने अपनी पुस्तक "Man and Technique" में लिखा है कि "इस युग में केवल दो प्रकार की तकनीक ही नहीं है वरन् दो प्रकार के आदमी भी हैं। जिस प्रकार कुछ व्यक्ति के कार्य करने तथा निर्देशन देने की प्रवृत्ति है उसी प्रकार कुछ व्यक्ति ऐसे हैं जिनकी प्रवृत्ति आज्ञा मानने की है। यही मनुष्य जीवन का स्वाभाविक रूप है। यह रूप युग परिवर्तन के साथ कितना ही बदलता रहे किंतु इसका अस्तित्व तब तक रहेगा जब तक यह संसार रहेगा। नेतृत्व की प्रमुख परिभाषाएँ निम्नलिखित हैं :

"नेतृत्व एक ऐसी क्रिया है जो व्यक्तियों को इस प्रकार प्रभावित करे कि वह अपनी इच्छा से सामूहिक उद्देश्यों के लिए प्रयास करें।" —जॉर्ज आर. टैरी

"नेतृत्व एक परिस्थिति में प्रयुक्त किया गया विशिष्ट लक्ष्य अथवा लक्ष्य की प्राप्ति की ओर निर्देशित पारस्परिक प्रभाव है।" —राबर्ट टैननबाम

"समान लक्ष्य की प्राप्ति में व्यक्तियों को अनुगमन करने के लिए प्रभावित करना नेतृत्व है।" —कून्ट्ज एवं डोनेल

उपर्युक्त परिभाषाओं द्वारा स्पष्ट होता है कि नेतृत्व उद्देश्यों की पूर्ति हेतु दूसरों को प्रभावित करने, उनका सहयोग करने की एक प्रक्रिया है। यह एक प्रमुख कारक है जो किसी समूह को उसके उद्देश्यों को चिह्नित करके, उसको अभिप्रेरित करके, उनके उद्देश्यों की पूर्ति में उनकी सहायता करता है। अतः नेतृत्व वह सामाजिक अवधारणा है जो अंतःप्रक्रियात्मक विशेषताओं एवं गुणों पर बल देती है।

नेतृत्व की प्रकृति

नेतृत्व को समझने के लिए नेतृत्व की प्रकृति को जानना आवश्यक है। प्रकृति के आधार पर नेतृत्व विज्ञान और कला दोनों है।

विज्ञान : इसमें कौन-सी क्रियायें कब, कहां, कैसे करनी है तथा उन क्रियाओं के संपादन में नियमबद्धता, क्रमबद्धता, तर्कसंगतता, कारण तथा परिणाम संबंधों में एकरूपता आदि गुणों की उपस्थिति आवश्यक होती है।

कला : कला इस रूप में है कि इसमें परिस्थितियों के अनुरूप सदस्यों के व्यवहार को प्रभावित करने, आवश्यकतानुसार परिवर्तन लाने एवं सदस्यों को भावनात्मक सहयोग देने का कौशल उपस्थित होता है।

नेतृत्व की विशेषताएं

- नेतृत्व वह विशेष व्यवहार है जिसमें प्रभुत्व, सुझाव तथा आग्रह का सम्मिश्रिण होता है।
- नेतृत्व के लिए दो पक्ष नेता और अनुयायी का होना अनिवार्य है। नेता अनुयायियों के व्यवहार को अधिक सीमा तक प्रभावित करता है।
- नेतृत्व संबंधी प्रभाव दबावयुक्त नहीं होता है। इसे साधारण तथा स्वेच्छापूर्वक ग्रहण किया जाता है। दबाव केवल नेता के नैतिक प्रभाव का होता है।
- नेतृत्व अनियोजित न होकर विचारपूर्वक अनुयायियों के व्यवहारों को निश्चित दिशा में मोड़ देता है।
- पीगर्स के अनुसार—नेतृत्व पारस्परिक उत्तेजना की प्रक्रिया है। इससे यह स्पष्ट होता है कि नेतृत्व के द्वारा व्यवहारों में किया जाने वाला परिवर्तन उत्तेजना से प्रभावित होता है।
- नेतृत्व की एक विशेषता परिस्थिति (क्षेत्र) होती है। इस प्रकार एक ही व्यक्ति विभिन्न क्षेत्रों में अलग-अलग तरह से नेतृत्व से प्रभावित हो सकता है।

अधिगमकर्ता अवबोध

अधिगमकर्ता सम्पूर्ण शैक्षिक प्रक्रिया की केन्द्रीय धुरी है। शैक्षिक प्रक्रिया की सम्पूर्ण कार्य-प्रणालियाँ एवं कार्य-पद्धतियाँ अधिगमकर्ता को ही केन्द्र में रखते हुए आयोजित, नियोजित एवं संचालित की जाती हैं। इसी कारण अधिगमकर्ता से सम्बन्धित प्रत्येक पक्ष, आयाम, अवस्था, विशेषता तथा उसको प्रभावित करने वाले विभिन्न सन्दर्भों आदि का अध्ययन किया जाता है जिससे एक प्रभावी शैक्षिक नीति, योजना, कार्यक्रम आदि का निर्माण किया जा सके जो सभी अधिगमकर्ताओं में निहित सभी प्रकार की संभावनाओं का सर्वोत्तम एवं सर्वोत्कृष्ट विकास कर सके। अधिगमकर्ता एक मानव शिशु के रूप में इस जगत में आविर्भाव होने से पूर्व एक छोटे एवं सूक्ष्म निषेचित अंडे (Fertilized ovum) से जीवन प्रारम्भ करता हुआ धीरे-धीरे विकास करता हुआ एक सामान्य मानव का रूप धारण कर लेता है। मानव वंशानुक्रम एवं वातावरणीय कारकों व शक्तियों के पारस्परिक अंतःक्रियात्मक प्रभावों का प्रतिफल होता है। मानव में वृद्धि एवं विकास सम्बन्धी प्रक्रियाओं का प्रारम्भ माँ के गर्भधारण करते ही शुरू हो जाती है। मानव में वृद्धि एवं विकास की प्रक्रियाएं एक निश्चित एवं निर्धारित पैटर्न का अनुपालन करते हुए विभिन्न अवस्थाओं से गुजरते हुए तथा मानव के विभिन्न आयामों एवं पक्षों का विकास करते हुए उसे एक सामर्थ्यवान, शक्तिशाली, योग्य, सामाजिक तथा विवेकशील प्राणी बनाती है।

अधिगमकर्ता के रूप में प्रगतिशील या वृद्धिमान एवं विकासशील मानव

मानव की संरचना एवं उसकी कार्य-पद्धति व कार्य प्रणाली में उत्तरोतर मात्रात्मक एवं गुणात्मक परिवर्तनों को लाने वाली वृद्धि एवं विकास की प्रक्रिया जन्म के समय से ही शुरू हो जाती है। वृद्धि और विकास की प्रक्रिया के फलस्वरूप मानव जब किसी

क्षेत्र विशेष की विशेषताओं, योग्यताओं व क्षमताओं के शिखर बिन्दु को प्राप्त कर लेता है तो उसे उस क्षेत्र विशेष में परिपक्व कहा जाता है। मानव में वृद्धि और विकास की प्रक्रिया उसके वंशानुक्रम एवं वातावरण के अंतःक्रियात्मक स्वरूप पर निर्भर करती है क्योंकि वंशानुक्रम से ही मानव को बीजाभूत गुणों व विशेषताओं का उपहार मिलता है और वातावरण उन बीजाभूत गुणों एवं विशेषताओं की वृद्धि तथा विकास के लिए आधारभूत धरातल प्रदान करते हैं। इसीलिए मानव के वंशानुक्रम एवं वातावरण का अंतःक्रियात्मक प्रभाव उसके शारीरिक, मानसिक, सामाजिक, मनोवैज्ञानिक, नैतिक एवं संवेगात्मक विकास पर पड़ता है। वृद्धि और विकास के दो प्रमुख कारण माने जाते हैं। उनमें से पहला परिपक्वता और दूसरा अधिगम को माना जाता है। परिपक्वता से आशय है वृद्धि एवं विकास के फलस्वरूप अपेक्षित या निर्धारित समय व अवस्था में गुणों एवं विशेषताओं का सुदृढ़ीकरण होना अर्थात् अनुकूलतम स्थिति को प्राप्त कर लेना। अधिगम से आशय वृद्धि एवं विकास की प्रक्रिया में मानव द्वारा वातावरणीय परिस्थितियों के साथ सामंजस्य स्थापित करने के लिए अपेक्षित गुणों, योग्यताओं व क्षमताओं को अर्जित करना है। मानव में यह एक स्वाभाविक प्रवृति होती है कि वह जीवनपर्यंत अधिगम करता रहता है क्यांकि उसकी आवश्यकताओं का कभी अंत नहीं होता है। अधिगम की प्रक्रिया का यह भी एक यथार्थ सत्य है कि अधिगम के लिए एक न्यूनतम स्तर की परिपक्वता होना आवश्यक है क्योंकि प्रत्येक प्रकार के अधिगम के लिए एक निश्चित स्तर की शारीरिक या मानसिक या सामाजिक परिपक्वता का होना आवश्यक है। इसी कारण मानव अधिगम के किसी विशेष स्तर तक को अर्जित कर पाता है जहाँ तक की उसने आवश्यक परिपक्वता को प्राप्त कर लिया है।

एक प्रगतिशील अधिगमकर्ता से आशय यह है कि विकास के अंतर्गत परिवर्तनों की दिशा अग्रगामी होती हैं एवं मानव को अभियोजन की ओर अग्रसर करते हैं अर्थात विकास का संबंध मानव का अभियोजन की क्रियाओं में उन्नतशील परिवर्तनों के घटित होने से है। अतः विकास द्वारा होने वाले परिवर्तन मानव को पूर्व अवस्था से अग्रिम अवस्था की ओर अग्रसर करते हैं। जन्म के समय जो शिशु निःसहाय होता है आगे चलकर वह एक सहाय एवं विभिन्न क्षमताओं से युक्त मानव बन जाता है। विकासक्रम में प्रत्येक प्रकार की क्रियाओं जैसे– उठने, बैठने, चलने, दौड़ने आदि में सक्षम हो जाता है। इसीलिए हरलॉक ने विकास को परिवर्तन कहा है।

वृद्धि एवं विकास

वृद्धि और विकास की प्रक्रिया मानव हो या कोई अन्य जीव सभी में उनके जीवन प्रक्रिया व पैटर्न के रूप में चलती है। मानव जन्म के समय एक असहाय शिशु के रूप में होता है किन्तु धीरे-धीरे आगे चलकर वह अपने विकास पैटर्न में विकास करता हुआ एक सक्षम, सामर्थ्यशाली एवं बौद्धिक मानव के रूप में परिणत हो जाता है। मानव में वृद्धि और विकास की यह प्रक्रिया माँ के गर्भवती होने से शुरू होकर उसकी मृत्यु तक चलती रहती है। मानव जन्म के पश्चात् सुनिश्चित अवस्थाओं क्रमशः जैसे शैशवावस्था, बाल्यावस्था, किशोरावस्था एवं वयस्कावस्था तक चलती है। विकास की इन विभिन्न अवस्थाओं में मानव से सम्बन्धित विभिन्न पक्षों जैसे– शारीरिक, मानसिक, संवेगात्मक, सामाजिक तथा नैतिक पक्षों का विकास होता है। विकास को एक बहुमुखी प्रक्रिया माना जाता है। इसमें बहुत-सी विशेषताओं का समावेश होता है। इसी कारण हरलॉक महोदय कहते हैं कि 'विकास के परिणामस्वरूप ही मानव में नवीन विशेषताएं तथा योग्यताएं प्रकट होती हैं।'

वृद्धि एवं विकास की अवधारणा

मानव की वृद्धि एवं विकास की प्रक्रिया का अध्ययन शैक्षिक मनोविज्ञान का एक महत्वपूर्ण विषय है। वृद्धि और विकास की प्रक्रियाओं के ज्ञान के अभाव में शिक्षण-अधिगम प्रक्रिया का आयोजन एवं नियोजन कभी भी प्रभावी रूप से नहीं किया जा सकता है। एक शिक्षक को वृद्धि की प्रक्रिया से अवगत होना आवश्यक है क्योंकि इसके ज्ञान के अभाव में शिक्षक विद्यार्थियों की आवश्यकताओं के अनुरूप शिक्षक का न तो व्यवस्थापन कर पाएगा और न ही वैयक्तिक आवश्यकताओं के अनुकूल शिक्षण कर पाएगा। अतः इन अवधारणाओं को समझना आवश्यक है।

वृद्धि का अर्थ : गर्भाशय में भ्रूण बनने के पश्चात जन्म के समय तक उसमें जो प्रगतिशील परिवर्तन होते हैं उन्हें वृद्धि कहा जाता है। मानव में जन्म लेने से लेकर वयस्कता तक स्वाभाविक रूप से होने वाले ऊर्ध्वगामी परिवर्तन को वृद्धि की परिधि में रखा जाता है। इनमें अधिगम और प्रशिक्षण आदि का कोई प्रभाव नहीं माना जाता है। जैसे बच्चे में दांत का निकलना एक स्वाभाविक वृद्धि प्रक्रिया का परिणाम माना जाता है। वृद्धि की एक दिशा और सीमा भी मानी जाती है। जैसे–बच्चे की

लम्बाई की एक दिशा होती है, यह दिशा उर्ध्ववर्ती होती है एवं इसकी एक मापनीय सीमा भी मानी जाती है जिसकी पूर्णता के पश्चात वृद्धि की संभावनाएं नगण्य मानी जाती हैं। साधारण शब्दों में, वृद्धि से आशय शरीर और उसके अंगों के आकार, भार, लम्बाई आदि में हुए परिवर्तनों से होता है। विद्वानों ने वृद्धि को निम्न प्रकार परिभाषित किया है :

- **फ्रैंक** के अनुसार–शरीर तथा व्यवहार के किसी विशेष पक्ष में जो परिवर्तन होता है उसे वृद्धि कहते हैं। वृद्धि को इन्होंने कोशकीय वृद्धि के रूप में लिया है।
- **मेरीडिथ** का मत है कि कुछ लेखक वृद्धि का प्रयोग आकार की वृद्धि के अर्थ में करते हैं और विकास का विभेदीकरण या विशिष्टीकरण के अर्थ में।
- **गेसेल** के अनुसार–वृद्धि एक ऐसी जटिल एवं संवेदनशील प्रक्रिया है, जिसमें प्रबल स्थिरता लाने वाले कारक केवल वाह्य ही नहीं अपितु आन्तरिक भी होते हैं जो प्रतिमान एवं वृद्धि की दिशा में संतुलन बनाए रखते हैं।

विकास का अर्थ : विकास का संबंध शरीर के विभिन्न अंगों की कार्यक्षमता और कार्यकुशलता से है। यह वह प्रक्रिया है जो शरीर के विभिन्न पक्षों में आतंरिक, वाह्य तथा मनोवैज्ञानिक परिवर्तनों को एकीकृत व संगठित कर कार्य करने योग्य बनाती है। विकास से आशय अनेक वृद्धि प्रक्रियाओं को समाहित करने वाली एकीकृत व श्रृंखलाबद्ध परिवर्तन प्रक्रिया से है। विकास शरीर के सभी प्रकार के गुणात्मक परिवर्तनों का प्रकटीकरण है जिसके कारण मानव की कार्यक्षमता एवं कार्यकुशलता तथा व्यवहार में प्रगति होती है। विकास के कारण ही मानव में नई विशेषताओं, गुणों, योग्यताओं व क्षमताओं का प्रकटन होता है। विकास को विद्वानों ने निम्न प्रकार परिभाषित किया है:

- **हरलॉक** के अनुसार–विकास वृद्धि तक ही सीमित नहीं है वरन इसमें वयस्कावस्था के लक्ष्य की ओर परिवर्तनों का प्रगतिशील क्रम निहित रहता है। विकास के परिणामस्वरूप व्यक्ति में नई विशेषताएं एवं योग्यताएं प्रकट होती हैं।
- **स्किनर** के अनुसार–विकास जीव और उसके वातावरण की अंतःक्रिया का प्रतिफल है।
- **स्टाट** के अनुसार–विकास समय के साथ होने वाला परिवर्तन है। यह एक ऐसी प्रक्रिया है जिसका प्रेक्षण प्रतिफलों के अध्ययन द्वारा किया जाता है।
- **लाबार्वा** के अनुसार विकास का अभिप्राय परिपक्वता के कारण आए परिवर्तन से है अर्थात प्राणी के जीवन में समय के साथ आये परिवर्तनों से है।

वृद्धि और विकास में अन्तर

वृद्धि और विकास में अत्यंत घनिष्ठ संबंध माना जाता है। विकास में वृद्धि का भाव सदैव निहित रहता है किन्तु यह वृद्धि से अधिक व्यापक एवं एकीकृत होता है। मनोवैज्ञानिक वृद्धि तथा विकास में अन्तर व्यक्त करते हैं जोकि निम्न है :

वृद्धि	विकास
वृद्धि का संबंध शरीर के किसी अंग या अवयव तथा व्यवहार के किसी पहलू में होने वाले परिवर्तन से होता है।	विकास का संबंध शरीर के किसी अंग या अवयव या व्यवहार के पहलू में होने वाले परिवर्तन से नहीं अपितु व्यक्ति में होने वाले सम्पूर्ण परिवर्तनों के एकीकृत स्वरूप से है।
वृद्धि की प्रक्रिया परिपक्वता के विशेष स्तर तक पहुँच कर लगभग समाप्त हो जाती है।	विकास को एक सतत प्रक्रिया माना जाता है जो जीवनपर्यंत चलती रहती है।
वृद्धि से आशय व्यक्ति में हुए परिमाणात्मक परिवर्तनों से लिया जाता है। जैसे–आकार, भार, लम्बाई आदि में वृद्धि।	विकास का संबंध परिमाणात्मक परिवर्तनों के फलस्वरूप हुए गुणात्मक प्रभावों से है जो व्यक्ति की कार्यकुशलता तथा कार्यक्षमता के रूप में व्यवहार में प्रदर्शित होते हैं।

वृद्धि का सम्बन्ध शारीरिक अंगों से है तथा यह विशिष्ट होती है।	विकास का संबंध उनके गुणों से होता है और यह सामान्य होता है।
वृद्धि की दिशा और गति का प्रत्यक्ष मापन किया जा सकता है।	विकास का मापन पूर्णतः संभव नहीं है और इन्हें केवल अप्रत्यक्ष माध्यमों जैसे अनुभव, अवलोकन व निरीक्षण के आधार पर जाना या समझा जा सकता है।
वृद्धि को विकास प्रक्रिया का एक चरण माना जाता है।	विकास में वृद्धि का भाव सदैव निहित रहता है और यह वृद्धि से अधिक व्यापक एवं एकीकृत होता है।
वृद्धि से सम्बंधित पक्ष या घटक मूर्त माने जाते हैं।	विकास से सम्बंधित पक्ष या घटक अमूर्त माने जाते हैं।

वृद्धि एवं विकास के सामान्य सिद्धांत

मानव जन्म लेने के पश्चात् अपनी मृत्यु तक विकास की अनेकों अवस्थाओं से गुजरता है। विकास की इन निर्धारित अवस्थाओं से मानव जब एक अवस्था से दूसरी अवस्था में प्रवेश करता है, तब उसमें कुछ परिवर्तन परिलक्षित होते हैं। मनोवैज्ञानिक अध्ययनों एवं शोधों ने यह सिद्ध कर दिया है कि मानव में किसी अवस्था या अवस्थाओं में होने वाले परिवर्तन या परिवर्तनों में कुछ निश्चित सिद्धांतों का अनुसरण करने की प्रवृति पाई जाती है। इन्हीं को वृद्धि एवं विकास के सिद्धांत के रूप में जाना जाता है। ये सिद्धांत निम्न हैं :

1. निरन्तरता का सिद्धांत
2. विकास की दिशा का सिद्धांत
3. वैयक्तिक विभिन्नता का सिद्धांत
4. निश्चित तथा पूर्वकथनीय प्रतिरूप का सिद्धांत
5. वंशानुक्रम तथा वातावरण की अंतःक्रिया का सिद्धांत
6. एकीकरण का सिद्धांत
7. चक्राकार प्रगति का सिद्धांत
8. सामान्य से विशिष्ट प्रतिक्रियाओं का सिद्धांत
9. परस्पर संबंध का सिद्धांत

इसके अतिरिक्त वृद्धि और विकास की प्रक्रिया को स्पष्ट करने के लिए कुछ मनोवैज्ञानिकों ने भी अपने विशिष्ट सिद्धांत दिए हैं जो कि वृद्धि और विकास के सिद्धांत (Theories of Growth and development) के रूप में जाने जाते हैं। इनमें से कुछ प्रमुख सिद्धांत निम्न हैं :

- एरिक्सन का मनो-सामाजिक विकास सिद्धांत
- चोमस्की का भाषा विकास सिद्धांत
- कोहलबर्ग का नैतिक विकास सिद्धांत
- गिल्लीगन का नैतिक विकास सिद्धांत
- फ्रायड का मनो-लैंगिक विकास सिद्धांत
- पियाजे का संज्ञानात्मक विकास का सिद्धांत
- सुल्लिवन का व्यक्तित्व विकास का परस्पर-संबंध प्रतिमान

उपरोक्त विकास के सिद्धांत वास्तविकता में सम्पूर्ण विकासात्मक प्रक्रिया की व्याख्या न करके विकास प्रक्रिया के किन्हीं विशेष पक्षों या पहलूओं की व्याख्या करते हैं।

विकास की अवस्थाएं

विकास को एक सतत एवं जीवनपर्यंत चलने वाली प्रक्रिया के रूप में स्वीकार किया जाता है। विकास की प्रक्रिया में मानव विकास कुछ सोपानों या चरणों या अवस्थाओं से होकर अग्रसर होता है। मानव विकास की अवस्थाओं को सामान्यतः निम्न रूप में विभाजित किया जा सकता है :

- गर्भावस्था (270-300 दिन)
- शैशवावस्था (जन्म से पांच वर्ष तक)
- बाल्यावस्था (छः वर्ष से लेकर बारह वर्ष तक)
- किशोरावस्था (तेरह वर्ष से लेकर अठारह वर्ष तक)
- प्रौढ़ावस्था (उन्नीस वर्ष से अधिक)

विकास की अवस्थाओं के विभाजन का कोई एक निश्चित वर्गीकरण नहीं है। मनोवैज्ञानिकों ने इसके कई विभाजन प्रस्तुत किए हैं। उनमें से कोल महोदय के विभाजन को यहाँ प्रस्तुत किया गया है।

अवस्था (Stage)	समय (Age)
शैशवावस्था (Infancy)	जन्म से 2 वर्ष
प्रारम्भिक बाल्यावस्था (Early Childhood)	2 से 5 वर्ष
मध्य बाल्यावस्था (Middle Childhood)	बालकः 6 से 12 वर्ष बालिकाः 6 से 10 वर्ष
उत्तर बाल्यावस्था/पूर्व किशोरावस्था Late Childhood Pre-Adolescence)	बालकः 13 से 14 वर्ष बालिकाः 11 से 12 वर्ष
प्रारम्भिक किशोरावस्था (Early Adolescence)	बालकः 15 से 16 वर्ष बालिकाः 12 से 14 वर्ष
मध्य किशोरावस्था (Middle Adolescence)	बालकः 17 से 18 वर्ष बालिकाः 15 से 17 वर्ष
उत्तर किशोरावस्था (Late Adolescence)	बालकः 19 से 20 वर्ष बालिकाः 18 से 20 वर्ष
प्रारम्भिक प्रौढ़ावस्था (Early Adulthood)	21 से 34 वर्ष
मध्य प्रौढ़ावस्था (Middle Adulthod)	35 से 49 वर्ष
उत्तर प्रौढ़ावस्था (Late Adulthood)	50 से 64 वर्ष
प्रारम्भिक वृद्धावस्था (Early Senescence)	65 से 74 वर्ष
वृद्धावस्था (Senescence)	75 वर्ष से आजीवन

विकास के पक्ष

प्रत्येक अवस्था में विकास के विभिन्न पक्षों का अध्ययन किया जाता है :

- शारीरिक विकास
- मानसिक विकास
- सामाजिक विकास
- संवेगात्मक विकास
- नैतिक विकास
- मनौवैज्ञानिक विकास

(*i*) **शारीरिक विकास :** शारीरिक विकास के अंतर्गत शारीरिक ढांचे तथा शरीर के आन्तरिक एवं वाह्य अवयवों में जन्म से लेकर मृत्यु तक के सभी परिवर्तन समाहित रहते हैं। प्रत्येक अवस्था में शारीरिक विकास की अपनी विशेषता एवं गुण होते हैं।

गर्भावस्था में शारीरिक विकास : जन्म पूर्व विकास का प्रथम काल डिम्बावस्था कहलाता है। इसकी समयावधि जन्म पूर्व विकास के प्रथम दो सप्ताह मानी जाती है। निषेचित अंड गर्भाशय की दीवार से संबंध जोड़ लेता है। दूसरी अवस्था अर्थात् पिंडावस्था तीसरे सप्ताह से शुरू होकर आठवें सप्ताह तक चलती है। इस समय निषेचित अंडकोषों का समूह एक लघु मानव का रूप ले लेता है। इस काल में शारीरिक विकास मस्तक-अधोमुखी दिशा में होता है। तीसरी अवस्था भ्रूणावस्था जो निषेचन के नवें सप्ताह से शुरू होकर जन्म तक चलती है। इसमें पिंडावस्था में निर्मित शिशु के शरीर के विभिन्न भागों के आकार में वृद्धि होती है। जन्म पूर्व काल के नौ माह में निषेचित अंड का आकार लगभग पचास हजार गुणा हो जाता है तथा भार एक ग्राम के पांच हजारवें भाग से बढ़कर लगभग साढ़े तीन किलो हो जाता है।

शैशवावस्था में शारीरिक विकास : जन्म से लेकर पांच अथवा छः वर्ष तक की अवस्था को शैशवावस्था कहा जाता है। प्रायः जन्म के समय लड़के लड़कियों से लगभग आधा सेंटीमीटर अधिक लम्बे होते हैं। प्रथम वर्ष शिशु की लम्बाई लगभग 73 सेंटीमीटर होती है जो कि छठवें वर्ष लगभग 108 सेंटीमीटर हो जाती है। नवजात शिशु का भार जन्म के समय लगभग तीन से साढ़े तीन किलो के आसपास होता है जो कि शैशवावस्था के अंत में लगभग सोलह से साढ़े सोलह किलोग्राम हो जाता है। नवजात शिशु के जन्म के समय सर की लम्बाई कुल शरीर की लगभग एक चौथाई होती है और मस्तिष्क का भार साढ़े तीन सौ ग्राम होता है जो कि शैशवावस्था के अंत तक लगभग दो सौ पचास ग्राम हो जाता है। प्रारम्भिक शैशवावस्था में शरीर और आकार में वृद्धि अत्यंत तेज होती है। नवजात शिशु में हड्डियों की संख्या लगभग 300 होती हैं जोकि छोटी, कोमल एवं लचीली होती है। लड़कियों की तुलना में लड़कों में अस्थिकरण

अधिक शीघ्र होता है। जन्म के समय शिशु में दांत नहीं होते हैं। छठवें या सातवें सप्ताह से दूध के दांत निकलना प्रारम्भ हो जाते हैं। पांचवें से छठवें वर्ष की आयु से स्थायी दांत निकलना प्रारम्भ हो जाते हैं। नवजात शिशु की मांसपेशियों का भार लगभग कुल भार का 23% होता है किंतु छठवें वर्ष तक लगभग एक चौथाई हो जाता है। प्रथम माह शिशु के हृदय की धड़कन लगभग 140 प्रति मिनट होती है जो छठवें वर्ष तक लगभग 100 हो जाती है तथा शिशु की भुजाओं व पैरों की लम्बाई प्रथम दो वर्षों में भुजाओं की दोगुनी व पैरों की डेढ़गुनी हो जाती है।

बाल्यावस्था में शारीरिक विकास : इस अवस्था में शरीर की लम्बाई लगभग 5 से 7 सेंटीमीटर प्रतिवर्ष की गति से वृद्धि करती है। इस अवस्था के शुरुआत की समाप्ति पर यह अनुपात इसके विपरीत हो जाता है अर्थात लड़कियों की लम्बाई एक सेंटीमीटर अधिक हो जाती है। आरंभिक बाल्यावस्था में लड़कियों और लड़कों के भार में लगभग समानता होती है किन्तु इस अवस्था के अंत में लड़कियों का औसत भार लड़कों से अधिक हो जाता है। बाल्यावस्था के अंत तक सिर और मस्तिष्क का आकार अपने अधिकतम विकास का लगभग 95% तक विकसित हो जाता है। बाल्यावस्था में हड्डियों की संख्या लगभग 350 हो जाती है और इसमें लचीलापन समाप्त होने लगता है। हड्डियों का अस्थिकरण तेजी से होता है। बाल्यावस्था के अंत तक लगभग 27-28 स्थायी दांत आ जाते हैं। लड़कियों में लड़कों की अपेक्षा स्थायी दांत जल्दी आते हैं। इस अवस्था में मांसपेशियों का कुल भार लगभग शरीर के अनुपात का लगभग 33% हो जाता है तथा लड़के या लड़कियां मांसपेशियों पर पूर्ण नियंत्रण करने लगते हैं। लड़कों के कंधे चौड़े, कुल्हे पतले, पैर लम्बे व सीधे तथा लड़कियों के कंधे पतले, कुल्हे चौड़े, पैर अंदर की ओर कुछ झुके रहते हैं। इस अवस्था में हृदय धड़कन लगभग 85 प्रति मिनट हो जाती है तथा लड़कों व लड़कियों में यौन अंगों का विकास तेजी से होने लगता है।

किशोरावस्था में शारीरिक विकास : इस अवस्था में मानव में प्रजनन क्षमता का विकास होता है। इस अवस्था में विकास तीव्र एवं बहुआयामी होता है। लड़कियां लगभग सोलह वर्ष तक और लड़के लगभग अठारह वर्ष तक अपनी अधिकतम संभाव्य लम्बाई को प्राप्त कर लेते हैं। इस अवस्था के अंत में दोनों की लम्बाई में लगभग दस सेंटीमीटर का अन्तर रहता है। लड़कों का भार लड़कियों की अपेक्षा तीव्र गति से बढ़ता है और लड़कों का औसत भार लड़कियों के भार से अधिक होता है। लगभग सोलह वर्ष की अवस्था तक सिर व मस्तिष्क का पूर्ण विकास हो जाता है। एक पूर्ण विकसित मस्तिष्क का भार साढ़े बारह सौ ग्राम से चौदह सौ ग्राम माना जाता है। इस अवस्था में हड्डियों की अस्थिकरण की प्रक्रिया पूर्ण हो जाती है और इनकी संख्या 206 हो जाती है। किशोरावस्था के प्रारम्भ तक लगभग स्थायी दांत निकल आते हैं। केवल चार प्रज्ञा दांत इस अवस्था या अगली अवस्था तक निकलते हैं। मांसपेशियां अधिक दृढ़ हो जाती हैं एवं इनका भार शरीर के भार का लगभग 45% हो जाता है। किशोरावस्था में ज्ञानेन्द्रियों, कर्मेन्द्रियों एवं प्रजनन अंगों का पूर्ण विकास हो जाता है। लड़कों में दाढ़ी व मूंछ निकलने लगती है और लड़कियों के वक्षस्थल एवं कूल्हों में परिवर्तन आने लगता है। इस अवस्था में लड़कियों में मासिक धर्म प्रारम्भ हो जाता है। ग्रंथीय विकास के कारण लड़कों की आवाज में भारीपन तथा लड़कियों की आवाज में कोमलता आ जाती है। इस अवस्था के अंत तक हृदय की धड़कन 72 प्रति मिनट हो जाती है।

शारीरिक विकास को प्रभावित करने वाले कारकः

- वंशानुक्रम
- वातावरण
- गर्भावस्था में माता की शारीरिक व मानसिक अवस्था
- भोजन व पौष्टिक आहार
- परिवार की सामाजिक, आर्थिक व सांस्कृतिक स्थिति
- आत्माभिव्यक्ति, खेल-कूद, व्यायाम तथा मनोरंजन के साधन

- निंद्रा, विश्राम एवं चिकित्सकीय सुविधाएं
- भौगोलिक परिस्थितियां
- शारीरिक रोग आदि

(*ii*) **मानसिक विकास :** मानव में संवेदना, प्रत्यक्षीकरण, कल्पना, स्मरण, तर्क व विचार शक्ति, निरीक्षण, परीक्षण, बुद्धि, भाषा सम्बन्धी योग्यता, समस्या-समाधान योग्यता, निर्णय शक्ति, ध्यान आदि सभी प्रकार की योग्यताएं, क्षमताएं तथा शक्तियां मानसिक वृद्धि तथा विकास की प्रक्रिया से सम्बंधित एवं नियंत्रित होती हैं। मानसिक विकास मानव में उत्पन्न होने वाली चेतना और समझ है जिसके फलस्वरूप उसके व्यवहार में परिवर्तन तथा परिमार्जन होता रहता है।

- **शैशवावस्था में मानसिक विकास :** इस अवस्था में मानसिक विकास अत्यंत तेजी से होता है। मनोवैज्ञानिकों का ऐसा मानना है कि तीन वर्ष तक की आयु तक शिशु का लगभग पचास प्रतिशत मानसिक विकास हो जाता है। शैशवावस्था के मानसिक विकास की विशेषताएं निम्न हैं :

  प्रथम वर्ष मानसिक विकास : प्रथम माह में शिशु अपनी शारीरिक आवश्यकताओं की पूर्ति की प्रतिक्रिया निम्न क्रियाओं द्वारा करता है— हाथ-पैर फेंकने, जोर की आवाज, रोने आदि से। दूसरे माह ध्वनि के प्रति आकर्षण, वस्तुओं को ध्यान से देखना, तेज प्रकाश के प्रति अनुक्रिया करना आदि। चौथे माह वस्तुओं को पकड़ने का प्रयत्न करना, माँ को देखकर मुस्कुराना, क्रोध प्रकट करना आदि। छठे माह वस्तुओं को पकड़कर मुंह में रखना, अपना नाम समझने लगना, व्यंजनों की ध्वनि करना आदि। आठवें माह शिशु से खिलौना या वस्तु छीनने पर रोना, रूचि की चीजों से खेलना आदि। दसवें माह दूसरे शिशुओं की गति व आवाजों का अनुकरण करना, वस्तुओं को इधर-उधर रखना आदि। बारहवें माह में धीरे-धीरे चलने का प्रयत्न करना, छोटे शब्दों को बोलना आदि।

  दूसरे वर्ष मानसिक विकास : शिशु द्वारा दो शब्दों के सरल वाक्य बोल सकना, पूछने पर प्रतिक्रिया देना तथा वस्तुओं को एक-दूसरे के उपर रखने का प्रयास करना आदि।

  तीसरे वर्ष मानसिक विकास : शिशु द्वारा पांच-सात शब्दों का वाक्य बना लेना, पूछने पर नाम बताना, चित्रों को पहचानना, संख्याओं को दोहराना, वस्तुओं को यथास्थान रखना तथा सीधी रेखा खींचना आदि।

  चौथे वर्ष मानसिक विकास : अक्षर लिखने की शुरुआत, वस्तुओं को क्रम से रखना, चित्रों के विषय में प्रश्न पूछना, दस तक गिनती याद कर लेना आदि।

  पांचवें वर्ष मानसिक विकास : ठंडे-गर्म, हल्के-भारी व छोटे-बड़े का ज्ञान होना, माता-पिता के कार्य में सहायता करना, रंगों को पहचानना एवं बड़े वाक्य को बोल लेना आदि।

- **बाल्यावस्था में मानसिक विकास :** इस अवस्था में मानसिक विकास निम्न रूप में प्रदर्शित होता है:

  छठे वर्ष में मानसिक विकास : सरल प्रश्नों का उत्तर दे सकना, बिना रुके पंद्रह तक की गिनती सुना देना, व्याकरण की दृष्टि से शुद्ध वाक्य बोलना, छपे या प्रदर्शित चित्रों का नाम बता सकना आदि।

  सातवें वर्ष में मानसिक विकास : छोटी घटनाओं का वर्णन कर सकना, वस्तुओं की समानता व असमानता को बता सकना, संयुक्त व जटिल वाक्यों का प्रयोग कर लेना आदि।

  आठवें वर्ष में मानसिक विकास : छोटी कहानियों एवं कविताओं को याद कर लेना व सुनाना, कहानियों से सम्बंधित प्रश्नों का उत्तर दें देना आदि।

  नवें वर्ष में मानसिक विकास : बच्चा समय, दिन, तारीख, वर्ष आदि बताने लगता है, रुपए-पैसे गिन लेता है, सामान्य गणितीय संक्रियाएं कर लेना आदि।

  दसवें वर्ष में मानसिक विकास : अपने व्यक्तिगत कार्य कर सकना, दैनिक कार्यों का संपादन करने लगना तथा द्रुत गति से बोल सकना आदि।

ग्यारहवें वर्ष में मानसिक विकास : इस आयु में तर्क करने तथा समस्या-समाधान करने की योग्यता का विकास हो जाता है। वह विभिन्न परिस्थितियों की वास्तविकता को जानने का प्रयास करता है।

बारहवें वर्ष में मानसिक विकास : इस आयु में तर्क करने तथा समस्या-समाधान करने की योग्यता का विकास हो जाता है। वह विभिन्न परिस्थितियों की वास्तविकता को जानने का प्रयास करता है।

- **किशोरावस्था में मानसिक विकास :** इस अवस्था में मानसिक विकास अत्यंत तेजी से होता है और अवस्था की समाप्ति तक लगभग सभी मानसिक शक्तियों का विकास पूर्ण हो जाता है। इस अवस्था की प्रमुख मानसिक विशेषताएं निम्न हैं :

  मानसिक योग्यताएं : शारीरिक व मानसिक विकास के साथ-साथ मानसिक योग्यताओं का भी परिमार्जन तथा विकास होता है। जिसके फलस्वरूप चिंतन, विचार करने, अन्तर करने तथा समस्याओं का हल कर सकने की योग्यताओं का अधिकतम विकास होता है।

  बुद्धि का विकास : इस अवस्था में बुद्धि का विकास अपनी उच्चतम स्थिति तक पहुँच जाता है। बौद्धिक पूर्णता के कारण उसकी निम्न क्षमताओं में परिष्कार व परिमार्जन होता है जैसे—अमूर्त चिंतन करने की योग्यताओं का विकास, तर्क शक्ति में वृद्धि, एकाग्रता व अवधान केन्द्रित करने की क्षमता, अच्छी स्मरण शक्ति का होना, कल्पना शक्ति तथा भाषा विकास आदि।

  रुचियों का विकास : इस अवस्था में किशोरों की रुचियों में अधिक बहुलता रहती है। इसमें शारीरिक स्वास्थ्य, अध्ययन, चरित्र, भोजन, जीवन के आदर्शों व वेशभूषा से सम्बन्धित रुचियों का विकास समाहित रहता है।

अधिगम क्षमता का विकास : इस अवस्था में जिज्ञासा की प्रधानता होने के कारण किशोर शीघ्र अधिगम करने का प्रयास करते हैं। वह अपनी रुचि के अनुकूल क्षेत्रों तथा विषयों में अधिगम क्षमता को बढ़ाने का प्रयास करता है।

मानसिक विकास को प्रभावित करने वाले कारक :

- वंशानुक्रम
- परिवार का वातावरण
- परिवार की सामाजिक-आर्थिक स्थिति
- विद्यालय
- समाज
- शिक्षक
- माता-पिता की शिक्षा
- स्वास्थ्य
- अधिगमकर्ता की शिक्षा आदि।

(iii) **सामाजिक विकास :** जन्म के समय या बाद के समय में शिशु न तो सामाजिक होता है और न ही असामाजिक होता है। बाद की परिस्थितियों में उसमें सामाजिक या असामाजिक व्यवहार विकसित होता है। शिशु जब समाज के नियमों तथा नैतिक मानकों को आसानी से सीख लेता है तब कहा जाता है कि उसमें सामाजिक विकास हुआ है। सामाजिक विकास से आशय समाज के नियमों के अनुकूल व्यवहार करने की क्षमता से होता है। हरलॉक के अनुसार—''सामाजिक विकास से तात्पर्य सामाजिक प्रत्याशाओं के अनुकूल व्यवहार करने की क्षमता से होता है।'' सामाजिक नियमों के अनुकूल व्यवहार करना सीखने को ही समाजीकरण कहा जाता है।

शैशवावस्था में सामाजिक विकास : इस अवस्था में बच्चे में सामाजिक विकास निम्न प्रकार से होता है: प्रथम माह में शिशु किसी वस्तु या व्यक्ति को कोई स्पष्ट प्रतिक्रिया नहीं देता है। ध्वनि और प्रकाश के प्रति प्रतिक्रिया अवश्य करता है। दूसरे माह में शिशु ध्वनि या आवाज को पहचानने लगता है और व्यक्तियों का मुस्कान के साथ स्वागत करता है। तीसरे माह शिशु अपनी माता को पहचानता है और उसके दूर होने पर दुखित होता है। चौथे माह शिशु आस-पास के व्यक्तियों को प्रतिक्रिया देने लगता है। अकेले रहने पर प्रायः रोने लगता है। पांचवें माह शिशु प्रेम और क्रोध पर अलग-अलग प्रतिक्रिया हंसने और रोने के रूप में देने लगता है। छठवें माह शिशु परिचितों का मुस्कान के साथ स्वागत करता है

जबकि अपरिचितों को देख कर भय की अनुभूति करता है तथा आक्रामक व्यवहार का कभी-कभी प्रदर्शन करने लगता है। आठवें और नवम माह शिशु दूसरों की बोली, हावभाव, मुद्रा तथा अंग संचालन आदि की नकल करने का प्रयत्न करता है। बारहवें माह शिशु किसी कार्य को मना करने पर मान जाता है तथा घर के सदस्यों के साथ घुल-मिल जाता है। दूसरे वर्ष में शिशु परिवार का सक्रिय सदस्य बनने का प्रयास करता है। तीसरे वर्ष शिशु आस-पास के बच्चों के साथ खेलने लगता है तथा खेल की व अन्य वस्तुओं का आदान-प्रदान करता है एवं परस्पर सहयोग करता है। चौथे वर्ष शिशु प्रायः विद्यालय जाने लगता है और अन्य व्यक्तियों व शिशुओं से संबंध बनाता है एवं वातावरण के साथ स्वयं को समायोजित करने का प्रयास करता है। पांचवें वर्ष शिशु में नैतिक भावना का विकास होने लगता है और वह समूह के सदस्य के रूप में व्यवहार प्रतिमानों के अनुकूल व्यवहार करने का प्रयास करता है एवं उसके सामाजिक व्यवहार में परिपक्वता आने लगती है।

बाल्यावस्था में सामाजिक विकास : इस अवस्था में होने वाले सामाजिक विकास को निम्न रूप में व्यक्त कर सकते हैं :

- **समूह सदस्य :** शिशु किसी न किसी समूह का सदस्य बन जाते हैं। समूह लिंग-भेद के आधार पर या समान किसी भी प्रकार के हो सकते हैं। शिशु समूह के अनुकूल आचार व व्यवहार को बनाने का प्रयास करते हैं।
- **सामाजिक गुण :** इस अवस्था में अनेकों सामाजिक गुणों का विकास हो जाता है, जैसे—सहयोग, सद्भावना, न्यायप्रियता, सहनशीलता, आत्म-नियंत्रण आदि।
- **यौन विभेद गुण :** इस अवस्था में लड़के तथा लड़कियों के कार्यों, रुचियों, खेल-कूद आदि में स्पष्ट अन्तर परिलक्षित होने लगता है। लड़के साहस व आक्रामक प्रकृति के कार्यों में और लड़कियां सृजनात्मक एवं मृदु कार्यों में अधिक रुचि रखती हैं।
- **बहिर्मुखता :** इस अवस्था में बहिर्मुखता का गुण प्रभावी होने के कारण लड़के व लड़कियां अपना अधिकांश समय घर के बाहर तथा अन्य व्यक्तियों के सम्मुख अपनी विशिष्ट छाप छोड़ना चाहते हैं।
- **सामाजिक स्वीकृति की माँग :** इस अवस्था में लड़के एवं लड़कियों में सामाजिक स्वीकृति की माँग या इच्छा होती है। इनकी यह अपेक्षा होती है कि लोग इन्हें पसंद व इनके कार्य तथा व्यवहार की प्रशंसा करें।
- **मित्रता :** इस अवस्था में लड़के व लड़कियां अपने आस-पास तथा कक्षा साथियों में से अपने समान आयु वाले लड़कों व लड़कियों से घनिष्ठ मित्रता रखते हैं।

किशोरावस्था में सामाजिक विकास : इस अवस्था में सामाजिक जीवन का क्षेत्र विस्तृत हो जाता है तथा विकास के अन्य क्षेत्रों के समान इस क्षेत्र में भी परिवर्तन होता है। इस अवस्था की सामाजिक विशेषताएं निम्न हैं :

- **मित्र मण्डली या टोलियाँ :** इस अवस्था की मित्र मण्डली अर्थात् लड़कों एवं लड़कियों की अलग-अलग टोलियाँ बनती हैं तथा बच्चे आपस में खेलना पसंद करते हैं। प्रारंभ में केवल तीन चार सदस्य ही टोली में होते हैं किन्तु धीरे-धीरे सदस्यों की संख्या बढ़ती जाती है। क्रेन (1955) ने अपने अध्ययन में यह सिद्ध किया है कि लड़कियों की अपेक्षा लड़के सामाजिक मर्यादाओं को तोड़ने का अधिक प्रयत्न करते हैं। टोली का एक केंद्रीय स्थान होता है जहाँ उसके सभी सदस्य एकत्रित होते हैं। प्रायः यह स्थान बालकों के घरों से दूर होता है ताकि उनके माता-पिता उन्हें न तो देख सकें और न ही उनके कार्यों में हस्तक्षेप कर सकें। बालक टोली का सदस्य बने रहने में आनन्द की अनुभूति करता है तथा टोली या समूह के प्रति उसका समर्पण रहता है। टोली का अनुसरण करते हुए स्वयं को एक व्यक्ति के रूप में स्थापित करने का प्रयास करते हैं तथा अपने आत्म-सम्प्रत्यय का निर्माण करते हैं।

- **मित्रता की भावना :** किशोरावस्था को फ्रायड ने मनोलैंगिक विकास की अव्यक्त अवस्था कहा है जिसमें लड़के एवं लड़कियाँ अपने-अपने समूह के साथ रहना (समलैंगी समूह) पसंद करते हैं। इस अवस्था में लड़कियाँ लड़कों को ऊधमी समझती हैं, उनकी हुल्लहड़बाजी और अशिष्टता उन्हें असहनीय होती है तथा उनसे उनका प्रायः विद्वेष रहता है। लड़कियों की लड़कों के प्रति अभिवृत्तियाँ लड़कों की अपेक्षा अधिक संवेगयुक्त होती हैं। इस अवस्था में किशोर अपने मित्रों के चुनाव में कुछ महत्वपूर्ण बातों पर ध्यान देता है। जैसे—उसका मित्र या सहेली उसके समान हो, जिससे उसकी रुचियों या आवश्यकताओं की पूर्ति हो, मित्र या सहेली उसके पड़ोस या स्कूल का होना, हंसमुख स्वभाव, सहयोगी एवं खेल में साथ दे आदि। यदि कोई किशोर जो किसी भी टोली का सदस्य नहीं है उसके साथ अन्य बच्चे अनुचित व्यवहार करते हैं। यदि कोई किशोर किसी समूह का सदस्य बनना चाहता है तो टोली या समूह में स्वीकृति पाने के लिए उसे स्वयं पहल करनी पड़ती है। इस अवस्था में बालक में होने वाली मित्रता अस्थायी प्रकृति की होती है। किशोर मामूली-सी बात को लेकर दुश्मनी तथा मामूली परिचय को बढ़ाकर घनिष्ठ मित्रता में बदल लेते हैं।
- **नेतृत्व की भावना :** बाल्यावस्था में वही बच्चा नेता बनता है जो आक्रामक होता है, लेकिन किशोरावस्था में टोली का नेता वह बनता है जो टोली का आदर्श प्रतिरूप होता है साथ ही साथ बहिर्मुखी भी होता है। टोली के नेता को विशेष रूप से बुद्धि में, रूप रंग में, आत्मविश्वास, खेल एवं संवेगों की स्थिरता की दृष्टि से श्रेष्ठ होना चाहिए (बेल, 1954)। क्रेच, क्रचफील्ड तथा वैलेशी (1962) के अनुसार "किसी समूह या संगठन का नेता वह सदस्य होता है जो समूह के सदस्यों के व्यवहारों को अत्यधिक प्रभावित करता है तथा समूह के सदस्यों को परिभाषित करने तथा समूह की विचारधारा को निर्धारित करने में मुख्य भूमिका निभाता है।"
- **खेल एवं प्रतियोगिता की भावना :** हरलॉक ने किशोरावस्था को 'खेल की आयु' कहा है। इस अवस्था में किशोर विद्यालय के संगठित खेलों में सक्रिय रूप से प्रतिभाग करना शुरू कर देता है। लड़के लड़कियों की अपेक्षा ऐसे खेल खेलना पसंद करते हैं जो श्रम साध्य हों। पार्क तथा वैलिन (1953) ने अपने अध्ययनों से स्पष्ट किया है कि अधिकतर बालकों की खेल में रुचि बाल्यावस्था के बढ़ने के साथ घटती जाती है तथा उनके लिए जनसंचार अर्थात् सिनेमा, रेडियो आदि मनोरंजन के साधन महत्वपूर्ण हो जाते हैं।
- **मनोरंजन :** किशोरों के सक्रिय जीवन में मनोरंजन का कोई अवसर नहीं मिलता तथापि जब भी उन्हें खाली समय मिलता है तो वे उसका उपयोग अपने मनोरंजन के लिए करते हैं। इस अवस्था में बच्चों के लिए मित्रता की भावना इतनी महत्वपूर्ण एवं प्रबल होती है कि वे अपने मित्रों के साथ मनोरंजन करना पसंद करते हैं । मनोरंजन के साधनों के रूप में किशोर खेलना, पढ़ना, फिल्म देखना, टेलीविजन देखना, इलेक्ट्रॉनिक मीडिया का प्रयोग आदि का प्रयोग करते हैं।
- **विद्रोह की भावना :** किशोरावस्था में विद्रोह की भावना अत्यंत प्रबल होती है। किशोरों में अपने माता-पिता एवं अन्य पारिवारिक सदस्यों से संघर्ष या मतभेद की प्रवृति देखने को मिलती है। किशोर अपना जीवन अपने आदर्शों के अनुरूप जीना चाहते हैं तथा किसी का हस्तक्षेप नहीं चाहते हैं। यदि कोई हस्तक्षेप करता है तो वे विद्रोह कर देते हैं।

सामाजिक विकास को प्रभावित करने वाले कारक

सामाजिक विकास को प्रभावित करने वाले कुछ प्रमुख कारक निम्न हैं :

- वंशानुक्रम
- व्यक्तिगत कारक जैसे—शारीरिक ढाँचा एवं स्वास्थ्य, बौद्धिक स्तर एवं संवेगात्मक विकास
- वातावरण संबंधी कारक जैसे—परिवार का भौतिक, सामाजिक व संवेगात्मक वातावरण, कक्षा व विद्यालय का वातावरण, समूह या मित्र-मंडली का प्रभाव

- आस-पड़ोस और समुदाय
- आर्थिक स्थिति
- सूचना एवं मनोरंजन प्रदान करने वाले साधन
- शिक्षकों का प्रभाव आदि

(iv) **संवेगात्मक विकास :** मानव जीवन में संवेगों की अत्यंत महत्वपूर्ण भूमिका होती है तथा व्यक्ति के वैयक्तिक एवं सामाजिक विकास में संवेगों का अहम् योगदान होता है। मानव में लगातार संवेगात्मक असन्तुलन/अस्थिरता की अवस्था व्यक्ति के वृद्धि एवं विकास को प्रभावित करती है तथा अनेक प्रकार की शारीरिक, मानसिक और सामाजिक समस्याओं को उत्पन्न करता है। दूसरी ओर संवेगात्मक रूप से स्थिर मानव एक खुशहाल, स्वस्थ एवं शान्तिपूर्ण जीवन व्यतीत करता है। अतः संवेग मानव जीवन का वह अहम् पक्ष है जो व्यक्तित्व के सभी पक्षों को प्रभावित करता है।

अंग्रेजी का 'Emotion' लैटिन भाषा के 'Emovere' से ग्रहण किया गया है। 'Emovere' का अर्थ होता है–'Stir up, to agitate या to excite'; जिसका आशय होता है–उत्तेजित होना। वुडवर्थ के शब्दों में–संवेग व्यक्ति की गति में अथवा आवेश में आने की स्थिति है।

शैशवावस्था में संवेगात्मक विकास : शिशु जन्म से ही संवेगात्मक व्यवहार का प्रदर्शन करता है। जैसे–शिशु का रोना, चिल्लाना व हाथ-पैर फेंकना आदि। शिशु के संवेगात्मक व्यवहार अस्थायी प्रकृति के होते हैं जो किसी इच्छा पूर्ति के न होने पर उत्तेजित होते हैं और पूर्ति हो जाने पर शांत हो जाते हैं। शिशु के संवेगों का स्वरूप उसकी परिपक्वता के साथ परिवर्तित होता रहता है। नकारात्मक संवेगों में आयु बढ़ने के साथ-साथ कमी आती जाती है और सकारात्मक संवेगों की तीव्रता में बढ़ोतरी होती जाती है। प्रारंभिक समय में संवेगों का अभिव्यक्ति स्वरूप अस्पष्ट होता है जिसमें धीरे-धीरे स्पष्टता आती जाती है। ब्रिजेज के अनुसार, लगभग दो वर्ष तक सभी संवेगों का विकास हो जाता है। फ्रायड का मानना है कि छोटे शिशु में आत्ममोह (Narsissism) की भावना होती है और चार या पांच वर्ष के लड़के और लड़की में क्रमशः मातृ प्रेम या पितृ विरोधी भावना (Oedipus Complex) व पितृ प्रेम या मातृ विरोधी भावना (Electra Complex) ग्रंथि का विकास हो जाता है।

बाल्यावस्था में संवेगात्मक विकास : बाल्यावस्था एक अनोखी अवस्था है। इस अवस्था में संवेगों की अभिव्यक्ति अधिक विशिष्ठ प्रकृति की होती है, अब इसमें शैशवावस्था जैसी तीव्रता व उत्तेजना नहीं रहती। बच्चा ऐसी अनेक बातों के प्रति कोई संवेग प्रकट नहीं करता है, जो उसको शैशवावस्था में अधिक उत्तेजना उत्पन्न करती थी। उदाहरणस्वरूप, अब वह कोई समान देने या न देने, नहाने या कपड़े पहनने में क्रोधित नहीं होता और अपरिचित व्यक्ति या वस्तु को देखकर नहीं डरता है।

किशोरावस्था में संवेगात्मक विकास : किशोरावस्था में संवेगों की सिति में असंतुलन हो जाता है। जैसा कि स्टेनले हाल कहते हैं कि यह एक आंधी तूफान, तनाव एवं विरोध की अवस्था है। इस अवस्था में संवेगों में अत्यधिक तीव्रता एवं प्रचंडता आ जाती है। मानव जीवन के किसी अन्य अवस्था में संवेगों का प्रवाह इतना प्रचंड एवं भीषण नहीं होता है जितना कि किशोरावस्था में होता है। किशोरावस्था में किशोर का अपने संवेगों पर नियंत्रण नहीं होता है और इनके संवेगों के प्रदर्शन में विरोधी मनोदशाएँ पायी जाती हैं। लगभग समान परिस्थिति में भी वह कभी अत्यधिक प्रसन्न तो कभी अत्यंत दुःखी होते हैं। ये संवेगात्मक दृष्टि से बहुत चंचल तथा अस्थिर रहते हैं। किशोरावस्था के संवेगात्मक विकास की प्रमुख विशेषताएं हैं–भाव प्रधान जीवन, विरोधी मनोदशाएँ, उन्मुक्त एवं चिंता मुक्त व्यवहार, वीर पूजा की भावना, स्वतन्त्र रूप से कार्य व विचार करने की शैली, आत्म-सम्मान व स्वाभिमान की भावना, काम भावना आदि की प्रधानता होती है।

संवेगात्मक विकास को प्रभावित करने वाले कारक : बच्चों का संवेगात्मक विकास अनेक कारकों द्वारा प्रभावित होता है। उनमें से मुख्य कारक निम्न हैं :

- बच्चे का स्वास्थ्य
- थकान
- बुद्धि तथा मानसिक योग्यता
- पारिवारिक वातावरण एवं आपसी सम्बन्ध
- विद्यालय का वातावरण एवं शिक्षक
- वंशानुक्रम
- सामाजिक-आर्थिक स्थिति
- सामाजिक-स्वीकृति
- आस-पड़ोस, समुदाय एवं समाज आदि।

(v) नैतिक विकास : व्यक्ति एवं समाज में साम्प्रदायिकता, जातीयता, भाषावाद, क्षेत्रीयतावाद, हिंसा की संकीर्ण कुत्सित भावनाओं व समस्याओं के मूल में उत्तरदायी कारण खोजा जाए तो शायद इसका उत्तर नैतिक मूल्यों का क्षय एवं अवमूल्यन मिलेगा। नैतिकता का सम्बंध मानवीय अभिवृत्ति से है, इसलिए शिक्षा से इसका अभिन्न व अटूट सम्बंध है। मानव में कौशल व दक्षता की अपेक्षा अभिवृत्ति-मूलक प्रवृत्तियों के विकास में पर्यावरणीय घटकों का विशेष योगदान होता है। बच्चों के परिवेश में जिन तत्त्वों की प्रधानता होगी वे जीवन का अभिन्न अंग बन जायेंगे। इसीलिए कहा जाता है कि मूल्य पढ़ाये नहीं जाते अपितु ग्रहण किये जाते हैं।

संक्षेप में, इतना कहा जा सकता है कि मानव उन गुणों को नैतिक कह सकता है जो मानव के स्वयं के सर्वांगीण विकास और कल्याण में योगदान देने के साथ-साथ किसी अन्य के विकास और कल्याण में किसी प्रकार की बाधा न पहुंचाए।

एक ही समाज में विभिन्न कालों में नैतिक संहिता भी बदल जाती है। नैतिकता/नैतिक मूल्य वास्तव में ऐसी सामाजिक अवधारणा है जिसका मूल्यांकन किया जा सकता है। यह कर्तव्य की आंतरिक भावना है और उन आचरण के प्रतिमानों का समन्वित रूप है जिसके आधार पर सत्य-असत्य, अच्छा-बुरा, उचित-अनुचित का निर्णय किया जा सकता है और यह विवेक रूपी शक्ति से संचालित होती है।

आधुनिक जीवन में नैतिक मूल्यों की आवश्यकता, महत्त्व, अनिवार्यता व अपरिहार्यता को इस बात से सरलता व संक्षिप्त रूप में समझा जा सकता है कि संसार के दार्शनिकों, समाजशास्त्रियों, मनोवैज्ञानिकों, शिक्षाशास्त्रियों, नीति शास्त्रियों ने नैतिकता को मानव के लिए एक आवश्यक गुण माना है।

वृद्धि एवं विकास से सम्बंधित विभिन्न पक्षों के विकास के साथ-साथ नैतिक विकास की प्रक्रिया भी गतिमान रहती है। मानव अपने सतत क्रियाशील प्रयासों के द्वारा बाह्य जगत से प्राप्त ज्ञान व समझ से गृहीत सामाजिक अनुभवों को नैतिक मूल्यों और नैतिक निर्णय के रूप में संगठित करता है। नैतिक मूल्यों एवं निर्णयों के संगठन में अवस्थाओं के विकास के फलस्वरूप परिवर्तन आते रहते हैं।

पियाजे का नैतिक विकास सिद्धांत

जीन पियाजे ने नैतिक विकास की अवधारणा एवं विकास प्रक्रिया का सिद्धांत का प्रतिपादन करने से पूर्व बच्चों के ऊपर एक अध्ययन किया। इस अध्ययन में उन्होंने बच्चों को नियमों, अधिकारों, दोषों, पापों व अत्याचारों के मूल्यांकन, समानता आदि से सम्बन्धित समस्याओं एवं कहानियों पर दी गई प्रतिक्रियाओं एवं साक्षात्कार के आधार पर प्राप्त आकड़ों का विश्लेषण करके बच्चों के नैतिक विकास का अध्ययन किया। इन्होंने नैतिक विकास के तीन स्तर बताएं जोकि निम्न हैं :

1. नैतिक यथार्थता 2. नैतिक समानता
3. नैतिक सापेक्षता

1. **नैतिक यथार्थता :** इसे नैतिक विकास की प्रारंभिक अवस्था माना जाता है जो लगभग चार वर्ष से लेकर सात वर्ष तक होती है। इस अवस्था को विषम या विवशता की नैतिकता का काल कहा जाता है। इस स्तर पर बच्चे माता-पिता, बड़े बुजुर्ग लोगों, शिक्षक एवं अधिकारी आदि के द्वारा बताई गई बातों या नियमों को ही न्यायसंगत, तर्कयुक्त एवं उचित मानते हैं और इनका सदैव पालन करते हैं। इनमें यह धारणा रहती है कि अनुचित या बुरा करने पर प्रकृति या ईश्वर स्वयं दण्ड देती है। इस स्तर पर बच्चे कोई नियम या बात पूर्णतया सत्य या असत्य मानते हैं एवं इस स्तर पर किसी कार्य या व्यवहार का मूल्यांकन का आधार उसका परिणाम होता है।
2. **नैतिक समानता :** यह नैतिक विकास की दूसरी अवस्था है जोकि आठ वर्ष से लेकर बारह वर्ष तक चलती है। नैतिक के इस स्तर पर नैतिकता वस्तुतः

समानता एवं विनिमय सम्बन्धों पर आधारित होती है। इस स्तर पर बच्चों में स्वकेंद्रीयता की प्रवृति घट जाती है एवं सहयोग की प्रवृति का विकास हो जाता है। बच्चे किसी विषय को समरूपता एवं समान भावों के आधार पर व्याख्यायित करने का प्रयास करते हैं। बच्चों में अपने खेलों के नियमों के पालन एवं ईमानदारी से खेल खेलने की प्रवृति रहती है। इस स्तर पर बच्चों का अधिकांश समय नियमों एवं बेईमानी के ऊपर तर्क-वितर्क करने में व्यतीत हो जाता है।

3. **नैतिक सापेक्षता :** नैतिक विकास का यह सर्वाधिक परिमार्जित स्तर है। इस स्तर का प्रारम्भ लगभग बारह वर्ष से माना जाता है। पियाजे इस स्तर को स्वायत्तशासी नैतिकता या सहयोगात्मक नैतिकता का काल कहते हैं। नैतिकता को पारस्परिक सम्मान पर आधारित माना जाता है एवं बाह्य दबाव के अभाव में भी आदर्शों या नियमों का अनुपालन स्वतः किया जाता है। इस स्तर पर नैतिक नियमों को सामाजिक अंतःक्रिया एवं सहमति के आधार पर निर्मित माना जाता है तथा आवश्यकता व परिस्थिति के अनुकूल इन्हें परिवर्तनशील माना जाता है। इस स्तर पर किशोर नैतिकता के परिप्रेक्ष्य में स्व नियम का निर्माण करना शुरू कर देते हैं।

कोहलबर्ग का नैतिक विकास सिद्धांत

कोहलबर्ग ने दस से सोलह वर्ष की आयु के बच्चों को नैतिक दुविधाओं से युक्त कहानियों को देकर एवं इन पर आधारित साक्षात्कार के द्वारा प्राप्त प्रदत्तों का विश्लेषण करके नैतिक विकास के सिद्धांत का प्रतिपादन किया। नैतिक विकास को इन्होंने तीन स्तर या सोपानों के आधार पर विकासमान प्रक्रिया के रूप में व्याख्यायित किया, जो कि निम्न हैं :

1. पूर्व-औपचारिक स्तर
   (*i*) दण्ड एवं आज्ञा पालन स्तर
   (*ii*) यांत्रिक सापेक्षता स्तर
2. औपचारिक स्तर
   (*i*) पारस्परिक संबंध स्तर
   (*ii*) सामाजिक परंपरा या कानून एवं आदेश स्तर
3. उत्तर-औपचारिक स्तर
   (*i*) सामाजिक अनुबंधन स्तर
   (*ii*) सार्वभौमिक नैतिक सिद्धांत स्तर

1. **पूर्व-औपचारिक स्तर :** यह नैतिक विकास का सबसे निचला स्तर है। इस स्तर पर कार्य या व्यवहार में क्या सही और क्या गलत है? के मूल्यांकन का आधार उस पर मिले पुरस्कार या दण्ड द्वारा किया जाता है।

   नैतिकता के इस स्तर के प्रथम उप-स्तर पर बच्चे पुरस्कार की अभिलाषा या दण्ड से बचाव हेतु नियमों का पालन करते हैं। यहाँ बच्चे नैतिक चिंतन पर केन्द्रित न होकर परिणामों पर केन्द्रित होते हैं। जैसे बच्चे यह मानते हैं कि उन्हें बड़ों की बातें माननी चाहिए नहीं तो बड़े उन्हें दण्डित करेंगे।

2. **औपचारिक स्तर :** औपचारिक स्तर नैतिक विकास की दूसरी अवस्था है। इस अवस्था में लोग एक पूर्व आधारित सोच से चीजों को देखते या विचार करते हैं। जैसे कि अक्सर बच्चों का व्यवहार उनके माता-पिता या शिक्षक या किसी बड़े व्यक्ति द्वारा बनाए गए नियमों पर आधारित होता है।

   इस स्तर के प्रथम उप-स्तर पर बच्चों में अच्छे आपसी व्यवहार व सम्बन्धों पर आधारित नैतिक चिन्तन रहता है। इस स्तर पर बच्चों में विश्वास, दूसरों का ख्याल रखना, दूसरों के प्रति निष्पक्ष व्यवहार करना आदि उसके नैतिक व्यवहार का आधार होते हैं। बच्चे अपने माता-पिता द्वारा निर्धारित किये गए नैतिक व्यवहार के मापदण्डों को अपनाते हैं जो उन्हें उनके माता-पिता की नजर में एक "अच्छा लड़का या अच्छी लड़की" बनाते हैं।

   इस स्तर के दूसरे उप-स्तर पर बच्चों में सामाजिक व्यवस्था बनाए रखने पर आधारित नैतिक चिन्तन होता है। इस स्तर पर बच्चों में नैतिक विकास की अवधारणा सामाजिक आदेश, कानून, न्याय और कर्त्तव्यों पर आधारित होती है। जैसे किशोर यह सोचते हैं कि समाज अच्छे से चलना चाहिए, इसके लिए नियमों व कानून के दायरे में ही रहकर कोई कार्य करना चाहिए।

3. **उत्तर-औपचारिक स्तर :** यह कोहलबर्ग के नैतिक विकास का तीसरा स्तर है। इस स्तर पर वैकल्पिक

या स्व-निर्मित या स्व-निर्धारित नैतिक नियमों के प्रति निष्ठा तथा अनुपालन की भावना रहती है तथा नैतिक मूल्यों एवं सिद्धांतों को परिभाषित या व्याख्यायित करने का प्रयास किया जाता है।

इस स्तर की प्रथम उप-अवस्था में बच्चों का नैतिक चिन्तन सामाजिक अनुबन्ध, उपयोगिता और व्यक्तिगत अधिकारों पर आधारित होता है। इस अवस्था में किशोर यह सोचने लगता है कि कुछ मूल्य, सिद्धांत और अधिकार कानून से भी ऊपर हो सकते हैं। किशोर वास्तविक सामाजिक व्यवस्थाओं का मूल्यांकन इस दृष्टि से करने लगता है कि वे किस हद तक मूल अधिकारों व मूल्यों का संरक्षण करते हैं।

इस स्तर की दूसरी उप-अवस्था में किशोर में सार्वभौमिक नीतिसम्मत सिद्धांतों पर आधारित नैतिक चिन्तन करने की प्रवृति पाई जाती है। इस अवस्था में किशोर सार्वभौमिक मानवाधिकार पर आधारित नैतिक मापदण्ड बनाता है। जब भी कोई व्यक्ति अपनी अंतरात्मा की आवाज के द्वंद्व के बीच फंसा होता है तो वह व्यक्ति यह तर्क देता है कि अपनी अंतरात्मा की आवाज के आधार पर कार्य करना चाहिए, चाहे उसका परिणाम कुछ भी हो। इसीलिए इस स्तर पर व्यक्ति में यह भावना रहती है कि वह अपने द्वारा स्थापित मानदंड के आधार पर ही कार्य या व्यवहार करें।

नैतिक विकास को प्रभावित करने वाले कारक

नैतिक विकास को प्रभावित करने वाले कुछ प्रमुख कारक निम्नलिखित हैं :

- परिवार
- विद्यालय
- मित्र-मंडली या साथी-समूह
- समाज एवं संस्कृति
- लिंग
- धर्म, आदि।

मनोवैज्ञानिक विकास

मनोवैज्ञानिक विकास का आशय मानव के संज्ञानात्मक, भावात्मक, सामाजिक, बौद्धिक आदि क्षेत्रों से सम्बंधित योग्यताओं, क्षमताओं एवं कार्य-प्रक्रिया का जन्म से लेकर मृत्यु के पूर्व तक सम्पूर्ण जीवन काल में हुए विकासों से है। मनुष्य के जन्म से लेकर किशोरावस्था के अंत तक उसमें अनेकों मनोवैज्ञानिक परिवर्तन होते रहते हैं। ये मनोवैज्ञानिक परिवर्तन वृद्धि एवं विकास के विविध पक्षों से सम्बन्धित होते हैं और इनकी पहचान मानव द्वारा दैनिक क्रियाकलापों या विशिष्ट परिस्थितियों में की गई प्रतिक्रियाओं या व्यवहार के आधार पर की जाती है। मनोवैज्ञानिक विकास मानव विकास के अन्य पक्षों के समान ही धीरे-धीरे विकास की ओर अग्रसर रहता है। मानव धीरे-धीरे निर्भरता से और अधिक स्वायत्तता की ओर बढता है। ये विकासात्मक परिवर्तन काफी हद तक जन्म से पहले के जीवन के दौरान आनुवंशिक कारकों और घटनाओं से प्रभावित हो सकते हैं।

मनोवैज्ञानिक विकास के संप्रत्यय को 1996 में सात स्तरीय चेतना प्रतिमान के आधार पर विकसित किया गया था। इसका विकास रिचर्ड बैरेट के द्वारा किया गया था। इसी प्रतिमान के आधार पर इन्होंने मनोवैज्ञानिक विकास की सात अवस्थाओं का निर्धारण किया है।

मनोवैज्ञानिक विकास की विभिन्न अवस्थाएँ :

मनोवैज्ञानिक विकास की अवस्थाएं	समयावधि	प्रमुख विशेषताएं/आवश्यकताएं	मूल्य की प्रमुखता
जीवित अवस्था (Surviving Stage)	जन्म से 2 वर्ष तक	मनोदैहिक आवश्यकताओं की प्राप्ति के लिए प्रयास करना जिससे वह अपने आप को जीवित व स्वस्थ रख सके।	अस्तित्वपरक
समनुरूपता अवस्था (Conforming Stage)	2 से 8 वर्ष तक	अपने परिवार, परिचित एवं समुदाय के पास रहना जहाँ वह अपने आप को सुरक्षित एवं संरक्षित महसूस करे।	निर्भयत्व या सुरक्षा

विभेद अवस्था (Differentiating Stage)	8 से 24 वर्ष तक	अपने कौशल और प्रतिभा का विकास व प्रदर्शन किसी विशेष समूह का अंग बनने हेतु करना।	विश्वास या अभय
अविभाजित अवस्था (Individuating Stage)	25 से 39 वर्ष तक	अपनी पहचान को स्थापित करना, विश्वासों व मूल्यों पर आधारित जीवन जीना तथा अपने आप को साधन संपन्न बनाना।	स्वतंत्रता
आत्म-वास्तविकता (Self-actualizing Stage)	40 से 49 वर्ष तक	अपनी प्रतिभाओं व योग्यता को अभिव्यक्त करना तथा स्वयं को पूर्ण संसाधन व साधन युक्त बनाना	सत्यनिष्ठा या समेकता
एकीकरण अवस्था (Integrating Stage)	50 से 59 वर्ष तक	उन लोगों के प्रति सहयोग का भाव होना जो समान आचार-विचार व मूल्य रखते हों।	अभिदान या सहयोग
सेवारत अवस्था (Serving Stage)	60 + वर्ष तक	मानवता एवं प्रकृति के कल्याण व भलाई हेतु कार्य व चिंतन वृत्ति	सामाजिक न्याय

समाजीकरण के अभिकरण

समाजीकरण की प्रक्रिया जीवन पर्यंत चलती रहती है। इसके लिए अनेक संस्थाएँ, नियम एवं समूह समाज में स्थापित हैं, जिन्हें साधन एवं अभिकरण कहते हैं। अभिकरण का तात्पर्य व्यक्तियों के संकलन से है जो साधनों का प्रयोग कर समाजीकरण के लक्ष्य को साकार करते हैं। व्यक्ति विभिन्न संस्थाओं एवं समूहों से जितना अनुकूलन कर लेता है समाजीकरण उतना ही सफल माना जाता है। बोटोमोर (Bottomore) के अनुसार वास्तव में साधनों का संबंध नियमों से होता है जिसका प्रयोग व्यक्ति तथा व्यक्तियों के संगठन द्वारा किया जाता है।

समाजीकरण के अभिकरण को दो भागों में विभाजित किया जा सकता है :

1. प्राथमिक संस्थाए जैसे—परिवार, पड़ोस, क्रीड़ा-समूह, नातेदारी समूह, विवाह आदि।
2. द्वितीयक संस्थाएं जैसे—शैक्षणिक संस्थाएं, आर्थिक संस्थाएं, राजनीतिक संस्थाएं, धार्मिक संस्थाएं, सांस्कृतिक संस्थाएं, आदि।

समाजीकरण के अभिकरण की प्राथमिक संस्थाएं

1. **परिवार :** समाजीकरण की संस्था में परिवार का महत्व सर्वाधिक है, क्योंकि परिवार में ही बच्चा जन्म लेता है और सर्वप्रथम परिवार के सदस्यों के ही संपर्क में आता है। इस समय बच्चे का मस्तिष्क खाली रहता है वह उसी तरह की क्रियाएं एवं व्यवहार सीखता है जिस तरह परिवार के अन्य सदस्य करते हैं। धीरे-धीरे बच्चा समाज के रीति-रिवाजों, लोकाचारों, प्रथाओं आदि को सीखता है। परिवार में ही माता-पिता एवं अन्य सदस्य बच्चे के सही कार्य के लिए स्नेह एवं गलत होने पर डाँट, हल्का दण्ड देते हैं। इस तरह बच्चा उचित-अनुचित, सही-गलत में भेद करना सीखता है। छोटे होने के कारण बच्चों में आज्ञाकारिता के गुण पैदा होते हैं। परिवार के द्वारा ही बच्चे में आदर्श नागरिक, प्रेम, त्याग, बलिदान, सहयोग, दया, क्षमा, परोपकार, देश-प्रेम आदि गुणों का समावेश होता है।
2. **पड़ोस :** पड़ोस का भी बच्चे के समाजीकरण में विशेष योगदान होता है। परिवार के बाद बच्चा पड़ोस के ही संपर्क में आता है और पड़ोसी के व्यवहार द्वारा बच्चे में अनुकूलता की क्षमता विकसित होती है। पड़ोसी की प्रशंसा एवं निंदा द्वारा बच्चा ही नहीं युवक भी अपने व्यवहार में सुधार लाता है। शहरों एवं अनजान स्थानों पर पड़ोसी से ही व्यक्ति बहुत कुछ सीख लेता है।

3. **क्रीड़ा-समूह :** समाजीकरण की दृष्टि से क्रीड़ा-समूह या मित्र-मंडली अत्यधिक महत्त्वपूर्ण है। इसमें बच्चा अपने उम्र के लोगों से परिचित होता है। खेल के नियमों का पालन करना सीखता है, जिससे उसमें अनुशासन एवं नियंत्रण के गुण विकसित होते हैं। खेल के दौरान ही वह पारस्परिक सहयोग एवं प्रतिस्पर्धा की भावना ग्रहण करता है। साथ ही खेल में हार-जीत होने पर परिस्थितियों के साथ अनुकूलन करना भी सीखता है। रिजमैन के अनुसार क्रीड़ा-समूह वर्तमान समय में समाजीकरण करने वाला एक महत्त्वपूर्ण समूह है।

4. **नातेदारी समूह :** नातेदारी समूह में रक्त एवं विवाह दोनों संबंधी आ जाते हैं। इसके अंतर्गत भाई-बहन, पति या पत्नी, सास-श्वसुर, देवर-भाभी आदि सम्मिलित हैं। इन सभी के प्रति व्यक्ति को भिन्न-भिन्न प्रकार की भूमिकाएं सीखनी एवं निभानी पड़ती हैं।

5. **विवाह :** विवाह का व्यक्ति के जीवन पर महत्वपूर्ण प्रभाव पड़ता है। विवाह के बाद लड़के एवं लड़की को पति व पत्नी की प्रस्थिति प्राप्त हो जाती है, साथ ही इस प्रस्थिति से जुड़ी अनेक भूमिकाओं का पालन करना पड़ता है। नये दायित्वों का निर्वहन करना पड़ता है। परिवार में नये नातेदारों के साथ अनुकूलन भी करना पड़ता है।

समाजीकरण के अभिकरण की द्वितीयक संस्थाएं

1. **शैक्षणिक संस्थाएँ :** शैक्षणिक संस्था के अंतर्गत स्कूल, कॉलेज, विश्वविद्यालय आदि सम्मिलित हो जाते हैं। इन संस्थाओं में बच्चा अपने अध्यापकों के समीप होता है। पाठ्यपुस्तकों द्वारा नये ज्ञान प्राप्त करता है। तर्क-वितर्क की क्षमता विकसित करता है। घटना का कार्य-कारण संबंध समझने का प्रयास करता है। इस तरह से शैक्षिक संस्थाओं में बच्चे का सम्पूर्ण मानसिक विकास होता है।

2. **धार्मिक संस्थाएँ :** व्यक्ति के जीवन को सुचारु रूप से चलाने एवं नियंत्रित करने में धार्मिक संस्थाओं का महत्त्वपूर्ण योगदान है। ईश्वर, पाप-पुण्य, स्वर्ग-नरक, कर्म तथा पुनर्जन्म, आदि मनुष्य को भयभीत एवं नियंत्रित करते हैं। व्यक्ति में पवित्रता, न्याय, सद्चरित्र, कर्तव्य, दया, क्षमा, त्याग आदि गुणों के विकास में धर्म की भूमिका महत्त्वपूर्ण होती है। मंदिर, मस्जिद, गुरुद्वारा, चर्च आदि संस्थाएँ व्यक्ति को आदर्श नियमों के अनुरूप आचरण करने को प्रोत्साहित करती हैं। मैलेनोस्की के अनुसार, संसार में मनुष्यों का कोई भी समूह धर्म के बिना नहीं रह सकता, चाहे वह कितना भी जंगली क्यों न हो।

3. **सांस्कृतिक संस्थाएँ :** सांस्कृतिक संस्थाएँ व्यक्तित्व एवं नैतिक विकास में योगदान देती हैं। सांस्कृतिक संस्थाएँ जैसे—संगीत अकादमी, कवि सम्मेलन, नाटक मण्डली, क्लब आदि व्यक्तित्व विकास में उत्प्रेरक का कार्य करती हैं। इन संस्थाओं के माध्यम से व्यक्ति अपने समाज के प्रथाओं, परम्पराओं, वेशभूषा, साहित्य, संगीत, कला, आदि से परिचित होता है।

4. **आर्थिक संस्थाएँ :** आर्थिक संस्थाएँ व्यक्ति को स्वयं एवं परिवार के जीविकोपार्जन के योग्य बनाती हैं। कार्यालय, व्यावसायिक प्रतिष्ठान, विभिन्न आर्थिक संघ आदि वह तरीका बताते हैं कि हम बाजार, बस, दुकान आदि जगहों पर कैसा व्यवहार करें। हमें हमारे अधिकारों का भी बोध कराती हैं। साथ ही ये संस्थाएँ लोगों में सहयोग, प्रतिस्पर्धा एवं समायोजन का भाव पैदा करती हैं।

5. **राजनीतिक संस्थाएँ :** राजनीतिक संस्थाएँ जैसे—न्यायपालिका, कार्यपालिका आदि व्यक्ति को कानून, प्रशासन, अधिकार, कर्तव्यों का बोध कराती हैं। लोकतांत्रिक एवं तानाशाही या सैन्य शासन के समाजीकरण में बहुत अन्तर पाया जाता है। तानाशाही में व्यक्ति के अधिकार समाप्त हो जाते हैं जबकि लोकतंत्र में व्यक्ति के अधिकार एवं कर्तव्य सुनिश्चित किये जाते हैं। राजनीतिक दलों द्वारा जनता को राजनीति का प्रशिक्षण दिया जाता है जिससे समाज में समन्वय स्थापित होता है।

✦ ✦ ✦ ✦ ✦

शिक्षण–अधिगम अवबोध (Understanding Teaching Learning)

अधिगम या सीखना शिक्षा के सभी स्वरूपों में केन्द्र बिन्दु माना जाता है। शिक्षा का स्वरूप चाहे औपचारिक हो या अनौपचारिक या निरौपचारिक तीनों में ही अधिगम केन्द्रीय रहता है। अधिगम की प्रक्रिया सभी जीवों में होती है किन्तु उनकी विशिष्टताएं अलग-अलग होती हैं। अधिगम को मानवीय संदर्भ में जीवनपर्यंत चलने वाली प्रक्रिया के रूप में स्वीकार किया गया है। यह प्रक्रिया मानव शिशु के इस यथार्थ जगत में जन्म से ही प्रारंभ नहीं मानी जाती है अपितु गर्भावस्था में ही इस प्रक्रिया का प्रारंभ हो जाता है। इस तथ्य का प्रमाण न केवल पौराणिक ग्रंथों में मिलता है अपितु विभिन्न वैज्ञानिक अनुसंधानों में भी इसको सत्यापित किया गया है। मानव अपने प्रारंभिक विकास क्रम में पराश्रित या असहाय जीव के रूप में अधिगम करता है किन्तु धीरे-धीरे वह आत्मनिर्भर, स्वतंत्र एवं आवश्यकताओं के परिप्रेक्ष्य में अधिगम करता है।

अधिगम शिक्षण प्रक्रिया का केन्द्रीय बिन्दु है। अधिगम और अधिगमकर्ता को ही केन्द्र में रख कर सम्पूर्ण शैक्षिक प्रक्रियाओं का संचालन किया जाता है। सामान्य अर्थों में अधिगम को व्यवहार में अपेक्षाकृत स्थायी परिवर्तन के रूप में स्वीकार किया जाता है। अब यहाँ यह प्रश्न उठना स्वाभाविक है कि व्यवहार में परिवर्तन और अपेक्षाकृत स्थायी परिवर्तन से क्या आशय है? इन दोनों पर क्रमबद्ध रूप से विचार करते हैं। सबसे पहले व्यवहार में परिवर्तन पर। शिक्षा मनोवैज्ञानिकों ने इस क्षेत्र में बहुत कार्य किया है। इनका मानना है कि सभी प्रकार के व्यवहार परिवर्तन अधिगम की परिधि में नहीं आते हैं। मनोवैज्ञानिकों ने केवल अभ्यास, अनुभूति, प्रशिक्षण, शिक्षण, अनुभव आदि के फलस्वरूप व्यवहार में हुए परिवर्तनों को ही अधिगम माना है। इनका मानना है कि व्यवहार में परिवर्तन कई कारणों से हो सकता है किन्तु इनको अधिगम नहीं माना जा सकता है। जैसे–मानसिक या शारीरिक थकावट, मादक द्रव्यों, बीमारी, औषधि खाने, परिपक्वन, क्रोध, भय आदि के फलस्वरूप व्यवहार में हुए परिवर्तन।

अधिगम के लिए व्यवहार में अपेक्षाकृत स्थायी परिवर्तन आवश्यक माना गया है। अपेक्षाकृत स्थायी परिवर्तन व्यवहार में होने वाले स्थायी व अस्थायी परिवर्तनों के मध्य की स्थिति माना जाता है। अपेक्षाकृत स्थायी व्यवहार परिवर्तनों से आशय ऐसे धारण योग्य व्यवहार परिवर्तनों (Retainable Behavioral Change) से है जोकि किसी समय विशेष तक स्थायी प्रकृति का होता है। सभय विशेष की कोई निश्चित सीमा नहीं निर्धारित की गई है। यह कुछ दिनों या कुछ महीनों या कुछ वर्षों तक भी हो सकती है। कभी-कभी व्यवहार में अभिप्रेरणात्मक अवस्थाओं के कारण भी परिवर्तन होते हैं किन्तु इन परिवर्तनों की प्रकृति क्षणिक होती है। **हाउस्टन** ने इस संदर्भ में कहा है कि "व्यवहार में अभिप्रेरणात्मक स्थिति में उतार-चढ़ाव होने से उत्पन्न अस्थायी परिवर्तन अधिगम के श्रेणी में नहीं आते हैं।"

व्यवहार शब्द एक अत्यंत व्यापक संप्रत्यय है। इस संदर्भ में **वुडवर्थ** ने कहा है कि "जीवन की किसी भी अभिव्यक्ति को क्रिया कहा जाता है और व्यवहार ऐसी सभी क्रियाओं का ही एक समन्वित नाम है।"

इसी प्रकार **जेम्स ड्रेवर** ने भी अपना मत व्यक्त किया है कि "जीवन की संघर्षपूर्ण परिस्थितियों के प्रति मनुष्य की

प्रतिक्रिया ही व्यवहार है।'' सामान्य अर्थ में यह कहा जा सकता है कि मानव अपने दैनिक क्रिया-कलापों में जो भी प्रतिक्रियाएं करता है वे ही उसका व्यवहार है। व्यवहार को तीन पक्षों में संदर्भित करते हुए अध्ययन किया जाता है। ये पक्ष हैं—ज्ञानात्मक, भावात्मक तथा क्रियात्मक पक्ष। मानव व्यवहार के इन पक्षों में जब कोई परिवर्तन किसी कारण से होता है तो उस व्यवहार परिवर्तन को अधिगम माना जाता है।

व्यवहारवाद

व्यवहारवादियों द्वारा प्रतिपादित अधिगम सिद्धान्तों के अनुसार अधिगम उद्दीपन को प्रतिक्रिया के साथ सहसम्बन्धित करने की यांत्रिक प्रक्रिया है जो एक नए व्यवहार को जन्म देती है। कुछ मनोवैज्ञानिकों के अनुसार इस व्यवहार को पुनः पुनर्बलन द्वारा सुदृढ़ किया जाता है। हम दो प्रख्यात मनोवैज्ञानिकों **पावलोव और वॉटसन** द्वारा प्रतिपादित अधिगम सिद्धान्तों की चर्चा करेंगे जो मानते हैं कि उद्दीपन और प्रतिक्रिया के बीच सहसम्बन्ध का परिणाम व्यवहार में परिवर्तन होता है, अर्थात् अधिगम। इसके बाद उनके निहितार्थों का अध्ययन करेंगे। तत्पश्चात् हम कुछ सिद्धान्तों की चर्चा करेंगे जो वांछित व्यवहार को सुदृढ़ करने में पुरस्कार/पुनर्बलन की भूमिका पर जोर देते हैं।

पावलोव का परंपरागत अनुकूलन का सिद्धान्त : यह सिद्धान्त सुझाता है कि उद्दीपन और प्रतिक्रिया के बीच की कड़ी से उत्पन्न व्यवहार को पुनर्बलन सुदृढ़ बनाता है। पावलोव के प्रसिद्ध प्रयोग में कुत्ते को जब भोजन (अनानुकूलित उद्दीपक–(unconditioned stimulus-UCS)) दिया गया तो कुत्ते की लार निकली (response-R) और साथ ही एक घंटी (conditioned stimulus-CS)। बाद में यहाँ तक कि भोजन की अनुपस्थिति में भी, मात्र घंटी सुनकर ही कुत्ते की लार टपकने लगी। इसका कारण था कि अनुकूलित उद्दीपक को कई बार अनानुकूलित उद्दीपक के साथ सम्बन्धित करने के बाद, यहाँ तक कि अनुकूलित उद्दीपक के साथ भी वही अनुक्रिया संपन्न हुई। उदाहरण के लिए हम लाल ट्रैफिक संकेत पर रूक जाते हैं जबकि हमसे ऐसा करने के लिए नहीं कहा जाता, क्योंकि लाल बत्ती (CS) स्वयं अनुक्रिया उत्पन्न कर देती है और इस प्रकार परिणाम अधिगम होता है।

वॉटसन का अधिगम सिद्धान्त : पावलोव के सिद्धान्त के समान ही **जे.बी. वॉटसन** का सिद्धान्त कहता है कि अधिगम उद्दीपन और अनुक्रिया के सह-सम्बन्ध द्वारा होता है। यहाँ तक कि उद्दीपक का सामान्यीकरण हो सकता है, जिनके लिए समान अनुक्रिया संपन्न होती है। इसे निम्नलिखित उदाहरण से समझा जा सकता है।

> **उदाहरण :** रोहन कम्प्यूटर का उपयोग सीख रहा था। एक बार उसके भंडारित आँकड़े गायब हो गए, क्योंकि यह कार्य नहीं कर रहा था। उसमें इलेक्ट्रॉनिक डेटा स्टोरिंग डिवाइसेस के प्रति एक भय का विकास हो गया क्योंकि उसने उद्दीपनों का सामान्यीकरण किया और वापस कागज और कलम के उपयोग की ओर मुड़ गया। बाद में अपने शिक्षक के प्रोत्साहन द्वारा उसने पुनः कम्प्यूटर का उपयोग प्रारंभ किया और धीरे-धीरे इसमें विश्वास प्राप्त किया, यह उद्दीपनों और अनुक्रिया (डेटा स्टोरिंग डिवाइसेस और विश्वास का अभाव) के बीच सम्बन्ध टूटने के कारण हुआ।

हम देखते हैं कि अनुक्रिया (अविश्वास) का अनुकूलन मात्र फ्लॉपी, जिसके कारण स्वाभाविक प्रतिक्रिया हुई, के साथ ही नहीं बल्कि इसके साथ ही अन्य डेटा स्टोरिंग डिवाइसेस के लिए भी हुई, जिसने कोई नकारात्मक अनुक्रिया उत्पन्न नहीं की। (तटस्थ उद्दीपक)।

थॉर्नडाइक का अधिगम सिद्धान्त : थॉर्नडाइक के सिद्धान्त में भी उद्दीपक और अनुक्रिया के बीच सम्बन्ध संलग्न है। परंतु एक विशेष प्रतिक्रिया को पुरस्कृत करने से दूसरों पर इसका प्रभाव पड़ता है। यह ''प्रभाव का नियम'' कहलाता है अर्थात् दुःखद अनुभवों पर सुखद अनुभवों का परिणाम अधिगम होता है। उद्दीपन और प्रतिक्रिया के बीच बार-बार सम्बन्ध बनाने में अर्थात् ड्रिल द्वारा यह सम्बन्ध सुदृढ़ बनता है (**उपयोग का नियम**), जबकि अनुप्रयोग का परिणाम इसके विपरीत होता है (**अनुप्रयोग का नियम**)। एक अन्य नियम–तत्परता का नियम है, जो बताता है कि अधिगम तभी संभव होता है, जब शिक्षार्थी तत्पर होता है। इसका अर्थ है कि परिपक्व शिक्षार्थी के पास अधिगम के लिए आवश्यक पूर्व अनुभव होते हैं। इन सबके ऊपर यह सिद्धान्त सुझाता है कि अधिगम लक्ष्योन्मुखी होता है।

हल का चालक न्यूनीकरण सिद्धान्त : हल के अनुसार भी अधिगम में उद्दीपक-अनुक्रिया सम्बन्ध संगलग्न है। परंतु यह

बुनियादी रूप से आवश्यकता आधारित है। इस सम्बन्ध में निम्नलिखित उदाहरण का अध्ययन करें।

श्रीमान एक्स एक शिक्षक थे। उन्हें कम्प्यूटर का ज्ञान नहीं था, और उन्हें कोई चिंता भी नहीं थी कि उनका कम्प्यूटर बिना उपयोग के ही पड़ा है। बाद में जब शिक्षण में पावर प्वाइंट प्रस्तुति का उपयोग अनिवार्य कर दिया गया तो उन्हें सीखने की आवश्यकता (चालन) की अनुभूति हुई, जिसने उनमें एक असंतुलन की स्थिति उत्पन्न कर दी और उन्होंने सीखना प्रारंभ किया और उसे बनाए रखा।

स्किनर का अधिगम सिद्धान्त : बी.एफ. स्किनर भी एक साहचर्यवादी थे जो विश्वास करते थे कि शिक्षण उद्दीपन और अनुक्रिया के बीच सहसम्बन्ध द्वारा संपन्न होता है। तथापि उसने व्यवहार परिवर्तन अर्थात् अधिगम के लिए पुनर्बलन की भूमिका को प्रमाणित किया। पावलोव की अनुकूलन—जो एक विशेष व्यवहार का अनुकूलन करती है, के विपरीत क्रियासूत अनुकूलन में ''व्यवहार'' अनुक्रिया के विपरीत अप्रत्याशित है, और जब यह उत्पन्न होता है तो यह पुनर्बलित होता है। अतः पुनर्बलन वांछित अनुक्रिया के उत्सर्जन के लिए आकस्मिक होता है।

शिक्षा में आई.सी.टी. के उपयोग हेतु व्यवहार के निहितार्थ

व्यवहारवादी मानते हैं कि अधिगम, उद्दीपन के साथ अनुक्रिया के साहचर्य की यांत्रिक प्रक्रिया है जो एक नए व्यवहार अर्थात् अधिगम को उत्पन्न करती है। उन्होंने साहचर्य को सुदृढ़ करने में 'अभ्यास'' की आवश्यकता पर भी जोर दिया ताकि स्व-अर्जित व्यवहार तीव्रता और दक्षतापूर्ण ढंग से निष्पादित हो सके और एक आदत के रूप में बदल सके। उदाहरण के लिए कम्प्यूटर 'की बोर्ड' का उपयोग सीखते समय हम अभ्यास द्वारा गति और दक्षता प्राप्त करते हैं। व्यवहारवादी, जैसे—पावलोव अनुक्रिया (आर) का अनुकूलन, उपयुक्त पुनर्बलन द्वारा करने और शिक्षार्थी को यहाँ तक कि उदासीन उद्दीपक, जो स्वाभाविक उद्दीपन का स्थान ले लेता है के प्रति अनुक्रिया करने में सक्षम बनाने की आवश्यकता को प्रकाशित करते हैं।

हल का चालक न्यूनीकरण सिद्धान्त बताता है कि अधिगम में उद्दीपक अनुक्रिया सम्बन्ध संलग्न होता है परंतु यह एक आवश्यकता की संतुष्टि की ओर निर्देशित होता है, जो स्वयं में ही एक पुनर्बलन का कार्य करता है। परंतु व्यवहारवादी, जैसे—पावलोन, स्किनर और थॉर्नडाइक का विचार है कि बाह्य स्रोत द्वारा प्रदत्त पुनर्बलन एस.आर. संपर्क को सुदृढ़ बनाता है और इस प्रकार वांछित व्यवहार को भी। तथापि स्प्रिंथल (1990) कहते हैं कि स्किनर की पुनर्बलन की अवधारणा थॉर्नडाइक की पुरस्कार की अवधारणा से भिन्न है, जो कुछ स्थूल वस्तु की अपेक्षा एक संतोषजनक अनुभूति या अनुभव है। पुरस्कार और अभ्यास की आवश्यकता के अतिरिक्त थॉर्नडाइक ने अन्य कारकों के महत्व पर भी जोर दिया, जैसे अधिगम के लिए शिक्षार्थियों की तत्परता, और लक्ष्योन्मुखी अधिगम। शिक्षण और अधिगम में आई.सी.टी. के उपयोग पर इन व्यवहारवादी पक्षों के निहितार्थ का अवलोकन :

- **अधिगम अनुभव को आनंददायक होने की आवश्यकता है :** शिक्षक के लिए आई.सी.टी. का उपयोग करते समय हमें यह समझने की आवश्यकता है कि जब एक बार यंत्र की नवीनता चली जाए तो शिक्षार्थी की रुचि समाप्त हो जाती है जब तक कि शिक्षण की विषयवस्तु रोचक न हो। इसलिए जैसे ही हम व्यवहारवाद को एक स्मार्ट कक्षाकक्ष में ले जाते हैं और कम्प्यूटर का उपयोग करते हैं, तो शिक्षार्थी उत्साहित हो जाते हैं, परंतु उनकी रुचि बनाए रखने के लिए हमें इस प्रकार से शिक्षण करने की आवश्यकता है कि वे अधिगम का आनंद ले सकें।

> सन् 1999 में एक परियोजना ''होल इन द वॉल'' जो दिल्ली में संचालित की गई के अंतर्गत एक दीवार में छेद करके उसमें कम्प्यूटर को इस प्रकार रखा गया कि निकट की झुग्गी में रहने वाले बच्चे इस तक पहुँच सकें। बच्चों ने इसे उपयोग करना प्रारंभ किया और वे बुनियादी कम्प्यूटिंग कौशलों को स्वयं ही अर्जित कर सके। परियोजना ने यह दर्शाया कि ऐसे कौशलों का आकस्मिक अधिगम संभव हो सकता है, यदि शिक्षार्थियों को उपयुक्त कम्प्यूटिंग सुविधा तक पहुँच मिले। साथ ही मनोरंजनात्मक एवं प्रेरक विषयवस्तु और कुछ न्यूनतम मानवीय निर्देशन भी मिले।

उपर्युक्त बॉक्स में दिए गए शब्द ''मनोरंजनात्मक'' और 'प्रेरक'' 'विषयवस्तु'' यह व्याख्या करते हैं कि शैक्षिक खेलों को मोबाइल यंत्रों द्वारा इस प्रकार डिजाइन किया जाए कि अधिगम अनुभव शिक्षार्थियों को शिक्षित करें, साथ ही उनका मनोरंजन

भी करें और उनकी रूचि भी बनाए रखें। उदाहरण के लिए, पिज्जा पार्टी पर बनाए गए एक खेल में, बच्चे खेल खेलते समय, पार्टी में शामिल होते हैं और गिनती जोड़ना और घटाना सीखते हैं। खेल खेलते समय उसमें भाषा सीखने के खेल होते हैं, एक ऑनलाइन जूझने वाला खेल, जिसमें सार्थक शब्द बनाने के लिए खेलने वालों की आवश्यकता होती है, चिंतन को प्रोत्साहित करता है और शब्द भंडार के विस्तार में सहायक होता है, परंतु शब्द रचना के लिए उन्हें संकेतों द्वारा चुनौती देकर उनकी रुचि को भी बनाए रखता है।

- **वांछित अधिगम अनुभवों को पुनर्बलित करना :** स्किनर का विचार था कि शिक्षक तब अधिक प्रभावशाली होते हैं जब वे व्यावहारिक अभियंताओं की भाँति कार्य करते हैं और पुनर्बलन द्वारा व्यवहार में परिवर्तन लाते हैं। अतः कम्प्यूटर सहायक शिक्षण का विकास मात्र शिक्षण के लिए नहीं बल्कि अधिगम के आकलन और प्रतिपुष्टि प्रदान करने के लिए किया गया जो वांछित व्यवहार का पुनर्बलन करता है। सभी ने कम्प्यूटर या मोबाइल फोन पर गेम खेला होगा और अंकों के रूप में अपने निष्पादन की प्रतिपुष्टि भी प्राप्त की होगी। साथ ही बधाई के संदेश आदि भी। जब हम आई.सी.टी. के माध्यम से अधिगम अनुभवों का निरूपण करते हैं तो हमें ध्यान में रखने की आवश्यकता है कि खुद भी ऐसे पुनर्बलन मौखिक/लिखित/चित्रों द्वारा प्रदान करना आवश्यक है।

प्रतिपुष्टि प्रदान करने के लिए भावनाओं का उपयोग करें। स्मार्टफोन्स में हम भावनाएँ प्राप्त कर सकते हैं। वे व्यक्तियों द्वारा अपनी भावनाओं को व्यक्त करने के लिए उपयोग में लाए जाते हैं।

- **अधिगम हेतु अभ्यास और धारणा :** कम्प्यूटर सहायक शिक्षण में प्रायः अभ्यास और तुरंत प्रतिपुष्टि के अवसर सम्मिलित होते हैं। यह उद्दीपन के साथ अनुक्रिया को समाप्त होने की संभावनाओं को कम करते हैं और इस प्रकार नव अर्जित व्यवहार को भी।

  गुणा सम्बन्धी एक अभ्यास

  $2 \times 3 = 6$

  $3 \times 4 = 13$ पुनः प्रयोग करें।

  $3 \times 4 = 12$

  $4 \times 5 = 20$

- **परिपक्वता और पूर्व ज्ञान के संदर्भ में अधिगम हेतु तत्परता की आवश्यकता होती है :** पूर्व ज्ञान, परिपक्वता और रुचि तत्परता को निश्चित करते हैं। उदाहरण के लिए, उच्च स्तर के एक कम्प्यूटर-प्रशिक्षण में बुनियादी पारंगतता की आवश्यकता होती है। शिक्षार्थियों के लिए विषयवस्तु का चयन/विकास अधिगम अनुभवों का विकास करते समय हमें इस बात को ध्यान में रखने की आवश्यकता है। इसलिए एक श्रव्य-दृश्य कार्यक्रम का विकास करते समय हमें अपने लक्षित समूह (शिक्षार्थी) की शैक्षिक पृष्ठभूमि को समझने के लिए एक आवश्यकता आधारित सर्वेक्षण संचालित करना पड़ेगा और उसी के अनुसार कार्यक्रम का कठिनाई स्तर निर्धारित करना होगा। उदाहरण के लिए कक्षा पाँचवीं के शिक्षकों के लिए "पदार्थ की अवधारणाएँ" पर एक वीडियो कार्यक्रम बनाते समय क्या हम उसमें पानी की "आण्विक संरचना" को सम्मिलित करेंगे? और क्यों?

- **अधिगम लक्ष्योन्मुखी और आवश्यकता-आधारित होता है :** शिक्षण-अधिगम प्रयोजनों के लिए स्पष्ट उद्देश्यों की रचना और उन्हें शिक्षार्थियों के साथ साझा करना महत्वपूर्ण है। उदाहरण के लिए शिक्षार्थियों को जोड़ के अभ्यास में संलग्न करने से पूर्व हम उन्हें बता सकते हैं कि यह उन्हें जोड़ना सीखने में सहायक होगा और साथ ही गुणा में भी। इस प्रकार यह उन्हें जो चीजें वे खरीदते हैं, उनके मूल्य की गणना करने में सक्षम बनाएँगे।

व्यवहारवादी उपागमों की आलोचना हुई है, क्योंकि उनका परिणाम शिक्षण की पारंपरिक विधियों को अपनाना है जिसमें शिक्षार्थियों के ज्ञान की रिक्ति पूर्ति हेतु व्याख्यानों द्वारा सूचना संचरण की आवश्यकता होती है। शिक्षार्थियों को उद्दीपक अनुक्रिया बंधन को सुदृढ़ करने के लिए अभ्यास में संलग्न किया जाता है, परंतु नई अवधारणाओं के सृजन में नहीं। व्यवहारवादी यह भी मानते हैं कि अधिगम एक सामाजिक प्रक्रिया न होकर व्यक्तिगत प्रक्रिया है और इसलिए अधिगम हेतु चर्चाओं और समूह कार्य की आवश्यकता पर ध्यान नहीं देते। तथापि व्यवहारवाद ने महत्वपूर्ण निर्देशात्मक प्रौद्योगिकियों, व्यक्तिगत निर्देशों के साथ ट्यूटोरियल्स और प्रतिपुष्टि के विकास को जन्म दिया है, जो अधिगम को बढ़ावा देते हैं और शिक्षार्थियों को प्रेरित करते हैं।

इसने कार्यक्रमित अधिगम का विचार भी प्रस्तुत किया है जो आज भी स्व-अधिगम के विकास के लिए लोकप्रिय है।

यद्यपि व्यवहारवाद की आलोचना, अधिगम को एक उद्दीपन के प्रति प्रतिक्रिया की यांत्रिक प्रक्रिया और रटने के लिए सूचना के संचरण द्वारा शिक्षण को प्रोत्साहित करने के रूप में परिभाषित करने के लिए हुई, परंतु इसको पूरी तरह छोड़ना कठिन है। क्या हम अधिगम को उद्दीपक अनुक्रिया सम्बन्ध से अलग रख सकते हैं? हम लाल बत्ती पर रूकना और जब यह हरी बत्ती में बदलती है तो उस पर चलना कैसे सीखते हैं? क्या हम लाल रंग के संकेत पर रूकने के लिए अनुकूलित नहीं हो जाते? क्या हम रटने से सीखने की आदत को दूर कर सकते हैं? हम अपने टेलीफोन नंबर, पता और ऐसी भाषा के गाने जिन्हें संभवतः हम नहीं समझ पाते को कैसे सीखते हैं? हम इन बातों को क्या उसके अर्थ के साथ सीखते हैं या रटकर? क्या अभ्यास द्वारा कम्प्यूटर की कमाण्ड, जैसे सी.टी.आर.एल. + एस.सी.टी.आर.एल. + ए.एल.टी. + डी.इ.एल. को सीखने में सहायता मिलती है? हम बहुत चीजें सहसम्बन्ध, अनुकूलन और बार-बार अभ्यास द्वारा सीखते हैं। उद्दीपक-अनुक्रिया सहसम्बन्ध की आवश्यकता, यहाँ तक कि जटिल मशीनों के संचालन में भी होती है, जैसे—कार, कम्प्यूटर, हवाई जहाज, मोबाइल फोन और इसी प्रकार के अन्य यंत्र। अपने टेलीविजन के रिमोट कंट्रोल डिवाइस या मोबाइल फोन को देखें, उनमें कई संकेत हैं जिन्हें संचालित करने के लिए हम अनुक्रिया करना सीख लेते हैं। जैसे तीव्रता को बढ़ाना या कम करना, स्वर और इसी प्रकार अन्य भी। इसलिए जब हम एक सी.डी. या ऑनलाइन पाठ्यक्रम का विकास करते हैं तो हम कई प्रकार के संकेतक बनाते हैं जो संदेशों को संप्रेषण करते हैं। जैसे ''फॉरवर्ड'', ''बैकवर्ड'', ''पॉज'', ''स्टार्ट'', ''स्किप'' आदि, परंतु एक आइकॉन को प्रत्येक बार उसके उपयोग में एक समान प्रतिक्रिया की आवश्यकता होती है ताकि उद्दीपक-अनुक्रिया संपर्क स्थापित हो जाए। उदाहरण के लिए, यदि एक आइकॉन एक बार पॉज के लिए उपयोग किया जाता है, तो प्रत्येक बार इसका उपयोग पॉज के लिए ही होगा ताकि उपयोगकर्त्ता इसके साथ पॉज क्रिया को सम्बन्धित कर सकें।

संज्ञानात्मकवाद

साहचर्यविद् अधिगम को व्यवहार में प्रत्यक्ष परिवर्तन के रूप में देखते हैं, और शिक्षार्थी क्या करते हैं, इस पर जोर देते हैं। वे उद्दीपक-अनुक्रिया और अनुक्रिया-उद्दीपक अधिगम अनुक्रम का प्रचार करते हैं। नव व्यवहारवादी इससे आगे जाते हैं और प्रत्यक्ष व्यवहार के अतिरिक्त जीवों में संलग्न आंतरिक क्रियाओं को भी सम्मिलित करते हैं, इस प्रकार वे उद्दीपक-जीव-अनुक्रिया संयोग बनाते हैं। उदाहरण के लिए अवलोकन द्वारा अधिगम, जहाँ प्रक्रिया का अवलोकन किया जाता है और समझा जाता है और तभी सीखा जाता है। उदाहरणार्थः एक व्यक्ति प्रयोग प्रदर्शन के साथ एक वीडियो कार्यक्रम को देख सकता है और विषयवस्तु के अंतर्ग्रहण द्वारा इसे दोहरा सकता है और इसमें कोई आकस्मिक (एकाएक) प्रयास और त्रुटि को पुनर्स्थापित नहीं करता। इस प्रकार अधिगम को एक यांत्रिक प्रक्रिया नहीं माना जाता, परंतु इसमें अन्तदृष्टि के उपयोग की आवश्यकता होती है और चिंतन प्रक्रिया सम्मिलित होती है, अर्थात् शिक्षार्थी का ज्ञान। मानसिक प्रक्रियाएँ, जैसे—स्मृति, चिंतन, विचारों का संगठन, तथ्यों और अवधारणाओं के अर्जन हेतु युक्तियाँ बनाने की आवश्यकता अधिगम के लिए होती है। इसके लिए संपूर्ण संचालन क्षेत्र को समझने की आवश्यकता है, अर्थात् समस्या की संपूर्णता न कि उद्दीपकों की पृथकता। अतः यह अधिगम का संपूर्ण (गेस्टाल्ट) सिद्धान्त भी कहलाता है क्योंकि इसमें शिक्षार्थी सभी सम्मिलित चरों के साथ संपूर्ण क्षेत्र को समझता है और उनके सम्बन्ध को ग्रहण करता है।

शिक्षा में आई.सी.टी. के उपयोग हेतु संज्ञानात्मकवाद के निहितार्थ

हमने ज्ञान अर्जन पर पियाजे के विचारों का अध्ययन किया है और इसलिए मानसिक संरचना की प्रगति, स्कीमा (ज्ञान रचना के ब्लॉक्स) के बारे में भी। व्यवहारवादी अधिगम को व्यवहार में प्रत्यक्ष परिवर्तन के रूप में देखते हैं जो उद्दीपन के प्रति अनुक्रिया द्वारा प्रदर्शित होता है और ''शिक्षार्थी क्या करता है'' इस पर जोर देते हैं। नव-व्यवहारवादी इससे आगे जाते हैं और एस.ओ.आर. संयोजन के लिए प्रत्यक्ष व्यवहार के अतिरिक्त जीव के अंदर संलग्न आंतरिक प्रक्रियाओं को सम्मिलित करते हैं। इसलिए संज्ञानात्मकवादी अधिगम को एक यांत्रिक प्रक्रिया के रूप में नहीं देखते बल्कि एक चिंतन प्रक्रिया के रूप में देखते हैं, अर्थात् सार्थक बनाने हेतु ज्ञान। मानसिक प्रक्रियाएँ, जैसे स्मृति, चिंतन, विचारों का संगठन, तथ्यों और अवधारणाओं के अर्जन हेतु युक्तियाँ बनाने की आवश्यकता इस प्रकार के

अधिगम के लिए होती हैं और इसमें संपूर्ण संचालन क्षेत्र को समझने की आवश्यकता होती है (गेस्टाल्ट) और साथ ही इसमें सम्मिलित चरों के बीच सम्बन्ध की भी, न कि उद्दीपनों की पृथकता को समझने की। संप्रेषण प्रक्रिया इसी प्रकार संचालित होती है जिसे नीचे चित्र में दर्शाया गया है। अतः निम्नलिखित कदम आवश्यक हैं:

- **ज्ञानेन्द्रियों द्वारा प्रारंभिक संवेदी इनपुट प्राप्त करना :** संवेदी रजिस्टर सूचना प्राप्त करता है, परंतु छोटी अवधि तक इसे रखता है और उन उद्दीपनों को धारण रखता है जिन पर हम "ध्यान" देते हैं। उद्दीपनों की वस्तुनिष्ठ विशेषताएँ, जैसे—उद्दीपनों की स्पष्ट विशेषताएँ इसके धारण का सहजीकरण करती हैं। उदाहरण के लिए, एक शिक्षक भारत के राजनीतिक मानचित्र में असम को इंगित करने के लिए छड़ी के नुकीले भाग को इस पर रखता है ताकि उद्दीपन के प्रति ध्यान आकर्षित हो सके। एक वेबसाइट में कुछ लिंक में "न्यू" का लेबल होता है और "न्यू" शब्द ध्यान आकर्षित करने के लिए ब्लिंक करता है। जब तक सूचना संवेदी रजिस्टर में रहती है, हम इसको अर्थ से सम्बन्धित करके इनका अनुभव करते हैं। संवेदी रजिस्टर से ग्रहण की गई सूचना "लघु अवधि स्मृति—एस.टी.एम." (Short Term Memory-STM) में चली जाती है, परंतु वहाँ सीमित समय तक रहती है। इसके बाद यह या तो विस्मृत हो जाती है या "दीर्घ-अवधि स्मृति—एल.टी.एम." (Long Term Memory-LTM) बन जाती है। अतः सूचना संप्रेषण प्रक्रिया मात्र सूचना का स्थानान्तरण संवेदी रजिस्टर से एस.टी.एम. और बाद में एल.टी.एम. तक ही नहीं है, अपितु इसमें अवधारणाओं के निर्माण हेतु सूचना का संगठन और उसका अर्थ निकालना भी सम्मिलित है। उदाहरण के लिए जब एक बच्चा "मैना" के बारे में सीखता है तो सूचना उसके एस.टी.एम. में स्थानांतरित होती है, तब वह कौवे एवं कबूतर के बारे में अपने पूर्व अधिगम की सहायता से अर्थ निकालता है और फिर उसका नवीन अधिगम उसके एल.टी.एम. का एक भाग बन जाता है। परन्तु उसके द्वारा सीखा गया एक टेलीफोन नम्बर उसके एस.टी.एम. में ही रहेगा जब तक कि उसने वह नंबर डॉयल न किया हो। इस स्थिति में अधिगम एल.टी.एम. का एक भाग नहीं बनता।
- एस.टी.एम. को एल.टी.एम. में स्थानांतरित करना और साथ ही एल.टी.एम. का पुनःस्मरण, में प्रयास की आवश्यकता होती है, परंतु अभ्यास प्रयास को कम करता है। उदाहरण के लिए "जो एक विषयवस्तु को प्रत्येक वर्ष में पढ़ा रहे हैं, उनके विपरीत दूसरे जिन्होंने इसे बहुत समय पूर्व सीखा है, उन्हें इसे पुनः स्मरण करने में कुछ समय की आवश्यकता होगी।"

क्या रटने वाला-अधिगम एल.टी.एम. एक भाग हो सकता है? हम जानते हैं कि सार्थक अधिगम के विपरीत रटने वाले-अधिगम का अर्थ पुनरावृत्ति द्वारा अधिगम है न कि समझ द्वारा। यद्यपि ऐसा अधिगम अन्तर्दृष्टिपूर्ण अधिगम के समान प्रभावशाली नहीं माना जाता, परंतु रटने वाला-अधिगम भी एल.टी.एम. में स्थानांतरित हो सकता है और एस.टी.एम. बन सकता है। जैसे कि हमने जो कविताएँ और गीत बचपन में गाए, उनके अर्थ समझे, और सीख लिए थे। तथापि हम संभवतः "गति के नियमों" का पुनः स्मरण नहीं कर पाते, यदि हमने किशोरावस्था में उनको रटकर सीखा होता है। इसका रूपण है—कविताओं और गीतों की भाँति हम नियमों को पूर्ण रूप से नहीं समझ पाए या कविताओं के विपरीत हमने उनका अभ्यास "अति अधिगम" के बिन्दु तक न किया हो, अर्थात् पुनरावृत्ति, जो एल.टी.एम. और अवधारणा तक स्थानांतरण के लिए आवश्यक हों।

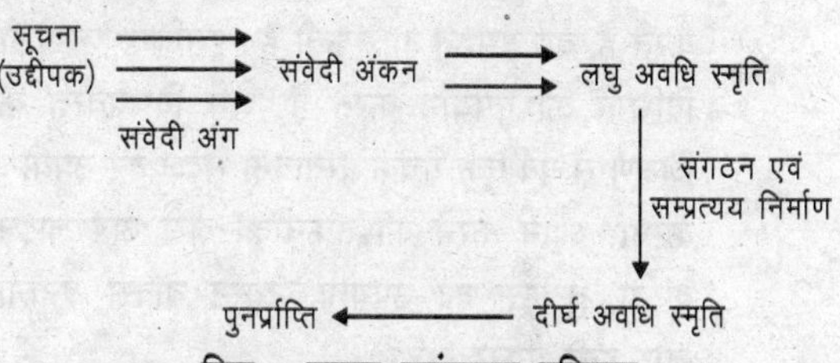

चित्र : सूचना प्रसंस्करण प्रतिमान

शिक्षण और अधिगम में आई.सी.टी. के उपयोग के लिए संज्ञानात्मकवाद और विशेष रूप से सूचना प्रसंस्करण के क्या निहितार्थ हैं? कुछ निहितार्थ निम्नलिखित हैं :

- अधिगम बुनियादी रूप से अर्थ निर्मित करना है। शिक्षार्थी ज्ञान का सृजन करता है परंतु व्यक्ति रूप से। इसलिए आई.सी.टी. के उपयोग को शिक्षार्थी को विषयवस्तु के साथ इस प्रकार संलग्न करने की ओर निर्देशित होने की आवश्यकता है ताकि वह अपने पूर्व प्रासंगिक अधिगम का पुनः स्मरण करने और इसे नए अधिगम "की" (कुंजी) में उपयोग करने में

सक्षम बन सके। उदाहरण के लिए, आई.सी.टी. उपयोग के लिए अधिगम सिद्धान्तों के निहितार्थ के शिक्षण के लिए हम सीखने के सिद्धान्तों को संदर्भित कर रहे हैं जो हमने पूर्व में सीखे हैं। एक ऑनलाइन पाठ्यक्रम के लिए हम हाइपरलिंक्स बना सकते हैं और नई अवधारणाओं को पूर्व में सीखी गई विषयवस्तु के साथ हाइपरलिंक कर सकते हैं। हम हाइपरलिंक वाली ऐसी विषयवस्तु को विकीज में देख सकते हैं, जो हाइपरलिंक्ड शब्द के लिए व्याख्या और उदाहरण प्रस्तुत करते हैं।

- एक विशेष विषयवस्तु, जैसे—कविता और गीत को बार-बार प्ले करना, इसे एल.टी.एम. का एक भाग बनाने में सहायक हो सकता है। परंतु हमें यह देखने की आवश्यकता है कि क्या शिक्षार्थी ने अवधारणा को समझ लिया है, क्योंकि इस तरीके से सीखी हुई विषयवस्तु संभवतः सार्थक अधिगम न हो और इसे भूला जा सकता है, या यह समाप्त हो सकता है।
- अधिगम प्रारंभ करने के लिए शिक्षार्थी का ध्यान आकर्षित करना आवश्यक है। यदि हम शिक्षार्थी का ध्यान आकर्षित करने और अधिगम में रूचि उत्पन्न करने में असफल होते हैं तो जो सूचना हम प्रदान करते हैं, वह समाप्त हो सकती है। इसलिए हम ऐसी विधियों का उपयोग करते हैं, जैसे विषयवस्तु के शिक्षण से पूर्व एक रोचक प्रस्तावना संदेश का उपयोग करना, ध्यान करने की तकनीकों जैसे अंडरलाइन करना, बुलेट्स का उपयोग, टैक्स्ट बॉक्स बनाना और इसी प्रकार अन्य।
- शिक्षार्थियों को अधिगम के लिए सक्रिय होने की आवश्यकता होती है। अतः उनके लिए आवश्यक क्रियाकलाप, जैसे सूचना की खोज, उनकी जाँच और उपयुक्त विषयवस्तु का चयन, उसका विश्लेषण और संश्लेषण, निष्कर्ष निकालना आदि होने चाहिए जो उन्हें उन स्थितियों, जिनमें वे शिक्षकों और दूसरों द्वारा प्रदत्त सूचनाओं और निष्कर्षों के प्राप्तकर्ता हैं की तुलना में अधिक सक्रिय बनाते हैं और अधिगम में सहायक होते हैं। इसलिए शिक्षार्थियों को आई.सी.टी. के उपयोग की आवश्यकता अधिक है, जबकि एक कक्षाकक्ष में सामान्यतः शिक्षक आई.सी.टी. के मुख्य उपयोगकर्त्ता होते हैं और शिक्षार्थी निष्क्रिय रहते हैं।
- लक्ष्योन्मुखी और स्व-निर्देशित अधिगम के लिए स्पष्ट उद्देश्य आवश्यक है। उदाहरण के लिए, इस पाठ्यक्रम की इकाइयाँ शिक्षण और अधिगम के स्पष्ट उद्देश्यों से आरंभ होती हैं। अतः एक ऑडियो/वीडियो/ऑनलाइन पाठ्यक्रम/मल्टीमीडिया सीडी का विकास करते समय हमें शिक्षण और अधिगम के लक्ष्यों के बारे में स्पष्टता होनी चाहिए।
- अधिगम के लिए स्कैफोल्डिंग (आवश्यकतानुसार मदद) की आवश्यकता होती है। इसलिए आई.सी.टी. द्वारा शिक्षण करने पर भी, नए अधिगम को पूर्व अधिगम के साथ जोड़ने में अग्रिम आयोजक सहायक हो सकते हैं। यह कार्य पुराने और नए विचारों की तुलना और विलोम द्वारा होता है या सरलता से उन्हें जोड़कर।
- शिक्षार्थियों को प्रशिक्षित करने की आवश्यकता नहीं होती। क्योंकि वे अर्थ निकाल सकते हैं और स्व-निर्देशित शिक्षार्थी हो सकते हैं, जो अपने अधिगम में परिवर्तन ला सकते हैं। तथापि इसके संचालन के लिए उपयोग किए गए माध्यम के निरपेक्ष स्व-निर्देशित सामग्री संरचनापूर्ण, एकाग्र और शिक्षार्थी की योग्यताओं और आवश्यकताओं के अनुसार होती हैं। यह प्रश्न उठाने वाली भी हो जो आलोचनात्मक चिंतन का विकास करे। शिक्षकों द्वारा प्रतिपुष्टि में टिप्पणियाँ होनी चाहिए जो चिंतन को प्रोत्साहित करें।
- क्योंकि शिक्षार्थी को सूचना के प्रसंस्करण की आवश्यकता होती है, इसलिए एक ऑनलाइन पाठ्यक्रम या शिक्षण-अधिगम प्रक्रिया की किसी भी इकाई के लिए विषयवस्तु सुपरिभाषित एवं सुसंगत, तर्कसंगत, क्रमबद्ध, सारांश, प्रासंगिक उदाहरण, अनुरूपता, अवधारणा मानचित्र और अन्य ऐसी विशेषताओं से युक्त होनी चाहिए।
- यद्यपि, शिक्षार्थी सूचना प्रसंस्करण में संलग्न होते हैं, परंतु ड्रिल और अभ्यास का महत्व बना रहता है। उदाहरण के लिए हम एक वीडियो एक प्रक्रिया को दर्शाते हुए देख सकते हैं, समझ सकते हैं और पुनः

प्रस्तुत कर सकते हैं। परंतु इसके अभ्यास द्वारा इसमें पूर्णता और वास्तविकता प्राप्त कर सकते हैं।

संरचनावाद

आधुनिक शिक्षाविदों के लिए शिक्षा, तथ्यों को रटने और निश्चित संचालनों के निष्पादन से कहीं अधिक है। यह "संज्ञानात्मक" है जो प्रश्नों द्वारा, नियोजन और विचार विनियमन के माध्यम से संज्ञानात्मकवाद प्रक्रिया को समझने और स्पष्ट करने की योग्यता को संदर्भित करता है, और इस प्रकार आलोचनात्मक चिंतन को निष्पादित करता है। शिक्षा के नए प्रतिमानों में प्रौद्योगिकी का एकीकरण हो रहा है, ज्ञान के सृजन को बढ़ावा मिल रहा है। शिक्षार्थी किसी बाह्य संस्था द्वारा निश्चित सूचना के माध्यम से पोषित होने के स्थान पर स्वयं के प्रयासों द्वारा ज्ञान का सृजन करता है। संरचनात्मकतावादी उपागम एक अन्य मानवतावादी उपागम है जो शिक्षार्थी को केन्द्र में रखता है और अधिगम को उसकी स्वयं की गति और शैली के अनुसार संपन्न करता है। यहाँ शिक्षार्थी की क्षमता पर विश्वास होता है और शिक्षार्थी को अपनी क्षमता के आधार पर पूर्ण अभ्यास एवं उपयोग का अवसर प्रदान करता है। क्योंकि शिक्षार्थी केन्द्रीय स्थिति प्राप्त करता है, इसलिए जब प्रौद्योगिकी का एकीकरण किया जाता है तो इन उपागमों को अपनाया जाता है। तथापि, सभी शिक्षार्थी एक समान तरीके से ज्ञान की संरचना नहीं करते, जैसा कि उस स्थिति में जब एक शिक्षक उसी सूचना को उन्हें स्वयं प्रदान करता है। इस प्रकार शैक्षिक प्रौद्योगिकी रचनात्मकता का पोषण करती है और जटिल रूप से बंधे उपागम को दूर करने में सहायक होती है।

शिक्षा में आई.सी.टी के उपयोग हेतु संरचनावाद के निहितार्थ

हम जानते हैं कि संरचनावादी उपागमों के अनुसार शिक्षार्थी दूसरे के द्वारा रचित ज्ञान के प्राप्तकर्त्ता मात्र नहीं होने चाहिए, परंतु उन्हें उन क्रियाकलापों में संलग्न करना चाहिए जिनसे ज्ञान का सृजन हो सके। हम यह भी जानते हैं कि सामाजिक संरचनावादी, जैसे वाइगोत्सकी अधिगम को सामाजिक प्रक्रिया मानते हैं जिसमें चर्चा, बातचीत, आम सहमति प्राप्त करना और इस प्रकार टीम वर्क की आवश्यकता होती है। आई.सी.टी. में सहयोगात्मक ज्ञान सृजन की क्षमता है और वैब 2.0 प्रौद्योगिकियाँ, जैसे—विकीज, ब्लॉग्स, और पोडकास्ट्स को यदि प्रभावी ढंग से उपयोग में लाया जाए तो अधिगम अनुभवों को बढ़ाया जा सकता है और शिक्षार्थी संलग्नता के स्तरों तथा डिजिटल अधिगम वातावरणों के बीच सहयोग को अधिक गहरा बनाया जा सकता है। इसका कारण वैब 2.0 उपकरणों का समाजशीलता पक्ष है, जो उनके सामाजिक सॉफ्टवेयर द्वारा बना है, उन्हें शैक्षिक प्रयोजनों के लिए आदर्श बनाते हैं क्योंकि ये वार्तालाप, परस्पर क्रिया, प्रतिपुष्टि और सामाजिक नेटवर्किंग को सहायता पहुँचा सकते हैं।

आई.सी.टी. के साथ शिक्षण और अधिगम के लिए संरचनावाद के क्या निहितार्थ हैं? उनमें से कुछ निम्नलिखित हैं :

- **शिक्षार्थी संलग्नता को प्रोत्साहित करने के लिए आई.सी.टी. का उपयोग :** आई.सी.टी. को शिक्षण-अधिगम प्रक्रियाओं में शिक्षार्थियों की सक्रिय प्रतिभागिता के स्तर में वृद्धि करनी चाहिए। अतः शिक्षार्थियों की ज्ञानात्मक-संलग्नता हेतु शिक्षण की विषयवस्तु परस्पर क्रियात्मक होनी चाहिए जो प्रश्न पूछने, शिक्षार्थियों को आलोचना करने, अपने स्वयं के अनुभवों के आधार पर इसे संदर्भित करने के लिए आवश्यक है। सहपाठियों के साथ सहयोगात्मक कार्य के लिए आवश्यक क्रियाकलाप और शिक्षकों से सहायता का प्रावधान शिक्षार्थियों की संलग्नता में वृद्धि करेगा।
- **ज्ञान के सृजन में सहायता हेतु आई.सी.टी का उपयोग :** आई.सी.टी. का उपयोग शिक्षार्थियों द्वारा संरचना में सहायता के लिए करने की आवश्यकता है। उदाहरण के लिए आई.सी.टी. का उपयोग मात्र खाद्य शृंखला की छवियों को डाउनलोड करने के लिए किया जा सकता है या इसका उपयोग एक स्थान के पक्षी और जानवरों के बारे में सूचना और उनकी भोजन सम्बन्धी आदतों की जानकारी प्राप्त करने, पक्षियों और जानवरों के चित्र डाउनलोड करना, आवश्यक आइकंस की छवियाँ, जैसे—ऐरोज और छवियों का उपयोग जीवों के संगठन में इस प्रकार करना कि वह एक खाद्य शृंखला को दर्शाता है, के लिए भी किया जा सकता है।
- **अधिगम को एक सामाजिक प्रक्रिया बनाने में आई.सी.टी. का उपयोग :** व्यवहारवादियों और

संज्ञानात्मकवादियों के विपरीत सामाजिक संरचनावादी अधिगम को एक सामाजिक प्रक्रिया मानते हैं। अतः आई.सी.टी. को अधिगम के लिए सहयोगात्मक रूप से उपयोग करने की आवश्यकता है। क्रियाकलाप, जैसे—समस्याओं के समाधान हेतु टीम, खोज करना और आई.सी.टी. का उपयोग सूचना के एकत्रीकरण, प्रसंस्करण, प्रबंधन और साझा करने में करना, की आवश्यकता है। इसलिए शिक्षण हेतु सृजित संसाधनों का नियोजन करना चाहिए। हम जानते हैं कि आज कई बच्चे सामाजिक मीडिया का उपयोग करते हैं और प्रायः अपनी विद्यालयी परियोजनाओं और सत्रीय कार्यों के संचालन हेतु वे अभ्यास के समूह बन जाते हैं जो उन्हें कम्प्यूटर आधारित सहयोगात्मक अधिगम में संलग्न रखते हैं। तथापि, क्या विद्यालय विषयवस्तु के सहयोगात्मक सृजन हेतु इस प्रकार की अनौपचारिक और अनिर्देशित प्रथाओं को स्वीकारते, समर्थन करते, तथा सुगम बनाते हैं?

- **शिक्षणशास्त्र के लिए आई.सी.टी. एक उभरती आवश्यकता है** जो वैब 2.0 प्रौद्योगिकियों को सहयोगात्मक अधिगम के लिए प्रोत्साहित करता है। अतः शिक्षण और अधिगम प्रयोजनों के लिए आई.सी.टी. का उपयोग करते समय हमें यह देखने की आवश्यकता है कि यह शिक्षार्थियों को एक साथ लाने और बातचीत द्वारा अर्थ स्पष्ट करने के लिए फाइलों, आँकड़ों और संदेशों को साझा करने में उनकी सहायता करती है।
- **प्रतिष्ठित अधिगम हेतु आई.सी.टी. का उपयोग :** प्रतिष्ठित अधिगम एक प्रामाणिक अधिगम है जो वास्तविक संसार की स्थितियों में संपन्न होता है। वास्तविक संसार की स्थितियों में कार्य करने का परिणाम ज्ञान का अर्जन होता है जो उस स्थिति में निहित रहता है। साथ ही उस स्थिति में उभरती हुई वास्तविक संसार की जटिल समस्याओं के प्रति ऐसे ज्ञान का उपयोग भी निहित रहता है। उदाहरण के लिए, विद्यालयों में कार्य करने के दौरान हम कक्षाकक्ष प्रबंधन सम्बन्धी एक समस्या का सामना करते हैं, जिसका अध्ययन हमने शिक्षक-शिक्षण कार्यक्रम के अंतर्गत नहीं किया है। हम इसे प्रबंधित करना सीख सकते हैं और वैसे ही समान स्थिति में अपने अधिगम का उपयोग कर सकते हैं। इस प्रकार का अधिगम संदर्भित होता है और प्राद्योगिकी, स्थिति को अनुकरणीय करने में सहायता करती है और एक सूक्ष्म संसार के सृजन में भी, जो वास्तविक संसार को प्रदर्शित करता है। उदाहरण के लिए, हम अनुकरणीय स्थिति में हवाई जहाज उड़ाना सीख सकते हैं, गणित के बुनियादी संचालन सिद्धान्तों को अनुकरणीय स्थिति में वस्तुओं को खरीदने और बेचने द्वारा सीखने का प्रबंधन और संगठन सम्बन्धी समस्याओं का उनके अध्ययन द्वारा समाधान निर्णय लेने की प्रक्रिया में संलग्न करने और निर्णयों के प्रतिफलों का मुक्त चिंतन करने के द्वारा कर सकते हैं। ऐसे खेल उपलब्ध हैं जो एक प्रामाणिक समुच्चय में एक शीर्षक की खोज द्वारा अधिगम हेतु तैयार किए गए हैं, एक शैक्षिक परिदृश्य में सहयोग और मुक्त चिंतन, जो मोबाइल कम्प्यूटिंग प्रौद्योगिकियों को एक स्थिर कम्प्यूटर के साथ संयोजित करते हैं। प्रतिभागिता—अनुकरणीय आधारित खेल भी उपलब्ध हैं, जो नियमों के एक समुच्चय द्वारा एक परिदृश्य की रचना करते हैं, जो जाँच और प्रयोग को सक्षम बनाते हैं और उनको खेलने से शिक्षार्थी खेलने वालों में परिवर्तित हो जाते हैं। वे अनुकरणीय स्थिति में गोता लगाते हैं, जो सूक्ष्म संसार होता है और इसे खेलते हुए संदर्भ में सीखते हैं।
- **शिक्षक की भूमिका :** एक शिक्षक शिक्षित समुदाय की रचना द्वारा एक रचनात्मक वातावरण का विकास कर सकता है जिसमें शिक्षार्थी, शिक्षक और विशेषज्ञ सम्मिलित होते हैं जो प्रामाणिक संदर्भों में प्रामाणिक कार्यों में संलग्न रहते हैं (यूनेस्को, 2002)। यह आई.सी.टी. द्वारा बने आभासी वातावरणों में अभ्यासरत आभासी समुदायों के वास्तविक समय क्रियाकलापों का संचालन कर सकती है। उदाहरण के लिए, आभासी संसार दूसरा जीवन है जो खेलने वालों को दूसरे प्रतिभागियों के साथ सामाजिक बनाते हैं, वस्तुओं के साथ परस्पर प्रतिक्रिया करते हैं, क्रियाकलापों में भाग लेते हैं, निर्णय लेते हैं और सीखते हैं। अधिगम हेतु सृजित आभासी संसार के अन्य उदाहरण हैं :

विज्ञान के सहयोगात्मक अधिगम हेतु विज्ञानवाद, इतिहास और संस्कृति के अध्ययन के लिए विरासत और इसी प्रकार के अन्य।

- **स्व-निर्देशित अधिगम हेतु शिक्षण का उपयोग :** यद्यपि अधिगम, चिंतन और संज्ञानात्मक के लिए सहभागिता महत्वपूर्ण है इसलिए व्यक्तिगत शिक्षार्थी के लिए स्व-निर्देशित अधिगम भी महत्वपूर्ण है। इसलिए हम अपने शिक्षार्थियों को, जिन्हें ऑनलाइन पाठ्यक्रम प्रदान करते हैं, उन्हें अपने अधिगम अनुभवों पर अपने मुक्त चिंतन के प्रदर्शन हेतु इनको रिकॉर्ड करने के लिए एक विचारात्मक जर्नल को बनाए रखने की आवश्यकता है। मुक्त चिंतन भी सामूहिक प्रक्रिया हो सकती है जो अनुभवों का पुनरीक्षण और अधिगम प्रक्रिया को संशोधित करने वाली टीम के साथ हो सकती है।

- **शिक्षार्थी की भूमिका निष्क्रिय नहीं होती :** जब शिक्षार्थी ज्ञान की संरचना करते हैं तब अधिगम को निर्देशित और सहजीकृत करने की आवश्यकता होती है। उसे शिक्षण–उद्देश्यों को निर्धारित करने, शिक्षित की जाने वाली विषयवस्तु का चयन और संगठन, उपयुक्त शिक्षणशास्त्र और प्रौद्योगिकियों का चयन करने में सक्रिय भूमिका का निर्वाह करना पड़ता है। उसे विषयवस्तु की संरचना एवं अधिगम अनुभवों को निर्मित करना, अधिगम का सतत् समर्थन और मॉनीटरिंग और यह भी देखना कि आई.सी.टी. का उपयोग एकाग्र और नैतिक हो, आदि कार्य भी करने आवश्यक हैं।

शिक्षण–अधिगम प्रयोजनों के लिए आई.सी.टी. का अधिकतम उपयोग

आई.सी.टी. आधारित शिक्षण और अधिगम के विशिष्ट उद्देश्य होते हैं, ठीक से संगठित उपयुक्त विषयवस्तु और उसमें आकलन के प्रावधान भी हो सकते हैं। इन कदमों का उपयोग मुद्रित माध्यम द्वारा शिक्षण में ही नहीं होता बल्कि कभी-कभी ऑनलाइन पाठ्यक्रमों के लिए भी होता है जिसमें पी.डी.एफ. प्रारूप की फाइलें, मुद्रित टेक्स्ट के स्थान पर होती हैं। तथापि इन मामलों में आई.सी.टी. का उपयोग पारंपरिक व्याख्यान आधारित शिक्षणशास्त्रों के साथ व्यवहारवादी उपागम का समर्थन करता है, जो संभवतः ज्ञान के सृजन को बढ़ावा न दे।

यद्यपि, आई.सी.टी. में अधिगम वातावरण के सृजन की क्षमता होती हैं, जिसमें शिक्षार्थी स्व-निर्देशित ज्ञान की रचना में सक्रिय रूप से संलग्न रहते हैं। परंतु जब इसका उपयोग अंकीय पाठों (digitized text) के संचालन हेतु किया जाता है तो यह मात्र सूचना वाहक होता है। अतः टेलीकांफ्रेसिंग या वीडियो सीडी के माध्यम से संचालित व्याख्यान या यहाँ तक कि कम्प्यूटर द्वारा सूचना प्रदान करना और इसका परीक्षण करना, मात्र सूचना के स्रोत और परीक्षण संस्था में, बिना अधिगम प्रक्रिया में शिक्षार्थी की सक्रिय प्रतिभागिता को समायोजित किए, बदलाव लाना है। इस प्रकार का उपयोग व्यक्तिगत अधिगम को प्रोत्साहित करता है और पारस्परिक क्रियात्मक और सहयोगात्मक अधिगम के लिए प्रौद्योगिकी की क्षमता का उपयोग करने में असफल होता है (लौरीलाई, 1993)।

तथापि यूनेस्को के अनुसार, ''सूचना एवं संप्रेषण प्रौद्योगिकियाँ शक्तिशाली उपकरणों का भंडार प्रदान करती हैं जो वर्तमान पृथक शिक्षक केन्द्रित पाठों तक सीमित कक्षाकक्षों को समृद्ध, शिक्षार्थी केन्द्रित, परस्पर क्रियात्मक ज्ञान वातावरणों में परिवर्तित करने में सहायक होते हैं। इसलिए आई.सी.टी. में पारंपरिक व्याख्यान आधारित शिक्षणशास्त्रों को उनमें बदलने की क्षमता है जो ज्ञान की रचना का समर्थन करते हैं। अतः आई.सी.टी. के उपयोग को सूचना प्रसंस्करण, सहयोगात्मक विषयवस्तु निर्माण और निर्देशात्मक प्रथाओं में परिवर्तन हेतु समस्या समाधान की ओर निर्देशित करने की आवश्यकता है और विद्यालयों को शिक्षण और अधिगम के पारंपरिक प्रतिमानों को प्रौद्योगिकी के उपयुक्त उपयोग द्वारा अवश्य बदलना चाहिए। इस प्रकार के परिवर्तन के लिए अधिगम का कौन-सा सिद्धान्त आई.सी.टी. उपयोग के लिए मार्गदर्शन करता है? व्यवहारवादी उपागम शिक्षार्थियों को सूचना का उपयोग करने वाला बनाएगा और उन्हें उद्दीपन के प्रति अंतःक्रिया से सम्बन्धित होने में प्रशिक्षित करेगा। यूनेस्को के निर्देशानुसार शिक्षा में परिवर्तन हेतु संरचनावादी उपागमों के उपयोग के लिए विद्यालयों को आई.सी.टी का उपयोग करना चाहिए।

संरचनावादी शिक्षणशास्त्रों के विचारों की विविधता, सांस्कृतिक अनुभव, विभिन्न सुझावों का उपयोग करते हैं जो समूह सदस्यों के साथ पारस्परिक क्रिया और आई.सी.टी. के उपयोग द्वारा सर्वाधिक रूप से स्वीकार किए जाते हैं। समूह-सदस्य विभिन्न

संस्कृति, भाषा और भौगोलिक क्षेत्रों के हो सकते हैं और आई.सी.टी. उपयोग, जैसे इंटरनेट इनकी सहायता कर सकता है और शिक्षा को संकीर्ण प्रकार के ज्ञान संचरण से ऊपर ले जा सकता है (एंडरसन एवं ड्रोन, 2011)। अतः हमें यह देखने की आवश्यकता है कि इंटरनेट का उपयोग मात्र सूचना की डाउनलोडिंग के लिए न हो, अपितु सहयोगात्मक ज्ञान सृजन के लिए हो।

लोम्बार्डी (2007) के अनुसार, करके सीखना अधिगम का सर्वाधिक प्रभावशाली तरीका है, परंतु प्रत्येक क्रियाकलाप कक्षाकक्ष के अंदर नहीं संचालित हो सकता। जैसे कुछ विशेष प्रयोग, जो अत्यधिक खतरनाक, कठिन, व्ययशील और यहाँ तक कि उन्हें कक्षाकक्ष में संचालित करना, असंभव है। लोम्बार्डी यह भी कहते हैं कि शिक्षक कक्षाकक्ष के अंदर एक भूकंप के कारणों को नहीं दिखा सकते और न ही शिक्षार्थियों को उनके भूतकाल में ले जा सकते हैं, परंतु आई.सी.टी. प्रयोग हेतु अनुकरणीय स्थितियाँ बना सकती हैं, प्राकृतिक घटनाओं को दर्शाने के लिए, जैसे—टैक्टोनिक प्लेटों की गति, भूतकाल की पुनर्रचना, शिक्षार्थियों का संपर्क विशेषज्ञों के साथ करना और इसी प्रकार की अन्य घटनाएँ। परंतु शिक्षण का उपयोग मूर्त और अमूर्त बनाने और अधिगम को एक ज्ञानात्मक प्रक्रिया बनाने के अतिरिक्त एक सामाजिक प्रक्रिया बनाने में किया जा सकता है। तथापि इसके लिए आई.सी.टी. के उपयोग को समकालीन अधिगम सिद्धान्तों पर आधारित होने की आवश्यकता है, जो अधिगम को एक सक्रिय, संदर्भित और एक सामाजिक प्रक्रिया मानते हैं। यह आवश्यक नहीं है कि ये प्रक्रियाएँ रैखिक हों (यह विचार कि अधिगम एक रैखिक प्रक्रिया है)। अधिगम अनुभवों का संगठन एक रैखिक क्रम में करता है, जैसे कि एक पाठ्यपुस्तक में पाठों का क्रम, जबकि वास्तविक जीवन में अधिगम अनुभवों का क्रम इस प्रकार नहीं होता। उदाहरण के लिए, एक मरुस्थल में रहने वाला बच्चा पाठ्यपुस्तक में प्रस्तुत ऋतुओं को उसी प्रकार अनुभव न करे और संभवतः कई वर्षों तक मानसून के बारे में न सीख सके।

हम संरचनावादी अधिगम सिद्धान्तों को लागू करने के लिए आई.सी.टी. का उपयोग कैसे कर सकते हैं? इसके लिए आई.सी.टी. के उपयोग के कुछ उदाहरण निम्नलिखित हैं :

- **अधिगम को एक सक्रिय और सामाजिक प्रक्रिया बनाना :** शिक्षार्थियों द्वारा विभिन्न वेबसाइटों से सूचना एकत्रित करना उन्हें आई.सी.टी. का उपयोग करने में सक्षम तो बनाता है, परंतु यह उन्हें केवल सूचना का उपभोक्ता बनाता है। संरचनावादी विचाराधारा को लागू करने के लिए, और अधिगम को एक सक्रिय प्रक्रिया बनाने के लिए शिक्षार्थी एक वातावरण के भाग होने चाहिए, जिसमें वे एक टीम के रूप में ज्ञान स्रोतों की खोज और ज्ञान की रचना करते हैं। एक शिक्षार्थी के रूप में हम चर्चा समूहों का निर्माण कर सकते हैं या वैब 2.0 प्रौद्योगिकी का उपयोग कर सकते हैं, जैसे विकी या एक ब्लॉग। शैक्षिक खेलों, जैसे—सवान्नाह को सहयोगात्मक अधिगम के लिए संरचित किया गया है। यह खेल एक हाथ में पकड़ने वाले गेमिंग यंत्र द्वारा खेला जा सकता है।
- **समस्या-आधारित अधिगम के लिए आई.सी.टी. का उपयोग :** शिक्षार्थी वास्तविक जीवन में सामना की गई प्रामाणिक समस्याओं का समाधान कर सकते हैं। जैसे—समुदाय में कुपोषण की समस्या। वे समुदाय के युवकों की लम्बाई और भार के बारे में आँकड़े एकत्रित कर सकते हैं, जिसमें विद्यालय स्थित है। स्प्रेडशीटों की सहायता से इसका प्रसंस्करण कर सकते हैं, विकी के उपयोग द्वारा सहयोगी ढंग से रिपोर्ट तैयार कर सकते हैं और इनके द्वारा रचित वेबसाइटों पर प्राप्तियों को साझा कर सकते हैं।
- **आई.सी.टी. का उपयोग ज्ञानात्मक प्रशिक्षुता हेतु करनाः** आई.सीटी. का उपयोग अधिगम स्थानों की रचना के लिए किया जा सकता है, जिसके अंतर्गत नए शिक्षार्थी विशेषज्ञों के साथ कार्य करते हुए सीखते हैं। उदाहरण के लिए, एक ऑनलाइन चर्चा मंच पर नए और अनुभवी आलेख लेखक आलेखों को विकसित करने के लिए एक साथ कार्य कर सकते हैं।
- **अनुकरणीय अधिगम हेतु आई.सी.टी. का उपयोग :** इसके अंतर्गत प्रशिक्षुता, कोचिंग, सहायता, प्रामाणिकता, संदर्भ, कार्य, क्रियाकलाप और ज्ञानात्मक उपकरणों का उपयोग वास्तविक संसार स्थितियों में करना सम्मिलित है (ब्राउन, कोलिंस एंड डुगड, 1989)। इस प्रकार के अधिगम हेतु कुछ उदाहरण पूर्व में दिये गये हैं, जैसे एक हवाई जहाज उड़ाना सीखने के लिए अनुकरणीय पाठ।
- **स्व-निर्देशित अधिगम हेतु आई.सी.टी. का उपयोग :** शिक्षा, तथ्यों को रटने एवं निश्चित संचालनों के निष्पादन से कहीं बढ़कर है और इसमें "संज्ञानात्मकवाद" (metacognition) सम्मिलित है।

संज्ञानात्मकता–प्रश्न करने, योजना बनाने, विचारों का विनियमन और इस प्रकार आलोचनात्मक चिंतन करने की योग्यता है (पार्सन, हिंसक एवं ब्रूम, 2001)। आई.सी.टी. सृजित अधिगम संसाधनों का सतत् पुनरीक्षण और सुधार अवसर प्रदान करती है। अतः आई.सी.टी. उपकरणों का उपयोग "संज्ञानात्मकवाद" (metacognition) कौशलों के विकास और शिक्षार्थियों को अधिक चिंतनशील तथा स्व-नियमित बनाने में किया जा सकता है (यूनेस्को 2002 के अनुसार)।

व्यवहारवादियों के अनुसार अधिगम उद्दीपन के प्रति प्रतिक्रिया करने की एक यांत्रिक प्रक्रिया है, जिसका परिणाम शिक्षार्थी के व्यवहार में प्रत्यक्ष परिवर्तन होता है। अतः व्यवहारवादी शिक्षणशास्त्री व्यवहार परिवर्तन को देखते हैं, जैसे व्याख्या करने, वर्णन करने, अंतर करने, रचना करने, विश्लेषण करने, आदि की योग्यता जिसका आकलन किया जा सकता है। इन परिवर्तनों के लिए सामान्य रूप से प्रयुक्त शिक्षणशास्त्र सूचना का संचरण है। अतः यदि शिक्षण और अधिगम का उपागम व्यवहारवादी है और यदि आई.सी.टी. का उपयोग भी किया जाए तो इसका उपयोग व्याख्यान–आधारित शिक्षणशास्त्र के समर्थन में होता है। उदाहरण के लिए, कम्प्यूटर की सहायता से बनाई गई पावर प्वाइंट स्लाइड साधारणतः पाठों में चित्र आदि के संवाहक ही होते हैं ओर सबसे उत्तम संप्रेषण के एक वैकल्पिक मार्ग के रूप में कार्य करते हैं जो एक चार्ट पेपर द्वारा बहुत अच्छी प्रकार से प्रतिस्थानिक किए जा सकते हैं। इस प्रकार का शिक्षणशास्त्र आई.सी.टी. की क्षमता को सक्रिय, सहयोगात्मक और मुक्त चिंतनात्मक अधिगम हेतु उपयोग में नहीं लाते।

तथापि क्या हम व्यवहारवादी उपागमों का पूर्ण रूप से त्याग कर सकते हैं? चिन्हों और संकेतों का उपयोग यहाँ तक कि विकसित मशीनरी के लिए भी प्रचलित है और हम इन उद्दीपनों के प्रति अनुक्रिया करना सीखते हैं। अतः एक ऑनलाइन पाठ्यक्रम या मल्टीमीडिया सीडी बनाने में हम कुछ संकेतों का उपयोग करते हैं, जैसे पॉज, स्टार्ट, गोइंग बैक, फॉरवर्ड, नेक्स्ट, ऑडियो, नोटिस बोर्ड, एसेसमेंट, रिजल्ट्स आदि। इसी प्रकार हम अधिगम में सहायता के लिए ड्रिल हेतु कम्प्यूटर सहायक निर्देशों का विकास कर सकते हैं। संभवतः इनमें अर्थ निकालने की आवश्यकता न हो, अपितु मात्र रटने की हो, जैसे राज्यों की राजधानी के नाम, भौगोलिक विशेषताओं के नाम, रंग, राष्ट्रीय ध्वज की संरचना, राष्ट्रीय पशु-पक्षी और अन्य इसी प्रकार की वस्तुएँ।

ज्ञानात्मकतावादी अधिगम को एक अन्तःदृष्टिपूर्ण क्रियाकलाप मानते हैं जिसमें विचार, प्रक्रिया और अर्थ बनाना सम्मिलित है। इस उपागम के अनुसार आई.सी.टी. का उपयोग विकसित आयोजकों का प्रस्तुतीकरण, पूर्व में सीखी गई आवधारणाओं का दूसरी प्रासंगिक अवधारणाओं के साथ सम्बन्ध और विषयवस्तु मानचित्र और अन्य स्केफहोल्डिंग यंत्रों के लिए किया जाता है। रचनावादी भी मानते हैं कि ज्ञान संचरण के लिए नहीं, बल्कि सामाजिक व्यवस्था के अंतर्गत शिक्षार्थियों द्वारा सृजित करने के लिए है। यह वेब 2.0 प्रौद्योगिकियों जैसे विकीज, ब्लागों, पोडकास्टस, आदि के उपयोग की व्याख्या करना है जिसमें सहपाठियों और विशेषज्ञों के साथ समूह चर्चाओं के लिए स्थान और संचालन प्रक्रिया सम्मिलित है। यहाँ तक कि कलाकृतियों की रचना, आभासी संसार, अनुकरणीय अधिगम स्थितियाँ और इसी प्रकार के अन्य भी सम्मिलित हैं। अतः उभरती हुई आई.सी.टी. में रचनावादी उपागमों पर आधारित शिक्षणशास्त्रों के समर्थन की क्षमता है और इसलिए विद्यालयों से अपेक्षा की जाती है कि वे रचनावादी अधिगम सिद्धान्तों पर आधारित शिक्षणशास्त्रों के उपयोग द्वारा शैक्षिक प्रथाओं में परिवर्तन लाएँ। विद्यालयों में शिक्षण-अधिगम के लिए आई.सी.टी. को शिक्षणशास्त्रीय रूप से स्थिर निर्देशों को प्रदान करने के लिए उपयोग में लाने की आवश्यकता है जो शिक्षार्थी क्रियाकलापों को बढ़ावा दे जैसे–विषयवस्तु, सहपाठियों और शिक्षकों के साथ संप्रेषण, सहपाठियों के साथ सहभागिता, वास्तविक और अनुकरणीय वातावरणों में करके सीखने के क्रियाकलापों में प्रतिभागिता, आँकड़ों का विश्लेषण, निष्कर्ष निकालने के लिए संश्लेषण, निर्णय लेना और इसी प्रकार के अन्य।

✦✦✦✦✦

UNIT 6

शैक्षणिक परिवेश का निर्माण (Creating Conducive Learning Environment)

विविधता

दर्शन या अभ्यास के रूप में समावेशन की सार्थक चर्चा तब तक नहीं हो सकती है जब तक यह समूह के सदस्यों में विशेषतः समावेशी शिक्षा के ढाँचे में विविधता के संदर्भ में स्थित नहीं है। साहित्यिक शब्द में विविधता का अर्थ विभिन्नताओं से है। विविधता शब्द जब लोगों या समुदायों से सम्बद्ध विमर्श या सामाजिक संदर्भ में उपयोग किया जाता है तब अधिक विशिष्ट होता है तथा संकेत करता है कि लोगों का एक समूह व्यक्तियों से बना है जो कुछ तरीके से या अन्य तरह से एक-दूसरे से भिन्न हैं या इसका अर्थ लोगों में सामूहिक विभिन्नताएँ हैं, अन्य शब्दों में वे भिन्नताएँ जो लोगों के एक समूह को अन्य से भिन्न या पृथक करती है। उदाहरणार्थ संस्कृति, भाषा, जेंडर, शारीरिक बनावट (त्वचा का रंग, बाल के प्रकार), जीवनशैली, सामाजिक एवं आर्थिक स्थिति, पारिवारिक संरचना, योग्यताएँ (शारीरिक, सामाजिक, सृजनशीलता तथा बौद्धिक), मूल्य एवं आस्था में भिन्नताएँ (जिंगरान, 2009)।

समरूपता के परिप्रेक्ष्य से विविधता के विश्लेषण पर विविधता शब्द समरूपता का विपरीतार्थक है। समरूपता का अर्थ कुछ इस प्रकार की समानता है जो लोगों के एक समूह को विशेषित करती है। अंग्रेजी में एकरूपता या समरूपता को "Uniformity" कहते हैं। 'Uni' का अर्थ एक तथा 'form' का अर्थ समान रास्ते या विधियाँ हैं। अतः जब सभी लोगों में कुछ मुख्य समानता हो तो हम कहते हैं कि लोगों के उस समूह में समानता है। जब एक विद्यालय के विद्यार्थी, सेना, नौसेना या पुलिस के सदस्य एक ही तरह का पोशाक पहनते हैं तब हम कहते हैं कि वे वर्दी (Uniform) में हैं। विविधता की तरह समरूपता भी एक सामूहिक अवधारणा है। जब लोगों का एक समूह एक समान विशेषता भाषा या धर्म इस तरह का कुछ भी साझा करते हैं, तब यह विशेषताओं के आलोक के संदर्भ में समरूपता को दर्शाना समझा जाता है। परंतु जब विभिन्न प्रजातियों, धर्मों तथा संस्कृतियों से सम्बन्धित लोगों के समूह हों और वे विविधता को प्रस्तुत करते हैं, तो स्पष्टतः विविधता इंगित करता है कि विविधता का अर्थ विभिन्नता है।

विविधता का विषय क्षेत्र सामाजिक समूहों का सीमांतकों के रूप में पहचान के साथ बढ़ता है। ये समाज द्वारा मान्य एवं स्वीकार्य अपने मुद्दों हेतु विभिन्न रणनीतियों का उपयोग करते हैं। तत्समय, विविधता की धारणा में समाहित समझ है कि कुछ विभिन्नताएँ व्यक्ति की सामाजिक स्थिति तथा जीवन स्तर के रूप में विशेष हानि या क्षति ला सकते हैं, जबकि उसी सीमा तक अन्य व्यक्तियों के साथ नहीं हो सकता है। अंततः विविधता केवल एक वर्णात्मक पद नहीं है, इसका आशय विचारधारात्मक स्थिति से है जो सांस्कृतिक बहुलतावाद को मान्यता एवं सम्मान देता है तथा समाज के अंतर्गत इसके संरक्षण का समर्थन करता है; विविधता की अवधारणा किसी समूह के सदस्यों की स्वीकार्यता एवं सम्मान को इंगित करती है; यह समाज में समता एवं न्याय की तरफ सकारात्मक रूप में प्रवृत्त राजनीतिक परिप्रेक्ष्य से अधिभारित है।

विश्लेषण के उपर्युक्त शृंखला से हम समझते हैं कि विविधता समावेशन से संबद्ध कराती है। यहाँ विविधता बहुलतावादी

समाज के प्रत्येक सदस्यों में एकात्मकता की भावना तथा अपनेपन की समझ को पोषित करते समय विविधता के प्रति सकारात्मक सुझाव की स्थापना द्वारा सामाजिक समूह में बहुलतावाद के महत्व तथा प्रतिष्ठा को समाहित करती है। यह विविधता ही है जो व्यक्तियों की योग्यताओं, निःशक्तताओं, सामाजिक स्तर, धर्म, वर्ग, जाति आदि के भेदभाव के बिना समूह में प्रत्येक विविध व्यक्तियों हेतु समता एवं न्याय को बहस के केन्द्र में लाती है।

विश्लेषण की अन्य कड़ी है कि यह विविधता कुछ लोगों का बहिष्करण है जो अपने समूह में बहुसंख्य की तरह नहीं हैं जिसने वर्तमान शैक्षिक जगत में एक महत्वपूर्ण विमर्श समावेशन को जन्म दिया है।

विविधताओं की समझ : भाषायी, सामाजिक-सांस्कृतिक, आर्थिक, जेंडर तथा निःशक्तता

भाषायी विविधता

विश्व में अन्य देशों की तरह भारत भी बहुभाषी देश है। भारत में भाषा पटल एकल संरचना में बुने हुए बोलियों के विविध प्रतिरूपों का एक पच्चीकारी है। सामान्यतः स्थानीय स्तरों पर विभिन्न बोलियों के प्रतिरूपों को भाषायी पहचान से जोड़ना कठिन है। एक स्थिति ग्रहण करने हेतु एक तर्क के साथ भाषाओं एवं बोलियों में स्वरूप के विषय में दुविधा पर कदाचित कोई सहमति है। जनसंख्या का एक महत्वपूर्ण भाग बहुभाषी है। बहुत-सी भाषाएँ हैं जो सामाजिक संप्रेषण में प्रयुक्त होती हैं, जो प्रायः अन्य भाषाओं का मिश्रण होती हैं; एक भाषा से दूसरी भाषा में निरंतर प्रतिगमन होता है; कई समुदायों में भाषा के उपयोग के बहु-स्तरीय प्रतिरूप हैं; उदाहरण के लिए, माता-पिता द्वारा अपने बच्चों के साथ घरेलू या क्षेत्रीय भाषा का उपयोग जबकि उनकी पैतृक भाषा उनके बुजुर्गों के साथ उपयोग होता है।

सामाजिक–सांस्कृतिक विविधता

एक समाजशास्त्री हेतु सांस्कृतिक विविधता का अर्थ विश्व में मानव समाज या संस्कृतियों के विभिन्न प्रकारों; किसी समूह या संगठन या धर्म का विविधतापूर्ण संगम या विविधतापूर्ण संस्कृतियों से है। इसे बहुसंस्कृति भी कहा जाता है। इसमें विभिन्न सामाजिक संरचनाएँ, आस्था पद्धतियाँ, प्रथाएँ विश्व के विभिन्न भागों में जीवन परिस्थितियों के समायोजन हेतु संस्कृतियों में निहित जीवन पद्धतियाँ तथा रणनीतियाँ सम्मिलित होती हैं। ''सांस्कृतिक विविधता'' मुहावरा का कभी-कभी एक विशिष्ट प्रदेश या विश्व में विभिन्न मानव समाजों या संस्कृतियों के अर्थ के रूप में भी उपयोग किया जाता है। हजारों वर्ष के पश्चात् भौगोलिक, ऐतिहासिक तथा धार्मिक प्रभावों ने भारतीय संस्कृति के रंगीन तानाबाना को बुने हैं जो मानव सभ्यता के लिए सबसे प्राचीन है। जटिल जनांकीकिय स्वरूप स्पष्टतः भिन्न रूप में दृष्टिगोचर आर्य, एशियाई तथा द्रविड़ों द्वारा हमारे समाज में दिया गया है जो कई रूपों में हमारे सामाजिक-सांस्कृतिक विविधता का अग्रगामी रहा है, धर्म कई स्वरूपों में हमारे सांस्कृतिक सदंर्भ का आधार है। यह भारत में जीवन एवं संस्कृतिक के प्रत्येक पक्षों से घनिष्ठतापूर्वक जुड़ा है तथा हमारी विविधता में योगदान का प्रमुख कारक है। वास्तव में, भारत में प्रत्येक प्रदेश की अपनी समृद्ध सांस्कृतिक विरासत के साथ स्वयं की पहचान है जो पड़ोसी या अन्य प्रदेश से बिल्कुल भिन्न तथा देश के अन्य राज्यों से निश्चित रूप से भिन्न हैं। त्यौहारों के प्रकार, इनको मनाने के तरीके भी कुछ राज्यों में समान हैं तथा धार्मिक परंपराएँ प्रत्येक प्रदेश की अनूठी पहचान में योगदान देती हैं। यह प्रत्येक राज्य के विभिन्न प्रदेशों की सांस्कृतिक विरासत की समृद्धि एवं अनूठापन है जो हमारी सांस्कृतिक, विविधता में योगदान देते हैं।

आर्थिक विविधता

सामाजिक वर्गों के भिन्न स्तर इनमें अंतराल हमारे समाज में विविधता को अधिकांशतः योगदान दे रहे हैं। हमारे समाज में बहुत पहले से जाति व्यवस्था ने गहरी जड़ें स्थापित की है तथा शिक्षा उच्च जाति के लोगों के एकाधिकार में था जो संस्कृत जानते थे, जिससे वर्ग भिन्नता का बीज हमारे समाज में बोया गया। इस प्रकार जाति या वर्ग से सम्बन्धित मुद्रा शक्ति ने आर्थिक भिन्नता को उत्पन्न किया तथा हमारी विविधता में एक अन्य आयाम को जोड़ा।

जेंडर विविधता

जेंडर एक सामाजिक अवधारणा है जबकि किसी व्यक्ति का लिंग (Sex) एक जैविक स्थिति होती है। जेंडर विविधता का अर्थ लोगों के साथ उनके लिंग के प्रति सामाजिक दृष्टिकोण में भिन्नता है। प्राचीन काल से ही एक महिला को पुरुषों से

कमजोर समझा जाता रहा है। एक बच्चे के रूप में महिला अपने पिता, एक पत्नी के रूप में अपने पति तथा एक बूढ़ी माँ अपने बेटे द्वारा संरक्षण प्राप्त करेगी। उसकी भूमिका बच्चे पैदा करना तथा परिवार में प्रत्येक सदस्य की देखभाल करना है। एक पुरुष को परिवार के लिए जीविकोपार्जक, संरक्षक तथा उद्धारक के रूप में देखा जाता है। महिलाओं एवं पुरुषों की इस सामाजिक भेदभावपूर्ण स्थिति से लड़कियों एवं लड़कों के जीवन अनुभव उनके लिंग के कारण बहुत भिन्न रहे हैं। यह भिन्नता विभिन्न प्रदेशों में भिन्न स्तर पर हमारे समाज में विविधता में बहुत अधिक योगदान देती है।

योग्यता, निःशक्तता एवं विविधता

किसी सामाजिक समूह में विविधिता के अतिरिक्त निःशक्तताएँ एवं क्षमताएँ भी अन्य आयाम हैं। निःशक्तता विविधता का एक वर्गीकरण है जो अन्य सभी सूचियों जैसे–वर्ग, जाति, प्रजाति, धर्म तथा भाषा से ऊपर है। यह केवल अल्संख्यक समूह को निरूपित करती है जिसका कोई भी जीवन में कभी भी सदस्य हो सकता है (स्लोराक, 2011)। "विविधता का सिद्धान्त मानव विविधता के अंग के रूप में निःशक्तता की स्वीकार्यता हेतु आधार प्रदान करता है। यद्यपि, यह दुःखद सत्य है कि व्यावहारिक रूप से भिन्नता के प्रति हमारा व्यवहार विशेषतः निःशक्तता के संदर्भ में कुछ कमजोर रहा है" (एबिलिटी जंक्शन, 2011)। निःशक्तता व्यापक रूप में एक अनुचित तरह से उपयुक्त तथा गलत तरीके से समझी गई अवधारणा है, जैसा कि विश्व स्वास्थ्य संगठन की परिभाषा द्वारा स्पष्ट किया गया है : निःशक्तता क्षीणता, कार्य सीमितता तथा सहभागिता प्रतिबंध को समेटते हुए एक व्यापक पद है। क्षीणता शरीर के कार्य या संरचना में समस्या होती है; कार्य सीमितता व्यक्ति द्वारा कार्य करने में सामना किए जाने वाली कठिनाई है; जबकि सहभागिता प्रतिबंध एक व्यक्ति द्वारा अनुभूत जीवन परिस्थितियों में सम्मिलित समस्या है। इस प्रकार, निःशक्तता व्यक्ति के शरीर की विशेषताओं तथा जिस समाज में वह रहता/रहती है उसकी विशेषताओं के मध्य अंतःक्रिया पर चिंतन करते हुए एक जटिल घटना है।

ये परिभाषाएँ जब निःशक्त लोगों को आधिकारिक रूप में कमजोर एवं विकलांग, मंदबुद्धि तथा अशक्त कहा जाता था तब से आगे की प्रगति को दर्शाती हैं। यद्यपि, वे व्यक्तिगत क्षीणता तथा सामाजिक भेदभाव के रूप में निःशक्तता के मध्य निःशक्तता आंदोलन द्वारा स्थापित व्यापक अंतर को भी स्पष्ट करते हैं।

यह एक सार्वभौमिक समझ है कि किसी सामाजिक समूह के सदस्य विभिन्न क्षमताओं तथा योग्यताओं के होंगे। हम यह भी जानते हैं कि हममें से जिसको एक समय बिन्दु पर निःशक्तताएँ नहीं हैं वे अस्थायी रूप से सक्षम शरीर वाले हैं। कोई भी व्यक्ति किसी भी समय निःशक्तता विशेषतः शारीरिक निःशक्तताओं द्वारा ग्रसित हो सकता है। कई लोग जन्मजात निःशक्त होते हैं तथा अन्य लोग इसे बहुसंख्य कारकों से अपनी आयु द्वारा अर्जित करते हैं। निःशक्तता मानव अनुभव का एक अपरिहार्य तत्व है। इसलिए यह पहली समझ में विश्व स्तर पर विशाल संख्या में लोगों की निःशक्तताएँ हैं, देश के आर्थिक विकास के स्तर, स्वास्थ्य देखभाल, सामान्य जागरूकता तथा अन्य कारकों के सम्बन्ध में महत्वपूर्ण रूप से भिन्न हैं। इसके अतिरिक्त लोगों के इस समूह को संस्थापित करने के तरीके के कारण, यह प्रजाति, जेंडर, वर्ग तथा लैंगिक अभिविन्यास से तार्किक रूप में अधिक विषमजातीय है। निःशक्तताएँ किसी की बुद्धि या किसी की गत्यात्मकता को प्रभावित कर सकती हैं, वे स्थैतिक या गतिशील, जन्मजात या अर्जित, शरीर रचना सम्बन्धित (शरीर संरचना पर प्रभावी) या कार्यात्मिक, दृश्यमान या अदृश्यमान हो सकती हैं। ये विभिन्नताएँ इस बिन्दु की ओर अभिमुख होती हैं कि निःशक्त लोगों की कोई जनसंख्या समरूपता से दूर है; यह भिन्नताएँ स्पष्ट रूप से प्रदर्शित होती हैं जो अपने प्रत्येक सदस्यों की पहचान को प्रभावित करती हैं। उदाहरण के लिए, जन्मजात क्षीणता वाले व्यक्ति अर्जित क्षीणता वाले व्यक्तियों की अपेक्षा स्वयं को निःशक्त के रूप में पहचान हेतु अधिक उपयुक्त होते हैं तथा अपने सामाजिक व्यवहार में गर्व एवं आत्म-सम्मान को प्रदर्शित करते हैं। वास्तव में बहुत लोग बधिर पैदा होते हैं तथा संकेत भाषा में प्रवीणता से स्वयं को पूर्णतया निःशक्त नहीं समझते हैं यद्यपि वे एक नृजातीय अल्पसंख्यक के समान समझते हैं, अपनी भाषा एवं संस्कृति द्वारा मुख्यधारा में आते हैं। अर्जित क्षीणता वाले लोग निःशक्त के रूप में पहचान होने का अधिक विरोध करते हैं तथा चिकित्सा एवं पुनर्वासन सहायता के साथ "सक्षम व्यक्ति" की पहचान हेतु लड़ाई में अपने जीवन के अधिकांश भाग को व्यतीत कर देते हैं। किसी भी स्थिति में योग्य एवं निःशक्त के बीच की सीमा प्रजातियों एवं धर्मों तथा वर्गों के बीच की सीमा से कम स्थायी तथा अधिक पारगम्य है। एक तरफ जैव औषधियों एवं पुनर्वास की सहायता से व्यक्ति निःशक्त की स्थिति से योग्य की स्थिति में जा सकते हैं; दूसरी तरफ कोई भी व्यक्ति किसी समय अचानक मृत्यु के अलावा निःशक्त हो

सकता है। अधिकांश लोग अंततः आयु में वृद्धि के अनुसार एक स्तर एक निःशक्त हो जाएँगे। वास्तव में हम लोग किसी तरह से अस्थायी रूप से योग्य हैं। अतः सामाजिक विविधता के रूप में निःशक्तता अपनी भिन्नता, आकस्मिकता तथा सीमा में स्पष्ट है।

इन सभी तथ्यों से अधिक विचारोत्तेजक पक्ष यह है कि निःशक्तता से पहचाने जाने वाले ऐसे प्रत्येक व्यक्ति में कुछ प्रतिभाएँ, कौशल या क्षमताएँ भी हो सकती हैं जिनको निःशक्तता की प्रबल पहचान के कारण उपेक्षित या निष्प्रभ किया जाता है। निःशक्तता मूलतः उस स्थिति में है कि यह अन्य अल्पसंख्यक स्थितियों से ऊपर हो सकती है। उदाहरणार्थ, निःशक्त तथा अन्य गुणों से युक्त व्यक्ति जो उनको मुख्यधारा से भिन्न करते हैं, उनकी निःशक्तता उनकी बड़ी पहचान होती है, उनकी प्राथमिक पहचान सम्बन्धी विशेषता अन्य को उपेक्षित करती है। अतः यह उचित है कि निःशक्तता प्रजाति, धर्म, नृजातीयता तथा ऐसे अन्य कारकों में भिन्नता से विविधता का मौलिक स्वरूप है।

सामाजिक बहिष्करण एवं समावेशन की अवधारणा

सामाजिक बहिष्करण अथवा सामाजिक सीमांतता, शिक्षा, समाजशास्त्र, मनोविज्ञान, राजनीति विज्ञान तथा अर्थशास्त्र सहित सभी विषयों में प्रयुक्त एक पद है। सामाजिक बहिष्करण के कारण प्रभावित व्यक्ति या समुदाय जिस समाज में वे रह रहे हैं उसके आर्थिक, सामाजिक तथा राजनीतिक जीवन में पूर्णतः सहभागिता से प्रतिषिद्ध होते हैं। सामाजिक बहिष्करण से उत्पन्न वंचन निःशक्त व्यक्तियों, अल्पसंख्यक समूहों के लोगों, समलैंगिक, उभयलिंगी, तीसरा लिंग, दवा उपयोगकर्त्ताओं (आदतन), एच. आई.वी. सकारात्मक रोगियों, सेक्स कार्यकर्त्ताओं, अनाथ एवं वृद्धों के लिए लागू होता है। कोई भी जो किसी भी तरह से जनसंख्या के अनुभूत मानकों से विचलित लगता है तब वह सामाजिक बहिष्करण के भिन्न स्तर पर स्वरूपों का विषय हो जाता है।

''बहिष्कृत एवं अलक्ष्य'' में (यूनिसेफ रिपोर्ट, 2006) सामाजिक बहिष्करण की परिभाषा बहिष्करण के भौतिक निर्धनता से व्यापक अवधारणा बनाते हुए आर्थिक, सामाजिक, जेंडर, सांस्कृतिक तथा राजनीतिक अधिकारों के वंचन को सम्मिलित करते हुए बहुआयामी रूप में स्वीकार्य है। यद्यपि, निर्धनता एवं सामाजिक बहिष्करण के बीच घनिष्ठ सम्बन्ध है तथा निर्धनता का एक प्रमुख कारण बेरोजगारी है।

सामाजिक बहिष्करण का अन्य विश्लेषण व्यक्तियों या सामाजिक समूहों का समाज के किनारे पर बहिष्करण की प्रक्रिया है; वे लोग क्रमबद्ध रूप से विभिन्न अधिकारों, अवसरों एवं संसाधनों से निषिद्ध (पूर्ण पहुँच से नकार) कर दिए जाते हैं जो मुख्यधारा के समूहों के सदस्यों हेतु सामान्यतः उपलब्ध होते हैं तथा जो इन समूहों में सामाजिक एकीकरण के मूल तत्व हैं (अर्थात् आवास, रोजगार, नागरिक संलग्नता, लोकतांत्रिक सहभागिता)।

निःशक्त व्यक्ति अधिक कमजोर समूह हैं जो सामाजिक बहिष्करण के संकट में हैं। निःशक्त जनसंख्या की सामान्य स्थिति के विश्लेषण पर जिसमें विश्व जनसंख्या का लगभग 10 प्रतिशत सम्मिलित है, कोई भी समझ सकता है कि यह जनसंख्या भोजन, वस्त्र, मूलभूत शिक्षा, स्वास्थ्य देखभाल, रोजगार के अवसर तथा ऐसी अन्य आवश्यकताओं जैसे जीवन हेतु आवश्यक सेवाओं से बहिष्कृत हैं, जो अंततः लोगों के गतिविधियों में उनकी सहभागिता को प्रभावित करते हैं। अंततोगत्वा समाज में उनके बहिष्करण को अग्रसर करते हैं। यह भी अवलोकन कर सकते हैं कि इस जनसंख्या को अमान्य के रूप में देखा जाता है, वे हिंसा, दुर्व्यवहार तथा शोषण के संकट में हैं तथा अपने अधिकारों के संरक्षण को छोड़ते हैं। ऐसी जनसंख्या धीरे-धीरे अदृश्य होती है यदि उनके संपूर्ण अस्तित्व को नकारा जाता है।

सामाजिक व्यवस्थाएँ निःशक्त शिशुओं एवं बच्चों का शीघ्रता से पता लगाने, पहचानने तथा हस्तक्षेप करने हेतु सुविधाएँ प्रदान करने, उनके माता-पिता एवं पालनकर्त्ताओं की सहायता प्रदान करने में असफल हैं; यह द्वितीयक निःशक्तता स्थितियों को उत्पन्न करते हैं जो आगे शैक्षिक अवसरों से लाभ हेतु उनकी क्षमता को सीमित करते हैं। निःशक्त बच्चों एवं युवाओं के लिए शैक्षिक अस्वीकार्यता व्यावसायिक प्रशिक्षण, रोजगार तथा आय के उपार्जन की पहुँच से उनको वंचित करता है। इस प्रकार इसके प्रभावस्वरूप उनकी आर्थिक तथा सामाजिक आत्मनिर्भरता उनको पीढ़ी दर पीढ़ी निर्धनता की तरफ अग्रसर करता है (बर्न्स, 2012)।

सामाजिक समावेशन

सामाजिक समावेशन की अधिकांश परिभाषाओं के मूल में जीवन के सभी पक्षों में पूर्ण सहभागिता की अवधारणा निहित

है, जबकि बहिष्करण का अर्थ वह स्थिति है जो समावेशन को अवरोधित करती है। सहभागिता अति महत्वपूर्ण है जैसा कि यह प्रक्रिया में सामाजिक गतिविधियों के न केवल पहुँच होने यद्यपि उनको संलग्न करने तथा सामाजिक तंत्र बनाने एवं कायम रखने द्वारा सक्रिय सम्मिलित होने को इंगित करती है। सहभागिता अन्य लोगों, समुदाय या संस्थान के प्रति उत्तरदायित्व की समझ को बनाती है तथा निर्णयों को प्रभावित करती है या निर्णय लेने की प्रक्रिया की पहुँच होने में व्यक्तियों को सक्षम बनाती है।

सामाजिक समावेशन का अर्थ एक प्रक्रिया से है जिसके द्वारा व्यक्तियों की पृष्ठभूमि जैसे धन, वर्ग, नृजातीयता, जेंडर, प्रजाति या विविधता के कोई भी सूचक के भेदभाव के बिना नागरिक, सामाजिक, आर्थिक तथा राजनीतिक गतिविधियों के साथ निर्णय प्रक्रिया में सहभागिता सहित जीवन के सभी पक्षों में संपूर्ण एवं सक्रिय सहभागिता की सक्षमता हेतु सभी को समान अवसर सुनिश्चित करने हेतु प्रयास किए जाते हैं। सामाजिक समावेशन एक लक्ष्य, एक उद्देश्य तथा एक प्रक्रिया के रूप में उपागम हो सकता है। इसकी प्रक्रिया लगभग सभी सामाजिक गतिविधियों को प्रभावित करती है, इसलिए विभिन्न उपागमों से उपागमित किया जाना चाहिए।

यदि एक समाज समावेशी है इसका अर्थ है कि यह निःशक्तता को समझता, स्वीकारता तथा सम्मान करता है। यह न केवल विविधता को मान्यता देता है यद्यपि इसे सम्मिलित करता है ताकि विविधतापूर्ण समाज का प्रत्येक सदस्य अपने जीवन में पूर्ण संभावना को प्राप्त कर सके। ऐसी सामाजिक परिस्थितियाँ जैसे समुदाय एवं समाज के प्रति समग्र रूप से अपनेपन की समझ प्रत्येक सदस्य में होती है। इसके विपरीत बहिष्करण समाज की मुख्यधारा में पूर्ण सहभागिता हेतु पहुँच की कमी में परिणाम की प्रक्रिया एवं स्थिति है।

निःशक्तता एवं बहिष्करण

निःशक्त व्यक्ति विश्व में सबसे सीमांतीकृत समूहों में है। जनसंख्या की आयु वृद्धि तथा दीर्घकालीन स्वास्थ्य परिस्थितियों में वैश्विक वृद्धि के कारण निःशक्तता की दर बढ़ रही है।

सक्षम व्यक्तियों की अपेक्षा निःशक्त व्यक्तियों में असंतोषप्रद स्वास्थ्य परिणाम, निम्न शैक्षिक उपलब्धियाँ, निम्न आर्थिक सहभागिता तथा निर्धनता का उच्च दर है।

विश्व स्वास्थ्य संगठन, सितम्बर 2013 से उद्धृत

समृद्ध देशों में मुक्त बाजार का व्यय, सेवाओं का प्रसार जैसे मानवीय कल्याण, सामाजिक तथा शैक्षिक एवं व्यावसायिक तथा कार्य हेतु "बौद्धिक रूप से" योग्य होने की बढ़ती आवश्यकता निःशक्त व्यक्तियों को आर्थिक रूप से कमजोर तथा सामाजिक रूप से बहिष्कृत बनाते हैं।

निःशक्त व्यक्तियों हेतु सामाजिक प्रत्युत्तर के विकास के स्तरों को देखा जाना चाहिए अर्थात् वे किस प्रकार सामाजिक बहिष्करण से समावेशन में गमन करते हैं।

बहिष्करण से समावेशन तक : एक ऐतिहासिक परिप्रेक्ष्य

इतिहास तीन चरणों द्वारा निःशक्त व्यक्तियों के बहिष्करण से समावेशन दृष्टिकोण तथा नीतिगत परिवर्तन की स्पष्ट प्रगति को चिह्नित करता हैः बहिष्करण, निर्मूलन, उपेक्षा तथा अस्वीकार्यता काल, पृथकत्व काल; विशेष विद्यालय, तथा समेकन के समावेशन का काल।

बहिष्करण की अवस्थाएँ

विश्व भर में निःशक्त व्यक्तियों के भाग्य में बहिष्करण, उन्मूलन से अधिक बुरा था।

यूजेनिसिस्ट दृष्टि से निःशक्त व्यक्तियों के बहिष्करण पर परिप्रेक्ष्य

यूजेनिसिस्ट विशेषकर जिन व्यक्तियों को आनुवंशिक समस्याएँ हैं या जन्म द्वारा प्राप्त अनवांछित गुणों (नकारात्मक गुण) की संभावना है के द्वारा प्रजनन को कम कर या जिन व्यक्तियों में जन्म द्वारा प्राप्त वांछित गुण (सकारात्मक गुण) है। उनके द्वारा प्रजनन को बढ़ाकर मानव प्रजाति या मानव जनसंख्या की गुणवत्ता सुधार की संभावना में विश्वास या अध्ययन है।

उन्नीसवीं शताब्दी के अंत तक यूजेनिसिस्टवादी मानते थे कि प्रजातियों के कमजोर या निकृष्ट सदस्य प्रकृति में जीने योग्य नहीं होते हैं। वे प्रतियोगी मानव समाज में जीवनयापन के योग्य नहीं होते हैं; उन्होंने यह मिथक बनाई है कि शारीरिक तथा मानसिक क्षीणता एवं अपराध तथा बेरोजगारी में एक अनिवार्य आनुवंशिक सम्बन्ध होता है। सन् 1927 के कुख्यात निर्णय में संयुक्त राज्य अमेरिका के सर्वोच्च न्यायालय ने निःशक्त व्यक्तियों की बलपूर्वक नसबंदी को विधिपूर्ण करार दिया। निःशक्त व्यक्तियों की अनिवार्य नसबंदी कानून 1933 में जर्मन का कानून भी बन गया। 400,000 से अधिक निःशक्त व्यक्तियों की बलपूर्वक नसबंदी की गई (स्लोरक, 2011)

निर्मूलन

अठारहवीं शताब्दी के अंत तक बौद्धिक रूप से क्षीण व्यक्ति का अर्थ ''क्षीण-मस्तिष्क'', ''अपंग'', ''मूर्ख'', विशेषणों द्वारा लगाया जाता था। हत्या, क्षत-विक्षत, जलाकर, निर्वासन, परित्याग कर, या नजरों से दूर कर या अन्य तरीके से सामान्य जनसंख्या के मुख्यधारा से निःशक्त लोगों के निर्मूलन की प्रक्रिया विश्व की सभी प्राचीन सभ्यताओं में वैश्विक स्तर पर अपनायी जाती थी।

मनोरंजन के विषय के रूप में स्वीकार्यता का काल

निःशक्त व्यक्तियों की स्वीकार्यता का काल जिसका अनुकरण किया जाता था वह मनोरंजन का विषय था। निःशक्त बच्चे जिन्होंने हिंसा को सहन किया जिसके कुछ कारण हैं अपरिचित स्थितियाँ, जन्म के पश्चात् विकृतियाँ या मानवीय सरोकारों के कारण कुछ को मानव के रूप में नहीं यद्यपि मनोरंजन के विषय के रूप में तथा किसी की सेवा के लिए या प्राधिकार में लोगों के अन्य उद्देश्य के रूप में स्वीकार किए जाने लगे।

विधिक भेदभाव तथा निषेध का काल

मध्य काल में धार्मिक संस्थान के रूप में चर्च के उदय ने निःशक्त व्यक्तियों के इतिहास में एक नवीन काल को अग्रसर किया। निःशक्तता को विधिक अस्वच्छता का चिन्ह प्रदान किया गया। इस प्रकार सामाजिक गतिविधियों में सक्रिय सहभागिता से निःशक्त व्यक्तियों को अयोग्य किया जाता था।

सहानुभूति एवं आश्रय–संस्थानीकरण काल

ईसाई काल का दूसरा चरण निःशक्त व्यक्तियों के साथ दुर्व्यवहार को रोकने के प्रभाव के आरंभ को दिखाया। निःशक्त बच्चों को दीन-हीन की तरह समझा जाता था जिनको पाप करने के लिए भगवान के कोप के कारण सामान्य जीवन जीने के अवसर से नकारा जाता है। वे इस प्रकार संदेह या मनोरंजन से सहानुभूति के विषय थे। सहानुभूति तथा दान के कारण प्रभावित यूरोप में उनके कल्याण तथा पुनर्वास हेतु संस्थानों की स्थापना तथा निःशक्त लोगों की रक्षा के प्रयास दिखे। इन विकास कार्यक्रमों के साथ, मानसिक चिकित्सालय जिसे पागलखाना कहा जाता था तथा निःशक्तता के अन्य वर्गों के साथ लोगों को आश्रय प्रदान करने हेतु केन्द्रों सहित व्यापक संख्या में संस्थान वैश्विक स्तर पर उदित हुए दिखे।

पृथक्कत्व एवं विशेष विद्यालय काल

पुनर्जागरण आन्दोलन जो सोलहवीं शताब्दी में आरंभ हुआ तथा सत्रहवीं शताब्दी में पूरे पश्चिम में फैल गया, निःशक्त व्यक्तियों के संसार में एक महत्वपूर्ण बिन्दु था। अतीत में अपनाए गए अमानवीय उपागम के विपरीत निःशक्त लोगों की क्षमताओं एवं योग्यताओं में एक विश्वास स्थापित हुआ। पुनर्जागरण की भावना निःशक्त व्यक्तियों हेतु विशेष शिक्षा की दिशा में प्रयासों को फैलाया।

पुनर्जागरण एवं बौद्धिक आंदोलन के प्रमुख योगदान के रूप में निःशक्त व्यक्ति सीखने एवं प्राप्त करने हेतु संभावना के साथ पहचान पाने लगे। परिणामतः मुख्यधारा के लोगों से पृथक निःशक्त बच्चों हेतु विशेष विद्यालयों की स्थापना हेतु प्रमुख प्रयास सामने आए। यहाँ उल्लेख करना आवश्यक है कि इस काल के बहुत बाद तक केवल बधिर, नेत्रहीन एवं मानसिक क्षीणता वाले लोगों की तरफ ही समाज का ध्यान आकृष्ट हुआ।

पृथक व्यवस्था : नियमित विद्यालयों में विशेष कक्षा काल

बीसवीं शताब्दी के पश्चात्, निःशक्त बच्चों की शिक्षा का क्षेत्र एक महत्वपूर्ण बिन्दु का साक्षी था; विशेष विद्यालयों के पृथक व्यवस्था के गमन से नियमित विद्यालयों में विशेष कक्षाओं में बच्चों की निःशक्तताओं के अतिरिक्त सभी बच्चों हेतु शैक्षिक अवसरों की समानता हेतु आवाज से युक्त परिणाम था।

बीसवीं शताब्दी के उत्तरार्द्ध तक समेकलन की गति यद्यपि इसके दर्शन एवं प्रकार भी स्पष्टतः उल्लेखित नहीं थे, अपनी बहुत कम समीक्षात्मक विश्लेषण के साथ विकसित देशों में पूर्ण शक्ति एवं बल के साथ विकसित हुआ।

इस ऐतिहासिक घटना का पहला चरण ''समेकन'' की अवधारणा के रूप में मुख्यधारा के विद्यालयों में विशेष कक्षाओं की स्थापना को प्रस्तुत किया गया तथा यह अनुशंसा की गई कि विशेष विद्यालय अपने आसपास के क्षेत्रों में अन्य विद्यालयों हेतु संसाधन केन्द्र होंगे। धीरे-धीरे विशेष विद्यालयों में बच्चों का प्रतिशत कम हुआ तथा बीसवीं शताब्दी के मध्य तक विशेष विद्यालयों हेतु राजकीय सहायता की महत्वपूर्ण विमुखता कई विशेष विद्यालयों को बंद करने हेतु अग्रसर किया। यह पश्चिमी देशों विशेषकर संयुक्त राज्य अमेरिका में स्थिति थी। कुछ आलोचकों ने माना कि समेकन के पक्ष में नीतिगत परिवर्तन

शैक्षिक विचारों से वित्तीय नीति द्वारा अधिक उत्प्रेरित हुआ जबकि अन्य लोगों ने इसे निःसंदेह निष्कर्षों के साथ एक साधारण प्रचलन के रूप में देखा। वास्तव में, यह नीतिगत परिवर्तन शेष विशेष विद्यालयों के शिक्षकों में उनकी भूमिका, उनके अस्तित्व तथा उनके संघ के भविष्य के सम्बन्ध में चिंता उत्पन्न की जो एक दशक पूर्व तक केन्द्र सरकार की नीति रही थी।

समेकन का काल

समावेशन काल अर्थात् नियमित विद्यालयों में निःशक्त एवं सामान्य विद्यार्थियों की शिक्षा आधुनिक युग तथा निःशक्त बच्चों की शिक्षा के इतिहास में नवीन वैश्विक दर्शन को निरूपित करता है। बीसवीं शताब्दी के मध्य के पश्चात् परिवर्तन की यह नई लहर विकसित देशों में फैल गई, निःशक्त बच्चों की शिक्षा नीति में महत्वपूर्ण परिवर्तन आया। प्रत्येक बच्चे के अधिकार की रक्षा तथा सभी बच्चों को शैक्षिक अवसरों की समता एवं समानता प्रदान करने का दर्शन परिवर्तन के इस नवीन लहर को अग्रसर किया।

यह चरण विद्यालयों में निःशक्त बच्चों को व्यक्तिगत रूप से अतिरिक्त सीमित व्यवस्था के साथ समेकन के रूप में आरंभ हुआ जिससे कुल मिलाकर बहुत कम परिवर्तन हुए। यह समावेशन के दर्शन के प्रति आश्वस्त होने तथा विशेष आवश्यकता वाले बच्चों की आवश्यकताओं को अनुकूलित करने के बजाए इन बच्चों को लगभग ऐसे ही रहने देने वाला था। यह चरण समावेशन के रूप में धीरे-धीरे ऐसे विकसित हुआ जहाँ विद्यालयी व्यवस्था ने सभी बच्चों को अपनाने हेतु आमूल परिवर्तन लाने के प्रयास आरंभ किए।

समेकन एवं समावेशन

समेकन में नियमित विद्यालयों में स्थापित करने हेतु विद्यार्थियों को तैयार करना सम्मिलित है। इसका आशय विशेष से नियमित के लिए परिवर्तन हेतु समाज एवं विद्यालय की तरफ से तैयारी है। विद्यार्थियों के समेकन के परिदृश्य के पहले से विद्यार्थियों की वृहत विविधता के समायोजन हेतु विद्यालय द्वारा परिवर्तन नहीं किए जाने की कल्पना के साथ विद्यालय के नियमों एवं अन्य सुविधाओं हेतु अनुकूलन की अपेक्षा की जाती है। समेकन कुल मिलाकर नियमित व्यवस्था में उत्तम विशेष विद्यालय अभ्यासों, शिक्षकों या उपकरणों की इनकी आवश्यकता है या नहीं इसे सुनिश्चित करने हेतु निःशक्त विद्यार्थियों सहित विशेष आवश्यकता वाले बच्चों की आवश्यकताओं के विश्लेषण के बिना ही विशेष बच्चों हेतु नियमित विद्यालयों को उपयुक्त बनाना है।

विविधता का आशय पाठ्यचर्या, आकलन, शिक्षणशास्त्र, विद्यार्थियों का समूहन, विद्यालय वातावरण तथा नियमों के अनुसरण द्वारा धारणा एवं दर्शन के रूप में विद्यालय का आमूल सुधार है। यह जेंडर, राष्ट्रीयता, प्रजाति, मूल भाषा, सामाजिक पृष्ठभूमि, धर्म, वर्ग तथा जाति, शैक्षिक उपलब्धि का स्तर, निःशक्तता आदि से उत्पन्न विविधता के स्वागत, सम्मान तथा समारोह मानने की मूल्य पद्धति पर आधारित है।

समावेशन को बहिष्करण द्वारा कम नहीं किया जा सकता है। समावेशन को दो समान प्रक्रियाओं के रूप में परिभाषित किया जा सकता है। यह पाठ्यचर्या, संस्कृतियों तथा समुदायों में अधिगम के मुख्यधारा के केन्द्रों में विद्यार्थियों की सहभागिता को बढ़ाने तथा स्वयं बहिष्करण को घटाने की प्रक्रिया है (लूथ, 1999)।

भारत के संदर्भ में निःशक्त लोगों के समावेशन का इतिहास

प्राचीन

वैदिक काल में, हमारे पास अष्टावक्र का उदाहरण है जो दीर्घकालिक एवं गंभीर अस्थि विकलांगता से ग्रसित थे, लोगों की योग्यता एवं निःशक्तता के भेदभाव के बिना सभी के लिए शैक्षिक, सुविधाओं की उपलब्धता के कारण विद्वान हुए। महान ऋषि एवं गुरु कर्म सिद्धान्त में कठोर आस्था रखने के लिए जाने जाते थे तथा इस प्रकार वे मानते थे कि निःशक्त लोगों को आत्मबोध तथा अच्छा करने की कला को सीखने हेतु विशाल अवसर दिए जाने चाहिए ताकि वे अगले जन्म में उत्तम जीवन प्राप्त कर सकें।

परिणामतः निःशक्त बच्चों का उपचार देखभाल तथा शिक्षा भी बहिष्करण, निर्मूलन, उपहास तथा मनोरंजक सहानुभूति तथा आश्रम के चरणों से गुजरा है। प्राचीन इतिहास के उत्तर काल में, निःशक्त लोग बुरी आत्मा, पूर्व जन्म के बुरे कर्म तथा परिवार के लिए बुरे लक्षण के प्रतीक के रूप में बहुत प्रचलित थे। ग्रामीण क्षेत्रों में जादू टोना भी बहुत सामान्य था। निःशक्त एवं निःसहाय लोगों हेतु अस्पताल एवं आश्रमों की स्थापना द्वारा इनका निराकरण किया गया।

स्वतंत्रता पूर्व

मध्यकालीन भारत में निःशक्त लोगों की देखभाल एवं संरक्षण हेतु राजकीय कोष तथा दान कार्य निरंतर रहा। मुगल तथा मराठा शासक निःशक्त व्यक्तियों तथा निर्धनों हेतु अपने दान कार्य हेतु जाने जाते थे। निःशक्त व्यक्तियों हेतु सहानुभूति, संरक्षण तथा देखभाल की प्रवृत्ति प्रबल थी। बधिरों के लिए सन् 1883 में, नेत्रहीनों के लिए सन् 1887 में तथा मानसिक विकलांगता (वर्तमान में बौद्धिक निःशक्तता) के लिए सन् 1949 में विशेष विद्यालय की स्थापना एक महत्वपूर्ण विकास था। वर्तमान में दिखने वाला विशेष विद्यालय शिक्षा का प्रतिरूप अपनी उत्पत्ति के लिए क्रिश्चिन मिशनरियों एवं देश के दानार्थ संगठनों द्वारा किए गए कार्य का ऋणी है।

स्वतंत्रता पश्चात्

भारत में स्वतंत्रता पश्चात् के काल में निःशक्त बच्चों की शिक्षा पर ध्यान देने का प्रयास किया गया। चौदह वर्ष तक की आयु के सभी बच्चों हेतु निःशुल्क एवं अनिवार्य सार्वभौमिक, प्राथमिक शिक्षा का उल्लेख करते हुए संविधान के अनुच्छेद 45 में विशेष प्रावधान किया गया, विभिन्न पंचवर्षीय योजना में निःशक्त लोगों की शिक्षा पर कोठारी आयोग (1964-66) द्वारा बल दिया गया। निःशक्त बच्चों हेतु समेकित शिक्षा (IEDC) योजना 1974 में आरंभ की गई जो सन् 1985 के जिला प्राथमिक शिक्षा परियोजना के साथ सन् 1997 में सम्मिलित हो गई, जिसने बल दिया कि प्रारंभिक शिक्षा का सार्वभौमीकरण केवल तभी संभव है यदि निःशक्त बच्चे शैक्षिक पहलों की परिधि में शामिल हों। निःशक्त बच्चों हेतु विशेष विद्यालय तथा समेकित व्यवस्था साथ-साथ कार्यरत थे। सन् 1980 के दशक तक बधिर, नेत्रहीन तथा मानसिक विकलांग बच्चों हेतु विद्यालयों की संख्या 150 से अधिक हो गई।

राष्ट्रीय शिक्षा नीति, 1986 की कार्य योजना, 1992 के पश्चात् नियमित विद्यालयों में निःशक्त बच्चों के समेकन का मार्ग प्रशस्त किया।

निःशक्त बच्चों की शिक्षा के इतिहास में महत्वपूर्ण मोड़ तब आया जब सन् 1997 में जिला प्राथमिक शिक्षा कार्यक्रम में महत्वपूर्ण घटक के रूप में समावेशी शिक्षा को मिलाया गया। तब से राष्ट्रीय विधि, न्यास (ट्रस्ट) की स्थापना तथा अन्य सांविधिक निकायों की स्थापना तथा समावेशी व्यवस्था में निःशक्त बच्चों की शिक्षा हेतु भारत द्वारा महत्वपूर्ण वैश्विक पहलों के हस्ताक्षरी होने के साथ समावेशी शिक्षा की दिशा में प्रयास किए जा रहे हैं।

शिक्षा का अधिकार अधिनियम के कार्यान्वयन के पश्चात् सर्व शिक्षा अभियान तथा राष्ट्रीय माध्यमिक शिक्षा अभियान की भूमिका निःशक्त बच्चों की समावेशी शिक्षा के क्षेत्र में महत्वपूर्ण हो गई है।

निःशक्तता के प्रतिमान

समावेशन के दर्शन के विकास के अनुरूप निःशक्तता के प्रतिमानों के विकास को चिह्नित किया जा सकता है। नीति एवं अभ्यास पर एक मौलिक पुनर्विचार को समावेशन के समकालीन दर्शन में परिणाम के रूप में देखा जा सकता है, जो एक निःशक्त व्यक्ति द्वारा सामना की गई कठिनाइयों के मूल के विषय में सोचने के विभिन्न तरीकों पर मूलरूप से प्रकाश डालता है; अधिकांशतः अधिगम कठिनाइयों के ढाँचे में होती हैं, से उत्पन्न अवधारणा पर आधारित बाल प्रतिमान में दोष से एक सोच की तरफ गमन की यह सामाजिक व्यवस्था है जो भेदभावपूर्ण तथा निःशक्त है, समाज की सभी घटनाओं एवं विकास में निःशक्त लोगों की सहभागिता हेतु बाधाओं के उन्मूलन हेतु ध्यान आकर्षण की माँग कर रही है। निःशक्तता के इन प्रतिमानों का परीक्षण निम्नवत है :

दानार्थ प्रतिमान

दान पुण्य के भावात्मक निवेदन द्वारा व्यापक रूप में संचालित यह प्रतिमान निःशक्त लोगों को 'देखभाल'' तथा ''सुरक्षा'' की आवश्यकता वाले विवश लोगों के रूप में देखता है। यह प्रतिमान न्याय एवं समानता के बजाय निःशक्त लोगों की ''निगरानी पूर्ण देखभाल'' हेतु उदार मानवतावादियों की इच्छाशक्ति पर अधिकांशतः निर्भर है।

चिकित्सकीय प्रतिमान

निःशक्तता का चिकित्सकीय प्रतिमान निःशक्तता को एक ''समस्या'' के रूप में देखता है जो निःशक्त व्यक्ति से सम्बन्धित है तथा इस दृष्टिकोण पर आधारित है कि निःशक्तता बीमारी या दुर्घटना के कारण होती है तथा इसका समाधान पेशेवर लोगों द्वारा प्रदत्त या नियंत्रित हस्तक्षेप है।

पुनर्वास प्रतिमान

पारंपरिक पुनर्वास प्रतिमान चिकित्सकीय प्रतिमान पर आधारित है तथा इसका विश्वास है कि निःशक्तता एक चुनौती है जिस पर व्यक्ति द्वारा पर्याप्त प्रभाव द्वारा नियंत्रण किया जा सकता है। निःशक्त लोगों को प्रायः असफल होना समझा जाता है यदि वे निःशक्तता पर नियंत्रण प्राप्त नहीं करते हैं। चिकित्सकीय प्रतिमान की तरह पुनर्वास प्रतिमान देखभाल एवं सहायता को पेशेवर व्यक्तियों द्वारा निर्धारित समझता है।

सामाजिक प्रतिमान

निःशक्तता का सामाजिक प्रतिमान निःशक्तता को समाज द्वारा निर्मित तथा पूर्ण उत्पादक जीवन हेतु अपने वातावरण में विभिन्न परिष्करण की आवश्यकता वाले व्यक्तियों के विषय में जागरूकता एवं सरोकार की समाज की कमी के परिणाम के रूप में देखते हैं। कुछ लोगों द्वारा इसे अवरोधक प्रतिमान के रूप में समझा जाता है। निःशक्तता का सामाजिक प्रतिमान चिकित्सकीय निदान, बीमारी या क्षति का होना नहीं देखता है। उपर्युक्त उदाहरण में निःशक्तता का सामाजिक प्रतिमान बिना रैम्प के भवन में व्हील चेयर का उपयोग करना विद्यार्थी के संदर्भ में अवरोध के रूप में सीढ़ियों या वातावरणीय कारकों को देखेगा जो विद्यार्थी को निःशक्त कर रहा है।

हमारे बिना हमारे विषय में कुछ भी नहीं! जीवन के सामान्य अंश के रूप में क्षीणता को देखना तथा भेदभाव एवं बहिष्करण के परिणाम के रूप में निःशक्तता सामाजिक प्रतिमान चिकित्साकृत, ''विशेष आवश्यकता'' के समूह से निःशक्तता को बाहर करने तथा सभी विकास नीतियों एवं अभ्यासों में विविधता के सरोकारों को मुख्यधारा हेतु सहायता देने के लिए प्रयास किया है। सामाजिक प्रतिमान समानता एवं अधिकारों हेतु एक समान संघर्ष में निःशक्त लोगों को एक साथ लाने हेतु एक शक्तिशाली ढाँचा भी प्रदान किया है। इसने सामाजिक प्रतिमान के एक विचार को प्रोत्साहित किया कि निःशक्त लोगों की देखभाल के निष्क्रिय प्राप्तकर्त्ता के बजाए अपने जीवन में निर्वाहक बनना चाहिए। यह विश्व भर में सरकारी विकास अभिकरणों द्वारा अपनाए गए विकास के अधिकार पर आधारित उपागम पर वर्तमान सोच को समतुल्य करता है (अलबर्ट,2004)।

मानवाधिकार प्रतिमान

अधिकार आधारित निःशक्तता प्रतिमान को संयुक्त राष्ट्र निःशक्त जन अधिकार सम्मेलन (2006) द्वारा स्पष्टतः समझा जा सकता है।

संयुक्त राष्ट्र निःशक्त जन अधिकार सम्मेलन निःशक्त व्यक्तियों के अधिकार एवं सम्मान की रक्षा हेतु प्रदत्त संयुक्त राष्ट्र मानवाधिकार संधि है। अधिकार प्रतिमान प्राथमिक रूप से सुविधाओं तक पहुँच हेतु लड़ाई है जो यदि लोग निःशक्त नहीं होते तो उनके पास होते। अधिकारों पर ध्यान मौलिक सामाजिक परिवर्तन हेतु संघर्ष नहीं है यद्यपि यह विद्यमान व्यवस्था में परिवर्तन का प्रयास है।

निःशक्तता का मानवाधिकार उपागम निःशक्त लोगों के अधिकारों को स्वीकार करता है तथा लोगों के अधिकारों को प्रतिषेध या उपेक्षा करने वाली सामाजिक संरचनाओं एवं नीतियों को देखता है जो इन निःशक्त लोगों से भेदभाव तथा बहिष्करण को प्रायः अग्रसर करता है। एक मानवाधिकार परिप्रेक्ष्य से इनके अधिकारों की पूर्ण प्राप्ति हेतु सभी व्यक्तियों हेतु आवश्यक दशाओं को सक्रियता से प्रोत्साहित करने के लिए समाज, विशेषकर सरकार की इस आवश्यकता से है।

बहु–अस्मिता के रूप में निःशक्तता

निःशक्तता सर्वोत्कृष्ट उत्तर-आधुनिक अवधारणा है क्योंकि यह बहुत जटिल, बहुत भिन्न, बहुत आकस्मिक, बहुत स्थितिजन्य है। यह जीव विज्ञान एवं समाज तथा अभिकरण एवं संरचना के मध्य अवस्थित है। निःशक्तता को एकल पहचान हेतु कम नहीं किया जा सकता है : यह बहुस्तरीय तथा बहुलतावादी है। निःशक्तता का समुचित सामाजिक सिद्धान्त निःशक्त व्यक्तियों के अनुभवों के सभी आयामों को सम्मिलित कर सकता है : शारीरिक, मनोवैज्ञानिक, सांस्कृतिक, सामाजिक-राजनीतिक बजाए इसके दावा करना कि निःशक्तता चिकित्सकीय या सामाजिक है (शेक्सपियर एवं इरिक्सन, 2000)।

निःशक्तता का स्वीकार्यता प्रतिमान

निःशक्तता का एक नया प्रतिमान साहित्य में तथा निःशक्तता संस्कृति में उदिय हो रहा है, विशेषकर निःशक्तता कला आंदोलन में जिसे स्वीकार्यता प्रतिमान कहा जाता है। यह निःशक्त व्यक्तियों हेतु व्यक्तिगत तथा सामूहिक दोनों रूप में सकारात्मक सामाजिक पहचान को सम्मिलित करने हेतु निःशक्तता का आवश्यक रूप से दुखहीन प्रतिमान है। स्वीकार्यता प्रतिमान क्षीणता एवं निःशक्तता को इंगित करते हुए सकारात्मक पहचान की प्राप्ति द्वारा सामाजिक प्रतिमान की सीमाओं को संतुलित करता है।

शिक्षा में विविधता एवं समावेशन

कक्षाकक्ष का समाज में व्यापक प्रतिनिधित्व होता है जहाँ समुदाय के लोगों में विद्यमान विविधता प्रतिबिम्बत होती है। प्रारंभिक कक्षाओं में विविध पृष्ठभूमि के नामांकित विद्यार्थियों की बढ़ती संख्या विद्यालयों को अधिक समावेशी बनाने के महत्व को पुनर्बलित किया है। विद्यार्थियों की प्रतिभा एवं सामाजिक, सांस्कृतिक, आर्थिक तथा राजनीतिक पृष्ठभूमि में अपेक्षाकृत अधिक उच्च भिन्नता के साथ, एक शिक्षक से कक्षाकक्ष प्रक्रियाओं में विविधता के विषय में समझ एवं स्थिति को प्रदान करना, पाठ्यचर्या निरूपण, शिक्षण-अधिगम अभ्यासों तथा प्रक्रियाओं एवं अधिगम सामग्रियों के सम्बन्ध में मुद्दों एवं चुनौतियों के अनुरूप संबोधन के क्रम में विद्यार्थियों में विविधता की कड़ी या मूल को पहचाना एवं मान्यता देंना अपेक्षित है ताकि इसके परिणामस्वरूप बच्चों की विभिन्न अधिगम आवश्यकताओं की पूर्ति हो सके। निश्चित रूप से भारत में प्रारंभिक कक्षाकक्ष में सामाजिक न्याय के व्यापक लक्ष्य को विविधता में पिरोने या बुनने के लिए एक बड़ी चुनौती के साथ सामना करना पड़ता है।

समावेशन बढ़ते अधिगम तथा सभी विद्यार्थियों हेतु उनकी भिन्नता के भेदभाव के बिना सहभागिता की कठोर प्रक्रिया है। यह एक आदर्श है जिसके लिए विद्यालय अपेक्षा कर सकते हैं परंतु यह बहुत कठिनाई से प्राप्त होता है। परंतु ज्यों ही सभी विविध विद्यार्थियों की बढ़ती सहभागिता की प्रक्रिया आरम्भ होती है विद्यालय समावेशन की ओर अग्रसर होता है। सहभागिता का अर्थ अधिगम अनुभवों की साझेदारी तथा सहयोगपूर्ण अधिगम में संलग्नता के दौरान दूसरों के साथ अधिगम में सक्रिय सहभागिता है। समावेशन तब आरंभ होता है जब बहिष्करण दबाव समाप्त किए जाते हैं, विद्यार्थियों में भिन्नता का सम्मान किया जाता है तथा कक्षा समूह में प्रत्येक विद्यार्थी को पहचाना, स्वीकार तथा अपने अस्तित्व हेतु मूल्यांकित किया जाना महसूस करता है।

विविधता के संदर्भ में, "समावेशी शिक्षा" की कार्यसूची का महत्व बच्चों का निःशुल्क एवं अनिवार्य शिक्षा के अधिकार अधिनियम, 2009 तथा निःशक्त जन अधिकार अधिनियम, 2016 की क्रियाशीलता द्वारा और अधिक पुनर्बलित हुआ है।

दर्शन के रूप में समावेशन

समावेशन एक दर्शन, एक मानसिकता तथा एक अवधारणा है अर्थात प्रत्येक व्यक्ति को अपने से सम्बन्धित समूह में, अन्य से किस प्रकार भिन्न है, के भेदभाव के बिना समान अवसर तथा समान मर्यादा के साथ जीवनयापन का अधिकार है। समावेशन का दर्शन भौतिक समावेशन से परे है तथा एक मूलभूत मूल्य एवं विश्वास की पद्धति को सम्मिलित करता है जो किसी समूह में प्रत्येक समूह के अपनेपन की भावना तथा सहभागिता को प्रोत्साहित करता है। इस प्रकार हम अपनी कक्षा में वास्तविक समावेशी शिक्षा को निर्मित कर सकते हैं।

समावेशी अभ्यास

समावेशी शिक्षा सभी विद्यार्थियों हेतु उनके आसपास के विद्यालयों में आयु अनुरूप नियमित कक्षाओं में अध्ययन को संभव बनाती है। इस परिस्थिति में उनको सीखने में विद्यालयी जीवन के सभी पक्षों में योगदान एवं सहभागिता हेतु सहायता की जाती है। सभी विद्यार्थियों का अर्थ योग्यता, निर्योग्यता, सामाजिक-आर्थिक पृष्ठभूमि तथा जेंडर, धार्मिक एवं क्षेत्रीयता के भेदभाव के बिना प्रत्येक बच्चा है। समावेशी शिक्षा हमारे विद्यालयों, कक्षाकक्षों तथा गतिविधियों को विकसित एवं स्वरूपित करने के विषय में है ताकि सभी विद्यार्थी एक साथ सीख एवं सहभागिता कर सकें।

- यह किसी भी क्षेत्र में विद्यार्थियों की क्षमताओं एवं कमजोरियों के भेदभाव के बिना एक कक्षाकक्ष तथा विद्यालय में उनको एक साथ लाने की एक प्रक्रिया है तथा यह सभी विद्यार्थियों की क्षमता या संभावना को अधिकतम करने की माँग करता है।
- यह एक ऐसी प्रक्रिया है जहाँ एक समूह में किसी पक्ष से सम्बन्धित विविधता को स्वीकार किया जाता है तथा जिसमें प्रत्येक व्यक्ति अपने मूल्य हेतु पहचाना जाता है एवं सम्मानित होता है।
- यह एक प्रयास है जो यह सुनिश्चित करता है कि निःशक्तताओं, विभिन्न भाषाओं एवं संस्कृतियों, विभिन्न घरों एवं पारिवारिक जीवन, विभिन्न अभिरुचियों तथा अधिगम विधियों वाले विविध विद्यार्थियों को व्यक्तिगत अधिगम आवश्यकताओं हेतु अनुकूलित शिक्षण-अधिगम युक्तियों के उपयोग द्वारा पढ़ाया जाता है।
- यह एक प्रक्रिया है जो प्रत्येक व्यक्ति को स्वीकार्य, सम्मानित तथा सुरक्षित होने की भावना हेतु अनुमति देती है। एक समावेशी समुदाय अपने सदस्यों की बदलती आवश्यकताओं की पूर्ति हेतु चेतनापूर्वक

विकसित होता है। स्वीकार्यता एवं सहायता द्वारा एक समावेशी समुदाय नागरिकता के लाभों हेतु सार्थक सहभागिता एवं समान पहुँच प्रदान करता है।

- यह समुदाय के प्रत्येक सदस्य के कल्याण की वृद्धि का साधन है।

इसलिए समावेशी शिक्षा का अर्थ निःशक्त बच्चों के केवल नामांकन मात्र से और अधिक सभी विद्यार्थियों में उनकी पृष्ठभूमि के विचार के बिना विद्यालय के प्रति अपनेपन के एक समान समझ की भावना है। इस अर्थ में समावेशी कक्षाकक्ष तथा विद्यालय का अर्थ ऐसा स्थान है जहाँ विद्यार्थियों में विद्यमान विविधता को स्वीकारा एवं एक समस्या के बजाए अधिगम संसाधन के रूप में समझा जाता है; जहाँ विविध पृष्ठभूमि के बच्चों को उनके मूल्यों के आधार पर स्वीकार किया जाता है तथा बिना डर या भेदभाव के उनकी जानकारी की अभिव्यक्ति हेतु पर्याप्त सुरक्षा की भावना की अनुभूति कराई जाती है; तथा जहाँ पाठ्यचर्या, शिक्षण-अधिगम विधियाँ तथा सामग्री विविध पृष्ठभूमियों के बच्चों की विभिन्न अधिगम आवश्यकताओं एवं अभिरूचियों की पूर्ति हेतु सांस्कृतिक रूप से उत्तरदायी होती है।

संवैधानिक प्रावधान, नीतियाँ, कार्यक्रम तथा अधिनियम

अंतर्राष्ट्रीय परिदृश्य

अंतर्राष्ट्रीय संगठनों में सबसे महत्वपूर्ण संयुक्त राष्ट्र ने निःशक्त लोगों की आवश्यकताओं तथा उनकी उत्कृष्ट शिक्षा एवं जीवन पर अपना प्रयास केन्द्रित किया है।

निःशक्त जन अधिकार की घोषणा 9 दिसम्बर, 1975 को संयुक्त राष्ट्र की आम सभा ने की थी। विशेष आवश्यकता शिक्षा विश्व सम्मेलन, सलमानका, 1994 तथा निःशक्त जन अधिकार पर संयुक्त राष्ट्र परिषद (UN Council on Rights of Persons with Disabilities (UNCRPD)), 2006 समावेशन के पथ तथा निःशक्त लोगों के सशक्तिकरण के वैश्विक प्रयास में मील के पत्थर हैं।

भारतीय परिदृश्य

अपने देश के इतिहास का अवलोकन करने पर पता चलता है कि सार्जेन्ट रिपोर्ट, 1944 तथा कोठारी आयोग (1964-66) अन्य बच्चों के साथ निःशक्त बच्चों के समाकलन के सरकार के उपागम को सूचित करते हैं। इनकी पुनरोक्ति राष्ट्रीय शिक्षा नीति (1986) में की गई थी। भारतीय पुनर्वास परिषद (RCI) अधिनियम (1992) तथा राष्ट्रीय न्यास अधिनियम (1999) इस क्षेत्र में उत्तरोत्तर प्रमुख विधान थे। निःशक्त जन अधिनियम (Persons with Disabilities Act—PWD Act), 1995 निःशक्त लोगों के कल्याण के मार्ग में मील का पत्थर है। इस अधिनियम को निःशक्त जन अधिकार अधिनियम, 2016 द्वारा विस्थापित कर दिया गया।

भारत के संविधान की प्रस्तावना में यह व्यक्त है कि भारत के लोग भारत को एक संप्रभु, समाजवादी, धर्मनिरपेक्ष तथा लोकतांत्रिक गणराज्य बनाने हेतु सत्यनिष्ठापूर्वक वचनबद्ध हैं, जो अपने सभी नागरिकों के न्याय, स्वतंत्रता, समानता के अधिकार एवं बंधुत्व को सुनिश्चित करता है। संविधान सभी नागरिकों के मौलिक अधिकारों को प्रत्याभूत करता है। भारत के संविधान में विशेष प्रावधान हैं जो सामाजिक न्याय तथा "निःशक्त जन" एवं अन्य अलाभान्वित तथा सीमांत समूहों सहित सभी नागरिकों के सशक्तिकरण को सुनिश्चित करते हैं।

विधान, नीतियाँ एवं कार्यक्रम

वर्षोपरांत भारत सरकार ने निःशक्त बच्चों की शिक्षा एवं समावेशन की पूर्ति हेतु समर्पित विभिन्न कार्यक्रमों एवं योजनाओं को प्रारंभ किया है। भारत सलमानका घोषणा, 1994 का हस्ताक्षरी हुआ तथा इसके साथ विभिन्न कार्यालयी दस्तावेजों तथा भारत सरकार की रिपोर्टों में "समावेशी शिक्षा" पद सम्मिलित हुआ। सरकार द्वारा निःशक्त लोगों के कल्याण हेतु अधिनियमों, नियमों तथा निर्देशों, नीतियों तथा दिशा निर्देशों के रूप में बहुत से प्रयास किए गए हैं।

निःशक्त लोगों के अधिकारों की रक्षा हेतु वैधानिक ढाँचा निम्नलिखित अधिनियमों द्वारा सम्मिलित किया गया है :

मानसिक स्वास्थ्य अधिनियम (1987) मानसिक रूप से बीमार व्यक्तियों के लिए बेहतर प्रावधान करने हेतु उनके उपचार एवं देखभाल से सम्बन्धित नियम को संघटित एवं संशोधित करता है।

भारतीय पुनर्वास परिषद-आर.सी.आई. (Rehabilitation Council of India–RCI अधिनियम, 1992 पुनर्वास सेवाओं को प्रदान करने हेतु मानव शक्ति के विकास का वर्णन करता है। संसद द्वारा 2000 में इस अधिनियम को व्यापक बनाने हेतु

संशोधित किया गया। आर.सी.आई. पाठ्यवस्तुओं को मानकीकृत करती है तथा पुनर्वास एवं विशेष शिक्षा के क्षेत्र में सभी योग्यताधारी व्यावसायिकों एवं कार्यरत कर्मचारियों के केन्द्रीय पुनर्वास पंजिका को भी रखता है। परिषद पुनर्वास व्यावसायिकों एवं कर्मचारियों के प्रशिक्षण को नियंत्रित एवं पर्यवेक्षित, पुनर्वास एवं विशेष शिक्षा में शोध को प्रोत्साहित भी करती है।

निःशक्त जन (समान अवसर, अधिकारों की रक्षा तथा पूर्ण सहभागिता) अधिनियम (पी.डब्ल्यू.डी.एक्ट–1995) : एक प्रमुख अधिनियम है, जो निःशक्त लोगों को शिक्षा, रोजगार, अवरोध मुक्त वातावरण का निर्माण, सामाजिक सुरक्षा आदि प्रदान करता है। अधिनियम के अनुसार प्रत्येक निःशक्त बच्चे को अठारह वर्ष की आयु पूर्ण करने तक समुचित वातावरण में निःशुल्क शिक्षा की पहुँच होनी चाहिए। इस अधिनियम को निःशक्त जन अधिकार अधिनियम (आर.पी.डब्ल्यू.डी.एक्ट)2016 द्वारा विस्थापित कर दिया गया है।

ऑटिज्म, मस्तिष्काघात, मानसिक मंदता तथा बहु-निःशक्त जन कल्याण राष्ट्रीय न्यास अधिनियम (राष्ट्रीय न्यास अधिनियम, 1999) में निःशक्तता के चारों वर्गों के अंतर्गत व्यक्तियों को विधिक संरक्षण तथा यथासंभव अधिकतम आत्मनिर्भर जीवन हेतु वातावरण को सक्षम करने की रचना के प्रावधान हैं। मुख्य उद्देश्य यथासंभव पूर्ण आत्मनिर्भर जीवन हेतु निःशक्त व्यक्तियों को सक्षम एवं सशक्त करना, आवश्यकता आधारित सेवाओं को प्रदान करने वाले पंजीकृत संगठनों को सहायता प्रदान करना तथा निःशक्त लोगों हेतु ऐसे आवश्यक संरक्षण हेतु विधिक संरक्षकों की नियुक्ति हेतु प्रक्रिया को विकसित करना है।

शिक्षा का अधिकार अधिनियम (The Right to Education Act–RTE Act), 2009 : शिक्षा का अधिकार अधिनियम विशेष आवश्यकता वाले बच्चों सहित 6-14 वर्ष की आयु समूह के सभी बच्चों के लिए निःशुल्क एवं अनिवार्य शिक्षा का अधिकार प्रदान करता है।

शिक्षा के अधिकार अधिनियम को 2012 में संशोधित किया गया है जो 1 अगस्त, 2012 से प्रभाव में आया तथा निःशक्त बच्चों से सम्बन्धित प्रावधानों को लागू किया, जैसे :

(*i*) शिक्षा के अधिकार अधिनियम के भाग-2 के उपबंध (डी) के अंतर्गत "अलाभान्वित समूह से संबद्ध बच्चा" की परिभाषा में निःशक्त बच्चों का समावेशन।

(*ii*) निःशक्त बच्चों (मस्तिष्काघात, मानसिक मंदता, ऑटिज्म तथा बहु-निःशक्तता वाले बच्चों सहित) को निःशुल्क एवं अनिवार्य शिक्षा लेने का अधिकार होगा।

निःशक्त जन अधिकार अधिनियम (The Rights of Persons with Disabilities Act (RPWD Act), 2016: निःशक्त जन अधिकार अधिनियम, 2016 ने विद्यमान पी.डब्ल्यू.डी. अधिनियम, 1995 को विस्थापित कर दिया है। इस अधिनियम में निःशक्तता को एक विकासशील एवं गतिमान अवधारणा पर आधारित किया गया है। निःशक्तता के प्रकारों को बढ़ाकर 21 कर दिया गया है तथा केन्द्र सरकार को निःशक्तता के प्रकार में अन्य अधिक प्रकार को जोड़ने का अधिकार है। नवीन अधिनियम निःशक्त जन अधिकार संयुक्त राष्ट्र सम्मेलन (यू.एन.सी.आर.पी.डी.) के क्रम में है जिसका भारत केवल हस्ताक्षरी ही नहीं है अपितु प्राथमिक देशों में अंगीकृत होने वालों में से एक है।

21 निःशक्तताएँ निम्नलिखित हैं :

1. अंधता (Blindness)
2. निम्न दृष्टि (Low-vision)
3. कुष्ठ उपचारित व्यक्ति (Leprosy Cured Persons)
4. श्रवण क्षति (बधिर तथा सुनने में कठिनाई) (Hearing Impairment (deaf and hard of hearing))
5. गत्यात्मक निःशक्तता (Locomotor Disability)
6. बौनापन (Dwarfism)
7. बौद्धिक निःशक्तता (Intellectual Disability)
8. मानसिक रूग्णता (Mental Illness)
9. ऑटिज्म स्पेक्ट्रम विकार (Autism Spectrum Disorder)
10. मस्तिष्काघात (Cerebral Palsy)
11. मांसपेशी दुर्विकास (Muscular Dystrophy)
12. दीर्घकालिक (क्रोनिक) स्नायुविक स्थिति (Chronic Neurological Conditions)
13. विशिष्ट अधिगम निःशक्तता (Specific Learning Disability)
14. मल्टी स्क्लेरॉसिस (Multiple Sclerosis)
15. वाक् एवं भाषा निःशक्तता (Speech and Language Disability)

16. थैलासिमिया (Thalassemia)
17. हीमोफीलिया (Hemophilia)
18. सिकल सेल रोग (Sickle Cell Disease)
19. बधिर-अंधता सहित बहु-निःशक्तता (Multiple Disabilities including Deaf-Blindness)
20. एसिड हमले का पीड़ित (Acid Attack Victims)
21. पार्किंसन रोग (Parkinson's Disease)

राष्ट्रीय कार्यक्रम

निःशक्त बच्चों की शिक्षा के क्षेत्र में कुछ महत्वपूर्ण राष्ट्रीय स्तर के कार्यक्रम निम्नलिखित हैं :

सर्व शिक्षा अभियान (Sarva Shiksha Abhiyan–SSA) : सर्व शिक्षा अभियान निःशक्त बच्चों की समावेशी शिक्षा को कार्यान्वित करने का प्रयास करता है तथा इन बच्चों हेतु बहु-विकल्पों को प्रदान करता है। यह सुनिश्चित करता है कि 6-14 वर्ष के आयु समूह में प्रत्येक बच्चे को क्षीणता के प्रकार, वर्ग तथा स्तर के विचार के बिना सार्थक एवं गुणवत्तापूर्ण शिक्षा प्रदान की जाए। यह विशेष तथा मुख्यधारा/"नियमित" विद्यालय से शिक्षा गारंटी योजना/वैकल्पिक एवं नवाचारी शिक्षा (Education Guarantee Scheme/Alternative and Innovative Education–EGS/AIE) तथा गृह आधारित शिक्षा (HBE) तक एक वृहत विकल्पों को प्रदान करता है। प्रत्येक जिले को समावेशी शिक्षा कार्यक्रम के प्रभावी कार्यान्वयन हेतु उपलब्ध संसाधनों पर आधारित गतिविधियों की योजना हेतु आवश्यक लचीलापन प्रदान किया जाता है।

सर्व शिक्षा अभियान गृह आधारित शिक्षा की योजना के अंतर्गत गंभीर निःशक्त बच्चों को आत्मनिर्भर जीवन कौशलों की प्राप्ति के लिए सक्षम करने हेतु गृह आधारित तथा वैकल्पिक शैक्षिक व्यवस्था में शिक्षित किया जाता है।

माध्यमिक स्तरीय निःशक्तों हेतु समावेशी शिक्षा (Inclusive Education for Disabled at Secondary Stage (IEDSS): माध्यमिक स्तरीय निःशक्तों हेतु समावेशी शिक्षा भारत सरकार की केन्द्र प्रायोजित योजना है जिसका लक्ष्य सभी निःशक्त विद्यार्थियों को एक समावेशी तथा सक्षम वातावरण में प्राथमिक विद्यालय (कक्षा-I-VIII) के आठ वर्षों की पूर्णता के पश्चात् माध्यमिक विद्यालय अर्थात् कक्षा IX से XII के चार वर्षों के अध्ययन हेतु सक्षम करना है। माध्यमिक स्तरीय निःशक्तों हेतु समावेशी शिक्षा की योजना निःशक्त बच्चों हेतु समेकित शिक्षा की पूर्ववर्ती योजना को विस्थापित करते हुए 2009-10 में आरंभ किया गया। माध्यमिक स्तरीय निःशक्तों हेतु समावेशी शिक्षा योजना माध्यमिक विद्यालयों से उत्तीर्ण सभी बच्चों तथा 14+ से 18+ की आयु समूह (कक्षा IX से XII) के सरकारी, स्थानीय निकायों तथा सरकारी सहायता प्राप्त विद्यालयों में माध्यमिक स्तर पर अध्ययनरत् सभी बच्चों को सम्मिलित करेगी।

राष्ट्रीय माध्यमिक शिक्षा अभियान (Rashtriya Madhyamik Shiksha Abhiyan–RMSA) : माध्यमिक शिक्षा की पहुँच को बढ़ाने तथा इसकी गुणवत्ता को सुधारने के उद्देश्य के साथ मार्च, 2009 में राष्ट्रीय माध्यमिक शिक्षा अभियान योजना को प्रारंभ किया गया। यह योजना सन् 2017 तक 100 प्रतिशत के सामान्य नामांकन दर तथा सन् 2020 तक सार्वभौमिक ठहराव की सुनिश्चितता के लक्ष्य के साथ निवास से उचित दूरी पर एक माध्यमिक विद्यालय प्रदान कर माध्यमिक स्तर पर विद्यार्थी नामांकन की वृद्धि का लक्ष्य रखती है।

संवैधानिक प्रावधानों, अधिनियमों तथा नीतियों एवं राष्ट्रीय कार्यक्रमों से प्रमाणित है कि समावेशी शिक्षा के प्रति एक स्पष्ट गति के साथ इन सभी में निःशक्त बच्चों की शिक्षा पर ध्यान है। समावेशन का कार्य आरंभ हो चुका है यद्यपि हमारे लिए आगे का रास्ता लंबा है।

✦✦✦✦✦

विद्यालय संगठन और नेतृत्व (School Organization and Leadership)

विद्यालय नेतृत्व—अवधारणा एवं अनुप्रयोग

यह अध्याय विद्यालय व शिक्षा प्रणाली, जिसका विद्यालय एक अभिन्न अंग है, के संदर्भ में नेतृत्व की अवधारणा की एक व्यापक समझ बनाने के लिए प्रस्तुत है। इसे विशेष रूप से प्रारंभिक विद्यालयों के प्रमुखों को नेतृत्वकर्ता एवं प्रभावी पेशेवर के रूप में विकसित करने के उद्देश्य से तैयार किया गया है। ऐसे नेतृत्वकर्ता जो विद्यार्थियों के अधिगम में सुधार के उद्देश्य के साथ अपने विद्यालयों को रूपांतरण की ओर ले जा सकें। यह देखा गया है कि विद्यालय पृथक होकर काम नहीं करते हैं। भारत के शैक्षणिक प्रशासनिक ढाँचे में (देशभर में थोड़े से बदलाव के साथ) विद्यालय एक इकाई के रूप में संकुलों में, संकुल, ब्लॉक में एवं ब्लॉक, एक जिले के अंतर्गत स्थित हैं। राष्ट्रीय विद्यालय नेतृत्व केंद्र का मानना है कि एक विद्यालय नेतृत्वकर्ता अपने विद्यालय में केवल तभी पूर्ण रूप से सुधार ला सकता है, जब संकुल, ब्लॉक और जिला स्तर पर एक अनुकूल और सहायक नेतृत्व मौजूद हों। यह अध्याय वृहद रूप से विद्यालय प्रमुखों की बहु-भूमिकाओं, दायित्वों एवं 'लीडर्स इन एक्शन' की अवधारणा के साथ विद्यालय में अधिगम वातावरण का निर्माण करने पर केंद्रित है। इसके अलावा, यह विद्यार्थियों के अधिगम में सुधार हेतु विद्यालय प्रमुखों और व्यवस्था स्तरीय कार्यकर्ताओं का अकादमिक, नेतृत्व पर क्षमता संवर्धन भी करता है। हालाँकि यह अध्याय मुख्य रूप से विद्यालय प्रमुखों के लिए संकल्पित किया गया है, पर इसमें व्यवस्था स्तरीय कार्यकर्ताओं की नेतृत्व आवश्यकताओं का भी वर्णन किया गया है।

नेतृत्व विकास हेतु सीखने के प्रतिफल—ज्ञान, कौशल एवं दृष्टिकोण ढाँचा

विद्यालय प्रमुखों और व्यवस्था स्तरीय कार्यकर्ताओं हेतु अधिगम प्रतिफलों को नीचे दी गई ज्ञान, कौशल और दृष्टिकोण की तालिका से समझा जा सकता है। यह माना जाता है कि इस अध्याय के माध्यम से विद्यालय प्रमुख और व्यवस्था स्तरीय कार्यकर्ता अपने विद्यालय, संकुल, ब्लॉक और जिले का अकादमिक नेतृत्व करने के लिए इन ज्ञान, कौशलों व दृष्टिकोणों को विकसित करने में सक्षम होंगे।

ज्ञान	कौशल	दृष्टिकोण
विद्यालय नेतृत्व	विजन का विकास	पहल करना
पेडागॉजिकल-कंटेंट नॉलेज (शिक्षण शास्त्र-विषयवस्तु ज्ञान)	सहकार्यता	सकारात्मक दृष्टिकोण
	संप्रेषण	अग्र-सक्रियता
अकादमिक पर्यवेक्षण	अकादमिक पर्यवेक्षण	विश्वास करना कि प्रत्येक बच्चा सीख सकता है
दर अधिगम	शिक्षण अधिगम प्रक्रियाओं के बदलाव में सहयोग देना	विश्वास करना कि प्रत्येक बच्चा अधिगम लेखाचित्र पर उन्नति कर सकता है।
विद्यालय विकास योजना		
शिक्षा में आई.सी.टी. की पहल	योजना एवं समीक्षा करना	

नेतृत्व की अवधारणा

एक नेतृत्वकर्ता के लिए स्वयं की समझ अत्यंत आवश्यक है। इस समझ से हम स्वयं के दृष्टिकोण व क्षमताओं के प्रति जागरूक होने के लिए प्रेरित होते हैं व अपने अंदर व बाहर बदलाव लाने के लिए सक्षम बनते हैं। फलस्वरूप, आत्मविश्वास की वृद्धि होती है। स्वयं की समझ की शुरूआत हम आत्मचिंतन के अभ्यास से कर सकते हैं, जो कि स्व-अधिगम प्रक्रिया का एक अंश है। इसके माध्यम से हम अपनी अभिरुचियों एवं क्रियाओं पर विचार-प्रश्न एवं पुनर्विचार कर सकते हैं, जो कि एक प्रभावशाली नेतृत्वकर्ता बनने के लिए महत्वपूर्ण है। हम मानते हैं कि यह प्रक्रिया हमारे दृष्टिकोण को परिवर्तित कर देगी जो यह कहती है कि, "हाँ! मैं कर सकता/सकती हूँ!", विशेषतः तब जब हम एक चुनौती का सामना कर रहे होंगे। इससे हमें अपने विद्यालय के रूपांतरण में एवं एक नेतृत्वकर्ता के रूप में उभरने में मदद मिलेगी। स्वयं की समझ व विकास से प्राप्त ज्ञान व कौशलों से हम स्वयं में बदलाव लाने व स्वयं को एक आदर्श (role model) एवं समस्या समाधानकर्ता के रूप में दूसरों के सामने प्रस्तुत कर पाने में सक्षम होंगे। इससे हमारी, अन्य के व्यवहारों को प्रभावित करने की क्षमता भी बढ़ेगी।

स्वयं का विकास एक निरंतर प्रक्रिया है जो जीवनपर्यंत चलती है। इस प्रक्रिया के अनेक पहलू हैं, जैसे कि अपने व्यवहार, सोच, ज्ञान व कौशल में बदलाव या वृद्धि लाना, एक अधिक सकारात्मक दृष्टिकोण का निर्माण करना, स्वयं को जीवन के विभिन्न अनुभवों में रखना, स्व-अध्ययन द्वारा व्यावसायिक रूप से विकसित होना, अपने साथियों से सीखना अथवा सेवारत कार्यक्रमों में प्रतिभाग करना—ये वो तरीके हैं जिनके द्वारा हम स्वयं का विकास कर सकते हैं। स्वयं की बेहतरी के लिए हम जितना बदलाव लाएँगे, उतना ही अधिक विद्यालय का नेतृत्व करने के लिए हमारा विश्वास बढ़ेगा।

एक नेतृत्वकर्ता की प्रमुख विशेषताएँ

- पहल करना, पहला कदम उठाना
- सकारात्मक दृष्टिकोण रखना
- स्व-प्रेरित होना
- दूसरों को अभिप्रेरित करना अथवा प्रभावित करना
- बदलाव लाने के लिए निरंतर प्रयासरत रहना

नेतृत्व कार्रवाई

प्रायः दो तरह के नेतृत्वकर्ता देखे जाते हैं—वे जिन्हें हम 'लीडर्स बाई पोजिशन' कह सकते हैं। ऐसे लीडर्स जो किसी पद पर नियुक्त किए गए हैं या जो वरिष्ठतम स्टाफ होने के कारण इस पद पर पहुँचे हैं। दूसरे, वे लीडर्स हैं जो अपने कार्यों के आधार पर नेतृत्वकर्ता की भूमिका में बड़ी संख्या में लोगों को प्रभावित करने की क्षमता रखते हैं। ऐसे नेतृत्वकर्ता 'लीडर्स बाई एक्शन' कहलाते हैं। 'लीडर्स बाई एक्शन' सभी को एक लक्ष्य की प्राप्ति हेतु साथ लेकर चलते हैं और अपने ज्ञान, कौशल और सबसे महत्वपूर्ण एक सकारात्मक एवं सक्रिय दृष्टिकोण के कारण हमेशा लोगों के दिलों में बसे रहते हैं। जरूरी नहीं कि ऐसे लीडर्स किसी पद पर कार्यरत हों, इनकी सोच और कार्य, लोगों को प्रेरित और प्रभावित करती है जिसके फलस्वरूप लोग उनका अनुसरण करने का निर्णय लेते हैं। एक विद्यालय प्रमुख अथवा व्यवस्था स्तरीय कार्यकर्ता के रूप में हम वरिष्ठता या अन्य कारणों से किसी पद पर कार्यरत एक नियुक्त नेतृत्वकर्ता हो सकते हैं। किन्तु, इसके अतिरिक्त क्या हम 'लीडर बाई एक्शन' भी हैं?

जरूरी है कि हम 'लीडर बाई एक्शन' भी हों जिससे कि हम अपने विद्यालय या इकाई (संकुल/ब्लॉक/जिला) में बदलाव ला सकें। लीडर्स बाई एक्शन की कुछ विशेषताएँ हैं, जैसे कि—स्व-प्रेरित होना, अन्य को अभिप्रेरित करना, पारस्परिक संबंधों का विकास करना, रचनात्मक और समालोचनात्मक चिंतन करना, निर्णय लेना और सभी को एक दल के रूप में साथ लेकर चलने की क्षमता रखना।

नेतृत्व की परिभाषा

आम बोलचाल की भाषा में नेतृत्वकर्ता, प्राधिकारी या शक्ति वाले व्यक्तियों को माना जाता है, जो संगठन का नेतृत्व करते हैं। यहाँ हम 'शक्ति' (Power), 'प्राधिकार' (Authority) व 'प्रभाव' (Influence) पर गौर करते हैं और समझने का प्रयास करते हैं कि कैसे ये शब्द वास्तव में हमें नेतृत्व को परिभाषित या पुनः परिभाषित करने में सहायता करते हैं।

- **शक्ति (Power):** पुरस्कार और दंड के हथकंडों को अपनाकर लोगों के व्यवहार में परिवर्तन लाने की क्षमता का ही दूसरा नाम 'शक्ति' है। शक्तियाँ तीन प्रकार की होती हैं—(1) बलात्मक शक्ति (2) लाभकारी शक्ति (जैसे कि पैसा या नकद) और (3) मानकीय

शक्ति (मानदंड, नियमों और विनियमों संबंधी)। पूर्व में पारंपरिक राजा और वर्तमान में कुछ राजनैतिक व असामाजिक तत्व ऐसी शक्तियों का प्रयोग अपना नेतृत्व स्थापित करने के लिए कर सकते हैं।

- **प्राधिकार (Authority):** वैधानिक शक्ति है। प्राधिकार वह अधिकार है जो कि किसी वैधानिक नियम से मिला है। सरकारी क्षेत्र में कार्यरत अफसरों के पास जो प्राधिकार हैं वे उनके आधार पर अपने क्षेत्र में अपना नेतृत्व स्थापित करते हैं।
- **प्रभाव (Influence):** पुरस्कार, दंड अथवा प्राधिकार के उपायों के बिना अन्य व्यक्तियों के व्यवहार में बदलाव लाने की क्षमता है।

हम इन सभी तीन तरीकों के संदर्भ में अपने नेतृत्व पर आत्मचिंतन कर सकते हैं।

इन संबमें सबसे उपयुक्त तरीका है, बिना प्राधिकार के दूसरों को प्रभावित कर पाना व पुरस्कार और दंड के बिना विश्वास का वातावरण बनाए रखना। प्रभाव का असर प्रबल, चिरस्थायी और टिकाऊ होता है। सभी विद्यालय अथवा शैक्षणिक परिस्थितियों में उपयुक्त नेतृत्व के बारे में एक निष्कर्ष निकाला जा सकता है—"नेतृत्व प्रभावित करने वाली प्रक्रिया है।"

प्रशासन से ऊपर—नेतृत्व की ओर

विद्यालय में हमें अलग-अलग भूमिकाएँ निभानी पड़ती हैं। कभी तो प्रशासक की तरह संगठन के दायित्वों को देखना पड़ता है और कभी किसी कम्पनी के सी.ई.ओ. की तरह हमें विद्यालय के विभिन्न विभागों का प्रबंधन कार्य देखना होता है। कार्यों की इस चहल-पहल में हम जो खो देते हैं, वह है एक नेतृत्वकर्ता के रूप में सोचना और कल्पना करना कि जिन कार्यों पर हम समय दे रहे हैं क्या वे हमारे विद्यालय को सुधार व रूपांतरण की दिशा में ले जा रहे हैं या नहीं?

एक प्रशासक, प्रबंधक अथवा नेतृत्वकर्ता के रूप में कार्य करने में अंतर है। नीचे दिए गए चित्र में इसे दर्शाया गया है।

प्रशासन	प्रबंधक	नेतृत्वकर्ता
नियमों व विनियमों का अनुपालन	कार्यों व रिश्तों को बनाए रखना	विजन के तहत कार्य करना

हम चित्र में देखते हैं कि जैसे-जैसे काम का क्षेत्र बड़ा होता है, वैसे-वैसे हमारे काम करने की प्रकृति भी बदलती है। काम को करते समय जब हम केवल नियमों और विनियमों के भीतर कार्य करते हैं, तब हम प्रशासनिक प्रवृत्तियों का प्रदर्शन करते हैं। इस भूमिका में हमारे काम का दायरा संकीर्ण होता है। यह अत्यधिक नौकरशाही संरचना में देखा जा सकता है जिसमें व्यक्ति अपनी सहज स्थिति में न रह कर उच्च पदस्थों द्वारा तय की गई सीमाओं का सहारा लेना अच्छा समझता है। अधिकतर मामलों में हम निर्देशों के लिए इंतजार करते है और अपने निर्णय लेने के कौशल पर निर्भर नहीं होते।

जब हम अपने विवेक द्वारा विद्यालय को सुचारू रूप से चलाने का प्रयास करते हैं तो हम विस्तारित सीमाओं के साथ एक प्रबंधक की भूमिका में होते हैं जो प्रशासन की तुलना में थोड़ा बेहतर है।

हालाँकि एक नेतृत्वकर्ता की भूमिका इससे भी अधिक महत्वपूर्ण होती है—

- एक नेतृत्वकर्ता का अपना विजन या दूर-दृष्टि होती है। वह दलों के माध्यम से विजन के क्रियान्वयन का प्रयास करता है।
- नेतृत्वकर्ता एक ऐसे वातावरण का निर्माण करता है जो सहयोगी व मानवीय संबंधों को प्रोत्साहित करता है। इस कार्य के लिए वह दल बनाता है व उनका नेतृत्व करता है।
- नेतृत्वकर्ता अपने कार्यों से सहकर्मियों को प्रेरित करता है और दलों के माध्यम से सहयोगात्मक संस्कृति का निर्माण करता है।

एक नेतृत्वकर्ता से अपेक्षा की जाती है कि वह प्रशासन और प्रबंधन से ऊपर उठकर बदलाव के वातावरण को बढ़ावा दे। नेतृत्वकर्ता बनने के लिए बोल्स एवं डेबनपोर्ट (1975) द्वारा प्रस्तावित मॉडल में वर्णित चार लक्ष्यों को प्राप्त करना होगा।

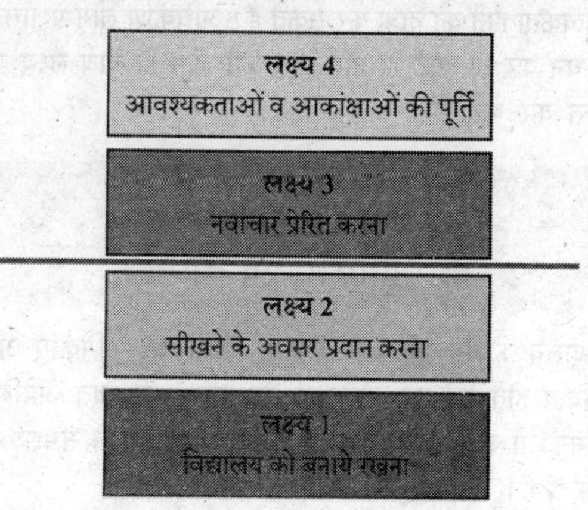

चित्र से स्पष्ट है कि अपने विद्यालय का प्रबंधन एवं प्रशासन देखते समय हमें स्वयं से चार लक्ष्यों को प्राप्त करने की अपेक्षा करनी चाहिए जिससे कि हम विद्यालय नेतृत्वकर्ता के रूप में उभर सकें। जब तक हम विद्यालय गतिविधियों, जैसे–विद्यार्थियों और विद्यालयों के प्रदर्शन का अभिलेख, विद्यार्थियों की उपस्थिति, विद्यालय का परीक्षाफल, शिक्षकों की नियमितता और समय बाध्यता का लेखा-जोखा रखने के साथ-साथ विद्यार्थियों और शिक्षकों के सीखने-सिखाने के अवसरों पर नजर रखते हैं, हम यह कहते हैं कि हम लक्ष्य एक एवं दो को प्राप्त कर रहे हैं। इसके साथ ही अन्य नेतृत्व कार्य, जैसे कि सीखने-सिखाने के विषय-विशेषज्ञ (Subject-Specialist) और संदर्भकर्ता (Resource Persons) को आमंत्रित करना ताकि शिक्षकों को समय-समय पर आवश्यक मार्गदर्शन मिले, पुस्तकालयों में शिक्षकों के लिए संदर्भ-सामग्रियों और शिक्षक मार्गदर्शिका इत्यादि की व्यवस्था करना तो हम कह सकते हैं कि हम लक्ष्य 1 एवं 2 को प्राप्त करने में सक्षम हो पाए हैं।

विद्यालय प्रमुख जो परिवर्तन की पहल करते हैं और नवाचारों का क्रियान्वयन करते हैं, वे लक्ष्य 3 प्राप्त करने का दावा कर सकते हैं। ऐसे नेतृत्वकर्ता जिन्होंने शिक्षकों और संस्था की व्यावसायिक आवश्यकताओं को इस हद तक पूरा कर लिया है कि दोनों एक-दूसरे के अनुकूल बन जाएँ और साथ-साथ उन्नति करें, वह ये दावा कर सकते हैं कि उन्होंने लक्ष्य 4 प्राप्त कर लिया है।

जब तक हमारा प्रयास पहले दो लक्ष्यों को पाने का है, हम प्रशासक एवं प्रबंधक हैं। नेतृत्वकर्ता बनने के लिए हमें सीमाओं से परे जाना होगा। नेतृत्व के संदर्भ में यह कहा जा सकता है कि बहुत कम लोग पहले तीन लक्ष्यों को प्राप्त कर नेतृत्वकर्ता होने का दावा कर सकते हैं। अधिकांश लोग प्रशासक ही बन कर रह जाते हैं और बहुत कम लोग ही चौथे लक्ष्य को प्राप्त कर पाते हैं।

विद्यालय नेतृत्वकर्ता–
बहु-भूमिकाएँ एवं दायित्व

विद्यालय के नेतृत्वकर्ता के रूप में, हमारी कई भूमिकाएँ और दायित्व होते हैं। एक विद्यालय नेतृत्वकर्ता की सात अपेक्षित भूमिकाओं और दायित्वों को आगे दिए गए चित्र से समझा जा सकता है।

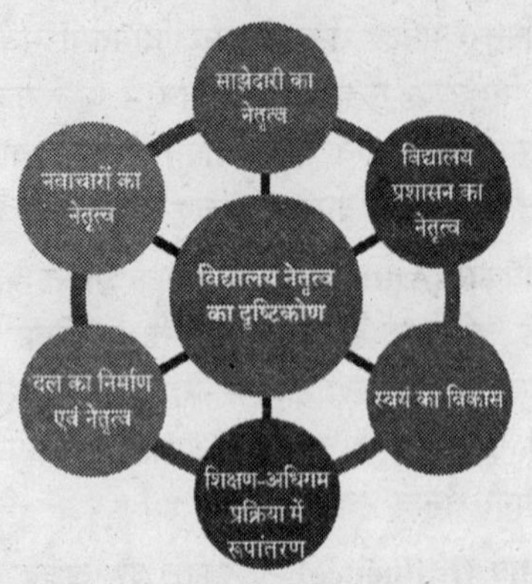

विद्यालय नेतृत्व का दृष्टिकोण

यह भूमिका, विद्यालय प्रमुख एवं व्यवस्था स्तरीय कार्यकर्ताओं के लिए अति महत्वपूर्ण है। एक प्रमुख के रूप में हमें नेतृत्व एवं शैक्षणिक संदर्भ में नेतृत्व के द्वारा परिवर्तन लाए जाने की प्रक्रिया के बारे में जानने की आवश्यकता है। यह भूमिका विद्यालय के संबंध में एक अवधारणात्मक समझ बनाती है–एक ऐसे विद्यालय की परिकल्पना जो बच्चों के वृद्धि एवं विकास को प्रेरित करे, साथ ही निरंतर प्रयोगों एवं परिवर्तनों को बढ़ावा दे व स्वीकारे। इस भूमिका को समझने से हमारी एक विद्यालय प्रमुख एवं व्यवस्था स्तरीय कार्यकर्ता के रूप में नेतृत्व की चुनौतियों से जूझने व उन पर विजय पाने की समझ विकसित होगी और हम परिवर्तनकारी एजेंडा को प्राप्त करने में सफल हो पाएँगे। यह बाल केंद्रित परिवर्तन और रूपांतरण का ऐसा दृष्टिकोण विकसित करने पर जोर देता है जो स्वरूप से समावेशी एवं प्रगतिशील हो। विद्यालय नेतृत्व के दृष्टिकोण का विकास हमें विद्यालय की वर्तमान बुनियादी वास्तविकताओं का आकलन कर सकने व विजन बनाने में मदद करेगा। हम सहयोगात्मक और दल-कार्य के माध्यम से प्रत्येक बच्चे के समग्र विकास के उद्देश्य से इस दृष्टिकोण को साकार करने की यात्रा शुरू कर सकते हैं। इस भूमिका में सम्मिलित अधिगम संगठन की अवधारणा व्यापक रूप से यह बताती है कि एक विद्यालय प्रमुख को विद्यालय में परिवर्तन करने के लिए क्या करने की आवश्यकता है।

स्वयं का विकास

इस भूमिका का मुख्य उद्देश्य है क्षमताओं, दृष्टिकोण और मूल्यों के संबंध में स्वयं, अध्यापकों, स्टाफ एवं विद्यार्थियों में एक

सकारात्मक आत्म-अवधारणा विकसित करना। इस भूमिका में, हमें स्वयं के और दूसरों के सतत अधिगम एवं विकास हेतु अवसर खोजने हैं। इसके साथ ही एक नेतृत्वकर्ता की भूमिका को समझते हुए, हमें चिंतन-मनन एवं अंतःक्रिया के माध्यम से आत्म-सुधार प्रारंभ करना होगा। एक नेतृत्वकर्ता को सर्वप्रथम जीवंत नेतृत्व प्रदर्शित करने के लिए 'स्व' में निवेश करना अनिवार्य है। स्वयं के विकास को आत्म-चिंतन के द्वारा, जो कि स्व-अध्ययन का एक प्रभावी तरीका है, विकसित किया जा सकता है। माना जाता है कि क्रिया-आधारित-आत्म चिंतन का पालन करने से, विद्यालय नेतृत्वकर्ता वांछित परिवर्तन का नेतृत्व करने में सशक्त बन पाते हैं। ऐसा करने से किसी चुनौती का सामना होने पर 'हाँ, मैं कर सकता/सकती हूँ!' का दृष्टिकोण विकसित होता है, परिणामस्वरूप, स्वयं विद्यालय का रूपांतरण संभव हो पाता है। इस भूमिका को समझने से हमें विद्यालय का रूपांतरण करने के लिए ज्ञान, कौशल और आत्मविश्वास विकसित करने में मदद मिलेगी।

शिक्षण–अधिगम प्रक्रिया का रूपांतरण

इस भूमिका का महत्व विद्यालयों की कक्षाओं की प्रक्रिया को और अधिक बाल-केंद्रित बनाकर शिक्षण-अधिगम को अन्वेषण एवं सृजनात्मकता के माध्यम से रूपांतरित करना है। यह भूमिका विद्यालय प्रमुखों को शिक्षा के उद्देश्य को समझने और इन मुद्दों पर चिंतन करने में सक्षम बनाती है, जैसे कि बच्चों को विद्यालय क्यों आना चाहिए, शिक्षण किस प्रकार का होना चाहिए जिससे छात्रों का विद्यालय में ठहराव सुनिश्चित किया जा सके, अधिगम वातावरण कैसा हो जिससे कि बच्चे प्रारंभिक शिक्षा पूर्ण कर सकें। यह भूमिका बच्चों की विकासात्मक आवश्यकताओं को जानने व विभिन्न अनुभवात्मक अधिगम गतिविधियों के माध्यम से बच्चों की जरूरतों को समझने के लिए विद्यालय प्रमुखों में संवेदनशीलता विकसित करने की कोशिश करती है। यह शिक्षण-अधिगम से जुड़ी महत्वपूर्ण प्रक्रियाओं, जैसे—कक्षाओं का अवलोकन, शिक्षकों को फीडबैक देना और उनके लिए एक सलाहकार एवं परामर्शदाता बनना आदि, पर एक विद्यालय प्रमुख के रूप में अपने कौशल विकसित करने पर भी बल देता है। इस भूमिका का उद्देश्य हमें शिक्षण-अधिगम प्रक्रिया का इस तरह से नेतृत्व करने में सक्षम बनाना है, जिससे प्रत्येक बच्चा स्वयं को अद्वितीय, महत्वपूर्ण और सम्मानित महसूस करे और स्वयं के और पर्यावरण के बारे में नयी चीजें सीखने के लिए हर दिन विद्यालय आने के लिए प्रेरित हो।

दल बनाना एवं दल का निर्माण करना

विद्यालय एक ऐसी इकाई है जिसके सदस्य निर्धारित लक्ष्यों की प्राप्ति हेतु गहनता व गंभीरता से मिलकर काम करते हैं। इसको प्रभावी रूप से करने के लिए, दल बनाना एवं उसका नेतृत्व करना, विद्यालय प्रमुख की महत्वपूर्ण भूमिका होती है। दल के रूप में काम करने से न केवल विद्यालय के कार्य बेहतर ढंग से संपादित होते हैं, बल्कि विचारों के आदान-प्रदान और आने वाली समस्याओं और चुनौतियों से निपटने के नये तरीकों को सीखते हुए दल के प्रत्येक सदस्य की क्षमताओं और कौशल का निर्माण भी होता है। यह भूमिका प्रभावी दलों को बनाने और बनाए रखने के लिए आवश्यक मूल्यों और कौशलों के बारे में बताती है। हम दल गठन, सहयोग, समूह गतिशीलता, संघर्ष समाधान और प्रभावी संप्रेषण के लिए प्रक्रियाओं का नेतृत्व करने के बारे में सोचना शुरू कर सकते हैं और साथ ही दल के सदस्यों के व्यावसायिक विकास के अवसर भी पैदा कर सकते हैं।

नवाचारों का नेतृत्व

किसी भी संगठन में नवाचारों का नेतृत्व, समस्याओं को सुलझाने के संभावित तरीके के रूप में अथवा बदलाव लाने के रूप में देखा जा सकता है। न केवल नवाचारों का प्रयोग समस्याओं को सुलझाने के लिए किया जाना चाहिए, बल्कि सभी लोगों को शामिल करने और विद्यालय में समावेशी तरीकों को प्रोत्साहित करने के साधन के रूप में भी देखा जाना चाहिए। नवाचार व्यक्तियों में जोखिम लेने व चिंतनशील और दृढ़ता के साथ काम करने के लिए प्रोत्साहित करते हैं। यह 'हाँ, मैं कर सकता/सकती हूँ!' के दृष्टिकोण के साथ कार्य करने का आत्मविश्वास देता है। नवाचार के द्वारा विद्यालय में अधिगम स्वाभाविक हो जाता है। इसलिए, इसे एक विद्यालय नेतृत्वकर्ता की महत्वपूर्ण भूमिका के रूप में देखा जाता है। विद्यालयों को अधिगम संगठनों में बदलने का बीड़ा उठाने के लिए विद्यालय में नवाचार की संस्कृति का निर्माण करना महत्वपूर्ण है। शिक्षण-अधिगम और विद्यालय की प्रक्रियाओं में नवाचारों का समावेश करने से न केवल बच्चों के लिए, बल्कि शिक्षकों, माता-पिता और समुदाय के लिए भी सीखना एक आनंददायक अनुभव बन सकता है।

साझेदारियों का नेतृत्व

विभिन्न सामाजिक-आर्थिक पृष्ठभूमि के बच्चे अलग-अलग अनुभवों के साथ विद्यालय आते हैं। जब उनकी सामाजिक और भावनात्मक जरूरतों पर ध्यान दिया जाता है, तो वे विद्यालय से जुड़ पाते हैं और बेहतर ढंग से सीख पाते हैं। यह सुनिश्चित करने के लिए कि हर बच्चा सीख सके, विद्यालयों के पास माता-पिता, समुदाय और अन्य भागीदारों के साथ जुड़कर अपने विद्यार्थियों के जीवन को समृद्ध बनाने का अवसर होता है। यह भूमिका हमें विद्यालय के स्थानीय समुदायों के साथ भागीदारी निर्मित करने में मदद करती है, जिसमें समुदाय के सदस्य, माता-पिता, अन्य विद्यालय प्रमुख और स्थानीय कार्यकर्ता सम्मिलित होते हैं।

विद्यालय प्रशासन का नेतृत्व

यह भूमिका विद्यालय को आगे बढ़ाने के लिए प्रशासनिक और वित्तीय पहलुओं पर केंद्रित है। यह हमें संबंधित राज्य सरकारों द्वारा जारी प्रशासनिक नियमों और दिशा-निर्देशों को समझने के लिए प्रोत्साहित करती है, साथ ही साथ विद्यालय के वित्त, बजट और धन का उपयोग कैसे किया जाना चाहिए, इसके बारे में अवगत कराती है। एक विद्यालय का नेतृत्व करते हुए, भौतिक और मानव संसाधनों का प्रबंधन महत्वपूर्ण है और यह क्षेत्र संसाधनों के प्रभावी ढंग से प्रयोग के विभिन्न आयामों के बारे में बताता है। एक विद्यालय नेतृत्वकर्ता की यह भूमिका इसलिए भी महत्वपूर्ण है, क्योंकि यह हमें जानकारी युक्त निर्णय लेने के साथ-साथ विद्यालय के रूपांतरण का नेतृत्व करने में मदद करती है।

स्पष्ट है कि विद्यालय नेतृत्वकर्ता की कई अपेक्षित भूमिकाएँ हैं, इनमें सबसे अधिक महत्वपूर्ण भूमिका है, विद्यालय में शिक्षण-अधिगम सुधार करना एवं यह सुनिश्चित करना कि प्रत्येक बच्चा सीख सके।

विद्यार्थी अधिगम हेतु विद्यालय नेतृत्वकर्ता का महत्व

शिक्षक गुणवत्ता के पश्चात, विद्यालय नेतृत्व, दूसरा सबसे महत्वपूर्ण घटक है जो विद्यार्थी अधिगम को प्रभावित करता है (रॉबिन्सन एवं अन्य, 2007)। विद्यालय नेतृत्वकर्ता शिक्षकों के प्रभावी शिक्षण हेतु उपयुक्त परिस्थितियों का निर्माण करता है, जैसे कि पर्याप्त संसाधनों का जुड़ाव एवं अधिगम वातावरण का निर्माण जिससे कि शिक्षक प्रत्येक विद्यार्थी को अधिगमकर्ता के रूप में फलीभूत कर सके। विद्यालय नेतृत्वकर्ता, दल का निर्माण सभी विद्यार्थियों के सफल अधिगम हेतु विजन, शिक्षकों व अन्यों में नेतृत्व के गुणों का विकास, अध्यापकों को उनकी दक्षताओं को बढ़ाने में मदद एवं विद्यालय सुधार हेतु डेटा का प्रयोग करते हैं। वे अध्यापकों को उनके शिक्षण अभ्यासों को बेहतर बनाने के लिए प्रोत्साहित भी करते हैं। विद्यालय नेतृत्व का महत्व उस समय और अधिक महसूस होता है जब विद्यालय चुनौतीपूर्ण परिस्थितियों में स्वयं को पाता है एवं उसमें रूपांतरण की आवश्यकता होती है। संक्षेप में, सफल विद्यालय नेतृत्वकर्ता वे हैं, जो एक साझा विजन तैयार करते हैं, अध्यापकों एवं विद्यार्थियों के लिए लक्ष्य निर्धारित करते हैं एवं शिक्षण-अधिगम प्रक्रियाओं को सुधारने, अधिगम प्रतिफल प्राप्त करने एवं विद्यार्थी अधिगम को सुनिश्चित करने में दलों के साथ निरंतर प्रयासरत रहते हैं।

विद्यार्थी अधिगम पर विद्यालय नेतृत्व के प्रभाव—विभिन्न अवधारणात्मक मॉडल्स

कई शोधों के अध्ययन के पश्चात रॉबिन्सन एवं अन्य (2008) ने विद्यार्थी अधिगम पर विद्यालय नेतृत्व के प्रभाव के चार प्रकारों के बारे में बताया। ये हैं—प्रत्यक्ष प्रभाव, मध्यवर्ती प्रभाव, पारस्परिक प्रभाव और प्रतिकूल प्रभाव। हम प्रथम तीन प्रभावों के बारे में चर्चा करेंगे जो इस संदर्भ में अधिक प्रासंगिक हैं।

प्रत्यक्ष प्रभाव

इस संबंध से तात्पर्य है कि विद्यालय नेतृत्व विद्यार्थी अधिगम को प्रत्यक्ष रूप से प्रभावित करता है। यह प्रभाव वहाँ अधिक पाया जाता है जहाँ अध्यापकों को सहयोग एवं परामर्श देने के साथ-साथ विद्यालय नेतृत्वकर्ता स्वयं शिक्षण कार्य करते हैं। इसके अलावा, ऐसी शिक्षण-अधिगम प्रक्रियाएँ जो बाल केंद्रित हों और बच्चों के सीखने को प्रभावित करती हों, उसके लिए विद्यालय प्रमुख स्वयं अधिगम हेतु सहयोगात्मक वातावरण भी बनाते हैं। इस प्रकार से विद्यालय नेतृत्व व विद्यार्थी अधिगम में प्रत्यक्ष प्रभाव का संबंध है। इसका तात्पर्य यह है कि प्रारंभिक विद्यालयों के संदर्भ में विद्यालय नेतृत्वकर्ता स्वयं शिक्षण कार्य में अधिक से अधिक संलग्न हों।

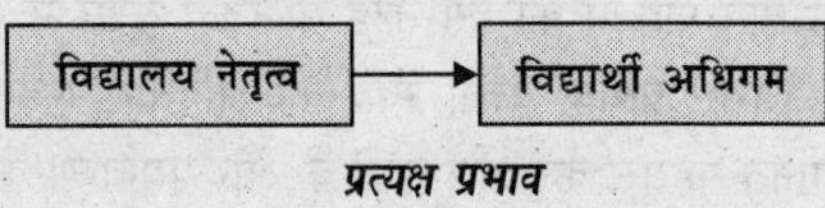

प्रत्यक्ष प्रभाव

मध्यवर्ती प्रभाव

अप्रत्यक्ष अथवा मध्यवर्ती प्रभाव में यह माना जाता है कि विद्यालय नेतृत्वकर्ता, स्वयं प्रत्यक्ष रूप के अलावा एक या एक से अधिक घटकों के माध्यम से विद्यार्थी अधिगम को प्रभावित करते हैं। उदाहरण के लिए विद्यालय नेतृत्वकर्ता, शिक्षक गुणवत्ता के माध्यम से, विद्यार्थी अधिगम को प्रभावित करता है। अप्रत्यक्ष रूप से यह मध्यवर्ती प्रभाव तब भी देखने को मिलता है, जब कोई व्यवस्था स्तरीय कार्यकर्ता जैसे संकुल/ब्लॉक संसाधन समन्वयक विद्यालयों में शिक्षक गुणवत्ता में सुधार हेतु शैक्षणिक सहयोग प्रदान करते हैं, जिसका प्रभाव विद्यार्थी अधिगम पर पड़ता है। इसका तात्पर्य यह है कि विद्यालय नेतृत्वकर्ता अपने शिक्षकों के व्यावसायिक विकास पर अधिक से अधिक निवेश करें जिससे कि वे अपने अभ्यास को बेहतर कर सकें और विद्यार्थियों के अधिगम में सुधार ला सकें।

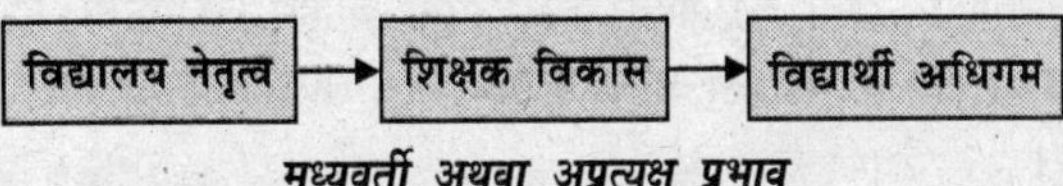

मध्यवर्ती अथवा अप्रत्यक्ष प्रभाव

पारस्परिक प्रभाव

इसका अभिप्राय यह है कि जहाँ एक ओर विद्यालय नेतृत्व विद्यार्थियों के अधिगम को प्रभावित करता है, वहीं दूसरी ओर विद्यार्थी-अधिगम भी विद्यालय नेतृत्व को प्रभावित करता है। प्रभाव की प्रक्रिया के दौरान अक्सर कई प्रयासों के बाद भी विद्यार्थियों के सीखने के स्तर में अंतर पाया जाता है, साथ ही कुछ ऐसे विद्यार्थी पीछे छूट जाते हैं जिनका प्रदर्शन विषयवार या कक्षावार अधिगम दक्षताओं के अनुकूल नहीं होता। ऐसे में यदि विद्यालय नेतृत्व शिक्षण-अधिगम प्रक्रिया में प्रत्यक्ष या अप्रत्यक्ष रूप से संलग्न है, उनको पता चलता है कि वर्तमान में जो प्रयास हो रहे हैं, वे सभी विद्यार्थियों के सीखने की गति या आवश्यकताओं से भिन्न हैं। अतः विद्यार्थी-अधिगम की बारीकियाँ और सीखने की आवश्यकताओं से विद्यालय नेतृत्व और अध्यापकों को भी प्रतिपुष्टि मिलती है कि उन्हें किस तरह से नेतृत्व व अध्यापन की नीतियों व अभ्यासों को बदलने की जरूरत है।

इस संबंध को (*a*) और (*b*) में पीछे की ओर जाते बिंदु वाले तीरों के माध्यम से समझा जा सकता है। इस दृष्टि से विद्यालय नेतृत्व व विद्यार्थी-अधिगम में पारस्परिक संबंध है। इसका तात्पर्य यह है कि सिर्फ विद्यालय नेतृत्व व शिक्षक ही विद्यार्थी-अधिगम को प्रभावित नहीं करते, अपितु इसका उत्क्रम कि विद्यार्थी-अधिगम की विशेषताएँ शिक्षण अभ्यासों व विद्यालय नेतृत्व को प्रभावित करती हैं, भी उतना ही सत्य है।

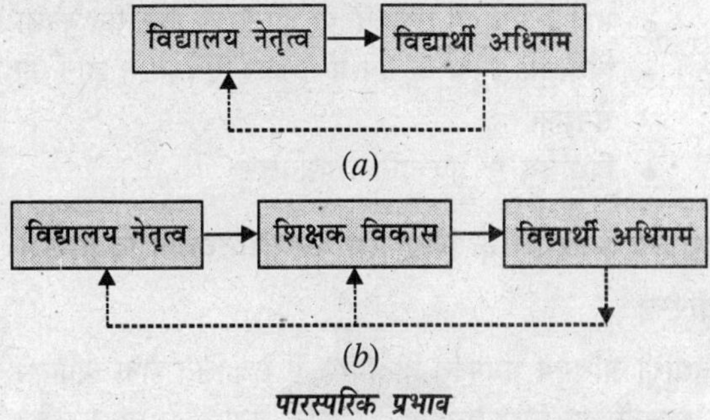

पारस्परिक प्रभाव

विद्यार्थी अधिगम में सुधार हेतु अकादमिक नेतृत्व

अकादमिक नेतृत्व से तात्पर्य उस ज्ञान, कौशल एवं दृष्टिकोण से है जो कि एक विद्यालय नेतृत्वकर्ता विद्यालय की शिक्षण-अधिगम प्रक्रिया को परिवर्तित करने के लिए प्रयोग में लाता है, जिससे कि (1) विद्यार्थी अधिगम में निरंतर सुधार आ सके एवं इस प्रक्रिया के द्वारा (2) अध्यापकों का व्यावसायिक विकास भी हो सके। एक विद्यालय प्रमुख, अकादमिक नेतृत्वकर्ता की भूमिका में इस बात पर दृढ़ता से विश्वास करता है कि प्रत्येक बच्चा सीखने और प्रगति करने में सक्षम है और हर अध्यापक अपने शिक्षण के अभ्यासों, ज्ञान और कौशल में सुधार कर सकता है। अकादमिक नेतृत्वकर्ता, शिक्षण-अधिगम प्रक्रियाओं के साथ-साथ अध्यापकों के पढ़ाने के तरीकों का समर्थन और पर्यवेक्षण भी करते हैं। हम यह भी जानते हैं कि एक प्राथमिक/उच्च प्राथमिक अथवा प्रारंभिक विद्यालय के विद्यालय प्रमुख भी शिक्षण कार्य में प्रत्यक्ष रूप से संलग्न होते हैं। इसलिए यह समझना महत्वपूर्ण है कि विद्यालय प्रमुख 'अध्यापक' एवं 'प्रमुख' दोनों ही भूमिकाओं को निभाते हैं। यह एक सुअवसर है क्योंकि विद्यालय प्रमुख ही एक अध्यापक की भूमिका को समझ सकता है। वह यह भी समझ सकता है कि विद्यार्थियों की विविध पृष्ठभूमि एवं विभिन्न अधिगम आवश्यकताओं से जुड़ी कौन-सी शिक्षण-अधिगम चुनौतियाँ हैं जिनका अध्यापक प्रतिदिन सामना करते हैं। इसके अलावा, एक विद्यालय प्रमुख के रूप में, हमें प्रत्येक कक्षा में और सभी विषयों में समग्र शिक्षण अभ्यास में सुधार के लिए विद्यालय के शिक्षकों को शैक्षणिक सहायता और पर्यवेक्षण भी प्रदान करना होगा। एक अकादमिक नेतृत्वकर्ता के रूप में अपनी भूमिका को

समझने के लिए, तीन घटकों को व्यापक रूप से समझने की आवश्यकता है–

- सक्रिय अधिगम सिद्धांतों पर दृष्टिकोण विकसित करना
- विद्यालय प्रमुख के रूप में शिक्षण-विषयवस्तु ज्ञान को समझना
- विद्यालय में अकादमिक पर्यवेक्षण

सक्रिय अधिगम के सिद्धांतों पर दृष्टिकोण विकसित करना

विद्यार्थी अधिगम भयमुक्त वातावरण में संचालित होना चाहिए। विद्यालयों को विद्यार्थियों को सशक्त बनाने के अवसर देने चाहिए, ताकि उनकी अधिकतम क्षमता को विकसित किया जा सके और उनमें समीक्षात्मक विचार कौशल और एक जिज्ञासु मन पनप सके। इस तरह वे कुशल नागरिक बन सकते हैं और समाज की प्रगति में सार्थक योगदान भी दे सकते हैं। इस पर सोचें कि हम एक ऐसे अधिगम वातावरण का निर्माण कैसे करेंगे जहाँ बच्चे स्वयं को सुरक्षित महसूस करें एवं उनमें समीक्षात्मक विचार कौशल एवं जिज्ञासु मन का विकास हो सके? इसका एक उत्तर इस बात में निहित है कि उन्हें रटाया न जाए, बल्कि ऐसा अधिगम वातावरण हो जहाँ बच्चे सीखने का आनन्द लें। इस तरह की शिक्षण-पद्धति, जहाँ बच्चे केवल व्याख्यान नहीं सुन रहे होते, बल्कि उच्चतर कोटि की विचार प्रक्रिया के कार्यों में संलग्न होते हैं, उसे बाल-केंद्रित शिक्षणशास्त्र कहा जाता है। रटकर सीखना, जहाँ अध्यापक बच्चों को केवल जानकारी प्रदान करते हैं, के विपरीत, बाल-केंद्रित शिक्षण पद्धति में, अध्यापक बच्चों को खोज करने, प्रक्रियाओं में भागीदारी करने एवं प्राप्त जानकारी को प्रयोग में लाने के लिए आगे बढ़ाते हुए केवल ज्ञान के सुगमकर्ता के रूप में कार्य करते हैं।

सक्रिय शिक्षण, बाल-केंद्रित शिक्षणशास्त्र का एक घटक है जो शिक्षण-अधिगम प्रक्रियाओं को आनंददायक और सार्थक बनाता है। एक विद्यालय नेतृत्वकर्ता के रूप में, हमें सक्रिय शिक्षण सिद्धांतों की गहन समझ होनी चाहिए जो किसी भी विषय क्षेत्र की शिक्षण-अधिगम प्रक्रिया में लागू किए जा सकते हैं।

निष्क्रिय अधिगम	सक्रिय अधिगम
अध्यापक अधिगम से जुड़े सामान्य सिद्धांतों को ही शिक्षण-अधिगम प्रक्रिया में प्रयोग में लाते हैं।	अध्यापक उन सामाजिक, सांस्कृतिक और राजनैतिक संदर्भों को समझते हैं जिनमें शिक्षार्थी पलते व विकसित होते हैं। वे शिक्षार्थियों को सैद्धांतिक जानकारी के साथ-साथ जीवन की वास्तविक स्थितियों से भी परिचित कराते हैं।
शिक्षार्थी के लिए ज्ञान को 'बाहरी' एवं ऐसा माना जाता है जिसे प्राप्त किया जाना है।	समीक्षात्मक विचार-कौशलों के माध्यम से शिक्षण, अधिगम, व्यक्तिगत व सामाजिक अनुभवों के साझा संदर्भों में ज्ञान को अर्जित किया जाता है।
चिंतन-मनन व स्व-अध्ययन के कम अवसर	शिक्षक शिक्षार्थियों को गहन विचार-विमर्श व चिंतन में संलग्न रखते हैं। शिक्षार्थियों को स्व-अध्ययन और समीक्षात्मक विचार-कौशलों के विकास के लिए मुद्दों को समझने एवं पहचानने के लिए प्रोत्साहित करते हैं। शिक्षार्थी अपने द्वारा किए गए अवलोकन, स्व-चिंतन जिसमें विवादों का भी उल्लेख हो, इन सभी विषयों पर चिंतनयुक्त लेख लिखते हैं।
शिक्षार्थी दिए गए कार्यों, कक्षा में होने वाली परीक्षाओं, क्षेत्र कार्यों एवं शिक्षण अभ्यासों पर व्यक्तिगत रूप से कार्य करते हैं।	शिक्षार्थियों को दल में काम करने, एक-दूसरे के साथ बातचीत करने और विभिन्न तरह के विषयों, क्षेत्रों पर प्रोजेक्ट्स करने के लिए प्रोत्साहित किया जाता है। सामूहिक प्रस्तुतियों को प्रोत्साहित किया जाता है।

निष्क्रिय अधिगम	सक्रिय अधिगम
सामाजिक वास्तविकताओं, शिक्षार्थी और अधिगम-प्रक्रिया के बारे में विद्यार्थियों की मान्यताओं का निराकरण करने के लिए कोई 'स्थान' नहीं होता।	शिक्षार्थियों को समाज में अपनी स्थिति और अपनी मान्यताओं का पता लगाने व परखने के लिए कक्षा शिक्षण-अधिगम प्रक्रियाओं में स्थान दिया जाता है।
शिक्षार्थियों की विषय ज्ञान की अवधारणा को जानने के लिए कोई स्थान नहीं होता।	ज्ञानात्मक अवधारणाओं को परखने, जानने एवं चुनौती देने हेतु पर्याप्त अवसर।
रट्टा प्रणाली को प्रोत्साहित करना।	रट्टा प्रणाली को हतोत्साहित करना, शिक्षण-अधिगम को एक आनंददायी व सहभागी गतिविधि बनाना, बाल-केंद्रित, क्रियाकलाप-आधारित सहभागी अधिगम अनुभवों, जैसे—नाटक, प्रोजेक्ट, विचार-विमर्श, संवाद, अवलोकन, भ्रमण आदि को सुनियोजित करना और सृजनात्मक कार्यों के साथ शिक्षण-अधिगम को एकीकृत करना।
मूल्य आधारित शिक्षा की ओर न ले जाना।	सामाजिक पुनर्निर्माण के लिए जीवन के लोकतांत्रिक तरीकों, समानता, न्याय, स्वतंत्रता, बंधुत्व, धर्म निरपेक्षता एवं उत्साह को बढ़ावा देना।

विद्यालय नेतृत्वकर्ता के रूप में शिक्षणशास्त्र–विषयवस्तु ज्ञान को समझना

यह अवधारणाएँ हमें स्वयं को एक अकादमिक नेतृत्वकर्ता के रूप में स्थापित करने एवं प्रभावी पर्यवेक्षण करने हेतु, वंचित ज्ञान एवं कौशल प्रदान करने में मदद करेगी। सरल शब्दों में, शिक्षणशास्त्र-विषयवस्तु ज्ञान शैक्षणिक सिद्धांतों (pedagogical principles) का एक संयोजन है जो किसी विषय विशेष के बारे में विशिष्ट हैं। हालाँकि, इस अवधारणा की समझ यहीं तक सीमित नहीं है। इसमें अध्यापकों, विविध पृष्ठभूमि वाले विद्यार्थियों एवं विद्यार्थियों की विभिन्न अधिगम आवश्यकताओं की भी गहन समझ शामिल है। पूर्ण रूप से इस अवधारणा का प्रयोजन शिक्षण-अधिगम प्रक्रियाओं को प्रत्येक विद्यार्थी की अधिगम प्रगति को लाभ पहुँचाने के लिए किया जा सकता है।

सामान्य शैक्षणिक ज्ञान

इसमें अधिगम वातावरण और निर्देशात्मक प्रणालियों, कक्षा-प्रबंधन, विद्यार्थियों के ज्ञान अर्जन व निर्माण करने के विभिन्न तरीके (उदाहरण के लिए—सक्रिय अधिगम सिद्धांत) का ज्ञान शामिल है।

विषयवस्तु ज्ञान

इसमें विषय से संबंधित विषय वस्तु का ज्ञान शामिल है।

शिक्षणशास्त्र–विषयवस्तु ज्ञान

साधारणतः इसे एक विषय विशेष को पढ़ाने के अवधारणात्मक मानचित्रण के रूप में समझा जा सकता है—उस विषय विशेष के लिए निर्देशात्मक पद्धतियों और उदाहरणों का ज्ञान (ऐसे उदाहरण जो विषय संबंधित अवधारणाओं का सृजन करने व सबल बनाने में मदद करते हैं); उस विषय में विद्यार्थियों की समझ और संभावित मिथ्याबोध को दूर करने के लिए अध्यापकों द्वारा प्रश्न एवं अवधारणात्मक स्पष्टता का निर्माण करना; शिक्षण-अधिगम के दौरान विद्यार्थियों की विविध पृष्ठभूमि का ज्ञान आदि। इसके अतिरिक्त, शिक्षणशास्त्र-विषयवस्तु का ज्ञान विद्यार्थियों की सांस्कृतिक, सामाजिक एवं भाषायी पृष्ठभूमि, रुचियों, अधिगम आवश्यकताओं और पद्धतियों, तकनीकों एवं उन उपकरणों की गहन समझ पर भी प्रकाश डालता है, जो विद्यालय एवं कक्षाओं में सकारात्मक अधिगम वातावरण को बनाने और बनाए रखने के लिए आवश्यक है।

विषयों का शिक्षणशास्त्र-विषयवस्तु ज्ञान—

- पर्यावरण अध्ययन का शिक्षणशास्त्र
- विज्ञान शिक्षणशास्त्र
- गणित शिक्षणशास्त्र
- सामाजिक विज्ञान का शिक्षणशास्त्र
- भाषा शिक्षणशास्त्र

एक विद्यालय नेतृत्वकर्ता के रूप में, अपने विद्यालय की शिक्षण-अधिगम प्रक्रियाओं का पर्यवेक्षण करने के लिए, हमें विभिन्न विषय-क्षेत्रों के शिक्षणशास्त्र-विषयवस्तु ज्ञान की मूलभूत समझ होना आवश्यक है। यह संभव है कि प्रारंभिक स्तर पर (प्राथमिक/उच्च प्राथमिक), हमारे पास सीमित संख्या में शिक्षकों वाला एक छोटा विद्यालय हो। इस स्थिति में हम अपने शिक्षकों के साथ शिक्षण कक्षाओं में अधिक समय बिताते होंगे, इसलिए हमारे लिए भी हर विषय-क्षेत्र की मूलभूत समझ उतनी ही महत्वपूर्ण है, जितनी कि अध्यापकों के लिए।

सीखने के प्रतिफल (लर्निंग आउटकम) क्या हैं?

रा.शै.अ.प्र.प. ने सीखने के प्रतिफल को विकसित किया है जो पठन-सामग्री को रटकर याद करने पर आधारित मूल्यांकन को दूर हटाने के लिए बनाया गया है। योग्यता (सीखने के प्रतिफल) आधारित मूल्यांकन पर जोर देकर, शिक्षकों और पूरी व्यवस्था को यह समझने में मदद की गई है कि बच्चे ज्ञान, कौशल और सामाजिक-व्यक्तिगत गुणों और दृष्टिकोणों में परिवर्तन के मामले में वर्ष के दौरान एक विशेष कक्षा में क्या हासिल करेंगे। सीखने के प्रतिफल ज्ञान और कौशल से परिपूर्ण ऐसे कथन हैं जिन्हें बच्चों को एक विशेष कक्षा या पाठ्यक्रम के अंत तक प्राप्त करने की आवश्यकता है और यह अधिगम संवर्धन की उन शिक्षणशास्त्रीय विधियों से समर्थित हैं जिनका क्रियान्वयन शिक्षकों द्वारा करने की आवश्यकता है। ये कथन प्रक्रिया आधारित हैं और समग्र विकास के पैमाने पर बच्चे की प्रगति का आकलन करने के लिए गुणात्मक या मात्रात्मक दोनों तरीके से जाँच योग्य बिंदु प्रदान करते हैं। पर्यावरणीय अध्ययन के लिए सीखने के दो प्रतिफल नीचे दिए गए हैं–

विद्यार्थी विभिन्न आयुवर्ग के लोगों, जानवरों और पक्षियों में भोजन तथा पानी की आवश्यकता, भोजन और पानी की उपलब्धता तथा घर एवं आस-पास के परिवेश में पानी के उपयोग का वर्णन करता है।

विद्यार्थी मौखिक/लिखित/अन्य तरीकों से परिवार के सदस्यों की भूमिका, परिवार के प्रभावों (लक्षणों/विशेषताओं/आदतों/प्रथाओं) और एक साथ रहने की आवश्यकता का मौखिक/लिखित या किसी अन्य माध्यम से वर्णन करता है।

उपर्युक्त सीखने के प्रतिफलों को प्राप्त करने के लिए विद्यार्थियों को व्यक्तिगत रूप से या जोड़े अथवा समूहों में काम करने के अवसर प्रदान किए जाते हैं और उन्हें आस-पास के परिवेश का अवलोकन और अन्वेषण करने के लिए प्रोत्साहित किया जाता है; उन्हें मौखिक/लिखित/चित्र/संकेतों में अपने अनुभव दर्ज एवं व्यक्त करने का अवसर दिया जाता है। बच्चों को बड़ों के साथ चर्चा करने और विभिन्न स्थानों पर जाने, उनकी पसंद के विषय पर उनसे जानकारी एकत्र करने और निष्कर्षों पर समूहों में चर्चा करने की अनुमति देने की आवश्यकता है।

आरंभिक स्तर पर सीखने के प्रतिफल सभी बच्चों, जिसमें विशेष आवश्यकताओं वाले बच्चे (सी.डब्ल्यू.एस.एन.) और वंचित समूहों से संबंधित बच्चे भी सम्मिलित हैं, को प्रभावी रूप से अधिगम के अवसर प्रदान करने के लिए हैं। इन्हें विभिन्न पाठ्यक्रम क्षेत्रों–पर्यावरण अध्ययन, विज्ञान, गणित, सामाजिक विज्ञान और भाषा के लिए विकसित किया गया है। सीखने के प्रतिफल सभी बच्चों, जिनमें विशेष आवश्यकता वाले बच्चे (सी.डब्ल्यू.एस.एन.) भी शामिल हैं, की शिक्षणशास्त्रीय प्रक्रियाओं और पाठ्यचर्या संबंधी अपेक्षाओं से जुड़े हैं। वंचित समूहों से संबंधित बच्चों के प्रावधानों में निम्नलिखित शामिल हैं–

- अधिगम प्रक्रिया में उनकी भागीदारी सुनिश्चित करना और उन्हें अन्य बच्चों की तरह प्रगति करने में मदद करना। बच्चों की तुलना करने से बचें।
- व्यक्तिगत आवश्यकताओं के अनुरूप पाठ्यचर्या और सीखने के परिवेश में बदलाव करना।
- विभिन्न पठन क्षेत्रों में अनुकूलित गतिविधियों का प्रावधान।
- उम्र और सीखने के स्तरों के अनुरूप सुलभ पाठ और सामग्री।
- कक्षाओं का उपयुक्त प्रबंधन, जैसे–शोर, चकाचौंध आदि का प्रबंधन।
- सूचना और संचार प्रौद्योगिकी (आई.सी.टी.), वीडियो या डिजिटल स्वरूप का उपयोग करके अतिरिक्त सहायता का प्रावधान।
- गतिशीलता सहायक यंत्र (व्हीलचेयर, बैसाखी, सफेद बेंत), श्रवण-सहायक, ऑप्टिकल या गैर-ऑप्टिकल सहायता, शैक्षिक सहायता (टेलर फ्रेम, एबेकस) आदि।
- अन्य बच्चों को विशेष आवश्यकता वाले बच्चों की विशेषताओं और कमजोरियों के प्रति संवेदनशील बनाना।
- आकलन के सफल समापन के लिए उपयुक्त विधि और अतिरिक्त समय का चयन करना।

- घरेलू भाषा के लिए सम्मान और सामाजिक-सांस्कृतिक परिवेश (जैसे—परंपराएँ और रीतिगत प्रथाएँ आदि) से जुड़ाव।

अतः अधिगम (सीखने के) प्रतिफल कक्षावार प्रक्रिया आधारित छोटे लक्ष्य हैं जो "बच्चों के संपूर्ण विकास हेतु अपेक्षित समग्र अधिगम के अनुसार बच्चे की प्रगति का आकलन करने के लिए गुणात्मक या मात्रात्मक तरीके से मापने योग्य हैं।" शिक्षकों से अपेक्षा की जाती है कि वे पाठ-योजना तैयार करते समय "प्रासंगिक संसाधनों और उपयुक्त अधिगम प्रक्रियाओं" का उपयोग करें और "समावेशी कक्षा में विभिन्न शिक्षार्थियों की आवश्यकता के अनुसार अधिगम की स्थिति/अवसर प्रदान करने" के लिए प्रोत्साहित करें। हालाँकि, अधिगम प्रतिफल जिनको एक कक्षा के लिए विषयवार दर्शाया जाता है, उन्हें पृथक करके नहीं, बल्कि बच्चे की समग्र समझ हेतु संपूर्ण रूप से समझा जा सकता है।

प्रारंभिक स्तर के सीखने के प्रतिफलों के दस्तावेज में प्राथमिक स्तर पर विभिन्न भाषाओं (हिंदी, अंग्रेजी, उर्दू) में गणित, पर्यावरण अध्ययन, विज्ञान और सामाजिक विज्ञान के प्रत्येक कक्षा के सीखने के प्रतिफल उल्लेखित हैं। यह दस्तावेज सभी हितधारकों, विशेष रूप से माता-पिता/अभिभावकों, शिक्षकों, विद्यालय प्रबंध समिति और समुदाय के सदस्यों के लिए हैं।

विद्यालय आधारित आकलन क्या है?

विद्यालय आधारित आकलन शिक्षण में मूल्यांकन और मूल्यांकन के व्यापक शैक्षिक-दर्शन के भीतर शिक्षण और सीखने की प्रक्रिया में सन्निहित आकलन है। स्कूल आधारित आकलन विद्यालय में शिक्षकों द्वारा विद्यालय के विद्यार्थियों का मूल्यांकन है। यह विभिन्न विषयों में वर्ष के अंत में बच्चों के प्रदर्शन को साझा करने का एक आम अभ्यास है। ग्रेड (अंकों पर आधारित मूल्यांकन) इस बात की कोई जानकारी नहीं देते कि सीखने में क्या सामर्थ्य या अंतराल है, क्यों अंतराल है और कैसे सीखने में अंतराल को दूर किया जा सकता है। हमें यह महसूस करने की आवश्यकता है कि जब बच्चों की प्रगति को उनके सामर्थ्य और कमजोरियों के बारे में बताए बिना अंकों या ग्रेड के संदर्भ में उनके साथ साझा किया जाता है तो यह उन्हें ए ग्रेडर्स, बी ग्रेडर्स इत्यादि रूपों में चिह्नित (लेबल) कर देने जैसा होता है। इसके अतिरिक्त, अक्सर की जाने वाली बाहरी और केंद्रीकृत परीक्षा भी छोटे बच्चों के लिए भयावह हो सकती है।

आकलन—क्या, क्यों और कैसे?

आकलन का मुख्य उद्देश्य बच्चों की सीखने की जरूरतों को समझने के लिए उन्हें अपनी दक्षता बढ़ाने में सहायता देना है और यदि सीखने में कोई परेशानी है तो उसे दूर करने के लिए उसकी मदद करना है। आकलन के 'क्यों, क्या और कैसे' को समझने के लिए, हम इस पर एक नजर डालते हैं—

- आकलन के मापदंड क्या हैं?
- इससे कौन-सा उद्देश्य पूरा होगा?

यह उपखंड निम्न मापदंडों पर विस्तार से चर्चा करता है—सीखने के प्रतिफल, आकलन की मुख्य विशेषताएँ और विवरण सहित इसका उद्देश्य कि कक्षा और विद्यालय आधारित आकलन रणनीतियों का उपयोग करके बच्चों के सीखने और विकास का निरीक्षण कैसे कर सकते हैं।

सीखने के प्रतिफल—आकलन के मापदंड

अधिगम के आकलन में न केवल यह समझने की आवश्यकता है कि किस प्रकार की सीखने की इच्छा है, बल्कि इसके मापदंडों को भी समझना जरूरी है, जिसके बारे में आकलन किया जा सकता हैं। अधिकतर विद्यालय आधारित आकलन करने वाले हितधारक इसके बारे में स्पष्ट नहीं होते हैं क्योंकि शिक्षक, पाठ्यपुस्तकों को ही पूर्ण पाठ्यक्रम मानते हैं और पाठांत अभ्यास में दिए गए प्रश्नों का उपयोग करके बच्चों का आकलन करते हैं, जबकि परीक्षा और उपलब्धि सर्वेक्षण बिना किसी स्पष्ट रूप के बहुविकल्पीय प्रश्नों का उपयोग करते हैं—दक्षताओं के बारे में तर्कपूर्ण आकलन किए बिना और यह जाने बिना कि उनमें से प्रत्येक के पीछे की सीख क्या है। प्रत्येक कक्षा के लिए विषयवार सीखने के प्रतिफल न केवल विभिन्न हितधारकों को जिला/राज्य/राष्ट्रीय स्तर पर आकलन के मापदंडों की सूचना देते हैं, बल्कि इसके साथ ही विद्यालय स्तर पर शिक्षकों, विद्यार्थियों, अभिभावकों/संरक्षकों, विद्यालय प्रबंधन समिति (एस.एम.सी.) सदस्यों को गुणवत्ता शिक्षा सुनिश्चित करने की दिशा में अपने प्रयासों को निर्देशित करने के अलावा जिम्मेदार और सतर्क होने के लिए भी पदाधिकारियों को सक्षम करते हैं। सीखने के प्रतिफल को स्पष्ट रूप से परिभाषित किया गया है, जो अलग-अलग क्षेत्रों में अपेक्षाओं की पूर्ति के लिए विभिन्न हितधारकों की जिम्मेदारी और जवाबदेही को निर्देशित और सुनिश्चित कर सकते हैं।

आकलन का उद्देश्य

- **सीखने के लिए आकलन**–आकलन, शिक्षण-अधिगम का अभिन्न अंग है और शिक्षण-अधिगम के दौरान लगातार होता है। समग्र और पूर्वाग्रहों या विकृति से मुक्त होने के लिए इसे कई सबूतों पर आधारित होने की आवश्यकता होती है, जिसे सीखने के विभिन्न पहलुओं पर बच्चे को कक्षा के अंदर और बाहर दोनों गतिविधियों में भाग लेने के लिए अलग-अलग स्रोतों से जानकारी एकत्रित करने की आवश्यकता होती है यानी, ज्ञान, निष्पादन, कौशल, रुचियाँ, दृष्टिकोण और अभिप्रेरणा। यह शिक्षकों को न केवल प्रत्येक बच्चे के सीखने में आ रही परेशानी को समझने में मदद करता है, बल्कि विद्यार्थियों की आवश्यकता और सीखने की शैली के अनुसार उनके शिक्षण-अधिगम को विचार, समीक्षा और संशोधित करने में भी मदद करता है। इसमें विद्यार्थियों को शिक्षण-अधिगम की प्रक्रिया की योजना, हस्तांतरण और आकलन में भागीदार के रूप में शामिल किया गया है और इस प्रकार इसमें विद्यार्थियों और शिक्षकों द्वारा प्रतिक्रिया देना और प्राप्त करना दोनों शामिल हैं।
- **आकलन ही अधिगम है**–इसके तहत शिक्षण-अधिगम प्रक्रिया के दौरान अपने स्वयं के कार्यों का गंभीर रूप से आकलन, विचार और विश्लेषण करने के लिए विद्यार्थियों को अवसर और स्थान प्रदान करना है। इसके साथ उनकी दक्षता और सीखने में आ रही परेशानी की पहचान करना आवश्यक है। उन्हें स्वयं का आकलन करने और अपने साथियों और समूह के काम पर विचार करने के लिए प्रोत्साहित किया जा सकता है। सीखने के रूप में आकलन बच्चे के आत्मविश्वास को बढ़ाता है और आजीवन सीखने की क्षमताओं को विकसित करने में मदद करता है। यह शिक्षण-अधिगम के दौरान भी होता है।
- **सीखने का आकलन**–इसका उपयोग पहचान किए गए पाठ्यक्रम और उद्देश्यों के आधार पर मानदंड (प्रक्रिया कौशल/सीखने के संकेतक और सीखने के प्रतिफल) के अनुसार विद्यार्थियों के सीखने को मानक करने के लिए किया जाता है। विद्यार्थी के सीखने के बारे में व्यापक जानकारी प्रदान करने के लिए पाठ्यक्रम के सभी पहलुओं पर अलग-अलग विषयों में प्रदर्शन सहित, कौशल, रुचियाँ, दृष्टिकोण और समग्र तरीके से प्रेरणा, पाठ्यचर्या और पाठ्य-सहगामी क्षेत्रों में अलगाव किए बिना आकलन किया जाता है। शिक्षक व्यक्तिगत/सामूहिक/स्वयं या सहकर्मी आकलन की जानकारी का उपयोग करके, एकत्रित किए गए प्रमाणों के आधार पर सीखने की प्रक्रियाओं पर विद्यार्थियों की प्रगति की रिपोर्ट बनाते हैं। प्रत्येक विद्यार्थी के लिए एक विवरणिका को बनाए रखा जा सकता है जिसका उपयोग उसके पिछले प्रदर्शन की तुलना में बच्चे की प्रगति को संकलित करने के लिए किया जा सकता है। शिक्षक प्रत्येक बच्चे की सीखने की प्रगति की निगरानी करने के लिए उसकी डायरी/कार्यपंजिका/बच्चे की पुस्तिकाओं पर लिखी गई टिप्पणियों/कार्यपत्रकों/परियोजनाओं आदि को दर्ज कर सकते हैं। बच्चों को उनके सीखने और प्रगति में सुधार करने में मदद करने के लिए इसका सार्थक उपयोग करने की आवश्यकता है।

विद्यार्थी अधिगम या विद्यार्थी अधिगम प्रतिफलों में सुधार तब तक प्राप्त नहीं किया जा सकता है, जब तक कि विद्यालय में शिक्षण-अधिगम प्रक्रियाएँ बाल-केंद्रित शिक्षण-शास्त्र, सक्रिय अधिगम सिद्धांतों और विभिन्न विषयों के शिक्षणशास्त्र-विषयवस्तु ज्ञान को गहन समझ के आधार पर क्रियान्वित नहीं की जाती। एक विद्यालय नेतृत्वकर्ता के रूप में, शिक्षण-अधिगम प्रक्रियाओं के मूल सिद्धांतों के बारे में स्वयं समझना और फिर अध्यापकों को इन पर सलाह व परामर्श देना, आपकी सबसे महत्वपूर्ण भूमिका है।

विद्यालय प्रमुख के रूप में आपको अन्य भूमिकाओं पर भी समान रूप से कार्य करने की आवश्यकता है, जैसे कि स्वयं व शिक्षकों के व्यावसायिक विकास का नेतृत्व करना, दल बनाना, नवाचारी वातावरण का निर्माण करना और शिक्षण-अधिगम प्रक्रिया में समग्र रूपांतरण प्राप्त करने के लिए अभिभावकों एवं समुदाय के साथ साझेदारियाँ बैठाना। केवल, कक्षा के भीतर शिक्षण-अधिगम प्रक्रियाओं पर ध्यान केंद्रित करने से अधिगम प्रतिफल प्राप्त नहीं होंगे जब तक कि शिक्षकों और विद्यार्थियों के विकास को समग्र रूप से मार्गदर्शित नहीं किया जाएगा। उदाहरण के लिए, एक प्रभावी विद्यालय दल (शिक्षक, गैर-शैक्षणिक कर्मचारी, विद्यालय प्रमुख एवं विद्यालय प्रबंधन समिति के सदस्य) जब विद्यार्थियों के अधिगम में सुधार अथवा विद्यार्थियों के व्यक्तिगत-सामाजिक गुणों का विकास करने के उद्देश्य से

एक विजन के साथ काम करते हैं, तब विद्यार्थियों के समग्र विकास पर व्यापक प्रभाव पड़ता है। शिक्षण-अधिगम की प्रक्रियाओं में सामुदायिक संसाधनों को एकीकृत करने से भी विद्यार्थियों के लिए बेहतर अधिगम अनुभव प्रदान होते हैं। इसी तरह, अभिभावकों के सहयोग से विद्यार्थी-अधिगम में काफी सुधार हो सकता है। विद्यालयों में नवाचारी वातावरण का निर्माण करने से शिक्षकों और विद्यार्थियों को सीखने, प्रयोग या अन्वेषण करने के लिए नये और रचनात्मक विचारों के बारे में सोचने के लिए प्रेरित किया जा सकता है।

विद्यालय में अकादमिक पर्यवेक्षण

एक विद्यालय नेतृत्वकर्ता के रूप में, आपने सक्रिय अधिगम के सिद्धांत, शिक्षणशास्त्र-विषयवस्तु ज्ञान, अधिगम प्रतिफल और अधिगम हेतु आकलन के संदर्भ में बुनियादी समझ विकसित की है। एक अकादमिक नेतृत्वकर्ता के लिए अब अगले कदम हैं–

- पहला, स्वयं के शिक्षण कार्य में इन सिद्धांतों का प्रयोग, एवं
- दूसरा, विद्यार्थी अधिगम में सुधार के लिए शिक्षण-अधिगम प्रक्रियाओं में इन सिद्धांतों के ज्ञान और प्रणालियों को कैसे एकीकृत कर सकते हैं, इस पर शिक्षकों को सलाह (coaching) एवं परामर्श (mentoring) देना।

एक अकादमिक नेतृत्वकर्ता की भूमिका पर्यवेक्षण की होती है जिसको व्यक्तिगत एवं सामूहिक रूप से, विद्यालयों में शिक्षकों के निरंतर विकास को प्रोत्साहित, समन्वित और मार्गदर्शित करने के प्रयास के रूप में परिभाषित किया जा सकता है। अकादमिक पर्यवेक्षक के रूप में विद्यालय नेतृत्वकर्ता शिक्षकों के लिए लक्ष्यों को उनके साथ स्पष्ट रूप से परिभाषित करने और उनके लिए शैक्षणिक अवसरों को पैदा करने में मदद करते हैं। अकादमिक पर्यवेक्षक अभिभावकों और शिक्षकों के साथ मिलकर काम करते हैं ताकि समुदाय की जरूरतों एवं अपेक्षाओं से सरोकार करते हुए विद्यार्थियों को सार्थक शैक्षणिक अनुभव प्रदान किया जा सके। इससे विद्यार्थियों को अपने लिए किसी उपयुक्त व्यवसाय को चुनने में भी मदद मिलेगी।

यह समझना बहुत महत्वपूर्ण है कि पर्यवेक्षण का अर्थ क्या है–

- अकादमिक मार्गदर्शन
- शिक्षकों और साथी सहयोगियों के साथ शैक्षणिक संवाद
- शिक्षकों को प्रतिपुष्टि प्रदान करना
- आत्मचिंतन करने में शिक्षकों को सहयोग देना
- प्रगति की समीक्षा करने में सहायता करना
- शिक्षकों को ऑन-साइट सहायता प्रदान करना

विद्यालय प्रमुख एवं शिक्षक के मध्य पर्यवेक्षणात्मक संबंध

यह एक व्यावसायिक, शैक्षणिक संबंध होता है, जहाँ अभ्यासकर्ता (शिक्षक) और पर्यवेक्षक (प्रमुख शिक्षक) दोनों का लक्ष्य होता है कि वे परस्पर विश्वास और एक-दूसरे के प्रति सम्मान के आधार पर शैक्षणिक संबंध विकसित करें। यह एक के दूसरे से श्रेष्ठ होने के बारे में नहीं हैं, बल्कि दोनों ही, विद्यार्थी-अधिगम के सुधार और बच्चों के समग्र विकास के उद्देश्य से अपने शिक्षण अभ्यास में सुधार करने की प्रक्रिया में अधिगमकर्ता बन जाते हैं।

एक अकादमिक पर्यवेक्षक के कार्य

- **योजना और सुनियोजन**–पर्यवेक्षक की मूल भूमिका है शिक्षकों के साथ मिलकर, सहयोगात्मक रूप से उनके दैनिक एवं साप्ताहिक कार्यों की योजना बनाना।
- **अनुकूल वातावरण का प्रावधान**–एक पर्यवेक्षक विद्यालय का भौतिक वातावरण तैयार करने और सही जगह पर भौतिक संसाधनों की व्यवस्था करने में महत्वपूर्ण भूमिका निभाता है। इसमें बैठने की उपयुक्त जगह, हवा का आना-जाना, प्रकाश व्यवस्था, पानी की सुविधा आदि शामिल हैं। इसके अलावा, शिक्षकों के साथ पर्यवेक्षक भी शिक्षण-अधिगम सामग्री का प्रावधान करने में सहयोग देता है।
- **नेतृत्व और मार्गदर्शन**–एक पर्यवेक्षक शिक्षकों का नेतृत्वकर्ता होता है। वह शिक्षकों का नेतृत्व करता है और उन्हें अपना सर्वश्रेष्ठ कार्य करने के लिए प्रभावित करता है। वह शिक्षकों के लिए प्राप्त करने योग्य लक्ष्यों और उद्देश्यों को निर्धारित कर उनका मार्गदर्शन भी करता है।
- **प्रेरणा**–एक पर्यवेक्षक शिक्षकों को प्रेरित करता है।
- **नयी शिक्षण पद्धतियों से परिचय कराना**–पर्यवेक्षक को शिक्षण-अधिगम प्रक्रिया के नवीनतम ज्ञान और कौशल के बारे में जानकारी होनी चाहिए और उन्हें लगातार

शिक्षकों के साथ साझा भी करते रहना चाहिए। इससे शिक्षकों का मनोबल बढ़ेगा, काम करने की परिस्थितियाँ संतोषजनक होंगी, मानवीय संबंध सबल बनेंगे और विद्यार्थी अधिगम में सुधार होगा।

- **जाँचना**–प्रगति की जाँच करना, पर्यवेक्षक द्वारा निष्पादित एक महत्वपूर्ण कार्य है। इसमें सहयोगात्मक रूप से निर्धारित लक्ष्यों के साथ शिक्षकों के वास्तविक प्रदर्शन की जाँच करना और बच्चों के अधिगम की प्रगति का आकलन करना शामिल है।

अकादमिक पर्यवेक्षण की तकनीकें—पर्यवेक्षण कैसे करें?

नीचे दो तकनीकें दी गई हैं, जो आपको एक विद्यालय नेतृत्वकर्ता के रूप में प्रभावी रूप से अकादमिक पर्यवेक्षण करने में मदद करेंगी।

पूछें-वर्णन करें-पूछें – प्रतिपुष्टि द्वारा बेहतर शिक्षण अभ्यास

पूछें-वर्णन करें-पूछें की तकनीक पर्यवेक्षक को आधिकारिक भूमिका से लोकतांत्रिक भूमिका की ओर ले जाती है जिसमें पर्यवेक्षक (विद्यालय प्रमुख) एवं अभ्यासकर्ता (शिक्षक) दोनों एक साथ सीखते हैं। भविष्य के लक्ष्यों और सुधार की योजना पर दोनों के बीच एक सामान्य सहमति होती है। यह पद्धति पर्यवेक्षक एवं अभ्यासकर्ता के बीच के शैक्षणिक संबंध को तालमेल और विश्वास को दृढ़ता देती है और एक भयमुक्त वातावरण का निर्माण करती है। इस प्रक्रिया से अंततः अभ्यासकर्ता अपने शिक्षण-अधिगम प्रयासों को बेहतर बना पाता है। यह प्रक्रिया दो व्यक्तियों के बीच बातचीत अथवा वार्तालाप के माध्यम से की जाती है।

इस मॉडल के संक्षिप्त चरण नीचे दिए गए हैं। यह मॉडल, अकादमिक पर्यवेक्षक के द्वारा शिक्षक की कक्षा अवलोकन के पश्चात, पर्यवेक्षक और शिक्षक के बीच अधिगम वार्तालाप पर आधारित है–

1. शिक्षक से कक्षा के दौरान किए गए शिक्षण अभ्यास का आकलन करने के लिए पूछें?
   - शिक्षक ने शिक्षण अभ्यास के क्या लक्ष्य निर्धारित किए थे?
   - कक्षा में क्या अच्छा हुआ और क्या बेहतर हो सकता था?

   इन प्रश्नों के माध्यम से दो व्यक्तियों (पर्यवेक्षक एवं अभ्यासकर्ता) के बीच संवाद की शुरूआत होती है। पर्यवेक्षक के द्वारा किए गए प्रश्न सुनिश्चित करते हैं कि अभ्यासकर्ता (शिक्षक) की बात पहले सुनी जाए। इससे शिक्षक में विश्वास पैदा होता है कि प्रश्नोत्तर के माध्यम से की जाने वाली प्रक्रिया उसके स्वयं के अधिगम और प्रगति के लिए ही है।

2. कक्षा अवलोकन के दौरान पर्यवेक्षक के रूप में आपने जो देखा, उसका वर्णन करें।
   - कक्षा में आपने जो अवलोकन किया, उसके बारे में शिक्षक को बताएँ।
   - शिक्षक के स्व-आकलन पर प्रतिपुष्टि दें।
   - आपने जो देखा, उसका विवरण देने के लिए "मैंने देखा..." या "साक्ष्य के आधार पर मैंने यह पाया कि...." जैसे वाक्यांशों का प्रयोग करें।
   - इस बातचीत के दौरान आलोचनात्मक भाषा के प्रयोग से बचें।
   - इससे अभ्यासकर्ता के मन में पर्यवेक्षक के प्रति एक विश्वास बनेगा कि वह कक्षा अवलोकन पर आलोचनात्मक प्रतिक्रिया न देकर वास्तविक कक्षा स्थिति पर बिंदु साझा कर रहे हैं। बातचीत करने के इस तरीके से अभ्यासकर्ता स्वयं के अधिगम एवं प्राप्त प्रतिपुष्टि के द्वारा प्रगति पथ पर अग्रसर होते हैं।
3. अंत में अभ्यासकर्ता से अपने सुधार की नीतियों की समझ के बारे में पूछें।
   - शिक्षक ने क्या सीखा है?
   - अगली बार शिक्षक, शिक्षण-अधिगम प्रक्रिया में किस प्रकार से बदलाव लाएँगे (यदि बदलाव लाने की आवश्यकता है) अथवा नया क्या कर सकते हैं?
   - अगले चरणों की पहचान करें और सुधार हेतु समय-समय पर अनुश्रवण करें।

यदि उपयुक्त हो तो अपने सुझाव दें, लेकिन याद रखें कि एक अकादमिक, पर्यवेक्षक के रूप में आपकी भूमिका है, अभ्यासकर्ता (शिक्षक) को अपने व्यावसायिक विकास की जिम्मेदारी स्वयं उठानी है और स्वयं ही शिक्षण-अधिगम प्रक्रियाओं में

अपने अभ्यासों को बेहतर करना है। अकादमिक पर्यवेक्षक की भूमिका सिर्फ एक सुगमकर्ता की है। इससे शिक्षक, विद्यालय प्रमुख (अकादमिक पर्यवेक्षक) की अनुपस्थिति में भी सीखने और प्रगति करने के पथ पर आगे बढ़ते रहेंगे।

लर्निंग राउंड

लर्निंग राउंड में शिक्षक और विद्यालय नेतृत्वकर्ता दोनों शामिल होते हैं जो एक दल के रूप में कक्षा अवलोकन के द्वारा शिक्षण प्रणालियों का अवलोकन करते हैं। इसका उद्देश्य विद्यालय या विद्यालयों में शिक्षण-अधिगम में प्रभावी व्यवस्थात्मक एवं गुणवत्तापूर्ण सुधार लाना है।

इस प्रक्रिया में अवलोकन, शिक्षण-अधिगम के किसी एक अथवा दो पहलुओं को केंद्र बनाकर किया जाता है। चिह्नित किए गए केंद्रीय क्षेत्र/क्षेत्रों को आमतौर पर समस्याग्रस्त होने के रूप में पहचाना जाता है जिसे विद्यालय प्रभावी ढंग से संभाल पाने में कठिनाई महसूस करता है। उदाहरण के लिए–

- किसी एक विषय में बच्चों के अधिगम प्रतिफल में अंतर पाया जाना
- बच्चों की अधिगम आवश्यकताओं को प्रभावी ढंग से पूरा नहीं किया जाना
- शिक्षकों द्वारा उच्च एवं निम्न क्रम के प्रश्नों का प्रयोग

सभी केंद्रीय क्षेत्रों की पहचान कक्षा अवलोकन द्वारा होनी चाहिए। पर्यवेक्षकों (शिक्षकों और विद्यालय प्रमुखों) का दल चुने हुए विषय पर लगभग 30 मिनट का कक्षा अवलोकन कर सकता है। अपराह्न में निष्कर्षों के बारे में चर्चा की जाती है। पर्यवेक्षक वर्णनात्मक भाषा का उपयोग करते हैं ताकि वे चुने हुए विषय से संबंधित जो कुछ भी अवलोकन करते हैं, उसकी एक साझा समझ का निर्माण कर सकें। वे इस निष्कर्ष का उपयोग स्वयं के अभ्यास या विद्यालय दोनों के शिक्षण-अधिगम में सुधार के लिए 'आगामी चरणों' का विकास करने के लिए कर सकते हैं।

विद्यालय स्टाफ या विद्यालय के बाहर का कोई पर्यवेक्षक नीचे दिए गए उद्देश्यों एवं भागीदारों के साथ लर्निंग राउंड्स की प्रक्रिया का उपयोग कर सकते हैं–

- स्वयं के व्यावसायिक अधिगम को विकसित करने के लिए लर्निंग राउंड्स का उपयोग करने वाले शिक्षकों का एक समूह।
- विद्यार्थी अधिगम के सुधार के लिए लर्निंग राउंड्स का उपयोग करते हुए शिक्षकों और विद्यालय नेतृत्वकर्ताओं का एक समूह।
- विद्यालय सुधार प्रक्रिया को सहयोग देने के लिए लर्निंग राउंड्स का उपयोग करते हुए विद्यालय के बाहर के विशेषज्ञों का एक समूह (जैसे व्यवस्था स्तरीय कार्यकर्ता/डी.आई.ई.टी./एस.सी.ई.आर.टी. संकाय)।
- किसी विद्यालय विशेष में लर्निंग राउंड में शामिल होने वाले एक से अधिक विद्यालय प्रमुखों का समूह।

लर्निंग राउंड्स प्रक्रिया के अंतर्गत हर कोई मिल-जुलकर पूछते हुए सीखता है। यह अपेक्षित नहीं है कि हमेशा ही समूह किसी समस्या विशेष का समाधान करेगा, बल्कि यह अपेक्षा है कि पर्यवेक्षक शिक्षण-अधिगम प्रक्रियाओं के मुद्दों से निपटने के लिए अगले चरणों के बारे में एक स्पष्ट तस्वीर और नए विचारों के बारे में जानेंगे।

विद्यालय में अधिगम वातावरण का निर्माण करना

विद्यालय में अधिगम वातावरण को एक ऐसे वातावरण के रूप में समझा जा सकता है जो एक खुली मानसिकता एवं ज्ञान के लिए स्वतंत्र खोज को बढ़ावा देता है एवं विद्यालय के विजन एवं लक्ष्यों की प्राप्ति हेतु साझा अधिगम को अपनाता है। एक जीवंत अधिगम वातावरण वाला विद्यालय, विद्यालय प्रमुख, शिक्षकों और विद्यार्थियों के बीच सतत अधिगम को प्रोत्साहित करता है। हालाँकि, अधिगम वातावरण के निर्माण के लिए पहला कदम विद्यालय के नेतृत्वकर्ता को ही उठाना होगा। सीखने, साझा करने, प्रतिक्रिया प्राप्त करने और सुधार करने के लिए उसका दृष्टिकोण एक 'प्रेरणास्रोत' के रूप में कार्य कर सकता है जो दूसरों के व्यवहारों को प्रेरित करे और एक अधिगम वातावरण की नींव रखे। ये एक ऐसे वातावरण को विकसित करने के लिए आवश्यक है, जिसमें दल-सदस्य एक-दूसरे से और उन स्रोतों से सीखते हैं जो विद्यालय से बाहर हैं। इसके लिए आप निम्न कार्य कर सकते हैं–

- शिक्षकों के व्यावसायिक विकास के लिए अवसर प्रदान करना।
- अधिगम को एवं जो अधिगम में संलग्न हैं, उन्हें मान्यता देना।

- प्रतिपुष्टि प्राप्त करना एवं देना।
- परिवर्तन और नवाचार को बढ़ावा देना।
- औपचारिक प्रक्रिया में ज्ञान और जानकारी साझा करना।

शिक्षक एवं विद्यालय प्रमुख चिंतनशील अभ्यासकर्ता के रूप में–

चिंतन-मनन को आत्म-परीक्षण और आत्म-मूल्यांकन की प्रक्रिया के रूप में समझा जा सकता है जिसमें विद्यालय प्रमुख एवं शिक्षकों को नियमित रूप से अपने व्यावसायिक अभ्यासों की व्याख्या और सुधार करने के लिए संलग्न रहना चाहिए। चिंतन-मनन एक महत्वपूर्ण प्रणाली या उपकरण है जिसके माध्यम से आप समीक्षात्मक रूप से अपने स्वयं के अभ्यास की जाँच कर सकते हैं। वे व्यक्ति जो अपनी व्यावसायिक क्षमता पर निरंतर आत्म-चिंतन का अभ्यास करते हैं, उन्हें चिंतनशील अभ्यासकर्ता कहा जाता है। एक शिक्षक, कक्षा-प्रक्रिया के दौरान या बाद में अपने शिक्षण अभ्यास का परीक्षण, चिंतन-मनन की तकनीक के द्वारा कर सकता है–जब उसे परखना हो कि विषय संचालन के संदर्भ में क्या मान्यताएँ थीं, पाठ योजना किस प्रकार तैयार की गई थी, क्या 'व्याख्यान शिक्षण' पर अधिक ध्यान केंद्रित किया गया था, या बच्चों की अलग-अलग सीखने की जरूरतों, उनकी मान्यताओं/पूर्वाग्रहों के आधार पर अलग-अलग सीखने के अवसरों को तैयार किया गया था, इत्यादि?

सतत चिंतन-मनन किसी के भी शिक्षण या नेतृत्व अभ्यास को बेहतर बनाने में मदद कर सकता है, क्योंकि आत्म-परीक्षण की प्रक्रिया पुरानी समस्याओं, चुनौतियों या पारंपरिक तरीकों से कार्य करने के प्रति नयी अंतर्दृष्टि और रचनात्मक समाधान के दरवाजे खोलती है। चिंतन-मनन किसी की भी विश्वास प्रणालियों और मानसिक दृष्टिकोण की समीक्षात्मक रूप से जाँच करने का एक महत्वपूर्ण उपकरण हो सकता है। नीचे एक संदर्भ का ढाँचा दिया गया है जो स्वयं के अभ्यास पर चिंतन की प्रक्रिया को शुरू करने में मदद करेगा।

सिद्धांत का कक्षा में ज्यों का त्यों लागू किया जाना	अनुभव, अवलोकन और सैद्धांतिक संलग्नता पर आधारित अवधारणात्मक ज्ञान का निर्माण
1. शिक्षार्थी के लिए ज्ञान को 'बाहरी' एवं ऐसा माना जाता है जिसे प्राप्त किया जाना है।	1. समीक्षात्मक विचार कौशलों के माध्यम से शिक्षण, अधिगम, व्यक्तिगत व सामाजिक अनुभवों के साझा संदर्भों में ज्ञान को अर्जित किया जाता है।
2. शिक्षार्थी दिए गए कार्यों, कक्षा में होने वाली परीक्षाओं, क्षेत्र कार्यों एवं शिक्षण अभ्यासों पर व्यक्तिगत रूप से कार्य करते हैं।	2. शिक्षार्थियों को दल में काम करने, एक-दूसरे के साथ बातचीत करने और विभिन्न तरह के विषय-क्षेत्रों पर प्रोजेक्ट्स करने के लिए प्रोत्साहित किया जाता है। सामूहिक प्रस्तुतियों को प्रोत्साहित किया जाता है।
3. सामाजिक वास्तविकताओं, शिक्षार्थी और अधिगम प्रक्रिया के बारे में विद्यार्थियों की मान्यताओं का निराकरण करने के लिए कोई 'स्थान' नहीं होता।	3. शिक्षार्थियों को समाज में अपनी स्थिति और अपनी मान्यताओं का पता लगाने व परखने के लिए कक्षा शिक्षण-अधिगम प्रक्रियाओं में स्थान दिया जाता है।
4. शिक्षार्थियों की विषय ज्ञान की अवधारणा को जानने के लिए कोई स्थान नहीं होता।	4. ज्ञानात्मक अवधारणाओं को परखने, जानने एवं चुनौती देने हेतु पर्याप्त अवसर।

विद्यार्थी अधिगम प्रतिफलों में सुधार के लिए दल अधिगम

किसी विद्यालय के स्टाफ को पहले से ही मौजूद एक दल के उदाहरण के रूप में देखा जा सकता है, जो उस विद्यालय से संबंधित सभी मुद्दों को हल करने में लगा हुआ है। विद्यालय की प्रक्रियाओं में स्टाफ मीटिंग होना एक सामान्य बात है और आमतौर पर यह महीने में एक या दो बार होती है। एक विद्यालय नेतृत्वकर्ता स्टाफ मीटिंग के माध्यम से अकादमिक परिवर्तन की प्रक्रिया का नेतृत्व कर सकता है। यह महत्वपूर्ण है कि हम एजेंडा आधारित और अधिगम केंद्रित शिक्षक बैठकों का संचालन करें और उन्हें विद्यालय सुधार में बाधाओं पर

चर्चा करने के लिए एक मंच के रूप में देखें। आप इन मुद्दों, जैसे–1. कक्षा में अध्यापकों द्वारा प्रयोग किए गए नवाचारी शिक्षण-अधिगम अभ्यास, 2. विद्यार्थी अधिगम हेतु प्रयोग की जाने वाली आकलन नीति ('आकलन ही अधिगम है' की अवधारणा) और 3. विद्यार्थियों के अधिगम प्रतिफल पर चर्चा कर सकते हैं। स्टाफ मीटिंग सभी शिक्षकों के लिए सीखने का एक अवसर है, ताकि वे एक-दूसरे के साथ शिक्षण के तरीकों एवं विद्यार्थियों के विभिन्न मुद्दों से संबंधित चुनौतियों को साझा कर सकें। साथ ही ऐसी नयी पद्धतियों को साझा कर सकें जो विद्यार्थी अधिगम को बढ़ाने पर केंद्रित हों। स्टाफ मीटिंग का उपयोग स्टाफ के बीच चिंतनशील संवाद स्थापित करने के लिए एक स्थान के रूप में भी किया जा सकता है।

प्रभावी स्टाफ मीटिंगों का संचालन करने के लिए मार्गदर्शक कदम

- स्टाफ मीटिंग के उद्देश्य को स्पष्ट करना।
- स्टाफ के साथ विचार-विमर्श करके मीटिंग के लिए एक एजेंडा तय करना।
- कुल कितना समय लगेगा, यह तय करना और उसके अनुसार प्रत्येक एजेंडे के लिए मीटिंग समय निर्धारित करना।
- एजेंडा पर स्टाफ मीटिंग का नेतृत्व करना (नेतृत्वकर्ता के द्वारा), सभी सदस्यों द्वारा एकत्र किए गए विचारों व प्रमाणों को साझा करना, प्रमाण आधारित निर्णयों पर पहुँचना।
- मीटिंग के दौरान ही जिम्मेदारियाँ तय करना और लक्ष्य व उत्तरदायित्व सौंपना।
- मीटिंग के सभी सदस्यों की भागीदारी को सुनिश्चित करना।
- एजेंडा की नियमित रूप से जाँच करते रहना और निर्णयों की समीक्षा करना।

विद्यालय विकास योजना

विद्यालय विकास एक ऐसी योजना है जिसमें एक निश्चित अवधि में विद्यालय द्वारा निर्धारित वांछित प्रतिफलों को प्राप्त करने हेतु एक विजन, लक्ष्य, उद्देश्य एवं रणनीतियाँ बनायी जाती हैं। यह योजना, विद्यालय प्रमुख सभी भागीदारों (शैक्षणिक व गैर-शैक्षणिक स्टाफ, अभिभावक, समुदाय इत्यादि) के साथ एकजुट होकर बनाता है व सुनिश्चित करता है कि इसमें लक्ष्य (goals) व उद्देश्य (targets) निर्धारित हों और कार्य योजना के विभिन्न चरण स्पष्ट हों। इस योजना का आशय विद्यालय को उसके विकास के लिए दिशा-निर्देश प्रदान करना है। इस पर ध्यान देना आवश्यक है कि विद्यालय विकास योजना हेतु निर्धारित उद्देश्य मापने योग्य हों जिससे कि जब योजना कार्यान्वित एवं पूर्ण की जाए तो उपलब्धियों को ठोस तरीके से सबके समक्ष रख पाएँ।

विजन–एक प्रमुख चरण

विद्यालय के विकास हेतु दिशा-निर्देश प्रदान करने के लिए विजन बनाना प्रथम चरण है। चूँकि विजन का दायरा व्यापक होता है, यह विद्यालय विकास योजना के प्रारंभ में बनाना आवश्यक है जिसके पश्चात ही योजना के क्रियान्वयन की रूपरेखा बनायी जा सकती है। विजन को विकसित करते हुए निम्नलिखित बातों का ध्यान रखना होगा–

- विजन कथन में भविष्य के लक्ष्यों पर चिंतन या विचार होना चाहिए।
- विजन मूल्य संचालित होना चाहिए, उदाहरण के लिए विद्यार्थियों में यह आत्मविश्वास पैदा करना कि उनमें से प्रत्येक सीखने या बेहतर प्रदर्शन कर सकने के योग्य है।
- विजन की एक निश्चित अवधि हो, जो सामान्यतः विद्यालय के संदर्भ में 3 या 4 वर्ष हो सकती है।
- विद्यालय विकास योजना एक रूपरेखा है जो यह निर्धारित करती है कि एक संस्था को क्या बदलाव लाने की आवश्यकता है और वे बदलाव कब तक लाए जा सकते हैं।

विद्यालय विकास योजना की तैयारी के चरण–

विद्यालय आधारित विकास योजना की तैयारी को तीन स्तरों में बाँटा जा सकता है–

1. योजना
2. क्रियान्वयन
3. अनुश्रवण एवं मूल्यांकन

चरण 1–समितियों/दलों का गठन

विद्यालय विकास योजना की तैयारी एवं क्रियान्वयन के लिए जिम्मेदारियों को साझा करने हेतु दलों का गठन किया जाता है। यह गतिविधि शिक्षकों, स्टाफ व विद्यार्थियों को एकजुट होकर कार्य करने योग्य बनाती है और उनकी क्षमताओं व प्रतिभाओं का इस प्रकार उपयोग करती है कि विद्यालय के प्रति अपनेपन की भावना को बढ़ावा मिले। इससे ये भागीदार, विद्यालय एवं इसके विकास की ओर और नजदीक आ जाते हैं। प्रत्येक विद्यालय के लिए कम से कम चार दलों का गठन करना एक योग्य सुझाव प्रतीत होता है। निम्नलिखित दलों का निर्धारण कर सकते हैं–

1. योजना दल
2. कार्य दल
3. नेतृत्व दल
4. मूल्यांकन दल

चरण 2–बेस लाइन डेटा

योजना प्रक्रिया में अनेक पहलुओं को समझने की आवश्यकता अंतर्निहित है, जैसे–विद्यालय की समझ, विद्यालय में नामांकन, भविष्य की नामांकन आवश्यकताएँ, अध्यापक एवं उनकी आवश्यकता, समुदाय की समझ (जन सांख्यिकीय) इत्यादि। वर्तमान परिस्थिति में इन पहलुओं पर इकट्ठा की गई सूचनाएँ/आवश्यकताएँ बेस लाइन डेटा कहलाती हैं। बेस लाइन डेटा से विद्यालय स्टाफ को यह पता चलता है कि उनके पास क्या है व भविष्य में वो क्या चाहते हैं? अतः विद्यालय विकास योजना बेस लाइन डेटा व भविष्य की उपलब्धियों के बीच की दूरी को मापने में मदद करती है।

चरण 3–विजन का निर्माण

विजन एवं एकत्रित बेस लाइन डेटा विद्यालय आधारित विकास योजना की तैयारी हेतु दिशा-निर्देश देने में काफी उपयोगी हो सकते हैं। विजन निर्माण हेतु आपको अपनी वर्तमान भूमिका एवं अपनी भूमिका के प्रति अपनी अपेक्षाओं पर पुनः विचार करना होगा। आपको अपने स्वयं के विजन एवं संस्थागत विजन में संबंध, जैसे कि "आगामी 3 वर्षों में आप स्वयं को कहाँ देखना चाहेंगे" (स्वयं का विजन) एवं "आगामी 3 वर्षों में आप अपनी संस्था को किस रूप में देखना चाहेंगे" (संस्था विजन) के बारे में सोचना होगा। इसके पश्चात् अपने भागीदारों की सहायता से विजन कथन का विकास करें जो कि एक सामूहिक अभ्यास होना चाहिए।

विजन कथन के निर्माण में अनुसरण किए जाने वाले बिंदु–

- विजन स्पष्ट हो।
- एक वाक्य अथवा संक्षिप्त अनुच्छेद का प्रयोग करें।
- सब कुछ वर्तमान काल में लिखें, जैसे कि पहले ही इसे पूर्ण कर चुके हैं।
- विजन कथन में आपका व आपके भागीदारों का भविष्य के प्रति विश्वास एवं उचित मनोदशा झलकनी चाहिए।

चरण 4–प्राथमिकताओं का निर्धारण

विद्यालय की विशिष्ट आवश्यकताओं पर आधारित विजन कथन का निर्माण कर लेने के पश्चात विजन को ध्यान में रखते हुए अपने विद्यालय हेतु प्रमुख प्राथमिकताओं को चुनिए। विभिन्न प्राथमिकताओं को इस प्रकार व्यवस्थित कीजिए, जिससे कि 3 वर्षों की अवधि में विजन को प्राप्त किया जा सके। प्रत्येक माह में कौन-कौन सी गतिविधियाँ की जा सकती हैं एवं प्राथमिकताओं की जिम्मेदारी अलग से किन-किनको दी जा सकती है, इसके बारे में भी सोचिए। प्राथमिकताओं के उदाहरण इस प्रकार हो सकते हैं–

- सभी बच्चों की अधिगम आवश्यकताओं को पहचानना और उनका आकलन एवं विकास करना।
- सभी अध्यापकों द्वारा बेहतर शिक्षण के लिए उनके ज्ञान व कौशलों का विकास करना।
- सभी अध्यापकों एवं विद्यार्थियों हेतु शिक्षण-अधिगम प्रक्रिया को आनंददायक एवं अधिगम केंद्रित बनाना।

चरण 5–लक्ष्य एवं उद्देश्य

सभी भागीदारों के साथ मिलकर विद्यालय का विजन विकसित करने के पश्चात लक्ष्यों (goals) को निर्धारित करना होता है। यदि आपका विजन कथन 3 वर्षों के लिए तैयार किया गया है तो वार्षिक लक्ष्य बनाना उपयोगी होगा जिसका विजन के साथ सरेखण (alignment) हो। ये लक्ष्य उन प्राथमिकताओं के साथ भी सरेखित होंगे जो निर्धारित की गई हैं। एक लक्ष्य

के भीतर 3/4 उद्देश्य (target) हो सकते हैं। उद्देश्य अल्पकालिक होने के साथ मापने योग्य भी होते हैं। इनकी समय सीमा 3, 5, 6 या 9 महीने हो सकती है। वार्षिक लक्ष्य को प्राप्त करने के लिए एक वर्ष में दो से तीन उद्देश्य निर्धारित कर सकते हैं। रणनीतियाँ वो कार्य बिंदु हैं जो उद्देश्यों (targets) को पूरा करने में सहायक होती हैं।

चरण 6–अनुश्रवण एवं मूल्यांकन तंत्र

विद्यालय विकास योजना तैयार होने के पश्चात उसका क्रियान्वयन एवं समयानुसार अनुश्रवण करने की आवश्यकता होती है। अनुश्रवण दल निर्धारित लक्ष्यों को तय करने में/प्राप्त करने में सहायक होगा। आप विद्यालय विकास योजना की छमाही अथवा वार्षिक प्रगति का मूल्यांकन कर सकते हैं।

विद्यालय शिक्षा में आई.सी.टी. संबंधी पहल

प्रत्येक विद्यालय, शिक्षक एवं विद्यालय प्रमुख की विभिन्न सबलताएँ और योग्यताएँ होती हैं। वे इन योग्यताओं का उपयोग, कार्य करने, योजना बनाने, संचालन करने, कक्षा-कक्ष प्रबंधन के मुद्दों को संबोधित करने और दिन-प्रतिदिन की सामान्य समस्याओं का समाधान करने के लिए करते हैं। इसके अलावा, शिक्षण समुदाय एवं शैक्षणिक प्रशासकों के समक्ष कक्षा आकार, विषय-वस्तु की प्रकृति, शिक्षक-विद्यार्थी अनुपात, क्षेत्र में संसाधनों की उपलब्धता, भाषा एवं भौगोलिक विविधता इत्यादि से संबंधित चुनौतियाँ होती हैं। प्रत्येक शिक्षक और विद्यालय प्रमुख को अकादमिक नेतृत्व प्रदान करने, नवाचार करने, दैनिक समस्याओं को हल करने और अंततः विद्यालय की प्रभावशीलता में योगदान देने हेतु सक्षम बनाना, आज के समय की मुख्य आवश्यकता है। उपरोक्त पृष्ठभूमि को ध्यान में रखते हुए, सूचना एवं संप्रेषण तकनीक (आई.सी.टी.), शिक्षण-अधिगम वातावरण को बेहतर बनाने में महत्वपूर्ण भूमिका निभा सकती है।

यूनेस्को के अनुसार, सूचना एवं संप्रेषण तकनीक (आई. सी.टी.) से तात्पर्य डिजिटल जानकारी बनाने, संग्रहित करने, पुनः प्राप्त करने एवं कुशलतापूर्वक प्रयोग करने के लिए तकनीकी उपकरणों और संसाधनों के एक विविध समूह से है। सूचना एवं संप्रेषण तकनीक (आई.सी.टी.) में व्यक्ति को समस्त दुनिया से जोड़ने, एक-दूसरे के साथ जोड़ने, कुछ नया करने, संवाद स्थापित करने और साथ ही शिक्षा क्षेत्र में उपलब्ध सभी संभावनाओं का उपयोग करने और यहाँ तक कि समाज में मौजूद भेदभाव को समाप्त करने की क्षमता है। सूचना एवं संप्रेषण तकनीक (आई.सी.टी.) की क्षमताओं का उपयोग करने के लिए, यह समझना होगा कि इसका अधिकतम उपयोग कैसे किया जा सकता है। मानव संसाधन विकास मंत्रालय (अब शिक्षा मंत्रालय), भारत सरकार के तत्वावधान में विद्यालय शिक्षा क्षेत्र में हाल ही में की गई कुछ महत्वपूर्ण सूचना एवं संप्रेषण तकनीक (आई.सी.टी.) पहलों पर यहाँ चर्चा की गई है।

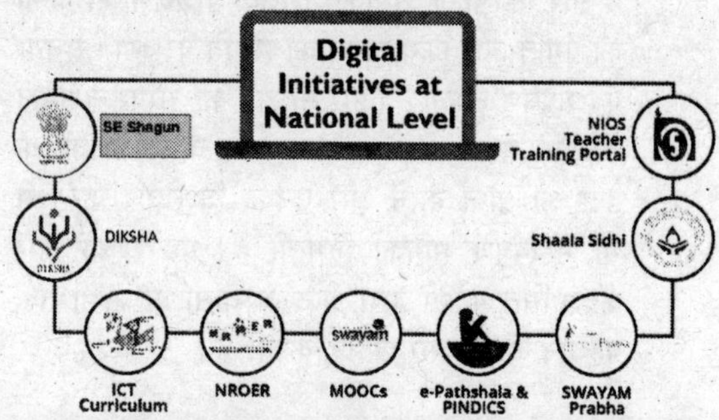

- नेशनल रिपॉजिटरी ऑफ ओपेन एजुकेशनल रिसोर्सेज (एन.आर.ओ.ई.आर.), ई-पाठशाला (वेब पोर्टल और मोबाइल ऐप्स) और दीक्षा जैसी पहल, चित्रों, ऑडियो, वीडियो, इंटरएक्टिव (संवादात्मक), ग्राफिक्स, एनिमेशन, डिजिटल किताबें, डिजिटल नक्शे, समय-सारणी आदि के रूप में आप तक पहुँच बनाने का अवसर प्रदान करती हैं। जीवनपर्यंत अधिगम और सतत व्यावसायिक विकास को बढ़ावा देने के लिए, सूचना एवं संप्रेषण तकनीक (आई.सी.टी.) पाठ्यक्रम पर आधारित एम.ओ.सी.सी. जैसी पहल ऑनलाइन के साथ-साथ मिश्रित प्रणाली से पाठ्यक्रमों की शृंखला प्रदान करती है। स्वयंप्रभा के तहत 24 × 7 घंटे चलने वाला डी.टी.एच. टीवी चैनल, जन समुदाय के बीच पहुँचने की एक ऐसी पहल है, जहाँ इंटरनेट की सुविधा एक चुनौती है।
- शाला गुणवत्ता (शगुन) शिक्षकों को अपने सर्वोत्तम अभ्यासों को साझा करने के लिए अवसर प्रदान करता है एवं ऑनलाइन अनुश्रवण करने का एक माध्यम है।
- जैसे-जैसे तकनीक का विस्तार हो रहा है, साइबर जगत में सुरक्षा को लेकर खतरे भी बढ़ गए हैं। यह नीति-निर्माताओं, पाठ्यक्रम निर्माताओं, विद्यालय प्रशासकों और शिक्षकों का दायित्व है कि वे साइबर सुरक्षा

उपायों, साइबर के नियम, साइबर कानूनों आदि के बारे में जागरूक हों और विद्यार्थियों में भी जागरूकता पैदा करें।

- हाल ही में लर्निंग मैनेजमेंट सिस्टम (एल.एम.एस.) के सहयोग से लगभग 42 लाख शिक्षकों को चरणबद्ध तरीके से प्रशिक्षित करने की पहल की गई है जो https://itpd.nceert.gov.in/ पोर्टल पर उपलब्ध है और यह पोर्टल समेकित शिक्षक प्रशिक्षण कार्यक्रमों की प्रगति और क्रियान्वयन की स्थिति परखेगा। सूचना एवं संप्रेषण तकनीक (आई.सी.टी.) कई संसाधन समूहों के साथ-साथ प्रशिक्षित किए जाने वाले शिक्षकों के डेटा को प्राप्त करने और उनका विश्लेषण करने में भी महत्वपूर्ण भूमिका निभाती है। यह राज्यों और केंद्रशासित प्रदेशों द्वारा श्रेष्ठ अभ्यासों को सभी तक पहुँचाने के अवसर प्रदान करती है।

विद्यालय संगठन

प्रजातान्त्रिक विद्यालय व्यवस्था के निम्नलिखित मुख्य उद्देश्य होने चाहिए–

1. छात्रों के शारीरिक, मानसिक तथा बौद्धिक विकास के लिए समुचित अवसर प्रदान करना।
2. ऐसी शिक्षा व्यवस्था करना जिससे बालकों में प्रजातन्त्रात्मक मूल्यों की रक्षा के लिए बलिदान एवं प्रेम की भावना का विकास हो।
3. समाज के लिए ऐसे योग्य नागरिक तैयार करना जिनसे प्रजातंत्र की रक्षा हो सके।
4. सबको भेदभाव रहित शिक्षा प्राप्त करने का समान अवसर प्रदान करना।
5. स्वशासन की छात्रों को शिक्षा प्रदान करना।

विद्यालय व्यवस्था के सिद्धांत

विद्यालय व्यवस्था के कुछ मुख्य सिद्धांत निम्न प्रकार हैं–

1. **मानवीय आधार**–विद्यालय व्यवस्था का सीधा संबंध अध्यापकों, छात्रों व उनके अभिभावकों से होता है। अतः इसमें इस बात का विशेष ध्यान रखना चाहिए कि मानवीय आधार का हनन न हो, क्योंकि इस आधार के समाप्त होते ही विद्यालय एक यंत्र बनकर रह जाता है और कोई भी यंत्र बिना चलाए अपने आप नहीं चलता।
2. **सामूहिक उत्तरदायित्व**–विद्यालय व्यवस्था में दूसरी बात यह ध्यान में रखनी आवश्यक है कि विद्यालय समाज की निर्माणशाला है अर्थात् विद्यालय में समाज के अन्दर जीवन-यापन करने की कला को सिखाया जाता है। इस रूप में विद्यालय और समाज इन दोनों को एक-दूसरे से पृथक् नहीं किया जा सकता। अतः विद्यालय व्यवस्था को समाज और जीवन दोनों के निकट रखकर करना चाहिए। इसके अलावा समाज के समस्त व्यक्तियों को विद्यालय व्यवस्था में सहयोग प्रदान करने का अवसर प्रदान करके ही स्कूल में प्रजातांत्रिक भावना को प्रोत्साहित किया जा सकता है।
3. **सहयोग तथा सहकारिता**–विद्यालय प्रबंध में एक बात विशेष रूप से ध्यान में रखने योग्य है कि प्रधानाध्यापक, अध्यापक, छात्र और अभिभावक आदि इन सबसे सहयोग के आधार पर विद्यालय प्रबंध की नींव रखी जाए। दूसरे शब्दों में, व्यवस्था का तात्पर्य सहयोगपूर्ण जीवन से लगाना चाहिए।
4. **विचार-विनिमय के आधार पर**–विचार-विनिमय से तात्पर्य है कि प्रबंध की कमी के विषय में प्रधानाध्यापक, अध्यापक तथा छात्र आपस में मिलकर विचार-विमर्श करें तथा पारस्परिक सहयोग की भावना से उसे ठीक करें।
5. **गतिशीलता और अनुकूलता**–प्रबन्ध में परम्परागत रूढ़ियों का अनुगमन करना इसे जटिल एवं जड़ बनाता है, इसलिए स्कूल प्रबंध में गतिशीलता का होना परमावश्यक है। इसके अलावा जैसे-जैसे समाज में परिवर्तन हो, वैसे-वैसे ही इसे भी परिवर्तित करके समाज के अनुकूल बनाना चाहिए।
6. **स्पष्टता एवं सुनिश्चितता**–किसी भी प्रकार का संशय या अनिश्चितता प्रबंध की सबसे बड़ी कमी माना जाता है, इसलिए विद्यालंय प्रबंध में स्पष्टता एवं सुनिश्चितता का होना आवश्यक है।
7. **प्रत्येक बात को महत्व देना**–कभी-कभी ऐसा भी होता है कि प्रबंध में किसी बात को बहुत मामूली समझकर

उसकी उपेक्षा कर दी जाती है और आगे चलकर वही बात प्रबंध के लिए बड़ी समस्या का रूप धारण कर लेती है।

8. प्रबन्ध को साध्य न मानकर साधन मानना–विद्यालय व्यवस्था का लक्ष्य है शिक्षा के उद्देश्यों की पूर्ति करना अर्थात् विद्यालय प्रबन्ध शिक्षा के उद्देश्यों की पूर्ति का साधन मात्र होता है। अतः इसे साध्य न मानकर साधन ही मानना चाहिए।

9. स्वशासन का अवसर–विद्यालय प्रबंध में यह भी ध्यान रखना चाहिए कि उसमें छात्रों को स्वशासन का समुचित अवसर दिया जाए। इससे जहाँ एक ओर छात्र पारस्परिक सहयोग की भावना से काम करना सीखेंगे वहीं दूसरी ओर उनमें नेतृत्व की क्षमता का भी विकास होगा।

10. भौतिक तत्वों का प्रभावशाली ढंग से उपयोग–विद्यालय प्रबंध में पुस्तकालय, भवन, खेल का मैदान, फर्नीचर, सहायक, उपकरण व धन आदि भौतिक तत्वों का उचित ढंग से उपयोग होना चाहिए अर्थात् यथास्थान तथा छात्रों की रुचि को ध्यान में रखकर ही इनका प्रयोग किया जाना चाहिए।

विद्यालय प्रबंध के महत्वपूर्ण तत्व निम्नांकित हैं–

1. विद्यालय का भवन, उपकरण तथा रखरखाव
2. प्रधानाध्यापक, अध्यापक तथा छात्र
3. पाठ्यक्रम का निर्माण
4. छात्रों का योग्यतानुसार वर्गीकरण
5. अध्यापकों में कार्य-वितरण
6. परीक्षाओं का प्रबंध
7. समय-सारणी
8. पाठ्य-सहगामी क्रियाओं की व्यवस्था
9. अनुशासन की स्थापना
10. रेडक्रॉस, समाज सेवा आदि सेवाओं की व्यवस्था
11. विद्यालय गृहों के साथ मधुर संबंध की स्थापना
12. कार्यालय की देख-रेख
13. छात्रों के स्वास्थ्य तथा खेलकूद की उचित व्यवस्था
14. विद्यालय की आय-व्यय की देखरेख
15. अध्यापकों को कुर्सी, मेज, भवन, प्रकाश आदि सुविधाएँ उपलब्ध कराना।

✦✦✦✦✦

शिक्षा के परिप्रेक्ष्य (Perspectives in Education)

शिक्षा के लक्ष्यों को प्राप्त करने में विद्यालय की भूमिका

विद्यालय को अंग्रेजी भाषा में स्कूल कहा जाता है। यानी कि विद्यालय शब्द स्कूल का हिंदी रूपांतरण है। 'स्कूल' शब्द की उत्पत्ति 'shola' या 'skhole' नामक शब्द से हुई है, जिसका अर्थ है–'अवकाश' (Leisure)। यह बात कुछ विचित्र-सी जान पड़ती है। इसका स्पष्टीकरण करते हुए, ए.एफ. लीच ने लिखा है, "वाद-विवाद या वार्ता के स्थान, जहाँ एथेन्स के युवक अपने अवकाश के समय को खेल-कूद, व्यवसाय और युद्ध के प्रशिक्षण में बिताते थे, धीरे-धीरे दर्शन और उच्च कलाओं के स्कूलों में बदल गए। एकेडेमी के सुन्दर उद्यानों में व्यतीत किए जाने वाले अवकाश के माध्यम से विद्यालयों का विकास हुआ।"

विद्यालय शब्द दो शब्दों के योग से बना है, विद्या + आलय अर्थात् वह स्थान जहाँ विद्या प्राप्त होती है। अतः विद्यालय वह स्थान है जहाँ ज्ञान प्राप्त होता है। यह एक ऐसे वातावरण का निर्माण करता है जिसे बालक एक निश्चित अवधि में निश्चित पाठ्यक्रम द्वारा पूरा करता है।

अधिकांशतः विद्यालय को वह स्थान माना जाता है जहाँ पर सूचना प्रदाताओं या शिक्षकों द्वारा छात्रों को कुछ विषयों की सूचनाएँ प्रदान की जाती हैं। आज भी हमारे देश में यह अवधारणा प्रचलित है, विद्यालय की इस अवधारणा को पेस्टालॉजी ने इन शब्दों में व्यक्त किया है। "ये विद्यालय अमनोवैज्ञानिक हैं जो बालक को उसके स्वाभाविक जीवन से दूर कर देते हैं, उसकी स्वतंत्रता को निरंकुशता से रोक देते हैं और उसे अनाकर्षक बातों को याद करने के लिए भेड़ों के समान हाँकते हैं और घंटों, दिनों, सप्ताहों, महीनों तथा वर्षों तक दर्दनाक जंजीरों से बाँध देते हैं।"

परन्तु नवीन शैक्षिक विचारों तथा प्रयोग ने उक्त अवधारणा में परिवर्तन लाने का प्रयास किया है। फ्रॉबेल ने विद्यालय को 'बच्चों का उद्यान' (children garden) कहा है। जिस तरह से बाग में माली पेड़-पौधों की खुदाई, निराई तथा सिंचाई करके उनको उत्तम फल-फूल देने के लिए तैयार करता है उसी तरह से शिक्षक को बच्चों के सर्वांगीण–शारीरिक, मानसिक, सामाजिक, नैतिक आदि के विकास के लिए उनका पालन-पोषण करना चाहिए।

विद्यालय की परिवर्तनशील अवधारणा में उसे स्वयं में एक लघुराज्य माना जाता है जिसमें उसके सुसंचालन के लिए उपयुक्त नियमों तथा विनियमों की व्यवस्था होती है। ये नियम बच्चों, माता-पिता, शिक्षक आदि की सद्भावना पर आधारित होते हैं।

विद्यालय एक लघु समाज या समुदाय है जिसकी स्थापना विशिष्ट उद्देश्यों की पूर्ति के लिए की जाती है। इसमें उन सामूहिक क्रियाओं को स्थान दिया जाता है जिनमें भाग लेकर बालक स्वयं को सामाजिक रूप से समाज का कुशल सदस्य बना सकें। दूसरे शब्दों में, वे उत्तम नागरिकता के गुणों को सीख सकें और भावी समाज को उन्नत एवं प्रगतिशील बना सकें।

विद्यालय एक उपचार-केन्द्र है। आज के समाज में युवकों को व्यक्तिगत निर्देशन एवं परामर्श की अत्यन्त आवश्यकता है क्योंकि आज समाज संक्रमण काल से गुज़र रहा है। अतः इसमें विद्यालय को एक उपचार-केन्द्र के रूप में अपनी महत्वपूर्ण भूमिका अदा करनी चाहिए।

(1972) PEL (H)—9-II

विद्यालय की परिभाषा

ए.के.सी. ओटावे के अनुसार, "विद्यालय को एक ऐसा सामाजिक आविष्कार समझना चाहिए जो समाज के बालकों के लिए विशेष प्रकार का शिक्षण प्रदान करने के लिए हो।"

रॉस के अनुसार, "विद्यालय वे संस्थाएँ हैं, जिनको सभ्य मनुष्य द्वारा इस उद्देश्य से स्थापित किया जाता है कि समाज में सुव्यवस्थित और योग्य सदस्यता के लिए बालकों को तैयारी में सहायता मिले।"

जॉन ड्यूवी के अनुसार, "विद्यालय एक ऐसा विशिष्ट वातावरण है, जहाँ जीवन के कुछ गुणों और कुछ विशेष प्रकार की क्रियाओं तथा व्यवसायों की शिक्षा इस उद्देश्य से दी जाती है कि बालक का विकास वांछित दिशा में हो।"

टी.पी. नन के अनुसार, "विद्यालय को मुख्य रूप से इस प्रकार का स्थान नहीं समझा जाना चाहिए, जहाँ किसी निश्चित ज्ञान को सीखा जाता है, बल्कि ऐसा स्थान जहाँ बालकों को क्रियाओं के उन निश्चित रूपों में प्रशिक्षित किया जाता है, जो इस विशाल संसार में सबसे महान् और सबसे अधिक महत्व वाली हों।"

के.जी. सैयदेन के अनुसार, "एक राष्ट्र के विद्यालय जनता की आवश्यकताओं तथा समस्याओं पर आधारित होने चाहिए। विद्यालय का पाठ्यक्रम उनके जीवन का सार रूप होना चाहिए। इसको सामुदायिक जीवन की महत्वपूर्ण विशेषताओं को अपने स्वाभाविक वातावरण में प्रतिबिंबित करना चाहिए।

विद्यालय की विशेषताएँ

विभिन्न विद्वानों द्वारा दी गई उपर्युक्त परिभाषाओं के आधार पर विद्यालय की निम्नलिखित विशेषताएँ स्पष्ट होती हैं—

1. विद्यालय समाज द्वारा निर्मित संस्था है।
2. विद्यालय एक विशिष्ट वातावरण है जिसमें बालकों के वांछित विकास के लिए विशिष्ट गुणों, क्रियाओं तथा व्यवसायों की व्यवस्था की जाती है।
3. विद्यालय समाज का लघु रूप है जिसका उद्देश्य समाज द्वारा मान्य व्यवहार व कार्य की शिक्षा देना है। यह समाज के उत्कृष्ट रूप का ही प्रतिनिधित्व करता है।
4. विद्यालय वह स्थान है जहाँ संसार की महान् एवं महत्वपूर्ण क्रियाओं को स्थान दिया जाता है।
5. विद्यालय को बालकों के भावी जीवन की तैयारी हेतु स्थापित किया जाता है।
6. विद्यालय को सामुदायिक जीवन का केन्द्र-बिन्दु होना चाहिए।
7. विद्यालय शिक्षा का औपचारिक सक्रिय अभिकरण है। इसके सदस्यों में परस्पर क्रिया चलती रहती है।

विद्यालय की आवश्यकता एवं महत्व

विद्यालय की आवश्यकता एवं महत्व पर प्रकाश डालते हुए एस. बालकृष्ण जोशी ने लिखा है, "किसी भी राष्ट्र की प्रगति का निर्माण विधान सभाओं, न्यायालयों या फैक्ट्रियों में नहीं, बल्कि विद्यालयों में होता है।"

आधुनिकीकरण, औद्योगिकीकरण, नगरीकरण, जनसंख्या वृद्धि, विघटित परिवार तथा आवश्यकताओं की अधिकता के कारण वर्तमान में मानव का जीवन बहुत जटिल हो गया है। वर्तमान में मानव को व्यावहारिक जीवन की अनेक समस्याओं का सामना करना पड़ रहा है तथा इन समस्याओं के समाधान के बिना मनुष्य का जीना मुश्किल हो गया है लेकिन इन समस्याओं का सामना करना इतना आसान नहीं है। इसके लिए बहुमुखी ज्ञान एवं विज्ञान की आवश्यकता है। अतः इन आवश्यकताओं की पूर्ति के लिए ही विद्यालय की आवश्यकता प्रतीत होती है। विद्यालय ही जटिल समाज के साधन और सिद्धियों को नई पीढ़ी तक पहुँचाने में सक्षम हैं।

विद्यालय की आवश्यकता अथवा महत्व निम्नलिखित बिन्दुओं से स्पष्ट होता है—

1. **परिवार तथा विश्व को जोड़ने वाली कड़ी**—परिवार बालक में प्रेम, दया, सहानुभूति, सहनशीलता, सहयोग, सेवा तथा अनुशासन एवं निःस्वार्थता आदि गुणों को विकसित करता है। परन्तु परिवार की चारदीवारी के चक्कर में पड़कर बालक के ये सारे गुण उसके निजी सम्बन्धियों तक ही सीमित रह जाते हैं। इससे उसका दृष्टिकोण संकुचित हो जाता है। स्कूल बालक के पारिवारिक जीवन को बाहरी जीवन से जोड़ने वाली एक महत्वपूर्ण कड़ी है। इसका कारण यह है कि स्कूल में रहते हुए

बालक अन्य बालकों के साथ संपर्क स्थापित करता है। इससे उसका दृष्टिकोण व्यापक हो जाता है जिससे उसके बाहरी समाज से संपर्क स्थापित होने में कोई कठिनाई नहीं होती।

2. **जीवन की जटिलता**–वर्तमान जीवन प्राचीन काल के जीवन की तरह सरल एवं सुखमय नहीं रहा। प्राचीन काल में मनुष्य के पास अपनी सभी आवश्यकताओं को स्वयं पूरी करने और अपने बच्चों की शिक्षा की स्वयं देखभाल करने के लिए समय हुआ करता था। वर्तमान में जनसंख्या की वृद्धि, आवश्यकताओं की अधिकता और वस्तुओं के बढ़ते हुए मूल्य के कारण जीवन बहुत कठिन हो गया है। मनुष्य को अपने कार्यों से इतनी फुरसत नहीं मिलती है कि वह अपने बच्चों की शिक्षा की देखभाल कर सके। इसलिए उसने यह कार्य विद्यालय को सौंप दिया है।

3. **विशाल सांस्कृतिक विरासत**–वर्तमान की सांस्कृतिक विरासत बहुत विस्तृत हो गई है। इसमें अनेक प्रकार के ज्ञान, कुशलताओं और कार्य करने की विधियों का समावेश हो गया है। ऐसी विरासत की शिक्षा देने में व्यक्ति अपने को असमर्थ पाते हैं। अतः उन्होंने यह कार्य विद्यालय को सौंप दिया।

4. **विद्यालय बहुमुखी प्रतिभा के लिए उत्तम स्थान**–भले ही घर-परिवार को बालक की प्रथम पाठशाला कहा जाता है लेकिन फिर भी जो शिक्षा बालक घर पर प्राप्त करता है वह बहुत ही संकुचित होती है। इस शिक्षा के द्वारा बालक को वह ज्ञान नहीं प्राप्त हो सकता जो ज्ञान उसे विद्यालयों में प्राप्त होता है। विद्यालय में बालक को बहुमुखी शिक्षा प्रदान की जाती है जिससे वह जीवन के प्रत्येक क्षेत्र में सफल हो सके। विद्यालय में बालक किसी भी विषय का विशिष्ट एवं विस्तृत ज्ञान प्राप्त करता है, इसलिए बालक की शिक्षा के लिए विद्यालय घर की तुलना में अधिक महत्वपूर्ण है।

5. **विशिष्ट वातावरण की अवस्था**–विद्यालय छात्रों को एक विशिष्ट वातावरण प्रदान करता है। यह वातावरण शुद्ध, सरल और सुव्यवस्थित होता है। इससे छात्रों की प्रगति पर स्वस्थ और शिक्षाप्रद प्रभाव पड़ता है। ऐसा वातावरण शिक्षा का और कोई साधन प्रदान नहीं कर सकता है।

6. **व्यक्तित्व का सामंजस्यपूर्ण विकास**–घर, समाज, धर्म आदि शिक्षा के अच्छे साधन हैं। पर इनका न तो कोई निश्चित उद्देश्य होता है और न ही पूर्व-नियोजित कार्यक्रम। फलतः कभी-कभी बालक के व्यक्तित्व पर इनका बुरा प्रभाव पड़ता है। इसके विपरीत, विद्यालय का एक निश्चित उद्देश्य और पूर्व-नियोजित कार्यक्रम होता है। परिणामस्वरूप, इसका बालक पर व्यवस्थित रूप में प्रभाव पड़ता है और उसके व्यक्तित्व का सामंजस्यपूर्ण विकास होता है।

7. **आवश्यकताओं की पूर्ति करने में सहायक**–मनुष्य एक सामाजिक प्राणी है इसलिए वर्तमान भौतिकवादी युग में व्यक्ति की आवश्यकताएँ एवं इच्छाएँ दिन-प्रतिदिन बढ़ती जा रही हैं। विद्यालय में बालक की रुचि एवं आवश्यकता के अनुकूल शैक्षिक वातावरण बनाया जाता है जिससे वह तरह-तरह का ज्ञान प्राप्त करके अपनी तथा समाज की आवश्यकताओं की पूर्ति कर सके।

8. **सामुदायिक जीवन को प्रोत्साहन**–विद्यालय एक सामाजिक संस्था है तथा शिक्षा एक सामाजिक प्रक्रिया। अतः ये दोनों सामाजिक विकास तथा सामुदायिक जीवन विकसित करने में सहयोग प्रदान करते हैं। सामाजिक विकास से सामाजिक गुण प्राप्त होते हैं तथा सामुदायिक जीवन बालकों में स्वतंत्रता, समानता एवं भ्रातृत्व आदि आदर्शों के महत्व को प्रोत्साहित करता है।

9. **विद्यालय घर की अपेक्षा शिक्षा का उत्तम स्थान**–विद्यालय में विभिन्न परिवारों, समुदायों तथा संस्कृतियों के बालक शिक्षा प्राप्त करने आते हैं। वहाँ वे सब साथ-साथ रहते हुए उन सब बातों को स्वतः ही सीख जाते हैं जिन्हें वे परिवार के प्रांगण में नहीं सीख सकते। अतः यदि बालकों में सामाजिक शिष्टता, सहानुभूति एवं निष्पक्षता आदि गुणों को विकसित करना है तो उनको शिक्षा प्राप्त करने के लिए विद्यालय ही भेजना चाहिए।

10. **आदर्शों व विचारधाराओं का प्रसार**–मानवीय आदर्शों एवं विचारधाराओं का प्रसार करने के लिए विद्यालय को अति महत्वपूर्ण साधन माना गया है इसीलिए सभी स्थानों एवं राज्यों में विद्यालय का स्थान सर्वोपरि एवं गौरवपूर्ण है।

11. **समाज की निरन्तरता का विकास**–विद्यालय एक प्रमुख सामाजिक संस्था है। शिक्षा की प्रक्रिया सामाजिक होने के कारण विद्यालय सामुदायिक जीवन का वह स्वरूप है, जिनमें समाज की निरन्तरता और विकास के लिए सभी प्रभावपूर्ण साधन केन्द्रित होते हैं। विद्यालय के इसी महत्व के कारण टी.पी. नन ने लिखा है, "विद्यालय को समस्त संसार का ही नहीं बल्कि समस्त मानव समाज का ही आदर्श लघु रूप होना चाहिए।"

12. **प्रगति एवं विकास के लिए उपयुक्त वातावरण**–विद्यालय बालक की प्रगति एवं विकास के लिए उपयुक्त एवं संतुलित वातावरण प्रस्तुत करता है। अज्ञानता, निर्धनता, निवास की कमी, मशीनों की गड़गड़ाहट, भीड़-भाड़, सामाजिक बुराइयाँ आदि के कारण घर तथा पड़ोस का वातावरण अनैतिक, कोलाहलयुक्त, अव्यवस्थित एवं अशुद्ध होता है जिसमें बालकों का शिक्षा प्राप्त करना अनुपयुक्त ही नहीं बल्कि असंभव भी होता है। विद्यालय बालकों की शिक्षा के लिए उपयुक्त सरल, शुद्ध एवं संतुलित वातावरण प्रस्तुत करते हैं।

13. **शिक्षित नागरिकों का निर्माण**–विद्यालय ही एकमात्र वह साधन है, जिसके द्वारा शिक्षित नागरिकों का निर्माण किया जा सकता है। यदि एक देश के समस्त बालकों को एक निश्चित आयु तक निःशुल्क और अनिवार्य शिक्षा दी जाती है, तो वे स्थायी रूप से साक्षर हो जाते हैं। साक्षर होने के साथ-साथ उनमें धैर्य, सहयोग, उत्तरदायित्व आदि गुणों का विकास होता है। इस प्रकार, बड़े होकर बालक राज्य के उपयोगी नागरिक सिद्ध होते हैं।

14. **बहुमुखी सांस्कृतिक चेतना का विकास**–विद्यालय एक उत्तम स्थान है जहाँ विभिन्न परिवारों, सम्प्रदायों तथा संस्कृतियों के बालक शिक्षा प्राप्त करने आते हैं। साथ-साथ रहते हुए बालकों में सामाजिकता, शिष्टाचार, सहानुभूति, निष्पक्षता तथा सहयोग आदि वांछनीय गुणों, आदतों तथा रुचियों का विकास स्वतः ही हो जाता है। यही नहीं, उनमें एक-दूसरे के सांस्कृतिक गुण भी विकसित हो जाते हैं। इसलिए विद्यालय को बालकों में बहुमुखी संस्कृति विकसित करने का महत्वपूर्ण साधन माना जाता है।

15. **राज्यों के आदर्शों तथा विचारों का प्रचार**–प्रत्येक राज्य के आदर्शों तथा विचारों को प्रसारित करने के लिए विद्यालय एक महत्वपूर्ण साधन हैं। यही कारण है कि जनतंत्रीय, फासिस्टवादी तथा साम्यवादी सभी प्रकार की सरकारों ने विद्यालय के महत्व को स्वीकार किया है।

विद्यालयों के प्रमुख कार्य

वर्तमान विद्यालयों को अपने उत्तरदायित्वों को अच्छी तरह निभाने की आवश्यकता है। विद्यालय के प्रमुख कार्य अग्रलिखित कहे जा सकते हैं–

1. विद्यालय सांस्कृतिक परम्पराओं का रक्षक होता है। यह संस्कृति तथा सभ्यता को सुरक्षित रखता है और भावी पीढ़ी को उन परम्पराओं को प्रदान कर देता है। इस तरह मानव ने अब तक जो अनुभव संचित किए हैं, विद्यालय उनकी रक्षा करता है। इस तरह विद्यालय शिक्षा की व्यवस्था करके संचित अनुभवों से बालकों को परिचित कराता है।
2. सामाजिक दक्षता प्रदान करने में विद्यालय का प्रमुख हाथ है। विद्यालय समाज का दर्पण ही नहीं है, बल्कि समाज के उचित संचालन के लिए वह एक आदर्श भी उपस्थित करता है।
3. प्रत्येक राष्ट्र का अपना एक आदर्श होता है। वैश्विक सभ्यता में योगदान करने हेतु प्रत्येक राष्ट्र को अपने-अपने ढंग से योगदान करना पड़ता है तथा यह योगदान राष्ट्र के आदर्श पर निर्भर होता है। जीवन के किसी क्षेत्र में किसी राष्ट्र को विशेष योग्यता प्राप्त होती है तो अन्य क्षेत्र में दूसरे राष्ट्र को। विद्यालय इस आदर्श में बालकों को दीक्षित करने का प्रयत्न करते हैं।
4. लोकतंत्र आज के विश्व का युगधर्म है। लोकतंत्र राजनीति, समाज तथा अर्थतंत्र में तभी सफल हो सकता है जब नागरिकों की शिक्षा पर ध्यान दिया जाए एवं भावी नागरिकों को यह बताया जाए कि लोकतंत्रीय जीवन-पद्धति किसे कहते हैं। विद्यालय लोकतंत्रीय जीवन शैली को व्यवहृत करके उसके प्रायोगिक रूप का दर्शन करा सकते हैं।

5. सभी बालक समान योग्यता वाले नहीं होते। कुछ बालक प्रतिभावान, कुछ मध्य स्तर के तथा कुछ पिछड़े हुए होते हैं। विद्यालय में सभी तरह के छात्रों के व्यक्तित्व के विकास का ध्यान रखा जाता है तथा वैयक्तिक शक्तियों एवं योग्यताओं के विकास का अवसर प्रदान किया जाता है।
6. विद्यालय व्यक्ति में आध्यात्मिक भावना का विकास करता है। विद्यालय में बालकों के आध्यात्मिक विकास की उपेक्षा नहीं की जा सकती। विद्यालय इस तरह की भावना का विकास उपयुक्त वातावरण की रचना करके कर सकता है। इस तरह के वातावरण की रचना विद्यालय में विशेष रूप से होनी चाहिए।
7. विद्यालय व्यक्ति को जीवनयापन के सुन्दर ढंग से परिचित कराता है। जीवन एक कला है। छात्रों को इस बात की शिक्षा देने की आवश्यकता पड़ती है कि वे जीवन किस तरह अच्छी तरह बिता सकते हैं। साधारण परिवार का वातावरण कोलाहलमय तथा कलहपूर्ण हो सकता है। ऐसे अभावग्रस्त परिवारों से जीवन कला की शिक्षा की आशा करना तालाब में जौ बोने की तरह होगा। पर विद्यालय इस स्थिति में होते हैं कि वे थोड़ा-सा प्रयत्न करके छात्रों को इस दिशा में शिक्षित कर दें।
8. विद्यालय सामाजिक पुनर्रचना का दायित्व अपने ऊपर लेता है। वह छात्रों को ऐसी शिक्षा प्रदान करता है जिससे छात्र समाज की बुराइयों तथा कुरीतियों की आलोचना कर सकें एवं उन्हें दूर करने का संकल्प कर सकें।
9. विद्यालय आदर्श नागरिक बनाने का प्रयत्न करता है। व्यक्ति समुदाय एवं राज्य में अपने स्थान को ठीक से समझकर अपने अधिकारों तथा कर्तव्यों का उपयोग कर सके, इसके लिए विद्यालय शिक्षा प्रदान करता है।

राष्ट्रीय शिक्षा नीति 2020

हाल ही के केंद्र सरकार ने 'राष्ट्रीय शिक्षा नीति 2020' (National Education Policy-2020) को मंजूरी दी है। नई शिक्षा नीति ने 34 वर्ष पुरानी 'राष्ट्रीय शिक्षा नीति, 1986' [National Policy on Education (NPE), 1986] को प्रतिस्थापित की है।

राष्ट्रीय शिक्षा नीति-2020 में शिक्षा की पहुँच, समानता, गुणवत्ता, वहनीय शिक्षा और उत्तरदायित्व जैसे मुद्दों पर विशेष ध्यान दिया गया है। नई शिक्षा नीति के निर्माण के लिए जून 2017 में पूर्व इसरो (ISRO) प्रमुख डॉ. के. कस्तूरीरंगन की अध्यक्षता में एक समिति का गठन किया गया था, इस समिति ने मई 2019 में 'राष्ट्रीय शिक्षा नीति का मसौदा' प्रस्तुत किया था। 'राष्ट्रीय शिक्षा नीति (NEP), 2020' वर्ष 1968 और वर्ष 1986 के बाद स्वतंत्र भारत की तीसरी शिक्षा नीति है।

NEP-2020 के तहत केंद्र व राज्य सरकार के सहयोग से शिक्षा क्षेत्र पर देश की जीडीपी के 6% हिस्से के बराबर निवेश का लक्ष्य रखा गया है। नई शिक्षा नीति में वर्तमान में सक्रिय 10 + 2 के शैक्षिक मॉडल के स्थान पर शैक्षिक पाठ्यक्रम को 5 + 3 + 3 + 4 प्रणाली के आधार पर विभाजित करने की बात कही गई है। तकनीकी शिक्षा, भाषाई बाध्यताओं को दूर करने, दिव्यांग छात्रों के लिए शिक्षा को सुगम बनाने आदि के लिए तकनीकी के प्रयोग को बढ़ावा देने पर बल दिया गया है। इस शिक्षा नीति में छात्रों में रचनात्मक सोच, तार्किक निर्णय और नवाचार की भावना को प्रोत्साहित करने पर बल दिया गया है।

स्कूलों में पाठ्यक्रम और शिक्षण-शास्त्र : अधिगम समग्र, एकीकृत, आनंददायी और रुचिकर होना चाहिए

नई शिक्षा नीति में स्कूली शिक्षा के पाठ्यक्रम और शैक्षणिक ढांचे को पुनर्गठित किया जाएगा ताकि 3-8, 8-11, 11-14 और 14-18 की उम्र के विभिन्न पड़ावों पर विद्यार्थियों के विकास की अलग-अलग अवस्थाओं के मुताबिक उनकी रुचियों और विकास की जरूरतों पर समुचित ध्यान दिया जा सके। इसलिए स्कूली शिक्षा के लिए पाठ्यक्रम और शैक्षणिक ढांचे और पाठ्यक्रम रूपरेखा एक 5 + 3 + 3 + 4 डिजाइन से मार्गदर्शित होगी, जिसके तहत क्रमशः फाउंडेशनल स्टेज(दो भागों में अर्थात् आंगनवाड़ी/प्री-स्कूल के 3 साल + प्राथमिक स्कूल में कक्षा 1-2 में 2 साल, 3 से 8 वर्ष के बच्चों सहित), प्रिपरेटरी स्टेज (कक्षा 3-5, 8 से 11 वर्ष के बच्चों सहित), मिडिल स्कूल स्टेज (कक्षा 6-8, से 11 से 14 वर्ष के बच्चों सहित), और सेकेंडरी स्टेज (कक्षा 9 से 12, दो फेज में, यानी पहले फेज में 9 और 10 और दूसरे में 11 और 12, 14 से 18 वर्ष के बच्चों सहित) शामिल होगी।

फाउंडेशनल स्टेज में पांच वर्षीय लचीले, बहु-स्तरीय खेल/गतिविधि आधारित अध्ययन और ईसीसीई (अक्षर, भाषा, संख्या, गिनती, पेंटिंग, संगीत, आदि) के पाठ्यक्रम और शिक्षणशास्त्र शामिल होंगे। प्रीप्रेटरी स्टेज तीन वर्ष की होगी जो फाउंडेशनल स्टेज की खेल-खोज और गतिविधि आधारित शिक्षण-शास्त्रीय शैली से आगे बढ़ेगी और कुछ हल्के-फुल्के पाठ्यपुस्तक आधारित शिक्षण को भी शामिल किया जायेगा और इस प्रकार ज्यादा औपचारिक लेकिन संवादात्मक कक्षा शैली के जरिये अध्ययन-अध्यापन की ओर बढ़ेगी, जिसमें पढ़ने, लिखने, बोलने, शारीरिक शिक्षा, कला, भाषा, विज्ञान और गणित भी शामिल होंगे। मिडिल स्टेज में भी तीन वर्ष की शिक्षा होगी और इसमें विषय विशेषज्ञ शिक्षकों द्वारा विषय की अमूर्त अवधारणाओं पर काम शुरू होगा जिसके लिए विद्यार्थियों की पर्याप्त तैयारी हो चुकी होगी। यह कार्य विज्ञान, गणित, कला, खेल, सामाजिक विज्ञान, मानविकी और व्यावसायिक विषयों में होंगे। हर विषय में अनुभव आधारित शिक्षण और विषय-विशेषज्ञों के आ जाने के बावजूद विषयों के बीच परस्पर सम्बन्ध देखने को प्रोत्साहित किया जायेगा। हाई स्कूल (या सेकेंडरी) स्टेज में चार साल के बहु-विषयक अध्ययन शामिल होंगे, जो इस स्टेज के विषय-उन्मुख शिक्षाक्रमीय और शिक्षण-शास्त्रीय शैली पर आधारित होंगे, लेकिन अधिक गहराई, अधिक आलोचनात्मक सोच, जीवन आकांक्षाओं पर अधिक ध्यान और विद्यार्थियों द्वारा विषयों के चुनाव को लेकर अधिक लचीलेपन के साथ होंगे। विशेष रूप से, यदि किसी की इच्छा हो तो ग्रेड 10 के बाद व्यावसायिक या किसी विशेषज्ञता प्राप्त स्कूल में ग्रेड 11-12 में अन्य कोर्स के चुनाव के विकल्प लगातार बने रहेंगे।

उपरोक्त चरण विशुद्ध रूप से पाठ्यक्रमणीय और शैक्षणिक हैं, जिन्हें कुछ इस तरह डिजाइन किया गया है ताकि बच्चों के संज्ञानात्मक विकास के अनुरूप विद्यार्थियों का सीखना हो सके; ये चरण राष्ट्रीय और राज्य शिक्षाक्रमों और सीखने-सिखाने की रणनीतियों के विकास को मार्गदर्शन देने में मदद करेंगे, लेकिन इनका प्रभाव भौतिक अवसंरचना पर नहीं पड़ेगा।

विद्यार्थियों का समग्र विकास

सभी स्तरों पर पाठ्यचर्या और शिक्षा विधि का समग्र केंद्र-बिंदु शिक्षा प्रणाली को रटने की पुरानी प्रथा से अलग वास्तविक समझ और ज्ञान की ओर ले जाना है। शिक्षा का उद्देश्य केवल संज्ञानात्मक समझ न होकर चरित्र निर्माण और इक्कीसवीं शताब्दी के मुख्य कौशल से सुसज्जित करना है। वास्तव में ज्ञान एक छुपा हुआ खजाना है और शिक्षा व्यक्ति की प्रतिभा के साथ इसे प्राप्त करने में मदद करती है। पाठ्यचर्या और शिक्षाविधि को इन लक्ष्यों की प्राप्ति के लिए पुनः तैयार किया जाएगा। पूर्व विद्यालय से उच्चतर शिक्षा तक प्रत्येक स्तर में एकीकरण के लिए विभिन्न क्षेत्रों में विशिष्ट कौशल और मूल्यों की पहचान की जाएगी। शिक्षण और अधिगम प्रक्रिया में इन कौशलं और मूल्यों को आत्मसात किया जा रहा है। यह सुनिश्चित करने के लिए पाठ्यचर्या ढाँचा और सम्पर्क तंत्र विकसित किया जाएगा। एनसीईआरटी इन अपेक्षित कौशल की पहचान करेगा और आरंभिक बाल्यावस्था एवं स्कूल शिक्षा के लिए राष्ट्रीय पाठ्यचर्या ढाँचे में उनके व्यवहार के लिए तंत्र शामिल करेगा।

अनिवार्य अधिगम और आलोचनात्मक चिंतन को बढ़ाने के लिए पाठ्यक्रम की विषय-वस्तु को कम करना

पाठ्यक्रम की विषय-वस्तु को प्रत्येक विषय में कम करके इसे बेहद बुनियादी चीजों पर केन्द्रित किया जाएगा ताकि आलोचनात्मक चिंतन और समग्र, खोज-आधारित, चर्चा-आधारित और विश्लेषण-आधारित अधिगम पर जरूरी ध्यान दिया जा सके। यह विषय-वस्तु अब मुख्य अवधारणाओं, विचारों, अनुप्रयोगों और समस्या-समाधान पर केंद्रित होगी। शिक्षण और सीखना अधिक संवादात्मक तरीके से संचालित होगा; सवाल पूछने को प्रोत्साहित किया जाएगा, और कक्षाओं में नियमित रूप से अधिक रुचिकर, रचनात्मक, सहयोगात्मक और खोजपूर्ण गतिविधियाँ होंगी ताकि गहन और प्रायोगिक सीख सुनिश्चित किया जा सके।

प्रायोगिक अधिगम

सभी चरणों में, प्रायोगिक आधारित अधिगम को अपनाया जाएगा, जिसमें अन्य चीजों के अलावा स्वयं करके सीखना और प्रत्येक विषय में कला और खेल को एकीकृत किया जाएगा, और कहानी-आधारित शिक्षण-शास्त्र को प्रत्येक विषय में एक मानक शिक्षण-शास्त्र के तौर पर देखा जाएगा। साथ ही विभिन्न विषयों के बीच संबंधों की खोज को प्रोत्साहित किया जाएगा। वर्तमान अधिगम प्रतिमान (लर्निंग आउटकम) और वांछनीय अधिगम परिणामों के बीच खाई को पाटने के लिए कुछ विषयों में कक्षा-कक्षीय प्रक्रियाओं में परिवर्तन होंगे, जहाँ भी उचित

होगा वहाँ इन्हें दक्षता-आधारित अधिगम और शिक्षा की ओर उन्मुख किया जाएगा। आकलन के उपकरणों (जिसमें सीखने 'के रूप में', 'का' 'के लिए' आकलन शामिल है) को दिए गए वर्ग के हर विषय के अधिगम परिणामों, क्षमताओं और रुझानों के साथ भी सरेखित किया जाएगा।

कला-समन्वय (आर्ट-इंटीग्रेशन) एक क्रॉस-करिकुलर शैक्षणिक दृष्टिकोण है जिसमें विविध-विषयों की अवधारणाओं के अधिगम आधार के रूप में कला और संस्कृति के विभिन्न अवयवों का उपयोग किया जाता है। अनुभव आधारित अधिगम पर विशेष बल दिए जाने के अंतर्गत कला-समन्वित शिक्षण को कक्षा प्रक्रियाओं में स्थान दिया जायेगा जिससे न सिर्फ कक्षा ज्यादा आनंदपूर्ण बनेगी बल्कि भारतीय कला और संस्कृति के शिक्षण में समावेश से भारतीयता से भी बच्चों का परिचय हो पायेगा। इस एप्रोच से शिक्षा और संस्कृति के परस्पर संबंधों को भी मजबूती मिलेगी।

खेल-समन्वय एक और क्रॉस-करिकुलर शैक्षणिक दृष्टिकोण है जिसके तहत स्थानीय खेलों सहित विविध शारीरिक गतिविधियों का शिक्षण प्रक्रियाओं में उपयोग किया जाता है, ताकि परस्पर सहयोग, स्वतः पहल करना, स्वयं निर्देशित होकर कार्य करना, स्व-अनुशासन, टीम भावना, जिम्मेदारी, नागरिकता, आदि जैसे कौशल विकसित करने में सहायता मिल सके। खेल समन्वय अधिगम कक्षा के दौरान होगा ताकि छात्रों को फिटनेस को एक आजीवन दृष्टिकोण के रूप में अपनाने और फिट इंडिया मूवमेंट में परिकल्पित किए गए फिटनेस के स्तर के साथ-साथ संबंधित जीवन कौशल प्राप्त करने में मदद मिल सके। शिक्षा में खेलों के समन्वय की आवश्यकता को पहले ही पहचाना जा चुका है क्योंकि इससे बच्चों के शारीरिक और मनोवैज्ञानिक कल्याण के माध्यम से सर्वांगीण विकास होता है और संज्ञानात्मक क्षमताएँ भी बढ़ती हैं।

कोर्स चुनाव के विकल्पों में लचीलेपन के माध्यम से छात्रों को सशक्त बनाना

विद्यार्थियों को विशेष रूप से माध्यमिक विद्यालय में अध्ययन करने के लिए अधिक लचीलापन और विषयों के चुनाव के विकल्प दिए जाएंगे–इनमें शारीरिक शिक्षा, कला और शिल्प तथा व्यावसायिक विषय भी शामिल होंगे–ताकि विद्यार्थी अध्ययन और जीवन की योजना के अपने रास्ते तैयार करने के लिए स्वतंत्र हो सकें। साल दर साल समग्र विकास और विषयों और पाठ्यक्रमों के विस्तृत चुनाव विकल्पों का होना माध्यमिक विद्यालय शिक्षा की नई विशिष्ट विशेषता होगी। 'पाठ्यक्रम', 'अतिरिक्त-पाठ्यक्रम' या 'सह-पाठ्यक्रम', 'कला', 'मानविकी' और 'विज्ञान', अथवा 'व्यावसायिक' या 'अकादमिक' धारा जैसी कोई श्रेणियां नहीं होंगी। विज्ञान, मानविकी और गणित के अलावा भौतिक शिक्षा, कला और शिल्प, और व्यावसायिक कौशल जैसे विषयों को, यह विचार करते हुए कि उम्र के प्रत्येक पड़ाव पर विद्यार्थियों के लिए क्या रुचिपूर्ण और सुरक्षित है और क्या नहीं, स्कूल के पूरे पाठ्यक्रम में शामिल किया जाएगा।

स्कूली शिक्षा के चार चरणों में से प्रत्येक, विभिन्न क्षेत्रों में जो संभव है उसके अनुसार, एक सेमेस्टर या अन्य प्रणाली की ओर बढ़ने पर विचार कर सकता है जो छोटे मॉड्यूल को शामिल करने की अनुमति देता है, या ऐसे कोर्स जिनमें वैकल्पिक दिनों में शिक्षण होता है, ताकि अधिक विषयों का एक्सपोजर मिले और अधिक लचीलेपन को सुनिश्चित किया जा सके। राज्यों को कला, विज्ञान, मानविकी, भाषा, खेल और व्यावसायिक विषयों सहित व्यापक श्रेणी के विषयों के अधिक से अधिक लचीलेपन और आनंद के उद्देश्यों को प्राप्त करने के लिए अभिनव तरीकों पर ध्यान देना चाहिए।

बहुभाषावाद और भाषा की शक्ति

यह सर्वविदित है कि छोटे बच्चे अपनी घर की भाषा/मातृभाषा में सार्थक अवधारणाओं को अधिक तेजी से सीखते हैं और समझ लेते हैं। घर की भाषा आमतौर पर मातृभाषा या स्थानीय समुदायों द्वारा बोली जाने वाली भाषा है। हालांकि, कई बार बहुभाषी परिवारों में, परिवार के अन्य सदस्यों द्वारा बोली जाने वाली एक घरेलू भाषा हो सकती है, जो कभी-कभी मातृभाषा या स्थानीय भाषा से भिन्न हो सकती है। जहाँ तक संभव हो, कम से कम ग्रेड 5 तक लेकिन बेहतर यह होगा कि यह ग्रेड 8 और उससे आगे तक भी हो, शिक्षा का माध्यम, घर की भाषा/मातृभाषा/स्थानीय भाषा/क्षेत्रीय भाषा होगी। इसके बाद, घर/स्थानीय भाषा को जहाँ भी संभव हो भाषा के रूप में पढ़ाया जाता रहेगा। सार्वजनिक और निजी दोनों तरह के स्कूल इसकी अनुपालना करेंगे। विज्ञान सहित सभी विषयों में उच्चतर गुणवत्ता वाली पाठ्यपुस्तकों को घरेलू भाषाओं/मातृ-भाषा में उपलब्ध कराया जाएगा। यह सुनिश्चित करने के लिए सभी प्रयास जल्दी किए जाएं ताकि बच्चे द्वारा बोली जाने वाली भाषा

और शिक्षण के माध्यम के बीच यदि कोई अंतराल मौजूद हो तो उसे समाप्त किया जा सके। ऐसे मामलों में जहाँ घर की भाषा की पाठ्य-सामग्री उपलब्ध नहीं है, शिक्षकों और छात्रों के बीच संवाद की भाषा भी जहाँ संभव हो, वहाँ घर की भाषा बनी रहेगी। शिक्षकों को उन छात्रों के साथ जिनके घर की भाषा/मातृ-भाषा शिक्षा के माध्यम से भिन्न है, द्विभाषी शिक्षण-अधिगम सामग्री सहित द्विभाषी एप्रोच का उपयोग करने के लिए प्रोत्साहित किया जाएगा। सभी भाषाओं को सभी छात्रों को उच्चतर गुणवत्ता के साथ पढ़ाया जाएगा; एक भाषा को अच्छी तरह से सिखाने और सीखने के लिए इसे शिक्षा का माध्यम होने की आवश्यकता नहीं है।

जैसा कि अनुसंधान स्पष्ट रूप से दिखाते हैं कि बच्चे 2 और 8 वर्ष की आयु के बीच बहुत जल्दी भाषा सीखते हैं और बहुभाषिकता से इस उम्र के विद्यार्थियों को बहुत अधिक संज्ञानात्मक लाभ होता है, फाउंडेशनल स्टेज की शुरुआत और इसके बाद से ही बच्चों को विभिन्न भाषाओं में (लेकिन मातृभाषा पर विशेष जोर देने के साथ) एक्सपोजर दिए जाएंगे। सभी भाषाओं को एक मनोरंजक और संवादात्मक शैली में पढ़ाया जाएगा, जिसमें बहुत सारी संवादात्मक बातचीत होगी, और शुरुआती वर्षों में पढ़ने और बाद में मातृभाषा में लिखने के साथ - ग्रेड 3 और आगे की कक्षाओं में अन्य भाषाओं में पढ़ने और लिखने के लिए कौशल विकसित किये जाएंगे। केंद्र और राज्य दोनों सरकारों की ओर से देश भर की सभी क्षेत्रीय भाषाओं, और विशेष रूप से संविधान की आठवीं अनुसूची में वर्णित सभी भाषाओं में बड़ी संख्या में भाषा शिक्षकों में निवेश का एक बड़ा प्रयास होगा। राज्य, विशेष रूप से भारत के विभिन्न क्षेत्रों के राज्य, अपने-अपने राज्यों में त्रि-भाषा फार्मूले को अपनाने के लिए, और साथ ही देश भर में भारतीय भाषाओं के अध्ययन को प्रोत्साहित करने के लिए बड़ी संख्या में शिक्षकों को नियुक्त करने के लिए आपस में द्वि-पक्षीय समझौते कर सकते हैं। विभिन्न भाषाओं को सीखने के लिए और भाषा शिक्षण को लोकप्रिय बनाने के लिए तकनीक का बृहद उपयोग किया जायेगा।

संवैधानिक प्रावधानों, लोगों, क्षेत्रों और संघ की आकांक्षाओं और बहुभाषावाद और राष्ट्रीय एकता को बढ़ावा देने की जरूरत का ध्यान रखते हुए त्रि-भाषा फॉर्मूले को लागू किया जाना जारी रहेगा। हालाँकि, तीन-भाषा के इस फॉर्मूले में काफी लचीलापन रखा जाएगा और किसी भी राज्य पर कोई भाषा थोपी नहीं जाएगी। बच्चों द्वारा सीखी जाने वाली तीन भाषाओं के विकल्प राज्यों, क्षेत्रों, और निश्चित रूप से छात्रों के स्वयं के होंगे, जिनमें से कम से कम तीन में दो भाषाएँ भारतीय भाषाएँ हों। विशेष रूप से, जो छात्र तीन में से एक या अधिक भाषाओं को बदलना चाहते हैं, वे ऐसा ग्रेड 6 या 7 में कर सकते हैं लेकिन ऐसा करने के लिए उन्हें तीनों भाषा में, जिसमें एक भारतीय भाषा को उसके साहित्य के स्तर पर अध्ययन करना शामिल है, माध्यमिक कक्षाओं के अंत तक बुनियादी दक्षता हासिल करके दिखाना होगा।

इस संबंध में, उच्चतर गुणवत्ता वाली विज्ञान और गणित में द्विभाषी पाठ्यपुस्तकों और शिक्षण-अधिगम सामग्री को तैयार करने के सभी प्रयास किए जाएंगे ताकि विद्यार्थी दोनों विषयों पर सोचने और बोलने के लिए अपने घर की भाषा/मातृभाषा और अंग्रेजी दोनों में सक्षम हो सकें।

जैसा कि दुनिया भर के कई विकसित देशों में यह देखने को मिलता है कि अपनी भाषा, संस्कृति और परंपराओं में शिक्षित होना कोई बाधा नहीं है, बल्कि वास्तव में शैक्षिक, सामाजिक और तकनीकी प्रगति के लिए इसका बहुत बड़ा लाभ ही होता है। भारत की भाषाएं दुनिया में सबसे समृद्ध, सबसे वैज्ञानिक, सबसे सुंदर और सबसे अधिक अभिव्यंजक भाषाओं में से हैं, जिनमें प्राचीन और आधुनिक साहित्य (गद्य और पद्य दोनों) के विशाल भंडार हैं। इन भाषाओं में लिखी गयी फिल्म, संगीत और साहित्य भारत की राष्ट्रीय पहचान और धरोहर हैं। सांस्कृतिक और राष्ट्रीय एकीकरण की दृष्टि से सभी युवा भारतीयों को अपने देश की भाषाओं के विशाल और समृद्ध भण्डार और इनके साहित्य के खजाने के बारे में जागरूक होना चाहिए।

इस प्रकार देश में प्रत्येक विद्यार्थी पढ़ाई के दौरान 'द लैंग्वेजेज ऑफ इंडिया' पर एक मजेदार प्रोजेक्ट/गतिविधि में भाग लेगा; उदाहरण के लिए, ग्रेड 6-8 में 'एक भारत श्रेष्ठ भारत' पहल। इस प्रोजेक्ट/गतिविधि में, छात्र अधिकांश रूप से प्रमुख भारतीय भाषाओं की उल्लेखनीय एकता के बारे में जानेंगे, जिसके तहत उनके सामान्य ध्वन्यात्मक और वैज्ञानिक रूप से व्यवस्थित वर्णमाला और लिपियों, उनकी सामान्य व्याकरणिक संरचनाओं, संस्कृत और अन्य शास्त्रीय भाषा से इनकी शब्दावली के स्रोत और उद्भव को ढूँढ़ने से लेकर इन भाषाओं के समृद्ध अंतर-प्रभाव और अंतरों को समझना शामिल है। वे यह भी जानेंगे कि कौन से भौगोलिक क्षेत्र में कौन-सी

भाषा बोलते हैं, आदिवासी भाषाओं की प्रकृति और संरचना को समझेंगे, और भारत की हर प्रमुख भाषा में कुछ पंक्तियाँ और प्रत्येक के समृद्ध और उभरते साहित्य के बारे में कुछ कहना सीखेंगे (आवश्यक अनुवाद के माध्यम से)। इस तरह की गतिविधि से उन्हें भारत की एकता और सुंदर सांस्कृतिक विरासत और विविधता दोनों का एहसास होगा और वे जीवन भर भारत के अन्य हिस्सों के लोगों से मिलने और घुलने-मिलने में सहज महसूस करेंगे। यह प्रोजेक्ट/गतिविधि एक रुचिकर और आनंददायी गतिविधि होगी और इसमें किसी भी रूप में मूल्यांकन शामिल नहीं होगा।

भारत की शास्त्रीय भाषाओं और साहित्य के महत्व, प्रासंगिकता और सुंदरता को भी नजरअंदाज नहीं किया जा सकता है। संस्कृत, संविधान की आठवीं अनुसूची में वर्णित एक महत्वपूर्ण भाषा है, इसका शास्त्रीय साहित्य इतना विशाल है कि सारे लैटिन और ग्रीक साहित्य को भी यदि मिलाकर इससे तुलना की जाए तो भी इसकी बराबरी नहीं कर सकता। संस्कृत साहित्य में गणित, दर्शन, व्याकरण, संगीत, राजनीति, चिकित्सा, वास्तुकला, धातु विज्ञान, नाटक, कविता, कहानी, और बहुत कुछ (जिन्हें 'संस्कृत ज्ञान प्रणालियों' के रूप में जाना जाता है), के विशाल खजाने हैं। इन सबको विभिन्न धर्मों के लोगों के साथ-साथ गैर-धार्मिक लोगों और जीवन के सभी क्षेत्रों और सामाजिक-आर्थिक पृष्ठभूमि के लोगों द्वारा हजारों वर्षों में लिखा गया है। इस प्रकार संस्कृत को, त्रि-भाषा के मुख्यधारा विकल्प के साथ, स्कूल और उच्चतर शिक्षा के सभी स्तरों पर छात्रों के लिए एक महत्वपूर्ण, समृद्ध विकल्प के रूप में प्रस्तुत किया जाएगा। यह उन तरीकों से पढ़ाया जाएगा जो दिलचस्प और अनुभवात्मक होने के साथ-साथ समकालीन रूप से प्रासंगिक हो, जिसमें संस्कृत ज्ञान प्रणाली का उपयोग शामिल हो, और विशेष रूप से ध्वनि और उच्चारण के माध्यम से। फाउंडेशनल और मिडिल स्कूल स्तर पर संस्कृत की पाठ्यपुस्तकों को संस्कृत के माध्यम से संस्कृत पढ़ाने (एसटीएस) और इसके अध्ययन को आनंददायी बनाने के लिए सरल मानक संस्कृत (एसएसएस) में लिखा जा सकता है।

भारत में शास्त्रीय तमिल, तेलुगु, कन्नड़, मलयालम, और ओडिया सहित अन्य शास्त्रीय भाषाओं में अत्यंत समृद्ध साहित्य है; इन शास्त्रीय भाषाओं के अतिरिक्त, पालि, फारसी, प्राकृत और उनके साहित्य को भी उनकी समृद्धि के लिए और भावी पीढ़ी के सुख और समृद्धि के लिए संरक्षित किया जाना चाहिए। जैसे ही भारत पूरी तरह से विकसित देश बनेगा, अगली पीढ़ी भारत के व्यापक और सुंदर शास्त्रीय साहित्य के अध्ययन में भाग लेना और इंसान के रूप में समृद्ध बनना चाहेगी। संस्कृत के अलावा, भारत की अन्य शास्त्रीय भाषाएं और साहित्य, जिनमें तमिल, तेलुगु, कन्नड़, मलयालम, ओड़िया, पालि, फारसी और प्राकृत शामिल हैं, स्कूलों में भी व्यापक रूप से छात्रों के लिए विकल्प के रूप संभवतः ऑनलाइन मॉड्यूल के रूप में अनुभवात्मक और अभिनव एप्रोच के माध्यम से उपलब्ध होंगे ताकि यह सुनिश्चित किया जा सके कि ये भाषा और साहित्य जीवित और जीवंत रहें। सभी भारतीय भाषाओं, जो समृद्ध मौखिक और लिखित साहित्य, सांस्कृतिक परंपराओं और ज्ञान को अपने में संजोए हुए हैं, के लिए भी इसी प्रकार के प्रयास किए जाएंगे।

देश के बच्चों के संवर्धन के लिए, और इन समृद्ध भाषाओं और उनके कलात्मक खजाने के संरक्षण के लिए, सार्वजनिक या निजी सभी स्कूलों में सभी विद्यार्थियों के पास, भारत की शास्त्रीय भाषाओं और उससे जुड़े साहित्य को कम से कम दो साल सीखने का विकल्प होगा।

अनुभवात्मक और नवीन विधियों, जिनमें प्रौद्योगिकी के एकीकरण भी शामिल होंगे, के माध्यम से ग्रेड 6 से 12 तक के विद्यार्थी इन्हें सीख पाएंगे। मिडिल से सेकेंडरी स्तर तक और यहाँ तक कि इसके आगे भी इनका अध्ययन करते रहने का विकल्प उनके पास होगा।

भारतीय भाषाओं और अंग्रेजी में उच्चतर गुणवत्ता वाले कोर्स के अलावा, विदेशी भाषाएं, जैसे कोरियाई, जापानी, थाई, फ्रेंच, जर्मन, स्पेनिश, पुर्तगाली और रूसी भी माध्यमिक स्तर पर व्यापक रूप से अध्ययन हेतु उपलब्ध करवाई जाएंगी, ताकि विद्यार्थी विश्व-संस्कृतियों के बारे में जानें, और अपनी रुचियों और आकांक्षाओं के अनुसार अपने वैश्विक ज्ञान को और दुनिया भर में घूमने-फिरने को सहजता से बढ़ा सकें।

सभी भाषाओं के शिक्षण को नवीन और अनुभवात्मक विधियों के माध्यम से समृद्ध किया जाएगा, जिसमें सरलीकरण और ऐप्स के माध्यम से, भाषाओं के सांस्कृतिक पहलुओं—जैसे कि फिल्म, थिएटर, कथावाचन, काव्य और संगीत—को जोड़ते हुए, और विभिन्न प्रासंगिक विषयों के साथ और वास्तविक जीवन के अनुभवों के साथ संबंधों को दिखाते हुए इन्हें सिखाया जाएगा। इस प्रकार, भाषाओं का शिक्षण भी अनुभवात्मक-अधिगम शिक्षणशास्त्र पर आधारित होगा।

भारतीय साइन लैंग्वेज (आईएसएल) को देश भर में मानकीकृत किया जाएगा, और राष्ट्रीय और राज्य पाठयक्रम सामग्री विकसित की जाएगी, जो बधिर विद्यार्थियों द्वारा उपयोग की जाएगी। जहाँ संभव और प्रासंगिक हो वहाँ स्थानीय सांकेतिक भाषाओं का सम्मान किया जाएगा और उन्हें सिखाया जाएगा।

अनिवार्य विषयों, कौशलों और क्षमताओं का शिक्षाक्रमीय एकीकरण

हालांकि विद्यार्थियों को अपने व्यक्तिगत पाठ्यक्रम को चुनने में पर्याप्त मात्रा में लचीले विकल्प मिलने चाहिए, लेकिन आज की तेजी से बदलती दुनिया में सभी विद्यार्थियों को एक अच्छे, सफल, अभिनव, अनुकूलनीय और उत्पादक व्यक्ति बनने के लिए कुछ विषयों, कौशलों और क्षमताओं को सीखना भी जरूरी है। भाषाओं में प्रवीणता के अलावा, इन कौशलों में शामिल हैं; वैज्ञानिक स्वभाव और साक्ष्य आधारित सोच; रचनात्मकता और नवीनता; सौंदर्यशास्त्र और कला की भावना; मौखिक और लिखित अभिव्यक्ति और संवाद; स्वास्थ्य और पोषण; शारीरिक शिक्षा, फिटनेस, स्वास्थ्य और खेल; सहयोग और टीम वर्क; समस्या को हल करने और तार्किक चिंतन; व्यावसायिक एक्सपोजर और कौशल; डिजिटल साक्षरता, कोडिंग और कम्प्यूटेशनल चिंतन; नैतिकता और नैतिक तर्क, मानव और संवैधानिक मूल्यों का ज्ञान और अभ्यास; लिंग संवेदनशीलता; मौलिक कर्तव्य; नागरिकता कौशल और मूल्य; भारत का ज्ञान; पर्यावरण संबंधी जागरूकता, जिसमें पानी और संसाधन संरक्षण, स्वच्छता और साफ-सफाई शामिल हैं; और समसामयिक मामलों और स्थानीय समुदायों, राज्यों, देश और दुनिया द्वारा जिन महत्वपूर्ण मुद्दों का सामना किया जा रहा है उनका ज्ञान।

प्रासंगिक चरणों में समसामयिक विषयों, जैसे आर्टिफिशियल इंटेलिजेंस, डिजाइन थिंकिंग, होलिस्टिक हेल्थ्, ऑर्गेनिक लिविंग, पर्यावरण शिक्षा, वैश्विक नागरिकता शिक्षा (जीसीईडी), आदि जैसे समसामयिक विषयों की शुरुआत सहित सभी स्तरों पर छात्रों में इन विभिन्न महत्वपूर्ण कौशलों को विकसित करने हेतु समुचित शिक्षाक्रमीय और शिक्षण-शास्त्रीय कदम उठाए जाएंगे।

यह माना जाता है कि गणित और गणितीय सोच भारत के भविष्य और कई आगामी क्षेत्रों और व्यवसायों में भारत की नेतृत्वकारी भूमिका के लिए बहुत महत्वपूर्ण होगी। इन उभरते हुए क्षेत्रों में आर्टिफिशियल इंटेलिजेंस, मशीन लर्निंग, और डेटा साइंस शामिल हैं। इस प्रकार गणित और कम्प्यूटेशनल सोच को विभिन्न प्रकार के अभिनव तरीकों के माध्यम से फाउंडेशनल स्तर से शुरू करके स्कूल की पूरी अवधि के दौरान विभिन्न तरीकों, जिनमें पहेलियाँ और गेम का नियमित उपयोग शामिल है जो गणितीय सोच को अधिक आनंददायी और आकर्षक बनाते हैं, के माध्यम से सिखाने पर जोर दिया जाएगा। मिडिल स्कूल स्तर पर कोडिंग संबंधी गतिविधियाँ शुरू की जाएँगी।

प्रत्येक विद्यार्थी ग्रेड 6 और 8 के दौरान राज्यों और स्थानीय समुदायों द्वारा तय किए गए और स्थानीय कुशल आवश्यकताओं द्वारा मैपिंग के अनुसार एक आनंददायी कोर्स करेगा, जो कि महत्वपूर्ण व्यावसायिक शिल्प, जैसे कि बढ़ईगीरी, बिजली का काम, धातु का काम, बागवानी, मिट्टी के बर्तनों के निर्माण, आदि का एक जायजा देगा और अपने हाथों से काम करने का अनुभव प्रदान करेगा। ग्रेड 6-8 के लिए एक अभ्यास-आधारित पाठ्यक्रम एनसीएफएसई 2020-21 को तैयार करते हुए एनसीईआरटी द्वारा उचित रूप से डिजाइन किया जाएगा। कक्षा 6 से 8 में पढ़ने के दौरान सभी विद्यार्थी एक दस दिन के बस्ता-रहित पीरियड में भाग लेंगे जब वे स्थानीय व्यावसायिक विशेषज्ञों, जैसे बढ़ई, माली, कुम्हार, कलाकार आदि के साथ प्रशिक्षु के रूप में काम करेंगे। इसी तर्ज पर कक्षा 6 से 12 तक, छुट्टियों के दौरान भी, विभिन्न व्यावसायिक विषय समझने के लिए अवसर उपलब्ध कराये जा सकते हैं। ऑनलाइन माध्यम से भी व्यावसायिक कोर्स उपलब्ध कराये जा सकते हैं। वर्ष भर में ऐसे बस्ता-रहित दिनों में विभिन्न प्रकार की समृद्ध करने वाली कला, क्विज, खेल और व्यावसायिक हस्तकलाओं को प्रोत्साहन दिया जायेगा। बच्चों को ऐतिहासिक, सांस्कृतिक और पर्यटक महत्व के स्थानों/स्मारकों का दौरा करने, स्थानीय कलाकारों और शिल्पकारों से मिलने और अपने गांव/तहसील/जिला/राज्य में उच्चतर शैक्षणिक संस्थानों का दौरा करने के माध्यम से स्कूल के बाहर की गतिविधियों के लिए आवधिक एक्सपोजर दिया जाएगा।

'भारत का ज्ञान' में आधुनिक भारत और उसकी सफलताओं और चुनौतियों के प्रति प्राचीन भारत का ज्ञान और उसका योगदान शामिल होगा, और शिक्षा, स्वास्थ्य, पर्यावरण, आदि के संबंध में भारत की भविष्य की आकांक्षाओं की स्पष्ट भावना शामिल होगी। इन तत्वों को पूरे स्कूल पाठ्यक्रम में जहाँ भी प्रासंगिक हो वहाँ वैज्ञानिक तरीके से और एक सटीक रूप से शामिल किया जाएगा। विशेष रूप से भारतीय ज्ञान प्रणाली को आदिवासी ज्ञान एवं सीखने के स्वदेशी और पारंपरिक तरीकों

सहित कवर किया जाएगा और गणित, खगोल विज्ञान, दर्शन, योग, वास्तुकला, चिकित्सा, कृषि, इंजीनियरिंग, भाषा विज्ञान, साहित्य, खेल के साथ-साथ शासन, राजव्यवस्था, संरक्षण, आदि विषयों में शामिल किया जाएगा। नृजातीय चिकित्सा पद्धतियों, वन प्रबंधन, पारंपरिक (जैविक) फसल की खेती, प्राकृतिक खेती, आदि में विशिष्ट पाठ्यक्रम भी उपलब्ध कराए जाएंगे। भारतीय ज्ञान प्रणालियों पर एक आकर्षक पाठ्यक्रम भी विकल्प के रूप में माध्यमिक विद्यालय में छात्रों के लिए उपलब्ध होगा। मस्ती और स्वदेशी खेलों के माध्यम से विभिन्न टॉपिक्स और विषयों को सीखने के लिए स्कूलों में प्रतियोगिताएं आयोजित की जा सकती हैं। पूरे स्कूल पाठ्यक्रम के दौरान विज्ञान और अन्य क्षेत्रों में प्राचीन और आधुनिक भारत के प्रेरणादायक व्यक्तित्वों पर वीडियो वृत्तचित्र दिखाए जाएंगे। छात्रों को सांस्कृतिक आदान-प्रदान कार्यक्रमों के हिस्से के रूप में विभिन्न राज्यों का दौरा करने के लिए प्रोत्साहित किया जाएगा।

विद्यार्थियों को कम उम्र में 'सही को करने' के महत्व को सिखाया जाएगा, और नैतिक निर्णय लेने के लिए एक तार्किक ढांचा दिया जाएगा। बाद के वर्षों में, इन मुद्दों को विभिन्न थीम जैसे धोखाधड़ी, हिंसा, साहित्यिक चोरी, गंदगी फैलाना, सहिष्णुता, समानता, समानुभूति इत्यादि की मदद से विस्तार दिया जाएगा, जिसमें बच्चों को अपने जीवन का संचालन करने में नैतिक/नैतिक मूल्यों को अपनाने के लिए सक्षम बनाने; कई दृष्टिकोणों से एक नैतिक मुद्दे के बारे में तर्क गढ़ने और निर्णय लेने; और सभी कार्यों में नैतिक आचरण को अपनाने में सक्षम बनाने पर जोर दिया जाएगा। इस तरह विकसित हुए नैतिक बोध के चलते पारंपरिक भारतीय मूल्यों और सभी बुनियादी मानवीय और संवैधानिक मूल्यों (जैसे सेवा, अहिंसा, स्वच्छता, सत्य, निष्काम-कर्म, शांति, त्याग, सहिष्णुता, विविधता, बहुलवाद, नैतिक-आचरण, लैंगिक संवेदनशीलता, बुजुर्गों के लिए सम्मान, सभी लोगों और उनकी अंतर्निहित क्षमताओं का सम्मान, पर्यावरण के प्रति सम्मान, मदद करना, शिष्टाचार, धैर्य, क्षमा, समानुभूति, करुणा, देशभक्ति, लोकतांत्रिक दृष्टिकोण, अखंडता, जिम्मेदारी, न्याय, स्वतंत्रता, समानता और बंधुत्व) को विद्यार्थियों में विकसित किया जा सकेगा। बच्चों को पंचतंत्र की मूल कहानियों, जातक, हितोपदेश, और अन्य मजेदार दंतकथाओं और भारतीय परंपरा से प्रेरित कहानियों को पढ़ने और सीखने का अवसर मिलेगा और वैश्विक साहित्य पर उनके प्रभावों के बारे में भी वे जानेंगे। भारतीय संविधान के अंश भी सभी छात्रों के लिए पढ़ना आवश्यक माना जाएगा। स्वास्थ्य में बुनियादी प्रशिक्षण जिसमें निवारक स्वास्थ्य, मानसिक स्वास्थ्य, अच्छा पोषण, व्यक्तिगत और सार्वजनिक स्वच्छता, आपदा प्रतिक्रिया और प्राथमिक चिकित्सा शामिल है के साथ ही साथ शराब, तम्बाकू और अन्य मादक पदार्थों के हानिकारक और विपरीत प्रभावों की वैज्ञानिक व्याख्या को भी पाठ्यक्रम में शामिल किया जाएगा।

फाउंडेशनल स्तर से शुरू करके बाकी सभी स्तरों तक, पाठ्यचर्या और शिक्षण-शास्त्र को एक मजबूत भारतीय और स्थानीय संदर्भ देने की दृष्टि से पुनर्गठित किया जायेगा। इसके अंतर्गत संस्कृति, परंपराएँ, विरासत, रीति-रिवाज, भाषा, दर्शन, भूगोल, प्राचीन और समकालीन ज्ञान, सामाजिक और वैज्ञानिक आवश्यकताएं, सीखने के स्वदेशी और पारंपरिक तरीके आदि सभी पक्ष शामिल होंगे जिससे शिक्षा यथासंभव रूप से हमारे छात्रों के लिए अधिकतम भरोसेमंद, प्रासंगिक, रोचक और प्रभावी बने। कहानियों, कला, खेलों, उदाहरणों और समस्याओं आदि का चयन जहाँ तक संभव हो भारतीय और स्थानीय भौगोलिक सन्दर्भों के आधार पर किया जायेगा। शिक्षा को इस तरह का आधार मिलने पर निश्चित रूप से अमूर्त चिंतन, नए विचारों और रचनात्मकता को निखरने का अवसर मिलेगा।

स्कूल शिक्षा के लिए राष्ट्रीय पाठ्यचर्या रूपरेखा (एनसीएफएसई)

स्कूल शिक्षा के लिए एक नया और व्यापक राष्ट्रीय पाठ्यचर्या रूपरेखा एनसीएफएसई 2020-21, एनसीईआरटी द्वारा राष्ट्रीय शिक्षा नीति, 2020 के सिद्धांतों, अग्रणी पाठ्यचर्या आवश्यकताओं के आधार पर तथा राज्य सरकारों, मंत्रालयों, केंद्र सरकार के संबंधित विभागों और अन्य विशेषज्ञ निकायों सहित सभी हितधारकों के साथ परामर्श करके तैयार किया जाएगा और इसे सभी क्षेत्रीय भाषाओं में उपलब्ध कराया जाएगा। उसके बाद एनसीएफएसई दस्तावेज की प्रत्येक 5-10 वर्ष में महत्वपूर्ण पाठ्यचर्या को ध्यान में रखते हुए समीक्षा एवं अद्यतनीकरण किया जाएगा।

स्थानीय विषय-वस्तु और आस्वाद के साथ राष्ट्रीय पाठ्यपुस्तकें

स्कूली पाठ्यक्रम के बोझ में कमी, और बढ़े हुए लचीलेपन, और रटकर सीखने के बजाय रचनावादी तरीके से सीखने पर नए सिरे से जोर के साथ-साथ स्कूल की पाठ्यपुस्तकों में भी

बदलाव होने चाहिए। सभी पाठ्यपुस्तकों में राष्ट्रीय स्तर पर महत्वपूर्ण मानी जाने वाली आवश्यक मूल सामग्री (चर्चा, विश्लेषण, उदाहरण और अनुप्रयोग के साथ) को शामिल करना होगा, लेकिन इसके साथ ही स्थानीय संदर्भों और आवश्यकताओं के अनुसार किसी भी वांछित बारीकियों और पूरक सामग्री को भी शामिल करना चाहिए। जहाँ संभव हो, शिक्षकों के पास भी तय पाठ्यपुस्तकों में अनेक विकल्प होंगे। उनके पास अब ऐसी पाठ्यपुस्तकों के अनेक सेट होंगे जिसमें अपेक्षित राष्ट्रीय और स्थानीय सामग्री शामिल होगी। इसके चलते वे ऐसे तरीके से पढ़ा सकें जो उनकी अपनी शिक्षण-शास्त्रीय शैली और उनके छात्रों की एवं समुदायों की जरूरत के मुताबिक हो।

छात्रों को और शिक्षा व्यवस्था पर पाठ्यपुस्तक की कीमतों के बोझ को कम करने के लिए इस तरह की गुणवत्ता की पाठ्यपुस्तकों को न्यूनतम संभव लागत - उत्पादन/मुद्रण की लागत- पर मुहैया करवाया जाएगा। यह उद्देश्य एससीईआरटी के संयोजन में एनसीईआरटी द्वारा विकसित उच्चतर गुणवत्ता वाली पाठ्यपुस्तक सामग्री का उपयोग करके पूरा किया जा सकता है; अतिरिक्त पाठ्यपुस्तक सामग्री को सार्वजनिक-परोपकारी भागीदारी और क्राउडसोर्सिंग द्वारा वित्तपोषित किया जा सकेगा जिसका इस्तेमाल विशेषज्ञों को ऐसी उच्चतर गुणवत्ता वाली पाठ्यपुस्तकों को लागत-मूल्य पर लिखने के लिए प्रोत्साहित किया जा सकेगा।

राज्य अपने स्वयं के पाठ्यक्रम (जो जहाँ तक संभव हो एनसीईआरटी द्वारा तैयार एनसीएफएसई पर आधारित हो सकते हैं) तैयार करेंगे और पाठ्यपुस्तकों (जो जहाँ तक संभव हो एनसीईआरटी पाठ्यपुस्तक सामग्री पर आधारित हो सकते हैं) को तैयार करेंगे, जिसमें स्थानीय आस्वादों और सामग्री को जरुरत के अनुसार शामिल किया जा सकेगा। ऐसा करते समय, यह ध्यान में रखना चाहिए कि एनसीईआरटी पाठ्यक्रम को राष्ट्रीय रूप से स्वीकार्य मानदंड के रूप में लिया जाएगा। सभी क्षेत्रीय भाषाओं में ऐसी पाठ्यपुस्तकों की उपलब्धता सर्वोच्च प्राथमिकता होगी, ताकि सभी छात्रों को उच्चतर- गुणवत्तापूर्ण शिक्षा प्राप्त हो। स्कूलों में पाठ्यपुस्तकों की समय पर उपलब्धता सुनिश्चित करने के लिए सभी प्रयास किए जाएंगे। पर्यावरण को संरक्षित करने और व्यवस्थात्मक बोझ को कम करने के उद्देश्य से सभी राज्यों/केंद्रशासित प्रदेशों और एनसीईआरटी द्वारा सभी पाठ्यपुस्तकों को डाउनलोड और प्रिंट करने की सुविधा उपलब्ध करायी जाएगी।

पाठ्यक्रम और शिक्षणशास्त्र में उपयुक्त परिवर्तनों के जरिए स्कूल बैग और पाठ्यपुस्तकों के बोझ को पर्याप्त रूप से कम करने के लिए एनसीईआरटी, एससीईआरटी, स्कूलों और शिक्षकों द्वारा ठोस प्रयास किए जाएंगे।

समतामूलक और समावेशी शिक्षा : सभी के लिए अधिगम

शिक्षा, सामाजिक न्याय और समानता प्राप्त करने का एकमात्र और सबसे प्रभावी साधन है। समतामूलक और समावेशी शिक्षा न सिर्फ स्वयं में एक आवश्यक लक्ष्य है, बल्कि समतामूलक और समावेशी समाज निर्माण के लिए भी अनिवार्य कदम है, जिसमें प्रत्येक नागरिक को सपने संजोने, विकास करने और राष्ट्र हित में योगदान करने का अवसर उपलब्ध हों। यह शिक्षा नीति ऐसे लक्ष्यों को लेकर आगे बढ़ती है जिससे भारत देश के किसी भी बच्चे के सीखने और आगे बढ़ने के अवसरों में उसकी जन्म या पृष्ठभूमि से संबंधित परिस्थितियां बाधक न बन पायें। यह नीति इस बात की पुनः पुष्टि करती है कि स्कूल शिक्षा में पहुँच, सहभागिता और अधिगम परिणामों में सामाजिक श्रेणी के अंतरालों को दूर करना सभी शिक्षा क्षेत्र विकास कार्यक्रमों का मुख्य लक्ष्य होगा।

यद्यपि, भारतीय शिक्षा प्रणाली और क्रमिक सरकारी नीतियों ने विद्यालयी शिक्षा व्यवस्था के सभी स्तरों में लिंग और सामाजिक श्रेणियों के अंतरालों को कम करने की दिशा में लगातार प्रगति की है किन्तु असमानता आज भी देखी जा सकती है–विशेषकर माध्यमिक स्तर पर, हम सामाजिक-आर्थिक रूप से वंचित ऐसे समूहों को देख सकते हैं जो शिक्षा के क्षेत्र में भूतकाल से ही पीछे रहे हैं। सामाजिक-आर्थिक रूप से वंचित (एसईडीजी) इन समूहों को लिंग (विशेष रूप से महिला व ट्रांस जेंडर व्यक्ति), सामाजिक-सांस्कृतिक पहचान (जैसे–अनुसूचित जनजाति, अनुसूचित जाति, ओबीसी और भाषाई और धार्मिक अल्पसंख्यक), भौगोलिक पहचान (जैसे–गाँव, कस्बे व आकांक्षी जिले के विद्यार्थी), विशेष आवश्यकता (सीखने से संबंधित अक्षमता सहित) और सामाजिक-आर्थिक स्थिति (जैसे कि प्रवासी समुदाय, निम्न आय वाले परिवार, असहाय परिस्थिति में रहने वाले बच्चे, बाल-तस्करी के शिकार बच्चे या बाल-तस्करी के शिकार बच्चों के बच्चे, अनाथ बच्चे जिनमें शहरों में भीख मांगने वाले व शहरी गरीब भी शामिल हैं) के आधार पर वर्गीकृत किया जा सकता है। अब जबकि स्कूलों में कक्षा 1 से लेकर कक्षा 12

तक लगातार नामांकन घट रहा है, नामांकन में यह गिरावट सामाजिक-आर्थिक रूप से वंचित समूहों (एसईडीजी) में अधिक है और विशेषकर इन एसईडीजी की महिला विद्यार्थियों के सन्दर्भ में यह और अधिक स्पष्ट है। उच्चतर शिक्षा के क्षेत्र में एसईडीजी के नामांकन में यह गिरावट और अधिक है।

गुणवत्तापूर्ण स्कूलों तक पहुँच पाने में कमी, गरीबी, सामाजिक रीति-रिवाजों और प्रथाओं और भाषा सहित अनेक विभिन्न कारकों से अनुसूचित जातियों के बीच नामांकन और प्रतिधारण की दरों पर हानिकारक प्रभाव पड़ा है। अनुसूचित जातियों के बच्चों की पहुंच, भागीदारी और अधिगम परिणामों में इन अंतरालों को पूरा करना प्रमुख लक्ष्यों में से एक रहेगा। साथ ही, अन्य पिछड़ा वर्ग (ओबीसी) जिन्हें पहले से ही सामाजिक और शैक्षणिक रूप से पिछड़े होने के आधार पर पहचाना जाता है, पर भी विशेष ध्यान देने की आवश्यकता है।

विभिन्न ऐतिहासिक और भौगोलिक कारकों के कारण जनजातीय समुदाय और अनुसूचित जनजातियों के बच्चे भी कई स्तरों पर प्रतिकूल परिस्थितियों का सामना करते हैं। आदिवासी समुदायों के बच्चे अक्सर अपने स्कूली शिक्षा को सांस्कृतिक और शैक्षणिक रूप से अप्रासंगिक और विदेशी पाते हैं। हालांकि वर्तमान में आदिवासी समुदायों के बच्चों के उत्थान के लिए कई कार्यक्रम शुरू किए गए हैं और आगे भी किए जाते रहेंगे, यह सुनिश्चित करने के लिए विशेष तंत्र बनाए जाने की आवश्यकता है कि जनजातीय समुदायों के बच्चों को इन कार्यक्रमों का लाभ मिले।

स्कूल और उच्चतर शिक्षा में अल्पसंख्यकों का प्रतिनिधित्व भी अपेक्षाकृत कम है। यह नीति सभी अल्पसंख्यक समुदायों और विशेष रूप से उन समुदायों के बच्चों की शिक्षा को बढ़ावा देने के लिए हस्तक्षेपों के महत्व को स्वीकार करती है, जिनका शैक्षिक रूप से प्रतिनिधित्व कम है।

यह नीति विशेष आवश्यकताओं वाले बच्चों (सीडब्ल्यूएसएन) या दिव्यांग बच्चों को किसी भी अन्य बच्चे के समान गुणवत्तापूर्ण शिक्षा प्राप्त करने के समान अवसर प्रदान करने के लिए सक्षम तंत्र बनाने के महत्व को भी पहचानती है।

स्कूल शिक्षा में सामाजिक श्रेणी के अंतराल को कम करने पर ध्यान केंद्रित करने के लिए अलग रणनीति तैयार की जाएगी, जैसा कि निम्नलिखित उप-भागों में उल्लेख किया गया है।

ईसीसीई, मूलभूत साक्षरता/संख्या ज्ञान और विद्यालय तक पहुँच/नामांकन/उपस्थिति आदि से संबंधित समस्याएं व सिफारिशें, विशेष रूप से अल्प प्रतिनिधित्व वाले और लाभवंचित समूहों के लिए महत्वपूर्ण व प्रासंगिक है।

इसके अतिरिक्त, लक्षित छात्रवृत्ति, माता-पिता को अपने बच्चों को स्कूल भेजने के लिए प्रोत्साहित करने के लिए सशर्त नकद हस्तांतरण, परिवहन के लिए साइकिल प्रदान करना, आदि जैसी विभिन्न सफल नीतियाँ और योजनाएँ चलाई गई हैं जिससे कुछ क्षेत्रों में एसईडीजी की भागीदारी स्कूली शिक्षा प्रणाली में काफी बढ़ी है। इन सफल नीतियों और योजनाओं को पूरे देश में और अधिक सुदृढ़ किया जाना चाहिए ।

यह भी ध्यान में रखना आवश्यक होगा कि यह पता लगाएं कि कौन से उपाय विशेष रूप से कुछ एसईडीजी के लिए प्रभावी हैं। उदाहरण के लिए, साइकिल प्रदान करना और स्कूल तक पहुँचने के लिए साइकिल व पैदल चलने वाले समूहों का आयोजन करना महिला छात्रों की बढ़ती भागीदारी के सन्दर्भ में यह विशेष रूप से शक्तिशाली तरीके के रूप में उभरा है—यहाँ तक कि कम दूरी वाले स्थानों पर भी सुरक्षा की दृष्टि से और माता-पिता को मिलने वाले सुरक्षा-भाव के कारण यह काफी प्रभावी तरीका रहा है। दिव्यांग बच्चों की पहुँच सुनिश्चित करने की दृष्टि से एक बच्चे के साथ एक शिक्षक, सहपाठी शिक्षण, मुक्त विद्यालयी शिक्षा, उचित बुनियादी ढांचा और उपयुक्त तकनीक का प्रयोग विशेष रूप से प्रभावी हो सकता हैं। जो विद्यालय गुणवत्तापूर्ण ढंग से बचपन की देखभाल व शिक्षा प्रदान करते हैं वे आर्थिक रूप से वंचित परिवारों से आने वाले बच्चों के लिए विशेष रूप से लाभकारी हैं। इस बीच यह भी देखा गया है कि शहरी गरीब क्षेत्रों में काउंसलर अथवा प्रशिक्षित सामाजिक कार्यकर्ताओं को जो कि छात्रों, अभिवावकों, स्कूलों व शिक्षकों के साथ मिलकर काम करते हैं, को काम पर रखना उपस्थिति, सीखने के परिणामों को बेहतर बनाने की दृष्टि से विशेष रूप से प्रभावी है।

आंकड़ों से पता चलता है कि कुछ भौगोलिक क्षेत्रों में एसईडीजी का काफी बड़ा अनुपात है। इसके अलावा, ऐसे भौगोलिक स्थान भी हैं जिनकी पहचान महत्वाकांक्षी जिलों के रूप में की गई है और जिन्हें अपने शैक्षिक विकास को बढ़ावा देने के लिए विशेष हस्तक्षेप की आवश्यकता है। इसलिए, यह सिफारिश की जाती है कि देश के शैक्षिक रूप से वंचित एसईडीजी की बड़ी आबादी वाले कुछ क्षेत्रों को विशेष शिक्षा

क्षेत्र एसईजेड) घोषित किया जाना चाहिए, जहाँ केंद्र व राज्यों के द्वारा सही मायने में इन क्षेत्रों के शैक्षिक परिदृश्य को बदलने के लिए अतिरिक्त प्रयासों के माध्यम से उपरोक्त सभी योजनाओं और नीतियों को पूरी तरह से लागू किया जाना चाहिए।

यह देखा जा सकता है कि अल्पप्रतिनिधित्व वाले सभी समूहों में आधी संख्या महिलाओं की है। दुर्भाग्यवश, एसईडीजी के साथ होने वाले अन्याय का सामना औरों से ज्यादा इन समूहों की महिलाओं को करना पड़ता है। यह नीति समाज में महिलाओं की विशिष्ट और महत्वपूर्ण भूमिका, वर्तमान व भावी पीढ़ियों के आचार-विचार को आकार देने में उनके योगदान को ध्यान में रखते हुए मानती है कि एसईडीजी की लड़कियों के लिए गुणवत्तापूर्ण शिक्षा की व्यवस्था उनकी वर्तमान व आने वाली पीढ़ियों के शैक्षिक स्तर को उपर उठाने का सर्वोत्तम तरीका होगा। अतः नीति इस बात की सिफारिश करती है कि एसईडीजी विद्यार्थियों के उत्थान के लिए बनायी जा रही नीतियों और योजनाओं को विशेष रूप से इन समूहों की बालिकाओं पर केन्द्रित होना चाहिए।

इसके अलावा, भारत सरकार सभी लड़कियों और साथ ही ट्रांसजेंडर छात्रों को गुणवत्तापूर्ण और न्यायसंगत शिक्षा प्रदान करने की दिशा में देश की क्षमता का विकास करने हेतु एक 'जेंडर-समावेशी निधि' का गठन करेगी। केंद्र सरकार द्वारा निर्धारित प्राथमिकताओं को लागू करने के लिए राज्यों को यह सुविधा उपलब्ध कराने के लिए एक कोष उपलब्ध होगा। महिला और ट्रांसजेंडर बच्चों तक शिक्षा की पहुँच सुनिश्चित करने की दृष्टि से यह प्रावधान बेहद महत्वपूर्ण है (जैसे स्वच्छता व शौचालय से संबंधित सुविधाएं, साइकिल व सशर्त नकद हस्तांतरण, आदि); यह कोष राज्यों को समुदाय आधारित कार्यक्रमों को प्रभावी बनाने व और उसे बड़े स्तर तक ले जाने में सक्षम बनाएगा जो महिला व ट्रांसजेंडर बच्चों तक गुणवत्तापूर्ण शिक्षा की पहुँच सुनिश्चित करने की दिशा में परिस्थितिजन्य समस्याओं का समाधान प्रस्तुत करेगा। अन्य एसईडीजी की शिक्षा तक पहुँच से सम्बंधित समान समस्याओं के समाधान हेतु इसी प्रकार की 'समावेशी निधि' की व्यवस्था की जायेगी। संक्षेप में, इस नीति का उद्देश्य किसी भी लिंग या अन्य सामाजिक-आर्थिक रूप से वंचित समूह के बच्चों के लिए शिक्षा (व्यावसायिक शिक्षा समेत) तक पहुँच में शेष असमानता को समाप्त करना है।

ऐसे स्थान जहाँ विद्यालय तक आने के लिए छात्रों को अधिक दूरी तय करनी पड़ती है वहाँ जवाहर नवोदय विद्यालयों के स्तर की तर्ज पर निःशुल्क छात्रावासों का निर्माण किया जाएगा। विशेषकर ऐसे बच्चों के लिए जो सामाजिक-आर्थिक रूप से वंचित पृष्ठभूमि से आते हैं। इन छात्रावासों में सभी बच्चों विशेषकर लड़कियों की सुरक्षा की उपयुक्त व्यवस्था की जायेगी। कस्तूरबा गाँधी बालिका विद्यालयों को और मजबूत बनाया जाएगा तथा सामाजिक-आर्थिक रूप से पिछड़े समूहों की बालिकाओं की गुणवत्तापूर्ण शिक्षा वाले विद्यालयों (ग्रेड 12 तक) में प्रतिभागिता बढ़ाने की दृष्टि से इन्हें और अधिक विस्तारित किया जाएगा। भारत के हर कोने में उच्चतर गुणवत्ता की शिक्षा के अवसर प्रदान करने की दृष्टि से विशेषकर आकांक्षात्मक जिलों, विशेष शिक्षा क्षेत्रों व वंचित क्षेत्रों में अतिरिक्त जवाहर नवोदय विद्यालय व केंद्रीय विद्यालय खोले जायेंगे। कम से कम एक वर्ष की प्रारम्भिक बाल्यावस्था देखभाल और शिक्षा को समाहित करते हुए केंद्रीय विद्यालयों में व देश के अन्य प्राथमिक विद्यालयों में विशेषकर वंचित क्षेत्रों में प्री-स्कूल वर्ग को जोड़ा जाएगा।

ईसीसीई में दिव्यांग बच्चों को शामिल करना और उनकी समान भागीदारी सुनिश्चित करना भी इस नीति की सर्वोच्च प्राथमिकता होगी। दिव्यांग बच्चों को प्रारम्भिक स्तर से उच्चतर स्तर तक की शिक्षण प्रक्रियाओं में सम्मिलित होने के लिए सक्षम बनाया जाएगा। दिव्यांगजन अधिकार अधिनियम 2016 (आरपीडब्ल्यूडी अधिनियम) समावेशी शिक्षा को एक ऐसी व्यवस्था के रूप में परिभाषित करता है जहाँ सामान्य व दिव्यांग, सभी बच्चे एक साथ सीखते हैं तथा शिक्षण व सीखने की प्रणाली को इस प्रकार अनुकूलित किया जाता है कि वह प्रत्येक बच्चे की सभी सामान्य अथवा विशेष आवश्यकताओं की पूर्ति में सक्षम हो। यह नीति आरपीडब्ल्यूडी अधिनियम 2016 के सभी प्रावधानों के साथ पूरी तरह से सुसंगत है तथा स्कूली शिक्षा के संबंध में इसके द्वारा प्रस्तावित सभी सिफारिशों को पूरा करती है। राष्ट्रीय पाठ्यचर्या रूपरेखा तैयार करते समय एनसीईआरटी द्वारा दिव्यांगजन विभाग के राष्ट्रीय संस्थानों जैसे विशेषज्ञ संस्थानों के साथ परामर्श सुनिश्चित किया जाएगा।

इसके लिए, दिव्यांग बच्चों के एकीकरण को ध्यान में रखते हुए विद्यालय व विद्यालय परिसरों की वित्तीय मदद की दृष्टि से सुस्पष्ट व कुशल प्रावधानों की व्यवस्था की जायेगी। इसके साथ यह भी ध्यान दिया जाएगा कि विद्यालय व विद्यालय परिसरों में दिव्यांग बच्चों की आवश्यकता से संबंधित प्रशिक्षण प्राप्त शिक्षकों की नियुक्ति की जाए। साथ ही, गंभीर अथवा

एक से अधिक अक्षमता वाले बच्चों के लिए जहाँ भी आवश्यकता हो, एक संसाधन केंद्र स्थापित किया जाएगा। आरपीडब्ल्यूडी अधिनियम के अनुरूप दिव्यांग बच्चों के लिए बाधा मुक्त पहुँच सुनिश्चित की जाएगी। विशेष आवश्यकता वाले बच्चों की विभिन्न श्रेणियों के अनुरूप विद्यालय अथवा विद्यालय परिसर कार्य करेंगे जिससे प्रत्येक बच्चे की आवश्यकता के अनुरूप मदद सुनिश्चित करने हेतु उपयुक्त प्रणाली विकसित की जा सके तथा कक्षा कक्ष में उनकी पूर्ण प्रतिभागिता व समावेशन सुनिश्चित किया जा सके। कक्षा में शिक्षकों व अन्य सहपाठियों के साथ आसानी से जुड़ने के लिए विशेष आवश्यकता वाले बच्चों को कुछ सहायक उपकरण, उपयुक्त तकनीक आधारित उपकरण, भाषा उपयुक्त शिक्षण सामग्री (जैसे—बड़े प्रिंट और ब्रेल प्रारूपों में सुलभ पाठ्य पुस्तकें) पर्याप्त मात्रा में उपलब्ध करवाए जायेंगे। यह कला, खेल और व्यावसायिक शिक्षा सहित सभी स्कूली गतिविधियों पर भी लागू होगा। एनआईओएस भारतीय संकेत भाषा सिखाने के लिए और भारतीय संकेत भाषा का उपयोग करके अन्य बुनियादी विषयों को सिखाने के लिए उच्चतर-गुणवत्ता वाले मॉड्यूल विकसित करेगा। साथ ही दिव्यांग बच्चों की सुरक्षा पर पर्याप्त ध्यान दिया जाएगा।

आरपीडब्ल्यूडी अधिनियम 2016 के अनुसार, मूल दिव्यांगता वाले बच्चों के पास नियमित या विशेष स्कूली शिक्षा का विकल्प होगा। विशेष शिक्षकों के माध्यम से स्थापित संसाधन केंद्र, गंभीर अथवा एक से अधिक विशेष आवश्यकता वाले बच्चों के पुनर्वास व शिक्षा से संबंधित आवश्यकताओं में मदद करेंगे एवं साथ ही उच्चतर गुणवत्ता की शिक्षा घर में ही उपलब्ध कराने (होम स्कूलिंग) व कौशल विकसित करने की दिशा में उनके माता-पिता/अभिवावकों को भी मदद करेंगे। स्कूलों में जाने में असमर्थ गंभीर और गहन दिव्यांगता वाले बच्चों के लिए गृह-आधारित शिक्षा के रूप में एक विकल्प उपलब्ध रहेगा। गृह-आधारित शिक्षा के तहत शिक्षा ले रहे बच्चों को अन्य सामान्य प्रणाली में शिक्षा ले रहे किसी भी अन्य बच्चे के समतुल्य माना जायेगा। गृह-आधारित शिक्षा की दक्षता व प्रभावशीलता की जांच हेतु समता व अवसर की समानता के सिद्धांत पर आधारित ऑडिट कराया जाएगा। आरपीडब्ल्यूडी अधिनियम 2016 के अनुरूप इस ऑडिट के आधार पर गृह-आधारित स्कूली शिक्षा के लिए दिशा-निर्देश और मानक विकसित किए जाएंगे। हालांकि यह स्पष्ट है कि दिव्यांग बच्चों की शिक्षा राज्य की जिम्मेदारी है इसके लिए माता-पिता/देखरेख करने वालों के उन्मुखीकरण से लेकर बड़े स्तर पर प्राथमिकता के साथ अधिगम सामग्री के व्यापक प्रचार-प्रसार के प्रौद्योगिकी आधारित समाधान किये जायेंगे, जिनके माध्यम से माता-पिता/देखरेख करने वाले अपने बच्चे की आवश्यकता के अनुरूप मदद कर पायें।

अधिकांश कक्षाओं में ऐसे बच्चे होते हैं जिनमें सीखने की दृष्टि से कुछ विशिष्ट अक्षमता होती है जिन्हें निरंतर मदद की आवश्यकता होती है। शोध स्पष्ट करते हैं कि ऐसे मामलों में जितनी जल्दी मदद शुरू की जाती है आगे प्रगति की सम्भावना उतनी ही बेहतर नजर आती है। शिक्षकों को सीखने से संबंधित इस प्रकार की अक्षमताओं की पहचान करने और उनके निवारण के लिए योजना बनाने में विशेष रूप से मदद मिलनी चाहिए। इसके लिए किये जाने वाले विशिष्ट कार्यों जिनमें उपयुक्त तकनीकी की मदद से किये जाने वाले प्रयास सहित शामिल होंगे—बच्चों को अपनी गति के अनुरूप काम करने की स्वतंत्रता देना, प्रत्येक बच्चे की क्षमताओं का लाभ लेने की दृष्टि से पाठ्यक्रम को प्रत्येक के लिए सक्षम व लचीला बनाना तथा साथ ही उपयुक्त आकलन और प्रमाणन के लिए एक अनुकूल इकोसिस्टम बनाना। परख नामक प्रस्तावित नए राष्ट्रीय मूल्यांकन केंद्र सहित मूल्यांकन और प्रमाणन एजेंसियां दिशा-निर्देश बनाएंगी और बुनियादी स्तर से लेकर उच्चतर शिक्षा (प्रवेश परीक्षाओं सहित) के स्तर तक इस तरह के मूल्यांकन के संचालन के लिए उपयुक्त तरीकों की सिफारिश करेगी, जिससे सीखने की अक्षमता वाले सभी छात्रों के लिए समान पहुँच और अवसर सुनिश्चित किए जा सके।

विशिष्ट दिव्यांगता वाले बच्चों (सीखने से सम्बंधित अक्षमताओं के साथ) को कैसे पढ़ाया जाए, इससे संबंधित जागरूकता और ज्ञान को सभी शिक्षक प्रशिक्षणों का अनिवार्य हिस्सा होना चाहिए। साथ ही लैंगिक संवेदनशीलता व अल्प प्रतिनिधित्व वाले समूहों के प्रति संवेदनशीलता विकसित की जानी चाहिए जिससे उनकी प्रतिभागिता की स्थिति को बेहतर किया जा सके।

स्कूलों के वैकल्पिक रूपों को अपनी परंपराओं और वैकल्पिक शिक्षण-शास्त्रीय अभ्यासों को संरक्षित करने के लिए प्रोत्साहित किया जाएगा। इसके साथ-साथ उन्हें अपने विषयों, शिक्षण क्षेत्रों व पाठ्यक्रम को राष्ट्रीय पाठ्यचर्या के अनुरूप एकीकृत करने में सहायता प्रदान की जायेगी ताकि उच्चतर शिक्षा के क्षेत्रों में उनके विद्यार्थियों की कम प्रतिभागिता को धीरे-धीरे बढ़ाया जा सके। ऐसे विद्यालयों को विज्ञान, गणित, सामाजिक अध्ययन, हिंदी, अंग्रेजी, राज्य भाषाओं अथवा अन्य

प्रासंगिक विषयों को अपने पाठ्यक्रम में शामिल करने के लिए वित्तीय सहायता प्रदान की जाएगी, जैसा कि शायद इन स्कूलों द्वारा वांछित हो सकता है। यह पारंपरिक सांस्कृतिक या धार्मिक स्कूलों में पढ़ने वाले बच्चों को ग्रेड 1-12 के लिए परिभाषित किये गए अधिगम परिणामों को प्राप्त करने में सक्षम करेगा। इसके अलावा, ऐसे स्कूलों में छात्रों को एनटीए द्वारा राज्य या अन्य बोर्ड परीक्षाओं और मूल्यांकन के लिए उपस्थित होने के लिए प्रोत्साहित किया जाएगा, और इस प्रकार उच्चतर शिक्षा संस्थानों में दाखिला लिया जाएगा। विज्ञान, गणित, भाषा, और सामाजिक अध्ययन के शिक्षण में शिक्षकों की क्षमताओं को नए शैक्षणिक अभ्यासों के लिए उन्मुखीकरण सहित विकसित किया जाएगा। पुस्तकालयों और प्रयोगशालाओं को समृद्ध किया जाएगा और पुस्तकों, पत्रिकाओं, आदि जैसे पर्याप्त पठन सामग्री और अन्य शिक्षण सामग्री उपलब्ध कराई जाएगी।

एसईडीजी के अंतर्गत और ऊपर वर्णित नीतिगत बिन्दुओं के सन्दर्भ में अनूसूचित जाति और जनजातियों के शैक्षणिक विकास में असमानताओं को दूर करने पर विशेष ध्यान दिया जायेगा। स्कूल शिक्षा में भागीदारी बढ़ाने के प्रयासों के तहत, सभी एसईडीजी से प्रतिभाशाली और मेधावी छात्रों के लिए बड़े पैमाने पर समर्पित क्षेत्रों में विशेष छात्रावास, ब्रिज पाठ्यक्रम और फीस माफ करने तथा छात्रवृत्ति के माध्यम से वित्तीय सहायता विशेषकर माध्यमिक स्तर पर प्रदान की जाएगी ताकि उच्चतर शिक्षा में उनके प्रवेश को सुविधाजनक बनाया जा सके।

रक्षा मंत्रालय के तत्वावधान में राज्य सरकारों को जनजाति बहुल प्रदेशों सहित अपने माध्यमिक और उच्चतर माध्यमिक विद्यालयों में एनसीसी विंग खोलने के लिए प्रोत्साहित किया जाए। इससे छात्रों की प्राकृतिक प्रतिभा और अद्वितीय क्षमता का उपयोग किया जा सकेगा जिससे वे रक्षा सेनाओं में सफल कैरियर के लिए प्रेरित होंगे।

एसईडीजी छात्र-छात्राओं के लिए उपलब्ध छात्रवृति, अवसर और योजनाओं में प्रतिभाग करने की दृष्टि से और समता को बढ़ाने के लिए कुछ सरलीकृत तरीके स्थापित किये जायेंगे जैसे—किसी ऐसी एकल एजेंसी या वेबसाइट के माध्यम से आवेदन लेना जो सभी विद्यार्थियों तक इन योजनाओं, छात्रवृति अथवा अवसरों की पहुँच सुनिश्चित करे और सिंगल विंडो प्रणाली के माध्यम से उनका आवेदन सुनिश्चित करे।

उपरोक्त सभी नीतियां और उपाय सभी एसईडीजी के लिए पूर्ण समावेश और समता प्राप्त करने के लिए महत्वपूर्ण तो हैं किन्तु पर्याप्त नहीं। इसके लिए विद्यालय की संस्कृति में बदलाव भी जरूरी है। स्कूल शिक्षा प्रणाली में सभी प्रतिभागी, जिनमें शिक्षक, प्रधानाचार्य, प्रशासक, काउंसलर और छात्र भी शामिल हैं, सभी छात्रों की आवश्यकताओं, समावेशन और समता की धारणाओं और सभी व्यक्तियों के सम्मान, प्रतिष्ठा और निजता के प्रति संवेदनशील होंगे। इस तरह की शैक्षिक संस्कृति छात्रों को सशक्त व्यक्ति बनने में मदद करने के लिए सबसे अच्छा साधन होगी, जो बदले में एक ऐसा समाज बनाने में सक्षम होंगे जो अपने सबसे कमजोर नागरिकों के लिए जिम्मेदार हो। समावेशन और समता शिक्षक-शिक्षा का एक प्रमुख पहलू बन जाएगा (और स्कूलों में सभी नेतृत्व, प्रशासनिक और अन्य पदों के लिए प्रशिक्षण में भी); साथ ही सभी छात्रों के लिए उत्कृष्ट रोल मॉडल लाने की दिशा में यह प्रयास किया जाएगा कि एसईडीजी में से उच्चतर गुणवत्ता के शिक्षक व नेतृत्वकर्ताओं का अधिक से अधिक चयन किया जाए।

छात्रों को शिक्षकों और अन्य विद्यालय कर्मियों (जैसे प्रशिक्षित सामाजिक कार्यकर्ता और परामर्शदाता) इत्यादि द्वारा लायी गयी इस नई स्कूली संस्कृति व पाठ्यक्रम में आये परिवर्तनों के माध्यम से संवेदनशील बनाया जाएगा। स्कूली पाठ्यक्रम में प्रारंभिक शिक्षा, मानवीय मूल्यों पर सामग्री, जैसे सभी व्यक्तियों के लिए सम्मान, सहानुभूति, सहिष्णुता, मानव अधिकार, लैंगिक समानता, अहिंसा, वैश्विक नागरिकता, समावेशन और समता शामिल होंगे। इसमें विभिन्न संस्कृतियों, धर्मों, भाषाओं, लिंग आधारित पहचान इत्यादि के बारे में अधिक विस्तृत ज्ञान शामिल होगा, जो विविधता के प्रति सम्मान और संवेदनशीलता विकसित करेगा। स्कूल के पाठ्यक्रम में किसी भी पूर्वाग्रह और रूढ़िवादिता को हटा दिया जाएगा, और ऐसी सामग्री को अधिकता में शामिल किया जाएगा जो सभी समुदायों के लिए प्रासंगिक और संबंधित हो।

निःशुल्क एवं अनिवार्य बाल शिक्षा का अधिकार अधिनियम, 2009 (RTE, 2009)

समय-समय पर विभिन्न दार्शनिकों और विद्वानों ने शिक्षा की महत्ता को विविध तरीके से रेखांकित करने का प्रयास किया है। ऐतिहासिक क्रम में बढ़ते हुए एक अधिकार के रूप में शिक्षा की अवधारणा का विकास हुआ जिसकी परिणति हम भारतीय संदर्भ में निःशुल्क एवं अनिवार्य शिक्षा अधिनियम, 2009 के

रूप में देख सकते हैं; जिसे 1 अप्रैल, 2010 से "दि राइट ऑफ चिल्ड्रन टू फ्री एंड कम्पलसरी एजुकेशन एक्ट 2009" के नाम से लागू कर दिया गया।

RTE, 2009 के प्रमुख प्रावधान

इसके अंतर्गत 7 अध्याय और 38 धाराओं का विवरण है जिनमें से कुछ महत्वपूर्ण धाराओं का सार निम्नलिखित रूप में दिया गया है–

- भारत के 6 से 14 वर्ष आयु वर्ग के बीच आने वाले सभी बच्चों को मुफ्त तथा अनिवार्य शिक्षा दी जाएगी।
- प्राथमिक शिक्षा (कक्षा 1 से 8 तक) खत्म होने से पहले किसी भी बच्चे को न तो रोका जाएगा, न ही निकाला जाएगा तथा बोर्ड परीक्षा पास करने की जरूरत नहीं होगी।

इस अधिनियम की प्रमुख धाराएँ निम्न हैं :

- **धारा 2 (ग):** 6-14 आयु वर्ग के समस्त लड़के तथा लड़कियों को 'बालक' शब्द के रूप में जाना जाता है।
- **धारा 16:** 6-14 आयु वर्ग के किसी भी बच्चे को अंकों के आधार पर अनुत्तीर्ण न करना। इसके लिए धारा 24 में शिक्षकों के 6 कर्तव्य दिए गए हैं। यदि शिक्षक अपने इन कर्तव्यों का निर्वहन करेंगे तथा बालक के शिक्षण पर ध्यान देंगे तो बालक फेल नहीं होंगे।
- **धारा 17:** इस धारा के अनुसार शिक्षक बालकों को शारीरिक दंड तथा मानसिक प्रताड़ना न दें।
- **धारा 21:** विद्यालय प्रबंधन समिति के गठन के बारे में है।
- **धारा 29:** मूल्यांकन एवं पाठ्यक्रम के बारे में दिया गया है।
- **धारा 27:** शिक्षकों के तीन गैर शैक्षिक कार्य–चुनाव, आपदा प्रबंधन एवं जनगणना।
- **धारा 28:** ट्यूशन कार्य पर प्रतिबंध।
- **धारा 30:** बोर्ड परीक्षा की समाप्ति।

- ऐसा बच्चा/बच्ची जिसकी उम्र 6 साल से ऊपर है, जो किसी स्कूल में दाखिल नहीं है अथवा है भी तो, अपनी प्राथमिक शिक्षा पूरी नहीं कर पाया/पायी है, तब उसे उसकी उम्र के लायक उचित कक्षा में प्रवेश दिया जाएगा। सीधे तौर से दाखिला लेने वाले बच्चे के समकक्ष आने के लिए उसे प्रस्तावित समय सीमा के भीतर विशेष ट्रेनिंग दी जाएगी, जो प्रस्तावित हो। प्राथमिक शिक्षा हेतु दाखिला लेने वाला/वाली बच्चा/बच्ची को 14 साल की उम्र के बाद भी प्राथमिक शिक्षा के पूरा होने तक मुफ्त शिक्षा प्रदान की जाएगी।
- प्रत्येक बालक/बालिका का प्रवेश, उपस्थिति व प्रारंभिक शिक्षा पूरी करना सुनिश्चित किया जाएगा।
- कोई भी स्कूल प्रवेश के लिए फीस एवं प्रवेश परीक्षा नहीं लेगा।
- किसी भी बालक/बालिका को शारीरिक या मानसिक रूप से प्रताड़ित नहीं किया जाएगा।

सरकार ने RTE, 2009 की धारा 17 में महत्वपूर्ण प्रावधान कर बालक को सर्वोच्च स्थान समाज में देने का प्रयास किया है। बालकों को शारीरिक दण्ड देना एवं मानसिक रूप से प्रताड़ित करना और बालकों के साथ भेदभाव प्रतिबंधित है जिनका RTE 2009 की धारा 17 एवं पोक्सो एक्ट, 2012 में उल्लेख किया गया है। शारीरिक दण्ड, मानसिक प्रताड़ना तथा भेदभाव के स्वरूप निम्नानुसार हैं, जिनके उल्लंघन पर दण्ड का प्रावधान है।

शारीरिक दण्ड	मानसिक प्रताड़ना	भेदभाव
1. मारना– ❑ लात मारना ❑ मुक्का मारना ❑ बाल खींचना ❑ बैंत, छड़ी, जूता, रस्सी, चॉक, डस्टर या बेल्ट से मारना। ❑ बिजली के झटके देना।	ताने कसना जो कि बालक के आत्मसम्मान को चोट पहुँचाते हों।	बच्चे की जाति, लिंग, पारिवारिक व्यवसाय, धर्म, निजी स्कूल में 25 प्रतिशत आरक्षण, आदि से व्यवहार में आनेवाले परिवर्तन भेदभाव को बढ़ाते हैं।

शारीरिक दण्ड	मानसिक प्रताड़ना	भेदभाव
2. बच्चों को असहज स्थिति में खड़ा करना।	डाँटना, झिड़कना, बच्चे को जाति-सूचक शब्दों से बुलाना, अंगुलियों से इशारे करना।	अपने शब्दों के माध्यम से स्कूल में जाति आधारित व्यवहार, पूर्वाग्रहों को बनाए रखना।
3. कक्षा, शौचालय व पुस्तकालय में बालक को बंद कर देना।	असम्मानजनक टिप्पणी करना।	बच्चों की जाति या लिंग को देखते हुए काम का विभाजन करना।
4. ऐसे कार्य करवाना जो उसकी क्षमता से अधिक हों।	बच्चे की शारीरिक विकलांगता या मानसिक विमंदता का मजाक बनाना।	जाति, लिंग, धर्म के आधार पर भोजन के दौरान, पुस्तकालय, स्कूल में देय सुविधाओं व खेलकूद में भेदभाव करना।
5.	टी.बी., एड्स से प्रभावित बच्चों की खिल्ली उड़ाना।	शारीरिक, शैक्षिक व भावनात्मक जरूरतों की उपेक्षा करना।
6.	धीमी गति से सीखने वाले बच्चों को छोटा दिखाना। इसी प्रकार अधिक चंचल बच्चों को झिड़ककर अनुशासित करना या अलग करना।	बच्चे को अवसरों और मनोरंजन के साधनों से वंचित करना।
7.	बच्चों को प्रताड़ित कर अभिभावकों पर ट्यूशन के लिए दबाव बनाना।	

भारतीय शिक्षा की विकास यात्रा

राष्ट्रीय शिक्षा नीति, 1968

- स्वतंत्र भारत में शिक्षा पर यह पहली नीति कोठारी आयोग (1964-1966) की सिफारिशों पर आधारित थी।
- शिक्षा को राष्ट्रीय महत्व का विषय घोषित किया गया।
- 14 वर्ष की आयु तक के सभी बच्चों के लिए अनिवार्य शिक्षा का लक्ष्य और शिक्षकों का बेहतर प्रशिक्षण और योग्यता पर फोकस।
- नीति ने प्राचीन संस्कृत भाषा के शिक्षण को भी प्रोत्साहित किया, जिसे भारत की संस्कृति और विरासत का एक अनिवार्य हिस्सा माना जाता था।
- शिक्षा पर केन्द्रीय बजट का 6 प्रतिशत व्यय करने का लक्ष्य रखा।
- माध्यमिक स्तर पर 'त्रिभाषा सूत्र' लागू करने का आह्वान किया गया।

राष्ट्रीय शिक्षा नीति, 1986

- इस नीति का उद्देश्य असमानताओं को दूर करने विशेष रूप से भारतीय महिलाओं, अनुसूचित जनजातियों और अनुसूचित जाति समुदायों के लिए शैक्षिक अवसर की बराबरी करने पर विशेष जोर देना था।
- इस नीति ने प्राथमिक स्कूलों को बेहतर बनाने के लिए 'ऑपरेशन ब्लैकबोर्ड' लॉन्च किया।
- इस नीति ने इंदिरा गांधी राष्ट्रीय मुक्त विश्वविद्यालय के साथ 'ओपन यूनिवर्सिटी' प्रणाली का विस्तार किया।
- ग्रामीण भारत में जमीनी स्तर पर आर्थिक और सामाजिक विकास को बढ़ावा देने के लिए महात्मा गाँधी के दर्शन पर आधारित 'ग्रामीण विश्वविद्यालय' मॉडल के निर्माण के लिए नीति का आह्वान किया गया।

राष्ट्रीय शिक्षा नीति में संशोधन, 1992

- राष्ट्रीय शिक्षा नीति, 1986 में संशोधन का उद्देश्य देश में व्यावसायिक और तकनीकी कार्यक्रमों में प्रवेश के

लिए अखिल भारतीय आधार पर एक आम प्रवेश परीक्षा आयोजित करना था।

- इंजीनियरिंग और आर्किटेक्चर कार्यक्रमों में प्रवेश के लिए सरकार ने राष्ट्रीय स्तर पर संयुक्त प्रवेश परीक्षा (Joint Entrance Examination-JEE) और अखिल भारतीय इंजीनियरिंग प्रवेश परीक्षा (All India Engineering Entrance Examination–AIEEE) तथा राज्य स्तर के संस्थानों के लिए राज्य स्तरीय इंजीनियरिंग प्रवेश परीक्षा (SLEEE) निर्धारित की।
- इसने प्रवेश परीक्षाओं की बहुलता के कारण छात्रों और उनके अभिभावकों पर शारीरिक, मानसिक और वित्तीय बोझ को कम करने की समस्याओं को हल किया।

शिक्षा नीति में परिवर्तन की आवश्यकता क्यों?

- बदलते वैश्विक परिदृश्य में ज्ञान आधारित अर्थव्यवस्था की आवश्यकताओं की पूर्ति करने के लिए मौजूदा शिक्षा प्रणाली में परिवर्तन की आवश्यकता थी।
- शिक्षा की गुणवत्ता को बढ़ाने, नवाचार और अनुसंधान को बढ़ावा देने के लिए नई शिक्षा नीति की आवश्यकता थी।
- भारतीय शिक्षण व्यवस्था की वैश्विक स्तर पर पहुँच सुनिश्चित करने के लिए शिक्षा के वैश्विक मानकों को अपनाने के लिए शिक्षा नीति में परिवर्तन की आवश्यकता थी।

राष्ट्रीय शिक्षा नीति, 2020

राष्ट्रीय शिक्षा नीति, 2020 में शिक्षा की पहुँच, समता, गुणवत्ता, वहनीयता और उत्तरदायित्व जैसे मुद्दों पर विशेष ध्यान दिया गया है। नई शिक्षा नीति के तहत केंद्र व राज्य सरकार के सहयोग से शिक्षा क्षेत्र पर देश की जीडीपी के 6% हिस्से के बराबर निवेश का लक्ष्य रखा गया है। नई शिक्षा नीति के अंतर्गत ही 'मानव संसाधन विकास मंत्रालय' (Ministry of Human Resource Development–MHRD) का नाम बदलकर 'शिक्षा मंत्रालय' (Education Ministry) करने को भी मंजूरी दी गई है।

✦✦✦✦✦

बहुविकल्पीय प्रश्नोत्तर

1. एक शिक्षिका अपनी कक्षा में विविधता को संबोधित कर सकती है :

A. भिन्नताओं को स्वीकार करके और उसे महत्त्व देकर

B. बच्चों की सामाजिक-सांस्कृतिक पृष्ठभूमि का शिक्षा-शास्त्रीय संसाधन के रूप में प्रयोग करके

C. विभिन्न अधिगम शैलियों को समायोजित करके

D. मानक निर्देश देकर और निष्पादन हेतु सर्वमान्य मानदण्ड निर्धारित करके

नीचे दिए गए कूट के आधार पर सही उत्तर चुनिए।

A. 1, 2 और 3 B. 1, 2, 3 और 4

C. 1, 2 और 4 D. 2, 3 और 4

2. कोई शिक्षिका अपनी कक्षा में फर्नीचर की तीखी धार वाले किनारों को रुई से ढँका रखने को कहती है और 'छुओ तथा अनुभव करो' वाले सूचना-पट्टों का उपयोग करने को कहती है। वह किस वर्ग के विशेष शिक्षार्थियों की आवश्यकता पूर्ति करने का प्रयास कर रही है?

A. सामाजिक रूप से वंचित शिक्षार्थी

B. दृष्टि विकलांग शिक्षार्थी

C. श्रवण विकलांग शिक्षार्थी

D. सीख न सकने वाले शिक्षार्थी

3. प्रतिभाशाली बच्चों के लिए सबसे अच्छे शैक्षिक कार्यक्रम वे होते हैं जो :

A. उनके आक्रामक व्यवहार को नियंत्रित करते हैं।

B. उन्हें अधिगम के न्यूनतम मानकों तक काम करने को प्रेरित करने के लिए उपहारों और पुरस्कारों का उपयोग करते हैं।

C. प्रत्यास्मरण के द्वारा ज्ञान की प्रवीणता पर बल देते हैं।

D. उनके चिंतन को प्रेरित कर उन्हें विविध विचारों में व्यस्त रहने के अवसर देते हैं।

4. विद्यालयों में विद्यार्थियों की असफलता के बारे में निम्नलिखित में से कौन-से कथन सही हैं?

1. विशेष जातियों और समुदायों से संबंधित विद्यार्थी असफल होते हैं क्योंकि उनमें योग्यता नहीं होती।
2. विद्यार्थी विद्यालयों में असफल होते हैं क्योंकि उन्हें अधिगम के लिए उपयुक्त पुरस्कार नहीं दिए जाते।
3. विद्यार्थी असफल होते हैं क्योंकि शिक्षण उस तरीके से नहीं किया जाता जो उनके लिए सार्थक हो।
4. विद्यार्थी असफल होते हैं क्योंकि विद्यालय व्यवस्था प्रत्येक विद्यार्थी की आवश्यकताओं और अभिरुचियों का ध्यान नहीं रखती।

A. 2 और 4 B. 3 और 4

C. 1 और 2 D. 2 और 3

5. दो विद्यार्थी एक ही अवतरण को पढ़ते हैं, फिर भी इसके बिलकुल भिन्न अर्थ लगाते हैं। उनके बारे में निम्नलिखित में से क्या सत्य है?

A. संभव नहीं है, क्योंकि अधिगम का आशय अर्थ लगाना नहीं है।

B. संभव नहीं है और विद्यार्थियों को उसे दुबारा पढ़ना चाहिए।

C. संभव है, क्योंकि शिक्षक ने अवतरण को समझाया नहीं है।

D. संभव है, क्योंकि व्यक्ति के अधिगम को विविध कारण विभिन्न विधियों से प्रभावित करते हैं।

6. राष्ट्रीय पाठ्यचर्या की रूपरेखा, 2005 के अनुसार अधिगम अपने स्वभाव में .... और .... है।

A. सक्रिय; सरल B. सक्रिय; सामाजिक

C. निष्क्रिय; सरल D. निष्क्रिय; सामाजिक

7. विद्यार्थियों को स्वतंत्र रूप से चिंतन करने और प्रभावी शिक्षार्थी बनने में सक्षम बनाने हेतु शिक्षक के लिए यह महत्वपूर्ण है :

A. एक संघटित तरीके से जानकारी को प्रस्तुत करना ताकि पुनःस्मरण करने में सरल हो

B. विद्यार्थियों के द्वारा प्राप्त की गई प्रत्येक सफलता के लिए उन्हें पुरस्कार देना

C. विद्यार्थियों को सिखाना कि किस प्रकार से अपने अधिगम का अनुवीक्षण करें

D. छोटी-छोटी इकाइयों या खंडों में जानकारी प्रदान करना

8. यदि कोई शिक्षिका चाहे कि उसके विद्यार्थी समस्या-समाधान कौशल प्राप्त कर ले, तो विद्यार्थियों को ऐसे क्रियाकलापों में लगाना चाहिए जिनमें हो :

A. पूछना, तर्क करना और निर्णय लेना

B. बहुविकल्पी प्रश्नों वाले स्तरीकृत कार्यपत्रक

C. प्रत्यास्मरण, रटना और समझना

D. ड्रिल और अभ्यास

9. कक्षा तक पहुँचने वाली बच्चों की भोली अवधारणाओं को जानना:

A. शिक्षक की योजना और शिक्षण में रुकावट बनता है

B. शिक्षक के हौसले को पस्त कर देता है क्योंकि इससे उसका कार्यभार बढ़ता है

C. शिक्षक के किसी उद्देश्य की पूर्ति नहीं करता

D. शिक्षक के लिए अपने शिक्षण को अधिक सार्थक बनाने की योजना बनाने में सहायक होता है

10. निम्नलिखित में से कौन-से तत्त्व अधिगम को प्रभावित करते हैं?

1. शिक्षार्थी का उत्प्रेरण
2. शिक्षार्थी की परिपक्वता
3. शिक्षण युक्तियाँ
4. शिक्षार्थी का शारीरिक और संवेगात्मक स्वास्थ्य

A. 1, 2 और 3 B. 1, 2, 3 और 4

C. 1 और 2 D. 1 और 3

11. सार्थक अधिगम है :

A. निजी अनुभवों से ज्ञान की संरचनाओं का सक्रिय निर्माण

B. उद्दीपक तथा उत्तर के बीच युग्मन तथा साहचर्य

C. वयस्कों और अधिक सक्षम साथियों का अनुकरण

D. दी गई सूचना का निष्क्रिय ग्रहण

12. विद्यार्थियों के प्रभावशाली अधिगम के लिए निम्नलिखित में से कौन-सा, शिक्षक के प्रारंभिक कार्यों में से एक नहीं है?

A. बच्चों को यह सिखाना कि वे अपने अधिगम प्रयासों को कैसे देख और सुधार सकते हैं

B. विद्यार्थियों को उपदेशात्मक विधि से सूचना प्रदान करना

C. विद्यार्थियों की उन धारणाओं को जानना जिन्हें लेकर वे कक्षा में आते हैं

D. विद्यार्थियों से उच्चतर स्तर के प्रश्नों के उत्तर की अपेक्षा करना

13. विद्यालय और समाजीकरण के बारे में निम्नलिखित में से क्या सत्य है?

A. विद्यालय समाजीकरण का पहला मुख्य कारक है।

B. विद्यालय समाजीकरण का एक महत्वपूर्ण कारक है।

C. समाजीकरण में विद्यालय की कोई भूमिका नहीं होती।

D. समाजीकरण में विद्यालय की बहुत थोड़ी भूमिका होती है।

14. निम्नलिखित में से कौन-सा अधिगम के आकलन को उजागर करता है?

A. शिक्षक किसी विद्यार्थी के निष्पादन का आकलन दूसरों के निष्पादन की तुलना में करता है।

B. शिक्षक विद्यार्थियों की चिंतन प्रक्रियाओं पर ध्यान देने के अलावा उनकी अवधारणात्मक समझ का भी आकलन करता है।

C. शिक्षक 'मानक' उत्तरों से विद्यार्थियों के उत्तरों की तुलना करके उनका आकलन करता है।

D. शिक्षक पाठ्य-पुस्तकों में दी गई जानकारी के आधार पर विद्यार्थियों का आकलन करता है।

15. 'बालकेंद्रित' शिक्षा-शास्त्र का अर्थ है :

A. कक्षा में सारी बातें सीखने के लिए शिक्षक का आगे-आगे होना

B. शिक्षक द्वारा बच्चों को आदेश देना कि क्या किया जाना चाहिए

C. बच्चों के अनुभवों और उनकी आवाज को प्रमुखता देना

D. निर्धारित सूचना का अनुसरण करने में बच्चों को सक्षम बनाना

16. निम्नलिखित में से कौन-सा कथन भाषा और विचार के बारे में पियाजे और वाइगोत्स्की के दृष्टिकोण का सही वर्णन करता है?

A. दोनों भाषा को बच्चे के विचारों से जन्म लेती हुई मानते हैं।

B. वाइगोत्स्की के अनुसार पहले विचार जन्म लेता है और पियाजे के अनुसार भाषा का विचार पर भारी प्रभाव पड़ता है।

C. पियाजे के अनुसार पहले विचार जन्म लेता है और वाइगोत्स्की के अनुसार भाषा का विचार पर भारी प्रभाव पड़ता है।
D. दोनों मानते हैं कि बच्चे की भाषा से विचार जन्म लेते हैं।

17. विद्यालय-यात्रा पर जाने के लिए पोती को अपने पिता से बहस करते हुए देखकर दादी कहती है, "तुम अच्छी लड़की की तरह आज्ञाकारी क्यों नहीं हो? तुम लड़कों की तरह व्यवहार करोगी तो तुमसे कौन शादी करेगा?" यह कथन निम्नलिखित में से किसको प्रतिबिम्बित करता है?
A. बच्चों के लालन-पोषण में परिवार की कठिनाइयाँ
B. लिंग समरूपता
C. लड़कियों और लड़कों के स्वभाव के बारे में रूढ़िबद्ध धारणा
D. लड़की के लिंग की गलत पहचान

18. आकलन के बारे में निम्नलिखित कथनों में से कौन-से कथन सही हैं?
A. आकलन से विद्यार्थियों को यह सहायता मिलनी चाहिए कि वे अपनी शक्तियों और रिक्तियों को देख सकें और शिक्षक तदनुसार उन्हें ठीक कर सकें।
B. आकलन तभी सार्थक होता है जब विद्यार्थियों का तुलनात्मक मूल्यांकन भी हो।
C. आकलन केवल स्मरणशक्ति का ही नहीं, बोधन और अनुप्रयोग का भी होना चाहिए।
D. आकलन तब तक उद्देश्यपूर्ण नहीं हो सकता जब तक उससे भय और चिंता का संचार न हो।
A. 1 और 3 B. 2 और 3
C. 1 और 2 D. 2 और 4

19. जिस क़क्षाकक्ष में विविध पृष्ठभूमि से विद्यार्थी आते हों, वहाँ एक प्रभावी शिक्षक :
A. समान आर्थिक पृष्ठभूमि के विद्यार्थियों का समूह बनाएगा और उन्हें एक साथ रखेगा।
B. वंचित पृष्ठभूमि के विद्यार्थियों को कठिन परिश्रम करने के लिए कहेगा ताकि वे अपने साथियों के बराबर पहुँच सकें।
C. समूह में वैयक्तिक भिन्नता को बताने के लिए उनकी सांस्कृतिक जानकारी पर ध्यान देगा।
D. सांस्कृतिक जानकारी की अनदेखी करेगा और एक सर्वमान्य तरीके से अपने सभी विद्यार्थियों के साथ व्यवहार करेगा।

20. विविध शिक्षार्थियों वाली एक समावेशी कक्षा में सहयोगी अधिगम और समवयस्कों से सीखनाः
A. कार्यन्वित नहीं किया जाना चाहिए और विद्यार्थियों को क्षमताओं के अनुसार अलग-अलग किया जाना चाहिए
B. केवल कभी-कभी ही प्रयोग किया जाना चाहिए क्योंकि वह सहपाठियों से तुलना को बढ़ावा देता है
C. सक्रिय रूप से निरुत्साहित किया जाना चाहिए और प्रतियोगिता को बढ़ावा देना चाहिए
D. सक्रिय रूप से प्रोत्साहित किया जाना चाहिए जिससे समवयस्कों की स्वीकार्यता बढ़े

21. विज्ञान पाठ्यक्रम की प्रक्रियात्मक वैधता के मानदण्ड की अपेक्षा है कि :
A. शिक्षार्थियों को ऐसी प्रक्रियाओं में व्यस्त रखा जाना चाहिए जो वैज्ञानिक सोच को पैदा करने की दिशा में ले जाती हो।
B. विज्ञान को एक ऐसे विशेष विषय के रूप में पढ़ाया जाना चाहिए जिसकी अनूठी विशिष्टताएँ हैं।
C. विज्ञान को मूल्यों से मुक्त सामाजिक सरोकारों से अप्रभावित विषय के रूप में प्रस्तुत किया जाना चाहिए।
D. शिक्षार्थियों को विभिन्न प्राकृतिक प्रक्रियाओं से सुपरिचित कराया जाना चाहिए।

22. विज्ञान में व्यावहारिक/प्रयोगात्मक गतिविधियाँ संचालित करने का उद्देश्य निम्नलिखित में से कौन-सा नहीं है?
A. वे हस्तकौशल-युक्त कौशलों के विकास में सहायक हों।
B. वे उच्च्य अंक या ग्रेड पाने में सहायक हों।
C. वे विज्ञान के विचारों की समझ बढ़ाएँ।
D. वे समस्या-समाधान का अवसर प्रदान करें।

23. निम्नलिखित कथनों में से कौन-सा विज्ञान और तकनीकी के संबंधों का वर्णन करता है?
A. विज्ञान और तकनीकी स्वतंत्र रूप से और परस्पर अलग-अलग चढ़ते हैं।

B. विज्ञान एक व्यापक प्रयास है, जबकि तकनीकी उद्देश्योन्मुख और प्रायः स्थान-विनिर्दिष्ट होती है।
C. विज्ञान की तुलना में तकनीकी अधिक सृजनात्मक प्रक्रिया है।
D. विज्ञान एक प्राचीन उद्यम है परंतु तकनीकी उसकी अपेक्षा नवीन है।

24. शिक्षार्थियों में बहुत विभिन्नताएँ होती हैं। इनमें से किसके/किनके लिए शिक्षक को संवेदनशील होने की आवश्यकता है?

I. संज्ञानात्मक क्षमताओं और सीखने के स्तरों पर आधारित भिन्नताएँ
II. भाषा. जाति, लिंग, धर्म, समुदाय की विविधता पर आधारित भिन्नताएँ

नीचे दिए गए कूट के आधार पर सही उत्तर चुनिए।

A. केवल II B. I और II दोनों
C. न तो I और न ही II D. केवल I

25. केवल कागज-पेंसिल जाँचों द्वारा आकलन
A. समग्र मूल्यांकन को सुविधा प्रदान करता है
B. निरंतर मूल्यांकन को सुविधा प्रदान करता है
C. सकल आकलन को बढ़ावा देता है
D. आकलन को सीमित कर देता है

26. एक शिक्षक समाज के 'वंचित वर्ग' के बच्चों की आवश्यकताओं को प्रभावपूर्ण तरीके से पूरा कर सकता है
A. उन्हें कक्षा-कक्ष में अलग स्थान पर बैठाकर, ताकि वे अन्य बच्चों से मेल-जोल न करें
B. अन्य बच्चों को वंचित पृष्ठभूमि वाले बच्चों के प्रति सहानुभूतिपूर्ण व्यवहार करने के लिए कहकर
C. कक्षा-कक्ष के प्रत्येक बच्चे की आवश्यकतानुसार अपना शिक्षण-कौशल अपनाकर
D. उनकी पृष्ठभूमि की उपेक्षा करके तथा उन्हें विद्यालय में कार्य करने के लिए कहकर

27. अधिगम-असमर्थता वाले बच्चे
A. कुछ भी नहीं सीख सकते
B. अधिगम के कुछ पक्षों से संघर्ष करते हैं
C. बहुत सक्रिय होते हैं, लेकिन उनकी बुद्धि-लब्धि कम होती है
D. बहुत बुद्धिमान तथा परिपक्व होते हैं

28. शिक्षक बच्चों को सृजनात्मक विचारों के लिए प्रोत्साहित कर सकता है
A. उन्हें उत्तर कंठस्थ करने के लिए कहकर
B. उनसे प्रत्यास्मरण-आधारित प्रश्न पूछकर
C. उन्हें बहु-विकल्पी प्रश्न देकर
D. उन्हें समस्या-समाधान के लिए विभिन्न तरीकों से सोचने के लिए कहकर

29. विशेष आवश्यकताओं वाले बच्चों से व्यवहार करने के लिए निम्नलिखित दार्शनिक दृष्टिकोणों में से किसका अनुसरण किया जाना चाहिए?
A. उन्हें पृथक् करके उनकी शिक्षा किसी भिन्न शैक्षिक संस्थाओं में होनी चाहिए।
B. उन्हें केवल व्यावसायिक प्रशिक्षण दिया जाना चाहिए।
C. उन्हें समावेशी शिक्षा का और नियमित विद्यालयों में अध्ययन करने का अधिकार प्राप्त हो।
D. उन्हें किसी प्रकार की शिक्षण की आवश्यकता ही नहीं होती।

30. अधिगमकर्ता-केन्द्रित विधि का आशय है
A. कि शिक्षक अधिगमकर्ता के लिए स्वयं निष्कर्ष निकाल देते हैं
B. परंपरागत प्रतीकात्मक विधियाँ
C. उन विधियों को अपनाना, जिनमें शिक्षक मुख्य कर्ता के रूप में होता है
D. वे विधियाँ, जहाँ अधिगम में अधिगमकर्ता की अपनी पहल तथा प्रयास सम्मिलित होते हैं

31. पियाजे तथा वाइगोत्स्की के अनुसार, एक रचनात्मक कक्षा-कक्ष में अधिगम
A. शिक्षक द्वारा लिखवाया जाता है तथा शिक्षार्थी निष्क्रिय प्राप्तकर्ता होते हैं
B. उद्दीपक तथा अनुक्रिया के जोड़ से होता है
C. शिक्षक द्वारा पुनर्बलन किया जाना है
D. शिक्षार्थियों द्वारा स्वयं सृजित किया जाता है, जो एक सक्रिय भूमिका निभाते हैं

32. आपकी कक्षा में सीखने की विविध शैलियों वाले बच्चे हैं। उसका आकलन करने के लिए आप उन्हें
A. विविध प्रकार के कार्य और परीक्षण देंगे
B. परीक्षण पूरे करने के लिए एकसमान समय देंगे

C. समान अनुदेश देंगे तथा उसके बाद बच्चों द्वारा परीक्षण में प्राप्त अंकों के अनुसार उनको नामित करेंगे
D. कार्यों और परीक्षणों के एकसमान सेट देंगे

33. आजकल बच्चों की 'गलत धारणाओं' को 'वैकल्पिक धारणाएँ' कहने की एक प्रवृत्ति है। इसे कहा जा सकता है
A. बच्चों की गलतियों की व्याख्या के लिए मनोहारी शब्दों का उपयोग करना
B. बच्चों को उनकी सोच में प्रौढ़ों के समान मानना
C. बच्चों की समझ में सूक्ष्म भेद करना और उनका अपने सीखने के प्रति निष्क्रिय रहना
D. पहचानना कि बच्चे सोच सकते हैं और उनकी सोच प्रौढ़ों से भिन्न होती है

34. "किस व्यक्ति को आकार देने में वातावरण के घटकों की कोई भूमिका नहीं होती, क्योंकि प्रत्येक व्यक्ति की वृद्धि उनकी आनुवंशिक संरचना से निर्धारित होती है।" यह कथन है
A. ठीक है, क्योंकि बहुत-से शोध यह सिद्ध करते हैं कि आनुवंशिक पदार्थ ही व्यक्ति के विकास की भविष्यवाणी करता है
B. ठीक नहीं है, क्योंकि वातावरण के घटक किसी व्यक्ति की वृद्धि और विकास में कम योगदान करते हैं
C. ठीक नहीं है, क्योंकि बहुत-से शोध यह सिद्ध करते हैं कि विकास में वातावरण का बड़ा प्रभाव पड़ सकता है
D. ठीक है, क्योंकि किसी व्यक्ति की आनुवंशिक संरचना बहुत प्रबल होती है

35. वाइगोत्स्की के अनुसार, सीखने को पृथक् नहीं किया जा सकता
A. पुनर्बलन से
B. व्यवहार में मापने योग्य परिवर्तन से
C. अवबोधन और अवधानात्मक प्रक्रियाओं से
D. उसके सामाजिक संदर्भ से

36. प्रगतिशील शिक्षा में अपरिहार्य है कि कक्षा-कक्ष
A. सत्तावादी होता है, जहाँ शिक्षक आदेश देता है और शिक्षार्थी चुपचाप अनुसरण करता है
B. सबके लिए मुक्त होता है जिसमें शिक्षक अनुपस्थित होता है
C. शिक्षक के पूरे नियंत्रण में होता है जिसमें वह अधिनायकतावादी होता है
D. लोकतांत्रिक होता है और समझने के लिए बच्चों को पर्याप्त स्थान दिया गया होता है

37. निम्नलिखित में से कौन-सा एक उदाहरण भाषिक बुद्धि वाले व्यक्ति को दर्शाता है?
A. स्वर, ताल और सुर के प्रति संवेदनशीलता
B. ध्यान देने और दूसरे से अंतर कर सकने की योग्यता
C. एक को दीर्घ शृंखलाओं को सँभाल सकने की योग्यता
D. शब्दों के अर्थ और क्रम तथा भाषा के विविध प्रयोगों के प्रति संवेदनशीलता

38. भाषा
A. हमारी विचार-प्रक्रिया को पूरी तरह से नियंत्रित करती है
B. हमारी विचार-प्रक्रिया को प्रभावित करती है
C. विचार-प्रक्रिया का निर्धारण नहीं कर सकती
D. विचार-प्रक्रिया को प्रभावित नहीं करती

39. विज्ञान में आकलन को बल देना चाहिए
A. प्रयोग करते हुए सही परिणामों की प्राप्ति पर
B. साफ और स्पष्ट आरेख बनाने की योग्यता पर
C. अवधारणाओं और प्रक्रियाओं की समझ पर
D. संक्षिप्त परिभाषाओं और सही उत्तरों पर

40. निम्नलिखित में से मुक्त अंत वाला/वाले प्रश्न को पहचानिए।
(*a*) अगर हमारे शरीर में मांसपेशियाँ न हों, तो हमें किन समस्याओं का सामना करना होगा?
(*b*) गुलाब के पौधे, आम के पेड़ और तुलसी के तने में क्या अंतर है?
(*c*) साँप और घोंघे की गति-शैली में बहुत अंतर होता है। ऐसा क्यों है?
(*d*) विभिन्न जड़ों का अवलोकन कीजिए और उनकी विशेषताएँ लिखिए।
A. केवल (*a*) B. केवल (*c*)
C. (*a*) और (*c*) D. (*b*) और (*d*)

41. निम्नलिखित कथनों में से कौन-सा/से एक अच्छी विज्ञान कक्षा की ओर संकेत करता है/करते हैं?
(*a*) शिक्षार्थी स्वयं अपने प्रयोग करते हैं और अपने अवलोकनों को दर्ज करते हैं।

(*b*) शिक्षार्थी, शिक्षक द्वारा दिए गए निदर्शन/प्रदर्शन का अवलोकन करते हैं और उसके चरणों को लिखते हैं।
(*c*) शिक्षार्थी अधिक प्रश्न पूछने के लिए स्वतंत्र हैं।
(*d*) शिक्षक शिक्षण के लिए पाठ्य-पुस्तक के साथ-साथ विविध संसाधनों का उपयोग करता है।

A. केवल (*b*)
B. (*b*) और (*d*)
C. (*a*), (*c*) और (*d*)
D. (*a*) और (*c*)

42. निम्नलिखित आकलन युक्तियों में से कौन-सी युक्ति विज्ञान कक्षा में विद्यार्थियों की प्रायोगिक कौशल को आकलित करने के लिए सबसे अधिक उचित है?

A. जाँच-सूची (चेकलिस्ट)
B. अवधारणा प्रतिचित्रण
C. कागज-पेन्सिल परीक्षा
D. प्रयोग अभिलेख

43. 'ऊर्जा संरक्षण' विषय को पढ़ाने के लिए निम्नलिखित में से कौन-सी युक्ति शिक्षक के लिए सबसे उचित हैं?

(*a*) विद्यार्थियों को ऊर्जा संरक्षण पर नारे लिखने के लिए कहना
(*b*) ऊर्जा संरक्षण के लिए कम-से-कम पाँच तरीके लिखना
(*c*) ऊर्जा संरक्षण प्रदर्शित करने के लिए नमूना/परियोजना बनाना
(*d*) विद्यार्थियों को अपने जीवन में विभिन्न तरीकों से ऊर्जा संरक्षण के लिए प्रोत्साहित करना

A. (*a*), (*b*) और (*d*)
B. (*a*), (*c*) और (*d*)
C. (*b*), (*c*) और (*d*)
D. (*a*), (*b*) और (*c*)

44. लिंग (जेंडर) पक्षपात .... की ओर संकेत करता है।

A. सांस्कृतिक अभिवृत्तियों के कारण अपेक्षाओं पर आधारित लड़कों और लड़कियों से भिन्न व्यवहार करना
B. आनुवंशिक विभिन्नताएँ जो लड़कों और लड़कियों में मौजूद हैं
C. स्त्रियोचित और पुरुषोचित विशेषताओं में सापेक्षिक रूप से स्वयं का बोध
D. अपने शरीर-विज्ञान के कारण लड़कों और लड़कियों के बीच विभिन्नताओं की स्वीकृति

45. एक समावेशी कक्षा में किसी शिक्षिका की सबसे महत्वपूर्ण भूमिका है :

A. कक्षा के लिए ऐसी योजना बनाना कि प्रत्येक बच्चा समान गति से आगे बढ़े।
B. यह सुनिश्चित करना कि शिक्षिका कक्षा को मानक निर्देश दे रही है।
C. बच्चे के माता-पिता के व्यवसाय को जानना ताकि शिक्षिका प्रत्येक बच्चे के भावी व्यवसाय को जान सके।
D. सुनिश्चित करना कि प्रत्येक बच्चे को अपनी संभावना को प्राप्त करने का अवसर मिले।

46. अपनी कक्षा के बच्चों को उनकी अपनी अवधारणाओं को बदलने में आप किस प्रकार सहायता करेंगे?

A. अवधारणाओं के बारे में बच्चों को अपनी समझ को व्यक्त करने का अवसर देकर।
B. बच्चों को सूचनाएँ लिखाकर उन्हें याद करने को कहकर।
C. यदि बच्चों की अवधारणाएँ गलत हों तो उन्हें दंड देकर।
D. तथ्यात्मक जानकारी देकर।

47. जब बच्चे एक विशेष संख्या में पुस्तकें पढ़ते हैं तो उन्हें एक प्रमाणपत्र दिया जाता है। यह रणनीति शायद अधिक समय तक काम न करे, क्योंकि :

A. पुस्तकों को पढ़ना बच्चों को उनके गृहकार्य को पूरा करने में बाधा डालेगा।
B. यह संभवतः बच्चों को केवल प्रमाणपत्र प्राप्त करने के लिए पुस्तकों को पढ़ने की तरफ ले जा सकता है।
C. पुस्तकालय में बहुत अधिक पुस्तकों को खरीदने की आवश्यकता होगी।
D. जब अधिक संख्या में बच्चे पढ़ना शुरू कर देंगे तो बड़ी मात्रा में प्रमाणपत्र देने होंगे।

48. किसी कक्षा में शिक्षक की भूमिका है :

A. सीधे तरीके से ज्ञान पहुँचाना और शिक्षार्थियों को सही उत्तरों के लिए तैयार करना।
B. समय-सारणी का कठोरता से पालन करना और पाठ्यक्रम से बँधे रहना।
C. सीखने की विश्वसनीय स्थितियाँ जुटाना और शिक्षार्थियों को स्वतंत्र चिंतन की सुविधा देना।
D. अपने ज्ञान से शिक्षार्थियों को परिपूर्ण करना और उन्हें परीक्षा के लिए तैयार करना।

49. निम्नलिखित में से कौन-सा कथन बच्चों की त्रुटियों के सम्बन्ध में सबसे उपयुक्त है?

A. बच्चों की गलतियाँ एक खिड़की के समान होती हैं, यह जानने के लिए कि वे किस प्रकार सोचते हैं।

B. गलतियों से बचने के लिए बच्चों को शिक्षक का अनुकरण करना चाहिए।

C. बच्चों की गलतियों को गंभीरता से लिया जाना चाहिए और उन्हें कठोर दंड दिया जाना चाहिए ताकि वे गलतियाँ न दुहराएँ।

D. बच्चे गलतियाँ करते हैं क्योंकि उनमें विचार करने की क्षमता नहीं होती।

50. आकलन शिक्षण-अधिगम प्रक्रिया का अभिन्न अंग है क्योंकि :

A. बच्चों को अंक दिए जाने चाहिए ताकि वे समझ सकें कि अपने सहपाठियों की तुलना में कहाँ पर हैं।

B. आकलन से अध्यापक बच्चों के अधिगम को समझता है और उसके अपने शिक्षण की परिपुष्टि भी होती है।

C. आकलन ही एकमात्र तरीका है जो आश्वस्त करता है कि शिक्षकों ने पढ़ाया और बच्चों ने सीखा।

D. आज के समय में केवल अंक ही शिक्षा में महत्वपूर्ण हैं।

51. "पाठ्यचर्या ऐसी हो जो पाठ्य-पुस्तक के ज्ञान को पुनः प्रस्तुत करने के स्थान पर बच्चों को अपनी आवाजें पाने, कार्य करने के लिए अपनी जिज्ञासा का पोषण करने, प्रश्न पूछने और जाँच-पड़ताल करने तथा अपने अनुभवों को बाँटने तथा विद्यालय के ज्ञान के साथ जोड़ने में सक्षम बनाए।"

—राष्ट्रीय पाठ्यचर्या की रूपरेखा 2005, पृ. 13 इस पृष्ठभूमि में, एक शिक्षक की प्राथमिक भूमिका क्या होनी चाहिए?

A. यह सुनिश्चित करना कि शिक्षिका अच्छे प्रश्न पूछे और शिक्षार्थी अपनी उत्तर पुस्तिका में उत्तर लिखें।

B. बच्चों को उनकी अपनी समझ और अपने ज्ञान को साझा करने के पर्याप्त अवसर देना।

C. बच्चों के अनुभवों को निरस्त कर पाठ्य-पुस्तकों पर ध्यान केंद्रित करना।

D. पाठ्य-पुस्तक के अध्यायों को क्रमवार पूरा कराना।

52. बच्चों को अपने अध्ययन में प्रयास करने हेतु प्रोत्साहित करने के लिए शिक्षकों को .... की आवश्यकता होती है।

A. बच्चे को डाँटने

B. बच्चे को नियंत्रण में रखने

C. अन्य बच्चों के साथ तुलना करने

D. बच्चे को प्रेरित करने

53. बहुविकल्पी प्रश्न बच्चों की .... की योग्यता का आकलन करते हैं।

A. सही उत्तर का प्रत्यास्मरण करने

B. सही उत्तर का निर्माण करने

C. सही उत्तर की व्याख्या करने

D. सही उत्तर की पहचान करने

54. वायगोत्स्की के अनुसार बच्चे स्वयं से क्यों बोलते हैं?

A. बच्चे अपने कार्य को दिशा देने के लिए बोलते हैं।

B. बच्चे अपने प्रति वयस्कों का ध्यान आकर्षित करने के लिए बोलते हैं।

C. बच्चे स्वभाव से बहुत बातूनी होते हैं।

D. बच्चे अहंकेंद्रित होते हैं।

55. एक प्रभावी कक्षा में :

A. बच्चे शिक्षक का सम्मान नहीं करते हैं और जैसा उन्हें अच्छा लगता है वैसा ही करते हैं।

B. बच्चे अपने अधिगम को सुगम बनाने के लिए मार्गदर्शन एवं सहयोग हेतु शिक्षक से सहायता लेते हैं।

C. बच्चे हमेशा उत्सुक और तैयार रहते हैं, क्योंकि शिक्षक उनकी प्रत्यास्मरण योग्यता का आकलन करने के लिए नियमित रूप से परीक्षा लेता रहता है।

D. बच्चे शिक्षक से डरते हैं, क्योंकि वह मौखिक और शारीरिक दंड का प्रयोग करता है।

56. ज्ञान के एक बड़े असम्बद्ध भाग को प्रस्तुत करना :

A. शिक्षार्थियों के लिए प्रत्यास्मरण को आसान बनाएगा।

B. अपने तरीके से जानकारी को व्यवस्थित करने में शिक्षार्थियों की सहायता करेगा।

C. शिक्षिका के कार्य को कठिन और शिक्षार्थियों के कार्य को आसान बनाएगा।

D. शिक्षार्थियों के लिए अवधारणात्मक समझ को प्राप्त करने को कठिन बनाएगा।

57. प्रगतिवादी शिक्षा :

A. समस्या समाधान और आलोचनात्मक चिंतन पर अधिक बल देती है।

B. अनुबंधन और पुनर्बलन के सिद्धांतों पर आधारित है।

C. पाठ्य-पुस्तकों पर आधारित है, क्योंकि वे ज्ञान के एकमात्र वैध स्रोत हैं।

D. इस मत पर विश्वास करती है कि शिक्षक को अपने उपागम में दृढ़ रहना है और वर्तमान समय में बिना दंड का प्रयोग किए बच्चों को पढ़ाया नहीं जा सकता है।

58. विभिन्न मुद्दों और विमर्शों पर उनके लिए कारण प्रस्तुत करते हुए बच्चों को अपनी व्यक्तिगत राय को व्यक्त करने के लिए प्रोत्साहित करने वाले प्रश्न किसको बढ़ावा देते हैं?

A. जानकारी का पुनःस्मरण

B. बच्चों का मानकीकृत आकलन

C. विश्लेषणात्मक और आलोचनात्मक चिंतन

D. अभिसारी चिंतन

59. निम्नलिखित में से कौन-सा कथन विकास और अधिगम के बीच संबंध को सर्वश्रेष्ठ रूप में जोड़ता है?

A. अधिगम और विकास एक जटिल तरीके से अंतःसंबंधित हैं।

B. विकास अधिगम से स्वतंत्र है।

C. अधिगम विकास के पीछे रहता है।

D. अधिगम और विकास समानार्थक/पारिभाषिक शब्द हैं।

60. बाल-केंद्रित कक्षा की एक प्रमुख विशेषता है कि उसमें :

A. शिक्षक बच्चों के लिए व्यवहार के समरूप तरीकों को निर्धारित करता है और जब वे उसका पालन करते हैं, तो उन्हें उपयुक्त पुरस्कार देता है।

B. शिक्षक की भूमिका ज्ञान को सीखने के लिए उसे प्रस्तुत करना है और शिक्षार्थियों का मानक मापदण्डों पर आकलन करना है।

C. शिक्षक के मार्गदर्शन से शिक्षार्थियों को अपनी स्वयं की समझ का निर्माण करने के लिए उत्तरदायी बनाया जाता है।

D. शिक्षक के द्वारा बल प्रयोग और मनोवैज्ञानिक नियंत्रण होता है, जो अधिगम पथ और बच्चों के व्यवहार को निर्धारित करता है।

61. कक्षा VI में, अध्यापक ने रचनात्मक (फॉर्मेटिव) मूल्यांकन (FA) कार्य के लिए वाद-विवाद का विषय दिया। "हिंदू-अरेबिक संख्याएँ, रोमन संख्याओं से अधिक प्रभावशाली हैं।"

FA के इस क्रियाकलाप का उद्देश्य मूल्यांकन करना है :

A. विश्लेषणात्मकता का B. रचनात्मकता का

C. समझ का D. जानकारी का

62. विज्ञान के 'नियमों' और 'सिद्धांतों' के विषय में निम्नलिखित में से कौन-सा कथन सत्य है?

A. वैध ठहराए जाने पर सिद्धांत ही नियम बन जाते हैं।

B. 'सिद्धांत' केवल जीव विज्ञानों में मिलते हैं और 'नियम' केवल भौतिक विज्ञानों में मिलते हैं।

C. सिद्धांत और नियम एक ही हैं और एक ही प्रकार्य करते हैं सिवा इसके कि नियम सिद्धांतों का ही संक्षिप्त रूप होते हैं।

D. नियम दृष्टिगोचर तथ्यों में संबंधों के साधारणीकृत वर्णन हैं और सिद्धांत दृष्टिगोचर तथ्यों के स्पष्टीकरण।

63. आपकी कक्षा में कुछ बच्चे हैं जो गलतियाँ करते हैं। इस परिस्थिति का आपके विश्लेषण के अनुसार इनमें से कौन-सा कथन सर्वाधिक उपयुक्त है?

A. बच्चों का बुद्धिस्तर निम्न है।

B. बच्चों ने अभी तक संकल्पनात्मक स्पष्टता प्राप्त नहीं की है तथा आपको अपनी शिक्षण-विधि पर चिन्तन करने की आवश्यकता है।

C. बच्चों की अध्ययन में रुचि नहीं है और वे अनुशासनहीनता उत्पन्न करना चाहते हैं।

D. बच्चों को आपकी कक्षा में प्रोन्नत नहीं करना चाहिए था।

64. कक्षा-परीक्षणों में अच्छा प्रदर्शन करने में एक बच्चे की असफलता हमें इस विश्वास की तरफ ले जाती है कि

A. आकलन वस्तुनिष्ठ है तथा असफलताओं को स्पष्ट रूप से पहचानने के लिए इसका प्रयोग किया जा सकता है।

B. बच्चे कुछ निश्चित सक्षमताओं और कमियों के साथ पैदा होते हैं।

C. पाठ्यक्रम, शिक्षण-पद्धति तथा आकलन प्रक्रियाओं पर विचार करने की आवश्यकता है।

D. कुछ बच्चों को अनुत्तीर्ण होना ही है, चाहे व्यवस्था उन पर कितना भी अधिक प्रयास करे।

65. एक अध्यापिका यह सुनिश्चित करना चाहती है कि उसके विद्यार्थी आन्तरिक रूप से प्रेरित हैं। इस संदर्भ में वह करेंगी:

A. सभी बच्चों के लिए उपलब्धि के एकसमान मानकों को उल्लिखित करना

B. इस प्रकार की अधिगम गतिविधियों की योजना बनाना जो अभिसारी चिन्तन को प्रोत्साहन देती हैं

C. अन्तिम परिणाम पर ध्यान देने के बजाय व्यक्तिगत रूप से बच्चों की अधिगम की प्रक्रियाओं पर ध्यान देना

D. वस्तु रूप में पुरस्कार प्रस्तुत करना

66. निम्नलिखित में से कौन-सा कथन सबसे बेहतर ढंग से वर्णन करता है कि कक्षा में बच्चों को प्रश्न पूछने के लिए क्यों प्रोत्साहित करना चाहिए?

A. प्रश्न बच्चों की जिज्ञासा को बढ़ाते हैं।

B. जिन चीजों के बारे में बच्चे नहीं जानते हैं उनके बारे में विचार करवाकर उन्हें यह महसूस करवाया जा सकता है कि उनमें बुद्धि की कमी है।

C. प्रश्न अन्योन्यक्रिया के द्वारा अधिगम को आगे बढ़ाते हैं तथा संकल्पनात्मक स्पष्टता की दिशा में बढ़ते हैं।

D. बच्चों को अपने भाषा-कौशलों के अभ्यास की आवश्यकता होती है।

67. निम्नलिखित में से कौन-सी आकलन पद्धति विद्यार्थियों की सर्वोत्तम क्षमता को पोषित करेगी?

A. जब विद्यार्थियों को बहु-विकल्पीय प्रश्नों के माध्यम से किए गए परीक्षण के रूप में तथ्यों को दोहराने की आवश्यकता होती है।

B. जब परीक्षा के अंकों और विद्यार्थी की योग्यता के बीच सकारात्मक सहसम्बन्ध पर बल दिया जाता है।

C. जब संकल्पनात्मक परिवर्तन तथा विद्यार्थियों के बैकल्पिक समाधानों को आकलन की विभिन्न विधियों के द्वारा आकलित किया जाता है।

D. जब कक्षा में विद्यार्थी के द्वारा प्राप्त किए गए अंक और स्थान सफलता का एकमात्र निर्धारक होते हैं।

68. समाजीकरण एक प्रक्रिया है

A. मूल्यों, विश्वासों तथा अपेक्षाओं को अर्जित करने की।

B. मित्रों के साथ सामाजिक बनने की।

C. घुलने-मिलने तथा समायोजन की।

D. एक समाज की संस्कृति की आलोचना करना सीखने की।

69. एक अध्यापिका समाज के 'वंचित वर्गों' से आए बच्चों की आवश्यकताओं के प्रति प्रभावशाली तरीके से प्रतिक्रिया निम्नलिखित द्वारा कर सकती है:

A. 'अन्य बच्चों' को 'वंचित वर्ग से आए बच्चों' के साथ सहयोग करने के लिए कहना तथा विद्यालय के तरीकों को सीखने में उनकी सहायता करने के लिए कहना।

B. वंचित वर्ग से आए बच्चों को विद्यालय के नियमों एवं अपेक्षाओं के प्रति संवेदनशील बनाना ताकि वे उनका अनुपालन करें।

C. विद्यालयी व्यवस्था तथा स्वयं के उन तौर-तरीकों के बारे में विचार करना जिनसे पक्षपात एवं रूढ़िबद्धताएँ झलकती हैं।

D. उनके प्रताड़ित होने के अवसरों को कम करने के लिए यह सुनिश्चित करना कि बच्चे आपस में अन्योन्यक्रिया करने का मौका न पाएँ।

70. एक बहु-सांस्कृतिक कक्षा-कक्ष में एक अध्यापिका सुनिश्चित करेगी कि आकलन में निम्नलिखित में से सम्मिलित हो:

A. अपने आकलन उपकरण की विश्वसनीयता तथा वैधता।

B. अपने विद्यार्थियों की सामाजिक-सांस्कृतिक पृष्ठभूमि।

C. अधिगम के न्यूनतम स्तरों के लिए अनुपालन करते हुए विद्यालय प्रशासन की अपेक्षाओं को पूरा करना।

D. आकलन उपकरण के मानकीकरण।

71. किस प्रकार से एक अध्यापिका बच्चों को बेहतर समस्या समाधानकर्त्ता बनने में सहायता कर सकती है?

A. बच्चों को विविध प्रकार की समस्याओं का समाधान करने के मौके देना तथा उनका हल करते समय सहयोग देना।

B. समस्याओं का समाधान करने के लिए वस्तु रूप में पुरस्कार देना।

C. बच्चों को पाठ्य-पुस्तक में समस्याओं का उत्तर देखने के लिए प्रोत्साहित करना।

D. विद्यार्थियों के सामने प्रस्तुत सभी समस्याओं के सही समाधान उपलब्ध कराना।

72. एक विद्यार्थी एक प्रकरण में मुख्य बिन्दुओं को रेखांकित करती है, उसका एक दृश्यात्मक प्रस्तुतीकरण बनाती है तथा प्रकरण की समाप्ति पर अपने दिमाग में उत्पन्न होने वाले प्रश्नों को प्रस्तुत करती है। वह

A. विचारों के संघटन के द्वारा अपने चिन्तन को निर्देशित करने की कोशिश कर रही है।

B. केन्द्र-बिन्दु की विधि का प्रयोग करने की कोशिश कर रही है।

C. अनुरक्षण पूर्वाभ्यास की रणनीति का प्रयोग करने की कोशिश कर रही है।

D. प्रेक्षण अधिगम सुनिश्चित कर रही है।

73. एक शिक्षार्थी-केन्द्रित कक्षा-कक्ष में अध्यापिका करेगी

A. अधिगम को सुगम बनाने के लिए बच्चों को एक-दूसरे के साथ अंकों के लिए मुकाबला करने हेतु प्रोत्साहित करना।

B. मुख्य तथ्यों की व्याख्या करने के लिए व्याख्यान पद्धति का प्रयोग करना और बाद में शिक्षार्थियों का उनकी सजगता के लिए आकलन करना।

C. वह अपने विद्यार्थियों से जिस प्रकार की अपेक्षा करती है उसे प्रदर्शित करना और तब बच्चों को वैसा करने के लिए दिशा-निर्देश देना।

D. इस प्रकार की पद्धतियों को नियोजित करना जिसमें शिक्षार्थी अपने स्वयं के अधिगम के लिए पहल करने में प्रोत्साहित हों।

74. समावेशी शिक्षा के पीछे मूलाधार यह है कि

A. समाज में विभिन्नता है और विद्यालयों को इस विभिन्नता के प्रति संवेदनशील होने के लिए समावेशी होने की आवश्यकता है।

B. प्रत्येक बच्चे के निष्पादन के लिए मानक एकसमान तथा मानकीकृत होने चाहिए।

C. हमें विशेष आवश्यकता वाले बच्चों के ऊपर दया करने की आवश्यकता है और सुविधाओं तक उनकी पहुँच होनी चाहिए।

D. विशेष आवश्यकता वाले बच्चों के लिए अलग विद्यालयों की व्यवस्था करना लागत प्रभावी नहीं है।

75. इन कथनों में से आप किससे सहमत हैं?

A. एक बच्चा अनुत्तीर्ण होता है क्योंकि सरकार विद्यालयों में पर्याप्त प्रौद्योगिकीय संसाधन प्रदान नहीं कर रही है।

B. एक बच्चे की असफलता मुख्य रूप से माता-पिता की शिक्षा तथा आर्थिक स्तर में कमी के कारण है।

C. एक बच्चे की असफलता के लिए वंशानुक्रम घटकों को प्रत्यक्ष रूप से जिम्मेदार ठहराया जा सकता है, जिसे उसने अपने माता-पिता से अर्जित किया है।

D. एक बच्चे की असफलता व्यवस्था तथा बच्चे के प्रति प्रतिक्रिया करने में इसकी असमर्थता का एक प्रतिबिम्ब है।

76. एक बच्चे को सहारा देने की मात्रा एवं प्रकार में परिवर्तन इस बात पर निर्भर करता है:

A. अध्यापिका की मनोदशा

B. बच्चे की नैसर्गिक योग्यताएँ

C. कार्य के लिए प्रस्तावित पुरस्कार

D. बच्चे के निष्पादन का स्तर

77. एक शिक्षार्थी किसी विशेष आधार पर छाँटने में, पैटर्नों को पहचानने में, संख्या और आकृतियों को नई परिस्थितियों में जानना, समय बताना और मापन में परेशानी दर्शाता है। उसको निम्न में से किस समस्या के साथ डिस्कैल्कुलिया हो सकता है?

A. भाषा प्रयोग

B. दृश्य-स्मरण

C. दृश्य-गत्यात्मक (मोटर) सम्बन्ध (समन्वयन)

D. दृश्य-स्थानिक कौशल

78. निम्नलिखित में से कौन-सी परिस्थिति शिक्षार्थियों को 'ज्ञान की खोज' के लिए सर्वोत्तम अवसर प्रदान करती है?

A. विद्यार्थियों को 'टीम शिक्षण' द्वारा 'दैनिक उपयोग की सामग्रियों' के विषय में शिक्षा दी जा रही है।

B. विद्यार्थी 'भोजन के अवयव' विषय पर 'प्रोग्राम इन्स्ट्रक्शन' के सुपरिष्कृत और विस्तृत सत्र में भाग ले रहे हैं।

C. विद्यार्थियों को पहले 'आर्किमिडीज के सिद्धान्त' का निदर्शन दिखाया गया है और फिर विस्तृत व्याख्या की गई है।

D. विद्यार्थी दी गई सामग्रियों को स्वयं बनाए, बन्द विद्युत् परिपथ में रखकर उन पर 'चालक' और 'अचालक' (विद्युतरोधी) के लेबल लगा रहे हैं।

79. वैज्ञानिक ज्ञान के बारे में निम्नलिखित में से किस कथन से आप सहमत ***नहीं*** होंगे?

A. वैज्ञानिक ज्ञान निरपेक्ष, निश्चित और शाश्वत होता है।

B. वैज्ञानिक ज्ञान के विकास में कल्पना शक्ति और सृजनात्मकता सम्मिलित होती है।

C. वैज्ञानिक ज्ञान सामाजिक एवं सांस्कृतिक रूप से अंतःस्थापित है।

D. वैज्ञानिक ज्ञान सिद्धान्तों से निकलता है।

80. अभिप्रेरणा-चक्र के संदर्भ में निम्नलिखित में से कौन-सा सही क्रम में है?

A. आवश्यकता, प्रबल प्रेरणा, उत्तेजना, लक्ष्य-उन्मुखी व्यवहार, उपलब्धि, उत्तेजना में कमी

B. उत्तेजना, प्रबल प्रेरणा, आवश्यकता, उपलब्धि, लक्ष्य-उन्मुखी व्यवहार, उत्तेजना में कमी

C. प्रबल प्रेरणा, आवश्यकता, उत्तेजना, लक्ष्य-उन्मुखी व्यवहार, उपलब्धि, उत्तेजना में कमी

D. आवश्यकता, लक्ष्य-उन्मुखी व्यवहार, प्रबल प्रेरणा, उत्तेजना, उपलब्धि, उत्तेजना में कमी

81. अधिगम-निर्योग्यता वाले शिक्षार्थियों द्वारा एक पूर्ण और उत्पादक जीवन जीने के अवसरों को बढ़ाने का सबसे सही तरीका है

A. इन बच्चों को अपने लक्ष्यों का निर्धारण करने के लिए प्रोत्साहित करना

B. इस तरह के शिक्षार्थियों की कमजोरियों पर ध्यान केंद्रित करना

C. इस तरह के शिक्षार्थियों से उच्च अपेक्षाओं को बनाए रखना

D. विविध कौशलों और युक्तियों का शिक्षण करना जिसे सभी संदर्भों में लागू किया जा सकता है

82. निम्नलिखित में से कौन-सा उपागम अशांतकारी व्यवहार संबंधी विकार वाले बच्चों के साथ व्यवहार करने के लिए बच्चे को उसके आस-पास के लोगों और सामाजिक संस्थाओं के साथ अंतः क्रिया करने का सुझाव देता है?

A. व्यवहारवादी B. मनोगत्यात्मक

C. पर्यावरणीय D. जीववैज्ञानिक

83. संवेगात्मक बुद्धि, बहुबुद्धि सिद्धांत के किस क्षेत्र के साथ संबंधित हो सकती है?

A. अस्तित्वपरक बुद्धि

B. अंतरा-वैयक्तिक और अंतः वैयक्तिक बुद्धि

C. प्राकृतिक बुद्धि

D. चाक्षुष-स्थानिक बुद्धि

84. कक्षा VII का शिक्षार्थी गणित में त्रुटियाँ करता है। एक शिक्षक के रूप में आप

A. शिक्षार्थी को दिखाएँ कि त्रुटि कहाँ थी और शिक्षार्थी को उसे दुबारा करने के लिए कहेंगे

B. शिक्षार्थी को सही उत्तर उपलब्ध कराएँगे

C. शिक्षार्थी को कैल्कुलेटर का प्रयोग करने की अनुमति देंगे

D. शिक्षार्थी से कहेंगे कि वह विकल्पात्मक पद्धति का प्रयोग करे अथवा स्वयं त्रुटि का पता लगाने के लिए उसे दुबारा करे

85. निम्नलिखित में से कौन-सा समाज में लिंग समानता का मानदंड हो सकता है?

A. क्या छात्राओं को विद्यालय से बाहर आयोजित प्रतियोगिताओं में भाग लेने की अनुमति दी जाती है

B. विद्यालय में पुरुष और महिला शिक्षकों की संख्या की तुलना

C. कक्षा 12 में लड़कों और लड़कियों द्वारा समान संख्या में प्राप्त विशिष्ट योग्यता

D. कक्षा 12 तक पहुँचने वाले लड़कों और लड़कियों की संख्या की तुलना

86. बैन्ड्यूरा के सामाजिक अवलोकन पर आधारित अधिगम सिद्धांत में निम्नलिखित में से कौन-सी प्रक्रिया होती है?

A. सार को दोहराना B. स्वचिंतन

C. प्रतिधारण D. पुनरावृत्ति

87. प्रगतिशील शिक्षा निम्नलिखित में से किस कथन से संबंधित है?

A. परीक्षा मानदंड-संदर्भित और बाह्य है।

B. शिक्षक सूचना और प्राधिकार के प्रवर्तक होते हैं।
C. ज्ञान प्रत्यक्ष अनुभव और सहयोग से उत्पन्न होता है।
D. अधिगम तथ्यों के एकत्रीकरण और कौशल में प्रवीणता के साथ सीधे मार्ग पर चलता है।

88. बुद्धि की स्पीयरमैन परिभाषा में कारक 'g' है–
A. वैश्विक बुद्धि   B. आनुवंशिक बुद्धि
C. उत्पादक बुद्धि   D. सामान्य बुद्धि

89. आप एक शिक्षिका/शिक्षक के रूप में 'रैगिंग और धमकाने' के सख्त विरोधी हैं तथा इस संदर्भ में विद्यालय में पोस्टर लगवाते हैं तथा समिति बनवाते हैं। आपसे जुड़ने वाले किशोर जो इस विचार के दृढ़ विश्वासी हैं, निम्नलिखित में से किस स्तर पर होंगे?
A. सामाजिक व्यवस्था बनाए रखने वाला स्तर
B. पारंपरिक स्तर
C. पूर्व-पारंपरिक स्तर
D. उत्तर-पारंपरिक स्तर

90. शिक्षार्थियों को सबसे कम प्रतिबंधित विद्यालय वातावरण में रखने के माध्यम से, विद्यालय
A. दूसरे बच्चों को संवेदनशील बनाता है कि वे अलाभान्वित बच्चों को दबाएँ नहीं और उन्हें नीचा न दिखाएँ
B. लड़कियों और अलाभान्वित वर्गों के लिए शैक्षिक अवसरों को समान करता है
C. वंचित वर्ग के बच्चों के जीवन को सामान्य करता है, जो इन बच्चों के समुदायों और अभिभावकों के साथ विद्यालय के संबंध को बढ़ा रहा है
D. विज्ञान मेला और प्रश्नोत्तरी जैसी गतिविधियों में अलाभान्वित वर्ग के बच्चों को भागीदार बनाता है

91. विद्यालय आधारित आकलन
A. परीक्षा के लिए शिक्षण को बढ़ावा देता है, क्योंकि उसमें निरंतर परीक्षण होता है
B. परिणामों की अपेक्षा परीक्षा तकनीकों पर केंद्रित है
C. क्या आकलित किया जाएगा–इस पर शिक्षार्थियों को कम नियंत्रण प्रदान करता है
D. रचनात्मक प्रतिपुष्टि उपलब्ध कराते हुए सीखने में संवर्धन करता है

92. मनोसामाजिक सिद्धांत निम्नलिखित में से किस पर बल देता है?
A. क्रियाप्रसूत (सक्रिय) अनुबंधन
B. उद्दीपन व प्रतिक्रिया
C. लिंगीय व प्रसुप्ति स्तर
D. उद्यम के मुकाबले में हीनता स्तर

93. सामाजिक अधिगम का सिद्धांत निम्नलिखित में से किस घटक पर बल देता है?
A. पाठ-संशोधन   B. प्रकृति
C. पोषण   D. अनुकूलन

94. शिक्षण का विकासात्मक परिप्रेक्ष्य शिक्षकों से यह माँग करता है कि वे
A. इस प्रकार का अधिगम उपलब्ध कराएँ जिसका परिणाम केवल संज्ञानात्मक क्षेत्र के विकास में हो
B. कठोर अनुशासन बनाए रखने वाले बनें, क्योंकि बच्चे अकसर प्रयोग (जाँच) करते हैं
C. विकासात्मक कारकों के ज्ञान के अनुसार अनुदेशन युक्तियों का अनुकूलन करें
D. विभिन्न विकासात्मक अवस्था वाले बच्चों के साथ समान रूप से व्यवहार करें

95. निम्नलिखित में से कौन-सा निहितार्थ पियाजे के संज्ञानात्मक विकास के सिद्धान्त से **नहीं** निकाला जा सकता?
A. बच्चों की अधिगमनात्मक तत्परता के प्रति संवेदनशीलता
B. वैयक्तिक भेदों की स्वीकृति
C. खोजपूर्ण अधिगम
D. शाब्दिक शिक्षण की आवश्यकता

96. .... कक्षा में वास्तविक सांसारिक समस्याओं से सम्बद्ध जटिल परियोजनाओं पर कार्य करते हुए अध्यापक व छात्र एक-दूसरे के अनुभवों को परस्पर ग्रहण करते रहते हैं।
A. पारम्परिक
B. रचनात्मक (Constructivist)
C. अध्यापक-केन्द्रित
D. सामाजिक-रचनात्मक

97. भाषा-विकास के सन्दर्भ में निम्नलिखित में से कौन-सा क्षेत्र पियाजे के द्वारा कमतर आँका गया?
A. आनुवंशिकता
B. सामाजिक अन्तःक्रिया
C. अहं-केन्द्रित भाषा
D. विद्यार्थी द्वारा संक्रियात्मक रचना

98. निम्नलिखित में से कौन-सा निरीक्षण हॉवर्ड गार्डनर के बहुविध-बुद्धि सिद्धान्त का समर्थन करता है?

A. मस्तिष्क के एक भाग में हुई क्षति केवल किसी एक विशिष्ट योग्यता को प्रभावित करती है न कि सम्पूर्ण को

B. बुद्धि विश्लेषणात्मक, सृजनात्मक एवं व्यवहारात्मक बुद्धियों की अन्तःक्रिया है

C. विभिन्न बुद्धियाँ अपने स्वरूप में पदानुक्रमात्मक हैं

D. अनुदेशन के प्रारूप का निर्माण करते समय अध्यापकों को किसी एक विशिष्ट शैक्षिक नवाचार के सिद्धान्त का अनुपालन करना चाहिए

99. योग्यता व योग्यता समूहीकरण के परिप्रेक्ष्य में निम्नलिखित में से कौन-सा कथन सत्य है?

A. विद्यार्थी सम-समूहों में बेहतर सीखते हैं

B. अबाध व प्रभावी शिक्षण हेतु कक्षा को समरूपी (homogeneous) होना चाहिए

C. छात्र असहिष्णु होते हैं व भेदों को स्वीकार नहीं करते

D. विभिन्न योग्यता वाले समूहों को ग्रहण करने के लिए अध्यापकों को बहु-स्तरीय शिक्षण को अपनाना चाहिए

100. निम्नलिखित में से कौन-सा कथन सत्य है?

A. रचनात्मक आकलन कभी-कभी संकलनात्मक हो सकता है एवं इसी प्रकार विपरीततः

B. संकलनात्मक आकलन से अभिप्राय है कि आकलन अधिगम का एक निरन्तर व अभिन्न अंग है

C. रचनात्मक आकलन का मुख्य उद्देश्य है विद्यार्थियों की उपलब्धि का श्रेणीकरण

D. रचनात्मक आकलन समय-समय पर शिक्षार्थियों के विकास का सार प्रस्तुत करता है

101. अपनी कक्षा की वैयक्तिक भिन्नताओं से निपटने के लिए शिक्षक को चाहिए कि:

A. शिक्षण और आकलन के समान और मानक तरीके हों

B. बच्चों को उनके अंकों के आधार पर अलग कर उनको नामित करें

C. बच्चों से बातचीत करें और उनके दृष्टिकोण को महत्त्व दें

D. विद्यार्थियों के लिए कठोर नियमों को लागू करें

102. आकलन उद्देश्यपूर्ण होता है यदि:

A. इससे विद्यार्थियों में भय और तनाव का संचार हो

B. इससे विद्यार्थियों और शिक्षकों को प्रतिपुष्टि (फीडबैक) प्राप्त हो

C. यह केवल एक बार वर्ष के अंत में हो

D. विद्यार्थियों की उपलब्धियों में अंतर करने के लिए तुलनात्मक मूल्यांकन किए जाएँ

103. राष्ट्रीय पाठ्यचर्या की रूपरेखा (एन.सी.एफ.), 2005 के अनुसार शिक्षक की भूमिका है:

A. सत्तावादी

B. अधिनायकीय

C. अनुमतिपरक

D. सुविधादाता

104. अनुसंधान सुझाते हैं कि एक विविध कक्षा में अपने विद्यार्थियों से शिक्षिका की अपेक्षाएँ विद्यार्थियों के अधिगम:

A. पर महत्त्वपूर्ण प्रभाव छोड़ती हैं

B. का एकमात्र निर्धारक होती हैं

C. के साथ संबंधित नहीं मानी जानी चाहिए

D. पर कोई प्रभाव नहीं छोड़तीं

105. "विविध प्रकार की सामाजिक, आर्थिक और सांस्कृतिक पृष्ठभूमि के बच्चों से युक्त कक्षा सभी विद्यार्थियों के अधिगम अनुभवों को बढ़ाती है।"

यह कथन है:

A. गलत, क्योंकि यह बच्चों के लिए दुविधा उत्पन्न कर सकता है और वे स्वयं को अलग-थलग महसूस कर सकते हैं

B. सही, क्योंकि बच्चे अपने साथियों से अनेक कौशल सीखते हैं

C. सही, क्योंकि इससे कक्षा अधिक श्रेणीबद्ध दिखाई देती है

D. गलत, क्योंकि यह अनावश्यक स्पर्धा की ओर ले जाता है

106. सुनने में असमर्थ बच्चा:

A. श्रवण असमर्थता वाले बच्चों के विद्यालय में ही भेजा जाना चाहिए, नियमित विद्यालय में नहीं

B. केवल अकादमिक शिक्षा से लाभ नहीं उठा पाएगा, उसे उसके स्थान पर व्यावसायिक शिक्षा दी जानी चाहिए

C. नियमित विद्यालय में बहुत अच्छा कर सकता है यदि उसे उपयुक्त सुविधा और साधन उपलब्ध कराए जाएँ

D. नियमित विद्यालय में अपने सहपाठियों के समान कभी प्रदर्शन नहीं कर सकेगा

107. निम्नलिखित में से कौन-सी विशेषता प्रतिभावान शिक्षार्थी की है?

A. वह आक्रामक और कुंठित हो जाता है।

B. यदि कक्षा की गतिविधियाँ अधिक चुनौतीपूर्ण नहीं होती हैं, तो वह कम प्रेरित अनुभव करता है और ऊब जाता है।

C. वह बहुत ही तुनकमिजाज होता है।

D. वह रस्मी व्यवहार करता है जैसे—हाथ थपथपाना, डोलना आदि।

108. बच्चों के बारे में निम्नलिखित कथनों में से कौन-से सही हैं?

1. बच्चे जानकारी के निष्क्रिय प्राप्तकर्ता हैं।
2. बच्चे समस्या समाधानकर्ता हैं।
3. बच्चे वैज्ञानिक शोधकर्ता हैं।
4. बच्चे पर्यावरण के सक्रिय अन्वेषक हैं।

A. 1, 2 और 4 B. 2, 3 और 4

C. 1, 2, 3 और 4 D. 1, 2 और 3

109. विद्यार्थियों में संप्रत्ययात्मक विकास को प्रोत्साहन देने के लिए निम्नलिखित में से कौन-सी विधि सबसे प्रभावी है?

A. पुराने प्रत्ययों से किसी संदर्भ के बिना नए प्रत्ययों को अपने आप समझा जाना चाहिए।

B. याद करने के लिए कहकर विद्यार्थियों के गलत विचारों को सही विचारों में बदलना।

C. विद्यार्थियों को बहुत-से उदाहरण देना और उन्हें तर्कशक्ति का उपयोग करने के लिए प्रोत्साहित करना।

D. जब तक विद्यार्थियों में वांछित संप्रत्ययात्मक परिवर्तन न हो जाए, तब तक दंड का उपयोग करना।

110. कोई शिक्षिका अपने विद्यार्थियों को क्या कहे कि उन्हें भीतरी प्रेरणा के साथ कार्य करने के लिए प्रोत्साहित कर सके?

A. "चलो, इसे उसके करने से पहले समाप्त कर लो।"

B. "तुम उसके जैसे क्यों नहीं हो सकते? देखो, उसने इसे एकदम ठीक कर दिया।"

C. "काम जल्दी पूरा करो तो तुम्हें एक टॉफी मिलेगी।"

D. "इसे करने की कोशिश करो, तुम सीख जाओगे।"

111. कोई शिक्षिका अपने विद्यार्थियों को अध्ययन के लिए अध्ययन करने हेतु आंतरिक रूप से उत्प्रेरित करने के लिए कैसे प्रोत्साहित कर सकती है?

A. उनमें चिंता और डर पैदा करके

B. प्रतियोगितात्मक परीक्षण से

C. व्यक्तिगत लक्ष्य निर्धारित करने और उनमें निपुणता पाने में उन्हें मदद देकर

D. साफ दिखाई पड़ने वाले इनाम देकर, जैसे—टॉफी

112. निम्नलिखित में से कौन-सा उदाहरण प्रभावशाली विद्यालय की प्रथा का है?

A. निरंतर तुलनात्मक मूल्यांकन

B. शारीरिक दंड

C. व्यक्तिसापेक्ष अधिगम

D. प्रतियोगितात्मक कक्षा

113. लेव वाइगोत्स्की के अनुसार संज्ञानात्मक विकास का मूल कारण है:

A. संतुलन

B. सामाजिक अन्योन्यक्रिया

C. मानसिक प्रारूपों (स्कीमाज) का समायोजन

D. उद्दीपक-अनुक्रिया युग्मन

114. किसी बच्चे का दिया गया विशिष्ट उत्तर कोलबर्ग के नैतिक तर्क के सोपानों की विषयवस्तु के किस सोपान के अंतर्गत आएगा? "यदि आप ईमानदार हैं, तो आपके माता-पिता आप पर गर्व करेंगे। इसलिए आपको ईमानदार रहना चाहिए।"

A. दंड-आज्ञाकारिता अनुकूलन

B. सामाजिक संकुचन अनुकूलन

C. अच्छी लड़की-अच्छा लड़का अनुकूलन

D. कानून और व्यवस्था अनुकूलन

115. जीन पियाजे के अनुसार अधिगम के लिए निम्नलिखित में से क्या आवश्यक है?

A. शिक्षार्थी के द्वारा पर्यावरण की सक्रिय खोजबीन

B. वयस्कों के व्यवहार का अवलोकन

C. ईश्वरीय न्याय पर विश्वास

D. शिक्षकों और माता-पिता द्वारा पुनर्बलन

116. किसी प्रगतिशील कक्षा की व्यवस्था में शिक्षक एक ऐसे वातावरण को उपलब्ध कराकर अधिगम को सुगम बनाता है, जो:

A. खोज को प्रोत्साहन देता है
B. नियामक है
C. समावेशन को हतोत्साहित करता है
D. आवृत्ति को बढ़ावा देता है

117. हॉवर्ड गार्डनर का बहुबुद्धि सिद्धांत सुझाता है कि:

A. हर बच्चे को प्रत्येक विषय आठ भिन्न तरीकों से पढ़ाया जाना चाहिए ताकि सभी बुद्धियाँ विकसित हों
B. बुद्धि को केवल बुद्धिलब्धि (IQ) परीक्षा से ही निर्धारित किया जा सकता है
C. शिक्षक को चाहिए कि विषयवस्तु को वैकल्पिक विधियों से पढ़ाने के लिए बहुबुद्धियों को एक रूपरेखा की तरह ग्रहण करे
D. क्षमता भाग्य है और एक अवधि के भीतर नहीं बदलती

118. भारत में अधिकांश कक्षाएँ बहुभाषी होती हैं और इसे शिक्षक द्वारा .... के रूप में देखा जाना चाहिए।

A. समस्या　　B. संसाधन
C. बाधा　　D. परेशानी

119. शिक्षार्थियों द्वारा की गई गलतियाँ और त्रुटियाँ :

A. शिक्षक और शिक्षार्थियों की असफलता के सूचक हैं
B. इनके चिंतन को समझने के अवसर के रूप में देखी जानी चाहिए
C. कठोरता से निपटाई जानी चाहिए
D. बच्चों को 'कमजोर' अथवा 'उत्कृष्ट' चिह्नित करने के अच्छे अवसर हैं

120. बाल-केंद्रित शिक्षा-शास्त्र का अर्थ है

A. बच्चों को शिक्षक का अनुगमन और अनुकरण करने के लिए कहना
B. बच्चों की अभिव्यक्ति और उनकी सक्रिय भागीदारी को महत्व देना
C. बच्चों को पूर्ण रूप से स्वतंत्रता देना
D. बच्चों को नैतिक शिक्षा देना

121. जटिल परिस्थिति को संसाधित करने में शिक्षक बच्चों की सहायता कर सकता है

A. कोई भी सहायता न देकर, जिससे बच्चे अपने आप निर्वाह करना सीखें
B. उस पर एक भाषण देकर
C. कार्य को छोटे हिस्सों में बाँटने के बाद निर्देश लिखकर
D. प्रतियोगिता को बढ़ावा देकर और सबसे पहले कार्य पूरा करने वाले बच्चे को पुरस्कार देकर

122. शिक्षार्थियों से यह अपेक्षा करना कि वे ज्ञान को उसी रूप में पुनः प्रस्तुत कर देंगे जिस रूप में उन्होंने उसे ग्रहण किया है

A. एक प्रभावी आकलन युक्ति है
B. समस्यात्मक है, क्योंकि व्यक्ति अनुभवों की व्याख्या करते हैं और ज्ञान को ज्यों-का-त्यों पुनः उत्पादित नहीं करते
C. अच्छा है, क्योंकि जो भी हमारे मन में है हम उसे रिकॉर्ड करने लगते हैं
D. अच्छा है, क्योंकि यह शिक्षक के लिए आकलन में सरल है

123. जब शिक्षार्थियों को समूह में किसी समस्या पर चर्चा का अवसर दिया जाता है, तब उनके सीखने का वक्र

A. स्थिर रहता है　　B. अवनत होता है
C. समान होता है　　D. बेहतर होता है

124. एक बच्ची कहती है, "धूप में कपड़े जल्दी सूख जाते हैं।" वह .... की समझ को प्रदर्शित कर रही है।

A. अहंकेंद्रित चिंतन　　B. कारण एवं प्रभाव
C. विपर्यय चिंतन　　D. प्रतीकात्मक विचार

125. पियाजे के अनुसार, बच्चों का चिंतन वयस्कों से .... में भिन्न होता है बजाय .... के।

A. आकार; मूर्तपरकता　　B. प्रकार; मात्रा
C. आकार; किस्म　　D. मात्रा; प्रकार

126. निम्नलिखित में से कौन-सा एक आधारभूत सहायता का उदाहरण है?

A. शिक्षार्थियों को प्रेरित करने वाले भाषण देना
B. प्रश्न पूछने को बढ़ावा दिए बिना स्पष्टीकरण देना
C. मूर्त और अमूर्त दोनों प्रकार के उपहार देना
D. अनुबोधन और संकेत देना तथा नाजुक स्थितियों पर प्रश्न पूछना

127. वाइगोत्स्की के अनुसार, बच्चे सीखते हैं

A. परिपक्व होने से

B. अनुकरण से
C. वयस्कों और समवयस्कों के साथ परस्पर क्रिया से
D. जब पुनर्बलन प्रदान किया जाता है

128. निम्नलिखित में से कौन-सी स्थिति बालकेंद्रित कक्षा-कक्ष को प्रदर्शित कर रही है?
A. एक कक्षा जिसमें पाठ्य-पुस्तक एकमात्र संसाधन होता है जिसका संदर्भ शिक्षिका देती है
B. एक कक्षा जिसमें शिक्षार्थी समूहों में बैठे हैं और शिक्षिका बारी-बारी से प्रत्येक समूह में जा रही है
C. एक कक्षा जिसमें शिक्षार्थियों का व्यवहार शिक्षिका द्वारा दिए जाने वाले पुरस्कार और दंड से संचालित होता हो
D. एक कक्षा जिसमें शिक्षिका नोट लिखा देती है और शिक्षार्थियों से उन्हें याद करने को कहा जाता है

129. बुद्धि है
A. एक अकेला और जातीय विचार
B. दूसरों के अनुकरण करने की योग्यता
C. एक विशिष्ट योग्यता
D. सामर्थ्यों का एक समुच्चय

130. आकलन
A. बच्चों में प्रतियोगितात्मक भावना को सक्रिय रूप से बढ़ावा देना है
B. सीखने को सुनिश्चित करने के लिए तनाव और दबाव को उत्पन्न करना है
C. सीखने में सुधार का एक तरीका है
D. बच्चों को लेबल करने (नाम देने) और वर्गीकृत करने की अच्छी रणनीति है

131. निम्नलिखित में से कौन-सा एक कथन 'समावेशन' का सबसे अच्छा वर्णन करता है?
A. यह एक विश्वास है कि कुछ बच्चे कभी कुछ सीख ही नहीं सकते।
B. यह एक दर्शन है कि सभी बच्चों को नियमित विद्यालय प्रणाली में समान शिक्षा प्राप्त करने का अधिकार है।
C. यह एक दर्शन है कि विशेष बच्चे 'ईश्वर के विशेष उपहार हैं।'
D. यह एक विश्वास है कि बच्चों को अपनी योग्यताओं के अनुसार अलग किया जाना चाहिए।

132. अपने चिंतन में अवधारणात्मक परिवर्तन लाने हेतु शिक्षार्थियों को सक्षम बनाने के लिए शिक्षिका को
A. बच्चों को स्वयं चिंतन करने के लिए हतोत्साहित करना चाहिए और उनसे कहना चाहिए कि वे शिक्षिका को सुनें और उसका अनुपालन करें
B. व्याख्यान के रूप में व्याख्या प्रस्तुत करनी चाहिए
C. स्पष्ट और आश्वस्त करने वाली व्याख्या देनी चाहिए तथा शिक्षार्थियों के साथ चर्चा करनी चाहिए
D. उन बच्चों को पुरस्कार देना चाहिए जिन्होंने अपने चिंतन में परिवर्तन किया है

133. बच्चे तब सर्वाधिक सृजनशील होते हैं, जब वे किसी गतिविधि में भाग लेते हैं
A. दूसरों के सामने अच्छा करने के दबाव में आकर
B. अपनी रुचि से
C. पुरस्कार के लिए
D. शिक्षक की डाँट से बचने के लिए

134. बच्चों में ज्ञान की रचना करने और अर्थ का निर्माण करने की क्षमता होती है। इस परिप्रेक्ष्य में एक शिक्षक की भूमिका है :
A. संप्रेषक और व्याख्याता की
B. सुगमकर्ता की
C. निर्देशक की
D. तालमेल बैठाने वाले की

135. शिक्षार्थियों (अधिगमकर्त्ता) की वैयक्तिक विभिन्नताओं के संदर्भ में शिक्षिका को चाहिए :
A. निगमनात्मक पद्धति के आधार पर समस्याओं का समाधान करना
B. कलनविधि (एल्गोरिथ्म) का अधिकतर प्रयोग करना
C. याद करने के लिए शिक्षार्थियों को तथ्य उपलब्ध कराना
D. विविध प्रकार की अधिगम परिस्थितियों को उपलब्ध कराना

136. निम्नलिखित में से कौन-सा आकलन करने का सर्वाधिक उपयुक्त तरीका है?
A. आकलन शिक्षण-अधिगम में अंतर्निहित प्रक्रिया है
B. आकलन एक शैक्षणिक सत्र में दो बार करना चाहिए—शुरू में और अंत में

C. आकलन शिक्षक द्वारा नहीं बल्कि किसी बाह्य एजेन्सी के द्वारा कराना चाहिए

D. आकलन सत्र की समाप्ति पर करना चाहिए

137. निम्नलिखित में से कौन-सा सृजनात्मकता से सम्बन्धित है?

A. अभिसारी चिन्तन B. सांवेगिक चिन्तन

C. अहंवादी चिन्तन D. अपसारी चिन्तन

138. अध्यापक को यह सुनिश्चित करना चाहिए कि उसकी कक्षा के सभी शिक्षार्थी अपने आपको स्वीकृत और सम्मानित समझें। इसके लिए शिक्षक को चाहिए कि वह :

A. वंचित पृष्ठभूमि से आने वाले बच्चों का तिरस्कार करे ताकि वे अनुभव करें कि उन्हें अधिक कठोर परिश्रम करना है

B. उन शिक्षार्थियों का पता लगाए जो अच्छी अंग्रेजी बोल सकते हों और संपन्न घरों से हों तथा उन्हें आदर्श के रूप में प्रस्तुत करे

C. अपने शिक्षार्थियों की सामाजिक और सांस्कृतिक पृष्ठभूमि की जानकारी प्राप्त करे और कक्षा में विविध मतों को प्रोत्साहित करे

D. कड़े नियम बनाए और जो बच्चे उनका पालन न करें उन्हें दंड दे

139. सुरेश सामान्य रूप से एक शांत कमरे में अकेले पढ़ना चाहता है, जबकि मदन एक समूह में अपने मित्रों के साथ पढ़ना चाहता है। यह उनके .... में विभिन्नता के कारण है।

A. अभिक्षमता B. अधिगम शैली

C. परावर्तकता-स्तर D. मूल्यों

140. "जन-संचार माध्यम समाजीकरण का एक महत्त्वपूर्ण माध्यम बनता जा रहा है।"

नीचे दिए गए कथनों में से कौन-सा सबसे उपयुक्त कथन है?

A. समाजीकरण केवल माता-पिता और परिवार के द्वारा किया जाता है

B. जन-संचार माध्यमों की पहुँच बढ़ रही है और जन-संचार माध्यम अभिवृत्तियों, मूल्यों और विश्वासों को प्रभावित करता है

C. बच्चे संचार माध्यमों के साथ प्रत्यक्ष रूप से अंतःक्रिया नहीं कर सकते हैं

D. संचार माध्यम पदार्थों के विज्ञापन और विक्रय के लिए एक अच्छा माध्यम है

141. बच्चों को समूह कार्य देना एक प्रभावी शिक्षण-रणनीति है, क्योंकि :

A. छोटे समूह में कुछ बच्चों को दूसरे बच्चों पर हावी होने की अनुमति होती है

B. सीखने की प्रक्रिया में बच्चे एक-दूसरे से सीखते हैं और परस्पर सहायता भी करते हैं

C. बच्चे अपना काम जल्दी करने में समर्थ होते हैं

D. इससे शिक्षक का काम कम हो जाता है

142. नवीन जानकारी को शामिल करने के लिए वर्तमान स्कीमा (अवधारणा) में बदलाव की प्रक्रिया .... कहलाती है।

A. आत्मसात्करण B. समायोजन

C. अहंकेंद्रिता D. अनुकूलन

143. कक्षा-अध्यापक ने राघव को अपनी कक्षा में अपने की-बोर्ड पर स्वयं द्वारा तैयार किया गया मधुर संगीत बजाते हुए देखा। कक्षा-अध्यापक ने विचार किया कि राघव में .... बुद्धि उच्च स्तरीय थी।

A. शारीरिक-गतिबोधक B. संगीतमय

C. भाषायी D. स्थानिक

144. निम्नलिखित में से कौन-सा एक उपयुक्त रचनात्मक आकलन कार्य **नहीं** है?

A. खुले अन्त वाले प्रश्न

B. परियोजना

C. अवलोकन

D. विद्यार्थियों का योग्यता क्रम निर्धारित करना

145. एक प्रभावशाली अध्यापिका होने के लिए महत्वपूर्ण है :

A. पुस्तक से उत्तरों को लिखाने पर बल देना

B. समूह गतिविधि के बजाय वैयक्तिक अधिगम पर ध्यान देना

C. विद्यार्थियों के द्वारा प्रश्न पूछने के कारण उत्पन्न व्यवधान की अनदेखी करना

D. प्रत्येक बच्चे के सम्पर्क में रहना

146. बच्चों के अधिगम को सुगम बनाने के लिए अध्यापकों को एक अच्छे कक्षायी परिवेश का सृजन करने की आवश्यकता होती है। इस प्रकार के अधिगम परिवेश का सृजन करने के लिए नीचे दिए गए कथनों में से कौन-सा सही **नहीं** है?

A. बच्चे के प्रयासों को स्वीकृति
B. अध्यापकों के अनुसार कार्य करना
C. बच्चे को स्वीकार करना
D. अध्यापक का सकारात्मक रुख

147. एक बच्चे की कॉपी में लिखने में विपरीत छवियाँ, दर्पण छवि, आदि जैसी गलतियाँ मिलती हैं। इस प्रकार का बच्चा लक्षण प्रदर्शित कर रहा है

A. अधिगम में असुविधा के
B. अधिगम में अशक्तता के
C. अधिगम में कठिनाई के
D. अधिगम में समस्या के

148. अध्यापक के दृष्टिकोण से प्रतिभाशीलता किसका संयोजन है?

A. उच्च योग्यता - उच्च सृजनात्मकता - उच्च वचनबद्धता
B. उच्च प्रेरणा - उच्च वचनबद्धता - उच्च क्षमता
C. उच्च योग्यता - उच्च क्षमता - उच्च वचनबद्धता
D. उच्च क्षमता - उच्च सृजनात्मकता - उच्च स्मरणशक्ति

149. एन.सी.एफ. 2005 के अनुसार, गलतियाँ इस कारण से महत्वपूर्ण होती हैं :

A. यह विद्यार्थियों को 'उत्तीर्ण' एवं 'अनुत्तीर्ण' समूहों में वर्गीकृत करने के लिए एक महत्वपूर्ण उपकरण हैं
B. यह अध्यापकों को बच्चों को डाँटने के लिए एक तरीका उपलब्ध कराती हैं
C. ये बच्चे के विचार की अन्तर्दृष्टि उपलब्ध कराती हैं तथा समाधानों को पहचानने में सहायता करती हैं
D. ये कक्षा से कुछ बच्चों को हटाने के लिए आधार उपलब्ध कराती हैं

150. 'ऑउट-ऑफ-द-बॉक्स' चिन्तन किससे सम्बन्धित है?

A. अनुकूल चिंतन B. स्मृति-आधारित चिंतन
C. अपसारी चिंतन D. अभिसारी चिंतन

151. शिक्षण में अध्यापकों के द्वारा विद्यार्थियों का आकलन इस अन्तर्दृष्टि को विकसित करने के लिए किया जा सकता है:

A. उन विद्यार्थियों की पहचान करना जिन्हें उच्चतर कक्षा में प्रोन्नत करना है
B. उन विद्यार्थियों को प्रोन्नत न करना जो विद्यालय के स्तर के अनुकूल नहीं हैं
C. शिक्षार्थियों की आवश्यकता के अनुसार शिक्षण उपागम में परिवर्तन करना
D. कक्षा में 'प्रतिभाशाली' तथा 'कमजोर' विद्यार्थियों के समूह बनाना

152. बच्चों को शाब्दिक या गैर-शाब्दिक दण्ड देने का परिणाम होता है :

A. उन्हें कार्य करने के लिए प्रेरित करना।
B. बच्चे की छवि की सुरक्षा करना।
C. उनके अंकों में सुधार करना।
D. उनके स्वयं के प्रति अवधारणा को नष्ट करना।

153. विद्यार्थियों को स्वच्छता के लिए प्रेरित करने हेतु उन्हें स्वच्छता समिति का सदस्य बनाना, प्रतिबिम्बित करता है

A. प्रेरणा की सामाजिक-सांस्कृतिक संकल्पनाएँ
B. प्रेरणा का व्यवहारवादी उपागम
C. प्रेरणा का मानवतावादी उपागम
D. प्रेरणा का संज्ञानात्मक उपागम

154. अध्यापिका ने ध्यान दिया कि पुष्पा अपने-आप किसी एक समस्या का समाधान नहीं कर सकती है। फिर भी वह एक वयस्क या साथी के मार्गदर्शन की उपस्थिति में ऐसा करती है। इस मार्गदर्शन को कहते हैं

A. पार्श्वकरण
B. पूर्व-क्रियात्मक चिन्तन
C. समीपस्थ विकास का क्षेत्र
D. सहारा देना

155. अध्यापिका ने एक कमेटी के प्रधान को 'सभापति' के स्थान पर 'सभाध्यक्ष' लिखा। यह संकेत करता है कि अध्यापिका

A. एक अधिक उपयुक्त पारिभाषिक शब्द का पालन करती है
B. भाषा पर अच्छा अधिकार रखती है
C. एक लिंग-मुक्त भाषा का प्रयोग कर रही है
D. लिंग पूर्वाग्रह से ग्रस्त है

156. सतत एवं व्यापक मूल्यांकन किसलिए आवश्यक है?
A. शिक्षण के साथ परीक्षण का तालमेल बैठाने के लिए
B. शिक्षा बोर्ड की जवाबदेही कम करने के लिए
C. जल्दी-जल्दी की जाने वाली गलतियों की तुलना में कम अन्तराल पर की जाने वाली गलतियों को सुधारना
D. यह समझने के लिए कि अधिगम का किस प्रकार अवलोकन किया जाता है, दर्ज किया जाता है व सुधार किया जा सकता है

157. अधिगम में आकलन किसलिए आवश्यक होता है?
A. ग्रेड एवं अंकों के लिए
B. जाँच परीक्षण के लिए
C. प्रेरणा के लिए
D. पृथक्करण और श्रेणीकरण के उद्देश्य को प्रोत्साहन देने के लिए

158. प्रचलित योजनाओं में नई जानकारी जोड़ने को किस नाम से जाना जाता है?
A. समायोजन B. साम्यधारण
C. आत्मसात्करण D. संगठन

159. पियाजे के सिद्धान्त के अनुसार, निम्नलिखित में से कौन-सा व्यक्ति के संज्ञानात्मक विकास को प्रभावित नहीं करेगा?
A. भाषा B. सामाजिक अनुभव
C. परिपक्वन D. क्रियाकलाप

160. इनमें से कौन-सा त्रितंत्रीय सिद्धान्त में व्यावहारिक बुद्धि का अभिप्राय **नहीं** है?
A. पर्यावरण का पुनर्निर्माण करना
B. केवल अपने विषय में व्यावहारिक रूप से विचार करना
C. इस प्रकार के पर्यावरण का चयन करना जिसमें आप सफल हो सकते हैं
D. पर्यावरण के साथ अनुकूलन करना

161. वाइगोत्स्की के सिद्धांत में, विकास के निम्नलिखित में से कौन-से पहलू की उपेक्षा होती है?
A. सामाजिक B. सांस्कृतिक
C. जैविक D. भाषायी

162. रिया कक्षा पिकनिक तय करने हेतु रिषभ से सहमत नहीं है। वह सोचती है कि बहुमत के अनुकूल बनाने के लिए नियमों का संशोधन किया जा सकता है। यह सहपाठी विरोध, पियाजे के अनुसार, निम्नलिखित में से किससे सम्बन्धित है?
A. विषमांग नैतिकता
B. संज्ञानात्मक अपरिपक्वता
C. प्रतिक्रिया
D. सहयोग की नैतिकता

163. निम्न में से कौन-सा स्टर्नबर्ग का बुद्धि का त्रिस्तरीय सिद्धांत का एक रूप है?
A. व्यावहारिक बुद्धि B. प्रायोगिक बुद्धि
C. संसाधनपूर्ण बुद्धि D. गणितीय बुद्धि

164. किसने सबसे पहले बुद्धि परीक्षण का निर्माण किया?
A. डेविड वैश्लर
B. एल्फ्रेड बिने
C. चार्ल्स एडवर्ड स्पीयरमैन
D. रॉबर्ट स्टर्नबर्ग

165. ध्वनि-सम्बन्धी जागरूकता निम्नलिखित में से किस क्षमता से सम्बन्धित है?
A. ध्वनि संरचना पर चिन्तन करना व उसमें हेर-फेर करना
B. सही-सही व धाराप्रवाह बोलना
C. जानना, समझना व लिखना
D. व्याकरण के नियमों में दक्ष होना

166. एक शिक्षक कक्षा के कार्य को एकत्र करता है और उन्हें पढ़ता है, उसके बाद योजना बनाता है और अपने अगले पाठ को शिक्षार्थियों की आवश्यकताओं को पूरा करने के लिए समायोजित करता है। वह ...... कर रहा/रही है।
A. सीखने का आकलन
B. सीखने के रूप में आकलन
C. सीखने के लिए आकलन
D. सीखने के समय आकलन

167. वे शिक्षक जो विद्यालय आधारित आकलन के अंतर्गत कार्य करते हैं
A. उन पर अधिक कार्य का बोझ रहता है, क्योंकि उन्हें सोमवार की परीक्षा सहित अकसर परीक्षा लेनी पड़ती है
B. उन्हें प्रत्येक शिक्षार्थी को प्रत्येक विषय में परियोजना कार्य देना पड़ता है

C. शिक्षार्थियों के मूल्यों और अभिवृत्तियों का आकलन करने के लिए रोजाना उनका सूक्ष्म अवलोकन करते हैं
D. व्यवस्था के लिए स्वामित्व की भावना रखते हैं

168. "ग्रेड अंकों से कैसे अलग हैं?
यह प्रश्न निम्न में से किस प्रकार के प्रश्नों से सम्बन्ध रखता है?
A. अपसारी B. विश्लेषणात्मक
C. मुक्त-अंत D. समस्या-समाधान

169. गणित में अधिगम निर्योग्यता का आकलन निम्न में से किस परीक्षण द्वारा सर्वाधिक उचित तरीके से किया जा सकता है?
A. अभिक्षमता परीक्षण B. निदानात्मक परीक्षण
C. स्क्रीनिंग परीक्षण D. उपलब्धि परीक्षण

170. एल्बर्ट बैन्डूयूरा के सामाजिक अधिगम सिद्धांत के अनुसार निम्न में से कौन-सा सही है?
A. खेल अनिवार्य है और उसे विद्यालय में प्राथमिकता दी जानी चाहिए।
B. बच्चों के सीखने के लिए प्रतिरूपण (मॉडलिंग) एक मुख्य तरीका है।
C. अनसुलझा संकट बच्चे को नुकसान पहुँचा सकता है।
D. संज्ञानात्मक विकास सामाजिक विकास से स्वतंत्र है।

171. निगमनात्मक तर्कणा में शामिल है/हैं
A. सामान्य से विशिष्ट की ओर तर्कणा
B. विशिष्ट से सामान्य की ओर तर्कणा
C. ज्ञान का सक्रिय निर्माण और पुनर्निर्माण
D. अन्वेषणपरक सीखना और स्वतः खोजपरक सम्बन्धी पद्धतियाँ

172. एक आंतरिक बल जो प्रोत्साहित करता है और व्यवहारपरक प्रतिक्रिया के लिए बाध्य करता है एवं उस प्रतिक्रिया को विशिष्ट दिशा उपलब्ध कराता है, ... है।
A. अभिप्रेरण B. अध्यवसाय
C. संवेग D. वचनबद्धता

173. निम्न में से कौन-सी शब्दावली प्रायः "अभिप्रेरणा" के साथ अंतःबदलाव के साथ इस्तेमाल की जाती है?
A. पुरस्कार (प्रेरक) B. संवेग
C. आवश्यकता D. उत्प्रेरणा

174. निम्नलिखित में से कौन-सा कारक अधिगम को सकारात्मक प्रकार से प्रभावित करता है?
A. अनुत्तीर्ण हो जाने का भय
B. सहपाठियों से प्रतियोगिता
C. अर्थपूर्ण सम्बन्ध
D. माता-पिता की ओर से दबाव

175. के. मा. शि. बो. (CBSE) द्वारा अपनाए गए प्रगतिशील शिक्षा के प्रतिमान में बच्चों का समाजीकरण जिस प्रकार से किया जाता है, उससे अपेक्षा की जा सकती है कि
A. वे समय नष्ट करने वाली सामाजिक आदतों/प्रकृति का त्याग करें तथा सीखें कि किस प्रकार अच्छी श्रेणियाँ पाई जा सकती हैं (score good grades)
B. वे सामूहिक कार्य में सक्रिय भागीदारिता का निर्वाह करें तथा सामाजिक कौशल सीखें
C. वे बिना प्रश्न उठाए समाज के नियमों-विनियमों का अनुपालन करने के लिए तैयार हो सकें
D. किसी भी प्रकार की सामाजिक पृष्ठभूमि होते हुए भी वे वह सब स्वीकार करें जो उन्हें विद्यालय द्वारा प्रदान किया जाता है

176. निम्नलिखित में से कौन-सा वाइगोत्स्की के सामाजिक-सांस्कृतिक सिद्धान्त पर आधारित है?
A. सक्रिय अनुकूलन
B. पारस्परिक शिक्षण
C. संस्कृति-निरपेक्ष संज्ञानात्मक विकास
D. अन्तर्दृष्टिपूर्ण अधिगम

177. प्रगतिशील शिक्षा के संदर्भ में निम्नलिखित में से कौन-सा कथन जॉन ड्यूई के अनुसार समुचित है?
A. कक्षा में प्रजातंत्र का कोई स्थान नहीं होना चाहिए
B. विद्यार्थियों को स्वयं ही सामाजिक समस्याओं को सुलझाने में सक्षम होना चाहिए
C. जिज्ञासा विद्यार्थियों के स्वभाव में अन्तर्निहित नहीं है अपितु इसका कर्षण/संवर्धन करना चाहिए
D. कक्षा में विद्यार्थियों का निरीक्षण करना चाहिए न कि सुनना चाहिए

178. भाषा-अवबोधन से सम्बद्ध विकार है
A. चलाघात (apraxia)
B. पठन-वैकल्य (dyslexia)

C. वाक्-सम्बद्ध रोग (aspeechxia)

D. भाषाघात (aphasia)

179. निम्नलिखित में से कौन-सा आलोचनात्मक दृष्टिकोण 'बहु-बुद्धि सिद्धान्त' (Theory of Multiple Intelligences) से सम्बद्ध नहीं है?

A. यह शोधाधारित नहीं है

B. विभिन्न बुद्धियाँ भिन्न-भिन्न विद्यार्थियों के लिए विभिन्न पद्धतियों की माँग करती हैं

C. प्रतिभाशाली विद्यार्थी प्रायः एक क्षेत्र में ही अपनी विशिष्टता प्रदर्शित करते हैं

D. इसका कोई अनुभवात्मक आधार नहीं है

180. विद्यालय-आधारित आकलन प्रारम्भ किया गया था ताकि

A. राष्ट्र में विद्यालयी शिक्षा संगठनों (Boards) की शक्ति का विकेन्द्रीकरण किया जा सके

B. सभी विद्यार्थियों के सम्पूर्ण विकास को निश्चित किया जा सके

C. विद्यार्थियों की उन्नति की बेहतर व्याख्या के लिए उनकी सभी गतिविधियों के नियमित अभिलेखन हेतु अध्यापकों को अभिप्रेरित किया जा सके

D. विद्यालय अपने क्षेत्रों में विद्यमान अन्य विभिन्न विद्यालयों की तुलना में प्रतियोगिता द्वारा अपनी विशिष्टता का प्रदर्शन करने हेतु अभिप्रेरित हो सकें

181. विद्यालयों में समावेशन मुख्यतः केन्द्रित होता है

A. विशिष्ट श्रेणी वाले बच्चों के लिए सूक्ष्मातिसूक्ष्म प्रावधानों के निर्माण पर

B. केवल निर्योग्य छात्रों की आवश्यकताओं को पूर्ण करने पर

C. सम्पूर्ण कक्षा की कीमत पर निर्योग्य बच्चों की आवश्यकताओं को पूरा करने पर

D. विद्यालयों में निरक्षर अभिभावकों की शैक्षिक आवश्यकताओं पर

182. यदि एक विद्यार्थी विद्यालय में लगातार निम्नतर श्रेणी प्राप्त करता है, तो उसके अभिभावक को उसकी सहायता हेतु परामर्श दिया जा सकता है कि

A. वह अध्यापकों की घनिष्ठ संगति में कार्य करे

B. मोबाइल फोन, चलचित्र, कॉमिक्स, खेल हेतु अतिरिक्त काल पर रोक लगाएँ

C. जो भलीभाँति शिक्षा नहीं ले पाए उनकी जीवन-सम्बन्धी कठिनाइयों का वर्णन करें

D. घर पर उसको परिश्रमपूर्वक कार्य करने पर बल दें

183. निम्नलिखित में से समस्या-समाधान को क्या बाधित नहीं करता?

A. अन्तर्दृष्टि (Insight)

B. मानसिक प्रारूपता (Mental sets)

C. मोर्चाबन्दी (Entrenchment)

D. निर्धारण (Fixation)

184. एक शिक्षिका पाठ को पूर्वपठित पाठ से जोड़ते हुए बच्चों को सारांश लिखना सिखा रही है। वह क्या कर रही है?

A. वह बच्चों की पाठ समझने की स्वशैली विकसित करने में सहायता कर रही है

B. वह बच्चों को सम्पूर्ण पाठ्यवस्तु को पूर्णरूप से न पढ़ने की आवश्यकता का संकेत दे रही है

C. वह आकलन के दृष्टिकोण से पाठ्यवस्तु के महत्व को पुनर्बलित कर रही है

D. वह विद्यार्थियों को सामर्थ्यानुकूल स्मरण करने को प्रेरित कर रही है

185. एक बच्चा अपनी मातृभाषा सीख रहा है व दूसरा बच्चा वही भाषा द्वितीय भाषा के रूप में सीख रहा है। दोनों निम्नलिखित में से कौन-सी समान प्रकार की त्रुटि कर सकते हैं?

A. अधिकाधिक सामान्यीकरण

B. सरलीकरण

C. विकासात्मक

D. अत्यधिक संशुद्धता

186. परीक्षा में तनाव निष्पत्ति को प्रभावित करता है। यह तथ्य निम्नलिखित में से किस प्रकार के सम्बन्ध को स्पष्ट करता है?

A. संज्ञान-भावना | B. तनाव-विलोपन
C. निष्पत्ति-चिन्ता | D. संज्ञान-प्रतियोगिता

187. एक अध्यापक उस बच्चे के साथ परामर्श करते हैं जिसकी निष्पत्यात्मक प्रगति एक दुर्घटना के पश्चात् अनुकूल नहीं है। निम्नलिखित में से कौन-सी प्रक्रिया विद्यालय में परामर्श के लिए सबसे बेहतर हो सकती है?

A. यह एक उपशामक उपाय है ताकि लोग अपने को आरामदायक महसूस कर सकें
B. यह अपने विचारों द्वारा खोज करने हेतु लोगों में आत्मविश्वास का निर्माण करता है
C. विद्यार्थियों को भविष्य के विकल्पों को चुनने हेतु यह एक अच्छा सम्भावित परामर्श है
D. इस कार्य को केवल अनुभवी कुशल व्यावसायिक विशेषज्ञ से कराया जा सकता है

188. एक विद्यार्थी उच्चस्तरीय सृजनशील रंगमंचीय कलाकार बनना चाहता है। उसके लिए निम्नलिखित में से कौन-सा उपाय सबसे कम प्रेरक होगा?
A. राज्यस्तरीय प्रतियोगिताओं को जीतने का प्रयास करना ताकि छात्रवृत्ति पाई जा सके
B. अपने रंगमंचीय कलाकार साथियों के साथ सहानुभूतिपूर्ण, स्नेही तथा सहयोगी सम्बन्ध विकसित करना
C. उन रंगमंचीय कौशलों को अधिक समय देना जिनसे वह प्रफुल्लित होता है
D. संसार के श्रेष्ठ रंगमंचीय कलाकारों की निष्पत्ति से सम्बद्ध साहित्य पढ़ने के लिए तथा उससे सीखने के प्रयास के लिए कहना

189. इनमें से कौन-सा सिद्धान्तकार यह मत स्पष्ट करता है कि बच्चे अपनी वृद्धि व विकास हेतु कठोर अध्ययन करते हैं?
A. बंडूरा B. मैस्लो
C. स्किनर D. पियाजे

190. परिपक्व विद्यार्थी
A. इस बात में विश्वास करते हैं कि उनके अध्ययन में भावनाओं का कोई स्थान नहीं है
B. अपनी बौद्धिकता के साथ अपने सभी प्रकार के द्वन्द्वों का शीघ्र समाधान कर लेते हैं
C. अपने अध्ययन में कभी-कभी भावनाओं की सहायता चाहते हैं
D. कठिन परिस्थितियों में भी अध्ययन से विचलित नहीं होते

191. कक्षा में जेंडर रूढ़िबद्धता से बचने के लिए एक शिक्षक को
A. लड़के-लड़कियों को एक साथ अ-पारंपरिक भूमिकाओं में रखना चाहिए।
B. 'अच्छी लड़की', 'अच्छा लड़का' कहकर शिक्षार्थियों के अच्छे कार्य की सराहना करनी चाहिए।
C. कुश्ती में भाग लेने के लिए लड़कियों को निरुत्साहित करना।
D. लड़कों को जोखिम उठाने और निर्भीक बनने के लिए प्रोत्साहित करना।

192. विद्यालयों को किसके लिए वैयक्तिक भिन्नताओं को पूरा करना चाहिए?
A. वैयक्तिक शिक्षार्थियों के मध्य खाई को कम करने के लिए।
B. शिक्षार्थियों के निष्पादन और योग्यताओं को समान करने के लिए।
C. यह समझने के लिए कि क्यों शिक्षार्थी सीखने के योग्य या अयोग्य हैं।
D. वैयक्तिक शिक्षार्थी को विशिष्ट होने की अनुभूति कराने के लिए।

193. शिक्षार्थियों में वैयक्तिक भिन्नताओं को संबोधित करने के लिए एक विद्यालय किस प्रकार का सहयोग उपलब्ध करवा सकता है?
A. बाल-केंद्रित पाठ्यचर्या का पालन करना और शिक्षार्थियों को सीखने के अनेक अवसर उपलब्ध कराना।
B. शिक्षार्थियों में वैयक्तिक भिन्नताओं को समाप्त करने के लिए हर संभव उपाय करना।
C. धीमी गति से सीखने वाले शिक्षार्थियों को विशेष विद्यालयों में भेजना।
D. सभी शिक्षार्थियों के लिए समान स्तर की पाठ्यचर्या का अनुगमन करना।

194. विद्यालय आधारित आकलन
A. शिक्षा-बोर्ड की जवाबदेही कम कर देता है।
B. सार्वभौमिक राष्ट्रीय मानकों की प्राप्ति में बाधा उत्पन्न करता है।
C. परिचित वातावरण में अधिक सीखने में सभी शिक्षार्थियों की मदद करता है।
D. शिक्षार्थियों और शिक्षकों को अगंभीर और लापरवाह बनाता है।

195. 'सीखने की तत्परता' _____ की ओर संकेत करती है।
A. शिक्षार्थियों का सामान्य योग्यता स्तर

B. सीखने के सातत्यक में शिक्षार्थियों का वर्तमान संज्ञानात्मक स्तर
C. सीखने के कार्य की प्रकृति को संतुष्ट करने
D. थॉर्नडाइक का तत्परता का नियम

196. एक शिक्षिका की कक्षा में कुछ शारीरिक विकलांगता वाले बच्चे हैं। निम्नलिखित में से उसके लिए क्या कहना सबसे उचित होगा?
A. पहिया-कुर्सी वाले बच्चे हॉल में जाने के लिए अपने समवयस्क साथी बच्चों से मदद ले सकते हैं।
B. शारीरिक रूप से असुविधाग्रस्त बच्चे कक्षा में ही कोई वैकल्पिक गतिविधि कर सकते हैं।
C. मोहन खेल के मैदान में जाने के लिए आप अपनी बैसाखियों का प्रयोग क्यों नहीं करते?
D. पोलियोग्रस्त बच्चे एक गाना प्रस्तुत करेंगे।

197. एक समावेशी विद्यालय
A. शिक्षार्थियों की क्षमताओं की परवाह किए बिना सभी के अधिगम-परिणामों को सुधारने के लिए प्रतिबद्ध होता है।
B. शिक्षार्थियों के मध्य अंतर करता है और विशेष रूप से सक्षम बच्चों के लिए कम चुनौतीपूर्ण उपलब्धि लक्ष्य निर्धारित करता है।
C. विशेष रूप से योग्य शिक्षार्थियों के अधिगम-परिणामों को सुधारने के लिए विशिष्ट रूप से प्रतिबद्ध होता है।
D. शिक्षार्थियों की निर्योग्यता के अनुसार उनकी सीखने की आवश्यकताओं को निर्धारित करता है।

198. प्रतिभाशाली शिक्षार्थी (को)
A. ऐसे सहयोग की आवश्यकता होती है जो सामान्यतः विद्यालयों द्वारा उपलब्ध नहीं कराए जाते।
B. शिक्षक के बिना अपने अध्ययन को व्यवस्थित कर लेते हैं।
C. अन्य शिक्षार्थियों के लिए अच्छे मॉडल बन सकते हैं।
D. अधिगम-निर्योग्य नहीं हो सकते।

199. बच्चों में सीखने और सुनने के लिए अधिगम योग्य वातावरण के लिए निम्नलिखित में से कौन उपयुक्त है?
A. एक लंबे समय के लिए निष्क्रिय रूप से सुनना।
B. निरंतर गृहकार्य देते रहना।
C. सीखने वाले द्वारा व्यक्तिगत कार्य करना।
D. शिक्षार्थियों को कुछ यह छूट देना कि क्या सीखना है और कैसे सीखना है।

200. अधिगम निर्योग्यता _____
A. एक स्थिर अवस्था है।
B. एक चर अवस्था है।
C. जरूरी नहीं कि कार्य-पद्धति की हानि करे।
D. समुचित निवेश के साथ सुधार योग्य नहीं होती।

201. सामान्य परिपक्वता से पहले प्रशिक्षित करना प्रायः
A. सामान्य कौशलों के निष्पादन के संदर्भ में बहुत लाभकारी होता है।
B. दीर्घकालिक दृष्टिकोण से लाभकारी होता है।
C. सभी दृष्टिकोण से हानिकारक होता है।
D. प्रशिक्षण हेतु उपयोग में ली गई विधि पर निर्भर करते हुए लाभकारी या हानिकारक होता है।

202. बाल्यकाल होता है :
A. जन्म से लेकर 3 वर्ष की आयु तक
B. तीसरे वर्ष से लेकर 6 वर्ष की आयु तक
C. छठे वर्ष से लेकर 12 वर्ष की आयु तक
D. दूसरे वर्ष से लेकर 10 या 12 वर्ष की आयु तक

203. विद्यार्थियों को विद्यालय में खेल क्यों खेलने चाहिए?
A. यह उन्हें शारीरिक रूप से सशक्त बनाएगा।
B. यह शिक्षकों का काम आसान करेगा।
C. यह समय बिताने में सहायक होगा।
D. यह सहयोग एवं शारीरिक संतुलन का विकास करेगा।

204. निम्नलिखित में से अधिगम संबंधी कौन-सा कथन सही **नहीं** है?
A. इसे उचित वातावरण चाहिए।
B. परिपक्वता का इससे कोई संबंध नहीं है।
C. सहायक सामग्री अधिगम में मदद करती है।
D. अधिगम प्रक्रिया में अभिप्रेरणा महत्वपूर्ण भूमिका निभाती है।

205. शिक्षा बच्चों की सहायक होती है, उनके :
A. शारीरिक विकास में
B. केवल मानसिक विकास में
C. सर्वांगीण विकास में
D. केवल चरित्र विकास में

206. शिक्षण सबसे अधिक प्रभावी होता है जब :
A. विद्यार्थी विषय में रुचि लेते हैं।
B. शिक्षक को विषय का गहन ज्ञान हो।
C. विद्यार्थियों को उनके मानसिक स्तर के अनुरूप शिक्षा दी जाए।
D. एक ही विषय-वस्तु को बार-बार दोहराया जाए।

207. एक बालक कक्षा में सीखे गए गणित का उपयोग किसी अन्य विषय के प्रश्न को हल करने में करता है, तो यह है :
A. अधिगम का सकारात्मक स्थानांतरण
B. अधिगम का शून्य स्थानांतरण
C. अधिगम का नकारात्मक स्थानांतरण
D. प्रेरणात्मक स्थानांतरण

208. निम्नलिखित में से कौन-सा कारक बच्चे के संवेगात्मक विकास को सबसे कम प्रभावित करने वाला है?
A. परिवार B. आर्थिक स्थिति
C. स्वास्थ्य D. खेलकूद

209. कोहलबर्ग के अनुसार वह स्तर ज़िसमें बालक की नैतिकता दंड के भय से नियंत्रित रहती है, कहलाता(ती) है :
A. पूर्व-नैतिक अवस्था
B. परम्परागत नैतिक स्तर
C. आत्म-स्वीकृत नैतिक अवस्था
D. नैतिकता स्तर

210. पियाजे के संज्ञानात्मक विकास के चार चरणों में कौन-सा सम्मिलित **नहीं** है?
A. इंद्रिय गामक अवस्था
B. पूर्व-संक्रियात्मक अवस्था
C. उत्तर-संक्रियात्मक अवस्था
D. अमूर्त संक्रियात्मक अवस्था

211. निम्नलिखित में से कौन-सा कथन सही **नहीं** है?
A. विकास और वृद्धि एक-दूसरे के पर्यायवाची हैं।
B. विकास एक सतत प्रक्रिया है।
C. वृद्धि विकास का ही एक भाग है।
D. विकास कार्यक्षमता, कार्यकुशलता और व्यवहार में आने वाले गुणात्मक परिवर्तनों को प्रकट करता है।

212. निम्नलिखित में से कौन-सी नैतिक आदत **नहीं** है?
A. सत्य बोलना B. सहानुभूति दिखाना
C. सही उच्चारण करना D. जीवों पर दया दिखाना

213. निम्नलिखित में से कौन-सा विकल्प शिक्षा मनोविज्ञान की एक सीमा है?
A. बाल विकास की विभिन्न अवस्थाओं का ज्ञान
B. कक्षा की समस्याओं का समाधान
C. बालक केंद्रित शिक्षा
D. वैयक्तिक विभिन्नताओं की समस्या

214. निम्नलिखित में से कौन-सा विकल्प अधिगम के संबंध में सही **नहीं** है?
A. अधिगम समायोजन है
B. अधिगम सिर्फ ज्ञान प्राप्ति है
C. अधिगम विकास है
D. अधिगम परिपक्वता है

215. केस अध्ययन विधि के संबंध में क्या सही **नहीं** है?
A. यह एक वैज्ञानिक विधि है।
B. यह विधि बहुत जटिल होती है।
C. यह सरल और सस्ती होती है।
D. यह कारण का पता लगाकर समस्याओं का निदान करती है।

216. कक्षा तीन के विद्यार्थियों के लिए निम्नलिखित में से शिक्षण का सबसे अच्छा तरीका कौन-सा होगा?
A. प्रयोगशाला विधि B. समूह वार्तालाप
C. व्याख्यान विधि D. सृजनात्मक क्रियाकलाप

217. निम्नलिखित में से कौन-सी एक बालक की मनोगत्यात्मक गतिविधि **नहीं** होती?
A. खेलना B. गेंद फेंकना
C. लिखना D. सोचना

218. बच्चों के संज्ञानात्मक विकास को सबसे अच्छे तरीके से कहाँ परिभाषित किया जा सकता है?
A. खेल का मैदान B. घर
C. ऑडिटोरियम D. विद्यालय एवं कक्षा

219. बुद्धिलब्धि संबंधी विभिन्नताओं में कौन सम्मिलित **नहीं** है?
A. औसत बुद्धिमान B. बुद्धिमान
C. कला में रुचि D. मंदबुद्धि

220. निम्नलिखित में से बौद्धिक वातावरण को प्रभावित करने वाला सबसे महत्त्वपूर्ण कारक कौन-सा है?
A. विद्यालय का वातावरण
B. परिवार का वातावरण
C. पास-पड़ोस का वातावरण
D. सांस्कृतिक वातावरण

221. पियाजे के अनुसार विकास की प्रथम अवस्था (जन्म से 2 वर्ष तक) में बच्चा अधिक उपयुक्त प्रकार से जिसके द्वारा सीखता है, वह है
A. इंद्रियों के प्रयोग द्वारा
B. अमूर्त चिंतन द्वारा
C. भाषा के नए सीखे शब्दों के बोध के द्वारा
D. मूर्त चिंतन द्वारा

222. निम्नलिखित में से किस क्षेत्र में एन.सी.ई.आर.टी. मनोविज्ञान का प्रयोग कर रहा है?
A. पाठ्यपुस्तकों का निर्माण B. विद्यालय संगठन
C. विषय निर्धारण D. वित्तीय सहायता

223. निम्नलिखित में से किस कारक का सीखने पर सबसे कम प्रभाव पड़ता है?
A. थकान B. आयु
C. रोग D. लिंगभेद

224. निम्नलिखित में से कौन-सा प्रश्नावली विधि का दोष **नहीं** है?
A. अच्छे प्रश्न बनाना एक कठिन कार्य है।
B. इस विधि से अनेक व्यक्तियों के विचार जाने जा सकते हैं।
C. हो सकता है कि सम्मिलित प्रश्न सुनियोजित न हों।
D. हो सकता है कि लोग प्रश्नों के उत्तर देने में रुचि न रखते हों।

225. निचली कक्षाओं में शिक्षण की खेल विधि जिस पर आधारित है, वह है
A. शारीरिक शिक्षा कार्यक्रम
B. शिक्षण की विधियों के सिद्धांत
C. विकास और वृद्धि के मनोवैज्ञानिक सिद्धांत
D. शिक्षण के समाजशास्त्रीय सिद्धांत

226. निम्नलिखित में से कौन-सा लक्षण बहिर्मुखी व्यक्तित्व का **नहीं** है?
A. मिलनसार B. नेतृत्व शक्ति
C. आक्रामक स्वभाव D. दिवास्वप्न देखनेवाला

227. निम्नलिखित में से कौन-सा बालक के मानसिक स्वास्थ्य पर प्रभाव डालने वाला कारक **नहीं** है?
A. परिवार में गरीबी B. कक्षा में नींद आना
C. स्नेह का अभाव D. पारिवारिक क्लेश

228. निम्नलिखित में से कौन-सी अभिवृत्ति की विशेषता **नहीं** है?
A. यह प्रेरणात्मक होती है।
B. यह हमारे व्यवहार का आधार होती है।
C. यह अस्थायी होती है।
D. यह सीखी जाती है।

229. एक बालक की संज्ञानात्मक शक्तियाँ जैसे कल्पना-शक्ति, बुद्धि, निर्णय लेने की क्षमता, आदि का संबंध है बालक के :
A. शारीरिक विकास से B. सामाजिक विकास से
C. सर्वांगीण विकास से D. मानसिक विकास से

230. उपचारात्मक विधि का प्रयोग जिनके लिए किया जाता है, वे हैं :
A. सामान्य बच्चे
B. समस्यात्मक बच्चे
C. सामान्य तथा समस्यात्मक बच्चे
D. प्रतिभाशाली बच्चे

231. एक सजीव कक्षा स्थिति में निम्नलिखित में सबसे अधिक सम्भावित है
A. कभी-कभार हँसी का शोर
B. पूर्णरूप से शान्ति
C. शिक्षक-छात्र वार्ता
D. विद्यार्थियों के बीच तेज आवाज में वार्तालाप

232. 'जोन ऑफ प्रॉक्सिमल डेवलपमेन्ट (ZPD)' का प्रत्यय दिया गया
A. बन्डुरा द्वारा B. पियाजे द्वारा
C. स्किनर द्वारा D. वाइगोत्स्की द्वारा

233. शिक्षा का उद्देश्य है
A. अच्छा नागरिक बनाना

B. ऐसे व्यक्तियों का निर्माण जो समाज के लिए उपयोगी हों
C. व्यवहारिकता का निर्माण करना
D. उपरोक्त सभी

234. प्रोजेक्ट शिक्षण विधि किससे संबंधित है?
A. फ्रोबेल B. जॉन डीवी
C. आर्मस्ट्राँग D. मैक्डूयूगल

235. वह कथन जो वैयक्तिक विभिन्नता के सन्दर्भ में सत्य ***नहीं है, वह है***
A. व्यक्तिविशेष प्रकार में भिन्न होते हैं।
B. व्यक्तिविशेष कोटि में भिन्न होते हैं।
C. व्यक्तिविशेष प्रकार व कोटि दोनों में भिन्न होते हैं।
D. व्यक्तिविशेष न तो कोटि और न ही प्रकार में भिन्न होते हैं।

236. 'समूह शिक्षण' है
A. संसाधनों, रुचि व विशेषता का इष्टतम उपयोग करने हेतु शिक्षकों के समूहों द्वारा शिक्षण है।
B. शिक्षकों की अनुपलब्धता से निबटने का एक उपाय है।
C. स्कूल में शिक्षकों के समूहों के बीच स्वस्थ प्रतिस्पर्धा को प्रोत्साहित करता है।
D. विद्यार्थियों को उनकी योग्यता के अनुसार छोटे समूहों में बाँटकर शिक्षण है।

237. विद्यार्थियों में अभिप्रेरणा विकसित करने के लिए, एक शिक्षक को क्या करना चाहिये?
A. गलाकाट प्रतियोगिता को प्रोत्साहित करना
B. विद्यार्थियों के सम्मुख एक अप्राप्य लक्ष्य रखना
C. नई तकनीक व नई विधियों का प्रयोग करना
D. उनके आकांक्षा स्तर को घटाना

238. निम्नलिखित में से कौन-सा कथन सतत व व्यापक मूल्यांकन के लिए सही ***नहीं*** है?
A. यह एक विद्यालय आधारित मूल्यांकन हैं
B. यह विद्यार्थियों में तनाव को कम करता है
C. इसमें नम्बरों के स्थान पर ग्रेड का प्रयोग होता है
D. इससे शिक्षकों पर बोझ बढ़ जाता है

239. एक प्रभावी शिक्षक वह है, जो कर सकता है
A. कक्षा पर नियंत्रण
B. कम समय में अधिक सूचना देना
C. विद्यार्थियों को सीखने के लिए अभिप्रेरित करना
D. दत्तकार्य को ध्यानपूर्वक जाँचना

240. निम्न में से कौन पुनर्बलन का एक प्रकार ***नहीं*** है?
A. सकारात्मक शाब्दिक पुनर्बलन
B. शारीरिक दण्ड
C. नकारात्मक शाब्दिक पुनर्बलन
D. उपरोक्त में से कोई नहीं

241. समावेशी शिक्षा से तात्पर्य है
A. नियमित विद्यालयों में सभी प्रकार के बालकों का बिना किसी भेदभाव के स्वागत करना
B. शिक्षण का एक विशेष तरीका, जिससे सभी बालक सीख सकें
C. कड़ी दाखिला प्रक्रिया को बढ़ावा देना
D. शिक्षण के लिये विशेष विद्यालयों का प्रयोग करना

242. अधिगम का सबसे उपयुक्त कार्य है
A. व्यक्तिगत समायोजन
B. सामाजिक व राजनीतिक चेतना
C. व्यवहार परिवर्तन
D. स्वयं को रोजगार के लिए तैयार करना

243. व्यक्तित्व का 'समाजशास्त्रीय प्रकार का सिद्धान्त' दिया गया
A. हिप्पोक्रेटस के द्वारा B. क्रेचमर के द्वारा
C. शेल्डन के द्वारा D. स्प्रेन्जर के द्वारा

244. प्रयोगात्मक विधि को सर्वप्रथम प्रस्तावित किया
A. जुड ने B. राइस एवं कार्नमैन ने
C. विलहेल्म वुन्ट ने D. कोलिन्स व ड्रेवर ने

245. आपके अनुसार, शिक्षण है
A. एक प्रक्रिया B. एक कला
C. एक कौशल D. दोनों B व C

246. सामाजिक नियमों व कानूनों के विरुद्ध व्यवहार करने वाला बालक कहलाता है
A. पिछड़ा बालक B. मंदबुद्धि बालक
C. जड़बुद्धि बालक D. बाल अपराधी

247. बाल अन्तर्बोध (एपरसेप्शन) परीक्षण का निर्माण किसने किया?
A. मर्रे B. बेलक
C. रॉबर्ट D. रोजनविग

248. फ्रोबेल ने निम्न में से किस खेल पर प्रमुख बल दिया?
A. गेंद का खेल
B. ब्लॉक का खेल
C. आकृतियों का खेल
D. उपरोक्त सभी

249. ''ऑपरेशन ब्लैक बोर्ड'' परिणाम था
A. कोठारी आयोग का
B. राष्ट्रीय पाठ्यक्रम रचना – 2005
C. राष्ट्रीय शैक्षिक योजना – 1986
D. राष्ट्रीय पाठ्यक्रम रचना – 2000

250. निम्नलिखित में से कौन मानव विकास का ***सही*** क्रम है?
A. शैशवावस्था, किशोरावस्था, बाल्यावस्था, प्रौढ़ावस्था
B. शैशवावस्था, बाल्यावस्था, किशोरावस्था, प्रौढ़ावस्था
C. बाल्यावस्था, किशोरावस्था, प्रौढ़ावस्था, शैशवावस्था
D. बाल्यावस्था, शैशवावस्था, किशोरावस्था, प्रौढ़ावस्था

251. शिक्षा का अधिकार अधिनियम-2009 के क्रियान्वयन के बाद कक्षा-कक्ष
A. अप्रभावित है, क्योंकि शिक्षा का अधिकार विद्यालय में कक्षा की औसत आयु को प्रभावित नहीं करता
B. जेंडर के अनुसार अधिक समजातीय है
C. आयु के अनुसार अधिक समजातीय है
D. आयु के अनुसार विषमजातीय है

252. व्यक्तिगत विभिन्नताओं का क्षेत्र है
A. लिंग-भेद
B. शारीरिक रचना
C. मानसिक योग्यताएँ
D. उक्त सभी

253. एक शिक्षक की सबसे महत्त्वपूर्ण चुनौती है
A. विद्यार्थियों से उनका गृहकार्य करवाना
B. शिक्षण अधिगम प्रक्रिया को आनन्दप्रद बनाना
C. कक्षा में अनुशासन बनाये रखना
D. प्रश्नपत्र तैयार करना

254. निम्नलिखित में से कौन-सा अधिगम का क्षेत्र ***नहीं*** है?
A. संज्ञानात्मक
B. भावात्मक
C. क्रियात्मक
D. आध्यात्मिक

255. बालक का चिन्तन किसके द्वारा प्रदर्शित ***नहीं*** होता?
A. आत्मकेन्द्रिकता
B. सजीवतावाद
C. यथार्थवाद
D. वैयक्तिकवाद

256. मानव आवश्यकताओं का पदानुक्रम किसने दिया?
A. थॉर्नडाइक
B. मास्लो
C. गिल्फोर्ड
D. कॉफ्का

257. एक व्यक्ति वैधानिक रूप से दृष्टिबाधित है, यदि उसका विजन क्षेत्र 20 डिग्री है। जबकि उसकी विजुअल एक्यूइटी
A. अत्यधिक उपयुक्त सुधार के साथ, ठीक आँख में 6/6 से कम है
B. अत्यधिक उपयुक्त सुधार के साथ, ठीक आँख में 6/7 से कम है
C. अत्यधिक उपयुक्त सुधार के साथ, ठीक आँख में 6/30 से कम है
D. अत्यधिक उपयुक्त सुधार के साथ, ठीक आँख में 6/60 से कम है

258. शिक्षा का 10 + 2 + 3 प्रारूप किसके द्वारा अनुशंसित किया गया?
A. शिक्षा आयोग (1964-1966)
B. माध्यमिक शिक्षा आयोग (1952-1953)
C. विश्वविद्यालय शिक्षा आयोग (1948-1949)
D. राष्ट्रीय शिक्षा आयोग (1983-1984)

259. जब बालक सीखने के लिये तैयार होता है, तब वह जल्दी व प्रभावशाली तरीके से सीखता है। यह सिद्धान्त प्रतिपादित किया गया है
A. थॉर्नडाइक द्वारा
B. स्किनर द्वारा
C. पावलॉव द्वारा
D. कुर्ट लेविन द्वारा

260. एक शिक्षक को कक्षा में कार्य करना चाहिए
A. प्रगतिशील भूमिका में
B. प्रभुत्ववादी भूमिका में
C. प्रजातांत्रिक भूमिका में
D. प्रभावशाली भूमिका में

261. विद्यालय अपने कार्यक्रमों की सहायता से शिक्षार्थियों की मदद करता है :
A. संस्कृति ग्रहण करने में
B. संस्कृति का विरोध करने में
C. अन्य संस्कृतियों की उपेक्षा करने में
D. उन्हें संस्कृति सम्पन्न करने में

262. सभी शिक्षार्थियों को गृहकार्य में रुचि उत्पन्न करने के लिए, वे होने चाहिए :
A. एक समान स्तर के

B. शिक्षार्थियों की योग्यता के अनुसार
C. केवल पुस्तक में से
D. पुस्तक के बाहर से

263. एक प्रभावी शिक्षक की गुणवत्ता का सबसे महत्वपूर्ण गुण है :
A. पढ़ाए जाने वाले विषय का गहन ज्ञान
B. एक सख्त अनुशासक
C. शिक्षार्थियों के साथ अच्छा समन्वय
D. एक अच्छा प्रेरक होना

264. 'बेसिक शिक्षा' की धारणा का प्रतिपादन किया गया :
A. डॉ. जाकिर हुसैन द्वारा B. डॉ. राजेन्द्र प्रसाद द्वारा
C. महात्मा गाँधी द्वारा D. रवीन्द्रनाथ टैगोर द्वारा

265. शिक्षण-अधिगम प्रक्रिया में व्यक्तिगत ध्यान महत्वपूर्ण है क्योंकि :
A. शिक्षार्थी समूह में हमेशा अच्छा सीखता है।
B. अध्यापक प्रशिक्षण कार्यक्रमों द्वारा ऐसा कहा गया।
C. इससे अध्यापकों द्वारा प्रत्येक शिक्षार्थी को अनुशासित करने के अच्छे मौके प्रदान होते हैं।
D. बालकों का विकास भिन्न-भिन्न दरों से होता है और भिन्न-भिन्न प्रकार से सीखते हैं।

266. यदि कोई बच्चा बाएँ हाथ से लिखता है और इससे काम करने में सुगम है, तो उसे :
A. हतोत्साहित करना चाहिए।
B. बाएँ हाथ से लिखवाना चाहिए।
C. उसकी प्राथमिकता को अनुमति देनी चाहिए।
D. चिकित्सा सहायता लेने हेतु भेजा जाना चाहिए।

267. अधिगम के विषय में निम्न में से कौन-सा कथन सही है?
A. बच्चों द्वारा गलतियाँ करना दर्शाता है कि कोई अधिगम नहीं हुआ है।
B. अधिगम उसी वातावरण में प्रभावशाली होता है जो शिक्षार्थियों के लिए संवेगात्मक सकारात्मक और उन्हें संतुष्ट करने वाला हो।
C. अधिगम, अधिगम के किसी भी स्तर पर संवेगात्मक कारकों से प्रभावित नहीं होता।
D. अधिगम मूलभूत रूप से एक मानसिक गतिविधि है।

268. गृह कार्य देने का लाभ यह है कि शिक्षार्थी ______।
A. घर पर व्यस्त रहते हैं।
B. घर पर पढ़ते हैं।
C. उनकी तरक्की का आकलन किया जा सके।
D. स्वअध्ययन की आदत विकसित हो सके।

269. शिक्षार्थी सुस्त होते हैं :
A. प्रोजेक्ट विधि में
B. खोज विधि में
C. व्याख्यान विधि में
D. प्रश्नात्मक (अन्वेषण) विधि में

270. प्रदर्शन प्रभाव का अर्थ है :
A. विज्ञापनों का प्रभाव
B. उपयोग की नकल का प्रभाव
C. मनोरंजन का प्रभाव
D. प्रयोग का प्रभाव

271. डिसलैक्सिया है :
A. शारीरिक अक्षमता जिसमें अक्षम उंगलियों से लिखने की योग्यता प्रभावित होती है।
B. कम दिखाई देने से सम्बन्धित पढ़ने की अक्षमता का प्रकार।
C. सामान्य बोध (बुद्धि) के बावजूद तीव्र गति एवं उचित संप्रेषण से पढ़ने में कठिनाई।
D. श्रवण दोष से सम्बन्धित भाषा आधारित अधिगम कठिनाई।

272. यदि अपनी कक्षा में किसी शिक्षार्थी को खराब कपड़े पहने पाते हैं तो आप करेंगे :
A. शिक्षार्थी को कक्षा में उपस्थित न रहने को कहेंगे।
B. उसका मजाक उड़ाएँगे।
C. उसकी कक्षा में ऐसे कपड़े नहीं पहनने के लिए परामर्श देंगे।
D. उसकी ओर ध्यान नहीं देंगे।

273. खेल थैरेपी बालकों के अध्ययन में अपनाई जाती है क्योंकि:
A. शैक्षिक प्रक्रिया मनोरंजक बनाने हेतु
B. बालक की आंतरिक रुझान एवं अन्तर्द्वंद्व समझने हेतु
C. शिक्षा को अधिक गतिविधि आधारित बनाने हेतु
D. शिक्षा में खेल गतिविधियों के महत्व को उजागर करने हेतु

274. भारत जैसे लोकतान्त्रिक देश में, विद्यालयों को ध्यान देना चाहिए :
A. व्यक्तिगत जीवन में कठिनाइयों का सामना करने के लिए गुण विकसित करने में
B. एक अच्छे नागरिक के गुण विकसित करने में
C. शैक्षिक गुणवत्ता की तैयारी करने में
D. देश द्वारा पोषित विभिन्न मूल्य विकास में

275. यह स्पष्ट रूप में माना जा सकता है कि एक शिक्षार्थी नियम समझता/समझती है यदि वह :
A. इसके और उदाहरण दे पाए।
B. जिन समस्याओं के समाधान में इसका उपयोग हो सकता है उसमें उपयोग करे।
C. इसे पुनः पहचान पाए यदि वह फिर से सामना करता है।
D. जब पूछा जाए इन नियमों को पुनः याद कर पाए।

276. आपके समय सारिणी के कार्यवाहक होने के नाते आपके द्वारा निवेदन के बावजूद एक शिक्षक हमेशा देर से आता है। ऐसी स्थिति में आप क्या करेंगे?
A. अन्य शिक्षकों की उपस्थिति में उसकी बदनामी करेंगे।
B. उसे समय पर आने का परामर्श देंगे।
C. प्रधानाध्यापक को सूचित करेंगे।
D. उससे बेखबर रहेंगे।

277. 'प्रत्येक शिक्षार्थी अपने आप में अनोखा है' का अर्थ है :
A. कोई भी दो शिक्षार्थी अपनी योग्यता, रुचि और गुणों में एक जैसे नहीं हैं।
B. शिक्षार्थियों में न ही कोई समान गुण होते हैं, न ही वे समान लक्ष्य साझा करते हैं।
C. सभी शिक्षार्थियों के लिए एक समान पाठ्यचर्या संभव नहीं है।
D. एक भिन्नता वाली कक्षा में शिक्षार्थियों की प्रतिभाओं का विकास असंभव है।

278. अन्तः सेवा शिक्षक प्रशिक्षण को और प्रभावी बनाया जा सकता है ______ द्वारा।
A. पहले से उचित रूप में तैयार किया गया प्रशिक्षण पैकेज का उपयोग करके।
B. इसे रिहायशी कार्यक्रम बनाकर।
C. सहयोगी रुख अपना कर
D. प्रशिक्षण के अनुवर्तन क्रियाकलाप अपना कर।

279. एन.सी.टी.ई. की बी.एड. पाठ्यक्रम की रूपरेखा 2014 में निम्नलिखित में से किस पर बल दिया गया है?
A. आई.टी. (सूचना तकनीकी)
B. आई.सी.टी. (सूचना और संप्रेषण तकनीकी)
C. ई.टी. (शैक्षिक तकनीकी)
D. सी.टी. (संप्रेषण तकनीकी)

280. स्कूल में सह-पाठ्यक्रम गतिविधियों का प्रमुख उद्देश्य है:
A. संतुलित व्यक्तित्व को प्राप्त करने के लिए छात्रों की मदद करना
B. कक्षा की सामान्य दिनचर्या से राहत प्रदान करना
C. दुनियादारी के लिए छात्रों को दिशा-निर्देश प्रदान करना
D. छात्रों की आवश्यकताओं के लिए प्रत्यधिकृत संतुष्टि प्रदान करना

281. स्कूल के अध्ययन-सूची (पाठ्यक्रम) की योजना किसके संगत होनी चाहिए?
A. अतीत में स्कूल की सामान्य संस्कृति
B. छात्रों का लक्ष्य, उद्देश्य और रुचि
C. शिक्षक का प्रशिक्षण और रुचि
D. विभिन्न विषयों में उपलब्ध पाठ्य पुस्तक

282. स्कूल पर्यवेक्षण की प्रभाविता का आकलन इनके अनुसार किया जाना चाहिए:
A. अधिक से अधिक समुदाय की संतुष्टि
B. अधिक से अधिक व्यक्तिगत संतुष्टि
C. कक्षा दुर्व्यवहार में कमी
D. शिक्षा के लक्ष्यों की ओर अधिक से अधिक छात्रों की प्रगति

283. शिक्षक का पहला कर्तव्य किसके प्रति है?
A. समुदाय
B. विद्यार्थियों
C. विषय जो वह पढ़ाता/पढ़ाती है
D. स्कूल के प्राधिकारी वर्ग

284. शिक्षक का सबसे महत्वपूर्ण कार्य है:
A. छात्रों के विकास पर पूर्ण ध्यान देना
B. उपचारात्मक सहायता (जब भी आवश्यक हो) प्रदान करना
C. प्रभावी शिक्षा प्रदान करना
D. कक्षा में व्यवस्था और अनुशासन बनाए रखना

285. स्कूली बच्चे उस शिक्षक से शैक्षिक दृष्टि से सबसे बुरी तरह प्रभावित होते हैं जो:
A. भावनात्मक रूप से अपरिपक्व व्यक्ति है
B. अपने विषय को आंशिक रूप से समझता है अथवा आंशिक पकड़ है
C. विषय-वस्तु को एकीकृत नहीं कर सकता
D. तार्किक रूप से अपने विषय को संगठित नहीं कर सकता

286. कक्षा-अनुशासन का प्रमुख लक्ष्य .... को बढ़ावा देना है।
A. अच्छे अध्ययन की स्थिति
B. अच्छे विद्यार्थी आचरण
C. कक्षा में शांति और व्यवस्था
D. छात्रों की ओर से आत्मनिर्भरता

287. जैसा कि कक्षा के लिए लागू होता है, अभिप्रेरण में शिक्षक की भूमिका अनिवार्य रूप से .... का विषय है।
A. बच्चों में आवश्यकताओं को जागृत करना
B. जागरूक और चेतन विद्यार्थियों की ऊर्जा को रचनात्मक दिशा की ओर प्रवाहित करना
C. नई रुचि पैदा करना
D. उसके साथ आकर्षक प्रोत्साहन देता है जो छात्रों के पहुँच में हो

288. शिक्षक को एक नया विषय या पाठ विकसित करने में किसके साथ शुरूआत करनी चाहिए?
A. विषय का सिंहावलोकन
B. विषय के महत्व की व्याख्या
C. छात्रों में पहले से कुछ रुचि होना
D. शिक्षक की स्वयं की रुचि

289. यदि छात्र मानसिक कार्य से थका दिख रहा है, तो शिक्षक को चाहिए:
A. कार्य की मात्रा कम कर देना जिसे छात्र को करना है
B. उसे विविध प्रकार के कार्य प्रदान करना
C. उसे दृढ़ता विकसित करने के लिए प्रोत्साहन देना और थकान के बावजूद जारी रखने के लिए कहना
D. पुरस्कारों के आकर्षण में वृद्धि करना जिसे प्राप्त किया जाता है

290. किसी पाठ को प्रभावी बनाने के क्रम में, शिक्षक के लिए यह आवश्यक है कि:
A. बच्चों के अनुभव से सामग्री को जोड़ना
B. निहित वस्तु को इस प्रकार व्यवस्थित करना कि बच्चे उसे समझ सकें
C. पाठ को यथाक्रम बनाने की योजना तैयार करना
D. उदाहरणों और पूर्णविवरण प्रस्तुत करते हुए पाठ की व्याख्या करना

291. जब एक बच्चा विषय-वस्तु से संबंधित प्रश्न पूछता है, शिक्षक को सामान्यतया:
A. बच्चे की उत्सुकता को शांत करने के लिए सीधा उत्तर देना चाहिए
B. पाठ्य-पुस्तक अथवा अन्य संदर्भ का उल्लेख करना चाहिए
C. उस प्रश्न को दूसरे बच्चे की ओर उत्तर देने के लिए कहना चाहिए
D. उसे खुद के जबाब तलाशने में सहायता पहुँचाना चाहिए

292. स्कूली शिक्षा के मूल्यांकन का महत्वपूर्ण पहलू है:
A. परीक्षण की तैयारी
B. प्रदर्शन की पर्याप्तता का निर्णय
C. विकास का माप
D. ग्रेड निर्दिष्ट करना

293. स्कूल के संदर्भ में, सतत और व्यापक मूल्यांक (CCE) संकेत देता है:
A. शिक्षकों के प्रदर्शन की सतत निगरानी
B. अधिगम के दोनों शैक्षिक एवं सह-शैक्षिक पहलुओं का आकलन
C. शिक्षकों को अभिभावकों और स्कूल के प्रति जवाबदेह बनाना
D. कुल अनुदेशात्मक समय के ऊपर आकलन नहीं फैला होना चाहिए

294. एक शैक्षिक संस्थान का अच्छा 'मुखिया' वह है जो:
A. समझता है कि अच्छा शैक्षिक प्रशासन क्या है और पूरी दृढ़ता से इसके सिद्धांतों को लागू करता है
B. अनुशासन के प्रति व्यक्तिगत रूप से सावधान रहता है और कदाचार अथवा दुर्व्यवहार के साथ समझौता नहीं करता है

C. अपने दृष्टिकोण में लचीला होता है तथा सहयोगात्मक ढंग से मानव संवेदना सहित कार्य करता है
D. कर्मचारियों और छात्रों को स्वच्छंदता प्रदान करता है और उनके मामलों में कम-से-कम हस्तक्षेप करता है

295. शिक्षा में स्वतंत्रता का तात्पर्य है:
A. छात्रों को किसी भी गतिविधि के लिए स्वीकृति दी जानी चाहिए यदि यह अधिगम की सुविधा प्रदान करती हो
B. छात्रों को अध्ययन के किसी भी पाठ्यक्रम में शामिल होने की स्वीकृति दी जानी चाहिए जिसमें उनकी रुचि हो
C. छात्रों को किसी भी गतिविधि में भाग लेने की स्वीकृति दी जानी चाहिए जिसे वे पसंद करते हैं अथवा रुचि रखते हैं
D. उपरोक्त सभी निहित हैं

296. निम्नलिखित विधियों में से कौन-सी विधि मौजूदा ज्ञान है जिसका उपयोग निष्कर्ष निकालने के लिए किया जाता है?
A. आगमनात्मक तर्क विधि
B. निगमनात्मक तर्क विधि
C. सर्वेक्षण विधि
D. अन्वेषण विधि

297. शिक्षक के लिए छात्र का आदर शुरुआत में ही शिक्षक के .... से उत्पन्न होना चाहिए।
A. कानूनी अधिकार
B. वयस्क के रूप में प्रतिष्ठा
C. व्यक्तिगत निष्ठा और सद्भावना
D. अभिभावक के विकल्प के रूप में हैसियत

298. एक बच्चा जो संख्या को गलत तरीके से पढ़ता है, के पास निम्नलिखित अधिगम अक्षमता है:
A. डिस्क्रेसिस B. डिस्लेक्सिया
C. डिस्पेपसिया D. डिस्केलकुलिया

299. किसी लोकतांत्रिक कक्षा में एक अध्यापक का कार्य है—
A. विद्यार्थियों को बिना किसी सलाह और हस्तक्षेप के पूर्णरूपेण स्वतंत्र चुनाव की अनुमति देना
B. विभिन्न विकल्पों से विद्यार्थियों को यह बताना कि उनमें बुद्धिमत्तापूर्ण चुनाव क्या है
C. बढ़ते हुए विकल्पों के बीच बच्चों को चुनाव करने के योग्य बनाना
D. बच्चों तथा स्वयं, दोनों के लिए चुनाव करना

300. अधिगम में प्रभावपूर्ण होने के लिए, उद्देश्य निम्न में से किसके अनुरूप अर्थपूर्ण होना चाहिए
A. पाठ्यचर्या उद्देश्य
B. बौद्धिक विचारों का समावेशन
C. विद्यार्थियों की आवश्यकताएं तथा उद्देश्य
D. विद्यालय का स्तर

301. कार्य अनुभव कार्यक्रम का मुख्य कार्य विद्यालयों में उपलब्ध कराना है
A. कार्य अनुभव सहित युवा
B. बेहतर कामगारों सहित उद्योग और व्यापार
C. अधिक विद्यार्थियों को नियंत्रित करने हेतु शिक्षकों को स्वतंत्रता
D. व्यावसायिक परामर्श देने हेतु उचित आधार

302. किसी विद्यार्थी की एक समस्या है। वह अध्यापक से पूछता/पूछती है "मैं क्या करुं?" अध्यापक को चाहिए कि वह
A. उसकी क्षमताओं को ध्यान में रखते हुए विद्यार्थी को प्रक्रिया का मार्ग बताए
B. विद्यार्थी को बताना कि यदि वह उसके स्थान पर होता तो वह क्या करता
C. विद्यार्थी से ऐसे प्रश्न पूछना जो उन्हें फैसला लेने के लिए आवश्यक सूचना उपलब्ध कराएं
D. विद्यार्थी से स्वयं को पहचानने के लिए कहना, जिससे कि वह अपनी हल करने की क्षमता को पहचान सके

303. योग्यता समूहन की सर्वश्रेष्ठ व्यक्त राय है कि
A. यह किसी व्यक्ति के पहल और नेतृत्व को प्रेरित करता है
B. यह व्यक्तिगत मतभेदों की समस्या को समाप्त कर देता है
C. यह बच्चे को अपनी क्षमताओं के अधिकतम उपयोग को प्रोत्साहित करता है
D. इसे स्वीकारने अथवा नकारने के पहले और अधिक जाँचना होता है

304. आधुनिक शिक्षकों के अनुसार, अनुशासन का अर्थ है
A. कार्यों को प्रभावित करने वाले नियमों से

B. सकारात्मक एवं संरचनात्मक व्यवहार को विकसित करने का तरीका
C. कक्षा में आज्ञाकारिता तथा अनुकूलता पर जोर देकर नियंत्रण करना
D. विद्यार्थियों के अभद्र-व्यवहार को नियंत्रित करना

305. सामाजिक विकास आवश्यक रूप से निम्न में किसका मामला है?
A. सामाजिक नियमों की माँग के साथ अनुकूलता
B. सामाजिक सुरक्षा एवं स्वीकारोक्ति की उपलब्धि
C. किसी एक व्यक्ति के उद्देश्य का सामाजिक नियमों के साथ समायोजन
D. सामाजिक दक्षता का विकास

306. दो लड़कों का समान I.Q. 120 है। इससे निष्कर्ष निकाला जा सकता है
A. दोनों हाई स्कूल और कॉलेज में पास हो जाएंगे
B. दोनों के पिता सामान्य बुद्धिमत्ता से ऊपर हैं
C. दोनों की योग्यता समान स्तर की होंगी
D. उपरोक्त में से कोई भी आवश्यक रूप से सत्य नहीं है

307. निरापद रूप से यह माना जा सकता है कि जब विद्यार्थी किसी सिद्धांत को समझ जाता/जाती है तब वह–
A. विशिष्ट बहुविकल्पीय प्रश्नों के उत्तर दे सकता है
B. इसके उपयुक्त उदाहरण दे सकता है
C. इसे मौखिक रूप से दोहराता है
D. इन्हें उन समस्याओं को हल करने के लिए प्रयोग करता है जिस पर यह लागू होता है

308. एक अति-सुरक्षित और प्रभुत्वकारी बच्चा निम्न में से किसके समान होता है?
A. उग्र B. अपराधी
C. झगड़ालू D. असामाजिक

309. अंकों के स्थान पर ग्रेड (grades) दिए जाने को प्रस्तावित किया जाता है क्योंकि
A. यह सम्पूर्णता में शिक्षा के स्तर को सुधारेगा
B. इससे अधिगम और शिक्षण दोनों सुगम होंगे
C. विद्यार्थियों में अंकों के आधार पर अन्तर समाप्त होगा
D. अंकों की अपेक्षा ग्रेड देना अधिक सुविधाजनक है

310. निम्न में से क्या अध्यापन के विषय में सत्य नहीं है?
A. अध्यापन के फलस्वरूप बच्चे सीखते हैं
B. अध्यापन का उद्देश्य होता है कि कोई कुछ सीखे
C. शिक्षार्थी तथा अध्यापक के मध्य एक विशेष सम्बन्ध के रूप में चिह्नित किया जाता है
D. अध्यापन आवश्यक है परन्तु अधिगम के लिये पर्याप्त बाध्यता नहीं है

311. बाल-केन्द्रित शिक्षा का अर्थ है
A. पाठ्यचर्या को बच्चे से विमर्श करके तैयार करना
B. शैक्षिक अनुभवों को इस प्रकार संयोजित करना जैसा कि बच्चे चाहते हैं
C. अध्यापन में विद्यार्थियों को अधिकतम भागीदारी के रूप में संगठित करना
D. विद्यार्थी को अपने अधिकार के लिए स्वतंत्र छोड़ना, जिससे कि वह अपनी अधिगम की योजना बिना अध्यापक की सहायता के स्वयं तैयार कर सकें

312. निम्न में से कौन-सा अकेला महत्वपूर्ण कारक किसी नये शिक्षक की सफलता के लिए आवश्यक है?
A. उसका व्यवहार और दृष्टिकोण
B. उसका व्यक्तित्व तथा कक्षा से संवाद स्थापित करना
C. उसकी बोलने की तथा संगठनात्मक क्षमता
D. उसकी विद्वता तथा बौद्धिक क्षमता

313. अध्यापकों का मुख्य उत्तरदायित्व है
A. शैक्षिक अनुभवों की योजना बनाना
B. अभिभावकों के साथ सम्बन्धों को बढ़ाना
C. अध्यापन की तकनीकों के साथ प्रयोग करना
D. प्रबन्धकीय नीतियों को लागू करना

314. जब विद्यालय के बच्चे नटखट, उग्र, उद्दंड अथवा भावशून्य हों तो अध्यापक को सबसे पहले गौर करना चाहिए
A. उस घर का वातावरण जहाँ से वे आये हैं
B. उनको दिये गये कार्य की उपयुक्तता और उनसे की गयी माँग
C. समाज और घर के कम करके आँके गये प्रभावों को
D. कक्षा की सामाजिक संरचना

315. सामान्यतया बच्चे के उग्र व्यवहार से निपटने के लिए सर्वाधिक प्रभावकारी दृष्टिकोण है
A. जब वह उग्रता दिखाता है तो उसे उसी समय उपयुक्त दण्ड दिया जाना

B. उसकी उग्रता को उचित प्रतियोगिता के क्षेत्र में लगवाया जाए

C. उसके उग्र व्यवहार की अनदेखी करना तथा अच्छे व्यवहार लिए इनाम देना

D. इस बात पर जोर देना कि वह अपने अवांछनीय व्यवहार के लिए माफी मांगे

316. बच्चे में सृजनशीलता का सबसे बड़ा अवरोधक है

A. वयस्कों द्वारा अपने मानदण्डों के अनुरूप अनुकूलता तथा सम्पूर्णता पर जोर डालना

B. वयस्कों की ओर से आवश्यक प्रेरणा देने में असफलता

C. परिपूर्णता हेतु आवश्यक प्रयासों के प्रति अनिच्छा

D. उसकी लघु अवधिक एकाग्रता और जल्दी हतोत्साहित होना

317. निम्नलिखित में से कौन-सा कथन इसकी पुष्टि करता है कि विद्यालय को समाज के उत्थान में अग्रणी होना चाहिए?

A. विद्यालय का सामान्य कार्य

B. विद्यालय का प्रगतिशील कार्य

C. विद्यालय का रूढ़िवादी कार्य

D. विद्यालय का प्रतिक्रियावादी कार्य

318. विद्यालय अपने कार्यक्रमों के द्वारा विद्यार्थियों की सहायता करता है–

A. संस्कृति में घुलने मिलने में

B. दूसरी संस्कृतियों को अनदेखा करने में

C. संस्कृति का विरोध

D. उनको सुसंस्कृत बनाता है

319. कक्षा अध्यापन का मुख्य उद्देश्य होना चाहिए–

A. विद्यार्थियों में आत्मविश्वास बढ़ाना

B. विद्यार्थियों को कुछ छुट्टियों के बारे में प्रशिक्षित करना

C. उन्हें उच्च कक्षाओं के लिए तैयार करना

D. अधिगम को आसान बनाना

320. शिक्षा का अधिकार अधिनियम 2009 के द्वारा स्थगित किया गया–

A. आर्थिक दण्ड को

B. मानसिक उत्पीड़न को

C. मानसिक उत्पीड़न व आर्थिक दण्ड दोनों को

D. अतिरिक्त कक्षाओं को

321. विद्यालय के शैक्षिक वातावरण पर विपरीत प्रभाव पड़ सकता है यदि–

A. हमेशा आर्थिक दण्ड दिया जाए

B. विद्यार्थी को दीवार पत्रिका लिखने के लिए प्रेरित किया जाए

C. अध्यापक को नई विधियाँ प्रयोग करने के लिए स्वतन्त्र छोड़ दिया जाए

D. बार-बार अध्यापक-अभिभावक मीटिंग हो

322. आपके दृष्टिकोण से विद्यालय में खेल/क्रिया-कलाप–

A. मनोगामक विकास के लिए आवश्यक है

B. समय नष्ट करने का सरल तरीका है

C. विद्यालय की भारी-भरकम दिनचर्या के चलते आवश्यक नहीं है

D. उपरोक्त सभी

323. एक अच्छा कक्षा अनुशासन है–

A. अध्यापक की ओर सचेतता सहित पूर्ण शान्ति

B. शिक्षण के दौरान विद्यार्थियों का सक्रिय रहना

C. विद्यार्थियों द्वारा कोई प्रश्न नहीं पूछना

D. विद्यार्थियों का स्वाध्याय में व्यस्त होना

324. एक अध्यापक अधिक प्रभावी हो जाएगा यदि–

A. विद्यार्थी ऊँचे अंक प्राप्त करता है

B. अध्यापक अच्छी सहायक पाठ्य सामग्री का प्रयोग करता है

C. वह विद्यार्थी को पढ़ाई में निपुणता प्राप्त करने में सहायता करता है

D. वह बच्चों से प्रश्न पूछने में सहायता करता है

325. 'अशोक' पर एक अध्याय का निष्कर्ष निकालते हुए 'सन् 269 BC' को उत्तर के रूप में प्रकाश में लाने के लिए निम्न में कौन-सा प्रश्न सबसे अच्छा होगा?

A. अशोक सिंहासन पर कब बैठा

B. किसके बाद अशोक सिंहासन पर बैठा

C. अशोक का राज्याभिषेक किस वर्ष हुआ

D. उपरोक्त प्रश्नों में से कोई भी

326. किसी विद्यार्थी के गलत जवाब को निपटाने के लिए निम्न में से कौन-सा कार्य करना होगा?

A. विषय वस्तु की दोबारा से व्याख्या करनी होगी

B. बच्चों को बताना होगा कि उनका उत्तर सही है

C. सही उत्तर के लिए दूसरे बच्चे से प्रश्न पूछना होगा

D. व्याख्या करने और दोबारा उत्तर देने का मौका मेा होगा

327. कक्षा में बहुविकल्पीय प्रश्नों के परीक्षण के लिए निम्न में से सर्वाधिक उपयुक्त क्या होगा?

A. बहु-विकल्पीय प्रकार B. सही-गलत प्रकार
C. सही कारण चुनो D. खाली स्थान भरना

328. एक अध्यापक को कक्षा में अपना व्याख्यान देना चाहिए–

A. उच्च स्वर-शैली में B. कम आवाज में
C. ऊँची आवाज में D. सामान्य आवाज में

329. वार्षिक परीक्षा प्रणाली में उत्पन्न होने वाली अनावश्यक मनोवैज्ञानिक परेशानियों से बचने के लिए हमें प्रयोग करना चाहिए–

A. केवल आवर्ती परीक्षण
B. शोधक मापदण्डों सहित आवर्ती परीक्षण
C. दूसरे अध्यापकों द्वारा परीक्षण
D. किसी भी तरह का परीक्षण नहीं होना चाहिए

330. सरकारी विद्यालयों में मिड-डे मील योजना बच्चों की किस जरूरत को पूरा करती है?

A. सुरक्षा
B. मनोवैज्ञानिक
C. प्रेम/सम्बन्धित वस्तुओं की
D. स्वयं सिद्ध (स्वयं की पहचान)

331. जब कक्षा में जाँच करने के लिए कोई प्रश्न पूछा जाता है तो निम्न में से किसका प्रभाव उत्तर को प्रभावित कर सकता है?

A. स्पष्ट आशय
B. सन्दर्भ के लिए कोई पिछली सामग्री नहीं होना
C. दोहरी नकारात्मकता का प्रयोग
D. केवल एक ही सही उत्तर वाला प्रश्न

332. योग्यता परीक्षण प्रयोग किए जाते हैं–

A. सफलता को मापने में
B. प्रवीणता मापने में
C. किसी कार्य में सफलता को बताने में
D. क्षमता नापने में

333. अंकों के स्थान पर ग्रेड प्रदान करने की सलाह क्यों दी जाती है?

A. ग्रेड प्रदान करना आसान है
B. यह शिक्षण-अध्ययन को सरल बनाएगा
C. यह शिक्षा की विशेषताओं को बढ़ाएगा
D. यह मूल्यांकन में होने वाली गलतियों को कम करेगा

334. कक्षा में वार्तालाप और अधिक प्रभावशाली हो जाएगायदि–

A. सूचना देने वाला उसी कूट प्रणाली का प्रयोग करता है जिसका ग्राही अवकूटन में प्रयोग करता हैं
B. प्रेक्षक धीरे-धीरे परन्तु क्रमानुसार बढ़ता है
C. ग्राही प्राप्त करने की इच्छा करता है
D. अनुकूल वातावरण में पूर्ण होता है

335. शिक्षा का सही उद्देश्य है–

A. विद्यार्थियों को जीवकोपार्जन के लायक बनाना।
B. विद्यार्थियों को नौकरियों के लिए तैयार करना।
C. विद्यार्थियों को ज्ञान प्राप्त करने में मदद करना।
D. विद्यार्थियों के सर्वांगीण विकास को सुगम बनाना।

336. एक शिक्षक का कार्य है–

A. विद्यार्थियों को स्वाध्याय में सहायता देना।
B. विद्यार्थियों को अध्ययन के लिये प्रेरित करना।
C. अध्ययन के अनुकूल वातावरण बनाना।
D. विद्यार्थियों को उनकी गलतियाँ बताना।

337. शिक्षक के लिये यह महत्त्वपूर्ण है कि उसे–

A. विषय का पूर्ण ज्ञान हो।
B. शिक्षण पद्धतियों का पूर्ण ज्ञान हो।
C. विद्यार्थियों के बारे में ज्ञान हो।
D. उपरोक्त सभी का ज्ञान हो।

338. आपकी राय में शिक्षक का पेशाः

A. एक अस्थायी व्यवस्था है।
B. लाभदायक है।
C. मौज-मजे से भरपूर है।
D. सर्वश्रेष्ठ है।

339. शिक्षण के दौरान विभिन्न शिक्षण पद्धतियों का उपयोग–

A. विद्यार्थियों का ध्यान केन्द्रित रखता है।
B. क्लासरूम शिक्षण को काफी रुचिकर बना देता है।
C. विद्यार्थियों को अवधारणाओं एवं विषयों को समझने में मदद करता है।
D. उपरोक्त सभी

340. 'पियाजे' एक .... थे।
A. गायक B. विशेष शिक्षक
C. मनोवैज्ञानिक D. बालरोग विशेषज्ञ

341. विकलांग बच्चों की शिक्षा उनकी विकलांगता को बेहतर रूप से स्वीकार करने और .... क्षेत्र में बच्चों की योग्यता को सुनिश्चित करती है।
A. शिक्षा B. रोजगार
C. सामाजिक गतिविधि D. उपरोक्त सभी

342. .... IQ स्कोर मानसिक मंदता दर्शाता है।
A. 70 के नीचे B. 90 के नीचे
C. 80 के नीचे D. 100 के नीचे

343. विकलांग व्यक्ति अधिनियम 1995 के अनुसार विकलांगों के लिए सरकारी नौकरियों में .... प्रतिशत आरक्षण है।
A. 3 प्रतिशत B. 2 प्रतिशत
C. 4 प्रतिशत D. 5 प्रतिशत

344. समेकित शिक्षा सम्बन्धित है–
A. पूर्व-स्कूल (प्री-स्कूल) विशेष शिक्षा से।
B. स्रोत कक्षा (रिसोर्स रूम) और स्रोत शिक्षक (रिसोर्स टीचर) से।
C. एकीकृत सेट अप से।
D. उपरोक्त में से कोई नहीं।

345. एक विद्यालयी पाठ्यचर्या की सर्वोत्तम परिभाषा है :
A. बच्चों को प्रदान किया जाने वाला समग्र ज्ञान
B. विद्यालय के संरक्षण में विद्यार्थियों की व्यवस्थित अनुभूतियों का योग
C. पाठ्यक्रमों की पूर्ण सूची
D. बच्चों के क्रियाकलाप को बढ़ाने के लिए उपयोग में लाई जाने वाली समग्र सामग्री

346. विद्यालयों में कार्यानुभव के आयोजन का मुख्य उद्देश्य :
A. युवकों को भविष्य के काम-काज के लिए तैयार करना है।
B. कार्य-स्थल तथा विद्यालयों में सम्बन्ध स्थापित करना है।
C. कक्षा पढ़ाने के पश्चात् अध्यापकों को कुछ खाली समय देना है।
D. संज्ञानात्मक विकास के साथ-साथ अध्येताओं का समन्वित विकास करना है।

347. शैक्षणिक सामग्री का चयन किसे करना चाहिए?
A. अध्यापक को
B. विभागाध्यक्ष को
C. संस्थान के प्राचार्य को
D. विशेषज्ञों की एक समिति को

348. कक्षा का फर्नीचर चल (मूवेबल) होना चाहिए।
A. इसका रखरखाव करना सुगम होगा।
B. इससे अनुशासन कायम रखने में सहायता मिलती है।
C. यह विभिन्न शैक्षणिक आवश्यकताओं के लिए उपयुक्त होता है।
D. इस पर खर्चा कम आता है।

349. समाज के एजेंट के रूप में विद्यालय का मुख्य कार्य क्या होना चाहिए?
A. सामाजिक मानकों को कायम रखना।
B. बच्चों को सामाजिक जीवन के लिए तैयार करना।
C. विद्यार्थियों में उनके पर्यावरण के प्रति बोध प्रदान करना।
D. विद्यार्थियों में व्यावसायिक योग्यता का विकास करना।

350. एक अध्यापक के लिए अनिवार्य है कि उसे अधिगम सिद्धांतों का भली-भांति ज्ञान हो, क्योंकि :
A. इससे अध्यापक को अध्येताओं की आवश्यकताओं को जानने में सहायता मिलती है।
B. इससे अध्यापकों को अध्येताओं की अभिवृत्तियों तथा अभिरुचियों को समझने में सहायता मिलती है।
C. इससे अध्यापकों को यह जानने में सहायता मिलती है कि अध्येता किन-किन रूपों में सीख सकते हैं।
D. इससे कक्षा अनुशासन सुनिश्चित होता है।

351. कक्षा में एक अच्छी चर्चा का मूल द्योतक (निर्धारक) क्या होना चाहिए?
A. अध्यापक के कौशल
B. अध्यापक और विद्यार्थियों के ज्ञान का स्तर
C. कक्षा के प्रयोजन और अभिरुचि की एकता
D. विषय की प्रवीणता

352. MLL (न्यूनतम अधिगम स्तर) मूल रूप से एक ऐसा उपागम है जिसकी मान्यता है कि :
A. किसी कार्य को सभी विद्यार्थी सीख सकते हैं।
B. सभी अधिगम कार्य सीखे नहीं जा सकते हैं।

C. यदि भली भांति परिभाषित किए जाएं तो उद्देश्यों को प्राप्त किया जा सकता है।
D. उपर्युक्त में से कोई नहीं।

353. शिक्षा की आधुनिक अवधारणा इस विश्वास पर आधारित है कि :
A. माध्यम के रूप में केवल स्थूल अनुभव ही विश्वसनीय है।
B. बच्चे को समाज की आवश्यकताओं और ध्येयों के अनुकूल ढलना चाहिए।
C. बच्चे की शिक्षा उसके उद्देश्यों, आवश्यकताओं तथा अभिरुचियों के अनुकूल हो।
D. शैक्षिक सक्षमता ही मुख्य भूमिका में होनी चाहिए।

354. एक दिन पहले किसी छात्र ने आपको बेवकूफ बनाया था। उस छात्र द्वारा कक्षा में एक अच्छी सूझ देने पर आपकी क्या प्रतिक्रिया होगी?
A. आप इसकी अपेक्षा करेंगे
B. आप किसी अन्य छात्र से इसे जाँचने के लिए कहेंगे
C. आप इसे सहर्ष स्वीकार करेंगे
D. आप इसे स्वयं जाँचना प्रारम्भ करेंगे

355. निम्नलिखित में से क्या अनुशासन का आधार नहीं हो सकता?
A. नियम पालन की महत्ता को स्वीकारना
B. व्यक्ति के अन्तर्निष्ठ अधिकार एवं गौरव को स्वीकारना
C. स्वतंत्रता, समानता व न्याय के मूल्यों को स्वीकारना
D. लक्ष्य उपलब्धि के लिए इसकी अच्छी भूमिका को स्वीकारना

356. निम्नलिखित में अध्येता के लिए सूचना- प्रसारण का सर्वोत्तम जरिया कौन-सा है?
A. शिक्षक B. माध्यम
C. संवाद D. अधिगम संवेष्टन

357. किसी छात्र द्वारा दिए गए प्रश्न के गलत उत्तर के उपचार का सबसे अधिक अच्छा तरीका कौन-सा है?
A. पाठ न सीखने के कारण झिड़कना
B. सही उत्तर निकलवाने के लिए प्रश्न को दोबारा गठित करना
C. आंशिक उत्तर देते हुए प्रश्न को दोबारा गठित करना
D. व्याख्या कर सही उत्तर बता देना

358. निम्नलिखित में से कौन-सी चीज एक शिक्षक को अधिक प्रभावी बना सकती है?
A. यदि वह अनुदेशन सहायक सामग्रियों का उपयोग करे
B. यदि वह अध्येता को पढ़ाए जा रहे पाठ में प्रयोजन ढूँढ़ने में सहायता प्रदान करे
C. यदि वह उदाहरण दे तथा पाठ में बीच-बीच में प्रश्न पूछे
D. यदि छात्रों को पाठ के प्रश्नों के उत्तर जानने में सहायता करें

359. निम्नलिखित में से कौन-सा कौशल विज्ञान सीखने में अच्छा नहीं है?
A. अवलोकन
B. उपकरणों को सैट करना
C. निष्कर्ष निकालना
D. सुनना

360. कई विशेषज्ञ 'पुस्तक खोलकर परीक्षा- प्रणाली' की वकालत करते हैं, ऐसा करने पर–
(सर्वाधिक उपयुक्त उत्तर का चयन करें)
A. बोर्ड द्वारा काफी संख्या में पुस्तकों की आवश्यकता पड़ेगी
B. प्रश्न-पत्र बनाने में अधिक क्षमता/ कौशल की आवश्यकता पड़ेगी
C. छात्र सहभागिता की आवश्यकता पड़ेगी
D. उत्तर-पुस्तिका जाँचने के लिए अन्य प्रकार के परीक्षकों की आवश्यकता पड़ेगी

361. यदि आपके द्वारा पढ़ाए गए पाठ को विद्यार्थी नहीं समझे, तो आपको क्या करना चाहिए?
A. छात्रों के पूर्व ज्ञान को फिर से जाँच करेंगे
B. पाठ को दोबारा पढ़ाएंगे
C. पाठ को और अधिक उदाहरणों के साथ दोबारा पढ़ाएंगे
D. बाद में पढ़ाने के उद्देश्य से फिलहाल इस पाठ को छोड़ देंगे

362. 'पेडागॉजी' कहलाता है–
A. शिक्षण-विज्ञान
B. सीखने की कला
C. शिक्षण-अधिगम विज्ञान व कला दोनों
D. संप्रेषण विज्ञान

363. निम्नलिखित में से कौन-सा क्रम आपको सर्वाधिक स्वीकार होगा?
[यदि M→अभिप्रेरणा, I→स्पष्टीकरण, P→प्रस्तुतीकरण तथा R→सारकथन]
A. MIPR B. PMIR
C. PMRI D. MPRI

364. विद्यालयी शिक्षा में समुदाय की साझेदारी मुख्यतः क्यों आवश्यक है?
A. शिक्षक के कार्यों का पर्यवेक्षण
B. विद्यालयी वातावरण को सुधारना
C. अतिरिक्त साधन जुटाने के लिए
D. अच्छे मानव संसाधन के विकास के लिए

365. निम्नलिखित में से कौन-सा 'वैकल्पिक पाठशाला' का अर्थ नहीं है?
A. चरवाहा विद्यालय
B. विद्यालय के बाहर रहे बच्चों की शिक्षा
C. आसपास/पड़ोस के बच्चों की शिक्षा उनके पड़ोस में
D. निर्माण कार्य के पास बच्चों की शिक्षा

366. एक अच्छा शिक्षक वह होगा जो..... (सर्वाधिक उपयुक्त)
A. विद्यार्थियों को सबसे अधिक प्रेरणा देता है
B. विद्यार्थियों को सभी आवश्यक सहायता प्रदान करता है
C. अच्छे अंक पाने में सहायता करता है
D. कक्षा में अच्छा अनुशासन बनाए रखता है

367. समय-सारणी बनाते समय निम्नलिखित में से किसका ध्यान सबसे अधिक रखना चाहिए?
A. न्याय का सिद्धान्त
B. थकान की घटना का सिद्धान्त
C. विविधता का सिद्धान्त
D. लचीलापन का सिद्धान्त

368. सहयोग-मूल्य के विकास के लिए निम्नलिखित में से सबसे अच्छा तरीका क्या होगा?
A. इस विषय पर व्याख्यानों का आयोजन
B. सांस्कृतिक कार्यक्रमों का आयोजन
C. एक माह के कैम्प का आयोजन
D. एक आदर्श भूमिका निभाकर

369. निम्नलिखित में से कौन-सी बात शिक्षा की गुणवत्ता बढ़ा सकती है?
A. एक घण्टे का कार्यकाल बढ़ाकर
B. सेवाकालीन अध्यापक प्रशिक्षण
C. नैदानिक व उपचारी शिक्षण
D. सहायक पाठ्यपुस्तकों द्वारा

370. औपचारिक विद्यालयों व मुक्त (ओपन) विद्यालयों में बड़ा अन्तर क्या है?
A. पहले वाले सुव्यवस्थित होते हैं
B. बाद वाले अपनी शिक्षण अधिगम प्रणाली में मुखाभिमुख घटक का कम प्रयोग करते हैं
C. बाद वाले आधुनिक संयन्त्रों का उपयोग करते हैं
D. उपर्युक्त में से कोई नहीं

371. एक समाजीकरण अभिकरण की दृष्टि से विद्यालय एक .... एजेन्ट कहा जा सकता है।
A. प्राथमिक B. अनुषंगी/गौण
C. संपूरक D. तृतीयक

372. विद्यालयों में विभिन्न प्रकार की प्रतियोगिताएं इसीलिए आयोजित करनी चाहिए, क्योंकि–
(*i*) इसके लिए पर्याप्त फंड उपलब्ध है
(*ii*) विभिन्न समूहों को आपसी समझ में मदद करता है
A. केवल (*i*) प्रासंगिक है
B. केवल (*ii*) प्रासंगिक है
C. दोनों (*i*) व (*ii*) प्रासंगिक हैं
D. दोनों (*i*) व (*ii*) अप्रासंगिक हैं

373. निम्नलिखित में से कौन-सी बात कौशल सीखने की एक प्रावस्था नहीं हो सकती है?
A. संविधि B. भेद-बोध
C. अभ्यास D. कल्पना

374. शिक्षण कार्य के लिए निम्नलिखित में से कौन सबसे अधिक निर्णायक है?
A. अधिगम को प्रभावी बनाना
B. ज्ञान देना
C. कक्षा का संप्रबन्धन
D. छात्रों के साथ संप्रेषण

375. किसी शिक्षक द्वारा बनाए गए किसी प्रश्नपत्र में छात्र-समूह का अधिक अंक पाना निश्चित रूप से क्या दर्शाएगा?

A. यह समूह एक उच्च उपलब्धि वाला है

B. शिक्षक ने अच्छा पढ़ाया है

C. प्रश्नपत्र अच्छा बनाया गया है

D. उपर्युक्त में से कोई भी नहीं

376. किसी संप्रेषण का सार हमारा ऐसा इंद्रियाधारित प्रत्यक्षण होता है, जो–

A. मस्तिष्क को सीधा कूट सूचना भेजता है

B. प्राप्त सूचना की व्याख्या करता है

C. प्राप्त सूचना पर चयनित ढंग से कार्य करता है

D. सूचना का केवल प्रक्रम करता है

377. बच्चों से किसी पूछे गए प्रश्न का उत्तर निकलवाने के लिए किसी जाँचात्मक प्रश्न का गुण निम्नलिखित में से कौन नहीं हो सकता है?

A. स्पष्ट अभिप्राय

B. जिसमें संदर्भ की आवश्यकता न हो

C. वाक्य में दो ऋणात्मक शब्दों का उपयोग

D. निश्चित उत्तर का होना

378. यदि एक छात्र आपकी क्लास में विघ्न पैदा करता है तो आपका दृष्टिकोण क्या होगा?

A. आप उससे कहेंगे कि क्लास से निकल जाओ

B. आप उससे कहेंगे ठीक व्यवहार करो

C. आप उसके किए गए कार्यों के कारणों का मूल्यांकन करेंगे

D. आप उसे अतिरिक्त गृह कार्य (Homework) देंगे

379. मई, 2016 में किसकी अध्यक्षता में 'नई शिक्षा नीति के विकास के लिए समिति' ने अपनी रिपोर्ट प्रस्तुत की थी?

A. टी.एस.आर. सुब्रमण्यन

B. डॉ. के. कस्तूरीरंगन

C. रीना रे

D. श्री संजय धोत्रे

380. NEP 2020 के अनुसार, वर्तमान 10 + 2 शैक्षिक मॉडल को एक नए शैक्षिक पाठ्यक्रम प्रणाली के आधार पर विभाजित करने की बात की गई है। वह शैक्षिक पाठ्यक्रम प्रणाली क्या है?

A. 3 + 4 + 4 + 5

B. 5 + 3 + 3 + 4

C. 4 + 3 + 3 + 5

D. 5 + 4 + 3 + 3

381. राष्ट्रीय शिक्षा नीति, 2020 में, शिक्षक को किस कक्षा तक मातृभाषा/स्थानीय या क्षेत्रीय भाषा में पाठ पढ़ाने पर बल दिया गया है?

A. कक्षा 3

B. कक्षा 4

C. कक्षा 5

D. उपरोक्त में से कोई नहीं

382. किस वर्ष तक, अध्यापन के लिए न्यूनतम डिग्री योग्यता 4-वर्षीय एकीकृत बी.एड. डिग्री का होना अनिवार्य किया जाएगा?

A. 2021 B. 2025

C. 2028 D. 2030

383. निम्नलिखित में से कौन जून, 2017 में नवगठित ड्राफ्टिंग NEP 2020 के अध्यक्ष थे?

A. वसुधा कामत

B. डॉ. के कस्तूरीरंगन

C. के जे अल्फोंस

D. राम शंकर कुरील

384. राष्ट्रीय शिक्षा नीति, 2020 के अनुसार, उच्च शिक्षा संस्थानों में 'सकल नामांकन अनुपात' को कितना प्रतिशत बढ़ाने का लक्ष्य रखा गया है?

A. 25% B. 30%

C. 40% D. 50%

385. NEP 2020 में MHRD द्वारा .... की स्थापना की मांग की गई है?

A. बुनियादी साक्षरता और संख्यात्मक ज्ञान पर एक राष्ट्रीय मिशन

B. उच्च शिक्षा आयोग

C. नेशनल रिसर्च फाउंडेशन

D. उपरोक्त में से कोई नहीं

उत्तरमाला

1	2	3	4	5	6	7	8	9	10
A	B	D	B	D	B	C	A	D	B
11	12	13	14	15	16	17	18	19	20
A	B	B	B	C	C	C	A	C	D
21	22	23	24	25	26	27	28	29	30
A	B	B	D	D	C	B	D	C	D
31	32	33	34	35	36	37	38	39	40
D	A	D	C	D	D	D	B	C	A
41	42	43	44	45	46	47	48	49	50
C	A	B	A	D	A	B	C	A	B
51	52	53	54	55	56	57	58	59	60
B	D	D	A	B	D	A	C	A	C
61	62	63	64	65	66	67	68	69	70
A	D	B	C	C	C	C	A	C	B
71	72	73	74	75	76	77	78	79	80
A	A	D	A	D	D	D	D	A	A
81	82	83	84	85	86	87	88	89	90
D	C	B	D	D	C	C	D	D	A
91	92	93	94	95	96	97	98	99	100
D	D	C	C	D	D	B	A	D	A
101	102	103	104	105	106	107	108	109	110
C	B	D	A	B	C	A	B	C	D
111	112	113	114	115	116	117	118	119	120
C	C	B	C	A	A	C	B	B	B
121	122	123	124	125	126	127	128	129	130
C	B	D	B	B	D	C	B	D	C
131	132	133	134	135	136	137	138	139	140
B	C	B	B	D	A	D	C	B	B
141	142	143	144	145	146	147	148	149	150
B	B	B	D	D	B	B	A	C	C
151	152	153	154	155	156	157	158	159	160
C	D	A	D	C	D	C	C	B	B
161	162	163	164	165	166	167	168	169	170
C	D	A	B	A	C	D	B	B	B
171	172	173	174	175	176	177	178	179	180
A	A	C	C	B	B	B	D	C	B
181	182	183	184	185	186	187	188	189	190
A	A	A	A	C	A	B	A	B	C
191	192	193	194	195	196	197	198	199	200
A	C	A	C	B	C	A	A	D	B

201	202	203	204	205	206	207	208	209	210
C	D	D	B	C	C	A	D	B	C
211	212	213	214	215	216	217	218	219	220
A	C	D	B	B	D	D	D	C	A
221	222	223	224	225	226	227	228	229	230
A	A	D	B	C	D	B	C	D	B
231	232	233	234	235	236	237	238	239	240
C	D	D	B	D	A	C	D	C	D
241	242	243	244	245	246	247	248	249	250
A	C	D	C	D	D	B	A	C	B
251	252	253	254	255	256	257	258	259	260
A	D	B	D	D	B	D	A	A	C
261	262	263	264	265	266	267	268	269	270
D	B	C	C	D	C	B	D	C	B
271	272	273	274	275	276	277	278	279	280
C	C	B	D	B	C	A	C	B	A
281	282	283	284	285	286	287	288	289	290
B	D	B	A	A	D	B	C	B	C
291	292	293	294	295	296	297	298	299	300
D	C	B	A	A	B	C	D	C	C
301	302	303	304	305	306	307	308	309	310
D	C	D	B	C	D	D	D	C	A
311	312	313	314	315	316	317	318	319	320
C	C	A	C	B	A	B	D	A	C
321	322	323	324	325	326	327	328	329	330
A	A	B	B	C	D	C	A	B	A
331	332	333	334	335	336	337	338	339	340
A	D	A	D	D	C	D	D	D	C
341	342	343	344	345	346	347	348	349	350
D	A	A	C	B	D	D	C	B	B
351	352	353	354	355	356	357	358	359	360
B	A	C	D	B	D	D	C	D	B
361	362	363	364	365	366	367	368	369	370
C	C	B	B	A	B	B	D	B	B
371	372	373	374	375	376	377	378	379	380
C	C	A	A	B	D	D	C	A	B
381	382	383	384	385					
C	D	B	D	C					

✦✦✦✦✦

तर्कशक्ति
(REASONING)

भाषिक

शृंखला (SERIES)

भाग-I अक्षर शृंखला (Letter Series)

अक्षर शृंखला में निहित अक्षरों का एक निश्चित क्रम होता है। दी गई अक्षर शृंखला में अक्षर वर्णमाला के सीधे क्रम में भी हो सकते हैं और वर्णमाला के विपरीत क्रम में भी। यही नहीं, एक ही शृंखला में अक्षर वर्णमाला के सीधे क्रम में और वर्णमाला के विपरीत या उल्टे क्रम में अर्थात् दोनों ही अनुक्रमों में भी हो सकते हैं। शृंखला में दिए गए क्रम में कुछ अक्षर छोड़े भी गए हो सकते हैं या ऐसा भी हो सकता है कि शृंखला में कुछ अक्षरों को एकाधिक बार प्रयुक्त किया गया हो या फिर वे क्रमागत हों। शृंखला एकल भी हो सकती है और एक ही शृंखला में एकांतर क्रम में दो अलग-अलग शृंखलाएं भी निहित हो सकती हैं। अक्षर शृंखला पर आधारित प्रश्नों को हल करते समय शृंखला के पैटर्न पर ध्यान दिया जाना आवश्यक होता है।

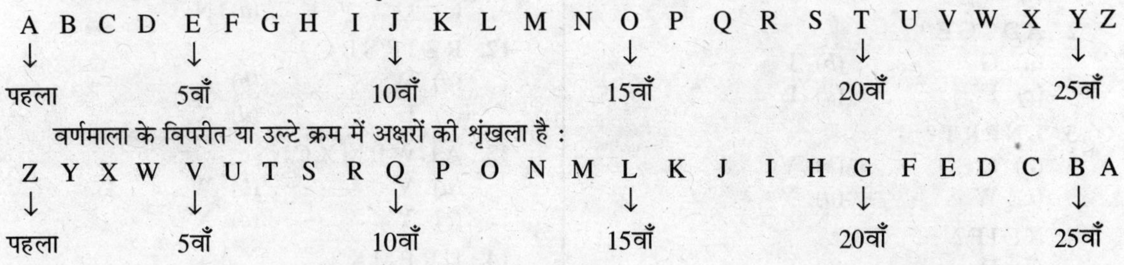

टिप्पणी : Z पर पहुंच कर शृंखला A से पुनः शुरू होती है और A पर पहुंच कर शृंखला Z से पुनः शुरू होती है।

हल किए गए उदाहरण

निर्देशः *नीचे दी गई शृंखला में प्रश्न चिह्न को प्रतिस्थापित करने के लिए दिए गए विकल्पों में से सही अक्षर का चयन करें :*

1. B D F H J ?

(*a*) L (*b*) O (*c*) M (*d*) K

उत्तर (*a*) : शृंखला में प्रत्येक दो अक्षरों के बीच वर्णमाला के सीधे क्रम में एक अक्षर छूट गया है।

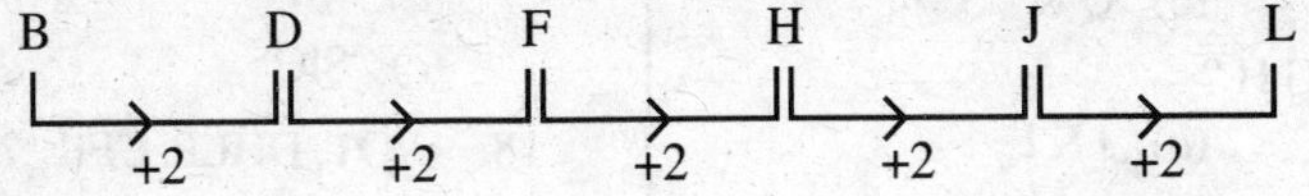

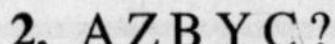

2. A Z B Y C ?

(*a*) D (*b*) X (*c*) U (*d*) E

उत्तर (*b*) : इस शृंखला में बारी-बारी से दो शृंखलाएं अंतर्निहित हैं :

शृंखला *I* : A B C (प्राकृतिक क्रम अर्थात् वर्णमाला के सीधे क्रम में क्रमागत अक्षर)

शृंखला *II* : Z Y X (वर्णमाला के विपरीत क्रम में क्रमागत अक्षर)

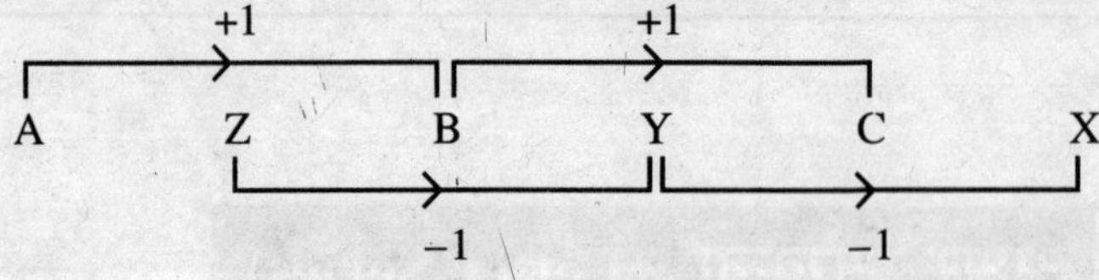

अभ्यास

निर्देश (प्र.सं. 1–20): *नीचे दी गई प्रत्येक शृंखला में अक्षरों का क्रम निर्धारित करें। तत्पश्चात् दिए गए विकल्पों में से उस विकल्प का चयन करें जिससे दी गई शृंखला में प्रश्न चिह्न प्रतिस्थापित होता हो।*

1. B Y C X D W E ?
(*a*) S (*b*) T
(*c*) U (*d*) V

2. A D C G E ?
(*a*) G (*b*) J
(*c*) I (*d*) L

3. L N P R T ?
(*a*) U (*b*) V
(*c*) W (*d*) Y

4. X O I F ?
(*a*) D (*b*) F
(*c*) B (*d*) E

5. B A F E J I P O ? U
(*a*) V (*b*) T
(*c*) S (*d*) Q

6. Z A A Y B B X C ?
(*a*) W (*b*) C
(*c*) V (*d*) D

7. A Z Y B X W C V U D T S E ?
(*a*) R S (*b*) S T
(*c*) R Q (*d*) Q R

8. C A B F D E I G H ?
(*a*) J L K (*b*) J K L
(*c*) L K J (*d*) L J K

9. B F K Q ?
(*a*) U (*b*) T
(*c*) X (*d*) Y

10. R K F ? B
(*a*) D (*b*) C
(*c*) E (*d*) B

11. T T S R R Q P P O N ?
(*a*) M (*b*) L
(*c*) O (*d*) N

12. R Z J K S B C ?
(*a*) W (*b*) K
(*c*) L (*d*) X

13. A L W B M X C N ?
(*a*) V (*b*) W
(*c*) Y (*d*) X

14. U R P M K ?
(*a*) G (*b*) E
(*c*) H (*d*) F

15. CFI, IKM, OPQ, ?
(*a*) UUU (*b*) UST
(*c*) VUS (*d*) TUV

16. LAZ, NEX, PIV, ?
(*a*) SLS (*b*) QNS
(*c*) RMT (*d*) RMS

17. VCL, UEI, TGF, ?
(*a*) SJC (*b*) THI
(*c*) SIC (*d*) RHD

18. EJOT, DHLP, CFIL, ?
(*a*) BDFH (*b*) DGKL
(*c*) DEIJ (*d*) BLHM

19. BXJ, ETL, HPN, KLP, ?
(*a*) PHR (*b*) NIR
(*c*) NHR (*d*) MHR

20. JMC, CLT, KND, ?, LOE, GPX
(*a*) ENV (*b*) DMX
(*c*) EOU (*d*) DRX

व्याख्यात्मक उत्तर

1. (*d*) : दी गई श्रृंखला में बारी-बारी से दो अक्षर श्रृंखलाएं अंतर्निहित हैं।

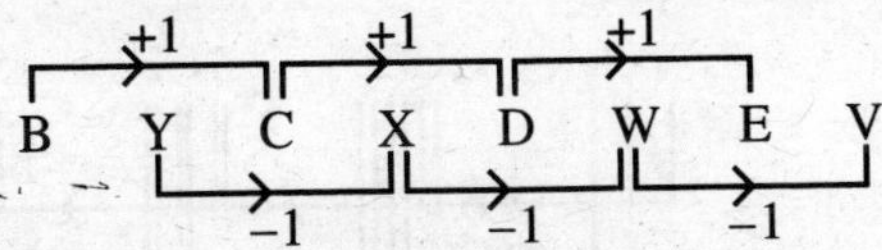

श्रृंखला I : BCDE (वर्णमला के सीधे क्रम में)

श्रृंखला II : YXWV (वर्णमाला के विपरीत क्रम में)

2. (*b*) : दी गई श्रृंखला में बारी-बारी से दो अक्षर श्रृंखलाएं अंतर्निहित हैं।

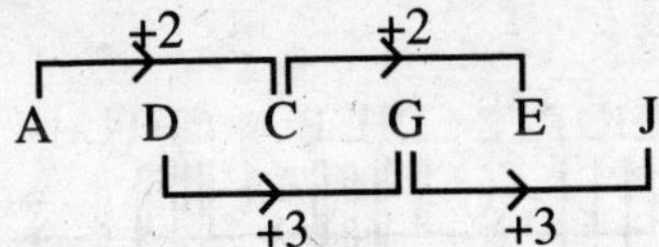

श्रृंखला I : ACE (श्रृंखला +2 पैटर्न का अनुपालन करती है)

श्रृंखला II : DGJ (श्रृंखला +3 पैटर्न का अनुपालन करती है)

3. (*b*) : श्रृंखला +2 पैटर्न का अनुपालन करती है, अर्थात्

L N P R T V
+2 +2 +2 +2 +2

4. (*b*) : श्रृंखला में दो सन्निकट अक्षरों के बीच वर्णमाला के विपरीत क्रम में क्रमशः 3 की कमी होती जाती है, अर्थात्

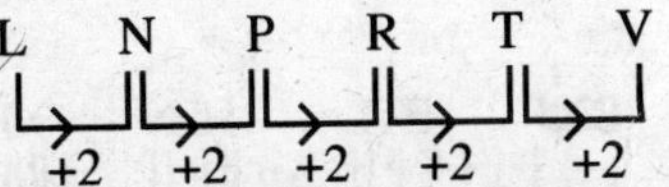

5. (*a*) : श्रृंखला में अंग्रेजी वर्णमाला के पांच स्वर (vowel) हैं अर्थात् (AEIOU) जिनमें से प्रत्येक के पहले वर्णमाला के सीधे क्रम में उसके ठीक बाद का क्रमागत अक्षर लिखा गया है।

B A F E J I P O V U

6. (*b*) : श्रृंखला में बारी-बारी से तीन श्रृंखलाएं अंतर्निहित हैं जिनमें से दूसरी और तीसरी श्रृंखलाएं एक जैसी हैं, अर्थात्

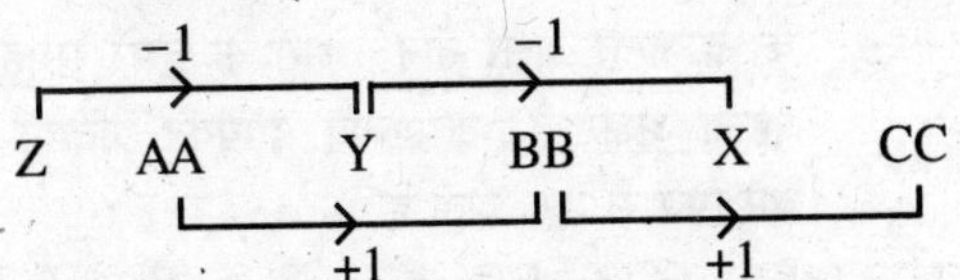

श्रृंखला I : ZYX (वर्णमाला के विपरीत क्रम में)

श्रृंखला II और III : ABC (वर्णमाला के सीधे क्रम में)

अक्षर 'C' श्रृंखला II और III में उभयनिष्ठ है।

7. (*c*) : श्रृंखला में बारी-बारी से दो श्रृंखलाएं अंतर्निहित हैं।

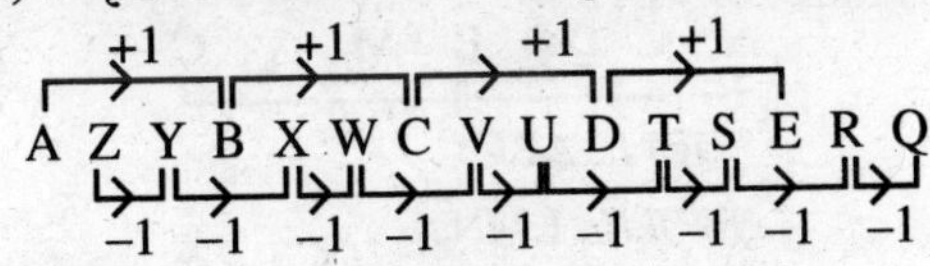

श्रृंखला I : ABCDE (वर्णमाला के सीधे क्रम में)

श्रृंखला II : ZY XW VU TS RQ (वर्णमाला के विपरीत क्रम में एक साथ दो अक्षर)

8. (*d*) : वर्णमाला के सीधे क्रम में 3 अक्षरों के समूह से एक खंड निर्मित होता है। प्रत्येक खंड में 3 अक्षरों के समूह में पहला अक्षर बीच में है जिसकी दाहिनी ओर उसका क्रमागत अक्षर है तथा तीसरा क्रमागत अक्षर बीच के अक्षर की बायीं ओर अवस्थित है।

<u>CAB</u> <u>FDE</u> <u>IGH</u> <u>LJK</u>

9. (*c*) : श्रृंखला में दो सन्निकट अक्षरों के बीच अंतर में प्रत्येक चरण में एक की वृद्धि होती जाती है।

B F K Q X
+4 +5 +6 +7

10. (*b*) : श्रृंखला में दो क्रमागत अक्षरों के बीच वर्णमाला के विपरीत क्रम में अंतर में क्रमशः 2 की कमी होती जाती है।

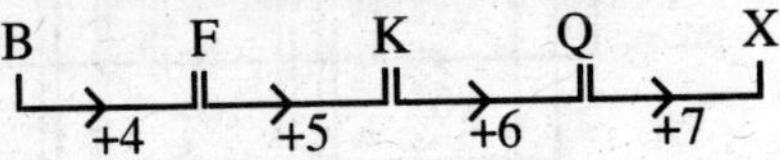

11. (*d*) : शृंखला में विषम स्थान पर अवस्थित अक्षरों की पुनरावृत्ति होती है।

TT S RR Q PP O NN

↓ ↓ ↓ ↓

पहला स्थान तीसरा स्थान पाँचवाँ स्थान सातवाँ स्थान

12. (*b*) : शृंखला में तीन-तीन अक्षरों के समूह अंतर्निहित हैं। समूह का दूसरा और तीसरा अक्षर प्राप्त करने के लिए पहले अक्षर को वर्णमाला के क्रम में 8 चरण क्रमशः आगे और पीछे किया गया है। तीसरे अक्षर का क्रमागत अक्षर तीन अक्षरों के दूसरे समूह का पहला अक्षर है। तत्पश्चात् उपर्युक्त प्रक्रिया एक बार फिर से शुरू होती है।

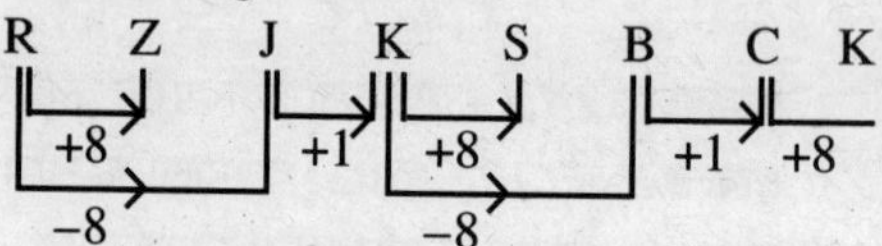

13. (*c*) : शृंखला में बारी-बारी से तीन शृंखलाएं अंतर्निहित हैं:

A L W B M X C N Y

शृंखला I : ABC

शृंखला II : LMN

शृंखला III : WXY

14. (*c*) : शृंखला के अक्षर वर्णमाला के विपरीत क्रम में हैं और दो सन्निकट अक्षरों के बीच बारी-बारी से –3 और –2 का अंतर है।

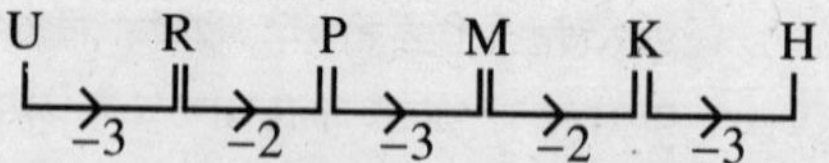

15. (*a*) : शृंखला में तीन अक्षरों के पहले समूह के सभी तीनों अक्षरों को क्रमशः +6, +5, +4 चरण आगे बढ़ाने पर शृंखला का दूसरा अक्षर समूह प्राप्त होता है।

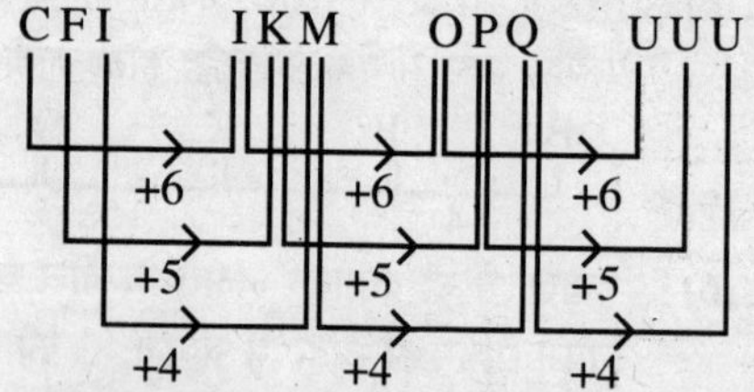

16. (*c*) : शृंखला में तीन अक्षरों के एक समूह और उसके परवर्ती समूह के संगत अक्षरों में क्रमशः +2, +4, –2 का अंतर है।

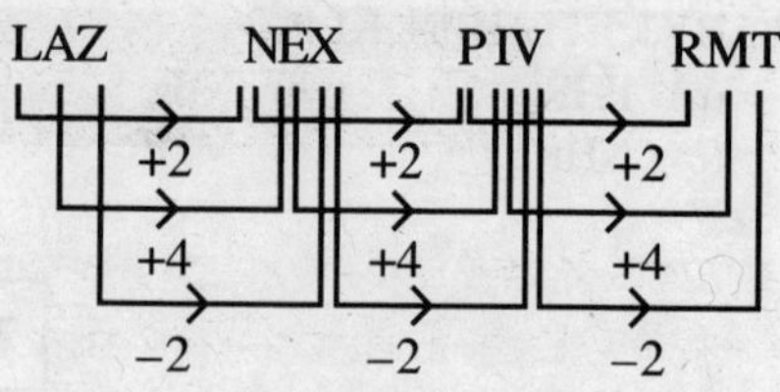

17. (*c*) : शृंखला में तीन अक्षरों के एक समूह और उसके परवर्ती समूह के संगत अक्षरों में क्रमशः –1, +2, –3 का अंतर है।

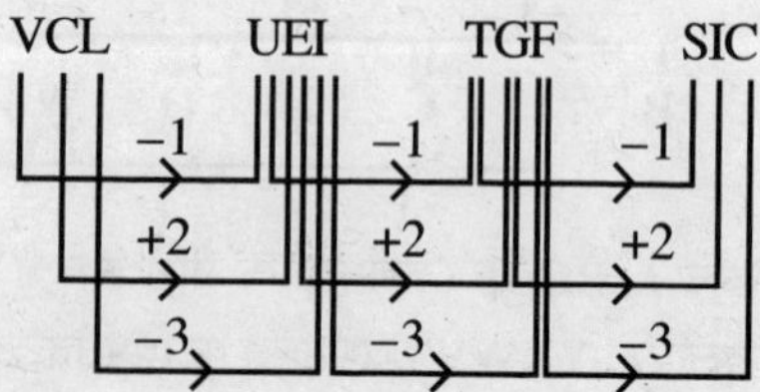

18. (*a*) : शृंखला के एक समूह और उसके परवर्ती समूह के संगत अक्षरों में क्रमशः –1, –2, –3, –4 का अंतर है।

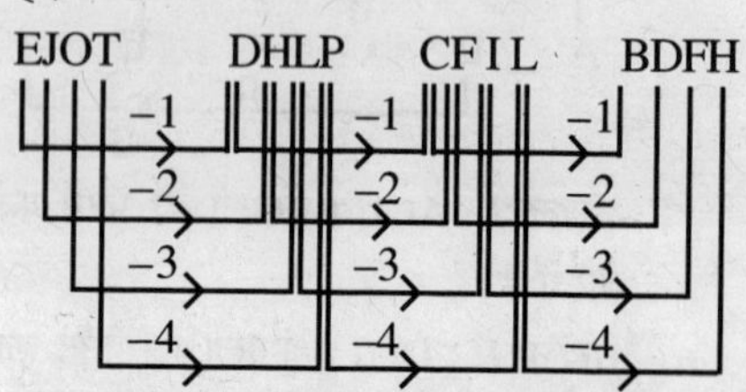

19. (*c*) : शृंखला के एक समूह और उसके परवर्ती समूह के संगत अक्षरों में क्रमशः +3, – 4, +2 का अंतर है।

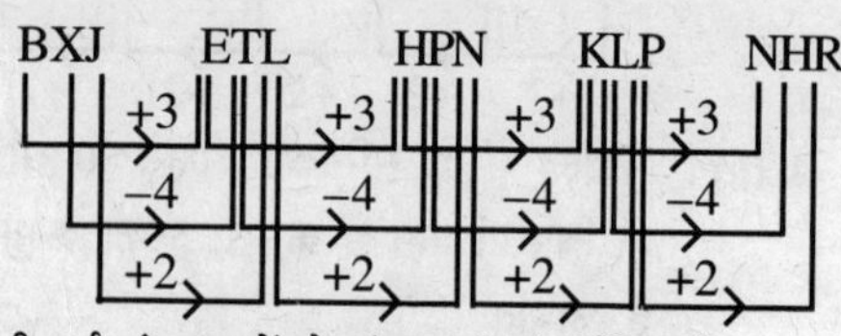

20. (*a*) : दी गई शृंखला में दो शृंखलाएं अंतर्निहित हैं :

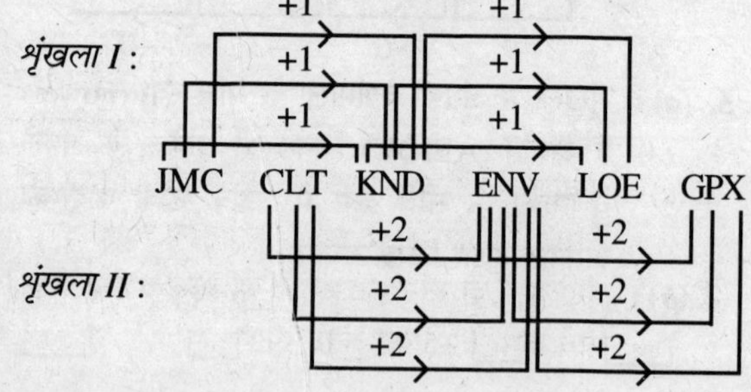

भाग-II गलत या बेमेल अक्षर-शृंखला (Wrong Letter Series)

इस प्रकार के प्रश्नों में दी गई शृंखला में अभ्यर्थियों को ऐसे अक्षर या अक्षर-समूह ज्ञात करने की आवश्यकता नहीं होती जिनसे दी गई शृंखला पूर्ण होती है बल्कि उन्हें ऐसे अक्षर का पता लगाना होता है जो शृंखला में गलत या बेमेल हो।

हल किए गए उदाहरण

दी गई शृंखला में कौन-सा अक्षर गलत या बेमेल है?

J M P T V Y

(*a*) J (*b*) P (*c*) T (*d*) Y

उत्तर (*c*) : शृंखला में दो सन्निकट अक्षरों के बीच वर्णमाला के क्रम में +3 का अंतर है।

J →(+3) M →(+3) P →(+3) S →(+3) V →(+3) Y

अत: अक्षर T के स्थान पर S होना चाहिए।

अभ्यास

निर्देश (प्र.सं. 1–10): *नीचे के प्रत्येक प्रश्न में दी गई अक्षर-शृंखला में कौन-सा अक्षर या अक्षर-समूह गलत या बेमेल है?*

1. AEHOU
(*a*) U (*b*) O
(*c*) H (*d*) E

2. CHMSWB
(*a*) C (*b*) S
(*c*) B (*d*) W

3. XSNICY
(*a*) Y (*b*) C
(*c*) S (*d*) I

4. ZAWBXC
(*a*) D (*b*) C
(*c*) X (*d*) W

5. MLONQPR
(*a*) R (*b*) O
(*c*) Q (*d*) L

6. DKRYFL
(*a*) L (*b*) D
(*c*) R (*d*) Y

7. LNQTWZCF
(*a*) C (*b*) Q
(*c*) L (*d*) F

8. XW, DC, CB, NM, PQ
(*a*) NM (*b*) CB
(*c*) PQ (*d*) XW

9. BEINSAI
(*a*) A (*b*) E
(*c*) S (*d*) I

10. ZTPKHF
(*a*) Z (*b*) P
(*c*) T (*d*) F

व्याख्यात्मक उत्तर

1. (*c*): शृंखला अंग्रेजी वर्णमाला के केवल स्वरों AEIOU से निर्मित है। अत: H के स्थान पर I होना चाहिए।

2. (*b*): शृंखला में दो सन्निकट अक्षरों के बीच वर्णमाला के सीधे क्रम में +5 का अंतर है।

C →(+5) H →(+5) M →(+5) R →(+5) W →(+5) B

अत: शृंखला में S के स्थान पर R होना चाहिए।
(शृंखला Z पर पहुंचने के बाद A से पुन: शुरू होती है।)

3. (*b*) : शृंखला में दो सन्निकट अक्षरों के बीच वर्णमाला के उल्टे क्रम में –5 का अंतर है।

X S N I D Y

–5 –5 –5 –5 –5

अत: C के स्थान पर D होना चाहिए।

4. (*d*) : दी गई शृंखला में दो शृंखलाएं अंतर्निहित हैं :

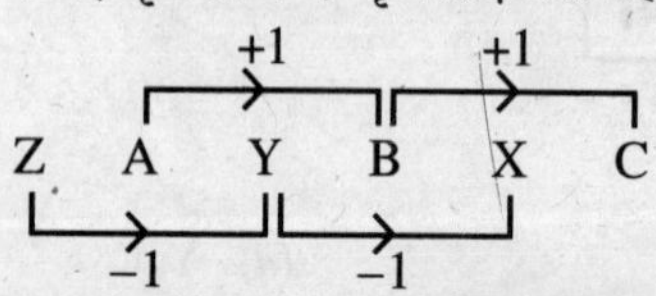

शृंखला I : ZYX (वर्णमाला के विपरीत क्रम में)

शृंखला II : ABC (वर्णमाला के सीधे क्रम में)

अत: शृंखला में W के स्थान पर Y होना चाहिए।

5. (*a*) : शृंखला में दो क्रमागत अक्षर विपरीत क्रम में लिखे गए हैं।

ML ON QP SR

अत: शृंखला में R के स्थान पर S होना चाहिए।

6. (*a*) : शृंखला में दो सन्निकट अक्षरों के बीच +7 का अंतर है।

D K R Y F M

+7 +7 +7 +7 +7

अत: शृंखला में L के स्थान पर M होना चाहिए।

7. (*c*) : शृंखला में दो सन्निकट अक्षरों के बीच +3 का अंतर है।

K N Q T W Z C F

+3 +3 +3 +3 +3 +3 +3

अत: L के स्थान पर K होना चाहिए।

8. (*c*) : शृंखला कोई भी दो क्रमागत अक्षरों को वर्णमाला के विपरीत क्रम में शामिल करके निर्मित की गई है।

XW DC CB NM QP

← ← ← ← ←

अत: शृंखला में P से पहले Q आना चाहिए।

9. (*c*) : शृंखला में प्रत्येक चरण में दो सन्निकट अक्षरों के बीच अंतर में एक की वृद्धि होती जाती है।

B E I N T A I

+3 +4 +5 +6 +7 +8

अत: शृंखला में S के स्थान पर T होना चाहिए।

10. (*b*) : वर्णमाला के विपरीत क्रम में लिखी गई इस शृंखला में प्रत्येक चरण में दो सन्निकट अक्षरों के बीच अंतर में एक की कमी होती जाती है।

Z T O K H F

–6 –5 –4 –3 –2

अत: P के स्थान पर O होना चाहिए।

भाग-III संख्या-शृंखला (Number Series)

इस प्रकार की शृंखला में दी गई संख्याओं के समुच्चय एक दूसरे से एक विशेष पैटर्न या रुप में संबंधित होते हैं। संख्याओं के बीच संबंध *(i)* क्रमागत विषम/सम संख्याओं; *(ii)* क्रमागत अविभाज्य संख्याओं; *(iii)* किसी संख्या (या संख्याओं) का वर्गफल/घनफल जिसमें किसी संख्या को जोड़ने या घटाने पर परिवर्तन होता है/नहीं होता; *(iv)* पूर्ववर्ती संख्याओं का योग/गुणनफल/अंतर; *(v)* किसी संख्या से योग/घटाव/गुणा/भाग; और *(vi)* उपर्युक्त संबंधों के अनेक और भी संयोजनों पर आधारित होता है।

हल किए गए उदाहरण

1. नीचे दी गई संख्या-शृंखला को पूरा करने के लिए कौन-सा विकल्प उपयुक्त है?

4, 8, 12, 16, ?

(*a*) 18 (*b*) 20 (*c*) 22 (*d*) 24

उत्तर (*b*): शृंखला में अंतर्निहित संख्याएं 4 की गुणज (multiples) हैं। शृंखला में अंतर्निहित अवयवों की एक अन्य व्याख्या यह है कि शृंखला की दो आनुक्रमिक संख्याओं के बीच 4 का अंतर है।

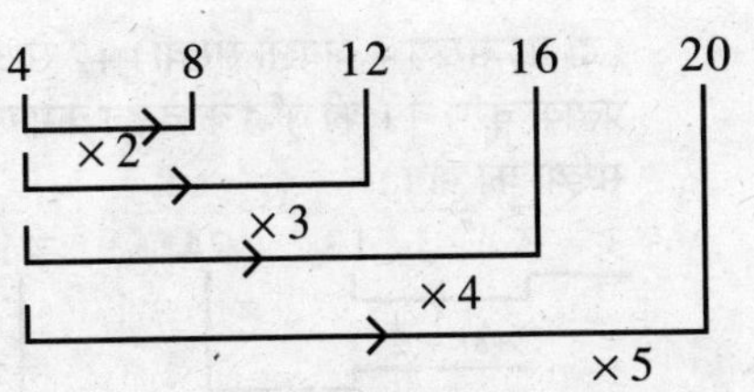

या

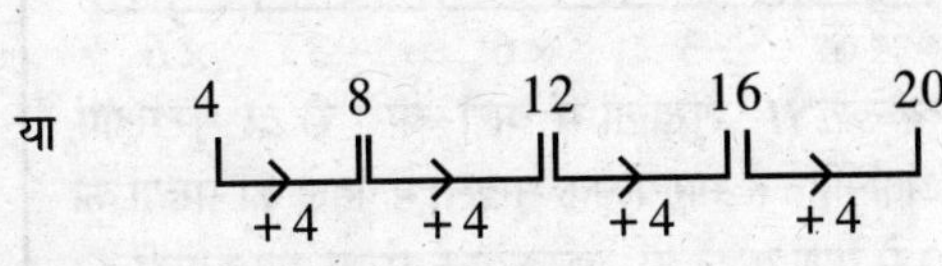

2. दी गई श्रृंखला में प्रश्न चिह्न के स्थान पर क्या होगा?

2, 14, 98, 686, ?

(*a*) 1976 (*b*) 2548 (*c*) 980 (*d*) 4802

उत्तर (*d*) : श्रृंखला में अंतर्निहित संख्याएं 7 की गुणज हैं।

2 →(×7) 14 →(×7) 98 →(×7) 686 →(×7) 4802

(किसी दी गई संख्या–श्रृंखला में बारी–बारी से एकाधिक श्रृंखलाएं भी अंतर्निहित हो सकती हैं।)

अभ्यास

निर्देश (प्र.सं. 1–10): *श्रृंखलाओं को पूरा करने के लिए दिए गए विकल्पों में से लुप्त पद/संख्या ज्ञात करें।*

1. 3, 9, 27, 81, 243, ?
(*a*) 486 (*b*) 729
(*c*) 972 (*d*) 359

2. 1, 6, 12, 19, 27, ?
(*a*) 38 (*b*) 35
(*c*) 36 (*d*) 54

3. 8, 48, 16, 96, 32, ?
(*a*) 192 (*b*) 150
(*c*) 64 (*d*) 288

4. 2, 3, 6, 18, 108, ?
(*a*) 1944 (*b*) 1658
(*c*) 648 (*d*) 1008

5. 1, 2, 3, 2, 3, 5, 4, 5, ?
(*a*) 9 (*b*) 6
(*c*) 10 (*d*) 7

6. 3, 8, 13, 24, 41, ?
(*a*) 65 (*b*) 75
(*c*) 70 (*d*) 80

7. 0, 8, 24, 48, 80, ?
(*a*) 110 (*b*) 96
(*c*) 120 (*d*) 140

8. 0, 5, 22, 57, ?, 205
(*a*) 198 (*b*) 116
(*c*) 172 (*d*) 92

9. 6, 9, 18, 45, 126, 369, ?
(*a*) 1059 (*b*) 1095
(*c*) 1098 (*d*) 1089

10. 1, 2, 5, 12, 27, 58, 121, ?
(*a*) 246 (*b*) 247
(*c*) 248 (*d*) 249

व्याख्यात्मक उत्तर

1. (*b*) : श्रृंखला में निहित संख्याओं को अगली संख्या प्राप्त करने के लिए 3 से गुणा किया गया है।

2. (*c*) : श्रृंखला के आरंभिक पदों अर्थात् 1 और 6 के बीच 5 का अंतर है और तत्पश्चात् श्रृंखला की आनुक्रमिक संख्याओं के बीच अंतर में क्रमशः 1 की वृद्धि होती जाती है।

1 →(+5) 6 →(+6) 12 →(+7) 19 →(+8) 27 →(+9) 36

3. (*a*) : *व्याख्या I* : श्रृंखला में पहले 6 से गुणा करने और तत्पश्चात् 3 से भाग करने का पैटर्न अपनाया गया है जिसकी पुनरावृत्ति होती है।

8 → 48 → 16 → 96 → 32 → 192

×6 ÷3 ×6 ÷3 ×6

व्याख्या II : शृंखला में बारी-बारी से दो शृंखलाएं अंतर्निहित हैं और प्रत्येक शृंखला में पहले की संख्या को 2 से गुणा करने पर आनुक्रमिक संख्या प्राप्त होती है।

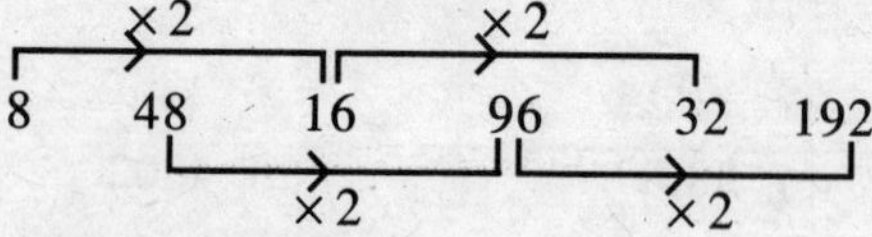

शृंखला I : 8, 16, 32

शृंखला II : 48, 96, 192

4. (*a*) : शृंखला में हर तीसरी संख्या पूर्ववर्ती दो संख्याओं का गुणनफल है।

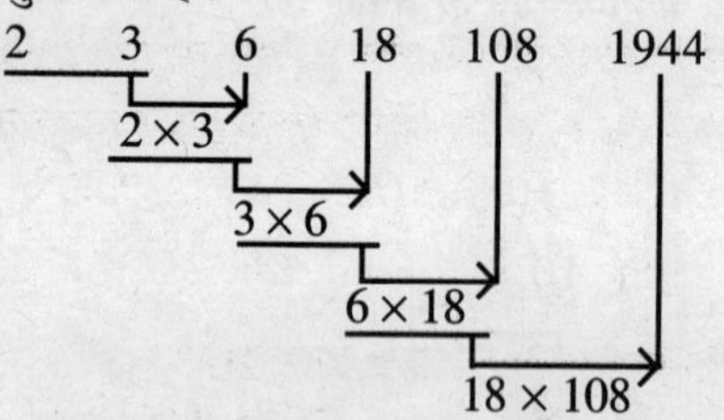

5. (*a*) : इस शृंखला में तीन संख्याओं से एक समुच्चय निर्मित होता है जिनमें से प्रत्येक समुच्चय में पहली दो संख्याएं सीधे क्रम में हैं तथा तीसरी संख्या पहली और दूसरी संख्याओं का योग है। अगले समुच्चय की पहली संख्या पूर्ववर्ती समुच्चय की पहली संख्या की दोगुनी है।

×2 ×2

1 2 3 → 2 3 5 → 4 5 9

1 + 2 2 + 3 4 + 5

6. (*c*) : शृंखला में निम्नलिखित पैटर्न का अनुपालन किया जाता है :

(दी गई संख्या + अगली संख्या) +2 से आरंभ करके प्रत्येक चरण में 1 की वृद्धि करते हुए क्रमागत प्राकृतिक संख्या का योग :

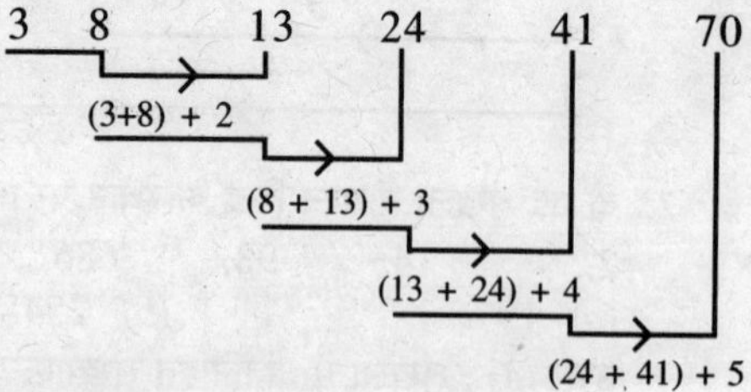

7. (*c*) : शृंखला की संख्याएं प्राकृतिक क्रम में दो सम संख्याओं का गुणनफल हैं, अर्थात्

0	8	24	48	80	120
↓	↓	↓	↓	↓	↓
(0 × 2)	(2 × 4)	(4 × 6)	(6 × 8)	(8 × 10)	(10 × 12)

8. (*b*) : शृंखला निम्नलिखित पैटर्न का अनुपालन करती है : 1 से आरंभ करके प्राकृतिक संख्याओं का घनफल घटा 1 से आरंभ करके एकांतर विषम संख्याएं

0	5	22	57	116	205
↓	↓	↓	↓	↓	↓
1^3-1	2^3-3	3^3-5	4^3-7	5^3-9	6^3-11

9. (*c*) : शृंखला की आनुक्रमिक संख्याओं के बीच अंतर 3 की घात में वृद्धि के साथ बढ़ता है।

6 → 9 → 18 → 45 → 126 → 369 → 1098

+3 $+9 = 3^2$ $+27 = 3^3$ $+81 = 3^4$ $+243 = 3^5$ $+729 = 3^6$

10. (*c*) : शृंखला में निहित संख्या को 2 से गुणा करके 0 से आरंभ करके प्राकृतिक क्रम में संख्याओं को जोड़ने पर अगली संख्या प्राप्त होती है।

1 → 2 → 5 → 12 → 27 → 58 → 121 → 248

(1 × 2)+0 (2 × 2)+1 (5 × 2)+2 (12 × 2)+3 (27 × 2)+4 (58 × 2)+5 (121 × 2)+6

भाग-IV मिश्रित-शृंखला (Mixed Series)

मिश्रित-शृंखला में अक्षरों और संख्याओं का संयोजन होता है। इस प्रकार की शृंखला में अक्षरों और संख्याओं का एक सर्वनिष्ठ पैटर्न या अलग-अलग अनुक्रम पैटर्न हो सकता है।

हल किए गए उदाहरण

1. निम्नलिखित अक्षर-संख्या संयोजन शृंखला में प्रश्न चिह्न के स्थान पर क्या आएगा?

F6, H8, J10, L12, ?

(*a*) N15 (*b*) O14 (*c*) N14 (*d*) O13

उत्तर (*c*) : शृंखला में अक्षर वर्णमाला के सीधे क्रम में दो स्थान आगे की ओर बढ़ते हैं तथा संख्या वर्णमाला में अक्षरों के स्थान को इंगित करती है।

F6 H8 J10 L12 N14

+2 +2 +2 +2

2. दिए गए विकल्पों में से कौन-सा विकल्प निम्नलिखित शृंखला को पूरा करता है?
R(2)S, T(4)U, V(6)W, ?
(*a*) X(8)Y (*b*) Y(10)Z (*c*) Z(8)A (*d*) Y(6)Z

उत्तर (*a*) : अक्षर वर्णमाला के सीधे क्रम में हैं जबकि संख्याएं 2 की आनुक्रमिक गुणज हैं।

अभ्यास

निर्देश (प्र.सं. 1–3): *नीचे की प्रत्येक शृंखला में प्रश्न चिह्न के स्थान पर क्या आएगा?*

1. 2B, 4C, 8E, 14H, ?
(*a*) 20L (*b*) 22L
(*c*) 21I (*d*) 16K

2. W(1)A, X(4)Z, Y(9)Y, ?, A(25)W
(*a*) X(11)Z (*b*) Z(21)A
(*c*) Z(16)X (*d*) Z(14)X

3. D2, I3, N6, S18, ?
(*a*) V72 (*b*) W36
(*c*) Y90 (*d*) X108

निर्देश (प्र.सं. 4 और 5): *नीचे की प्रत्येक अक्षर-संख्या शृंखला में कौन-सा पद बेमेल/शृंखला में उपयुक्त नहीं है?*

4. G4T, J10R, M20P, P43N, S90L
(*a*) J10R (*b*) S90L
(*c*) M20P (*d*) G4T

5. B0R, G3U, E3P, J7S, H9N
(*a*) E3P (*b*) J7S
(*c*) H9N (*d*) G3U

व्याख्यात्मक उत्तर

1. (*b*) : शृंखला में संख्याओं का अनुक्रम +2, +4, +6 +8 का तथा अक्षरों का अनुक्रम +1, +2, +3, +4 का है।

2. (*c*) : शृंखला में दिए गए समूहों में बायीं ओर के अक्षर वर्णमाला के विपरीत क्रम में हैं और दाहिनी ओर के अक्षर वर्णमाला के सीधे क्रम में हैं तथा संख्याएं 1 से आरंभ करके प्राकृतिक क्रम में क्रमागत संख्याओं के वर्ग हैं।

3. (*d*) : अक्षर +5 पैटर्न का अनुपालन करते हैं और हर तीसरी संख्या अपनी पूर्ववर्ती दो संख्याओं का गुणनफल है।

4. (*a*) : शृंखला में दिए गए समूहों में बायीं ओर के अक्षर +3 पैटर्न का, दायीं ओर के अक्षर –2 पैटर्न का अनुपालन करते हैं तथा संख्याओं द्वारा $(4 \times 2) + 1$, $(9 \times 2) + 2$, $(20 \times 2) + 3$, $(43 \times 2) + 4$ पैटर्न का अनुपालन किया जाता है। अत: J10R के स्थान पर शृंखला में J9R होना चाहिए।

5. (*b*) : शृंखला के दिए गए समूहों में बायीं ओर के अक्षर +5, –2 (5 चरण आगे, 2 चरण पीछे) पैटर्न का अनुपालन करते हैं जिसकी आगे भी पुनरावृत्ति होती है। समूहों में दायीं ओर +3, –5 (3 चरण आगे, 5 चरण पीछे) पैटर्न का अनुपालन किया जाता है जिसकी पुनरावृत्ति होती है। शृंखला की संख्याएं शृंखला में अपने पूर्ववर्ती दो संख्याओं के योग के बराबर हैं। अत: J7S के स्थान पर J6S होना चाहिए।

सादृश्य या संबंध
(ANALOGIES OR RELATIONSHIPS)

भाग-I शब्द सादृश्य (Word Analogy)

संबंध या सादृश्य परीक्षा में दिए गए दो शब्दों के बीच संबंध स्थापित किया जाता है और उसी संबंध को दिए गए अन्य शब्दों पर अनुप्रयुक्त किया जाता है। दिए गए दो शब्दों के बीच विभिन्न प्रकार के संबंध हो सकते हैं, अत: इस प्रकार के प्रश्नों को हल करते समय सर्वप्रथम यह ज्ञात करना होता है कि दिए गए दो शब्दों के बीच किस प्रकार का संबंध है। शब्दों के बीच विभिन्न संबंधों पर नीचे चर्चा की गई है :

हल किए गए उदाहरण

1. क्रिया-साधन संबंध **(Action Object Relationship)**

उदाहरण : जैसे गोली चलाना और 'बंदूक' का संबंध है उसी प्रकार 'खाने' से किसका संबंध है?

(*a*) भूख (*b*) प्यास (*c*) रात्रि-भोज (*d*) फल

उत्तर (*d*) : दिए गए शब्दों के बीच संबंध यह है कि गोली चलाना एक क्रिया है और 'बंदूक' उस क्रिया को करने का एक विशिष्ट साधन या उपकरण है। इसी प्रकार 'खाना' एक क्रिया है और 'फल' इस क्रिया को करने अर्थात् खाने का साधन या उपकरण है।

2. साहचर्य संबंध (Association Relationship)

उदाहरण : जो संबंध 'ग्लैमर' और 'प्रसिद्धि' में है, ठीक वैसा ही संबंध 'रंग' का किससे है?

(*a*) इंद्रधनुष (*b*) छाया (*c*) कला (*d*) चित्रकारी

उत्तर (*d*) : जिस प्रकार ग्लैमर से प्रसिद्धि प्राप्त होती है उसी प्रकार 'रंग' से चित्रकारी की जाती है।

3. विपर्याय (विलोम) संबंध (Antonym Relationship)

उदाहरण : अंतर्मुखी : बहिर्मुखी

(*a*) कोण : स्पर्श रेखा (*b*) चरम : अंतरिम (*c*) प्रतिकूल : अनुकूल (*d*) क्रिया : नियम

उत्तर (*c*) : संबंधित शब्द विपरीतार्थक हैं।

4. कार्य-कारण संबंध (Cause and Effect Relationship)

उदाहरण : चोट : दर्द

(*a*) कोटि : योग्यता (*b*) बादल गरजना : बिजली चमकना

(*c*) घूमाना : बिलोना (*d*) धन : परिश्रम

उत्तर (*b*) : जिस प्रकार चोट के कारण दर्द होता है उसी प्रकार बादल गरजने के कारण बिजली चमकती है।

5. कोटि या अंश संबंध (Degree Relationship)

उदाहरण : गुनगुना का जो संबंध 'गरम' से वही संबंध बिलखना या विलाप करने का किससे है?

(*a*) सिसकना (*b*) चिल्लाना (*c*) मुस्कराना (*d*) शांत रहना

उत्तर (*a*) : 'गुनगुना' का अर्थ है 'थोड़ा गरम'। इसी प्रकार बिलखने या विलाप करने की निम्न कोटि है 'सिसकना'।

अभ्यास

निर्देश (प्र.सं. 1–5): *पूछे गए प्रत्येक प्रश्न में पहले दिए गए दो शब्दों के बीच संबंध स्थापित करें। तत्पश्चात् दिए गए विकल्पों में से उस विकल्प का चयन करें जिसके शब्द और प्रश्न में दिए गए तीसरे शब्द के बीच ठीक वैसा ही संबंध या सादृश्य हो जैसा कि पहले के दो शब्दों के बीच है।*

1. जो संबंध 'उन्माद' और 'सनक' में है वही संबंध 'भय' और निम्नलिखित में से किसमें है?

(*a*) इच्छा (*b*) शौक
(*c*) आवश्यकता (*d*) डर

2. 'हकलाना' जिस प्रकार 'वाणी' से संबंधित है उसी प्रकार 'बहरापन' का संबंध निम्नलिखित में से किससे है?

(*a*) कान (*b*) सुनना
(*c*) शोर (*d*) चुप्पी

3. जिस प्रकार 'नेता', 'अनुयायी' से संबंधित है, उसी प्रकार .... संबंधित है सिपाही से।

(*a*) कैप्टन (*b*) यूनिट
(*c*) सेना (*d*) बैरक

4. जिस प्रकार 'चिल्लाहट', 'फुसफुसाहट' से संबंधित है, उसी प्रकार 'मारना' निम्नलिखित में से किससे संबंधित है?

(*a*) थप्पड़ मारने (*b*) छूना
(*c*) क्रोध (*d*) शोरगुल

5. जिस प्रकार 'पंजा', 'बिल्ली' से संबंधित है उसी प्रकार 'खुर' निम्नलिखित में से किससे संबंधित है?

(*a*) घोड़ा (*b*) मेमना
(*c*) हाथी (*d*) शेर

निर्देश (प्र.सं. 6–10): *नीचे दिए गए प्रत्येक प्रश्न में :: चिह्न की बाईं ओर दो शब्द दिए गए हैं। इन दोनों शब्दों में कुछ संबंध है। वैसा ही संबंध :: चिह्न की दाईं ओर के दो शब्दों में है जिनमें से एक शब्द के स्थान पर प्रश्नवाचक चिह्न (?) है। प्रश्नवाचक चिह्न (?) के स्थान पर दिए गए विकल्पों में से एक उपयुक्त विकल्प का चयन करें।*

6. शिकारी : बंदूक :: लेखक : ?

(*a*) पुस्तक (*b*) कलम
(*c*) कविता (*d*) पृष्ठ

7. भोजन : आमाशय :: ईंधन : ?

(*a*) इंजन (*b*) ऑटोमोबाइल
(*c*) रेल (*d*) वायुयान

8. जल : रेत :: महासागर : ?

(*a*) द्वीप (*b*) नदी
(*c*) मरुभूमि (*d*) तरंगें

9. वयस्क : बच्चा :: फूल : ?

(*a*) बीज (*b*) कली
(*c*) फल (*d*) तितली

10. मोती : कंठहार :: फूल : ?

(*a*) पौधा (*b*) बगीचा
(*c*) पँखुड़ी (*d*) गुलदस्ता

निर्देश (प्र.सं. 11–15): *दिए गए विकल्पों में से उस शब्द-युग्म का चयन कीजिए जिसमें युग्म के शब्दों के बीच ठीक उसी प्रकार का संबंध हो जिस प्रकार का संबंध प्रश्न में दिए गए मूल शब्द-युग्म के बीच है।*

11. राज्य : निर्वासन

(*a*) पुलिस : गिरफ्तार
(*b*) न्यायाधीश : अभियुक्त
(*c*) संविधान : संशोधन
(*d*) चर्च : धर्म-बहिष्करण

12. चंचलता : विश्वसनीयता

(*a*) तात्कालिक : भविष्य सूचक

(*b*) अविश्वसनीय : अमानवीय
(*c*) दृढ़निश्चयी : व्यवहार्यता
(*d*) स्वेच्छाचारी : सनकी

13. अनिच्छुक : बल-प्रयोग
(*a*) घृणित : दुलारा
(*b*) चिढ़ना : प्यार करना
(*c*) क्रुद्ध : प्रतिरोध
(*d*) विमुख : मान-मनोव्वल

14. शल्क : मछली
(*a*) महिला : ड्रेस
(*b*) पेड़ : पत्तियां
(*c*) पक्षी : पंख
(*d*) त्वचा : मुनष्य

15. वृक्ष : बालवृक्ष
(*a*) झोंपड़ी : महल
(*b*) लंबा-तगड़ा : बौना
(*c*) घोड़ा : बछेड़ा
(*d*) चींटी : हाथी

व्याख्यात्मक उत्तर

1. (*d*) : संबंधित शब्द पर्यायवाची हैं।

2. (*b*) : 'वाणी' के दोष से 'हकलाने' की समस्या उत्पन्न होती है जबकि 'सुनने' में कठिनाई से 'बहरापन' उत्पन्न होता है।

3. (*a*) : जिस प्रकार 'अनुयायी' अपने 'नेता' से मार्गदर्शन प्राप्त करते हैं उसी प्रकार 'सिपाही' को अपने 'कैप्टन' से मार्गदर्शन प्राप्त होता है।

4. (*b*) : 'चिल्लाहट' की तीव्रता में अत्यधिक कमी कर दी जाए तो वह 'फुसफुसाहट' का रूप ले लेती है और यदि 'मारने' की तीव्रता कम कर दी जाए तो वैसी क्रिया 'छूना' मात्र रह जाएगी।

5. (*a*) : 'बिल्ली' के 'पैर में' 'पंजा' होता है जबकि 'घोड़ा' के पैर में 'खुर' होता है।

6. (*b*) : 'शिकारी' का हथियार 'बंदूक' है और 'लेखक' का हथियार 'कलम' है।

7. (*a*) : 'भोजन', 'आमाशय' में पचता है और 'ईंधन' की खपत 'इंजन' में होती है।

8. (*c*) : संबंधित शब्द एक दूसरे के लगभग विपरीतार्थक शब्द हैं।

9. (*b*) : 'बच्चा' विकसित होकर 'वयस्क' बनता है और 'कली' खिलकर 'फूल' बनती है।

10. (*d*) : बहुत से मोतियों को मिला कर 'कंठहार' और बहुत से फूलों को मिलाकर 'गुलदस्ता' बनाया जाता है।

11. (*d*) : राज्य से बाहर कर देना 'निर्वासन' और चर्च से बाहर कर देना 'धर्म-बहिष्करण' कहलाता है।

12. (*c*) : संबंधित शब्द विपरीतार्थक हैं।

13. (*d*) : 'अनिच्छुक' व्यक्ति के साथ 'बल प्रयोग' और 'विमुख' व्यक्ति का 'मान-मनौव्वल' करके काम करवाया जाता है।

14. (*d*) : मछली का शरीर 'शल्कों' से ढका होता है और मनुष्य का शरीर उसकी 'त्वचा' से ढका होता है।

15. (*c*) : नवजात वृक्ष को 'बालवृक्ष' कहते हैं और नवजात घोड़े को 'बछेड़ा' कहते हैं।

भाग-II अक्षर सादृश्य (Letter Analogy)

इस प्रकार के सादृश्य में अक्षरों के दो दिए गए समुच्चयों के बीच संबंध स्थापित किया जाता है और तत्पश्चात् अक्षरों के दिए गए तीसरे समुच्चय पर पहले दो अक्षर समुच्चयों के बीच के संबंध को अनुप्रयुक्त करके अक्षरों के चौथे अपेक्षित समुच्चय को ज्ञात किया जाता है। दिए गए दो अक्षर समुच्चयों में से पहले समुच्चय के अक्षरों को कुछ चरण आगे या पीछे करके, संपूर्ण समुच्चय के अक्षरों को या समुच्चय के कुछ अक्षरों को उलटे क्रम में लिखकर दूसरे समुच्चय के अक्षरों को प्राप्त किया जा सकता है।

हल किए गए उदाहरण

निर्देश: *दिए गए विकल्पों में से कौन-सा अक्षर-समूह प्रश्नचिह्न (?) के स्थान पर आएगा?*

1. JILK : KLIJ : : MNPQ : ?

(*a*) QNPM (*b*) MPQN (*c*) QPNM (*d*) PNMQ

उत्तर (*c*) : :: की बायीं ओर के अक्षर-समूहों में से पहले अक्षर-समूह के अक्षरों को विपरीत क्रम में लिखकर दूसरा अक्षर-समूह प्राप्त किया गया है। यही संबंध :: की दाहिनी ओर के दिए गए अक्षर समूह के अक्षरों पर अनुप्रयुक्त करने पर अपेक्षित अक्षर-समूह प्राप्त होता है।

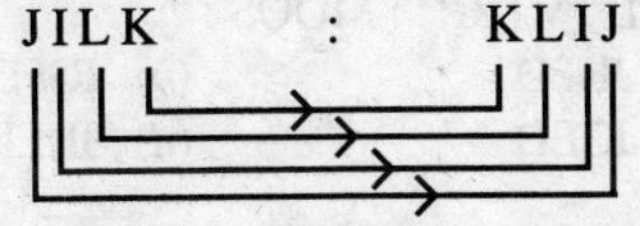

2. FLO : DOL : : RDP : ?

(*a*) PGM (*b*) MGP (*c*) GMP (*d*) MPG

उत्तर (*a*) : पहले और तीसरे अक्षरों को क्रमश: –2 और –3 चरण पीछे खिसका कर और दूसरे अक्षर को +3 चरण आगे बढ़ा कर :: चिह्न की बायीं ओर का दूसरा अक्षर समुच्चय प्राप्त होता है। यही संबंध :: चिह्न की दायीं ओर के पहले अक्षर समुच्चय पर लगाने पर प्रश्न चिह्न के स्थान पर अक्षर समुच्चय प्राप्त होता है।

FLO : DOL :: RDP : PGM

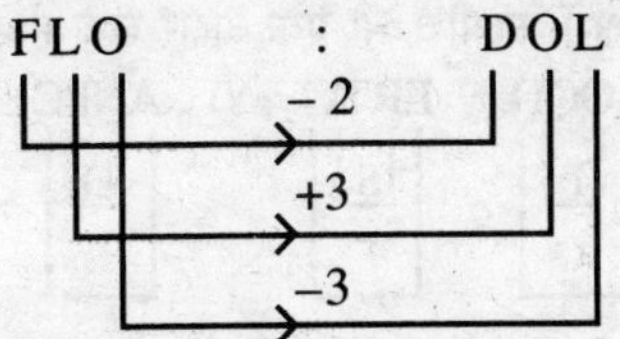

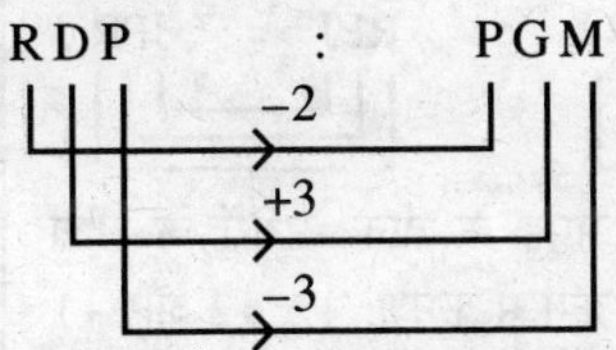

3. DumB : BonD : : RusT : ?

(*a*) MOst (*b*) TeNt (*c*) PaTH (*d*) WorK

उत्तर (*d*) : प्रत्येक समूह में सिरों पर स्थित दो अक्षर अंग्रेज़ी वर्णमाला के बड़े अक्षर हैं।

अभ्यास

निर्देश (प्र.सं. 1–15): *नीचे के प्रत्येक प्रश्न में एक लुप्त पद है। प्रश्न में :: चिह्न की बायीं ओर के दो अक्षर-समूहों में जो समानता या सादृश्य है वैसी ही समानता या सादृश्य :: चिह्न की दायीं ओर के दो अक्षर समूहों में है जिनमें से एक अक्षर समूह के स्थान पर प्रश्नवाचक चिह्न (?) लगा है। प्रश्नवाचक चिह्न (?) के स्थान पर लुप्त पद ज्ञात करें।*

1. GFC : CFG : : RPJ : ?

(*a*) JRP (*b*) JPR
(*c*) PJR (*d*) RJP

2. BCF : DEG : : MNQ : ?

(*a*) OPR (*b*) PQS
(*c*) OPP (*d*) QRT

3. NATION : ANITNO : : HUNGRY : ?

(*a*) HNUGRY (*b*) UNHGYR
(*c*) YRNGUH (*d*) UHGNYR

4. ACE : FGH : : LNP : ?

(*a*) QRS (*b*) PQR
(*c*) QST (*d*) MOQ

5. BOQD : ERTG : : ANPC : ?

(*a*) DQSF (*b*) FSHU
(*c*) SHFU (*d*) DSQF

6. BCDA : STUR : : KLMJ : ?

(*a*) VWXU (*b*) EFHG
(*c*) SRTU (*d*) QSRP

7. RUX : TRP : : BEH : ?

(*a*) SQN (*b*) QON
(*c*) QOM (*d*) QNL

8. BCDE : WVUT : : QRST : ?
(*a*) EFHG (*b*) JIHG
(*c*) POML (*d*) GEDC

9. AKU : AJS : : CRD : ?
(*a*) BQE (*b*) CQB
(*c*) DSB (*d*) APC

10. ODL : LOD : : PWN : ?
(*a*) WNP (*b*) NWP
(*c*) NPW (*d*) NMP

11. ABC : ZYX : : IJK : ?
(*a*) RST (*b*) RQP
(*c*) RTS (*d*) RPQ

12. ABDH : ZYWS : : EFHL : ?
(*a*) USOV (*b*) VOSU
(*c*) VUSO (*d*) TSUV

13. CIRCLE : RICELC : : SQUARE : ?
(*a*) UQSERA (*b*) QUSERA
(*c*) QSUERA (*d*) UQSAER

14. PSQR : CFED : : JMKL : ?
(*a*) UXVW (*b*) WZYX
(*c*) YVXZ (*d*) YZWX

15. FHJL : VTRP : : MOQS : ?
(*a*) JHFD (*b*) IGFD
(*c*) IGED (*d*) JHED

व्याख्यात्मक उत्तर

1. (*b*) : पहले समूह के अक्षरों को उलटे क्रम में लिखने पर दूसरा अक्षर-समूह प्राप्त होता है।

GFC : CFG : : RPJ : JPR

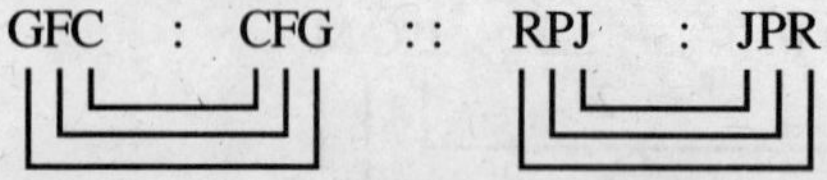

2. (*a*) : पहले और दूसरे समूह के तीनों अक्षरों के बीच वर्णमाला के सीधे क्रम में क्रमश: +2, +2 और +1 चरणों का अंतर है।

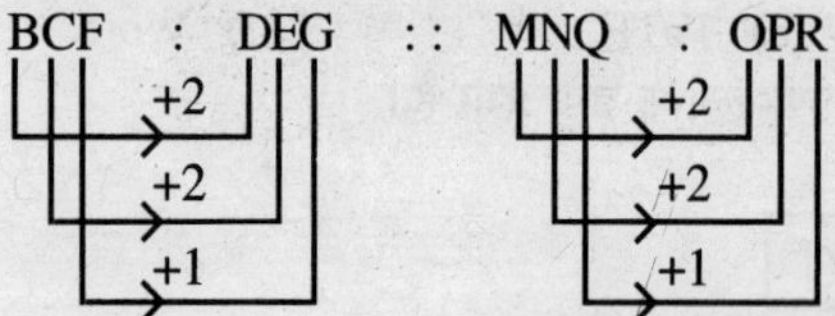

BCF : DEG : : MNQ : OPR
(+2, +2, +1)

3. (*d*) : पहले समूह के अक्षरों को दो-दो अक्षरों के खंडों में विभाजित करके प्रत्येक खंड के अक्षरों को उल्टे क्रम में लिखने पर दूसरा अक्षर-समूह प्राप्त होता है।

NATION : ANITNO : : HUNGRY : UHGNYR

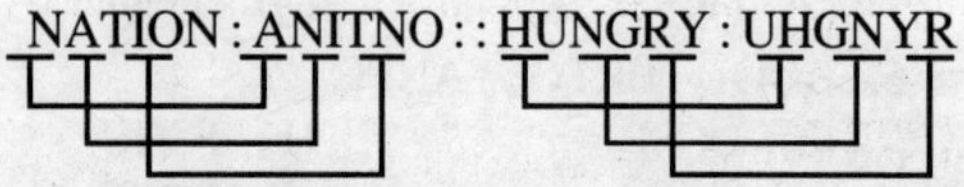

4. (*a*) : पहले और दूसरे समूह के तीनों अक्षरों के बीच वर्णमाला के सीधे क्रम में क्रमश: +5, +4, +3 चरणों का अंतर है।

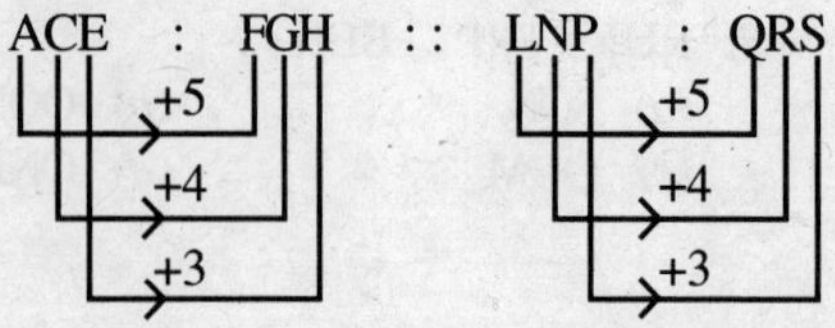

ACE : FGH : : LNP : QRS
(+5, +4, +3)

5. (*a*) : प्रत्येक अक्षर समूह में पहले और चौथे अक्षरों के बीच एक अक्षर छूटा हुआ है तथा दूसरे और तीसरे अक्षरों के बीच भी एक अक्षर छूटा हुआ है।

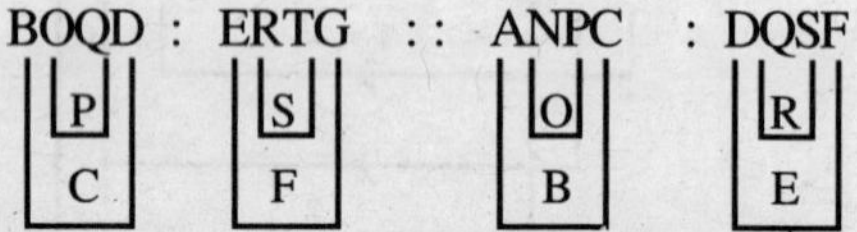

BOQD : ERTG : : ANPC : DQSF
(P, C) (S, F) (O, B) (R, E)

6. (*a*) : प्रत्येक अक्षर समूह में पहले तीन अक्षर क्रमागत हैं और उनके बाद अनुक्रम का आरंभिक चौथा अक्षर लिखा गया है।

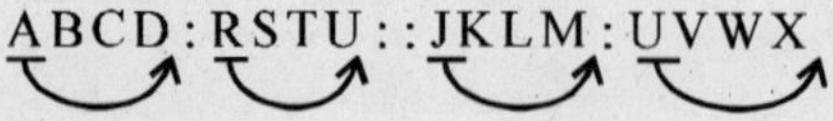

ABCD : RSTU : : JKLM : UVWX

7. (*c*) : पहले समूह के अक्षरों में +3 का और दूसरे समूह के अक्षरों में −2 का अंतर है।

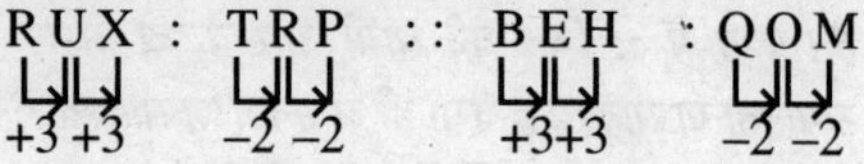

RUX : TRP : : BEH : QOM
+3 +3 −2 −2 +3+3 −2 −2

8. (*b*) : पहले अक्षर-समूह के आनुक्रमिक अक्षर वर्णमाला के सीधे क्रम में हैं और दूसरे अक्षर समूह के आनुक्रमिक अक्षर वर्णमाला के उलटे क्रम में हैं।

BCDE → : WVUT ← : : QRST → : JIHG ←

9. (*b*) : पहले अक्षर समूह के तीन अक्षरों में से पहले अक्षर के स्थान को परिवर्तित किए बिना अन्य दो अक्षरों को वर्णमाला के विपरीत क्रम में क्रमश: −1 और −2 चरण पीछे खिसकाने पर दूसरा अक्षर-समूह प्राप्त होता है।

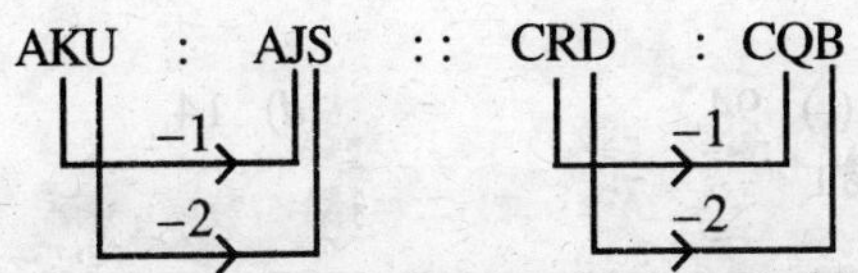

10. (c) : पहले अक्षर-समूह के पहले और दूसरे अक्षरों को तीसरे अक्षर के बाद रखने पर दूसरा अक्षर समूह प्राप्त होता है।

ODL : LOD :: PWN : NPW

11. (b) : पहले अक्षर समूह में क्रमागत अक्षर वर्णमाला के सीधे क्रम में हैं और दूसरे अक्षर समूह में अक्षर वर्णमाला के विपरीत क्रम में समस्थानिक अक्षर हैं।

ABC → : ZYX ← :: IJK → : RQP ←

12. (c) : अक्षर-समूहों में पहले दो अक्षर क्रमागत हैं, दूसरे और तीसरे अक्षरों के बीच एक अक्षर छूटा हुआ है तथा तीसरे और चौथे अक्षरों के बीच तीन अक्षर छूटे हुए हैं। पहले अक्षर-समूह के अक्षर वर्णमाला के सीधे क्रम में और दूसरे अक्षर-समूह के अक्षर वर्णमाला के विपरीत क्रम में हैं।

A B D H : Z Y W S : : E F H L : V U S O

C EFG → ← X VUT G IJK → ← T RQP

13. (a) : प्रथम अक्षर-समूह को दो बराबर खंडों में विभक्त करके प्रत्येक खंड के अक्षरों को उलटे क्रम में लिखने पर दूसरा अक्षर-समूह प्राप्त होता है।

CIRCLE : RICELC : : SQUARE : UQSERA

14. (b) : पहले अक्षर-समूह में पहले, तीसरे, चौथे और दूसरे स्थानों पर रखे गए अक्षर क्रमागत हैं। दूसरे अक्षर-समूह में पहले, चौथे, तीसरे और दूसरे स्थानों पर रखे गए अक्षर क्रमागत हैं।

PSQR : CFED :: JMKL : WZYX

15. (a) : पहले अक्षर समूह में दो अक्षरों के बीच एक अक्षर छूटा हुआ है और ये अक्षर वर्णमाला के सीधे क्रम में है। दूसरे अक्षर समूह में भी दो अक्षरों के बीच एक अक्षर छूटा हुआ है किंतु ये अक्षर वर्णमाला के विपरीत क्रम में हैं।

F H J L : V T R P : : M O Q S : J H F D

G I K → ← U S Q N P R → ← I G E

भाग-III संख्या सादृश्य (Number Analogy)

संख्या सादृश्य में भी पहले दो दी गई संख्याओं के बीच संबंध स्थापित किया जाता है और तत्पश्चात् इस ज्ञात संबंध को संख्याओं के दूसरे जोड़े पर प्रयुक्त करके उसके लुप्त पद को ज्ञात किया जाता है। संख्याओं के बीच संबंध किसी भी एक पैटर्न पर आधारित हो सकता है, जैसे कि : *(i)* संख्याएं विषम/सम/अभाज्य संख्याएं हो सकती हैं; *(ii)* संख्याएं किसी एक संख्या का गुणज हो सकती हैं; *(iii)* संख्याएं भिन्न-भिन्न संख्याओं का वर्गफल/घनफल हो सकती हैं; *(iv)* दूसरी संख्या प्राप्त करने के लिए पहली संख्या में किसी संख्या को जोड़ा/घटाया/गुणा/ भाग किया जा सकता है; *(v)* दूसरी संख्या पहली संख्या के अंकों का योगफल/गुणनफल/अंतरफल हो सकती है, और *(vi)* दो दी गई संख्याओं के बीच संबंध उपर्युक्त किसी भी गणितीय परिकलनों के संयोजन द्वारा भी ज्ञात किया जा सकता है।

हल किए गए उदाहरण

निर्देश : *निम्नलिखित प्रश्नों में प्रश्न चिह्न (?) के स्थान पर लुप्त पद ज्ञात करें।*

1. 25 : 81 : : 36 : ?

(*a*) 121 (*b*) 93 (*c*) 65 (*d*) 103

उत्तर (a) : सभी संख्याएं भिन्न-भिन्न संख्याओं के वर्गफल को सूचित करती हैं।

25 : 81 :: 36 : 121

↓ ↓ ↓ ↓

5^2 9^2 6^2 11^2

2. 36 : 18 : : 72 : ?

(*a*) 164 (*b*) 134 (*c*) 94 (*d*) 14

उत्तर (*d*) : दूसरी संख्या पहली संख्या के अंकों का गुणनफल है।

36 : 18 : : 72 : 14

(36 → 3 × 6 = 18; 72 → 7 × 2 = 14)

अभ्यास

निर्देश (प्र.सं. 1–15): *नीचे के प्रत्येक प्रश्न में चिह्न ': :' के पहले दो संख्याएं दी गई हैं जिनमें आपस में एक संबंध है तथा ': :' चिह्न के बाद में एक तीसरी संख्या दी गई है। दिए गए विकल्पों में से उस संख्या का चयन करें जिसका तीसरी संख्या के साथ वैसा ही संबंध हो जैसा संबंध संख्याओं के पहले जोड़े के बीच है।*

1. 1 : 11 : : 2 : ?
(*a*) 20 (*b*) 22
(*c*) 24 (*d*) 44

2. 18 : 27 : : 22 : ?
(*a*) 42 (*b*) 39
(*c*) 33 (*d*) 54

3. 14 : 20 : : 16 : ?
(*a*) 23 (*b*) 10
(*c*) 48 (*d*) 32

4. 0.16 : 0.0016 : : 1.02 : ?
(*a*) 10.20 (*b*) 0.102
(*c*) 0.0102 (*d*) 1.020

5. 5 : 24 : : 8 : ?
(*a*) 65 (*b*) 63
(*c*) 62 (*d*) 64

6. 65 : 30 : : 44 : ?
(*a*) 79 (*b*) 62
(*c*) 28 (*d*) 16

7. 30 : 42 : : 56 : ?
(*a*) 92 (*b*) 21
(*c*) 38 (*d*) 72

8. 190 : 10 : : 102 : ?
(*a*) 4 (*b*) 7
(*c*) 3 (*d*) 5

9. 6 : 18 : : 4 : ?
(*a*) 2 (*b*) 6
(*c*) 8 (*d*) 16

10. 2 : 11 : : ?
(*a*) 6 : 17 (*b*) 8 : 43
(*c*) 5 : 41 (*d*) 7 : 35

11. 162 : 9 : : 310 : ?
(*a*) 33 (*b*) 27
(*c*) 16 (*d*) 4

12. 411 : 441 : : 755 : ?
(*a*) 705 (*b*) 775
(*c*) 635 (*d*) 665

13. 123 : 149 : : 201 : ?
(*a*) 202 (*b*) 404
(*c*) 401 (*d*) 227

14. 6 : 21 : : 14 : ?
(*a*) 82 (*b*) 75
(*c*) 60 (*d*) 41

15. 31 : 124 : : 103 : ?
(*a*) 98 (*b*) 215
(*c*) 412 (*d*) 517

व्याख्यात्मक उत्तर

1. (*b*) : पहली संख्या के अंक को दो बार लिखने पर दूसरी संख्या प्राप्त होती है।

2. (*c*) : पहले जोड़े की संख्याएं 9 का गुणज हैं और दूसरे जोड़े की संख्याएं 11 का गुणज हैं :

18 : 27 : : 22 : 33
↓ ↓ ↓ ↓
9 × 2, 9 × 3, 11 × 2, 11 × 3

3. (*a*) : संख्याओं के बीच संबंध निम्नवत् है :

14 : 20 : : 16 : 23
↓ ↓ ↓ ↓
7 × 2, (7 × 3) –1, 8 × 2, (8 × 3) –1

4. (*c*) : पहली दशमलव संख्या को 100 से भाग करने पर दूसरी दशमलव संख्या प्राप्त होती है :

0.16 : 0.0016 : : 1.02 : 0.0102

(0.16 ÷ 100 = 0.0016; 1.02 ÷ 100 = 0.0102)

5. (b) : पहली संख्या के वर्ग से 1 घटाने पर दूसरी संख्या प्राप्त होती है :

6. (d) : दूसरी संख्या पहली संख्या के अंकों का गुणनफल है :

$$\frac{65:30}{(6\times 5)} :: \frac{44:16}{(4\times 4)}$$

7. (d) : संख्याएं विभिन्न संख्याओं के वर्ग में उन्हीं संख्याओं को जोड़ने पर प्राप्त होती हैं :

30 : 42 :: 56 : 72

5^2+5 6^2+6 7^2+7 8^2+8

8. (c) : दूसरी संख्या पहली संख्या के अंकों का योगफल है :

$$\frac{190 : 10}{(1+9+0)} :: \frac{102 : 3}{(1+0+2)}$$

9. (c) : पहली संख्या के वर्ग को 2 से भाग करने पर दूसरी संख्या प्राप्त होती है :

6 : 18 :: 4 : 8

$6^2 \div 2$ $4^2 \div 2$

10. (c) : पहली संख्या दूसरी संख्या के अंकों का योगफल है :

2 : 11 :: 5 : 41

(1 + 1) (4 + 1)

11. (d) : पहली संख्या के अंकों का योगफल दूसरी संख्या के बराबर है :

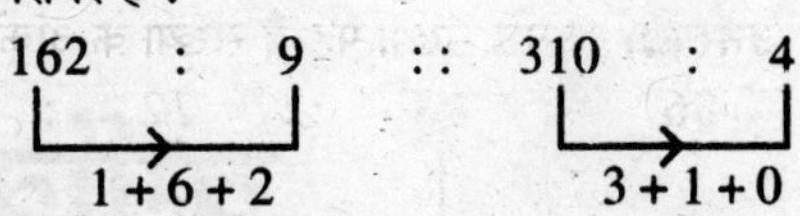

12. (b) : जोड़े की पहली संख्या में दूसरे अंक की और दूसरी संख्या में पहले अंक की पुनरावृत्ति होती है :

4<u>11</u> : <u>44</u>1 :: 7<u>55</u> : <u>77</u>5

13. (c) : पहली संख्या के प्रत्येक अंक का वर्ग दूसरी संख्या के संगत स्थान के अंक के बराबर है :

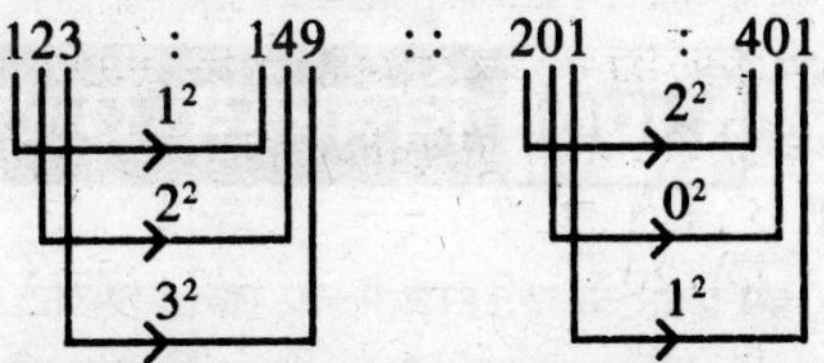

14. (a) : पहली संख्या को 2 से गुणा करके गुणनफल के रूप में प्राप्त संख्या को उलटे क्रम में लिखने पर दूसरी संख्या प्राप्त होती है :

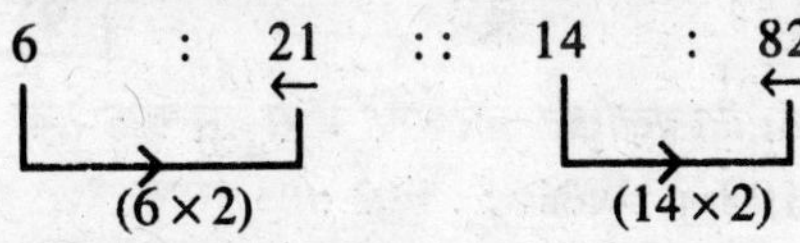

15. (c) : दूसरी संख्या पहली संख्या की चार गुनी है।

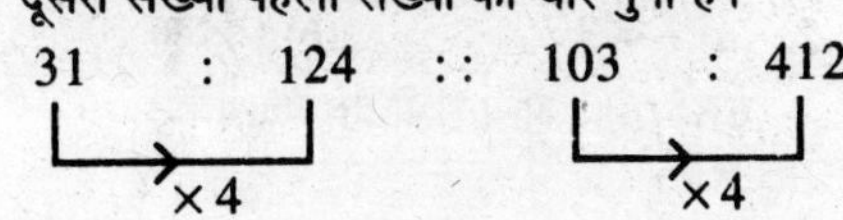

वर्गीकरण या विजातीय छांटना
(CLASSIFICATION OR ODD ONE OUT)

भाग-I विजातीय छांटना – शब्दों पर आधारित समस्याएं

इस प्रकार के वर्गीकरण में चार शब्द दिए जाते हैं जिनमें से तीन शब्द तथ्य या अर्थ की दृष्टि से या अन्य किसी न किसी रूप में आपस में संबंधित होते हुए एक समूह बनाते हैं जबकि शेष केवल एक शब्द अन्य तीनों से भिन्न होता है। परीक्षार्थी को यह पता लगाना होता है कि वह एक कौन-सा शब्द है जो समूह से संबंधित नहीं है और इस कारण विजातीय है।

हल किए गए उदाहरण

निर्देश: *निम्नलिखित चार शब्दों में से उस एक शब्द का चयन करें जो अन्य तीन से भिन्न है :*

1. (*a*) पिता (*b*) माता (*c*) मित्र (*d*) भाई

उत्तर (*c*) : अन्य सभी के बीच रक्त-संबंध है।

2. (*a*) जल (*b*) जेली (*c*) नींबू शरबत (*d*) कॉफी

उत्तर (*b*) : अन्य सभी द्रव पदार्थ हैं।

अभ्यास

निर्देश (प्र.सं. 1–20): *यहां दिए गए प्रत्येक प्रश्न में तीन शब्द किसी न किसी प्रकार से समान हैं और इस कारण वे एक समूह बनाते हैं जबकि एक शब्द अन्य तीनों से भिन्न है। इस भिन्न या विजातीय शब्द को ज्ञात करें।*

1. (*a*) हरा (*b*) लाल
(*c*) रंग (*d*) नारंगी

2. (*a*) अस्तबल (*b*) बिल
(*c*) डोंगी (*d*) सुअर-बाड़ा

3. (*a*) बुध (*b*) चंद्रमा
(*c*) बृहस्पति (*d*) मंगल

4. (*a*) खुश (*b*) उदास
(*c*) प्रसन्नचित्त (*d*) प्रसन्न

5. (*a*) शंकु (*b*) वृत्त
(*c*) त्रिभुज (*d*) आयत

6. (*a*) सीसा (*b*) पारद
(*c*) तांबा (*d*) लोहा

7. (*a*) पतंग (*b*) चिड़िया
(*c*) रेडार (*d*) जेट

8. (*a*) अतिवृष्टि (*b*) अनावृष्टि
(*c*) भूस्खलन (*d*) युद्ध

9. (*a*) सिंहशावक (*b*) चूजा
(*c*) सूअर (*d*) पिल्ला

10. (a) खरगोश (b) मगरमच्छ
(c) केंचुआ (d) घोंघा
11. (a) पेड़ (b) पत्ता
(c) झाड़ी (d) शाकीय पौधे
12. (a) दुलकना (b) घुड़सवारी
(c) घुड़दौड़ (d) घुरघुराहट
13. (a) अलंकृत करना (b) रमणीय
(c) सजाना (d) सुंदर बनाना
14. (a) पोलो (b) शतरंज
(c) लूडो (d) स्क्वैश रैकेट्स
15. (a) ट्यूटर (b) प्रिंसिपल
(c) छात्र (d) प्रोफेसर
16. (a) तालाब (b) नदी
(c) सरिता (d) नाला
17. (a) निवेदित भाव (b) शुल्क
(c) कर (d) चुंगी
18. (a) जड़ (b) पत्तियां
(c) शाखा (d) फूल
19. (a) मुंबई (b) चंडीगढ़
(c) लखनऊ (d) हैदराबाद
20. (a) अमर (b) उत्कर्ष
(c) शाश्वत (d) चिरस्थायी

व्याख्यात्मक उत्तर

1. (c) : अन्य सभी विभिन्न प्रकार के रंग हैं।
2. (c) : डोंगी एक छोटी नाव होती है। अन्य सभी पशु-पक्षियों के निवासस्थलों के नाम हैं।
3. (b) : अन्य सभी ग्रहों के नाम हैं।
4. (b) : अन्य सभी आनन्द की अनुभूति को अभिव्यक्त करते हैं।
5. (a) : अन्य सभी आकृतियाँ द्विविमीय आकृतियाँ हैं।
6. (b) : अन्य सभी ठोस धातुएं हैं।
7. (c) : अन्य सभी हवा में उड़ने वाली वस्तुएं हैं। रेडार हवा में गमन करने वाली वस्तुओं की पहचान करता है।
8. (d) : अन्य सभी प्राकृतिक आपदाएं हैं। केवल युद्ध ही मानव द्वारा मानव समाज के समक्ष प्रस्तुत की जाने वाली एक कृत्रिम आपदा है।
9. (c) : अन्य सभी शब्द विभिन्न जंतुओं के शिशुओं के नाम हैं।
10. (a) : अन्य सभी रेंगने वाले जंतु हैं।
11. (b) : अन्य सभी विभिन्न प्रकार की वनस्पतियां हैं।
12. (d) : अन्य सभी घोड़े से संबंधित क्रियाकलाप हैं।
13. (b) : अन्य सभी शब्द समानार्थक हैं।
14. (a) : अन्य सभी घर के भीतर खेले जाने वाले खेल हैं।
15. (c) : अन्य सभी शिक्षा प्रदान करते हैं जबकि छात्र इन सभी से शिक्षा प्राप्त करता है।
16. (a) : अन्य सभी में जल प्रवाहित होता है।
17. (a) : अन्य सभी विभिन्न प्रकार के कर हैं।
18. (a) : अन्य सभी पेड़ के पृथ्वी तल से ऊपर स्थित भाग हैं।
19. (b) : अन्य सभी विभिन्न राज्यों की राजधानियों के नाम हैं, किंतु केवल चंडीगढ़ ही दो राज्यों की राजधानी है।
20. (b) : अन्य सभी समानार्थक शब्द हैं।

भाग-II विजातीय छांटना – अक्षरों पर आधारित समस्याएं

इस कोटि के अंतर्गत विकल्प के रूप में चार अक्षर-समूह या अक्षरों की एक श्रृंखला दी जाती है। परीक्षार्थी को इनमें से ऐसे विकल्प का चयन करना होता है जो अन्यों से भिन्न अर्थात् विजातीय हो।

हल किए गए उदाहरण

निर्देश: *निम्नलिखित अक्षर समूहों में से कौन-सा अक्षर समूह भिन्न या विजातीय स्वरूप का है?*

1. (a) NOP (b) RTU (c) JKL (d) EFG

उत्तर (*b*) : प्रत्येक समूह में अक्षर क्रमागत हैं, जबकि विकल्प (*b*) के अक्षर–समूह में पहले दो अक्षरों के बीच एक अक्षर 'S' छूटा हुआ है।

2. (*a*) RUX (*b*) CFI (*c*) BDG (*d*) FIL

उत्तर (*c*) : प्रत्येक समूह में अक्षरों के बीच समान संख्या में अक्षर छूटे हुए हैं जबकि विकल्प (*c*) में पहले दो अक्षरों B और D के बीच एक अक्षर और अंतिम दो अक्षरों D और G के बीच दो अक्षर छूटे हुए हैं।

अभ्यास

निर्देश (प्र.सं. 1–20): *नीचे के प्रत्येक प्रश्न में अक्षर समूहों के रूप में चार विकल्प दिए गए हैं जिनमें से तीन में किसी न किसी प्रकार की समानता है और इस कारण वे एक समूह बनाते हैं। उस अक्षर समूह का चयन करें जो समूह से संबंधित नहीं है।*

1. (*a*) ACE (*b*) LOR (*c*) GIK (*d*) VXZ

2. (*a*) TSR (*b*) LKJ (*c*) PQO (*d*) HGF

3. (*a*) EF LM (*b*) KJ SR (*c*) XW HG (*d*) ED YX

4. (*a*) JOPK (*b*) BOPC (*c*) QOPR (*d*) TOPS

5. (*a*) JKkL (*b*) OPpQ (*c*) DEEf (*d*) VWwX

6. (*a*) BdfH (*b*) FHJL (*c*) RTvX (*d*) uVwX

7. (*a*) DFHEG (*b*) TWXUV (*c*) OQSPR (*d*) JLNKM

8. (*a*) MKGA (*b*) PNID (*c*) RPLF (*d*) VTPJ

9. (*a*) ABJNM (*b*) QRTUZ (*c*) IXYOQ (*d*) WGFPO

10. (*a*) EFGH (*b*) IRST (*c*) ULMN (*d*) JKLO

11. (*a*) CFIL (*b*) ABCD (*c*) ACDF (*d*) EFGH

12. (*a*) SPQR (*b*) MKLN (*c*) WUVX (*d*) FDEG

13. (*a*) HK (*b*) DG (*c*) NK (*d*) UX

14. (*a*) KNOS (*b*) QTUY (*c*) DFGJ (*d*) BEFJ

15. (*a*) USNID (*b*) UPKEA (*c*) OMIDB (*d*) VTOJE

16. (*a*) FKP (*b*) LPU (*c*) HMR (*d*) DIN

17. (*a*) RiGP (*b*) MoRH (*c*) FBIP (*d*) DtJA

18. (*a*) ErIc (*b*) nOtE (*c*) rUIn (*d*) TieD

19. (*a*) TBVD (*b*) JOKQ (*c*) AXCZ (*d*) FRHT

20. (*a*) SYZ (*b*) MRS (*c*) DJK (*d*) QWX

व्याख्यात्मक उत्तर

1. (*b*) : शेष सभी अक्षर समूहों में अगला अक्षर अपने पूर्ववर्ती अक्षर से वर्णमाला के सीधे क्रम में 2 अक्षर आगे का है जबकि विकल्प (*b*) के अक्षर समूह में +3 अनुक्रम का पालन होता है।

ABCDE (A→C +2, C→E +2) LMNOPQR (L→O +3, O→R +3)

GHIJK (G→I +2, I→K +2) VWXYZ (V→X +2, X→Z +2)

2. (*c*) : प्रत्येक समूह में अक्षर वर्णमाला के उलटे क्रम में हैं। केवल विकल्प (*c*) में अक्षरों का अनुक्रम बाधित हो रहा है।

3. (*a*) : शेष सभी समूहों में क्रमागत अक्षर वर्णमाला के उलटे क्रम में हैं।

KJ SR ; XW HG ; ED YX

–1 –1 –1 –1 –1 –1

केवल विकल्प (*a*) में ही क्रमागत अक्षर वर्णमाला के सीधे क्रम में है।

E F L M

+1 +1

4. (*d*) : यहां दिए गए सभी अक्षर समूहों में बीच में 'OP' अक्षर हैं। विकल्प (*d*) में दोनों किनारों पर स्थित अक्षर वर्णमाला के उलटे क्रम में हैं, अर्थात्

TOPS

–1

जबकि शेष सभी अक्षर समूहों में दोनों किनारों पर स्थित अक्षर वर्णमाला के सीधे क्रम में हैं।

JOPK ; BOPC ; QOPR

+1 +1 +1

5. (*c*) : शेष समूहों में तीसरे अक्षर के रूप में दूसरे अक्षर की पुनरावृत्ति की गई है और उसे अंग्रेजी वर्णमाला के छोटे अक्षर के रूप में लिखा गया है जबकि विकल्प (*c*) के तीसरे अक्षर के रूप में दूसरे अक्षर की पुनरावृत्ति तो की जाती है किंतु उसे अंग्रेजी वर्णमाला के बड़े अक्षर के रूप में लिखा जाता है।

6. (*d*) : शेष समूहों में अंग्रेजी वर्णमाला के अक्षर चाहे छोटे हों या बड़े, किंतु दूसरे, तीसरे और चौथे स्थान पर स्थित अक्षर अपने पूर्ववर्ती अक्षरों से वर्णमाला के सीधे क्रम में 2 अक्षर आगे के हैं, अर्थात्

B D f H ; F H J L ; R T v X

+2 +2 +2 +2 +2+2 +2 +2 +2

केवल विकल्प (*d*) में अक्षर वर्णमाला के सहज क्रम (+1) में हैं, अर्थात्

u V w X

+1 +1 +1

7. (*b*) : शेष समूहों में पहले, चौथे, दूसरे, पांचवें और तीसरे स्थानों पर स्थित अक्षरों से वर्णमाला का सीधा अनुक्रम बनता है।

विकल्प (*b*), में पहले, चौथे, पांचवें, दूसरे और तीसरे स्थानों पर स्थित अक्षरों के मेल से वर्णमाला का सीधा अनुक्रम बनता है।

8. (*b*) : शेष समूहों में अक्षरों का अनुक्रम –2, –4, –6 के पैटर्न का पालन करता है, अर्थात्

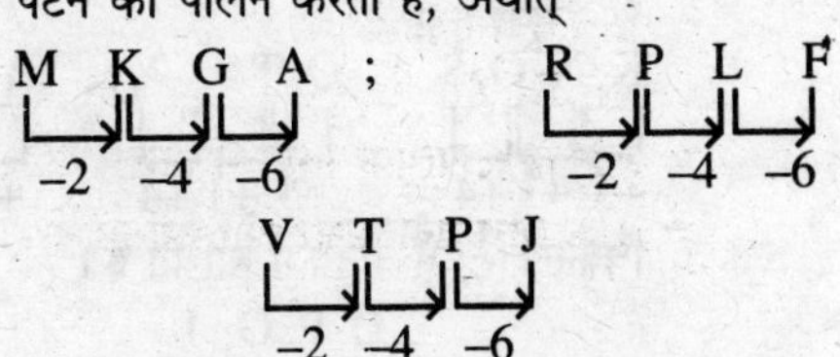

विकल्प (*b*) में अनुक्रम का निम्नलिखित पैटर्न है :

P N I D

–2 –5 –5

अतः सही पैटर्न होना चाहिए → P N J D

–2 –4 –6

9. (*c*) : शेष समूहों में कम से कम दो जोड़े अक्षर वर्णमाला के क्रम में हैं, अर्थात्

A B J N M ; Q R T U Z ; W G F P O

विकल्प (*c*) में केवल एक जोड़ा अक्षर–ही वर्णमाला के क्रम में है।

I X Y O Q

10. (*d*) : शेष समूहों में पहला अक्षर 'स्वर' है जिसके बाद तीन क्रमागत अक्षर लिखे गए हैं।

11. (*c*) : शेष समूहों में क्रमागत अक्षरों के बीच समान संख्या में अक्षर छूटे हुए हैं।

C F I L ; A B C D ; E F G H

+3 +3 +3 +1 +1 +1 +1 +1 +1

विकल्प (*c*) में निम्नलिखित पैटर्न है :

A C D F

+2 +1 +2

12. (*a*) : शेष समूहों में दूसरे, तीसरे, पहले और अंतिम स्थान पर स्थित अक्षरों से वर्णमाला का सीधा क्रम प्राप्त होता है। विकल्प (*a*) में दूसरे, तीसरे, चौथे और पहले स्थान पर स्थित अक्षर वर्णमाला के सीधे क्रम में है।

13. (*c*) : अन्य सभी समूहों में दो क्रमागत अक्षरों के बीच दो अक्षर छूटे हुए हैं और ये वर्णमाला के सीधे क्रम में हैं। विकल्प (*c*) में अक्षर वर्णमाला के उलटे क्रम में हैं।

14. (c) : शेष समूहों में अक्षरों के बीच +3, +1, +4 का पैटर्न है, अर्थात्

K N O S ; Q T U Y ; B E F J
+3 +1 +4 ; +3 +1 +4 ; +3 +1 +4

विकल्प (c) में अनुक्रम बाधित है।

D F G J
+2 +1 +3

15. (b) : शेष समूहों में दो-दो 'स्वर' (vowels) हैं जबकि विकल्प (b) में तीन स्वर हैं।

16. (b) : शेष सभी अक्षर समूहों में +5 पैटर्न का अनुपालन होता है।

F K P ; H M R ; D I N
+5 +5 ; +5 +5 ; +5 +5

विकल्प (b) में +4, +5 पैटर्न का अनुपालन होता है।

L P U
+4 +5

17. (c) : शेष अक्षर समूहों में दूसरा अक्षर अंग्रेजी वर्णमाला का छोटा अक्षर है।

18. (d) : केवल इसी समूह में स्वर (vowels) अंग्रेजी के छोटे अक्षर हैं।

19. (b) : शेष समूहों में तीसरा अक्षर पहले अक्षर से और चौथा अक्षर दूसरे अक्षर से वर्णमाला के सीधे क्रम में 2 अक्षर आगे का अक्षर है। अर्थात् :

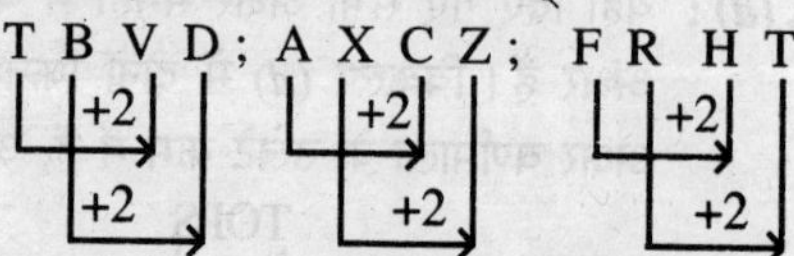

विकल्प (b) में निम्नवत् पैटर्न दिखाई पड़ता है :

20. (b) : शेष समूहों में पहले और दूसरे अक्षरों के बीच पांच अक्षर छूटे हुए हैं। विकल्प (b) में पहले और दूसरे अक्षरों के बीच केवल चार अक्षर छूटे हुए हैं।

भाग-III विजातीय छांटना – संख्याओं पर आधारित समस्याएं

इस प्रकार के वर्गीकरण में विकल्पों के रूप में विभिन्न संख्याएं दी जाती हैं। इन संख्याओं में से एक को छोड़कर जो अन्य से भिन्न होती है, शेष किसी न किसी रूप में आपस में संबंधित होती हैं और इस प्रकार एक समूह बनाती हैं। परीक्षार्थी को दी गई संख्याओं में यह समानता ज्ञात करनी होती है और तत्पश्चात् समूह से भिन्न संख्या का चयन करना होता है। विकल्पों के रूप में दी गई संख्याएं विषम/सम/क्रमागत संख्याएं, अभाज्य संख्याएं, किसी संख्या का गुणज, एक अंकीय, विभिन्न संख्याओं का वर्ग या घन, किसी अन्य संख्या का जोड़/घटा या किसी भी गणितीय परिकलन का संयोजन हो सकती है।

हल किए गए उदाहरण

निर्देश: *दिए गए विकल्पों में विषम संख्या ज्ञात करें।*

1. (a) 62 (b) 121 (c) 36 (d) 256

उत्तर (a) : अन्य संख्याएं क्रमशः 11, 6 और 16 के वर्ग द्वारा सूचित होती हैं।

2. (a) 27 (b) 132 (c) 93 (d) 154

उत्तर (d) : शेष संख्याएं 3 से विभाज्य हैं।

अभ्यास

निर्देश (प्र.सं. 1–10): *यहां प्रत्येक प्रश्न में चार विकल्प दिए गए हैं जिनमें से तीन किसी न किसी रूप में आपस में संबंधित होते हुए एक समूह बनाते हैं, जबकि शेष एक संख्या अन्य से भिन्न है। उस भिन्न संख्या का चयन करें जो समूह से संबंधित नहीं है।*

1. (*a*) 1948 (*b*) 2401 (*c*) 966 (*d*) 1449
2. (*a*) 182 (*b*) 169 (*c*) 130 (*d*) 158
3. (*a*) 3215 (*b*) 9309 (*c*) 4721 (*d*) 2850
4. (*a*) 1776 (*b*) 2364 (*c*) 1976 (*d*) 3776
5. (*a*) 7658 (*b*) 1234 (*c*) 9876 (*d*) 6543
6. (*a*) 18 (*b*) 12 (*c*) 30 (*d*) 20
7. (*a*) 9875432 (*b*) 98765 (*c*) 98756 (*d*) 9876543
8. (*a*) 5243 (*b*) 9251 (*c*) 4256 (*d*) 3257
9. (*a*) 2553 (*b*) 1224 (*c*) 7992 (*d*) 3885
10. (*a*) 3223 (*b*) 4554 (*c*) 6116 (*d*) 9887

व्याख्यात्मक उत्तर

1. (*a*) : शेष संख्याएं 7 से विभाज्य हैं।

2. (*d*) : शेष संख्याएं 13 का गुणज हैं।

3. (*b*) : शेष संख्याओं में किसी भी अंक का दो बार प्रयोग नहीं किया गया है।

4. (*b*) : शेष संख्याओं में आखिरी दो अंक एक से हैं।

5. (*a*) : शेष संख्याओं में उनके अंक गिनती के सीधे या उलटे क्रम में क्रमागत (निरंतर) हैं।

6. (*a*) : शेष सभी संख्याएं $3^2 + 3 = 12$, $5^2 + 5 = 30$, $4^2 + 4 = 20$ हैं।

7. (*c*) : शेष सभी संख्याओं में 987 के बाद अंक अवरोही या घटते हुए क्रम (decreasing order) में हैं।

8. (*a*) : शेष सभी संख्याओं में 25 बीच में है और सिरे के दो अंकों का योग 10 के बराबर है।

9. (*b*) : शेष सभी संख्याओं में दो सिरों पर स्थित अंकों का योग बीच में स्थित अंक के बराबर है जिसे दो बार लिखा गया है।

10. (*d*) : शेष सभी संख्याओं में अंतिम दो अंक पहले दो अंकों को उलटे क्रम में लिखने पर प्राप्त होते हैं।

भाग-IV विजातीय छांटना – शब्द समूहों से संबंधित समस्याएं

शब्दों, अक्षरों या संख्याओं के समूह का वर्गीकरण एकल शब्द, अक्षर या संख्या के वर्गीकरण से अधिक भिन्न नहीं होता। इसमें परीक्षार्थी को दो परस्पर संबंधित शब्दों के बीच संबंध की विशिष्टता या प्रकृति ज्ञात करनी होती है और तत्पश्चात् दिए गए विकल्पों में से उस शब्द युग्म का पता लगाना होता है, जो अन्य शब्द-युग्मों के संबंध पैटर्न का अनुपालन नहीं करता हो। संबंधित शब्द विपरीत या सदृश अर्थ या स्वरूप के हो सकते हैं अथवा उनकी अर्थ छटा और अर्थ निरुपण में भिन्नता हो सकती है या फिर उनमें एक विशेष तुकबंदी हो सकती है।

हल किए गए उदाहरण

निर्देश: *निम्नलिखित में से कौन-सा शब्द-युग्म अन्यों से भिन्न है?*

1. (*a*) अच्छा-बेहतर (*b*) गुनगुना-गरम (*c*) नफा-लाभ (*d*) फुसफुसाना-चिल्लाना

उत्तर (*c*) : अन्य शब्द-युग्मों में युग्म के शब्द सदृश अर्थ वाले हैं किंतु उनमें सादृश्यता या साम्यता की अवस्था या कोटि भिन्न-भिन्न है।

2. (*a*) कैंची-कपड़ा (*b*) चाकू-सब्जी (*c*) कुल्हाड़ी-लकड़ी (*d*) हथौड़ा-कील

उत्तर (*d*) : हालांकि शब्दों के बीच संबंध ठीक है किंतु कील को काटने के लिए हथौड़े का प्रयोग नहीं किया जाता है। शेष तीन युग्मों में बायीं ओर उपकरण का नाम दिया गया है जिसकी सहायता से दायीं ओर लिखी गई वस्तु को काट सकते हैं।

अभ्यास

निर्देश (प्र.सं. 1–25): *नीचे के प्रत्येक प्रश्न में शब्दों के उस जोड़े का चयन करें जो शेष तीन जोड़ों से भिन्न हो।*

1. (*a*) कुर्सी-फर्नीचर (*b*) शर्ट-वस्त्र
(*c*) कंठहार-आभूषण (*d*) बोगी-इंजन

2. (*a*) चित्रांकनी-कागज (*b*) पेंसिल-लेड
(*c*) कलम-स्याही (*d*) बुरुश-रंग

3. (*a*) युद्ध-शांति (*b*) वास्तविक-सहज
(*c*) अग्रगण्य-प्रथम (*d*) क्रोध-गुस्सा

4. (*a*) अंगूली-अंगूठी (*b*) सिर-टोपी
(*c*) कमर-मुकुट (*d*) पांव-जूता

5. (*a*) दिन-रात (*b*) चालाक-मूर्ख
(*c*) स्पष्ट-धुंधला (*d*) पहुंचना-आना

6. (*a*) क्विंटल-गैलन (*b*) गुलदस्ता-फूल
(*c*) पुस्तक-पृष्ठ (*d*) संसद-सांसद

7. (*a*) चिड़िया-चहचहाना (*b*) घोड़ा-भिनभिनाना
(*c*) शेर-गरजना (*d*) सांप-फुफकारना

8. (*a*) भतीजी-भतीजा (*b*) भाई-बहन
(*c*) पति-पत्नी (*d*) पिता-माता

9. (*a*) पेट्रोल-कार (*b*) तेल-लैम्प
(*c*) डीजल-लकड़ी (*d*) मोम-मोमबत्ती

10. (*a*) गंगा-नर्मदा (*b*) थार-गोबी
(*c*) आमाशय-हाथ (*d*) एवरेस्ट-पर्वत

11. (*a*) औषधि-चिकित्सक
(*b*) फूल-कलाकार
(*c*) जूता-मोची
(*d*) त्वचा-त्वचारोग विशेषज्ञ

12. (*a*) प्राधिकार-मंजूरी
(*b*) प्रतिकर्षण-आकर्षण
(*c*) तुनकमिजाज-दुस्तोषणीय
(*d*) श्वास-अस्तित्व

13. (*a*) पोलो-बर्फ का मैदान (रिंक)
(*b*) गोल्फ-लॉन
(*c*) टेनिस-कोर्ट
(*d*) शतरंज-बोर्ड

14. (*a*) उमंग-तरंग (*b*) नीड़-पीड़
(*c*) अपराध-रोकथाम (*d*) आन-बान

15. (*a*) सेना-सेनापति (*b*) कॉलेज-प्रिंसिपल
(*c*) जहाज-कैप्टन (*d*) नौसेना-लेफ्टिनेंट

16. (*a*) रेलगाड़ी-पटरी
(*b*) पक्षी-उड़ना
(*c*) हवाई जहाज-आकाश
(*d*) पनडुब्बी-समुद्र

17. (*a*) जेली-सौम्य (*b*) पत्थर-कठोर
(*c*) रोवां-मुलायम (*d*) कांच-चिकना

18. (*a*) शाखा-पेड़ (*b*) मिनट-घंटा
(*c*) वाक्य-पैराग्राफ (*d*) विद्यार्थी-शिक्षक

19. (*a*) कुल-जोड़ (*b*) अभी-वर्तमान
(*c*) बड़ी-धारणा (*d*) हां-सहमत

20. (*a*) चार-चौगुना (*b*) तीन-तेरह
(*c*) दो-दोगुना (*d*) छह-छहगुना

21. (*a*) रिकेट्स-हड्डी
(*b*) इन्सोम्निया-रक्त
(*c*) मायोपिया-आंख
(*d*) आथ्राइटिस-अस्थिसंधि

22. (*a*) एक्जीमा-विटामिन 'ए'
(*b*) बेरीबेरी-विटामिन 'बी'
(*c*) रक्तहीनता-विटामिन 'ई'
(*d*) स्कर्वी-विटामिन 'सी'

23. (*a*) हैंगर-हवाई जहाज
(*b*) गोदी (डॉक)-समुद्री जहाज
(*c*) अजायबघर-कुत्ता
(*d*) सूअर बाड़ा-सूअर

24. (*a*) स्पेन-मैडिसन
(*b*) नेपाल-काठमांडू
(*c*) संयुक्त राज्य अमेरिका-वाशिंगटन
(*d*) पाकिस्तान-इस्लामाबाद

25. (*a*) सर्जन-चिमटी (*b*) किसान-हल
(*c*) रसोइया-चाकू (*d*) लेखक-पुस्तक

व्याख्यात्मक उत्तर

1. (d) : बोगी रेलगाड़ी का एक हिस्सा होता है जो परिवहन का एक साधन है। कुर्सी, शर्ट और कंठहार क्रमशः फर्नीचर, वस्त्र और आभूषण हैं।

2. (a) : पेंसिल, कलम और ब्रुश से लिखने का माध्यम क्रमशः लेड, स्याही और रंग है। चित्रांकनी (क्रेयॉन) से लिखने या चित्र बनाने का माध्यम मोम होता है।

3. (a) : शेष सभी शब्द-युग्म समानार्थक शब्दों के युग्म हैं जबकि विकल्प (*a*) में दिया गया शब्द-युग्म विपरीतार्थक शब्दों का युग्म है।

4. (c) : मुकुट सिर पर पहना जाता है।

5. (d) : शेष शब्द-युग्म एक दूसरे के विपरीतार्थक हैं।

6. (a) : शेष सभी शब्द युग्मों में पहला दूसरे का समेकित रूप हैं।

7. (b) : शेष सभी में दूसरी पहले की बोली है। घोड़े हिनहिनाते हैं।

8. (a) : संबंधित शब्द-युग्मों में पहला पुल्लिंग और दूसरा स्त्रीलिंग है। विकल्प (*a*) में पहले स्त्रीलिंग और तत्पश्चात् पुल्लिग दिया गया है।

9. (c) : पेट्रोल का उपयोग कार चलाने में, तेल का उपयोग लैम्प जलाने में और मोम का उपयोग मोमबत्ती जलाने में किया जाता है। डीजल और लकड़ी का आपस में ऐसा कोई संबंध नहीं है।

10. (d) : संबंधित शब्दों की पहचान एक जैसी है। (*a*) नदियों को, (*b*) मरुभूमि को और, (*c*) शरीर के अंगों को सूचित करते हैं जबकि विकल्प (*d*) में एवरेस्ट एक पर्वत श्रृंखला का नाम है।

11. (b) : चिकित्सक का औषधि, मोची का जूता और त्वचारोग विशेषज्ञ का संबंध त्वचारोग से है। फूलों की देख-रेख करने वाले व्यक्ति को माली कहते हैं।

12. (b) : शेष शब्द युग्म समानार्थक हैं जबकि प्रतिकर्षण और आकर्षण शब्द एक दूसरे के विपरीत अर्थ वाले हैं।

13. (a) : शब्द युग्मों में खेलों और उन्हें खेले जाने वाले स्थानों के बीच संबंध दर्शाया गया है। पोलो मैदान में खेला जाता है।

14. (c) : शेष शब्द-युग्मों में शब्दों के बीच एक विशेष लय है।

15. (d) : नौसेना का प्रमुख कमांडर होता है।

16. (b) : रेलगाड़ी पटरी पर, हवाई जहाज आकाश में और पनडुब्बी समुद्र के जल में चलती है। इसी प्रकार पक्षी हवा में उड़ते हैं और साथ ही ये सजीव प्राणी भी हैं।

17. (a) : शब्द युग्मों का दूसरा शब्द पहले शब्द की विशेषता बताता है। जेली मुलायम या अस्थिर होती है।

18. (d) : शेष समूहों में पहला शब्द दूसरे का हिस्सा है।

19. (c) : शेष समूहों के शब्द परस्पर समानार्थक हैं।

20. (b) : तीन से तिगुना

21. (b) : शेष शब्द-युग्मों में पहला शब्द युग्म के दूसरे शब्द द्वारा इंगित शरीरांगों से जुड़ी बीमारी है। 'इन्सोम्निया' के स्थान पर 'रक्तहीनता' होना चाहिए।

22. (a) : शेष शब्द-युग्मों में पहले रोग का नाम और तब उस विटामिन का नाम लिखा गया है जिसकी कमी से संबंधित रोग होता है। विकल्प (*a*) में उल्लिखित एक्जीमा रोग विटामिन 'बी' की कमी से होता है।

23. (c) : कुत्ता 'कुत्ताघर' में रहता है।

24. (a) : स्पेन की राजधानी मैड्रिड है।

25. (d) : शेष सभी में दूसरा शब्द एक यंत्र हैं जिसे पहले द्वारा प्रयोग में लाया जाता है। लेखक का यंत्र 'कलम' होता है।

सांकेतिक भाषा परीक्षण
(CODING AND DECODING)

भाग-I

कूटलेखन या 'कोडिंग' संवाद-संप्रेषण की एक प्रक्रिया है जिसमें एक गुप्त भाषा का प्रयोग वास्तविक तथ्यों शब्दों/मूल्यों की अभिव्यक्ति या प्रस्तुतिकरण को एक ऐसी भाषा में परिवर्तित करने के लिए किया जाता है जिसे संवाद के प्रेषक और प्राप्तकर्ता के अतिरिक्त कोई तीसरा व्यक्ति समझ न सके। कूटभाषा में लिखने के लिए *(i)* शब्दों के अक्षरों के स्थान पर वर्णमाला के सीधे उलटे क्रम में एक या एकाधिक स्थान आगे या पीछे के अक्षरों को लिखा जाता है; *(ii)* अक्षरों के स्थान पर संख्याओं को या संख्याओं के स्थान पर अक्षरों को लिखा जाता है; *(iii)* दिए गए शब्द के कुछ या सभी अक्षरों को उलटे क्रम में लिखा जाता है; और *(iv)* शब्द के अक्षरों के स्थान पर वर्णमाला के उलटे क्रम में समस्थानिक अक्षरों को लिखा जाता है।

वर्णमाला को सीधे क्रम में लिखने पर प्राप्त शृंखला :

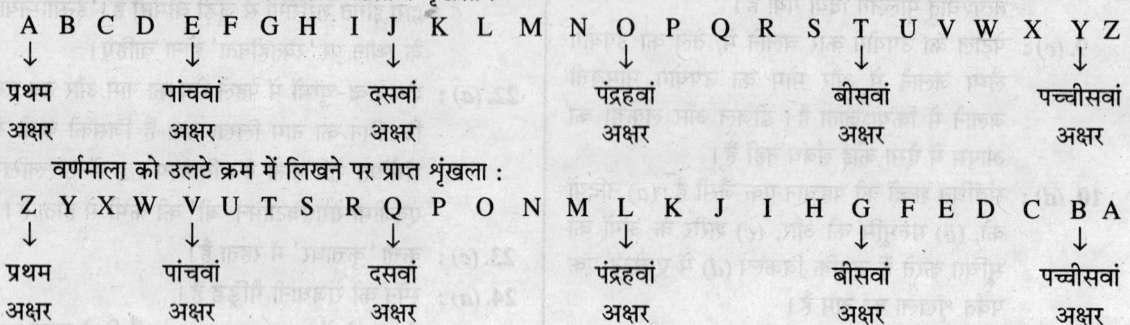

टिप्पणी: Z पर पहुंचने के पश्चात् शृंखला A से पुन: शुरू होती है और A पर पहुंचने के पश्चात् शृंखला Z से पुन: शुरू होती है।

हल किए गए उदाहरण

1. यदि एक विशेष प्रकार की कूट भाषा में शब्द FACE को GBDF की तरह लिखा जाता हो तो इसी कूट भाषा में BADE को कैसे लिखा जाएगा?

(a) CBEF *(b)* CEBF *(c)* CFBE *(d)* CBFE

उत्तर *(a)* : शब्द के अक्षरों को वर्णमाला के सीधे क्रम में एक चरण आगे का अक्षर लिखकर कूटबद्ध किया गया है।

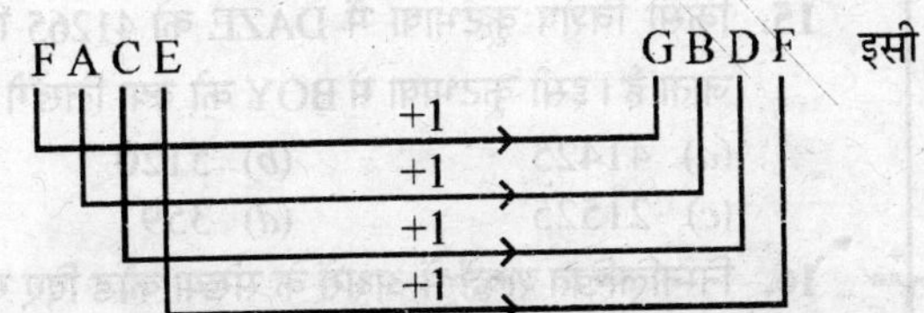

इसी प्रकार,

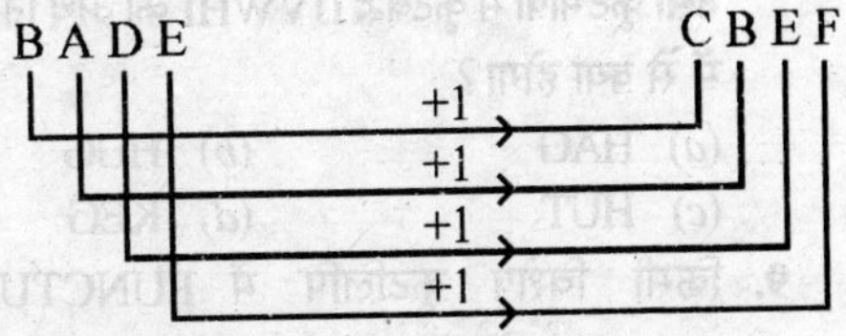

2. यदि किसी कूटभाषा में RESULT को 798206 लिखा गया हो तो उसी कूटभाषा में LET किस प्रकार लिखा जाएगा?

(*a*) 680 (*b*) 092 (*c*) 096 (*d*) 086

उत्तर (*c*) : अक्षरों को संख्याओं द्वारा कूटबद्ध किया गया है। दिए गए शब्द को कूटबद्ध करने के लिए संबंधित कूट संख्याएं ज्ञात करें।

R E S U L T → अक्षर

7 9 8 2 0 6 → कूट

अत: LET के लिए कूट संख्याएं निम्नवत् होगी :

L E T → अक्षर

0 9 6 → कूट

अभ्यास

निर्देश (प्र.सं. 1–20): *निम्नलिखित प्रश्नों में दिए गए शब्दों या अक्षरों के लिए इंगित कूटभाषा के शब्द या अक्षर ज्ञात करें।*

1. यदि किसी कूट भाषा में CHAIR को FKDLU के रूप में लिखा जाए तो उसी कूटभाषा में RAID शब्द को किस प्रकार लिखा जाएगा?

(*a*) ULGD (*b*) ULKG
(*c*) ULDG (*d*) UDLG

2. यदि किसी कूटभाषा में CONDEMN को CNODMEN लिखा जाता है तो उसी कूटभाषा में TEACHER को कैसे लिखा जाएगा?

(*a*) TEACHER (*b*) TAEECHR
(*c*) TCAEEHR (*d*) TAECEHR

3. किसी कूटभाषा में COME को XLNV और ABLE को ZYOV लिखा जाता है। इसी कूटभाषा में MOLLY किस प्रकार लिखा जाएगा?

(*a*) NLOBO (*b*) NLBOO
(*c*) LNOOB (*d*) NLOOB

4. यदि किसी कूटभाषा में ACTION को ZXGRLM लिखा जाता हो तो उसी कूटभाषा में HEALTH को कैसे लिखा जाएगा?

(*a*) SVZOGS
(*b*) TVZOGT
(*c*) RUZPGR
(*d*) QVGOZQ

5. यदि किसी विशेष कूटभाषा में EARTHQUAKE को MOGPENJOSM के रूप में लिखा जाता हो तो उसी कूटभाषा में EQUATE निम्नलिखित में से किस प्रकार लिखा जाएगा?

(*a*) MENOPM
(*b*) MENOMP
(*c*) MJOGPM
(*d*) MNJOPM

6. किसी विशेष सांकेतिक भाषा में COUNTRY शब्द को EMWLVPA के रूप में कूटबद्ध किया जाता है। इसी विशेष भाषा में ELECTORATE किस रूप में लिखा जाएगा?

(*a*) CJCEVQPYWC
(*b*) GJGERQTYVG
(*c*) CNCERQPCRG
(*d*) GJGAVMTYVC

7. यदि PHILOSOPHY को HPLISOPOYH लिखा जाता हो तो ORNAMENTAL कैसे लिखा जाएगा?

(*a*) ROANEMNTLA
(*b*) ONRAMNEALT
(*c*) ROANEMTNLA
(*d*) ROANEMNATL

8. यदि किसी कूटभाषा में लिखे गए शब्द OPFGBCST का अर्थवाचन NEAR के रूप में किया जाता हो तो

उसी कूटभाषा में कूटबद्ध IJVWHI का अर्थ निम्नलिखित में से क्या होगा?

(*a*) HAG (*b*) HUG
(*c*) HUT (*d*) KEG

9. किसी विशेष कूटलिपि में PUNCTUAL को 16598623 के रूप में कूटबद्ध किया जाता है। इसी कूटलिपि में ACTUPULN निम्नलिखित में से किस प्रकार लिखा जाएगा?

(*a*) 29861653 (*b*) 29861635
(*c*) 28916135 (*d*) 29851536

10. यदि OUT को 152120 के रूप में कूटबद्ध किया जाता हो तो इसी नियम का प्रयोग करके IN को निम्नलिखित में से कैसे लिखा जाएगा?

(*a*) 1015 (*b*) 819
(*c*) 1813 (*d*) 914

11. यदि MUSK को 146816 लिखा जाए तो उसी कूट में ZERO को क्या लिखेंगे?

(*a*) 113811 (*b*) 122912
(*c*) 15915 (*d*) 2651815

12. **यदि** BAD को 7 के रूप में और HIS को 9 के रूप में कूटबद्ध किया जाए तो LOW निम्नलिखित में से किसके द्वारा सूचित किया जाएगा?

(*a*) 50 (*b*) 8
(*c*) 23 (*d*) 5

13. यदि 341782 का कूटवाचन MONKEY और 0596 का कूटवाचन RAGS के रूप में किया जाता हो, तो इसी कूटभाषा में 75195044 का क्या अर्थ होगा?

(*a*) KANGAROO
(*b*) PALMANTT
(*c*) HANGAMEE
(*d*) KARNAGOO

14. किसी विशेष कूटभाषा में REGISTRY को VAKEWPVU लिखा जाता है। इसी कूटभाषा में ENTRY कैसे लिखा जाएगा?

(*a*) IJXNC
(*b*) ARPVW
(*c*) ARPVU
(*d*) IJXMC

15. किसी विशेष कूटभाषा में DAZE को 41265 लिखा जाता है। इसी कूटभाषा में BOY को क्या लिखेंगे?

(*a*) 41425 (*b*) 5120
(*c*) 21525 (*d*) 359

16. निम्नलिखित शब्दों में अक्षरों के संख्या कोड दिए गए हैं : BRAIN–12345, GRADE–72308, DRAIN–02345, STATE–78388। इन शब्दों में 'D' के लिए किस संख्या कोड का प्रयोग किया गया है?

(*a*) 3 (*b*) 2
(*c*) 0 (*d*) 4

17. किसी विशेष कूटभाषा में TODAY को 45738, WROTE को 10542, DATE को 7342 और DIRTH को 79046 लिखा जाता हो, तो कूट '5' से निम्नलिखित में से कौन-सा अक्षर निरूपित होगा?

(*a*) D (*b*) R
(*c*) O (*d*) T

18. किसी विशिष्ट कूटभाषा में कुछ शब्दों को निम्नवत् कूटबद्ध किया गया है : ACTION–014853, FORCE–25916, REGAIN–967083। उपर्युक्त कूटभाषा में संख्या '7' का प्रयोग किस अक्षर के लिए किया गया है?

(*a*) A (*b*) N
(*c*) R (*d*) G

19. किसी कूटभाषा में कुछ शब्दों को निम्नवत् कूटबद्ध किया गया है :

BEAR–9218, DRUM–0863, PRY–485 और DOOR–7998.

उपर्युक्त कूटभाषा में 'R' के लिए किस संख्या कूट का प्रयोग किया गया है?

(*a*) 9 (*b*) 3
(*c*) 8 (*d*) 4

20. यदि किसी कूटभाषा में EXAMINATION को 83690567045 लिखा गया हो तो इस कूटभाषा में 'N' और 'A' के लिए किन संख्या कूटों का प्रयोग किया गया है?

(*a*) 7, 5 (*b*) 5, 6
(*c*) 6, 5 (*d*) 5, 7

व्याख्यात्मक उत्तर

1. (d) : शब्द को कूटबद्ध करने के लिए उसके अक्षरों से वर्ण-माला के क्रम में +3 चरण आगे के अक्षर लिए गए हैं।

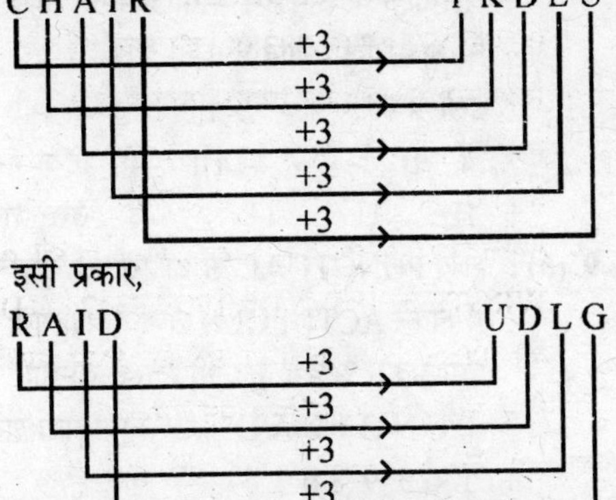

2. (d) : इस शब्द में दूसरे और तीसरे अक्षर एक दूसरे के स्थान पर आ जाते हैं और पांचवे और छठे अक्षरों द्वारा भी इसी नियम का पालन किया जाता है। शेष अक्षरों का स्थान अपरिवर्तित रहता है।

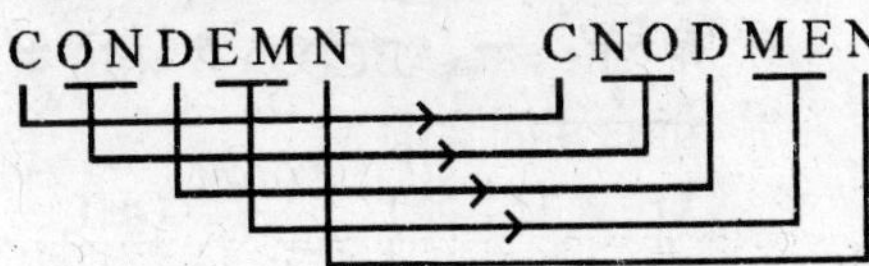

इसी प्रकार,

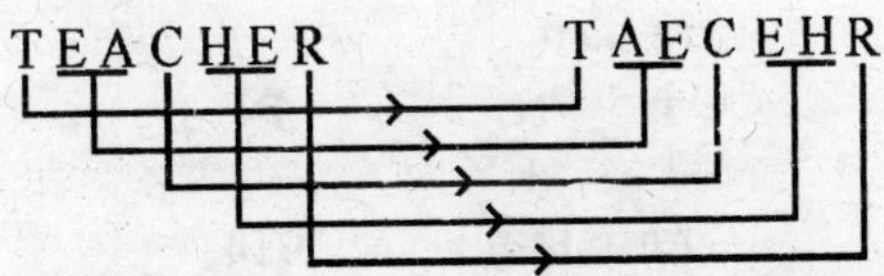

3. (d) : शब्द के अक्षरों को कूटबद्ध करने के लिए वर्णमाला के उलटे क्रम में समान स्थान वाले अक्षरों को लिया गया है।

C O M E → वर्णमाला के सीधे क्रम में अक्षर

X L N V → वर्णमाला के उलटे क्रम में समान स्थान वाले अक्षर

↓ ↓ ↓ ↓

3रा 15वां 13वां 5वां → वर्णमाला में अक्षरों का स्थान

A B L E → वर्णमाला के सीधे क्रम में अक्षर

Z Y O V → वर्णमाला के उलटे क्रम में समान स्थान वाले अक्षर

↓ ↓ ↓ ↓

1ला 2रा 12वां 5वां → वर्णमाला के अक्षरों का स्थान

इसी प्रकार,

M O L L Y → वर्णमाला के सीधे क्रम में अक्षर

N L O O B → वर्णमाला के उलटे क्रम में समान स्थान वाले अक्षर

↓ ↓ ↓ ↓ ↓

13वां 15वां 12वां 12वां 25वां → वर्णमाला में अक्षरों का स्थान

4. (a) : शब्द के अक्षरों को कूटबद्ध करने के लिए वर्णमाला के उलटे क्रम में समान स्थान वाले अक्षरों को लिया गया है।

A C T I O N → वर्णमाला के सीधे क्रम में अक्षर

Z X G R L M → वर्णमाला के उलटे क्रम में समान स्थान वाले अक्षर

1ला 3रा 20वां 9वां 15वां 14वां → वर्णमाला में अक्षरों का स्थान

इसी प्रकार,

H E A L T H → वर्णमाला के क्रम में अक्षर

S V Z O G S → वर्णमाला के उलटे क्रम में समान स्थान वाले अक्षर

8वां 5वां 1ला 12वां 20वां 8वां → वर्णमाला में अक्षरों का स्थान

5. (d) : EQUATE शब्द के अक्षर EARTHQUAKE शब्द से लिए गए हैं।

उत्तर कूट प्राप्त करने के लिए कूटबद्ध शब्द से अक्षरों का मिलान करें।

E A R T H Q U A K E → अक्षर
M O G P E N J O S M → कूट
E QUA TE→ कूटबद्ध किए जाने वाले अक्षर
M N J O PM→ उत्तर कूट

6. (*d*) : शब्द को कूटबद्ध करने के लिए शब्द के अक्षरों से वर्णमाला के क्रम में क्रमशः 2 चरण आगे और दो चरण पीछे के अक्षर लिए गए हैं।

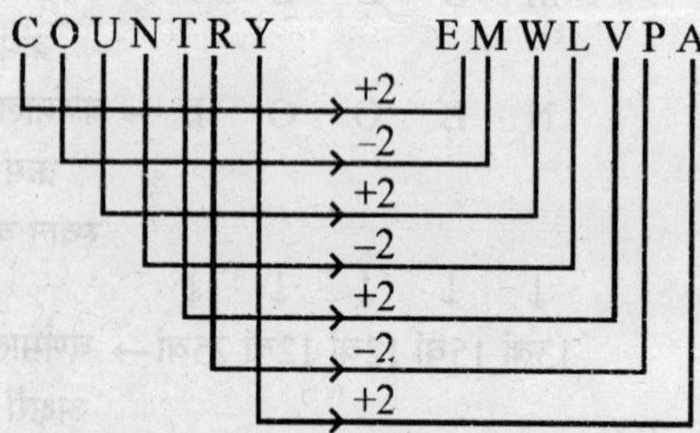

इसी प्रकार,

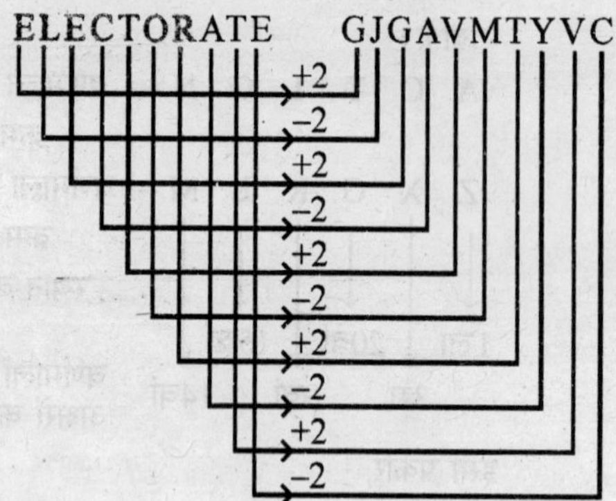

7. (*c*) : शब्द को कूटबद्ध करने के लिए उसके दो क्रमागत अक्षरों को एक दूसरे के स्थान पर लिखा जाता है।

इसी प्रकार,

8. (*b*) : कूटबद्ध शब्द का अर्थ-निर्वचन निम्नलिखित रूप में किया गया है :

↓ OP ↓ FG ↓ BC ↓ ST →कूट
N E A K →दिया गया शब्द

अतः कूटबद्ध शब्द का अर्थ-निर्वचन करने के लिए वर्णमाला के अनुक्रम में दो क्रमागत अक्षरों से पहले के अक्षर लिए जाते हैं।

इसी प्रकार,

↓ IJ ↓ VW ↓ HI → दिया गया शब्द
H U G → उत्तर शब्द

9. (*b*) : शब्द PUNCTUAL के अक्षरों को यादृच्छिक क्रम में लेकर ACTUPULN शब्द लिखा गया है।

इसी प्रकार संख्या कूट भी लिखा जाएगा

P U N C T U A L → दिया गया शब्द
1 6 5 9 8 6 2 3 → कूट

इसी प्रकार,

A C T U P U L N → कूटबद्ध किया जाने वाला शब्द
2 9 8 6 1 6 3 5→ उत्तर कोड

10. (*d*) : कूट लेखन के लिए प्रयोग में लाई गई संख्याएं वर्णमाला के सीधे क्रम (ABCD...) में अक्षरों के स्थान को सूचित करती है।

O U T → OUT
↓ ↓ ↓
15वां 21वां 20वां → 152120

इसी प्रकार,

I N → IN
↓ ↓
9वां 14वां → 914

11. (*b*) : कूट लेखन के लिए प्रयोग में लाई गई संख्याएं वर्णमाला के उलटे क्रम (ZYXW...) में अक्षरों के स्थान को सूचित करती हैं।

M U S K → MUSK
↓ ↓ ↓ ↓
14वां 6ठा 8वां 16वां → 146816

इसी प्रकार,

Z E R O → ZERO
↓ ↓ ↓ ↓
1ला 22वां 9वां 12वां → 122912

12. (*d*) : कूटलेखन के लिए प्रयुक्त संख्या वर्णमाला के सीधे क्रम में अक्षरों के स्थान को सूचित करने वाली संख्याओं के योग को सूचित करती है।

B A D
↓ ↓ ↓
2रा 1ला 4था अर्थात् $2 + 1 + 4 = 7$

इसी प्रकार,

H I S
↓ ↓ ↓
8वां 9वां 19वां अर्थात् $8 + 9 + 19 = 36$
तथा, $3 + 6 = 9$

और,

L O W
↓ ↓ ↓
12वां 15वां 23वां अर्थात् $12 + 15 + 23 = 50$
तथा $5 + 0 = 5$

13. (*a*) : संख्याएं अक्षरों को निरूपित करती हैं, अतः उत्तर ज्ञात करने के लिए संगत अक्षरों का चयन करें।

3 4 1 7 8 2 0 5 9 6 → कूट
M O N K E Y R A G S → अक्षर

अतः,

7 5 1 9 5 0 4 4 → कूट
K A N G A R O O → उत्तर

14. (*a*) : शब्द को कूटबद्ध करने के लिए उसके अक्षरों से वर्णमाला के क्रम में बारी-बारी से 4 चरण आगे और 4 चरण पीछे के अक्षर लिए जाते हैं।

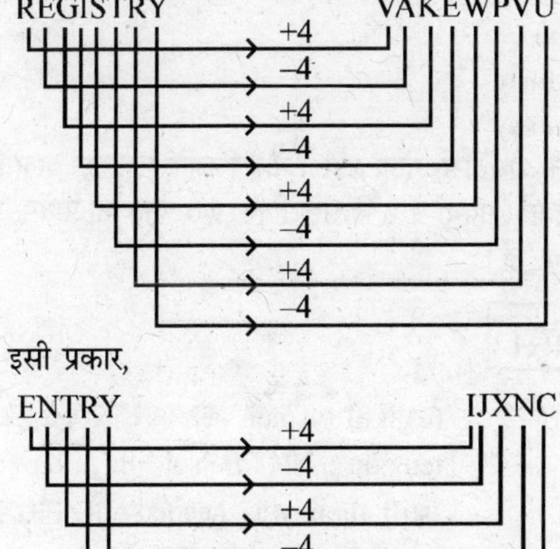

(शृंखला Z पर पहुंचने के बाद A से पुनः आरंभ होती है)

15. (*c*) : अक्षरों को वर्णमाला के सीधे क्रम में उनके स्थानों द्वारा कूटबद्ध किया गया है।

D A Z E → अक्षर
4 1 26 5 → वर्णमाला के सीधे क्रम में अक्षरों का स्थान

इसी प्रकार, B O Y → अक्षर
2 15 25 → वर्णमाला के सीधे क्रम में अक्षरों का स्थान

16. (*c*) : जिन शब्दों में D का अक्षर निहित है, वे शब्द हैं :

GRADE और DRAIN → अक्षर
7 2 3 0 8 0 2 3 4 5 → कूट

अतः यह स्पष्ट है कि 'D' का कूट '0' है।

17. (*c*) : कूटलेखन निम्नवत् किया गया है :

TODAY WROTE DATE DIRTH
4 5 7 3 8 1 0 5 4 2 7 3 4 2 79046

TODAY और WROTE इन दोनों शब्दों में 5 की संख्या है और अक्षर 'O' भी। 'T' अक्षर (संख्या कूट 4) हमारा उत्तर नहीं हो सकता क्योंकि यह सभी चारों शब्दों में निहित है।

18. (*d*) : शब्दों को निम्नवत् कूटबद्ध किया गया है :

ACTION → 014853
FORCE → 25916
REGAIN → 967083

संख्या 7 केवल REGAIN शब्द में ही निरूपित होती है। 'G' को छोड़कर इस शब्द के शेष सभी अक्षर अन्य दोनों शब्दों में दोहराए जाते हैं। अतः G का संख्या कोड 7 है।

19. (*c*) : शब्दों को निम्नवत् कूटबद्ध किया गया है :

BEAR → 9218
DRUM → 0863
PRY → 485
DOOR → 7998

R के लिए संख्या कूट 8 का प्रयोग हुआ है। R शब्द और संख्या कूट 8 सभी शब्दों में निहित है।

20. (*b*) : शब्द को निम्नवत् कूटबद्ध किया गया है :

E X A M I N A T I O N
8 3 6 9 0 5 6 7 0 4 5

अतः N के लिए संख्या कूट 5 और A के लिए संख्या कूट 6 का प्रयोग किया गया है।

भाग-II

कूट लेखन विभिन्न प्रकार से किया जाता है। कूटभाषा का प्रयोग न केवल शब्दों और संख्याओं के लिए किया जाता है बल्कि किसी शब्द-समूह, विवरण या कभी-कभी वाक्यों को भी कूटभाषा द्वारा संप्रेषित किया जाता है। इस प्रकार की कूटभाषा से भ्रम की स्थिति उत्पन्न हो सकती है किंतु कुछ प्रश्नों को हल कर लेने के बाद ऐसी कूटभाषा को समझना और हल करना अत्यंत सरल हो जाता है। इस प्रकार की कूटभाषा पर आधारित प्रश्नों को हल करने के लिए अक्षरों को गिनने या छोड़ने अथवा गणितीय परिकलनों की श्रमसाध्य प्रक्रिया को अपनाने की आवश्यकता नहीं होती बल्कि इनके लिए तेजी से मिलान करने या सादृश्यता स्थापित करने की क्षमता ही अपेक्षित होती है। कूट के रूप में अक्षरों या संख्याओं का प्रयोग किया जा सकता है।

हल किए गए उदाहरण

1. यदि किसी कूटभाषा में 'ra mei ket' का अर्थ है 'he is rich'; 'rui pha jeu' का अर्थ है 'run for money'; और 'pha rui ket' का अर्थ है 'money for rich' उस कूटभाषा में 'rich' के लिए निम्नलिखित में से किस कूट का प्रयोग किया गया है?

(*a*) ra (*b*) pha (*c*) ket (*d*) jeu

उत्तर (*c*) : दी गई जानकारी है :

कूट	**वाक्य**
1. ra mei *ket*	he is *rich*
2. rui pha jeu	run for money
3. pha rui *ket*	money for *rich*

कूटों और वाक्यों की तुलना करने पर यह स्पष्ट होता है कि वाक्य 1 और 3 दोनों में 'rich' शब्द है और दोनों ही वाक्यों में इसके लिए 'ket' शब्द का प्रयोग किया गया है।

2. यदि किसी कूटभाषा में 'ni ra ge' का अर्थ है 'who are you'; 'boi wo dur' का अर्थ है 'going far away'; और 'wo ge chi' का अर्थ है 'you went away' तो उस कूटभाषा में 'went' के लिए निम्नलिखित में से किस कूट का प्रयोग किया गया है?

(*a*) ra (*b*) chi (*c*) wo (*d*) boi

उत्तर (*b*) : दी गई सूचना है :

कूट	**वाक्य**
1. ni ra *ge*	who are *you*
2. boi *wo* dur	going far *away*
3. *wo ge* **chi**	*you* **went** *away*

'went' शब्द केवल तीसरे वाक्य में है। 'you' शब्द पहले और तीसरे दोनों वाक्यों में है जिसके लिए इन वाक्यों में 'ge' कूट का प्रयोग किया गया है। शब्द 'away' दूसरे और तीसरे दोनों वाक्यों में है जिसके लिए 'wo' कूट का प्रयोग किया गया है। एकमात्र 'chi' कूट ही ऐसा बचता है जिसका अर्थ 'went' है।

अभ्यास

निर्देश (प्र.सं. 1–13): *नीचे के प्रत्येक प्रश्न में कूटलेखन के पैटर्न को ध्यान से देखें और दिए गए विकल्पों में से सही उत्तर का चयन करें।*

1. यदि किसी कूटभाषा में (a) 'go ju mi' का अर्थ है 'plenty of money'; (b) pao ju go nei vu' का अर्थ है 'money creates lots of problems'; (c) 'kol vu nei' का अर्थ है 'problems create tension'; और (d) 'sol tun ju haw' का अर्थ है 'still money is needed' तो उस कूट भाषा में निम्नलिखित में से किसका अर्थ 'money' है?

(*a*) nei (*b*) ju
(*c*) haw (*d*) go

2. किसी कूटभाषा में (a) 'FOR' का अर्थ है 'old is gold'; (b) 'ROT' का अर्थ है 'gold is pure'; (c) 'ROM' का अर्थ है 'gold is costly'। इसी कूटभाषा में 'pure old gold is costly' कैसे लिखा जाएगा?

(*a*) TFROM (*b*) FOTRM
(*c*) FTORM (*d*) TOMRF

3. यदि किसी कूटभाषा में '415' का अर्थ है 'milk is hot'; '18' का अर्थ है 'hot soup'; और '895' का अर्थ है 'soup is tasty' तो उसी कूटभाषा में 'tasty' शब्द किस संख्या द्वारा निरूपित होगा?

(*a*) 9 (*b*) 8
(*c*) 5 (*d*) 4

4. यदि किसी कूटभाषा में '643' का अर्थ है 'she is beautiful', '593' का अर्थ है 'he is handsome', और '567' का अर्थ है 'handsome meets beautiful' तो उसी कूटभाषा में 'meets' शब्द निम्नलिखित में से किस संख्या द्वारा सूचित होगा?

(*a*) 5 (*b*) 3
(*c*) 7 (*d*) 6

5. किसी कूटभाषा में (a) 'dugo hui mul zo' का अर्थ है 'work is very hard'; (b) 'hui dugo ba ki' का अर्थ है 'Bingo is very smart'; (c) 'nano mul dugo' का अर्थ है 'cake is hard', और (d) 'mul ki qu' का अर्थ है 'smart and hard' इस कूट भाषा में 'Bingo' के लिए किस कूटशब्द का प्रयोग किया गया है?

(*a*) jalu (*b*) dugo
(*c*) ki (*d*) ba

6. किसी कूटभाषा में (a) 'pic vic nic' का अर्थ है 'winter is cold'; (b) 'to nic re' का अर्थ है 'summer is hot'; (c) 're pic boo' का अर्थ है 'winter and summer' और (d) 'vic tho pa' का अर्थ है 'nights are cold' इस कूटभाषा में 'summer' के लिए किस कूटशब्द का प्रयोग किया जाता है?

(*a*) nic (*b*) boo
(*c*) to (*d*) re

7. किसी कूटभाषा में (a) 'mx das sci' का अर्थ है 'good little frock'; (b) 'jm coz sci' का अर्थ है 'girl behaves good'; (c) 'ngv drs coz' का अर्थ है 'girl makes mischief'; और (d) 'das gp coz' का अर्थ है 'little girl fell' इस कूटभाषा में 'frock' के लिए किस कूट शब्द का प्रयोग किया गया है?

(*a*) mx (*b*) das
(*c*) sci (*d*) gp

8. किसी कूटभाषा में 'mu mit es' का अर्थ है 'who is she' और 'elb mu es' का अर्थ है 'where is she' इस कूटभाषा में 'where' के लिए किस कूटशब्द का प्रयोग किया जाता है?

(*a*) es (*b*) elb
(*c*) mu (*d*) mit

9. किसी कूटभाषा में '069' का अर्थ है 'grapes are sweet', '476' का अर्थ है 'very sweet fruit' और '509' का अर्थ है 'grapes are ripe'। इस कूटभाषा में निम्नलिखित में से किस अंक से 'ripe' शब्द सूचित होता है?

(*a*) 0 (*b*) 5
(*c*) 9 (*d*) 7

10. किसी कूटभाषा में 'roi ja kyo twa' का अर्थ है 'Moody is writing letters', 'pok ju ja twa' का अर्थ है 'Woody is writing cards', 'trn kyo pos un' का अर्थ है 'they are writing letters', और 'koi rus pok' का अर्थ है 'gifts and cards'। इसी कूटभाषा में 'Moody' के लिए किस कूटशब्द का प्रयोग किया गया है?

(*a*) ja (*b*) twa
(*c*) roi (*d*) kyo

11. किसी कूटभाषा में 'wre asi amoh kedo' का अर्थ है 'Polo is drinking tea', 'wre epu uki' का अर्थ है 'Polo buys books', और 'buen eld kedo' का अर्थ है 'Libbo drinks tea'। इस कूटभाषा में 'Polo' और 'tea' के लिए किस शब्द का प्रयोग किया गया है?

(*a*) kedo और wre (*b*) asi और buen
(*c*) wre और kedo (*d*) amoh और wre

12. किसी कूटभाषा में (i) 'juka lal mit sut' का अर्थ है 'Hello, how are you?'; (ii) 'mudi sut em nif' का अर्थ है 'Where are they going?'; (iii) 'hu zul met sut' का अर्थ है 'What are their names?'; और (iv) 'lal sut zul pe' का अर्थ है 'Are you going too?' उपर्युक्त कूटभाषा में 'are you' के लिए निम्नलिखित में से किस शब्द का प्रयोग किया गया है?

(*a*) sut mit (*b*) mudi sut
(*c*) juka nif (*d*) sut lal

13. किसी कूटभाषा में 'gri chri' का अर्थ है 'brand new', 'gyp twoh' का अर्थ है 'very old', 'gri bur twoh' का अर्थ है 'old and new' और 'chri deh gyp' का अर्थ है 'old brand car'। इस कूटभाषा में निम्नलिखित में से किसका अर्थ 'new car' है?

(*a*) chri gri (*b*) gri deh
(*c*) deh gyp (*d*) twoh deh

व्याख्यात्मक उत्तर

1. (*b*) :

कूट	वाक्य
1. go *ju* mi	plenty of *money*
2. pao *ju* go nei vu	*money* creates lots of problems
3. kol vu nei	problems create tension
4. sol tun *ju* haw	still *money* is needed

ऊपर के पहले, दूसरे और चौथे कूटों और संबंधित वाक्यों में 'ju' शब्द और उसके लिए 'money' शब्द लिखा गया है।

2. (*a*) : कूट वाक्य

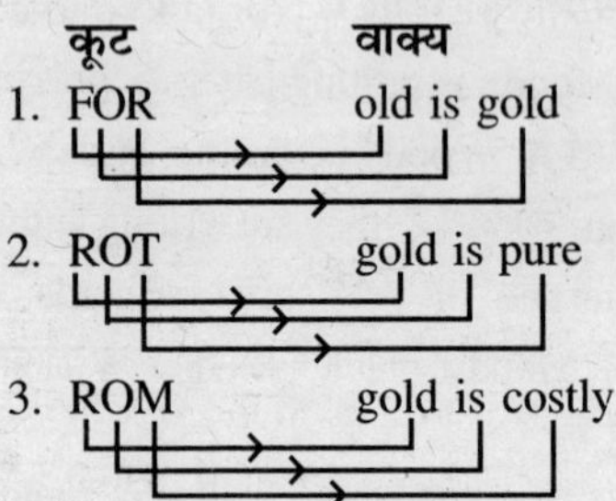

अत:,

F का अर्थ है old
O का अर्थ है is
R का अर्थ है gold
T का अर्थ है pure
M का अर्थ है costly

अत: 'pure old gold is costly' को 'TFROM' द्वारा व्यक्त किया जाएगा।

3. (*a*) :

कूट	वाक्य
1. 415	milk is hot
2. 18	hot soup
3. 895	soup is *tasty*

तीसरे कूट और उससे संबंधित वाक्य में दी गई न तो संख्या '9' और न ही शब्द 'tasty' को किसी अन्य कूट और वाक्य में दोहराया गया है।

4. (*c*) :

कूट	वाक्य
1. 643	she is beautiful
2. 593	he is handsome
3. 567	handsome *meets* beautiful

तीसरे कूट और उससे संबंधित वाक्य में दी गई न तो संख्या '7' और न ही शब्द 'meets' को किसी अन्य कूट और वाक्य में दोहराया गया है।

5. (*d*) :

कूट	वाक्य
1. *dugo hui* mul zo	work *is very* hard
2. *hui dugo* **ba** *ki*	**Bingo** *is very smart*
3. nano mul *dugo*	cake is *hard*
4. mul *ki* qu	*smart* and hard

दूसरे कूट और संबंधित वाक्य में निहित न तो 'ba' और न ही अर्थ शब्द 'Bingo' की पुनरावृत्ति होती है।

(जिन शब्दों की पुनरावृत्ति होती है उन्हें तिरछे अक्षरों में लिखा गया है)

6. (*d*) :

कूट	वाक्य
1. pic vic nic	winter is cold
2. to nic *re*	*summer* is hot
3. *re* pic boo	winter and *summer*
4. vic tho pa	nights are cold

शब्द 'summer' और कूट 're' की दूसरे और तीसरे वाक्यों में पुनरावृत्ति होती है।

7. (*a*) :

कूट	वाक्य
1. **mx** *das sci*	*good little* **frock**
2. jm coz *sci*	girl behaves *good*
3. ngv drs coz	girl makes mischief
4. *das* gp coz	*little* girl fell

शब्द 'frock' केवल पहले वाक्य में है। कूट शब्द 'das' को चौथे वाक्य में और 'sci' को दूसरे वाक्य में दोहराया गया है। अत: स्पष्ट है कि 'frock' के लिए कूट शब्द 'mx' का प्रयोग किया गया है।

8. (b) : कूट — वाक्य

1. *mu* mit *es* — who *is she*
2. **elb** *mu* es — **where** *is she*

कूट शब्दों 'mu' और 'es' को दोनों वाक्यों में दोहराया गया है। केवल कूट शब्द 'elb' ही बचता है जिसका अर्थ 'where' है।

9. (b) : कूट — वाक्य

1. 069 — *grapes are* sweet
2. 476 — very sweet fruit
3. **5**09 — *grapes are* **ripe**

पहले और तीसरे वाक्यों में कूट संख्याओं '0' और '9' की पुनरावृत्ति होती है। अत: स्पष्ट है कि शेष कूट संख्या '5' का ही 'ripe' के लिए प्रयोग किया गया है।

10. (c) : कूट — वाक्य

1. **roi** *ja kyo twa* — **Moody** *is writing letters*
2. pok ju *ja twa* — Woody *is writing* cards
3. trn *kyo* pos un — they are writing *letters*
4. koi rus pok — gifts and cards

'Moody' शब्द केवल पहले वाक्य में है। पहले वाक्य के कूट शब्दों 'ja' और 'twa' की दूसरे वाक्य में पुनरावृत्ति होती है और 'kyo' की तीसरे वाक्य में पुनरावृत्ति होती है। केवल कूट शब्द 'roi' ही बचता है जिसका अर्थ 'Moody' है।

11. (c) : कूट — वाक्य

1. *wre* asi amoh **kedo** — *Polo* is drinking **tea**
2. *wre* epu uki — *Polo* buys books
3. buen eld **kedo** — Libbo drinks **tea**

'Polo' शब्द और 'wre' कूट शब्द पहले और दूसरे दोनों वाक्यों और कूटों में हैं। शब्द 'tea' पहले और तीसरे वाक्यों में है और साथ ही कूट शब्द 'kedo' भी।

12. (d) : कूट — वाक्य

1. juka *lal* mit **sut** — hello, how **are** *you*?
2. mudi **sut** em nif — where **are** they going?
3. hu zul met **sut** — what **are** their names?
4. *lal* **sut** zul pe — **are** *you* going too?

शब्द 'are' सभी चारों वाक्यों में है और इसी प्रकार कूट शब्द 'sut' भी सभी चारों कूट वाक्यों में है। शब्द 'you' का प्रयोग पहले और चौथे वाक्यों में होता है और उसके साथ ही कूट शब्द 'lal' भी पहले और चौथे वाक्यों में उपस्थित है।

13. (b): कूट — वाक्य

1. **gri** chri — brand **new**
2. gyp twoh — very old
3. **gri** bur twoh — old and **new**
4. chri *deh* gyp — old brand *car*

शब्द 'new' पहले और तीसरे वाक्यों में उपस्थित है और उसके साथ ही कूट शब्द 'gri' इन दोनों वाक्यों के संगत कूट वाक्यों में उपस्थित है। शब्द 'car' केवल चौथे वाक्य में है और कूट शब्द 'deh' की किसी अन्य वाक्य में पुनरावृत्ति नहीं होती है।

भाग-III

एक अन्य प्रकार के कूट लेखन में किसी शब्द को कूट नाम दिए जाते हैं जिन्हें आगे भी कूटबद्ध किया जाता है। इस पैटर्न पर आधारित प्रश्न अर्थहीन प्रतीत हो सकते हैं किंतु कूट यथार्थता की बुनियादी बातों से हट कर नहीं होने चाहिए।

हल किए गए उदाहरण

1. यदि किसी कूट भाषा में 'केला' को 'जेली' कहा जाए, 'जेली' को 'हरा' कहा जाए, 'हरा' को 'सेब' कहा जाए, 'सेब' को 'आम' कहा जाए तो उसी कूटभाषा में पत्ते के रंग को क्या कहेंगे?

(*a*) हरा (*b*) आम (*c*) सेब (*d*) केला

उत्तर (*c*) : पत्ता हरे रंग का होता है और प्रश्न में उल्लिखित कूटों के अनुसार 'हरा' को 'सेब' कहा जाता है।

2. यदि 'धूसर' को 'भूरा', 'सफेद' को 'गुलाबी', 'लाल' को 'धूसर', 'काला' को 'लाल' और 'भूरा' को 'सफेद' कहा जाए तो 'कोयला' किस रंग का है?

(*a*) भूरा (*b*) सफेद (*c*) काला (*d*) लाल

उत्तर (*d*) : 'कोयला' काले रंग का होता है और प्रश्न में दिए गए कूटों के अनुसार 'काला' को 'लाल' कहा जाता है।

अभ्यास

निर्देश (प्र.सं. 1–13): *प्रत्येक प्रश्न में दी गई कूटबद्ध सूचना को अच्छी तरह समझें और दिए गए विकल्पों में से सही उत्तर का चयन करें।*

1. यदि किसी कूटभाषा में 'पानी' को 'नीला', 'नीला' को 'लाल', 'लाल' को 'सफेद', 'सफेद' को 'आकाश', 'आकाश' को 'वर्षा', 'वर्षा' को 'हरा', 'हरा' को 'हवा' और 'हवा' को 'मेज' कहा जाए, तो इस कूटभाषा में दूध के रंग को क्या कहेंगे?

(*a*) सफेद (*b*) वर्षा

(*c*) आकाश (*d*) हरा

2. यदि किसी कूटभाषा में 'प्रकाश' को 'अंधकार', 'अंधकार' को 'हरा', 'हरा' को 'नीला', 'नीला' को 'लाल', 'लाल' को 'सफेद' और 'सफेद' को 'पीला' कहा जाता हो तो इस कूटभाषा में रक्त का रंग क्या कहलाएगा?

(*a*) लाल (*b*) अंधकार

(*c*) सफेद (*d*) पीला

3. यदि किसी कूटभाषा में 'आकाश' को 'समुद्र', 'समुद्र' को 'पानी', 'पानी' को 'हवा', 'हवा' को 'बादल' और 'बादल' को 'नदी' कहा जाता हो तो प्यास लगने पर इस कूटभाषा में पीने के लिए किस चीज की मांग करेंगे?

(*a*) आकाश (*b*) हवा

(*c*) पानी (*d*) समुद्र

4. यदि किसी कूटभाषा में 'पीला' का अर्थ 'लाल', 'सफेद' का अर्थ 'हरा', 'लाल' का अर्थ 'नारंगी', 'नीला' का अर्थ 'सफेद' और 'हरा' का अर्थ 'नीला' हो तो उस कूटभाषा में आकाश का रंग क्या है?

(*a*) सफेद (*b*) हरा

(*c*) नीला (*d*) पीला

5. यदि किसी कूटभाषा में 'घर' को 'झोपड़ी', 'झोपड़ी' को 'नहर', 'नहर' को 'स्कूल', 'स्कूल' को 'मैदान', 'मैदान' को 'सुराही' और 'सुराही' को 'तार' कहा जाए तो इस कूटभाषा में छात्रों के पढ़ने की जगह को क्या कहेंगे?

(*a*) मैदान (*b*) सुराही

(*c*) झोपड़ी (*d*) स्कूल

6. यदि किसी कूटभाषा में 'बिल्ली' को 'घोड़ा', 'घोड़ा' को 'चूहा', 'कुत्ता' को 'खरगोश', 'खरगोश' को 'बिल्ली', 'चूहा' को 'कुत्ता' और 'शेर' को 'चींटी' कहा जाए तो इस कूटभाषा मे प्रयुक्त कूटों के आधार पर भौंकने वाले पशु को क्या कहेंगे?

(*a*) कुत्ता (*b*) बिल्ली

(*c*) शेर (*d*) खरगोश

7. यदि 'भूमि' को 'झील', 'झील' को 'पत्थर', 'पत्थर' को 'भारी', 'भारी' को 'स्टेडियम', 'स्टेडियम' को 'महासागर', 'महासागर' को 'वर्षा' और 'वर्षा' को 'आग' कहा जाए तो क्रिकेट के टेस्ट मैच खेले जाने वाले स्थान क्या कहलाते हैं?

(*a*) भारी (*b*) महासागर

(*c*) पत्थर (*d*) भूमि

8. यदि किसी कूटभाषा में 'चिड़िया' को 'राजा', 'राजा' को 'फूल', 'फूल' को 'घन', 'घन' को 'मेज', 'मेज' को 'मनुष्य' और 'मनुष्य' को 'चिड़िया' कहा जाए तो इस कूटभाषा में 'गुलाब' क्या है?

(*a*) मेज (*b*) फूल

(*c*) घन (*d*) मनुष्य

9. यदि किसी कूटभाषा में 'पानी' को 'पत्थर', 'पत्थर' को 'तेल', 'तेल' को 'हवा', 'हवा' को 'लकड़ी', 'लकड़ी' को 'गैस' और 'गैस' को 'द्रव' कहा जाए तो इस कूटभाषा में फर्नीचर किस चीज से बनता है?

(*a*) गैस (*b*) हवा

(*c*) तेल (*d*) द्रव

10. यदि किसी कूटभाषा में 'पिंजड़ा' को 'रॉकेट', 'रॉकेट' को 'फंदा', 'फंदा' को 'ग्रह', 'ग्रह' को 'हवाई जहाज', 'हवाई जहाज' को 'साइकिल' और 'साइकिल' को 'कार' कहा जाए तो इस कूटभाषा में पृथ्वी को क्या कहेंगे?

(*a*) साइकिल (*b*) रॉकेट
(*c*) ग्रह (*d*) हवाई जहाज

11. यदि किसी कूटभाषा में 'लाल' को 'हवा', 'हवा' को 'काला', 'काला' को 'आकाश', 'आकाश' को 'नीला', 'नीला' को 'पवन' और 'पवन' को सफेद कहा जाए तो, इस कूटभाषा में चिड़िया कहां उड़ती हैं?

(*a*) हवा (*b*) आकाश
(*c*) नीला (*d*) पवन

12. यदि किसी कूटभाषा में 'अंधकार' को 'साफ', 'साफ' को 'पवन', 'पवन' को 'प्रकाश', 'प्रकाश' को 'धुंधला', 'धुंधला' को 'भूरा', 'भूरा' को 'भारी' और 'भारी' को 'चमकीला' कहा जाए, तो इस कूटभाषा में बालू के रंग को क्या कहेंगे?

(*a*) धुंधला (*b*) चमकीला
(*c*) प्रकाश (*d*) भारी

13. यदि किसी कूटभाषा में 'नारंगी' को 'राख', 'राख' को 'लाल', 'लाल' को 'नीला', 'नीला' को 'भूरा', 'भूरा' को 'काला', 'काला' को 'सफेद' और 'सफेद' को 'पीला' कहा जाए तो इस कूटभाषा में पेड़ के तने के रंग को क्या कहेंगे?

(*a*) काला (*b*) भूरा
(*c*) नीला (*d*) सफेद

व्याख्यात्मक उत्तर

1. (*c*) : दूध का रंग 'सफेद' होता है और इस कूटभाषा में 'सफेद' को 'आकाश' कहते हैं।

2. (*c*) : रक्त का रंग 'लाल' होता है और इस कूटभाषा में 'लाल' को 'सफेद' कहते हैं।

3. (*b*) : प्यास लगने पर हम 'पानी' पीते हैं और इस कूटभाषा में 'पानी' को 'हवा' कहते हैं।

4. (*a*) : आकाश का रंग 'नीला' होता है और नीला का अर्थ 'सफेद' है।

5. (*a*) : छात्र 'स्कूल' में पढ़ते हैं और 'स्कूल' को इस कूटभाषा में 'मैदान' कहा जाता है।

6. (*d*) : भौंकने वाला पशु 'कुत्ता' है और 'कुत्ता' को इस कूटभाषा में 'खरगोश' कहते हैं।

7. (*b*) : टैस्ट मैच 'स्टेडियम' में खेले जाते हैं और 'स्टेडियम' को इस कूटभाषा में 'महासागर' कहा जाता है।

8. (*c*) : गुलाब एक 'फूल' है और 'फूल' को इस कूटभाषा में 'घन' कहा जाता है।

9. (*a*) : फर्नीचर 'लकड़ी' से बनता है और 'लकड़ी' को इस कूटभाषा में गैस कहते हैं।

10. (*d*) : पृथ्वी एक 'ग्रह' है 'ग्रह' को इस कूटभाषा में हवाई जहाज कहते हैं।

11. (*c*) : चिड़िया 'आकाश' में उड़ती है और 'आकाश' को इस कूटभाषा में 'नीला' कहते हैं।

12. (*d*) : बालू का रंग 'भूरा' होता है और 'भूरा' को इस कूटभाषा में 'भारी' कहते हैं।

13. (*a*) : पेड़ के तने का रंग 'भूरा' होता है और 'भूरा' को इस कूटभाषा में 'काला' कहते हैं।

कथन विश्लेषण
(STATEMENT ANALYSIS)

तर्कबुद्धि परीक्षण से संबंधित इस प्रकार के प्रश्नों में कुछ कथन दिए जाते हैं। इन कथनों में कतिपय तथ्यों को अलग-अलग रूपों में तोड़-मरोड़ कर प्रस्तुत किया जाता है। ऐसे प्रश्नों को हल करने के लिए अभ्यर्थियों से यह अपेक्षा की जाती है कि वे दिए गए कथनों का विश्लेषण करें, दिए गए तथ्यों को सुव्यवस्थित और वर्गीकृत करें तथा तत्पश्चात् दिए गए कथनों से संबंधित प्रश्नों के उत्तर दें।

हल किए गए उदाहरण

1. आइसक्रीम बर्फ के समान ठंडा होता है। बर्फ ओले जितनी ठंडी नहीं होती। हिमकण बर्फ जितने ठंडे नहीं होते किंतु ये आइसक्रीम से अधिक ठंडे होते हैं। इनमें से सर्वाधिक ठंडा क्या है?

(*a*) ओला (*b*) आइसक्रीम (*c*) हिमकण (*d*) हिम

उत्तर (*a*) : ठंडक में वृद्धि को दर्शाने वाला क्रम है—आइसक्रीम, बर्फ, हिमकण, हिम, ओला।

2. नीचे दिए गए कथन को सावधानीपूर्वक पढ़ें और पूछे गए प्रश्नों *(i)* और *(ii)* के उत्तर दें :

पांच आदमी जिनमें से एक वजनी, दूसरा मोटा, तीसरा दुबला-पतला, चौथा नाटा और पांचवां लंबा है, एक दूसरे के पीछे दौड़ रहे हैं। वजनी और लंबे आदमियों में से एक तो कलाकार है और दूसरा बातुनी। दुबला-पतला आदमी जो बुद्धिमान भी है, बीच में दौड़ रहा है। नाटा आदमी काला नहीं है और गोरे रंग का आदमी दुबले-पतले आदमी से आगे दौड़ रहा है। वजनी आदमी जो कलाकार नहीं है, मोटे आदमी के सामने दौड़ रहा है।

(i) गोरा कौन है?

(*a*) लंबा आदमी (*b*) मोटा आदमी (*c*) नाटा आदमी (*d*) वजनी आदमी

उत्तर : (*b*)

(ii) लंबा आदमी क्या है?

(*a*) बुद्धिमान (*b*) बातुनी (*c*) कलाकार (*d*) काला

उत्तर : (*c*)

पांचों आदमियों के गुणों का चार्ट इस प्रकार है :

वजनी आदमी बातुनी है।
मोटा आदमी गोरा है।
दुबला-पतला आदमी बुद्धिमान है।
नाटा आदमी काला नहीं है।
लंबा आदमी कलाकार है।

अभ्यास

1. A, B, C, D और E पांच मित्र हैं जिनमें से A का वजन B से अधिक है, C का वजन D से कम है, B का वजन D से कम है किंतु E से अधिक है। इनमें से किसका वजन सबसे अधिक है?
(*a*) B (*b*) C
(*c*) A (*d*) कहा नहीं जा सकता

2. झांसी की तुलना में पुणे एक बड़ा शहर है, तथा चित्तौड़ की तुलना में सीतापुर एक बड़ा शहर है। रायगढ़ झांसी जितना बड़ा शहर नहीं है किंतु यह सीतापुर की तुलना में बड़ा शहर है। चित्तौड़ सीतापुर जितना बड़ा शहर नहीं है। इनमें से सबसे छोटा शहर कौन है?
(*a*) झांसी (*b*) पुणे
(*c*) चित्तौड़ (*d*) सीतापुर

3. राम के मुकाबले अजय अधिक काम करता है। आलोक और राजू दोनों एक जितना काम करते हैं। पंकज आलोक के मुकाबले कम काम करता है। राम आलोक के मुकाबले अधिक काम करता है। इनमें से सबसे अधिक काम कौन करता है?
(*a*) अजय (*b*) राम
(*c*) आलोक (*d*) राजू

4. विपुल, हंस से लंबा है। हंस, आनंद से लंबा है। आलोक, अशोक से लंबा है। अशोक, हंस से लंबा है। इन पांचों मित्रों से कौन सबसे अधिक लंबा है?
(*a*) विपुल (*b*) आलोक
(*c*) अशोक (*d*) कहा नहीं जा सकता

5. प्रमोद, गोपाल से लंबा है। गोपाल, मधु से कम लंबा है। यह जानने के लिए कि इनमें सबसे अधिक लंबा कौन है, निम्नलिखित में से कौन-सी अतिरिक्त जानकारी आवश्यक है?
(*a*) मधु, गोपाल से लंबी है
(*b*) मधु, प्रमोद के भाई से कम लंबी है
(*c*) प्रमोद, मधु से लंबा है
(*d*) प्रमोद, मधु के भाई से लंबा है

6. A की आयु B से अधिक है जबकि C और D की आयु E से अधिक है तथा E की आयु A और B की आयुओं के बीच है। यदि C की आयु B की तुलना में अधिक हो तो बताएं कि निम्नलिखित में से कौन-सा कथन अनिवार्यतः सत्य है?
(*a*) E की आयु B से अधिक है
(*b*) A की आयु C से अधिक है
(*c*) C की आयु D से अधिक है
(*d*) D की आयु C से अधिक है

7. विक्रम की लंबाई राजन से अधिक किंतु ऐनी से कम है। जमाल, ऐनी से अधिक लंबा है। सीता, विक्रम से अधिक लंबी है। राजन, सीता से कम लंबा है। इस समूह में सबसे कम लंबाई किसकी है?
(*a*) सीता (*b*) राजन
(*c*) विक्रम (*d*) कहा नहीं जा सकता

8. सुरेश की आयु कमल से उतनी ही अधिक है जितनी कि उसकी आयु प्रबोध से कम है। नवीन और कमल की आयु एक जैसी है। निम्नलिखित में से कौन-सा कथन असत्य है?
(*a*) सुरेश की आयु नवीन से अधिक है
(*b*) कमल की आयु सुरेश से कम है
(*c*) प्रबोध सबसे अधिक आयु का नहीं है
(*d*) नवीन की आयु प्रबोध से कम है

9. प्रमोद आयु में जयेश और सुधीर से बड़ा है। विकास, अनिल से छोटा है। इनमें किसकी आयु सब से अधिक है, यह जानने के लिए निम्नलिखित में से कौन-सी अतिरिक्त जानकारी अपेक्षित है?
(*a*) सुधीर, जयेश से बड़ा है
(*b*) अनिल, जयेश से बड़ा है
(*c*) विकास, प्रमोद से बड़ा है
(*d*) विकास, प्रमोद से छोटा है

10. पांच लड़कों में बसंत, मनोहर से लंबा है किंतु वह राजू जितना लंबा नहीं है। जयंत, दत्ता से लंबा है किंतु मनोहर से उसकी लंबाई कम है। इनमें सबसे अधिक लंबा लड़का कौन है?
(*a*) राजू (*b*) मनोहर
(*c*) बसंत (*d*) कहा नहीं जा सकता

11. A और D एक ही कक्षा में पढ़ते हैं। K और L एक ही कक्षा में पढ़ते हैं। D किस कक्षा में पढ़ता है? इस प्रश्न का उत्तर ज्ञात करने के लिए निम्नलिखित A और B कथनों में से किसमें दी गई सूचना आवश्यक है?
A. D, L से एक कक्षा कम में पढ़ता है
B. A का बड़ा भाई K के साथ पढ़ता है

(*a*) उपर्युक्त A और B दोनों में दी गई सूचनाएं पर्याप्त नहीं हैं

(*b*) उपर्युक्त A और B दोनों में दी गई सूचनाएं अपेक्षित हैं

(*c*) केवल A में दी गई सूचना पर्याप्त है

(*d*) केवल B में दी गई सूचना आवश्यक है

निर्देश (प्र.सं. 12 और 13): (A) गोपाल की लंबाई अशोक से कम किंतु केशव से अधिक है; (B) नवीन की लंबाई केशव से कम है; (C) जयेश की लंबाई नवीन से अधिक है; (D) अशोक की लंबाई जयेश से अधिक है।

12. इनमें सबसे अधिक लंबा कौन है?

(*a*) गोपाल (*b*) अशोक
(*c*) जयेश (*d*) नवीन

13. उपर्युक्त प्रश्न का उत्तर देने के लिए निम्नलिखित में से कौन-सी सूचना आवश्यक नहीं है?

(*a*) A (*b*) B
(*c*) C (*d*) D

निर्देश (प्र.सं. 14–16): *नीचे दिए गए कथन को ध्यानपूर्वक पढ़ें और इसमें दी गई सूचना के आधार पर प्रश्न संख्या 14 – 16 में पूछे गए प्रश्नों के उत्तर दें :*

रवि, हरी, मनु और जतिन चार मित्र हैं। इनमें से एक कानपुर में रहता है और उसे लिखने-पढ़ने का शौक है। हरी और जतिन लखनऊ में रहते हैं। हरी को डाक टिकटें एकत्रित करने का शौक है। लखनऊ में रहने वाले दोनों मित्रों में से प्रत्येक को सिक्के एकत्रित करने का शौक है। रवि इलाहाबाद में रहता है। लखनऊ में रहने वाला एक लड़का संगीत सुनना भी पंसद करता है। इलाहाबाद में रहने वाले लड़के को यात्रा करने और कॉमिक्स पढ़ने का शौक है। यदि सभी लड़कों में से प्रत्येक को दो शौक हों तो निम्नलिखित प्रश्नों के उत्तर दें :

14. कानपुर में कौन रहता है?

(*a*) जतिन (*b*) मनु
(*c*) रवि (*d*) हरी

15. सिक्के एकत्रित करने और संगीत सुनने का शौक निम्नलिखित में से किसे है?

(*a*) मनु (*b*) रवि
(*c*) हरी (*d*) जतिन

16. निम्नलिखित में से कौन-सा शौक रवि को नहीं है?

(*a*) कॉमिक्स पढ़ना (*b*) पढ़ना
(*c*) यात्रा करना (*d*) कहा नहीं जा सकता

निर्देश (प्र.सं. 17–19): *नीचे उल्लिखित कथन को ध्यानपूर्वक पढ़ें और पूछे गए प्रश्नों के उत्तर दें :*

एक समूह में A, B, C, D और E पांच व्यक्ति हैं। इनमें से दो पुरुष हैं। केवल तीन व्यक्ति तैरना जानते हैं जिनमें एक पुरुष है। इस समूह में एक विवाहित जोड़ा भी है जिसमें पति को तैरना आता है। A, D की छोटी बहन है और B, E का पति है। C तैराकी का चैम्पियन है।

17. समूह में अविवाहित पुरुष कौन है?

(*a*) C (*b*) B
(*c*) A (*d*) D

18. निम्नलिखित में से कौन-सी दो महिलाएं तैरना जानती हैं?

(*a*) A और C (*b*) C और D
(*c*) D और E (*d*) A और E

19. निम्नलिखित में से किन दो व्यक्तियों को तैरना नहीं आता?

(*a*) B और D (*b*) D और E
(*c*) A और E (*d*) A और D

निर्देश (प्र.सं. 20–24): *निम्नलिखित सूचना को ध्यानपूर्वक पढ़ें और पूछे गए प्रश्नों का उत्तर दें :*

(*i*) P, Q, R, S, T और U किसी परिवार के छह सदस्य हैं जिनमें से दो विवाहित जोड़े हैं।

(*ii*) T एक शिक्षक है और उसका विवाह एक डॉक्टर से हुआ है जो R और U की मां है।

(*iii*) Q एक वकील है और इसका विवाह P से हुआ है।

(*iv*) P का एक पुत्र और एक पोता है।

(*v*) दो विवाहित महिलाओं में से एक गृहिणी है।

(*vi*) परिवार में एक छात्र और एक इंजीनियर भी है जो पुरुष है।

20. निम्नलिखित में से कौन गृहिणी है?

(*a*) Q (*b*) P
(*c*) S (*d*) T

21. निम्नलिखित में से कौन-सा समूह परिवार की महिलाओं का है?

(*a*) QTR
(*b*) PSR
(*c*) PSU
(*d*) दी गई सूचना अपर्याप्त है

22. परिवार में पोती के बारे में निम्नलिखित में से कौन-सी सूचना सत्य है?

(*a*) वह एक छात्रा है
(*b*) वह एक इंजीनियर है
(*c*) वह एक वकील है
(*d*) दी गई सूचना अपर्याप्त है

23. R का U से क्या संबंध है?

(*a*) भाई (*b*) बहन

(*c*) भाई या बहन (*d*) सूचना अपर्याप्त है

24. P, R का कौन है?

(*a*) दादा (*b*) मां

(*c*) बहन (*d*) दादी

निर्देश (प्रश्न 25–29) : *निम्नलिखित सूचना का अध्ययन करें और पूछे गए प्रश्नों के उत्तर दें :*

(*i*) किसी शिक्षण संस्थान में A, B, C, D, E, F, G और H आठ संकाय सदस्य हैं जो अलग-अलग विषय पढ़ाते हैं।

(*ii*) इनमें तीन महिलाएं हैं और चार के पास पी.एच.डी. की उपाधि है।

(*iii*) E मनोविज्ञान पढ़ाता है और उसने पी.एच.डी. की उपाधि प्राप्त की है। A रसायनशास्त्र पढ़ाता है।

(*iv*) अर्थशास्त्र को पढ़ाने वाले संकाय सदस्य के पास पी.एच.डी. की उपाधि नहीं है। संकाय की कोई भी महिला सदस्य कॉमर्स या विधि विषय नहीं पढ़ाती। विधि संकाय पी.एच.डी. की उपाधि प्रदान नहीं करता।

(*v*) D और G में से कोई भी संकाय सदस्य वाणिज्य या भौतिक विज्ञान नहीं पढ़ाता।

(*vi*) H और C महिला सदस्य हैं और इनके पास पी.एच.डी. की उपाधि नहीं है। F को पी.एच.डी. की उपाधि प्राप्त है और वह प्राणिशास्त्र पढ़ाता है।

(*vii*) B और G के पास पी.एच.डी. की उपाधि है और G एक महिला सदस्य है।

25. निम्नलिखित में से किस महिला सदस्य को पी.एच.डी. की उपाधि प्राप्त है?

(*a*) G (*b*) C और D

(*c*) G और H (*d*) कहा नहीं जा सकता

26. निम्नलिखित में से कौन-सा बेमेल है?

(*a*) रसायनशास्त्र – पुरुष सदस्य – पी.एच.डी उपाधि प्राप्त

(*b*) प्राणिशास्त्र – पुरुष सदस्य – पी.एच.डी. की उपाधि प्राप्त

(*c*) भौतिक विज्ञान – महिला सदस्य – पी.एच.डी. की उपाधि प्राप्त

(*d*) अर्थशास्त्र – महिला सदस्य – पी.एच.डी. उपाधि प्राप्त नहीं की है

27. भौतिक विज्ञान कौन पढ़ाता है?

(*a*) C (*b*) H

(*c*) H या C (*d*) C या G

28. निम्नलिखित में से कौन-सा कथन सत्य है?

(*a*) तीन पुरुष सदस्यों को पी.एच.डी. की उपाधि प्राप्त है

(*b*) दो महिला सदस्यों को पी.एच.डी. की उपाधि प्राप्त है

(*c*) अर्थशास्त्र पढ़ाने वाले व्यक्ति के पास पी.एच.डी. की उपाधि नहीं है

(*d*) प्राणिशास्त्र पढ़ाने वाले व्यक्ति को पी.एच.डी. की उपाधि नहीं है

29. G द्वारा कौन-सा विषय पढ़ाया जाता है?

(*a*) प्राणिशास्त्र

(*b*) भौतिक विज्ञान या अर्थशास्त्र

(*c*) भौतिक विज्ञान या प्राणिशास्त्र

(*d*) कहा नहीं जा सकता

व्याख्यात्मक उत्तर

1. (*d*) : वजन के घटते क्रम में इन मित्रों को निम्नवत् श्रेणीबद्ध किया जा सकता है : A/D, B/C, E या A/D, B, C/E अत: इन मित्रों में से A या D का वजन सबसे अधिक है।

2. (*c*) : आकार के घटते क्रम में शहरों के नाम हैं : पुणे, झांसी, रायगढ़, सीतापुर, चित्तौड़।

3. (*a*) : इन व्यक्तियों के नामों का इनके द्वारा किए जाने वाले काम की मात्रा के घटते क्रम में निम्नलिखित अनुक्रम होगा : अजय, राम, आलोक/राजू, पंकज।

4. (*d*) : लंबाई के घटते क्रम में इन व्यक्तियों के नाम हैं : विपुल/आलोक, अशोक, हंस, आनंद। अत: विपुल या आलोक में से कोई एक सबसे अधिक लंबा है।

5. (*c*) : दी गई सूचना के अनुसार प्रमोद और मधु दोनों ही गोपाल से अधिक लंबे हैं। विकल्प (*c*) में दी गई जानकारी से ही यह पता चलता है कि सबसे अधिक लंबा कौन है।

6. (a) : आयु के घटते क्रम में इन व्यक्तियों को निम्नवत् विन्यस्त किया जा सकता है :
A/C/D, E, B.

7. (b) : लंबाई के घटते क्रम में इन व्यक्तियों को निम्नवत् विन्यस्त किया जा सकता है :
जमाल/सीमा, ऐनी, विक्रम, राजन
या
जमाल, सीता/ऐनी, विक्रम, राजन

8. (c) : आयु के घटते क्रम में इन व्यक्तियों को निम्नवत् विन्यस्त किया जा सकता है :
प्रबोध, सुरेश, कमल/नवीन

9. (c) : आयु के घटते क्रम में इन व्यक्तियों को निम्नवत् विन्यस्त किया जा सकता है :
1. प्रमोद, जयेश/सुधीर
और
2. अनिल, विकास
विकल्प (c) इन दोनों कथनों के बीच संबंध स्थापित करता है।

10. (a) : लंबाई के घटते क्रम में इन लड़कों को निम्नवत् विन्यस्त किया जा सकता है :
राजू, बसंत, मनोहर, जयंत, दत्ता

11. (a) : दोनों में से किसी भी कथन में उपयोगी सूचना नहीं दी गई है।

12. (b) : लंबाई के घटते क्रम में इन व्यक्तियों को निम्नवत् विन्यस्त किया जा सकता है :
अशोक, गोपाल/जयेश, केशव, नवीन
या
अशोक, गोपाल, केशव/जयेश, नवीन

13. (c) **14. (b)** **15. (d)** **16. (b)**

प्रश्न संख्या 17 से 19 तक के प्रश्नों के उत्तर के लिए सूचना चार्ट नीचे दिया गया है :

A. महिला (D की छोटी बहन) : तैराकी जानती है।
B. पुरुष (E का पति) : तैराकी जानता है।
C. महिला : तैराकी की चैम्पियन
D. पुरुष (A का भाई)
E. महिला (B की पत्नी)

विवाहित जोड़े B और E में से पति (B) तैराकी जानता है। C तैराकी की एक चैम्पियन है। तीन व्यक्ति तैरना जानते हैं जिनमें केवल B ही पुरुष है। अतः तैराकी जानने वाली दो महिलाएं C और A (D की छोटी बहन) हैं। पांच व्यक्तियों के इस समूह में दो पुरुष हैं जिनमें एक B है और दूसरा D होगा।

17. (d) **18. (a)** **19. (b)**

20. (b) : एक विवाहित महिला S जो R और U की मां है, डाक्टर है। Q एक वकील है और उसका विवाह P से हुआ है। दो विवाहित महिलाओं में से एक गृहिणी है। चूंकि Q वकील है, अतः इससे जिस महिला का विवाह हुआ है और जो गृहिणी है वह निश्चित रूप से P होगी।

21. (d) : R और U का लिंग नहीं बताया गया है।

22. (a) : P का पुत्र T है और एक पोता है जो R या U है जिसमें से कोई एक इंजीनियर है। अतः परिवार में पोती एक छात्रा है।

23. (c) : R और U का लिंग नहीं बताया गया है किंतु ये दोनों S के बच्चे हैं तथा R और U में से एक पुरुष इंजीनियर है, अतः R,U का भाई या बहन है।

24. (d)

प्रश्न संख्या 25 से 29 के उत्तर के लिए चार्ट

संकाय सदस्य	लिंग	पढ़ाए जाने वाले विषय	पी.एच.डी. की उपाधि प्राप्त या पी.एच.डी. की उपाधि प्राप्त नहीं
A	पुरुष	रसायनशास्त्र	पी.एच.डी. की उपाधि प्राप्त नहीं
B	पुरुष	वाणिज्य	पी.एच.डी. की उपाधि प्राप्त
C	महिला	भौतिक विज्ञान या अर्थशास्त्र	पी.एच.डी. की उपाधि प्राप्त नहीं
D	पुरुष	विधिशास्त्र	पी.एच.डी. की उपाधि प्राप्त नहीं
E	पुरुष	मनोविज्ञान	पी.एच.डी. की उपाधि प्राप्त
F	पुरुष	प्राणिशास्त्र	पी.एच.डी. की उपाधि प्राप्त
G	महिला	X	पी.एच.डी. की उपाधि प्राप्त
H	महिला	भौतिक विज्ञान या अर्थशास्त्र	पी.एच.डी. की उपाधि प्राप्त नहीं

25. (a) **26. (c)** **27. (c)** **28. (a)** **29. (d)**

स्थान व्यवस्थीकरण
(PLACE ARRANGEMENT)

स्थान व्यवस्थीकरण का सामान्य अर्थ है दी गई सूचनाओं के आधार पर व्यक्तियों या वस्तुओं का स्थान-क्रम निर्धारित करना। इसके लिए आवश्यक है कि स्थान-क्रम को अच्छी तरह समझा जाए और तत्पश्चात् दिए गए प्रश्नों को उपलब्ध कराई गई सूचना के आधार पर हल करने का प्रयास किया जाए।

हल किए गए उदाहरण

1. पांच लड़के एक सीढ़ी पर चढ़ रहे हैं। सीढ़ी पर डेविड लड़कों के बीच में है। कार्तिक सबसे पीछे है। अनमोल नीतिन से आगे है जो अनमोल और डैनी दोनों के पीछे है। सीढ़ी पर सबसे आगे कौन है?

(*a*) डैनी
(*b*) अनमोल
(*c*) डैनी या अनमोल
(*d*) कहा नहीं जा सकता

उत्तर (*c*) : लड़कों के सीढ़ी पर चढ़ने का निम्नलिखित क्रम है :

डैनी		अनमोल
अनमोल		डैनी
डेविड	या	डेविड
नीतिन		नीतिन
कार्तिक		कार्तिक

अतः इस बात की पूर्ण संभावना है कि सीढ़ी पर सबसे आगे डैनी या अनमोल है।

2. पांच व्यक्ति किसी पंक्ति में एक दूसरे के पीछे चल रहे हैं। पंक्ति में सबसे आगे और सबसे पीछे चल रहे व्यक्तियों में एक व्यक्ति बुद्धिमान और दूसरा मूर्ख है। एक नाटे व्यक्ति के पीछे एक मजबूत कद काठी का व्यक्ति चल रहा है। मूर्ख व्यक्ति के सामने एक दुबला व्यक्ति चल रहा है। नाटा व्यक्ति बुद्धिमान व्यक्ति और मजबूत कद काठी के व्यक्ति के बीच में है। पंक्ति में बीचों-बीच कौन चल रहा है?

(*a*) नाटा व्यक्ति
(*b*) मजबूत कद-काठी का व्यक्ति
(*c*) दुबला व्यक्ति
(*d*) बुद्धिमान व्यक्ति

उत्तर (*b*) : पांचों व्यक्तियों का पंक्ति में स्थान-क्रम निम्नवत् है :

मूर्ख, दुबला व्यक्ति, मजबूत कद-काठी का व्यक्ति, नाटा व्यक्ति, बुद्धिमान व्यक्ति।

अभ्यास

निर्देश (प्र.सं. 1–10): *निम्नलिखित प्रश्नों में व्यवस्थीकरण के पैटर्न को समझें और तत्पश्चात् दिए गए विकल्पों में से सही उत्तर का चयन करें:*

1. पांच लड़के एक पंक्ति में बैठे हैं। रघु, श्याम या अमित की बगल में नहीं बैठा है। अजय, श्याम की बगल में नहीं बैठा है। रघु, मयंक की बगल में बैठा है। यदि मयंक पंक्ति में बीच में बैठा हो तो अजय निम्नलिखित में से किसकी बगल में बैठा है?

(*a*) अमित (*b*) रघु
(*c*) मयंक (*d*) श्याम

2. मिनी, रजनी के दाएं और अनंता के बाएं बैठी है। सत्या, मिनी के दाएं बैठी है किंतु वह जया के बाएं है। यदि सभी लड़कियां उत्तर दिशा की ओर मुंह किए बैठी हों तो इनमें से सबसे बाएं छोर पर कौन बैठी है?

(*a*) जया (*b*) मिनी
(*c*) रजनी (*d*) सत्या

3. किट्टू, मोहन और सोहन के बीच बैठा है। राजू, सोहन की बायीं ओर और श्याम, मोहन की दाहिनी ओर बैठा है। यदि ये सभी मित्र दक्षिण दिशा की ओर मुंह करके बैठे हों, तो सबसे दाहिने छोर पर कौन बैठा है?

(*a*) मोहन (*b*) सोहन
(*c*) किट्टू (*d*) श्याम

4. A, B, C, D और E एक दूसरे के पीछे दौड़ रहे हैं। C, E के निकट नहीं है और A, D के निकट नहीं है। B, A के पीछे है और E, D के निकट नहीं है। इनके बीच में कौन व्यक्ति है?

(*a*) B (*b*) E
(*c*) A (*d*) कहा नहीं जा सकता

5. O, P, Q, R, S और T एक बेंच पर अपनी लंबाई के घटते क्रम में खड़े हैं। P, O से अधिक लंबा है किंतु S से उसकी लंबाई कम है। केवल S ही T से अधिक लंबा है। R, P से कम लंबा है किंतु वह Q से अधिक लंबा है। इनमें किसकी लंबाई सबसे कम है?

(*a*) O (*b*) Q
(*c*) P (*d*) कहा नहीं जा सकता

6. छह मित्र एक गोल घेरे में बैठ कर ताश खेल रहे हैं। केनी, डैनी की बायीं ओर बैठा है। माइकल, बॉब और जॉन के बीच बैठा है। रॉजर, केनी और बॉब के बीच बैठा है। माइकल की दाहिनी ओर कौन बैठा है?

(*a*) डैनी (*b*) जॉन
(*c*) केनी (*d*) बॉब

7. चार लड़कियां A, B, C और D एक गोल घेरे में बैठी हैं। B और C का मुंह एक दूसरे की ओर है। निम्नलिखित कथनों में से कौन-सा निश्चित रूप से सत्य है?

(*a*) A, C की बायीं ओर बैठी है
(*b*) D, C की बायीं ओर बैठी है
(*c*) A और D एक दूसरे के आमने-सामने बैठी हैं
(*d*) A, B और C के बीच नहीं बैठी है

8. 10 पुस्तकों के एक ढेर में 3 पुस्तकें इतिहास की, 3 हिंदी की, 2 गणित की और 2 अंग्रेजी की पुस्तकें हैं। यदि ऊपर से देखा जाए तो इतिहास और गणित की एक-एक पुस्तकों के बीच अंग्रेजी की एक पुस्तक है, गणित और अंग्रेजी की एक-एक पुस्तकों के बीच इतिहास की एक पुस्तक है, अंग्रेजी और गणित की एक-एक पुस्तकों के बीच एक हिंदी की पुस्तक है, हिंदी की दो पुस्तकों के बीच गणित की एक पुस्तक है तथा गणित और इतिहास की एक-एक पुस्तकों के बीच हिंदी की दो पुस्तकें हैं। इस ढेर में किस विषय की पुस्तक ऊपर से छठे स्थान पर है?

(*a*) अंग्रेजी (*b*) हिंदी
(*c*) इतिहास (*d*) गणित

9. पांच व्यक्ति A, B, C, D और E एक पंक्ति में आपकी ओर मुंह करके इस प्रकार बैठे हैं कि D, C की बायीं ओर बैठा है और B, E की दाहिनी ओर बैठा है। A, C की दाहिनी ओर बैठा है और B, D की बायीं ओर बैठा है। यदि E कोने में बैठा हो तो बीच में कौन बैठा है?

(*a*) A (*b*) B
(*c*) C (*d*) D

10. छह मित्र A, B, C, D, E और F एक गोल घेरे में खड़े हैं। B, F और C के बीच में है, A, E और D के बीच में है, F, D की बायीं ओर है। A और F के बीच कौन है?

(*a*) C (*b*) B
(*c*) D (*d*) E

निर्देश (प्र.सं. 11–13): *नीचे दिए गए कथन को ध्यानपूर्वक पढ़ें और पूछे गए प्रश्नों के उत्तर दें :*

A, B, C, D और E एक पंक्ति में खड़े हैं। पंक्ति के एक छोर पर D और दूसरे छोर पर C है। B, E की दाहिनी ओर खड़ा है। A, C की बायीं ओर खड़ा है तथा E, D और B के बीच खड़ा है।

11. पंक्ति के बीच में कौन खड़ा है?

(*a*) E (*b*) D
(*c*) B (*d*) A

12. A निम्नलिखित में से किसके बीच खड़ा है?

(*a*) B और D (*b*) E और B
(*c*) C और E (*d*) B और C

13. B की दाहिनी ओर कौन खड़ा है?

(*a*) C (*b*) E
(*c*) A (*d*) D

निर्देश (प्र.सं. 14 और 15): *निम्नलिखित कथनों को सावधानी पूर्वक पढ़ें और पूछे गए प्रश्नों के उत्तर दें :*

एक शेल्फ में पांच कमीजें एक ढेर में एक के ऊपर एक रखी हुई हैं। इस ढेर में लाल कमीज नीली कमीज के ऊपर रखी गई है और हरे रंग की कमीज नारंगी रंग की कमीज के नीचे रखी गई है। नीली कमीज नारंगी रंग की कमीज के ऊपर तथा सफेद कमीज हरी कमीज के नीचे रखी गई है।

14. लाल और नारंगी रंग की कमीजों के बीच रखी कमीज किस रंग की है?

(*a*) सफेद रंग की (*b*) हरे रंग की
(*c*) नीले रंग की (*d*) आंकड़े अपर्याप्त हैं

15. सबसे नीचे किस रंग की कमीज है?

(*a*) लाल (*b*) सफेद
(*c*) नारंगी (*d*) कहा नहीं जा सकता

निर्देश (प्र.सं. 16–18): *निम्नलिखित प्रश्नों को ध्यानपूर्वक पढ़ें और पूछे गए प्रश्नों के उत्तर दें :*

(*i*) A, B, C, D और E एक पांच मंजिली इमारत में रहते हैं।
(*ii*) B और E भूतल पर नहीं रहते।
(*iii*) D, A से एक मंजिल ऊपर और C से एक मंजिल नीचे के तल पर रहता है
(*iv*) E सबसे ऊपर वाली मंजिल पर नहीं रहता।

16. D किस मंजिल पर रहता है?

(*a*) दूसरी (*b*) चौथी
(*c*) पांचवीं (*d*) पहली

17. इनमें से कितने व्यक्ति C से ऊपर वाली मंजिल पर रहते हैं?

(*a*) 3 (*b*) 2
(*c*) 4 (*d*) 1

18. उपर्युक्त दोनों प्रश्नों का उत्तर ज्ञात करने के लिए दिए गए चार कथनों में से किसे छोड़ा जा सकता है?

(*a*) केवल (*iv*) (*b*) केवल (*ii*) और (*iii*)
(*c*) कोई नहीं (*d*) केवल (*i*)

निर्देश (प्र.सं. 19 और 20): *निम्नलिखित सूचना को ध्यान से पढ़ें और नीचे पूछे गए प्रश्नों के उत्तर दें :*

(*i*) एक मेज पर एक के ऊपर एक मनोविज्ञान, हिंदी, अंग्रेजी, समाज विज्ञान, अर्थशास्त्र, शिक्षाशास्त्र और लेखाशास्त्र विषयों की सात पुस्तकें रखी हैं।
(*ii*) इनमें समाज विज्ञान की पुस्तक सभी पुस्तकों के ऊपर है।
(*iii*) लेखाशास्त्र की पुस्तक शिक्षाशास्त्र की पुस्तक के ठीक नीचे है जो समाज विज्ञान की पुस्तक के ठीक नीचे रखी गई है।
(*iv*) अर्थशास्त्र की पुस्तक मनोविज्ञान की पुस्तक के ठीक ऊपर किंतु सभी पुस्तकों के बीच में नहीं रखी गई है।
(*v*) हिंदी की पुस्तक मनोविज्ञान की पुस्तक के ठीक नीचे रखी गई है।

19. लेखाशास्त्र और हिंदी की पुस्तकों के बीच किन विषयों की तीन पुस्तकें रखी गई हैं?

(*a*) अर्थशास्त्र, मनोविज्ञान और हिंदी
(*b*) अर्थशास्त्र, मनोविज्ञान और शिक्षाशास्त्र
(*c*) अंग्रेजी, अर्थशास्त्र और मनोविज्ञान
(*d*) कहा नहीं जा सकता

20. अर्थशास्त्र की पुस्तक निम्नलिखित में से किन पुस्तकों के बीच रखी गई है?

(*a*) लेखाशास्त्र और शिक्षाशास्त्र
(*b*) मनोविज्ञान और हिंदी
(*c*) अंग्रेजी और मनोविज्ञान
(*d*) कहा नहीं जा सकता

निर्देश (प्र.सं. 21–25): *नीचे के कथनों को सावधानीपूर्वक पढ़ें और पूछे गए प्रश्नों के उत्तर दें :*

(*i*) P, Q, R, S, T और U को किसी एक तल पर दो पंक्तियों में स्थित छह फ्लैट जिनका मुख्य दरवाजा एक पंक्ति वाले

फ्लैटों का उत्तर की ओर और दूसरी पंक्ति वाले फ्लैटों का दक्षिण की ओर खुलता है, आवंटित किए जाते हैं।

(ii) Q के फ्लैट का मुख्य दरवाजा उत्तर दिशा में खुलता है और उसका फ्लैट S के बगल वाला फ्लैट नहीं है।

(iii) S और U के फ्लैट विकर्णत: सम्मुख फ्लैट हैं।

(iv) U के बगल में R को दक्षिण मुखी फ्लैट मिलता है और T के फ्लैट का मुख्य दरवाजा उत्तर दिशा में खुलता है।

21. निम्नलिखित में से किन व्यक्तियों को आवंटित फ्लैटों का मुख्य दरवाजा दक्षिण दिशा में खुलता है?

(*a*) URP (*b*) UPT

(*c*) QTS (*d*) सूचना अपर्याप्त है

22. SU को छोड़ अन्य किन व्यक्तियों को आवंटित फ्लैट विकर्णत: सम्मुख फ्लैट हैं?

(*a*) PT (*b*) QP

(*c*) QR (*d*) TS

23. Q और S को आवंटित फ्लैटों के बीच में किसका फ्लैट है?

(*a*) T (*b*) U

(*c*) R (*d*) P

24. यदि T और P अपने आवंटित फ्लैटों को आपस में बदल लें तो U के बगल में किसका फ्लैट होगा?

(*a*) Q (*b*) T

(*c*) P (*d*) R

25. उपर्युक्त प्रश्नों का उत्तर ज्ञात करने के लिए निम्नलिखित में से किन कथनों को छोड़ा जा सकता है?

(*a*) कोई नहीं (*b*) केवल (i)

(*c*) केवल (ii) (*d*) केवल (iii)

व्याख्यात्मक उत्तर

1. (*b*) : पांचों लड़कों के पंक्ति में बैठने का निम्नलिखित क्रम है:

अमित, श्याम, मयंक, अजय, रघु

या

अजय, रघु, मयंक, अमित, श्याम

2. (*c*) : इन सभी लड़कियों के बैठने का निम्नलिखित क्रम है:

रजनी, मिनी, अनंता, सत्या, जया

या

सत्या, जया, अनंता

या

सत्या, अनंता, जया

3. (*d*) : दक्षिण दिशा की ओर मुंह करके बैठने पर इन मित्रों के बैठने का निम्नलिखित क्रम होगा :

श्याम, मोहन, किट्टू, सोहन, राजू

4. (*a*) : दौड़ते समय ये व्यक्ति निम्नलिखित क्रम में एक दूसरे के पीछे होंगे :

E		E
A		A
B	या	B
C		D
D		C

5. (*d*) : लंबाई के घटते क्रम में ये व्यक्ति बेंच पर निम्नलिखित विन्यास में खड़े होंगे :

S		S
T		T
P	या	P
R		R
O		Q
Q		O

इनमें या तो O या फिर Q सबसे छोटा है। दी गई सूचना उत्तर ज्ञात करने के लिए पर्याप्त नहीं है।

6. (*d*) : इन छह मित्रों के बैठने का निम्नलिखित क्रम है :

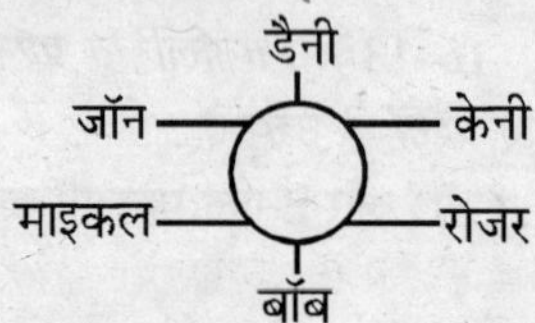

7. (*c*) : इन लड़कियों के बैठने का निम्नलिखित क्रम होगा :

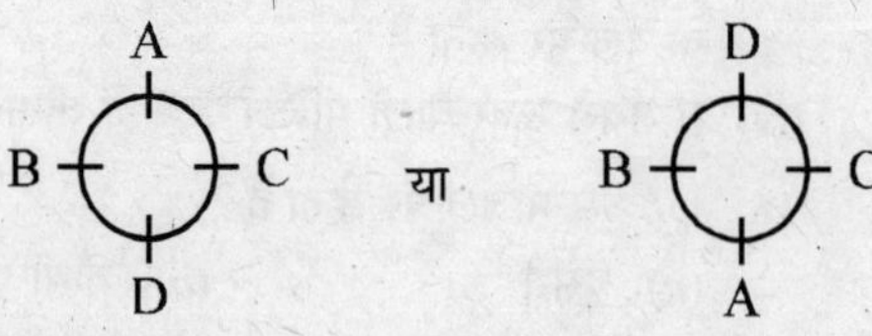

8. (b) : पुस्तकें निम्नलिखित विषय-क्रम में एक दूसरे के ऊपर रखी गई हैं :

पहला — इतिहास
अंग्रेजी
गणित
इतिहास
अंग्रेजी
छठा — हिंदी
गणित
हिंदी
हिंदी
दसवां — इतिहास

9. (d) : हमारी ओर मुंह किए बैठे इन व्यक्तियों का निम्नलिखित क्रम होगा :
A, C, D, B, E

10. (c) : ये मित्र निम्नलिखित क्रम में एक दूसरे की बगल में खड़े हैं

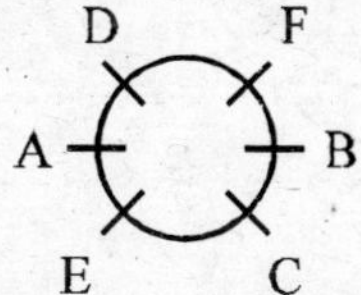

11. (c) : प्रश्न संख्या 16 से 18 के संदर्भ में बताए गए पांच व्यक्ति पंक्ति में निम्नलिखित क्रम में खड़े हैं :
D, E, B, A, C.

12. (d) **13. (c)**

14. (c) : प्रश्न संख्या 14 और 15 के संदर्भ में शेल्फ में कमीजों को निम्नलिखित क्रम में रखा गया है :

लाल कमीज
नीली कमीज
नारंगी रंग की कमीज
हरे रंग की कमीज
सफेद कमीज

15. (b)

प्रश्न संख्या 16 से 18 के संदर्भ में दी गई सूचना के अनुसार पांच मंजिली इमारत में A, B, C, D और E निम्नलिखित क्रम में रहते हैं :

B
E
C
D
A – भूतल

16. (d) **17. (b)** **18. (c)**

19. (c) : पुस्तकें निम्नलिखित क्रम में एक दूसरे के ऊपर रखी गई हैं :

समाज विज्ञान
शिक्षाशास्त्र
लेखाशास्त्र
अंग्रेजी
अर्थशास्त्र
मनोविज्ञान
हिंदी

20. (c)

प्रश्न संख्या 21 से 25 के संदर्भ में दिए गए कथनों के अनुसार आवंटित किए गए फ्लैटों की अवस्थिति निम्नवत् है :

Q T S ↑N इनका मुख्य दरवाजा उत्तर दिशा में खुलता है
U R P ↓S इनका मुख्य दरवाजा दक्षिण दिशा में खुलता है

21. (a) **22. (b)** **23. (a)**

24. (d) : नई स्थिति निम्नवत् होगी :

Q P S ↑N उनका मुख्य दरवाजा उत्तर दिशा में खुलता है
U R T ↓S इनका मुख्य दरवाजा दक्षिण दिशा में खुलता है

25. (a)

दिशा ज्ञान परीक्षण

(DIRECTION SENSE)

इस प्रकार के प्रश्न अभ्यर्थियों की सही दिशा-निर्देशों को समझने की योग्यता की जांच करने हेतु पूछे जाते हैं। ऐसे प्रश्न दिशा-चार्ट पर आधारित होते हैं :

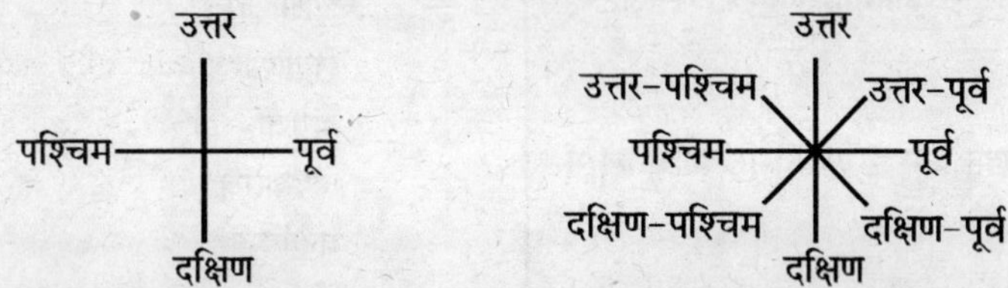

विभिन्न दिशाओं का बोध बाएं या दाएं मोड़ या कोणीय मोड़ों द्वारा निर्देशित होता है।

हल किए गए उदाहरण

1. एक व्यक्ति उत्तर दिशा में चल रहा है। वह दो बार दाहिने मुड़ता है और फिर चलने लगता है अब वह किस दिशा में चल रहा है ?

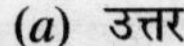

(*a*) उत्तर (*b*) दक्षिण (*c*) पूर्व (*d*) पश्चिम

उत्तर (*b*) :

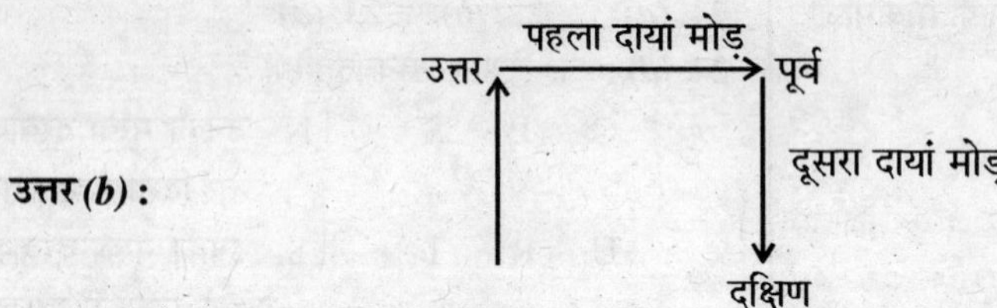

दिशा चार्ट का अनुसरण करने पर यह स्पष्ट होता है कि वह व्यक्ति अब दक्षिण दिशा में चल रहा है।

2. एक व्यक्ति पूर्व दिशा में चल रहा है। वह पहले 45° बाएं और तब 90° दाएं मुड़ता है। अब वह किस दिशा में चल रहा है ?

(*a*) उत्तर (*b*) उत्तर-पश्चिम (*c*) उत्तर-पूर्व (*d*) पश्चिम

उत्तर (*c*) :

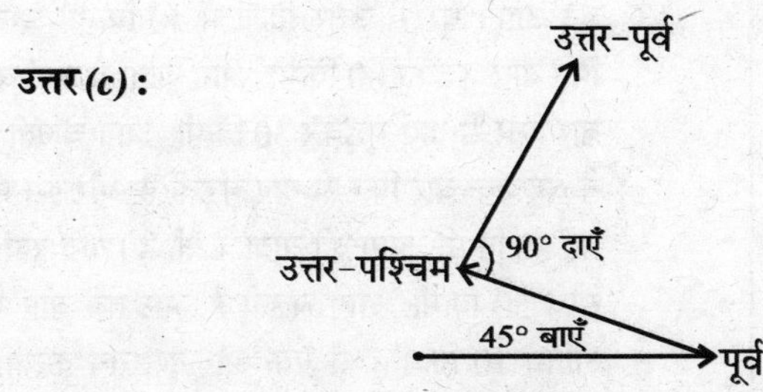

45° मोड़ का अर्थ है, सीधी दिशा न होकर दो दिशाओं के बीच में जाना। 90° मोड़ में भी दो दिशाएं शामिल हैं और व्यक्ति उत्तर-पश्चिम में न जाकर उत्तर-पूर्व दिशा में जाने लगता है।

एक दिशा को छोड़कर दूसरी दिशा में जाने पर व्यक्ति किस दिशा में गति कर रहा है, इसे जानने के लिए सही दिशा-निर्देशों को समझने की आवश्यकता है। साथ ही अभ्यर्थियों को कागज पर दिशा की जानकारी होना भी आवश्यक है। दिशा चार्ट की सहायता से दूरियों को भी सरलतापूर्वक मापा जा सकता है।

अभ्यास

निर्देश (प्र.सं. 1–25): *नीचे के प्रत्येक प्रश्न में सही दिशा/ दूरी दर्शाने के लिए दिए गए विकल्पों से सही उत्तर का चयन करें।*

1. किट्टू पहले पूर्व दिशा में चलता है और तब दक्षिण दिशा में चलता है। दक्षिण दिशा में कुछ दूरी तय करने के बाद वह पश्चिम दिशा में मुड़ जाता है और तब अपने बाएं मुड़ जाता है। अब वह किस दिशा में चल रहा है?

(*a*) उत्तर (*b*) दक्षिण
(*c*) पूर्व (*d*) पश्चिम

2. एक व्यक्ति पश्चिम दिशा में अपनी गाड़ी चला रहा है। वह दक्षिण दिशा में चले इसके लिए उसे निम्नलिखित में से कौन से मोड़ मुड़ने चाहिए?

(*a*) बायीं ओर, दायीं ओर, दायीं ओर
(*b*) दायीं ओर, दायीं ओर, बायीं ओर
(*c*) बायीं ओर, बायीं ओर, बायीं ओर
(*d*) दायीं ओर, दायीं ओर, दायीं ओर

3. ऋचा अपनी गाड़ी से दक्षिण दिशा में 8 किमी आगे चलकर बायीं ओर मुड़ जाती है और 5 किमी. आगे चलती है। वहां वह एक बार फिर से बायीं ओर मुड़कर 8 किमी. आगे चलती है। अब वह अपने शुरु के स्थान से कितनी दूरी पर है?

(*a*) 3 किमी. (*b*) 5 किमी.
(*c*) 8 किमी. (*d*) 13 किमी.

4. डिंगी अपनी गाड़ी से उत्तर की ओर 40 किमी. की दूरी तय करती है, वहां वह दायीं ओर मुड़कर 50 किमी आगे जाती है जहां वह एक बार फिर से दायीं ओर मुड़कर 30 किमी. आगे जाती है, और तब फिर से दायीं ओर मुड़कर 50 किमी. और आगे जाती है। यहां वह अपने आरंभिक बिंदु से कितनी दूरी पर है?

(*a*) 90 किमी. (*b*) 50 किमी.
(*c*) 10 किमी. (*d*) 5 किमी.

5. देबू पहले पूर्व की ओर और तब उत्तर की ओर चलता है तथा वहां वह 45° दायें मुड़कर कुछ देर आगे चलता है और अंततः बायीं ओर मुड़ जाता है। अब वह किस दिशा में चल रहा है?

(*a*) उत्तर (*b*) पूर्व
(*c*) दक्षिण-पूर्व (*d*) उत्तर-पश्चिम

6. यदि उत्तर का उत्तर-पश्चिम, उत्तर-पश्चिम का पश्चिम, पश्चिम का दक्षिण-पश्चिम और इसी प्रकार अन्य दिशाओं का भी नामकरण किया जाए तो दक्षिण पूर्व को क्या कहा जाएगा?

(*a*) पूर्व (*b*) पश्चिम
(*c*) उत्तर-पूर्व (*d*) दक्षिण-पूर्व

7. मैं अपने घर से उत्तर दिशा में 15 मीटर चला, तब पश्चिम दिशा में मुड़कर 10 मीटर और आगे चला, यहां दक्षिण दिशा में मुड़कर मैंने 5 मीटर की एक अन्य दूरी तय की और तब पूर्व की ओर मुड़कर 10 मीटर की दूरी तय की। बताइए कि मैं अपने आरंभिक स्थान से किस दिशा में हूँ?

(*a*) पूर्व (*b*) पश्चिम
(*c*) उत्तर (*d*) दक्षिण

8. मैं अपने घर से उत्तर दिशा में चला और तब बायीं ओर मुड़ गया। अब कुछ देर तक आगे चलने के बाद मैं फिर से बायीं ओर मुड़ा और तब दायीं ओर मुड़ गया। बाद में आगे चलते हुए मैं बायीं ओर और एक बार फिर से बायीं ओर मुड़ा। बताइए कि अब मैं किस दिशा में चल रहा हूँ?

(*a*) उत्तर (*b*) दक्षिण
(*c*) पूर्व (*d*) पश्चिम

9. राज पश्चिम दिशा में चल रहा है। वह आगे चलते हुए अपने दाएं, फिर दाएं और तब बाएं, हर बार 45° के कोण पर मुड़ा। बताइए कि अब वह किस दिशा में चल रहा है?

(*a*) उत्तर-पूर्व (*b*) दक्षिण-पूर्व
(*c*) पूर्व (*d*) पश्चिम

10. जतिन अपने घर से उत्तर दिशा में 12 किमी. चलता है। तब वह अपनी दायीं ओर मुड़कर 12 किमी. की एक अन्य दूरी तय करता है। वह एक बार फिर से दायीं ओर मुड़ता है और 12 किमी. की एक अन्य दूरी तय करके बायीं ओर मुड़ता है ओर तब 5 किमी. आगे चलता है। बताइए कि इस समय वह अपने घर से कितनी दूरी पर है और किस दिशा में है?

(*a*) 7 किमी., पूर्व दिशा
(*b*) 10 किमी., पूर्व दिशा
(*c*) 17 किमी., पूर्व दिशा
(*d*) 24 किमी., पूर्व दिशा

11. एक महिला उत्तर दिशा में 12 किमी. चलती है, तब वह दक्षिण दिशा में 6 किमी. चलती है और तत्पश्चात् पूर्व दिशा में 8 किमी चलती है। इस समय वह अपने आरंभिक बिंदु से कितनी दूरी पर है और किस दिशा में चल रही है?

(*a*) 5 किमी., उत्तर-पूर्व (*b*) 5 किमी., पूर्व
(*c*) 10 किमी., उत्तर-पूर्व (*d*) 10 किमी., पश्चिम

12. दिव्या पूर्व दिशा में 10 किमी. की यात्रा करती है, और तब दक्षिण-पश्चिम दिशा में 10 किमी. की यात्रा करती है। वह एक बार फिर से मुड़कर उत्तर-पश्चिम दिशा में 10 किमी. चलती है। बताइए कि अब वह अपने आरंभिक बिंदु से किस दिशा में चल रही है?

(*a*) दक्षिण (*b*) उत्तर
(*c*) पश्चिम (*d*) पूर्व

13. मनु अपने घर से उत्तर दिशा में 40 किमी. चलती है, फिर दाएं मुड़कर 80 किमी. आगे जाती है जहां वह एक बार फिर से दाएं मुड़कर 30 किमी. आगे चलती है अंत में वह एक बार फिर से दाएं मुड़ती है और इस मार्ग पर वह 80 किमी. आगे की यात्रा करती है। यदि यहां से वह सीधे 50 किमी. आगे बढ़ती है और तब बाएं मुड़कर अंतिम 10 किमी. की एक और दूरी तय करती हो तो बताइए कि अब वह अपने घर से कितनी दूरी पर है?

(*a*) 10 किमी. (*b*) 30 किमी.
(*c*) 40 किमी. (*d*) 50 किमी.

14. मैं अपने घर से 18 किमी. उत्तर की ओर चलता हूं और तब बाईं ओर मुड़कर 4 किमी. की एक अन्य दूरी तय करता हूं जहां से दायीं ओर मुड़कर मैं 12 किमी. की एक अन्य दूरी तय करता हूं। बताइए कि इस समय मैं अपने घर से कितनी दूरी पर और किस दिशा में हूं?

(*a*) 8 किमी. उत्तर (*b*) 10 किमी. पश्चिम
(*c*) 16 किमी. दक्षिण (*d*) 34 किमी. उत्तर

15. रवि अपनी गाड़ी से पश्चिम दिशा में 12 किमी. जाता है। वहां वह दक्षिण दिशा में मुड़कर 3 किमी. आगे की यात्रा करता है, जहां वह पूर्व दिशा में मुड़कर 8 किमी. की यात्रा करता है। बताइए कि इस समय वह अपने आरंभिक बिंदु से कितनी दूरी पर है?

(*a*) 3 किमी. (*b*) 5 किमी.
(*c*) 7 किमी. (*d*) 11 किमी.

16. एक बच्चा अपने घुटनों के बल उत्तर दिशा में 20 फीट आगे बढ़ता है जहां वह दायीं ओर मुड़कर 30 फीट और आगे बढ़ता है और तब फिर से दायीं ओर मुड़कर 35 फीट आगे जाता है। यहां वह बायीं ओर मुड़कर 15 फीट और आगे जाता है। यहां वह एक बार फिर से बायीं ओर मुड़ता है और 15 फीट और आगे बढ़ता है। अंततः वह फिर से बायीं ओर मुड़कर 15 फीट और आगे जाता है। बताइए कि इस समय वह अपने आरंभिक स्थान से कितना दूर और किस दिशा में है?

(*a*) 45 फीट, उत्तर-पूर्व (*b*) 30 फीट, पूर्व
(*c*) 30 फीट, पश्चिम (*d*) 15 फीट, पश्चिम

17. एक व्यक्ति अपने घर से दक्षिण दिशा में 100 किमी. की दूरी तय करता है। वहां से वह दायीं ओर मुड़कर 100 किमी. आगे बढ़ता है और एक बार फिर से दायीं

ओर मुड़कर 50 किमी. आगे जाता है। बताइए कि वह अपने घर से अब किस दिशा में है?

(*a*) उत्तर (*b*) उत्तर-पूर्व
(*c*) पूर्व (*d*) दक्षिण-पश्चिम

18. एक रेलगाड़ी अपने आरंभिक स्टेशन से चलकर पश्चिम दिशा में 120 किमी. जाती है, तब दक्षिण दिशा में 30 किमी. और उसके बाद किसी एक स्टेशन पर पहुंचने से पहले पूर्व दिशा में 80 किमी. चलती है। बताइए कि यह स्टेशन ट्रेन के आरंभिक स्टेशन से किस दिशा में है?

(*a*) दक्षिण-पश्चिम (*b*) उत्तर-पश्चिम
(*c*) दक्षिण-पूर्व (*d*) दक्षिण

19. पश्चिम दिशा में मुंह करके प्रिया 20 मीटर आगे जाती है, और तब बायीं ओर मुड़कर आगे 40 मीटर जाती है। वहां वह एक बार फिर से बायीं ओर मुड़कर 20 मीटर और आगे जाती है। तब वह दायीं ओर मुड़कर 20 मीटर आगे स्थित पार्क में पहुंचती है। यह पार्क उसके आरंभिक बिंदु से कितनी दूर और किस दिशा में अवस्थित है?

(*a*) 20 मीटर, दक्षिण (*b*) 40 मीटर, पश्चिम
(*c*) 60 मीटर, दक्षिण (*d*) 100 मीटर, पूर्व

20. यदि सभी दिशाएं घूम जाएं अर्थात् यदि उत्तर दिशा घूमकर पश्चिम दिशा हो जाए और पूर्व दिशा घूमकर उत्तर दिशा हो जाए तथा इसी प्रकार अन्य दिशाएं भी घूम जाएं तो उत्तर-पश्चिम दिशा बदल कर कौन-सी दिशा हो जाएगी?

(*a*) दक्षिण-पश्चिम (*b*) उत्तर-पूर्व
(*c*) पूर्व-उत्तर (*d*) पूर्व-पश्चिम

21. राज की कार का मुंह पश्चिम की ओर है। वह अपनी कार को बायीं ओर मोड़ कर 10 किमी. जाता है, और फिर से बायीं ओर मुड़कर 10 किमी. और आगे जाता है। वहां वह दायीं ओर मुड़ता है और 40 किमी. आगे जाता है। वहां वह एक बार फिर से दायीं ओर मुड़ता है और 30 किमी. आगे जाता है। अंत में वह एक बार फिर दायीं ओर मुड़कर 50 किमी. आगे जाता है। बताइए कि अब वह अपने आरंभिक स्थान से कितनी दूर है?

(*a*) 10 किमी. (*b*) 20 किमी.
(*c*) 40 किमी. (*d*) 60 किमी.

22. A और B किसी एक बिंदु से एक साथ चलना आरंभ करते हैं। वे उत्तर दिशा में 10 किमी. जाते हैं। वहां A बायीं ओर मुड़ कर 5 किमी. आगे जाता है जबकि B दायीं ओर मुड़कर 3 किमी. आगे जाता है जहां से A एक बार फिर से बायीं ओर मुड़कर 15 किमी. आगे जाता है और B दायीं ओर मुड़कर 15 किमी. आगे जाता है। बताइए कि अब A और B एक दूसरे से कितनी दूरी पर हैं?

(*a*) 18 किमी. (*b*) 10 किमी.
(*c*) 5 किमी. (*d*) 8 किमी.

23. तरुण पूर्व दिशा में चल रहा है। यदि वह उत्तर दिशा में चलना चाहता है तो उसे निम्नलिखित से में कौन से मोड़ नहीं मुड़ने चाहिए?

(*a*) दायां, दायां, बायां, दायां, दायां
(*b*) दायां, दायां, बायां, बायां, बायां,
(*c*) दायां, दायां, दायां
(*d*) दायां, बायां, दायां, बायां

24. सोनी और मोनी किसी एक स्थान से चलना शुरू करती हैं। सोनी पश्चिम दिशा में और मोनी दक्षिण दिशा में चलती है। 20 किमी. आगे जाने के बाद सोनी बायीं ओर मुड़ जाती है और 15 किमी. आगे बढ़ती है। मोनी 10 किमी. आगे जाने के बाद बायीं ओर मुड़ती है और तब 5 किमी. आगे जाती है। इसी समय सोनी अपने स्थान से बायीं ओर मुड़कर 25 किमी. आगे जाती है जबकि मोनी अपने स्थान से दाहिनी ओर मुड़ती है और 5 किमी. आगे जाती है। बताइए कि यहां सोनी और मोनी एक दूसरे से कितनी दूरी पर हैं।

(*a*) 5 किमी.
(*b*) वे अपने आरंभिक बिंदु पर वापस पहुंच गए हैं
(*c*) वे अपनी यात्रा समाप्ति पर एक ही स्थान पर पहुंचती हैं
(*d*) दी गई सूचना अपर्याप्त है

25. सीता के घर का मुख्य दरवाजा दक्षिण दिशा में खुलता है। वह अपने घर से निकलकर सामने की दिशा में 10 मीटर जाती है, वहां से बायीं ओर मुड़कर वह 5 मीटर आगे जाती है और तब फिर से बायें मुड़कर 15 मीटर आगे जाती है और तब एक बार फिर से बायें मुड़कर 10 मीटर आगे जाती है। अंततः वह दायें मुड़ती है और 5 मीटर आगे जाकर अपने मित्र के घर पहुंचती है। सीता के मित्र के घर का मुख्य दरवाजा किस दिशा में खुलता है?

(*a*) उत्तर (*b*) दक्षिण
(*c*) पश्चिम (*d*) पूर्व

व्याख्यात्मक उत्तर

1. (b)

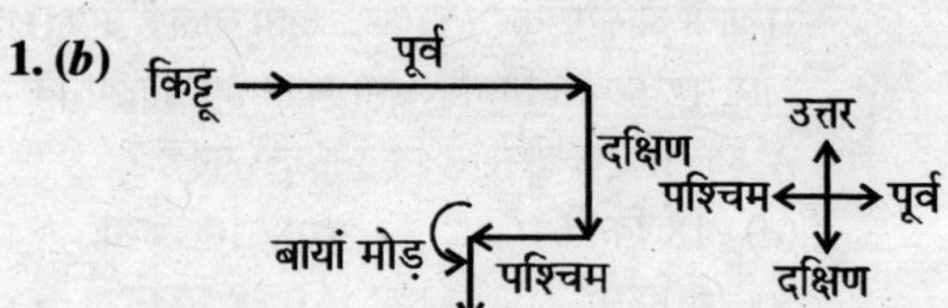

2. (d) :

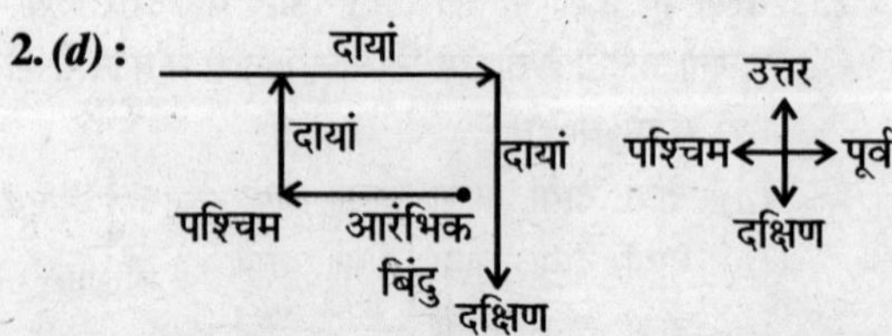

3. (b) :

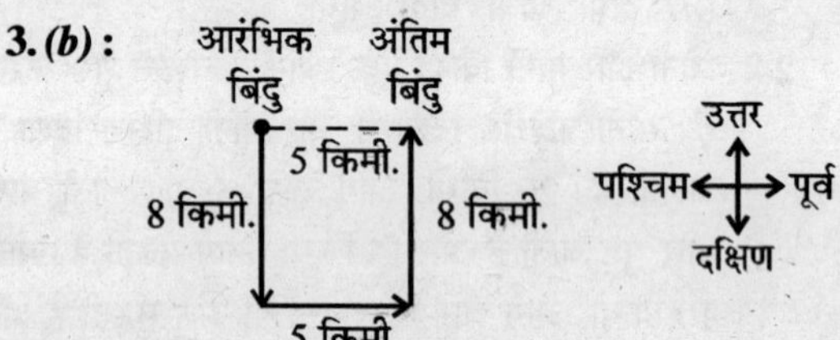

4. (c) :

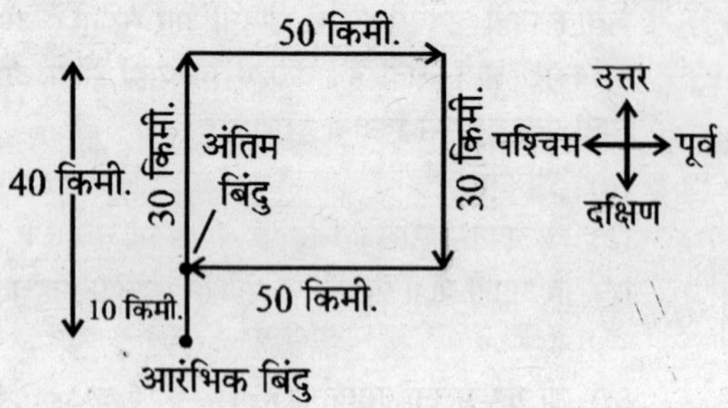

5. (d) :

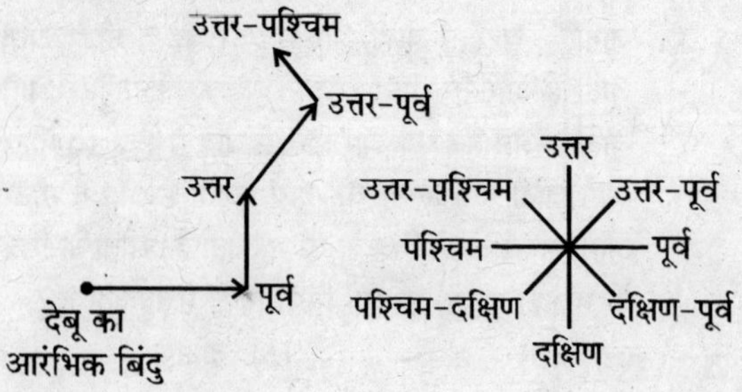

6. (a) :

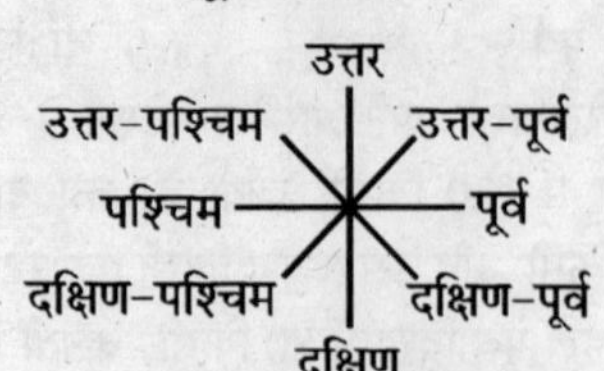

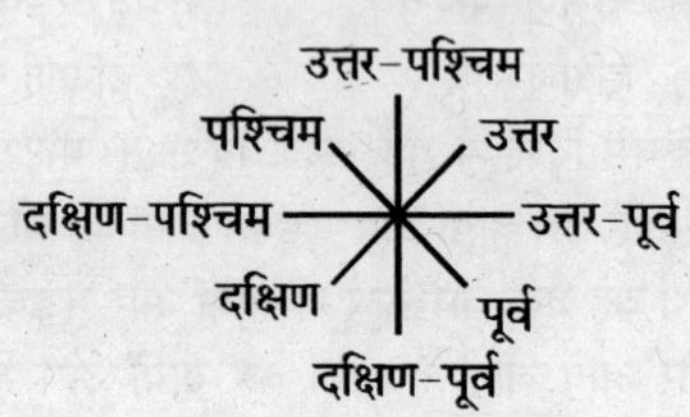

7. (c) :

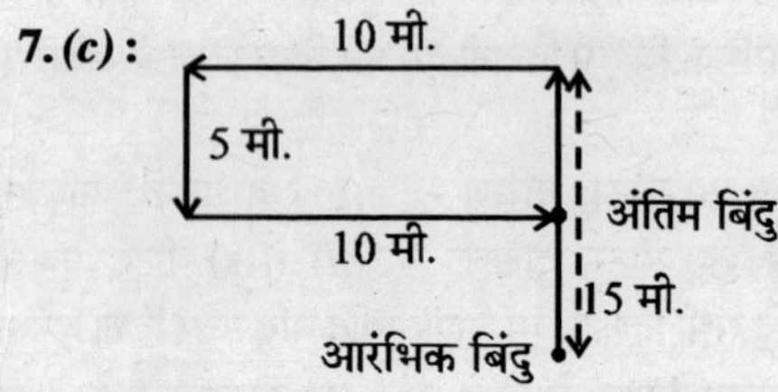

अंतिम बिंदु आरंभिक बिंदु से 10 मीटर उत्तर की ओर है।

8. (c) :

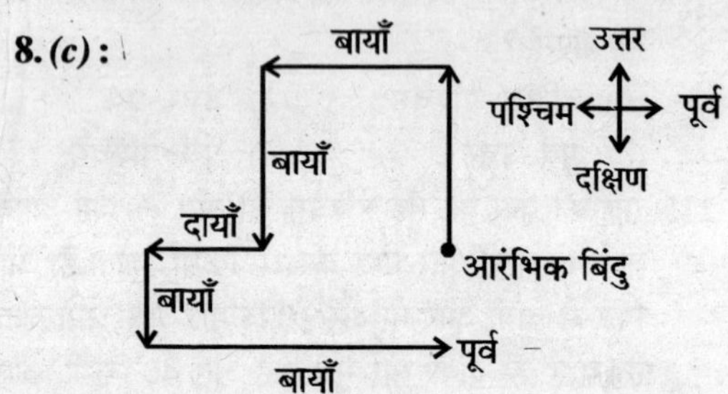

9. (a) :

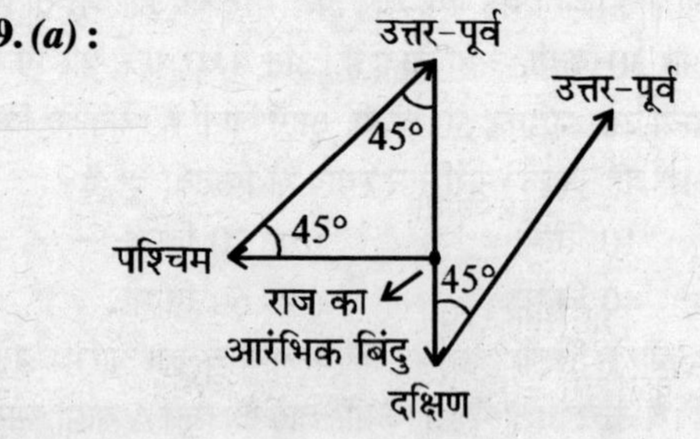

10. (c) : (12 किमी. + 5 किमी. = 17 किमी.)

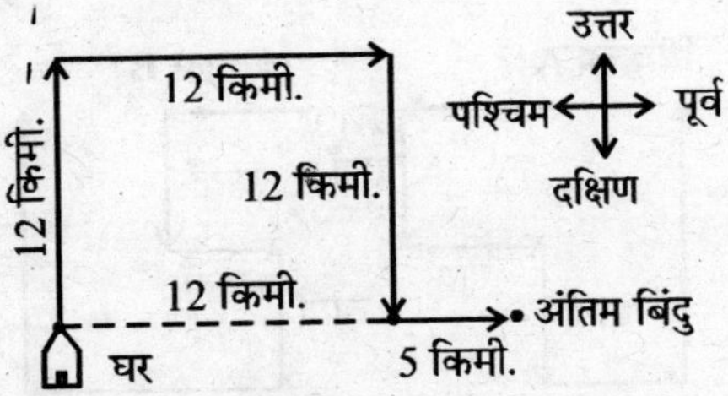

उत्तर
पश्चिम
पूर्व
दक्षिण
12 किमी.
12 किमी.
12 किमी.
12 किमी.
5 किमी.
अंतिम बिंदु
घर

11. (c) : $ab = \sqrt{ac^2 + bc^2}$

$ab = \sqrt{8^2 + 6^2} = \sqrt{64+36} = \sqrt{100} = 10$

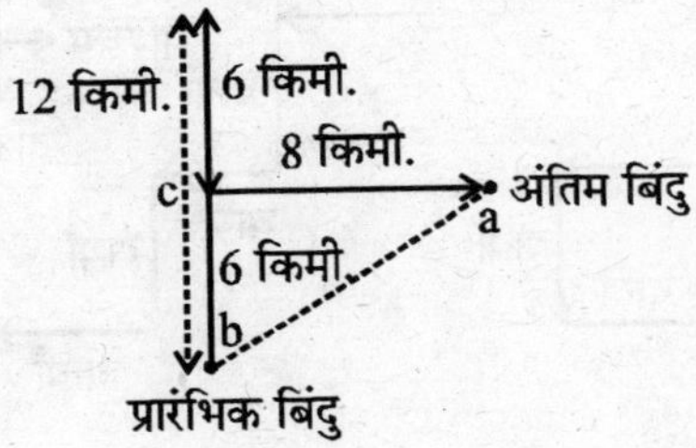

12 किमी.
6 किमी.
8 किमी.
c
अंतिम बिंदु
a
6 किमी.
b
प्रारंभिक बिंदु

12. (c) :

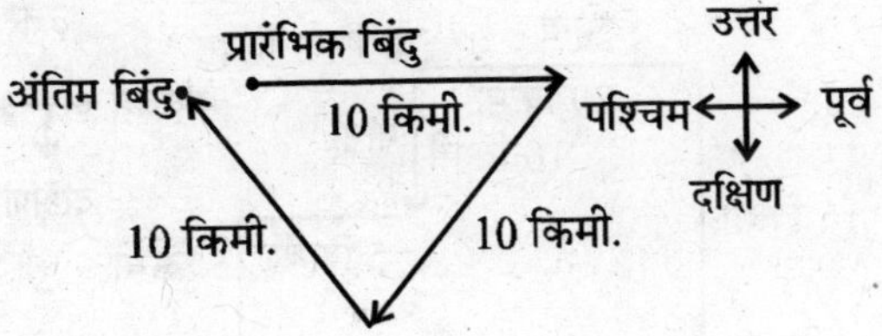

प्रारंभिक बिंदु
अंतिम बिंदु
10 किमी.
उत्तर
पश्चिम
पूर्व
दक्षिण
10 किमी.
10 किमी.

13. (d) :

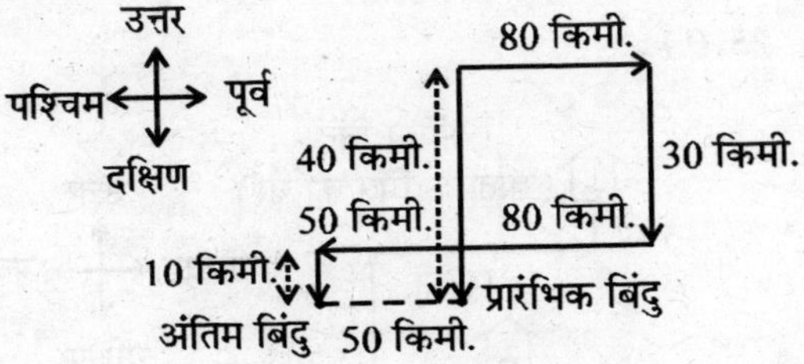

उत्तर
पश्चिम
पूर्व
दक्षिण
80 किमी.
40 किमी.
30 किमी.
50 किमी.
80 किमी.
10 किमी.
प्रारंभिक बिंदु
अंतिम बिंदु
50 किमी.

14. (d) :

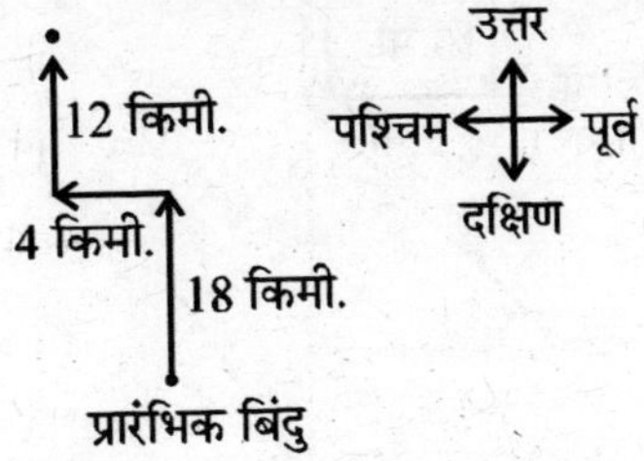

उत्तर
पश्चिम
पूर्व
दक्षिण
12 किमी.
4 किमी.
18 किमी.
प्रारंभिक बिंदु

कुल दूरी = 18 + 4 + 12 = 34 किमी.

15. (b) : $ab = \sqrt{bc^2 + ca^2}$

$ab = \sqrt{3^2 + 4^2} = \sqrt{9+16} = \sqrt{25} = 5$

c
4 किमी.
a
प्रारंभिक बिंदु
12 किमी.
3 किमी.
उत्तर
3 किमी.
?
पश्चिम
पूर्व
8 किमी.
b
अंतिम बिंदु
दक्षिण

16. (b) :

उत्तर
30 फीट
पश्चिम
पूर्व
20 फीट
अंतिम बिंदु
35 फीट
दक्षिण
15 फीट
प्रारंभिक बिंदु
30 फीट
15फीट
15 फीट

17. (d) :

प्रारंभिक बिंदु
उत्तर
अंतिम बिंदु
उत्तर-पश्चिम
उत्तर-पूर्व
100किमी.
पश्चिम
पूर्व
50 किमी.
दक्षिण-पश्चिम
दक्षिण-पूर्व
100 किमी.
दक्षिण

18. (a) :

120 किमी.
प्रारंभिक बिंदु
उत्तर
उत्तर-पश्चिम
उत्तर-पूर्व
30 किमी.
पश्चिम
पूर्व
स्टेशन
दक्षिण-पश्चिम
दक्षिण-पूर्व
80 किमी.
दक्षिण

19. (c) : (40 + 20) = 60 मीटर दक्षिण

प्रारंभिक बिंदु
20 मीटर
उत्तर
40 मीटर
पश्चिम
पूर्व
20 मीटर
दक्षिण
20 मीटर
पार्क

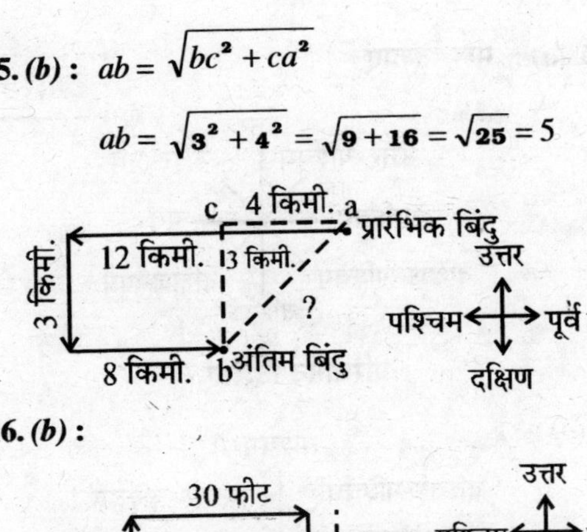

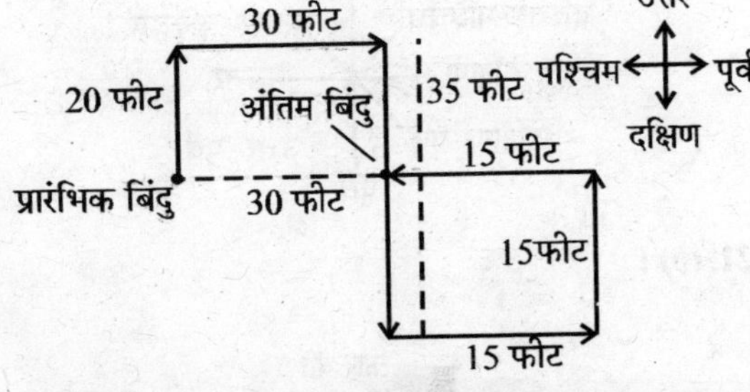

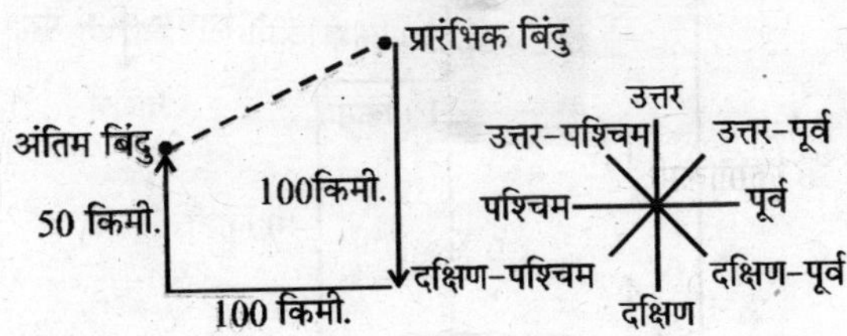

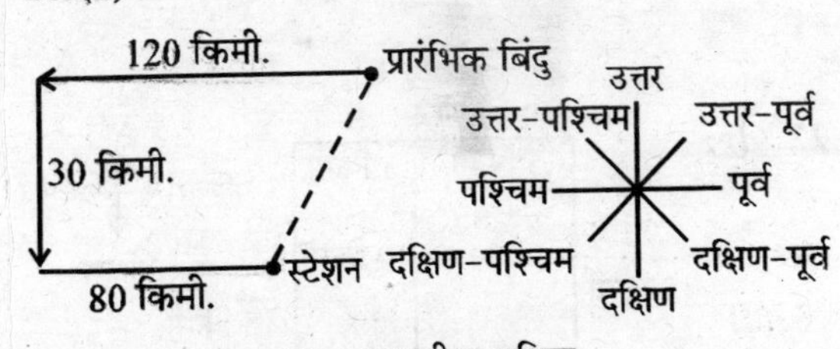

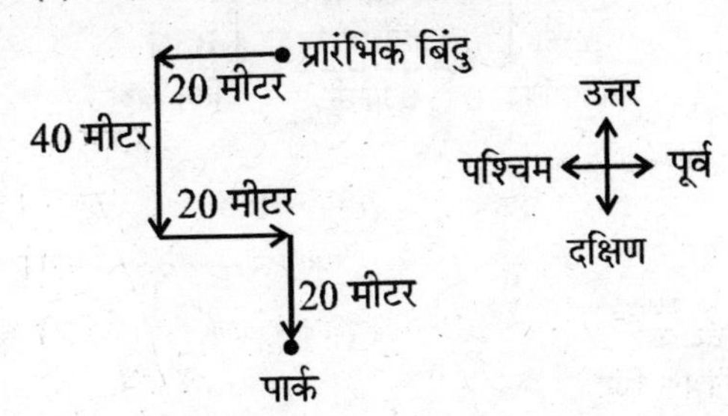

20. *(a)* : मूल दिशाएं

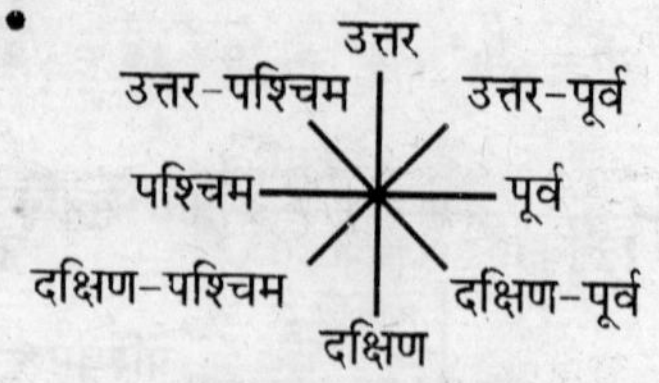

परिवर्तित दिशाएं

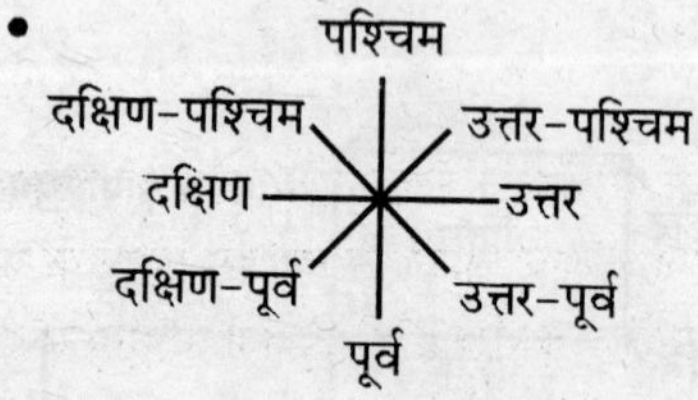

21. *(b)* :

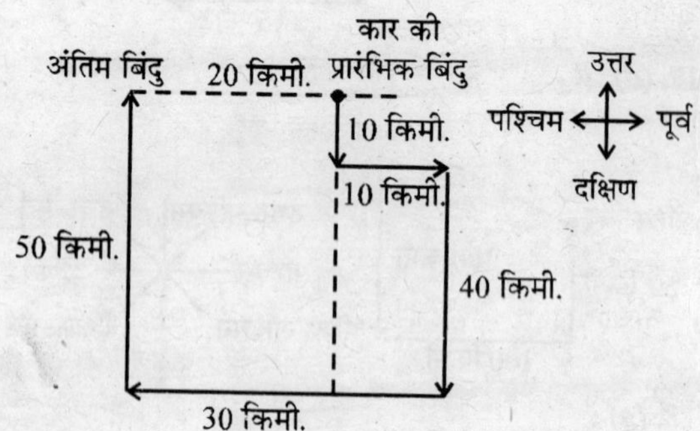

22. *(d)* :

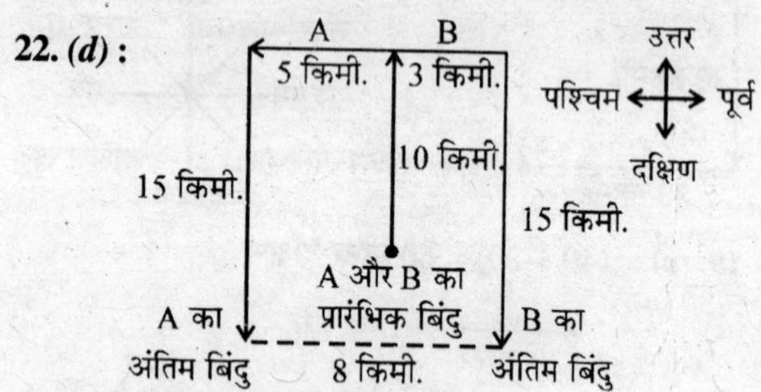

23. *(d)* :

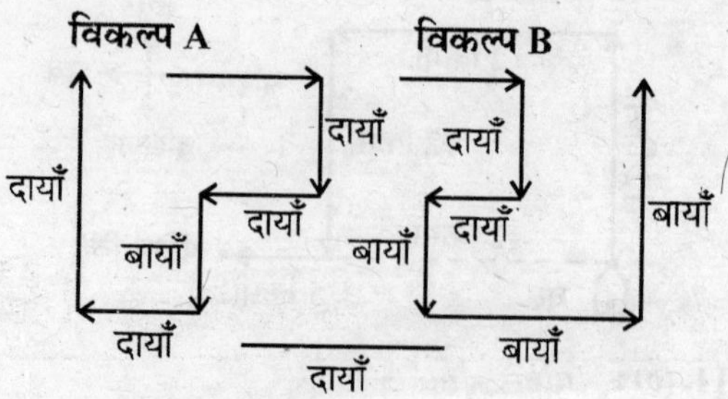

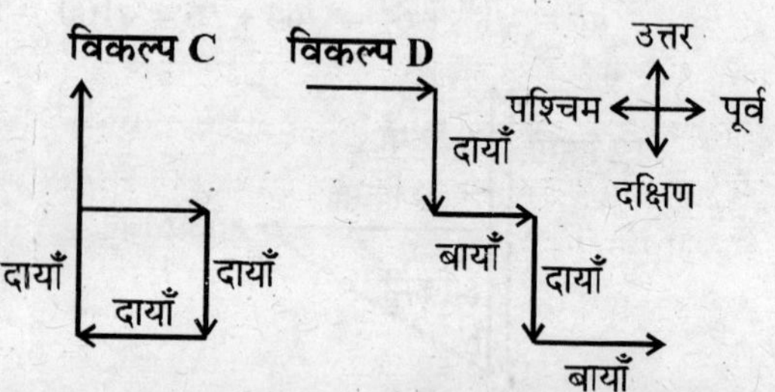

24. *(c)* :

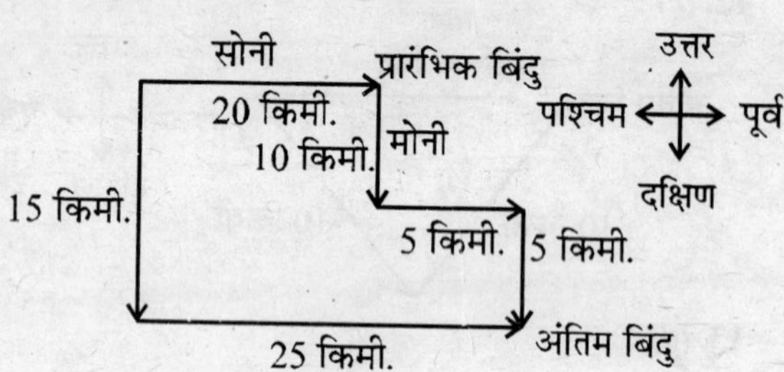

25. *(b)* :

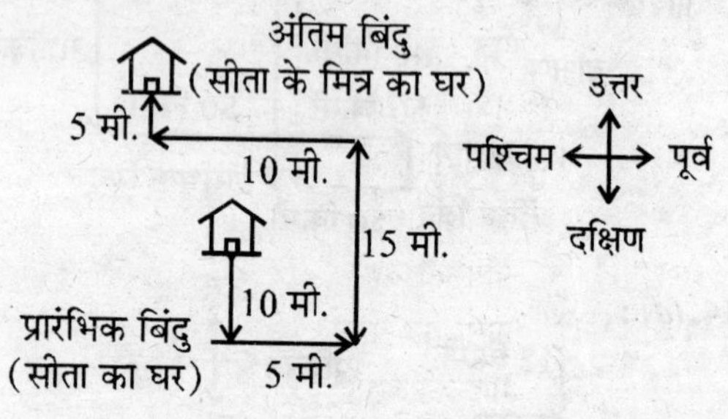

रक्त संबंधी परीक्षण
(BLOOD RELATIONSHIPS)

रक्त संबंधों पर आधारित प्रश्नों को हल करने के लिए यह आवश्यक है कि परीक्षार्थी रिश्तों की जटिलता को तत्काल समझ सकें और किन्हीं दो व्यक्तियों के बीच किस प्रकार के संबंध हो सकते हैं, इस बारे में उन्हें स्पष्ट जानकारी हो। इस प्रकार के प्रश्नों को पूछने का अभिप्राय मुख्यत: यह सुनिश्चित करना है कि परीक्षार्थी कतिपय जटिल भाषा में व्यक्त रिश्तों को कितनी तत्परता से समझ सकते हैं और उत्तर के रूप में सही विकल्प का चयन कर सकते हैं।

इन प्रश्नों को हल करने में सहायक कुछ संबंधों के पैटर्न नीचे दर्शाए गए हैं :

पिता का पिता	—	दादा
मां का पिता	—	नाना
पिता की मां	—	दादी
मां की मां	—	नानी
पिता या मां का पुत्र	—	भाई
पिता या मां की पुत्री	—	बहन
पिता का भाई	—	चाचा
पिता की बहन	—	बुआ
मां का भाई	—	मामा
मां की बहन	—	मौसी
चाचा या चाची का पुत्र या पुत्री	—	चचेरा भाई, चचेरी बहन
पुत्र की पत्नी	—	पुत्रवधु
पुत्री का पति	—	दामाद
पति का भाई	—	देवर
पत्नी का भाई	—	साला
पति की बहन	—	ननद
पत्नी की बहन	—	साली
भाई की पत्नी	—	भाभी
बहन का पति	—	बहनोई
भाई का पुत्र	—	भतीजा
भाई की पुत्री	—	भतीजी

हल किए गए उदाहरण

1. एक फोटो की ओर संकेत करते हुए एक महिला ने कहा "इस व्यक्ति के पुत्र की बहन मेरी सास है"। उस महिला के पति का उस व्यक्ति से क्या संबंध है जिसका वह फोटो है?

(*a*) पुत्र (*b*) नाती (*c*) भतीजा (*d*) दामाद

उत्तर (*b*) : दिए गए प्रश्न के अनुसार संबंध चार्ट निम्नवत् दर्शाया जा सकता है :

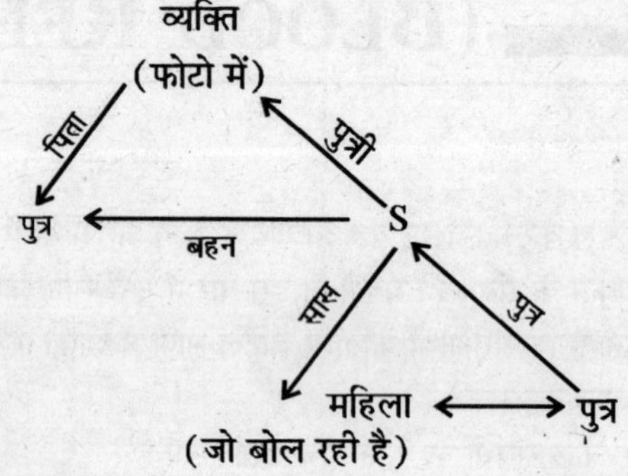

उस व्यक्ति के पुत्र की बहन (मान लें S) उस व्यक्ति की पुत्री है। यदि यह महिला 'S' उस महिला (जो बोल रही है) की सास है तो उसका विवाह 'S' के पुत्र से हुआ है। उस महिला के पति की मां S है और S फोटो वाले व्यक्ति की पुत्री है। अत: उस बोल रही महिला का पति फोटो वाले व्यक्ति का नाती है।

2. 'X', 'Y' की पत्नी है और 'Y', 'Z' का भाई है। 'Z', 'P' का पुत्र है। 'P' का 'X' से क्या संबंध है?

(*a*) बहन (*b*) चाची (*c*) भाई (*d*) श्वसुर

उत्तर (*d*) : दिए गए प्रश्न के अनुसार संबंध चार्ट निम्नवत् दर्शाया जा सकता है :

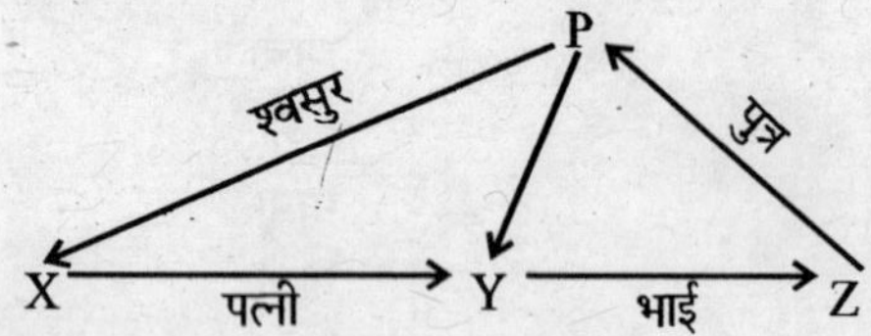

'Y', 'Z' का भाई है जो 'P' का पुत्र है। अत: 'Z' भी 'P' का पुत्र है। चूंकि 'P', 'Y' का पिता है और 'X', 'Y' की पत्नी है अत: 'P', 'X' का श्वसुर है।

अभ्यास

निर्देश (प्र.सं. 1–18): *नीचे के प्रत्येक प्रश्न में व्यक्तियों के बीच उल्लिखित संबंधों को सावधानीपूर्वक समझें और तब दिए गए विकल्पों में से सही उत्तर का चयन करें :*

1. A, B और C का पिता है। B, A का पुत्र है किंतु C, A का पुत्र नहीं है। C का A से क्या संबंध है?

(*a*) पुत्री (*b*) पुत्र

(*c*) भतीजी (*d*) भतीजा

2. एक महिला ने कहा, "वहां खड़ी लड़की मेरे दादा जी के एकमात्र पुत्र की पुत्री है"। उस महिला का उस लड़की से क्या संबंध है?

(*a*) बहन (*b*) मां

(*c*) चाची (*d*) भतीजा

3. रवि अमित के पुत्र के पुत्र का भाई है। अमित, रवि का क्या है?

(*a*) चचेरा भाई (*b*) पिता

(*c*) दादा (*d*) पुत्र

4. मयंक ने कहा, ''मेरी मां रजत के भाई की बहन है''। रजत का मयंक से क्या संबंध है?

(*a*) चचेरा भाई (*b*) मामा
(*c*) चाचा (*d*) साला

5. लिली से परिचय कराते हुए राघव ने कहा, ''इसके पिता मेरी मां के एकमात्र पुत्र हैं''। लिली का राघव से क्या संबंध है?

(*a*) चाची (*b*) पुत्री
(*c*) मां (*d*) बहन

6. अजय, विजय का भाई है। शुभा, अजय की बहन है। संजय, राहुल का भाई है और मेहुल विजय की पुत्री है। संजय का चाचा कौन है?

(*a*) राहुल
(*b*) अजय
(*c*) मेहुल
(*d*) दी गई सूचना अपर्याप्त है

7. आदित्य, रवि का भाई है। भरत, जयंत के पिता हैं। ईला, रवि की मां है। आदित्य और जयंत आपस में भाई हैं। ईला का भरत से क्या संबंध है?

(*a*) बहन (*b*) मां
(*c*) पुत्री (*d*) पत्नी

8. एक व्यक्ति ने अपने साथ आ रहे लड़के का परिचय देते हुए कहा, ''यह मेरी पत्नी की पुत्री के पिता का पुत्र है।'' वह लड़का उस व्यक्ति का क्या है?

(*a*) दामाद (*b*) पुत्र
(*c*) भाई (*d*) पिता

9. A और B दो भाई हैं। C, B की बहन है। D, E की बहन है। E, A का पुत्र है। D का चाचा कौन है?

(*a*) D (*b*) E
(*c*) B (*d*) C

10. वरुण ने अरुण की ओर संकेत करते हुए कहा, ''वह मेरी बहन के एकमात्र भाई का पुत्र है।'' अरुण का वरूण से क्या संबंध है?

(*a*) पुत्र
(*b*) भाई
(*c*) भतीजा
(*d*) दी गई सूचना अपर्याप्त है

11. एक व्यक्ति की ओर संकेत करते हुए एक महिला ने कहा ''उसके भाई के पिता मेरे दादाजी के एकमात्र पुत्र हैं।'' वह महिला उस व्यक्ति की क्या लगती है?

(*a*) मां (*b*) बहन
(*c*) पुत्री (*d*) चाची

12. विद्या, गोपी की पत्नी है और गोपी, अखिल का भाई है। अखिल, विजय का चाचा है। विजय, विद्या का कौन है?

(*a*) पुत्र (*b*) भतीजा
(*c*) देवर (*d*) भाई

13. यदि अमित के पिता बिल्लू के पिता के एकमात्र पुत्र हैं और बिल्लू का कोई भी भाई नहीं है और न ही उसकी कोई पुत्री है तो अमित और बिल्लू के बीच क्या संबंध है?

(*a*) चाचा–भतीजा (*b*) पिता–पुत्री
(*c*) पिता–पुत्र (*d*) चचेरा भाई

14. A, B की बहन है। B, C का पुत्र है तथा E, D की पुत्री और A की बहन है। D, C का कौन है?

(*a*) भाई
(*b*) पति
(*c*) पत्नी
(*d*) दी गई सूचना अपर्याप्त है

15. एक व्यक्ति ने एक महिला से कहा, ''फागु की मां तुम्हारे पिता की एकमात्र पुत्री है''। वह महिला फागु की क्या लगती है?

(*a*) पुत्री (*b*) बहन
(*c*) पत्नी (*d*) मां

16. यदि M + N का अर्थ है कि 'M', 'N' का भाई है,
M – N का अर्थ है कि 'M', 'N' की बहन है,
M × N का अर्थ है कि 'M', 'N' की मां है और
M ÷ N का अर्थ है कि 'M', 'N' का पिता है, तो निम्नलिखित में से किसका अर्थ यह होगा कि E, F की बुआ है?

(*a*) $E - G \div F$ (*b*) $E + G \times F$
(*c*) $E \times F - G$ (*d*) $F \times G + E$

17. यदि S – T का अर्थ है कि 'S', T की पत्नी है, S + T का अर्थ है कि S, T की पुत्री है, और S ÷ T का अर्थ है कि S, T का पुत्र है, तो $M + J \div K$ का क्या अर्थ होगा?

(*a*) K, M का पिता है (*b*) M, K की पोती है
(*c*) J, K की पत्नी है (*d*) K और M भाई हैं

18. यदि $A \times B$ का अर्थ है कि A, B का भाई है, और $A + B$ का अर्थ है कि A, B का पिता है, तो निम्नलिखित में से किसका यह अर्थ होगा कि M, N का भतीजा है ?

(*a*) $N \times K + M$
(*b*) $N + M \times K$
(*c*) $M \times K + N$
(*d*) दी गई सूचना अपर्याप्त है

निर्देश (प्र.सं. 19 और 20): *निम्नलिखित कथनों को पढ़ें और पूछे गए प्रश्नों के उत्तर दें :*

(A) $P + Q$ का अर्थ है कि 'P, Q की मां है'
(B) $P \div Q$ का अर्थ है कि 'P, Q का पिता है'
(C) $P - Q$ का अर्थ है कि 'P, Q की बहन है'

19. निम्नलिखित में से किससे यह सूचित होता है कि M, R की पुत्री है ?

(*a*) $R \div M + N$
(*b*) $R + N \div M$
(*c*) $R - M \div N$
(*d*) दी गई सूचना अपर्याप्त है

20. उपर्युक्त प्रश्न का उत्तर ज्ञात करने के लिए निम्नलिखित में से किस कथन को छोड़ा जा सकता है ?

(*a*) केवल A
(*b*) B या C
(*c*) A या B
(*d*) केवल C

व्याख्यात्मक उत्तर

1. (*a*) :

पिता
A
B पुत्र — C पुत्री

C, A का पुत्र नहीं है किंतु A, C का पिता है। अत: C, A की पुत्री है।

2. (*a*) :

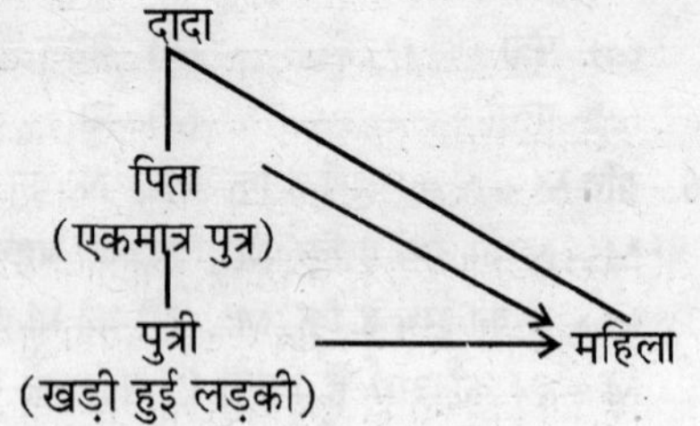

उस महिला के दादा का पुत्र उसके पिता हैं तथा पिता की पुत्री निश्चित ही उस महिला की बहन होगी।

3. (*c*) :

अमित → पुत्र → पुत्र ← रवि (भाई)
दादा

अमित के पुत्र का पुत्र अमित का पोता होगा। रवि अमित के पुत्र के पुत्र का भाई है, अत: अमित रवि के भी दादाजी हैं।

4. (*b*) : माँ —बहन→ रजत का भाई ← रजत

मामा

मयंक

मयंक की मां रजत के भाई की बहन है। अत: रजत भी मयंक की मां का भाई है। इस प्रकार रजत, मयंक का मामा हुआ।

5. (*b*) : संबंध चार्ट निम्नवत् है : माँ
↑ पुत्र
राघव
↓ पिता
लिली (पुत्री)

राघव जब कहता है, ''मेरी मां का एकमात्र पुत्र'' तो वह स्वयं अपने बारे में ही कह रहा होता है। इसके पिता का आशय है, 'लिली के पिता' अर्थात् स्वयं राघव। अत: लिली, राघव की पुत्री है।

6. (*d*) : 1. शुभा ——→ अजय ——→ विजय
↓
मेहुल

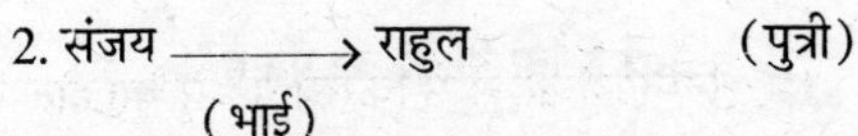

यहां दो संबंध-समुच्चयों का उल्लेख किया गया है। दी गई सूचना अपर्याप्त है और इन दो भिन्न संबंध-समुच्चयों के बीच कोई संबंध स्थापित नहीं किया जा सकता।

7. (*d*) : प्रश्न पर आधारित संबंध चार्ट है :

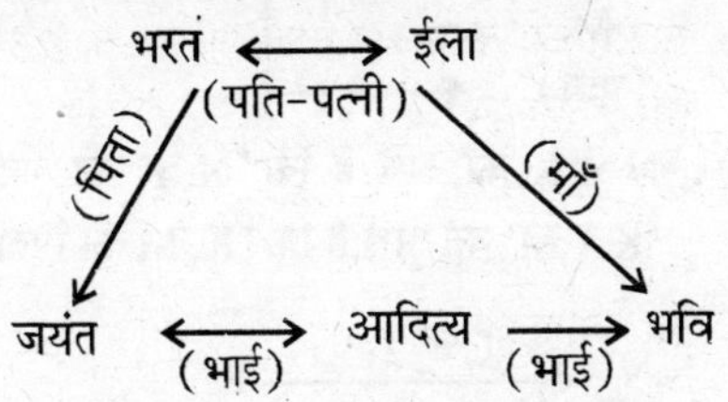

जयंत और आदित्य भाई हैं। यदि आदित्य, रवि का भाई है तो जयंत भी रवि का भाई है। यदि भरत, जयंत का पिता है तो वह आदित्य और रवि का भी पिता है। यदि ईला, रवि की मां है तो वह आदित्य और जयंत की भी मां है। इसका अर्थ है कि भरत और ईला पति-पत्नी हैं और तीनों बच्चों के माता-पिता हैं।

8. (*b*) : प्रश्न पर आधारित संबंध-चार्ट है :

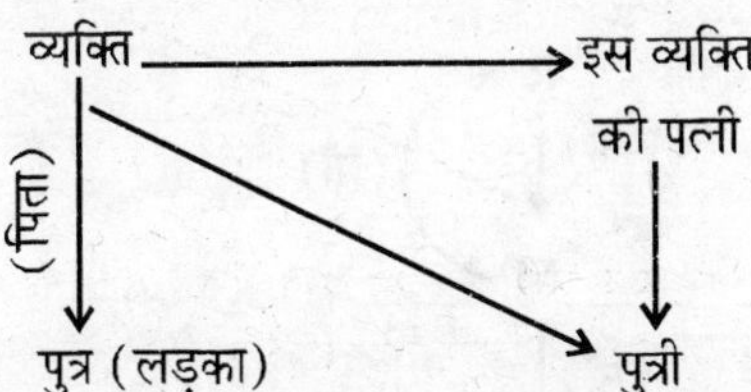

'उस व्यक्ति की पत्नी की पुत्री के पिता' का आशय है कि वह व्यक्ति स्वयं अपने बारे में बात कर रहा है, अत: वह लड़का उस व्यक्ति का पुत्र है।

9. (*c*) : प्रश्न पर आधारित संबंध-चार्ट है :

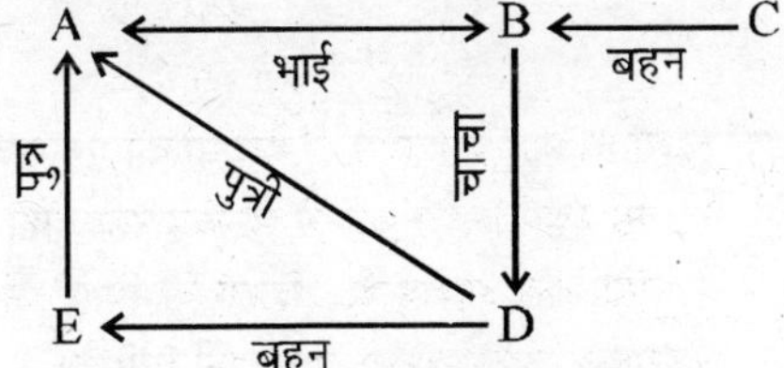

D, E की बहन है और E, A का पुत्र है। अत: D, A की पुत्री है। चूंकि A का भाई B है, अत: B, D का चाचा है।

10. (*a*) :

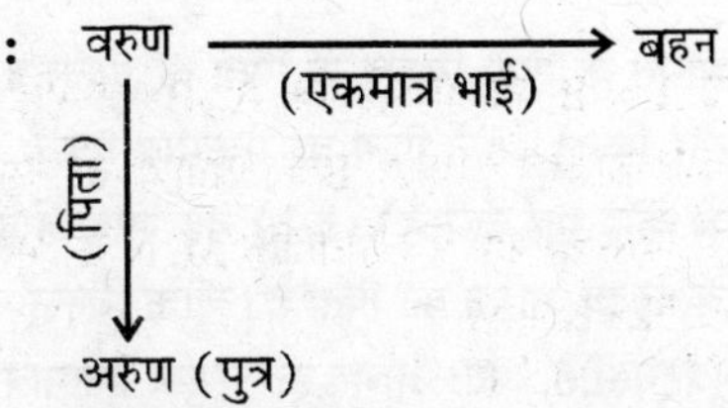

वरुण की बहन का एकमात्र भाई स्वयं वरुण है और उसका पुत्र अरुण है।

11. (*b*) :

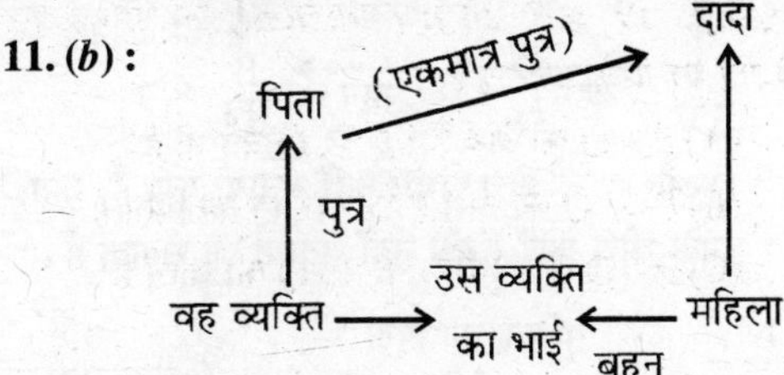

उस व्यक्ति के भाई के पिता उस महिला के भी पिता हैं क्योंकि वे उस महिला के दादाजी के एकमात्र पुत्र हैं। अत: वह महिला उस व्यक्ति की बहन है।

12. (*b*) : प्रश्न पर आधारित संबंध चार्ट है :

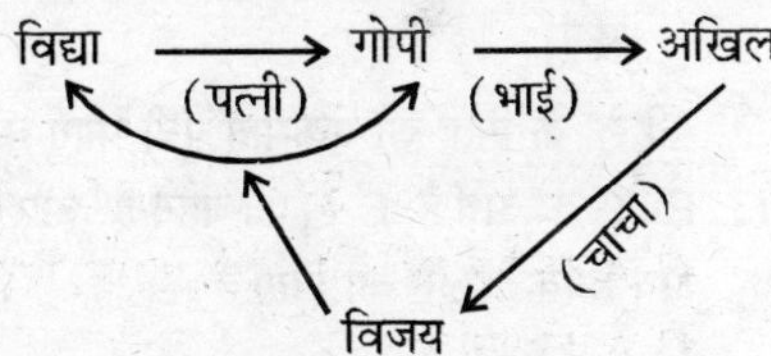

विद्या, गोपी की पत्नी है और गोपी, अखिल का भाई है। अत: विद्या, अखिल की भाभी है। यदि अखिल, विजय का चाचा है, तो स्पष्ट है कि गोपी भी विजय का चाचा ही है क्योंकि प्रश्न में उल्लिखित कथनों में यह नहीं बताया गया है कि अखिल या गोपी में से कोई भी विजय का पिता है। अब यदि विजय गोपी का भतीजा है, तो निश्चित ही वह विद्या का भी भतीजा है।

13. (*c*) : प्रश्न पर आधारित संबंध-चार्ट है :

अमित के पिता बिल्लू के पिता के एकमात्र पुत्र हैं, और बिल्लू अपने पिता का एकमात्र पुत्र है (बिल्लू का कोई भाई नहीं है)। इससे यह स्पष्ट होता है कि बिल्लू ही अमित का पिता है। चूंकि बिल्लू की कोई पुत्री नहीं है, अत: अमित ही उसका एकमात्र पुत्र है।

14. (*d*) :

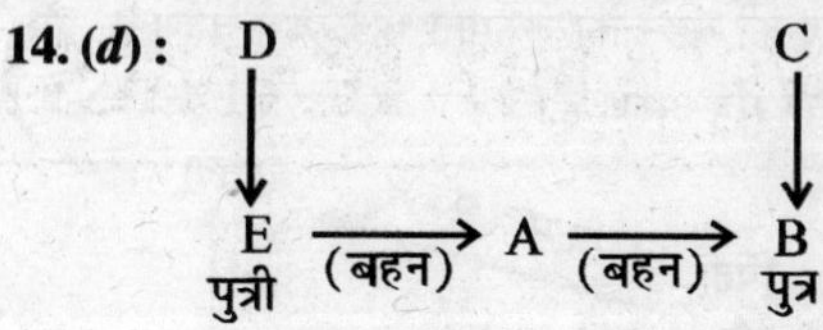

D और C के बीच संबंध नहीं बताया गया है, अत: इनके बीच कोई संबंध नहीं बताया जा सकता है।

15. (*d*) :

महिला का पिता

फागु की माँ (एकमात्र पुत्री) — महिला

फागु

महिला के पिता की एकमात्र पुत्री फागु की मां है।

16. (*a*) : E – G का अर्थ है 'E, G की बहन है' और G ÷ F का अर्थ है कि 'G, F का पिता है।'

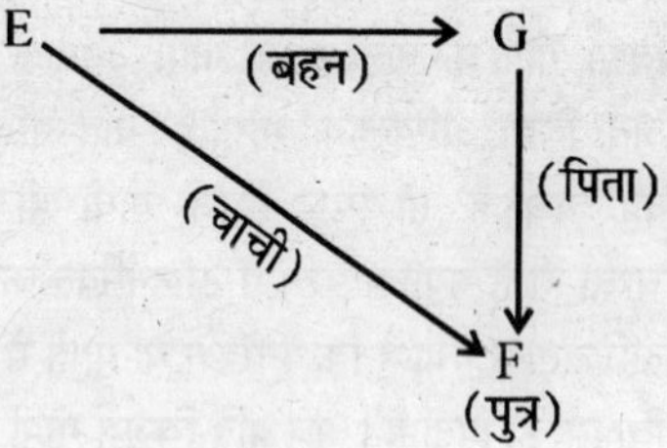

17. (*b*) : M + J का अर्थ है कि 'M, J की पुत्री है'। J ÷ K का अर्थ है कि 'J, K का पुत्र है'।

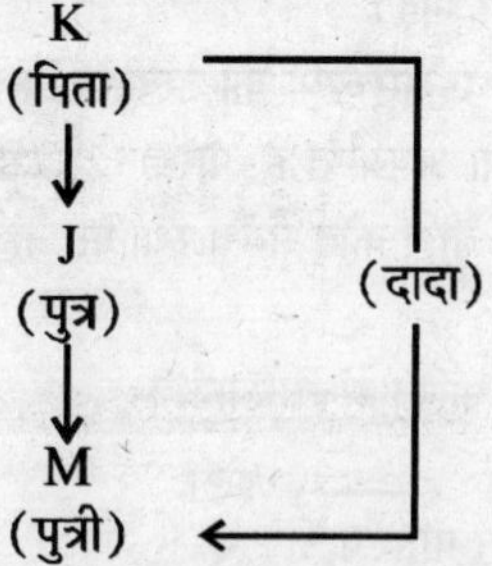

18. (*a*) : N × K का अर्थ है कि 'N, K का भाई है' और 'K + M' का अर्थ है कि 'K, M का पिता है'।

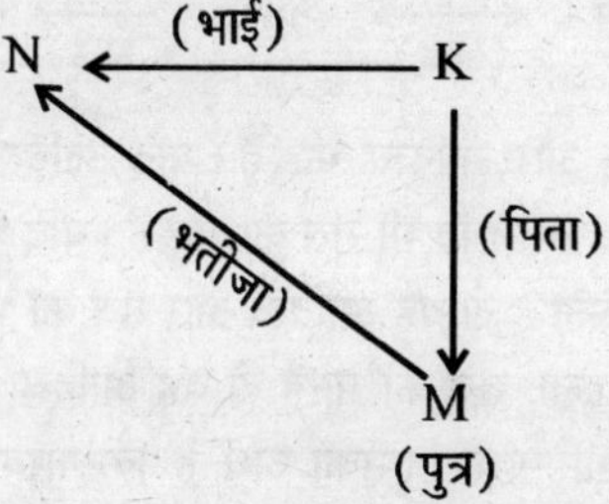

19. (*a*) : R ÷ M का अर्थ है कि 'R, M का पिता है' और M + N का अर्थ है कि M, N की मां है।

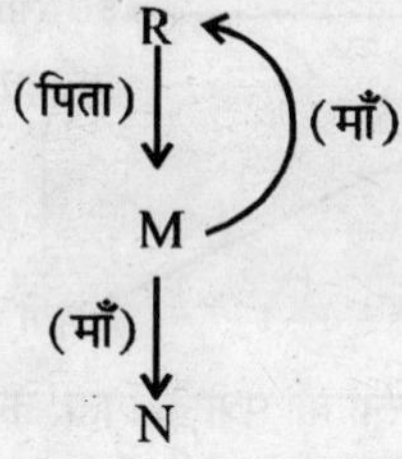

20. (*d*) : बहन के संबंध को व्यक्त करने वाली सूचना अपेक्षित नहीं है।

क्रम व्यवस्था और काल परीक्षण (ROWS AND RANKS)

इस प्रकार के प्रश्न किसी पंक्ति या लाइन में व्यवस्थित वस्तुओं की संख्या या कुछ छात्रों की एक कक्षा में किसी छात्र के क्रम-स्थान (कोटि) या कक्षा में छात्रों की कुल संख्या ज्ञात करने के लिए कतिपय सरल गणितीय परिकलनों पर आधारित होते हैं।

हल किए गए उदाहरण

1. पेड़ों की किसी पंक्ति में कोई एक पेड़ किसी एक सिरे से आठवें और दूसरे सिरे से तीसरे स्थान पर है। बताइए कि इस पंक्ति में कुल कितने पेड़ हैं?

(*a*) 11 (*b*) 9 (*c*) 10 (*d*) 12

उत्तर (*c*) : इस पंक्ति में पेड़ों की संख्या

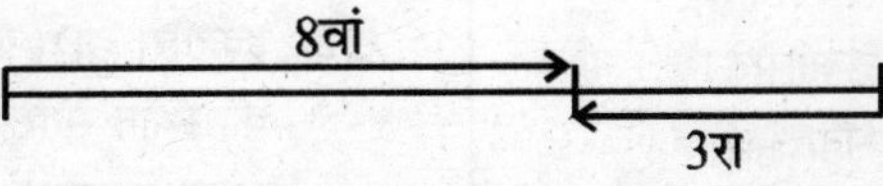

$$(8 + 3) - 1 = 10$$

2. यदि किसी कक्षा में योग्यता-क्रम में जानकी, पल्लवी से 12 स्थान आगे है और पल्लवी का कक्षा में 15वां स्थान है तथा जानकी का कक्षा में योग्यता-क्रम में चौथा स्थान है तो बताइए कि इस कक्षा में कुल कितने छात्र हैं?

(*a*) 23 (*b*) 27 (*c*) 31 (*d*) 33

उत्तर (*c*) : परिकलन करने पर निम्नलिखित उत्तर प्राप्त होता है :

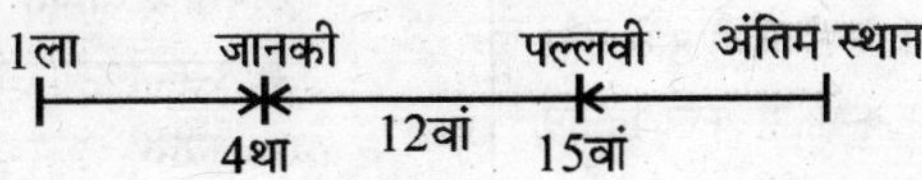

कक्षा में छात्रों की कुल संख्या = 4 + 12 + 15 = 31

अभ्यास

1. पेड़ों की एक पंक्ति में कोई एक पेड़ पंक्ति के दोनों छोरों से पांचवें स्थान पर है। इस पंक्ति में कुल कितने पेड़ हैं?

(*a*) 11 (*b*) 8
(*c*) 10 (*d*) 9

2. 53 छात्रों की एक कक्षा में जया का योग्यता-क्रम में 5 वां स्थान है। कक्षा में योग्यता-क्रम में नीचे से उसका क्रम-स्थान क्या है?

(*a*) 49 वां (*b*) 48 वां
(*c*) 47 वां (*d*) 50 वां

3. पैंसठ छात्रों की एक कक्षा में योग्यता-क्रम में मोहन का क्रम स्थान इक्कीसवां है। यदि योग्यता-क्रम में सबसे नीचे के छात्र का क्रम-स्थान 1 माना जाए तो योग्यता-क्रम में नीचे से मोहन का क्रम-स्थान क्या होगा?
(*a*) 44 वां
(*b*) 45 वां
(*c*) 46 वां
(*d*) दी गई सूचना अपर्याप्त है

4. लड़कों की एक पंक्ति में राहुल दाहिने से 12 वें स्थान पर और बाएं से चौथे स्थान पर खड़ा है। इस पंक्ति में और कितने लड़कों को शामिल करने पर पंक्ति में लड़कों की कुल संख्या 28 हो जाएगी?
(*a*) 12 (*b*) 14
(*c*) 20 (*d*) 13

5. लड़कों की एक पंक्ति में राजन दाहिने से दसवें स्थान पर है और सूरज बाएं से दसवें स्थान पर है। यदि राजन और सूरज आपस में अपना स्थान बदल लें तो सूरज बाएं से सताइसवें स्थान पर आ जाएगा। राजन अब पंक्ति में दाहिने से कितने स्थान पर खड़ा है?
(*a*) दसवें (*b*) छब्बीसवें
(*c*) उन्तीसवें (*d*) सताइसवें

6. 41 छात्रों की एक कक्षा में महेश और सुरेश योग्यता-क्रम में ऊपर से क्रमश: 11 वें और 12 वें स्थान पर हैं। योग्यता-क्रम में नीचे से इनका क्रम-स्थान क्या है?
(*a*) 32 वां और 33 वां (*b*) 29 वां और 30 वां
(*c*) 30 वां और 31 वां (*d*) 31 वां और 30 वां

7. किसी कक्षा में उमा योग्यता-क्रम में ऊपर से 8 वें और नीचे से 37 वें स्थान पर है। इस कक्षा में कुल कितने छात्र हैं?
(*a*) 47 (*b*) 46
(*c*) 45 (*d*) 44

8. एक पंक्ति में सादिक सामने से 14 वें स्थान पर और जोसफ अंत से 17 वें स्थान पर खड़ा है जबकि जेन, सादिक और जोसफ के बीच खड़ा है। यदि सादिक, जोसफ से आगे खड़ा है और पंक्ति में कुल 48 व्यक्ति खड़ें हो, तो सादिक और जेन के बीच पंक्ति में कितने व्यक्ति खड़े हैं?
(*a*) 5 (*b*) 6
(*c*) 7 (*d*) 8

9. किसी कक्षा में वार्षिक परीक्षा में उत्तीर्ण हुए छात्रों में योग्यता-क्रम में रोहन नीचे से सताइसवें स्थान पर और ऊपर से ग्यारहवें स्थान पर आया। यदि वार्षिक परीक्षा में इस कक्षा के 12 छात्र अनुत्तीर्ण घोषित किए गए हों तो परीक्षा में इस कक्षा के कितने छात्र शामिल हुए थे?
(*a*) 48 (*b*) 49
(*c*) 50 (*d*) कहा नहीं जा सकता

10. कुछ लड़के एक पंक्ति में बैठे हैं। P पंक्ति में बाएं से चौदहवें स्थान पर और Q दाहिने से सातवें स्थान पर बैठा है। यदि P और Q के बीच चार लड़के बैठे हों, तो इस पंक्ति में कुल कितने लड़के हैं?
(*a*) 19 (*b*) 21
(*c*) 25 (*d*) 23

11. एक पंक्ति में A, B, C, D और E कुल पांच मकान बने हैं। A, B की दाहिनी ओर, E, C की बायीं ओर और A की दाहिनी ओर अवस्थित है तथा B, D की दाहिनी ओर अवस्थित है। इनमें से कौन-सा मकान बीच में है?
(*a*) B (*b*) A
(*c*) D (*d*) E

12. इकतीस छात्रों की एक कक्षा में योग्यता-क्रम में माधव का स्थान सतरहवां है। योग्यता-क्रम में नीचे से उसका स्थान कितना है?
(*a*) 13 (*b*) 14
(*c*) 15 (*d*) 16

13. 182 छात्रों की एक कक्षा में योग्यता-क्रम में वीणा ऊपर से 73 वें स्थान पर है। यदि वार्षिक परीक्षा में 22 छात्र अनुत्तीर्ण घोषित किए गए हों तो योग्यता-क्रम में नीचे से उसका स्थान कितना है?
(*a*) 88 (*b*) 108
(*c*) 110 (*d*) 90

14. किसी कक्षा में योग्यता-क्रम में राकेश का स्थान ऊपर से नौवां और नीचे से 38 वां है। इस कक्षा में कुल कितने छात्र हैं?
(*a*) 47 (*b*) 45
(*c*) 46 (*d*) 48

15. किसी कक्षा में योग्यता-क्रम में जॉन का स्थान ऊपर से 19 वां और नीचे से 36 वां है। इस कक्षा में कुल कितने छात्र हैं?
(*a*) 53 (*b*) 54
(*c*) 51 (*d*) 50

निर्देश (प्र.सं. 16 और 20): *प्रत्येक दिए गए विकल्पों से उस एक शब्द का चयन करें जिसे प्रश्न में दिए गए शब्द के अक्षरों का प्रयोग करके लिखा नहीं जा सकता।*

16. ROTATION
(*a*) TORN (*b*) NOTE
(*c*) TART (*d*) RAIN

17. INSUFFICIENT
(*a*) ENTICE (*b*) SCENT
(*c*) SUFFICE (*d*) THENCE

18. CATASTROPHE
(*a*) TASTE (*b*) CHEAP
(*c*) POUCH (*d*) STARE

19. MASTERPIECE
(*a*) MINCE (*b*) TRAMP
(*c*) PESTER (*d*) SPRITE

20. PROGNOSTICATION
(*a*) RONTGEN (*b*) SPITOON
(*c*) ROGATION (*d*) START

निर्देश (प्र.सं. 21 और 25): *यहाँ प्रत्येक प्रश्न में दिए गए विकल्पों से उस एक शब्द का चयन करें जिसे प्रश्न के आरंभ में दिए गए शब्द के अक्षरों का प्रयोग करके लिखा जा सकता है।*

21. INVESTIGATE
(*a*) INVERT (*b*) GLIDE
(*c*) STING (*d*) ACTED

22. ADVENTURE
(*a*) AWARE (*b*) EVENT
(*c*) TRUCE (*d*) DRIED

23. THANKSGIVING
(*a*) AVENGE (*b*) HAUNTS
(*c*) GRAINS (*d*) SAVING

24. BLANDISHMENT
(*a*) BOARD (*b*) METAL
(*c*) SHAPE (*d*) CRASH

25. UNDISCHARGED
(*a*) CHANGED (*b*) DISARMED
(*c*) GROUNDED (*d*) SHARPEN

व्याख्यात्मक उत्तर

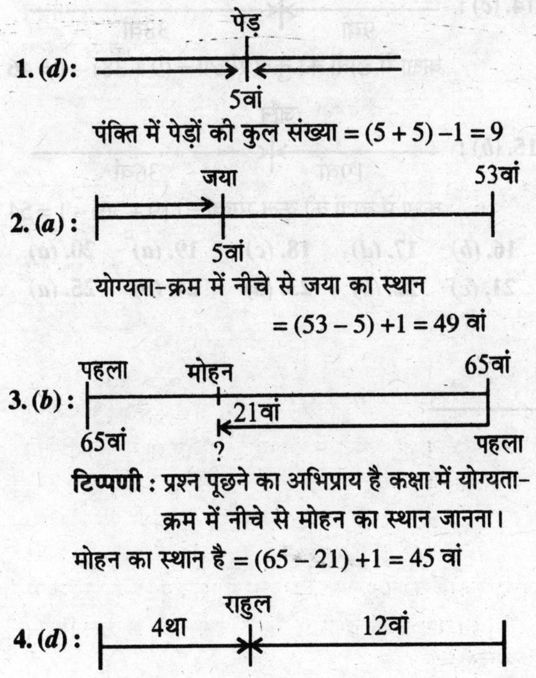

1. (*d*): पंक्ति में पेड़ों की कुल संख्या = (5 + 5) – 1 = 9

2. (*a*): योग्यता-क्रम में नीचे से जया का स्थान
= (53 – 5) + 1 = 49 वां

3. (*b*): **टिप्पणी :** प्रश्न पूछने का अभिप्राय है कक्षा में योग्यता-क्रम में नीचे से मोहन का स्थान जानना।
मोहन का स्थान है = (65 – 21) + 1 = 45 वां

4. (*d*): पंक्ति में लड़कों की कुल संख्या :
(4 + 12) – 1 = 15

पंक्ति में लड़कों की कुल संख्या 28 करने के लिए इसमें (28 – 15) अर्थात् 13 लड़कों को शामिल करने की आवश्यकता है।

5. (*d*):

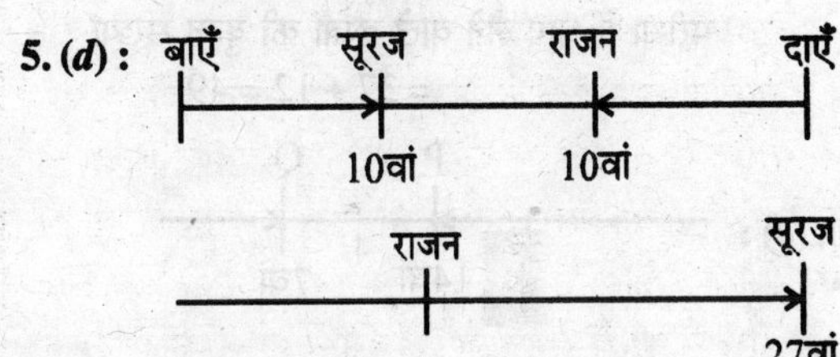

चूंकि लड़कों का क्रम-स्थान दोनों छोरों से समान है, अत: स्थान बदलने के बाद राजन का क्रम स्थान दाहिने से 27 वां होगा।

6. (*d*):

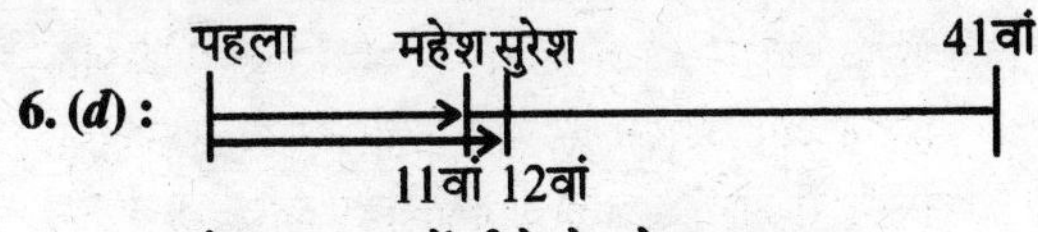

योग्यता-क्रम में नीचे से महेश का स्थान
= (41 – 11) + 1 = 31 वां

योग्यता-क्रम में नीचे से सुरेश का स्थान
= (41 – 12) + 1 = 30 वां

7. (*d*) :

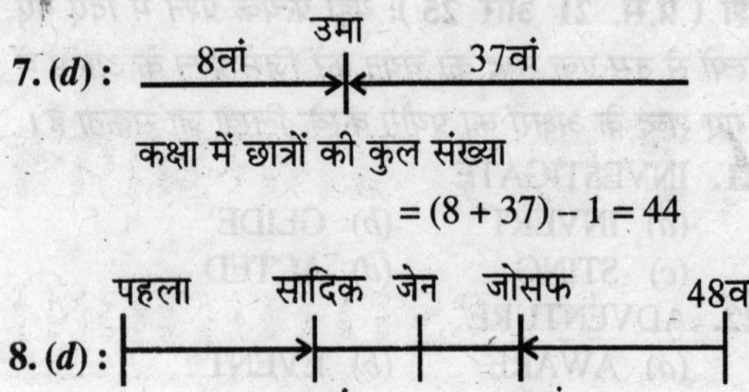

कक्षा में छात्रों की कुल संख्या

$= (8 + 37) - 1 = 44$

8. (*d*) :

पहला सादिक जेन जोसफ 48वां

14वां 17वां

अंत से सादिक का क्रम स्थान :

$(48 - 14) + 1 = 35$ वां

सादिक और जोसफ के बीच व्यक्तियों की संख्या

$= (35 - 17) - 1 = 17$

जेन, सादिक और जोसफ के बीच में है, अर्थात् वह दोनों लड़कों से नौवें स्थान पर है।

∴ सादिक और जेन के बीच 8 व्यक्ति हैं।

टिप्पणी : $(8 + 8) - 1 = 17$

9. (*b*) :

रोहन

11वां 27वां

परीक्षा में उत्तीर्ण होने वाले छात्रों की संख्या

$= (11 + 27) - 1 = 37$

परीक्षा में अनुत्तीर्ण हुए छात्रों की संख्या = 12

परीक्षा में भाग लेने वाले छात्रों की कुल संख्या

$= 37 + 12 = 49.$

10. (*c*) :

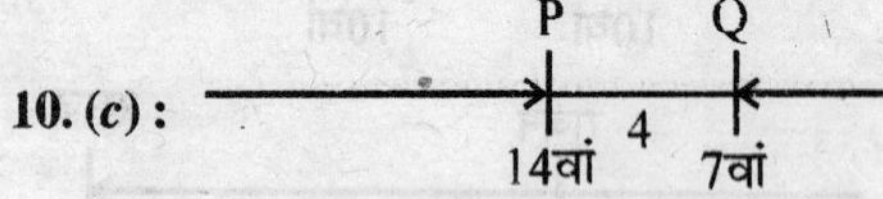

पंक्ति में लड़कों की संख्या

$= (14 + 4 + 7) = 25$

11. (*b*) : पंक्ति में अवस्थित मकान निम्नलिखित क्रम में हैं :

D B A E C

12. (*c*) :

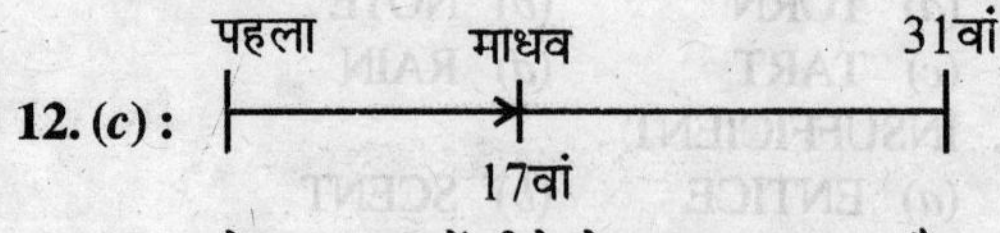

योग्यता-क्रम में नीचे से माधव का स्थान है :

$(31 - 17) + 1 = 15$ वां

13. (*a*) :

पहला वीणा 182वां

73वां

अनुत्तीर्ण हुए छात्रों की संख्या 22 है।

उत्तीर्ण हुए छात्रों की संख्या = 182–22 = 160.

अतः योग्यता-क्रम में नीचे से वीणा का क्रम स्थान है :

$= (160 - 73) + 1 = 88$ वां

14. (*c*) :

राकेश

9वां 38वां

कक्षा में छात्रों की कुल संख्या $= (9 + 38) - 1 = 46$

15. (*b*) :

जॉन

19वां 36वां

कक्षा में छात्रों की कुल संख्या $= (19 + 36) - 1 = 54$

16. (*b*) **17. (*d*)** **18. (*c*)** **19. (*a*)** **20. (*a*)**

21. (*c*) **22. (*b*)** **23. (*d*)** **24. (*b*)** **25. (*a*)**

प्रतीक (चिह्न) प्रतिस्थापन
(SYMBOL SUBSTITUTION)

इस प्रकार के प्रश्नों को हल करना अत्यधिक सरल है। ऐसे प्रश्नों को हल करने की एकमात्र अपेक्षा यह है कि उम्मीदवार दिए गए प्रतीकों या चिह्नों को प्रतिस्थापित करने और परिकलन की विद्या में पारंगत हों और अत्यधिक त्वरित गति से दिए गए प्रश्नों का हल ज्ञात कर सके। इस श्रेणी में पूछे गए कुछ सामान्य प्रकार के प्रश्न नीचे हल किए गए हैं।

हल किए गए उदाहरण

1. यदि '+' का अर्थ '×' हो, '×' का अर्थ '÷' हो, '÷' का अर्थ '–' हो और '–' का अर्थ '+' हो, तो $2 - 8 \times 2 + 6 \div 7$ का मान क्या होगा?

(*a*) 32 (*b*) 19 (*c*) 23 (*d*) 9

उत्तर (*b*) : दिए गए व्यंजक में गणितीय चिह्नों को प्रतिस्थापित करने पर नया व्यंजक होगा :

$2 + 8 \div 2 \times 6 - 7$

इस व्यंजक को हल करने के निम्नलिखित चरण होंगे :

$2 + 4 \times 6 - 7$

$2 + 24 - 7$

$26 - 7 = 19$

2. यदि '▲' का अर्थ '+' हो,

'■' का अर्थ '–' हो,

'●' का अर्थ '÷' हो,

'✱' का अर्थ '×' हो, तो

13 ▲ 5 ✱ 20 ● 10 ■ 9 = ?

(*a*) 26 (*b*) 37 (*c*) 14 (*d*) 55

उत्तर (*c*) : चिह्नों को प्रतिस्थापित करने पर प्राप्त हुआ नया व्यंजक है :

$13 + 5 \times 20 \div 10 - 9$

इस व्यंजक को हल करने के चरण होंगे :

$13 + 5 \times 2 - 9$

$13 + 10 - 9$

$23 - 9 = 14$

अभ्यास

1. यदि "+" का अर्थ "–" हो; "–" का अर्थ "×" हो; "×" का अर्थ "÷" हो और "÷" का अर्थ "+" हो, तो
$15 \times 5 \div 10 + 5 - 3 = ?$
(*a*) 9.5 (*b*) 0
(*c*) – 2 (*d*) 24

2. यदि "+" का अर्थ "–" हो; "–" का अर्थ "×" हो; "×" का अर्थ "÷" हो; और "÷" का अर्थ "+" हो, तो
$15 \times 3 \div 15 + 5 - 2 = ?$
(*a*) 0 (*b*) 10
(*c*) 20 (*d*) 6

3. यदि "+" का अर्थ "÷" हो; "×" का अर्थ "–" हो; "÷" का अर्थ "+" हो और "–" का अर्थ "×" हो, तो
$16 \div 8 \times 6 - 2 + 12 = ?$
(*a*) 22 (*b*) 24
(*c*) 23 (*d*) 20

4. यदि "+" का अर्थ "×" हो; "–" का अर्थ "÷" हो; "×" का अर्थ "–" हो और "÷" का अर्थ "+" हो, तो
$5 + 8 - 4 \times 2 \div 9 = ?$
(*a*) 15 (*b*) 13
(*c*) 17 (*d*) 11

5. यदि × का आशय जोड़ की संक्रिया से हो, ÷ का आशय घटाव की संक्रिया से हो, + का आशय गुणा की संक्रिया से हो और – का आशय भाग की संक्रिया से हो तो $(20 \times 6 \div 6 \times 4)$ निम्नलिखित में से किसके बराबर है?
(*a*) 5 (*b*) 24
(*c*) 25 (*d*) 80

6. यदि $A + B > C + D$, $B + E = 2\,C$ और $C + D > B + E$ हो, तो इसका निश्चित अर्थ यह है कि :
(*a*) $A > C$ (*b*) $A + B > 2D$
(*c*) $A + B > 2C$ (*d*) $A + B > 2E$

7. यदि $A + D > C + E$, $C + D = 2B$ और $B + E > C + D$ हो, तो इसका निश्चित अर्थ यह है कि :
(*a*) $A + D > B + E$ (*b*) $A + D > B + C$
(*c*) $A + B > 2D$ (*d*) $B + D > C + E$

8. यदि "+" का अर्थ "÷" हो; "÷" का अर्थ "–" हो; "–" का अर्थ "×" हो और "×" का अर्थ "+" हो, तो
$10 \div 2 - 15 + 3 \times 5 = ?$
(*a*) 10 (*b*) 15
(*c*) 25 (*d*) 5

9. यदि × का आशय 'जोड़' की संक्रिया से हो, < का आशय 'घटाव' की संक्रिया से हो, + का आशय 'भाग' की संक्रिया से हो, > का आशय 'गुणा' की संक्रिया से हो, – का आशय 'बराबर' हो, ÷ का आशय 'बड़ा होना' हो और = का आशय 'छोटा होना' हो तो बताइए कि निम्नलिखित में से कौन-सा विकल्प सत्य है?
(*a*) $5 \times 3 < 7 \div 8 + 4 \times 1$
(*b*) $3 \times 4 > 2 - 9 + 3 < 3$
(*c*) $5 > 2 + 2 = 10 < 4 \times 8$
(*d*) $3 \times 2 < 4 \div 16 > 2 + 4$

10. यदि → का आशय 'घटाव' की संक्रिया से हो, ← का आशय 'जोड़' की संक्रिया से हो, ↑↑ का आशय 'गुणा' की संक्रिया से हो; ↓↓ का आशय 'भाग' की संक्रिया से हो, ↔ का आशय 'बड़ा होना' हो और ⟷ का आशय 'बराबर' हो तो निम्नलिखित में से कौन-सा विकल्प सत्य है?
(*a*) $4 \leftarrow 6 \uparrow\uparrow 2 \longleftrightarrow 3 \rightarrow 12 \leftarrow 12$
(*b*) $10 \downarrow\downarrow 5 \uparrow\uparrow 5 \longleftrightarrow 9 \rightarrow 3 \leftarrow 4$
(*c*) $15 \uparrow\uparrow 2 \rightarrow 5 \longleftrightarrow 12 \downarrow\downarrow 4 \leftarrow 3$
(*d*) $13 \downarrow\downarrow 13 \leftarrow 1 \leftrightarrow 20 \rightarrow 5 \uparrow\uparrow 2$

11. यदि "+" का अर्थ "÷" हो; "×" का अर्थ "–" हो; "÷" का अर्थ "×" हो और "–" का अर्थ "+" हो, तो निम्नलिखित व्यंजक का मान क्या होगा?
$9 + 3 \div 4 - 8 \times 2 = ?$
(*a*) $6\frac{3}{4}$ (*b*) $-1\frac{3}{4}$
(*c*) $-6\frac{1}{4}$ (*d*) 18

12. यदि "–" का अर्थ "÷" हो; "+" का अर्थ "×" हो; "÷" का अर्थ "–" हो और "×" का अर्थ "+" हो, तो निम्नलिखित में से कौन-सा विकल्प निश्चित ही सत्य है?
(*a*) $1 \div 2 + 3 \times 6 - 8 = 12$
(*b*) $2 + 3 - 5 \times 8 \div 4 = 7$
(*c*) $5 + 6 \times 8 - 2 \div 3 = 31$
(*d*) $6 \div 1 + 2 - 8 \times 4 = 31$

13. निम्नलिखित समीकरण के रिक्त स्थानों में नीचे दिए गए विकल्पों में से किस विकल्प के चिह्नों को प्रतिस्थापित किया जाएगा?

9 . . . 8 . . . 8 . . . 4 . . . 9 = 65

(*a*) − + × ÷ (*b*) ÷ × + −

(*c*) ÷ + × − (*d*) × + ÷ −

14. यदि '✱' का अर्थ '×', 'Δ' का अर्थ '÷', '□' का अर्थ '–', '●' का अर्थ '+', 'α' का अर्थ '=' और 'β' का अर्थ '≠', हो, तो निम्नलिखित में से कौन–सा समीकरण सही है?

(*a*) 2 □ 10 ✱ 4 Δ 5 α 5 ● 12 Δ 6

(*b*) 27 Δ 9 ● 6 β 3 ✱ 6 □ 9

(*c*) 4 Δ 2 ✱ 0 α 7 Δ 1 ✱ 0

(*d*) 5 ● 6 Δ 3 □ 2 α 8 Δ 4 ✱ 3

15. यदि दिए गए चिह्नों + और – को एक दूसरे के स्थान पर रखा जाए तो निम्नलिखित में से कौन–सा समीकरण सही होगा?

(*a*) $2 + 7 - 8 = 3$

(*b*) $3 - 1 + 4 = 2$

(*c*) $9 + 3 - 5 = 7$

(*d*) $6 + 3 - 8 = 5$

16. नीचे दिए गए समीकरण में किन चिह्नों को एक दूसरे के स्थान पर रखने पर समीकरण सत्य होगा?

$25 \div 5 + 17 \times 2 - 6 = 10$

(*a*) ÷ और – (*b*) + और –

(*c*) × और – (*d*) ÷ और +

17. यदि निम्नलिखित समीकरण में + और × चिह्नों को एक दूसरे के स्थान पर रख दिया जाए, तो निम्नलिखित में से कौन–सा समीकरण सही होगा?

(*a*) $7 \times 5 + 3 = 20$ (*b*) $4 + 9 \times 1 = 42$

(*c*) $6 \times 5 + 8 = 46$ (*d*) $2 + 11 \times 4 = 28$

18. यदि 'a' का आशय '÷' हो, 'b' का आशय '×' हो, 'c' का आशय '+' है और 'd' का आशय '–', हो, तो

5 c 20 a 4 b 2 d 10 = ?

(*a*) 5 (*b*) 10

(*c*) 15 (*d*) 20

19. यदि '□' का अर्थ '>' हो, 'Δ' का अर्थ '<' हो, 'ϕ' का अर्थ '=' हो, '∥' का अर्थ '≠' हो और दिया गया हो कि

A□C, BΔD और C□D, तो

(*a*) B Δ C (*b*) C Δ A

(*c*) A Δ B (*d*) D ϕ C

20. यदि '× और ÷' के चिह्नों को एक दूसरे के स्थान पर रखा जाए और इसी प्रकार '2 और 4' के अंकों को भी एक दूसरे के स्थान पर रखा जाए तो निम्नलिखित में से कौन–सा समीकरण सत्य है?

(*a*) $4 - 6 \times 3 + 1 \div 2 = 7$

(*b*) $2 \times 4 + 5 \div 1 - 6 = 3$

(*c*) $4 \div 3 - 8 + 16 \times 2 = 1$

(*d*) $5 \times 5 + 4 - 8 \div 2 = -29$

व्याख्यात्मक उत्तर

1. (*c*) : $15 \div 5 + 10 - 5 \times 3$

$3 + 10 - 15 = -2$

2. (*b*) : $15 \div 3 + 15 - 5 \times 2$

$5 + 15 - 10 = 10$

3. (*c*) : $16 + 8 - 6 \times 2 \div 12$

$16 + 8 - 1 = 23$

4. (*c*) : $5 \times 8 \div 4 - 2 + 9$

$10 - 2 + 9 = 17$

5. (*b*) : $20 + 6 - 6 + 4 = 24$

6. (*c*) : $A + B > C + D > B + E$ or $2C$

$\therefore A + B > 2C$

7. (*b*) : 1. $A + D > C + E$

2. $B + E > C + D$ or $2B$

चूँकि 1 और 2 के बीच संबंध स्पष्ट नहीं है, तथापि यह निश्चित है कि $A + D > B + C$.

8. (*d*) : $10 - 2 \times 15 \div 3 + 5$

$10 - 10 + 5 = 5$

9. (*c*) : (*a*) $5 + 3 - 7 > 8 \div 4 + 1$

$1 > 3$

(*b*) $3 + 4 \times 2 = 9 \div 3 - 3$

$11 = 0$

(*c*) $5 \times 2 \div 2 < 10 - 4 + 8$

$5 < 14$

(*d*) $3 + 2 - 4 > 16 \times 2 \div 4$

$1 > 8$

10. (*b*) : (*a*) $4 + 6 \times 2 = 3 - 12 + 12$

$16 = 3$

(*b*) $10 \div 5 \times 5 = 9 - 3 + 4$

$10 = 10$

(*c*) $15 \times 2 - 5 = 12 \div 4 + 3$

$25 = 6$

(*d*) $13 \div 13 + 1 > 20 - 5 \times 2$

$2 > 10$

11. (*d*) : $9 \div 3 \times 4 + 8 - 2$
$12 + 8 - 2 = 18$

12. (*c*) : (*a*) $1 - 2 \times 3 + 6 \div 8 = 12$
$\frac{-17}{4} = 12$
(*b*) $2 \times 3 \div 5 + 8 - 4 = 7$
$\frac{26}{5} = 7$
(*c*) $5 \times 6 + 8 \div 2 - 3 = 31$
$31 = 31$
(*d*) $6 - 1 \times 2 \div 8 + 4 = 31$
$\frac{-39}{4} = 31$

13. (*d*) : (*a*) $9 - 8 + 8 \times 4 \div 9 = 65$
($8 \times 4 \div 9$ का उत्तर भिन्न रूप में प्राप्त होता है। चूँकि परिणाम 65 एक पूर्णांक है, अत: आगे परिकलन की आवश्यकता नहीं है।)
(*b*) $9 \div 8 \times 8 + 4 - 9 = 65$
$9 + 4 - 9$ अर्थात् $4 = 65$
(*c*) $9 \div 8 + 8 \times 4 - 9 = 65$
($9 \div 8$ का परिणाम भिन्न रूप में प्राप्त होता है)
(*d*) $9 \times 8 + 8 \div 4 - 9 = 65$
$72 + 2 - 9$ अर्थात् $65 = 65$

14. (*c*) : हल समीकरण होंगे :
(*a*) $2 - 10 \times 4 \div 5 = 5 + 12 \div 6$
$2 - 8 = 5 + 2$
$-6 = 7$ जो गलत है
(*b*) $27 \div 9 + 6 \neq 3 \times 6 - 9$
$3 + 6 \neq 18 - 9$
$9 \neq 9$ जो गलत है
(*c*) $4 \div 2 \times 0 = 7 \div 1 \times 0$
$2 \times 0 = 7 \times 0$
$0 = 0$ जो सही है
(*d*) $5 + 6 \div 3 - 2 = 8 \div 4 \times 3$
$5 = 6$ जो गलत है

15. (*a*) : चिह्नों को एक दूसरे के स्थान पर रखने पर प्राप्त समीकरण होगा :
(*a*) $2 - 7 + 8 = 3$ जो सही है
(*b*) $3 + 1 - 4 = 0$
(*c*) $9 - 3 + 5 = 11$
(*d*) $6 - 3 + 8 = 11$

16. (*c*) : चिह्नों को बदलने पर प्राप्त समीकरण होगा :
(*a*) $25 - 5 + 17 \times 2 \div 6$
$25 - 5 + \frac{17}{3}$ (प्राप्त उत्तर एक भिन्न होगा जबकि 10 एक पूर्णांक है, अत: आगे और परिकलन की आवश्यकता नहीं है।)
(*b*) $25 \div 5 - 17 \times 2 + 6$
$5 - 34 + 6 = -23$ जो गलत है
(*c*) $25 \div 5 + 17 - 2 \times 6$
$5 + 17 - 12 = 10$ जो सही है
(*d*) $25 + 5 \div 17 \times 2 - 6$ ($5 \div 17$ प्राप्त उत्तर (*a*) के समान ही एक भिन्नात्मक संख्या के रूप में होगा)

17. (*c*) : चिह्नों को एक दूसरे के स्थान पर रखने पर दिया गया समीकरण है :
(*a*) $7 + 5 \times 3 = 22$ जो गलत है
(*b*) $4 \times 9 + 1 = 37$ जो गलत है
(*c*) $6 + 5 \times 8 = 46$ जो सही है
(*d*) $2 \times 11 + 4 = 26$ जो गलत है

18. (*a*) : $5 + 20 \div 4 \times 2 - 10$
$5 + 10 - 10 = 5$

19. (*b*) : दिया गया है कि $A > C$, $B < D$ और $C > D$ अर्थात् $A > C > D$ और $B < D$
(*a*) $B > D$ जो गलत है
(*b*) $C < A$ जो सही है
(*c*) $A < B$ जो सही है या गलत, इसका निर्णय नहीं किया जा सकता
(*d*) $D \neq C$ जो गलत है

20. (*d*) : चिह्नों और संख्याओं को निर्देशानुसार बदलने पर नया समीकरण होगा :
(*a*) $2 - 6 \div 3 + 1 \times 4$
$2 - 2 + 4 = 4$ जो गलत है
(*b*) $4 \div 2 + 5 \times 1 - 6$
$2 + 5 - 6 = 1$ जो गलत है
(*c*) $2 \times 3 - 8 + 16 \div 4$
$6 - 8 + 4 = 2$ जो गलत है
(*d*) $5 \div 5 + 2 - 8 \times 4$
$1 + 2 - 32 = -29$ जो सही है

कृत्रिम मान और लुप्त संख्याएँ

(ARTIFICIAL VALUES AND MISSING NUMBERS)

इस प्रकार के प्रश्नों को हल करने के लिए संख्या संबंधी प्रश्नों को हल करने में निपुणता और गणितीय कौशल का होना अपेक्षित है। उत्तर प्राप्त करने के लिए अभ्यर्थियों के लिए यह अपेक्षित है कि वे अंकगणितीय चिह्नों या प्रतीकों के सही संयोजन का चयन करें जिसे दिए गए प्रश्नों में प्रश्न चिह्न के स्थान पर प्रतिस्थापित किया जा सके।

हल किए गए उदाहरण

1. यहाँ प्रश्न में दिए गए प्रश्न चिह्न (?) के स्थान पर प्रतिस्थापित करने के लिए सही विकल्प का चयन करें :

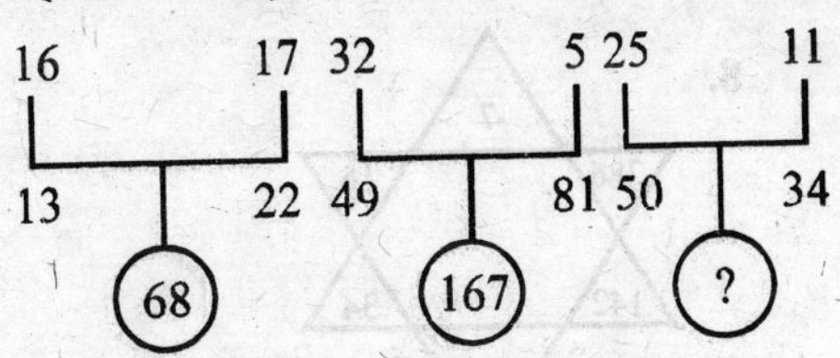

(*a*) 65 (*b*) 120 (*c*) 116 (*d*) 192

उत्तर (*b*) : गोल घेरे के भीतर दी गई संख्या शेष चार संख्याओं का योग है, अर्थात्

$16 + 17 + 13 + 22 = 68$

$32 + 5 + 49 + 81 = 167$, इसी प्रकार

$25 + 11 + 50 + 34 = 120$

2. यहाँ प्रश्न चिह्न के स्थान पर विकल्पों में दी गई कौन-सी संख्या आएगी?

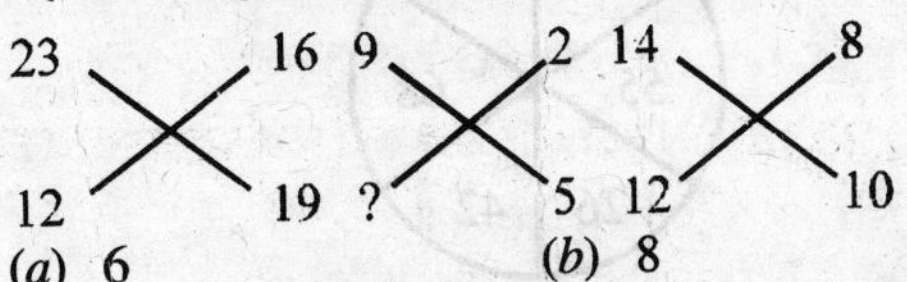

(*a*) 6 (*b*) 8 (*c*) 7 (*d*) 3

उत्तर (*a*) : दो सम्मुख संख्याओं का अंतर 4 है, अर्थात्

$23 - 19 = 4$ और $16 - 12 = 4$

$14 - 10 = 4$ और $12 - 8 = 4$, इसी प्रकार

$9 - 5 = 4$ और $6 - 2 = 4$.

इस प्रकार के प्रश्नों में सही उत्तर ज्ञात करने का कोई निश्चित नियम नहीं है। सही उत्तर प्राप्त करने के विभिन्न तरीकों के बारे में जानने के लिए नीचे दिए गए अभ्यास में निहित प्रश्नों का हल ज्ञात करने का प्रयास करें।

अभ्यास

निर्देश (प्र.सं. 1–10): *नीचे दिए गए प्रत्येक प्रश्न में बताएँ कि प्रश्न चिह्न (?) के स्थान पर कौन-सी संख्या रखी जा सकती है?*

1.

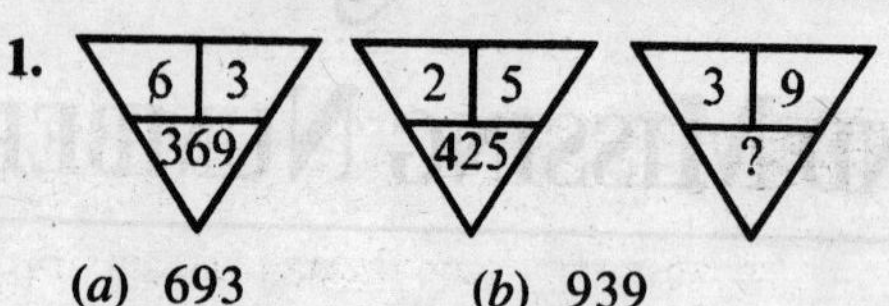

(*a*) 693 (*b*) 939
(*c*) 981 (*d*) 993

2.

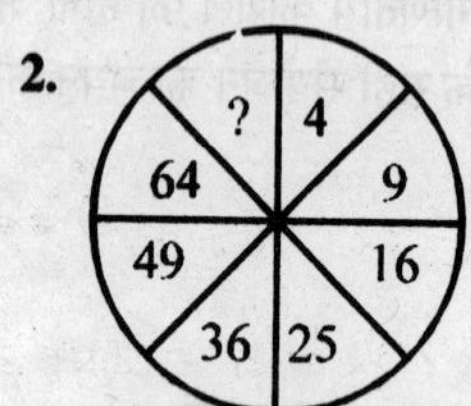

(*a*) 68 (*b*) 100
(*c*) 72 (*d*) 81

3.

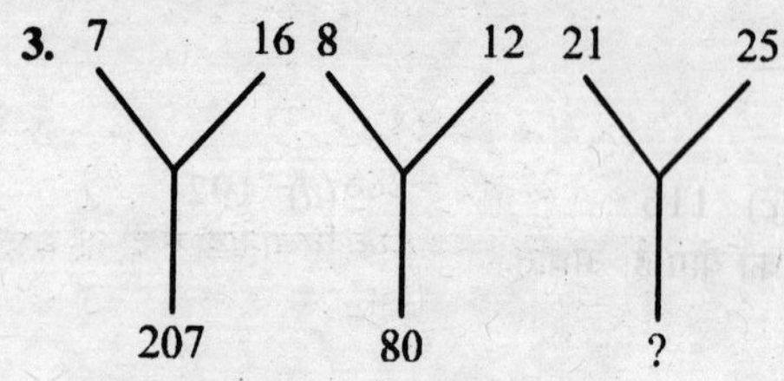

(*a*) 425 (*b*) 184
(*c*) 241 (*d*) 210

4.

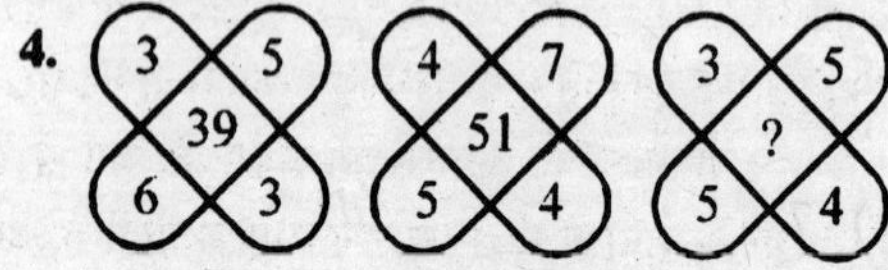

(*a*) 35 (*b*) 37
(*c*) 45 (*d*) 48

5.

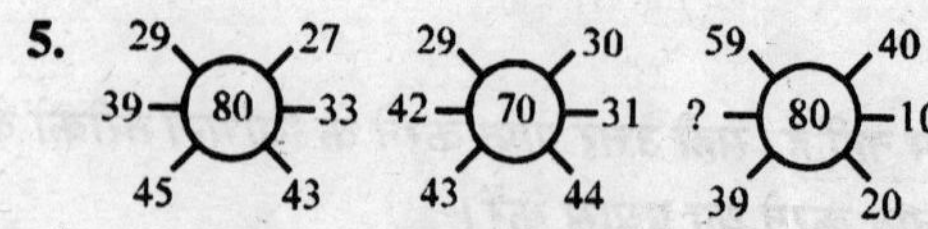

(*a*) 69 (*b*) 49
(*c*) 50 (*d*) 60

6.

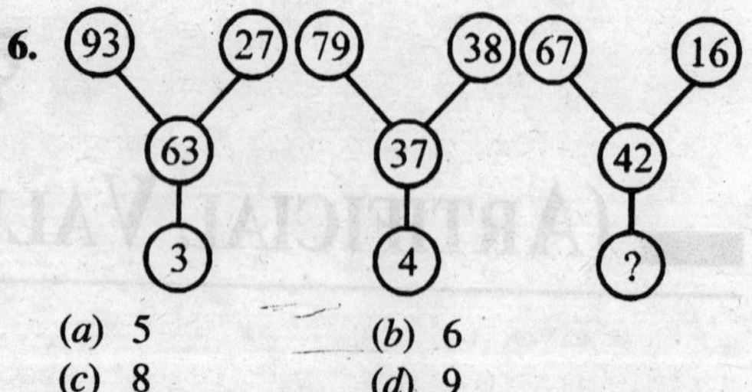

(*a*) 5 (*b*) 6
(*c*) 8 (*d*) 9

7.

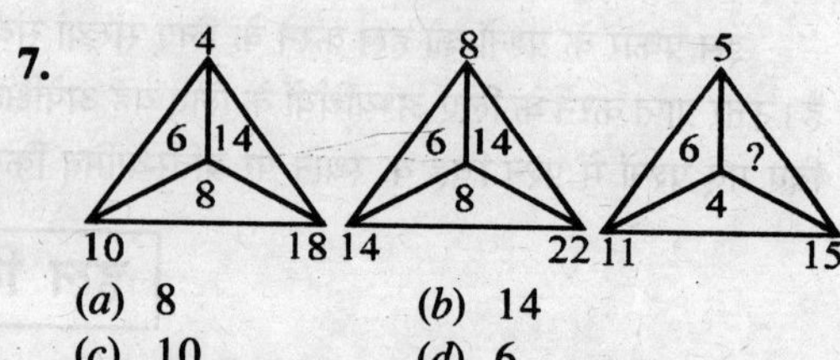

(*a*) 8 (*b*) 14
(*c*) 10 (*d*) 6

8.

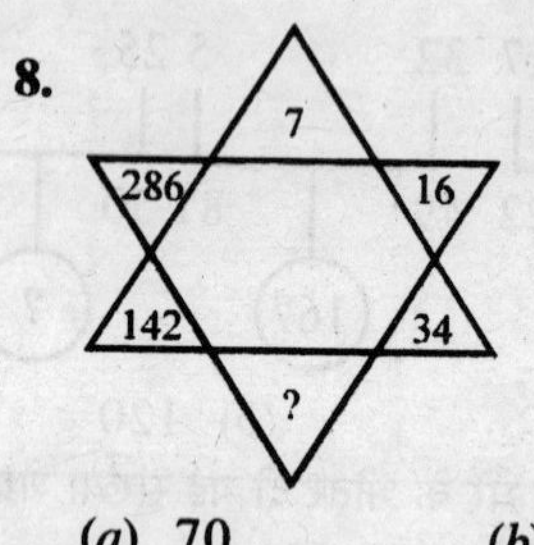

(*a*) 70 (*b*) 68
(*c*) 56 (*d*) 92

9.

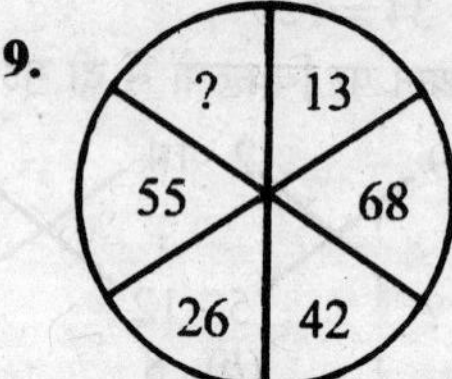

(*a*) 41 (*b*) 37
(*c*) 29 (*d*) 25

10.

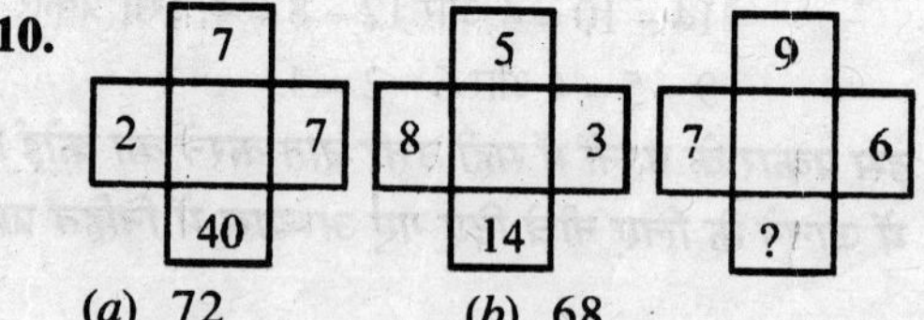

(*a*) 72 (*b*) 68
(*c*) 82 (*d*) 96

व्याख्यात्मक उत्तर

1. (*c*) : उलटे बने त्रिभुज के ऊपरी भाग के दोनों खानों में दी गई संख्याओं के वर्ग को एक दूसरे की बगल में रखने पर त्रिभुज के निचले शीर्ष की संख्या प्राप्त होती है, अर्थात्

6^2 और $3^2 = 369$

2^2 और $5^2 = 425$, इसी प्रकार

3^2 और $9^2 = 981$.

2. (*d*) : 4 से आरंभ करके प्रत्येक अनुवर्ती संख्या क्रमागत प्राकृतिक संख्या का वर्ग है। अर्थात् $2^2 = 4, 3^2 = 9, 4^2 = 16, \ldots 9^2 = 81$

3. (*b*) : नीचे की संख्या ऊपर की दोनों संख्याओं के वर्गों का अंतर है, अर्थात्

$16^2 - 7^2 = 256 - 49 = 207$

$12^2 - 8^2 = 144 - 64 = 80$, इसी प्रकार

$25^2 - 21^2 = 625 - 441 = 184$

4. (*b*) : बीच की संख्या विकर्णतः सम्मुख संख्याओं के गुणनफलों का योग है, अर्थात्

$(3 \times 3) + (5 \times 6) = 39$

$(4 \times 4) + (7 \times 5) = 51$, इसी प्रकार

$(3 \times 4) + (5 \times 5) = 37$

5. (*a*) : किसी भी एक आकृति में सरेखीय तीनों संख्याओं का योगफल समान है, अर्थात्

$29 + 80 + 43$ या $39 + 80 + 33$

या $45 + 80 + 27 = 152$

$29 + 70 + 44$ या $42 + 70 + 31$

या $43 + 70 + 30 = 143$, इसी प्रकार

$59 + 80 + 20$ या $39 + 80 + 40 = 159$.

अतः लुप्त संख्या है :

$159 - (80 + 10) = 69$

6. (*d*) : प्रत्येक आकृति में दाहिने और बीच के घेरों की संख्याओं के योगफल को बायीं ओर के घेरे की संख्या से घटाने पर आकृति में सबसे नीचे के घेरे की संख्या प्राप्त होती है, अर्थात्

$93 - (27 + 63) = 3$

$79 - (38 + 37) = 4$, इसी प्रकार

$67 - (16 + 42) = 9$

7. (*c*) : प्रत्येक त्रिभुजाकार आकृति के भीतर बने प्रत्येक त्रिभुज में आधार पर स्थित संख्याओं का अंतर त्रिभुज के भीतर स्थित संख्या के बराबर है, अर्थात्

$10 - 4 = 6, 18 - 4 = 14$ और $18 - 10 = 8$

$14 - 8 = 6, 22 - 8 = 14$ और $22 - 14 = 8$, इसी प्रकार

$11 - 5 = 6, 15 - 5 = 10$ और $15 - 11 = 4$.

8. (*a*) : दी गई आकृति में 7 की संख्या से आरंभ करके दक्षिणावर्त अगली संख्या पहली संख्या के दोगुने से 2 अधिक है, अर्थात्

$(7 \times 2) + 2 = 16$

$(16 \times 2) + 2 = 34 \ldots$, इसी प्रकार

$(34 \times 2) + 2 = 70$

$(70 \times 2) + 2 = 142$

$(142 \times 2) + 2 = 286$

9. (*c*) : दी गई आकृति में सम्मुख त्रिज्यखंडों में दी गई संख्याओं का अंतर 13 है, अर्थात्

$26 - 13 = 13$

$68 - 55 = 13$, इसी प्रकार

अतः लुप्त संख्या है : $42 - 13 = 29$

($42 + 13 = 55$ विकल्पों में नहीं दिया गया है)

10. (*b*) : प्रत्येक आकृति में मध्यस्थ ग्रिड रेखा में दी गई संख्याओं के योगफल को ऊपर स्थित संख्या के वर्ग से घटाने पर आकृति में नीचे की संख्या प्राप्त होती है, अर्थात्

$7^2 - (2 + 7) = 40$

$5^2 - (8 + 3) = 14$, इसी प्रकार

$9^2 - (7 + 6) = 68$

अक्षर–अंक व्यवस्थापक मशीन संबंधी प्रश्न

(PROBLEMS BASED ON ENGLISH ALPHABET)

अंग्रेजी वर्णमाला पर आधारित प्रश्नों को हल करना अत्यधिक सरल है। इस प्रकार के प्रश्न वर्णमाला के सीधे क्रम में और साथ ही उलटे क्रम में भी दी गई शृंखलाओं पर आधारित होते हैं।

अंग्रेजी वर्णमाला का सीधा क्रम (Natural Order)

A B C D E F G H I J K L M N O P Q R S T U V W X Y Z

अंग्रेजी वर्णमाला का उलटा क्रम (Reverse Order)

Z Y X W V U T S R Q P O N M L K J I H G F E D C B A

शृंखला Z पर पहुँचने के बाद A से पुन: आरंभ होती है और उलटे क्रम में A पर पहुँचने के बाद Z से पुन: आरंभ होती है। इस शृंखला में A E I O U स्वर और शेष अक्षर व्यंजन कहलाते हैं।

हल किए गए उदाहरण

1. यदि वर्णमाला के पहले दस अक्षरों को उलटे क्रम में लिखा जाए तो निम्नलिखित में से कौन–सा अक्षर उस शृंखला के दाहिने छोर से बारहवें अक्षर की बायीं ओर का सातवाँ अक्षर होगा?

A B C D E F G H I J K L M N O P Q R S T U V W X Y Z

(*a*) H (*b*) C (*c*) I (*d*) B

उत्तर (*b*) : वर्णमाला के सीधे क्रम में दी गई शृंखला में पहले दस अक्षरों को उलटे क्रम में लिखने पर निम्नलिखित शृंखला प्राप्त होगी :

JIHGFEDCBAKLMNOPQRSTUVWXYZ

7th 12th

'Z' से गिनना आरंभ करने पर दाहिने छोर से बारहवाँ अक्षर 'O' है और 'O' की बायीं ओर का 7वाँ अक्षर 'C' है।

2. अक्षरों की निम्नलिखित सूची में ऐसे कितने D हैं जिनके ठीक बाद F है किंतु ठीक पहले E नहीं है?

X M N D F P R S T D D F O C E D F B T E D K

(*a*) 4 (*b*) 3 (*c*) 2 (*d*) 1

उत्तर (*c*) : जिन D के ठीक बाद 'F' है किंतु ठीक पहले 'E' नहीं है, वे हैं :

X M N D F P R S T D D F O C E D F B T E D K

अभ्यास

निर्देश (प्र.सं. 1–20): *निम्नलिखित प्रश्न वर्णमाला के सीधे या उलटे क्रम में लिखी गई शृंखला पर तथा दिए गए शब्द में अक्षरों के स्थान परिवर्तन पर आधारित हैं।*

1. वर्णमाला के सीधे क्रम में लिखी गई शृंखला में बाएँ छोर से छठे अक्षर के ठीक पहले कौन-सा अक्षर होता है?

(*a*) U (*b*) E
(*c*) F (*d*) V

2. वर्णमाला में G और S के ठीक बीच में कौन-सा अक्षर है?

(*a*) L (*b*) N
(*c*) M (*d*) कोई अक्षर नहीं

3. यदि अंग्रेजी वर्णमाला में प्रथम अर्द्धांश के अक्षरों को उलटे क्रम में लिखा जाए तो दायीं ओर से नौवें अक्षर की बायीं ओर का नौवाँ अक्षर कौन-सा होगा?

(*a*) I (*b*) D
(*c*) F (*d*) E

4. यदि अंग्रेजी वर्णमाला को उलटे क्रम में लिखा जाए, तो दायीं ओर से सातवें अक्षर की बायीं ओर का आठवाँ अक्षर कौन-सा होगा?

(*a*) O (*b*) P
(*c*) N (*d*) Q

5. वर्णमाला में दाहिने छोर से तेरहवें अक्षर की दायीं ओर का पाँचवाँ अक्षर क्या होगा?

(*a*) R (*b*) S
(*c*) I (*d*) O

6. यदि अंग्रेजी वर्णमाला को उलटे क्रम में लिखा जाए तो P के दाएँ से छठा अक्षर कौन-सा होगा?

(*a*) J (*b*) W
(*c*) K (*d*) V

7. यदि अंग्रेजी वर्णमाला को दो बराबर हिस्सों में बाँट दिया जाए जिनमें पहले अर्द्धांश में A से M तक के और दूसरे अर्द्धांश में N से Z तक के अक्षर निहित हों, तो बाद वाले अर्द्धांश का कौन-सा अक्षर पहले वाले अर्द्धांश के J अक्षर के संगत होगा?

(*a*) W (*b*) Q
(*c*) V (*d*) R

8. यदि अंग्रेजी वर्णमाला को उलटे क्रम में लिखा जाए तो प्राप्त शृंखला में आपके बाएँ से सोलहवें अक्षर की बायीं ओर का बारहवाँ अक्षर कौन-सा होगा?

(*a*) X (*b*) W
(*c*) D (*d*) V

9. अंग्रेजी वर्णमाला में बाएँ से पाँचवें अक्षर से आरंभ करके यदि बारह अक्षरों को उलटे (विपरीत) क्रम में लिखा जाए तो प्राप्त शृंखला में दाएँ से चौदहवें अक्षर की बायीं ओर का सातवाँ अक्षर कौन-सा होगा?

(*a*) N (*b*) H
(*c*) L (*d*) O

10. यदि वर्णमाला में B से आरंभ करके सभी एकांतर स्थानों पर आने वाले अक्षरों को छोटे अक्षरों में और शेष अक्षरों को बड़े अक्षरों में लिखा जाए तो प्राप्त शृंखला के अक्षरों का प्रयोग करके 'September' माह को किस प्रकार लिखा जाएगा?

(*a*) SEptEMbEr (*b*) sePTemBeR
(*c*) SEptembER (*d*) SEpteMbeR

11. अंग्रेजी वर्णमाला को यदि उलटे क्रम में लिखा जाए तो इस शृंखला में J और T अक्षरों के ठीक बीच वाले अक्षर की बायीं ओर का दूसरा अक्षर कौन-सा होगा?

(*a*) P (*b*) N
(*c*) Q (*d*) कोई अक्षर नहीं

12. वर्णमाला में बाएँ से 19वें अक्षर और दाएँ से 18वें अक्षर के बीच में कौन-सा अक्षर होगा?

(*a*) O (*b*) N
(*c*) L (*d*) M

13. यदि अंग्रेजी वर्णमाला को उलटे क्रम में लिखा जाए तो बाएँ से ग्यारहवें अक्षर के दाएँ का दसवां अक्षर कौन-सा होगा?

(*a*) P (*b*) K
(*c*) F (*d*) U

14. अंग्रेजी वर्णमाला में दाएँ से छठे अक्षर और बाएँ से तेरहवें अक्षर के बीच में कौन-सा अक्षर है?

(*a*) Q (*b*) R
(*c*) P (*d*) S

15. यदि अंग्रेजी वर्णमाला को उलटे क्रम में लिखने पर प्राप्त शृंखला से स्वर-अक्षरों (AEIOU) को हटा दिया जाए तो इस शृंखला में बाएँ से इक्कीसवें अक्षर के बाएँ का अठारहवाँ अक्षर कौन-सा होगा?

(*a*) S (*b*) P
(*c*) R (*d*) X

16. यदि 'DISTURBANCE' शब्द के पहले और अंतिम अक्षरों को एक-दूसरे के स्थान पर रख दिया जाए, इसी प्रकार दूसरे और दसवें अक्षरों का स्थान भी परस्पर बदल दिया जाए तथा इसी प्रकार अन्य अक्षरों का स्थान भी एक-दूसरे से बदल दिया जाए तो इस प्रकार व्यवस्थित करने के पश्चात् प्राप्त शब्द में "T" के बाद कौन-सा अक्षर होगा?

(*a*) I (*b*) U
(*c*) N (*d*) S

17. यदि 'CATEGORISATION', शब्द के चौथे, सातवें, ग्यारहवें और तेरहवें अक्षरों से कोई सार्थक शब्द बनाया जाए तो उस शब्द का पहला अक्षर कौन-सा होगा? यदि ऐसा एक भी शब्द बनाना संभव नहीं हो तो अपना उत्तर 'X' दीजिए तथा यदि इस प्रकार के एक से अधिक शब्द बनाए जा सकते हों तो अपना उत्तर 'M' दीजिए।

(*a*) R (*b*) T
(*c*) M (*d*) X

18. 'BUCKET' शब्द में ऐसे कितने अक्षर-युग्म हैं जिनके बीच इस शब्द में भी उतने ही अक्षर हैं जितने अक्षर उनके बीच वर्णमाला के अनुक्रम में हैं?

(*a*) एक (*b*) दो
(*c*) तीन (*d*) चार

19. यदि अंग्रेजी शब्द 'PRISON' में दो अक्षर ऐसे हों कि उनके बीच इस शब्द में भी उतने ही अक्षर हों जितने अक्षर उनके बीच वर्णमाला के अनुक्रम में हैं तो वे एक अक्षर-युग्म निर्मित करते हैं। बताइए कि इस शब्द PRISON में से कितने अक्षर-युग्म हैं :

(*a*) शून्य (*b*) 1
(*c*) 2 (*d*) 3 से अधिक

20. अंग्रेजी शब्द 'PRESENTATION' के तीसरे, छठे, नौंवे और ग्यारहवें अक्षरों से यदि कोई अर्थपूर्ण शब्द बन सकता है तो उस शब्द का तीसरा अक्षर कौन-सा होगा? यदि ऐसे एक से अधिक शब्द बनाए जा सकते हैं तो अपना उत्तर 'M' दीजिए।

(*a*) T (*b*) E
(*c*) M (*d*) N

व्याख्यात्मक उत्तर

1. (*b*) : A ... E F ... Z (छठा)

बाएँ से छठा अक्षर 'F' है और 'F' से ठीक पहले का अक्षर 'E' है।

2. (*c*) : G ... M ... S (छठा, छठा)

G और S के बीच का अक्षर M है।

3. (*d*) : MLKJIGHFEDCBANOPQRSTUVWXYZ (नौंवाँ, नौंवाँ)

4. (*a*) : ZYXWVUTSRQPONMLKJIHGFEDCBA (सातवाँ, आठवाँ)

5. (*b*) : A ... N पाँचवाँ S ... Z (तेरहवाँ)

दाहिने छोर से तेरहवाँ अक्षर 'N' है और 'N' की दायीं ओर का पाँचवाँ अक्षर 'S' है।

6. (*a*) : Z ... P ... J ... A (छठा)

अंग्रेजी वर्णमाला के उलटे क्रम में 'P' के दाएँ से छठा अक्षर 'J' है।

7. (*a*) : A B C D E F G H I J K L M
N O P Q R S T U V W X Y Z

8. (*b*) : Z ... W बारहवाँ K ... A (सोलहवाँ)

वर्णमाला के उलटे क्रम में बाएँ से सोलहवाँ अक्षर 'K' है और 'K' की बायीं ओर का बारहवाँ अक्षर 'W' है।

9. (*d*) : ABCDPONMLKJIHGFEQRSTUVWXYZ (सातवाँ, चौदहवाँ)

10. (a) : A b C d E f G h I j K l M n O p Q r S t U v W x Y z

11. (c) : दूसरा

T S R Q P O N M L K J

अंग्रेजी वर्णमाला के उलटे क्रम में J और T के बीच O है और 'O' की बायीं ओर का दूसरा अक्षर Q है।

12. (b) : अठारहवाँ

A I N S Z

पाँचवाँ पाँचवाँ

उन्नीसवाँ

वर्णमाला की शृंखला में बाएँ से उन्नीसवाँ अक्षर S और दाएँ से अठारहवाँ अक्षर 'I' है तथा 'I' और 'S' के ठीक बीच में 'N' है।

13. (c) : Z P F A

ग्यारहवाँ दसवाँ

अंग्रेजी वर्णमाला के उलटे क्रम में बाएँ से ग्यारहवाँ अक्षर 'P' है और 'P' के दाएँ से दसवाँ अक्षर 'F' है।

14. (a) : A M Q U Z

चौथा चौथा

तेरहवाँ छठा

अंग्रेजी वर्णमाला में बाएँ से तेरहवाँ अक्षर 'M' है और दाएँ से छठा अक्षर 'U' है तथा 'M' और 'U' के ठीक बीच में 'Q' अक्षर अवस्थित है।

15. (d) : ZYXWVTSRQPNMLKJHGFDCB

पहला अठारहवाँ इक्कीसवाँ

प्राप्त शृंखला में बाएँ से इक्कीसवाँ अक्षर 'B' है और 'B' के बाएँ का अठारहवाँ अक्षर 'X' है।

16. (d) : E C N A B R U T S I D

17. (c) : CATEGORISATION

चौथा, सातवाँ, ग्यारहवाँ और तेरहवाँ अक्षर क्रमश: E R T O है।

इनसे निर्मित शब्द हैं : TORE और ROTE.

18. (a) : BUCKET : C और E के बीच इस शब्द में एक

D

अक्षर K है और वर्णमाला के अनुक्रम में भी C और E के बीच एक ही अक्षर D होता है।

19. (d) : PRISON : अक्षर 'O' और 'N' इस शब्द में भी और वर्णमाला के अनुक्रम में भी क्रमागत अक्षर हैं।

PRISON : अक्षर R और O के बीच इस शब्द में दो

QP

अक्षर 'IS' हैं तथा वर्णमाला के अनुक्रम में भी दो ही अक्षर 'QP' हैं

PRISON : अक्षर R और N के बीच इस शब्द में

QPO

तीन अक्षर 'ISO' हैं तथा वर्णमाला के अनुक्रम में भी इनके बीच तीन ही अक्षर 'QPO' हैं।

PRISON : अक्षर P और S के बीच इस शब्द में दो

QR

अक्षर 'RI' हैं तथा वणमाला के अनुक्रम में भी इनके बीच दो ही अक्षर 'QR' हैं।

20. (c) : P R E S E N T A T I O N

तीसरा, छठा, नौंवाँ और ग्यारहवाँ अक्षर क्रमश: E, N, T और O है जिनसे निर्मित शब्द हैं :

NOTE और TONE.

कथन एवं वेन आरेख (LOGICAL DIAGRAMS)

इस प्रकार के प्रश्नों में विकल्प के रूप में पाँच भिन्न-भिन्न आकृतियों का समुच्चय दिया जाता है। प्रत्येक आकृति संबंधित शब्दों के कुछ समूहों का एक तार्किक पैटर्न निरूपित करती है जिनमें प्रत्येक शब्द एक वर्ग को निरूपित करता है। अभ्यर्थी को दिए गए शब्दों के समुच्चय के लिए सर्वाधिक उपयुक्त तार्किक आकृति की पहचान करनी है। नीचे इन आरेखों द्वारा निरूपित कुछ संबंध दर्शाए गए हैं। संबंधित पैटर्नों को समझें और तत्पश्चात् दिए गए प्रश्नों के उत्तर दें।

हल किए गए उदाहरण

1. दिए गए वर्गों में कोई सदस्य समान (common) नहीं है।

उदाहरण : दूध, अंडे

दूध अंडे

2. दिया गया आरेख यह दर्शाता है कि दोनों वर्गों में कुछ समान सदस्य हैं किंतु कोई भी वर्ग एक-दूसरे में पूर्णत: समाहित नहीं है।

उदाहरण : रंग, लाल

रंग लाल

3. दिया गया आरेख यह दर्शाता है कि एक वर्ग दूसरे में पूर्णत: समाहित है किंतु दूसरा वर्ग पहले वर्ग में समाहित नहीं है अर्थात् ये दोनों वर्ग आपस में मिले-जुले नहीं हैं।

उदाहरण : फल, सेब

फल सेब

4. आकृति 2 के समान ही यह आकृति भी दर्शाती है कि तीनों वर्गों में कुछ समान (common) सदस्य हैं किंतु इनमें से कोई भी वर्ग एक-दूसरे में पूर्णत: समाहित नहीं है।

उदाहरण : लंबा, आदमी, शिक्षित

लंबा आदमी शिक्षित

5. दिए गए तीन वर्गों में से एक वर्ग दूसरे वर्ग में पूर्णत: समाहित है लेकिन मिला-जुला नहीं है जबकि तीसरे वर्ग का कोई भी सदस्य पहले के दोनों वर्गों के किसी भी सदस्य के किसी भी अभिलक्षण के आधार पर समान नहीं है।

उदाहरण : जल, ठोस, द्रव

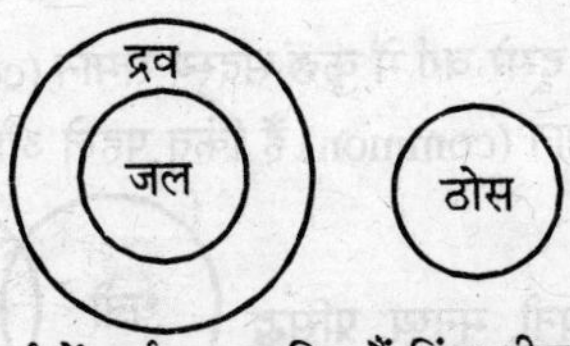

6.  इस आकृति में दो वर्ग तीसरे वर्ग में पूर्णतः समाहित हैं किंतु तीसरा वर्ग उन दोनों वर्गों में समाहित नहीं है। इसके अतिरिक्त जो दो वर्ग तीसरे वर्ग में समाहित हैं उनका कोई सदस्य समान नहीं है।

उदाहरण : पंजाब, आगरा, भारत

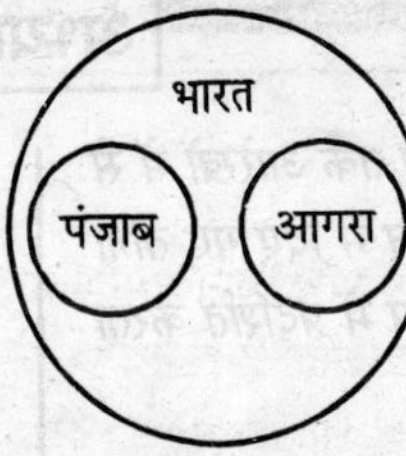

7. 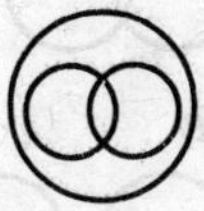 दो वर्ग तीसरे वर्ग में पूर्णतः समाहित हैं किंतु तीसरा वर्ग पहले के दो वर्गों में पूर्णतः समाहित नहीं है। इसके अतिरिक्त तीसरे वर्ग में पूर्णतः समाहित दोनों वर्गों में कुछ सदस्य समान हैं हालाँकि उन दोनों में कोई भी वर्ग एक दूसरे में पूर्णतः समाहित नहीं है।

उदाहरण : माँ, बहन, महिलाएँ

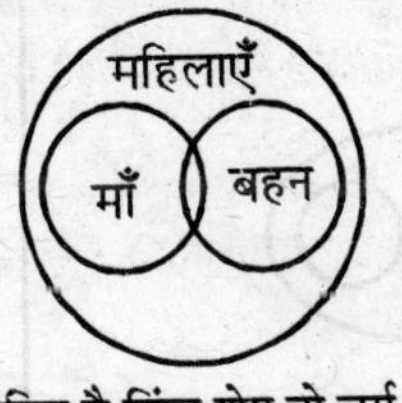

8.  पहला वर्ग शेष दो वर्गों में पूर्णतः समाहित है किंतु शेष दो वर्ग पहले वर्ग में पूर्णतः समाहित नहीं हैं। दूसरा वर्ग तीसरे वर्ग में पूर्णतः और पहले वर्ग में अंशतः समाहित है। तीसरे वर्ग का कुछ अंश दूसरे वर्ग में समाहित है और कुछ अंश पहले वर्ग में समाहित है।

उदाहरण : संज्ञा, राम, व्याकरण

9. पहला वर्ग दूसरे वर्ग में पूर्णतः समाहित है किंतु दूसरा वर्ग पहले वर्ग में पूर्णतः समाहित नहीं है। तीसरा वर्ग शेष दो वर्गों में अंशतः समाहित है।

उदाहरण : चीनी, मीठा, चाय

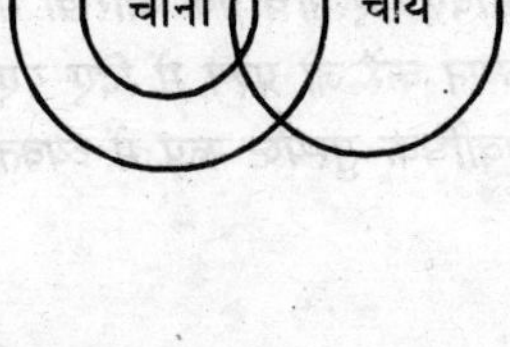

टिप्पणी : कुछ लोग बिना चीनी के चाय पीते हैं।

10. 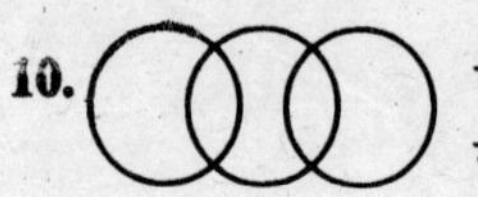 पहले और दूसरे वर्ग में कुछ सदस्य समान (common) हैं और इसी प्रकार दूसरे और तीसरे वर्ग के कुछ सदस्य समान (common) हैं किंतु पहले और तीसरे वर्ग में कुछ भी समान नहीं है।

उदाहरण : धनी, मनुष्य, प्रसिद्ध

अभ्यास

निर्देश (प्र.सं. 1–10): *नीचे दिए गए पाँच तर्क आरेखों में से उस आरेख (आकृति) का चयन करें जो प्रश्न में दिए गए तीनों वर्गों के बीच संबंध को सर्वाधिक सुस्पष्ट रूप में प्रदर्शित करता है।*

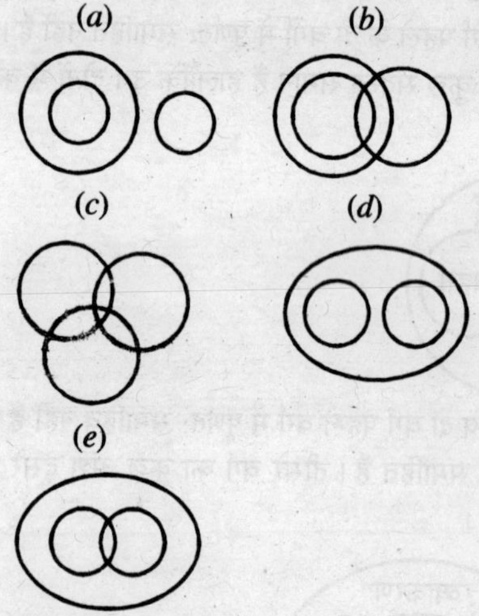

1. पक्षी, फल, आम
2. अपराधी, वकील, डकैत
3. तैराक, कुँआरा, पुरुष
4. स्मार्ट, इंजीनियर, महिला
5. सब्जियाँ, आलू, बैंगन
6. अंगूर, मीठा, फल
7. डॉक्टर, वास्तुकार, मनुष्य
8. विद्वान, व्यक्ति, भारतीय
9. बच्चे, शरारती, अध्ययनशील
10. कलम, पेंसिल, स्टेशनरी

निर्देश (प्र.सं. 11–20): *नीचे दिए गए पाँच तर्क आरेखों में से उस आरेख (आकृति) का चयन करें जो प्रश्न में दिए गए तीनों वर्गों के बीच संबंध को सर्वाधिक सुस्पष्ट रूप में व्यक्त करता है।*

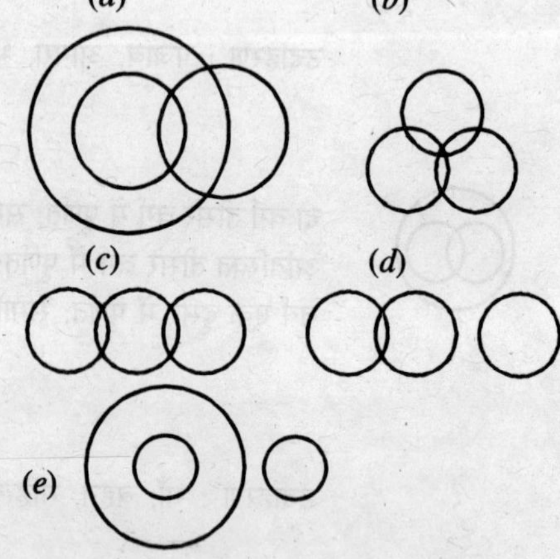

11. बहन, चचेरी-ममेरी-फुफेरी बहन, महिलाएँ
12. तारा, ग्रह, शनि
13. लोग, बुद्धिमान, धनी
14. पालतू पशु, बिल्लियाँ, कुत्ते
15. अभिनेता, मंच, फिल्म
16. कपड़ा, बाल, काला
17. वस्त्र, फूल, कोट
18. लकड़ी, जूता, कुर्सी
19. भौतिकी, जीवविज्ञान, प्राणि विज्ञान
20. पुलिस, अपराधी, चोर

निर्देश (प्र.सं. 21–25): *नीचे दिए गए पाँच तर्क आरेखों में से उस आरेख (आकृति) का चयन करें जो प्रश्न में दिए गए तीनों वर्गों के बीच संबंध को सर्वाधिक सुस्पष्ट रूप में व्यक्त करता है।*

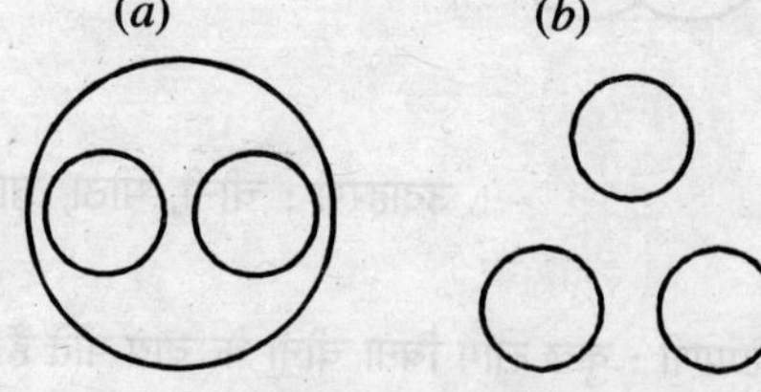

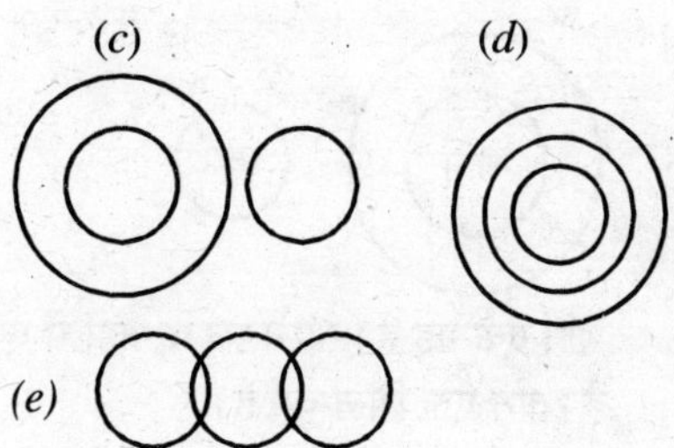

21. देश, नेपाल, भारत
22. शरीर, रक्त, शिरा
23. शतरंज, खेल, हॉकी
24. ट्रैक्टर, वायुयान, बैलगाड़ी
25. ओरिएन्टल, कंटिनेंटल, मुगलई

व्याख्यात्मक उत्तर

1. (a) :

सभी आम फल हैं किंतु फल और आम में से कोई भी पक्षी नहीं है।

2. (a) :

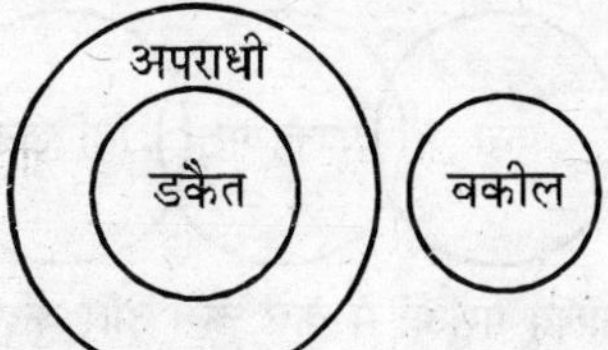

सभी डकैत अपराधी हैं किंतु अपराधी और डकैत में से कोई भी वकील नहीं हो सकता।

3. (b) :

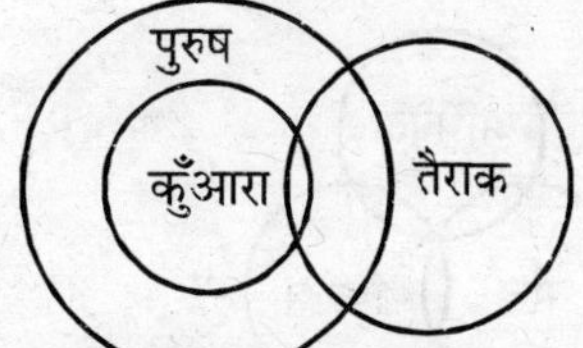

सभी कुँआरे पुरुष होते हैं तथा कुछ पुरुष और कुँआरे तैराक हो सकते हैं।

4. (c) :

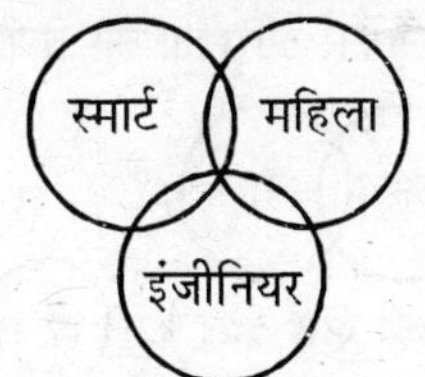

कुछ महिलाएँ स्मार्ट हो सकती हैं और कुछ महिलाएँ इंजीनियर हो सकती हैं तथा कुछ इंजीनियर स्मार्ट भी हो सकते हैं और महिला भी।

5. (d) :

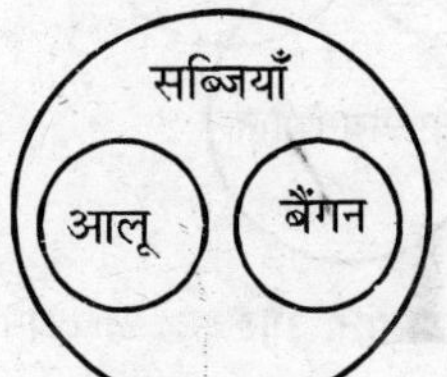

आलू और बैंगन दोनों सब्जियाँ हैं किंतु उनमें कोई समान गुण नहीं है। कुछ सब्जियाँ आलू हैं और कुछ बैंगन।

6. (b) :

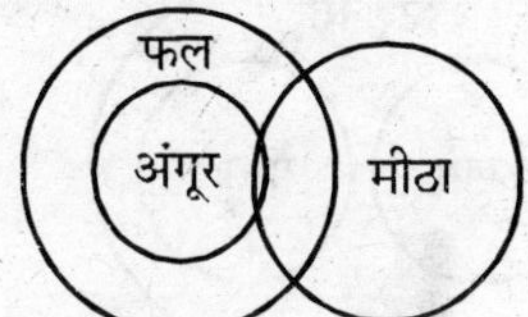

कुछ अंगूर मीठे हैं और सभी अंगूर फल हैं। किंतु सभी मीठी चीजें फल नहीं हैं।

7. (d) :

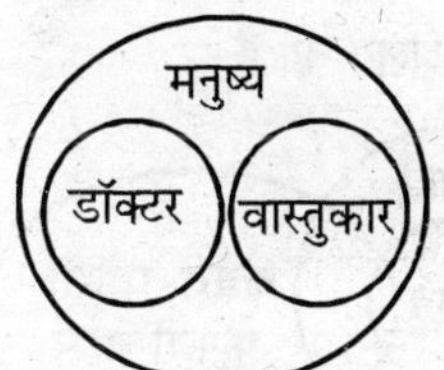

डॉक्टर और वास्तुकार दो अलग–अलग वर्ग हैं किंतु सभी डॉक्टर और वास्तुकार मनुष्य हैं और कुछ मनुष्य या तो डॉक्टर हैं या वास्तुकार हैं।

8. (*e*) :

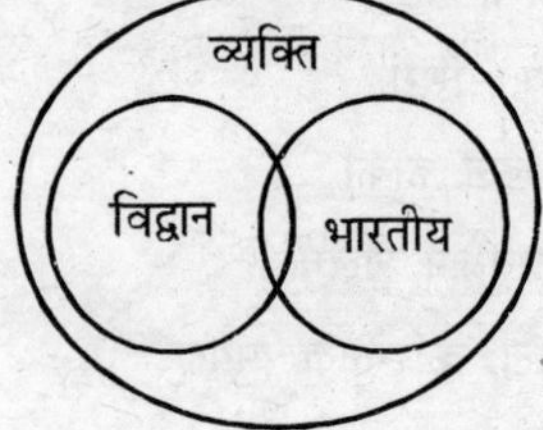

कुछ भारतीय विद्वान हो सकते हैं और कुछ विद्वान भारतीय हो सकते हैं। विद्वान और भारतीय दोनों ही व्यक्ति की श्रेणी में आते हैं।

9. (*c*) :

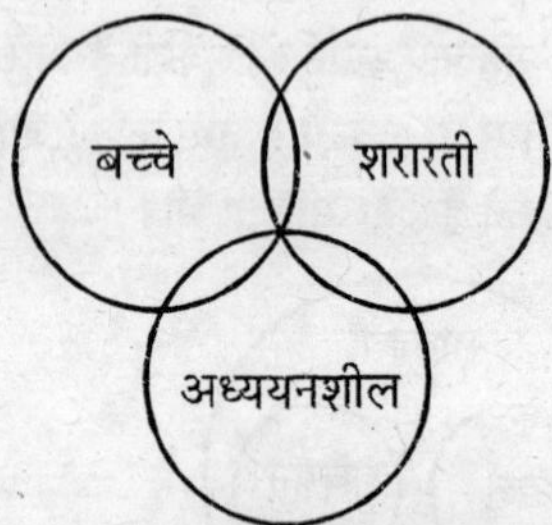

कुछ बच्चे शरारती और कुछ अध्ययनशील हो सकते हैं। कुछ अध्ययनशील बच्चे और कुछ शरारती हो सकते हैं। कुछ शरारती अध्ययनशील और कुछ बच्चे हो सकते हैं।

10. (*d*) :

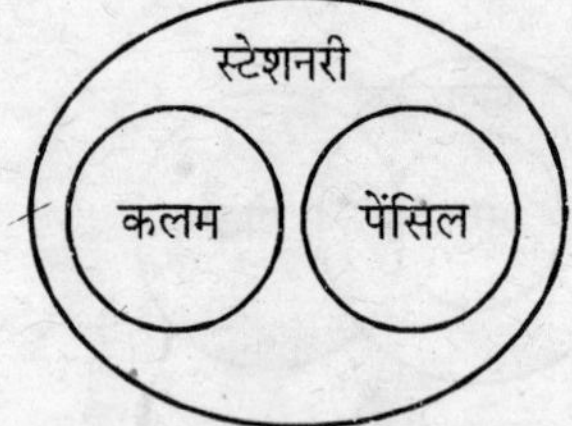

कलम और पेंसिल दोनों स्टेशनरी की मदें हैं। कुछ स्टेशनरी कलम और पेंसिल हैं किंतु कलम और पेंसिल दो अलग-अलग वर्ग हैं।

11. (*a*) :

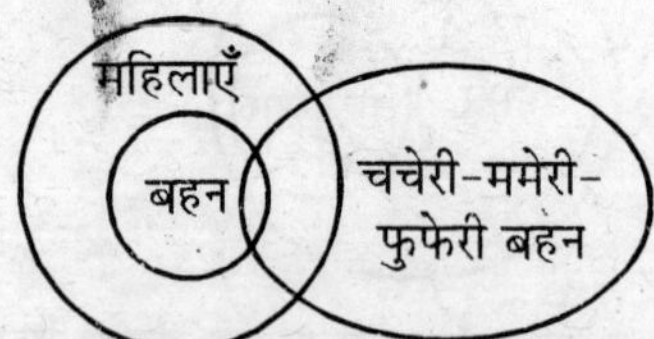

सभी बहनें महिलाएँ होती हैं। कुछ महिलाएँ जो बहनें हैं, चचेरी-ममेरी-फुफेरी बहनें हो सकती हैं या सभी चचेरी-ममेरी-फुफेरी बहनें कुछ महिलाएँ हैं।

12. (*e*) :

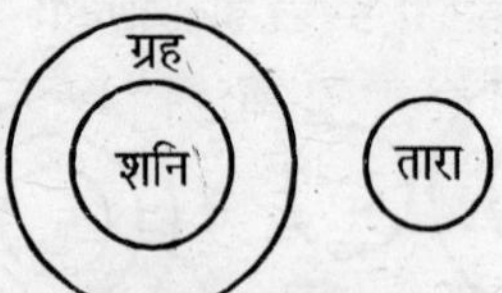

शनि एक ग्रह है। सौरमंडल के ग्रहों में एक ग्रह शनि है। तारा एक भिन्न वर्ग है।

13. (*b*) :

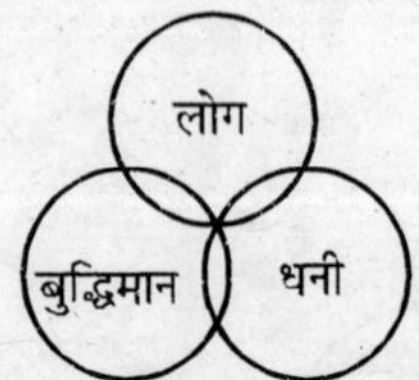

कुछ लोग बुद्धिमान हो सकते हैं और कुछ धनी हो सकते हैं तथा कुछ बुद्धिमान और धनी व्यक्ति लोगों की श्रेणी में शामिल हैं। कुछ बुद्धिमान धनी हो सकते हैं और कुछ बुद्धिमान व्यक्ति लोगों की श्रेणी में शामिल हैं या कुछ धनी बुद्धिमान हो सकते हैं और कुछ लोगों को बुद्धिमान कहा जा सकता है।

14. (*c*) :

पालतू पशुओं में कुछ कुत्ते और कुछ बिल्लियाँ हो सकती हैं। कुछ कुत्ते और बिल्लियों को पालतू बनाया जा सकता है। किंतु कुत्ते और बिल्लियों का अलग-अलग वर्ग है।

15. (*b*) :

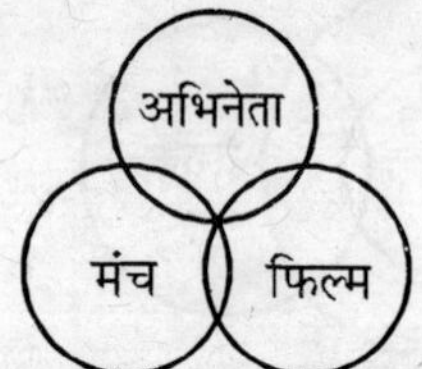

कुछ अभिनेता मंच से जुड़े होते हैं और कुछ फिल्मों से तथा मंच से जुड़े कुछ कलाकार और फिल्म से जुड़े कुछ कलाकार अभिनेता की श्रेणी में आते हैं।

16. (*c*) :

कुछ कपड़े और कुछ बाल काले हो सकते हैं (सभी कपड़े और सभी बाल काले नहीं होते)। कुछ काला

रंग कपड़ों में प्रयुक्त होता है और कुछ काला रंग बालों में है। कपड़ा और बाल भिन्न-भिन्न वर्ग हैं।

17. (*e*) :

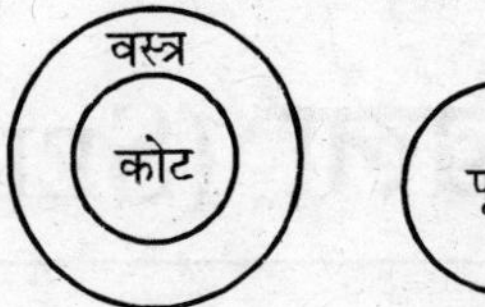

सभी कोट वस्त्र हैं। कुछ वस्त्र कोट हैं। फूल एक भिन्न वर्ग है।

18. (*d*) :

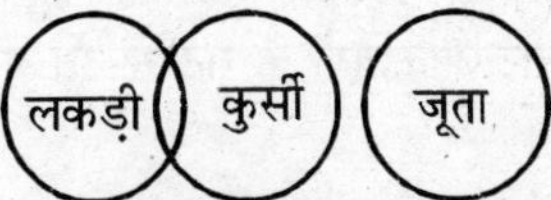

कुछ लकड़ी का प्रयोग कुर्सी बनाने में किया जाता है। कुछ कुर्सियाँ लकड़ी की बनी होती हैं। जूता एक अलग वर्ग है।

19. (*e*) :

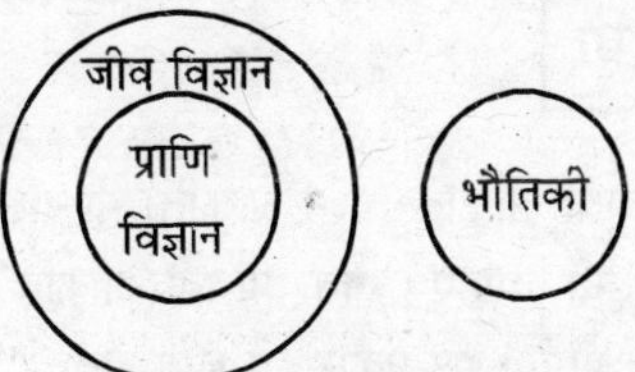

प्राणि विज्ञान जीव विज्ञान का एक भाग है। जीव विज्ञान में प्राणि विज्ञान का अध्ययन समाहित है। भौतिकी विज्ञान की एक अलग शाखा है।

20. (*e*) :

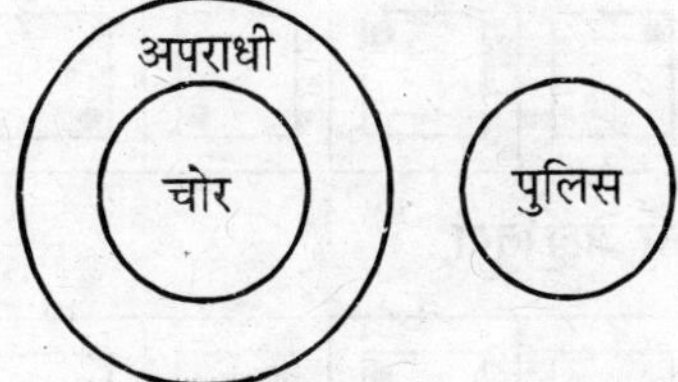

चोर एक अपराधी है। कुछ अपराधी चोर हो सकते हैं। पुलिस एक अलग वर्ग है।

21. (*a*) :

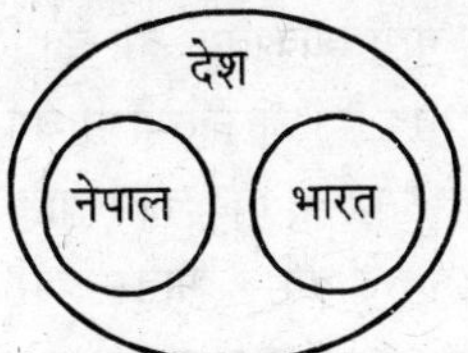

नेपाल और भारत अलग-अलग देशों के नाम हैं किंतु नेपाल और भारत में से कोई भी दूसरे में समाहित नहीं है।

22. (*d*) :

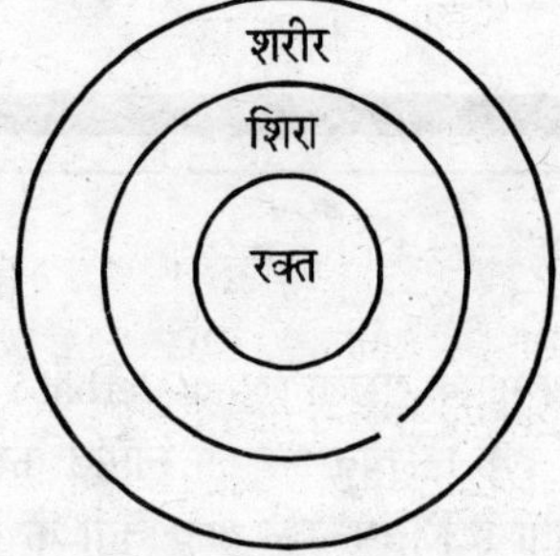

शरीर के भीतर शिराएँ होती हैं और सभी शिराओं के भीतर रक्त होता है।

23. (*a*) :

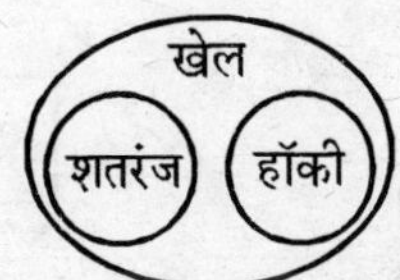

शतरंज और हॉकी दोनों खेल की श्रेणी में समाहित हैं किंतु इनमें से कोई एक दूसरे में समाहित नहीं है।

24. (*b*) :

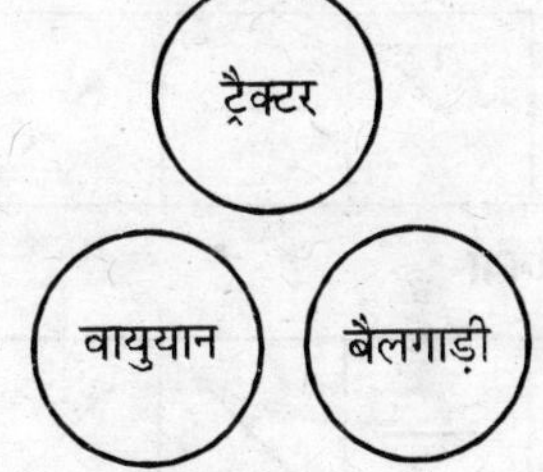

ये सभी तीनों अलग-अलग वर्ग हैं।

25. (*b*) :

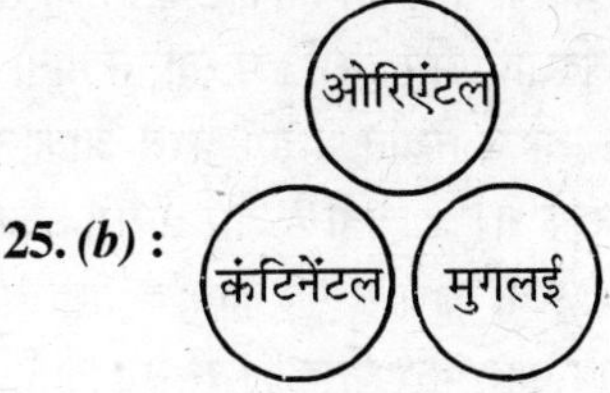

ये सभी तीनों भिन्न-भिन्न वर्ग हैं।

अभाषिक

शृंखला (SERIES)

इस प्रकार की अभाषिक शृंखला (Non-Verbal Series) में, जो सर्वाधिक सामान्य प्रकार की शृंखला होती है, चार या पांच आनुक्रमिक प्रश्न आकृतियां एक निश्चित अनुक्रम निर्मित करते हैं और अभ्यर्थियों को दी गई उत्तर आकृतियों के सेट से उस एक आकृति का चयन करना होता है जिससे प्रश्न आकृतियों के समुच्चय की शृंखला सतत् हो जाए।

अभ्यर्थियों को प्रश्न आकृतियों के समुच्चय की शृंखला सतत् बनाने के लिए विभिन्न क्रियाएं, परिवर्तन, विस्थापन, क्रमावर्तन, पुनरावर्तन और बहुत से अन्य परिवर्तन करने की आवश्यकता होती है। निरंतर अभ्यास द्वारा शृंखला विषयक समस्याओं को हल करने में निपुणता प्राप्त की जा सकती है।

हल किए गए उदाहरण

नीचे पूछे गए प्रत्येक प्रश्न में उत्तर आकृतियों के समुच्चय से उस एक आकृति का चयन करें जिसे प्रश्न आकृतियों के बाद में रखने पर प्रश्न आकृतियों के समुच्चय की शृंखला सतत् हो जाए।

1. प्रश्न आकृतियां

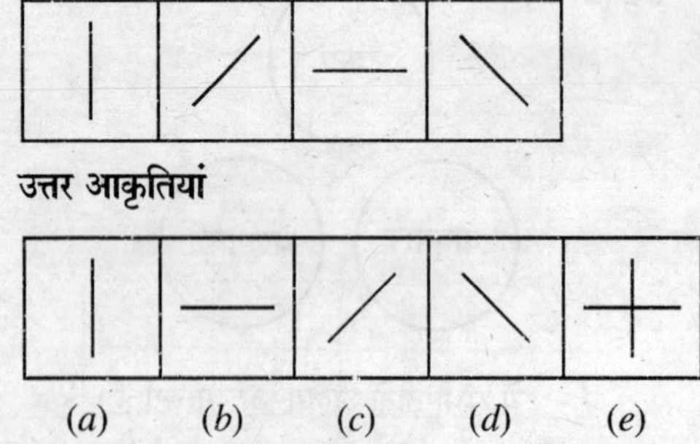

उत्तर आकृतियां

(*a*) (*b*) (*c*) (*d*) (*e*)

उत्तर (*a*): सभी आकृतियों में समान आकार की सीधी सरल रेखाएं दी गई हैं। उनकी दिशाएं और स्थिति परिवर्तित होती हैं। पहली आकृति में रेखा ऊर्ध्वाधर स्थिति में है। दूसरी आकृति में रेखा दक्षिणावर्त 45° के कोण से मुड़ जाती है और तीसरी आकृति में रेखा दक्षिणावर्त और 45° के कोण से मुड़ जाती है तथा चौथी आकृति में रेखा दक्षिणावर्त और 45° के कोण से मुड़ जाती है। अतः दो बातें स्पष्ट होती हैं: (i) रेखा दक्षिणावर्त घूमती है, और (ii) रेखा प्रत्येक चरण पर 45° के कोण से मुड़ती है।

अब चौथी आकृति (प्रश्न आकृति) भी दक्षिणावर्त 45° के कोण से मुड़नी चाहिए। अतः पांचवीं आकृति एक ऊर्ध्वाधर (उदग्र) रेखा होगी। इस प्रकार हमें ज्ञात होता है कि शृंखला को सतत् बनाने के लिए अगली आकृति एक ऊर्ध्वाधर या उदग्र सरल रेखा होगी।

2. प्रश्न आकृतियां

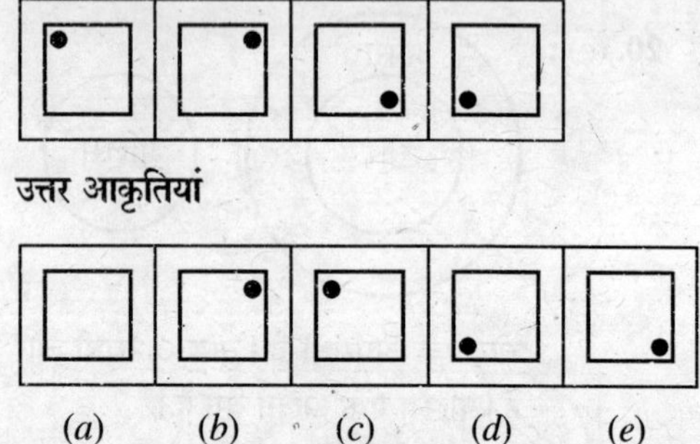

उत्तर आकृतियां

(*a*) (*b*) (*c*) (*d*) (*e*)

उत्तर (*c*): सभी चारों आकृतियां वर्ग हैं। जिनमें से प्रत्येक के भीतर एक काला बिंदु है। आकृतियों में वर्ग की अवस्थिति में परिवर्तन नहीं होता है बल्कि बिंदु की स्थिति परिवर्तित होती है। पहली आकृति में बिन्दु वर्ग के भीतर ऊपरी बाएं कोने पर अवस्थित है और दूसरी आकृति में बिन्दु वर्ग के भीतर ऊपरी दाएं

कोने पर पहुंच जाती है। तीसरी आकृति में बिन्दु निचले दाहिने कोने पर और चौथी आकृति में निचले बाएं कोने पर पहुंच जाती है। अतः दो तथ्यों का पता चलता हैः (i) बिन्दु की अवस्थिति बाएं से दाएं अर्थात् दक्षिणावर्त परिवर्तित होती है, और (ii) यह प्रत्येक चरण पर वर्ग के एक कोने से दूसरे कोने पर पहुंच जाती है।

चौथी आकृति (प्रश्न आकृति) में बिन्दु निचले बाएं कोने पर अवस्थित है। अगले चरण में यह दक्षिणावर्त अगले कोने पर अर्थात् ऊपरी बाएं कोने पर पहुंच जाएगी। अतः प्रश्न आकृति में दी गई शृंखला को सतत् बनाने के लिए शृंखला की अगली अर्थात् पांचवीं आकृति में एक वर्ग होगा जिसके ऊपरी बाएं कोने पर एक बिन्दु अवस्थित होगा।

अभ्यास

निर्देश (प्र.सं. 1–30): *नीचे के प्रत्येक प्रश्न में आकृतियों के दो समुच्चय दिए गए हैं जिनमें से एक समुच्चय को* **प्रश्न आकृतियों** *का समुच्चय और दूसरे समुच्चय को* **उत्तर आकृतियों** *का समुच्चय कहा गया है। प्रश्न आकृतियों के समुच्चय से किसी न किसी प्रकार से एक शृंखला बनती है। उत्तर आकृतियों के समुच्चय से उस एक आकृति का चयन करें जिससे प्रश्न आकृतियों के समुच्चय की शृंखला संतत हो जाए।*

1. प्रश्न आकृतियां

उत्तर आकृतियां

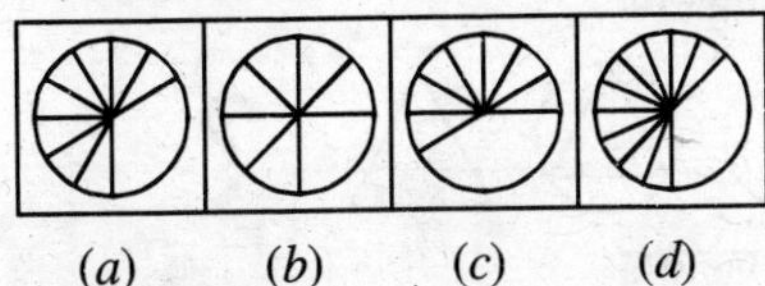

(a) (b) (c) (d)

2. प्रश्न आकृतियां

उत्तर आकृतियां

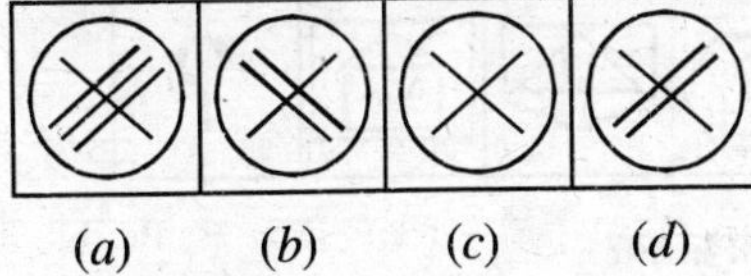

(a) (b) (c) (d)

3. प्रश्न आकृतियां

उत्तर आकृतियां

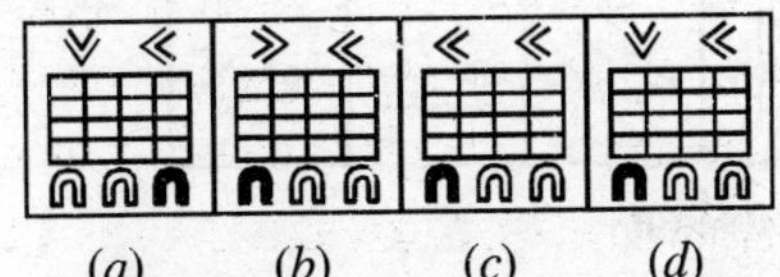

(a) (b) (c) (d)

4. प्रश्न आकृतियां

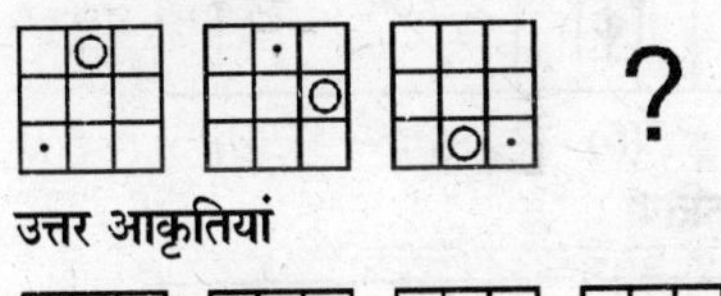

उत्तर आकृतियां

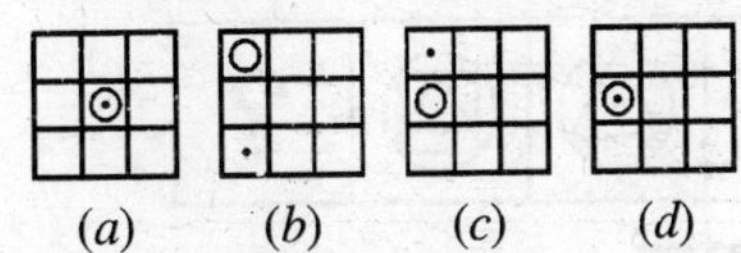

(a) (b) (c) (d)

5. प्रश्न आकृतियां

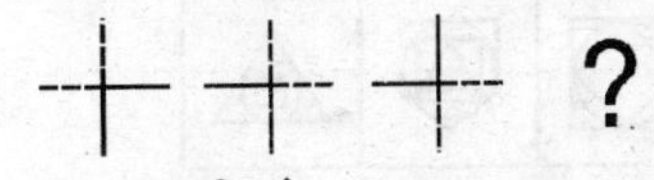

उत्तर आकृतियां

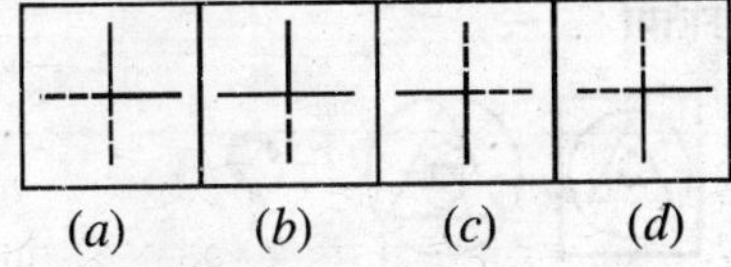

(a) (b) (c) (d)

6. प्रश्न आकृतियां

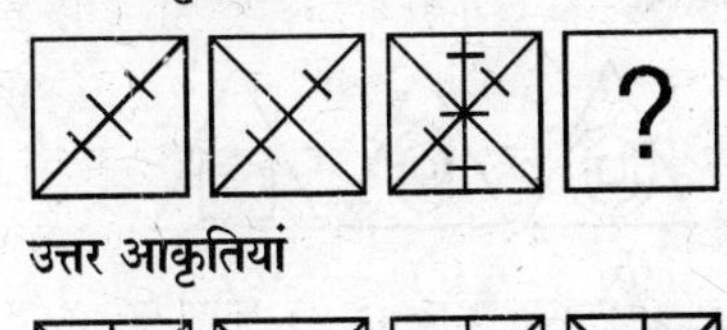

उत्तर आकृतियां

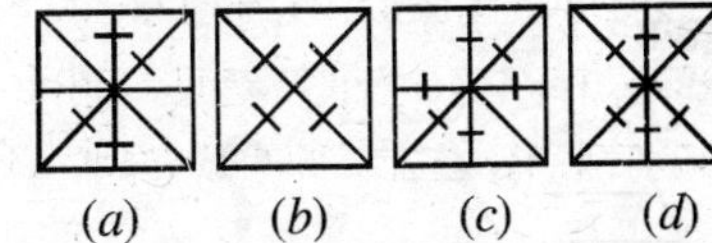

(a) (b) (c) (d)

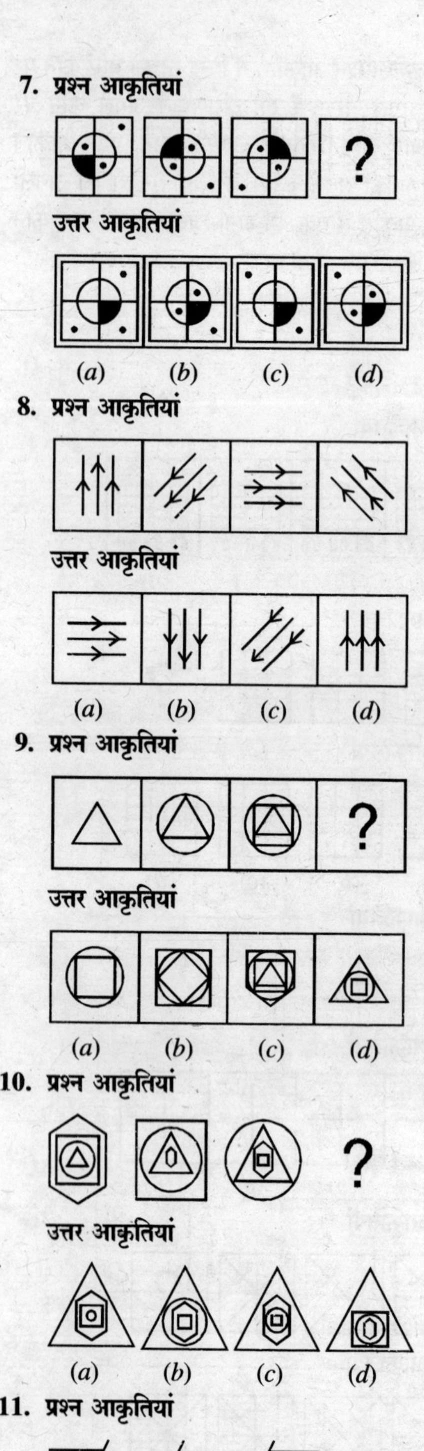
7. प्रश्न आकृतियां
?
उत्तर आकृतियां
(a) (b) (c) (d)
8. प्रश्न आकृतियां
उत्तर आकृतियां
(a) (b) (c) (d)
9. प्रश्न आकृतियां
?
उत्तर आकृतियां
(a) (b) (c) (d)
10. प्रश्न आकृतियां
?
उत्तर आकृतियां
(a) (b) (c) (d)
11. प्रश्न आकृतियां
?

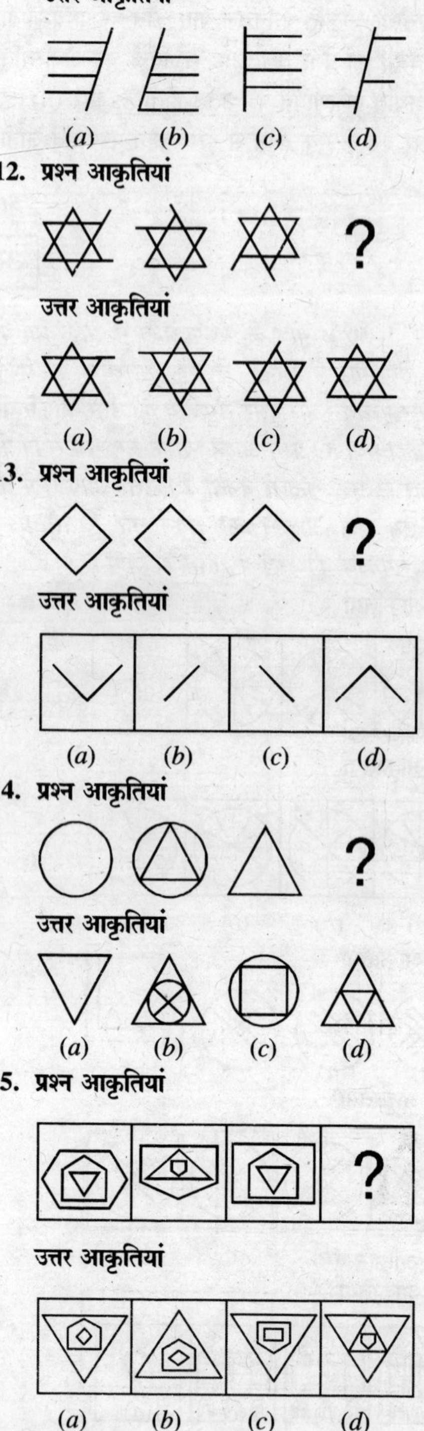
उत्तर आकृतियां
(a) (b) (c) (d)
12. प्रश्न आकृतियां
?
उत्तर आकृतियां
(a) (b) (c) (d)
13. प्रश्न आकृतियां
?
उत्तर आकृतियां
(a) (b) (c) (d)
14. प्रश्न आकृतियां
?
उत्तर आकृतियां
(a) (b) (c) (d)
15. प्रश्न आकृतियां
?
उत्तर आकृतियां
(a) (b) (c) (d)

16. प्रश्न आकृतियां

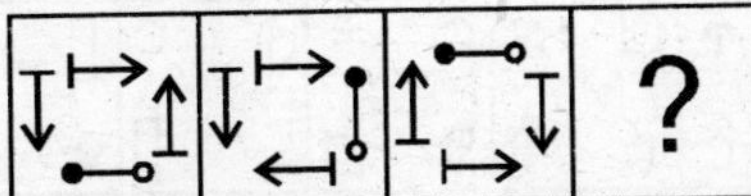

उत्तर आकृतियां

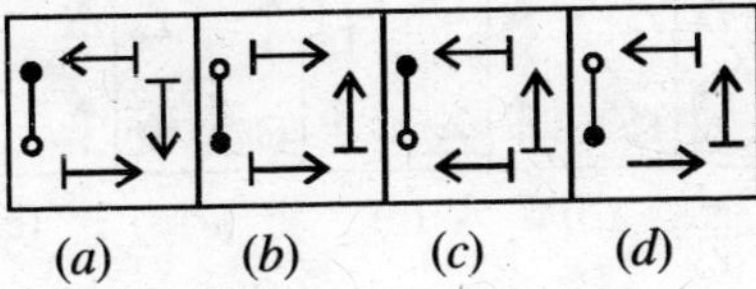

17. प्रश्न आकृतियां

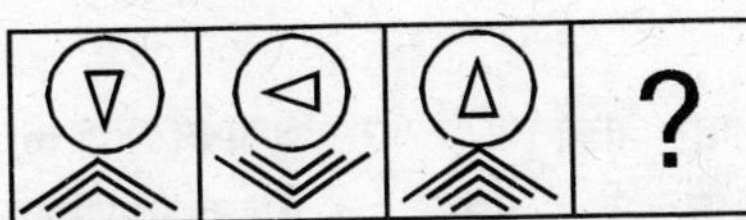

उत्तर आकृतियां

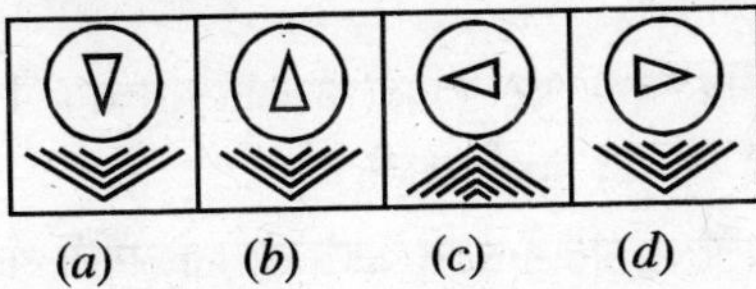

18. प्रश्न आकृतियां

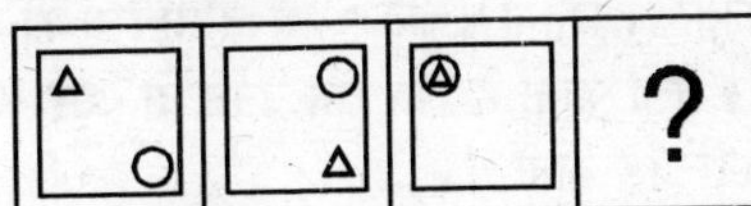

उत्तर आकृतियां

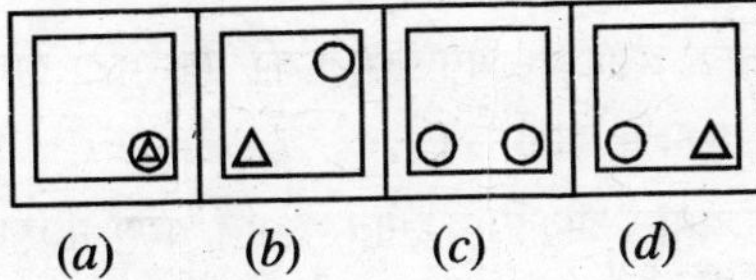

19. प्रश्न आकृतियां

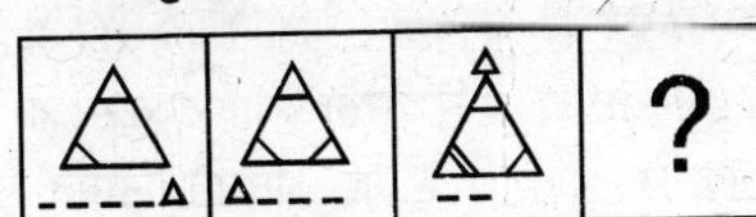

उत्तर आकृतियां

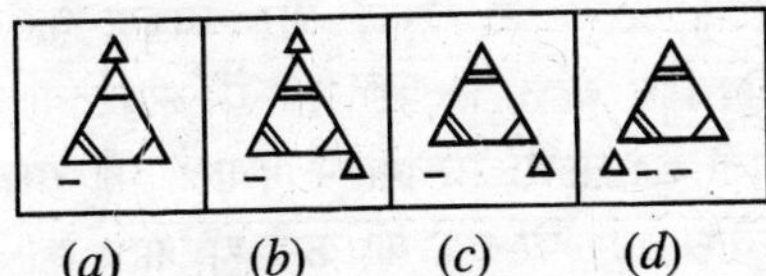

20. प्रश्न आकृतियां

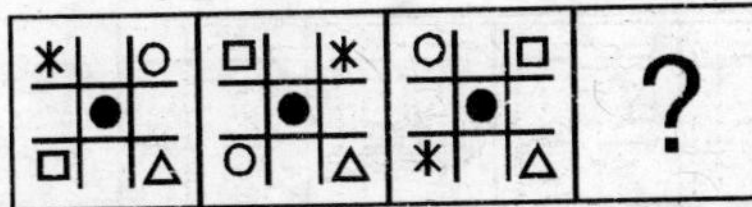

उत्तर आकृतियां

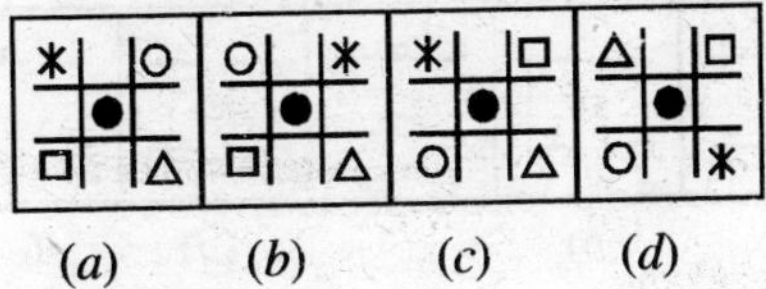

21. प्रश्न आकृतियां

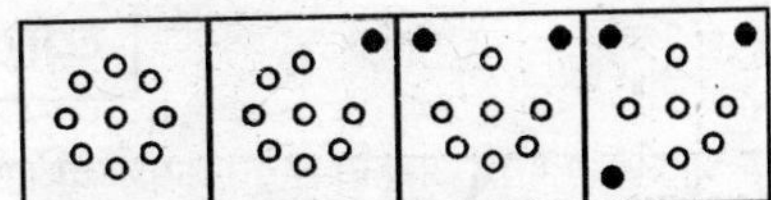

उत्तर आकृतियां

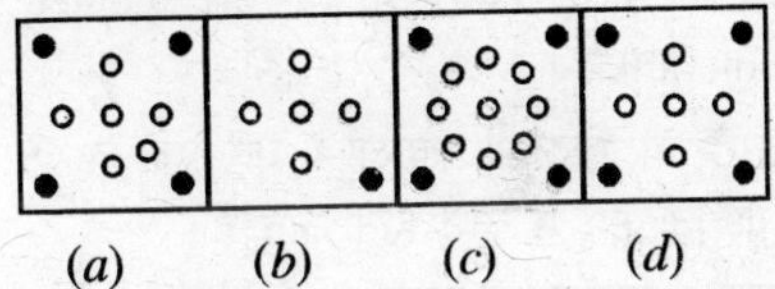

22. प्रश्न आकृतियां

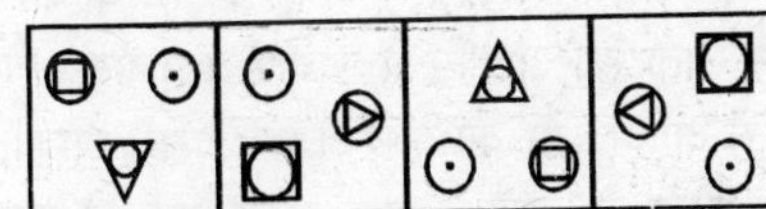

उत्तर आकृतियां

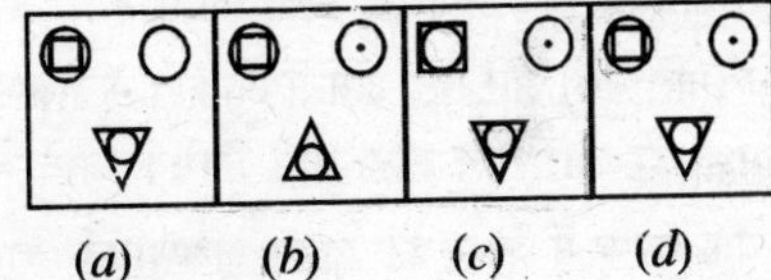

23. प्रश्न आकृतियां

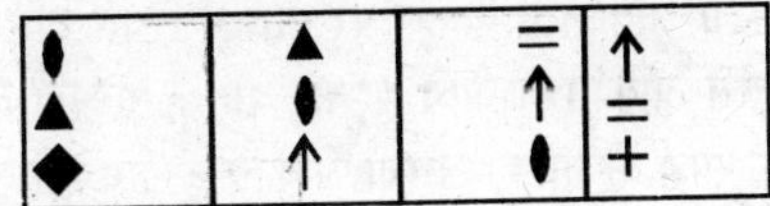

उत्तर आकृतियां

(a) (b) (c) (d)

24. प्रश्न आकृतियां

उत्तर आकृतियां

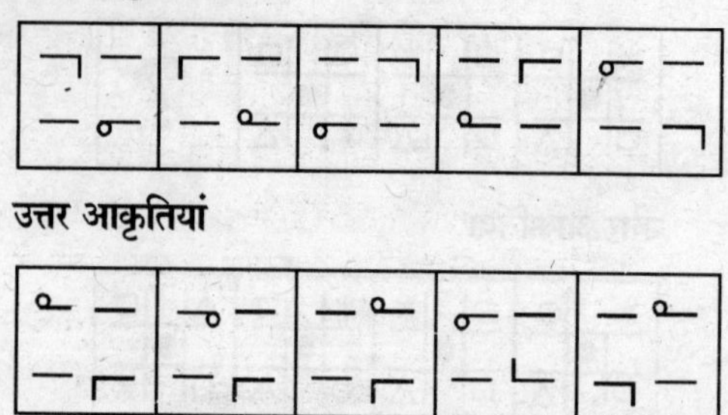

25. प्रश्न आकृतियां

उत्तर आकृतियां

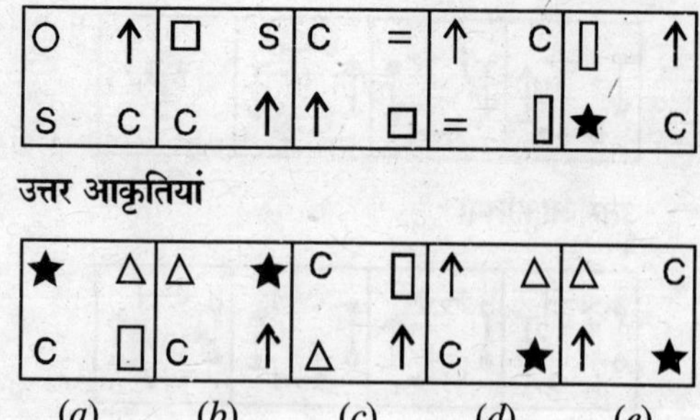

व्याख्यात्मक उत्तर

1. (*c*) : एक आकृति से दूसरी आकृति में वृत्त क्रमशः दक्षिणावर्त 30° के कोण से घूम जाता है और प्रत्येक चरण में वृत्त के भीतर स्थित एक त्रिज्यीय रेखाखण्ड लुप्त होता जाता है।

2. (*d*) : तिरछे या विकर्णी रेखाखण्ड एक-एक करके एक निश्चित क्रम में लुप्त होते जाते हैं।

3. (*d*) : पहली आकृति में ऊपर बाएं स्थित >> अवयव क्रमशः अगली आकृति में वामावर्त 90° के कोण से घूम जाता है। आकृति में नीचे स्थित तीन अवयवों में से दाहिने ओर का एक अवयव दूसरी आकृति में छायांकित हो जाता है तथा उसके बाद की आकृति में इन तीनों में से दाहिने से बाएं के क्रम में केवल एक अवयव ही छायांकित होता जाता है।

4. (*d*) : वृत्त (गोल घेरा) और बिंदु अगली आकृति में दक्षिणावर्त क्रमशः दो और तीन खंड आगे खिसक जाते हैं।

5. (*a*) : प्रत्येक चरण में क्रॉस का चिह्न दक्षिणावर्त 90° के कोण से घूम जाता है।

6. (*a*) : पहली आकृति में विकर्ण पर बीच में स्थित रेखाखण्ड दूसरी आकृति में आगे बढ़कर वर्ग के सम्मुख कोनों को स्पर्श करता है। अगली आकृति में तीन रेखाखण्डों से युक्त एक नई रेखा जुड़ जाती है। शृंखला में निरंतरता स्थापित करने के लिए मध्यस्थ रेखाखण्ड को आगे बढ़ाकर वर्ग की भुजाओं से स्पर्श कराया जाना चाहिए।

7. (*d*) : प्रत्येक चरण पर संपूर्ण आकृति दक्षिणावर्त 90° के कोण से घूम जाती है।

8. (*b*) : एकांतर आकृतियों में तीर दक्षिणावर्त 90° के कोण से घूम जाते हैं और तीर के चिह्नों (वाणमुखों) की संस्थिति सामने से पीछे और पीछे से सामने होती जाती है।

9. (*c*) : प्रत्येक चरण पर पूर्ववर्ती आकृति-समुच्चय में एक नई आकृति जुड़ती जाती है।

10. (*a*) : पहली आकृति में सबसे बाहरी संरचना अगली आकृति में सबसे भीतर चली जाती है।

11. (*a*) : एकांतर आकृतियों में क्षैतिज रेखा तिरछी रेखा की दूसरी ओर चली जाती है और तब उनसे दो और क्षैतिज रेखाएं जुड़ जाती हैं।

12. (*d*) : प्रत्येक चरण पर तारे की आकृति वामावर्त 90° के कोण से घूम जाती है।

13. (*c*) : प्रत्येक चरण पर समचतुर्भुज की एक भुजा वामावर्त लुप्त होती जाती है।

14. (*d*) : विद्यमान आकृति के भीतर अगले चरण में एक नई आकृति बना दी जाती है और उसके बाद के अगले चरण में पूर्व की विद्यमान आकृति का लोप हो जाता है। इस शृंखला में निरंतरता स्थापित करने के लिए त्रिभुज के भीतर एक नई आकृति निर्मित करना आवश्यक है।

15. (*d*) : प्रत्येक चरण पर त्रिभुज और पंचभुज के स्थान आपस में बदल जाते हैं और ये आकृतियां उलट जाती हैं। बाहरी संरचना में भुजाओं की संख्या में प्रत्येक चरण पर एक की कमी हो जाती है।

16. (*a*) : एकांतर आकृतियों में सम्मुख अवयवों का स्थान आपस में बदल जाता है अर्थात् सम्मुख अवयव एक-दूसरे के स्थान पर आ जाते हैं।

17. (*d*) : प्रत्येक चरण पर त्रिभुज दक्षिणावर्त 90° के कोण से घूम जाता है। प्रत्येक चरण पर समांतर 'V' रेखाएं उलटी हो जाती हैं और एकांतर आकृतियों में इनमें एक की वृद्धि होती जाती है।

18. (*d*) : प्रत्येक चरण पर त्रिभुज विकर्णतः सम्मुख कोनों पर जाता रहता है और वृत्त एक कोने से दूसरे कोने पर वामावर्त घूमता रहता है।

19. (*c*) : छोटा त्रिभुज दक्षिणावर्त घूमता है और आधार पर स्थित रेखाखंडों में से एक रेखाखण्ड बड़े त्रिभुज के भीतर दक्षिणावर्त जुड़ता जाता है।

20. (*a*) : प्रत्येक चरण पर तारा, वृत्त और वर्ग का स्थान दक्षिणावर्त एक स्थान आगे चला जाता है।

21. (*d*) : एकांतर वृत्त छायांकित होकर वामावर्त कोनों में चले जाते हैं।

22. (*d*) : एकांतर आकृतियों में सम्पूर्ण अवयव 180° के कोण से घूम जाते हैं जिससे अवयवों के दोबारा घूमने पर पहली आकृति प्राप्त होगी।

23. (*a*) : पहली से दूसरी आकृति में तीनों अवयव आकृति के मध्य में आते हैं। ऊपरी दो अवयवों का स्थान आपस में परिवर्तित होता है अर्थात् ये एक दूसरे के स्थान पर आ जाते हैं और तीसरे अवयव के स्थान पर एक नया अवयव आ जाता है। तत्पश्चात् दूसरी से तीसरी आकृति में नीचे के दो अवयवों का स्थान भी आपस में परिवर्तित होता है और तीसरे अवयव के स्थान पर एक नया अवयव आ जाता है तथा सभी तीनों अवयव आकृति के दाहिने छोर पर व्यवस्थित हो जाते हैं। यही प्रक्रिया आगे भी दोहराई जाती है।

24. (*a*) : एकांतर आकृतियों में चारों अवयव एक चरण दक्षिणावर्त खिसक जाते हैं।

25. (*b*) : ऊपरी बाएं अवयव से शुरू करके पहले के अवयव के स्थान पर एक नया अवयव आ जाता है और अन्य तीन अवयव दक्षिणावर्त एक-दूसरे के स्थान पर आ जाते हैं।

सादृश्य या संबंध

(ANALOGIES OR RELATIONSHIPS)

अभाषिक सादृश्य के प्रश्नों में दो प्रकार की आकृतियां दी जाती हैं जो (i) प्रश्न आकृतियां और (ii) उत्तर आकृतियां कहलाती हैं। प्रश्न आकृतियां दो भागों में विभाजित होती हैं। प्रश्न आकृतियों के नीचे उत्तर आकृतियां दी जाती है।

हल किए गए उदाहरण

1. प्रश्न आकृतियां

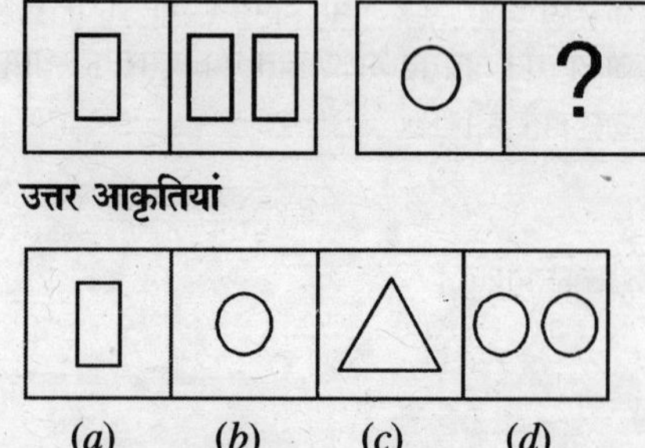

उत्तर आकृतियां

(*a*) (*b*) (*c*) (*d*)

उत्तर (*d*)**:** ऊपर दी गई प्रश्न आकृतियों के दो भाग हैं। पहले भाग में दो आकृतियां हैं जबकि दूसरे भाग में एक आकृति दी गई है जिसके बाद एक प्रश्न चिह्न (?) है। पहले भाग की आकृतियों के बीच एक विशेष संबंध है जिसके आधार पर दूसरे भाग की आकृतियों के बीच संबंध स्थापित किया जाना है।

प्रश्न आकृतियों के पहले भाग की दो आकृतियों में क्रमशः एक और दो आयत निहित हैं। पहली आकृति में एक आयत है जबकि दूसरी आकृति में दो आयत हैं। इसका अर्थ है कि उनके बीच संबंध यह है कि दूसरी आकृति में पहली आकृति में निहित आयत की संख्या की दोगुनी संख्या में आयत हैं।

दूसरे भाग की दोनों प्रश्न आकृतियों के बीच भी ठीक उसी प्रकार का संबंध होना आवश्यक है जैसा संबंध पहले भाग की दो प्रश्न आकृतियों के बीच है अर्थात् इस सादृश्य के आधार पर जबकि दूसरे भाग में पहली प्रश्न आकृति एक वृत्त है तो दूसरी प्रश्न आकृति में वृत्तों की संख्या दोगुनी अर्थात् 2 होगी।

2. प्रश्न आकृतियां

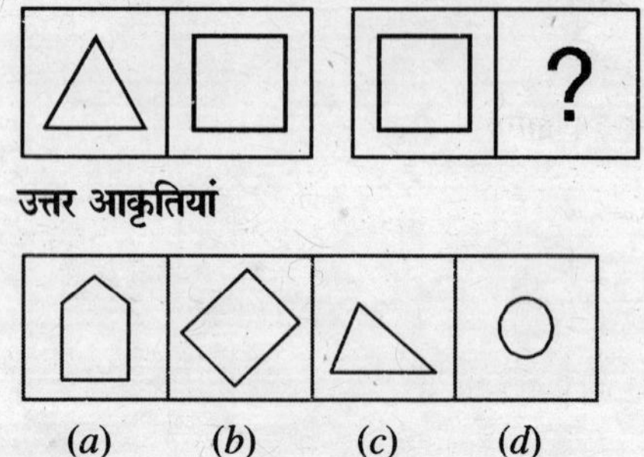

उत्तर आकृतियां

(*a*) (*b*) (*c*) (*d*)

उत्तर (*a*)**:** प्रश्न आकृतियों के पहले भाग में दी गई दोनों आकृतियों को देखें। पहली आकृति में एक त्रिभुज और दूसरी आकृति में एक वर्ग है। पहली आकृति (त्रिभुज) में तीन भुजाएं और तीन कोण हैं जबकि दूसरी आकृति (वर्ग) में चार भुजाएं और चार कोण हैं। इन दोनों आकृतियों के बीच संबंध यह है कि दूसरी आकृति में पहली आकृति की तुलना में एक भुजा और एक कोण अधिक है।

इस सादृश्य संबंध के आधार पर प्रश्न चिह्न (?) के स्थान पर रखी जाने वाली आकृति पाँच भुजाओं और पाँच कोणों वाली आकृति होनी चाहिए (जिसमें प्रश्न आकृतियों के दूसरे भाग की पहली आकृति से एक भुजा और एक कोण अधिक हो)।

अभ्यास

निर्देश (प्र.सं. 1–20): *प्रश्न आकृतियों में :: चिह्न के बाएं दी गई दो आकृतियों में से दूसरी आकृति का पहली आकृति के साथ एक विशेष संबंध है। :: चिह्न की दाईं ओर की दो आकृतियों के बीच भी ऐसा ही संबंध है। दिए गए विकल्पों से उस आकृति का चयन करें जिसे प्रश्न आकृतियों में प्रश्न चिह्न के स्थान पर रखा जा सकता है और जिसका :: चिह्न की दाईं ओर की पहली आकृति के साथ ठीक वैसा ही संबंध है जैसा कि :: चिह्न की बाईं ओर की दो आकृतियों के बीच है।*

1. प्रश्न आकृतियां

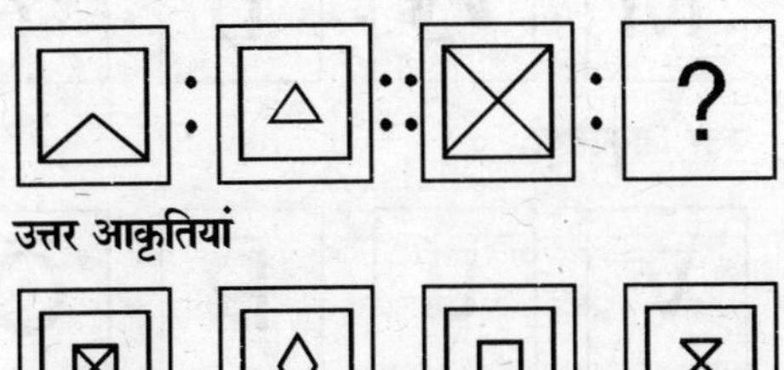

उत्तर आकृतियां

(a) (b) (c) (d)

2. प्रश्न आकृतियां

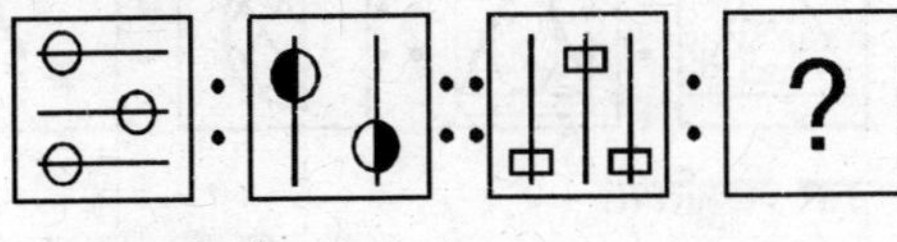

उत्तर आकृतियां

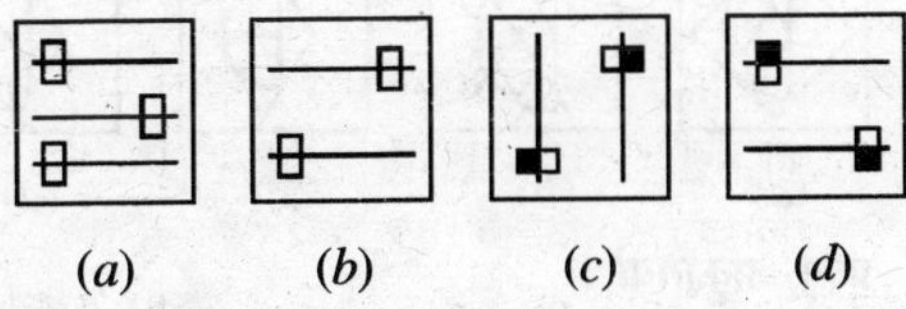

(a) (b) (c) (d)

3. प्रश्न आकृतियां

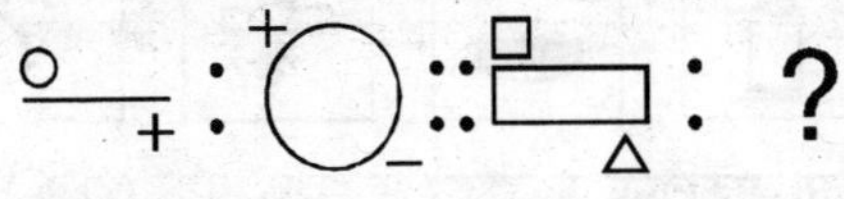

उत्तर आकृतियां

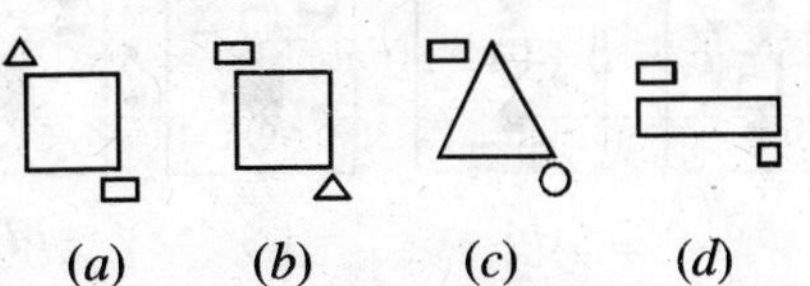

(a) (b) (c) (d)

4. प्रश्न आकृतियां

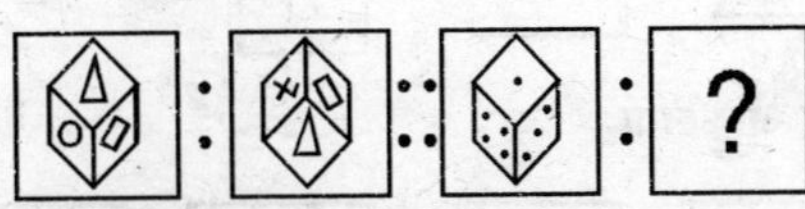

उत्तर आकृतियां

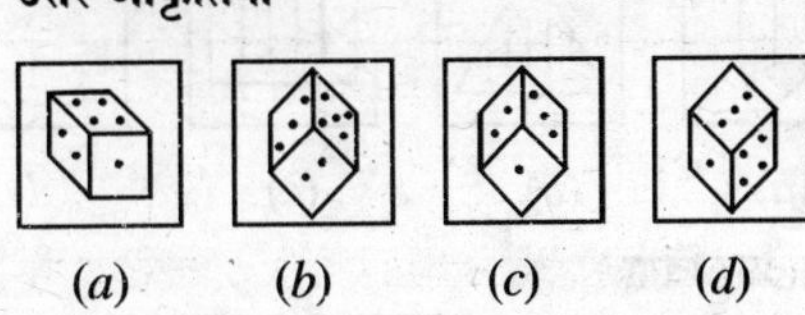

(a) (b) (c) (d)

5. प्रश्न आकृतियां

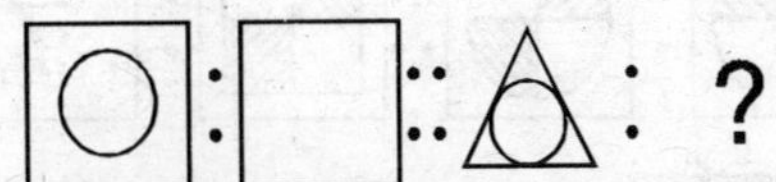

उत्तर आकृतियां

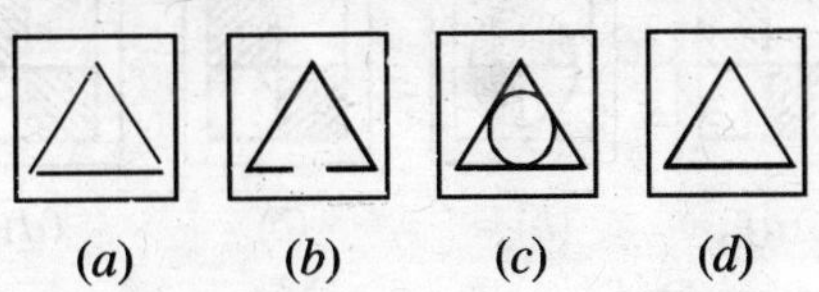

(a) (b) (c) (d)

6. प्रश्न आकृतियां

उत्तर आकृतियां

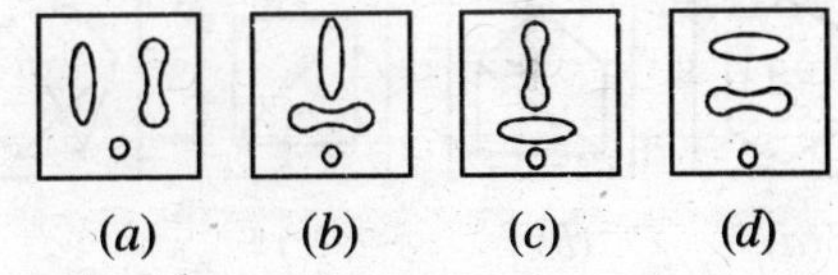

(a) (b) (c) (d)

7. प्रश्न आकृतियां

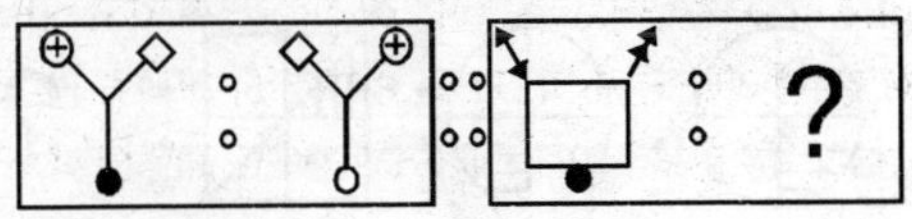

उत्तर आकृतियां

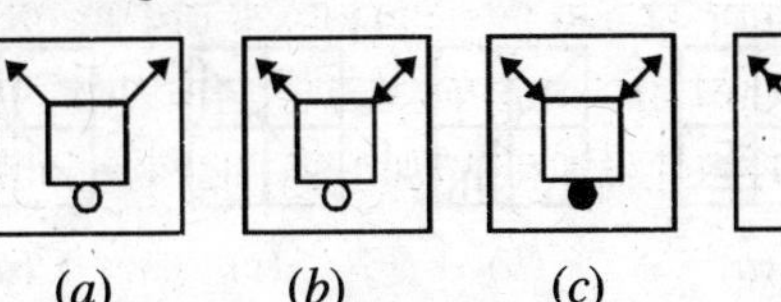

(a) (b) (c) (d)

8. प्रश्न आकृतियां

उत्तर आकृतियां

(*a*) (*b*) (*c*) (*d*)

9. प्रश्न आकृतियां

उत्तर आकृतियां

(*a*) (*b*) (*c*) (*d*)

10. प्रश्न आकृतियां

उत्तर आकृतियां

(*a*) (*b*) (*c*) (*d*)

11. प्रश्न आकृतियां

उत्तर आकृतियां

(*a*) (*b*) (*c*) (*d*)

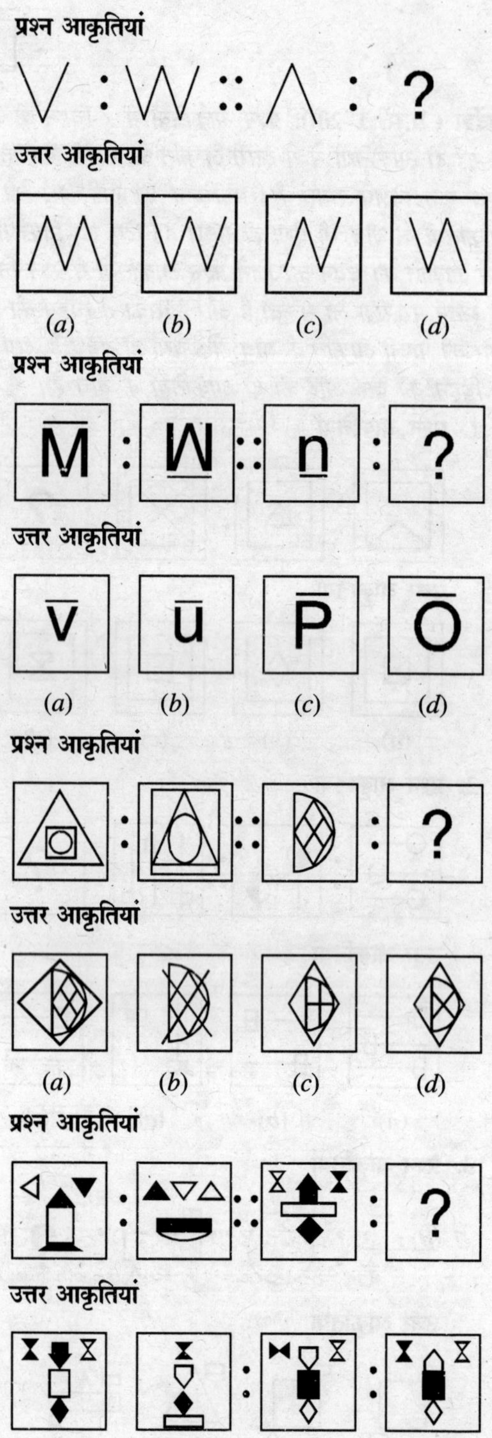

व्याख्यात्मक उत्तर

1. (*d*) : पहली आकृति का त्रिभुज दूसरी आकृति में बीच में आ जाता है। इसी प्रकार शीर्ष पर जुड़े दो त्रिभुज भी उत्तर आकृति में बीच में आ जाते हैं।

2. (*d*) : पहली आकृति का संपूर्ण डिजाइन दूसरी आकृति में दक्षिणावर्त 90° के कोण से घूम जाता है और उसका एक अवयव लुप्त हो जाता है तथा रेखिका से जुड़े अवयव के परस्पर विपरीत दिशा वाले हिस्से छायांकित हो जाते हैं।

3. (*a*) : पहली आकृति से दूसरी आकृति में दाईं ओर नीचे का अवयव विकर्णतः सम्मुख कोने पर चला जाता है, बाईं ओर ऊपर का अवयव बड़ा हो जाता है और बीच में आ जाता है तथा बीच का अवयव छोटा होकर नीचे दाएँ कोने पर आ जाता है।

4. (*c*) : पहली आकृति से दूसरी आकृति में पाशे के फलक पर अंकित आकृति ऊपर से नीचे आ जाती है। दाहिनी ओर का डिजाइन अपरिवर्तित रहता है। जबकि बाईं ओर का डिजाइन बदल जाता है।

5. (*d*) : पहली आकृति में भीतर का अवयव दूसरी आकृति में लुप्त हो जाता है।

6. (*b*) : पहली आकृति के दो आधे अवयव दूसरी आकृति में ऊर्ध्वाधरतः पलट कर आपस में जुड जाते हैं और इस प्रकार निर्मित नया अवयव ऊपर शीर्ष पर पहुँच जाता है। पहली आकृति के दो क्षैतिजतः अवस्थित वक्र परस्पर जुड़कर एक नया अवयव निर्मित करते हैं और दूसरी आकृति में बीच में आ जाते हैं। पहली आकृति में दाएँ और बाएँ छोरों के दो सदृश अवयवों में से एक अवयव दूसरी आकृति में नीचे आ जाता है।

7. (*b*) : दूसरी आकृति में ऊपर के दो अवयव अपना स्थान बदल कर एक दूसरे के स्थान पर आ जाते हैं और वृत्त के भीतर का छायांकित भाग छायारहित हो जाता है।

8. (*a*) : पहली आकृति से दूसरी आकृति में एक ऊर्ध्वाधरतः रेखा कम हो जाती है और आकृति को निर्मित करने वाली रेखाओं की संख्या में एक की वृद्धि होती है।

9. (*a*) : पहली आकृति को वामावर्त 90° के कोण से घुमाने पर दूसरी आकृति प्राप्त होती है।

10. (*a*) : पहली आकृति से दूसरी आकृति में आकृति को निर्मित करने वाली रेखाओं की संख्या में एक की वृद्धि होती है।

11. (*c*) : पहली आकृति से दूसरी आकृति में विकर्णी रेखा 90° के कोण से घूम जाती है और रेखाखण्ड क्षैतिजतया सम्मुख खण्ड में चले जाते हैं।

12. (*a*) : पहली आकृति का डिजाइन दूसरी आकृति में दोगुना हो जाता है।

13. (*b*) : पहली आकृति का डिजाइन दूसरी आकृति में ऊर्ध्वाधरतः उलट जाता है।

14. (*d*) : बीच के और सबसे भीतरी अवयव के आकार में वृद्धि होती है और सबसे बाहरी अवयव छोटा होकर दो बढ़े हुए अवयवों के बीच में आ जाता है।

15. (*c*) : पहली आकृति से दूसरी आकृति में ऊपरी बाईं ओर का अवयव 90° के कोण से घूम जाता है और ऊपरी दाईं ओर का अवयव ऊर्ध्वाधरतः उलट जाता है। ऊर्ध्वाधर डिजाइन का ऊपरी भाग ऊर्ध्वाधरतः उलट जाता है और अलग हो जाता है, बीच का हिस्सा छोटा/बड़ा हो जाता है और 90° के कोण से घूम जाता है तथा निचला हिस्सा ऊर्ध्वाधरतः उलट जाता है। उपर्युक्त सभी परिवर्तनों के अतिरिक्त एक आकृति से दूसरी आकृति में छायांकित भाग छाया रहित हो जाता है और छाया रहित भाग छायांकित हो जाता है।

विजातीय का चयन (ODD-ONE OUT)

अभाषिक वर्गीकरण संबंधी तर्कबुद्धि परीक्षण विषयक प्रश्नों में आकृतियों का एक समूह दिया जाता है तथा अभ्यर्थियों से यह अपेक्षा की जाती है कि वे दी गई आकृतियों को उनके विशिष्ट गुणों या विशेषताओं के आधार पर अलग-अलग समूहों या वर्गों में वर्गीकृत करें। आकृतियों या मदों को उनकी बनावट, आकार, प्रतिरूप, संरचना, प्रकार, क्रम, रूप-रंग, कोटि, शैली, संघटक अवयवों और अन्य प्रकार की विशेषताओं में समानता के आधार पर समूहों या वर्गों में वर्गीकृत करना होता है और तत्पश्चात् उस समूह से भिन्न अर्थात् विजातीय आकृति की पहचान करनी होती है।

भाग–I

अभाषिक वर्गीकरण के इस प्रकार के प्रश्नों में प्रश्न आकृतियों और उत्तर आकृतियों के रूप में आकृतियों के दो समुच्चय नहीं दिए जाते बल्कि इनमें चार या पाँच आकृतियों का केवल एक ही समुच्चय दिया जाता है जिन्हें प्रश्न आकृतियाँ कहते हैं। इन प्रश्न आकृतियों में से एक आकृति शेष चार आकृतियों के समान या उनके सदृश नहीं होती। दूसरे शब्दों में तीन या चार आकृतियाँ किसी न किसी रूप में आपस में संबंधित होते हुए एक समूह बनाती हैं जबकि शेष केवल एक आकृति ही अन्यों से भिन्न अथवा विजातीय होता है जिसकी पहचान की जानी होती है।

हल किए गए उदाहरण

1. 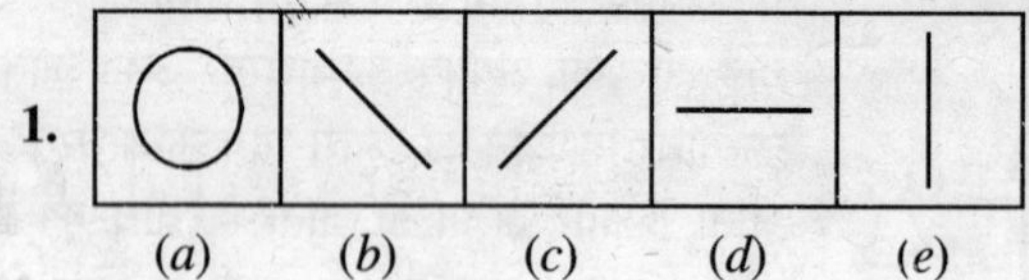

(*a*) (*b*) (*c*) (*d*) (*e*)

उत्तर (*a*)**:** दी गई आकृतियों में (*a*) एक वृत्त है जबकि (*b*), (*c*), (*d*) और (*e*) भिन्न-भिन्न दिशाओं को इंगित करने वाली सरल रेखाएं हैं। यहाँ ध्यान दें कि दी गई पाँच आकृतियों में से चार आकृतियों (*b*), (*c*), (*d*) और (*e*) में से प्रत्येक में एक सामान्य (सर्वनिष्ठ) विशेषता यह है कि ये सभी सरल रेखाएं हैं जो भिन्न-भिन्न दिशाओं को इंगित करती हैं, अतः ये चारों आकृतियां एक समूह या वर्ग निर्मित करती हैं। इन आकृतियों के विपरीत (*a*) एक वृत्त है जो अन्य आकृतियों से भिन्न अथवा विजातीय है।

अतः आकृति (*a*) समूह में शामिल न होने वाली आकृति अर्थात् एक विजातीय आकृति है।

2. 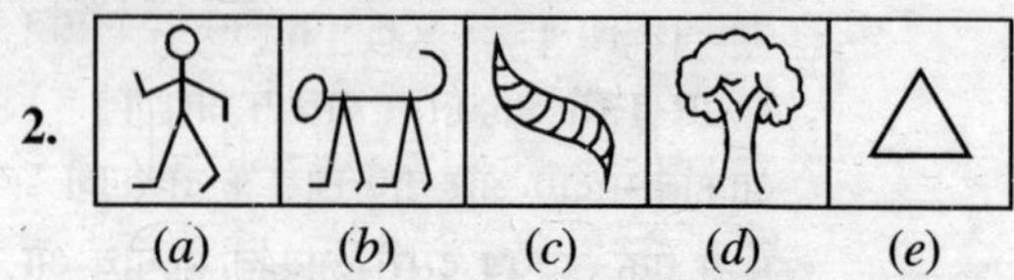

(*a*) (*b*) (*c*) (*d*) (*e*)

उत्तर (*e*)**:** आकृति (*a*) एक मानव आकृति है, (*b*) एक चौपाया पशु की आकृति है, (*c*) एक कीट, (*d*) एक पेड़ और (*e*) एक त्रिभुज है। इन पाँच अवयवों में से चार में एक सर्वनिष्ठ विशेषता है और वह यह है कि (*a*), (*b*), (*c*) और (*d*) (मानव, पशु, कीट और पेड़) सजीव जगत् से संबंधित हैं।

आकृति (*e*) एक त्रिभुज है और यह सजीव जगत् से संबंधित नहीं है। अतः आकृति (*e*) इस समूह में शामिल नहीं है।

अभ्यास

निर्देश (प्र.सं. 1–20): *नीचे के प्रत्येक प्रश्न में एक आकृति को छोड़कर अन्य सभी आकृतियाँ किसी-न-किसी रूप में आपस में संबंधित हैं और इस कारण वे एक समूह बनाती हैं। प्रत्येक प्रश्न में उस एक भिन्न आकृति का चयन करें जो अन्यों से संबंधित नहीं है अर्थात् जो भिन्न अथवा विजातीय है।*

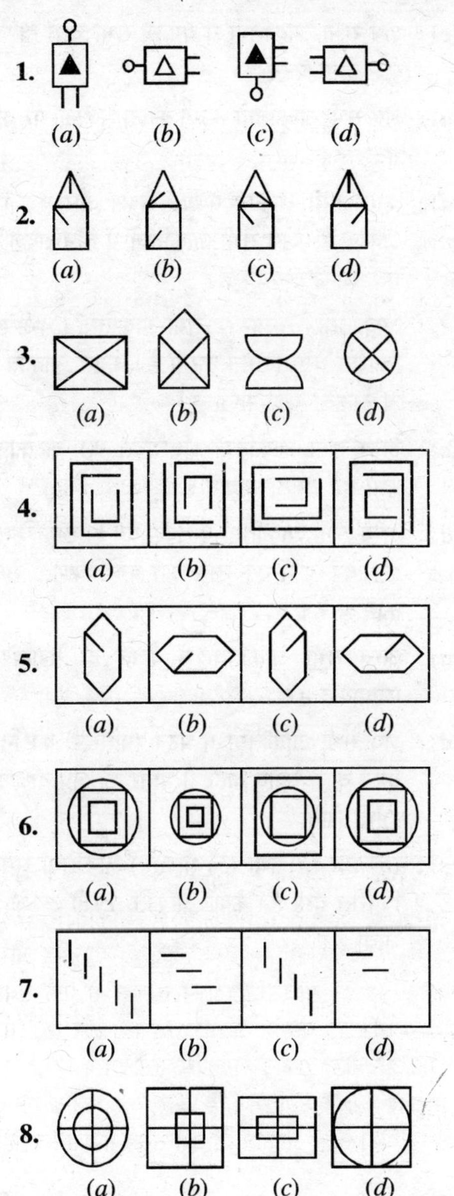

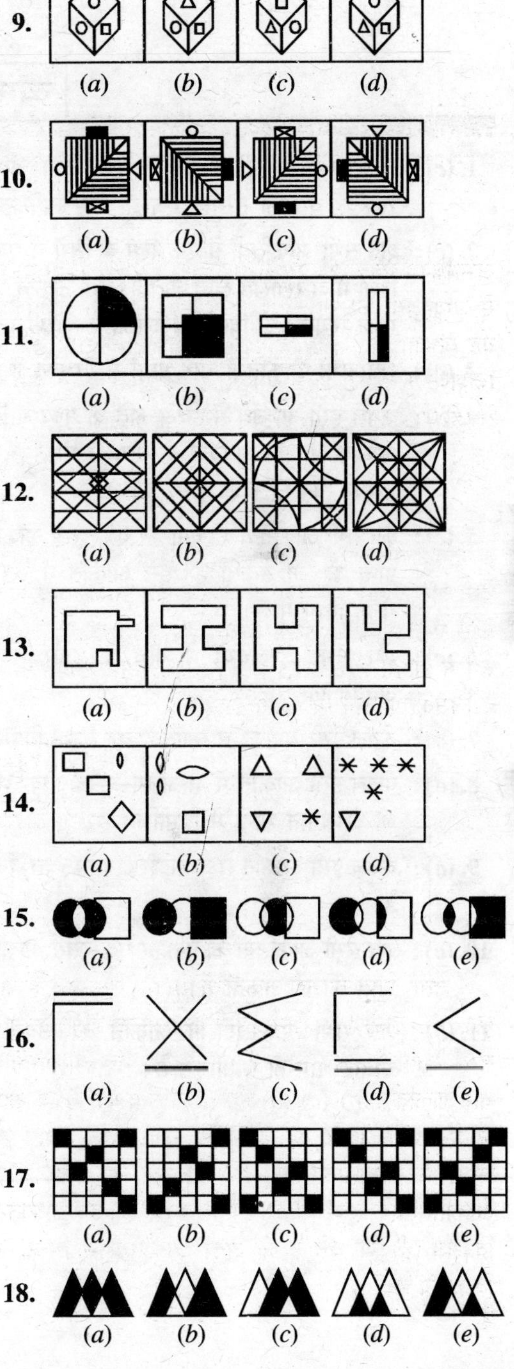

19. 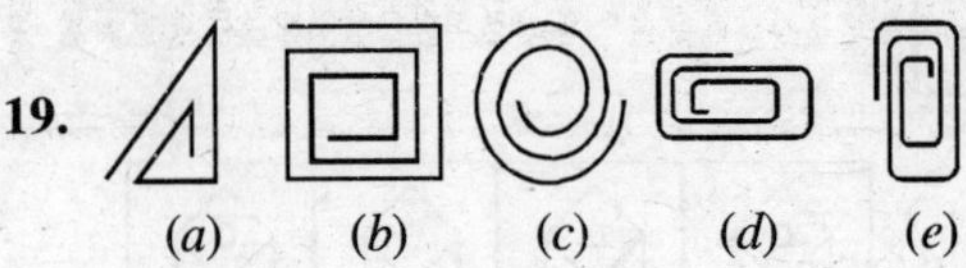

20. 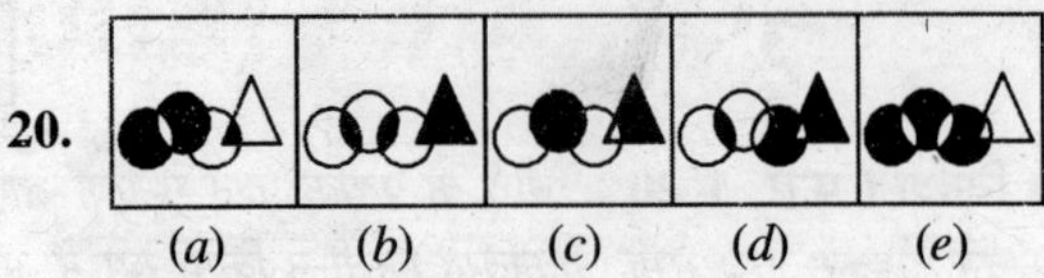

व्याख्यात्मक उत्तर

1. (*c*) : अन्य सभी आकृतियों में वृत्त युक्त रेखा और दो रेखाखंड वर्ग की सम्मुख भुजाओं पर अवस्थित हैं।

2. (*c*) : शेष सभी आकृतियों में एक रेखा के सिरों से एक ही दिशा में दो रेखाखंड खींचे जाते हैं। इस आकृति '(*c*)' में दो रेखाखंड दो विपरीत दिशाओं में खींचे जाते हैं।

3. (*c*) : शेष सभी आकृतियाँ चार भागों में विभक्त हैं।

4. (*d*) : केवल इसी आकृति में ही आकृति के मध्य में स्थित अवयव और दो अवयवों के बीच में स्थित अवयव परस्पर विपरीत दिशाओं में हैं।

5. (*c*) : शेष सभी आकृतियों को घुमा कर एक दूसरी आकृतियाँ प्राप्त की जा सकती हैं। इस आकृति में रेखाखंड गलत दिशा में है।

6. (*c*) : शेष सभी आकृतियों में बीच का और मध्यस्थ अवयव एक से हैं।

7. (*a*) : केवल इसी आकृति में रेखाखंडों की संख्या विषम है।

8. (*d*) : केवल इसी आकृति में दो अलग-अलग आकृतियाँ हैं जो दो समान भागों में विभाजित हैं।

9. (*a*) : केवल इसी आकृति में दो सदृश अवयव (वृत्त) निहित हैं।

10. (*c*) : शेष सभी आकृतियों को घुमाकर एक-दूसरी आकृतियाँ प्राप्त की जा सकती हैं।

11. (*b*) : शेष सभी आकृतियों में आकृति का केवल एक चौथाई भाग ही छायांकित है।

12. (*c*) : शेष सभी आकृतियों में वर्ग के सभी चारों खण्डों में एक जैसा पैटर्न है।

13. (*a*) : शेष सभी आकृतियों में वर्ग की दो भुजाओं पर कटान सदृश हैं।

14. (*d*) : केवल इसी आकृति में चार सदृश और एक भिन्न अवयव हैं। शेष सभी आकृतियों में तीन सदृश और एक भिन्न अवयव हैं।

15. (*d*) : आकृतियाँ (*a*) और (*e*) तथा आकृतियाँ (*b*) और (*c*) विपरीत युग्म निर्मित करती हैं। केवल आकृति (*d*) ही अकेला बचा रहता है।

16. (*c*) : अन्य सभी आकृतियाँ दक्षिणावर्त 90° के कोण से घूमी हुई रोमन संख्याएं हैं।

17. (*d*) : अन्य सभी आकृतियों में सदृश वर्ग ही छायांकित है। इस विकल्प में एक छायांकित वर्ग विकर्णतः सम्मुख कोने में है।

18. (*a*) : अन्य सभी आकृतियों में केवल दो रेखाखंड ही छायांकित हैं।

19. (*d*) : शेष सभी आकृतियों में पैटर्न (प्रतिरूप) को निर्मित करने वाली रेखाएं बाहर से भीतर की ओर दक्षिणावर्त खीची जाती हैं।

20. (c) : (*a*) और (*d*) तथा (*b*) और (*e*) आकृतियाँ सुमेलित विपरीत युग्म हैं। केवल आकृति (*c*) ही अकेली बच जाती है।

कम्प्यूटर ज्ञान (Knowledge of Computer)

स्मरणीय तथ्य (Facts to Remember)

- चार्ल्स बैबेज (Charles Babbage) को कम्प्यूटर के क्षेत्र में उनके योगदान के लिए 'आधुनिक कम्प्यूटर' विज्ञान का जनक (Father of Modern Computers) कहा जाता है।
- आधुनिक कम्प्यूटर के विकास में सर्वाधिक योगदान अमेरिका के डॉ. वान न्यूमेन (Van Neumann) का है। इन्हें डाटा और अनुदेश (Instructions) दोनों को बाइनरी प्रणाली (0 और 1) में संग्रहीत करने का श्रेय दिया जाता है।
- 1947 में बेल लैबोरेटरीज के जॉन वारडीन विलियम शाकले तथा वाल्टर ब्रेटन (Bardeen Shockley and Brattain) ने ट्रांजिस्टर का आविष्कार किया था।
- अर्द्धचालक (Semi Conductor) पदार्थ सिलिकन (Si) या जर्मेनियम (Ge) का बना ट्रांजिस्टर एक तीव्र स्विचिंग डिवाइस है।
- इंटीग्रेटेड सर्किट (IC) का विकास 1958 में जैक किल्वी (Jack Kilby) तथा रॉबर्ट नोयी (Robert Noyce) द्वारा किया गया।
- सिलिकन की सतह पर बने इस प्रौद्योगिकी को माइक्रो इलेक्ट्रॉनिक्स (Micro Electronics) का नाम दिया गया।
- कम्प्यूटर निर्माण उद्योग में अग्रणी होने के कारण भारत का बंगलौर शहर सिलिकॉन वैली (Silicon Valley) के नाम से जाना जाता है।
- ब्लूटूथ (Bluetooth) एक औद्योगिक मानक है जिसकी सहायता से रेडियो तरंगों द्वारा कम दूरी पर बेतार (Wireless) तकनीक द्वारा कम्प्यूटर को नेट से जोड़ा जाता है।
- विश्व का सबसे तेज सुपर कम्प्यूटर आईबीएम (IBM) का ब्लू जीन (Blue Gene) है।
- भारत का सबसे तेज सुपर कम्प्यूटर 'एका' (EKA) है। यह टाटा समूह की सी आर एल (CRL–Computer Research Lab) पुणे द्वारा विकसित किया गया है।
- यूपीसी (UPC–Universal Product Code) जिसका प्रयोग अमेरिका के सुपर स्टोर में उत्पादों पर नजर रखने के लिए किया गया, सर्वाधिक प्रयोग में आने वाला बार कोड है।
- माइकर कोड में 0 से 9 तक संख्याओं और चार चिह्नों का प्रयोग किया जाता है।
- लेजर (LASER–Light Amplification by Stimulated Emission of Radiation) का संक्षिप्त रूप है। इसका आविष्कार थियोडोर मेमैन ने किया था।
- फोरट्रान (FORTRAN) पहली उच्चस्तरीय भाषा (HLL) मानी जाती है। जिसका विकास 1957 में आईबीएम कम्पनी के जॉन बेकस (John Backus) ने किया था।
- यूनिक्स (Unix) ऑपरेटिंग सिस्टम सी भाषा (C-Language) में लिखा गया पहला महत्वपूर्ण प्रोग्राम है।
- पहला कम्प्यूटर नेटवर्क 1981 में तैयार किया गया जिसे ईथरनेट (Ethernet) कहा गया।
- इंटरनेट का आरंभ 1969 में अमेरिकी रक्षा विभाग द्वारा अर्पानेट (ARPANET–Advanced Research Project Agency Net) द्वारा किया गया।
- मोजेक (MOSAIC) इंटरनेट का पहला सफल सॉफ्टवेयर है।
- भारत में इंटरनेट सेवा का प्रारंभ 15 अगस्त 1995 को हुआ।

- ☞ भारत में इंटरनेट उपलब्ध कराने वाली पहली कंपनी विदेश संचार निगम लिमिटेड (VSNL) है।
- ☞ भारत में इंटरनेट सेवा प्रारंभ करने वाली निजी क्षेत्र की पहली कंपनी सत्यम इंफो (Satyam Infoway) है।
- ☞ भारत की नई इंटरनेट नीति का नाम डाटा इन इंटरनेट डोमेन है।
- ☞ एमटीएनएल (MTNL) की ब्रॉडबैंड सेवा का नाम ट्राई बैंड है।
- ☞ बीएसएनएल (BSNL) की ब्रॉडबैंड सेवा का नाम डाटा वन है।
- ☞ ई-मेल का आविष्कार अमेरिका के वैज्ञानिक आर. टोमलिंसन (R. Tomlinson) ने 1971 में किया था।
- ☞ कम्प्यूटर को हिन्दी में 'संगणक' कहा जाता है।
- ☞ आधुनिक कम्प्यूटर की खोज सर्वप्रथम 1946 ई. में की गई थी।
- ☞ कम्प्यूटर के क्षेत्र में महान क्रांति 1960 ई. में आई।
- ☞ विश्व में सर्वाधिक इंटरनेट उपयोग करने वाले देशों में संयुक्त राष्ट्र अमेरिका का प्रथम स्थान है।
- ☞ 2 दिसम्बर कम्प्यूटर साक्षरता दिवस (Computer Literacy Day) के रूप में मनाया जाता है।
- ☞ भारत में नई कम्प्यूटर नीति की घोषणा नवम्बर 1984 में की गई थी।
- ☞ भारत में निर्मित प्रथम कम्प्यूटर सिद्धार्थ है। इसका निर्माण इलेक्ट्रॉनिक कार्पोरेशन ऑफ इंडिया के द्वारा किया गया था।
- ☞ भारत में कम्प्यूटर का प्रथम प्रयोग 16 अगस्त, 1986 को बेंगलूर के प्रधान डाकघर में किया गया था।
- ☞ भारत का प्रथम कम्प्यूटरीकृत डाकघर नई दिल्ली का प्रधान डाकघर है।
- ☞ भारत का प्रथम प्रदूषण रहित कम्प्यूटरीकृत पेट्रोल पम्प मुंबई में है।
- ☞ निजी क्षेत्र के अंतर्गत स्थापित होने वाला भारत का प्रथम कम्प्यूटर विश्वविद्यालय राजीव गाँधी कम्प्यूटर विश्वविद्यालय है।
- ☞ भारत में प्रथम कम्प्यूटर आरक्षण पद्धति नई दिल्ली में लागू की गई थी।
- ☞ द हिन्दू इंटरनेट पर उपलब्ध होने वाली प्रथम भारतीय समाचार-पत्र है।
- ☞ इंडिया टुडे इंटरनेट पर उपलब्ध होने वाली प्रथम भारतीय पत्रिका है।
- ☞ भारतीय जनता पार्टी भारत की पहली ऐसी राजनीतिक पार्टी है जिसने इंटरनेट पर अपना वेबसाइट बनाया।
- ☞ कम्प्यूटर मुख्यतः तीन प्रकार के होते हैं–डिजिटल, एनालॉग और हाइब्रिड।
- ☞ वह कम्प्यूटर जो गणितीय गणना करता है, डिजिटल कम्प्यूटर कहलाता है।
- ☞ वह कम्प्यूटर जो आकलन के सिद्धांत के अनुसार गणना करता है, एनालॉग कम्प्यूटर कहलाता है।
- ☞ एनालॉग एवं डिजिटल कम्प्यूटर को हाईब्रिड कम्प्यूटर कहते हैं।
- ☞ मध्यम आकार के कम्प्यूटर को मिनी कम्प्यूटर कहते हैं।
- ☞ छोटे आकार के कम्प्यूटर को माइक्रो कम्प्यूटर कहते हैं।
- ☞ एक सुपर कम्प्यूटर में करीब 40,000 माइक्रो कम्प्यूटर जितनी परिकलन क्षमता होती है। इसकी गति को मेगाफ्लॉप में मापा जाता है।
- ☞ विश्व का प्रथम सुपर कम्प्यूटर 'क्रे के 1-एस.' (Cray K-1S) था, जो 1979 में बनकर तैयार हुआ था। इसे अमेरिका की क्रे के रिसर्च कंपनी के द्वारा बनाया गया था।
- ☞ विश्व के प्रथम इलेक्ट्रॉनिक डिजिटल कम्प्यूटर का नाम एनियक (ENIAC) है।
- ☞ विश्व का प्रथम सबसे बड़ा कम्प्यूटर नेटवर्क Internet है।
- ☞ 1 किलोबाइट (KB) 1024 बाइट के बराबर होता है।
- ☞ 1 MB या मेगाबाइट (Mega Bite) 1024 KB (अर्थात् 1 MB =k 1024 KB) बराबर होता है।
- ☞ 1 GB या गीगाबाइट 1024 MB के बराबर होता है।
- ☞ सूचना के आगमन एवं कार्यक्रम की खोज करने के लिए SNOBOL नामक विशिष्ट भाषा का प्रयोग होता है।
- ☞ मानव मस्तिष्क और कम्प्यूटर में सबसे बड़ा अंतर यह है कि कम्प्यूटर की स्वयं की सोचने की क्षमता नहीं होती।
- ☞ फ्लॉपी डिस्क का आविष्कार IBM के वैज्ञानिक एलान शुगार्ट (Alan Shugart) ने 1971 में किया।

- मॉनीटर का आकार मॉनीटर के विकर्ण (Diagonal) की लम्बाई में मापा जाता है।
- प्रथम व्यावसायिक इंटीग्रेटेड चिप का निर्माण फेयर चाइल्ड सेमीकण्डक्टर कॉरपोरेशन (Fair Child Semiconductor Corporation) ने 1961 में किया।
- कैलकुलेटर तथा कम्प्यूटर में अंतर यह है कि कम्प्यूटर को एक साथ कई निर्देश या समूह दिया जा सकता है तथा यह एँक साथ कई कार्य कर सकता है। इसके विपरीत कैलकुलेटर को एक साथ एक ही निर्देश दिया जा सकता है।
- सीडीएमए (CDMA–Code Division Multiple Access) मोबाइल नेटवर्क स्थापित करने की व्यवस्था है।
- जीएसएम (GSM–Global System For Mobile Communication) मोबाइल फोन के लिए प्रयुक्त लोकप्रिय मानक है।
- मोटोरोला (Motorola) के डॉ. मार्टिन कूपर (Dr. Martin Cooper) ने मोबाइल फोन का आविष्कार किया।
- बॉब नोयी (Bob Noyee) तथा गार्डन मूरे (Gordon Moore) ने सम्मिलित रूप से इंटेल (Intel) नामक कंपनी की स्थापना की।
- डिजिटल कॉम्पैक्ट डिस्क (DCD) का आविष्कार 1965 में जेम्स रसेल (James Russell) ने किया।
- की-बोर्ड की संरचना के निर्माण का श्रेय क्रिस्टोफर लाथम सोल्स (Christopher Latham Sholes) को जाता है।
- पॉप अप (Pop-up) वेब ब्राउजिंग के दौरान स्वयं खुलने वाला विज्ञापन का नाम विंडो है।
- Beta Release किसी सॉफ्टवेयर या तकनीक की उपयोगिता को परखने के लिए निर्माण के दौरान उसे बाजार में जारी करने को कहा जाता है।
- डॉ. डगलस इंजेलबार्ट (Dr. Douglas Engelbart) ने 1964 में माउस का आविष्कार किया।
- प्रथम वेबसाइट के निर्माण का श्रेय टिम बर्नस ली (Tim Berners Lee) 1989 की है। इन्हें World Wide Web का संस्थापक कहा जाता है।
- बिल गेट्स (Bill Gates) तथा पॉल एलेन (Paul Allen) ने मिलकर 1975 में माइक्रोसॉफ्ट कॉरपोरेशन की स्थापना की।
- बिल गेट्स की प्रसिद्ध पुस्तक "The Road Ahead; 1995" में लिखी गई। वर्तमान में वे "Bill and Melinda Gates Foundation" द्वारा सामाजिक कार्यों में लगे हैं।
- भारत के सबीर भाटिया (Sabeer Bhatia) ने फ्री ई-मेल सेवा हॉटमेल (Hotmail) को जन्म दिया।
- ब्लू टूथ एक बेतार तकनीक (Wireless Technology) है जिसके द्वारा मोबाइल फोन के जरिये कम दूरी में कम्प्यूटर और विभिन्न उपकरणों को जोड़ा जाता है।
- बैंकों में एटीएम (Automatic Teller Machine) वैन (WAN) का एक उदाहरण है।
- Wifi का अर्थ है Wireless Fidelity इसका बेतार तकनीक द्वारा कम्प्यूटर के दो उपकरणों के बीच सम्बन्ध स्थापित करने के लिए किया जाता है।
- WAP (Wireless Access Point) एक युक्ति है जो विभिन्न संचार माध्यमों को जोड़कर एक बेतार नेटवर्क बनाता है।
- कम्प्यूटर के Standby Mode में मॉनीटर तथा हार्ड डिस्क ऑफ हो जाता है ताकि कम ऊर्जा खपत हो। किसी भी बटन को दबाने या माउस क्लिक करने से कम्प्यूटर Standby Mode से बाहर आ जाता है।
- ऑप्टिकल माउस (Optical Mouse) में माउस पैड की जरूरत नहीं पड़ती क्योंकि इसमें कोई घूमने वाला भाग नहीं होता।
- Hyper Text एक डॉक्यूमेंट है जो उस वेब पेज को दूसरे डॉक्यूमेंट के साथ जोड़ता है।
- Blog शब्द Weblog से बना है। Blog किसी व्यक्ति द्वारा निर्मित वेब साइट है जहाँ वह अपने विचार, अनुभव या जानकारी रख सकता है। इस वेब साइट को पढ़ने वाले अन्य व्यक्ति भी इस विषय पर अपनी टिप्पणी दे सकते हैं।
- एलन टूरिंग (Alan Turing) को आधुनिक कम्प्यूटर विज्ञान का जनक माना जाता है।
- माया (Maya) एक शक्तिशाली त्रिआयामी सॉफ्टवेयर है जिसका प्रयोग चलचित्रों और वीडियो गेम में विशेष प्रभाव डालने के लिए किया जाता है।

- माया II (Maya II) एक DNA कम्प्यूटर है जिसमें सिलिकॉन चिप की जगह DNA धागे का प्रयोग किया गया है।
- विलियन हिगिनबॉथम (William Higgin Botham) ने 1958 में कम्प्यूटर के प्रथम वीडियो गेम का निर्माण किया।
- बंगलौर स्थित इंफोसिस टेक्नोलॉजी (Infosys Technology) का प्रारंभ एन. नारायणमूर्ति द्वारा 1981 में किया गया।
- इंटरनेट पर मुफ्त में उपलब्ध विश्व के सबसे बड़े इनसाइक्लोपीडिया वाइकीपेडिया (Wikipedia) की स्थापना जिमी वेल्स (Jimmy Wales) ने किया।
- डेस्कटॉप पब्लिशिंग (DTP) का विकास मैकिन्टोस (Macintosh) कंपनी द्वारा किया गया।
- ब्रिटेन के एलान टूरिंग (Alan Turing) ने सर्वप्रथम कृत्रिम बुद्धिमता (Artificial Intelligence) की विचारधारा रखी, पर इस क्षेत्र में अपने योगदान के कारण जॉन मैकार्थी (John Mc Carthy) को कृत्रिम बुद्धिमत्ता का जनक (Father of Artificial Intelligence) कहा जाता है।
- हैकर (Hacker) वह व्यक्ति है जो इंटरनेट पर इलेक्ट्रॉनिक सुरक्षा व्यवस्था को भेदकर मनोरंजन या उत्सुकतावश गुप्त सूचनाएँ प्राप्त करता है।
- एक्स्ट्रानेट (Extranet) एक व्यक्तिगत नेटवर्क है जो व्यवसाय के लिए इंटरनेट तकनीक और सार्वजनिक संचार व्यवस्था का प्रयोग करता है।
- होम थियेटर एक पर्सनल कम्प्यूटर है जिसका प्रयोग मनोरंजन के लिए किया जाता है।
- कम्प्यूटर प्लेटफार्म का तात्पर्य कम्प्यूटर में प्रयुक्त ऑपरेटिंग सिस्टम से है जो अन्य प्रोग्रामों के क्रियान्वयन के लिए आधार तैयार करता है। एक प्लेटफार्म में चलने वाले प्रोग्राम सामान्यतः दूसरे प्लेटफार्म में नहीं चलते हैं।
- अमेरिका के विंटेन कर्फ (Vinten Cerf) को इंटरनेट का जन्मदाता (Father of the Internet) कहा जाता है।
- नेटीकेट (Netiquette-Net + etiquette) इंटरनेट प्रयोग के समय किए जाने वाले अपेक्षित व्यवहारों और नियमों का समूह है।
- इंटरनेट का संचालन किसी संस्था या सरकार या प्रशासन के नियंत्रण से मुक्त है।
- जीपीआरएस (GPRS–General Pocket Radio Service) वायरलेस द्वारा मोबाइल फोन से इंटरनेट सुविधा के प्रयोग की तकनीक है।
- हाइपर टेक्स्ट (Hyper Text) एक व्यवस्था है जिसके तहत टेक्स्ट, रेखाचित्र व प्रोग्राम आदि को आपस में लिंक किया जा सकता है। इसका विकास टेड नेल्सन (Ted Nelson) ने 1960 में किया।
- WAP-Wireless Application Protocol मोबाइल फोन द्वारा इंटरनेट के इस्तेमाल के दौरान प्रयोग किए जाने वाले नियमों का समूह है।
- इंटरनेट फोन कम्प्यूटर और इंटरनेट का प्रयोग कर टेलीफोन कॉल स्थापित करने की प्रक्रिया है।
- इंटरनेट तथा कम्प्यूटर का प्रयोग कर किए गए अवैध कार्य, जैसे—सुरक्षित फाइलों को देखना और नष्ट करना, वेब पेज में परिवर्तित करना, क्रेडिट कार्ड का गलत इस्तेमाल करना, वायरस जारी करना आदि साइबर क्राइम (Cyber Crime) कहलाता है।
- इकॉन (ICANN-Internet Corporation for Assigned Names and Numbers) इंटरनेट पर प्रत्येक कम्प्यूटर के लिए एक विशेष पता देने के उद्देश्य से 1998 में गठित एक अंतर्राष्ट्रीय संगठन है।
- USENET सभी विश्वविद्यालयों को एक साथ जोड़ने की प्रणाली है।
- जब किसी नेटवर्क का इंटरनेट धारक अन्य नेटवर्क के साथ जुड़ता है, तो उसे गेटवे (Gateway) कहते हैं।
- इन्टेल का आधुनिकतम माइक्रोप्रोसेसर (Core 2 Duo) है।
- पर्सनल कम्प्यूटर पर सर्वप्रथम पुस्तक टेड नेल्सन ने लिखा।
- कम्प्यूटर पर लिखी गई पुस्तक 'द सोल ऑफ न्यू मशीन' (लेखक–टैसी किडर) को 'पुलित्जर पुरस्कार' प्रदान किया गया।
- कम्प्यूटर की प्रथम पत्रिका कम्प्यूटर एंड ऑटोमेशन है।
- प्रथम घरेलू कम्प्यूटर कोमोडोर VIC/20 है।
- वैज्ञानिकों के अनुसार भारतीय भाषा संस्कृत को कम्प्यूटरीकृत करना सबसे आसान है।

- ☞ कम्प्यूटर में प्रोग्राम की सूची को मेन्यू (Menu) कहा जाता है।
- ☞ डेटा प्रोसेसिंग का अर्थ है—वाणिज्यिक उपयोग के लिए जानकारी तैयार करना।
- ☞ रिकॉर्ड्स का संग्रह फाइल (File) कहलाता है।
- ☞ डिजिटल कम्प्यूटर की कार्यपद्धति गणना और सिद्धांत पर आधारित है।
- ☞ विश्व का प्रथम व्यावहारिक डिजिटल कम्प्यूटर यूनिवेक (UNIVAC) था।
- ☞ कम्प्यूटर प्रोग्रामन हेतु विकसित की गई भाषा का नाम फोरट्रॉन है।
- ☞ हिन्दी कमाण्ड स्वीकार क़रने वाली कम्प्यूटर की भाषा का नाम प्रदेश है।
- ☞ कोबोल उच्च स्तरीय भाषा (HLL) अंग्रेजी भाषा के समान है।
- ☞ कोबोल भाषा में सर्वाधिक उपयुक्त डॉक्यूमेंटेशन संभव है।
- ☞ जो अनुवादक की असेम्बली भाषा को मशीनी कोड में बदलता है, असेम्बलर (Assembler) कहलाता है।
- ☞ अनुवाद प्रोग्राम जो उच्चस्तरीय भाषा का निम्नस्तरीय भाषा में अनुवाद करता है कम्पाइलर कहलाता है।
- ☞ बेसिक (BASIC) भाषा को फोरट्रॉन, एलगोल, पास्कल आदि को सिखाने के लिए 'नींव का पत्थर' कहा जाता है।
- ☞ माइक्रोप्रोसेसर चतुर्थ पीढ़ी के कम्प्यूटर हैं।
- ☞ प्रोलॉग (PROLOG) पंचम पीढ़ी के कम्प्यूटर की भाषा है।
- ☞ इन्टीग्रेटेड सर्किट चिप का विकास जे. एस. किल्बी ने किया।
- ☞ इन्टीग्रेटेड सर्किट चिप (Chip) पर सिलिकॉन (Silicon) की परत होती है।
- ☞ कम्प्यूटर अशुद्धि को बग (Bug) कहा जाता है।
- ☞ वर्ष 1988 ई. में C-DAC (Centre for Development & Advanced Computing) की स्थापना पुणे में की गई।
- ☞ पुणे के सी-डैक (C-DAC) के वैज्ञानिक ने 28 मार्च, 1998 को प्रति सेकेण्ड एक खरब गणना करने की क्षमता से युक्त कम्प्यूटर परम-10000 का निर्माण किया। इनके विकास का मुख्य श्रेय C-DAC के कार्यकारी निदेशक डॉ. विजय पी. भास्कर को जाता है।
- ☞ भारत में सर्वप्रथम नेशनल एयरोनॉटिक्स लेबोरेटरीज (बंगलौर) ने फ्लो सॉल्वर (FLOSOLVER) नामक सुपर कम्प्यूटर विकसित करने में सफलता पाई थी।
- ☞ कम्प्यूटर पर परमाणु परीक्षणों को सब-क्रिटिकल परीक्षण (Subcritical Test) कहा जाता है।
- ☞ IBM (International Business Machine) अमेरिका की एक कम्प्यूटर कंपनी है।
- ☞ कम्प्यूटर वायरस एक मानव निर्मित डिजिटल परजीवी है, जो फाइल संक्रामक के नाम से भी जाना जाता है।
- ☞ वाई-टू के (Y-2K) संकट अर्थात् इयर टू थाउजेंड (Year Two Thousand) तारीखों से संबंधित कम्प्यूटर समस्या थी। Y-2K संकट को मिलियन बग भी कहा गया।
- ☞ मॉडेम कम्प्यूटरों को आपस में जोड़ने का उपकरण है, जो टेलीफोन लाइन पर काम करता है।
- ☞ इंटरनेट से जुड़ा वह कम्प्यूटर जहाँ विशेष प्रकार की सूचनाएँ उपलब्ध हों, साइट (Site) कहलाता है।
- ☞ पास या दूर के किसी कम्प्यूटर या नेटवर्क से सूचनाएँ मॉडेम की मदद से अपने कम्प्यूटर में लाने की प्रक्रिया को डाउनलोड (Download) कहते हैं।
- ☞ पास या दूर के किसी कम्प्यूटर को अपने कम्प्यूटर से सूचनाएँ भेजना अपलोड (Upload) कहलाता है।
- ☞ किसी कम्प्यूटर या उसके हार्ड डिस्क या किसी चलते हुए कार्यक्रम (Program) का अचानक खराब हो जाना क्रैश (Crash) कहलाता है।
- ☞ भारत में कम्प्यूटर का विकास 1955 से आरंभ हुआ।
- ☞ भारत में प्रथम कम्प्यूटेरियम (कम्प्यूटर मंडल) कर्नाटक के बंगलुरू में स्थापित किया गया है।
- ☞ केरल के तिरुअनन्तपुरम जिले का वेल्लनाड़ गाँव भारत का पहला पूर्णरूपेण कम्प्यूटरीकृत गाँव है।
- ☞ पर्सनल कम्प्यूटर (P.C.) होम कम्प्यूटर, इलेक्ट्रॉनिक डायरी, लैपटॉप आदि माइक्रो कम्प्यूटर के उदाहरण हैं।
- ☞ माइक्रो कम्प्यूटरी में प्रचलित कुछ प्रचालन प्रणाली (Operating System) हैं—CP/M, Mac (Apple), DOS, Pro DOS, MS/DOS/PC.DOS, DENIX, UNIX, WINDOWS, LINUX आदि।
- ☞ CPU की गति को क्लॉक स्पीड (Clock Speed) कहते हैं।

- ☞ कम्प्यूटर प्रयोगकर्ता द्वारा कम्प्यूटर को दिया गया निर्देश कमांड (Command) कहलाता है।
- ☞ दुनिया के विभिन्न स्थानों पर स्थापित टेलीफोन लाइनों अथवा उपग्रहों की सहायता से एक-दूसरे के साथ जुड़े कम्प्यूटरों का नेटवर्क 'इंटरनेट' (Internet) कहलाता है।
- ☞ ई-मेल यानी इलेक्ट्रॉनिक मेल आज सम्पर्क (पत्राचार आदि) का एक सुगम एवं महत्वपूर्ण साधन है जिसके अन्तर्गत एक सेन्ट्रल सर्वर (Computer) द्वारा हम किसी को भी कोई संदेश (मेल) भेज सकते हैं।
- ☞ ऑक्सीजन परियोजना की जॉन रॉ नामक एक कम्प्यूटर चिप को भारतीय मूल के वैज्ञानिक अनंत अग्रवाल ने विकसित किया है।
- ☞ दूर लेखन (Tele-Writing) विज्ञान की एक नई उपलब्धि है, जिसके द्वारा अब दूरस्थ पन्नों पर हस्ताक्षर करना संभव हो गया है। बुकर पुरस्कार विजेता कनाडा की लेखिका मार्गेरेट एटवुड ने इस रिमोट कन्ट्रोल्ड कलम को 'लौंग पेन' नाम दिया है। उन्होंने लघुकहानी संग्रह 'द टेट' पर हस्ताक्षर कर लौंग पेन का पहली बार सार्वजनिक प्रदर्शन किया।
- ☞ चेन्नई में इलेक्ट्रॉनिक उपकरणों एवं यंत्रों के मूल्यांकन के लिए इलेक्ट्रॉमैग्नेटिक इन्टरफेरेन्स (EMI) तथा इलेक्ट्रॉमैग्नेटिक कम्पैटिबिलिटी (EMC) नामक एक राष्ट्रीय सुविधा स्थापित की गई है। इसे 15 जुलाई 2005 को राष्ट्र को समर्पित की गई।

संक्षिप्ताक्षर (Abbreviations)

- **ALGOL** : Algorithmic Language
- **ALU** : Arithmetic Logic Unit
- **ARPA** : Advanced Research Pgency
- **ASCII** : American Standard Code for Information Interchange
- **ABC** : Atanasoff-Berry Computer
- **AGP** : Accelerated Graphics Port
- **AI** : Artificial Intelligence
- **AMD** : Advanced Micro Devices
- **ANSI** : American national Standards Institute
- **ASIC** : Application Specific Integration Circuit
- **BASIC** : Beginer's All Purpose Symbolic Instruction Code
- **BCD** : Binary Coded Decimal Code
- **BIOS** : Basic Input-Output System
- **BEMA** : Business Equipment Manufacturers Association
- **BCR** : Bar Code Reader
- **BPI** : Bytes Per Inch
- **BPS** : Bits Per Second
- **CAD** : Computer Aided Design
- **CAM** : Computer Aided Manufacturing
- **CD** : Compact Disk
- **C-DAC** : Centre for Development of Advanced Computing
- **CDMA** : Code Division Multiple Access
- **C-DOT** : Centre for Development of Telematics
- **CD-ROM** : Compact Disk–Read Only Memory
- **COBOL** : Common Business Oriented Language
- **COMAL** : Common Algorithmic Language
- **CPU** : Central Processing Unit
- **CAL** : Computer Aided Learning
- **CD-R** : Compact Disk-Recordable
- **CD-R/W** : Compact Disk-Read/Write
- **CLASS** : Computer Literacy And Studies in School
- **CMOS** : Complementry Metal Oxide Semiconductor
- **CPI** : Character Per Inch
- **CRS** : Computerised Reservation System
- **CU** : Control Unit
- **DOS** : Disk Operating System
- **DTP** : Desk Top Publishing
- **DTS** : Digital Theatre System
- **D/A** : Digital-to-Analog

- **DBMS** : Data Base Management System
- **DDS** : Digital Data Storage
- **DPI** : Dots Per Inch
- **DRDO** : Defence Research and Development Organisation
- **DSDD** : Double Sided Double Density
- **DTR** : Data Terminal Ready
- **DVD** : Digital Video/Versatile Disk
- **EBCDIC** : Extended Binary Coded Decimal Interchange Code
- **E-Business** : Electronic Business
- **E-Commerce** : Electronic Commerce
- **E-mail** : Electronic Mail
- **EDP** : Electronic Data Processing
- **EEPROM** : Electrically Erasable Programmable Read Only Memory
- **ENIAC** : Electronic Numerical Integrator and Calculator
- **EPROM** : Erasable Programmable Read Only Memory
- **ERNET** : Education and Research Network
- **FORTRAN** : Formula Translation
- **FAX** : Far Away Xerox
- **FAT** : File Allocation Table
- **FD** : Floppy Disk
- **FDM** : Frequency Division Multiplexing
- **FET** : Field Effect Transistor
- **FLOP** : Floating Point Operation
- **FSK** : Frequency Shift Keying
- **FTP** : File Transfer Protocol
- **GIAS** : Gateway Internet Access Service
- **GB** : Giga Bytes
- **GIGO** : Garbage In-Garbage-Out
- **GIS** : Geographical Information System
- **GPL** : General Public License
- **GPS** : Global Positioning System
- **GUI** : Graphical User Interface
- **HLL** : High Level Language
- **HTML** : Hyper Text Markup Language
- **HTTP** : Hyper Text Transfer Protocol
- **HP** : Hewlett Packard
- **IBM** : International Business Machines
- **I/O** : Input-Output
- **IRC** : Internet Relay Chat
- **ISDN** : Integrated Services Digital Network
- **ISO** : International Standards Organisation
- **ISP** : Internet Service Provider
- **IT** : Information Technology
- **JPEG** : Joint Photographic Expert Group
- **JRE** : Java Runtime Engine
- **JSP** : Java Server Pages
- **KB** : Kilo Bytes
- **Kb** : Kilo bits
- **KIPS** : Knowledge Information Processing System
- **LAN** : Local Area Network
- **LCD** : Liquid Crystal Display
- **LDU** : Liquid Display Unit
- **LLL** : Low Level Language
- **LASER** : Light Amplification for Stimulated Emission of Radiation
- **LD** : Laser Diode
- **LED** : Light Emitting Diode
- **LISP** : List Processing
- **LSD** : Least Significant Digit
- **LSI** : Large Scale Integration
- **MAN** : Metropolitan Area Network
- **MICR** : Magnetic Ink Character Recognition
- **MIPS** : Millions Instructions Per Second
- **MOPS** : Millions of Operations Per Second
- **MODEM** : Modulator-Demodulator
- **MB** : Mega Bytes
- **MHz** : Mega Hertz
- **MIDI** : Musical Instrument Digital Interface

- **MOS** : Metal Oxide Semiconductor
- **MPEG** : Moving Pictures Expert Group
- **MP-3** : MPEG-1 Audio Layer 3
- **MS** : Microsoft
- **MSI** : Medium Scale Integration
- **MTBF** : Mean Time Between Failure
- **NICNET** : National Information Centre Network
- **NIU** : Network Interface Unit
- **NTSC** : National Television Standards Committee
- **OCR** : Optical Character Recognition
- **OMR** : Optical Mark Reader
- **OOP** : Object Oriented Programming
- **OS** : Operating System
- **OSS** : Open Source Software
- **PROM** : Programmable Read Only Memory
- **PSPDN** : Pocket Switched Public Data Network
- **PSTN** : Public Switched Telephone Network
- **PAL** : Phase Alternation Line
- **PC** : Personal Computer
- **PCB** : Printed Circuit Board
- **PCI** : Peripheral Component Interconnect
- **PDA** : Personal Digital Assistant
- **PDF** : Portable Document Format
- **PL/1** : Programming Language/1
- **PM** : Phase Modulation
- **POST** : Power On Self Test
- **PPM** : Pages Per Minute
- **PROLOG** : Programming in Logic
- **RABMN** : Remote Area Business Message Network
- **RAM** : Random Access Memory
- **ROM** : Read Only Memory
- **RGB** : Red, Green, Blue
- **RPG** : Report Program Generator
- **RS-232** : Recommended Standard 2-3-2
- **SCSI** : Small Computer System Interface
- **SEQUEL** : Structured English Query Language
- **SIMM** : Single In-Line Memory Module
- **SNOBOL** : String Oriented Symbolic Language
- **SSI** : Small Scale Integration
- **SVGA** : Super Video Graphics Array
- **TCP** : Transmission Control Protocol
- **TB** : Tera Byte
- **TDM** : Time Division Multiplexing
- **UPS** : Uninterruptable Power Supply
- **ULSI** : Ultra Large Scale Integration
- **UNIVAC** : Universal Automatic Computer
- **UPC** : Universal Product Code
- **URL** : Uniform Resource Locater
- **USB** : Universal Serial Bus
- **UVEPROM** : Ultra Violet Erasable Programmable Read Only Memory
- **VDU** : Video Display Unit
- **VLSI** : Very Large Scale Integration
- **VAN** : Value Aided Network
- **VCR** : Video Cassette Recorder
- **VGA** : Video Graphics Array
- **VIRUS** : Vital Resources Under Seize
- **VSAT** : Very Small Aperture Terminal
- **VSNL** : Videsh Sanchar Nigam Limited
- **WAN** : Wide Area Network
- **WAP** : Wireless Application Protocol
- **WWW** : World Wide Web
- **WMAX** : World Wide Interoperability for Microwave Access
- **WLL** : Wireless Local Loop
- **WMP** : Windows Media Player
- **WORM** : Write Once-Read Many
- **XML** : Extensible Markup Language
- **XMS** : Extended Memory Specification
- **2G** : Second Generation Wireless Networking
- **3G** : Third Generation Wireless Networking Technology

माइक्रोसॉफ्ट ऑफिस–स्टैंडर्ड टूलबार

टूल्स का नाम	की-बोर्ड ऑपरेशन	विवरण
New Blank Document	Ctrl + N	एक नई फाइल या टेम्पलेट आधारित फाइल बनाता है।
Open (File menu)	Ctrl + O	चयनित (selected) फाइल को खोलता है।
Save (File menu)	Ctrl + S	सक्रिय फाइल को इसके वर्तमान फाइल नाम, स्थान तथा स्वरूप (Format) के साथ सेव (Save) है।
Mail Recipient		दस्तावेज को (Content of Document) को ई-मेल संदेश के ढाँचे (Body) के रूप में भेजता है।
Print (File menu)	Ctrl + P	सक्रिय फाइल या चयन करने के लिए फाइल मेन्यू में प्रिंट करता है। प्रिंट विकल्प का चयन करने के लिए फाइल मेन्यू में प्रिंट विकल्प पर क्लिक करते हैं।
Print Preview (File Menu)	Ctrl + F2	जब हम फाइल प्रिंट करने में हों तो यह कैसा दिखेगा यह बताता है।
Spelling and Grammar (Tools menu)	F7	सक्रिय दस्तावेज में वर्तनी तथा व्याकरण जाँच तथा लेखन शैली त्रुटियाँ बताता है। उन्हें ठीक करने के लिए सुझाव देता है।
Cut (Edit Menu)	Ctrl + X	सक्रिय दस्तावेज से चयनित चित्र या टेक्स्ट को हटाकर क्लिपबोर्ड में रखता है।
Copy (Edit Menu)	Ctrl + C	क्लिपबोर्ड में चयनित चित्र या टेक्स्ट की प्रतिलिपि (Copy) बनाकर रखता है।
Paste (Edit Menu)	Ctrl + V	क्लिपबोर्ड के सामग्री को प्रविष्टि बिन्दु (Insertion Point) पर पेस्ट करता है।
Undo (Edit Menu)	Ctrl + Z	अंतिम आदेश को विफल करता है तथा अंतिम में टाइप किए गए टेक्स्ट को हटा देता है।
Redo (Edit menu)	Ctrl + Y	Undo आदेश के क्रिया (action) को विफल करता है।
Hyperlink	Ctrl + K	नए हाइपरलिंक को डालता है या चयनित हाइपरलिंक को एडिट (Edit) करता है।
Tables and Borders		टेबल और बॉर्डर (Tables and Borders) टूलबार प्रदर्शित करता है।
Insert Table		टेबल बनाता है।
Insert Excel Worksheet		दस्तावेज में एक्सल स्प्रेडशीट जोड़ता है।
Zoom		सक्रिय दस्तावेज के प्रदर्शन (Display) को 10% से 400% तक बढ़ा-घटा सकता है।
Office Assistant	F1	यह हेल्प टॉपिक और युक्तियाँ (Help Topic and Tips) प्रदान करता है जिसकी सहायता से हम अपने कार्य को पूरा करते हैं।

माइक्रोसॉफ्ट ऑफिस–फॉर्मेटिंग टूलबार

टूल्स का नाम	की-बोर्ड ऑपरेशन	विवरण
Style	Ctrl + Shift + S	चयनित टेक्स्ट की शैली (Style) में परिवर्तन कर उसे अपने अनुरूप शैली में ढालना संभव करता है।
Font	Ctrl + Shift + F	चयनित टेक्स्ट के लिखावट (Font) में परिवर्तन करता है।
Font size	Ctrl + Shift + P	चयनित टेक्स्ट के फॉन्ट के आकार में परिवर्तन करना संभव करता है।
Bold	Ctrl + B	चयनित टेक्स्ट को बोल्ड अर्थात् थोड़ा मोटे अक्षरों में परिवर्तित करता है।
Italic	Ctrl + I	चयनित टेक्स्ट को तिरछे टाइप (Italics) में परिवर्तित करता है।
Underline	Ctrl + U	चयनित टेक्स्ट को लगातार अंडरलाइन करता है।
Align Left	Ctrl + L	टेक्स्ट या पैराग्राफ को बाएं हाशिये (Margin) से भरता है या लिखना शुरू करता है।
Centre	Ctrl + E	टेक्स्ट या पैराग्राफ को दायें तथा बायें हाशिये के बीच रखता है।
Align Right	Ctrl + R	टेक्स्ट या पैराग्राफ को दायें हाशिये से भरता है या लिखना शुरू करता है।
Justify	Ctrl + J	टेक्स्ट को बायें तथा दाहिने हाशिये के बीच हर शब्दों के बीच की जगह को बढ़ा या घटाकर समान रूप से फैलाता है।
Numbering		वर्तमान डिफाल्ट के आधार पर संख्यात्मक लिस्ट बनाता है अर्थात् हर पंक्ति या पैराग्राफ को श्रेणीबद्ध संख्या देता है। जैसे-1, 2, 3 आदि।
Bullets		वर्तमान डिफाल्ट बुलेट के आधार पर बुलेटेड सूची बनाता है।
Decrease Indents		यह बायें हाशिये (Left Margin) को घटाता है।
Increase Indents		यह बायें हाशिये को बढ़ाता है।
Outside Borders		चयनित टेक्स्ट, पैराग्राफ, चित्र या दूसरे वस्तु के चारों ओर बॉर्डर बनाता या हटाता है।
Highlight		चयनित टेक्स्ट के टुकड़े को अपने अनुरूप चुने हुए रंग से हाइलाइट करता है।
Font Colour		टेक्स्ट के लिखावट के रंग को परिवर्तित करना संभव करता है।

महत्वपूर्ण वस्तुनिष्ठ प्रश्नोत्तर
(Important Multiple Choice Questions)

1. किसी डॉक्यूमेंट से कोई वाक्य डिलीट करने के लिए आप किसका प्रयोग करेंगे?

A. हाइलाइट एंड कॉपी B. कट एंड पेस्ट
C. कॉपी एंड पेस्ट D. हाइलाइट एंड डिलीट
E. सिलेक्ट एंड पेस्ट

2. कंप्यूटर टर्न ऑफ करने पर कौन-सा कन्टेन्ट खत्म हो जाता है?

A. स्टोरेज B. इनपुट
C. आउटपुट D. मेमरी
E. इनमें से कोई नहीं

3. वर्ड में जब पैराग्राफ को इन्डेन्ट किया जाता है तो—

A. टेक्स्ट मार्जिन के संबंध में अंदर सरक जाता है
B. पेज पर मार्जिन बदल जाते हैं
C. टेक्स्ट एक पंक्ति ऊपर चला जाता है
D. टेक्स्ट एक पंक्ति नीचे चला जाता है
E. इनमें से कोई नहीं

4. किस खास विशेषता के माध्यम से एक्सेल डाटा से परिणामों की डायनामिकली गणना कर पाता है?

A. गोटू B. टेबल
C. चार्ट D. डायग्राम
E. फार्मूला एवं फंक्शन

5. निम्नलिखित में से कौन-सा एक स्टोरेज माध्यम नहीं है?

A. हार्ड डिस्क B. फ्लैश ड्राइव
C. DVD D. CD
E. मॉनिटर

6. कूकी—

A. यूजर की वेब ऐक्टिविटी संबंधी इनफॉर्मेशन स्टोर करती है
B. यूजर द्वारा विकसित साफ्टवेयर स्टोर करती है
C. यूजर का पासवर्ड स्टोर करती है
D. यूजर द्वारा प्रयुक्त कमांड स्टोर करती है
E. इनमें से कोई नहीं

7. वर्ड में आप .... एक पेज ब्रेक फोर्स कर सकते हैं।

A. कर्सर को उचित स्थान पर रखकर और F1 की प्रेस कर
B. कर्सर को उचित स्थान पर रखकर और Ctrl + Enter प्रेस कर
C. इनसर्ट/सेक्शन ब्रेक का प्रयोग कर
D. आपके डॉक्यूमेंट का फॉन्ट साइज चेंज कर
E. इनमें से कोई नहीं

8. कंप्यूटर का कौन-सा भाग कंप्यूटर प्रोग्राम के अनुदेशों को निष्पादित करने में सीधे सम्मिलित होता है?

A. स्कैनर
B. मुख्य स्टोरेज
C. सेकेंडरी स्टोरेज
D. प्रिंटर
E. प्रोसैसर

9. पेज पर कितने मार्जिन होते हैं?

A. दो (हेडर एवं फुटर)
B. चार (टॉप, बॉटम, राइट, लेफ्ट)
C. दो (लैंडस्केप एवं पोर्टेट)
D. दो (टॉप एवं बॉटम)
E. इनमें से कोई नहीं

10. वर्ड डॉक्यूमेंट में एक पैराग्राफ को एक स्थान से दूसरे में ले जाने के लिए निम्नलिखित में से किसका प्रयोग किया जाना चाहिए?

A. कॉपी एंड पेस्ट
B. कट एंड पेस्ट
C. डिलीट एण्ड रिटाइप
D. फाइंड एंड रिप्लेस
E. इनमें से कोई नहीं

11. वेबसाइट .... का कलेक्शन है।

A. ग्राफिक्स B. प्रोग्राम्स
C. अल्गोरिथ्म्स D. वेब पेजेज
E. चार्ट

12. सिस्टम यूनिट–
A. इनपुट और आउटपुट डिवाइस कोऑर्डिनेट करता है।
B. कंटेनर है जिसमें इलेक्ट्रॉनिक कंपोनेंट्स रखे होते हैं।
C. हार्डवेयर और सॉफ्टवेयर का कांबिनेशन है।
D. डाटा कंट्रोल और मैनिप्यूलेट करता है।
E. अरिथमैटिक ऑपरेशनस करता है।

13. मदरबोर्ड का दूसरा नाम है ....।
A. माउस B. कंप्यूटर बोर्ड
C. सिस्टम डिवाइस D. सेंट्रल बोर्ड
E. सिस्टम बोर्ड

14. एक्सेल में, यह एक प्रीरिकार्डिड फार्मूला है जो जटिल गणनाओं के लिए शार्टकट प्रदान करता है।
A. वैल्यू B. डाटा सीरिज
C. फंक्शन D. फील्ड
E. इनमें से कोई नहीं

15. कंप्यूटर में क्या अवश्य होना चाहिए कि 'बूट' हो सके?
A. कम्पाइलर B. लोडर
C. ऑपरेटिंग सिस्टम D. एसेम्बलर
E. इनमें से कोई नहीं

16. यदि ई-मेल का प्रेषक टेक्स्ट संदेश को बोल्ड, इटैलिक आदि के साथ फार्मेट करना चाहे तो उसे निम्न में से किसका प्रयोग करना चाहिए?
A. रिच सिग्नेचर B. रिच टेक्स्ट
C. रिच फार्मेट D. प्लेन फार्मेट
E. प्लेन टेक्स्ट

17. डॉक्यूमेंट में शब्द को ढूंढने और सही करने के लिए प्रयोक्ता .... कमांडों का प्रयोग कर सकता है।
A. प्रिंट एवं प्रिंट प्रिव्यू B. हेडर एवं फुटर
C. फाइंड एवं रिप्लेस D. स्पेलिंग एवं ग्रामर
E. कॉपी एवं पेस्ट

18. वर्ड में किसी शब्द को .... क्लिक किया जाए तो यह सिलेक्ट हो जाता है।
A. एक बार B. दो बार
C. तीन बार D. चार बार
E. इनमें से कोई नहीं

19. जब कंप्यूटर ऑन हो, तो बूटिंग प्रक्रिया .... करती है।
A. इंटिग्रिटी टेस्ट B. पावर-ऑन सेल्फ-टेस्ट
C. करेक्ट फंक्शनिंग टेस्ट D. रिलायबिलिटी टेस्ट
E. शट-डाउन

20. एक्सेल दस्तावेज .... नामक फाइल के रूप में स्टोर किए जाते हैं।
A. वर्कफोर्स B. वर्कशीट्स
C. वर्कटेबल्स D. वर्कग्रुप्स
E. वर्कबुक्स

21. वेब पेज को रीलोड करने के लिए .... बटन दबाइए।
A. री-डू B. री-लोड
C. री-स्टोर D. कंट्रोल
E. रिफ्रेश

22. वर्कशीट का बेसिक यूनिट जिसमें आप एक्सेल में डाटा एंटर करते हैं, उसे .... कहते हैं।
A. टैब B. सेल
C. बॉक्स D. रेंज
E. इनमें से कोई नहीं

23. एसेंब्लर के बारे में निम्नलिखित में से क्या सत्य नहीं है?
A. एसेंब्ली लैंग्वेज के इंस्ट्रक्शनस को मशीन लैंग्वेज में ट्रांसलेट करता है
B. यह C प्रोग्राम को ट्रांसलेट नहीं करता है
C. यह प्रोग्राम एक्जीक्यूशन में शामिल होता है
D. एक ट्रांसलेट प्रोग्राम है
E. यह BASIC प्रोग्राम को ट्रांसलेट नहीं करता है

24. जब कंप्यूटर मशीन के इन्स्ट्रक्शनों को एक्जीक्यूट करता है, तो इन्स्ट्रक्शन फेज के बाद एक्जीक्यूशन फेज को. .... कहते हैं।
A. प्रोग्राम साइकल B. मशीन इन्स्ट्रक्शन
C. एक्जीक्यूशन साइकल D. टास्क साइकल
E. मशीन साइकल

25. निम्नलिखित में से कौन-सा हार्डवेयर है, सॉफ्टवेयर नहीं?
A. एक्सेल B. प्रिंटर ड्राइवर
C. ऑपरेटिंग सिस्टम D. पावर प्वाइंट
E. CPU

26. ई-मेल एड्रेस में क्या शामिल होता है?
A. डोमेन नाम और उसके प्रयोक्ता का नाम
B. प्रयोक्ता का नाम और उसके बाद डोमेन नाम
C. प्रयोक्ता का नाम और उसके बाद डाक पता
D. प्रयोक्ता का नाम और उसके बाद गली का पता
E. इनमें से कोई नहीं

27. COBOL में CO किसको इंगित करता है?
A. Common Object
B. Common
C. Common Operating
D. Computer Oriented
E. None of these

28. .... कंप्यूटर का वह भाग है जो गणित संबंधी गणनाएं करता है।
A. OS B. ALU
C. CPU D. मेमरी
E. प्रिंटर

29. वर्ड में कॉलम डाटा बनाने के लिए आपको क्या करना होगा?
A. जब तक कर्सर इच्छित स्थान पर न पहुंच जाए, लगातार टैब दबाएं
B. टैब सैट करें या टेबल मेनू का प्रयोग करें
C. आपको एक्सेल प्रयोग करना होगा
D. जब तक कर्सर इच्छित स्थान पर न पहुँच जाए, तब तक स्पेस बार दबाएं
E. इनमें से कोई नहीं

30. इंटरनेट पर वस्तुओं के व्यापार की प्रक्रिया को कहते .... है।
A. ई-सेलिंग-एन-बाइंग B. ई-ट्रेडिंग
C. ई-फाइनेंस D. ई-सेल्जमैनशिप
E. ई-कॉमर्स

31. माउस के दाएं बटन पर क्लिक करने से क्या दिखाई देता है?
A. वही होता है जो बाईं तरफ क्लिक करने पर होता है
B. एक विशेष मेनू
C. कुछ नहीं होता है
D. माउस पर दाईं तरफ क्लिक हो सकता है
E. कंप्यूटर स्लीप मोड में चला जाता है

32. एक्सेल की एक रो में इन्सर्शन पाइंट को पहले सेल में मूव करने के लिए .... कुंजी प्रेस करें।
A. पेज अप B. पेज डाउन
C. होम D. टैब
E. इनमें से कोई नहीं

33. डॉक्यूमेंट के टेक्स्ट को बाएं और दाएं दोनों हाशियों (मार्जिन) पर कौन-सी जस्टीफिकेशन एलाइन करती है?
A. राइट B. जस्टीफाई
C. दोनों साइड D. बैलेंस्ड
E. इनमें से कोई नहीं

34. एक्सेल में दो सेलों को एक सेल में मिलाने के परिचालन को .... कहते हैं।
A. जॉइन सेल्स B. मर्ज सेल्स
C. मर्ज टेबल D. जॉइन टेबल
E. इनमें से कोई नहीं

35. पावर पाइंट में हेडर एवं फुटर बटन किस ग्रुप में इन्सर्ट टैब में ढूंढे जा सकते हैं?
A. इलस्ट्रेशन्स ग्रुप B. ऑब्जेक्ट ग्रुप
C. टेक्स्ट ग्रुप D. टेबल्स ग्रुप
E. इनमें से कोई नहीं

36. जो भाषा कंप्यूटर में प्रयोग होती है और मनुष्यों की भाषा के समान होती है और समझने में आसान होती है, उसे .... कहते हैं।
A. सोर्स कोड B. मशीन की भाषा
C. उच्च स्तरीय भाषा D. ऑब्जेक्ट कोड
E. एसेम्बली भाषा

37. वर्ड में रिप्लेस ऑप्शन .... पर उपलब्ध है।
A. फाइल मेनू B. व्यू मेनू
C. एडिट मेनू D. फार्मेट मेनू
E. इनमें से कोई नहीं

38. कंप्यूटर प्रोग्रामर–
A. कंप्यूटर के लिए सारा थिंकिंग करता है
B. इनपुट डाटा तेजी से एंटर कर सकता है
C. सभी प्रकार के कंप्यूटर इक्विपमेंट ऑपरेट कर सकता है
D. केवल फ्लो चार्ट ड्रा कर सकता है
E. उपयोगी व्यक्ति नहीं है

39. इंटरनेट पर सर्वर से सूचना प्राप्त करने के कंप्यूटर के प्रोसैस का अर्थ निम्न में से कौन-सा है?

A. गैदरिंग B. अपलोडिंग

C. इनपुटिंग D. आउटपुटिंग

E. डाउनलोडिंग

40. एप्लेट्स जैसे विशेष प्रोग्राम क्रिएट करने में निम्नलिखित में से प्रोग्रामिंग भाषा है–

A. जावा B. केबल

C. डोमेन नेम D. नेट

E. COBOL

41. निम्न में से कौन-सा कम्प्यूटर फाइलों के बारे में सत्य नहीं है?

A. वे स्टोरेज माध्यम पर सेव किया गया डाटा का संग्रह है

B. प्रत्येक फाइल का एक फाइलनाम होता है

C. प्रयोक्ता फाइल एक्सटेंशन उस कम्प्यूटर को दिखाने के लिए स्थापित करता है जिस पर फाइल बनाई गई हो

D. सभी फाइलों में डाटा होता है

E. इनमें से कोई नहीं

42. निम्न में से कौन-सा हार्डवेयर का उदाहरण नहीं है?

A. WORD B. प्रिंटर

C. मॉनिटर D. माउस

E. स्कैनर

43. निम्न में से सेकेंडरी मेमरी डिवाइस कौन-सी है?

A. कीबोर्ड B. डिस्क

C. ALU D. माउस

E. प्रिंटर

44. सेल में एक फार्मूले का परिणाम है–

A. लेबल B. वैल्यू

C. रेंज D. डिसप्लेड वैल्यू

E. इनमें से कोई नहीं

45. निम्न में से कौन-सा एक स्टोरेज माध्यम नहीं है?

A. हार्ड डिस्क B. फ्लैश ड्राइव

C. DVD D. CD

E. मॉनिटर

46. बेमेल का पता लगाइए–

A. माइक्रो कम्प्यूटर

B. मिनी कम्प्यूटर

C. सुर कम्प्यूटर

D. नोटबुक कम्प्यूटर

E. डिजिटल कम्प्यूटर

47. ALU ______ आपरेशन करता है।

A. लॉजिक B. ASCII

C. एल्गोरिद्म आधारित D. लॉगरिद्म आधारित

E. फाइनल

48. ______ कम्प्यूटर का वह भाग है जो गणित संबंधी गणनाएं करता है।

A. OS B. ALU

C. CPU D. मेमरी

E. प्रिंटर

49. इन्स्ट्रक्शन साइकल में होने वाली घटनाओं के क्रम में पहला साइकल कौन-सा है?

A. स्टोर साइकल B. एक्जीक्यूट साइकल

C. फेच साइकल D. डीकोड साइकल

E. कोड साइकल

50. प्रिंटर और प्लॉटर जैसी पैरिफेरल डिवाइस को ______ माना जाता है?

A. हार्डवेयर B. सॉफ्टवेयर

C. डाटा D. सूचना

E. इनमें से कोई नहीं

51. निम्न में से किस एक्सेल चार्ट में प्रत्येक वेरिएबल के लिए केवल एक वैल्यू रिप्रेजेंट करता है?

A. फंक्शन B. लाइन

C. पाई D. बार

E. इनमें से कोई नहीं

52. प्रिंट आउट लेने से पहले डाक्यूमेंट को देखने के लिए ______ का प्रयोग करें।

A. इन्सर्ट टेबल B. पेस्ट

C. फार्मेट पेंटर D. कट

E. प्रिंट रिव्यू

53. ALU _____ में रखे डाटा और इन्स्ट्रक्शनों पर काम करता है?

A. नोटबुक B. रजिस्टरों
C. कॉपी पेड D. I / O डिवाइसों
E. इनमें से कोई नहीं

54. डाटा को डॉक्यूमेंट के एक भाग से दूसरे भाग में मूव करने के लिए _____ का प्रयोग किया जाता है।

A. कट एंड पेस्ट B. कॉपी एंड पेस्ट
C. कट एंड डिलीट D. कॉपी एंड अनडू
E. कट एंड इन्सर्ट

55. एक्सेल में प्रीप्रोगाम्ड फार्मूले का एक अन्य नाम है _____

A. रेंज B. ग्राफ
C. फंक्शन D. सेल
E. इनमें से कोई नहीं

56. डॉक्यूमेंट को पहली बार सेव करने के लिए _____ ऑप्शन का प्रयोग किया जाता है।

A. सेव ऐज B. सेव फर्स्ट
C. सेव ऑन D. कॉपी
E. पेस्ट

57. वह कौन-सी डिवाइस है जो कम्प्यूटर के लिए इमेज को कोड में बदल देती है?

A. माउस B. प्रिंटर
C. जॉयस्टिक D. की-बोर्ड
E. स्कैनर

58. वर्ड 2000 में प्रयोग होने वाले ग्राफिक्स के दो बुनियादी प्रकार कौन-से हैं?

A. ऑटोशेप्स और क्लिप आर्ट
B. हेडर एवं फुटर
C. ड्राइंग आब्जेक्ट एवं पिक्चर्स
D. स्पेलिंग एवं ग्रामर
E. वर्ड काउंट

59. डॉक्यूमेंट में शब्द ढूंढने और सही करने के लिए प्रयोक्ता _____ कमांडों का प्रयोग कर सकता है।

A. प्रिंट एवं प्रिंट प्रिव्यू B. हेडर एवं फुटर
C. फाइंड एवं रिप्लेस D. स्पेलिंग एवं ग्रामर
E. कॉपी एवं पेस्ट

60. डॉक्यूमेंट बनाने के लिए बेसिक HTML का प्रयोग करने का क्या लाभ है?

A. HTML प्रयोग करने में बहुत आसान है
B. सभी वर्ड प्रोसैसर डॉक्यूमेंट को डिसप्ले कर सकते हैं
C. सभी प्रोग्राम डॉक्युमेंट को डिसप्ले कर सकते हैं
D. सभी ब्राउजर डॉक्युमेंट को डिसप्ले कर सकते हैं
E. इनमें से कोई नहीं

61. CPU निम्न में से कौन-सा कार्य नहीं करता है?

A. डाटा का ग्राफिकल डिसप्ले
B. गणितीय गणनाएं
C. मेमरी प्रबंध
D. इनपुट व आउटपुट प्रबंध
E. इनमें से कोई नहीं

62. दाएं मार्जिन का ट्रैक रखने वाली विशेषता _____ कहलाती है।

A. फाइंड एंड रिप्लेस B. वर्ड रैप
C. राइट जस्टीफाइड D. लेफ्ट जस्टीफाइड
E. रैग्ड राइट

63. कीबोर्ड शॉर्टकट का प्रयोग _____ को मूव करने के लिए होता है।

A. आई बीम B. इन्सर्शन पाइंट
C. स्क्रोल बार D. माउस
E. इनमें से कोई नहीं

64. वर्ड में मार्जिन निर्दिष्ट करने के लिए प्रयोक्ता को _____ मेनू से पेज सेट अप ऑप्शन सिलेक्ट करना होगा।

A. एडिट B. टेबल
C. ऑटोकरेक्ट D. फाइल
E. फार्मेट

65. उस पैकेज का नाम क्या है जो रो व कॉलम में एरेंज किए डाटा को क्रिएट, मैनिपुलेट और एनालाइज करने में मदद करता है?

A. एप्लिकेशन पैकेज
B. वर्ड प्रोसैसिंग पैकेज
C. आउटलाइनिंग पैकेज
D. आउटलाइन प्रोसैसर
E. स्प्रैडशीट पैकेज

66. इलेक्ट्रॉनिक स्प्रेडशीट में क्या सम्मिलित होता है? (सबसे उचित उत्तर चुनिए)

A. रो B. कॉलम
C. सेल D. ये सभी
E. इनमें से कोई नहीं

67. ROM निम्न में किसका उदाहरण है?

A. वोलेटाइल मेमरी B. कैश मेमरी
C. नॉनवोलेटाइल मेमरी D. वर्चुअल मेमरी
E. इनमें से कोई नहीं

68. डॉक्यूमेंट की शीर्षक, पेज नंबर जैसी सूचना को डिसप्ले करने के लिए निम्न में से किस ऑप्शन का प्रयोग किया जाता है?

A. इन्सर्ट टेबल B. ऑटो करेक्ट
C. थिसारस D. स्पेलिंग एवं ग्रामर
E. हेडर एवं फुटर

69. कम्प्यूटर का कौन-सा भाग प्रयोक्ता के कार्य को डिसप्ले कर सकता है?

A. माउस B. कीबोर्ड
C. डिस्क ड्राइव D. मॉनिटर
E. इनमें से कोई नहीं

70. जब कम्प्यूटर कोई रिपोर्ट प्रिंट करता है, तो इस आउटपुट को ______ कहते हैं।

A. प्रोग्राम B. सॉफ्ट कॉपी
C. हार्ड कॉपी D. एक्जीक्यूशन
E. इनमें से कोई नहीं

71. प्रोसैसर एक _____ चिप है जो कंप्यूटर सिस्टम में मदरबोर्ड में प्लग किया हुआ होता है।

A. LSI B. VLSI
C. ULSI D. XLSI
E. WLSI

72. उस रजिस्टर को क्या कहते हैं जो एक्जीक्यूट किए जाने वाले अगले इन्स्ट्रक्शन का ट्रैक रखता है?

A. डाटा रजिस्टर
B. इन्स्ट्रक्शन रजिस्टर
C. एक्शन रजिस्टर
D. प्रोग्राम काउंटर
E. एक्युमुलेटर

73. कम्प्यूटर का माइक्रोप्रोसैसर

A. मशीन की भाषा नहीं समझता है
B. मशीन की भाषा और उच्च स्तरीय भाषा समझता है
C. केवल मशीन की भाषा समझता है
D. केवल उच्च स्तरीय भाषा समझता है
E. केवल एसेम्बली भाषा समझता है

74. स्क्रीन पर चुनाव करने के सेट को क्या कहते हैं?

A. मेनू B. रिवर्स वीडियो
C. एक्शन प्लान D. एडिटर
E. टेम्पलेट

75. PROM का पूर्ण रूप क्या है?

A. Programmable Read-Only Memory
B. Progressive Read-Only Memory
C. Periodic Read-Only Memory
D. Perfect Read-Only Memory
E. Program Read-Only Memory

76. यदि ई-मेल का प्रेषक टेक्स्ट संदेश को बोल्ड, इटैलिक आदि के साथ फार्मेट करना चाहे तो उसे निम्न में किसका प्रयोग करना चाहिए?

A. रिच सिग्नेचर B. रिच टेक्स्ट
C. रिच फार्मेट D. प्लेन फार्मेट
E. प्लेन टेक्स्ट

77. निम्न में से कौन-सा शब्द इंटरनेट से संबंधित नहीं है?

A. लिंक B. फंक्शन कुंजी
C. ब्राउजर D. सर्च इंजिन
E. हाइपरलिंक

78. डॉक्यूमेंट के टेक्स्ट को बाएं और दाएं दोनों हाशियों (मार्जिन) पर कौन-सी जस्टीफिकेशन एलाइन करती है?

A. राइट B. जस्टीफाई
C. दोनों साइड D. बैलेंस्ड
E. इनमें से कोई नहीं

79. LSI का पूर्ण रूप क्या है?

A. Low-Scale Internet
B. Large-Scale Internet
C. Low-Scale Integration
D. Large-Scale Integration
E. Local-Scale Integration

80. किसी टेक्स्ट को उसके मूल स्थान से डिलीट किए बिना दूसरे स्थान पर ले जाना _____ कहलाता है।
A. स्क्रोलिंग B. सर्चिंग
C. मूविंग D. कॉपिंग
E. हाल्टिंग

81. ऐक्सेल में, निम्न में से कौन-सा एक्टिव सेल भी है?
A. करंट सेल B. फार्मूला
C. रेंज D. सेल एड्रेस
E. इनमें से कोई नहीं

82. ई-मेल एड्रेस में क्या शामिल होता है?
A. डोमेन नाम और उसके बाद प्रयोक्ता का नाम
B. प्रयोक्ता का नाम और उसके बाद डोमेन नाम
C. प्रयोक्ता का नाम और उसके बाद डाक पता
D. प्रयोक्ता का नाम और उसके बाद गली का पता
E. इनमें से कोई नहीं

83. सामान्यता उस गुप्त कोड को क्या कहते हैं जो कुछ प्रोग्रामों में प्रवेश पर रोक लगाता है?
A. एक्सेस-कोड
B. पासपोर्ट
C. एंट्री-कोड
D. पासवर्ड
E. कीवर्ड

84. मेन का वह कौन-सा टाइप है जो आगे के सब-चॉइस दिखाता है?
A. रिवर्स B. टेम्पलेट
C. स्क्रॉल्ड D. रैप्ड
E. पुल डाउन

85. जब किसी अनजान प्रेषक से कोई ई-मेल मिले तो निम्न में से क्या करना सुरक्षित होता है?
A. प्रेषक के बारे में जानने के लिए इसे खोलो और उत्तर दो
B. खोलने के बाद उसे डिलीट करो
C. बिना खोले इसे डिलीट करो
D. खोलो और अंदाजा लगाने की कोशिश करो कि प्रेषक कौन हो सकता है
E. इनमें से कोई नहीं

86. मदरबोर्ड का दूसरा नाम है _____
A. माउस B. कम्प्यूटर बोर्ड
C. सिस्टम डिवाइस D. सेंट्रल बोर्ड
E. सिस्टम बोर्ड

87. वह कौन-सी विशेषता है जिससे स्क्रीन पर डाक्यूमेंट के किसी भाग को देखा जा सकता है?
A. सर्चिंग B. पेस्टिंग
C. स्क्रॉलिंग D. एडिटिंग
E. कॉपिंग

88. किस खास विशेषता के माध्यम से एक्सेल डाटा से परिणामों की डायनामिकली गणना कर पाता है?
A. गोटू B. टेबल
C. चार्ट D. डायग्राम
E. फार्मूला एवं फंक्शन

89. हार्ड डिस्क किस प्रकार की स्टोरेज है?
A. नॉन-पर्मानेंट B. वोलेटाइल
C. टेम्पररी D. नॉन-वोलेटाइल
E. इनमें से कोई नहीं

90. निम्न में से कौन-सा हार्डवयर है सॉफ्टवेयर नहीं है?
A. एक्सेल B. प्रिंटर ड्राइवर
C. ऑपरेटिंग सिस्टम D. पावर पाइंट
E. माउस

91. _____ से प्रयोक्ता फाइलों को किसी ऑनलाइन साइट पर अपलोड कर सकते हैं ताकि उन्हें किसी दूसरी लोकेशन से देखा और एडिट किया जा सके।
A. जनरल-परपज एप्लिकेशन
B. माइक्रोसॉफ्ट आउटलुक
C. वेब-होस्टिड प्रौद्योगिकी
D. ऑफिस लाइव
E. इनमें से कोई नहीं

92. कौन-सी विशेषता टॉप और बॉटम मार्जिन को एड्जेस्ट करती है ताकि छपे हुए पृष्ठ पर टेक्स्ट वर्टिकली सेंटर में हो?
A. वर्टिकल जस्टीफाइंग B. वर्टिकल एड्जेस्टिंग
C. ड्यूल सेंट्रिंग D. हॉरिजॉन्टल सेंट्रिंग
E. वर्टिकल सेंट्रिंग

93. इनमें से कौन-सा इंटरनेट पर व्यक्तिगत सम्प्रेषण का साधन **नहीं** है?
A. चैट B. इन्स्टैंट मैसेजिंग
C. इन्स्टानोट्स D. इलेक्ट्रॉनिक मेल
E. इनमें से कोई नहीं

94. टेक्स्ट डॉक्यूमेंट को बनाने, एडिट करने, फार्मेट करने, स्टोर करने, रिट्रीव और प्रिंट करने के लिए कुल मिलाकर एक शब्द कौन-सा है?
A. वर्ड प्रोसैसिंग B. स्प्रैडशीट डिजाइन
C. वेब डिजाइन D. डाटाबेस प्रबंधन
E. प्रेजेंटेशन जेनरेशन

95. चौथी पीढ़ी की मोबाइल प्रौद्योगिकी बढ़ी हुई क्षमताएं प्रदान करती है जिसमें फुल मोशन वीडियो, हाईस्पीड इंटरनेट एक्सेस और वीडियो कान्फ्रेंसिंग सहित ______ डाटा दोनों को ट्रांसफर किया जा सकता है।
A. वीडियो डाटा और इनफॉरमेशन
B. वॉइस एवं नॉन वॉइस
C. म्यूजिक एवं वीडियो
D. वीडियो एवं ऑडियो
E. इनमें से कोई नहीं

96. ______ सर्विस अटैक के डिनायल का एक रूप है जिसमें एक हॉस्टाइल क्लाइंट नकली IP एड्रेसों का प्रयोग करके सर्वर पर हरेक पोर्ट को बार-बार SYN पैकेट भेजता है।
A. साइबरगेमिंग क्राइम B. मेमरी सेविंग
C. सिन फ्लडिंग D. सॉफ्टवेयर पाइरेसी
E. इनमें से कोई नहीं

97. इनमें से कौन-सा पाइंट-एंड-ड्रॉ डिवाइस है?
A. माउस B. स्कैनर
C. प्रिंटर D. CD-ROM
E. की बोर्ड

98. इंटरसेक्टिंग कॉलम और रो का अक्षर और अंक ______ होता है।
A. सेल लोकेशन B. सेल पोजीशन
C. सेल एड्रेस D. सेल कोऑर्डीनेट्स
E. सेल कन्टेन्ट्स

99. नियमों के उस सेट को ______ कहते हैं जो कंप्यूटर को बताता है कि क्या आपरेशन करना है?
A. प्रोसीजरल लैंग्वेज B. स्ट्रक्चर्स
C. नैचरल लैंग्वेज D. कमांड लैंग्वेज
E. प्रोग्रामिंग लैंग्वेज

100. प्रोग्राम के टेस्ट रिजल्ट और प्रिंटआउट के साथ-साथ प्रोग्रामिंग चक्र और प्रोग्राम का विस्तृत लिखित विवरण ______ कहलाता है।
A. डॉक्यूमेंटेशन B. आउटपुट
C. रिपोर्टिंग D. स्पेक शीट्स
E. डाइरेक्टरी

101. उन फार्मों को क्या कहते हैं जिनका प्रयोग बिजनेस डाटा को रोज और कॉलमों में व्यवस्थित करने के लिए किया जाता है?
A. ट्रांजेक्शन शीट्स B. रजिस्टर
C. बिजनेस फार्म D. शीट स्प्रेड्स
E. स्प्रैडशीट्स

102. पावर पाइंट में हेडर एवं फुटर बटन किस ग्रुप में इन्सर्ट टैब में ढूंढे जा सकते हैं?
A. इलस्ट्रेशन्स ग्रुप B. ऑब्जेक्ट ग्रुप
C. टेक्स्ट ग्रुप D. टेबल्स ग्रुप
E. इनमें से कोई नहीं

103. ______ प्रोग्रामों का एक सेट है जो कंप्यूटर के संसाधनों को प्रबंधित करने के लिए डिजाइन किया गया है और जिसमें कंप्यूटर शुरू करना, प्रोग्रामों को मैनेज करना, मेमरी को मैनेज करना और इनपुट तथा आउटपुट डिवाइसों के बीच के कार्यों का समन्वय करना शामिल है।
A. एप्लिकेशन सूट B. कम्पाइलर
C. इनपुट/आउटपुट सिस्टम D. इंटरफेस
E. ऑपरेटिंग सिस्टम (OS)

104. स्लाइड प्रेजेंटेशन की एक टिपिकल स्लाइड में ______ शामिल **नहीं** होगा।
A. फोटो इमेज, चार्ट और ग्राफ
B. ग्राफ और क्लिप आर्ट
C. क्लिप आर्ट और ऑडियो क्लिप
D. फुल-मोशन वीडियो
E. कन्टेन्ट टेम्पलेट

105. उस PC प्रोडक्टिविटी टूल को ______ कहते हैं जो रोज़ और कॉलमों में व्यवस्थित डाटा का मैनिपुलेट करता है।

A. स्प्रेडशीट
B. वर्ड प्रोसैसिंग डाकुमेंट
C. प्रेजेंटेशन मकैनिज्म
D. डाटाबेस रिकार्ड मैनेजर
E. EDI क्रिएटर

106. पेरेंथेसिस की एबसेन्स में ओपरेशन का क्रम है–

A. एक्स्पोनेंशिएशन, एडिशन और सबट्रेक्शन, मल्टीप्लिकेशन और डिविजन
B. एडिशन और सबट्रेक्शन, मल्टीप्लिकेशन और डिविजन, एक्स्पोनेंशिएशन
C. मल्टीप्लिकेशन और डिविजन, एक्स्पोनेंशिएशन, एडिशन और सबट्रेक्शन
D. एक्स्पोनेंशिएशन, मल्टीप्लिकेशन और डिविजन, एडिशन और सबट्रेक्शन
E. एडिशन और सबट्रेक्शन, एक्स्पोनेंशियशन, मल्टीप्लिकेशन और डिविजन

107. पेस्ट स्पैशल ऑप्शन ढूंढने के लिए, पावर पाइंट के ______ टैब पर क्लिपबोर्ड समूह का प्रयोग किया जाता है।

A. डिजाइन
B. स्लाइड शो
C. पेज लेआउट
D. इनसर्ट
E. होम

108. ______ प्रोग्राम वह होता है जो चलने के लिए तैयार होता है और इसमें किसी तरह आल्टरेशन **नहीं** करना होता है।

A. इंटरप्रीटर
B. हाई-लेवल
C. कम्पाइलर
D. COBOL
E. एक्जेक्यूटेबल

109. जिन फोल्डरों में टेम्परेरी इंटरनेट फाइलें रहती हैं, आमतौर पर उनमें डाउनलोड की गई ______ आप द्वारा विजिट की गई कुछ वेबसाइटों द्वारा आपके कंप्यूटर की हार्ड डिस्क पर राइट की जाती है।

A. एनॉनिमस फाइलें
B. बिहेवियर फाइलें
C. बैनर एड्स
D. लार्ज फाइलें
E. कुकीज़

110. रेवन्यूस, प्रोफिट और ग्रोस मार्जिन को पढ़ने के लिए फ्रेज, रेवन्यूस, प्रोफिट, ग्रोस मार्जिन के बदलने का सबसे आसान तरीका क्या है?

A. इनसर्ट मोड यूज करिए, कर्सर को ग्रोस में g से पहले पोजिशन करिए फिर स्पेस के बाद वर्ड टाइप कीजिए।
B. इनसर्ट मोड यूज कीजिए, ग्रोस में g के बाद कर्सर पोजिशन कीजिए और फिर स्पेस के बाद वर्ड टाईप कीजिए
C. ओवरटाइप मोड यूज कीजिए, ग्रोस में g से पहले कर्सर पोजिशन कीजिए और स्पेस के बाद वर्ड टाइप कीजिए
D. ओवरटाइप मोड यूज कीजिए, ग्रोस में g के बाद कर्सर पोजिशन कीजिए फिर स्पेस के बाद वर्ड टाइप कीजिए
E. इनमें से कोई नहीं

111. प्रोग्राम, या तो टॉक या म्यूजिक, जो इन्टरनेट पर ऑटोमैटिक डाउनलोड के लिए डिजिटल फार्मेट में उपलब्ध कराया जाता है, उसे कहते हैं–

A. wiki
B. ब्रोडकास्ट
C. वोडकास्ट
D. ब्लाग
E. पॉडकास्ट

112. थम्बनेल के रूप में कौन-सा पावर पाइंट व्यू प्रेजेंटेशन की प्रत्येक स्लाइड डिस्प्ले करता है और स्लाइड्स रिएरेंज करने के लिए उपयोगी है?

A. स्लाइड सोर्टर
B. स्लाइड शो
C. स्लाइड मास्टर
D. नोट्स पेज
E. स्लाइड डिजाइन

113. एक PC यूनिट के मदरबोर्ड पर विभिन्न घटक समानांतर इलेक्ट्रिकल कंडक्टिंग लाइनों के सेटों से आपस में जुड़े रहते हैं। इस लाइनों को क्या कहते हैं?

A. कन्डक्टर्स
B. बसेस
C. कनेक्टर्स
D. कन्सीक्यूटिव्स
E. इनमें से कोई नहीं

114. उन एप्लिकेशनों को क्या नाम दिया जाता है जिनमें टेक्स्ट, ध्वनि, ग्राफिक्स, मोशन वीडियो और/या एनिमेशन का मिश्रण होता है?

A. मोशनवेयर
B. एनिग्राफिक्स
C. वीडियोस्केप्स
D. मल्टीमीडिया
E. मैक्सोमीडिया

115. USB कम्यूनिकेशन डिवाइस जो नोटबुक यूजरों के लिए सेक्युअर वायरलेस कम्यूनिकेशन के लिए डाटा एन्क्रिप्शन सपोर्ट करता है उसे _______ कहते हैं।

A. USB वायरलेस नेटवर्क एडेप्टर

B. वायरलेस स्विच

C. वायरलेस हब

D. रूटर

E. इनमें से कोई नहीं

116. जिस तरह लोग मैथेमेटिकली सोचते हैं उसे _______ लैंग्वेज रिफ्लेक्ट करती है।

A. क्रास-प्लेटफार्म प्रोग्रामिंग

B. 3GL बिजनेस प्रोग्रामिंग

C. इवेन्ट-ड्रिवन प्रोग्रामिंग

D. फंक्शनल

E. इनमें से कोई नहीं

117. जब डॉक्यूमेंट में टेक्स्ट एंटर करते हैं, तो एंटर कुंजी सामान्यतया _______ के अंत में दबाई जाती है।

A. लाइन B. वाक्य

C. पैराग्राफ D. शब्द

E. फाइल

118. जब कंप्यूटरों का प्रयोग करते हुए इंटरनेट पर दो लोगों के बीच रीयल-टाइम टेलिफोन कॉल की जाती है तो उसे _______ कहते हैं।

A. चैट सैशन

B. ईमेल

C. इन्स्टैंट मैसेज

D. इंटरनेट टेलिफोनी

E. इनमें से कोई नहीं

119. किसी विंडो की साइजिंग में पहला कदम निम्न में से कौन-सा है?

A. टाइटल बार पर पाइंट करें

B. टूलबार को डिसप्ले करने के लिए व्यू मेनू को पुल डाउन करें

C. किसी कोने या बार्डर में पाइंट करें

D. व्यू मेनू को पुल डाउन करें और बड़े आइकॉन में बदलें

E. इनमें से कोई नहीं

120. जो व्यक्ति कंप्यूटर इनपुट के लिए अपने हाथों का प्रयोग **नहीं** कर पाते उनकी सहायता निम्न में से कौन सा सॉफ्टवेयर कर सकता है?

A. वीडियो कॉन्फ्रेंसिंग B. स्पीच रिकॉग्नीशन

C. ऑडियो डिजिटाइजर D. सिंथेसाइजर

E. इनमें से कोई नहीं

121. किसी डॉक्यूमेंट की _____ का अर्थ है कि फाइल किसी दूसरे कंप्यूटर से आपके कंप्यूटर में ट्रांसफर हो जाती है।

A. अपलोडिंग

B. रीयली सिंपल सिंडीकेशन (RSS)

C. एक्सेसिंग

D. डाउनलोडिंग

E. अपग्रेडिंग

122. CPU वर्तमान में जिन प्रोग्रामों और डाटा को प्रोसैस कर रहा होता है उन्हें स्टोर करने के लिए किस कंप्यूटर मेमरी का प्रयोग किया जाता है?

A. मास मेमरी B. इंटरनल मेमरी

C. नॉन-वोलेटाइल मेमरी D. PROM

E. इनमें से कोई नहीं

123. जो कंप्यूटर प्रोसैसों को नियंत्रित करते हैं वे डाटा को निरंतर _______ में स्वीकार करते हैं।

A. डाटा ट्रैफिक पैटर्न B. डाटा हाईवे

C. इनफाइनाइट लूप D. फीड बैक लूप

E. स्लॉट

124. किसी खास डिजाइन की विशेषताओं के सेट निम्न में से कौन-सा है?

A. कीफेस B. फॉरमेशन

C. कैलीग्राफ D. स्टेंसिल

E. टाइपफेस

125. पब्लिक और प्राइवेट एंटरप्राइज सारे कंप्यूटर प्लेटफार्मों और इंटरनेट पर एक-दूसरे से और उद्योग के विश्लेषकों के साथ पब्लिश और शेयर करने के लिए _______ का प्रयोग करते हैं।

A. एक्सटेंसिबल मार्कअप लैंग्वेज (EML)

B. एक्सटेंसिबल बिजनेस रिपोर्टिंग लैंग्वेज (XBRL)

C. एंटरप्राइज एप्लिकेशन इंटीग्रेशन (EAI)

D. सेल्ज फोर्स ऑटोमेशन (SFA) सॉफ्टवेयर

E. इनमें से कोई नहीं

126. गणना और तुलना के लिए कंप्यूटर के किस भाग का प्रयोग किया जाता है?

A. ALU B. कंट्रोल यूनिट

C. डिस्क यूनिट D. मोडम

E. इनमें से कोई नहीं

127. इंटरनेट एक्सेस के जिस तरीके में एक फोन लाइन की जरूरत होती है, लेकिन डायल अप से तेज एक्सेस स्पीड मिलती है उसे ______ कनैक्शन कहते हैं।

A. केबल एक्सेस

B. सैटेलाइट एक्सेस

C. फाइबर-ऑप्टिक सेवा

D. डिजिटल सब्सक्राइबर लाइन (DSL)

E. मोडम

128. ______ साफ्टवेयर ऑपरेटिंग सिस्टम, एप्लिकेशनों, फाइलों और डाटा सहित सारी हार्ड डिस्क की मिरर इमेज बनाता है।

A. ऑपरेटिंग सिस्टम B. बैकअप सॉफ्टवेयर

C. युटिलिटि प्रोग्राम D. ड्राइवर इमेजिंग

E. इनमें से कोई नहीं

129. URL क्या होता है?

A. कंप्यूटर सॉफ्टवेयर प्रोग्राम

B. प्रोग्रामिंग ऑब्जेक्ट का एक प्रकार

C. वर्ल्ड वाइड वेब पर डॉक्यूमेंट या "पेज" का एड्रेस

D. Unlimited Resources for Learning का संक्षिप्ताक्षर

E. हार्डवेयर का एक टुकड़ा

130. पुल डाउन मेनू में फेडिड (डिम हुई) कमांड का क्या महत्व है?

A. कमांड वर्तमान में एक्सेसिबल नहीं है

B. यदि कमांड को सिलेक्ट किया जाए तो डायलॉग बॉक्स सामने आता है

C. यदि कमांड को सिलेक्ट किया जाए तो हेल्प विंडो सामने आती है

D. इस कमांड विशेष के लिए कोई समकक्ष की-स्ट्रोक नहीं है

E. इनमें से कोई नहीं

131. आपके बिजनेस ने एक अन्य कंपनी के साथ एक कॉन्ट्रैक्ट किया है कि वे आपकी कंपनी के लिए इंटरनेट पर होस्ट रखेंगे और एप्लिकेशन रन करेंगे। आपके बिजनेस को यह सेवा देने वाली कंपनी ______ कहलाती है।

A. इंटरनेट सेवा प्रदाता

B. इंटरनेट एक्सेस प्रदाता

C. एप्लिकेशन सेवा प्रदाता

D. एप्लिकेशन एक्सेस प्रदाता

E. आउटसोर्स एजेंसी

132. ______ से आप अपनी ईमेल कहीं से भी एक्सेस कर सकते हैं।

A. फोरम B. वेबमेल इंटरफेस

C. मैसेज बोर्ड D. वेबलॉग

E. इनमें से कोई नहीं

133. Linkedin में निम्न में से क्या पाया जाता है?

A. गेम्स B. कनेक्शन

C. चैट D. एप्लिकेशन

E. इनमें से कोई नहीं

134. ______ एक ऐसी तकनीक है जिसका प्रयोग सिंगल लाइन पर एक से अधिक कॉल भेजने के लिए किया जाता है।

A. डिजिटल ट्रांसमिशन B. इन्फ्रारेड ट्रांसमिशन

C. डिजिटाइजिंग D. स्ट्रीमिंग

E. मल्टीप्लेक्सिंग

135. सर्च कम्पैनियन–

A. विनिर्दिष्ट फ्रेज वाली सभी फाइलों को लोकेट कर सकता है

B. अपनी सर्च को फोल्डरों के विनिर्दिष्ट सेट तक सीमित कर सकता है

C. विनिर्दिष्ट फ्रेज वाली सभी फाइलों को लोकेट कर सकता है और अपनी सर्च को फोल्डरों के विनिर्दिष्ट सेट तक सीमित कर सकता है

D. विनिर्दिष्ट फ्रेज वाली सभी फाइलों को लोकेट और इसकी सर्च को फोल्डरों के विनिर्दिष्ट सेट तक सीमित नहीं कर सकता है

E. इनमें से कोई नहीं

136. निम्न में से कौन-सा ईमेल का भाग **नहीं** हो सकता है?
A. Period (.)
B. At sign (@)
C. Space ( )
D. Underscore (_)
E. इनमें से कोई नहीं

137. URL में निम्न में से कौन-सा अवश्य होना चाहिए?
A. प्रोटोकॉल आइडेंटिफायर
B. अक्षर www.
C. विशिष्ट रजिस्टर्ड डोमेन नाम
D. www. और विशिष्ट रजिस्टर्ड डोमेन नाम
E. प्रोटोकॉल आइडेंटिफायर, www. और विशिष्ट रजिस्टर्ड डोमेन नाम

138. निम्न में से कौन-सा इनफारमेशन सिस्टम मैनुफैक्चरिंग प्रोसैसों को अधिक दक्ष और ऊंची क्वालिटी का बनाने पर फोकस करता है?
A. कम्प्यूटर-एडिड मैनुफैक्चरिंग
B. कम्प्यूटर-इंटीग्रेटिड मैनुफैक्चरिंग
C. कम्प्यूटर-एडिड सॉफ्टवेयर इंजीनियरिंग
D. कम्प्यूटर-एडिड सिस्टम इंजीनियरिंग
E. इनमें से कोई नहीं

139. गलती एक एल्गोरिद्म है जिससे गलत परिणाम निकलते हैं, इसे ______ कहते हैं।
A. लॉजिकल एरर
B. सिंटैक्स एरर
C. प्रोसीजरल एरर
D. कम्पाइलर एरर
E. मशीन एरर

140. कनेक्टर पर भिन्न कनफिगरेशन में कनेक्शन को बदलने वाली डिवाइस है ______
A. कन्वर्टर
B. कम्पोनेंट
C. अटैचमेंट
D. अडैप्टर
E. वोल्टमीटर

141. सिलेक्टेड टेक्स्ट का सभी कैपिटल लेटर्स में चेंज करने के लिए, चेंज केस बटन क्लिक कर फिर ______ क्लिक करें।
A. UPPERCASE
B. UPPER ALL
C. CAPS LOCK
D. लॉक अपर
E. लार्ज साइज

142. उस व्यक्ति को क्या कहते हैं जो अपनी विशेषज्ञता का प्रयोग गैर-कानूनी ढंग से जानकारी लेने के लिए या नुकसान पहुंचाने के लिए दूसरे लोगों के कम्प्यूटरों को एक्सेस करता है?
A. हैकर
B. एनालिस्ट
C. इन्स्टेंट मैसेंजर
D. प्रोग्रामर
E. स्पैमर

143. जो डिवाइस केबल का प्रयोग किए बिना नेटवर्क से कनेक्ट हो जाती है उसे ______ कहते हैं।
A. डिस्ट्रीब्यूटिड
B. फ्री
C. सेंट्रलाइज्ड
D. ओपन सोर्स
E. इनमें से कोई नहीं

144. रियूजेबल ऑप्टिकल स्टोरेज का विशिष्ट एक्रोनिम ______ होगा।
A. CD
B. DVD
C. ROM
D. RW
E. ROS

145. सर्वाधिक सामान्य प्रकार के स्टोरेज डिवाइस हैं ______
A. परसिस्टेंट
B. ऑप्टिकल
C. मैग्नेटिक
D. फ्लैश
E. स्टील

146. कम्प्यूटर से पढ़े जाने वाले अलग-अलग लंबाई-चौड़ाई की लाइनों वाले कोड को क्या कहते हैं?
A. ASCII कोड
B. मैग्नेटिक टेप
C. OCR स्कैनर
D. बार कोड
E. इनमें से कोई नहीं

147. वेबसाइट का मुख्य पेज इसका ______ कहलाता है।
A. होम पेज
B. ब्राउजर पेज
C. सर्च पेज
D. बुकमार्क
E. इनमें से कोई नहीं

148. पार्ट नंबर, पार्ट डिस्क्रिप्शन और आर्डर किए गए पार्ट्स ______ का उदाहरण हैं।
A. कंट्रोल
B. आउटपुट
C. प्रोसेसिंग
D. फीड बैक
E. इनपुट

149. ओब्जेक्ट की प्रोपर्टीज एक्सेस करने के लिए, प्रयुक्त माउस टेकनीक है ____

A. ड्रैगिंग B. ड्रापिंग

C. राइट-क्लिकिंग D. शिफ्ट-क्लिकिंग

E. इनमें से कोई नहीं

150. डाटा स्टोर करने और परिकलन के लिए कम्प्यूटर _____ नम्बर सिस्टम का उपयोग करते हैं।

A. बाइनरी B. ओक्टल

C. डेसिमल D. हेक्साडेसिमल

E. इनमें से कोई नहीं

151. ____ व्यक्ति द्वारा की गई ऐसी कोशिश होती है कि वह अपनी गलत पहचान बताकर आपसे गोपनीय सूचना प्राप्त कर ले।

A. फिशिंग ट्रिप्स B. कम्प्यूटर वायरस

C. स्पाईवेयर स्कैम D. वाइरस

E. फिशिंग स्कैम

152. कॉपीराइट युक्त फाइलों को अपने मित्रों के साथ शेयर करना अनैतिक क्यों है?

A. यह अनैतिक नहीं है, क्योंकि यह वैध है

B. यह अनैतिक है क्योंकि फाइलें मुफ्त दी जा रही हैं

C. कॉपीराइट युक्त फाइलों को बिना अनुमति के शेयर करने से कॉपीराइट कानून भंग होता है

D. यह अनैतिक नहीं है क्योंकि फाइलें मुफ्त दी जा रही हैं

E. यह अनैतिक नहीं है—कम्प्यूटर को कोई भी एक्सेस कर सकता है

153. समग्र डाक्यूमेंट सिलेक्ट करने के लिए निम्नलिखित में किसे प्रयुक्त किया जा सकता है?

A. CTRL+A B. ALT+F5

C. SHIFT+A D. CTRL+K

E. CTRL+H

154. टेबल के कंटेंट्स को कॉलम की चौड़ाई में ऑटोमैटिकली फिट करने के लिए वर्ड को इंस्ट्रक्ट करने हेतु ______ बटन क्लिक कर ऑटो फिट कंटेंट्स को पॉइंट कीजिए।

A. फिट टु फॉर्म B. फार्मेट

C. ऑटोसाइज D. कंटेंट्स

E. ऑटोफिट

155. मल्टीपल प्रोसेसरों द्वारा दो या अधिक प्रोग्रामों का साथ-साथ प्रोसेसिंग है _____

A. मल्टीप्रोग्रामिंग B. मल्टीटास्किंग

C. टाइम शेयरिंग D. मल्टीप्रोसेसिंग

E. इनमें से कोई नहीं

156. डिस्क कंटेंट जो मैन्युफेक्चर के समय रिकार्ड किया जाता है और जिसे यूजर द्वारा चेंज या इरेज नहीं किया जा सकता है, वह _____ है।

A. मेमोरी-ओन्ली B. राइट-ओन्ली

C. वन्स-ओन्ली D. रन-ओन्ली

E. रीड-ओन्ली

157. आपके कम्प्यूटर में बनी स्थायी मेमोरी को क्या कहते हैं?

A. RAM B. फ्लॉपी

C. CPU D. CD-ROM

E. ROM

158. एक्सेल में डिफाल्ट व्यू ____ व्यू होता है।

A. वर्क B. ऑटो

C. नोर्मल D. रोमन

E. इनमें से कोई नहीं

159. एक्सेल में ऐक्टिव सेल के कंटेंट्स को कौन डिस्प्ले करता है?

A. नेमू बॉक्स B. रो हेडिंग्स

C. फॉर्मूला बार D. टास्कपेन

E. इनमें से कोई नहीं

160. वर्ड में आप ____ एक पेज ब्रेक फोर्स कर सकते हैं।

A. कर्सर को उचित स्थान पर रखकर और F1 को प्रेस कर

B. कर्सर को उचित स्थान पर रखकर और Ctrl+Enter प्रेस कर

C. इनसर्ट/सेक्शन ब्रेक का प्रयोग कर

D. आपके डॉक्यूमेंट का फॉन्ट साइज चेंज कर

E. इनमें से कोई नहीं

161. किसी फर्म के सभी ट्रांजेक्शनों की एक ही बार में ग्रुपिंग और प्रोसेसिंग करने को क्या कहते हैं?

A. डाटाबेस प्रबंध प्रणाली B. बैच प्रोसेसिंग

C. रीअल टाइम सिस्टम D. ऑन लाइन सिस्टम

E. इनमें से कोई नहीं

162. हेल्प मेनु किस बटन पर उपलब्ध है?

A. एंड B. स्टार्ट
C. टर्नऑफ D. रिस्टार्ट
E. रिबूट

163. आप अपनी पर्सनल फाइल्स/फोल्डर्स _____ में रख सकते हैं।

A. माई फोल्डर
B. माई डॉक्यूमेंट्स
C. माई फाइल्स
D. माई टेक्स्ट
E. इनमें से कोई नहीं

164. बहुत से PCs, वर्कस्टेशन्स और अन्य कम्प्यूटरों के लिए डाटा और प्रोग्राम्स के कलेक्शन होल्ड करने वाला सेंट्रल कम्प्यूटर _____ कहलाता है।

A. सुपरकम्प्यूटर B. मिनी कम्प्यूटर
C. लैपटॉप D. सर्वर
E. इनमें से कोई नहीं

165. जब आप इसमें सेव करते हैं, तो डाटा कम्प्यूटर बंद करने के बाद भी यथावत् रहता है।

A. RAM
B. मदर बोर्ड
C. सेकेंडरी स्टोरेज डिवाइस
D. प्राइमरी स्टोरेज डिवाइस
E. इनमें से कोई नहीं

166. _____ फोल्डर ऐसे संदेशों की प्रति रख लेता है जिसमें आपने शुरू किया हो पर वह अभी भेजने को तैयार न हो।

A. ड्राफ्ट B. आउटबॉक्स
C. एड्रेस बुक D. सेंट आइटम
E. इनबॉक्स

167. आप अधिक जानकारी देकर सर्च को _____ कर सकते हैं ताकि सर्च इंजन छोटे, अधिक उपयोगी परिणाम समूहों का प्रयोग कर सकता है।

A. रिफाइन B. एक्सपैंड
C. लोड D. क्वैरी
E. स्लोडाउन

168. कम्प्यूटर बंद होने पर ___ के कंटेंट्स निकल जाते हैं।

A. स्टोरेज B. इनपुट
C. आउटपुट D. मेमोरी
E. इनमें से कोई नहीं

169. _____ से आप एक ही ब्राउजर विंडो में एक साथ बहुत से वेब पेज खुले रख सकते हैं।

A. टैब बॉक्स B. पॉप-अप हेल्पर
C. टैब रो D. एड्रैस बार
E. इस्केप कुंजी

170. DVD _____ का एक उदाहरण है।

A. हार्ड डिस्क
B. ऑप्टिकल डिस्क
C. आउटपुट डिवाइस
D. सॉलिड-स्टेट स्टोरेज डिवाइस
E. इनमें से कोई नहीं

171. वर्कशीट का बेसिक यूनिट जिसमें आप एक्सेल में डाटा एंटर करते हैं उसे _____ कहते हैं।

A. टैब B. सेल
C. बॉक्स D. रेंज
E. इनमें से कोई नहीं

172. डिस्क को ट्रैकों और सेक्टरों में बांटने वाली प्रक्रिया _____ कहलाती है।

A. ट्रैकिंग B. फारमैटिंग
C. क्रैशिंग D. एलॉटिंग
E. इनमें से कोई नहीं

173. विशेष प्रकार के संगीत उपकरणों को साउंड कार्डों से कौन-सा पोर्ट जोड़ता है?

A. BUS B. CPU
C. USB D. MIDI
E. MINI

174. किसी कम्प्यूटर से इंटरनेट पर फाइलों को आपके कम्प्यूटर पर ट्रांसफर करने की प्रक्रिया को ____ कहते हैं।

A. डाउनलोडिंग
B. अपलोडिंग
C. FTP
D. JPEG
E. डाउनसाइजिंग

175. एक्सेल में _____ यूजरों को उन वर्कबुक्स को कॉपीज साथ लाने देता है जिन पर अन्य यूजरों ने स्वतंत्र रूप से कार्य किया है।

A. कापिइंग B. मर्जिंग
C. पेस्टिंग D. कंपाइलिंग
E. इनमें से कोई नहीं

176. यदि आप किसी दूसरे स्थान से इंटरनेट के जरिए अपने कम्प्यूटर से कनेक्ट करना चाहें तो आप ___ का प्रयोग कर सकते हैं।

A. ई-मेल B. FTP
C. इन्स्टेंट मैसेज D. टेलनेट
E. इनमें से कोई नहीं

177. वेब पेज को रीलोड करने के लिए _____ बटन दबाइए।

A. री-डू B. री-लोड
C. री-स्टोर D. कंट्रोल
E. रिफ्रेश

178. मोबाइल कॉमर्स सबसे अच्छे ढंग से कैसे वर्णित होता है?

A. विपणन में कियॉस्क का प्रयोग
B. उत्पादों को लाना–ले जाना
C. वायरलेस हैंडहेल्ड उपकरणों के जरिए वस्तु/सेवा का क्रय/विक्रय
D. विपणन में नोटबुक PC का प्रयोग
E. इनमें से कोई नहीं

179. वीडियो प्रोसेसरों में _____ और _____ होते हैं, जो इमेजिस को स्टोर व प्रोसेस करते हैं।

A. CPU व VGA
B. CPU व मेमोरी
C. VGA व मेमोरी
D. VGI व DVI
E. इनमें से कोई नहीं

180. _____ वे वर्ड्स हैं जिसे प्रोग्रामिंग लैंग्वेज ने अपने स्वयं के उपयोग हेतु अलग रखा है।

A. कंट्रोल वर्ड्स B. कंट्रोल स्ट्रक्चर्स
C. रिजर्व्ड वर्ड्स D. रिजर्व्ड कीस
E. इनमें से कोई नहीं

181. सेकंडरी स्टोरेज मीडिया से हार्ड डिस्क में सॉफ्टवेयर कॉपी करने की प्रक्रिया क्या कहलाती है?

A. कनफिग्युरेशन B. डाउनलोड
C. स्टोरेज D. अपलोड
E. इनस्टालेशन

182. यह ट्रांजेक्शन प्रोसेसिंग चक्र में पहला कदम ऑप्टिकल स्कैनिंग या इलेक्ट्रॉनिक कामर्स वेबसाइट जैसे विभिन्न माध्यमों से बिजनेस कैप्चर करता है।

A. डॉक्युमेंट एवं रिपोर्ट जेनरेशन
B. डाटाबेस मेनटेनेंस
C. ट्रांजेक्शन प्रोसेसिंग स्टार्ट-अप
D. डाटा एंट्री
E. इनमें से कोई नहीं

183. जब प्वाइंटर _____ पर रखा होता है, तो यह हाथ के आकार का होता है।

A. व्याकरण की गलती B. फॉर्मेटिंग की गलती
C. स्क्रीन टिप D. वर्तनी की गलती
E. हाइपरलिंक

184. कम्प्यूटर संक्षेप KB का सामान्यतः पूरा रूप क्या होता है?

A. Key Block B. Kernel Boot
C. Key Byte D. Kit Bit
E. Kilo Byte

185. स्टोरेज मीडिया के रूप में CD-ROM का लाभ निम्न में से कौन-सा है?

A. CD-ROM विशाल मात्रा में डाटा व सूचना को स्टोर करने का सस्ता वाला तरीका है
B. CD-ROM डिस्क डाटा और सूचना को मैग्नेटिक डिस्क की तुलना में जल्दी रिट्रीव करती है
C. CD-ROM मैग्नेटिक मीडिया की तुलना में कम त्रुटियां करता है
D. उपरोक्त सभी
E. इनमें से कोई नहीं

186. _____ एक विशेष विजुअल और ऑडियो इफेक्ट है जो पावरपाइंट में टेक्स्ट या कंटेंट को अप्लाई किया जाता है?

A. एनिमेशन B. फ्लैश
C. वाइप D. डिजोल्व
E. इनमें से कोई नहीं

187. डाटा/जानकारी को स्टोर करने के लिए निम्न में से कौन-सी स्टोरेज डिवाइस कड़ी स्थाई रूप से स्थापित मैग्नैटिक डिस्कों का प्रयोग करती है?

A. फ्लॉपी डिस्केट B. हार्ड डिस्क
C. पर्मानेंट डिस्क D. ऑप्टिकल डिस्क
E. इनमें से कोई नहीं

188. हार्डवेयर के उस टुकड़े को क्या कहते हैं जो आपके कम्प्यूटर के डिजिटल सिग्नल को एनालॉग सिग्नल में बदलता है और टेलिफोन लाइनों के जरिए यात्रा कर सकता है?

A. रेड वायर B. ब्लू कॉर्ड
C. टॉवर D. मोडम
E. इनमें से कोई नहीं

189. _____ बनाने के लिए पर्सनल कम्प्यूटर्स कनेक्ट किए जा सकते हैं।

A. सर्वर B. सुपरकम्प्यूटर
C. नेटवर्क D. एंटरप्राइज
E. इनमें से कोई नहीं

190. _____ शब्द का प्रयोग तब होता है जब सर्च इंजन खोज के मानदंड से मैच करके वेब पेज को वापस करता है।

A. ब्लॉग B. हिट
C. लिंक D. व्यू
E. सक्सेस

191. बाई डिफॉल्ट डॉक्यूमेंट................मोड में प्रिंट होता है।

A. लैंडस्केप B. पोर्ट्रेट
C. पेज सेटअप D. प्रिंट व्यू
E. इनमें से कोई नहीं

192. वर्ड प्रोसेसिंग प्रोग्रामों से किस प्रकार की फाइल बनाई जा सकती है?

A. डाटाबेस फाइल B. स्टोरेज फाइल
C. वर्कशीट फाइल D. डॉक्यूमेंट फाइल
E. इनमें से कोई नहीं

193. प्रयोक्ता डॉक्यूमेंट को जो नाम देता है उसे क्या कहते हैं?

A. फाइलनेम B. प्रोग्राम
C. रिकॉर्ड D. डाटा
E. इनमें से कोई नहीं

194. मौजूदा डॉक्यूमेंट को भिन्न नाम से सेव करना हो तो क्या करना होगा?

A. डॉक्यूमेंट को फिर से टाइप करें और भिन्न नाम दें
B. सेव ऐज कमांड का प्रयोग करें
C. मूल डॉक्यूमेंट को नए डॉक्यूमेंट में कॉपी व पेस्ट करें और फिर सेव करें
D. डॉक्यूमेंट को भिन्न लोकेशन पर कॉपी करने के लिए विंडोज एक्सप्लोरर का प्रयोग करें और फिर इसे रीनेम करें
E. इनमें से कोई नहीं

195. जब आपको कोई पाठ (Text) एक पृष्ठ से अलग पृष्ठ पर ले जाना हो, तब सबसे अच्छा तरीका है.............

A. ड्रैग और ड्रॉप करें
B. कट और पेस्ट करें
C. डिलीट और री टाइप करें
D. फाइंड और रिप्लेस करें
E. इनमें से कोई नहीं

196. सेविंग यह .... की प्रक्रिया है।

A. मेमोरी से स्टोरेज माध्यम तक दस्तावेज कॉपी करना
B. दस्तावेज की वर्तमान स्थिति में बदलाव लाना
C. दस्तावेज का चेहरा अथवा समग्र स्वरूप को बदल देना
D. कुंजी पटल के प्रयोग से पाठ/टेक्स्ट को दर्ज करके दस्तावेज विकसित करना
E. इनमें से कोई नहीं

197. डायरेक्टरी में डायरेक्टरी को .... कहा जाता है।

A. मिनि डायरेक्टरी
B. जूनियर डायरेक्टरी
C. पार्ट डायरेक्टरी
D. सब डायरेक्टरी
E. इनमें से कोई नहीं

198. जूम आज्ञा/कमांड चयनित किए जाने से............

A. अलग दर्शन (व्यू) में दस्तावेज की कॉपी खोलता है
B. प्रदर्शित दस्तावेज की कॉपी प्रिंट करता है
C. प्रदर्शित दस्तावेज के विस्तारण में बदलाव लाता है
D. प्रदर्शित दस्तावेज की कापी सेव करता है
E. इनमें से कोई नहीं

199. यदि पहले सेव किया गया फाइल एडिट किया जाए, तब.............

A. परिवर्तन को स्टोर करने हेतु फाइल फिर से सेव करना जरूरी है

B. परिवर्तन अपने आप फाइल में सेव किए जाएंगे

C. एक पेज से ज्यादा लंबाई हो जाने पर ही फाइल सेव करनी होगी

D. इसका नाम बदलना होगा

E. इनमें से कोई नहीं

200. बजट सृजित किए जाने हेतु इस्तेमाल किए जानेवाले सॉफ्टवेयर को .... कहा जाता है।

A. वर्ड प्रोसेसिंग सॉफ्टवेयर B. ग्राफिक सॉफ्टवेयर

C. यूटिलिटी सॉफ्टवेयर D. स्प्रेडशीट सॉफ्टवेयर

E. इनमें से कोई नहीं

201. सेल में दर्ज किए गए अंकों और सूत्रों/फार्मूलों को .... कहा जाता है।

A. लेबल्स

B. आंकिक प्रविष्टियां/न्यूमरिक एंट्रीज

C. इंटरसेक्शन/छेदन

D. टेक्स्ट/पाठ

E. इनमें से कोई नहीं

202. माइक्रोसॉफ्ट ऑफिस यह .... का उदाहरण है।

A. क्लोज-सोर्स सॉफ्टवेयर

B. ओपन-सोर्स सॉफ्टवेयर

C. क्षितिज समानांतर मार्केट सॉफ्टवेयर

D. वर्टिकल मार्केट सॉफ्टवेयर

E. इनमें से कोई नहीं

203. आप...............का प्रयोग चयनित पाठ/टैक्स्ट को कापी करने और .... दस्तावेज में पेस्ट करने हेतु होता है।

A. Ctrl + C, Ctrl + V B. Ctrl + C, Ctrl + P

C. Ctrl + S, Ctrl + S D. Ctrl + D, Ctrl + A

E. इनमें से कोई नहीं

204. माइक्रोसॉफ्ट ऑफिस है-

A. डेस्कटॉप अनुप्रयोग B. ऑपरेटिंग सिस्टम

C. विंडो कमांड D. वेब डिजाइनिंग

E. इनमें से कोई नहीं

205. माइक्रोसॉफ्ट ऑफिस बनाया गया है-

A. माइक्रोसॉफ्ट Windows ऑपरेटिंग सिस्टम

B. मैक ओएस एक्स ऑपरेटिंग सिस्टम

C. A और B दोनों सही हैं

D. एंटी वायरस

E. इनमें से कोई नहीं

206. माइक्रोसॉफ्ट Word, माइक्रोसॉफ्ट Excel और माइक्रोसॉफ्ट Power Point हिस्सा हैं-

A. माइक्रोसॉफ्ट ऑफिस सूट

B. माइक्रोसॉफ्ट Windows

C. मैक ओएस एक्स

D. एडोब

E. इनमें से कोई नहीं

207. इस संस्करण के लिए पहले माइक्रोसॉफ्ट ऑफिस जारी किया गया था-

A. विंडोज ऑपरेटिंग सिस्टम

B. Apple Macintosh OS

C. Unix

D. Adobe

E. इनमें से कोई नहीं

208. MS ऑफिस का पहला संस्करण किस माइक्रोसॉफ्ट Windows ऑपरेटिंग सिस्टम के लिए है।

A. माइक्रोसॉफ्ट ऑफिस 3.0

B. माइक्रोसॉफ्ट ऑफिस 2003

C. माइक्रोसॉफ्ट ऑफिस 2007

D. माइक्रोसॉफ्ट XP

E. इनमें से कोई नहीं

209. प्रिन्ट के लिए कौन-सा मेनू सिलेक्ट किया जाता है–

A. Edit

B. Special

C. File

D. Tools

E. इनमें से कोई नहीं

210. माइक्रोसॉफ्ट वर्ड में शब्द संसाधक का प्रारूप है-

A. .doc B. .pdf

C. .txt D. .ttf

E. इनमें से कोई नहीं

उत्तरमाला

1	2	3	4	5	6	7	8	9	10
D	D	A	E	E	A	B	E	C	B
11	**12**	**13**	**14**	**15**	**16**	**17**	**18**	**19**	**20**
D	B	E	C	C	B	D	B	B	B
21	**22**	**23**	**24**	**25**	**26**	**27**	**28**	**29**	**30**
E	B	B	E	E	B	E	B	B	E
31	**32**	**33**	**34**	**35**	**36**	**37**	**38**	**39**	**40**
B	C	B	B	C	C	C	A	E	A
41	**42**	**43**	**44**	**45**	**46**	**47**	**48**	**49**	**50**
C	A	B	B	E	C	A	B	C	A
51	**52**	**53**	**54**	**55**	**56**	**57**	**58**	**59**	**60**
C	E	B	A	C	A	E	A	D	A
61	**62**	**63**	**64**	**65**	**66**	**67**	**68**	**69**	**70**
A	C	B	D	E	D	C	E	D	C
71	**72**	**73**	**74**	**75**	**76**	**77**	**78**	**79**	**80**
B	D	C	A	C	B	B	B	D	D
81	**82**	**83**	**84**	**85**	**86**	**87**	**88**	**89**	**90**
B	B	D	E	C	E	C	E	D	E
91	**92**	**93**	**94**	**95**	**96**	**97**	**98**	**99**	**100**
C	E	C	A	B	C	A	C	E	A
101	**102**	**103**	**104**	**105**	**106**	**107**	**108**	**109**	**110**
E	C	E	E	A	D	E	B	E	A
111	**112**	**113**	**114**	**115**	**116**	**117**	**118**	**119**	**120**
E	A	B	D	A	D	C	D	C	B
121	**122**	**123**	**124**	**125**	**126**	**127**	**128**	**129**	**130**
D	B	D	E	B	A	D	B	C	A
131	**132**	**133**	**134**	**135**	**136**	**137**	**138**	**139**	**140**
E	B	B	E	C	C	C	B	A	A
141	**142**	**143**	**144**	**145**	**146**	**147**	**148**	**149**	**150**
A	A	E	B	C	D	A	E	C	A
151	**152**	**153**	**154**	**155**	**156**	**157**	**158**	**159**	**160**
A	C	A	A	D	E	E	C	C	B
161	**162**	**163**	**164**	**165**	**166**	**167**	**168**	**169**	**170**
C	B	B	D	D	A	A	B	C	B
171	**172**	**173**	**174**	**175**	**176**	**177**	**178**	**179**	**180**
B	B	C	A	B	D	E	C	C	C
181	**182**	**183**	**184**	**185**	**186**	**187**	**188**	**189**	**190**
E	D	C	E	D	A	B	D	C	C
191	**192**	**193**	**194**	**195**	**196**	**197**	**198**	**199**	**200**
B	D	A	B	B	A	D	C	A	D
201	**202**	**203**	**204**	**205**	**206**	**207**	**208**	**209**	**210**
B	C	A	A	C	A	B	A	E	A

●●●

सामान्य सचेतता
(General Awareness)

हमारा भारत

भारत एक दृष्टि में

- **राजधानी**-नई दिल्ली
- **क्षेत्रफल**-32,87,263 वर्ग कि.मी.
- **क्षेत्रफल की दृष्टि से विश्व में स्थान**-सातवां
- **स्थित**-भूमध्य रेखा के उत्तर में 8°4′ और 37°6′ उत्तरी अक्षांश और 68°7′ तथा 97°25′ पूर्वी देशांतर के मध्य
- **विस्तार**-उत्तर से दक्षिण तक 3,214 किमी., पूर्व से पश्चिम तक 2,933 किमी.
- **भूमि सीमा**-15,200 किमी.
- **समुद्री तट**-7,516.6 किमी.
- **सीमावर्ती देश**-उत्तर-पश्चिम में पाकिस्तान और अफगानिस्तान, उत्तर में चीन, नेपाल और भूटान, पूर्व में म्यांमार और बंगलादेश, दक्षिण में मन्नार की खाड़ी और पाक-जलडमरूमध्य श्रीलंका से अलग करते हैं।
- **प्राकृतिक संरचना**-मुख्य भूमि चार भागों में विभक्त–विस्तृत पर्वतीय क्षेत्र, सिंधु और गंगा के मैदान, रेगिस्तानी क्षेत्र, दक्षिणी प्रायद्वीप
- **प्रमुख नदियाँ**–(क) हिमालय समूह : गंगा, यमुना, सिन्धु तथा ब्रह्मपुत्र; (ख) दक्षिणी नदियाँ : कृष्णा, कावेरी, गोदावरी, महानदी, दामोदर, भारत पुष्पा, नर्मदा, ताप्ती, पम्बा, पेरियार, पेण्णार, शरावती, नेत्रवती
- **जलवायु**-ऊष्ण कटिबंधीय चार ऋतुएँ–शीत ऋतु, ग्रीष्म ऋतु, वर्षा ऋतु, शरद ऋतु
- **जीव-जंतु**-लगभग 89,451 किस्म के
- **राष्ट्रीय उद्यान**-106 (जुलाई 2024)
- **वन्य जीव अभ्यारण्य**-573 (जुलाई 2024)
- **राजभाषा**-हिन्दी
- **उच्च न्यायालयों की संख्या**-25

भारत की जनगणना 2011

भारत में जनगणना का विधिवत् कार्य 1881 में आरम्भ हुआ। 2011 की जनगणना (अंतिम) के अनुसार भारत की कुल जनसंख्या 121,08,54,977 थी। जबकि 10 वर्ष पूर्व 2001 में कुल जनसंख्या 102,70,15,247 थी। वर्ष 2011 की जनगणना के प्रमुख तथ्य निम्नलिखित हैं:

- **कुल जनसंख्या**-121,08,54,977
- **पुरुष**-62,32,70,258
- **महिला**-58,75,84,719
- **कुल जनसंख्या में पुरुषों का प्रतिशत**-51.53%
- **कुल जनसंख्या में महिलाओं का प्रतिशत**-48.46%
- **भारत की जनसंख्या का विश्व जनसंख्या में भाग**-17.5%
- **दशकीय वृद्धि दर (2001-2011)**-17.7%
- **सर्वाधिक वृद्धि दर**-मेघालय 27.9%
- **न्यूनतम वृद्धि दर**-नगालैंड–0.6%
- **सर्वाधिक जनसंख्या वाला राज्य**-उत्तर प्रदेश (19,98,12,341)
- **न्यूनतम जनसंख्या वाला राज्य**-सिक्किम (6,10,577)
- **स्त्री-पुरुष अनुपात**-943 : 1000
- **सर्वाधिक लिंगानुपात**-केरल, 1084 : 1000
- **न्यूनतम लिंगानुपात**-हरियाणा 879 : 1000
- **जनसंख्या घनत्व**-382 व्यक्ति प्रति वर्ग किलोमीटर
- **सर्वाधिक घनत्व**-बिहार (1,106)
- **न्यूनतम घनत्व**-अरुणाचल प्रदेश (17)
- **केन्द्रशासित प्रदेशों में सर्वाधिक घनत्व**-दिल्ली (11,320)
- **केन्द्रशासित प्रदेशों में न्यूनतम घनत्व**-अण्डमान निकोबार द्वीप समूह (46)
- **साक्षरता प्रतिशत**-73%
- **पुरुष साक्षरता**-80.9%
- **महिला साक्षरता**-64.6%
- **सर्वाधिक साक्षरता**-केरल (94%)
- **न्यूनतम साक्षरता**-बिहार (61.8%)

भारत के प्रमुख पर्यटन स्थल

पर्यटन स्थल	स्थान एवं राज्य
कन्हेरी की गुफाएँ	मुम्बई (महाराष्ट्र)
एलीफेण्टा की गुफाएँ	मुम्बई (महाराष्ट्र)
अजन्ता की गुफाएँ	छत्रपति संभाजीनगर (महाराष्ट्र)
एलोरा की गुफाएँ	छत्रपति संभाजीनगर (महाराष्ट्र)
कन्दरिया महादेव मन्दिर	खजुराहो (मध्य प्रदेश)
मृगनयनी का महल	ग्वालियर (मध्य प्रदेश)
गोलकुण्डा का किला	हैदराबाद (तेलंगाना)
जूनागढ़ किला	बीकानेर (राजस्थान)
ताजमहल	आगरा (उत्तर प्रदेश)
हजरतबल मस्जिद	श्रीनगर (जम्मू और कश्मीर)
जन्तर-मन्तर	जयपुर (राजस्थान)
नाहरगढ़ का किला	जयपुर (राजस्थान)
भरतपुर का किला	भरतपुर (राजस्थान)
हवा महल	जयपुर (राजस्थान)
उम्मेद भवन महल	जोधपुर (राजस्थान)
आराम बाग	आगरा (उत्तर प्रदेश)
लाल किला	दिल्ली
हुमायूँ का मकबरा	दिल्ली
शालीमार बाग	श्रीनगर
सेंट जॉर्ज किला	चेन्नई (तमिलनाडु)
शेरशाह का मकबरा	सासाराम (बिहार)
फतेहपुर सीकरी	आगरा (उत्तर प्रदेश)
आगरा फोर्ट	आगरा (उत्तर प्रदेश)
पुराना किला	दिल्ली
जहाँगीर महल	आगरा फोर्ट (उत्तर प्रदेश)
अकबर का मकबरा	सिकन्दरा (उत्तर प्रदेश)
अकबर का किला	प्रयागराज (उत्तर प्रदेश)
विजय स्तम्भ	चित्तौड़गढ़ (राजस्थान)
कुतुबमीनार	दिल्ली
अढ़ाई दिन का झोपड़ा	अजमेर (राजस्थान)
प्रिन्स ऑफ वेल्स म्यूजियम	मुम्बई (महाराष्ट्र)
फिरोज शाह कोटला	दिल्ली
बूँदी का किला	बूँदी (राजस्थान)
पिछोला झील	उदयपुर (राजस्थान)
काकरिया झील	अहमदाबाद (गुजरात)
दरगाह अजमेर शरीफ	अजमेर (राजस्थान)
जोधपुर दुर्ग	जोधपुर (राजस्थान)
निशात बाग	जम्मू और कश्मीर
फतेह सागर	उदयपुर (राजस्थान)
जय समन्द	उदयपुर (राजस्थान)
शीश महल	आगरा (उत्तर प्रदेश)

पर्यटन स्थल	स्थान एवं राज्य
खास महल	आगरा (उत्तर प्रदेश)
दीवाने खास	आगरा फोर्ट (उत्तर प्रदेश)
नाखुदा मस्जिद	कोलकाता (प. बंगाल)
बड़ा इमामबाड़ा	लखनऊ (उत्तर प्रदेश)
टीपू का महल	मैसूर (कर्नाटक)
गोलघर	पटना (बिहार)
कोणार्क मन्दिर	पुरी (ओडिशा)
जगन्नाथ मन्दिर	पुरी (ओडिशा)
चौंसठ योगिनी मन्दिर	खजुराहो (मध्य प्रदेश)
चेन्ना केशव मन्दिर	वैलूर (कर्नाटक)
लक्ष्मण मन्दिर	छतरपुर (मध्य प्रदेश)
दिलवाड़ा का जैन मन्दिर	माउण्ट आबू (राजस्थान)
हर मन्दिर	पटना (बिहार)
स्वर्ण मन्दिर	अमृतसर (पंजाब)
काली का मन्दिर	कोलकाता (प. बंगाल)
बाँके बिहारी मन्दिर	वृन्दावन (उत्तर प्रदेश)
लक्ष्मी नारायण मन्दिर	दिल्ली
द्वारकाधीश का मन्दिर	मथुरा (उत्तर प्रदेश)
शेरशाही मस्जिद	पटना (बिहार)
मक्का मस्जिद	हैदराबाद (तेलंगाना)
चरार-ए-शरीफ	श्रीनगर (जम्मू और कश्मीर)
पत्थर मस्जिद	जम्मू और कश्मीर
जामा मस्जिद	दिल्ली
मोती मस्जिद	दिल्ली
विलियम फोर्ट	कोलकाता (प. बंगाल)
बीबी का मकबरा	छत्रपति संभाजीनगर (महाराष्ट्र)
चश्मा शाही	जम्मू और कश्मीर
एतमादुद्दौला का मकबरा	आगरा (उत्तर प्रदेश)
कोच्चि का किला	केरल
सफदरजंग का मकबरा	दिल्ली
जन्तर-मन्तर	दिल्ली
विवेकानन्द रॉक मैमोरियल	कन्याकुमारी (तमिलनाडु)
वैलूर मठ	कोलकाता (प. बंगाल)
लक्ष्मण झूला	ऋषिकेश (उत्तराखंड)
शान्ति निकेतन	पश्चिम बंगाल
साबरमती आश्रम	अहमदाबाद (गुजरात)
गेटवे ऑफ इंडिया	मुम्बई (महाराष्ट्र)
जिम कार्बेट पार्क	नैनीताल (उत्तराखंड)
विक्टोरिया मैमोरियल	कोलकाता
सनसेट प्वॉइण्ट	माउण्ट आबू (राजस्थान)
चार मीनार	हैदराबाद (तेलंगाना)
काँचीपुरम का मन्दिर	चेन्नई (तमिलनाडु)
सहेलियों की बाड़ी	उदयपुर (राजस्थान)

विभिन्न राज्यों/संघ शासित प्रदेशों में मिलने वाली जनजातियां

्रदेश	जनजातियां
्तर प्रदेश, उत्तराखंड	बुक्सा, थारू, बिड़कोल, भोटिया, खरवार, जौनसारी, राजी
्श्चिम बंगाल, बिहार, झारखंड	संथाल, भुइया, कोरबा, उरांव, हो, विरहोर, असुर, मुंडा, कोल
ाजस्थान	मीणा, भील, गरासिया, सहरिया, सांसी, दमोर, मेव, मेरात, कोली
ण्डमान-निकोबार द्वीप समूह	ओंग, सोपन, आरबा, अण्डमानी, निकोबारी
ि्माचल प्रदेश, जम्मू एवं कश्मीर, ल्दाख	बकरवाल, गद्दी, गुर्जर, लाहौल लांबा, पंगवाला, किन्नर
्सम, अरुणाचल प्रदेश, ्नागालैंड, मेघालय, मणिपुर	गुरूंग, रियांग, चकमा, मिनीपोंग, पासी, ग्लोंग, सिंगपो, रेंगमा, सेंगमा, यांग, नागा, गारो
्मिजोरम	खासी
्गुजरात	टोड़िया, भील, डाफर, रैवारी, पटेलिया, डूबला, कथोड़ी, सिद्दीस
्केरल	कडर, इरुला, मुथुवन, कनिक्कर, मलनकुरावन, मलयारायन, मलावेतन, मलायन, मन्नान, उल्लातन, यूराली, पनियां, पुलायन, मल्लार, कुरुम्बा
्तमिलनाडु, ओडिशा	जुवांग, खोंड, गोंड, बड़गा, बोंडो, जुआंग, परजा, भूमिज
्महाराष्ट्र, आन्ध्र प्रदेश, तेलंगाना	भील, गोंड, अगरिया, असुरा, भारिया, कोया, वर्ली, कोली, डुका, बैगा, गडावास, कामर, खडिया, खोंडा, कोल, कोलम, कोरबा, मुन्डा
्मध्य प्रदेश, छत्तीसगढ़	कोरकू, भील, बैगा, गोंड, अगरिया, भारिया, कोरबा, कोल, उरांव, प्रधान, नगेशिया, हल्वा, भतरा, माड़िया, सहरिया, कमार, कंवर
्त्रिपुरा	लुभाई, माग, हलम, खशिया, भूटिया, मुन्डा, संथाल, भील, जमनिया, रियांग, उचाई
्कर्नाटक	गौडालू, हक्की, पिक्की, इरुगा, जेनु, कुरुव, मलाईकुड, भील, गोंड, टोडा, वर्ली, चेन्यू, कोया, अर्नादन, चेरवा, होलेया, कोरमा
्पंजाब	गद्दी, स्वांगला, भोट

विशेष दर्जा प्राप्त राज्य

राज्य	विशेष दर्जा प्राप्त करने का वर्ष	राज्य	विशेष दर्जा प्राप्त करने का वर्ष
असम	1969	त्रिपुरा	1972
नगालैंड	1969	सिक्किम	1975-76
हिमाचल प्रदेश	1971	मिजोरम	1986-87
मणिपुर	1972	अरुणाचल प्रदेश	1986-87
मेघालय	1972	उत्तराखंड	2001-02

भारत में प्रथम

नोबेल पुरस्कार प्राप्तकर्ता

1. **साहित्यः** रवीन्द्रनाथ टैगोर (1913)
2. **भौतिकीः** सी॰वी॰ रमन (1930)
3. **शान्तिः** मदर टेरेसा (1979)
4. **अर्थशास्त्रः** अमर्त्य सेन (1998)

स्वतंत्र भारत के प्रथम एवं अंतिम भारतीय गवर्नर जनरल	चक्रवर्ती राजगोपालाचारी
महिला राष्ट्रपति	प्रतिभा पाटिल
महिला राज्यपाल	श्रीमती सरोजिनी नायडू
सुप्रीम कोर्ट की महिला न्यायाधीश	श्रीमती मीरा साहिब फातिमा बीबी
महिला प्रधानमंत्री	श्रीमती इंदिरा गांधी
महिला मुख्यमंत्री	श्रीमती सुचेता कृपलानी
संयुक्त राष्ट्र महासभा की महिला अध्यक्ष	श्रीमती विजयालक्ष्मी पंडित (1954)
अंतर्राष्ट्रीय न्यायालय के भारतीय अध्यक्ष	डॉ॰ नगेन्द्र सिंह
इंगलिश चैनल तैरकर पार करने वाली भारतीय महिला	आरती गुप्ता
इंगलिश चैनल तैरकर पार करने वाला भारतीय पुरुष	मिहिर सेन
ब्रिटिश पार्लियामेंट के भारतीय सदस्य	दादा भाई नौरोजी
फील्ड मार्शल	एस॰एच॰एफ॰जे॰ मानेकशा
विक्टोरिया क्रॉस विजेता	खुदादाद खां
एवरेस्ट शिखर पर चढ़ने वाला भारतीय	शेरपा तेंजिंग (29 मई, 1953)
एवरेस्ट पर चढ़ने वाली भारतीय महिला	कु॰ बचेन्द्रीपाल (23 मई, 1984)
एवरेस्ट पर दो बार विजय प्राप्त करने वाली भारतीय महिला	संतोष यादव (10 मई, 1992; 10 मई, 1993)
भारतीय अंतरिक्ष यात्री (पुरुष)	राकेश शर्मा (3 अप्रैल, 1984)
भारतीय अंतरिक्ष यात्री (महिला)	कल्पना चावला (19 नवम्बर, 1997)
भारत रत्न से विभूषित महिला	श्रीमती इंदिरा गांधी
संयुक्त राष्ट्र संघ की महासभा में हिन्दी में भाषण देने वाला प्रथम भारतीय	अटल बिहारी वाजपेयी
भारतीय महिला मिस यूनिवर्स	कु॰ सुष्मिता सेन
भारतीय महिला मिस वर्ल्ड	रीता फारिया
समाचार-पत्र	बंगाल गजट (27 जनवरी, 1780)
डाक टिकट	1852
तार लाइन	1851 (कलकत्ता-डायमंड हार्बर)
रेल	16 अप्रैल, 1853 (बम्बई-थाणे)
विद्युत रेल	1925 (बम्बई-कुर्ला)
उपग्रह	आर्यभट्ट (1975)
रॉकेट	रोहिणी (1967)
आणविक रियेक्टर	अप्सरा (1956)
आणविक बिजलीघर	तारापुर आणविक बिजलीघर (1969)
भारतीय वायु सेना की महिला पायलट	हरित कौर देओल
फास्ट ब्रीडर आणविक रियेक्टर	कलपक्कम
बिना ऑक्सीजन एवरेस्ट की चोटी पर पहुंचने वाला भारतीय	फु दोरजी (1987)
मेट्रो रेलवे	कोलकाता (1984)

फिल्म (मूक)	राजा हरिश्चन्द्र (1913)
फीचर फिल्म (बोलती हुई)	आलम आरा (1931)
इंडियन नेशनल कांग्रेस की प्रथम महिला अध्यक्ष	श्रीमती एनी बेसेंट
इंडियन नेशनल कांग्रेस के प्रथम अध्यक्ष	व्योमेशचन्द्र बनर्जी (1888)
आई॰सी॰एस॰ में सफल होने वाला प्रथम भारतीय	सत्येन्द्र नाथ टैगोर
चीफ ऑफ डिफेंस स्टाफ (CDS)	जनरल बिपिन रावत

भारत में सबसे बड़ा/लम्बा/ऊँचा आदि

सबसे ऊंची चोटी*-के-2

सर्वाधिक आबादी वाला शहर-मुम्बई

सबसे लम्बी नदी-गंगा (2525 कि॰मी॰)

सबसे बड़ा राज्य (क्षेत्रफल में)-राजस्थान

सबसे बड़ा राज्य (आबादी में)-उत्तर प्रदेश

सबसे लम्बा पुल (सड़क)-असम में लोहित नदी पर भूपेन हजारिका सेतु (9.15 कि॰मी॰)

सर्वाधिक जनसंख्या घनत्व वाला राज्य-बिहार (1,106 प्रति वर्ग कि॰मी॰)

सर्वाधिक साक्षर राज्य-केरल (साक्षरता लगभग 94%)

सबसे बड़ा अजायबघर-इण्डिया म्यूजियम, कोलकाता

सबसे लम्बा बांध-हीराकुड (ओडिशा)

सबसे लम्बी सुरंग (सड़क)-डॉ. श्यामा प्रसाद मुखर्जी सुरंग (जम्मू–कश्मीर 9.28 किमी.)

सबसे लम्बी सुरंग (रेलवे)-जम्मू–कश्मीर में खारी और सम्बेर सेक्शन के मध्य T-50 सुरंग (12.77 किमी.)

सबसे बड़ा चिड़ियाघर-अरिगनार अन्ना जूलॉजिकल पार्क, चेन्नई, तमिलनाडु

सबसे लम्बी सड़क-राष्ट्रीय राजमार्ग (NH)-44 (3745 किमी.)

सबसे ऊंची मीनार-कुतुबमीनार, दिल्ली (72.5 मी॰)

सबसे बड़ी मस्जिद-जामा मस्जिद, दिल्ली

बहादुरी के लिए सबसे बड़ा पुरस्कार-परमवीर चक्र

सबसे बड़ा रेगिस्तान-थार (राजस्थान)

सबसे बड़ा डेल्टा-सुन्दरवन डेल्टा, (75,000 वर्ग कि॰मी॰)

सबसे बड़ा गुम्बज-गोल गुम्बज (बीजापुर-42 मी॰ व्यास)

सबसे ऊँचा दरवाजा-बुलंद दरवाजा (फतेहपुर सीकरी : 176 फीट)

सबसे बड़ी मीठे पानी की झील-वुलर झील (जम्मू–कश्मीर)

सबसे लम्बा प्लेटफार्म-श्री सिद्धारुढ़ा स्वामी जी रेलवे स्टेशन (हुब्बल्लि, कर्नाटक 1507 मी. लम्बा)

सर्वाधिक वर्षा (वार्षिक औसत)-चेरापूंजी के निकट मासिनराम (12,000 मि॰मी॰)

झरना, सबसे ऊँचा-कुंचिकल (कर्नाटक : 455 मी.)

सबसे बड़ा पशुओं का मेला-सोनपुर (बिहार)

सबसे बड़ा गुफा मंदिर-कैलाश मंदिर (एलोरा)

सबसे अधिक वन क्षेत्रफल वाला राज्य-मध्य प्रदेश

सबसे बड़ी कृत्रिम झील-गोविन्द सागर (भाखड़ा)

---

* विश्व की सबसे ऊंची चोटी मांउट एवरेस्ट है जो नेपाल में है। के-2 विश्व की दूसरी सबसे ऊँची और भारत की सबसे ऊँची (8611 मी॰) चोटी है।

✧✧✧✧✧

राष्ट्रीय प्रतीक

राष्ट्रीय ध्वज

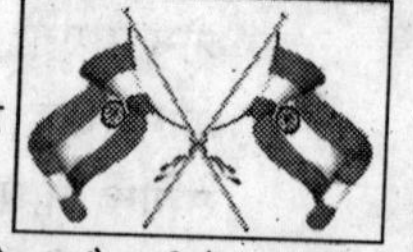

भारत का राष्ट्रीय ध्वज **तिरंगा** है। यह आयताकार तीन पट्टियों से बना है। इसमें सबसे ऊपर केसरिया, मध्य में श्वेत और नीचे हरा रंग है। केसरिया शक्ति, श्वेत शांति और हरा समृद्धि का प्रतीक माना जाता है। झण्डे की लम्बाई-चौड़ाई का अनुपात 3 : 2 है। श्वेत पट्टी के मध्य नीले रंग का एक चक्र है। चक्र में 24 तीलियाँ हैं। झण्डा फहराने के संबंध में भारत सरकार ने कुछ नियम बनाए हैं जिनका पालन करना अति आवश्यक है। संविधान सभा ने इसे 22 जुलाई 1947 को अंगीकार किया था।

राजचिह्न

भारत का राजचिह्न सारनाथ में अशोक निर्मित सिंह स्तम्भ की अनुकृति है। इस चिह्न में चार सिंह हैं, जो एक दूसरे के विपरीत दिशा में घूम कर बैठे हुए हैं। इन चार में से केवल तीन सिंह दिखाई देते हैं, चौथा पीछे की ओर छिपा हुआ है और दिखाई नहीं देता। नीचे चौरस पट्टी के मध्य में उभरी हुई नक्काशी में एक चक्र है, जिसके दाईं ओर एक सांड़ और बाईं ओर एक घोड़ा है। नीचे मुण्डकोपनिषद से लिया गया सूत्र 'सत्यमेव जयते' देवनागरी लिपि में लिखा गया है। इसका अर्थ है 'सत्य की ही विजय होती है'। सरकार ने राजचिह्न को 26 जनवरी 1950 को स्वीकृत किया।

राष्ट्र गीत

श्री बंकिम चन्द्र चटर्जी द्वारा रचित गीत 'वन्दे मातरम्' को राष्ट्र गान के समकक्ष स्थान दिया गया है। उनके विख्यात उपन्यास 'आनन्द मठ' से उद्धृत यह गीत राष्ट्रीय आन्दोलन में एक महान प्रेरणा-स्रोत रहा है। इस गीत को सबसे पहले 1896 में भारतीय राष्ट्रीय कांग्रेस के अधिवेशन में गाया गया था।

राष्ट्र गान

रवीन्द्र नाथ टैगोर के गीत 'जन गण मन' को 24 जनवरी, 1950 को राष्ट्र गान के रूप में स्वीकार किया गया। यह गीत 'भारत-विधाता' शीर्षक से सर्वप्रथम 'तत्व-बोधिनी' पत्रिका के जनवरी 1912 के अंक में प्रकाशित हुआ था। यह गीत पहली बार 27 दिसम्बर 1911 को भारतीय कांग्रेस के कलकत्ता (कोलकाता) अधिवेशन में गाया गया था। पूरे गीत के 5 पद हैं। इसमें से प्रथम पद को राष्ट्र गान स्वीकार किया गया है। इसे गाने का निर्धारित समय लगभग 52 सेकण्ड है।

राष्ट्रीय पंचांग

सरकारी कार्यों में प्रयोग हेतु राष्ट्रीय पंचांग 22 मार्च, 1957 से अपनाया गया है। यह पंचांग शक संवत् पर आधारित है। 78 ई. में प्रारम्भ हुए शक संवत् का पहला महीना चैत्र है और वर्ष 365 दिन का है। इस पंचांग के दिन स्थायी रूप से ग्रेगेरियन कैलेंडर से सम्बद्ध दिनों के अनुरूप बैठते हैं। इस प्रकार सामान्य वर्षों में इस पंचांग का पहला दिन 22 मार्च के दिन आता है और लौंद (लीप) वर्ष में 21 मार्च के दिन।

राष्ट्रीय पंचांग के माह इस प्रकार हैं: 1. चैत्र, 2. बैशाख, 3.ज्येष्ठ, 4. आषाढ़, 5. श्रावण, 6. भाद्रपद, 7. आश्विन, 8. कार्तिक, 9. मार्गशीर्ष, 10. पौष, 11. माघ, 12. फाल्गुन।

राष्ट्रीय पशु : बाघ (पैंथरा टाइग्रिस-लिन्नायस)

राष्ट्रीय पक्षी : मोर (पावो क्रिस्टेटस)

राष्ट्रीय पुष्प : कमल

✧✧✧✧✧

हमारी पृथ्वी

पृथ्वी सूर्य के अलावा आठ अन्य ग्रहों बुध, शुक्र, पृथ्वी, मंगल, बृहस्पति, शनि, यूरेनस और नेपच्यून वाले सौर मण्डल का एक सदस्य ग्रह है। ग्रहों के पास अपना स्वयं का प्रकाश नहीं होता और शुक्र और यूरेनस के अलावा सभी ग्रह अपनी धुरी पर पश्चिम से पूर्व की ओर परिक्रमा करते हैं। अनेक उपग्रह संबंधित ग्रह की परिक्रमा करते हैं। अंतरिक्ष में हजारों पुच्छल तारे और करोड़ों उल्काएं भी मौजूद हैं। पृथ्वी का एक ही उपग्रह है 'चन्द्रमा'। बुध और शुक्र का कोई भी उपग्रह नहीं है। सूर्य से पृथ्वी की औसत दूरी $1,496 \times 10^8$ कि.मी. है। पृथ्वी सूर्य का तीसरा सबसे निकट और पांचवाँ सबसे बड़ा ग्रह है।

पृथ्वी : तथ्य और आँकड़े

पृथ्वी का द्रव्यमान	5.882×10^{21} टन
पृथ्वी का घनत्व	पानी की अपेक्षा 5.517 गुणा
पृथ्वी का आयतन	1.083×10^{11} घन किमी.
भूमध्यरेखीय परिधि	4.007×10^4 किमी.
ध्रुवीय व्यास	12,714 किमी.
विषुवतीय व्यास	12,756 किमी.
ध्रुवीय परिधि	4.0×10^4 किमी.
अनुमानित आयु	लगभग 4600 करोड़ वर्ष
भू-पृष्ठ	148,951,000 वर्ग किमी.
जलीय सतह	361,150,000 वर्ग किमी.
भू-सतह का सबसे उच्च बिन्दु	माउंट एवरेस्ट (8,848 मीटर)
भू-सतह का सबसे निम्न बिन्दु	मृत सागर का तट (समुद्र तल से 396 मीटर नीचे)
महासागर की सर्वाधिक गहराई	फिलीपींस के पूर्व में प्रशान्त महासागर में मेरियाना ट्रेंच (समुद्र तल से 11,033 मीटर नीचे)

सौरमण्डल

सबसे बड़ा ग्रह	बृहस्पति (Jupiter)
सबसे छोटा ग्रह	बुध (Mercury)
पृथ्वी का उपग्रह	चन्द्रमा (Moon)
सूर्य के सबसे निकट ग्रह	बुध (Mercury)
सूर्य से सबसे दूर स्थित ग्रह	वरुण (Neptune)
पृथ्वी के सबसे निकट स्थित ग्रह	शुक्र (Venus)
सबसे अधिक चमकीला ग्रह	शुक्र (Venus)
सबसे अधिक चमकीला तारा	साइरस (Dog Star)
सबसे अधिक ठण्डा ग्रह	वरुण (Neptune)
सबसे अधिक गर्म ग्रह	शुक्र (Venus)
रात्रि में लाल दिखाई देने वाला ग्रह	मंगल (Mars)
सबसे बड़ा उपग्रह	गैनीमेड (Gannymede)
सबसे छोटा उपग्रह	डिमोस (Deimos)
नीला ग्रह	पृथ्वी (Earth)
भोर का तारा	शुक्र (Venus)
साँझ का तारा	शुक्र (Venus)
पृथ्वी की बहन	शुक्र (Venus)
हरा ग्रह	वरुण (Neptune)
विशाल लाल धब्बे वाला ग्रह	बृहस्पति (Jupiter)

पृथ्वी का आकार : पृथ्वी का आकार पूर्णरूप से वृत्तीय नहीं है बल्कि अंडाकार है। ऐसा इस वजह से है क्योंकि यह ध्रुवों पर चपटी और विषुवत पर उभरी हुई है। पृथ्वी का ध्रुवीय व्यास विषुवतीय व्यास से 42 किलोमीटर छोटा है। अतः पृथ्वी अंडाकार है।

पृथ्वी की गतियाँ : पृथ्वी अपनी धुरी पर किसी लट्टू की भांति घूमती है और 24 घंटे में एक चक्कर पूरा कर लेती है जबकि सूर्य की परिक्रमा करने में उसे 365 दिन, 5 घंटे, 45 मिनट और 46 सेकेंड लगते हैं। पृथ्वी की दैनिक गति के कारण रात और दिन होते हैं जबकि वार्षिक गति (परिक्रमा) के कारण ऋतु परिवर्तन होता है। पृथ्वी गैर-ज्योतिर्मय वृत्त है। पृथ्वी का जो भाग सूर्य के सामने आ जाता है वहाँ दिन होता है और जो भाग सूर्य के सामने नहीं होता वहाँ रात होती है। पृथ्वी का आवर्तन पश्चिम से पूर्व की तरफ होता है। इसी कारणवश हमें यह प्रतीत होता है कि सूर्य, चन्द्रमा और तारे विपरीत दिशा में घूम रहे हैं।

आवर्तन के प्रभाव : (क) दिन और रात होते हैं। (ख) देशांतर और समय में अंतर आ जाता है। (ग) वायु और तरंगों की दिशा में परिवर्तन होता है। (घ) दिन में दो बार समुद्र में लहरें उठती हैं।

परिक्रमा के प्रभाव : पृथ्वी दीर्घवृत्तीय कक्षा में सूर्य की परिक्रमा करती है। पृथ्वी को एक बार सूर्य का चक्कर लगाने में 365.25 दिन लग जाते हैं। एक सामान्य वर्ष 365 दिन का होता है जबकि चार वर्षों में 5 घंटे 45 मिनट और 46 सेकेंड एक दिन बना देते हैं और हर चौथा वर्ष अधि वर्ष (लीप ईयर) बन जाता है, जिसमें 366 दिन होते हैं। ऋतु में परिवर्तन मुख्यतः परिक्रमण की वजह से ही होता है।

21 जून : इस समय उत्तरी गोलार्द्ध में ग्रीष्मकाल होता है जबकि दक्षिणी गोलार्द्ध में शरदकाल होता है। दोपहर में सूर्य की सीधी किरणें कर्क रेखा पर पड़ती हैं।

22 दिसम्बर : इस समय उत्तरी गोलार्द्ध में शरदकाल और दक्षिणी गोलार्द्ध में ग्रीष्मकाल होता है। दोपहर में सूर्य की सीधी किरणें मकर रेखा पर पड़ती हैं।

सम्पात : 21 मार्च और 23 सितम्बर को पृथ्वी का प्रत्येक भाग सूर्य के सामने आ जाता है और सूर्य ठीक भूमध्य रेखा के ऊपर होता है। इन अवस्थाओं में पृथ्वी के प्रत्येक भाग में रात और दिन बराबर होते हैं। 21 मार्च को वसन्त सम्पात (Vernal equinox) और 23 सितम्बर को शरद सम्पात (Autumnal equinox) कहते हैं।

चट्टानों का रूपान्तरण

मूल चट्टान	रूपान्तरित चट्टान
शैल	स्लेट
चूना पत्थर	संगमरमर
चॉक तथा डोलोमाइट	संगमरमर
बलुआ पत्थर	क्वार्ट्जाइट
ग्रेनाइट	नीस
बेसाल्ट	सिस्ट
स्लेट	फाइलाइट
कांग्लोमरेट	क्वार्ट्जाइट

वायुमण्डल की संरचना

मण्डल	ऊँचाई (किमी)	विशेष तथ्य
क्षोभमण्डल	0-18	मौसमी घटनाएँ होती हैं।
समतापमण्डल	18-50	वायु परिवहन होता है तथा ओजोन परत पाई जाती है।
मध्यमण्डल	50-80	ऊँचाई के साथ तापमान में गिरावट होती है।
आयनमण्डल	80-640	विद्युत आवेशित कण पाए जाते हैं। रेडियो तरंगें इसी मण्डल से वापस पृथ्वी पर लौटती हैं।
बाह्यमण्डल	640 किमी से ऊपर	तापमान 5000°C होता है।

विश्व बोध

विभिन्न देशों के राष्ट्रीय प्रतीक

देश	प्रतीक
ऑस्ट्रेलिया	कंगारू
फ्रांस	लिली
ईरान	गुलाब
जापान	गुलदाउदी
यूनाइटेट किंगडम	गुलाब
कनाडा	सफेद लिली
जर्मनी	कार्न फ्लावर
आयरलैंड	तीन पत्ती वाली घास
पाकिस्तान	अर्द्धचंद्र
यू.एस.ए.	सुनहरी छड़ी
डेनमार्क	वुलिन
भारत	सिंह स्तम्भ
इटली	सफेद लिली
स्पेन	बाज

शहरों, राज्यों एवं देशों के परिवर्तित नाम

पुराना नाम	परिवर्तित नाम
एबिसीनिया	इथियोपिया
अंगोरा	अंकारा
औरंगाबाद	संभाजी नगर
बनारस	वाराणसी
बड़ौदा	बड़ोदरा
बताविया	जकार्ता
बसुतोलैण्ड	लिसोथो
बेचुआनालैण्ड	बोत्सवाना
बॉम्बे	मुम्बई
ब्रिटिश गुयाना	गुयाना
बर्मा	म्यांमार
कालीकट	कोझीकोड
कलकत्ता	कोलकाता
केप केनवरल	केप केनेडी
काउनपुर	कानपुर
सेंट्रल प्रोविंसेज	मध्य प्रदेश

पुराना नाम	परिवर्तित नाम
अपर बोल्टा	बुर्कीना फासो
जुबुलपोर	जबलपुर
लियोपोलदविले	किन्हास
मेडागास्कर	मालागासी
मद्रास	चेन्नई
मलाया	मलेशिया
जुलन्धर	जालंधर
मंयुक्यिो	मंचूरिया
मैसोपोटामिया	इराक
सिलोन	श्रीलंका
क्रिस्टिना	ओस्लो
जायरे	कांगो (डेमोक्रेटिक रिपब्लिक)
कांस्टेटिनपोल	इस्तान्बूल
डाका	ढाका
डहोमे	बेनिन
डच ईस्ट इंडीज	इंडोनेशिया
डच गुयाना	सूरीनाम
लोर सेई	पूर्वी तिमोर
एलिस आइसलैंड	तुवालू
फार्मोसा	ताइवान
गौहाटी	गुवाहाटी
गोल्ड कोस्ट	घाना
हालैण्ड	नीदरलैण्ड
रोडेशिया	जिम्बाब्वे
सैगोन	हो चिन मिन्ह सिटी
सेलिसबरी	हरारे
सैंडविच आइसलैंड	हवाईअन द्वीप
तंजानिका व जंजीबार	तंजानिया
सियाम	थाईलैंड
सिमला	शिमला
साउथ वेस्ट अफ्रीका	नामीबिया
स्पेनिस गुयाना	विषुवतीय गुयाना
न्यू हेब्रिडस	वनुआतु
उत्तरी रोडेशिया	जाम्बिया
न्यासालैण्ड	मालावी

पुराना नाम	परिवर्तित नाम
पंजिम	पणजी
पीकिंग	बीजिंग
पर्शिया	ईरान
पूना	पुणे
तंजौर	तंजावुर
यूनाइटेड प्रोविंसेज	उत्तर प्रदेश
यू.एस.एस.आर.	सीआईएस
विशाखापट्नम	विशाखापत्तनम
यूगोस्लाविया	सर्बिया
बंगलौर	बेंगलुरु
इलाहाबाद	प्रयागराज
उत्तरांचल	उत्तराखंड
पांडिचेरी	पुडुचेरी
पूर्वी पाकिस्तान	बांग्लादेश
रंगून	यंगून
उड़ीसा	ओडिशा
तुर्की	तुर्किए
फैजाबाद	अयोध्या

महत्त्वपूर्ण सीमा रेखाएं

- **डूरंड लाइन :** यह भारत और अफगानिस्तान के बीच सीमा के विभाजन को परिलक्षित करती थी। इसका सीमांकन सर मोर्टीमर डूरंड ने 1896 में किया था। अब यह पाकिस्तान और अफगानिस्तान के बीच की सीमा रेखा है।
- **हिंडेनवर्ग लाइन :** यह वह रेखा है जहां से विश्व युद्ध के दौरान जर्मनी की सेना वापस लौट गई थी। यह रेखा पोलैण्ड और जर्मनी के बीच की सीमा रेखा है।
- **मैकमोहन रेखा :** यह भारत और चीन के बीच सीमा रेखा है जिसका सीमांकन सर हेनरी मैकमोहन ने किया था।
- **मैगिनोट रेखा :** यह फ्रांस और जर्मनी के बीच सीमा रेखा है।
- **रेडक्लिफ रेखा :** यह भारत और पाकिस्तान के बीच सीमा रेखा है जिसका सीमांकन सर सिरिल रेडक्लिफ ने किया था।
- **17वां पैरेलल :** यह उत्तरी एवं दक्षिणी वियतनाम के बीच की सीमा रेखा है।
- **38वां पैरलल :** यह उत्तर और दक्षिण कोरिया के बीच सीमा रेखा है।
- **49वां पैरलल :** यह यू.एस. और कनाडा के बीच सीमा रेखा है।
- **अदूर निसे रेखा :** यह रेखा पोलैण्ड और पूर्वी जर्मनी के बीच की सीमा रेखा है जो द्वितीय विश्व युद्ध में खींची गई थी।
- **सिंगफ्रेड रेखा :** प्रथम विश्व युद्ध में फ्रांस और जर्मनी के बीच की सीमा रेखा।

विश्व के प्रमुख जल प्रपात

जल प्रपात	स्थान	ऊँचाई (मी॰)
एंजिल	वेनेजुएला	979 (यह कैरो नदी पर स्थित संसार का सबसे ऊँचा जल प्रपात है।)
योसेमाइट	कैलिफोर्निया	739
दक्षिण-मर्डालफोसेन	नार्वे	655
तुगेला	द॰ अफ्रीका	614
कुकवेनन	वेनेजुएला	610
सूथरलैंड	न्यूजीलैंड	580
रिब्बोन	कैलिफोर्निया	491
ग्रेट-कामारना	गुयाना	488
कुंचिकल	भारत	455
डेल्ला	कनाडा	440
गवार्नी	फ्रांस	422
नियाग्रा	कनाडा एवं अमेरिका की सीमा	120

विश्व की प्रमुख नहरें

नाम	स्थिति	स्थान
ईरी	ईरी झील और मिशीगन झील को जोड़ती है।	अमेरिका
सू नहर	सुपीरियर झील और ह्यूइन झील को जोड़ती है।	अमेरिका
कील नहर	उत्तरी सागर को बाल्टिक सागर से जोड़ती है।	जर्मनी
पनामा नहर	कैरीबियन सागर और प्रशांत महासागर	पनामा
स्वेज नहर	लाल सागर और भूमध्य सागर	मिस्र
मैनचेस्टर नहर	मैनचेस्टर एवं लिवरपूल के बीच	ग्रेट ब्रिटेन

विश्व की प्रमुख नदियाँ

नाम	उद्गम स्थल	गिरने का स्थान	लम्बाई (किमी)	प्रमुख स्थान
नील (विश्व की सबसे लम्बी नदी)	विक्टोरिया झील	भूमध्य सागर	6670	आस्वान बाँध व नासिर झील स्थित है।
अमेजन (आयतन की दृष्टि से विश्व की सबसे बड़ी नदी)	एण्डीज पर्वत	अटलांटिक महासागर	6448	
मिसीसिपी मिसौरी	अलास्का झील	मैक्सिको की खाड़ी	6300	पक्षीपाद डेल्टा बनाती है।
यांग्टिसीक्यांग	तिब्बत का पठार	चीन सागर	5494	
ह्वांग हो	कुललुन पर्वत	चीन की खाड़ी	4840	
कांगो/जायरे	लुआलिया और लुआपुआ का संगम	अटलाण्टिक महासागर	4800	विषुवत् रेखा को दो बार काटती है।
अमूर	शिल्का रूस, आरगून का संगम	टार्टइ स्ट्रेट	4510	चीन और रूस की सीमा बनाती है।
वोल्गा	बल्डाई पठार	कैस्पियन सागर	3700	यूरोप की सबसे लम्बी नदी
डेन्यूब	ब्लैक फॉरेस्ट	काला सागर	2820	बेलग्रेड, बुखारेस्ट, बुडापेस्ट और वियना शहर स्थित है।
सेंट लारेंस	आण्टेरियो झील	सेंट-लॉरेंस की खाड़ी	3058	नियाग्रा जल प्रपात स्थित है।
कोलोरेडो	ग्रैण्ड कंट्री	कैलीफोर्निया की खाड़ी	2333	ह्यूबर बाँध स्थित
नाइजर	गिनी	गिनी की खाड़ी	4800	तेल नदी कहलाती है।
मेकांग	तिब्बत का पठार	दक्षिण चीन सागर	4023	द.पू. एशिया की सबसे लम्बी नदी।
सिन्धु	मानसरोवर झील के पास	अरब सागर	3180	
ब्रह्मपुत्र	मानसरोवर झील	बंगाल की खाड़ी	2900	
डार्लिंग-मर्रे	ऑस्ट्रेलिया आल्पस	हिन्द महासागर	3720	ऑस्ट्रेलिया की सबसे बड़ी नदी।

विश्व की प्रमुख झीलें

झील का नाम	भौगोलिक क्षेत्र	क्षेत्रफल (वर्ग.किमी.)	विशेष तथ्य
कैस्पियन सागर	पूर्व सोवियत संघ तथा ईरान	3,94,299	खारे पानी की सबसे बड़ी झील
सुपीरियर झील	संयुक्त राज्य अमेरिका एवं कनाडा	82,414	ताजे पानी की सबसे बड़ी झील
विक्टोरिया झील	केन्या, युगाण्डा तथा तंजानिया	69,485	
अरल सागर झील	कजाकिस्तान एवं उज्बेकिस्तान	64,457	
ह्यूरन झील	संयुक्त राज्य अमेरिका तथा कनाडा	59,600	
मिशीगन झील	संयुक्त राज्य अमेरिका	57,800	
बैकाल झील	रूस	31,500	यह सबसे गहरी (1940 मी.) झील है।

ग्रेट बेरियर झील	कनाडा	31,080	
ग्रेट स्लेव झील	कनाडा	28,438	
विनीपेग झील	कनाडा	24,341	
ओण्टेरियो झील	सं.रा. अमेरिका तथा कनाडा	19,529	
टिटिकाका	पेरू-बोलीविया	9,065	यह विश्व की सबसे ऊँची (3811 मी.) झील है।
आयर झील	ऑस्ट्रेलिया	9,583	

विश्व की प्रमुख खाड़ियाँ

खाड़ी	क्षेत्रफल (वर्ग.किमी.)	खाड़ी	क्षेत्रफल (वर्ग.किमी.)
मैक्सिको की खाड़ी	15,44,000	हडसन की खाड़ी	12,33,000
अरब की खाड़ी	2,38,000	सेंट लॉरेन्स की खाड़ी	2,37,000
कैलिफोर्निया की खाड़ी	1,62,000		

महासागरों की प्रमुख जलधाराएं

जलधारा का नाम	प्रकृति	विशेष विवरण	महासागर का नाम
• उत्तरी विषुवतीय जलधारा	उष्ण अथवा गर्म		अटलांटिक महासागर
• गल्फस्ट्रीम धारा	उष्ण	हेंटेरस अंतरीप तक इसे फ्लोरिडा धारा कहते हैं।	अटलांटिक महासागर
• कनारी धारा	ठंडी		अटलांटिक महासागर
• फ्लोरिडा की धारा	उष्ण		अटलांटिक महासागर
• लेब्राडोर की धारा	ठंडी		अटलांटिक महासागर
• बैंगुला की धारा	ठंडी		अटलांटिक महासागर
• फाकलैंड की धारा	ठंडी		अटलांटिक महासागर
• विपरीत भूमध्यरेखीय जलधारा	गर्म	इसे गिनी की धारा भी कहते हैं।	अटलांटिक महासागर
• उत्तरी भूमध्यरेखीय जलधारा	गर्म		प्रशांत महासागर
• क्यूरोसीवो जलधारा	गर्म	जापानी लोग इसे काली धारा भी कहते हैं।	प्रशांत महासागर
• कैलिफोर्निया जलधारा	ठंडी		प्रशांत महासागर
• पूर्वी ऑस्ट्रेलिया की जलधारा	गर्म	इसे न्यू साउथवेल्स की धारा के नाम से भी जाना जाता है।	प्रशांत महासागर
• अलास्का धारा	गर्म		प्रशांत महासागर
• दक्षिणी विषुवतीय जलधारा	गर्म		हिन्द महासागर
• मोजाम्बिक धारा	गर्म		हिन्द महासागर
• अगुलहास धारा	गर्म		हिन्द महासागर
• पश्चिमी ऑस्ट्रेलिया की धारा	ठंडी		हिन्द महासागर
• ग्रीष्मकाल मानसून प्रवाह	गर्म		हिन्द महासागर
• शीतकालीन मानसून प्रवाह	परिवर्तनशील		हिन्द महासागर

विश्व की प्रमुख जनजातियाँ

जनजाति	सम्बन्धित क्षेत्र/देश
माओरी	न्यूजीलैंड
बुशमैन	कालाहारी मरुस्थल (बोत्सवाना)
वेद्दा	श्रीलंका
बद्दू	अरब
आइनू	जापान
यूकाधिर	साइबेरिया
एस्कीमो	ग्रीनलैंड, कनाडा
मसाई	पूर्वी अफ्रीका
बोरो	ब्राजील
सेमांग	मलेशिया
जूलू	नेटाल (दक्षिण अफ्रीका)
खिरगीज	मध्य एशिया
रेड इंडियन	उ॰ अमेरिका
पिग्मीज	कांगो बेसिन
नीग्रो	मध्य एशिया
याइ	टुण्ड्रा प्रदेश

विश्व की प्रमुख भौगोलिक खोजें

1. **क्रिस्टोफर कोलम्बस**–प॰ द्वीप समूह (1492), द॰ अमेरिका (1498 ई॰)
2. **जॉन कैवेट**–न्यूफाउण्डलैण्ड (1497 ई॰)
3. **कोपरनिकस**–सौरमंडल (1540 ई॰)
4. **केपलर**–ग्रहों की गति नियम (1600 ई॰)
5. **मैगलन**–विश्व का भ्रमण, अटलांटिक के दक्षिण से प्रशांत महासागर की खोज (1519 ई॰)
6. **वास्को-डि-गामा**–केप ऑफ गुड होप होकर भारत आगमन (1498 ई॰)
7. **कैप्टन कुक**–हवाई द्वीप समूह (1770 ई॰)
8. **फ्रिड्टजौफ नानसेन**–ग्रीनलैंड एवं उत्तरी ध्रुव का पहाड़ी भाग (1888 ई॰)
9. **आर. एमण्डसन**–दक्षिणी ध्रुव पर पहुँचने वाला प्रथम व्यक्ति (1911 ई॰)
10. **रॉबर्ट पियरे**–उत्तरी ध्रुव की खोज (1909 ई॰)

विश्व के प्रसिद्ध स्थान

1. झुकी हुई मीनार : पीसा (इटली)
2. मर्डेका पैलेस : जकार्ता (इण्डोनेशिया)
3. रेड स्क्वायर, क्रेमलिन : मास्को
4. स्फिंक्स, पिरामिड : मिस्र
5. पोर्सलिन टावर : नानकिंग (चीन)
6. लोवर, एफिल टावर : पेरिस (फ्रांस)
7. पोटाला : ल्हासा (तिब्बत)
8. श्वेत डेगेन पैगोडा : यंगून
9. ओपेरा हाउस : सिडनी
10. ब्राडवे स्ट्रीट, स्टेच्यू ऑफ लिबर्टी, एंपायर स्टेट बिल्डिंग : न्यूयार्क (सं. रा. अमेरिका)
11. अल अक्सा, वेलिंग वाल, टेंपल माउंट : जेरूसलम (इजरायल)

विश्व के प्रमुख भौगोलिक उपनाम

उपनाम	देश/स्थान
एण्टीलीज का मोती	क्यूबा
गगनचुम्बी इमारतों का नगर	न्यूयॉर्क (सं.रा.अमेरिका)
एटरनल सिटी (होली सिटी)	रोम
क्वेकर सिटी	फिलाडेल्फिया
चीन का शोक	ह्वांगहो नदी (पीली नदी)
निरंतर-बाही झरनों का शहर	क्विटो (इक्वेडोर)
शुगर बाऊल ऑफ द वर्ल्ड	क्यूबा
सात पहाड़ियों का नगर	रोम (इटली)
पर्ल ऑफ दी ऑरियण्ट	सिंगापुर
गार्डन सिटी	शिकागो
पूर्व का मोती	श्रीलंका
लैंड ऑफ मॉर्निंग काम	कोरिया
लैंड ऑफ थाउजेण्ड लेक्स	फिनलैंड
भूमध्यसागर का द्वार	जिब्राल्टर
लैंड ऑफ दी थाउजैंड एलीफैन्ट्स	लाओस
स्वर्णिम पैगोडा का देश	म्यांमार
सिटी ऑफ गोल्डन गेट	सैन फ्रांसिस्को
क्वीन ऑफ एड्रियाटिक	वेनिस (इटली)
पिलर्स ऑफ हरक्यूलिस	स्ट्रेट ऑफ जिब्राल्टर
श्वेत शहर	बेलग्रेड
पूर्व का मैनचेस्टर	ओसाका (जापान)
लिली का देश	कनाडा
होली लैंड	जेरूसलम (इजरायल)
सूर्योदय का देश	जापान
कॉकपिट ऑफ यूरोप	बेल्जियम

उपनाम	देश/स्थान
आंसुओं का प्रवेश द्वार	बाब-अल-मंडब जलडमरूमध्य
लैंड ऑफ मिडनाइट सन	नार्वे
अरब सागर की रानी	कोच्चि (भारत)
लैंड ऑफ ह्वाइट एलीफैंट्स	थाइलैंड
दक्षिण का ब्रिटेन	न्यूजीलैंड
वेनिस ऑफ द वर्ल्ड	स्टॉकहोम (स्वीडन)
स्मारकों की नगरी	वियना (ऑस्ट्रिया)
पवनचक्कियों की भूमि	नीदरलैण्ड
आइलैंड ऑफ क्लोव्ज	जंजीवार (तंजानिया)
नील नदी का देश	मिस्र
एमराल्ड द्वीप	आयरलैंड
लैंड ऑफ थंडरवोल्ट	भूटान
मोतियों का द्वीप	बहरीन

नदियों के तट पर बसे विश्व के प्रमुख नगर

नगर	नदी
लन्दन (इंग्लैंड)	टेम्स
कैन्टन (चीन)	सीक्यांग
मास्को (रूस)	मस्कोवा
न्यूयार्क (सं.रा.अ.)	हडसन
बर्लिन (जर्मनी)	स्प्री
बेलग्रेड	डेन्यूब
पेरिस (फ्रांस)	सीन
बुडापेस्ट (हंगरी)	डेन्यूब
पर्थ (ऑस्ट्रेलिया)	स्वान
वाशिंगटन	पोटोमेक
बगदाद (इराक)	टाइग्रिस
वियाना (ऑस्ट्रिया)	डेन्यूब
आस्वान (मिस्र)	नील
टोकियो (जापान)	अराकावा
सेंट लुईस (अमेरिका)	मिसिसिपी
शंघाई (चीन)	यांग्टिसीक्यांग
रोम (इटली)	टाइबर
यंगून (म्यांमार)	इरावदी
प्राग	विंतावा
ओटावा (कनाडा)	सेंट लारेंस
सिडनी (ऑस्ट्रेलिया)	डार्लिंग
मैड्रिड (स्पेन)	मैजेनसेस
लिस्बन	टेगस
लिस्बन (पुर्तगाल)	टंगस
अंकारा (तुर्किए)	किजिल
लाहौर (पाकिस्तान)	रावी
मॉण्ट्रियल (कनाडा)	सेंट लारेंस
कराची (पाकिस्तान)	सिंधु
बोन (जर्मनी)	राइन
डबलिन (आयरलैंड)	लीफें
काहिरा (मिस्र)	नील
दिल्ली (भारत)	यमुना
ब्यूनस आयर्स (अर्जेंटीना)	लाप्लाटा
शिकागो (सं.रा.अ.)	शिकागो
लिवरपुल (इंग्लैंड)	मर्सी
ब्रिस्टल (इंग्लैंड)	एवन्
बसरा (इराक)	दजला एवं फरात
कीव (यूक्रेन)	नीपर

विश्व के प्रमुख घास के मैदान

घास के मैदान	सम्बन्धित देश/क्षेत्र
पम्पास	अर्जेन्टीना
प्रेयरी	अमेरिका
वेल्ड	दक्षिण अफ्रीका
डाउन्स	ऑस्ट्रेलिया
केन्टरबरी	न्यूजीलैण्ड
स्टेपी	सेंट्रल एशिया और ईस्टर्न यूरोप, रूस, यूक्रेन, चीन, उज्बेकिस्तान, तुर्कमेनिस्तान

प्रमुख देशों में स्थानान्तरित कृषि

कृषि	देश
चेन्ना	श्रीलंका
कैगिन	फिलीपीन्स
लैडान	इण्डोनेशिया एवं मलेशिया
रोका	ब्राजील
तमाराइ	थाइलैण्ड
कोनुको	वेनेजुएला

✧✧✧✧✧

संयुक्त राष्ट्र संघ

स्थापना	:	24 अक्टूबर, 1945
संस्थापक सदस्य	:	50
मुख्यालय	:	न्यूयार्क
वर्तमान सदस्य संख्या	:	193 (इस संगठन का सदस्य बनने वाला अन्तिम देश दक्षिण सूडान है)।
ध्वज	:	ध्वज की पृष्ठभूमि हल्की नीली है और उस पर श्वेत रंग से राष्ट्र संघ का प्रतीक बना हुआ है।
कार्यकारी भाषाएँ	:	अंग्रेजी तथा फ्रेंच
अन्य मान्यता प्राप्त भाषाएँ	:	रशियन, अरबी, स्पेनिश तथा चीनी।

संयुक्त राष्ट्र संघ के लक्ष्य और उद्देश्य

संयुक्त राष्ट्र के कार्यों को तीन भागों में विभाजित किया जा सकता है, यथा–सुरक्षा, कल्याण और मानव अधिकार। संयुक्त राष्ट्र संघ के सदस्य-राष्ट्रों से चार कर्त्तव्यों के पालन की अपेक्षा की जाती है कि–(क) वे अपने विवादों को शांतिपूर्वक ढंग से निपटायेंगे, (ख) वे सैन्यबल का प्रयोग नहीं करेंगे, (ग) घोषणा-पत्र के पालन में सहायता करेंगे और (घ) आक्रामक की सहायता नहीं करेंगे। संयुक्त राष्ट्र संघ–जाति, भाषा, लिंग और धर्म का विचार किए बिना सब मनुष्यों के मानवीय अधिकारों को मान्यता देता है।

संयुक्त राष्ट्र संघ के प्रमुख अंग

प्रमुख अंग 6 हैं–**1.** साधारण महासभा, **2.** सुरक्षा परिषद्, **3.** आर्थिक व सामाजिक परिषद्, **4.** अंतर्राष्ट्रीय न्यायालय, **5.** प्रन्यास परिषद्, **6.** सचिवालय

प्रमुख अंतर्राष्ट्रीय संगठनों के मुख्यालय और स्थापना वर्ष

अंतर्राष्ट्रीय संगठन	मुख्यालय	स्थापना वर्ष
संयुक्त राष्ट्र संघ (UNO)	न्यूयार्क	1945
अंतर्राष्ट्रीय मुद्रा कोष (IMF)	वाशिंगटन डी.सी.	1945
विश्व स्वास्थ्य संगठन (WHO)	जेनेवा	1948
खाद्य एवं कृषि संगठन (FAO)	रोम	1945
अंतर्राष्ट्रीय श्रम संगठन (ILO)	जेनेवा	1919
यूनेस्को (UNESCO)	पेरिस	1946
अंतर्राष्ट्रीय न्यायालय	हेग	1945
विश्व डाक संघ (UPU)	बर्न	1874
अंतर्राष्ट्रीय नागरिक उड्डयन संगठन (ICAO)	मांट्रियल	1947

अंतर्राष्ट्रीय संगठन	मुख्यालय	स्थापना वर्ष
सं॰ रा॰ औद्यो॰ विकास संगठन (UNIDO)	वियना	1966
अंतर्राष्ट्रीय परमाणु ऊर्जा अभिकरण (IAEA)	वियना	1957
अंतर्राष्ट्रीय वित्त निगम (IFC)	वाशिंगटन डी.सी.	1956
सं॰ रा॰ विकास कार्यक्रम (UNDP)	न्यूयॉर्क	1965
यूनिसेफ (UNICEF)	न्यूयॉर्क	1946
अंतर्राष्ट्रीय समुद्री संगठन (IMO)	लंदन	1948
विश्व मौसम विज्ञान संगठन (WMO)	जेनेवा	1950
अंतर्राष्ट्रीय दूर संचार संघ (ITU)	जेनेवा	1865
अरब लीग	काहिरा	1945
राष्ट्रमंडल (Commonwealth)	लंदन	1931
विश्व व्यापार संगठन (WTO)	जेनेवा	1995
अंतर्राष्ट्रीय विकास संघ (IDA)	वाशिंगटन डी.सी.	1960
अंतर्राष्ट्रीय पुनर्निर्माण एवं विकास बैंक (विश्व बैंक) (IBRD)	वाशिंगटन डी.सी.	1944
विश्व बौद्धिक संपदा संगठन (WIPO)	जेनेवा	1967
मुस्लिम राष्ट्रों का संघ (OIC)	जेद्दा	1969
यूरोपियन संघ	ब्रुसेल्स	(1958 में स्थापित EEC का परिवर्तित रूप)
रेडक्रास	जेनेवा	1863
इंटरपोल (INTERPOL)	लियोन	1923
एशियाई विकास बैंक (ADB)	मनीला	1966
उत्तरी अटलांटिक संधि संगठन (NATO)	ब्रुसेल्स	1949
आसियान (ASEAN)	जकार्ता	1967
BRICS बैंक	शंघाई	2014
संयुक्त राष्ट्र व्यापार एवं विकास सम्मेलन (UNCTAD)	जेनेवा	1964
जी-15	जेनेवा	1989
दक्षेस (SAARC)	काठमांडू	1985

भारत का भूगोल

प्रसिद्ध पर्वत शिखर

पर्वत शिखर	समुद्र तल से ऊंचाई (मीटर में)
1. K-2	8,611 पाकिस्तान के कब्जे में
2. कंचनजंगा	8,598
3. नंगा पर्वत	8,126
4. गशेर ब्रुम	8,068 पाकिस्तान के कब्जे में
5. ब्रॉड पीक	8,047 पाकिस्तान के कब्जे में
6. डिस्तगिल सर	7,885 पाकिस्तान के कब्जे में
7. माशेर ब्रुम (पूर्वी)	7,821
8. नंदा देवी	7,817
9. माशेर ब्रुम (पश्चिम)	7,806 पाकिस्तान के कब्जे में
10. राकापोशी	7,788 पाकिस्तान के कब्जे में

भारत के प्रमुख दर्रे

दर्रे	राज्य/केन्द्रशासित प्रदेश
काराकोरम	लद्दाख
माना	उत्तराखण्ड
जोजिला	लद्दाख
नीति	उत्तराखण्ड
पीरपंजाल	जम्मू-कश्मीर
नाथूला	सिक्किम
बनिहाल	जम्मू-कश्मीर
जैलेप्ला	सिक्किम
बुर्जिल	जम्मू-कश्मीर
बोम्डिला	अरुणाचल प्रदेश
शिपकी	हिमाचल प्रदेश
यांग्याप	अरुणाचल प्रदेश
रोहतांग	हिमाचल प्रदेश
दिफू	अरुणाचल प्रदेश
बड़ालाचा	हिमाचल प्रदेश
तुजु	मणिपुर
लिपुलेख	उत्तराखण्ड

पश्चिमी घाट के दर्रे

दर्रा	ऊं. (मी.)	स्थिति
थालघाट	580	नासिक एवं मुम्बई के बीच का संपर्क मार्ग
भोरघाट	520	मुम्बई एवं पुणे के बीच का संपर्क मार्ग
पालघाट	530	कोयंबटूर एवं कोचीन के बीच का संपर्क मार्ग
सिनकोट	280	तिरुवनंतपुरम एवं मदुरै के बीच का संपर्क मार्ग

प्रमुख जल–अन्तराल

नाम	अवस्थिति
8° चैनल	मालदीव व मिनीकॉय के मध्य
9° चैनल	लक्षद्वीप व मिनीकॉय के मध्य
10° चैनल	छोटा अंडमान व कारनिकोबार के मध्य
ग्रैण्ड चैनल	सुमात्रा (इंडोनेशिया) व निकोबार के मध्य
पाक स्ट्रेट	तमिलनाडु व श्रीलंका के मध्य
डुंकन पास	दक्षिण अंडमान व लघु अंडमान के मध्य
पाक खाड़ी	तमिलनाडु व श्रीलंका के मध्य
कोको स्ट्रेट	काको द्वीप (म्यांमार) व उ. अंडमान के मध्य
मन्नार खाड़ी	द.पू. तमिलनाडु व श्रीलंका के मध्य
लक्षद्वीप सागर	लक्षद्वीप व मालाबार तट के मध्य

भारत की महत्वपूर्ण झीलें

झीलें	राज्य/केन्द्रशासित प्रदेश
चिल्का	ओडिशा
कोलेरू, पुलीकट	आन्ध्र प्रदेश
लोकटक	मणिपुर
सुकना	चण्डीगढ़
लोनार	महाराष्ट्र
निजाम सागर	तेलंगाना
उमियम झील	मेघालय
नैनीताल, भीमताल	उत्तराखंड
वुलर, डल	जम्मू-कश्मीर
पुल्ह झील	उत्तर प्रदेश
अष्टमुदी	केरल
परशुराम कुण्ड	अरुणाचल प्रदेश
पोगांग शो	लद्दाख

भारत की प्रमुख नदियाँ

नदी	उद्गम	मुहाना	लम्बाई (किमी.)	विशेष तथ्य
सिन्धु	मानसरोवर झील (तिब्बत)	अरब सागर	3100 (भारत में 1114)	सतलज, रावी, व्यास, झेलम इसकी सहायक नदियाँ हैं। लद्दाख में यह नदी गिलगित गॉर्ज का निर्माण करती है।
सतलज	राक्षसताल	चिनाब	1450 (भारत में 1050)	भाखड़ा, नांगल व नाथपा झांकरी बाँध।
गंगा	गंगोत्री के पास गोमुख से	बंगाल की खाड़ी	2525	देव प्रयाग में भागीरथी अलकनंदा से मिलती है और संयुक्त धारा का नाम गंगा हो जाता है। फरक्का बाँध एवं भागीरथी पर टिहरी बाँध।
यमुना	यमुनोत्री के पास बंदरपूंछ से	गंगा	1376	चम्बल, बेतवा, केन सहायक नदियाँ हैं।
चम्बल	महूँ (जानपाव पहाड़ी)	यमुना	1050	गाँधीनगर, राणासागर तथा जवाहर सागर बाँध स्थित है।
गण्डक	धौलाधार पर्वत	गंगा	300	त्रिवेणी के पास बाँध
सोन	अमरकंटक पहाड़ी	गंगा	784	बाणसागर व रिहन्द बाँध
ब्रह्मपुत्र	मानसरोवर झील (तिब्बत)	बंगाल की खाड़ी	2900 (भारत में 916)	ब्रह्मपुत्र नदी अरुणाचल प्रदेश में दिहांग, तिब्बत में शांग-पो और बांग्लादेश में 'जमुना' के नाम से प्रसिद्ध।
नर्मदा	अमरकंटक	अरब सागर	1290	इंदिरा सागर, महेश्वर, सरदार सरोवर बाँध। डेल्टा के बजाए एश्चुअरी बनाती है।
ताप्ती	मुलताई (बैतूल)	खम्भात की खाड़ी	720	काकरापार व ऊकाई बाँध/यह नदी डेल्टा के बजाए एश्चुअरी बनाती है।
महानदी	सिहावा के समीप	बंगाल की खाड़ी	890	हीराकुड, तिरकपाड़ा बाँध स्थित है, डेल्टा बनाती है।
कृष्णा	पश्चिमी घाट की पहाड़ी (महाबलेश्वर के पास)	बंगाल की खाड़ी	1290	शैलम तथा नागार्जुन सागर बाँध स्थित है। डेल्टा बनाती है।
गोदावरी	त्रयम्बक गाँव की पहाड़ी	बंगाल की खाड़ी	1450	दक्षिण की गंगा कहा जाता है। एनीकट बाँध स्थित है। डेल्टा बनाती है।
कावेरी	ब्रह्मगिरि की पहाड़ी	बंगाल की खाड़ी	760	शिवसमुद्रम जल प्रपात स्थित है। डेल्टा बनाती है।
तुंगभद्रा	कर्नाटक के पश्चिमी घाट	कृष्णा	331	कुमुदवती, वर्धा, मगारी आदि सहायक नदियाँ हैं।
माही	विन्ध्याचल पर्वत	खम्भात की खाड़ी	533	वनकवोरी बाँध।

भारत के महत्वपूर्ण जल प्रपात

जल प्रपात	ऊँचाई (मी.)	नदी	राज्य
कुंचिकल	455	वरही	कर्नाटक
दूधसागर	310	मांडवी	गोवा
गरसोप्पा	260	शरावती	कर्नाटक
येन्ना	183	नर्मदा	मध्य प्रदेश
रकीमकुण्ड	168	गायघाट	बिहार
केवटी	98	महाना	मध्य प्रदेश

नदियों के किनारे बसे प्रमुख नगर

नगर	नदी	नगर	नदी
दिल्ली	यमुना	गुवाहाटी	ब्रह्मपुत्र
आगरा	यमुना	जबलपुर	नर्मदा
बद्रीनाथ	अलकनंदा	कोटा	चम्बल
प्रयागराज	गंगा, यमुना	कटक	महानदी
हरिद्वार	गंगा	नासिक	गोदावरी
कानपुर	गंगा	श्रीरंगपट्टनम	कावेरी
पटना	गंगा	जौनपुर	गोमती
श्रीनगर	झेलम	हैदराबाद	मूसी
अयोध्या	सरयु	मथुरा	यमुना
सूरत	ताप्ती	जमशेदपुर	स्वर्णरेखा
कोलकाता	हुगली	भागलपुर	गंगा
लखनऊ	गोमती	वाराणसी	गंगा
उज्जैन	क्षिप्रा		

प्रमुख बहुउद्देशीय नदी घाटी परियोजनाएँ

परियोजना का नाम	नदी	लाभान्वित राज्य
दामोदर घाटी परियोजना	दामोदर	झारखंड, पश्चिम बंगाल
टिहरी बाँध परियोजना	भागीरथी	उत्तराखंड
नागार्जुन सागर परियोजना	कृष्णा	आन्ध्र प्रदेश, तेलंगाना
कोसी परियोजना	कोसी	बिहार तथा नेपाल
हीराकुड बाँध परियोजना	महानदी	ओडिशा
व्यास परियोजना	व्यास	राजस्थान, पंजाब, हरियाणा, हिमाचल प्रदेश
चम्बल परियोजना	चम्बल	राजस्थान, मध्य प्रदेश
मयूराक्षी परियोजना	मयूराक्षी	पश्चिम बंगाल
तुंगभद्रा परियोजना	तुंगभद्रा	आन्ध्र प्रदेश, कर्नाटक
गण्डक परियोजना	गण्डक	बिहार, नेपाल
फरक्का परियोजना	गंगा, भागीरथी	पश्चिम बंगाल
काकरापारा परियोजना	ताप्ती	गुजरात
नागपुर शक्तिगृह परियोजना	कोराडी	महाराष्ट्र
इन्दिरा गाँधी नहर परियोजना	सतलज	राजस्थान, पंजाब तथा हरियाणा
रिहन्द परियोजना	रिहन्द	उत्तर प्रदेश
महानदी डेल्टा परियोजना	महानदी	ओडिशा
कुण्डा परियोजना	कुण्डा	तमिलनाडु
इडुक्की परियोजना	पेरियार	केरल
कोयना परियोजना	कोयना	महाराष्ट्र
सतलज परियोजना	चिनाब	जम्मू-कश्मीर
रंजीत सागर बाँध परियोजना	रावी	पंजाब
नाथपा-झाकरी परियोजना	सतलज	हिमाचल प्रदेश
शरावती परियोजना	शरावती	कर्नाटक
नर्मदा सागर परियोजना	नर्मदा	मध्य प्रदेश, गुजरात
जवाहर सागर परियोजना	चम्बल	राजस्थान
तुलबुल परियोजना	झेलम	जम्मू कश्मीर
सरदार सरोवर परियोजना	नर्मदा	गुजरात, मध्य प्रदेश, महाराष्ट्र एवं राजस्थान
दुलहस्ती परियोजना	चिनाब	जम्मू-कश्मीर
तिलैया परियोजना	बराकर	झारखंड

कृषि क्रांतियाँ

क्रांति	क्षेत्र
हरित क्रांति	खाद्यान्न उत्पादन
लाल क्रांति	टमाटर उत्पादन
श्वेत क्रांति	दुग्ध उत्पादन
गोल क्रांति	आलू उत्पादन
भूरी क्रांति	उर्वरक उत्पादन
रजत क्रांति	अंडा उत्पादन
नीली क्रांति	मत्स्य उत्पादन
सुनहरी क्रांति	बागवानी उत्पादन
पीली क्रांति	तिलहन उत्पादन
गुलाबी क्रांति	झींगा उत्पादन

राष्ट्रीय उद्यान और अभयारण्य

जुलाई 2023 तक हमारे देश में 106 राष्ट्रीय उद्यान और 573 वन्यजीव अभयारण्य हैं। कुछ महत्त्वपूर्ण अभयारण्यों और उद्यानों के नाम नीचे दिए गए हैं।

- कान्हा राष्ट्रीय उद्यान (म.प्र.)
- शिवपुरी राष्ट्रीय उद्यान (म.प्र.)
- जलदापाड़ा अभयारण्य (प. बंगाल)
- काजीरंगा अभयारण्य (असम)
- मानस अभयारण्य (असम)
- हजारीबाग राष्ट्रीय उद्यान (झारखंड)
- पलामू राष्ट्रीय उद्यान (झारखंड)
- डालमा वन्य जीव अभयारण्य (झारखंड)
- सेमलीपाल राष्ट्रीय पार्क (ओडिशा)
- वनकटना वन्य जीव अभयारण्य (उ.प्र.)
- भरतपुर वन्य जीव अभयारण्य (राजस्थान)
- डर्राह वन्य जीव अभयारण्य (राजस्थान)
- कॉर्बेट राष्ट्रीय उद्यान (उत्तराखंड)
- चन्द्रप्रभा अभयारण्य (उ.प्र.)
- डाचीगाम अभयारण्य (जम्मू-कश्मीर)
- दुधवा राष्ट्रीय उद्यान (उ.प्र.)
- नन्दा देवी कस्तूरी मृग वन (उत्तराखंड)
- माउंट आबू वन्य जीव अभयारण्य (राजस्थान)
- रणथम्भौर वन्य जीव अभयारण्य (राजस्थान)
- सरिस्का क्रीड़ा अभयारण्य (राजस्थान)
- रंगथिट्टू पक्षी अभयारण्य (कर्नाटक)
- बांदीपुर अभयारण्य (कर्नाटक)
- डंडेली अभयारण्य (कर्नाटक)
- महावीर अभयारण्य (गोवा-कर्नाटक सीमा)
- पेरियार अभयारण्य (केरल)
- वेदान्त-गाल पक्षी अभयारण्य (तमिलनाडु)
- गिरि वन (गुजरात)
- बोरीवल्ली राष्ट्रीय उद्यान (महाराष्ट्र)
- मोलेम क्रीड़ा अभयारण्य (गोवा)
- कोट्टीगांव क्रीड़ा अभयारण्य (गोवा)
- नागजीरा वन्य जीव अभयारण्य (महाराष्ट्र)
- वान्धवगढ़ राष्ट्रीय उद्यान (मध्य प्रदेश)
- घाट प्रभा पक्षी अभयारण्य (कर्नाटक)
- खगचन्दजेन्दा राष्ट्रीय उद्यान (सिक्किम)
- पेंच राष्ट्रीय उद्यान (महाराष्ट्र)
- रोहिया राष्ट्रीय उद्यान (हिमाचल प्रदेश)
- सुल्तानपुर सरोवर पक्षी अभयारण्य (हरियाणा)
- तोदोवा राष्ट्रीय उद्यान (महाराष्ट्र)
- मुदमलाई अभयारण्य (तमिलनाडु)
- नगर होल अभयारण्य (कर्नाटक)
- नाल सरोवर पक्षी अभयारण्य (गुजरात)
- बोंडला क्रीड़ा अभयारण्य (गोवा)
- तनसा झील वन्य जीव अभयारण्य (महाराष्ट्र)
- बनारघट्टा राष्ट्रीय उद्यान (कर्नाटक)
- ईराविकुलम राजमल्ली राष्ट्रीय उद्यान (केरल)

भारत के प्रसिद्ध पर्वतीय स्थल

स्थान	राज्य/केन्द्रशासित प्रदेश
अल्मोड़ा	उत्तराखंड
माउण्ट आबू	राजस्थान
चेरापूंजी	मेघालय
मसूरी	उत्तराखंड
कोडईकनाल	तमिलनाडु
नैनीताल	उत्तराखंड
डलहौजी	हिमाचल प्रदेश
ऊटकमंड	तमिलनाडु
दार्जिलिंग	पश्चिम बंगाल
पंचमढ़ी	मध्य प्रदेश
गुलमर्ग	जम्मू और कश्मीर
रानीखेत	उत्तराखंड
कसौली	हिमाचल प्रदेश
शिलांग	मेघालय
महाबलेश्वर	महाराष्ट्र
शिमला	हिमाचल प्रदेश

रक्षा

भारत की रक्षा सेनाओं का सर्वोच्च कमाण्डर भारत का राष्ट्रपति होता है। भारत की सशस्त्र सेनाओं में तीन मुख्य सेवाएं हैं–थल सेना, नौ सेना और वायु सेना। तीनों सेनाओं के प्रमुख क्रमशः थल सेनाध्यक्ष, नौ सेनाध्यक्ष और वायु सेनाध्यक्ष होते हैं।

सेना में कमीशंड पद (Commissioned Ranks)

थल सेना

1. जनरल
2. लेफ्टिनेंट जनरल
3. मेजर जनरल
4. ब्रिगेडियर
5. कर्नल
6. लेफ्टिनेंट कर्नल
7. मेजर
8. कैप्टन
9. लेफ्टिनेंट

वायु सेना

1. एयर चीफ मार्शल
2. एयर मार्शल
3. एयर वाइस मार्शल
4. एयर कॉमोडोर
5. ग्रुप कैप्टन
6. विंग कमाण्डर
7. स्क्वाड्रन लीडर
8. फ्लाइट लेफ्टिनेंट
9. फ्लाइंग ऑफिसर

नौ सेना

1. एडमिरल
2. वाइस एडमिरल
3. रियर एडमिरल
4. कॉमोडोर
5. कैप्टन
6. कमाण्डर
7. लेफ्टिनेंट कमाण्डर
8. लेफ्टिनेंट
9. सब लेफ्टिनेंट

थल सेना कमाण्ड :

कमाण्ड	मुख्यालय
पश्चिमी कमाण्ड	चांडी मंदिर (चंडीगढ़)
पूर्वी कमाण्ड	कोलकाता
उत्तरी कमाण्ड	ऊधमपुर
दक्षिणी कमाण्ड	पुणे
मध्य कमाण्ड	लखनऊ
द.प. कमाण्ड	जयपुर
ट्रेनिंग कमाण्ड	शिमला

जल सेना कमाण्ड :

कमाण्ड	मुख्यालय
पूर्वी कमाण्ड	विशाखापट्टनम
दक्षिणी कमाण्ड	कोच्चि
पश्चिमी कमाण्ड	मुम्बई

वायु सेना कमाण्ड :

कमाण्ड	मुख्यालय
पूर्वी कमाण्ड	शिलांग
पश्चिमी कमाण्ड	नई दिल्ली
केन्द्रीय कमाण्ड	प्रयागराज
दक्षिणी कमाण्ड	तिरुअनंतपुरम
द.-प. कमाण्ड	गांधीनगर
ट्रेनिंग कमाण्ड	बेंगलुरु
मेन्टेनेन्स कमाण्ड	नागपुर

थल सेना प्रशिक्षण संस्थान :

कमाण्ड	मुख्यालय
नेशनल डिफेन्स एकेडमी (NDA)	खड़कवासला
नेशनल डिफेन्स कॉलिज	नई दिल्ली
इंडियन मिलिट्री एकेडमी (IMA)	देहरादून
डिफेन्स सर्विस स्टाफ कॉलिज	विलिंग्टन
इन्फेनटरी स्कूल	महू
आर्म्ड सेण्टर	अहमदनगर
आर्टीलरी स्कूल	देवलाली

वायु सेना प्रशिक्षण संस्थान :

कमाण्ड	मुख्यालय
एयर फोर्स एडमिनिस्ट्रेटिव कॉलिज	कोयम्बटूर
एयर फोर्स एकेडमी	हैदराबाद
पैराटूपर ट्रेनिंग स्कूल	आगरा
एयर फोर्स टेक्निकल कॉलिज	जलाहली (बेंगलुरु)
एलीमेन्ट्री फ्लाइंग स्कूल	बिदर

नौ सेना प्रशिक्षण संस्थान :

कमाण्ड	मुख्यालय
आइ.एन.एस. चिल्का	भुवनेश्वर
आइ.एन., बेन्दुरथी	कोच्चि
आइ.एन.एस. तसिरकार्स	विशाखापट्टनम
इण्डियन नेवल एकेडमी	कोच्चि
आइ.एन.एस. शिवाजी	लोनावाला

आंतरिक सुरक्षा के संगठन

संगठन	स्थापना वर्ष	मुख्यालय
असम राइफल्स	1835	शिलांग
केन्द्रीय रिजर्व पुलिस बल	1939	नई दिल्ली
भारत-तिब्बत सीमा पुलिस	1962	नई दिल्ली
सीमा सुरक्षा बल (BSF)	1965	नई दिल्ली
केन्द्रीय औद्योगिक सुरक्षा बल	1969	नई दिल्ली
तट रक्षक बल	1978	नई दिल्ली
राष्ट्रीय सुरक्षा गार्ड	1984	नई दिल्ली

रक्षा स्टाफ प्रमुख (सीडीएस)

देश में उच्चतर रक्षा प्रबंधन में सुधार लाने के लिए सेवा प्रमुख समतुल्य वेतन और अतिरिक्त सुविधाओं वाले रक्षा स्टाफ प्रमुख (सीडीएस) का पद गठित किया गया है जो फोर स्टार वाले जनरल रैंक का है। रक्षा स्टाफ प्रमुख (चीफ ऑफ डिफेंस स्टाफ) रक्षा मंत्रालय में बनाये गए सैन्य मामलों के विभाग (डीएमए) के भी मुखिया हैं और इसके सचिव के रूप में कार्य करते हैं। जनरल विपिन रावत ने 1 जनवरी, 2020 से 08 दिसम्बर, 2021 तक देश के प्रथम सीडीएस के रूप में कार्य किया। जनरल अनिल चौहान ने 30 सितम्बर, 2022 से देश के दूसरे सीडीएस के रूप में पदभार संभाला।

कला एवं साहित्य

भारत के प्रमुख चित्रकार एवं उनकी कृतियां

अवनीन्द्र नाथ टैगोर	शाहजहाँ का ताज को देखना, बुद्ध और सुजाता, कमल के पत्ते पर अश्रुकण, वन साम्राज्ञी, औरंगजेब का बुढ़ापा, भारतमाता आदि।
गगनेन्द्र नाथ टैगोर	माँ से विदा लेते चैतन्य, कल्कि अवतार आदि।
राजा रवि वर्मा	दुष्यन्त को प्रेम-पत्र लिखती शकुन्तला, नायर लेडी, शकुन्तला वियोग आदि।
नन्द लाल बोस	उमा की तपस्या, घायल बकरी को ले जाते भगवान बुद्ध, कृष्णार्जुन, उड़ीसा की एक दुकान, प्रणाम, बसन्त, गोपिनी आदि।
के॰ वेंकटप्पा	हनुमान द्वारा लंका दहन, स्वर्ण मृग, राम और मृग तृष्णा आदि।
जॉर्ज कीट	कृष्ण जन्म, कर्ण जन्म, यम मार्कण्डेय, निराभरण गोपियाँ आदि।
भवेश चन्द्र सन्याल	आश्रयहीन लड़की, गोल मार्केट के भिखारी आदि।
मनीषी डे	नारी-शृंगार, पनघट की ओर, बंगाली शरणार्थी।
अमृता शेरगिल	एलिफेन्ट्स बाथिंग इन ग्रीन पुल, हिल साईड, भारतीय लड़कियाँ आदि।
नारायण श्रीधर बेन्द्रे	स्टेशन पर यात्री, बुद्ध पूजा आदि।
देवी प्रसाद राय चौधरी	लेपचा कुमारी, भौटिया आदि।
शोभा सिंह	हीर-रांझा
सतीश गुजराल	काला चांद

संगीत

भारत में चार प्रकार के संगीत-साज मिलते हैं—तंतु या तार वाले, समीर या वायु वाले, अवनाद अथवा थाप से संचालित होने वाले और घन जिसमें घंटियाँ, मंजीरे, घड़ियाल आदि शामिल हैं। तंतु या तार वाले सामान्य साज हैं जैसे—वीणा, सितार, सारंगी, सरोद, दिलरुबा, इसराज, एकतारा, तानपुरा और मयूरी। वायु संचालित साज हैं शहनाई, बाँसुरी, नादस्वरम, निनकिर्नस और पोंगी। थाप अथवा संघात से संचालित होने वाले साज हैं: तबला, मृदंग, ढोलक, पखावज, घटाम तथा कंजीरा-मंजीरा। करतल, जल तरंग आदि अन्य भारतीय साज हैं। गायन के क्षेत्र में विष्णु नारायण भातखण्डे, बेगम अख्तर, बड़े गुलाम अली, हीराबाई बरोडकर, भीमसेन जोशी, केसरभाई केलकर, ओंकारनाथ ठाकुर, सिद्धेश्वरी देवी, त्यागराज, विष्णु दिगंबर पलुसकर, पंकज मलिक, एम.एस. सुब्बालक्ष्मी, पंडित जसराज, गंगूभाई हंगल, मल्लिकार्जुन मंसूर, डागर बंधु, डी.के. जयरामन, के.जे. यशुदास, गुलाम मुस्तफा खान, कुमार गंधर्व, के.एल. वसंधा कुमारी, किशोरी अमोनकर, गिरिजा देवी, वी.के. नारायण स्वामी दीक्षित, तानसेन, श्यामा शास्त्री, स्वाति तिरूनल आदि साजपरक संगीत के कुछ दिग्गज कलाकार रहे हैं।

साजपरक संगीत के कुछ दिग्गज कलाकार निम्न हैं:–

बाँसुरी—हरि प्रसाद चौरसिया, पन्नालाल घोष, टी.आर. महालिंगम, एन. रमानी, विजय राघव राव, रघुनाथ सेठ, राजेन्द्र कुलकर्णी

जंजीरा—वी. नागराजन

घटाम—टी.एच. विनयाकरम

गिटार—पंडित विष्णु मोहन भट्ट, मोहन भट्ट, बृजभूषण कालरा, श्रीकृष्ण नलिन

हारमोनियम—पुरुषोत्तम वालावाकर, एम. धौलपुरी

मृदंग—पालघात आर. रघु, यू.एस. वर्मन

पखावज—गोविन्द राव, अनोखे लाल, कंठी महाराज

रूद्रवीणा—जिया मोहिउद्दीन डागर, असद अली खान

संतूर—शिव कुमार शर्मा, तरुण भट्टाचार्य

सितार—पंडित रविशंकर, बिलायत खान, देबू चौधरी, अब्दुल हलीम, जफर खान

सरोद—अली अकबर खान, अमजद अली खान, अलाउद्दीन खान, सरेन रानी, बज नारायण, मुकेश शर्मा, चंदन राय

शहनाई—बिस्मिल्ला खान, सुरबहार इमरत खान, दयाशंकर जगन्नाथ

वायलिन—लालगुडी जयारमण, एल. सुब्रह्मण्यम, एम.एस. गोपालकृष्णन, एस. सुब्रह्मण्यम, वी.जी. जोग, एन. राजन

तबला—अल्लारखा खां, गुदई महाराज, जाकिर हुसैन, लतीफ खाँ, किशन महाराज आदि।

नृत्य

- **भरतनाट्यम :** इस नृत्य शैली का ताल्लुक तमिलनाडु से है। यह कर्नाटक संगीत के साथ किया जाने वाला एकांतिक नृत्य है। अपने शुद्ध रूप में यह नृत्य शरीर की विभिन्न हलचलों, कोणों व घुमाव के जरिए लय-ताल का एक बेहतरीन नमूना पेश करता है।
- **ओडिसी :** इसकी उत्पत्ति ओडिशा में हुई है। यह नृत्य भरतनाट्यम के समानांतर है। 'गीत-गोविन्द' नामक काव्य की संरचना इस नृत्य शैली के काव्य तथा संगीत घटकों पर हावी रही है।
- **मणिपुरी :** यह मणिपुर का लयबद्ध नृत्य है। यह राधा-कृष्ण और गोपियों की अवधारणा के इर्द-गिर्द संकेद्रित रही है। नगाड़ों और मंजीरों पर बजने वाले कई प्रकार के ताल इस नृत्य के साथ-साथ चलते हैं।
- **कत्थक :** यह उत्तरी भारत का एक विशिष्ट शहरी नृत्य है। पूर्व में इसे दरबारों से जुड़ी नृत्य परंपरा के रूप में लिया जाता था। इस नृत्य के दौरान गायन चलता रहता है, मृदंग बजते रहते हैं तथा एक और कलाकार साज बजाता रहता है। कलाकारों का यह समूह सुर-ताल का आकर्षक नजारा पेश करता है।
- **कथकली :** यह केरल की शास्त्रीय नृत्य नाटिका है। अपने स्वरूप में यह नृत्य वर्णात्मक होने के बजाय नाट्यरूप में होता है। यह नृत्य महाकाव्यों के मिथकीय घटनाओं पर आधारित होता है जिसे अतिनाटकीय अंदाज में प्रस्तुत किया जाता है। नाटकीय कथा आँखों और भौहों के संचालन से, हाथों की भाव-भंगिमाओं से तथा शरीर के विशिष्ट संचालन से आगे बढ़ती है।
- **कुचिपुड़ी :** इस नृत्य का अभ्युदय आंध्र प्रदेश में हुआ माना जाता है। पारंपरिक रूप से यह नृत्य-नाटिका मंदिरों से संबद्ध रही है।

विभिन्न राज्यों के कुछ महत्वपूर्ण लोक-नृत्य :

- **महाराष्ट्र :** तमाशा, दही हण्डी, गोफ, दीपक, डिंडी
- **गुजरात :** गरबा, रासलीला, तिप्पनी, डांडिया
- **ओडिशा :** छऊ, माया शवरी, दलचाई
- **राजस्थान :** घूमर, कठपुतली, तेरा ताली
- **मध्य प्रदेश/छत्तीसगढ़ :** लोटा नृत्य, जवारा
- **हिमाचल प्रदेश :** दशहरा नृत्य, हिकत, नेतियो
- **पंजाब :** गिद्धा, भांगड़ा, पणिहारी
- **उत्तर प्रदेश/उत्तराखंड :** रासलीला, नौटंकी, थाली, धुरंग, झुमेला, हुड़का बोल, कजरी
- **नगालैण्ड :** बांस नृत्य, केदोहोह
- **असम :** बिहू, केली गोपाल, सतरिया
- **पश्चिम बंगाल :** कीर्तन, कालत्री, असुरबध, वृता, काली नाच
- **बिहार/झारखंड :** छऊ, मगही, दुर्गा नृत्य
- **तमिलनाडु :** तेरुकलथु, कबलतम, कर्गम, पुली वेशम
- **केरल :** मोहिनी अट्टम, पदायुनी
- **कर्नाटक :** यक्षगान, कुजीता, कोडवास
- **जम्मू-कश्मीर/लद्दाख :** दुम्हल, हिकत, चाकरी
- **त्रिपुरा :** हजागिरि
- **आंध्र प्रदेश/तेलंगाना :** डंडारिया, बंजारा, घण्टा मरदाला
- **गोवा :** गोडे मोदनी, ढकनी
- **मेघालय :** नोंगकरेम, बांग्ला
- **मणिपुर :** ढोल चोलम, बसंत रस
- **हरियाणा :** धमचाल, लहूर, भांगड़ा, गिद्दा
- **झारखंड :** सरहुल, सोहराई

शास्त्रीय नृत्य के कुछ प्रख्यात कलाकार :

- **भरतनाट्यम :** यामिनी कृष्णमूर्ति, रुक्मिणी देवी अरुण्डेल, स्वप्न सुन्दरी, सोनल मानसिंह, वैजयंती माला, मृणालिनी साराभाई, चंद्रलेखा, इंद्राणी, राम गोपाल, बाल सरस्वती
- **कथकली :** गोपीनाथ, के.के. नायर, कुंजुकुरुप, टी.के. चंदू, शांताराव, उदयशंकर
- **कुचिपुड़ी :** स्वप्न सुंदरी, राजा रेड्डी, राधा रेड्डी, शोभा नायर, वेदांतम सत्यनारायण, विम्पत्ति चिन्ना सत्यम
- **कत्थक :** बिरजू महाराज, गोपीकृष्ण, शंभू महाराज, सितारा देवी, उमा शर्मा, दुर्गा लाल, शोभना नारायण
- **मणिपुरी :** उदय शंकर, दरोहरा झावेरी, चैतम्बि सिंह, बिपिन सिंह, सूर्यमुखी
- **ओडिसी :** केलुचरण महापात्र, इंद्राणी रहमान, माधवी मुद्गल, प्रोतिमा बेदी, संयुक्ता पाणिग्रही, सोनल मानसिंह, देवू दास, प्रियवंदा मोहन्ती, मिनाती दास

✧✧✧✧✧

महत्वपूर्ण दिवस

दिवस	महत्व
9 जनवरी	प्रवासी दिवस
15 जनवरी	थल सेना दिवस
25 जनवरी	भारतीय पर्यटन दिवस
26 जनवरी	भारतीय गणतंत्र दिवस
30 जनवरी	शहीद दिवस, विश्व कुष्ठ निवारण दिवस (महात्मा गाँधी की पुण्य तिथि)
1 फरवरी	तटरक्षक दिवस, डाक जीवन बीमा दिवस
4 फरवरी	विश्व कैंसर दिवस
20 फरवरी	विश्व सामाजिक न्याय दिवस
21 फरवरी	विश्व मातृभाषा दिवस
22 फरवरी	पल्स पोलियो दिवस
28 फरवरी	राष्ट्रीय विज्ञान दिवस (रमन प्रभाव की स्मृति में)
8 मार्च	अन्तर्राष्ट्रीय महिला दिवस
15 मार्च	विश्व उपभोक्ता अधिकार दिवस, विश्व विकलांगता दिवस
21 मार्च	विश्व वानिकी दिवस, विश्व रंगभेद उन्मूलन दिवस
22 मार्च	विश्व जल दिवस
23 मार्च	शहीद दिवस, विश्व मौसम विज्ञान दिवस
24 मार्च	विश्व तपेदिक दिवस
7 अप्रैल	विश्व स्वास्थ्य दिवस
18 अप्रैल	विश्व विरासत दिवस
22 अप्रैल	विश्व पृथ्वी दिवस
1 मई	मई दिवस (अन्तर्राष्ट्रीय श्रम दिवस)
8 मई	विश्व रेडक्रॉस दिवस
9 मई	अन्तर्राष्ट्रीय थैलीसीमिया दिवस
11 मई	राष्ट्रीय प्रौद्योगिकी दिवस
24 मई	कॉमनवेल्थ दिवस
31 मई	धूम्रपान विरोध दिवस

दिवस	महत्व
1 जून	अन्तर्राष्ट्रीय बाल दिवस
5 जून	विश्व पर्यावरण दिवस
14 जून	वर्ल्ड ब्लड डोनर डे
20 जून	शरणार्थी दिवस
21 जून	विश्व योग दिवस
11 जुलाई	विश्व जनसंख्या दिवस
6 अगस्त	विश्व शांति दिवस, हिरोशिमा दिवस
10 अगस्त	अंतर्राष्ट्रीय युवा दिवस
29 अगस्त	राष्ट्रीय खेल दिवस
5 सितम्बर	शिक्षक दिवस
8 सितम्बर	विश्व साक्षरता दिवस
14 सितम्बर	हिन्दी दिवस
16 सितम्बर	विश्व ओजोन दिवस
21 सितम्बर	अन्तर्राष्ट्रीय शांति दिवस
27 सितम्बर	विश्व पर्यटन दिवस
2 अक्टूबर	गाँधी जयन्ती / अन्तर्राष्ट्रीय अहिंसा दिवस
3 अक्टूबर	विश्व पर्यावास दिवस
5 अक्टूबर	विश्व आवास दिवस
9 अक्टूबर	विश्व डाक दिवस
16 अक्टूबर	विश्व खाद्य दिवस
17 अक्टूबर	विश्व गरीबी उन्मूलन दिवस
20 अक्टूबर	राष्ट्रीय एकता दिवस, विश्व सांख्यिकी दिवस
14 नवम्बर	विश्व मधुमेह दिवस
19 नवम्बर	अन्तर्राष्ट्रीय नागरिक दिवस
26 नवम्बर	विश्व पर्यावरण संरक्षण दिवस
1 दिसम्बर	विश्व एड्स दिवस
10 दिसम्बर	अन्तर्राष्ट्रीय मानवाधिकार दिवस
18 दिसम्बर	अन्तर्राष्ट्रीय प्रवास दिवस
29 दिसम्बर	विश्व जैव विविधता दिवस

✧✧✧✧✧

खेल जगत

खेलों से जुड़ी शब्दावली

- **एथलेटिक्स:** ऐली, स्ट्रॉम, बैटन, बेंड, ब्लाइंड पास, बॉक्स, सर्किल, क्लियरेंस, क्रासबार, हीट्स, फाल्स स्टार्ट, फ्लॉप स्टाइल, फाउल, हर्डलेस, लेन, लैप, डेकाथलॉन, हैप्टेथलॉन, मैराथन, पेंटाथलोन, स्क्रैच, शॉट पुट, स्प्रिंट, स्टार्टिंग ब्लॉक स्टेपल चेज, स्ट्रैडल, टाई, जोन।
- **बैडमिंटन:** एश, एली, बैक हैण्ड, ब्लाक, कैरी, चैकिंग द स्मैस, कोर्ट, क्रास कोर्ट, डबल हिट, ड्राप शाट, फाल्ट, फोरहैण्ड, फ्रेम, गेम प्वाइंट, किल, लोब, लव, नेट, रैकेट, रैली, सर्व, शार्ट सर्व, शटल (बर्ड भी कहते हैं) साइड आउट, अंडर हैंड।
- **बेसबॉल:** आर्म थ्रोअर, एराउंड द हार्न, बल्क, बाल, बाल हॉक, बेस ओपन बेस रनर, बैट, बैटर, कैचर, काक्ड आर्म, क्रास फायर, डाउनर, होम, हाट कार्नर, इनफील्ड फ्लाई, की स्टोन सैक, लेट अप, पेग, पिंच हिटर, पॉपी, पंच, रबर, इनअप, सिंकर, स्लाइडर, थ्री फुट लाइन।
- **बास्केट बॉल:** बैक डोर, बैंग बोर्ड, बैंक शाट, बाउंस पास, चार्ज, चेस्ट पास, कार्नर प्लेयर, कट, डेड बॉल, डबल फाउल, ड्रिबल, फेक, फील्ड गोल, फाउल, फ्री थ्रो, गोल, हेल्ड बॉल, जम्प बॉल, पायवोट, रिवाइंड, रिस्ट्रेनिंग सर्कल, टी, टैक्नीकल फाउल, थ्रो इन।
- **बिलियर्डस एंड स्नूकर:** एंगल, राउण्ड द टेबल, बल्क, बॉल, ब्रेक, ब्रिज, केनन, क्यू बॉल, कॉप, फॉलो, हजार्ड, पाकेट, पॉट, पिरामिड, रेडबॉल, रेस्ट्स, रन, सेट अप, शार्ट स्विंग, टेबल।
- **बॉक्सिंग:** स्प्रॉन, अटैक, ब्लैक पेडल, बैक हैंड पंच, ब्लाकिंग, बोली, बाउट, बट, चॉप, कम्बीनेशन, कट, डाइव, एलबोइंग, फर्स्ट ब्लड, फ्लोर, फुल काउंट, ग्लोब्स, हीलिंग, होल्डिग, हुक, जब, माउथपीस, पंच, रिंग, स्कोरिंग, सेकेण्ड, स्पॉट, वार्निंग।
- **क्रिकेट:** ऑल राउण्डर, ऐशेज, बैकफुट, बेल्स, बॉल, बैट, बैटिंग, बैट्समैन, बीमर, बाउंसर, बाउण्ड्री, बॉलर, बॉलिंग क्रीज, बाई, कॉट एण्ड बोल्ड, कॉल, कैच, कॉट बिहाइंड, सेंचुरी, क्लीन बोल्ड, कवर प्वाइंट, क्रास बैट, कट, कटर, डेड बॉल, एक्स्ट्राज, फास्ट मीडियम, फॉलोआन, फ्रंट फुट, फुलटॉस, ग्लास, गुगली, गार्ड, गिल्ली, हाफ वॉली, हैट्रिक, हिट विकेट, हुक, इनस्वींगर, लेटकट, लेग ब्रेक, लेग साइड, मेडन, मिड ऑफ, मिड ऑन, मिड विकेट, नाइट वाचमैन, प्वांइट, ओपनर, ओवर, ओवर थ्रो, ओवर द विकेट, पिच, पुल-राउण्ड द विकेट, स्क्वायर कट, स्क्वायर लेग, स्वीप, टॉस, अम्पायर, विकेट कीपर, यार्कर।
- **गोल्फ:** एश, एड्रेस, एयर शॉट, एप्रोन, अवे, बॉल मार्क, ब्रिडी, बोगी, बाई, चिप, क्लब, कप, ड्राइव, ईगल, फ्लफ्फ, हाल्वड्, हैण्डीकैप, हजार्ड, होल, ऑनर, हुक, जिग्गर, लाई, पार, पिन, पुट, रन, स्लाइस, स्टांस, स्विंग, टी, वेज।
- **हॉकी:** बैकपास, बुली, कैरिंग द बॉल, सेंटर फारवर्ड, चार्जिंग, कार्नर, डी, डिफें डर, ड्रिबलिंग, फ्लिक, फारवर्ड, फाउल, फ्रीहिट, फुल बैक्स, गोल, हाब्स, हिट, हुकिंग, इंटरसेप्टिंग, लांग कार्नर, शार्ट पेनल्टी स्ट्रोक, पुश, रिवर्स स्टिक, स्कूप, सिक्सटीन यार्ड हिट, स्टिक, स्ट्राइकिंग सर्कल, टैकलिंग, थ्रू पास, ट्रैपिंग, ट्वेन्टी फाइव यार्ड लाइन, अंडरकटिंग।
- **सॉकर:** बाईसाईकिल किक, बाड़ी सर्व, बाक्स या पेनल्टी एरिया, कैरिंग, चेस्टिंग, क्लीयरिंग, कार्नर किक, कार्नर फ्लैग, क्रास, क्रास ओवर, डी, डायरेक्ट फ्री किक, डाइव, डबल फाउल, ड्रिवल, ड्राप वॉल, एक्स्ट्रा टाइम, फिनिशिंग, फ्लैंक, फाउल, गोल किक, गोल पोस्ट, गोल्स, हॉफ वॉली, हैट्रिक, हैडिंग, इनडायरेक्ट फ्री किक, इंटरसेप्सन, किक ऑफ, लाइंस मैन, लिंक मैन, लोब, मार्किंग, न्यूटमैग, ऑफ साइड, पास, पेनल्टी स्पॉट, रिवर्स पास, सीजर्स किक, शैडो मार्किंग, साइड लाइंस, स्ट्राइकर, स्वीपर, टेंकल, थ्रोइन, ड्रिपिंग, विंगर, येलो कार्ड।
- **स्क्वैश:** एंगल, बोर्ड कोर्ट, कट लाइन, ड्राइव, फुट फाउल्ट, हॉफ कोर्ट लाइन, हैमर, हैंड इन, किल, निक, पेनल्टी प्वाइंट, रैली, सर्विस बाक्स, सेट, शार्ट लाइन, वॉली, वेल्स।
- **स्वीमिंग:** बैकस्ट्रोक, बटरफ्लाई, ब्रेस्ट स्ट्रोक, कैसल, क्राउल, फाल्स स्टार्ट, फ्री स्टाइल, किकिंग, लेग, मेडले रिले, पुल, टच।

- **टेबल टेनिसः** एश, बैकहैण्ड, शॉट, ब्लेड, ब्लॉक शॉट, ड्यूस, ड्राप शॉट, गेम, ग्रिप, रैली, सर्विस, स्मैश, टॉप स्पिन, रिवर्स सेंटर लाइन।
- **टेनिसः** एश, एडवांटेज, बैक कोर्ट, बैक हैण्ड, बॉल ब्वाय या बॉल गर्ल, ब्रेक, बाई, सेंट्रल लाइन, चिप, चाप, कोर्ट, डेड, ड्यूस, डबल फाल्ट, डाउन द लाइन, ड्राप शॉट, ड्राप वॉली, इरर, फेस या रैकेट, फाउल्ट, फोर कोर्ट, फ्रेम, गेम, गेम प्वाइंट, ग्राउंड स्ट्रोक, लेट, लाइन बॉल, लोब, लव, मैच प्वाइंट, नेट, नेट बॉल, ओवर हैड, स्मैश, पासिंग शॉट, रैली रिटायर, रिटर्न, सर्व, सर्विस, सेट, सेटप्वाइंट, शार्ट बाल, स्मैश, स्ट्रोक, टॉस, अंडरहैंड, वॉली।
- **वॉलीबॉलः** एश, एड ऑन, बैकलाइन, ब्लॉक, बॉडी फाउल, कैरिंग द बॉल, चेस्टपास, कवर, क्रास कोर्ट शाट, ड्यूस, डिग, डबल हिट, फुट फाउल्ट, गेम प्वाइंट, किल, हेल्ड, बॉल, मल्टीपल टचेज, नेट, ओवर नेट, प्वांइट, पावर सर्व, सर्व, सेट, साइड आउट, स्मैश, स्पाइकर टाइम आउट।

खेल के मैदान की माप

- **बैडमिंटन कोर्ट** : 20 फीट × 44 फीट (युगल); 17 फीट × 44 फीट (एकल)
- **बेसबॉल** : डायगोनल बेस में से निकटतम आधार के बीच की दूरी 90 फीट और 127 फीट 3⅜ इंच होती है। पिचर के सर्किल और बॉलर के बीच 60½ फीट की दूरी होती है।
- **बास्केटबॉल कोर्ट** : 85 फीट × 46 फीट।
- **बिलियर्ड्स टेबल** : 12 फीट × 6 फीट 1½ इंच।
- **बॉक्सिग रिंग** : 20 फीट वर्ग।
- **क्रिकेट** : दोनों विकेट 22 गज की दूरी पर होते हैं। बॉल का व्यास लगभग 9 से.मी. और वजन 5½ से 5¾ ओंस होता है।
- **हैंडबॉल कोर्ट** : 126 से 147 फीट लम्बा और 60 से 73 फीट चौड़ा।
- **हॉकी का मैदान** : 100 गज × 55 गज।
- **रग्बी मैदान** : यह मैदान अंडाकार होता है जिसकी अधिकतम लम्बाई 150 से 200 गज और अधिकतम चौड़ाई 120 से 170 गज होती है।
- **रोविंग** : एकल नौका चालन हेतु नौका की लम्बाई 27 फीट और युगल के लिए 34 फीट होती है। कॉक्स्ड जोड़ा 35 फीट, काक्सलेस फोर 44 फीट, कॉक्स्ड फोर 45 फीट और कॉक्स्ड एट 62 फीट होता है।
- **फुटबॉल मैदान** : 100 से 130 गज लम्बा और 50 से 100 गज चौड़ा।
- **स्क्वैश कोर्ट** : 32 फीट × 21 फीट, कट लाइन 6 फीट का और टिन 19 इंच का होता है।
- **स्वीमिंग पुल** : 50 मीटर लम्बा।
- **टेबल टेनिस** : टेबल 9 फीट × 5 फीट का होता है तथा नेट की ऊंचाई 6 इंच होती है।
- **टेनिस कोर्ट** : एकल के लिए 78 फीट × 27 फीट और युगल के लिए 78 फीट × 36 फीट।
- **वालीबॉल कोर्ट** : 18 मीटर × 9 मीटर।
- **मैराथन दौड़** : 26 मील 385 गज।

ओलंपिक

प्राचीन काल में अपने नागरिकों को स्वस्थ एवं फिट बनाए रखने के लिए यूनानवासी प्रतियोगी खेल स्पर्द्धाओं का आयोजन करते थे। जौस देवता के सम्मान में प्रथम ओलम्पिक खेलों का आयोजन ओलम्पस माउंट में ईसा पूर्व 776 में किया गया था। इसके बाद 394 ईस्वी जबकि यूनानी सभ्यता का पतन हो गया, प्रत्येक 4 वर्षों के अंतराल के बाद ओलम्पिक खेलों का आयोजन किया जाता रहा। आधुनिक समय में फ्रांस के धनकुबेर पियरे डी कुबर्टिन ने आधुनिक खेलों को पुनर्जीवित किया। प्रथम आधुनिक ओलम्पिक खेल का आयोजन 1896 में एथेंस (यूनान) में किया गया। इसके बाद से विश्व युद्धों को छोड़कर प्रत्येक 4 वर्ष के अंतराल पर ओलम्पिक खेलों का आयोजन होता रहा है। ओलम्पिक खेलों का ध्वज श्वेत रंग का है जिस पर 5 रंगीन छल्ले बने हैं। प्रत्येक रिंग एक महादेश का प्रतिनिधित्व करता है। एक ही वर्ष में ग्रीष्मकालीन और शीतकालीन ओलंपिक खेलों का आयोजन किया जाता है।

एशियाई खेल

द्वितीय विश्व युद्ध के पश्चात् अनेकों एशियाई देशों ने स्वतंत्रता प्राप्त की। ओलंपिक खेलों की तर्ज पर प्रत्येक चार वर्षों बाद एशियाई खेलों के आयोजन की योजना बनायी गई। भारत ने 1951 में नई दिल्ली में प्रथम एशियाई खेलों का आयोजन किया।

राष्ट्रमंडल खेल

राष्ट्रमंडल खेल भी प्रत्येक चार वर्ष बाद आयोजित किए जाते हैं उसी वर्ष में जिसमें एशियाई खेल आयोजित होते हैं। सभी राष्ट्रमंडल देश (ब्रिटेन के पूर्व उपनिवेश) इसमें भाग ले सकते हैं। प्रथम राष्ट्रमंडल खेल 1930 में हैमिल्टन (कनाडा) में आयोजित हुआ जिसे ''ब्रिटिश अम्पायर गेम'' के नाम से जाना गया। 1954 में इनका नाम बदलकर ''ब्रिटिश अम्पायर एण्ड कॉमनवेल्थ गेम्स'' कर दिया गया। 1970 में एक बार फिर इनका नाम परिवर्तन कर 'ब्रिटिश कॉमनवेल्थ गेम्स' किया गया। वर्ष 1978 से इन्हें कामनवेल्थ गेम्स अथवा राष्ट्रमंडल खेलों के नाम से जाना जा रहा है।

प्रमुख खेल एवं उससे संबंधित जानकारी

क्रिकेट : क्रिकेट खेल का जन्मदाता इंग्लैंड को माना जाता है। दुनिया का पहला क्रिकेट क्लब हैम्बल्डन में 1760 के दशक में बना और मेरिलबॉन क्रिकेट क्लब (MCC) 1787 में।

हॉकी : हॉकी का पहला संगठित क्लब 1861 में स्थापित 'ब्लैकहीथ एबी एण्ड क्लब' (इंग्लैंड) है। हॉकी की सर्वोच्च संस्था 'फेडरेशन इंटरनेशल दि हॉकी' (एफ. आई. एच.) है, जिसकी स्थापना 1884 ई. में की गयी थी। हॉकी का पहला अन्तर्राष्ट्रीय मैच 26 जून, 1895 को राइल में वेल्स एवं आयरलैंड के बीच खेला गया। ओलम्पिक में सर्वाधिक आठ बार हॉकी का खिताब भारत ने जीता है।

फुटबॉल : फुटबॉल का जन्म इंग्लैंड में हुआ। 1857 ई. में इंग्लैंड में विश्व का पहला फुटबॉल क्लब 'शेफील्ड फुटबॉल क्लब' का गठन हुआ। भारत में फुटबॉल अंग्रेजों के द्वारा लाया गया और भारत का पहला फुटबॉल क्लब 'डलहौजी क्लब' था।

टेबल टेनिस : इस खेल का जन्मदाता इंग्लैंड है। 'इंटरनेशनल टेबल टेनिस एसोसिएशन' की स्थापना 1926 ई. में की गयी थी। टेबल टेनिस विश्व चैम्पियनशिप का मैच पहली बार 1927 ई. में हुआ।

लॉन टेनिस : आधुनिक संदर्भ में इस खेल का विकास इंग्लैंड में हुआ। टेनिस की सर्वोच्च संस्था इंटरनेशनल टेनिस फेडरेशन (I.T.F.) की स्थापना 1913 ई. में पेरिस में की गई।

बास्केटबॉल : इस खेल का आविष्कार जेम्स स्मिथ ने सन् 1891 में अमेरिका में किया। इसके अन्तर्राष्ट्रीय संघ की स्थापना सन् 1932 में फेडरेशन इंटरनेशनल डे बास्केटबॉल एसोसिएशन (FIBA) के नाम से हुई। भारत में प्रथम बास्केटबॉल खेल सन् 1930 में खेला गया। इसका पहला विश्व चैम्पियन मैच 1950 ई. में आयोजित हुआ।

बैडमिंटन : आधुनिक बैडमिंटन का विकास संभवत: इंग्लैंड में हुआ था। इसकी सर्वोच्च संस्था इंटरनेशनल बैडमिंटन फेडरेशन की स्थापना 1934 में की गयी थी। विश्व बैडमिंटन चैम्पियनशिप की शुरुआत 1977 ई. में हुई थी।

पोलो : आमतौर से यह माना जाता है कि पोलो का जन्म फारस में हुआ था। फारस में 525 ई.पू. में 'पुलु' के नाम से यह खेल खेला जाता था। कुछ लोगों का मानना है कि पोलो का जन्म भारत के मणिपुर में हुआ।

एथलेटिक्स : पहला ओलंपिक जो ई.पू. 8वीं सदी में हुआ था उसमें यह एक मात्र खेल था। ई.पू. 8वीं शताब्दी में होमर द्वारा लिखित इलियड में पैदल दौड़ का वर्णन मिलता है। एथलेटिक्स इंग्लैंड में ईसा बाद 12वीं सदी में प्रारंभ हुई।

कुश्ती : ई.पू. 708 में यूनानियों ने अपने ओलंपिक में कुश्ती को शामिल कर लिया था। कुल मिलाकर कुश्ती के 50 प्रकार हैं। ओलंपिक में ग्रीको रोमन और फ्री स्टाइल कुश्ती आर्मेचर होती है।

शतरंज : सामान्यत: ऐसा माना जाता है कि भारत में यह खेल ईसा बाद 7वीं सदी में शुरू हुआ।

गोल्फ : आधुनिक गोल्फ का खेल सर्वप्रथम स्कॉटलैंड में शुरू हुआ। आधुनिक गोल्फ में पुरुषों के ग्रैंड स्लैम में चार टूर्नामेंट होते हैं। मास्टर ओपन, यूनाइटेड स्टेट्स ओपन, ब्रिटिश ओपन और प्रोफेशनल गोल्फर्स एसोसिएशन ऑफ अमेरिका (पी.जी.ए.) चैम्पियनशिप।

वाटर पोलो : यह खेल सन् 1860 ई. में इंग्लैंड में शुरू हुआ। इस खेल को शुरू करने का श्रेय मुख्यत: ग्लासगो के विलियम विल्सन को जाता है।

बेसबॉल : यह खेल 19वीं सदी के मध्य में अमेरिका में विकसित हुआ। ऐसा माना जाता है कि इसकी खोज अबनेर डबलडे ने सन् 1839 ई. में की। इस खेल के नियमों को एलेक्जेंडर कार्टराइट ने लिखा।

तैराकी : द फेडरेशन इंटरनेशनल डी नेशनल एमैच्योर (FINA) तैराकी एवं अन्य सभी गैर-पेशेवर जल-क्रीड़ाओं को संचालित करती है।

स्पोर्ट्स से जुड़े प्रमुख खिलाड़ी

- **एथलेटिक्स :** कार्ल लुईस, मौरिस ग्रीन, माइकल जानसन, लिंडफोर्ड क्रिस्टी, जैकी जायनर, मेरियन जोंस, बेन जानसन, कैल्विन स्मिथ, जेसी ओवंस, सर्गेई बुबका, सेबेस्टियन को, मिल्खा सिंह, पीटी उषा, उसैन बोल्ट, ज्योतिर्मय सिकदर।
- **बॉक्सिंग :** कैसियस क्ले (मोहम्मद अली), जो फ्रेजर, माइक टायसन, लैरी टोलम्स, फैंक ब्रूनो, हेनरी कूपर, आर्ची मूर, इवांडर होलीफील्ड, विजेंद्र कुमार, एम.सी. मैरीकॉम।
- **बैडमिंटन :** प्रकाश पादुकोण, सैय्यद मोदी, दिनेश खन्ना, जेमी पोलसन, नंदू नाटेकर, लिम स्वीकिंग, सायना नेहवाल।
- **बिलियर्ड :** गीत सेठी, माइकल फरेरा, पंकज आडवाणी।
- **शतरंज :** बोरिस स्पॉस्की, गैरी कास्परोव, अंतोली कार्पोव, विक्टर कोरकोनी, विश्वनाथन आनंद, कोनेरू हम्पी, प्रवीण थिप्से, रोहिणी खादिलकर, सूर्य शेखर गांगुली, गुकेश डी.।
- **क्रिकेट :** सुनील गावस्कर, बिशन सिंह बेदी, कपिल देव, मुहम्मद अजहरुद्दीन, सचिन तेंदुलकर, जी.आर. विश्वनाथ, लाला अमरनाथ, अजित वाडेकर, वी एस चंद्रशेखर, ईएएस प्रसन्ना, एस. वेंकटराघवन, डान ब्रैडमेन, रिचर्ड हैडली, गैरी सोबर्स, इयान बाथम, विवियन रिचर्डस, क्लाइव लायड, इमरान खान, ज्योफ बायकाट, टोनी ग्रेग, वसीम अकरम, हनीफ मोहम्मद, रिची बेनो, माल्कम मार्शल, माइकल होल्डिंग, ग्रेग चैपल, जावेद मियांदाद, विजय मांजरेकर, फैंकवारेल, बिल लॉरी, क्लाइब राइस, विराट कोहली, मार्क टेलर, जीएल गारनर, अर्जुन राणातुंगा, अरविन्द डीसिल्वा, सौरव गांगुली, विनोद कांबली, नयन मोंगिया, अजित अगरकर, जैक कालिस, इयान हिली, जान ट्राइकास, क्रेग मैकडरमोट, ब्रायन मैकलिमन, डब्ल्यू आर हैमंड, सनत जयसूर्या, ब्रायन लारा, एंडी फ्लावर, बी.वी.एस. लक्ष्मण, राहुल द्रविड़, डेनियल विटोरी, वीरेन्द्र सहवाग, एम. एस. धोनी, युवराज सिंह, रिकी पोन्टिंग।
- **हॉकी :** ध्यान चंद, अशोक कुमार, अजित सिंह, परगट सिंह, प्रीतपाल सिंह, जफर इकबाल, शंकर लक्ष्मण, चारू चार्ल्सवर्थ, बलबीर सिंह, टेरी वाल्स, किशनलाल, धनराज पिल्लै।
- **फुटबॉल :** पेले, डियागो माराडोना, फ्रेंज बेकनबोर, सोक्रेट्स, रूड गुलिट, गैरी लिनेकर, कोरेका, पी सी बनर्जी, अरुणलाल घोष, युनी गोस्वामी, इंदर सिंह, डावर सूकर, रोनाल्डो, रिवाल्डो, डिसचैम्पस, ओलिवर कॉन, लुईस फिगो, वाइचुंग भूटिया।
- **टेनिस (लान) :** ब्योन बोर्ग, जिमी कानर्स, जान मैकनरो, इवान लेंडल, पीट सम्प्रास, मार्टिना नवरातिलोवा, स्टेफी ग्राफ, स्टीफन एडवर्ग, आंद्रे अगासी, माइकल चांग, रमेश कृष्णन, बोरिस बेकर, लिएण्डर पेस, महेश भूपति, विजय अमृतराज, आनंद अमृतराज, जयदीप मुखर्जी, राड लीवर, राय इमर्सन, नरेश कुमार, प्रेमजीत लाल, मार्टिना हिंगिस, मेरी पियर्स, सेरेना विलियम्स, वीनस विलियम्स, सानिया मिर्जा, सोमदेव वर्मन, रोजर फेडरर, राफेल नडाल, मारिया शरापोवा।
- **गोल्फ :** ग्रेग नारमेन, निक प्राइस, जीव मिलखा सिंह, एस. चौधरी, आर.के. पीतांबर, विक्रमजीत सिंह, अर्जुन अटवाल।
- **जिम्नास्टिक :** नादिया कोमानिय, एल लेतीनीना, वी. कस्लावस्का, ई.जेबो, डब्ल्यू. किंम, वाई मा, श्रूसोनोवा, डेनिएला सिलीवास, ए ब्रेगलिया, वी युकारिन, एन एंद्रियानोव, सर्गेई स्पिट्ज।
- **स्वीमिंग :** आरती गुप्ता, अरुण कुमार शा, वैद्यनाथ, डाउन फ्रेजर, मिहिर सेन, आरती शाहा, मार्क स्पिट्ज, माइकल फेल्प्स।
- **कुश्ती :** दारा सिंह, भीमसेन, मुख्तार सिंह, सुदेश कुमार, चांदगी राम, सुशील कुमार।
- **निशानेबाजी:** अंजली भागवत्, राज्यवर्धन सिंह राठौर, समरेश जंग, अभिनव बिंद्रा, गगन नारंग।

विश्व के प्रसिद्ध कप और ट्राफियाँ

✦ अमेरिकन कप	याच रेसिंग
✦ एशेज	क्रिकेट (इंगलैंड बनाम आस्ट्रेलिया)
✦ कनाडा कप	गोल्फ (विश्व चैम्पियनशिप)
✦ कोलम्बो कप	सॉकर
✦ चैम्पियन ट्राफी	हाकी (पुरुष) विश्व की 6 श्रेष्ठ टीमों के मध्य
✦ डेविस कप	लान टेनिस (पुरुष)
✦ डर्बी	घोड़ा दौड़ (इंग्लैंड)
✦ इंदिरा गांधी गोल्फ कप	हॉकी (महिला) (भारत)
✦ जुलस रिमेट कप	सॉकर—विश्व कप (पुरुष)
✦ किंग्स कप	एयर रेसेज (इंग्लैंड)
✦ मर्डेका	सॉकर (पुरुष)(मलेशिया)
✦ प्रिंस ऑफ वेल्स कप	गोल्फ (इंग्लैंड)
✦ रोथमेंस कप	क्रिकेट
✦ रायडर कप	गोल्फ (इंग्लैंड)
✦ स्वेथलिंग कप	विश्व टेबल टेनिस (पुरुष)
✦ थामस कप	विश्व बैडमिंटन (पुरुष)
✦ उबेर कप	विश्व बैडमिंटन (महिला)
✦ वाकर कप	गोल्फ (इंग्लैंड)
✦ विटमैन कप	लान टेनिस (महिला)
✦ विम्बलडन कप	लान टेनिस (इंग्लैंड)

कप और ट्राफियाँ—भारत

- ✦ आगा खाँ कप — हॉकी (मुंबई)
- ✦ ऑल इंडिया महाराजा रणजीत सिंह गोल्ड कप — हॉकी
- ✦ बर्ना बेलक कप — टेबल टेनिस (पुरुष)
- ✦ बेटन कप — हॉकी (पुरुष)
- ✦ मुंबई गोल्ड कप — हॉकी
- ✦ बर्दवान ट्राफी — वेट लिफ्टिंग
- ✦ सीके नायडू ट्राफी — क्रिकेट
- ✦ डीसीएम ट्राफी — फुटबॉल
- ✦ ध्यान चंद ट्राफी — हॉकी
- ✦ डॉ. बीसी राय ट्राफी — राष्ट्रीय जूनियर फुटबॉल
- ✦ दिलीप ट्राफी — क्रिकेट
- ✦ डूरंड कप — फुटबॉल
- ✦ एजरा कप — पोलो
- ✦ आईएफए शील्ड — फुटबॉल
- ✦ ईरानी कप — क्रिकेट
- ✦ देवधर ट्राफी — क्रिकेट
- ✦ जयलक्ष्मी कप — राष्ट्रीय महिला टेबल टेनिस
- ✦ कुप्पुस्वामी नायडू ट्राफी — हॉकी
- ✦ लेडी रतन टाटा ट्राफी — हॉकी
- ✦ मौलाना आजाद ट्राफी — अंतर विश्वविद्यालय खेल
- ✦ मुरुगप्पा गोल्ड कप — हॉकी
- ✦ राष्ट्रीय लीग — फुटबॉल
- ✦ नेहरू कप — हॉकी
- ✦ ओबेदुल्ला गोल्ड कप — हॉकी
- ✦ राधामोहन कप — पोलो
- ✦ राजकुमारी चैलेंज कप — जूनियर गर्ल्स टेबल टेनिस
- ✦ रामानुजम ट्राफी — जूनियर ब्वाय टेबल टेनिस
- ✦ रंगास्वामी कप — राष्ट्रीय पुरुष हॉकी
- ✦ रणजी ट्राफी — राष्ट्रीय पुरुष क्रिकेट
- ✦ रोवर्स कप — फुटबॉल
- ✦ संतोष ट्राफी — राष्ट्रीय पुरुष फुटबॉल
- ✦ सुब्रतो कप — अंतर स्कूल फुटबॉल
- ✦ वेलिंगटन ट्राफी — नौकाचालन

प्रसिद्ध खेल मैदान एवं उनसे सम्बन्धित खेल

खेल-मैदान	खेल	स्थान
इन्द्रप्रस्थ स्टेडियम	इन्डोर गेम	दिल्ली
जवाहरलाल नेहरू स्टेडियम	एथलेटिक्स	दिल्ली
अरुण जेटली स्टेडियम	क्रिकेट	दिल्ली
अम्बेडकर स्टेडियम	फुटबॉल	दिल्ली
शिवाजी स्टेडियम	हॉकी	दिल्ली
नेशनल स्टेडियम	हॉकी	दिल्ली
वानखेडे स्टेडियम	क्रिकेट	मुम्बई
ब्रेबोर्न स्टेडियम	क्रिकेट	मुम्बई
ईडन गार्डन	क्रिकेट	कोलकाता
ग्रीन पार्क स्टेडियम	क्रिकेट	कानपुर
कीनन स्टेडियम	क्रिकेट	जमशेदपुर
नेहरू (चेपक) स्टेडियम	क्रिकेट	चेन्नई
वाराबती स्टेडियम	क्रिकेट	कटक
इप्सम	डर्बी घुड़दौड	ब्रिटेन
हेडिंग्ले मैनचेस्टर	क्रिकेट	ब्रिटेन
लार्ड्स, ओवल, लीड्स	क्रिकेट	ब्रिटेन
ब्लैक हीथ	रग्बी फुटबॉल	लन्दन
विम्बलडन	लॉन टेनिस	लन्दन
वेम्बले स्टेडियम	फुटबॉल	लन्दन
ब्रुकलैण्ड	फुटबॉल	इंग्लैंड
टिबंकहम	रग्बी फुटबॉल	इंग्लैंड
पटनी मार्टलेक	नौका दौड़	इंग्लैंड
टेंट ब्रिज	क्रिकेट	इंग्लैंड
एण्ट्री	घुड़दौड़	इंग्लैंड
व्हाइट सिटी	कुत्तों की दौड	इंग्लैंड
हरलिघम	पोलो	इंग्लैंड
पर्थ, ब्रिस्बेन, मेलबोर्न	क्रिकेट	आस्ट्रेलिया
यांकी स्टेडियम	बॉक्सिंग	न्यूयार्क
ब्रुकलिन	बेसबॉल	न्यूयार्क
फोरस्ट हिल	टेनिस	न्यूयार्क
नरेन्द्र मोदी स्टेडियम	क्रिकेट	अहमदाबाद

✧✧✧✧✧

पुरस्कार एवं सम्मान

राष्ट्रीय पुरस्कार

- **भारत रत्न**–यह भारत का सर्वोच्च असैनिक सम्मान है। यह कला, साहित्य, विज्ञान एवं खेलकूद के क्षेत्र में अतिविशिष्ट सेवाओं तथा सार्वजनिक क्षेत्र में उत्कृष्टतम योगदान के लिए प्रदान किया जाता है। सरकारी सेवाओं में लगे व्यक्तियों को यह पुरस्कार नहीं दिया जाता है।
- **पद्‌म विभूषण**–यह अलंकरण सभी क्षेत्रों में उल्लेखनीय योगदान के लिए दिया जाता है। सरकारी सेवाओं में लगे व्यक्ति भी इसके पात्र माने जाते हैं।
- **पद्‌म भूषण**–सभी क्षेत्रों में उल्लेखनीय योगदान के लिए यह उपाधि प्रदान की जाती है। सरकारी सेवाओं में रत व्यक्ति भी इसे पाने के हकदार हैं।
- **पद्‌म श्री**–विविध क्षेत्रों में उत्तम कार्य करने के उपलक्ष्य में यह उपाधि प्रदान की जाती है। सरकारी सेवा में लगे लोगों को भी इस उपाधि से अलंकृत किया जा सकता है।

शौर्य पदक

- **परमवीर चक्र**–शत्रु के समक्ष दृढ़ता से वीरता-प्रदर्शन के फलस्वरूप दिया जाने वाला यह सबसे बड़ा पुरस्कार है। यह अत्यन्त वीरतापूर्ण कार्य जल, थल तथा नभ में से किसी भी सेना के कर्मचारी द्वारा किये जाने पर दिया जाता है।
- **महावीर चक्र**–यह दूसरा सर्वोच्च पदक है जो शत्रु के समक्ष अद्वितीय शौर्य प्रदर्शन के फलस्वरूप प्रदान किया जाता है। इस प्रकार का वीरतापूर्ण कार्य थल, जल एवं नभ सेनाओं में से किसी के भी द्वारा किया गया हो सकता है।
- **वीर चक्र**–यह तीसरी श्रेणी का सेना पदक है जो शत्रु के समक्ष वीरता-प्रदर्शन करने के उपलक्ष्य में प्रदान किया जाता है। यह पदक जल, थल और नभ सेना के किसी भी वर्ग के कर्मचारी को वीरतापूर्ण कार्य के लिए प्राप्त हो सकता है।
- **अशोक चक्र**–यह ऐसा पदक है जो जल, थल और नभ कहीं पर भी उत्कृष्ट वीरतापूर्ण कार्य करने अथवा आत्म-बलिदान होने के फलस्वरूप प्रदान किया जाता है। लेकिन इस प्रकार का काम शत्रु के समक्ष होना आवश्यक नहीं। गुणों के आधार पर इस पदक के तीन वर्ग हैं– प्रथम, द्वितीय तथा तृतीय। द्वितीय पदक का नाम कीर्ति चक्र तथा तृतीय पदक का नाम शौर्य चक्र है।

अन्य राष्ट्रीय पुरस्कार/सम्मान

- **ज्ञानपीठ पुरस्कार**–यह पुरस्कार सांस्कृतिक एवं साहित्यिक संस्था 'भारतीय ज्ञानपीठ' द्वारा वर्ष 1965 से प्रदान किया जाता है। प्रत्येक वर्ष यह पुरस्कार संविधान की आठवीं अनुसूची में सम्मिलित 22 भारतीय भाषाओं और अंग्रेजी में से चयनित भारतीय लेखकों को प्रदान किया जाता है। इस पुरस्कार से पुरस्कृत साहित्यकार को 21 लाख रुपए नकद, एक स्मृति चिह्न, एक प्रशस्ति-पत्र तथा वाग्देवी (सरस्वती) की प्रतिमा प्रदान की जाती है।
- **दादा साहब फाल्के पुरस्कार**–इस पुरस्कार की स्थापना भारतीय फिल्म उद्योग के संस्थापक दादा साहब फाल्के की याद में भारत सरकार के सूचना एवं प्रसारण मंत्रालय द्वारा की गई है। इस पुरस्कार की धनराशि 15 लाख रुपए है।
- **जमनालाल बजाज पुरस्कार**–यह पुरस्कार रचनात्मक सामाजिक कार्य क्षेत्र में महत्त्वपूर्ण योगदान, ग्रामीण विकास हेतु विज्ञान एवं प्रौद्योगिकी के उपयोग तथा महिलाओं एवं बच्चों के उत्थान व कल्याण कार्यों हेतु प्रदान किया जाता है। इन पुरस्कारों के तहत 10-10 लाख की पुरस्कार राशि अब प्रदान की जाती है।
- **सरस्वती सम्मान**–15 लाख रुपये का यह पुरस्कार उत्कृष्ट साहित्यिक कृति पर दिया जाता है।
- **व्यास सम्मान**–के॰ के॰ बिड़ला फाउंडेशन द्वारा स्थापित यह पुरस्कार किसी एक साहित्यिक कृति को प्रदान किया जाता है। इसके तहत एक प्रशस्ति पत्र तथा 4 लाख रुपये की धनराशि प्रदान की जाती है।
- **मेजर ध्यानचंद खेल रत्न पुरस्कार**–1992 में स्थापित यह पुरस्कार भारत सरकार द्वारा खेलों में सराहनीय प्रदर्शन करने वाले खिलाड़ियों को प्रदान किया जाता है। इसमें 25 लाख रुपये की धनराशि, एक पदक और एक प्रशस्ति पत्र प्रदान किया जाता है। पहले इस पुरस्कार का नाम राजीव गांधी खेल रत्न पुरस्कार था।

- **अर्जुन पुरस्कार**–1961 में स्थापित यह पुरस्कार भारत सरकार द्वारा विभिन्न खेलों में विशेष उपलब्धि प्राप्त करने वाले खिलाड़ियों को प्रदान किया जाता है। इसमें अर्जुन की काँस्य प्रतिमा, प्रशस्ति पत्र तथा 15 लाख रुपये की धनराशि और समारोह परिधान प्रदान किया जाता है।
- **द्रोणाचार्य पुरस्कार**–1985 में स्थापित यह पुरस्कार भारत सरकार द्वारा खेल प्रशिक्षकों द्वारा की गयी उत्कृष्ट सेवाओं के लिए प्रदान किया जाता है। यह पुरस्कार दो वर्गों आजीवन और नियमित में प्रदान किया जाता है। आजीवन वर्ग में 15 लाख रुपये तथा नियमित वर्ग में 10 लाख रुपये, गुरु द्रोणाचार्य की प्रतिमा, प्रशस्ति पत्र, तथा समारोह परिधान प्रदान किया जाता है।

अंतर्राष्ट्रीय पुरस्कार

- **नोबेल पुरस्कार**–इस पुरस्कार का प्रवर्तन सन् 1901 में डाइनामाइट के आविष्कारक अल्फ्रेड बर्नहर्ड नोबेल (1833-1896 ई०) द्वारा व्यक्त की गई इच्छा के परिणामस्वरूप किया गया था। नोबेल पुरस्कार प्रति वर्ष रसायन शास्त्र, भौतिकी, साहित्य, चिकित्सा, शान्ति-प्रोत्साहन और अर्थशास्त्र (अर्थशास्त्र के लिए यह पुरस्कार 1969 से दिया जाना शुरू किया गया) के क्षेत्र में दिये जाते हैं। निम्न भारतीय अब तक इस पुरस्कार से सम्मानित किए जा चुके हैं: *(i)* डॉ॰ रवीन्द्रनाथ टैगोर (1913) उनकी कृति 'गीतांजलि' के लिए, *(ii)* डा॰ सी॰ वी॰ रमन (1930) भौतिकी के लिए, *(iii)* मदर टेरेसा (1979) शान्ति के लिए, *(iv)* प्रो॰ अमर्त्य सेन (1998) अर्थशास्त्र के लिए और *(v)* कैलाश सत्यार्थी (2014) शान्ति के लिए। इसके अलावा भारतीय मूल के चार लोगों सुब्रमण्यन चंद्रशेखर (भौतिक विज्ञान), हर गोविंद खुराना (चिकित्सा विज्ञान), वेंकटरामन रामकृष्णन (रसायन विज्ञान) और अभिजीत बनर्जी (अर्थशास्त्र) को भी यह पुरस्कार मिल चुका है।
- **रेमन मैग्सेसे पुरस्कार**–एशिया महाद्वीप का सबसे बड़ा पुरस्कार फिलीपीन्स के भूतपूर्व राष्ट्रपति की स्मृति में वर्ष 1957 से प्रदान किया जाता है। इसमें एक स्वर्ण पदक तथा पचास हजार डॉलर प्रदान किये जाते हैं। इसे एशिया का नोबेल पुरस्कार भी कहा जाता है।
- **शान्ति, निःशस्त्रीकरण व विकास के लिए इन्दिरा गांधी पुरस्कार**–1986 में स्थापित यह पुरस्कार भारत सरकार द्वारा अन्तर्राष्ट्रीय शान्ति, निरस्त्रीकरण एवं विकास के क्षेत्र में उल्लेखनीय योगदान हेतु प्रदान किया जाता है। पुरस्कार राशि 25 लाख रुपये नगद व साथ में एक स्मृति-चिन्ह दिया जाता है।
- **महात्मा गांधी अन्तर्राष्ट्रीय पुरस्कार**–एक करोड़ रु॰ की राशि का यह पुरस्कार भारत सरकार का सर्वोच्च असैनिक अन्तर्राष्ट्रीय पुरस्कार है जो 1995 में शुरू किया गया था। यह पुरस्कार अहिंसा के जरिए सामाजिक, आर्थिक और राजनीतिक परिवर्तन के लिए काम करने वाले व्यक्ति को दिया जाता है।
- **मैन बुकर पुरस्कार**–ब्रिटेन की संस्था बुकर मैकोनल कंपनी एंड पब्लिशर्स एसोसिएशन के द्वारा यह पुरस्कार 1969 में स्थापित हुआ। यह प्रतिवर्ष किसी लेखक को अंग्रेजी भाषा की उत्कृष्ट रचना हेतु प्रदान किया जाता हैं। इसकी पुरस्कार राशि 50,000 पाउण्ड है।
- **ऑस्कर पुरस्कार**–संयुक्त राज्य अमेरिका की 'नेशनल एकेडमी ऑफ मोशन पिक्चर आर्ट्स एण्ड साइंसेज' द्वारा फिल्म जगत का अत्यन्त प्रतिष्ठित यह पुरस्कार प्रतिवर्ष प्रदान किया जाता है।

प्रमुख देशों के सर्वोच्च सम्मान

देश	सर्वोच्च सम्मान
भारत	भारत रत्न
पाकिस्तान	निशान-ए-पाकिस्तान
कुवैत	मुबारक अल कबीर पदक
सऊदी अरब	शाह अब्दुल अजीज पदक
अर्जेन्टीना	द ऑर्डर ऑफ सॉन मार्टिन
निकारागुआ	आगस्टोसीजर सैण्डिनो ऑर्डर
हंगरी	द ऑर्डर ऑफ वैनर
वियतनाम	द ऑर्डर ऑफ द गोल्डेन स्टार
ब्रिटेन	मेम्बर ऑफ ब्रिटिश एम्पायर, विक्टोरिया क्रॉस
जापान	ऑर्डर आफ मौलोवनिश सन
डेनमार्क	आर्डर ऑफ द डैने ब्रोग
फ्रांस	लेजेण्ड ऑफ ऑनर
अमेरिका	प्रेसिडेंशियल मेडल ऑफ फ्रीडम
जर्मनी	पोर ली मैरिट आयरन क्रॉस
नीदरलैण्ड्स	नीदरलैण्ड्स लॉयन

✧✧✧✧✧

कम्प्यूटर ज्ञान

कम्प्यूटर : एक परिचय

✦ कंप्यूटर एक ऐसी इलेक्ट्रॉनिक युक्ति है जो दिए गए निर्देशन समूह के आधार पर सूचना को संसाधित करती है। इस निर्देशन समूह को प्रोग्राम कहते हैं। कंप्यूटर का हिन्दी रूपांतर 'संगणक' है।

✦ कंप्यूटर के विकास की दिशा में प्रथम प्रयास 19वीं शताब्दी में चार्ल्स बैवेज ने किया था, इसलिए उन्हें कम्प्यूटर का पितामह कहा जाता है। विश्व के प्रथम कम्प्यूटर मार्क-I का विकास वर्ष 1944 में हार्वर्ड विश्वविद्यालय में किया गया था।

✦ भारत में बना पहला कम्प्यूटर सिद्धार्थ है।

✦ कंप्यूटर में प्रयुक्त उच्चस्तरीय भाषाएं—फोरट्रॉन, कोबोल, बेसिक, अल्गोल, पास्कल, कोमाल, लोगो, प्रोलॉग तथा फोर्थ हैं। कंप्यूटर की भाषा में जानकारी को 'डाटा' और हिदायतों को 'प्रोग्राम' कहा जाता है।

कम्प्यूटर के प्रकार

✦ **माइक्रो कम्प्यूटर :** ये वस्तुतः एक ही व्यक्ति द्वारा उपयोग में लाए जाने के कारण व्यक्तिगत कम्प्यूटर (PC) कहलाते हैं।

✦ **मिनी कम्प्यूटर :** आकार तथा कार्यक्षमता की दृष्टि से ये छोटे होते हैं तथा एक बड़ी मेज पर आ सकते हैं। इन पर एक साथ बीस-तीस टर्मिनल पर कार्य किया जाता है।

✦ **मेन फ्रेम कम्प्यूटर :** ये बड़े आकार के कम्प्यूटर होते हैं जिनका डिजाइन स्टील के फ्रेम में लगाकर किया जाता है। इसकी मेमोरी उपर्युक्त दोनों से अधिक होती है।

✦ **सुपर कम्प्यूटर :** ये कम्प्यूटर बहुत अधिक शक्तिशाली होते हैं तथा जटिल संक्रियाओं को भी बहुत शीघ्र गति से करते हैं। इसकी संग्रहण क्षमता भी अधिक होती है।

कम्प्यूटर के मुख्य घटक

कंप्यूटर के मुख्य रूप से चार घटक होते हैं—

✦ **हार्डवेयर :** हार्डवेयर कम्प्यूटर के वे घटक होते हैं, जिन्हें हम देख और छू सकते हैं। हार्डवेयर के अंतर्गत सेन्ट्रल प्रोसेसिंग यूनिट (CPU), डीवीडी ड्राइव, मॉनीटर, की-बोर्ड, मॉउस, स्पीकर्स आदि आते हैं।

✦ **सॉफ्टवेयर :** सॉफ्टवेयर कंप्यूटर के उन घटकों को कहा जाता है जिन्हें हम देख और छू नहीं सकते हैं किन्तु उनकी सहायता से कंप्यूटर के द्वारा वांछित परिणाम प्राप्त कर सकते हैं। ये निर्देशों के समुच्चय होते हैं, जिनके द्वारा कंप्यूटर एक या एक से अधिक कार्यों को सम्पन्न करता है।

✦ **ऑपरेटिंग सिस्टम :** कंप्यूटर के हार्डवेयर रिसोर्सेज जैसे मेमोरी, प्रोसेसर तथा इनपुट-आउटपुट डिवाइसेस को व्यवस्थित करने के लिए बनाए गए सॉफ्टवेयर को ऑपरेटिंग सिस्टम कहते हैं।

✦ **एप्लीकेशन प्रोग्राम :** उन सॉफ्टवेयर्स को एप्लीकेशन प्रोग्राम कहा जाता है जिनकी सहायता से हम कंप्यूटर को दिए गए किसी निश्चित आदेश का पालन करवाते हैं। उदाहरण के तौर पर वर्ड प्रोसेसर्स जैसे कि एमएस ऑफिस, एकाउंटिंग सॉफ्टवेयर्स, टैली आदि।

कम्प्यूटर के मुख्य कार्य

कंप्यूटर मुख्य रूप से चार प्रकार के कार्य करता है :

(1) डाटा का संकलन तथा निवेशन
(2) डाटा का संचयन
(3) डाटा संसाधन
(4) डाटा/इन्फॉर्मेशन का निर्गमन या पुनर्निर्गमन

कम्प्यूटर के विभिन्न भाग

✦ **सीपीयू (CPU):** यह सेन्ट्रल प्रोसेसिंग यूनिट का संक्षिप्त रूप है। यह कम्प्यूटर का सबसे प्रमुख भाग है, जो कि निर्देशों का उपयोग कर संपूर्ण कंप्यूटर प्रणाली को संचालित करता है। इसे कम्प्यूटर का मस्तिष्क कहा जाता है।

✦ **रैम (RAM):** यह रैण्डम एक्सेस मेमोरी का संक्षिप्त रूप है। यह कम्प्यूटर की मेन मेमोरी का एक महत्वपूर्ण हिस्सा होता है। कम्प्यूटर में संप्रेषित सभी डाटा रैम में ही जमा होते हैं।

✦ **रोम (ROM):** यह रीड ऑनली मेमोरी का संक्षिप्त रूप है। रोम स्थायी स्मृति है, जो कम्प्यूटर के निर्माण के समय ही स्थापित कर दी जाती है। इसमें मौजूद डाटा को केवल पढ़ा जा सकता है।

✦ **मदर बोर्ड (Mother Board):** यह सर्किट बोर्ड होता है, जिसमें कम्प्यूटर के प्रत्येक भाग को जोड़ा जाता है।

- **सीडी रोम (CD-ROM):** सीडी रोम यानी कॉम्पैक्ट डिस्क छोटे-से आकार में होते हुए भी बहुत बड़ी मात्रा में आंकड़ों एवं चित्रों को ध्वनियों के साथ संग्रहित करने में सक्षम होता है।
- **कम्प्यूटर वायरस (Computer Virus):** यह एक प्रकार का इलेक्ट्रॉनिक कोड है, जिसका उपयोग कम्प्यूटर में समाहित सूचनाओं को समाप्त करने के लिए होता है। कुछ मुख्य कम्प्यूटर वायरस हैं—माइकेल एंजेलो, डार्क एवेंजर, फिलिप, सी ब्रेन, ब्लडी आदि।

इन्टरनेट

- दुनिया के विभिन्न स्थानों पर स्थापित टेलिफोन लाइनों अथवा उपग्रहों की सहायता से एक-दूसरे के साथ जुड़े कम्प्यूटर नेटवर्क 'इंटरनेट' कहलाते हैं।
- ई-मेल, ईलर्निंग, ई-कॉमर्स, वर्ल्ड वाइड वेब इंटरनेट की सेवाएं हैं।

नेटवर्किंग

- इसका अर्थ विभिन्न कम्प्यूटरों को आपस में जोड़ना है, जिसमें ये सर्वर से जुड़े होते हैं। प्रत्येक कम्प्यूटर का अपना प्रोसेसर होता है। नेटवर्किंग के अनेक लाभ हैं जैसे—डाटा का आदान-प्रदान, फाइलों का स्थानान्तरण फ्लॉपीज के बिना सम्भव होना, चिकित्सा, अभियन्त्रण आदि में स्पष्ट लाभ, डाटा, सुरक्षा, कम स्मृति संग्राहक का उपयोग आदि।
- नेटवर्किंग के मुख्यतः तीन प्रकार होते हैं—
  लैन : स्थानीय क्षेत्र (लोकल एरिया) नेटवर्क
  मैन : महानगर क्षेत्र (मेट्रोपोलिटन एरिया)
  वैन : व्यापक क्षेत्र (वाइड एरिया) नेटवर्क

कंप्यूटर का आधुनिक विकास

- **स्मार्ट फोन** : यह एक ऐसा मोबाइल फोन है, जिसमें कंप्यूटर की क्षमता तथा फोन की सभी सुविधा एक साथ उपलब्ध है।
- **आई पैड (i-Pad):** यह टैबलेट है, जिसे Apple द्वारा डिजाइन तथा विकसित किया गया है।
- **टैबलेट** : यह एक प्रकार का लैपटॉप पीसी है जिसमें आकर्षक टूल्स तथा टच-स्क्रीन लगा होता है।
- **ब्लूटूथ** : यह एक वायरलैस तकनीक है, जिसका प्रयोग कम दूरी पर डाटा आदान-प्रदान के लिए किया जाता है।

जैविक कम्प्यूटर

- यह एक ऐसा कम्प्यूटर है, जिनमें इनपुट और आउटपुट दोनों ही जीवन्त हैं। डीएनए प्रयुक्त यह नैनो कंप्यूटर जीवित प्रणाली से संचालित है। इसमें डीएनए चिप का प्रयोग होता है। इजराइल स्थित वेजमान इंस्टीट्यूट ऑफ साइंस के वैज्ञानिक इहुड शोप्रियो के नेतृत्व में पहला जैविक कंप्यूटर तैयार किया गया है।

कम्प्यूटर शब्दावली

- **एप्लीकेशन प्रोग्राम** : एक ऐसा प्रोग्राम जो कोई निश्चित कार्य ही करता हो जैसे—वर्ड प्रोसेसिंस या डेटाबेस प्रबंधन अथवा एकाउंटिंग का कार्य करने वाला सॉफ्टवेयर। इनमें वर्ड प्रोसेसिंग के लिए M.S. Word, डेटाबेस प्रबंधन के लिए Visual FOX PRO, डिजायनिंग के लिए Adobe Photoshop अथवा एकाउंटिंग के लिए Tally एवं Busy प्रसिद्ध एप्लीकेशनल प्रोग्राम है।
- **बिट (Bit):** इलेक्ट्रॉनिक डेटा को मापने की एक यूनिट बिट कहलाती है। 8 बिट मिलकर एक बाइट का निर्माण करती है।
- **बूट (Boot):** कम्प्यूटर को कार्यावस्था में लाने के लिए आपरेटिंग सिस्टम द्वारा किया जाने वाला प्रारम्भिक कार्य बूट कहलाता है।
- **चिप (Chip):** प्रायः सिलिकन की बनी हुई यह एक पतली चिप्पी है, जिस पर विशेष प्रक्रिया से सर्किट बनाए जाते हैं।
- **कम्पाइलर (Compiler):** वह प्रोग्राम जो उच्चस्तरीय भाषा को मशीनी भाषा में परिवर्तित करता है, कम्पाइलर कहा जाता है।
- **कर्सर 'की' (Cursor 'Key'):** की-बोर्ड पर पाये जाने वाले वे बटन जिन पर तीर के निशान बने होते हैं, कर्सर 'की' कहलाता है।
- **एरर मैसेज (Error Message):** किसी सॉफ्टवेयर द्वारा किसी गड़बड़ी के बारे में दर्शाया जाने वाला संदेश एरर मैसेज कहलाता है।
- **फाइल (File):** डेटा का वह संग्रह जिसे किसी नाम से सेव किया जाता है, फाइल कहलाता है।
- **प्रोग्राम (Program):** कम्प्यूटर के कार्य निर्देशन के लिए निम्न या उच्चस्तरीय भाषा में लिखे गए आदेशों की शृंखला, कम्प्यूटर प्रोग्राम कहलाता है।

✧✧✧✧✧

सामान्य विज्ञान

विज्ञान की विविध शाखाएं

नाम	अध्ययन	नाम	अध्ययन
एरोनॉटिक्स	वैमानिकी का अध्ययन	फिलाटेली	टिकट संग्रह कला
एनाटोमी	मानव शरीर की रचना	हार्टीकल्चर	बागवानी
आर्कियोलॉजी	पुरातत्व अध्ययन	सीस्मोलॉजी	भूकंप का अध्ययन
एकॉस्टिक	ध्वनि से संबंधित अध्ययन	ऑस्टोलॉजी	हड्डियों का अध्ययन
एस्ट्रोनामी	खगोल अध्ययन	जेनेटिक्स	आनुवंशिकी का अध्ययन
एण्टोमोलॉजी	कीटाणुओं का अध्ययन	जूलॉजी	जन्तु विज्ञान
एस्ट्रोफिजिक्स	ग्रह-मंडल का अध्ययन	बायलॉजी	प्राणी विज्ञान
कैलिस्थेनिक्स	व्यायाम विद्या का अध्ययन	जिओलॉजी	भूगर्भ की बनावट का अध्ययन
क्रोनोलॉजी	ऐतिहासिक क्रम का अध्ययन	पैथॉलाजी	रोगों का अध्ययन
बॉटनी	वनस्पति का अध्ययन	फिजिक्स	भौतिक विज्ञान
केमिस्ट्री	रसायन का अध्ययन	बायोकेमिस्ट्री	प्राणी का रासायनिक अध्ययन
सेरामिक्स	चीनी के बर्तनों के निर्माण का अध्ययन	युजेनिक्स	नस्ल सुधार का अध्ययन
इकोलॉजी	जीव एवं पर्यावरण संबंधों का अध्ययन	एटिमोलॉजी	शब्द व्युत्पत्ति का अध्ययन
एन्टोमोलॉजी	कीट-पतंगों का अध्ययन		

आविष्कार और आविष्कारक

आविष्कार	आविष्कारक	देश	सन्
वायुयान	ओरविल और विलबर राइट	अमेरिका	1903
बॉल-पाइंट	जॉन जे. लाउड	अमेरिका	1888
बैरोमीटर	इवेंजलिस्ता टौरीसेली	इटली	1644
बाईसिकिल	कर्कपैट्रिक मैकमिलन	इंग्लैंड	1839-40
बाईफोकल लेंस	बेन्जामिन फ्रैंकलिन	अमेरिका	1780
बनसेन बर्नर	आर. विल्हेम वोन बनसेन	जर्मनी	1855
कार (पेट्रोल)	कार्ल बेन्ज	जर्मनी	1888
सीमेंट (पोर्टलैंड)	जोसेफ एस्पडिन	इंग्लैंड	1824
सिनेमा	निकोलस और जीन लूमियर	फ्रांस	1895
क्लॉक (मैकेनिकल)	आई.सिंग और लियांग लिंग-तसान	चीन	1725
डीजल इंजन	रूडोल्फ डीजल	जर्मनी	1895
डायनेमो	हाइपोलाइट पिक्सी	फ्रांस	1832
इलैक्ट्रिक लैम्प	थॉमस अल्वा एडिसन	अमेरिका	1879
सेफ्टी पिन	वाल्टर हन्ट	अमेरिका	1849
सिलाई मशीन	बार्थलेमी थिम्मोनियर	फ्रांस	1829
जहाज (भाप)	जे.सी. पेरियर	फ्रांस	1775

जहाज (टरबाइन)	होन॰ सर सी॰ पारसंस	इंग्लैंड	1894
स्लाइड रूल	विलियम ऑग्ट्रेड	इंग्लैंड	1621
भाप का इंजन	जेम्स वॉट	इंग्लैंड	1765
स्टेनलेस स्टील	हैरि ब्रियरले	इंग्लैंड	1913
समुद्री जहाज	डेविड बुशनेल	अमेरिका	1776
टैंक	सर अर्नस्ट स्विनटन	इंग्लैंड	1914
टेलीग्राफ	एम॰ लम्मोंड	फ्रांस	1787
टेलीग्राफ कोड	सैमुअल एफ॰ बी॰ मोर्स	अमेरिका	1837
टेलीफोन (परफैक्टेड)	अलेक्जैण्डर ग्राहम बेल	अमेरिका	1876
टेलीस्कोप	हेन्स लिप्परशे	नीदरलैंड्स	1608
टेलीविजन (मैकेनिकल)	जे॰एल॰ बेयर्ड	इंग्लैंड	1926
टेलीविजन (इलेक्ट्रॉनिक)	पी॰टी॰ फार्न्सवर्थ	अमेरिका	1927
थर्मामीटर	गैलिलियो गैलिली	इटली	1593
ट्रांसफार्मर	माइकल फैराडे	इंग्लैंड	1831
ट्रांजिस्टर	बरडीन, शोकले तथा ब्राट्टेन	अमेरिका	1948
टाइपराइटर	पेलेग्रिन टेर्री	इटली	1808
कपड़ा धोने की मशीन (विद्युत)	हर्ले मशीन कम्पनी	अमेरिका	1907
घड़ी	बारथोलोम्यू मैनफ्रेडी	इटली	1462

माप/तौल की इकाइयां

वॉट	बिजली की शक्ति की इकाई
ओम	विद्युत प्रतिरोध
हट्र्ज	तरंगों की आवृत्ति
डाइन	बल की सापेक्ष इकाई
कैलोरी	ऊष्मा की इकाई
कूलम्ब	विद्युत की मात्रा
एम्पियर	विद्युत धारा
नॉट	समुद्र पोतों की गति
बार	वायुमंडलीय दाब की इकाई
डेसीबल	सापेक्ष ध्वनि की तीव्रता
एंगस्ट्रम	प्रकाश तरंगों की लम्बाई
कैरेट	बहुमूल्य पत्थर की तौल
फैदम	समुद्र की गहराई की इकाई
न्यूटन	बल
कैन्डला	ज्योति तीव्रता
प्रकाश वर्ष	आकाश के ग्रहों आदि की दूरी की इकाई

चिकित्सा विज्ञान संबंधी आविष्कार

रफ-बैटिन	इन्सुलिन (डायबिटीज के उपचार के लिए)
ब्रह्मचारी यू.एन.	काल-ज्वर बुखार की चिकित्सा
डॉ. क्रिश्चियन बर्नार्ड	हृदय प्रत्यारोपण
जी. डोमाग	सल्फा ड्रग्स
राबर्ट कोच	हैजे का टीका
डॉ. पाल मुलर	डी.डी.टी.
आइजकमेन	बेरी-बेरी की चिकित्सा
आर्थर बर्ग तथा जेम्स वाटसन	आर.एन.ए.
जेम्स वाटसन तथा क्रिक	डी.एन.ए.
ड्रेसर	एस्प्रिन
रेबी	क्लोरोक्वीन (कुनैन)
हरगोविन्द खुराना	कृत्रिम जीन
फिनले	टेरामाइसिन
ल्यूवेनहॉक	बैक्टीरिया
रोबर्थ	टायफायड के जीवाणु
रीड	पीले बुखार की चिकित्सा
फिन्सेन	अल्ट्रा वायलेट रेंज द्वारा चिकित्सा
पाल एरिक	सिफलिस की चिकित्सा
सर अलेक्जेंडर फ्लेमिंग और फ्लोरे	पेन्सिलिन
विलियम हार्वे	रक्त परिवहन (संचरण)
कार्ल लैंडस्टीनर	रक्त-आधान

हैनीमेन	होम्योपैथी की स्थापना
फंक	विटामिन
मैकुलन	विटामिन 'ए'
मैकुलन	विटामिन 'बी'
यूजोक्ट होल्कट	विटामिन 'सी'
एफ.जी. हॉपकिन्स	विटामिन 'डी'
एडवर्ड जेनर	चेचक का टीका
राबर्ट कोच	टी.बी. की चिकित्सा
लेनेक	स्टेथॉस्कोप
लार्डजोसेफ लिस्टर	एण्टीसेप्टिक द्वारा चिकित्सा
लुई पाश्चर	हाइड्रोफोबिया की चिकित्सा
डॉ. रोनेल्ड रॉस	मलेरिया की चिकित्सा
डॉ. जोन्स इ. साल्क	एण्टी पोलियो वैक्सीन
सर जेम्स हैरीसन	क्लोरोफार्म की खोज
वैक्समैन	स्ट्रेप्टोमाइसिन
हैनीमेन	होम्योपैथी

विटामिन की कमी से होने वाले रोग

विटामिन	रोग	स्रोत
विटामिन A	रतौंधी	गाजर, दूध, अंडा
विटामिन B_{12}	अरक्तता	कलेजी, अंडा
विटामिन B_1	बेरी-बेरी	दाल, अंडा, मूंगफली
विटामिन C	स्कर्वी	संतरा, टमाटर
विटामिन B_2	मुँह की त्वचा	कलेजी, दूध, मांस
विटामिन D	सूखा रोग	सूर्य का प्रकाश,
विटामिन B_6	एनीमिया और होंठ फटना	कलेजी, दूध, मांस मछली का तेल
विटामिन E	बांझपन	हरी सब्जियाँ, दूध, कलेजी
विटामिन B_3	पेलाग्रा	मछली, अंडा
विटामिन K	रक्त का थक्का जमने में कमी	हरी सब्जी

प्रमुख बीमारियों द्वारा प्रभावित अंग

बीमारी	प्रभावित अंग
निमोनिया	फेफड़े
टायफाइड	आँत
डिथ्थीरिया	श्वसन नलिका
सिफलिस	जनन अंग
मेनिनजाइटिस	मस्तिष्क
आर्थ्राइटिस	जोड़ों की सूजन
एग्जीमा	चमड़ी
पीलिया	यकृत
अतिसार	आँत का अग्रभाग
सुजाक, श्वेत प्रदर	मूत्र मार्ग
प्लूरिसी	छाती
पायरिया	दाँत तथा मसूड़े
गठिया या ट्यूमैटिज्म	जोड़ों में
टिटनेस	तंत्रिका तंत्र, मांसपेशी
कुष्ठ	त्वचा, तंत्रिकाएं
हैजा	आँत, आहार नाल
रिकेट्स	हड्डियाँ
गोइटर (गण्डमाला)	थाइराइड ग्रंथि
काली खाँसी	श्वसन तंत्र
बॉट्यूलिज्म	तंत्रिका-तंत्र
एड्स	सम्पूर्ण शरीर
प्लेग	फेफड़े, लाल रक्त कणिकाएं
रेबीज या हाइड्रोफोबिया	तंत्रिका तंत्र
खसरा	सम्पूर्ण शरीर
कालाजार	रुधिर, प्लीहा व अस्थि मज्जा
हरपीस	त्वचा, श्लेष्मकला
क्षय रोग	शरीर का कोई भी अंग, विशेषकर फेफड़े
केटेरेक्ट, ग्लाइकोमा, ट्रेकोमा, मायोपिया	आँख
चेचक	सम्पूर्ण शरीर, विशेषकर चेहरा तथा हाथ-पैर

प्रमुख पाचक एन्जाइम एवं उनके कार्य

पाचक एन्जाइम	स्रोत	कार्य
टाइलिन	लार ग्रन्थि	स्टार्च का माल्टोस में परिवर्तन
एमाइलेज	लार ग्रन्थि, अग्न्याशय	पॉलीसैकेराइड का डाइसैकेराइड में परिवर्तन
पेप्सिन	आमाशय	प्रोटीन को पेप्टाइड खण्डों में तोड़ना
ट्रिप्सिन एवं काइमोट्रिप्सिन	अग्न्याशय	प्रोटीन एवं पॉलीपेप्टाइड को पेप्टाइड खण्डों में तोड़ना
लाइपेस	अग्न्याशय	ट्राइग्लिसराइड को वसीय अम्ल एवं मोनोग्लिसराइड में तोड़ना

मानव शरीर से सम्बन्धित महत्वपूर्ण तथ्य

तथ्य	स्थिति/मात्रा
अस्थियों की कुल संख्या	206
सबसे छोटी अस्थि	स्टेपीज (मध्य कर्ण में)
सबसे लम्बी अस्थि	फीमर (जंघा में)
कशेरुकाओं की कुल संख्या	33
पेशियों की कुल संख्या	+639
सबसे लम्बी पेशी	सारटोरियस
बड़ी आँत की लम्बाई	1.5 मी (4.9 फीट)
छोटी आँत की लम्बाई	6.25 मी (20 फीट)
यकृत का भार (पुरुष में)	1.4-1.8 किग्रा
यकृत का भार (महिला में)	1.2-1.4 किग्रा
सबसे बड़ी ग्रन्थि	यकृत
सर्वाधिक पुनरुद्भवन की क्षमता	यकृत में
सबसे कम पुनरुद्भवन की क्षमता	मस्तिष्क में
शरीर का सबसे कठोर भाग	दाँत का इनेमल
सबसे बड़ी लार ग्रन्थि	पैरोटिड ग्रन्थि
शरीर का सामान्य तापमान	98.4°F (37°C)
शरीर में रुधिर की मात्रा	5.5 ली
हीमोग्लोबिन की औसत मात्रा (पुरुष में)	13.16 g/dl
हीमोग्लोबिन की औसत मात्रा (महिला में)	11.5-14 g/dl
श्वेत रुधिर कोशिकाओं (WBCs) की संख्या	5000-10000/cu mm
सबसे छोटी श्वेत रुधिर कोशिका	लिम्फोसाइट
सबसे बड़ी श्वेत रुधिर कोशिका	मोनोसाइट कोशिका
श्वेत रुधिर कोशिकाओं का जीवनकाल	120 दिन
लाल रुधिर कोशिकाओं (RBCs) का जीवनकाल	2-5 दिन
रुधिर का थक्का बनने का समय	3-6 मिनट
सर्वग्राही रुधिर वर्ग	AB
सर्वदाता रुधिर वर्ग	O
सामान्य रुधिर दाब	120/80 Hg
वयस्क में हृदय गति	72 बार प्रति मिनट

श्वसन अंग और उसके उदाहरण

श्वसन अंग	उदाहरण
फेफड़े	मनुष्य, मेंढक, पक्षी, छिपकली, पशु इत्यादि
त्वचा	मेंढक, केंचुआ
गिल्स	टैडपोल, मछली प्रॉन
श्वसन नाल	कीट
शरीर सतह	अमीबा, युग्लीना

जन्तु विज्ञान से सम्बन्धित महत्वपूर्ण तथ्य

विशेषता — **नाम**

- सबसे बड़ी स्तनी–**नीली व्हेल**
- सबसे विशाल स्थलीय स्तनी–**हाथी**
- सबसे बड़ी अस्थि–**फीमर (जंघा में)**
- सबसे बड़ा अण्डा–**शतुरमुर्ग**
- सबसे बड़ा शिरा–**इन्फीरियर वेना केवा**
- सबसे बड़ा स्थलीय पक्षी–**शतुरमुर्ग**
- विशालतम जीवित सरीसृप–**टर्टिल**
- विश्व में सबसे विषैला सर्प–**ऑस्ट्रेलिया का पेनिन्सुलर टाइगर सर्प**
- सबसे लम्बा स्तनी–**जिराफ**
- सबसे छोटी चिड़िया–**हमिंग बर्ड**
- दाँत रहित स्तनी–**चींटीखोर**
- शरीर का सबसे व्यस्त अंग–**यकृत**
- शरीर का सबसे भारी अंग–**यकृत**
- सबसे भारी कशेरुका–**लुम्बर**
- सबसे मजबूत पेशी–**जबड़े की पेशी**
- सबसे पुराना प्राइमेट–**लीमर**
- सबसे पुरानी स्तनी–***एकिडना***
- सबसे पुराना कपि–**गिब्बन**
- सबसे विषैला भारतीय सर्प–**किंग कोबरा**
- विषैली छिपकली–***हीलोडर्मा***
- विषैली मछली–**स्टोन मछली**
- अण्डा देने वाली स्तनी–***एकिडना,* डक बिल्ड प्लेटीपस**
- सबसे छोटा स्तनी–**छछुँदर**
- सबसे तेज दौड़ने वाला जन्तु–**चीता**
- सबसे बड़ा सर्प–**पाइथन**
- घोंसला बनाने वाला साँप–**किंग कोबरा**

✧✧✧✧✧

वस्तुनिष्ठ प्रश्नोत्तर

1. मोहनजोदड़ो और हड़प्पा के प्राचीन नगर अब कहाँस्थित हैं?
A. भारत में B. पाकिस्तान में
C. बांग्लादेश में D. तिब्बत में

2. सिन्धु सभ्यता से प्राप्त मुहरें निम्नलिखित में से किससे बनी थीं?
A. लाजवर्द B. कांस्य
C. रजत D. स्टेटाइट

3. निम्नलिखित में से कौन-सा वेद गद्य एवं पद्य में रचित है?
A. ऋग्वेद B. यजुर्वेद
C. सामवेद D. अथर्ववेद

4. ऋग्वैदिककालीन आर्यों के युद्ध के देवता कौन थे?
A. मंगल B. इन्द्र
C. रुद्र D. शिव

5. महावीर स्वामी को किस स्थान पर ज्ञान प्राप्त हुआ?
A. ऋजुपालिका नदी के तट पर
B. पुनपुन नदी के तट पर
C. गंगा नदी के तट पर
D. कोसी नदी के तट पर

6. अशोक के अभिलेखों को पढ़ने का प्रथम श्रेय प्राप्त है–
A. विल्किन्स को B. विलियम जोन्स को
C. जेम्स विलियम को D. जेम्स प्रिंसेप को

7. किसने भारत में सर्वप्रथम स्वर्ण सिक्के को चलाया था?
A. कुषाण B. मौर्य
C. हिन्द यवन D. गुप्त

8. गुप्तकाल में प्रमुख गणितज्ञ एवं खगोलशास्त्री था–
A. वराहमिहिर B. आर्यभट्ट
C. रामानुजाचार्य D. उपर्युक्त सभी

9. निम्नलिखित का काल क्रम है–
1. हल्दीघाटी युद्ध
2. बैरम खाँ का पतन
3. असीरगढ़ की विजय
4. अबुल फजल की हत्या
A. 1, 2, 3, 4 B. 3, 2, 4, 1
C. 1, 4, 2, 3 D. 2, 4, 3, 1

10. विदेशी आक्रमणकारियों को ऐतिहासिक क्रम में लिखिए–
1. मुहम्मद-बिन-कासिम 2. मुहम्मद गोरी
3. महमूद गजनवी 4. चंगेज खाँ
A. 1, 3, 4, 2 B. 4, 3, 2, 1
C. 1, 3, 2, 4 D. 4, 2, 3, 1

11. किस शासक के दरबार में सर्वाधिक हिन्दू पदाधिकारी थे?
A. अकबर B. शाहजहाँ
C. जहाँगीर D. औरंगजेब

12. किस शासक ने सिंचाई कर लगाया था?
A. मुहम्मद तुगलक B. फिरोज तुगलक
C. अलाउद्दीन खिलजी D. सिकन्दर लोदी

13. कबीर की मृत्यु किस स्थान पर हुई?
A. प्रयाग B. काशी
C. मगहर D. मथुरा

14. अंग्रेजों ने सर्वप्रथम अपना व्यापारिक कारखाना लगाया था–
A. मुम्बई में B. हुगली में
C. सूरत में D. बंगलौर में

15. भारतीय राष्ट्रीय कांग्रेस के प्रथम मुस्लिम अध्यक्ष थे–
A. बदरुद्दीन तैयबजी
B. मौलाना अबुल कलाम आजाद
C. सर सैयद अहमद खाँ
D. मो. जिन्ना

16. ऑल इण्डिया ट्रेड यूनियन के प्रथम अध्यक्ष थे–
A. लाला लाजपत राय B. एम.एन. जोशी
C. स्वामी सदानन्द D. बाल गंगाधर तिलक

17. भारत में सर्वप्रथम टेलीग्राफ व्यवस्था प्रारम्भ हुई थी–
A. 1850 में B. 1853 में
C. 1854 में D. 1856 में

18. असहयोग आन्दोलन वापस ले लिया गया था–
A. रौलट एक्ट के बाद
B. प्रथम विश्व युद्ध के बाद
C. जलियाँवाला बाग हत्याकाण्ड के बाद
D. चौरी-चौरा घटना के बाद

19. क्रिप्स मिशन को किसने 'उत्तर तिथिय चैक' की संज्ञा दी?
A. महात्मा गांधी
B. पं. जवाहर लाल नेहरू
C. राजेन्द्र प्रसाद
D. मोतीलाल नेहरू

20. थियोसोफिकल सोसाइटी का अन्तर्राष्ट्रीय मुख्यालय है–
A. अड्यार
B. सैनफ्रांसिस्को
C. न्यूयार्क
D. जेनेवा

21. सत्यशोधक समाज की स्थापना किसने की थी?
A. गोपाल कृष्ण गोखले
B. महादेव गोविन्द रानाडे
C. ज्योतिबा फूले
D. गोपाल हरि देशमुख

22. तैमूर ने किसके शासनकाल में भारत पर आक्रमण कियाथा?
A. बलबन
B. इल्तुतमिश
C. फिरोजशाह तुगलक
D. नासिरुद्दीन महमूदशाह तुगलक

23. समुद्रगुप्त ने अपने दक्षिण अभियान में किस वेंगी शासक को हराया था?
A. नंदी वर्मन
B. हस्ती वर्मन
C. देव वर्मन
D. नीरू वर्मन

24. मुहम्मद-बिन-तुगलक द्वारा अपनाया गया सांकेतिक मुद्रा किस धातु का बना हुआ था?
A. कांसा
B. पीतल और तांबा
C. चाँदी
D. लोहा

25. अकबर के शासन काल में मुगल सेना का सेनापति कौन था?
A. राजा मान सिंह
B. टोडरमल
C. भगवंत दास
D. फकीर अजीउद्दीन

26. इनमें से दिल्ली के सिंहासन पर बैठने वाला पहला अफगान शासक कौन था?
A. सिकन्दर लोदी
B. शेरशाह
C. बहलोल लोदी
D. इनमें से कोई नहीं

27. महमूद गवाँ का सम्बन्ध निम्नलिखित में किस दक्षिण राज्य से था?
A. बीजापुर
B. वारंगल
C. काकतीय
D. बहमनी

28. राष्ट्रीय कांग्रेस ने किस वर्ष ''पूर्ण स्वराज्य'' का प्रस्ताव पारित किया?
A. 1929 में
B. 1916 में
C. 1924 में
D. 1930 में

29. कांग्रेस तथा मुस्लिम लीग के बीच लखनऊ समझौता कब हुआ था?
A. 1906 में
B. 1916 में
C. 1924 में
D. 1929 में

30. सुभाष चन्द्र बोस के राजनीतिक गुरु कौन थे?
A. चित्तरंजन दास
B. अरविन्द घोष
C. महात्मा गांधी
D. बाल गंगाधर तिलक

31. पाकिस्तान के प्रथम प्रधानमंत्री कौन थे?
A. मुहम्मद अली जिन्ना
B. लियाकत अली खाँ
C. फीरोज खाँ नून
D. मौलाना मुहम्मद अली

32. भारतीय स्वतंत्रता के समय ब्रिटेन का प्रधानमंत्री कौन था?
A. लॉर्ड एटली
B. विंस्टन चर्चिल
C. रैम्से मैक्डोनाल्ड
D. रॉबर्ट वॉलपोल

33. 15 अगस्त, 1947 से 26 जनवरी, 1950 तक भारत का राजनीतिक दर्जा क्या था?
A. ब्रिटिश उपनिवेश
B. ब्रिटिश न्यास क्षेत्र
C. ब्रिटिश संरक्षण प्रदेश
D. ब्रिटिश राष्ट्रमंडल का एक अधिराज्य

34. किस वायसराय ने 1878 में भारतीय भाषाओं के समाचार-पत्रों पर अंकुश लगाया था?
A. लॉर्ड रिपन
B. लॉर्ड नार्थबुक
C. लॉर्ड लिटन
D. लॉर्ड एलगिन

35. निम्नलिखित में से किस अधिवेशन में राष्ट्रीय कांग्रेस के नरम एवं गरम दलों का पुनः विलय हो गया?
A. लाहौर (1929)
B. पुणे (1917)
C. लखनऊ (1916)
D. मद्रास (1915)

36. मुस्लिम लीग द्वारा ''प्रत्यक्ष कार्यवाही दिवस'' कब मनाया गया था?
A. 24 मार्च, 1946
B. 30 मार्च, 1946
C. 17 जून, 1946
D. 16 अगस्त, 1946

37. सिन्धु घाटी सभ्यता के लोग किस धातु से परिचित नहीं थे?
A. लोहा
B. चाँदी
C. ताँबा
D. सोना

38. सिन्धु घाटी सभ्यता का वह नगर कौन-सा है जहाँ बृहत् स्नानागार (Great Bath) के अवशेष मिले हैं?

A. लोथल
B. मोहनजोदड़ो
C. कालीबंगा
D. हड़प्पा

39. विक्रम संवत् कब-से प्रारम्भ हुआ?

A. 38 ई.पू.
B. 58 ई.पू.
C. 78 ई.पू.
D. 87 ई.पू.

40. पंचमार्क सिक्के सर्वाधिक रूप से किस धातु के बने थे?

A. सोना
B. चाँदी
C. ताँबा
D. काँच

41. निम्नलिखित में से कौन-सा ग्रह सबसे कम समय में सूर्य का चक्कर लगाता है?

A. शुक्र
B. बुध
C. पृथ्वी
D. शनि

42. पृथ्वी के अलावा किस आकाशीय पिंड पर जीवन की सम्भावना है, क्योंकि वहाँ का पर्यावरण जीवन के लिए अनुकूल है–

A. बृहस्पति
B. मंगल
C. यूरोपा-बृहस्पति का चन्द्रमा
D. चन्द्रमा-पृथ्वी का चन्द्रमा

43. दो ग्रह जिनके उपग्रह नहीं हैं, वे हैं–

A. पृथ्वी एवं बृहस्पति
B. बुध एवं शुक्र
C. बुध एवं शनि
D. शुक्र एवं मंगल

44. मानक समय क्या होता है?

A. किसी देशान्तर का सूर्य के अनुसार समय
B. ग्रीनविच औसत का समय
C. देश के लगभग बीच से गुजरने वाले देशान्तर का स्थानीय समय
D. उपर्युक्त में से कोई नहीं

45. रात और दिन होने की प्रक्रिया में कौन-सा तथ्य सही है?

A. पृथ्वी का अक्ष का 66½° अंश का झुका होना
B. पृथ्वी का सूर्य के चारों ओर परिक्रमण
C. पृथ्वी का अपनी (अक्ष) धुरी पर घूमना
D. उपर्युक्त में से कोई नहीं

46. ओजोन पर्त अवस्थित है–

A. क्षोभमंडल में
B. क्षोभसीमा में
C. समतापमंडल में
D. प्रकाशमंडल में

47. विली-विली है–

A. एक प्रकार का वृक्ष जो शीतोष्ण कटिबंध में उगता है
B. एक प्रकार की हवा जो मरुस्थल में चलती है
C. उत्तर-पश्चिम आस्ट्रेलिया का उष्णकटिबंधीय चक्रवात
D. लक्षद्वीप समूह के निकट सामान्यतः पाई जाने वाली मछली का एक प्रकार

48. चावल की खेती के लिए आदर्श जलवायु परिस्थितियाँ हैं–

A. 100 सेमी. से ऊपर वर्षा और 25°C से ऊपर ताप
B. फसल की पूरी अवधि के लिए ठण्डी और नम जलवायु
C. 100 सेमी. से कम वर्षा व 25°C से कम ताप
D. पूरी फसल अवधि में कुछ गरम और शुष्क जलवायु

49. सदाबहार वर्षा वन पाए जाते हैं–

A. आस्ट्रेलिया में
B. ब्राजील में
C. कनाडा में
D. फ्रांस में

50. सूची-I तथा सूची-II को सुमेलित कीजिए तथा सूचियों के नीचे दिए गए कूट का प्रयोग कर सही उत्तर चुनिए–

सूची-I (अग्रणी उत्पादक देश)	**सूची-II (पदार्थ)**
(*a*) चीन	1. प्राकृतिक रबड़
(*b*) भारत	2. दूध
(*c*) सउदी अरब	3. लौह-अयस्क
(*d*) थाइलैण्ड	4. पेट्रोलियम

कूट :

	(*a*)	(*b*)	(*c*)	(*d*)
A.	1	2	3	4
B.	4	3	2	1
C.	3	2	4	1
D.	2	3	1	4

51. किस घास के मैदान में वृक्ष नहीं पाए जाते हैं?

A. लैनॉस
B. पम्पास
C. सवाना
D. स्टेपी

52. माओरी जनजाति का निवास स्थान है–

A. इंग्लैण्ड
B. न्यूजीलैण्ड
C. ग्रीनलैण्ड
D. आयरलैण्ड

53. क्षेत्रफल की दृष्टि से भारत का सबसे बड़ा राज्य है–

A. बिहार
B. पंजाब
C. राजस्थान
D. उत्तर प्रदेश

54. पश्चिमी घाटों के मालाबार तट पर स्थित माहे निम्नलिखित में से किसका भाग है?

A. केरल
B. महाराष्ट्र
C. पुदुचेरी
D. तमिलनाडु

55. निम्नलिखित में से कहाँ प्राचीन चट्टानें पाई जाती हैं?

A. अरावली
B. हिमालय
C. शिवालिक
D. उपर्युक्त सभी

56. भारत में 'मरुस्थल की राजधानी' किसे कहते हैं?

A. उदयपुर
B. जैसलमेर
C. जयपुर
D. पालामऊ

57. 'मानसून प्रस्फोट' से क्या तात्पर्य है?

A. वर्षा की कृत्रिम वैज्ञानिक प्रक्रिया
B. आकाश में बादलों का गलत सघन रूप में आच्छादित होना
C. मेघाच्छन्न मौसम, जिसमें एक लम्बे समय तक वर्षा होती रहे
D. मानसून के समय विद्युत चमकने, बादल गरजने के साथ तीव्र मूसलाधार वर्षा

58. भारत में उगाई जाने वाली अधिकतर कॉफी की किस्म है–

A. ओल्ड चिक्स
B. कुर्गुस
C. अरेबिका
D. केन्ट्स

59. सूची-I को सूची-II से सुमेलित कीजिए तथा सूचियों के नीचे दिए गए कूट का प्रयोग कर सही उत्तर चुनिए–

सूची-I	**सूची-II**
(*a*) कोयम्बटूर	1. तेलशोधन
(*b*) राउरकेला	2. रेल डिब्बा
(*c*) कपूरथला	3. लौह-इस्पात
(*d*) बरौनी	4. सूती वस्त्र

कूट :

	(*a*)	(*b*)	(*c*)	(*d*)
A.	4	3	2	1
B.	1	2	3	4
C.	2	3	4	1
D.	4	2	3	1

60. 'दचिगाम अभयारण्य' स्थित है :

A. जम्मू-कश्मीर में
B. महाराष्ट्र में
C. हिमाचल प्रदेश में
D. उत्तराखण्ड में

61. पक्की सड़कों की कुल लम्बाई का सर्वाधिक हिस्सा निम्नलिखित में से किस प्रांत में है?

A. पंजाब
B. महाराष्ट्र
C. उत्तर प्रदेश
D. बिहार

62. भारत का सुदूर दक्षिण-बिन्दु कौन है?

A. कन्याकुमारी
B. लक्षद्वीप
C. रामेश्वरम्
D. ग्रेट निकोबार स्थित इंदिरा प्वाइंट

63. 'हजार झीलों की भूमि' किसे कहा जाता है?

A. स्वीडन
B. फिनलैण्ड
C. डेनमार्क
D. फ्रांस

64. नागार्जुन सागर बाँध किस नदी पर बनाया गया है?

A. कृष्णा (आन्ध्र प्रदेश)
B. गोदावरी (महाराष्ट्र)
C. कृष्णा (कर्नाटक)
D. गोदावरी (गुजरात)

65. निम्नलिखित में से किस प्रदेश में काली मिट्टी वाले क्षेत्र में सबसे अधिक खेती होती है?

A. बिहार
B. उत्तर प्रदेश
C. महाराष्ट्र
D. गुजरात

66. भू-वैज्ञानिकों की दृष्टि में भारत में सबसे पुरानी पर्वतमालाएँ कौन-सी हैं?

A. विन्ध्य
B. सतपुड़ा
C. हिमालय
D. अरावली

67. निम्नलिखित में से कौन-सी नदी समुद्र में नहीं मिलती है?

A. गंगा
B. यमुना
C. नर्मदा
D. गोदावरी

68. मानसून निवर्तन से अधिकतम वर्षा कहाँ पर होती है?

A. मुम्बई
B. चेन्नई
C. दिल्ली
D. कोलकाता

69. प्राचीन भारतीयों को वर्मा (म्यांमार) किस नाम से ज्ञात था?

A. सुवर्णभूमि
B. सुवर्णद्वीप
C. यवद्वीप
D. मलयमण्डलम्

70. चीन का शोक है:

A. लिन पियाओ
B. सिकियांग
C. ह्वांगहो
D. सैंग हो

71. चाय की खेती निम्नलिखित में से किसका उदाहरण है?
A. बृहत् (Extensive) कृषि
B. सघन (Intensive) कृषि
C. जीविकोपार्जन (Subsistence) कृषि
D. रोपण (Plantation) कृषि

72. मानचित्र में समुद्र तल से समान ऊँचाई वाले स्थानों को दर्शाने वाली रेखाओं को कहते हैं–
A. आइसोनेफ B. कंटूर रेखा
C. आइसोबार D. आइसोहेल

73. ब्राजील स्थित अमेजन बेसिन के वन कहलाते हैं–
A. पम्पास B. सेल्वास
C. कैम्पोस D. लानोस

74. किस महासागर में द्वीपों की संख्या सर्वाधिक है?
A. प्रशान्त महासागर में
B. हिन्द महासागर में
C. उत्तरी अटलाण्टिक महासागर में
D. दक्षिण अटलाण्टिक महासागर में

75. लूनी नदी किस राज्य में प्रवाहित होती है?
A. महाराष्ट्र B. बिहार
C. पंजाब D. राजस्थान

76. सम दिवारात्रि (Equinox) कब होता है?
A. 21 जून
B. 22 दिसम्बर
C. 21 मार्च एवं 22 सितम्बर
D. 21 जून एवं 22 दिसम्बर

77. दक्षिणी अमरीका के वृक्ष रहित घास के मैदान को क्या कहते हैं?
A. पम्पास B. डाउन्स
C. प्रेयरीज D. लानोस

78. मिट्टी का वैज्ञानिक एवं क्रमबद्ध अध्ययन कहलाता है–
A. विश्व रचना विज्ञान B. भौतिक भूगोल
C. मृत्तिका विज्ञान D. इनमें से कोई नहीं

79. गोबी रेगिस्तान कहाँ है?
A. पश्चिमी अफ्रीका में B. दक्षिणी अमरीका में
C. दक्षिणी आस्ट्रेलिया में D. मंगोलिया में

80. भारत निम्नलिखित में से किस संगठन का सदस्य नहीं है?
A. जी-15 B. आसियान
C. यूएनओ D. राष्ट्रमंडल

81. भारत की संविधान सभा का प्रथम अधिवेशन कब शुरूहुआ?
A. 10 जून, 1946 B. 9 दिसम्बर, 1946
C. 19 दिसम्बर, 1947 D. 30 जून, 1949

82. भारतीय संविधान सभा के किस अनुच्छेद में देवनागरी लिपि में हिन्दी को भारत की राजकीय भाषा के रूप में मान्यता दी गई है?
A. अनुच्छेद 343 B. अनुच्छेद 345
C. अनुच्छेद 348 D. अनुच्छेद 347

83. भारत के संविधान में अंतर्राष्ट्रीय शान्ति और सुरक्षा की अभिवृद्धि का उल्लेख है–
A. संविधान की उद्देशिका में
B. राज्य की नीति के निर्देशक तत्वों में
C. मूल कर्त्तव्यों में
D. नवीं अनुसूची में

84. सूची-I को सूची-II से सुमेलित कीजिए तथा सूचियों के नीचे दिए गए कूट का प्रयोग कर सही उत्तर चुनिए–

सूची-I	सूची-II
(*a*) अन्तर्राज्यीय परिषद्	1. अनुच्छेद 315
(*b*) वित्त आयोग	2. अनुच्छेद 280
(*c*) प्रशासनिक अधिकरण	3. अनुच्छेद 263
(*d*) संघ लोक सेवा आयोग	4. अनुच्छेद 323(ए)

कूट :

	(*a*)	(*b*)	(*c*)	(*d*)
A.	2	4	3	1
B.	3	2	1	4
C.	1	2	4	3
D.	3	2	4	1

85. राष्ट्रपति के उम्मीदवार के लिए क्या आवश्यक नहीं है?
A. आयु 35 वर्ष हो
B. पढ़ा-लिखा हो
C. सांसद चुने जाने की योग्यता रखता हो
D. देश का नागरिक हो

86. सर्वसम्मति से निर्वाचित भारत के राष्ट्रपति थे–
A. एस. राधाकृष्णन B. वी.वी. गिरि
C. एन. संजीवारेड्डी D. ज्ञानी जैल सिंह

87. संसद/विधान सभा के किसी सदस्य की सदस्यता तब समाप्त समझी जाती है, यदि वह बिना सदन को सूचित किए अनुपस्थित रहता है–
A. 60 दिन B. 90 दिन
C. 120 दिन D. 150 दिन

88. किस सभा का सभापति उसका सदस्य नहीं होता है?
A. राज्य सभा B. लोक सभा
C. विधान सभा D. विधान परिषद्

89. शिक्षा का विषय–
A. संघीय सूची में B. राज्य सूची में
C. समवर्ती सूची में है D. अवशिष्ट विषयों में है

90. सूची-I को सूची-II से सुमेलित कीजिए तथा सूचियों के नीचे दिए गए कूट का प्रयोग कर सही उत्तर चुनिए–

सूची-I (स्थापना वर्ष)	**सूची-II (राज्य)**
(*a*) 1960	1. सिक्किम
(*b*) 1962	2. गोआ
(*c*) 1975	3. महाराष्ट्र
(*d*) 1987	4. नागालैण्ड

कूट :

	(*a*)	(*b*)	(*c*)	(*d*)
A.	2	4	3	1
B.	3	4	1	2
C.	4	3	1	2
D.	3	4	2	1

91. प्रथम पंचायती राजव्यवस्था का उद्‌घाटन पं. जवाहर लाल नेहरू द्वारा 2 अक्टूबर, 1959 को किया गया था–
A. साबरमती में B. वर्धा में
C. नागौर में D. सीकर में

92. निम्नलिखित विधेयकों में से किसी एक का भारतीय संसद के दोनों सदनों द्वारा अलग-अलग विशेष बहुमत से पारित होना आवश्यक है?
A. साधारण विधेयक
B. धन विधेयक
C. वित्त विधेयक
D. संविधान संशोधन विधेयक

93. भाषा के आधार पर राज्यों के गठन हेतु राज्य पुनर्गठन आयोग की स्थापना कब की गई थी?
A. 1856 B. 1956
C. 1957 D. 1960

94. पंचायतों के निर्वाचन में चुनाव लड़ने के लिए उम्मीदवार की न्यूनतम आयु कितनी होनी चाहिए?
A. 21 वर्ष B. 18 वर्ष
C. 25 वर्ष D. 30 वर्ष

95. भारतीय संविधान के किस अनुच्छेद के तहत् जीवन रक्षा तथा व्यक्तिगत स्वतंत्रता का प्रावधान है?
A. अनुच्छेद 20 B. अनुच्छेद 21
C. अनुच्छेद 22 D. अनुच्छेद 23

96. संविधान निर्माण का कार्य पूरा करके संविधान सभा ने संविधान को कब स्वीकार किया?
A. 15 अगस्त, 1947 को B. 26 जनवरी, 1950 को
C. 26 नवम्बर, 1949 को D. 24 जनवरी, 1950 को

97. निम्नलिखित में से किस संविधान संशोधन के अनुसार राष्ट्रपति निर्वाचन के निर्वाचक मण्डल में पुडुचेरी तथा दिल्ली विधान सभा के निर्वाचित सदस्यों को भी रखा गया है?
A. 71वाँ B. 42वाँ
C. 73वाँ D. इनमें से कोई नहीं

98. भारतीय संविधान के किस भाग को उसकी 'आत्मा' की संज्ञा दी जाती है?
A. मौलिक अधिकारों को
B. राज्य के नीति-निर्देशक सिद्धान्तों को
C. संविधान की प्रस्तावना को
D. अनुसूचियों को

99. भारत की संचित निधि से धन का व्यय निम्नलिखित में से किस माध्यम से किया जा सकता है?
A. संसद की अनुमति से
B. नीति आयोग की अनुमति से
C. भारत के नियंत्रक एवं महालेखा परीक्षक की अनुमति से
D. राष्ट्रपति की अनुमति से

100. नीति आयोग की स्थापना हुई–
A. 26 नवम्बर, 1950 B. 15 जून, 1950
C. 1 जनवरी, 2015 D. 15 जनवरी, 1950

101. भारत में संविधान के किस अनुच्छेद में अस्पृश्यता समाप्त की गई है?
A. अनुच्छेद 42 B. अनुच्छेद 15
C. अनुच्छेद 14 D. अनुच्छेद 17

102. वह रिट, जो भारत में उच्च न्यायालय अथवा सर्वोच्च न्यायालय द्वारा किसी व्यक्ति अथवा व्यक्ति समुदाय को आदेश देती है कि वह अपना कर्त्तव्य पालन करे, है–
A. बन्दी प्रत्यक्षीकरण रिट
B. उत्प्रेक्षण रिट
C. परमादेश रिट
D. इनमें से कोई नहीं

103. संविधान में जोड़ी गई दसवीं अनुसूची किससे सम्बन्धित है?
A. मिजोरम राज्य के लिए विशेष प्रावधानों से
B. दल-बदल के आधार पर अयोग्यता सम्बन्धी प्रावधानोंसे
C. सिक्किम के स्तर से सम्बन्धित शर्तों से
D. उपर्युक्त में से किसी से नहीं

104. राज्यसभा के सदस्यों की कुल संख्या .... हो सकती है।
A. 240 B. 260
C. 241 D. 250

105. सर्वोच्च न्यायालय के न्यायाधीशों की नियुक्ति के पूर्व मुख्य न्यायाधीश से विचार-विमर्श करना राष्ट्रपति के लिए–
A. बाध्यकारी है
B. बाध्यकारी नहीं है
C. विवेक का प्रश्न है
D. संविधान इस विषय पर मौन है

106. निम्नलिखित में से कौन-सा पदाधिकारी संसद के किसी भी सदन की कार्यवाही में भाग ले सकता है?
A. भारत का मुख्य न्यायाधीश
B. भारत का महान्यायवादी (एटॉर्नी जनरल)
C. भारत का रक्षा सचिव
D. भारत का गृह सचिव

107. भारत में वस्तु एवं सेवा कर (GST) किस वर्ष से लागू हुआ है?
A. 2016 B. 2017
C. 2018 D. 2019

108. भारतीय संविधान की कौन-सी विशेष व्यवस्था इंग्लैंड से ली गई है?
A. संसदीय प्रणाली B. संघीय प्रणाली
C. मूल अधिकार D. सर्वोच्च न्यायपालिका

109. संविधान के किस संशोधन द्वारा सम्पत्ति के अधिकार को मूल अधिकारों की श्रेणी से निकाल दिया गया है?
A. 42वें संशोधन B. 44वें संशोधन
C. 48वें संशोधन D. 24वें संशोधन

110. भारत के राष्ट्रपति की मर्जी तक निम्नलिखित में से कौन अपने पद पर रह सकता है?
A. सर्वोच्च न्यायालय के न्यायाधीश
B. चुनाव आयुक्त
C. राज्यपाल
D. लोकसभा अध्यक्ष

111. निम्न में से किसका उपयोग ऊँचाई नापने के लिए होता है?
A. बैरोमीटर B. प्लानोमीटर
C. अल्टीमीटर D. हाइड्रोमीटर

112. फ्लक्स घनता और चुम्बकीय क्षेत्र की क्षमता का अनुपात किसी माध्यम में होता है उसका–
A. चुम्बक की घनता B. ग्रहणशीलता
C. सम्बन्धित व्याकता D. पारगम्यता

113. ध्वनि तरंगें हैं–
A. अनुदैर्ध्य
B. अनुप्रस्थ
C. आंशिक लम्बवत्, आंशिक अनुदैर्ध्य
D. कभी-कभी अनुदैर्ध्य, कभी-कभी अनुप्रस्थ

114. कैमरे में किस प्रकार का लेन्स उपयोग में लाया जाता है?
A. उत्तल B. अवतल
C. वर्तुलाकार D. समान मोटाई का

115. एक स्वतंत्र रूप से लटका हुआ चुम्बक सदा ठहरता है (स्थिर होता है) वह दिशा है–
A. पूर्व-उत्तर B. उत्तर-पश्चिम
C. उत्तर-दक्षिण D. दक्षिण-पश्चिम

116. प्रकाश संश्लेषण में पौधे कौन-सी गैस का अवचूषण करते हैं?
A. CO_2 B. O_2
C. N_2 D. H_2

117. विद्युत मात्रा की इकाई है–
A. ऐम्पियर B. ओम
C. वोल्ट D. कूलॉम

118. 1 किग्रा. राशि का वजन है–
A. 1 न्यूटन B. 10 न्यूटन
C. 9.8 न्यूटन D. 9 न्यूटन

119. एक्स-रे के आविष्कारक थे–
A. आइन्स्टीन B. डब्ल्यू.एच. ब्रॅग
C. रॉन्जन D. हेनरी बेकरेल

120. नाड़ी गति द्वारा डॉक्टर ज्ञात करता है–
A. रक्तचाप B. साँस गति
C. हृदय की धड़कन D. उपर्युक्त में से कोई नहीं

121. निम्न में से कौन आवेश की इकाई नहीं है?
A. फैराडे B. फ्रैंकलीन
C. कुलम्ब D. एम्पीयर/सेकण्ड

122. मानव शरीर में क्रोमोसोम की संख्या होती है–

A. 46 B. 48
C. 49 D. 50

123. एक प्रकाशवर्ष इससे सर्वाधिक समीप है–

A. 10^8 मीटर B. 10^{12} मीटर
C. 10^{16} मीटर D. 10^{20} मीटर

124. हवाई जहाज के 'ब्लैक बॉक्स' का क्या रंग होता है?

A. काला B. लाल
C. बैंगनी D. नारंगी

125. निम्नांकित में से कौन एक कीट के शरीर से निकलास्राव है?

A. मोती B. मूँगा
C. लाख D. गोंद

126. निम्नांकित में से कौन-सी धातु किसी नगर की वायु को, जहाँ बहुत अधिक संख्या में मोटर कारें आदि हों, प्रदूषित करती है?

A. कैडमियम B. क्रोमियम
C. सीसा D. ताँबा

127. परमाणु के नाभिक में होते हैं–

A. इलेक्ट्रॉन तथा न्यूट्रॉन B. इलेक्ट्रॉन तथा प्रोट्रॉन
C. प्रोट्रॉन तथा न्यूट्रॉन D. प्रोट्रॉन तथा रेडान

128. निम्नांकित में कौन कठोरतम है?

A. सोना B. हीरा
C. लोहा D. टंगस्टन

129. शरीर के किस भाग में पित्त का निर्माण होता है?

A. यकृत B. तिल्ली
C. पित्ताशय की थैली D. पैन्क्रियाज

130. एन्जाइम मूलतः क्या है?

A. वसा B. शर्करा
C. प्रोटीन D. विटामिन

131. मानव शरीर में सबसे छोटी ग्रन्थि कौन है?

A. एड्रीनल B. थाइरॉइड
C. पैन्क्रियाज D. पिट्यूटरी

132. रेफ्रीजरेटर में थर्मोस्टेट का कार्य है–

A. तापमान को कम करना
B. हिमायन ताप को बढ़ाना
C. एक समान तापमान को बनाए रखना
D. गलनांक को घटाना

133. सूर्य की ऊर्जा उत्पन्न होती है–

A. आयनन द्वारा
B. नाभिकीय संलयन द्वारा
C. नाभिकीय विखण्डन द्वारा
D. ऑक्सीकरण द्वारा

134. द्रव क्रिस्टल प्रयुक्त होते हैं–

A. कलाई घड़ियों में B. प्रदर्शन युक्तियों में
C. पॉकेट कैलकुलेटरों में D. उपर्युक्त सभी में

135. निम्नांकित में से कौन-सा उर्वरक मृदा में सर्वाधिक अम्ल छोड़ता है?

A. यूरिया
B. अमोनियम सल्फेट
C. अमोनियम नाइट्रेट
D. कैल्सियम अमोनियम नाइट्रेट

136. खाद्य पदार्थों के संरक्षण हेतु निम्नांकित में से कौन-सा प्रयुक्त होता है?

A. सोडियम कार्बोनेट B. एसीटिलीन
C. बेंजोइक अम्ल D. सोडियम क्लोराइड

137. कृष्ण-छिद्र सिद्धान्त को प्रतिपादित किया था–

A. सी.वी. रमन ने B. एच.जे. भाभा ने
C. एस. चन्द्रशेखर ने D. हरगोविन्द खुराना ने

138. साइनोकोबालमिन है–

A. विटामिन सी B. विटामिन बी-2
C. विटामिन बी-6 D. विटामिन बी-12

139. निम्नांकित जोड़ों में किसका सुमेल है?

A. निमोनिया-फेफड़े
B. मोतिया बिन्द-थायराइड ग्रन्थि
C. पीलिया-आँख
D. मधुमेह-यकृत

140. दूध उदाहरण है–

A. एक शिलषि का B. एक पायस का
C. एक निलम्बन का D. एक फेन का

141. भारत के राष्ट्रीय ध्वज में केसरिया, सफेद और हरे रंग की तीन–

A. आड़ी पट्टियाँ हैं
B. खड़ी पट्टियाँ हैं
C. एक दूसरे को काटती हुई पट्टियाँ हैं
D. तिरछी पट्टियाँ हैं

142. हमारे राष्ट्रीय ध्वज की लम्बाई और चौड़ाई का अनुपात–
A. 2 : 3 है
B. 3 : 4 है
C. 4 : 3 है
D. 3 : 2 है

143. भारत के राष्ट्रीय ध्वज के बीच में एक गोल चक्र है; यह चक्र–
A. तीनों रंग की पट्टियों पर है
B. केसरिया रंग की पट्टी पर है
C. सफेद रंग की पट्टी पर है
D. हरे रंग की पट्टी पर है

144. किसी भाषा को किसी राज्य की राजभाषा के रूप में अंगीकार करने का अधिकार किसे है?
A. राष्ट्रपति
B. संसद
C. राज्य विधान सभा
D. राजभाषा आयोग

145. हमारे राष्ट्रीय ध्वज में तीन पट्टियाँ हैं; उनमें सबसे नीचे वाली पट्टी किस रंग की है?
A. केसरिया
B. सफेद
C. हरे
D. इनमें से कोई नहीं

146. हमारे राष्ट्रगान 'जन-गण-मन' में कुल कितने पद हैं?
A. तीन
B. पाँच
C. चार
D. दो

147. राष्ट्र गीत 'वन्देमातरम्', 'आनन्दमठ' नामक ग्रंथ से लिया गया है, जिसके लेखक हैं–
A. बंकिम चन्द्र चटर्जी
B. रवीन्द्र नाथ टैगोर
C. व्योमेश चन्द्र बनर्जी
D. सुरेन्द्रनाथ बनर्जी

148. हमारे राजचिह्न में ऊपर चार सिंह बने हैं (तीन दिखाई पड़ते हैं) और उनके नीचे देवनागरी लिपि में 'सत्यमेव जयते' लिखा है। यह 'सत्यमेव जयते' कहाँ से उद्धृत किया गया है?
A. भगवद्गीता से
B. मुण्डक उपनिषद से
C. ऋग्वेद से
D. स्कन्द पुराण से

149. भारत का राष्ट्रीय पंचांग–
A. शक् संवत् पर आधारित है
B. हिजरी संवत् पर आधारित है
C. विक्रमी संवत् पर आधारित है
D. विक्रमांक-चालुक्य संवत् पर आधारित है

150. भारत का राष्ट्रीय पशु है–
A. गाय
B. हाथी
C. अश्व
D. बाघ

151. होमगार्ड का गठन कब हुआ था?
A. 1972
B. 1962
C. 1968
D. 1965

152. स्थल सेना के निम्नलिखित पदों में सबसे छोटा कौन-सा है?
A. लेफ्टीनेंट
B. ब्रिगेडियर
C. कर्नल
D. कैप्टन

153. प्रादेशिक सेना का गठन कब हुआ था?
A. 1949
B. 1957
C. 1962
D. 1972

154. प्रादेशिक सेना में भर्ती होने के लिए क्या आयु होनी चाहिए?
A. 21 से 30 वर्ष
B. 21 से 35 वर्ष
C. 18 से 35 वर्ष
D. 20 से 35 वर्ष

155. एन.सी.सी. में कितने डिवीजन हैं?
A. चार
B. पांच
C. तीन
D. दो

156. एयरफोर्स अकादमी कहां है?
A. बेलगाम
B. कोयम्बटूर
C. हैदराबाद
D. सिकन्दराबाद

157. असम राइफल्स का मुख्यालय कहाँ है?
A. इंफाल
B. आइजोल
C. दिसपुर
D. शिलांग

158. हर साल 7 दिसम्बर को भारत में मनाया जाता है–
A. वायु सेना दिवस
B. झंडा दिवस
C. नौसेना दिवस
D. कोस्ट गार्ड दिवस

159. भारत में नौसेना दिवस किस दिन मनाया जाता है?
A. 8 अक्टूबर
B. 15 जनवरी
C. 21 दिसम्बर
D. 7 दिसम्बर

160. भारत की सेना के प्रथम भारतीय सेनापति थे–
A. जनरल के.एम. करियप्पा
B. फील्ड मार्शल मानेकशा
C. जनरल राजेन्द्र सिंह
D. उपरोक्त में से कोई भी नहीं

161. वीटो का अधिकार–
A. संयुक्त राष्ट्र के सभी सदस्यों को प्राप्त है
B. सुरक्षा परिषद् के सभी सदस्यों को प्राप्त है
C. सुरक्षा परिषद् के सभी स्थायी सदस्यों को प्राप्त है
D. सुरक्षा परिषद् के सभी अस्थायी सदस्यों को प्राप्त है

162. संयुक्त राष्ट्र संघ का मुख्यालय कहाँ है–
A. वाशिंगटन B. न्यूयार्क
C. बोस्टन D. शिकागो

163. संयुक्त राष्ट्र संघ का ध्वज किस रंग का है?
A. हल्के नीले रंग का
B. हल्के गुलाबी रंग का
C. गहरे केसरिया रंग का
D. आधा हल्के रंग का और आधा केसरिया रंग का

164. संयुक्त राष्ट्र संघ की बैठकों में आमतौर से काम-काज किस भाषा में होता है?
A. अंग्रेजी B. रूसी
C. फ्रेंच D. अंग्रेजी और फ्रेंच

165. अंतर्राष्ट्रीय न्यायालय का मुख्यालय कहाँ है?
A. हेग B. जेनेवा
C. रोम D. बर्न

166. राष्ट्रमंडल के सदस्य वे देश हैं, जो–
A. ब्रिटेन के अधीन हैं
B. ब्रिटेन से आर्थिक सहायता पाते हैं
C. पहले ब्रिटेन के अधीन थे किन्तु अब स्वाधीन हैं
D. ब्रिटेन से अस्त्र-शस्त्र प्राप्त करते हैं

167. सार्क (दक्षिण एशियाई सहयोग संगठन) में कितने देश सदस्य हैं?
A. पांच B. छः
C. आठ D. सात

168. निम्नलिखित देशों में से कौन-सा देश सार्क (SAARC) का सदस्य नहीं है?
A. भारत B. पाकिस्तान
C. बांग्लादेश D. म्यांमार

169. गुट निरपेक्ष देशों का पहला शिखर सम्मेलन किस वर्ष हुआ था?
A. 1955 में B. 1961 में
C. 1983 में D. 1976 में

170. गुट निरपेक्ष आन्दोलन के सदस्य देश–
A. शक्तिशाली देशों के गुटों से दूर रहते हैं
B. परस्पर एक-दूसरे की रक्षा के लिए वचनबद्ध हैं
C. एक दूसरे को सैनिक सहायता देते हैं
D. एक सैनिक संधि के सदस्य हैं

171. जमनालाल बजाज पुरस्कार किस क्षेत्र में सराहनीय योगदान के लिए प्रदान किया जाता है?
A. शांति व निःशस्त्रीकरण B. कृषि
C. रचनात्मक कार्य D. साहित्य

172. भारत वर्ष में प्रथम रेमन मैग्सेसे पुरस्कार विजेता कौन था?
A. सी.डी. देशमुख B. जय प्रकाश नारायण
C. डॉ. वर्गीज कुरियन D. आचार्य विनोबा भावे

173. भारतीय ज्ञानपीठ पुरस्कार किसे प्रदान किया जाता है?
A. उत्कृष्ट हिन्दी कविता के लिए
B. भारतीय साहित्य में उत्कृष्ट योगदान के लिए
C. हिन्दी साहित्य में उत्कृष्ट योगदान के लिए
D. भारतीय दर्शन की उत्कृष्ट समीक्षा के लिए

174. अध्यापकों के लिए राष्ट्रीय पुरस्कारों की घोषणा कब की जाती है?
A. 14 नवम्बर B. 5 सितम्बर
C. 30 जनवरी D. 26 जनवरी

175. निम्नलिखित में से किस विषय पर नोबेल पुरस्कार नहीं दिया जाता है?
A. चिकित्सा B. गणित
C. अर्थशास्त्र D. रसायन शास्त्र

176. बुकर पुरस्कार किस क्षेत्र में प्रदान किया जाता है?
A. कल्पना साहित्य लेखन
B. औषधि
C. साहस के कार्य
D. विज्ञान

177. हर गोविन्द खुराना को नोबेल पुरस्कार किस क्षेत्र में योगदान के लिए मिला था?
A. चिकित्सा शास्त्र B. भौतिक शास्त्र
C. अर्थशास्त्र D. शांति

178. सर्वोच्च शौर्य पुरस्कार 'परमवीर चक्र' के प्रथम विजेता कौन थे?
A. मेजर ध्यान सिंह B. के. गुरुवचन सिंह
C. मेजर शैतान सिंह D. मेजर सोमनाथ शर्मा

179. धन्वन्तरि पुरस्कार किस क्षेत्र में विशिष्ट योगदान के लिए दिया जाता है?
A. संगीत
B. नृत्य
C. दर्शन
D. चिकित्सा

180. कलिंग पुरस्कार किस क्षेत्र में दिया जाता है?
A. साहित्य के क्षेत्र में
B. विज्ञान के क्षेत्र में
C. सामाजिक कल्याण के लिए किए गए कार्य के लिए
D. अन्तर्राष्ट्रीय शान्ति एवं सद्‌भावना के लिए

181. नोबेल पुरस्कार का आरम्भ कब से हुआ?
A. सन् 1901 से
B. सन् 1905 से
C. सन् 1896 से
D. सन् 1934 से

182. अर्थशास्त्र के लिए नोबेल पुरस्कार कब से आरम्भ हुआ?
A. सन् 1969 ई. से
B. सन् 1939 ई. से
C. सन् 1901 ई. से
D. सन् 1935 ई. से

183. निम्नलिखित किस अफ्रीकी नेता को भारत-रत्न से सम्मानित किया गया है?
A. होस्नी मुबारक
B. जोमो केन्योटा
C. अनवर सादात
D. नेल्सन मंडेला

184. विज्ञान को सर्वसुलभ व सर्वोपयोगी बनाने में सर्वाधिक योगदान देने वाले व्यक्ति को भारतीय नाम वाले किस अन्तर्राष्ट्रीय पुरस्कार से सम्मानित किया जाता है?
A. कालिंजर पुरस्कार
B. कलिंग पुरस्कार
C. मानवता पुरस्कार
D. ऐसा कोई पुरस्कार नहीं है

185. नेहरू पुरस्कार कौन-सी संस्था प्रदान करती है?
A. इंडियन कौंसिल ऑफ कल्चरल रिलेशन्स
B. इंडो-सोवियत कल्चरल सोसाइटी
C. भारतीय राष्ट्रीय कांग्रेस
D. भारतीय ज्ञानपीठ

186. वीरता का सर्वोच्च सम्मानसूचक पदक जो शत्रु के सामने असीम शौर्य और अदम्य साहस दिखाने या आत्म-बलिदान करने पर भेंट किया जाता है, उसका क्या नाम है?
A. चक्रव्यूह
B. अशोक चक्र
C. महावीर चक्र
D. परमवीर चक्र

187. प्रथम मरणोपरान्त 'भारत-रत्न' अलंकरण किसे प्रदान किया गया था?
A. के. कामराज नाडार
B. आचार्य विनोबा भावे
C. लाल बहादुर शास्त्री
D. एम.जी. रामचन्द्रन

188. निम्नलिखित में से कौन-सा पुरस्कार केवल एशियावासियों को दिया जाता है?
A. नेहरू सद्‌भावना पुरस्कार
B. पुलित्जर पुरस्कार
C. इन्दिरा गांधी शान्ति पुरस्कार
D. मैग्सेसे पुरस्कार

189. अर्जुन पुरस्कार कब से प्रारम्भ हुए?
A. 1961 ई. से
B. 1962 ई. से
C. 1963 ई. से
D. 1964 ई. से

190. ऑस्कर अवॉर्ड जीतने वाले पहले भारतीय थे—
A. नरगिस दत्त
B. शशि कपूर
C. सत्यजीत रे
D. भानु अथैया

191. अपर कट शब्द किस खेल में प्रयोग किया जाता है?
A. टेनिस
B. वॉलीबॉल
C. क्रिकेट
D. बॉक्सिंग

192. निम्नलिखित में से कौन-सा कप/ट्रॉफी फुटबॉल से सम्बन्धित नहीं है?
A. मर्डेका कप
B. डूरण्ड कप
C. सन्तोष ट्रॉफी
D. दिलीप ट्रॉफी

193. फिनिस शब्द का प्रयोग किस खेल में होता है?
A. शतरंज
B. ब्रिज
C. बिलियर्ड्स
D. रग्बी

194. एक दिवसीय क्रिकेट तथा टेस्ट मैचों में सर्वाधिक रन बनाने का रिकॉर्ड किसके नाम है?
A. सौरभ गांगुली
B. सचिन तेन्दुलकर
C. डॉन ब्रैडमैन
D. ब्रायन लारा

195. निम्नलिखित में से कौन-सी अन्तर्राष्ट्रीय टेनिस खेल प्रतियोगिता घास के मैदान पर खेली जाती है?
A. यू.एस. ओपन
B. फ्रेंच ओपन
C. विम्बलडन
D. ऑस्ट्रेलियाई ओपन

196. 'विम्बलडन ट्रॉफी' का सम्बन्ध किस खेल से है?
A. पोलो (इंग्लैंड) से
B. समुद्री दौड़ से
C. घुड़दौड़ से
D. टेनिस से

197. निम्नलिखित में से किस पदक का सम्बन्ध हॉकी से नहीं है?
A. आगा खां कप B. वर्दवान ट्रॉफी
C. ध्यानचन्द ट्रॉफी D. बम्बई गोल्ड कप

198. 'रिवर्स स्विंग' एवं 'बीमर' नामक शब्दावलियां किस खेल से संबंधित हैं?
A. नौकायन B. क्रिकेट
C. फुटबॉल D. हॉकी

199. निम्नलिखित में से किस ट्रॉफी का सम्बन्ध हॉकी से है?
A. सिन्धिया गोल्ड कप B. संतोष ट्रॉफी
C. रोहिंगटन बेरिया ट्रॉफी D. सुब्रतो मुखर्जी ट्रॉफी

200. 'ज्यूल्स रिमेट ट्रॉफी का सम्बन्ध किस खेल से है?
A. फुटबॉल (विश्व) से B. गोल्फ़ से
C. हॉकी (भारत) से D. लॉन टेनिस (विश्व) से

201. 'मर्डेका' का सम्बन्ध किस खेल से है?
A. फुटबाल (विश्व) से
B. फुटबाल (भारत) से
C. फुटबाल (एशिया) से
D. क्रिकेट (आस्ट्रेलिया-इंग्लैंड) से

202. प्रथम ओलम्पिक खेल ओलम्पिया (ग्रीस) में कब खेले गए थे?
A. 233 ई.पू. में B. 1500 ई.पू. में
C. 500 ई.पू. में D. 776 ई.पू. में

203. 394 ई. में रोम के बाद एक सम्राट ने ओलम्पिक खेलों को बंद कर दिया था। इसको पुनः किसने शुरू किया?
A. मि. स्पोर्ट्समैन ने
B. बैरन पीयरे डी कोबर्टिन ने
C. जनरल फ्रेंको ने
D. अब्राहम लिंकन ने

204. सर्वप्रथम आधुनिक ओलिम्पिक ध्वज कब फहराया गया?
A. 1896 में B. 1908 में
C. 1920 में D. 1924 में

205. ग्रैंड स्लेम निम्नलिखित में से किस खेल से सम्बन्धित है?
A. फुटबॉल B. टेनिस
C. हॉकी D. पोलो

206. प्रथम आधुनिक ओलम्पिक खेल कब और कहां खेले गए?
A. रोम, 1894 ई. में B. मैड्रिड, 1840 ई. में
C. लिस्बन, 1800 ई. में D. एथेन्स, 1896 ई. में

207. फीफा विश्व कप फुटबॉल-2022 का विजेता कौन है?
A. ब्राजील B. अर्जेन्टीना
C. फ्रांस D. इटली

208. भारत में खेल सम्बन्धी दो राष्ट्रीय इंस्टीट्यूट हैं। एक नेताजी सुभाष बोस के नाम से पटियाला में है, दूसरा किसके नाम से ग्वालियर में है?
A. राणा प्रताप B. पृथ्वीराज चौहान
C. शिवाजी D. रानी लक्ष्मीबाई

209. सबसे बड़े मैदान में खेला जाने वाला खेल कौन-सा है?
A. हॉकी B. क्रिकेट
C. पोलो D. कबड्डी

210. लॉन टेनिस जाल की ऊँचाई कितनी होती है?
A. 2 फुट 6 इंच B. 3 फुट 6 इंच
C. 4 फुट D. 2 फुट 2 इंच

211. 'ए सूटेबल ब्वाय' पुस्तक का लेखक कौन है?
A. खुशवंत सिंह B. अरुण शोरी
C. विक्रम सेठ D. उपरोक्त में से कोई नहीं

212. 'कैन्टरबरी टेल्स' पुस्तक का लेखक कौन है?
A. ज्योफरी चासर B. लियो टॉलस्टाय
C. गुन्नार मिर्डल D. विलियम शेक्सपियर

213. निम्नलिखित में से कौन-सी पुस्तक प्रेमचन्द द्वारा रचित नहीं है?
A. गोदान B. गबन
C. प्रेम पचीसी D. आनंदमठ

214. बांग्लादेश की लेखिका तस्लीमा नसरीन को किस पुस्तक से ख्याति मिली?
A. शर्म B. लज्जा
C. नारी स्वातंत्र्य D. अबला

215. 'पावर्टी एण्ड अन-ब्रिटिश रूल इन इण्डिया' का लेखक कौन है?
A. लाला लाजपत राय
B. लाला हरदयाल
C. विनायक दामोदर सावरकर
D. दादाभाई नौरोजी

216. 'मुद्राराक्षस' ग्रंथ का लेखक कौन है?
A. विशाखदत्त B. कालिदास
C. भारवि D. माघ

217. 'माई प्रेसिडेंशल ईयर्स' पुस्तक का लेखक कौन है?
A. ज्ञानी जैल सिंह B. वी.वी. गिरि
C. आर. बेंकटरमन D. डॉ. शंकर दयाल शर्मा

218. 'जय सोमनाथ' किसकी कृति है?
A. के.एम. मुंशी B. वृन्दावन लाल वर्मा
C. अमृत लाल नागर D. मदन मोहन मालवीय

219. वर्शिपिंग फाल्स गॉड्स पुस्तक के लेखक हैं–
A. विक्रम सेठ B. अरुण शौरी
C. सलमान रुश्दी D. खुशवन्त सिंह

220. निम्नलिखित पुस्तकों में से कौन-सी पुस्तक सलमान रुश्दी की है?
A. दि वर्ल्ड ऑफ फतवाज
B. दि मूर्स लास्ट साई
C. दि अदर हॉफ
D. फूल्स पैराडाइज

221. मार्ग्रेट थैचर द्वारा रचित पुस्तक है–
A. लांग वॉक टु फ्रीडम B. दि पाथ टु पावर
C. इमेज एंड इमेजिनेशन D. 10 डाउनिंग स्ट्रीट

222. 'फ्रीडम एट मिडनाइट' के लेखक कौन हैं?
A. जवाहरलाल नेहरू तथा डॉ. राजेन्द्र प्रसाद
B. एम.ओ. मथाई तथा फ्रैंक मोरेस
C. मैक्सिम गोर्की तथा दोस्तोवस्की
D. लैरी कॉलिन्स और डोमिनिक लापियर

223. 'अंकल टॉम्स केबिन' के लेखक का क्या नाम है?
A. एच.बी. स्टोव B. एडम स्मिथ
C. टॉल्स्टॉय D. थामस मूर

224. 'वार एण्ड पीस' और 'अन्ना कैरेनिना' दोनों एक ही अन्तर्राष्ट्रीय ख्याति प्राप्त लेखक की कृतियाँ हैं; उस लेखक का क्या नाम है?
A. ओलीवर गोल्डस्मिथ B. श्वेतलाना
C. लुई ब्रोमफील्ड D. लियो टाल्स्टॉय

225. नीरज चोपड़ा का संबंध किस खेल से है?
A. हॉकी B. क्रिकेट
C. फुटबॉल D. भाला फेंक

226. 'दास कैपिटल' के लेखक कौन हैं?
A. शेक्सपियर B. कौटिल्य
C. कर्नल जॉन हण्ट D. कार्ल मार्क्स

227. 'मदर' के लेखक का क्या नाम है?
A. मैक्सिम गोर्की B. पर्ल एस. बक
C. कैथराइन मेयो D. टी.एस. इलियट

228. 'कलम का सिपाही' में किसकी जीवनी प्रस्तुत की गई है?
A. शरतचन्द्र B. प्रेमचन्द
C. राहुल सांकृत्यायन D. जोश मलीहाबादी

229. 'झण्डा ऊँचा रहे हमारा' गीत किस कवि की रचना है?
A. श्यामलाल गुप्त 'पार्षद' B. मैथिलीशरण गुप्त
C. सोहनलाल द्विवेदी D. रामधारी सिंह 'दिनकर'

230. 'आइने अकबरी' का लेखक कौन था?
A. इब्न बतूता B. अकबर
C. अबुल फजल D. अकबर मुरादाबादी

231. कम्प्यूटर–
A. एक उपकरण है जो गणितीय और तार्किक संक्रियायें सम्पन्न करता है
B. एक उपकरण है, जो केवल गणितीय संक्रियायें सम्पन्न करता है
C. एक स्मृति उपकरण है
D. एक गणना उपकरण है

232. 'PC' का अर्थ है–
A. प्राइवेट कम्प्यूटर B. पर्सनल कल्कुलेटर
C. पर्सनल कम्प्यूटर D. प्रोफेसनल कम्प्यूटर

233. 'बाइनरी अंक प्रणाली' में अधिकतम अंक (digit) कितने होते हैं?
A. 1 B. 10
C. 2 D. 4

234. निम्नलिखित में से कौन-सा 'इनपुट' उपकरण है?
A. मॉनीटर B. प्रिंटर
C. प्लॉटर D. माउस

235. CPU का पूरा नाम है–
A. सेन्ट्रल प्रोग्रामिंग यूनिट
B. सेन्ट्रल प्रोसेसिंग यूनिट
C. सेन्ट्रल प्रोग्रामिंग अण्डरस्टैंडिंग
D. सेन्ट्रल प्रोसेसिंग अण्डरस्टैंडिंग

236. गणना हेतु प्रयोग में लाया गया पहला उपकरण था
A. ENIAC B. ABACUS
C. एनालिटिकल इंजन D. EDSAC

237. ABACUS का प्रयोग कब शुरू हुआ था?
A. 250 ई. B. 450 ई.पू.
C. 1200 ई.पू. D. 1200 ई.

238. किस अंग्रेज को 'कम्प्यूटर का जनक' कहा जाता है?
A. ब्लेज पास्कल B. लेबनित्ज
C. चार्ल्स बैबेज D. जे.पी. एकर्ट

239. निम्नलिखित में से कौन-सी कम्प्यूटर की सेकेण्डरी मेमोरी है?
A. RAM B. ROM
C. रजिस्टर्स D. फ्लॉपी

240. निम्नलिखित में से कौन पैकेज नहीं है?
A. BASIC B. dBASE
C. वर्ड परफेक्ट D. पेज मेकर

241. कौन-सा बेमेल है?
A. वर्ड स्टार B. वर्ड परफेक्ट
C. DOS Editor D. विण्डो

242. डाटा के समुच्चय (Set) को क्या कहते हैं?
A. फील्ड B. रेकार्ड
C. फाइल D. इनमें से कोई नहीं

243. Keyboard है?
A. इनपुट यूनिट है
B. आउटपुट यूनिट है
C. इनपुट यूनिट और आउटपुट यूनिट दोनों हैं
D. उपरोक्त में से कोई भी नहीं है

244. प्रिंटर–
A. आउटपुट यूनिट है
B. इनपुट यूनिट है
C. उपरोक्त दोनों हैं
D. उपरोक्त में से कोई भी नहीं है

245. फ्लॉपी–
A. इनपुट यूनिट है
B. आउटपुट यूनिट है
C. इनपुट यूनिट और आउटपुट यूनिट दोनों हैं
D. उपरोक्त में से कोई भी नहीं है

246. कम्प्यूटर की विशेषताएं हैं–
1. तेज रफ्तार 2. स्वचालन
3. कार्यशीलता 4. परिवर्तनशीलता
निम्नलिखित में से कौन-सी विशेषता सही है?
A. 1 और 2 सही हैं B. 1, 2 और 4 सही है
C. 1, 2 और 3 सही हैं D. उपरोक्त सभी सही

247. 1 बाइट बराबर है–
A. 8 बिट B. 16 बिट
C. 36 बिट D. 64 बिट

248. असंसाधित तथ्य को क्या कहा जाता है?
A. डाटम B. डाटा
C. फाइल D. फील्ड

249. कम्प्यूटर–
A. सूचना ग्रहण करता है
B. सूचना को निर्दिष्ट प्रयोजन के लिए अनुकूल बनाता
C. परिणाम प्रदर्शित करता है
D. उपरोक्त सभी बातें सही हैं

250. डाटा क्या है–
A. संसाधित तथ्य
B. असंसाधित तथ्य
C. अंक और अक्षर
D. उपरोक्त में से कोई भी नहीं

251. 'जीने की कला' (आर्ट ऑफ लिविंग) के प्रतिपादक अ प्रचारक कौन हैं?
A. महर्षि महेश योगी B. श्री श्री रवि शंकर
C. स्वामी चिन्मयानंद D. भगवान रजनीश

252. डंकन पैसेज निम्नलिखित में से किसके बीच स्थित है
A. दक्षिणी और लिटिल अंडमान
B. उत्तरी और दक्षिणी अंडमान
C. उत्तरी और मध्य अंडमान
D. अंडमान और निकोबार

253. निम्नलिखित में से किस शहर को 'इलेक्ट्रॉनिक सिटी' रूप में जाना जाता है?
A. गुरुग्राम B. जयपुर
C. बेंगलुरु D. हैदराबाद

254. रासायनिक रूप से 'मिल्क ऑफ मैग्नेशिया' क्या होता है
A. मैग्नीशियम कार्बोनेट
B. सोडियम बाइकार्बोनेट
C. कैल्सियम हाइड्रॉक्साइड
D. मैग्नीशियम हाइड्रॉक्साइड

255. वन अनुसंधान संस्थान कहाँ स्थित है?
A. देहरादून में B. भोपाल में
C. लखनऊ में D. दिल्ली में

256. निम्नलिखित कलाकारों और उनके कला-रूपों के मेल मिलाइए–

कलाकार	**कला-रूप**
(*a*) पन्नालाल घोष	1. चित्रकला
(*b*) पंडित भीमसेन जोशी	2. कर्नाटक संगीत (कंठ संगीत)
(*c*) अंजलि ईला मेनन	3. बाँसुरी
(*d*) मदुराई मणि अय्यर	4. हिन्दुस्तानी संगीत (कंठ संगीत)

कूट :

	(*a*)	(*b*)	(*c*)	(*d*)
A.	1	3	2	4
B.	2	1	4	3
C.	3	4	1	2
D.	4	2	3	1

257. त्वचा का रंग किसके कारण होता है?
A. एन्जाइम B. एपीडरमिस
C. हारमोन्स D. मेलानिन

258. किस क्षेत्र में अधिकांश मौसम सम्बन्धी गतिविधियाँ होती हैं?
A. आयनमंडल B. क्षोभमंडल
C. समतापमंडल D. क्षोभसीमा

259. निम्नलिखित में से वह पर्वत श्रेणी कौन-सी है जो भारत में सबसे पुरानी है?
A. हिमालय B. विंध्याचल
C. अरावली D. सहयाद्रि

260. निमज्जित वस्तु का पता लगाने के लिए किस उपकरण का प्रयोग किया जाता है?
A. राडार B. सोनार
C. क्वासार D. पल्सार

उत्तरमाला

1	**2**	**3**	**4**	**5**	**6**	**7**	**8**	**9**	**10**
B	D	B	B	A	D	C	B	A	C
11	**12**	**13**	**14**	**15**	**16**	**17**	**18**	**19**	**20**
D	B	C	C	A	A	B	D	A	A
21	**22**	**23**	**24**	**25**	**26**	**27**	**28**	**29**	**30**
C	D	B	B	C	C	D	A	B	A
31	**32**	**33**	**34**	**35**	**36**	**37**	**38**	**39**	**40**
B	A	D	C	C	D	A	B	B	B
41	**42**	**43**	**44**	**45**	**46**	**47**	**48**	**49**	**50**
B	B	B	C	C	C	C	A	B	C
51	**52**	**53**	**54**	**55**	**56**	**57**	**58**	**59**	**60**
D	B	C	C	A	B	D	C	A	A
61	**62**	**63**	**64**	**65**	**66**	**67**	**68**	**69**	**70**
B	D	B	A	C	D	B	B	A	C
71	**72**	**73**	**74**	**75**	**76**	**77**	**78**	**79**	**80**
D	B	B	A	D	C	A	C	D	B
81	**82**	**83**	**84**	**85**	**86**	**87**	**88**	**89**	**90**
B	A	B	D	B	C	A	A	C	B
91	**92**	**93**	**94**	**95**	**96**	**97**	**98**	**99**	**100**
C	D	B	A	B	C	D	C	A	C
101	**102**	**103**	**104**	**105**	**106**	**107**	**108**	**109**	**110**
D	C	B	D	A	B	B	A	B	C

111	112	113	114	115	116	117	118	119	120
C	B	A	A	C	A	D	C	C	C
121	122	123	124	125	126	127	128	129	130
D	A	C	D	C	C	C	B	A	C
131	132	133	134	135	136	137	138	139	140
D	C	B	D	B	C	C	D	A	B
141	142	143	144	145	146	147	148	149	150
A	D	C	C	C	B	A	B	A	D
151	152	153	154	155	156	157	158	159	160
B	A	A	C	C	C	D	B	C	A
161	162	163	164	165	166	167	168	169	170
C	B	A	D	A	C	C	D	B	A
171	172	173	174	175	176	177	178	179	180
C	D	B	B	B	A	A	D	D	B
181	182	183	184	185	186	187	188	189	190
A	A	D	B	A	D	C	D	A	D
191	192	193	194	195	196	197	198	199	200
D	D	B	B	C	D	B	B	A	A
201	202	203	204	205	206	207	208	209	210
C	D	B	B	B	D	B	D	C	B
211	212	213	214	215	216	217	218	219	220
C	A	D	B	D	A	C	A	B	B
221	222	223	224	225	226	227	228	229	230
B	D	A	D	D	D	A	B	A	C
231	232	233	234	235	236	237	238	239	240
A	C	C	D	B	B	A	C	D	A
241	242	243	244	245	246	247	248	249	250
D	A	A	A	C	D	A	B	D	B
251	252	253	254	255	256	257	258	259	260
B	A	C	D	A	C	D	B	C	B

✧✧✧✧✧